COMPENDIO PORTAVOZ DE TEOLOGÍA

PAUL ENNS

EDITORIAL
PORTAVOZ

La misión de *Editorial Portavoz* consiste en proporcionar productos de calidad —con integridad y excelencia—, desde una perspectiva bíblica y confiable, que animen a las personas a conocer y servir a Jesucristo.

Título del original: *The Moody Handbook of Theology—Revised and Expanded* © 1989, 2008, 2014 por Paul Enns y publicado por Moody Publishers, 820 N. LaSalle Boulevard, Chicago, IL 60610. Traducido con permiso.

Edición en castellano: *Compendio Portavoz de teología* © 2010, 2020 por Editorial Portavoz, filial de Kregel Inc., Grand Rapids, Michigan 49505. Todos los derechos reservados.

Traducción: Daniel Andrés Díaz Pachón y Loida Viegas

EDITORIAL PORTAVOZ
2450 Oak Industrial Dr. NE
Grand Rapids, Michigan 49505 USA
Visítenos en: www.portavoz.com

ISBN 978-0-8254-5950-4 (tapa dura)
ISBN 978-0-8254-6889-6 (Kindle)
ISBN 978-0-8254-7447-7 (epub)

1 2 3 4 5 6 / 28 27 26 25 24 23 22 21 20

Impreso en los Estados Unidos de América
Printed in the United States of America

Este libro está dedicado a mi amada esposa Helen,
con quien disfruté de cuarenta y cinco años de luna de miel,
con quien el Señor me unió en cuerpo y alma
y que fue una madre y esposa desinteresada.
Puso primero a Cristo y a su familia, llevó a nuestros dos hijos a la fe en Cristo
y me ministró de una manera profunda.
Nunca se me acabó la emoción de estar casado con Helen.
Ansío profundamente nuestra reunión en el cielo.

Y a Terry y Jeremy, mis hijos,
quienes caminan con el Señor, le sirven
y educan a sus hijos en el cuidado y la amonestación del Señor.
Mi esposa e hijos han sido miembros de "Teología básica de sobremesa";
he compartido con ellos muchas de estas doctrinas.

CONTENIDO

ÍNDICE DE GRÁFICOS

PRÓLOGO

TODO CRISTIANO NECESITA tener un entendimiento bíblico, sano y correcto, de Dios y de su verdad, y debemos crecer siempre en nuestra búsqueda de esta meta. El autor de Hebreos amonesta a sus lectores porque se habían quedado en el nivel más básico: "Os habéis hecho tardos para oír", les dijo en Hebreos 5:11. Necesitaban volver a empezar: aprender y crecer de nuevo; no solo por su propio bien, sino porque el deber de todo cristiano es discipular a otros.

"Debiendo ser ya maestros —señala— después de tanto tiempo, tenéis necesidad de que se os vuelva a enseñar cuáles son los primeros rudimentos de las palabras de Dios" (v. 12). Tenían que ir más allá del nivel elemental y obtener una comprensión madura de la fe cristiana. Habían quedado en la etapa de alimentarse de leche, cuando hacía mucho tiempo que debían haberse pasado a alimentos más sólidos. Su crecimiento espiritual había quedado atrofiado por su propia apatía, su falta de atención, su letargo o cualquier otra cosa. Ahora no podían entender las verdades más sustanciales que necesitaban aprender con urgencia, porque "el alimento sólido es para los que han alcanzado madurez, para los que por el uso tienen los sentidos ejercitados en el discernimiento del bien y del mal" (v. 14).

Ese pasaje enfatiza una idea que debería ser bastante obvia: quien no está capacitado en la doctrina no puede llegar a ser un maestro apto. Debemos aprender antes de poder instruir. No se puede discipular a otros sin ser uno mismo un verdadero discípulo. Y puesto que todo cristiano es llamado a hacer discípulos, ninguno de nosotros está exento del deber de cultivar un entendimiento maduro y bíblico de la sana doctrina cristiana.

El verdadero crecimiento espiritual implica crecer en la gracia y el conocimiento (2 P. 3:18). Si se elimina la sana doctrina de la mezcla, toda actividad religiosa queda en un mero fingimiento. De hecho, el fervor religioso *sin* sana doctrina está espiritualmente muerto.

La religión farisaica es el ejemplo bíblico clásico de eso. En ocasiones se suele describir a los fariseos como extremadamente preocupados por la sana doctrina, como si, en el fondo de su error, se centraron tanto en su teología precisa que se volvieron fríos e insensibles. Sin embargo, su error fue justo lo contrario. Tenían *celo de Dios, pero no conforme a la ciencia* [conocimiento] (Romanos 10:2-3). Su abandono de la sana doctrina los condujo a una santurronería legalista. Otros que abandonan la sana doctrina se alejan, en ocasiones, en la dirección opuesta, y convierten la gracia de Dios en libertinaje. Ambos errores son tan letales como la superstición pagana más manifiesta. *La sana doctrina es absolutamente fundamental para una vida cristiana saludable.*

Demasiados evangélicos de nuestra generación abordan la teología de una forma superficial. La precisión doctrinal suele descartarse con frivolidad al considerarla una preocupación pedante que, de alguna forma, interfiere con la unidad de la iglesia o la paz mental de la persona. La novedad, la astucia y lo "políticamente correcto" tienen preferencia sobre la fidelidad a la Biblia. El sentimentalismo y las formas parecen tener mayor peso que la autoridad de las Escrituras en la mente de algunos, incluidos muchos líderes de la iglesia. Sencillamente, en nuestra generación, la iglesia no tiene el mismo compromiso con la sana doctrina que caracterizaba a los Reformadores y sus sucesores, los puritanos. Como resultado, es poco común encontrar un buen libro sobre doctrina bíblica, escrito con los lectores laicos en mente.

Por ello, me entusiasma esta edición del *Compendio Portavoz de teología*, de Paul Enns. Se trata de un maravilloso y minucioso estudio de teología cristiana, de fácil lectura, y repleta de información. Es un recurso indispensable tanto para nuevos creyentes como para eruditos profesores de seminario. El mismo Dr. Enns es alguien que no ha dejado nunca de crecer y aprender.

Esta nueva edición de su obra clásica es excelente y el mejor remedio para la apatía y la superficialidad de la era presente; un compañero útil para el largo viaje hacia ese entendimiento maduro de la verdad que las Escrituras nos insta a perseguir.

Conforme lee esta obra, que Dios le conceda una nueva percepción, una pasión por la verdad bíblica y un entusiasmo por aprender.

JOHN MACARTHUR
Pastor, Grace Community Church, Sun Valley, California
Autor, *Comentario MacArthur del Nuevo Testamento*

PREFACIO A LA
TERCERA EDICIÓN

HAN TRANSCURRIDO MÁS DE treinta años desde la publicación inicial en inglés del *Compendio Portavoz de teología*. Asuntos teológicos van surgiendo y afloran nuevas perspectivas en la teología. Algunos tal vez comiencen con una teología fundamental, pero después pasan a un nivel distinto.

Por esa razón aparece esta nueva edición: para evaluar y ofrecer actualizaciones en el campo de la teología. Esta tercera edición incluye novedades en tres ámbitos: la teología posmoderna, la teología post-evangélica y la teología reformada. Posiblemente, el capítulo sobre la teología reformada debería haberse incluido en la primera edición (aunque los aspectos principales que conforman esta teología constan en la exposición de la teología calvinista y la teología del pacto de la edición original). El nuevo capítulo responderá a la pregunta: ¿En qué se diferencia la teología reformada del calvinismo?

Como observaremos en el capítulo 51, la teología reformada incluye los cinco puntos del calvinismo, pero también incluye la teología del pacto, que se distingue de la teología dispensacional. El dispensacionalismo hace distinción entre Israel y la iglesia, reconociendo así que existen "dos pueblos de Dios". La teología del pacto reconoce a "un solo pueblo de Dios", en el que la iglesia sustituye a Israel y cumple, en la presente era de la iglesia, las promesas hechas a los israelitas. Esto también se conoce como "escatología realizada". La teología del pacto —y, por lo tanto, la teología reformada— no contempla un futuro distinto para Israel. La iglesia remplaza a Israel y se la reconoce como "el nuevo Israel". La teología reformada también enseña que las profecías relacionadas con el milenio se realizan en la era presente de la iglesia. En este sentido, consideran esta época actual como la era del reino. La venida de Cristo ha inaugurado el reino. Sin embargo, existen diferencias dentro de la teología reformada. Algunos sostienen un aspecto de "ya, pero todavía no" del reino, en la que afirman que, aunque se haya iniciado en esta era presente, también se inaugurará en la era futura.

Un aspecto del evangelicalismo también ha adoptado una nueva imagen. El neo-evangelicalismo y el post-evangelicalismo han llevado el evangelicalismo en una dirección distinta por la influencia de la cultura y, en particular, por el posmodernismo de finales del siglo XX. En pocas palabras, el post-evangelicalismo es teológicamente más amplio que el evangelicalismo. Los post-evangélicos aceptan puntos de vista de la alta crítica de las Escrituras y ya no se adhieren a la perspectiva histórica de la inspiración y la inerrancia. No se atienen a la historicidad de los primeros capítulos de Génesis, y sugieren que contienen "nociones mitológicas". El resultado es que cuestionan las enseñanzas de Jesús e insinúan que se amoldó a la cultura.

Estos asuntos son graves. Si se pone en tela de juicio la historicidad de la Biblia, ¿en qué se puede confiar? Si la historicidad de la Biblia no es confiable, ¿qué doctrinas pueden ser confirmadas? El post-evangelicalismo será analizado en profundidad en el capítulo 50.

La teología posmoderna y la iglesia emergente tienen algunas creencias en común. Las similitudes entre ambas perspectivas, así como sus distintivos, se detallarán en el capítulo 49. El término *posmoderno* debería entenderse como identificativo del poscristiano. Los poscristianos no creen en la verdad absoluta; consideran las afirmaciones de la verdad como relativas. Rechazan la verdad absoluta; pues consideran que la verdad es subjetiva y relativa, de ahí que nieguen la inspiración y la inerrancia de las Escrituras. Consideran, asimismo, que la misión de la iglesia consiste en participar en la cultura, y de esta forma niegan, por ejemplo, que la homosexualidad sea inmoral. En última instancia, los posmodernistas aceptan el pluralismo religioso.

Esta tercera edición también amplía los artículos sobre la cuestión del señorío o no señorío dentro de la soteriología y la realidad del infierno (en los capítulos 24 y 26 respectivamente).

Como se indica en el "Prefacio a la primera edición", la bibliografía "Para estudio adicional", al final de cada capítulo, enumera fuentes de investigación sobre temas particulares, sirviéndose de asteriscos. Uno solo (*) señala una fuente para el estudiante principiante, por lo general libros breves o un título más avanzado citado por ser de principal importancia. Los estudios más exigentes suelen indicarse con dos (**).

Finalmente, es importante recordar que la inspiración y la autoridad de las Escrituras son fundamentales para todas las creencias doctrinales (2 Ti. 3:16; 2 P. 1:21). Rechazar la inerrancia conducirá, de forma inevitable, al error teológico. Un análisis del punto de vista de Jesús respecto a las Escrituras es un firme recordatorio de que Él se adhería a la inspiración de las palabras mismas de las Escrituras y Él es el ejemplo que debemos seguir para confirmar nuestras creencias doctrinales (cp. Mt. 5:17-18; Lc. 24:44; Jn. 10:35).

PREFACIO A LA
SEGUNDA EDICIÓN

DESDE LA PUBLICACIÓN INICIAL en inglés del *Compendio Bíblico Portavoz* en 1989, han surgido varios asuntos teológicos que necesitan ser tratados... y varias preguntas que deben formularse.

Considere el movimiento carismático. Por supuesto, ya existía antes de la primera edición del libro, pero ha continuado ganando ímpetu y también se ha expresado mediante la teología de la prosperidad, una posición que no todos los carismáticos aceptan. ¿Quiere Dios que su pueblo sea rico y esté sano?

La teología abierta está planteando una posición diferente de Dios. ¿Conoce Dios todos los aspectos del futuro? ¿Conoce las decisiones que vamos a tomar antes de que las tomemos? ¿Cómo afecta ello a nuestra libertad? Tales son las consideraciones de la teología de la apertura de Dios.

De rápido desarrollo en la escena cultural es la iglesia emergente. Hay una amplitud considerable de posiciones teológicas a las que se adhieren los diferentes líderes emergentes, pero su enfoque es similar: desean alcanzar e influenciar la cultura posmoderna. ¿Hay peligro en el movimiento? ¿Cuáles son las posiciones teológicas de sus líderes? ¿Cuáles son la metodología y el enfoque?

Siguen saliendo a flote otras cuestiones. El asunto feminista está ganando voz de forma creciente. ¿Qué enseña la Biblia sobre el papel de las mujeres en el hogar y en la iglesia?

La teología del dominio busca promover la dominación del cristianismo en la esfera pública. ¿Cuáles son los parámetros bíblicos? La teología del remplazo refleja un aspecto de la teología del pacto en el cual se sostiene que la iglesia ha remplazado a Israel. ¿Israel tiene futuro en el programa de Dios? De hecho, esa pregunta se refleja en el dispensacionalismo. El dispensacionalismo progresivo ha sido un desarrollo relativamente reciente del dispensacionalismo, ahí también surge la pregunta: ¿Hay distinciones entre Israel y la iglesia? ¿Cuándo comienza el gobierno de Cristo? ¿Está Él gobernando ahora, como declaran los amilenaristas? ¿Está su reino restringido al futuro, como sostienen los dispensacionalistas clásicos? ¿Está gobernando en algún sentido de "ya pero todavía no", como afirman algunos dispensacionalistas progresivos?

He hecho adiciones a capítulos que tratan otros temas también, y he expandido los listados bibliográficos, los cuales, confío, sean de ayuda para el lector.

Téngase una cosa en perspectiva: aunque surgen nuevos énfasis en la teología, la verdadera doctrina no cambia. Tal vez necesitemos un recordatorio más fuerte de la soberanía, majestad y santidad de Dios mientras vivamos en este mundo pecaminoso. Muchas cosas en nuestra cultura parecen devaluar la soberanía y majestad de Dios para ensalzar la humanidad y la libertad. Con todo, según concuerdan la mayoría de los eruditos bíblicos conservadores, el Señor consumará esta era conforme a su plan soberano con el retorno triunfante de Jesucristo y el establecimiento de su reino (Mt. 25:31).

En la publicación de esta nueva edición de mi obra, quiero agradecer a Greg Thornton, vicepresidente y editor general de Moody Publishers, por su constante ánimo y su visión. Es una bendición trabajar junto a él. Gracias también a Allan Sholes, quien trabajó conmigo en la revisión del material ampliado y actualizado. Ha sido un placer trabajar con él.

He estado escribiendo este material con pesadez en el corazón. Mi amada esposa Helen, con quien disfruté cuarenta y cinco años de luna de miel, partió a su hogar en el cielo repentinamente el 31 de enero de 2005. Éramos "uno" verdaderamente, y la vida es difícil sin ella. Con todo, la partida de Helen ha provocado que me centre en el cielo, y ese enfoque se ve representado en el material adicional sobre el tema. Mi sincero agradecimiento por el aliento que he recibido del doctor Erwin Lutzer, en persona y a través de su libro maravilloso *Tu primer minuto después de morir*. Gracias también a Randy Alcorn por su contribución suprema al asunto en su libro *El cielo*. La familia eclesial en la Iglesia Bautista Idlewild, con su pastor principal, el doctor Ken Whitten, ha sido amorosa y reconfortante para mí durante este tiempo; todo lo que una iglesia está llamada a ser.

Durante este tiempo difícil quiero agradecer también a mi hijo y mi nuera, Jeremy y Kim, y a sus hijos; ellos viven cerca y han sido de gran aliento y apoyo para mí. También agradezco a mi hijo Terry y a su familia en Texas por el apoyo brindado.

Tal vez la escena en constante cambio de los asuntos teológicos es un recordatorio de que vienen mejores días, y de que debemos vivir anticipando ese día glorioso en que Cristo regrese triunfante para establecer su reino glorioso y eterno. ¡Maranata! ¡Ven, Señor Jesús!

Colosenses 3:1-4.

PREFACIO A LA PRIMERA EDICIÓN

EN REPETIDAS OCASIONES se me han acercado estudiantes después de una conferencia con preguntas como "¿Qué es un amilenarista?", "¿Cuál es la diferencia entre teología sistemática y teología bíblica?" o "¿Qué es la teología de la liberación?". Tales preguntas me hicieron consciente de que hay una gran necesidad de una obra general introductoria que pueda responder a preguntas básicas y simples en toda el área de la teología. Con ello en mente se ha escrito el *Compendio Portavoz de teología*. No solo va dirigido a una audiencia de estudiantes de seminario, universidad o instituto bíblico, sino de profesores de escuela dominical y otras personas laicas interesadas en aprender más de teología.

Muchas obras teológicas son demasiado avanzadas para el lector promedio o para el estudiante neófito de teología. A menudo el estudiante debe consultar numerosas obras para encontrar respuestas simples a preguntas básicas. El *Compendio Portavoz de teología* no pretende ser definitivo o exhaustivo; más bien es una obra introductoria que proporcionará respuestas básicas a preguntas sobre las teologías bíblica, sistemática, histórica, dogmática y contemporánea. Aunque hay muchos libros útiles en cada una de estas áreas, hay necesidad de una obra básica que describa el espectro total de la teología. Tal es el propósito que este libro pretende cumplir.

Dada la magnitud de los temas cubiertos, por supuesto, es imposible tratar todos los teólogos y todas las fuentes en cada área. ¡Constantemente emergen nuevas teologías! En algunas categorías, como la teología contemporánea, solo se han citado las obras y los teólogos representativos.

Aunque la explicación en las cinco áreas principales pretende proporcionar una introducción básica, se puede obtener información adicional al final de cada capítulo por medio de la sección "Para estudio adicional". Bajo esta área se ha hecho una lista de varias fuentes para facilitar la investigación de un tema dado. Los estudiantes neófitos deben buscar las fuentes citadas con un único asterisco (*). Generalmente se trata de libros breves, capítulos únicos de libros, artículos en diccionarios o, en ocasiones, un título más avanzado citado allí por su gran importancia. Por lo general, los estudios más exigentes se designan con dos asteriscos (**) para quienes quieran expandir su investigación.

Ha de entenderse que las selecciones de las listas de fuentes se hicieron tomando como punto de partida aquello que sería más útil para el lector general; como resultado, las listas no son exhaustivas. Por lo tanto, se omitieron algunas obras valiosas.

Además de las listas de libros, hay índices al final del libro para que el lector busque un tema por asunto, autor y Escrituras.

A través de todo el libro hay una documentación cuidadosa en forma de notas finales. En ocasiones el número de notas puede parecer deficiente y en otras excesivo. No obstante, se hizo un gran esfuerzo deliberado para incluir u omitir documentación de acuerdo con las necesidades estimadas de los lectores. Estas notas finales no solo ubican las fuentes y la verificación de las citas o ideas, sino que facilitan vías de estudio adicionales para el lector.

La objetividad, imparcialidad y precisión al presentar varios puntos de vista fueron metas serias en la producción de este libro. Dentro de cada punto de vista o categoría teológica, como el calvinismo, arminianismo y catolicismo, se seleccionaron reconocidas autoridades como representativas de esas posiciones. Cualquier omisión en la documentación apropiada de las ideas no fue malintencionada.

También debo reconocer a ciertas personas que han sido influyentes en este libro. Quiero agradecer a Moody Press por su apoyo y voluntad de sacar adelante este proyecto. Mi aprecio se extiende a Dana Gould, editor ejecutivo de Moody Press, por su ayuda, aliento y disponibilidad para comentar el proyecto. Agradezco a Bob Ramey, editor de Moody Press, por su gentileza y múltiples sugerencias útiles en el proceso de edición.

Hay cuatro individuos que han sido particularmente influyentes al moldear mi pensamiento teológico, y eso debe reconocerse. Quiero agradecer al doctor William R. Eichhorst, presidente y profesor de teología sistemática de la Universidad Bíblica de Winnipeg y del Seminario Teológico de Winnipeg. Él fue quien me inculcó el amor inicial por las verdades doctrinales de las Escrituras. Su compromiso con la autoridad y las doctrinas de las Escrituras me ayudó a formar mi pensamiento teológico y a tener confianza en la Palabra de Dios. Estoy en deuda también con los profesores del Seminario Teológico de Dallas, quienes han influenciado mi conciencia teológica a través de sus escritos y conferencias. Quiero honrar en particular a los doctores John F. Walvoord, J. Dwight Pentecost y Charles C. Ryrie. Su capacidad para comunicar la verdad de Dios con pericia y perspicacia al hablar y escribir ha sido inspiradora para mí.

Quiero agradecer a mi esposa e hijos (a quienes está dedicado el libro) por su apoyo, aliento y sacrificio en el tiempo que pasé escribiendo. Gracias a su compromiso con este ministerio, se ha aligerado una ardua tarea. Cada uno de nosotros está comprometido con las doctrinas históricas de la fe cristiana y hemos pasado muchas horas de la cena dialogando sobre las verdades maravillosas de las Escrituras.

Agradezco a mi Señor sobre todo; Él me ha dado energías para este proyecto que ha sido largo y ha tomado mucho tiempo; con todo, el Señor ha sido fiel al darme fuerzas en las largas horas frente a la computadora. Mi oración es que el lector llegue a un amor mayor por Jesucristo, nuestro gran Dios y Salvador, a través del estudio de estas doctrinas. El conocimiento es importante pero debe darse como respuesta. Jesús dijo: "Amarás al Señor tu Dios con todo tu corazón, y con toda tu alma, y con toda tu mente" (Mt. 22:37). Mi gran anhelo es que este *Compendio Portavoz de Teología* contribuya al cumplimiento de este primer y gran mandamiento en la vida del lector.

Parte 1

TEOLOGÍA BÍBLICA

1 INTRODUCCIÓN A LA TEOLOGÍA BÍBLICA

DEFINICIÓN

EL TÉRMINO *TEOLOGÍA BÍBLICA* se puede usar de diferentes maneras. Aunque el uso adoptado en este volumen se centra en un *método* especial de estudio teológico, debe entenderse que el término se usa ampliamente para referirse a un *movimiento* que es básicamente antagónico a la fe evangélica. Tal uso negativo se considera y descarta aquí antes de considerar el significado legítimo de la teología bíblica.

Entonces, primero de todo, la expresión se utiliza para describir al *movimiento* de la teología bíblica. Fue una consecuencia del liberalismo y la neo-ortodoxia. Comenzó en 1933 con la publicación del primer volumen de la teología del Antiguo Testamento, escrito por Walther Eichrodt, y culminó en 1960 con la publicación del segundo volumen de la teología del Antiguo Testamento, escrito por von Rad.[1] Brevard Childs sugiere que el movimiento fracasó en mayo de 1963 con la publicación de *Sincero para con Dios*, escrito por John A. T. Robinson.

Inicialmente, el movimiento fue una reacción al liberalismo y buscó un retorno al estudio exegético de las Escrituras, con un énfasis particular en el estudio de las palabras bíblicas. El monumental *Theological Dictionary of the New Testament* [Diccionario teológico del Nuevo Testamento] de Kittel, en 10 volúmenes, es consecuencia de ello. No obstante, el movimiento jamás se separó de sus apuntalamientos liberales; retuvo la metodología crítico-histórica. Por ejemplo, al estudiar los Evangelios, los adeptos del movimiento de la teología bíblica aplicaron la metodología crítico-histórica para intentar descubrir, entre las palabras atribuidas a Cristo, cuáles fueron realmente pronunciadas por Él.

Si bien el movimiento reconocía el mensaje débil del liberalismo de los siglos XVIII y XIX, retenía las presuposiciones liberales concernientes a la Biblia. Los adeptos sostenían la perspectiva neo-ortodoxa de la revelación, enseñaban la evolución como teoría de los orígenes y enfatizaban el aspecto humano de la Biblia en lugar del divino. Como resultado, el movimiento era autodestructivo. Era imposible hacer un estudio exegético serio de las Escrituras y, al mismo tiempo, negar su autoridad.[2]

El segundo uso del término *teología bíblica* se refiere a la *metodología* que, con orientación histórica, toma su material del Antiguo y Nuevo Testamento para llegar a una teología. Es exegética por naturaleza extrayendo su material de la Biblia, a diferencia de la comprensión filosófica de la teología; enfatiza las circunstancias históricas en las cuales se propusieron las doctrinas; examina la teología dentro de un período dado de la historia (como las eras noéica o abrahámica) o de un escritor individual (como los escritos paulinos o juaninos).

La teología bíblica en el sentido anteriormente definido podría describirse como "la rama de la ciencia teológica que trata sistemáticamente el progreso, históricamente condicionado, de la revelación de Dios tal como está depositada en la Biblia".[3]

En esta definición hay varios elementos importantes que observar:[4]

Sistematización

La teología bíblica investiga de manera sistemática los períodos de la historia en los cuales Dios se ha revelado o los énfasis doctrinales de los diferentes escritores bíblicos tal como fueron dispuestos. La teología bíblica, aunque se presenta de forma sistematizada, es distinta de la teología sistemática dado que la segunda asimila la verdad de toda la Biblia y de fuera de ella para sistematizar la doctrina bíblica. La teología bíblica es más limitada. Se concentra en el énfasis de un período dado de la historia en el Antiguo Testamento o la enseñanza explícita de un escritor particular en el Nuevo Testamento.

Historia

La teología bíblica presta atención a las circunstancias históricas importantes en que se dieron las doctrinas bíblicas. ¿Qué se puede aprender de la era de la revelación del Antiguo Testamento? ¿Cuáles fueron las circunstancias que rodearon los escritos de Mateo o Juan? ¿Cuáles fueron las circunstancias de los destinatarios de la carta a los Hebreos? Éstas son preguntas importantes que ayudan a resolver el énfasis doctrinal de un período particular o de un escritor específico.

Progreso de la revelación

Una doctrina ortodoxa a la que los evangélicos se han aferrado es la creencia en la revelación progresiva; Dios no revela toda la verdad sobre Él en un instante, sino que se revela poco a poco, dato tras dato, a diferentes personas a lo largo de toda la historia (cp. He. 1:1). La teología bíblica traza ese progreso de la revelación, notando la revelación que Dios ha dado de sí mismo en una era particular o a través de un escritor concreto. Por lo tanto, lo que Dios mostró de sí no era tan avanzado para Noé o Abraham como lo fue para Isaías. Un libro temprano del Nuevo Testamento, como Santiago, refleja una visión más primitiva de la iglesia que libros posteriores, como las epístolas pastorales.

Naturaleza bíblica

En contraste con la teología sistemática, que extrae su información de Dios de cualquier fuente, la teología bíblica tiene un enfoque más estrecho: extrae su información de la Biblia (y de la información histórica que expande o aclara los eventos históricos de la Biblia). De este modo, la teología bíblica es exegética por naturaleza, examina las doctrinas en varios períodos de la historia o examina las palabras y declaraciones de un escritor particular. Esto le permite al estudiante determinar la revelación de Dios en un período dado de la historia.

RELACIÓN CON OTRAS DISCIPLINAS[5]

Estudios exegéticos

La teología bíblica tiene una relación directa con la exégesis ("explicar, interpretar"), hasta el punto de que la teología bíblica es resultado de ella. En el fundamento de la teología bíblica se halla la exégesis. Exige un análisis del texto bíblico acorde con la metodología literal, gramatical e histórica. (1) El pasaje en consideración debe estudiarse de acuerdo con el significado normal del lenguaje. ¿Cómo se entiende normalmente la palabra o declaración? (2) El pasaje debe estudiarse de acuerdo con las reglas de la gramática; para una comprensión apropiada del pasaje, la exégesis demanda que se examinen los sustantivos, verbos, preposiciones, etcétera. (3) El pasaje debe estudiarse en su contexto histórico. ¿Cuáles fueron las circunstancias políticas, sociales y, particularmente, históricas que lo rodearon? La teología bíblica no termina con la exégesis, pero debe empezar ahí. El teólogo ha de ser hermenéuticamente exacto al analizar el texto para entender apropiadamente lo que escribieron Mateo, Pablo o Juan.

Estudios introductorios

Aunque la teología bíblica no tiene entre sus propósitos proporcionar una explicación detallada de los asuntos introductorios, es esencial considerarlos un poco, puesto que a veces las soluciones interpretativas están directamente relacionadas con ellos. La introducción determina asuntos como la autoría, fecha, destinatarios, ocasión y propósito del escrito. Por ejemplo, la datación de Hebreos es significativa porque lo relaciona con el grado del sufrimiento de su audiencia. La persecución se hizo intensa después del incendio de Roma en el 64 d.C. Aún más crítico en Hebreos es el asunto de los destinatarios. Si se entiende que la audiencia es de no creyentes, el libro será estudiado de una forma; si se entiende que la audiencia es de hebreos cristianos, el libro se comprenderá de un modo diferente. Por medio de otros ejemplos, las audiencias de Mateo, Marcos y Lucas también determinan cómo se evalúan estos escritores. Por ejemplo, debe entenderse el punto de vista teológico de Mateo como algo escrito para un audiencia judía. El punto de vista teológico del escritor está claramente relacionado con los asuntos introductorios.

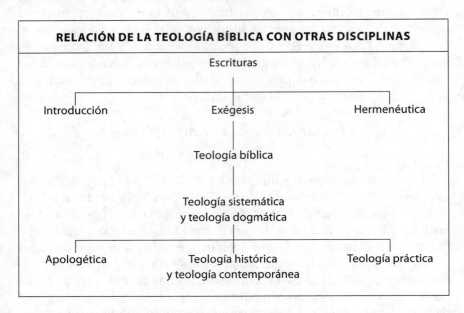

RELACIÓN DE LA TEOLOGÍA BÍBLICA CON OTRAS DISCIPLINAS

Escrituras

Introducción   Exégesis   Hermenéutica

Teología bíblica

Teología sistemática
y teología dogmática

Apologética   Teología histórica   Teología práctica
y teología contemporánea

Estudios de la teología sistemática

Hay tantas similitudes como diferencias entre las teologías bíblica y sistemática. Las dos tienen su raíz en el análisis de las Escrituras, aunque la teología sistemática también busca la verdad en fuentes externas a la

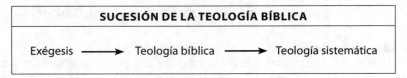

SUCESIÓN DE LA TEOLOGÍA BÍBLICA

Exégesis ⟶ Teología bíblica ⟶ Teología sistemática

Biblia. Al analizar la relación de estas dos teologías se pueden observar varias distinciones. (1) La teología bíblica es preliminar a la teología sistemática; la exégesis lleva a la teología bíblica, que a su vez lleva a la teología sistemática. (2) La teología bíblica busca determinar qué dijeron los escritores bíblicos en lo concerniente a algún asunto teológico, mientras que la teología sistemática también explica por qué algo es verdad, añadiendo el punto de vista filosófico. (3) Si bien la teología bíblica proporciona el punto de vista del escritor bíblico, la teología sistemática hace una consideración doctrinal desde el punto de vista contemporáneo. (4) La teología bíblica analiza el material de un escritor particular o de un período de la historia, mientras que la teología sistemática investiga todos los materiales, bíblicos y extrabíblicos, que se relacionan con un asunto doctrinal particular.

Los contrastes entre la teología bíblica y la sistemática se reflejan en el cuadro siguiente.

CONTRASTES ENTRE LAS TEOLOGÍAS BÍBLICA Y SISTEMÁTICA	
TEOLOGÍA BÍBLICA	**TEOLOGÍA SISTEMÁTICA**
Limita su estudio a las *Escrituras*.	Busca la verdad en las *Escrituras* y en *cualquier fuente* externa a la Biblia.
Examina las *partes* de las Escrituras.	Examina la *totalidad* de las Escrituras.
Compila la información sobre una doctrina de un *escritor específico* (como Juan o Pablo) o de una *era particular* (como la abrahámica, mosaica o profética).	Compila la información sobre una doctrina al correlacionar *todas* las Escrituras.
Busca entender *por qué* o *cómo* se desarrolló una doctrina.	Busca entender qué estaba escrito en realidad.
Busca entender el *proceso* así como el resultado: el producto.	Busca entender el resultado: el *producto*.
Ve el *progreso* de la revelación en diferentes eras (como la edénica o la noéica).	Ve la culminación de la revelación de Dios.

Metodología

La teología bíblica del Antiguo Testamento se entiende mejor cuando se examina el Antiguo Testamento desde un centro o principio unificador. Han surgido muchas propuestas concernientes al tema unificador del Antiguo Testamento. Walter Kaiser sugirió la promesa como tema unificador; Elmer Martens sugiere el designio de Dios como punto focal; mientras que Eugene Merrill propone el reino como el tema subyacente al Antiguo Testamento. Cualquiera que sea el tema enfatizado, la teología bíblica del Antiguo Testamento debe poder ver el desarrollo de dicho tema en los diferentes períodos del Antiguo Testamento: la revelación progresiva. (Véase una mayor consideración de la metodología en el capítulo 2, bajo "Introducción a la teología del Antiguo Testamento").

Puesto que los libros del Nuevo Testamento probablemente se escribieron en menos de cincuenta años,[6] la teología bíblica del Nuevo Testamento debe concentrarse en el punto de vista de los diferentes autores neotestamentarios. Así, la teología bíblica del Nuevo Testamento se estudia de acuerdo con la teología paulina, petrina, juanina, etcétera. Este estudio evalúa qué doctrinas particulares enfatizan los escritores del Nuevo Testamento y cómo las desarrollaron. (Véase una mayor explicación de la metodología en el capítulo 9, bajo el encabezado "Introducción a la teología del Nuevo Testamento").

IMPORTANCIA[7]

Muestra el desarrollo histórico de la doctrina

La teología bíblica es importante porque impide el estudio de la doctrina aparte de su contexto histórico. En el estudio de la teología sistemática es completamente posible ignorar el contexto histórico de la verdad doctrinal; la teología bíblica sirve para evitar ese problema al prestarle atención al entorno histórico en que se dio la doctrina.

Muestra el énfasis del escritor

La teología bíblica revela la enseñanza doctrinal de un escritor particular o de un período completo. En ese sentido, la teología bíblica sistematiza las Escrituras pertinentes a un escritor o período y determina su principal enseñanza o enfoque doctrinal. Capacita al estudiante para determinar qué se enfatizó durante la era abrahámica o qué subrayó el apóstol Juan, proporcionando una perspectiva diferente a la que normalmente se alcanza a través del estudio de la teología sistemática.

Muestra el elemento humano en la inspiración

Aunque es cierto que la Biblia es verbalmente inspirada e inerrable, también lo es que los escritores de la Biblia escribían cada uno de acuerdo a su estilo distintivo. La teología bíblica enfatiza el factor humano al escribir la Biblia (pero sin excluir la inspiración). De este modo, la teología bíblica está determinada a descubrir qué enseñaron Juan o Pablo o qué se enfatizó durante cierto período de la historia veterotestamentaria. La teología bíblica "señala los trasfondos individuales, intereses y estilos de los autores. La teología bíblica enfatiza el papel de los escritores en la composición de la Palabra de Dios, mientras se basa, por supuesto, en la supervisión divina de los escritos".[8]

NOTAS

1. J. Goldingay, "The Study of Old Testament Theology: Its Aims and Purpose", *Tyndale Bulletin*, volumen 26 (1975), 34.

2. Para una consideración, evaluación y crítica conservadora véase G. F. Hasel, "Biblical Theology Movement", en Walter A. Elwell, ed., *Evangelical Dictionary of Theology* [*Diccionario teológico de la Biblia*] (Grand Rapids: Baker, 1984), 149-152, publicado en español por Caribe; y Geoffrey W. Bromiley, "Teología bíblica", en Everett F. Harrison, ed., *Diccionario de teología* (Grand Rapids: Libros Desafío, 1999), 601-603. Para una evaluación no conservadora véase Brevard S. Childs, *Biblical Theology in Crisis* (Filadelfia: Westminster, 1970) y James Barr,

"Trends and Prospects in Biblical Theology", *Journal of Theological Studies* 25 (1974), 265-282.

3. Charles C. Ryrie, *Biblical Theology of the New Testament* [*Teología bíblica del Nuevo Testamento*] (Chicago: Moody, 1959), 12. Publicado en español por Portavoz. Véase también la útil y breve explicación de Charles C. Ryrie, *Basic Theology* [*Teología básica*] (Wheaton: Victor, 1986), 14. Publicado en español por Unilit.

4. Ryrie, *Biblical Theology of the New Testament* [*Teología bíblica del Nuevo Testamento*], 12-14.

5. Véase la explicación en Ryrie, *Biblical Theology of the New Testament* [*Teología bíblica del Nuevo Testamento*], 14-19; y Geerhardus Vos, *Biblical Theology: Old and New Testaments* (Grand Rapids: Eerdmans, 1948), 14-16.

6. Menos de treinta años, según John A. T. Robinson, *Redating the New Testament* (Filadelfia: Westminster, 1976), 352.

7. Véase Ryrie, *Biblical Theology of the New Testament* [*Teología bíblica del Nuevo Testamento*], 20-24; y Vos, *Biblical Theology*, 17-18.

8. Ryrie, *Biblical Theology of the New Testament* [*Teología bíblica del Nuevo Testamento*], 23.

PARA ESTUDIO ADICIONAL SOBRE LA TEOLOGÍA BÍBLICA

*   Geoffrey W. Bromiley, "Teología bíblica", en Everett F. Harrison, ed., *Diccionario de teología* (Grand Rapids: Libros Desafío, 1999), 601-603.

** Brevard S. Childs, *Biblical Theology in Crisis* (Filadelfia: Westminster, 1970).

** Donald Guthrie, *New Testament Theology* (Downers Grove: InterVarsity, 1981), 21-74.

** Gerhard Hasel, *Old Testament Theology: Basic Issues in the Current Debate*. Ed. rev. (Grand Rapids: Eerdmans, 1982). Esta es una obra importante por su consideración sobre la metodología de la teología del Antiguo Testamento.

** _____, "Biblical Theology Movement", en Walter A. Elwell, ed., *Evangelical Dictionary of Theology* [*Diccionario teológico de la Biblia*] (Grand Rapids: Baker, 1984), 149-152. Publicado en español por Caribe.

** Walter C. Kaiser Jr., *Toward an Old Testament Theology* (Grand Rapids: Zondervan, 1978), 1-19.

** Elmer A. Martens, *God's Design: A Focus on Old Testament Theology* (Grand Rapids: Baker, 1981).

*   J. Barton Payne, *The Theology of the Older Testament* (Grand Rapids: Zondervan, 1962), 15-24.

*   Charles C. Ryrie, *Biblical Theology of the New Testament* [*Teología bíblica del Nuevo Testamento*] (Chicago: Moody, 1959), 11-24.

*   Geerhardus Vos, *Biblical Theology: Old and New Testaments* (Grand Rapids: Eerdmans, 1948), 3-18.

2

INTRODUCCIÓN A LA TEOLOGÍA DEL ANTIGUO TESTAMENTO

EL ESTUDIO DE LA TEOLOGÍA veterotestamentaria es una tarea compleja. Los eruditos del Antiguo Testamento discrepan en cuanto al enfoque a seguir. La explicación en el apartado "Teología del Antiguo Testamento y su método" expondrá al lector a varios de estos enfoques. Sería posible estudiar el Antiguo Testamento partiendo de temas como Dios, el pecado, la salvación y otros más, pero al hacerlo así se impondría una limitación: tal estudio sería poco más que una teología sistemática del Antiguo Testamento. Debido al lapso de tiempo en cuestión, es más útil tomar las diferentes eras en las que Dios se reveló para estudiar el Antiguo Testamento. Dentro de ese marco es posible estudiar las doctrinas principales dentro de cada era (como hace Chester Lehman), cosa útil pero que no unifica el estudio. También es posible ver un tema común en las diferentes eras, como hace Kaiser en su valiosa obra. Esto es importante para ver la unidad de la teología veterotestamentaria.

Parece que es mejor ver la unidad del Antiguo Testamento como fue desarrollada alrededor del tema del "reino". El tema se enfatiza en todo el texto (Ley, Profetas y Escritos). Por todo el Antiguo Testamento Dios dispensó su reino teocrático a través de mediadores. Dios señaló a líderes humanos por medio de los cuales reveló su voluntad y se dio a conocer. La forma final y máxima del reino teocrático de Dios es el reino milenario gobernado por Jesucristo. Es, en última instancia, ese reino al cual el Antiguo Testamento anticipa.

A modo de introducción, pues, la teología del Antiguo Testamento debe mostrar el desarrollo de la revelación divina; debe hacerlo basándose en el estudio del texto veterotestamentario y debe unificar el estudio en torno al concepto de "reino" teocrático.

HISTORIA DE LA TEOLOGÍA DEL ANTIGUO TESTAMENTO[1]

Desarrollos tempranos

No hay evidencia de un estudio organizado de la teología bíblica en el Antiguo o el Nuevo Testamento. La evidencia más antigua se encuentra en Ireneo (ca. 130-200 d.C.), quien reconoció la revelación progresiva de Dios. Más tarde, Agustín (354-430 d.C.) sugirió cinco períodos históricos de la revelación divina. Durante la Reforma, los temas eran básicamente soteriológicos y, por esta razón, la teología bíblica como ciencia no se desarrolló en aquella época.

Siglo xix

Los inicios modernos de la teología bíblica se pueden trazar hasta John Philip Gabler, quien la describió así: "las ideas religiosas de las Escrituras en cuanto a hecho histórico, para poder distinguir los diferentes tiempos y temas, y de este modo diferenciar también las etapas en el desarrollo de tales ideas".[2]

Sin embargo, Gabler negaba lo sobrenatural, y el primer trabajo conservador solo apareció con *Christology of the Old Testament* [Cristología del Antiguo Testamento], de E. W. Hengstenberg (1829-1835). Antes, Georg Lorenz Bauer (1755-1806) publicó la primera teología veterotestamentaria y la dividió en teología, antropología y cristología. Después aparecieron muchas obras sobre el tema, entre las que se cuenta el trabajo monumental de Gustave Friedrich Oehler en 1873-1874.[3]

Historia de las religiones

La escuela de la historia de las religiones continuó con la tendencia del siglo xix. Se basó en la teoría evolutiva de Darwin al aplicarla a la religión. La fe hebrea no era vista como una religión única sino en relación con otras religiones, porque todas evolucionaron a partir de una fuente común. Las similitudes entre el cristianismo, el judaísmo, el budismo y el hinduismo saltaban a la vista. Así, se evaluaba el Antiguo Testamento en su desarrollo histórico y no como revelación divina.

De acuerdo con la escuela de la historia de las religiones, la teología del Antiguo Testamento aceptaba las teorías de Wellhausen, quien negaba la unidad del Antiguo Testamento pues relegaba la escritura de libros individuales a varios autores a través de un período de tiempo.[4] De este modo, el Antiguo Testamento "se redujo a una colección de materiales de períodos separados y simplemente consistía en observaciones de los israelitas sobre muchas religiones paganas diferentes".[5]

Escuela de la historia de la salvación

Como reacción al enfoque humanista aplicado a la Biblia apareció la escuela Heilsgeschichte (historia de la salvación) que buscaba enfatizar la actividad de Dios en la historia. J. C. K. von Hofmann y otros teólogos examinaron el Antiguo Testamento y notaron el desarrollo progresivo de la salvación. El énfasis de esta escuela estaba en el ministerio de Cristo durante su primera venida y en la consumación de ese ministerio en su segunda venida. Tal escuela tenía fortalezas y debilidades. Su fortaleza radicaba en el retorno a la revelación divina; su debilidad era el rechazo de la inspiración de las Escrituras (aceptaban algunas perspectivas bíblicas de la alta crítica). Dicha escuela tuvo considerable influencia hasta el siglo xx.

Neo-ortodoxia

Después de la Primera Guerra Mundial hubo un viraje en la teología del Antiguo Testamento. Las razones fueron: "(1) la pérdida general de la fe en el naturalismo evolutivo; (2) la reacción contra la convicción de que la verdad histórica solo puede alcanzarse a través de la pura 'objetividad' científica o de que tal objetividad es en efecto alcanzable; y (3) la tendencia de un retorno a la idea de la revelación en la teología dialéctica (neo-ortodoxa)".[6] Las teologías veterotestamentarias escritas a comienzos del siglo xx reflejaban la reacción contra el humanismo científico, así como la aceptación de la subjetividad de la neo-ortodoxia. La teología del Antiguo Testamento de Konig rechazaba la teoría de Wellhausen pero tenía otros defectos; Eissfeldt siguió el pensamiento de los historicistas al negar la actividad divina, aunque enfatizó la naturaleza subjetiva de la fe del teólogo al encontrar a Dios. Eichrodt rechazó la teoría de Eissfeldt aferrándose a la teoría histórica de Gabler, pero enfatizó también la naturaleza subjetiva del estudio.

Aunque la neo-ortodoxia llevó en general a una actitud más seria hacia las Escrituras, aún reconocía muchos aspectos de la alta crítica, incluyendo la negación de la inspiración verbal plenaria. Adicionalmente, las teologías veterotestamentarias escritas bajo la influencia neo-ortodoxa enfatizaron el elemento subjetivo (dejando de lado la objetividad) en su enfoque de las Escrituras.

Conservadurismo

Al comienzo del siglo xx el Seminario Princeton era el líder en teología conservadora. De su escuela llegaron algunas de las obras importantes sobre el Antiguo Testamento, principalmente *Biblical Theology* [Teología bíblica] de Geerhardus Vos. Otros hombres de Princeton, como William Henry Green, Robert Dick Wilson y B. B. Warfield, también hicieron importantes contribuciones. Más recientemente, las obras de O. T. Allis y E. J. Young, del Seminario Westminster, han aportado importantes estudios teológicos veterotestamentarios. Charles C. Ryrie, del Seminario Teológico de Dallas, también ha escrito una notable teología del Antiguo Testamento, *Las bases de la fe premilenial*, donde se ve la unidad del Antiguo Testamento en los pactos incondicionales de Dios con Israel.

TEOLOGÍA DEL ANTIGUO TESTAMENTO Y SU MÉTODO[7]

No hay consenso en cuanto a la metodología de la teología del Antiguo Testamento. En los dos siglos pasados se produjo una considerable diversidad en el desarrollo de una teología del Antiguo Testamento. Los siguientes son algunos de los enfoques que se han usado.

El método dogmático-didáctico

El término *dogmático* relaciona este método con la teología sistemática o dogmática. Sigue la estructura de Dios-hombre-salvación como la utilizó por primera vez Georg Lorenz Bauer en 1796 y más recientemente R. C. Denton. Este declara que "la afirmación más básica de la religión veterotestamentaria es que Yahvéh es el Dios de Israel e Israel es el pueblo de Yahvéh".[8]

El método genético progresivo

Este enfoque señala la revelación de Dios en eras significativas de la historia veterotestamentaria, centrada particularmente en los pactos de Dios con Noé, Abraham y Moisés. Tal es el método empleado por Chester K. Lehman, quien derivó el método de su maestro, Geerhardus Vos. Lehman declara: "Descubrimos que la línea divisoria más fundamental en la revelación divina se centra en los diferentes pactos que hizo Dios con el hombre... Mi plan será considerar individualmente y en orden los pactos de Dios con Noé, Abraham, Moisés, y a través de Cristo. Toda la enseñanza que se centre en tales pactos se considerará en relación con los mismos pactos".[9] Eichrodt también sigue este principio básico (aunque se le incluye en la siguiente categoría). Lehman también reconoce ideas de Gustave Oehler. R. E. Clements, de la Universidad de Cambridge, también podría considerarse dentro de esta categoría.[10]

El método del corte transversal

Este método fue desarrollado por Walther Eichrodt en la década de 1930, al sugerir que el pacto era el centro del estudio veterotestamentario. Él se apoya en la naturaleza histórica del Antiguo Testamento y desarrolla su teología al "hacer un corte transversal a través del proceso histórico, con lo cual deja al descubierto la estructura interna de la religión".[11] A partir del principio del pacto, Eichrodt desarrolla tres categorías principales —Dios y el pueblo, Dios y el mundo, y Dios y el hombre— para mostrar el desarrollo del pensamiento y la institución. El teólogo holandés C. Vriezen sigue una tesis similar cuando establece la comunión como el centro del estudio veterotestamentario. El énfasis está en la unidad del Antiguo Testamento. Walter Kaiser Jr. también ve unidad en el Antiguo Testamento centrada en la promesa, a la cual contribuyó conscientemente todo escritor del Antiguo Testamento.[12]

El método tópico

John L. McKenzie desarrolla una teología del Antiguo Testamento sin tener en consideración el Nuevo Testamento. En contraste con otras teologías del Antiguo Testamento que intentaban ver una relación entre los dos, McKenzie escribe como si el Nuevo Testamento no existiera. Concuerda con Harnack o Bultmann, quienes al parecer declararon que el Antiguo Testamento no es un libro cristiano.[13] McKenzie desarrolla su teología veterotestamentaria alrededor de la experiencia de Israel con Yahvéh. Al reconocer que no toda experiencia tiene igual valor, es selectivo cuando determina qué incluye en su estudio, pero enfatiza que "la totalidad de la experiencia" es importante.[14] Otras obras que se ajustan a esta categoría son *Basic Theological Structures of the Old Testament* [Estructuras teológicas básicas del Antiguo Testamento] de Georg Fohrer y *Old Testament Theology in Outline* [Esbozo de la teología del Antiguo Testamento] de W. Zimmerli.

El método diacrónico

G. von Rad, quien escribió una teología del Antiguo Testamento en dos volúmenes, dice que la teología veterotestamentaria debe "re-narrar" el *kerygma* o confesión de Israel del Antiguo Testamento, aquella que la nación de Israel declaró en su contexto histórico. No obstante, no se refería a la historia factual sino a la "interpretativa". La "re-narración" no se daba en declaraciones de fe; "eran actos por los cuales el pueblo expresaba conciencia de su relación con Dios".[15] Von Rad no encontró un tema central en su teología del Antiguo Testamento, pero se conformó con "narrar lo que dice el Antiguo Testamento acerca de su propio contenido".[16]

El método de la formación de la tradición

Hartmut Gese desarrolló una teología del Antiguo Testamento (AT) que "se debe entender esencialmente como un proceso histórico de desarrollo… No hay ni teología cristiana ni judía del AT, sino una teología del AT a la cual se llegó por medio de la formación de la tradición del AT".[17] Gese vio relación y unidad entre los dos Testamentos, de forma tal que el Nuevo Testamento "consumó el AT… lo llevó a su culminación". La unidad de los Testamentos había de encontrarse en "el proceso de la tradición" que era común a los dos. El Nuevo Testamento debía verse como la meta del Antiguo. Desde este punto de vista, Gese, al igual que von Rad, no vio un tema común o un punto central en el estudio del Antiguo Testamento. Peter Stuhlmacher, perteneciente también a la escuela de la formación de la tradición, defendió "el evangelio de la justificación en Cristo" como punto central.

El método temático-dialéctico

Puesto que W. Brueggemann ve un punto muerto en la metodología teológica del Antiguo Testamento, ha propuesto una relación dialéctica y temática, citando las obras de Terrien, Westermann y Hanson, donde cada uno usa un sistema dialéctico (un proceso de razonamiento que busca resolver el conflicto entre ideas opuestas). Por ejemplo, Terrien defiende la realidad de la presencia de Dios como el centro de la fe bíblica, con todo lo demás sujeto a ella. Tal cosa también proporciona continuidad entre el Antiguo y el Nuevo Testamento. La dialéctica empleada por Terrien es ética-estética. "El aspecto 'ético' de la dialéctica se presenta en los materiales históricos relativos a los pactos, y el 'estético' en los materiales sapienciales y los salmos".[18]

El método de la nueva teología bíblica

Brevard Childs ha hecho un llamado a una "nueva teología bíblica" que vaya más allá del método histórico-crítico (que exaltaba la razón humana como la última autoridad y trataba la Biblia como cualquier otro libro) que subyace en la mayoría de teologías veterotestamentarias. Sugiere abandonar el método histórico-crítico (rechazando con ello la escuela de la historia de las religiones) y propone como tesis el canon de la iglesia del Nuevo Testamento. Sugiere que el método normal para hacer teología del Antiguo Testamento es tratar el texto bíblico en su forma final.

Teología del Antiguo Testamento canónica y múltiple

Hasel propone algunas cosas esenciales que se deben incluir en el estudio de la teología veterotestamentaria. (1) La teología del Antiguo Testamento debe ser una teología del Antiguo Testamento canónico; es diferente de la historia de Israel o del concepto de la historia de las religiones. (2) Hasel está en contra de un centro o concepto clave en la teología del Antiguo Testamento, y más bien aboga por "proporcionar explicaciones e interpretaciones resumidas de la forma final de los escritos o bloques de escritos del AT, que permitan la emergencia y revelen la relación mutua de temas, motivos y conceptos".[19] (3) Seguir un enfoque múltiple que permita a los libros individuales y a los bloques de libros existir lado a lado con sus énfasis variantes. (4) Seguir la secuencia histórica de la fecha de origen de los libros veterotestamentarios. (5) Presentar los temas longitudinales del Antiguo Testamento tal como emergen de las teologías de los libros o grupos de libros. (6) Examinar los diferentes temas longitudinales para descubrir la relación entre ellos. (7) La teología del Antiguo Testamento debe verse como parte de un todo mayor, y en relación con el Nuevo Testamento.

"La promesa" como tema

En la popular y evangélica teología del Antiguo Testamento de Walter Kaiser se ve la unidad del Antiguo Testamento alrededor del tema de la promesa. Kaiser desarrolla una teología veterotestamentaria basada en la exégesis de las Escrituras y para ello usa la promesa del pacto abrahámico en Génesis 12:1-3, donde Dios aparta un pueblo especial para Él. Esto se ve en la frase "Yo soy el Señor tu Dios que te sacó de la tierra de Egipto", una fórmula mencionada total o parcialmente ciento veinticinco veces en el Antiguo Testamento.[20] Este tema se desarrolla en el establecimiento de Israel como el pueblo de Dios en la era mosaica, la promesa del Mesías en la era davídica y la promesa del reino futuro en la era profética.

"El designio de Dios" como tema

Otro enfoque evangélico es reconocer "que el designio de Dios es la clave del contenido del Antiguo Testamento".[21] Martens construye su tesis sobre una exégesis de Éxodo 5:22—6:8, y extrae cuatro conclusiones básicas que reflejan su teología del Antiguo Testamento: (1) "El designio inicial de Yahvéh para su pueblo es la liberación"; (2) "El designio de Yahvéh es formar una comunidad piadosa"; (3) "La intención de Yahvéh es que haya una relación continua con su pueblo"; (4) "La intención de Yahvéh para con su pueblo es que disfrute la buena vida".[22] En cuanto a esta "buena vida", Martens indica que Dios le dio a Israel la tierra en que fluye leche y miel, una tierra placentera que simboliza la vida abundante en comunidad con Yahvéh bajo condiciones ideales.

IDENTIFICACIÓN DE LA TEOLOGÍA DEL ANTIGUO TESTAMENTO

En una teología del Antiguo Testamento deben ser evidentes varios elementos. (1) Si se le va a hacer justicia al texto bíblico, es necesaria la doctrina de la inspiración de las Escrituras. No puede haber un examen verdadero del texto bíblico si el hombre se sienta a juzgarlo según el criterio de la razón humana. (2) La teología del Antiguo Testamento debe hacer partícipe a la exégesis del texto bíblico, por medio de la aplicación de los principios hermenéuticos apropiados, permitiendo con ello que el texto hable por sí mismo. Esto produce un estudio inductivo en lugar de uno deductivo. (3) La teología del Antiguo Testamento se construye sobre la premisa de la revelación progresiva y, a través de la exégesis, descubre el progreso de la revelación de Dios en la historia. (4) La teología del Antiguo Testamento examina las diferentes eras, en particular como las muestran los pactos que hizo Dios con sus mediadores, para descubrir cómo se ha revelado Él en la historia bíblica. (5) La teología del Antiguo Testamento debe discernir una unidad de las Escrituras; la revelación que el Dios de los testamentos Antiguo y Nuevo ha dado de sí mismo debe reflejar un propósito supremo y consumador por el cual Él se glorifique. Tal unidad se encuentra en el concepto del reino.

Es mejor ver la unidad y el centro o principio temático del Antiguo Testamento en el concepto del reino de Dios.[23] Este tema se puede ver desde el mismo comienzo de Génesis hasta las palabras concluyentes de los profetas. Las Escrituras indican que Dios da a conocer su voluntad en la tierra a través de mediadores.[24]

En cualquier punto de la historia, comenzando por Génesis, Dios rige su reino de mediación en la Tierra a través de los agentes señalados. Adán fue el primer mediador del reino de Dios en la Tierra; el Mesías será el mediador final.

Desde el mismo comienzo, era el propósito de Dios para el hombre que este gobernara la creación. El hombre era el rey de la Tierra.[25] Tras la Caída del hombre, Dios comenzó a obrar la restauración del reinado del ser humano en el mundo.

Los pactos incondicionales del Antiguo Testamento son importantes y además apuntan hacia el reino como el centro o tema de la teología veterotestamentaria.

EL REINO: TEMA UNIFICADOR EN LA TEOLOGÍA DEL ANTIGUO TESTAMENTO (Algunas cosas importantes para resaltar)	
MEDIADOR	**MANDATO DEL MEDIADOR**
ADÁN	Medió el mandato del reino teocrático sobre la creación. El hombre debía obedecer a Dios y someter la naturaleza y la vida animal.
NOÉ	Medió el reino teocrático por medio de la administración de la justicia. Noé instituyó la pena capital como reconocimiento de la santidad de la vida.
ABRAHAM	1. El padre de una nación a través de la cual un día Dios administraría su reinado del mundo. 2. Recibió el pacto abrahámico en el cual se prometía: (a) prosperidad, (b) posteridad, (c) bendición.
MOISÉS E ISRAEL	1. La voluntad de Dios se reveló a través de la ley mosaica. Dios era el rey; Israel el súbdito; la ley mosaica era la constitución del reino teocrático. 2. Israel medió la verdad de Dios ante las naciones por medio de la ley mosaica.
DAVID	1. David medió el mandato de Dios en la tierra durante la era davídica (ca. 1010-970 a.C.). 2. Recibió el pacto davídico que, al anticipar el reinado del Mesías, prometía: (a) una dinastía, (b) un reino, (c) un trono, (d) un reinado eterno.

continúa en la página siguiente

EL REINO: TEMA UNIFICADOR EN LA TEOLOGÍA DEL ANTIGUO TESTAMENTO (Algunas cosas importantes para resaltar)	
PROFETAS	1. Cuando los reyes apostataron, Dios levantó profetas como mediadores de su reino teocrático. 2. Los profetas tenían un mensaje doble: (a) exhortaban al pueblo a obedecer la ley mosaica en el reino teocrático; (b) profetizaban sobre la forma final del reino: el reinado milenario del Mesías. 3. Isaías vio al Mesías sufriente como fundamental para el reinado futuro del Mesías. 4. Jeremías anunció el nuevo pacto: la base sobre la cual Dios bendeciría a Israel en el futuro. El nuevo pacto anticipa a Israel como un pueblo regenerado en el reino futuro. 5. Ezequiel tuvo la visión de la adoración restaurada en el reino futuro. 6. Daniel vio que el Mesías destruía todos los reinados terrenales y establecía el reinado milenario.

En el pacto abrahámico (Gn. 12:1-3) Dios llamó a un hombre a través del cual traería redención y bendición. Bajo el pacto palestino (Dt. 30) a Israel, la descendencia de Abraham, le fue prometida una tierra donde Dios los bendeciría. No obstante, esa bendición se consumaría por medio del Mesías, un descendiente de Abraham y del rey David (2 S. 7:12-16, Mt. 1:1). Más aún, la bendición sería posible a través del pueblo regenerado, como fue prometido en el nuevo pacto (Jer. 31:31-34).

Estos cuatro pactos forman el fundamento de la teología del Antiguo Testamento; en ellos se establece que Dios redimirá y bendecirá a su pueblo. La relación y énfasis de estos pactos se puede ver en el siguiente diagrama:

ESTRUCTURA DE PACTOS EN LA TEOLOGÍA DEL ANTIGUO TESTAMENTO

PACTO ABRAHÁMICO
Gn. 12:1-3:
"tierra", "simiente", "bendición"

PACTO PALESTINO
Dt. 30:1-10:
"tierra"

PACTO DAVÍDICO
2 S. 7:12-16:
"simiente"

NUEVO PACTO
Jer. 31:31-34:
"bendición"

ÉNFASIS DE LA TEOLOGÍA DEL
ANTIGUO TESTAMENTO

La teología del Antiguo Testamento se puede resumir bajo el tema central del *reino*. Desde el comienzo de la historia y a través de mediadores señalados, Dios administró su reino mediador en el Antiguo Testamento. No obstante, todas aquellas administraciones anticipaban el reinado de mediación final: el milenio bajo el gobierno del Mesías. En particular, las pactos incondicionales veterotestamentarios definen la naturaleza del futuro reino milenario. Con el pacto abrahámico, Dios comenzó el trato con un pueblo especial, Israel. Dios les prometió una tierra, una posteridad de la que provendría el Mesías, y un pueblo sobre el cual Él reinaría y una bendición espiritual de la que el perdón formaría parte. En el resto de los escritos del Antiguo Testamento, Dios se encarga de llevar a Israel a un lugar de bendición espiritual donde sea agente de Dios para bendecir a las naciones del mundo.

A Israel le fue dado el pacto condicional mosaico como demostración de la santidad de Dios, su norma divina. Quienes entraran en comunidad con el Dios santo también debían tener el estándar divino de la santidad. Tal cosa se lograría a través del perdón prometido en el nuevo pacto (Jer. 31:31-34). Los libros proféticos añaden detalles adicionales de cómo se lograría esto. Isaías y Zacarías no solo describen al Mesías reinante, también describen al sufriente a través del cual Dios daría el perdón. Varios libros proféticos detallan cómo será la era culminante, cuando tras el retorno del Mesías, la nación de Israel se arrepienta, sea perdonada y la tierra que le fue prometida le sea restaurada (Dt. 30:1-10). Las naciones del mundo también serán bendecidas. En el programa de Dios para llevar a Israel y a los gentiles a un lugar de bendición, el pecado continuo de la raza humana y la gracia de Dios para restaurar a la humanidad errante son temas continuos del Antiguo Testamento.

Sin embargo, Dios le promete a David que por medio de un gran hijo suyo se inaugurará su reino futuro (2 S. 7:12-16). En tan magnífica declaración, Dios le promete a David que su dinastía, de la cual provendrá el Mesías, nunca terminará y que el reinado del Mesías será para siempre.

Pero, ¿cuál es el propósito de todo esto? El libro de Zacarías concluye con un énfasis apropiado: la santidad de Dios. El propósito de Dios al cortejar a su pueblo para que vuelva a tener comunión con Él es darle gloria a su propio nombre. Dios es santo y todo aquel que entre en comunión con Él debe ser santo. El día en que Dios es adorado en su santidad por un pueblo regenerado y en un mundo restaurado será en el reino milenario.

NOTAS

1. Véanse los útiles resúmenes de J. Barton Payne, *The Theology of the Older Testament* (Grand Rapids, Zondervan, 1962), 25-43; y Gerhard Hasel, *Old Testament Theology*, ed. rev. (Grand Rapids: Eerdmans, 1982), 15-34.

2. Payne, *Theology of the Older Testament*, 27.

3. Véase su concepto de la teología del Antiguo Testamento en Gustave Friedrich Oehler, *Theology of the Old Testament* (Grand Rapids: Zondervan, s.f.), 5-47.

4. Véase Gleason L. Archer Jr., *A Survey of Old Testament Introduction* [*Reseña crítica de una introducción al Antiguo Testamento*] (Chicago: Moody, 1964), 73-165, para un excelente comentario y refutación de esta teoría. Publicado en español por Portavoz.

5. Hasel, *Old Testament Theology*, 30.

6. *Ibíd.*, 31.

7. *Ibíd.*, 41-96.

8. *Ibíd.*, 43.

9. Chester K. Lehman, *Biblical Theology*, 2 vols. (Scottdale, Herald, 1971), 1:38.

10. Ronald E. Clements, *Old Testament Theology* (Atlanta: Knox, 1978).

11. Hasel, *Old Testament Theology*, 52.

12. Walter C. Kaiser Jr., *Toward an Old Testament Theology* [*Hacia una teología del Antiguo Testamento*] (Grand Rapids: Zondervan, 1978), 11. Publicado en español por Vida.

13. John L. McKenzie, *A Theology of the Old Testament* (Garden City, Doubleday, 1974), 319.

14. *Ibíd.*, 31-35.

15. Kaiser, *Toward an Old Testament Theology* [*Hacia una teología del Antiguo Testamento*], 3.

16. Hasel, *Old Testament Theology*, 72-73.

17. *Ibíd.*, 75-76.

18. *Ibíd.*, 82-83.

19. *Ibíd.*, 93.

20. Kaiser, *Toward an Old Testament Theology* [*Hacia una teología del Antiguo Testamento*], 12-13.

21. Elmer A. Martens, *God's Design: A Focus on Old Testament Theology* (Grand Rapids: Baker, 1981), 12.

22. *Ibíd.*, 18-19.

23. Eugene H. Merrill, "Daniel as a Contribution to Kingdom Theology", *Essays in Honor of J. Dwight Pentecost*, Stanley D. Toussaint y Charles H. Dyer, eds. (Chicago: Moody, 1986) 211.

24. Alva J. MacClain, *The Greatness of the Kingdom* (Chicago: Moody, 1968), 7, 197. Esta obra es muy importante en el tema del reino de mediación y se debe estudiar cuidadosamente.

25. Véase Erich Sauer, *The King of the Earth* (Grand Rapids: Eerdmans, 1962).

PARA ESTUDIO ADICIONAL SOBRE LA TEOLOGÍA DEL ANTIGUO TESTAMENTO

** John S. Feinberg, ed. *Continuity and Discontinuity* (Wheaton, Crossway, 1988).

** Gerhard Hasel, *Old Testament Theology*, 3ª ed. rev. (Grand Rapids: Eerdmans, 1982), 15-96.

** Paul R. House. *Old Testament Theology* (Downers Grove, InterVarsity, 1998).

** Walter C. Kaiser Jr., *Toward an Old Testament Theology* [*Hacia una teología del Antiguo Testamento*] (Grand Rapids: Zondervan, 1978), 1-40. Publicado en español por Vida.

* _____, "Old Testament Theology", en *New Dictionary of Theology* [*Nuevo diccionario de teología*], Sinclair B. Ferguson, David F. Wright y J. I. Packer, eds. (Downers Grove: InterVarsity, 1988), 477-479. Publicado en español por Casa Bautista de Publicaciones.

* Eugene H. Merrill, "Daniel as a Contribution to Kingdom Theology", *Essays in Honor of J. Dwight Pentecost,* Stanley D. Toussaint y Charles H. Dyer, eds. (Chicago: Moody, 1986) 211-225.

* Eugene H. Merrill, *Dominion Theology: A Theology of the Old Testament* (Nashville: Broadman and Holman, 2006).

* J. Barton Payne, *The Theology of the Older Testament* (Grand Rapids, Zondervan, 1962), 25-43.

* Allen P. Ross, *Creation and Blessing: A Guide to the Study and Exposition of Genesis* (Grand Rapids, Baker, 1988).

** John H. Sailhamer, *Introduction to Old Testament Theology: A Canonical Approach* (Grand Rapids: Zondervan, 1995).

3

TEOLOGÍA DE LA ERA EDÉNICA

LA CREACIÓN Y SU PROPÓSITO

El Creador

No se defiende la existencia de Dios. El registro respecto a Él simplemente dice "En el principio... Dios". La existencia de Dios se supone. Él se revela como *Elohim*, relacionado con el nombre *El*, cuya raíz significa "poder" o "temor". Sugiere "la grandeza o superioridad de Dios sobre todos los otros dioses".[1] El nombre Elohim identifica a Dios como "el sujeto de toda la actividad divina revelada al hombre y como el objeto para los hombres de toda verdadera reverencia y temor".[2] Enfatiza su soberanía (Gn. 24:3, Is. 37:16, 54:5), su papel como juez (Sal. 50:6, 58:11, 75:7), su majestad o gloria (Is. 40:28, 65:16), su papel como el Dios salvador (Gn. 17:8, 26:24, 28:13) y su intimidad con su pueblo (Gn. 48:15, Sal. 4:1, Jer. 23:23).

Aunque Dios se presenta como un Dios trascendente, también es inmanente, en busca de comunión con el hombre. Reconoce que la creación del hombre es muy buena (Gn. 1:31), crea al hombre a su imagen y semejanza para que pueda tener relación con él y para que el hombre gobierne sobre la tierra (Gn 1:26), habla con el hombre (Gn. 1:28-30), crea un ambiente especial para él (Gn. 1:3-25, 29-30), prueba su lealtad (Gn. 2:16-17) y lo busca (Gn 3:9).

La creación del mundo

"En el principio" describe el tiempo de la creación de Dios. No es un mito, sino un evento histórico. Génesis 1:1 da la declaración principal con tres cláusulas circunstanciales que siguen en el versículo 2; en ellas se sugiere que no hay un agujero entre 1:1 y 1:2. La palabra *creó* (*bara* en hebreo) sugiere que Dios creó *ex nihilo*, "de la nada". No reformó materiales previos (cp. Ro. 4:17, He. 11:3). Se refiere a los días de la creación así: "Y fue la tarde y la mañana", con lo cual sugiere días de veinticuatro horas. Las declaraciones "día segundo" y "día tercero" también demandan días de veinticuatro horas.[3] El relato de la creación niega cualquier forma de evolución atea, teísta o intermedia. Si el hombre es el producto de un proceso evolutivo, no es responsable ante Dios moralmente; no obstante, si Dios creó directamente al hombre, entonces este es responsable ante Dios y también fue creado de modo que pudiera caminar en santidad por su relación con Dios.

Pero, ¿cuál fue el propósito de la creación? Sin lugar a dudas, la grandeza, la inmensidad y la magnitud de la creación eran para darle la gloria a Dios.[4]

La creación del hombre

La creación del hombre fue especial y única. El hombre fue creado el último día, es el clímax de la creación divina; al final de la creación del hombre, Dios dijo que "era bueno *en gran manera*" (Gn. 1:31, cursivas añadidas). El hombre no es producto de la evolución sino de la creación directa de Dios (Gn. 1:27, 2:7, 5:1, Dt. 4:32). Génesis 1:27 da la declaración general; Génesis 2:7 aporta detalles adicionales del mismo relato. También es importante observar que Cristo reconoció que Dios creó al hombre directamente (Mt. 19:4). Dios también creó las especies individuales (Gn. 1:27). No obstante, lo particularmente significativo es que Dios creó al hombre a su imagen y semejanza. No se refiere aquí a su forma corpórea, pues Dios es espíritu (Jn. 4:24), sino a su semejanza espiritual, natural y moral. En su semejanza espiritual, el hombre como ser regenerado puede tener relación con Dios (Ef. 2:1, 5); en su semejanza natural, el hombre tiene emociones, intelecto y voluntad para conocer a Dios y tener comunión con Él; en su semejanza moral, el hombre puede conocer y obedecer los preceptos de Dios.

La responsabilidad del hombre

Según Génesis 1:26, el propósito de Dios al crear al hombre es que "señoree". Dios ubicó al hombre en el huerto para que señoreara sobre su creación. Adán era el mediador de Dios, puesto en la tierra para administrar la voluntad divina. El destino del hombre como mediador se ve más explícitamente en el Salmo 8:6-8: "Le hiciste señorear sobre las obras de tus manos; todo lo pusiste debajo de sus pies: ovejas y bueyes, todo ello, Y asimismo las bestias del campo, las aves de los cielos y los peces del mar; todo cuanto pasa por los senderos del mar". El papel de Adán como mediador de Dios era ejercer autoridad sobre toda la creación, la vida animal y vegetal. El papel de Adán era señorear sobre la creación de Dios.

Dios ubicó al hombre en un ambiente perfecto y le puso a prueba. Al hombre se le permitía comer de cualquier árbol en el huerto pero no del árbol del conocimiento del bien y del mal (Gn. 2:17). En caso de hacerlo, el resultado sería la muerte. El árbol del conocimiento del bien y del mal debía desarrollar al hombre espiritualmente; la falta de conocimiento es una señal de inmadurez (Dt. 1:39). El propósito de Dios era que el hombre alcanzara un conocimiento del bien y del mal al *no* comer la fruta. De esta forma el hombre glorificaría a Dios y señorearía sobre el reino de Dios en la tierra anterior a la Caída. Pero el hombre desobedeció a Dios y alcanzó el conocimiento del bien y del mal de la manera equivocada.[5]

CAÍDA Y JUICIO

La tentación y el pecado

Dios puso al hombre en el huerto y le dio la oportunidad de obedecerle y llevar a la raza humana a la bendición eterna (podría haber sido confirmado en justicia al comer del árbol de la vida). Era una prueba de la lealtad y obediencia de Adán hacia Dios.

La incitación para pecar vino a Eva a través de la serpiente. El hecho de que la serpiente pudiera tentar a Eva sugiere que el mal estaba presente (aunque el hombre no había pecado aún). El origen del pecado ha de ser un enigma eterno, es uno de los misterios de la vida. Aunque era la serpiente la que hablaba, el que ingenió la tentación era Satanás. Fue posible porque era "astuta" ("prudente", Mt. 10:16). La serpiente se oponía a la gloria de Dios, buscaba interrumpir la relación del hombre con Él e interrumpir el señorío del hombre sobre la creación de Dios. Satanás, a través de la serpiente, hizo dudosa la palabra de Dios (Gn. 3:1); mintió al decir que el hombre no moriría (Gn. 3:4), y lo expresó en los términos más fuertes: "No moriréis".[6] Eva cedió a la tentación y pecó de una forma usual en los seres humanos: a través de los deseos de la carne, los deseos de los ojos y la vanagloria de la vida (cp. 1 Jn. 2:16). Adán también participó del pecado; aunque Eva fue engañada (1 Ti. 2:14), Adán se dio cuenta de lo que hacía y, por lo tanto, tuvo un juicio mayor. Por esta razón Adán se constituye en el primer pecador (Ro. 5:12-21).

El juicio

Adán y Eva llegaron ahora al conocimiento del bien y del mal, pero no de la manera en que deberían haberlo hecho. Inmediatamente el mundo alrededor se veía diferente; reconocieron su desnudez, algo que no habían considerado antes (Gn. 3:7). Sus mentes se mancillaron, lo cual dificultó su relación con Dios.

Dios llamó a cuentas a Adán, el mediador de su verdad (Gn. 3:9). Como cabeza de la raza humana, Adán era el responsable. Primero Dios juzgó a la serpiente y a Satanás, que era el poder detrás de la serpiente (Gn. 3:14-15). Como la serpiente buscó exaltarse, ahora sería humillada al tener que arrastrarse sobre el vientre y comer el polvo de la tierra en su camino. Ha de entenderse que Génesis 3:15 hace referencia a Satanás. Aunque obtendría una victoria menor, la simiente de la mujer (Cristo) le daría a Satanás un golpe definitivo. Dios también juzgó a la mujer: tendría dolores en el parto (Gn 3:16) y desearía al marido,[7] quien la dominaría. El juicio sobre Adán le haría trabajar duro; la tierra se le resistiría.[8] A Adán le esperaban noticias trágicas: un día moriría. Adán y Eva murieron tanto física como espiritualmente.

La promesa de la redención

En Génesis 3:15 Dios anunció la enemistad que existiría entre Satanás y la humanidad. Este es el *protoevangelio*, el primer anuncio del evangelio en las Escrituras. Satanás recibiría un golpe destructor que le aplastaría la cabeza. Esto es una referencia a la victoria de Cristo sobre Satanás en la cruz (Col. 2:14-15; He. 2:14), con la cual Cristo haría impotente a Satanás y le permitiría al hombre restaurar su relación con Dios por siempre, cosa que haría posible el último señorío del hombre. Satanás tendría una victoria menor ("tú le herirás en el calcañar"), lo cual sugiere la muerte de Cristo; no obstante, esa misma muerte anunciaría la derrota de Satanás.

Aunque Adán y Eva pecaron, incurriendo en muerte, Dios resolvió el dilema humano al señalar un Salvador futuro que eliminaría la muerte, restauraría la relación del creyente con Dios y consumaría la historia con el reino del Mesías sobre la Tierra para restaurar todo lo que Adán perdió.

Aun cuando Adán perdió considerable autoridad en su señorío como mediador de Dios, Génesis 3:15 anticipa un futuro en el que el reino mesiánico se inaugurará y todo lo que Adán perdió se restaurará.

Resumen

Hay que destacar varias cosas en cuanto a la revelación de Dios en la era edénica. (1) Dios se reveló como omnipotente y soberano en la creación del universo y del mundo. (2) Dios es santo y demanda obediencia para la relación con Él. (3) Dios es un Dios de gracia, como se manifiesta en la promesa del Salvador. (4) El hombre es la cúspide de la creación de Dios, creado a imagen y semejanza de Dios para tener relación con Él y para señorear sobre su creación. (5) El hombre es una criatura responsable, que le debe rendir cuentas a un Dios santo. El hombre se constituye pecador a través del pecado de Adán. (6) Dios comienza su programa de redención cuando promete un Salvador a Adán y Eva. La promesa anticipa el triunfo supremo del Mesías sobre Satanás y provee la base para el reino restaurado.

Notas

1. Jack B. Scott, "El", en *Theological Wordbook of the Old Testament*, 2 vols., R. Laird Harris et. al., eds. (Chicago: Moody,1980), 1:42.

2. *Ibíd.*, 1:44.

3. Siempre que la cifra aparece con la palabra hebrea *yom* (día), se requieren días de veinticuatro horas. Véase también el excelente estudio de Weston W. Fields, *Unformed and Unfilled* (Nutley, N.J.: Presbyterian & Reformed, 1976).

4. Erich Sauer, *The Dawn of World Redemption* [*La aurora de la redención del mundo*] (Exeter: Paternoster, 1964), 25-29. Publicado en español por Vida.

5. C. F. Keil y F. Delitzsch, *Biblical Commentary on the Old Testament* [*Comentario al texto hebreo del Antiguo Testamento*], 25 vols. (Reimpresión, Grand Rapids: Eerdmans, 1968), 1:84-86. Publicado en español por Clie.

6. La construcción hebrea es un infinitivo absoluto, lo cual expresa énfasis cuando precede inmediatamente al verbo.

7. El significado de la palabra *deseo* (heb. *shuq*, "ansias violentas") es difícil de determinar puesto que solo se utiliza tres veces en el Antiguo Testamento (Gn. 3:16; 4:7; Cnt. 7:10). Puede hacer referencia al deseo sexual, como en Cantares 7:10; deseo de estar bajo su dominio o tal vez deseo de dominarlo.

8. La palabra que describe el trabajo duro de Adán (heb. *yizabon*, Gn. 3:17) también describe el dolor de Eva en el parto (Gn. 3:16).

PARA ESTUDIO ADICIONAL SOBRE LA ERA EDÉNICA

* William Dyrness, *Themes in Old Testament Theology* (Exeter: Paternoster, 1979).

** E. W. Hengstenberg, *Christology of the Old Testament* (Reimpresión, Grand Rapids: Kregel, 1970), 13-24.

** Walter C. Kaiser Jr., *Toward an Old Testament Theology* [*Hacia una teología del Antiguo Testamento*] (Grand Rapids: Zondervan, 1978), 71-79. Publicado en español por Vida.

* Allen P. Ross, *Creation and Blessing: A Guide to the Study and Exposition of Genesis* (Grand Rapids: Baker, 1988).

* Geerhardus Vos, *Biblical Theology: Old and New Testaments* (Grand Rapids: Eerdmans, 1948), 27-44.

Creación

Phillip E. Johnson, *Proceso a Darwin* (Grand Rapids: Portavoz, 1993).

Tom Woodward, *Doubts about Darwin* (Grand Rapids: Baker, 2003).

4

TEOLOGÍA DE LA ERA NOÉICA

CAINITAS Y SETITAS

EL PERÍODO NOÉICO es testigo de la degradación y el deterioro de la raza humana. Esta era marca la división entre la línea piadosa de Set y la línea impía de Caín; surgen dos ramas distintas de la humanidad. Se podría caracterizar el período como una descripción del "desarrollo natural de la raza humana… (mientras) la revelación, en lugar de tener aquí un carácter positivo en general, conlleva uno negativo. Se contentaba con otorgar un *mínimo* de gracia".[1]

La tendencia decadente de pecado durante el período comienza con el asesinato de Abel a manos de Caín (Gn. 4:1-8). Caín se ofendió cuando Dios reconoció la ofrenda de Abel, quien había llevado una ofrenda mejor porque la entregó por la fe (He. 11:4). El Señor le advirtió a Caín que el pecado estaba "a la puerta" (Gn. 4:7). Keil y Delitzsch describen el pecado como "una bestia salvaje al acecho en la puerta del corazón humano que desea ávidamente devorar su alma (1 P. 5:8)".[2] Caín mató a su hermano Abel en un acto premeditado y fue desterrado por el Señor (Gn. 4:8-11). La tierra que había recibido la sangre inocente de Abel ahora se resistiría a Caín; con dificultades y trabajo duro extraería el producto de la tierra (Gn. 4:12).

Con el acto asesino de Caín se desarrolló una nueva civilización. Surge la vida en las ciudades (4:16-17), tiene lugar la poligamia (4:19), se desarrollan las artes (4:21), la metalurgia avanza la causa del hombre (4:22), pero la violencia también es evidente (4:23). Parece que en el desarrollo de la civilización el hombre, aparte de Dios, intentó mitigar los efectos de la maldición.[3]

Génesis 5 traza la descendencia de la línea setita aparte de la línea cainita. Los setitas representan la línea piadosa mientras los cainitas representan la impía. El contraste es notorio: el quinto descendiente de Caín es Lamec, el primer polígamo; el quinto descendiente de Set fue Enoc, el primero en caminar con Dios. Más aún, fue la línea setita la que comenzó la adoración a Dios (Gn. 4:26).

EL DILUVIO

Génesis 6 describe la continuación del deterioro de la raza humana, cosa que dio como resultado el juicio de Dios a través del diluvio noéico.

¿Por qué es Noé el único justo cuando la línea setita se estableció como línea piadosa? Aunque la controversia sobre la identificación de "los hijos de Dios" (Gn. 6:2) es considerable, en el contexto general parece mejor sugerir que esta expresión se refiere a la línea piadosa de Set, mientras "las hijas de los hombres" hace referencia a la línea impía de Caín.[4] Con la mezcla de matrimonios entre los setitas piadosos y los cainitas impíos, la raza humana se corrompió completamente, se hundió al nivel de la "carne", lo cual sugiere debilidad, linaje pecaminoso y abandono a una vida de pecado.[5] El pecado del hombre cubrió la tierra habitada, era intenso y estaba profundamente arraigado (Gn. 6:5). El período marca la rebelión manifiesta del hombre contra el reino de Dios y la autoridad constituida.

Como el mediador del reinado de Dios, Noé era el único justo en un mundo pecaminoso (Gn. 6:9-11). Noé era recto con Dios y los hombres: era justo (heb. *zedek*) ante los hombres e intachable (heb. *tamim*) ante Dios (6:9).[6] El contraste entre Noé y el mundo es notorio: Noé era justo mientras el mundo era corrupto; Noé caminó con Dios pero el mundo se lleno de violencia.

El pecado demanda juicio y el Señor anunció su justo juicio sobre el pecado (Gn. 6:7, 13); su Espíritu no contendería con el del hombre. El concepto doble de juicio y bendición, tan frecuente en el Antiguo Testamento, se ve de nuevo en Génesis 6:7-8. Aunque Dios prometió juzgar a la humanidad pecadora, también anunció su bendición sobre Noé. El reino mediador de Dios se establecería a través de la línea noéica.

PACTO NOÉICO

El primer acto de Noé después del diluvio fue construir un altar y adorar a Dios (Gn. 8:20). Este es el primer relato del Antiguo Testamento que menciona la adoración a Dios mediante un sacrificio de sangre en un altar. Los holocaustos se revelarían después como ofrendas dedicatorias (Lv. 1:1-7).

Tras haber anunciado con anterioridad su pacto (Gn. 6:18), Dios lo estableció con Noé después del diluvio (Gn 9:9). El pacto noéico establece principios por medio de los cuales el hombre regirá sobre la creación de Dios en la tierra. (1) Dios proveyó para que la raza humana siguiera existiendo (9:1). Al hombre se le ordenó llenar la tierra porque la población se había reducido a ocho personas. Ya no está presente el mandato de sojuzgar la tierra (cp. Gn. 1:28, 9:1), tal cosa se perdió por el pecado. (2) Los animales empezaron a temer al hombre (9:2). Antes los animales se habían sometido voluntariamente al hombre, pero puesto que ahora el hombre sería carnívoro, Dios puso miedo en los animales para protegerlos y preservarlos. (3) Provisión para sostener la vida humana (Gn. 9:3-4). El hombre no iba a ser solo vegetariano; ahora se le había dado carne para comer.

Sin embargo, la sangre no debía ingerirse porque representaba la vida (cp. Lv. 17:14). (4) La provisión para proteger la vida humana (Gn. 9:5-6). Como administrador del reino de Dios, Noé debía guardar la santidad de la vida humana. Dios puso valor en la vida humana hasta el punto de que quien matara a otro hombre tendría que perder su propia vida. Dios veía el asesinato como un ataque a *Él mismo* porque el hombre está hecho a la imagen de Dios. Tal enseñanza es consecuente tanto en el Antiguo como en el Nuevo Testamento (Éx. 21:12-24; Lv. 24:17, 21; Nm. 35:29-34; 2 S. 4:9-12; Ro. 13:4). No se podía ejercer la venganza personalmente como un vengador de sangre, sino a través de la autoridad gubernamental constituida.[7] (5) Dios prometió no volver a enviar un diluvio que destruyera a toda la humanidad (Gn. 9:11).

Noé fue el mediador del pacto de Dios con toda la humanidad. También es un pacto incondicional en cuanto a que no hay condiciones ligadas al pacto. Dios señaló que era algo que Él haría (Gn. 6:18; 9:9, 11).

BENDICIÓN DE SEM

Aunque la humanidad solo estaba compuesta por ocho personas, Dios señaló que una vez más bendeciría a la raza humana. Tal como antes había anunciado la bendición mediante de la simiente de la mujer, ahora anunciaba la bendición futura a través de la línea de Sem (Gn. 9:26), con lo cual estrechaba la línea de mediadores. La declaración "bendito sea el SEÑOR" (NVI) sugiere que la fe verdadera se preservaría entre los descendientes de Sem.[8] Más aún, la declaración revela que los descendientes de Sem están en relación con el Señor. La traducción "SEÑOR", impresa en letras mayúsculas en algunas versiones del Antiguo Testamento en español, como la Nueva Versión Internacional, corresponde al tetragrámaton YHWH. Antes se pronunciaba Jehová, pero probablemente debería pronunciarse Yahvéh. El nombre es importante porque después pasa a denotar al Señor en su relación de pacto con Israel. Esto se anticipa en Éxodo 6:3. La declaración también sugiere que el Mesías prometido, quien establecería el reino, vendría a través de la línea de Sem.

Los descendientes de Sem se pueden trazar hasta la historia de Israel. Arfaxad (Gn. 10:22) "es el antepasado de los hebreos".[9] Heber (Gn. 10:24) al parecer es la fuente del nombre *hebreo* e identifica a Abraham como uno de sus descendientes (Gn. 14:13).[10] A los descendientes de Jafet también se les prometió bendición (Gn. 9:27). El nombre Jafet quiere decir "ser ancho", lo cual sugiere una expansión sobre un área amplia. En la bendición de Jafet se usa el nombre Elohim; el nombre sugiere a "Dios como creador y gobernador del mundo, porque respeta principalmente las bendiciones terrenales, no las espirituales; aunque Jafet también sería partícipe de tales bendiciones".[11]

Aunque Dios había juzgado al mundo depravado mediante el diluvio, se anuncia la bendición futura de todos los pueblos. Tal bendición se originaría a través del Dios del pacto, Yahvéh, con el pueblo de su pacto, los descendientes de Sem. Ahora Dios revela que Él administrará el programa de su reino a través de la línea semita, y en el futuro a través de los hebreos.

LA TORRE DE BABEL

Las personas encontraron una llanura para asentarse en la tierra de Sinar (Gn. 11:2). Decidieron construir allí una ciudad "y una torre, cuya cúspide llegue al cielo" (v. 4). Algunos creen que se trataba de un zigurat, una plataforma elevada en la que se llevaba a cabo la adoración.[12] Cuando el Señor vio lo que las personas hacían, confundió su lengua para evitar que siguieran con su construcción. La terminología para describir la acción de Dios es esclarecedora. Son evidentes la trascendencia e inmanencia de Dios (Gn. 11:7). Quien estaba distante desciende para ver qué estaba haciendo la humanidad. La Trinidad también se insinúa en el plural de la declaración: "descendamos".

El pecado de la humanidad fue: (1) se rebelaron en contra de un mandamiento explícito de Dios (Gn. 9:1); (2) estaban buscando su propia gloria, no la gloria de Dios. Declararon: "Vamos, hagamos ladrillo... Vamos, edifiquémonos una ciudad... hagámonos un nombre" (Gn. 11:3-4); (3) querían hacerse un nombre (Gn. 11:4). Querían construir una torre que les diera honra; (4) querían evitar la dispersión, de modo que construyeron una torre que se constituyera en un punto de reunión.[13] En lugar de construir el reino de Dios, querían construir su propio reino.

Dios logra su propósito por medio de la confusión del lenguaje. Las personas fueron esparcidas y se cumplió su mandamiento de llenar la tierra (Gn. 9:1).

RESUMEN

Dios se reveló a las personas durante el período noéico. (1) Él es un Dios justo, demanda obediencia a sus mandamientos. (2) Dios no pasa por alto el pecado; Él juzga el pecado. (3) Dios es trascendente e inmanente. El Dios que es "absolutamente otro" también es el Dios que se relaciona con la humanidad. (4) Dios recibe la adoración de su pueblo. La primera mención de adoración con un sacrificio de sangre se menciona en esta era. (5) Dios es soberano; su voluntad se cumplirá. (6) Dios bendecirá al pueblo hebreo y finalmente a todas las naciones de la tierra a través de Sem, la línea mesiánica. El reino se anticipó a través de Sem.

Notas

1. Geerhardus Vos, *Biblical Theology: Old and New Testaments* (Grand Rapids: Eerdmans, 1948), 45.

2. C. F. Keil y F. Delitzsch, *Biblical Commentary on the Old Testament* [*Comentario al texto hebreo del Antiguo Testamento*], 25 vols. (Reimpresión, Grand Rapids: Eerdmans, 1968), 1:112. Publicado en español por Clie.

3. Howard F. Vos, *Genesis* [*Génesis*] (Chicago: Moody, 1982), 32-33. Publicado en español por Portavoz.

4. Hay evidencias considerables a favor de las dos perspectivas. Véanse Vos, *Genesis* [*Génesis*], 36-37 y Gleason L. Archer Jr., *Encyclopedia of Bible Difficulties* (Grand Rapids: Zondervan, 1982), 72-78. Keil y Delitzsch hacen la importante observación de que "tomaron para sí mujeres" es una expresión común en el Antiguo Testamento para referirse al matrimonio. No hace referencia a la fornicación. Por lo tanto, no se puede referir a los ángeles. Si se estuviera hablando de los ángeles sería un acto de fornicación, no un matrimonio (véase Keil y Delitzsch, *Biblical Commentary on the Old Testament* [*Comentario al texto hebreo del antiguo Testamento*], 1:131).

5. H. C. Leupold, *Exposition of Genesis* (Grand Rapids: Baker, 1942), 1:255-256.

6. Derek Kidner, *Genesis* (Downers Grove, InterVarsity, 1967), 87.

7. Así lo entienden prominentes eruditos del Antiguo Testamento: Keil y Delitzsch, *Biblical Commentary on the Old Testament* [*Comentario al texto hebreo del antiguo Testamento*], 1:153; Vos, *Genesis* [*Génesis*], 50; Leupold, *Genesis*, 333 y John Davis, *Paradise to Prison* (Grand Rapids, Baker, 1975), 127-128.

8. E. W. Hengstenberg, *Christology of the Old Testament* (Reimpresión, Grand Rapids: Kregel, 1970), 24. Esta es una obra clásica que sigue las profecías de Cristo en el Antiguo Testamento. El estudiante serio debería consultarla.

9. Allen Ross, "The Table of Nations in Genesis 10—Its Content", *Bibliotheca Sacra*, tomo 138 (enero a marzo de 1981), 28.

10. Vos, *Genesis* [*Génesis*], 54.

11. Keil y Delitzsch, *Biblical Commentary on the Old Testament* [*Comentario al texto hebreo del antiguo Testamento*], 1:159.

12. William White y E. M. Baiklock sugieren que la fecha precede al tiempo de los zigurats. Compare "Babel, Tower of", en *The New International Dictionary of Biblical Archaeology,* Edward M. Blaiklock y R. K. Harrison, eds. (Grand Rapids, Zondervan, 1983), 85.

13. Vos, *Genesis* [*Génesis*], 56.

Para estudio adicional sobre la era noéica

* William Dyrness, *Themes in Old Testament Theology* (Exeter: Paternoster, 1979).

* Walter C. Kaiser Jr., *Toward an Old Testament Theology* [*Hacia una teología del Antiguo Testamento*] (Grand Rapids: Zondervan, 1978), 80-83. Publicado en español por Vida.

** J. Barton Payne, *The Theology of the Older Testament* (Grand Rapids, Zondervan, 1962).

** Geerhardus Vos, *Biblical Theology: Old and New Testaments* (Grand Rapids: Eerdmans, 1948), 45-65.

5

TEOLOGÍA DE LA ERA PATRIARCAL

EL CONCEPTO DEL REINO se hace más evidente en Génesis 12. Este capítulo marca un cambio en el trato de Dios con la humanidad. En los capítulos anteriores Dios trataba con toda la humanidad en general. Con el pecado de la raza humana establecido, Dios inicia un proceso con un grupo especial para bendecir y redimir a toda la humanidad caída. Abraham se convierte en la figura central a través de la cual obrará Dios. Él promete una bendición a Abraham y a su posteridad que redundará en el advenimiento del Mesías, con bendición para los hebreos y para las naciones del mundo en el reino milenario.

PACTO ABRAHÁMICO[1]

Naturaleza del pacto

Dios determinó que llamaría a un pueblo especial a través del cual bendeciría a todas las naciones. El pacto abrahámico es de suprema importancia para entender apropiadamente el concepto del reino, y es fundamental en la teología del Antiguo Testamento. (1) El pacto abrahámico se describe en Génesis 12:1-3 y es un pacto *incondicional*. No hay condiciones adjuntas a él (no hay cláusulas que hagan su cumplimiento dependiente del hombre). (2) También es un pacto *literal* en el sentido de que sus promesas deben entenderse literalmente. La tierra que es prometida debe entenderse en su interpretación normal o literal, no es una figura del cielo. (3) Es un pacto *eterno*. Las promesas que Dios le hizo a Israel son eternas.

Características del pacto

Hay tres características principales del pacto abrahámico.

La promesa de la tierra (Gn. 12:1). Dios llamó a Abraham de Ur de los caldeos hasta una tierra que Él le daría (Gn. 12:1). Tal promesa se reitera en Génesis 13:14-18, donde se confirma con un pacto de calzado; su dimensión se da en Génesis 15:18-21 (con lo cual se excluye la noción de que se cumpla en el cielo). En Deuteronomio 30:1-10, el pacto palestino, también se expande el concepto de la tierra en el pacto abrahámico.

La promesa de la descendencia (Gn. 12:2). Dios le prometió a Abraham que haría de él una gran nación. A Abraham, con setenta y cinco años y sin hijos (Gn. 12:4), se le prometieron muchos descendientes. Esta promesa se amplía en Génesis 17:6, donde Dios prometió que naciones y reyes serían descendientes del anciano patriarca. Tal promesa (que se expande en el pacto davídico de 2 S. 7:12-16) resultaría a la larga en el reino del Mesías sobre el pueblo hebreo desde el trono de David.

La promesa de la bendición y la redención (Gn. 12:3). Dios prometió bendecir a Abraham y a las familias de la tierra por medio de él. La promesa se amplía en el nuevo pacto (Jer. 31:31-34; cp. He. 8:6-13), y tiene que ver con "la bendición espiritual y redención de Israel".[2] Jeremías 31:34 anticipa el perdón del pecado.

La naturaleza incondicional y eterna del pacto se ve en el hecho de que es reafirmado a Isaac (Gn. 21:12; 26:3-4). Las promesas en primera persona y futuro sugieren el aspecto incondicional del pacto. El pacto incluso se le confirma a Jacob (Gn. 28:14-15). Cabe destacar que Dios reafirmó estas promesas en medio de los pecados de los patriarcas, cosa que enfatiza más la naturaleza incondicional del pacto abrahámico.

Cumplimiento del pacto

El método que Dios usa para cumplir el pacto abrahámico es literal en el sentido de que Dios cumplió parcialmente el pacto en la historia:[3] Dios bendijo a Abraham con la tierra que le dio (Gn. 13:14-17); Dios lo bendijo espiritualmente (Gn. 13:8, 18; 14:22, 23; 21:22); Dios le dio muchos descendientes (Gn. 22:17; 49:3-28).

No obstante, el elemento importante del pacto abrahámico demanda el cumplimiento futuro del reino del Mesías. (1) Israel como nación poseerá la tierra en el futuro. Varios pasajes del Antiguo Testamento anticipan la bendición futura de Israel y su posesión de la tierra tal como se le prometió a Abraham. Ezequiel ve un día futuro en el que a Israel se le restaurará la *tierra* (Ez. 20:33-37, 40-42; 36:1—37:28). (2) Israel como *nación* se convertirá y Dios la perdonará y restaurará (Ro. 11:25-27). (3) Israel se arrepentirá y recibirá el *perdón* de Dios en el futuro (Zac. 12:10-14). El pacto abrahámico tendrá su cumplimiento final en conexión con el retorno del Mesías para rescatar y bendecir a Israel, su pueblo. Dios prometió en Génesis 12:1-3 bendecir a las naciones de la tierra a través de Israel. Esa bendición final se entregará con el perdón de los pecados y el reino glorioso del Mesías en la tierra.

RESUMEN

La revelación progresiva de Dios se hace visible durante la era abrahámica. Dios actúa para resolver el dilema del pecado en el que ha entrado la raza humana. En lugar de tratar con toda la humanidad en general, como había hecho anteriormente, Dios comienza su obra con un individuo, Abraham, a través del cual llamaría a un pueblo especial. Dios bendecirá a las naciones de la tierra por medio de este pueblo. Los descendientes de Abraham serán los mediadores de la voluntad de Dios en la tierra, y es a través del pueblo de Israel que vendrá el Mesías y establecerá su reino. De este modo, Dios prometió bendición a través de los descendientes de Abraham, una bendición que posteriormente incluiría el perdón de los pecados (Jer. 31:34).

NOTAS

1. Vea las siguientes explicaciones del pacto abrahámico: J. Dwight Pentecost, *Things to Come* [*Eventos del porvenir*] (Grand Rapids: Zondervan, 1958), 65-94, publicado en español por Vida; Charles C. Ryrie, *The Basis of Premillenial Faith* [*Las bases de la fe premilenial*] (Neptune: Loizeaux, 1953), 48-75, publicado en español por Portavoz; y John F. Walvoord, *The Millenial Kingdom* (Grand Rapids: Zondervan, 1959), 139-158.

2. Pentecost, *Things to Come* [*Eventos del porvenir*], 71.

3. Ryrie, *The Basis of Premillenial Faith* [*Las bases de la fe premilenial*], 50-52.

PARA ESTUDIO ADICIONAL SOBRE LA ERA PATRIARCAL

* William Dyrness, *Themes in Old Testament Theology* (Exeter: Paternoster, 1979).

** Walter C. Kaiser Jr., *Toward an Old Testament Theology* [*Hacia una teología del Antiguo Testamento*] (Grand Rapids: Zondervan, 1978), 84-99. Publicado en español por Vida.

** Elmer A. Martens, *God's Design: A Focus on Old Testament Theology* (Grand Rapids: Baker, 1981), 31-36.

* Charles C. Ryrie, *The Basis of Premillenial Faith* [*Las bases de la fe premilenial*] (Neptune: Loizeaux, 1953), 48-75. Publicado en español por Portavoz.

** Geerhardus Vos, *Biblical Theology: Old and New Testaments* (Grand Rapids: Eerdmans, 1948), 66-99.

6

TEOLOGÍA DE LA ERA MOSAICA

CUANDO JACOB Y SUS HIJOS descendieron con sus familias a Egipto, componían una gran familia emigrante; no obstante, cuando comienza el libro de Éxodo, la familia de Jacob se ha convertido en una nación. Tal nación será el instrumento clave de la revelación de Dios a la humanidad. Cuando los hicsos y, posteriormente, los egipcios oprimieron a Israel, Dios determinó liberar a los israelitas de la esclavitud. En Éxodo 12, durante el apogeo de las plagas, Dios envió al ángel de la muerte por todo Egipto. El que untara sangre de cordero en los postes y dinteles de las puertas de sus casas sería redimido; se requería un acto de fe para pintar con sangre las puertas de las casas. Esta gran obra para liberar a Israel de Egipto presagiaba un acto mayor de redención que Dios llevaría a cabo a través de un descendiente de Jacob: el Mesías. Dios llevó al pueblo redimido al Sinaí, donde estableció un pacto con la nación. Dios estaba apartando a los israelitas como pueblo especial para Él. A través del pacto mosaico, Israel llegó a ser el mediador del reino teocrático de Dios sobre la tierra.

ISRAEL: EL PUEBLO DE DIOS

En Éxodo 19 Dios ratifica un tratado condicional con Israel: el pacto mosaico. El patrón del pacto sigue la forma del antiguo tratado entre señor y vasallo.[1] La naturaleza condicional del pacto establece lo que el señor (el rey) ha hecho por sus súbditos (vasallos). Entonces se exponen las condiciones del pacto al pueblo, y ellos quedan obligados a obedecer al rey. El señor, por su parte, promete proteger y proveer a sus súbditos. Su bendición de protección y provisión es contingente a la obediencia de los súbditos. Si le obedecen, pueden esperar su bendición; si le desobedecen, pueden esperar castigo.

EL FORMATO DE TRATADO ENTRE SEÑOR Y VASALLO DEL PACTO MOSAICO EN ÉXODO 19		
Elementos del tratado	**Éxodo 19**	**Elementos mosaicos**
Preámbulo tradicional	v. 3*b*	Reconocimiento del rey
Prólogo histórico	v. 4	Recordatorio de la provisión divina pasada
Estipulaciones generales	v. 5*a*	Condiciones que Israel debe cumplir
Bendiciones prometidas	vv. 5*b*-6*a*	Promesa de bendición

Este tratado, conocido como el pacto mosaico, fue ratificado por el Señor y la nación de Israel. El Señor le recordó al pueblo su obligación: obedecerle (Éx. 19:5). El pueblo aceptó el pacto cuando dijo "Todo lo que Jehová ha dicho, haremos" (Éx 19:8). Con la ratificación del pacto nació la nación de Israel, mediadora del reino teocrático de Dios sobre la tierra.

MEDIADOR A LAS NACIONES

Dios prometió hacer de Israel "un reino de sacerdotes, y gente santa" (Éx. 19:6). Dios apartó a Israel para ser mediador de su verdad a las otras naciones. Era un mandato misionero. Un sacerdote es un mediador, representa al pueblo ante Dios; en ese sentido, toda la nación de Israel estaba llamada a ser mediadora del reino de Dios ante las naciones de la tierra. El sacerdocio de Israel era universal. "Estaban llamados a ser mediadores de la gracia de Dios ante las naciones de la tierra, tal como en Abraham serían 'benditas todas las familias de la tierra'".[2]

El curso de la historia de Israel fue de fracaso en fracaso; por lo tanto, nunca atendió a su propósito divino como mediador de la verdad de Dios. Isaías prevé el futuro en que el verdadero israelita, el Mesías, cumplirá el destino del Señor para la nación. Israel como nación estaba llamada a ser luz espiritual para las naciones del mundo. Fracasó; pero a la larga el Mesías será heraldo de la luz de Dios a las naciones, cuando establezca el reinado milenario (Is. 42:6; 49:6; 51:4; 60:1, 3).

Tales declaraciones de Isaías están en los pasajes del Siervo; en ellos se describe cómo la luz de Dios irá a las naciones. Será a través de su Siervo, el Mesías, aquel sobre quien Dios pondría su Espíritu (Is. 42:1); Él llevaría la luz de Dios a los gentiles (Is. 42:6; 49:6). El resultado será la bendición de Dios hasta los confines de la tierra prometida al patriarca, Abraham (Gn. 12:2-3). Pero el Mesías también restaurará a la nación caída (Is. 49:6), todo lo que Adán perdió. Las condiciones del Edén, anteriores a la caída, existirán una vez más a través del reino glorioso del Mesías, cuando la tierra conozca su verdad (Is. 51:3-4). En aquel día Dios honrará de nuevo a los descendientes de Abraham, Jerusalén llegará a ser el centro de la verdad, y las naciones del mundo correrán a Israel para conocer esa verdad (Is. 60:1-3).

Constitución de la nación

Tras haber ratificado el pacto con la nación de Israel, Dios le entregó al pueblo su constitución, que comprende gran parte de Éxodo, Levítico y Deuteronomio. Eran las estipulaciones del pacto que Israel debía obedecer en el reino de mediación si quería disfrutar la bendición de Dios.

La Ley se puede dividir en tres categorías: leyes civiles, ceremoniales y morales.[3]

La ley moral

Se encuentra principalmente en los Diez Mandamientos (Éx. 20:2-17; Dt. 5:6-21), aunque no se restringe a ellos. Los Diez Mandamientos se listan en dos categorías: los de la relación del hombre con Dios, que cubre los primeros cuatro mandamientos (Éx. 20:2-11) y los de la relación del hombre con el hombre, que cubre los últimos seis mandamientos (Éx. 20:12-17). La ley moral comienza con la declaración "Yo soy Jehová tu Dios, que te saqué de la tierra de Egipto..." (Éx 20:2). Por lo tanto, "el estándar de medida de la ley moral para decidir qué era correcto o errado, bueno o malo, estaba fijado en el carácter inquebrantable e impecablemente santo de Yahvéh, el Dios de Israel. Su naturaleza, atributos, carácter y cualidades proporcionaban la medida de toda decisión ética".[4]

La ley civil

La ley civil relaciona un gran número de las leyes que aparecen en Éxodo 21:1—24:18, así como en Levítico y Deuteronomio. Tales leyes reflejan los intereses sociales según los cuales los israelitas vivirían interesándose genuinamente por sus vecinos en el reino de mediación. Las leyes hacen referencia a los esclavos, las injurias a los demás, los derechos de propiedad, la opresión a las viudas y los huérfanos, los préstamos de dinero y muchos otros asuntos.

La ley ceremonial

La ley ceremonial, descrita principalmente en Éxodo 25:1—40:38, así como en Levítico y Deuteronomio, tiene que ver con el tabernáculo, las vestiduras y función de los sacerdotes y los sacrificios y ofrendas.

Debe notarse que estas categorías están entremezcladas en el texto de Éxodo a Deuteronomio; se pueden describir los tres aspectos de la ley dentro de un contexto dado. Tampoco es siempre fácil distinguir entre los tres aspectos de la ley. En cualquier caso, la ley era la constitución de Israel con el Señor, el Rey. Israel tenía que obedecer esta ley para poder disfrutar las bendiciones del Señor, su soberano en el reino de mediación. Cuando Israel desobedecía la ley, la función del profeta era hacer que el pueblo regresara a la obediencia de la ley.

La adoración de la nación

Al llamar a un pueblo especial, Dios también proveyó un medio para que la joven nación se pudiera encontrar con Él; de este modo decretó la adoración en el tabernáculo, por medio de la cual Israel podría acercarse al Dios santo e infinito. Allí el Señor se encontraría con Israel (Éx. 25:22; 29:42, 43; 30:6, 36).

El Señor le ordenó a Israel que construyera un tabernáculo que (1) proporcionaría la forma en que Dios iba a habitar en medio de la nación

(Éx. 25:8); (2) proporcionaría la forma en que Dios iba a revelar su gloria (Éx. 40:34-35); (3) proporcionaría la forma en que el pueblo pecador se iba a acercar al Dios santo, porque era el centro de la adoración propiciatoria (Lv. 17:11); (4) sería un recordatorio de la separación entre el Dios santo y su pueblo pecador; y (5) anticiparía la redención de Cristo (He. 8:5).

El tabernáculo estaba dividido en dos habitaciones, el Lugar Santo y el Lugar Santísimo. Dios le ordenó a Israel que dejara un cofre de madera, llamado arca, en el Lugar Santísimo y que cubriera el arca con un propiciatorio. Aquí habitaba Dios con la nación (Éx. 25:22). A la entrada del atrio del tabernáculo estaba el altar de los holocaustos, allí el sacerdote ofrecía día a día sacrificios al Señor (Éx. 29:38). Servía para recordarle a la nación que se requería sangre para acercarse a Dios. Los sacerdotes, pertenecientes a la tribu de Leví, se apartaban como mediadores entre la nación y el Dios santo. Servían en la adoración del tabernáculo. Todo el sistema de adoración del tabernáculo recordaba la infinita santidad de Dios; le recordaba a la nación que se necesitaba un mediador para acercarse a Dios.

PACTO PALESTINO

El libro de Deuteronomio anticipa la posesión de la tierra por parte de Israel. El pueblo viajó por el desierto y llegó al lado oriental del Mar Muerto a la espera de poseer la tierra. Este es un énfasis importante del libro, pues "el escritor de Deuteronomio repite sesenta y nueve veces el compromiso de que Israel poseería y heredaría la tierra que le fue prometida".[5] El Señor reiteró la naturaleza condicional del pacto al decir que la obediencia era necesaria para la bendición (Dt. 28:1-14), en tanto que cita los juicios por la desobediencia (Dt. 28:15-68). Los juicios anticiparon las dispersiones de Asiria (722 a.C.), Babilonia (586 a.C.) y Roma (70 d.C.) (Dt. 28:64). No obstante, Dios reveló que cuando todas esas calamidades terminaran, Israel volvería a poseer la tierra (Dt. 30:1-10). Tal cosa se cumpliría en el reino milenario.

Naturaleza del pacto
J. Dwight Pentecost describe la naturaleza del pacto palestino como sigue: "(1) La nación será arrancada de la tierra por su infidelidad (Dt. 30:1-3); (2) habrá un arrepentimiento futuro de Israel (Dt. 28:63-68); (3) su Mesías regresará (Dt. 30:3-6); (4) a Israel se le restaurará la tierra (Dt. 30:5); (5) Israel como nación se convertirá (Dt. 30:4-8; cp. Ro. 11:26-27); (6) los enemigos de Israel serán juzgados (Dt. 30:7); (7) entonces la nación recibirá toda su bendición (Dt. 30:9)".[6]

La importancia del pacto palestino llega hasta el punto de reafirmarle a Israel el título de propiedad de la tierra. La promesa del pacto palestino no se abroga por el pacto condicional mosaico.[7] Al pacto palestino se le llama eterno (Ez. 16:60), porque es parte del pacto incondicional abrahámico y es una ampliación de él.

Cumplimiento del pacto

Un estudio de Deuteronomio 28—30 muestra que Dios predijo la apostasía de Israel y su dispersión bajo Asiria, Babilonia y Roma antes de que ocupara la tierra. Antes de que se cumpla el pacto palestino, Israel debe llegar primero a un lugar de arrepentimiento y conocimiento del Mesías (Zac. 12:10-14) y reunirse en la tierra desde todas las naciones en que el pueblo se haya asentado durante el milenio. Por tanto, el pacto palestino es un evento escatológico, futuro, cuyo cumplimiento se dará cuando Israel se apropie de la tierra en el reinado milenario.

RESUMEN

La adoración mosaica mostró revelaciones adicionales relativas a Dios. (1) Dios es santo; no es posible acercarse a Él sin un mediador. La santidad de Dios también se ve en que Él requiere la rectitud moral de su pueblo, y por lo tanto lo sujetó a un código moral. (2) Dios es inmanente en el sentido de que cuida de su pueblo y habita con él. (3) La sangre es importante en la adoración al Dios santo. Es necesaria como expiación por el pecado, y sin sangre es imposible acercarse a Dios. (4) La obra mediadora del sacerdocio levítico apunta al Mediador cuya obra reconciliará de una vez por todas a la humanidad pecadora con el Dios santo. (5) Dios ha hecho un pacto con un pueblo especial: Israel. En la era veterotestamentaria Dios tiene un reino de mediación sobre Israel a través de los mediadores establecidos.

NOTAS

1. Véase George E. Mendenhall, *Law and Covenant in Israel and the Near East* (Pittsburgh: Biblical Colloquium, 1955) y Meredith G. Kline, *Treaty of the Great King* (Grand Rapids: Eerdmans, 1963).

2. Walter C. Kaiser Jr., *Toward an Old Testament Theology* [*Hacia una teología del Antiguo Testamento*] (Grand Rapids: Zondervan, 1978), 109. Publicado en español por Vida.

3. *Ibíd.*, 114-118 y Leon Wood, *A Survey of Israel's History* (Grand Rapids: Zondervan, 1970), 148-150.

4. Kaiser, *Toward an Old Testament Theology* [*Hacia una teología del Antiguo Testamento*], 114.

5. *Ibíd.*, 124.

6. J. Dwight Pentecost, *Things to Come* [*Eventos del porvenir*] (Grand Rapids: Zondervan, 1958), 97. Publicado en español por Vida.

7. *Ibíd.*, 97.

Para estudio adicional sobre la era mosaica

* William Dyrness, *Themes in Old Testament Theology* (Exeter: Paternoster, 1979).

** Walter C. Kaiser Jr., *Toward an Old Testament Theology* [*Hacia una teología del Antiguo Testamento*] (Grand Rapids: Zondervan, 1978), 100-121. Publicado en español por Vida.

* Elmer A. Martens, *God's Design: A Focus on Old Testament Theology* (Grand Rapids: Baker, 1981), 37-115.

** Geerhardus Vos, *Biblical Theology: Old and New Testaments* (Grand Rapids: Eerdmans, 1948), 100-182.

7

TEOLOGÍA DE LA ERA MONÁRQUICA

MEDIANTE LA PROMESA ORIGINAL a Abraham, Dios prometió bendecir al patriarca con una posteridad innumerable. Dios prometió darle a Abraham un gran nombre y hacer de él una bendición a través de su posteridad. En el pacto davídico de 2 S. 7:12-16 se amplía la promesa de Génesis 12:2 concerniente a tales descendientes. Dios le prometió a David un hijo —Salomón— que establecería el trono; más aún, el linaje de David se perpetuaría hasta que al final resultara en el reinado del Mesías, quien tendría un reino político, un gobierno terrenal que duraría para siempre.

PACTO DAVÍDICO

El concepto del reino alcanza su cénit en el pacto davídico, con su predicción del reino milenario futuro del más grande de los hijos de David, el Mesías.

Naturaleza del pacto
En 2 Samuel 7, Dios le prometió a David lo siguiente: "(1) David iba a tener un hijo que lo sucedería y establecería su reino; ese hijo aún no había nacido. (2) Este hijo (Salomón), y no David, debía construir el templo. (3) El trono de su reino se establecería para siempre. (4) A su hijo no se le quitaría el trono aun cuando sus pecados justificaran el castigo. (5) La casa, el trono y el reino de David se establecerían para siempre".[1]

Salomón, el hijo de David, se establecería en el trono de Israel, y Dios prometió que las bendiciones del pacto davídico continuarían a través de Salomón. La esencia del pacto davídico se da en 2 Samuel 7:16 y contiene cuatro elementos importantes. (1) *La casa*. Se refiere a la dinastía real de David; Dios le prometió a David una posteridad continua que sería el linaje real de David. Tal promesa verificó que el linaje de David no se destruiría, sino que resultaría en el Mesías que reinaría sobre la tierra. (2) *El reino*. La palabra *reino* tiene que ver con un pueblo y un dominio sobre el cual el rey gobernará; es la esfera de señorío del rey. Es un reino político. (3) *El trono*. El trono sugiere la autoridad y el poder del rey en su gobierno. (4) *Para siempre*. Esta expresión enfatiza que a la familia de David no se le quitará nunca su derecho a gobernar; más aún, la posteridad de David no cesará de gobernar a la casa de Israel.

Cumplimiento del pacto

Cuando se examina el cumplimiento inicial de las promesas hechas a David se puede entender la naturaleza del cumplimiento final del pacto. El trono de Salomón era un trono político y literal, así que el cumplimiento final a través del Mesías también será literal y político (así como espiritual). Dios le reitera a David el cumplimiento futuro del pacto davídico en el Salmo 89. Dios le juró a David que su linaje continuaría para siempre y que David tendría un descendiente que gobernaría sobre los reyes de la tierra (Sal. 89:3-4, 27-29, 33-37).

Hay otros salmos que anticipan el establecimiento del reinado mesiánico. El Salmo 110, conocido como "el salmo puramente mesiánico", anticipa que el Mesías subyugará ante Él a las naciones de la tierra, su juicio a los reyes de la tierra (110:5-6) y el señorío subsiguiente (110:2). Refleja la conquista de los enemigos (110:1). El Salmo 2 tiene un énfasis semejante. A pesar de la rebelión de las naciones incrédulas, Yahvéh instala al Mesías en Sion, el monte santo de Jerusalén, desde donde gobernará la tierra.

Los profetas del Antiguo Testamento también esperaban un cumplimiento literal del pacto davídico a través del Mesías. Reiteraron las promesas del cumplimiento futuro en medio del pecado y la apostasía de Israel (y sugirieron así la naturaleza incondicional del pacto).[2] Isaías profetizó sobre el Hijo que sería dado y que gobernaría desde el trono de David (Is. 9:6-7), habló sobre el reinado justo del Mesías (Is. 11:4-5). Jeremías vio un tiempo de paz en el que el "Renuevo de justicia" haría "juicio y justicia en la tierra" (Jer. 33:15). Jeremías prometió la continuación de la línea davídica que le permitiría al Mesías, descendiente de David, cumplir la promesa (Jer. 33:15-17, cp. también 23:5-6; 30:8-9). Ezequiel también anticipó el cumplimiento del pacto davídico: en él, David (un título del Mesías), regiría sobre el pueblo (Ez. 37:24-28). Es importante notar que Ezequiel le profetizó a una nación que había apostatado continuamente y que estaba cautiva en Babilonia por sus pecados. Oseas también reafirmó el pacto (Os. 3:4-5), al igual que Amós (Am. 9:11) y Zacarías (Zac. 14:4, 9).

"De este modo, el Antiguo Testamento proclama un reino que sería establecido en la tierra por el Mesías, el Hijo de David, como heredero del pacto davídico. Los judíos esperaban ese reino porque tomaban literalmente las palabras de Dios, que repetida y fuertemente confirmaban las esperanzas y promesas del pacto con David".[3]

Resumen

Aunque hasta este punto el Antiguo Testamento ha enfatizado considerablemente la alienación del hombre respecto a Dios debido al pecado, la era monárquica ha revelado que Dios actuará al final para liberar al hombre de su subordinación al pecado. Lo hará a través del Mesías, un descendiente de David. Al final Dios le dará al Mesías el reino político y espiritual sobre Israel y sobre las naciones, a las que el Mesías gobernará con justicia.

Notas

1. John F. Walvoord, *The Millenial Kingdom* (Grand Rapids: Zondervan, 1959), 195 y Walter C. Kaiser Jr., *Toward an Old Testament Theology [Hacia una teología del Antiguo Testamento]* (Grand Rapids: Zondervan, 1978), 143-164 (una explicación de la promesa en 2 S. 7). Publicado en español por Vida.

2. Walvoord, *The Millenial Kingdom*, 196-197 y Charles C. Ryrie, *The Basis of Premillenial Faith [Las bases de la fe premilenial]* (Neptune: Loizeaux, 1953), p. 80. Publicado en español por Portavoz.

3. Ryrie, , *The Basis of Premillenial Faith [Las bases de la fe premilenial]*, 88-89.

Para estudio adicional sobre la era monárquica

* William Dyrness, *Themes in Old Testament Theology* (Exeter: Peternoster, 1979).

** Walter C. Kaiser Jr., *Toward an Old Testament Theology [Hacia una teología del Antiguo Testamento]* (Grand Rapids: Zondervan, 1978), 143-164. Publicado en español por Vida.

** Elmer A. Martens, *God's Design: A Focus on Old Testament Theology* (Grand Rapids: Baker, 1981), 117-189.

* Charles C. Ryrie, *The Basis of Premillenial Faith [Las bases de la fe premilenial]* (Neptune: Loizeaux, 1953), 76-104. Publicado en español por Portavoz.

TEOLOGÍA DE LA ERA PROFÉTICA

Función del profeta

LOS PROFETAS DE ISRAEL jugaban un papel importante porque declaraban las bendiciones del reino futuro de Israel, bendiciones concernientes a la promesa original hecha a Abraham en Génesis 12:1-3 y ampliada en los pactos palestino (Dt. 30:1-10) y davídico (2 S. 7:12-16).

La labor profética fue establecida en Deuteronomio 18:15-18, y anticipaba inmediatamente al gran profeta a quien el pueblo escucharía, el Mesías (Dt. 18:18). Se han utilizado diferentes términos para describir al profeta. El término hebreo *nabí* significa "vocero" y denota a "alguien que se llamó o designó para proclamar el mensaje de Dios como heraldo".[1] El segundo término hebreo para describir al profeta es *raá*, que significa "ver" (1 S. 9:9); esta es la palabra más antigua para profeta y básicamente es sinónimo de *nabí*.[2] *Raá* era la designación popular, mientras que *nabí* era el término técnico.[3] El tercer término, *vidente*, significa "ver o contemplar" y también es sinónimo de *raá*. Los tres términos se usan en 1 Crónicas 29:29, lo cual sugiere que son sinónimos.[4]

Una función importante del profeta del Antiguo Testamento como administrador del reino teocrático fue llamar a Israel para que volviera a la ley mosaica a la cual los israelitas estaban atados al Señor por el tratado entre señor y vasallo.[5] La ley mosaica era un pacto condicional por el que Dios prometió bendecir a los israelitas si ellos le obedecían, pero si ellos le desobedecían, los castigaría. Otra de las funciones (entre varias) de los profetas era proclamar mensajes predictivos. La culminación de estos mensajes tenía relación con el futuro de Israel bajo el reinado del Mesías.

Anticipación del Siervo: Isaías

Del libro de Isaías se ha dicho que es el Romanos del Antiguo Testamento. El profeta Isaías hace una descripción majestuosa del Mesías por medio del cual Dios llevaría luz a las naciones, redimiría a Israel, entregaría el perdón y bendeciría universalmente a la tierra en el reinado milenario.

Las profecías de Isaías se entremezclan con anuncios de juicios inminentes y bendiciones futuras. Tales bendiciones describen el día en que Israel se arrepentirá de sus pecados y disfrutará de la bendición de la restauración de la tierra en el reinado del Mesías. En la teología de Isaías es fundamental el llamado del profeta narrado en Isaías 6.[6] En esta teofanía, Isaías vio la gloria del Señor en el trono y rodeado de querubines. A Isaías también se le recordó la santidad de Dios (Is. 6:3). La nación de Israel debía reconocer la santidad de Dios y caminar en santidad (Lv. 11:44). Después, el profeta describe el día futuro en que Israel será santo para el Señor y la gloria del Señor llenará la tierra.

En general, Isaías es sorprendentemente descriptivo cuando habla de la bendición para Israel y las naciones en el reino futuro del Mesías. El profeta se refiere al Mesías como "el renuevo de Jehová" (Is. 4:2); el Mesías surgirá de la línea davídica y traerá bendición para toda la tierra. El Mesías será además Emanuel, "Dios con nosotros", en su vida y ministerio (Is. 7:14). Está claro en Mateo 1:23 que la profecía se cumple con el nacimiento de Cristo. La presencia de Cristo demuestra el "Dios con nosotros" en sus palabras y obras, porque él realizó las obras y habló las palabras de Dios.

Isaías lo describe como un "niño... nacido" y "un hijo... dado"; el primero sugiere su humanidad y el segundo su divinidad (Is. 9:6). Los títulos del Mesías en Isaías también enfatizan su divinidad: "Admirable, Consejero" (cp. 28:29), "Dios Fuerte" y "Padre Eterno" (Is. 9:6).

Isaías enfatiza que la bendición del Mesías no es solo para Israel sino para todas las naciones del mundo. El área conocida en Galilea como "Galilea de los gentiles", un área despreciada, se volverá gloriosa por la presencia del Mesías (Is. 9:1-2; cp. 42:6; 49:6). Pero el Mesías también está destinado a gobernar. Como descendiente del linaje de David, ejercerá el señorío sobre la tierra en el reino futuro (Is. 9:7). Su gobierno será justo y equitativo (Is. 11:1-5). Pero estará precedido por el juicio de las naciones y del mundo (Is. 24:1-23). En aquel momento el Mesías bendecirá a Israel (Is. 14:1-2) y a las naciones (Is. 25:6-12) y restaurará todo lo que Adán perdió. La maldición de la muerte desaparecerá con el reinado del Mesías (Is. 25:8). Durante el reinado la tierra conocerá la verdad porque el Mesías, el Maestro, guiará a las personas a su verdad (Is. 30:20-21). Traerá sanidad al mundo (Is. 35:5-6), sanidad que será eficaz para quienes caminen en santidad (Is. 35:8).

Al desarrollar su tema de la gloria futura de Israel, Isaías muestra la forma en que Dios traerá bendición para Israel y las naciones de la tierra. Tendrá como base el perdón de los pecados; por lo tanto, Isaías no solo trata con el Mesías reinante sino con el Mesías sufriente, que son la misma persona. El Mesías sufrirá una muerte violenta como sustituto de los pecados del mundo (Is. 52:13—53:12).[7]

La teología de Isaías proporciona una idea clave del método en que Dios resolverá el dilema del pecado en la raza humana. A través del Mesías, el pecado será expiado y la gloria de Dios se manifestará en la tierra en el futuro reino milenario.

ANTICIPACIÓN DEL PUEBLO REGENERADO:
EL NUEVO PACTO

El nuevo pacto, anunciado previamente por el profeta Jeremías, explica cómo Israel habrá de disfrutar las bendiciones del reino: a través del corazón regenerado.

Naturaleza del nuevo pacto

El profeta Jeremías anunció la invasión inminente de Nabucodonosor y la subsiguiente cautividad en Babilonia. Pero Jeremías vio el día futuro en que Dios restauraría las fortunas de Israel y los llevaría de vuelta a la tierra (Jer. 30:3). Tal restauración sería escatológica, porque le ocurriría a Israel después de la gran tribulación (Jer. 30:7). Jeremías profetizó la reconstrucción de Jerusalén en ese día futuro (Jer. 30:18-24) y las bendiciones del reino resultante (Jer. 31:1-12). La bendición de Israel en ese día futuro estaría basada en el nuevo pacto que Dios haría con Israel (Jer. 31:31-34). Ese nuevo pacto se hizo con la nación de Israel (Jer. 31:31), y se contrastaría con el pacto antiguo, el pacto mosaico, que no podía producir justicia en el pueblo.

Hay once provisiones en el nuevo pacto:[8]

(1) El nuevo pacto es un pacto de gracia incondicional que se apoya en promesas divinas de primera persona… (2) El nuevo pacto es para siempre… (3) El nuevo pacto también promete impartir una nueva mente y un nuevo corazón, algo que puede llamarse regeneración… (4) El nuevo pacto provee para la restauración de la bendición y el favor de Dios… (5) El perdón del pecado también se incluye en el pacto: "perdonaré la maldad de ellos, y no me acordaré más de su pecado" (Jer. 31:34b). (6) También se incluye la morada del Espíritu Santo. Esto puede verse al comparar Jeremías 31:33 con Ezequiel 36:27. (7) El ministerio de enseñanza del Espíritu Santo se manifestará y los corazones obedientes conocerán la voluntad de Dios… (8) Como siempre ocurre, mientras Israel esté en su tierra tendrá bendición material de acuerdo con las provisiones del nuevo pacto… (9) Se reconstruirá el santuario de Jerusalén, porque está escrito: "pondré mi santuario entre ellos para siempre. Estará en medio de ellos mi tabernáculo" (Ez. 37:26b-27a).[10] La guerra cesará y la paz reinará, de acuerdo con Oseas 2:18… (11) La sangre de nuestro Señor Jesucristo es el fundamento de todas las bendiciones en el nuevo pacto, porque "por la sangre de tu pacto serás salva; yo he sacado tus presos de la cisterna en que no hay agua" (Zac. 9:11).

Cumplimiento del pacto

Aunque el nuevo pacto se cita en Hebreos 8, no se puede concluir que el nuevo pacto se cumple en la Iglesia, porque en Jeremías 31:31, al igual que en Hebreos 8:8, se dice que el pacto se hizo con "el pueblo de Israel y con la tribu de Judá". El pacto se cumplirá con la nación con la cual se estableció.[9] Como se ve en el contexto de Jeremías 31, el tiempo del cumplimiento del nuevo pacto es escatológico. En la sección de Jeremías 30—33 se establece el escenario de Jeremías 30:3, donde se declara que "vienen días", lo cual sugiere un marco escatológico (cp. Jer. 31:27). Jeremías 30:7 describe el período de tribulación futura, en tanto que el resto de Jeremías 30 habla del milenio. Otros profetas también consideran que el nuevo pacto es escatológico y por ende futuro (Is. 55:3; Ez. 16:60, 62; 20:37; 34:25-26, Os. 2:18-20).[10] Isaías relaciona el cumplimiento del nuevo pacto con el retorno del Mesías y el perdón de Israel (Is. 59:20-21). Jeremías lo relaciona con la restauración de la tierra a Israel (Jer. 32:37, 40-41). "La sucesión de eventos determinada por los profetas es que primero Israel se reunirá y se le devolverá su tierra, después experimentarán las bendiciones del nuevo pacto *en su tierra*... El cumplimiento de las profecías requiere de la reunión de todo Israel, su renacimiento espiritual y el retorno de Cristo".[11] El nuevo pacto no se cumple en la Iglesia sino en el reino futuro.

ANTICIPACIÓN DE LA ADORACIÓN RENOVADA: EZEQUIEL

El profeta Ezequiel describe la restauración de Israel a su tierra, su regeneración y su adoración renovada en el reino milenario.

Justo antes de que Nabucodonosor destruyera el templo en el año 586 a.C., la gloria de Dios abandonó el templo (Ez. 11:23). La santidad de Dios fue ofendida por la idolatría y apostasía del pueblo de Israel. Habían violado el pacto mosaico, que los había atado al Señor, y su fe se había prostituido. No obstante, Ezequiel predijo un día futuro en que a Israel se le devolvería su tierra (Ez. 36:1—37:28) y adoraría a Dios en un nuevo templo futuro durante el reino milenario (Ez. 40:5ss). Ezequiel dice que el retorno de la gloria de Dios al nuevo templo futuro llegará del oriente, por donde se había ido (Ez. 43:2-4).

Detalladamente, Ezequiel dice que el pueblo convertido y restaurado adorará a Dios bajo nuevas circunstancias en el templo milenario. Ezequiel 33—48 es escatológico: describe la forma en que Dios convertirá a la nación y le devolverá la tierra. Bajo el título de David, el Mesías será su Rey y su Pastor (Ez. 34:23-24). Dios los llevará de vuelta a su tierra, allí disfrutarán del descanso y la paz del reino (Ez. 36:1—37:28). Cuando Dios le dé un nuevo corazón y ponga en él su Espíritu Santo, el pueblo hebreo se convertirá (Ez. 36:25-27). Después que el Señor destruya a su enemigo del norte (Ez. 38:1—39:6), la tierra estará limpia y preparada para la adoración en el milenio. Los capítulos 40—48 describen en detalle la adoración al Señor durante el milenio.[12]

Hay al menos cinco propósitos diferentes para el templo en el milenio.

(1) *Demostrar la santidad de Dios*... (La) infinita santidad del gobierno y naturaleza de Jehová... se ha desatado en furia y ha cuestionado la idolatría y rebelión del que ha llamado su pueblo... Tal situación ha hecho necesario el... juicio del Israel pecador... junto con... las naciones vecinas impías... Después vendrá el despliegue de la gracia divina para restaurar la nación pródiga para Él... (2) *Proporcionar un lugar de habitación para la gloria divina*... Este es "el lugar de mi trono, el lugar donde posaré las plantas de mis pies, en el cual habitaré entre los hijos de Israel para siempre" (43:7)... (3) *Perpetuar el memorial de sacrificios*. Por supuesto, no es un sacrificio ofrecido para obtener la salvación; es sacrificio conmemorativo de la salvación que se tiene en la presencia de la gloria revelada de Jehová... (4) *Proporcionar el centro del gobierno divino*. Cuando la gloria divina hace del templo su residencia, el anuncio no solo dice que el templo es el lugar de habitación de Dios, también es el centro del que emana el gobierno divino. "Este es el lugar de mi trono" (43:7)... (5) *Dar la victoria sobre la maldición* (47:1-12). El profeta vio una corriente de agua maravillosa por debajo del umbral de la fachada del templo, que brotaba y fluía en dirección al oriente con un volumen de agua siempre crecientes hasta que llegaba a su plenitud en el Mar Muerto, cuyas aguas venenosas reciben sanidad... El vidente vio que, en el trayecto del agua de vida, las orillas se vestían con profusión de frondosos árboles cuyas hojas no se marchitaban y su fruto no faltaba, y servían como medicina y alimento.[13]

Ezequiel comenzó su profecía con una descripción de la gloria de Dios (Ez. 1:4-28) y concluyó el libro con una descripción del retorno de la gloria de Dios al templo del milenio (Ez. 43:2). Así, Ezequiel describe el juicio y la victoria de Dios sobre el pecado; gracias a ella se puede manifestar otra vez su gloria a su pueblo Israel y a las naciones del mundo.

ANTICIPACIÓN DEL QUINTO REINO: DANIEL

Daniel es considerablemente detallado para describir la destrucción de los falsos reinos y el establecimiento del reinado del Mesías.

Dios le permitió a Daniel interpretar sueños y visiones que preveían la consumación que Dios haría de esta era. Nabucodonosor, rey de Babilonia, tuvo un sueño que Daniel interpretó como la extensión del período de dominación gentil sobre Israel. Daniel interpretó para Nabucodonosor que los cuatro reinos eran el babilonio, el medo-persa, el griego y el romano (Dn. 2:36-43). Tras la desaparición de los cuatro reinos, Daniel vio otro reino que nunca sería destruido: "desmenuzará y consumirá a todos estos reinos, pero él permanecerá para siempre" (Dn 2:44). Este era el quinto reino, el reino del Mesías. Tal reino aplastaba los cuatro reinos precedentes con la roca que se desprendía "sin la ayuda de nadie", lo cual sugiere que el reino del Mesías no tiene origen humano (Dn. 2:45).

En el capítulo 7, un pasaje paralelo, se dice que el Hijo del Hombre (un título del Mesías) destruyó las mismas cuatro potencias gentiles y sometió el reino al Anciano de días (Dn. 7:13-14). El pueblo hebreo convertido florecerá en este nuevo reino (Dn. 7:27). Más aún, Daniel describe las setenta semanas (490 años) reservadas para el pueblo hebreo. Las setenta semanas describen el plan de Dios para quitar el pecado ("para terminar la prevaricación, y poner fin al pecado, y expiar la iniquidad", 9:24) y establecer su reino de justicia sobre la tierra ("para traer la justicia perdurable, y sellar la visión y la profecía, y ungir al Santo de los santos", 9:24). En la historia se han cumplido sesenta y nueve semanas (483 años), que culminaron con la muerte de Cristo en el año 33 d.C. (Dn. 9:26). La semana número setenta (siete años) pertenece al futuro en el que Israel sufrirá durante la tribulación y bajo "el príncipe que ha de venir" (Dn. 9:26). Sin embargo, el príncipe (llamado popularmente el anticristo) que se opone a Israel será destruido (Dn 11:45). A Israel se le rescatará de la opresión, y quienes hayan muerto resucitarán (Dn. 12:1-2). Daniel describe una resurrección "para la vida eterna" y una resurrección de "vergüenza y confusión perpetua" (Dn. 12:2). Sin lugar a dudas, estas resurrecciones estarán separadas por el período milenario.

Daniel ha descrito detalladamente la consumación de esta era. Dios es soberano, hace lo que quiere y consumará esta era de acuerdo con lo que bien le parezca (Dn. 2:21; 4:35). Las potencias del mundo gentil que se hayan opuesto a Dios y a su verdad serán conquistadas y destruidas; Israel, la nación oprimida, será rescatada y establecida en el futuro reino milenario. La gloria de Dios se manifestará en el reino por venir (Dn. 12:3).

ANTICIPACIÓN DEL DÍA DEL SEÑOR: JOEL

El profeta Joel da una mayor idea del concepto del reino por medio de su descripción del juicio futuro de Israel, las naciones y las bendiciones milenarias.

Joel, a la luz de la terrible plaga de langostas que había devastado la nación, llamó al arrepentimiento al pueblo de Judá (Jl. 2:12-13). La plaga de langostas prefiguraba el día del Señor (1:15), un concepto que relaciona tres características: (1) puede denotar cualquier juicio de Dios en la historia; (2) puede denotar un juicio escatológico; (3) puede significar las bendiciones de la era milenaria.[14] Así, el día del Señor es "ese período que comienza en el trato de Dios con Israel después del arrebatamiento al comienzo de la tribulación, y se extiende a la segunda venida y el reino de la era milenaria, hasta la creación del cielo nuevo y la tierra nueva después del milenio".[15] Joel dedica 2:18—3:21 a describir este énfasis escatológico del día del Señor, tanto en su juicio como en su bendición futura.

Tras haber exhortado al pueblo al arrepentimiento, Joel habla de un día futuro en el que Israel se arrepiente: "Entonces el Señor mostró amor por su tierra y perdonó a su pueblo" (2:18, NVI). Joel describe el día futuro en que Dios actuará para bendecir a Israel en el reino milenario: (1) la tierra será productiva (2:21-27); (2) Israel vivirá en paz (2:26); (3) el Señor habitará en medio de su pueblo (2:27); (4) se derramará el Espíritu sobre la nación (2:28-32).[16]

El día de la bendición futura también es el día de la destrucción de los enemigos de Israel. En aquel tiempo del arrepentimiento de Israel, Dios juzgará a la naciones en función del trato que le dispensaron a Israel (3:2-6). El Señor será exaltado cuando juzgue a las naciones (3:9-17), y el mundo reconocerá que el Señor es el Dios de Israel, cuya morada está en Jerusalén (3:17). Joel describe la consumación de esta era con la bendición de Dios sobre la tierra de Israel (3:18-21). En aquel día su pueblo redimido será santo, tal como Dios lo había planeado. Jerusalén será santo y todo lo que more en ella será santo para el Señor (3:17).

ANTICIPACIÓN DEL ADVENIMIENTO DEL MESÍAS: ZACARÍAS

Dios le dio al profeta Zacarías ocho visiones nocturnas para enfatizar el juicio sobre las naciones y el futuro glorioso de su pueblo Israel en el reino. El significado de las visiones, que tenían implicaciones a corto y largo plazo, se puede ver en el diagrama de la página siguiente.

Las visiones analizan el sufrimiento de Israel (1:7-17), que termina cuando el Mesías destruye a sus opresores (1:21). Después que se destruyan los enemigos de Israel, Jerusalén disfruta de expansión y crecimiento (2:1-13), cosa que solo ocurrirá después que la nación se haya limpiado de la profanación del pecado (3:1-10). Entonces Israel cumplirá su función de ser luz a las naciones, la intención original de Dios para la nación (Is. 49:6; 60:1-3; Zac. 4:1-14). Pero antes de que Israel pueda experimentar la bendición, Dios revelará su santidad y juzgará el pecado individual (5:1-4) y nacional (5:5-11) de acuerdo con su santo criterio. El juicio se hará desde Jerusalén, el centro santo del Dios santo (6:1-8).

El Mesías, que es llamado el Renuevo, inaugurará las bendiciones del reino (6:12) y gobernará como sacerdote y rey (6:13). En la presentación de las dos cargas (caps. 9—14), Zacarías describe cómo se instaurará la era del reino glorioso. Será por la obra del Mesías que llegará humildemente a Jerusalén (9:9) como el Buen Pastor pero será rechazado y vendido por treinta piezas de plata en lugar del pastor inútil (11:12-17). Al Buen Pastor lo hiere (13:6) y lo mata su propio pueblo (13:7). Con todo, en su segunda venida, llegará en triunfo, rescatará al pueblo arrepentido (12:10-14), lo liberará de sus enemigos (14:1-4), exaltará a Jerusalén como bastión de la verdad (14:10) y regirá sobre las naciones del mundo en el reino (9:10).

VISIONES DE ZACARÍAS		
Visión	**Significado inmediato**	**Cumplimiento futuro**
PRIMERA (1:7-17)	Animar en medio de la dominación gentil: el templo se construirá.	Liberación de la dominación gentil.
SEGUNDA (1:18-21)	Se arrebatará el poder de las naciones que tenían el dominio.	El Mesías pone fin a "los tiempos de los gentiles": Babilonia, Medo-Persia, Grecia y Roma.
TERCERA (2:1-13)	En esos días se restaurará y reconstruirá Jerusalén.	Prosperidad y bendición de Jerusalén en el milenio.
CUARTA (3:1-10)	Josué, que representa a la nación, queda limpio y por ello la nación puede servir a Dios.	El Mesías limpia a la nación, lo cual le permite a Israel ser luz para las naciones.
QUINTA (4:1-14)	El poder de Dios, ministrado a través de Josué y Zorobabel, les permite completar el templo (4:6-7).	El poder de Dios, ministrado a través del Mesías, le permite a la nación ser la luz del mundo.
SEXTA (5:1-4)	Dios juzgará rápidamente el pecado individual en la nación restaurada.	Dios juzgará el pecado al final de "los tiempos de los gentiles".
SÉPTIMA (5:5-11)	Dios juzgará a los explotadores comerciales durante la restauración (Neh. 5:1-13).	La explotación comercial malvada de las naciones será juzgada y eliminada permanentemente.
OCTAVA (6:1-8)	Dios está listo para juzgar a los enemigos de Israel.	Dios juzgará a las naciones: Asiria del norte, Babilonia, Roma, y Egipto del Sur.

El Mesías se ha encargado del pecado. En aquel día todo el que habite en la presencia del Señor estará limpio de pecado y será santo, porque el Señor es santo (14:20-21).

RESUMEN

Los libros proféticos han proporcionado el concepto en desarrollo del trato futuro de Dios para con Israel y el mundo. Los profetas presentan una descripción expandida de la obra del Mesías en la primera y la segunda venida, y se centran en el establecimiento final del reino futuro. Isaías detalla la expiación por sustitución que Él hace (Is. 52:13—53:12) mientras que Zacarías también destaca los sufrimientos del Mesías (Zac. 11:12-13; 13:6-7). No obstante, se pone un gran énfasis en la segunda venida del

Mesías y en su reino glorioso sobre la tierra. De estrecha relación con tal evento es el arrepentimiento, perdón y restauración de Israel. Ambas cosas van de la mano, porque es a través de Israel que Dios bendecirá las naciones del mundo. De este modo, éstos son los eventos interrelacionados que describen los profetas. Pero el enfoque final no está en Israel; está en la gloria de Dios. El ministerio de Isaías, y también el de Ezequiel, se enfocó en el Dios santo (Is. 6; Ez 1). Isaías habló sobre la era de un reino futuro en que solo los santos tendrán relación con el Dios santo (Is. 35:8); Ezequiel detalló la adoración futura al Dios santo, que aparece en gloria con su pueblo (Ez 43:2, 4-5). Zacarías concluye con énfasis en la santidad de Dios (Zac. 14:20-21). El reconocimiento y la adoración de la santidad de Dios se alcanzarán en la era del reino futuro.

NOTAS

1. Gleason L. Archer Jr., *A Survey of Old Testament Introduction* [*Reseña crítica de una introducción al Antiguo Testamento*] (Chicago: Moody, 1964), 284. Publicado en español por Portavoz.

2. Francis Brown, S. R. Driver y C. A. Briggs, *A Hebrew and English Lexicon of the Old Testament* (Oxford: Clarendon, 1968), 611, 909.

3. E. J. Young, *My Servants the Prophets* (Grand Rapids: Eerdmans, 1952), 63-64. Este es el volumen más importante en que se considera el significado, la naturaleza y la función del profeta en el Antiguo Testamento.

4. Véase también que J. A. Motyer, "Profecía, Profetas" en James D. Douglas, ed., *Nuevo diccionario bíblico Certeza* (Buenos Aires: Certeza Unida, 203), 1103, sugiere que los tres términos son sinónimos.

5. Véase Alva J. McClain, *The Greatness of the Kingdom* [*La grandeza del reino*] (Chicago: Moody, 1968), 116-117. Publicado en español por Editorial Cordillera.

6. Walter C. Kaiser Jr., *Toward an Old Testament Theology* [*Hacia una teología del Antiguo Testamento*] (Grand Rapids: Zondervan, 1978), 205-207. Publicado en español por Vida.

7. Los pronombres en "Mas *él* herido fue por *nuestras* rebeliones... molido por *nuestros* pecados y por *su* llaga fuimos *nosotros* curados" (Is. 53:5) enfatizan el concepto de la expiación por sustitución.

8. Charles C. Ryrie, *The Basis of Premillenial Faith* [*Las bases de la fe premilenial*] (Neptune: Loizeaux, 1953), 112-114. Publicado en español por Portavoz.

9. Dwight Pentecost, *Things to Come* [*Eventos del porvenir*] (Grand Rapids: Zondervan, 1958), 119-120. Publicado en español por Vida.

10. Ryrie, *The Basis of Premillenial Faith* [*Las bases de la fe premilenial*], 110-111.

11. *Ibíd.*, 111.

12. Para un comentario sobre las perspectivas interpretativas relativas al templo del milenio, véase Hobart E. Freeman, *An Introduction to the Old Testament Prophets* (Chicago: Moody, 1968), 308-324 y Paul D. Feinberg, "A Study of Ezekiel's Temple Vision", tesis de B.D., inédita (Fullerton: Talbot Seminary, 1963).

13. Merrill F. Unger, "The Temple Vision of Ezekiel", *Biliotheca Sacra*, tomo 106 (enero de 1949), 57-64.

14. James Orr, "Eschatology of the Old Testament" en James Orr, ed., *The International Standard Bible Encyclopedia,* 5 vols. (Grand Rapids: Eerdmans, 1939), 2:977. Orr declara: "El 'día del Señor' en los escritos proféticos se concibe, ya sea más generalmente como cualquier gran manifestación del poder de Dios en el juicio o la salvación (por ejemplo, las langostas en Joel 2), ya sea más escatológicamente como la crisis final en la historia del reino de Dios, relacionada con el derrocamiento de toda oposición y el triunfo completo de la justicia (p. ej., Is. 2:2-5; Jl. 3; Am. 9:11ss; Zac. 14, etc.)".

15. Pentecost, *Things to Come* [*Eventos del porvenir*], 230-231.

16. Surgen diferentes perspectivas sobre el cumplimiento de Joel 2:28-32 principalmente porque Pedro lo usa en Pentecostés (Hch. 2:16-21). (1) *Cumplimiento en tiempos de Joel.* No es una perspectiva popular. (2) *Cumplimiento en Pentecostés.* Los amilenaristas en general se acogen a esta perspectiva, igualan la era de la Iglesia con la era mesiánica. Compare E. J. Young, *An Introduction to the Old Testament* (Grand Rapids, Eerdmans, 1964), 255. Un problema con esta posición es cómo entender que el fenómeno de Joel 2:30-32 ya se cumplió. (3) *Perspectiva escatológica.* Algunos, como Charles L. Feinberg, sugieren que ninguna parte del texto se cumplió en Pentecostés; es completamente escatológico o futuro. Pentecostés es una ilustración de Joel 2. Compárese con Charles L. Feinberg, *The Minor Prophets* [*Los profetas menores*] (Chicago: Moody, 1976), 81-82. Publicado en español por Vida. (4) *Perspectiva del cumplimiento continuo.* Hobart Freeman sugiere que toda la era de la Iglesia es el cumplimiento continuo de Joel 2. Compárese con Hobart Freeman, *Old Testament Prophets*, 155-156. (5) *Perspectiva del cumplimiento parcial.* Los partidarios de esta perspectiva sugieren que el Espíritu se dio en Pentecostés lo cual hace disponibles las bendiciones de Dios sobre Israel, pero que los aspectos escatológicos de la profecía no se han cumplido aún. Compárese con John F. Walvoord, *The Holy Spirit* (Grand Rapids: Zondervan, 1965), 229. Esta perspectiva final es la que presenta menor cantidad de problemas.

PARA ESTUDIO ADICIONAL SOBRE LA ERA PROFÉTICA

** E. W. Hengstenberg, *Christology of the Old Testament* (Reimpresión, Grand Rapids: Kregel, 1970), 122-699.

** Walter C. Kaiser Jr., *Toward an Old Testament Theology* [*Hacia una teología del Antiguo Testamento*] (Grand Rapids: Zondervan, 1978), 182-261. Publicado en español por Vida.

** Elmer A. Martens, *God's Design: A Focus on Old Testament Theology* (Grand Rapids: Baker, 1981), 191-248.

* Charles C. Ryrie, *The Basis of Premillenial Faith* [*Las bases de la fe premilenial*] (Neptune: Loizeaux, 1953), 105-125. Publicado en español por Portavoz.

** Geerhardus Vos, *Biblical Theology: Old and New Testaments* (Grand Rapids: Eerdmans, 1948), 185-296.

INTRODUCCIÓN A LA TEOLOGÍA DEL NUEVO TESTAMENTO

VÉASE LA INTRODUCCIÓN a la teología bíblica, en el capítulo 1, para su definición, relación con otros estudios, metodología e importancia.

Al igual que en la teología del Antiguo Testamento, hay poco consenso en cuanto al enfoque de la teología del Nuevo Testamento, como se ve particularmente en la historia de esta disciplina. Quienes rechazan la inspiración de las Escrituras ven el Nuevo Testamento como otro conjunto literario y se acercan al estudio del Nuevo Testamento desde un punto de vista crítico. Desde esa posición, hay una gran diversidad de opiniones: algunos ven el Nuevo Testamento como un conflicto entre sus escritores, como la historia de la salvación, como la síntesis de otras religiones antiguas, como un encuentro existencial o como el embellecimiento de la vida de Cristo hecha por los autores de sus libros. Los conservadores, quienes afirman la inspiración de las Escrituras, ordenan en general el material de acuerdo a las divisiones de la teología sistemática para abordar el estudio de la teología del Nuevo Testamento; otros siguen los énfasis teológicos de los escritores neotestamentarios.

HISTORIA

La teología del Nuevo Testamento es un desarrollo reciente de los dos últimos siglos. Antes, la teología se interesaba por la dogmática, las formulaciones doctrinales de la Iglesia, y la sistemática, que en muchas ocasiones era especulación filosófica. En un discurso de 1787, J. Gabler criticó la metodología de la teología dogmática por su enfoque filosófico. Luego hubo un enfoque racionalista para entender el Nuevo Testamento. La Biblia se veía como un libro humano para entender cómo fue escrita y qué enfatizaron sus escritores individuales.

F. C. Baur de Tubinga (1792-1860) fue líder del enfoque racionalista. Empleó la filosofía de Hegel (tesis, antítesis y síntesis) en los escritos neotestamentarios. Así, Baur vio contradicción entre el énfasis judío en los escritos de Pedro y el énfasis gentil en los escritos de Pablo. H. J. Holtzmann (1832-1910) llevó más allá este pensamiento cuando negó cualquier idea de revelación divina y abrazó la teoría de teologías en conflicto en el Nuevo Testamento.

Wilhelm Wrede (1859-1906) influenció considerablemente la teología del Nuevo Testamento al enfatizar el enfoque de la historia de las religiones. Wrede negó que el Nuevo Testamento fuera un documento de teología; en su lugar, debía verse como historia de la religión en el siglo I. De hecho, no podía considerarse que "teología" fuese el término apropiado; "religión" era mejor término para identificar los escritos neo-testamentarios, porque expresaba las "creencias, anhelos y amor" de los escritores, pero no era un "registro abstracto de reflexiones teológicas".[1]

Rudolf Bultmann (1884-1976) enfatizó el enfoque de la crítica de las formas para el Nuevo Testamento; con ello buscaba descubrir su material subyacente.[2] Bultmann enseñaba que el Nuevo Testamento se había cubierto con las opiniones y re-interpretaciones de los autores. Ahora la tarea requería la "desmitificación" del Nuevo Testamento para quitar los adornos de los escritores y llegar a las verdaderas palabras de Jesús. Bultmann no vio conexión entre el Jesús histórico y el Cristo representado en el Nuevo Testamento.[3]

Oscar Cullmann (1902-1999) enfatiza los hechos de Dios en la historia para lograr la salvación del hombre. A ello se le llamó *Heilsgeschichte* o "historia de la salvación". Cullmann rechazó muchas características radicales de la crítica de las formas y, en su lugar, abogó por la exégesis (explicación e interpretación) del Nuevo Testamento con énfasis en la historia. Como otros que pensaban como él, Cullmann enfatizó la cristología del Nuevo Testamento.[4]

No ha habido consenso o unanimidad en qué enfoque se debe adoptar para el estudio de la teología del Nuevo Testamento. El enfoque mayoritario se construiría sobre la presuposición que niega la inspiración bíblica y, por ende, ve el Nuevo Testamento como un conjunto de teologías en conflicto. Sin embargo, los escritores conservadores han desafiado tal posición y han construido una teología del Nuevo Testamento con base en la inspiración y la unidad de las Escrituras.

METODOLOGÍA

Puesto que todos los libros del Nuevo Testamento fueron escritos en un intervalo de cincuenta años, la teología del Nuevo Testamento no se preocupa de los períodos de la revelación, como sí lo hace la teología del Antiguo Testamento. Más bien, "la teología bíblica del Nuevo Testamento sistematiza la verdad como les fue revelada progresivamente a los distintos escritores neotestamentarios".[5] De este modo, la teología del Nuevo Testamento examina la teología de los sinópticos, Lucas, Hechos, Pablo, Pedro, Juan, Hebreos y los escritores de las epístolas generales.

Al establecer una teología del Nuevo Testamento, algunos siguen el delineamiento general de la teología sistemática; no obstante, tal metodología no revelaría con suficiencia los énfasis de los escritores individuales. Parece mejor fundamentar la teología del Nuevo Testamento en el análisis de los escritos de los autores neotestamentarios por separado, pues con ello se reflejará qué dice cada autor sobre un asunto determinado.[6]

Se deben considerar varios factores para desarrollar la metodología.[7] (1) La revelación es progresiva y culmina en la revelación concerniente a Cristo. La teología del Nuevo Testamento debe delinear las doctrinas culminantes que conciernen a Cristo y la redención. (2) El énfasis del Nuevo Testamento tiene su punto culminante en la creencia de la muerte y resurrección de Cristo y en la esperanza de su retorno. La teología del Nuevo Testamento debe centrarse en estas doctrinas basándose en las diversas declaraciones de los escritores neotestamentarios. (3) La teología del Nuevo Testamento debe reconocer que las enseñanzas de Jesús y las de los otros escritores neotestamentarios están en unidad y se complementan. (4) La diversidad en los escritos del Nuevo Testamento no sugiere contradicción, sino que surge de su origen divino. (5) La teología del Nuevo Testamento debe emplear el método analítico (pero no hasta el punto de excluir el método temático), porque tal método refleja adecuadamente su diversidad.

NOTAS

1. R. B. Gaffin Jr., "New Testament Theology", en *New Dictionary of Theology* [*Nuevo diccionario de teología*], Sinclair B. Ferguson, David F. Wright y J. I. Packer, eds. (Downers Grove: InterVarsity, 1988), 462. Publicado en español por Casa Bautista de Publicaciones.

2. Véase Stephen H. Travis, "Form Criticism", en I. Howard Marshall, ed., *New Testament Interpretation: Essays on Principles and Methods* (Grand Rapids: Eerdmans, 1977), 153-164.

3. Donald Guthrie, *New Testament Theology* (Downers Grove, InterVarsity, 1981), 25.

4. Compárese Oscar Cullmann, *Cristología del Nuevo Testamento*, ed. rev. (Salamanca: Sígueme, 1998).

5. Charles C. Ryrie, *Biblical Theology of the New Testament* [*Teología bíblica del Nuevo Testamento*] (Chicago: Moody, 1959), 19. Publicado en español por Portavoz.

6. Ryrie, *Biblical Theology of the New Testament* [*Teología bíblica del Nuevo Testamento*], 19-20.

7. Compárese Gaffin, "New Testament Theology", 463-465.

PARA ESTUDIO ADICIONAL SOBRE LA TEOLOGÍA DEL NUEVO TESTAMENTO

* R. B. Gaffin Jr., "New Testament Theology", en *New Dictionary of Theology* [*Nuevo diccionario de teología*], Sinclair B. Ferguson, David F. Wright y J. I. Packer, eds. (Downers Grove: InterVarsity, 1988), 461-466. Publicado en español por Casa Bautista de Publicaciones.

** Donald Guthrie, *New Testament Theology* (Downers Grove, InterVarsity, 1981), 21-74.

** G. Hasel, *New Testament Theology: Basic Issues in the Current Debate* (Grand Rapids, Eerdmans, 1975).

** George E. Ladd, *Teología del Nuevo Testamento* (Terrassa: Clie, 2002).

** I. Howard Marshall, *New Testament Theology: Many Witnesses, One Gospel* (Downers Grove: InterVarsity, 2004).

* G. R. Osborne, "New Testament Theology", en Walter A. Elwell, ed., *Evangelical Dictionary of Theology* [*Diccionario teológico de la Biblia*] (Grand Rapids: Baker, 1984), 768-773. Publicado en español por Caribe.

* Charles C. Ryrie, *Biblical Theology of the New Testament* [*Teología bíblica del Nuevo Testamento*] (Chicago: Moody, 1959), 11-24. Publicado en español por Portavoz.

* Thomas R. Schreiner, *God in Christ: A Summary of New Testament Theology* (Grand Rapids: Baker, 2010). Explora temas y enseñanzas clave del Nuevo Testamento, mostrando la unidad al enfatizar la gloria de Dios en Cristo.

* J. Julius Scott Jr., *New Testament Theology* (Ross-shire, Scotland: Mentor, 2008).

** David L. Smith, *With Willful Intent: A Theology of Sin* (Wheaton, BridgePoint, 1994).

* Roy Zuck, *A Biblical Theology of the New Testament* (Chicago: Moody, 1994).

10

TEOLOGÍA DE LOS SINÓPTICOS

CUANDO SE DESARROLLA LA TEOLOGÍA de los Evangelios sinópticos, es importante entender el punto de vista del escritor. ¿A quiénes escribían Mateo, Marcos y Lucas? ¿Por qué escribieron? ¿Cuál es el énfasis particular de cada escritor? ¿Qué temas acentúan? Tales preguntas son importantes en la teología bíblica para determinar cuáles fueron las preocupaciones y los énfasis teológicos desarrollados por cada escritor. La naturaleza de la teología bíblica se apoya particularmente en las preocupaciones del autor humano (sin rechazar o ignorar el hecho de la inspiración divina).

Se incluyen los asuntos introductorios de autoría, fecha, destinatario y propósito para establecer el énfasis particular de cada autor.

El término *sinóptico* viene del griego *sunoptikos*, que significa "ver las cosas juntas", y caracteriza los tres Evangelios de Mateo, Marcos y Lucas. Se estudian juntos porque se considera que su visión de la vida de Cristo es suficientemente similar.

EL PROBLEMA SINÓPTICO

Uno de los problemas al estudiar los Evangelios sinópticos es hacer una relación entre los tres. ¿Usaron los Evangelios alguno de los otros escritos? ¿Tienen una fuente común (llamada Q, por la palabra alemana *quelle* que significa "fuente") de la cual provienen todos? Los Evangelios concuerdan de manera considerable, particularmente en referencia a Marcos. B. F. Westcott ha estudiado los porcentajes de diferencias y similitudes entre ellos, como ilustra el diagrama de la página siguiente.[1]

El diagrama revela que el 93% de Marcos se encuentra en los otros tres Evangelios; en otras palabras, hay poco que sea exclusivo de Marcos. Excluyendo el final cuestionable de 16:9-20, hay alrededor de treinta versículos que aparecen solo en Marcos.

Existen similitudes y diferencias.[2] Hay acuerdo entre los tres Evangelios a la hora de registrar los sucesos (cp. Mt. 9:6; Mr. 2:10-11; Lc. 5:24). También revelan el uso común de palabras poco frecuentes. Pero también registran diferencias; por ejemplo, las narraciones del nacimiento y las genealogías son diferentes en Mateo y Lucas. Incluso los registros paralelos son diferentes, como el orden de las tentaciones (Mt. 4:1-11; Mr. 1:12-13; Lc. 4:1-13).

COMPARACIÓN DE LOS EVANGELIOS: DIFERENCIAS Y SIMILITUDES		
Evangelio	% de peculiaridades	% de coincidencias
Marcos	7	93
Mateo	42	58
Lucas	59	41
Juan	92	8

Entonces, ¿cuál es la relación entre los tres Evangelios? Se han sugerido varias teorías.[3]

Teoría de la tradición oral

Se creía que la predicación de la iglesia primitiva proporcionaba formas fijas para la vida y ministerio de Jesús, pero que no había formas escritas detrás de los Evangelios sinópticos.

Teoría de la interdependencia

Griesbach enseñó en 1789 que el primer escritor se apoyó en la tradición oral, el segundo usó el material del primero y el tercero se apoyó en los dos anteriores.

Teoría del evangelio primitivo

Lessing enseñó en 1778 que los evangelistas tomaron prestado de una fuente primitiva llamada *Urevangelium*, que ya no existe.

Teoría fragmentaria

Schleiermacher enseñó en 1817 que los evangelistas compilaron sus relatos partiendo de muchos escritos fragmentarios sobre la vida de Cristo.

Teoría de los dos documentos

Un desarrollo más reciente sugiere que como Mateo y Lucas en general concuerdan con Marcos, y como se encuentra tanto material de Marcos en Mateo y Lucas, el Evangelio de Marcos debe haber sido el primero que se escribió y fue usado por Mateo y Lucas. Pero como Mateo y Lucas tienen bastante material en común que no se encuentra en Marcos, deben haber usado una segunda fuente común, llamada "Q".

Teoría de los cuatro documentos

Streeter sugirió cuatro fuentes originales e independientes detrás de la escritura final de los Evangelios: Marcos en Roma alrededor del año 60 d.C., "Q" en Antioquía alrededor del 50 d.C., "M" (fuente privada de Mateo) en Jerusalén alrededor del 65 d.C. y "L" (fuente privada de Lucas) en Cesarea alrededor del 60 d.C.

Desarrollos modernos[4]

Han surgido teorías críticas modernas en las cuales se intenta explicar el origen humano y la producción de los escritos de los Evangelios. Aunque esta metodología puede tener alguna validez, y algunos eruditos conservadores emplean estos estudios críticos para entender los registros bíblicos, hay peligros inherentes. Se refiere al lector específicamente al artículo en el *Talbot Review* para una evaluación de la crítica de la redacción. Las explicaciones dadas a continuación son en general; se les puede dar una inclinación más liberal o más conservadora según el escritor.

Crítica histórica.[5] Cuando el texto es oscuro, los eruditos intentan descubrir "qué pasó exactamente" para clarificar la narración. Esto se hace al señalar las discrepancias en los relatos paralelos, examinar el material de la historia secular, notar si algunos de los eventos ocurrieron en realidad, reconocer los sucesos sobrenaturales (se intenta encontrar una explicación natural), las historias "inventadas" por la iglesia, y otros métodos. Un problema básico de la crítica histórica es que se acerca a la Biblia como a cualquier otro libro y reconoce la posibilidad de que haya errores; en ese sentido es incompatible con la doctrina de la inspiración bíblica.[6]

Crítica de las fuentes. La crítica de las fuentes intenta identificar las fuentes usadas al escribir los Evangelios sinópticos y su relación con los Evangelios. Por ejemplo, donde hay un relato duplicado de una historia se intentar explicar la conexión literaria o la fuente subyacente. Se cita Marcos 4:10-13 para sugerir que Marcos usó otra fuente en la cual los vv. 11-12 no estaban presentes.[7] La concordancia en las palabras también sugiere que hay una fuente común subyacente. Quienes defienden la crítica de las fuentes sugieren que los escritores usaron una fuente común a la cual se adhirieron, pero sintieron la libertad de adicionar detalles y "no se preocuparon por la precisión de los detalles históricos".[8] Hay dos problemas con la crítica de las formas: tiende a ignorar el elemento divino en la inspiración y reconoce que hay errores; se basa en conjeturas, sin ninguna prueba demostrable de las fuentes subyacentes.

Crítica de las formas.[9] Rudolf Bultmann fue uno de los pioneros de la crítica de las formas que consideraba los Evangelios sinópticos como "literatura folclórica". Según Bultmann, los evangelistas, en vez de escribir acontecimientos históricamente precisos, juntaron el material, lo editaron y lo escribieron de la manera en que la iglesia lo entendía tradicionalmente. Por lo tanto, la crítica de las formas se construye sobre la crítica de las fuentes e intenta explicar cómo surgieron Q y Marcos. Marcos es producto de la iglesia primitiva, que adornó la vida de Cristo. Mateo y Lucas usaron Marcos, con ornamentos adicionales, para darle forma a sus Evangelios (fueron escritores del siglo II y no los Mateo y Lucas históricos). Por lo tanto, la mayoría de los Evangelios no contiene datos históricos, sino que fueron adornados por la iglesia primitiva. Tales adornos surgieron para animar a los cristianos sufrientes. Estas "invenciones" se hicieron indistinguibles del hecho histórico.[10]

Crítica de la redacción.[11] "La crítica de la redacción es un método de crítica bíblica que busca determinar el punto de vista de los evangelistas al determinar el trabajo editorial creativo llevado a cabo por él sobre sus fuentes". El escritor no es un mero observador, sino que se hace teólogo al "modificar, componer y crear la tradición". El escritor puede ser creativo, alterar o adornar la tradición histórica o incluso apartarse de los sucesos históricos.[12] Un ejemplo de esto es el enfoque de Gundry para interpretar Mateo: él sugiere que la visita de los magos no fue un suceso histórico sino que se basó en la historia de los pastores, que Mateo cambió para ajustarla a su propósito teológico.[13] La crítica de la redacción busca diferenciar entre el punto de vista teológico de los autores y sus fuentes materiales.

Obviamente, un problema grande al intentar resolver la manera en que fueron escritos los Evangelios es que las teorías anteriormente mencionadas son principalmente conjeturas. Por ejemplo, no hay evidencia de una fuente Q. Además, las teorías más recientes en general, se construyen sobre la base de que Marcos se escribió primero, cosa que representa un problema serio porque va en contra de dieciocho siglos de tradición y contra los comentarios de los padres de la Iglesia. Afirmar que Marcos fue escrito primero y que Mateo y Lucas lo usaron no va en contra de la inspiración; no obstante, parece altamente improbable. Para hallar la solución es necesario considerar varios factores:

(1) Las teorías anteriores acentúan el aspecto humano en la redacción de los Evangelios, una consideración legítima pero que en ocasiones desatiende el elemento divino. En Juan 14:26 Jesús les prometió a los discípulos que el Espíritu Santo les iba a recordar todo lo que Él había dicho. Tal declaración es importante y sugiere el elemento sobrenatural en la redacción de la Biblia. ¿Cómo podían los evangelistas recordar los detalles de la vida de Cristo? ¿Las conversaciones? Sobrenaturalmente. El Señor lo prometió en el aposento alto. No se debe soslayar este aspecto al considerar la solución. Este es un elemento divino en la redacción de la Biblia.

(2) Los autores escribieron con conocimiento de primera mano y en general fueron testigos oculares. Mateo y Juan fueron testigos oculares y escribieron lo que observaron y experimentaron; Marcos escribió por información de Pedro; Lucas probablemente obtuvo su conocimiento de Pablo y otras personas, así como de su propia investigación (Lc. 1:3).

(3) Hubo otros testigos oculares que vieron y oyeron al Señor y podían proporcionar información (Lc. 1:2-3). Aunque generalmente se sugiere que Lucas se apoyaba en fuentes escritas (y ciertamente es posible), Lucas 1:2-3 parece sugerir que él investigó recurriendo a testigos oculares y a siervos del Señor que le facilitaron la información.

(4) Los autores escribieron por revelación e inspiración divina. Algunos elementos simplemente no se pueden explicar en términos humanos. Pablo, por ejemplo, escribió y enseñó como resultado de la revelación divina; él enfatiza que no recibió su evangelio de hombre alguno, ni siquiera de los apóstoles. Dios le reveló directamente a Pablo su verdad (Gá. 1:11-12, Ef. 3:3).

INTRODUCCIÓN A LA TEOLOGÍA SINÓPTICA

Mateo

Autor. Existe evidencia temprana donde se sugiere que Mateo, el recaudador de impuestos, escribió originalmente en arameo, un testimonio importante sobre la prioridad de Mateo. En el año 150 d.C., aproximadamente, Papías, obispo de Hierápolis, dijo lo siguiente: "De modo que Mateo compuso los oráculos en la lengua hebrea y cada quien los interpretó como pudo".[14] Orígenes (ca. 185-254) declaró que Mateo se había preparado para el "converso del judaísmo, y se publicó en hebreo". Ireneo declaró que Mateo escribió mientras Pedro y Pablo estaban vivos; Marcos escribió después de la muerte de ellos.[15]

Fecha. Si se reconoce que Mateo escribió para una audiencia judía, se puede argumentar una fecha temprana para el Evangelio desde el punto de vista de la *necesidad*. Parece razonable sugerir que en Jerusalén había veinte mil judíos creyentes en Cristo. Tales judíos necesitarían una explicación relativa al papel mesiánico de Jesús para alentar su fe desde un punto de vista judío, y para refutar a sus oponentes.[16] El rápido crecimiento del número de judíos creyentes constituyó la necesidad primaria e inmediata de un evangelio escrito específicamente para ellos.

La perspectiva de la iglesia primitiva era que "Mateo había escrito su Evangelio antes que los otros evangelistas. Tal testimonio es tan persistente y unánime que debería tener algo de peso a la hora de decidir sobre este asunto".[17] Es probable que Mateo se escribiera alrededor del 50 d.C.[18]

Audiencia. La audiencia del Evangelio de Mateo está ligada al crecimiento y la naturaleza de la iglesia primitiva. Como no se había separado del judaísmo, está claro que la iglesia primitiva era principalmente judaica: poco después de Pentecostés, cinco mil hombres judíos[19] creyeron. Debía existir la necesidad de explicar por qué si Jesús era en efecto el Mesías, el reino no había venido. Mateo escribió para explicarle esto a su audiencia judía.

Propósitos teológicos. Mateo capta la esperanza y la expectativa mesiánica de los judíos. Les enseña a sus lectores que el verdadero Mesías, el Hijo de David, ya había venido. Aunque los otros evangelistas reconocen al Mesías prometido en Jesús, Mateo es quien lo presenta únicamente para los judíos.

El Evangelio de Mateo tiene un doble propósito.[20] El *primero* es demostrar que Jesús es el Mesías. *Mesías* es el título judío para el rey de

Israel que lo salvará al final de los tiempos. Mateo presenta a Jesús como el Mesías (el Ungido) que cumple la función de profeta, sacerdote y rey en una sola persona. El *segundo* propósito es presentar el programa del reino de Dios. Puesto que Jesús es el Mesías de Israel y la nación lo rechazó, Mateo explica que, si bien se les ofreció el reino a los judíos, este se pospuso debido al rechazo de ellos. El reinado terrenal del Mesías se establecerá en su segunda venida.

Marcos

Autor. La iglesia primitiva dio testimonio afirmando que Juan Marcos es el autor del segundo Evangelio. Papías escribió alrededor del año 150 d.C.: "Marcos, quien se convirtió en el intérprete de Pedro, escribió con precisión todo lo que recordaba".[21] Ireneo escribió alrededor del 185 d.C.: "Ahora, después de su muerte (de Pedro y Pablo), Marcos, discípulo e intérprete de Pedro, puso a nuestra disposición por escrito lo que Pedro había predicado".[22]

Fecha. Como Ireneo testificó que Marcos escribió después de la muerte de Pedro y Pablo,[23] y como Pablo probablemente murió en el verano o el otoño del 66 d.C., parece ser que Marcos escribió su Evangelio en el 66 o 67 d.C. Con certeza fue antes del 70 d.C., porque no se menciona la destrucción de Jerusalén.

Audiencia. Alrededor del 195 d.C., Clemente de Alejandría dijo que los romanos le pidieron a Pedro un relato escrito de la vida de Cristo para ellos. Es probable que Marcos ayudara a Pedro a cumplir esta solicitud de los romanos. La evidencia interna, por la traducción de los términos en arameo, también indica que la audiencia no era judía.

Propósito teológico. Como los romanos eran más de acción que de pensamiento, Marcos presenta a Cristo como "el Trabajador poderoso y no como Pensador profundo, Aquel que conquista con sus hechos".[24] El estilo y el contenido de Marcos reflejan ese propósito teológico. Dado que Marcos presenta a Cristo como un hombre de acción, omite las narraciones del nacimiento y la genealogía, comienza con el bautismo de Cristo y pasa raudamente al ministerio público de Cristo.

La piedra angular del énfasis de Marcos en Jesús es su retrato de Cristo como el Siervo que vino a ministrar y dar su vida en rescate por muchos (Mr. 10:45). El objetivo de Marcos era presentar a sus lectores romanos la dinámica del Hijo del Hombre como Siervo y promover con ello la fe en Él.

Lucas

Autor. La evidencia externa es sólida para afirmar que el médico Lucas es el autor del tercer Evangelio. El Canon Muratori (160-200 d.C) informa que Lucas, médico y compañero de viaje de Pablo, examinó y compiló los hechos en un Evangelio sobre la vida de Cristo. Ireneo (ca. 185 d.C.)

también testificó así: "Entonces Lucas, el seguidor de Pablo, registró en un libro el evangelio como le fue predicado".[25] Clemente de Alejandría y Orígenes también le adjudican a Lucas la autoría del libro.

Fecha. La fecha en que Lucas escribió está entrelazada con la escritura de Hechos. Hechos se escribió probablemente en el año 63 d.C., porque el libro se cierra abruptamente y menciona el encarcelamiento de Pablo pero no su liberación, que ocurrió en el 63 d.C. La declaración de Hechos 1:1 indica que el Evangelio se escribió antes de Hechos. Probablemente, Lucas lo escribió antes de que se acabaran sus días en Palestina, tal vez entre los años 58 y 60 d.C.

Audiencia. Aunque Lucas dirigió su Evangelio a Teófilo, probablemente era una dedicatoria; sin lugar a dudas, la audiencia de Lucas es gentil. Debido a los tres viajes misioneros de Pablo, existía la necesidad grande de un evangelio distinto a los demás, destinado particularmente al pensamiento griego.[26] La evidencia es considerable en cuanto a la audiencia griega.[27] (1) La genealogía de Jesús se examina desde Adán, el padre de toda la raza humana, en vez de hacerlo a partir de un patriarca judío. (2) Las profecías cumplidas suceden en aquello que Cristo les habló a los judíos, no como la narrativa apologética de Mateo. (3) La terminología judía, como "rabí", se evita. (4) Los nombres hebreos se sustituyeron por nombres griegos (cp. Lc. 6:16; 23:33).

Propósito teológico. Lucas tiene un énfasis cosmopolita, acentúa la universalidad del evangelio y a Jesús como redentor del mundo. Lo enfatiza cuando liga la genealogía de Jesús con Adán, el ancestro común de toda la humanidad.[28] Tal énfasis se ve particularmente en el uso que hace Lucas de las parábolas. "Los samaritanos tienen admisión abierta en el Reino (9:51-56; 10:30-37; 17:11-19), junto con los paganos (2:32; 3:6, 38; 4:25-27; 7:9; 10:1; 24:47) y los judíos (1:33; 2:10); también la tienen los publicanos, los pecadores y los rechazados (3:12; 5:27-32; 7:37-50; 19:2-10; 23:43), las personas respetables (7:36; 11:37; 14:1), los pobres (1:53; 2:7; 6:20; 7:22), los ricos (19:2; 23:50) y las mujeres al igual que los hombres".[29] Tal cosa acentúa el propósito de Lucas al escribir: "Porque el Hijo del hombre vino a buscar y a salvar lo que se había perdido" (Lc. 19:10).

EXPOSICIÓN DE LA TEOLOGÍA SINÓPTICA

Doctrina de Dios

Es necesario estudiar la teología sistemática para llegar a una idea bíblica y exhaustiva de la naturaleza y los atributos de Dios (aun cuando a pesar de esto el Dios infinito siga siendo incomprensible). No obstante, aunque los Evangelios sinópticos aportan tan solo una parte del estudio de Dios, "todos los escritores del Nuevo Testamento comparten la perspectiva de Dios que se ve en el Antiguo Testamento".[30] Como deja claro la siguiente lista, hay muchos atributos de Dios representados en los sinópticos:

La providencia de Dios se ve en su provisión para las aves (Mt. 6:26; 10:29). *La paternidad de Dios* enfatiza su provisión para sus hijos (Mt. 6:32). *La gracia de Dios* se les da a creyentes e incrédulos por igual (Mt. 5:45). *La realeza de Dios* se acentúa: Él tiene un trono (Mt. 5:34; 23:22) y es Señor (Mt. 4:7, 10; Lc. 4:8, 12). *El juicio de Dios* es equitativo para todos (Mt. 3:7; 7:1-2; Lc. 3:7); a mayores privilegios habrá mayor juicio (Mt. 11:22-24); Él vengará a los suyos (Lc. 18:7). *La gloria de Dios* se reveló a los tres que estaban en el monte de la transfiguración (Mt. 17:1-8; Mr. 9:2-8; Lc. 9:28-36). *La bondad de Dios* es incomparable (Mt. 19:17; Mr. 10:17; Lc. 18:18-19). *El poder de Dios* se exhibe en su capacidad para resucitar a los muertos (Mr. 12:24-27); con Él son posibles todas las cosas (Mr. 10:27; Lc. 1:37; 18:27). *La Trinidad de Dios* se revela en el bautismo de Cristo (Mr. 1:9-11) y en la comisión a los apóstoles (Mt. 28:19).

Doctrina de Cristo

Nacimiento virginal. Mateo y Lucas enfatizan que el Espíritu Santo generó la humanidad de Cristo (Mt. 1:18; Lc. 1:35). Mateo se esmera en enfatizar que María no tuvo relaciones con hombre alguno antes del nacimiento de Jesús (Mt. 1:18-25). Marcos también enfatiza que Jesús es "el hijo de María", en lugar del hijo de José (la costumbre judía es usar el nombre del padre).

Humanidad. Los tres Evangelios enfatizan la humanidad de Jesús. Mateo enfatiza su genealogía humana (1:1-17), su nacimiento humano (1:25) y su infancia (2:1-23). De manera semejante, Lucas enfatiza su nacimiento y su estrato social modesto (2:1-20), su conformidad con las costumbres judías (2:21-24) y su crecimiento cuando era joven (2:41-52). Por su énfasis en la obra, vida y actividades de Jesús, Marcos enfatiza la humanidad de Jesús más que Mateo y Lucas. Los tres acentúan su humanidad en las tentaciones (Mt. 4:1-11; Mr. 1:12-13; Lc. 4:1-13). Cosas como dirigir barcos pesqueros, pagar impuestos, hablar con diferentes personas, sudar sangre y llorar por el abandono en la cruz reflejan la humanidad de Jesús. Con todo, Él no era un hombre común: perdonaba pecados, tenía autoridad sobre la naturaleza, revelaba la shekina de Dios. Tales cosas "lo sitúan como único en su clase".[31]

Ausencia de pecado. Aunque los Evangelios sinópticos presentan a Jesús como hombre, también indican que no era un hombre común y corriente: nació de una virgen y no tenía pecado. Como nació de una virgen, no tenía la naturaleza pecaminosa ni la inclinación al pecado (nótese Stg. 1:14-15). Jesús llamaba a los hombres al arrepentimiento, pero no hay registro de que se hubiera confesado o arrepentido alguna vez. Su bautismo fue para "cumplir con lo que es justo" (Mt. 3:15), no para confesión

(Mt 3:6). Las tentaciones también enfatizan que, si bien fue tentado en todas las áreas en que nosotros somos tentados, se mantuvo libre de pecado (Mt. 4:1-11; Mr. 1:12-13; Lc. 4:1-13). Cuando reprendió a Pedro reveló su completa disociación con el pecado (Mt. 16:23).

Divinidad. Mateo enfatiza a Jesús como el *Hijo de David* (Mt. 9:27; 12:23; 15:22; 20:30-31; 21:9, 15; 22:42). Los ciegos del relato en Mateo 9:27 entendían que el Hijo de David era el Mesías y podía hacer las obras del Mesías, como abrir los ojos de los ciegos (Is. 35:5), una acción divina (Sal. 146:8). El uso del nombre en Mateo 21:9 revela su importancia como el Redentor que había de venir, traería salvación para la nación y la rescataría, llevándola a un tiempo de bendición (Sal. 118:25-26).

Mateo presenta a Jesús continuamente como el *Mesías*, pues en Él se cumplen las predicciones mesiánicas del Antiguo Testamento (1:22-23; 2:5-6; 3:3; 4:14-16; 8:16-17; 11:5; 12:17-21; 13:34-35; 21:4-6, 9, 16, 42; 23:39; 24:30; 26:31, 64). En Mateo 16:16 Jesús acepta de buen grado que Pedro lo confiese como el Cristo, el Ungido. En Marcos 14:61-62 cuando el sumo sacerdote le preguntó si era el Mesías, Jesús le respondió afirmativamente: "Yo soy".

El origen del término *Hijo del Hombre* está en Daniel 7:13, donde se le describe triunfante entregándole el reino al Padre. La ubicación del Hijo del Hombre a la derecha del Padre se relaciona con el Salmo 110:1 y con Aquel que es Señor. Mateo 26:63-64 indica que el término es básicamente sinónimo de Hijo de Dios. El término enfatiza varios temas: autoridad (Mr. 2:10), glorificación (Mt. 25:31), humillación (Mt. 8:20), sufrimiento y muerte (Mr. 10:45), relación con el Espíritu Santo (Mt. 12:32) y salvación (Lc. 19:10).[32] "Jesús pensaba en sí mismo como el Mesías celestial que cumpliría en la tierra un ministerio terrenal a favor de los hombres, y que culminaría en la escena de la gloria final".[33]

Jesús era el *Hijo de Dios* en un término absolutamente único. "Jesús se refirió al Padre como 'el Padre', 'mi Padre', 'mi Padre celestial' y 'su Padre celestial' un total de cincuenta y una veces".[34] Jesús indicó su conciencia de aquella relación única (Mt. 11:27) y el Padre también lo hizo (Mt. 3:17; Mr. 1:11). Un hijo es de la misma naturaleza y esencia de su padre; al afirmar que Jesús era su Hijo, Dios Padre estaba diciendo que Jesús, su Hijo, es deidad porque tiene la misma esencia del Padre.

Obra expiatoria. Después de ser rechazado por la nación de Israel, Cristo predijo sus sufrimientos en Jerusalén (Mt. 16:21; 17:22; 20:18-19; 26:1-5; Mr. 8:31; 9:31; 10:32-34; Lc. 9:22, 44; 18:31-33). En tales pasajes Jesús predijo quién iniciaría su muerte, quién lo mataría, cómo moriría, que sufriría tormentos adicionales, pero que resucitaría después de tres días.

Cristo les enseñó a sus discípulos que su muerte sería una expiación por sustitución (Mt. 20:28; Mr. 10:45). La declaración de dar su vida en rescate por muchos implica la sustitución.[35] En esta declaración Jesús utilizó la palabra *rescate* (gr., *lutron*), que significaba el dinero de rescate que se paga para liberar a un esclavo; Cristo pagó el precio —su muerte— para liberar a muchos de la atadura del pecado.[36] Al instituir la Cena del Señor, Cristo indicó que el pan y la copa representaban su cuerpo y su sangre; la sangre se derramaría en nombre de muchos para perdón de los pecados (Mt. 26:26-29; Mr. 14:22-25; Lc. 22:15-20). Su sangre se describe como el precio de la redención; el alcance de la redención es para muchos; el resultado de la redención es el perdón. Por medio de su muerte, Cristo efectuó un nuevo pacto con el cual otorgaría el perdón que el pacto antiguo (la ley mosaica) no podía alcanzar.

Resurrección. Cristo predijo su resurrección en varias ocasiones (Mt. 16:21; 17:22-23; 20:19; Mr. 8:31; 9:31; 10:34; Lc. 9:22; 18:33). Más aún, especificó que se levantaría al tercer día (un claro ejemplo de su omnisciencia). Todos los Evangelios enfatizan la resurrección *física* de Cristo (Mt. 28; Mr. 16; Lc. 24; Jn. 20).

Hubo numerosos testigos de su resurrección: María Magdalena y las otras mujeres (Mr. 16:2-8; Jn 20:1); Pedro y Juan (Jn. 20:2-10); María Magdalena (Jn. 20:11-18); las otras mujeres (Mt. 28:9-10); los dos discípulos que viajaban a Emaús (Lc. 24:13-32); los diez discípulos reunidos en el aposento alto (Jn. 20:19-25); los once discípulos reunidos una semana después (Jn. 20:26-31); los discípulos que pescaban en Galilea (Jn. 21:1-25); los once en Galilea (Mt. 28:16-20) y los discípulos en Jerusalén (Lc. 24:44-49).

Juan dice que el sudario aún "enrollado" (Jn. 20:7) retenía la forma circular, como si la cabeza todavía estuviera ahí, pero "en un lugar aparte". Está separado del resto de las envolturas, mas la forma del sudario y las envolturas le dicen a Juan lo que ocurrió. El cuerpo del Señor Jesucristo atravesó los lienzos: Él resucitó.

Doctrina del Espíritu Santo

Concerniente al nacimiento virginal de Cristo. Mateo y Lucas relacionan la concepción de Jesús en el vientre de María con que el Espíritu Santo descendió sobre ella (Mt. 1:18; Lc. 1:35).

Concerniente al bautismo de Cristo. En el bautismo de Jesús, el Espíritu Santo descendió sobre Él y lo dotó de poder para su ministerio público. El Espíritu Santo también reveló el origen del ministerio de Cristo (el Padre) y la unidad de Jesús con el Dios trino. Jesús no actuó independiente del Padre.

Concerniente a la tentación de Cristo. Marcos 1:12 enfatiza que fue el Espíritu quien llevó a Cristo al desierto para ser tentado por el diablo.[37] La confrontación habría de probar la ausencia de pecado en el Hijo.

Concerniente al ministerio de Cristo. Mateo 12:28 revela que el ministerio de Cristo se llevó a cabo a través del Espíritu Santo, una evidencia pública para todos de que su poder provenía del cielo (cp. Lc. 4:18-19).

Concerniente a la inspiración de las Escrituras. Cuando cita el Salmo 110:1, Marcos 12:36 declara: "el mismo David dijo por el Espíritu Santo", con lo cual implica que el Espíritu Santo guió a David a usar las palabras correctas mientras escribía el Salmo 110. Este ejemplo indica el ministerio del Espíritu Santo en la inspiración de las Escrituras.

Doctrina de la iglesia

En los Evangelios sinópticos no se desarrolla la doctrina de la iglesia. La palabra *iglesia* (gr., *ekklesia*) solo se usa tres veces en Mateo y ninguna en Marcos y Lucas. Probablemente la única vez que Mateo la usa en un sentido técnico es en 16:18, donde aún se entiende como algo futuro.

Doctrina de los últimos tiempos

Los Evangelios sinópticos proporcionan un extenso material relativo a los posteros días. La palabra *reino* (gr., *basileia*) predomina en los Evangelios sinópticos: aparece 56 veces en Mateo, 21 en Marcos y 46 en Lucas (en Juan aparece solo cinco veces).[38] Mateo también utiliza el término *rey* 23 veces, más que en cualquier otro libro del Nuevo Testamento. Los Evangelios sinópticos enfatizan que Jesús vino a establecer el reino milenario. El término aparece por primera vez en Mateo 3:2, cuando Juan el Bautista predicaba: "[Arrepiéntanse] porque el reino de los cielos se ha acercado". Jesús predicó el mismo mensaje (Mt. 4:17) para exhortar al pueblo a arrepentirse en anticipación del reino del Mesías. Por medio de sus palabras (Mt. 5—7) y sus obras (Mt. 8—10), Él reveló sus credenciales. Los líderes de la nación, a la luz de sus palabras, lo evaluaron: "Este no echa fuera los demonios sino por Beelzebú, príncipe de los demonios" (Mt. 12:24). El Rey había sido rechazado por sus súbditos. Como resultado, el reino quedaría suspendido. En las parábolas de Mateo 13, Jesús describió el período intermedio entre el rechazo del Mesías en su primera venida y su recepción en la segunda venida. Jesús reveló las calamidades que caerían sobre Israel y el mundo, antes del retorno del Rey para establecer el reino milenario. La tribulación sucederá (Mt. 24:4-28; Mr. 13:5-23; Lc. 21:8-23), seguida por la segunda venida de Cristo (Mt. 24:29-51; Mr. 13:24-37; Lc. 21:24-36); a Israel se le pedirán cuentas por los privilegios y el conocimiento que tuvo (Mt. 25:1-30), y los gentiles también serán juzgados de acuerdo con su respuesta al mensaje en la tribulación (Mt. 25:31-46).

Notas

1. Brooke Foss Westcott, *An Introduction to the Study of the Gospels*, 8ª ed. (Londres: Macmillan, 1895), 195.

2. D. Edmond Hiebert, *An Introduction to the New Testament: The Gospels and Acts* (Chicago: Moody, 1975), 1:161-163.

3. Para una explicación del problema de los sinópticos con las soluciones propuestas véanse Hiebert, *Introduction to the New Testament*, 3 vols., 1:160-190; Everett F. Harrison, *Introduction to the New Testament* [*Introducción al Nuevo Testamento*] (Grand Rapids: Eerdmans, 1964), 136-145, publicado en español por Libros Desafío; y Robert G. Gromacki, *New Testament Survey* (Grand Rapids: Baker, 1974), 54-59. Estas obras proporcionan una explicación y una crítica útil de las diferentes perspectivas.

4. Este escritor sostiene la posición descrita por Wendell G. Johnston et. al. "The Evangelical and Redaction Criticism in the Synoptic Gospels", *Talbot Review*, vol. 1, n° 2 (verano de 1985), 6-13. Contiene una bibliografía excelente para el estudio adicional de la crítica de la redacción.

5. Véase I. Howard Marshall, "Historical Criticism" en I. Howard Marshall, ed., *New Testament Interpretation* (Grand Rapids: Eerdmans, 1977), 126-138.

6. *Ibíd.*, 137. "Es altamente improbable que la descripción de Mateo sobre la curación de los *dos* endemoniados gadarenos (Mt. 8:28-34) se pueda considerar histórica". Al examinar las narraciones de la resurrección Marshall declara: "Puede haber una etapa en la cual las dificultades para explicar un error histórico aparente sean mayores que las causadas al aceptar la existencia del error" (135). Es obvio que tal perspectiva de las Escrituras no se puede reconciliar con la doctrina bíblica de la inspiración y la inerrancia.

7. *Ibíd.*, 148.

8. Este es un ejemplo adicional de los resultados dañinos de la metodología crítica. Es imposible sostener la posición de David Wenham y creer aún en la inerrancia bíblica. Si hay errores en los detalles históricos, la Biblia no es inerrable. En contraste con Wenham, E. J. Young expone la solución ortodoxa al conflicto. Véase E. J. Young, *Thy Word Is Truth* (Grand Rapids: Eerdmans, 1957), 132-134.

9. Véase Stephen H. Travis, "Form Criticism", en *New Testament Interpretation*, 153-164.

10. Johnston et. al., "The Evangelical and Redaction Criticism", 6.

11. *Ibíd.*, 7ss.

12. De este modo, en la crítica de la composición, que algunos incluyen en la crítica de la redacción, los evangelistas le inventan palabras nuevas a Jesús que Él no dijo. Véase Stephen S. Smalley, "Redaction Criticism", en *New Testament Interpretation*, 181.

13. Robert H. Gundry, *Matthew: A Commentary on His Literary and Theological Art* (Grand Rapids: Eerdmans, 1982), 26-27.

14. "Los fragmentos de Papías" en J. B. Lightfoot, ed., *The Apostolic Fathers* [*Los padres apostólicos*] (Grand Rapids: Baker, 1956), 265. Publicado en español por Clie.

15. Ireneo, "Contra las herejías", en Cyril C. Richardson, ed., *Early Christian Fathers* (Nueva York: Macmillan, 1970), 370. Publicado en español por Clie.

16. Henry C. Thiessen, *Introduction to the New Testament* (Grand Rapids: Eerdmans, 1943), 136.

17. J. H. Kerr, *An Introduction to the New Testament* (Nueva York: Revell, 1931), 26.

18. Es notable que el liberal John A. T. Robinson date a Mateo antes del 62 d.C., en algún punto entre el 40 y el 60. Compárese *Redating the New Testament* (Filadelfia: Westminster, 1976), 107 y 86-117.

19. La palabra griega para *hombres* es *andron*, que excluye a mujeres. La inferencia es que además de los cinco mil hombres, había también mujeres y niños que creyeron.

20. Stanley D. Toussaint, *Behold the King* (Portland: Multnomah, 1980), 18-20.

21. "Los fragmentos de Papías", en *The Apostolic Fathers* [*Los padres apostólicos*] p. 265.

22. Ireneo, "Contra las herejías", en *Early Christian Fathers*, 370.

23. *Ibíd.*, 370.

24. *Ibíd.*, 185.

25. *Ibíd.*, 370.

26. Thiessen, *Introduction to the New Testament*, 156-157.

27. W. Graham Scroggie, *A Guide to the Gospels* (Londres: Pickering & Inglis, 1948; reimpresión, Grand Rapids, Kregel, 2010), 337-339.

28. G. H. Schodde, "Matthew, Gospel of", en James Orr, ed., *The International Standard Bible Encyclopaedia*, 5 vols. (Grand Rapids: Eerdmans, 1939), 3:2011.

29. Norval Geldenhuys, *Commentary on the Gospel of Luke* (Grand Rapids: Eerdmans, 1951), 43.

30. Donald Guthrie, *New Testament Theology* (Downers Grove: InterVarsity, 1981), 75.

31. *Ibíd.*, 222.

32. *Ibíd.*, 280-281.

33. *Ibíd.*, 281.

34. *Ibíd.*, 303-304.

35. La preposición griega *and*, traducida "por", demanda la idea de la *sustitución*. La misma preposición se usa en Lucas 11:11 para ilustrar al padre que daría una culebra *en lugar de* un pescado. La preposición claramente significa "en vez de", es decir, sustitución.

36. Véase la explicación útil en Lawrence O. Richards, *Expository Dictionary of Bible Words* (Grand Rapids: Zondervan, 1985), 517-518.

37. El verbo "impulsó" es *ekballo*, un término fuerte que quiere decir literalmente "arrojar". Por lo tanto, se enfatiza que la confrontación se inició porque el Espíritu Santo forzó a Cristo al encuentro en el desierto.

38. Alva J. McClain, *La grandeza del reino* (Winona Lake, IN: Editorial Cordillera, 1997) es una obra muy valiosa que examina la naturaleza del reino en el Antiguo y el Nuevo Testamento y revela el propósito de Dios al establecer el reino milenario a través del Mesías.

PARA ESTUDIO ADICIONAL SOBRE LOS SINÓPTICOS

**   Darrell L. Bock, *A Theology of Luke and Acts* (Grand Rapids: Zondervan, 2012). Se trata de un estudio exhaustivo y un recurso formidable.

**   Donald Guthrie, *New Testament Theology* (Downers Grove: InterVarsity, 1981).

**   George E. Ladd, *Teología del Nuevo Testamento* (Terrassa: Clie, 2003).

**   Leon Morris, *New Testament Theology* (Grand Rapids: Zondervan, 1986).

*   Charles C. Ryrie, *Biblical Theology of the New Testament* [*Teología bíblica del Nuevo Testamento*] (Chicago: Moody, 1959), 27-95. Publicado en español por Portavoz.

11

TEOLOGÍA DE HECHOS

Introducción a la teología de Hechos

Autor

La autoría de Hechos está estrechamente ligada a la autoría de Lucas. Los dos libros están dirigidos a Teófilo (Lc. 1:3; Hch. 1:1); la autoría del uno necesita que el otro tenga la misma. Véase la explicación en el apartado de Lucas del capítulo Teología de los sinópticos.

Fecha

Existen sólidas evidencias de que Hechos fue escrito en el 63 d.C. (1) Ello explica mejor el final abrupto del libro. Pablo fue llevado a Roma en el 61 d.C., donde permaneció bajo custodia hasta el 63 d.C. El libro finaliza abruptamente pero con optimismo, a la espera de la liberación de Pablo. (2) Después del incendio de Roma en el 64 d.C., Nerón comenzó una feroz persecución contra los cristianos de esa ciudad. Si el libro se hubiese escrito después del 64 d.C., sería inconcebible que hubiera cerrado con dicho tono optimista. (3) Si Pablo ya hubiera sido ejecutado (cosa que sucedió alrededor del 67 d.C.), sin ninguna duda habría alguna mención. (4) El impacto de la destrucción de Jerusalén en el 70 d.C. se sintió por todo el Imperio Romano; con todo, no se menciona dicho evento, lo cual indica que no había tenido lugar.

Propósitos

Lucas se propuso proporcionar un relato sobre *el origen y el desarrollo de la iglesia* bajo el poder y la guía del Espíritu Santo; tal tema se refleja en Hechos 1:8 y por todo el libro.[1]

El relato que hace Lucas del movimiento también se puede ver como una *apologética del cristianismo*. "El impulso apologético parece apuntar en dos direcciones: enfrentar las acusaciones de los judíos contra el cristianismo y presentarlo al mundo romano de manera favorable".[2] El cristianismo había sido calumniado tanto por los romanos como por los judíos. Lucas muestra que el cristianismo sigue el patrón histórico sobre el fundamento del judaísmo. En este sentido, el libro también puede verse como la polémica con los judíos que acusaron al cristianismo de ser un movimiento subversivo (cp. Hch. 18:14-15).

Hechos también revela que la *autoridad apostólica de Pablo* y su poder son equivalentes al poder y la autoridad de Pedro. Por ejemplo, Pablo duplica los milagros de Pedro.

MILAGROS APOSTÓLICOS SIMILARES		
Milagros	Pedro	Pablo
Curación de un hombre lisiado	3:2	14:8
Curación con la sombra	5:15	19:12
Exorcismo	5:16	16:18
Enfrentamiento con un hechicero	8:18-20	13:6-10
Resurrección de muertos	9:36-40	20:9-10

Lucas también expone el *continuo rechazo del Mesías* por parte de los judíos, comenzando en los Evangelios y pasando por Hechos. El Sanedrín arrestó a Pedro y a Juan (Hch. 4:1-22) y les prohibió predicar en el nombre de Cristo (Hch. 4:17). El Sanedrín arrestó y encarceló a los apóstoles (Hch. 5:17-18) e incitó al pueblo a apedrear a Esteban (Hch. 6:12—7:60). Los judíos incrédulos persiguieron a Pablo hasta Antioquía de Pisidia (Hch. 13:45, 50), luego lo apedrearon y lo dieron por muerto (Hch. 14:19). Al final de Hechos, los judíos aún rechazaban el mensaje de Pablo (Hch. 28:17-28).

EXPOSICIÓN DE LA TEOLOGÍA DE HECHOS

Dios

Soberanía de Dios. Lucas explica que la muerte de Cristo resultó del decreto (gr., *boule*) y la presciencia de Dios (Hch. 2:23). Por el decreto de Dios se entiende su "consejo predeterminado e inflexible. Las dos frases expresan la determinación resuelta e inviolable del decreto".[3] En medio de la persecución los apóstoles cobraban ánimo en la soberanía de Dios (Hch. 4:24-31). A Dios se le llama Señor (gr., *despota*), del cual se deriva la palabra *déspota* en español (Hch. 4:24). Dios ya había decretado (*boule*) con antelación los eventos de la cruz, los había señalado de antemano (gr., *prooriseri*).

La soberanía de Dios se ve también en la elección (Hch. 13:48). Creyó el número preciso de los que habían sido ordenados para la vida eterna.[4]

Existencia de Dios y gracia común. Pablo proclamó al "Dios vivo" ante sus oyentes de Listra, les recordó que Él es el Creador y les ha dado la lluvia y los tiempos fructíferos (Hch. 14:15-18). Pablo también les recordó a los atenienses que Dios les había dado la vida, la respiración y también había prefijado los tiempos y los límites (Hch. 17:22-31).

Cristo

El énfasis de Lucas en lo relativo a Cristo es doble: acentuar su crucifixión y muerte, y también su resurrección.

Crucifixión y muerte de Cristo. Muchas declaraciones en cuanto a la muerte de Cristo reflejan la acusación de los apóstoles a los judíos por su crucifixión. Él fue clavado en la cruz por hombres impíos (Hch. 2:23), lo mataron de manera vergonzosa: por crucifixión (Hch. 3:15; 5:30; 10:39; cp. Hch. 13:28-29). El Justo fue asesinado (Hch. 7:52, NVI).

Resurrección de Cristo. Se enfatizan varios temas en relación con la resurrección: (1) El Salmo 16:8-11 predijo la resurrección de Cristo y se cumplió en el Salmo 2:7 (Hch. 2:22-32; 13:33-37); (2) La resurrección de Cristo se proclamó con gran poder (Hch. 4:2, 10, 33); (3) Dios no solo resucitó a Cristo, también lo exaltó a una posición de autoridad (Hch. 5:31); (4) La resurrección de Cristo fue presenciada por testigos (Hch. 10:40-41); (5) Su resurrección es un presagio del juicio futuro (Hch. 17:31); (6) La resurrección de Cristo debía proclamarse a judíos y gentiles para que se cumpliera la profecía (Hch. 26:23).

Retorno de Cristo. Cuando Cristo ascendió, los ángeles les prometieron a los discípulos que Cristo regresaría tal como lo vieron subir al cielo: visible, físico y personal (Hch. 1:9-11). Pedro anunció la era milenaria cuando habló sobre "los tiempos de la restauración de todas las cosas" (Hch. 3:21).

Es significativo que la muerte y, en particular, la resurrección hayan sido centrales para la predicación de la iglesia del Nuevo Testamento, tal como Hechos lo registra.

El Espíritu Santo

Su divinidad. Hechos 5:3-5 registra la declaración principal en relación con la divinidad del Espíritu Santo. Cuando Pedro confronta a Ananías le recuerda que le mintió al Espíritu Santo (Hch. 5:3), y en una declaración paralela exclama: "No has mentido a los hombres, sino a Dios" (Hch. 5:4), con lo cual igualó a Dios y al Espíritu Santo.

Su obra. El Espíritu Santo va construyendo la iglesia a través del bautismo de los creyentes en el cuerpo de Cristo (Hch. 1:5; 11:15-16). También está activo para hacer testigos a los creyentes (Hch. 1:8; 2:4; 4:31; 5:32; 9:17) y para guiarlos en el ministerio (Hch. 8:26-30; 10:19; 11:19; 16:7; 20:23; 21:4, 11).

Salvación

La salvación es por medio de la fe en Cristo. La fe se enfatiza en Hechos 10:43. No es necesario que los gentiles se vuelvan judíos primero; reciben el perdón y la salvación sencillamente por creer (cp. Hch. 11:21; 14:23; 16:31).

El arrepentimiento forma parte de creer. En repetidas ocasiones, los heraldos del evangelio exhortaron a las personas a creer en Cristo; en otras las urgieron al arrepentimiento (cp. Hch. 2:38; 3:19; 5:31; 8:22; 11:18; 17:30; 20:21; 26:20). Tal cosa indica que esos términos han de entenderse como sinónimos.[5] La declaración de Pablo, "testificando a judíos y a gentiles acerca del arrepentimiento para con Dios, y de la fe en nuestro Señor Jesucristo" (Hch. 20:21), sugiere que el arrepentimiento está ligado a la fe. Tener fe es arrepentirse; sin arrepentimiento la fe no es posible.

La salvación es por la gracia de Dios. Cuando Pablo llegó a Acaya fue de provecho a quienes "por la gracia" habían creído (Hch. 18:27). De esta forma y en su momento, Dios le manifestó su gracia a Lidia (Hch. 16:14) y a los que desde el comienzo de los tiempos estaban ordenados (Hch. 13:48).

La salvación es aparte de cualquier obra. En Hechos 15, el Concilio de Jerusalén resolvió que los gentiles no necesitaban circuncidarse u observar la ley de Moisés para ser salvos. Eran salvos por la sola fe.

La iglesia

Como cabría esperar, en Hechos hay abundante material sobre la doctrina de la iglesia, porque el libro registra su nacimiento y crecimiento.

Formación de la iglesia. La iglesia se forma a través de la obra bautismal del Espíritu, que introduce a los creyentes en el cuerpo de Cristo (1 Co. 12:13). En Hechos 1:5 ese bautismo todavía es futuro, lo cual indica que la iglesia no había nacido aún. En Hechos 11:15-16, Pedro constató que el Espíritu descendió sobre los gentiles, tal como sobre ellos "al principio". El principio en Hechos 2 marca el comienzo de la iglesia y la actividad del Espíritu Santo para bautizar a los creyentes en el cuerpo de Cristo. Tal labor única del Espíritu Santo incluía no solo a judíos, sino a samaritanos (Hch. 8:14-17) y gentiles (Hch. 10:44-48; 19:6).

Organización de la iglesia. Los apóstoles eran el fundamento de la iglesia (Hch. 2:42), pero se constituían ancianos[6] para liderar las iglesias locales (Hch. 14:23; 15:4). El término *anciano* (gr., *presbuteros*) sugiere la madurez y dignidad del oficio. Los ancianos eran una pluralidad en la iglesia local (Hch. 14:23; 15:2, 4), y eran los responsables del liderazgo espiritual en la asamblea (Hch. 11:30; 14:23). A los diáconos, aunque no se llaman así específicamente en Hechos, se hace referencia en Hechos 6.

Funciones de la iglesia. Hechos aporta una idea valiosa en cuanto al funcionamiento de la iglesia neotestamentaria. (1) La instrucción era importante en la iglesia primitiva (Hch. 2:42; 4:2; 11:26; 12:24; 13:46; 15:35; 17:11; 18:5; 19:8, 10, 20; 20:2, 7, 17-35), y la enseñanza proposicional de la verdad formaba parte de ello, tal como la doctrina de los apóstoles (Hch. 2:42), la resurrección (4:2, 33; 24:15, 21; 26:8) y los hechos sobre Cristo (5:20, 25, 28, 42; 7:52; 8:5; 9:20-22; 10:36; 11:20; 13:16-41; 28:23). También incluía el debate y la argumentación (9:29; 17:2-3, 17; 18:28; 19:8).

(2) La comunión incluía los bienes materiales (4:32-35; 6:1-3; 16:15, 34), la Cena del Señor (2:42; 20:7), la oración (2:42; 4:24-31; 12:5, 12; 13:3; 20:36; 21:5) y el sufrimiento (4:1-21; 5:17-42; 7:1-60; 8:1; 9:1-2; 11:19; 12:1-19), y era en Cristo (13:52; 16:5, 25, 34, 40; 19:17). (3) La adoración se reflejaba en la reverencia al Señor que los creyentes tenían (2:46-47; 4:23-31; 5:11; 9:31). (4) Muy notoriamente el servicio se relacionaba con el evangelismo (4:33; 5:14, 42; 8:4, 12-13, 26-40; 9:42; 10:34-48; 11:24; 13:12, 48; 14:21; 16:5, 14, 31; 17:2-3, 17, 34; 26:22; 28:23-31).

NOTAS

1. En Lucas 24:47 "predicase" (*keruchthenai*) es enfático y está primero en el texto griego; "las naciones" o "los gentiles" (*ethne*) también es enfático; por lo tanto, se hace hincapié en *proclamar* el perdón a los *gentiles*.

2. D. Edmond Hiebert, *An Introduction to the New Testament: The Gospels and Acts* (Chicago: Moody, 1975), 1:256.

3. Gottlob Schrenk, "*Boulomai, boule, boulema*" en Gerhard Kittel, ed., *Theological Dictionary of the New Testament*, 10 vols. (Grand Rapids: Eerdmans, 1964), 1:635.

4. "Ordenados" (*tetagmenoi*) es participio pasado perfecto y describe la acción que antecede al verbo principal, "creyeron" (participio aoristo). La inferencia gramatical es que el ordenamiento del Señor viene primero; después viene el acto de creer del número exacto de los que fueron ordenados para vida eterna.

5. Charles C. Ryrie, *Biblical Theology of the New Testament* [*Teología bíblica del Nuevo Testamento*] (Chicago: Moody, 1959), 116-117. Publicado en español por Portavoz.

6. El término "constituir" es *cheirotoneo*, que quiere decir "elegir por votación".

PARA ESTUDIO ADICIONAL SOBRE HECHOS

** Donald Guthrie, *New Testament Theology* (Downers Grove: InterVarsity, 1981).

** George E. Ladd, *Teología del Nuevo Testamento* (Terrassa: Clie, 2003).

* Walter L. Liefield, "Luke, Theology of", en Walter A. Elwell, ed., *Evangelical Dictionary of Theology* [*Diccionario teológico de la Biblia*] (Grand Rapids: Baker, 1984), 662-664. Publicado en español por Caribe.

** Leon Morris, *New Testament Theology* (Grand Rapids: Zondervan, 1986).

* Charles C. Ryrie, *Biblical Theology of the New Testament* [*Teología bíblica del Nuevo Testamento*] (Chicago: Moody, 1959), 99-134. Publicado en español por Portavoz.

12

TEOLOGÍA DE SANTIAGO

INTRODUCCIÓN A LA TEOLOGÍA DE SANTIAGO

Autor

Santiago, medio hermano del Señor, es la mejor sugerencia en cuanto a la autoría porque: (1) Existe similitud del lenguaje en la epístola con el discurso de Santiago en Hechos 15. (2) Existe similitud entre la epístola y las enseñanzas de Jesús (cp. Stg. 1:22 y Mt. 7:20; Stg. 3:12 y Mt. 7:16; Stg. 2:5 y Mt. 5:3).

Fecha y lugar donde se escribió

Reconocer como autor a Santiago, el medio-hermano del Señor, apunta a que Jerusalén fue el lugar donde se escribió. La mención de "'la lluvia temprana y la tardía' (5:7), el efecto de los vientos calientes en la vegetación (1:11), la existencia de fuentes saladas y amargas (3:11), el cultivo de higos y olivos (3:12) y la imagen familiar del mar cercano (1:6; 3:4) traen a la mente el entorno de Palestina".[1]

La fecha de la epístola debe ser anterior al 63 d.C., pues según Josefo, Santiago fue martirizado por esa época.[2]

Destinatarios

La epístola está dirigida a "las doce tribus que están en la dispersión" (1:1), lo cual sugiere a los judíos creyentes. La frase "que están en la dispersión" corresponde a la palabra griega *diáspora*, utilizada normalmente para denotar a los judíos que fueron esparcidos por las naciones (cp. Dt. 28:25, LXX). Además, se reunían en una sinagoga (2:2), eran monoteístas (2:19) y conocían la forma judía de los juramentos.[3]

Propósito teológico

Los creyentes hebreos se enfrentaban a pruebas; sin lugar a dudas, persecuciones por parte de los judíos incrédulos. Como los creyentes no sabían cómo entender o lidiar con la persecución, Santiago les escribió para orientarlos. La carnalidad prevalecía en medio de la asamblea. Había divisiones entre los ricos y los pobres de la asamblea, dado el énfasis que hace Santiago en los problemas con los ricos. Como Amós en el Antiguo Testamento, Santiago escribió para condenar las actitudes erradas en asuntos de dinero y la opresión a los pobres.

Al escribir, el propósito de Santiago era corregir el espíritu carnal prevalente y mostrar la fe como antídoto para los problemas.

EXPOSICIÓN DE LA TEOLOGÍA DE SANTIAGO

Escrituras

El libro de Santiago hace numerosas referencias al Antiguo Testamento. Santiago, en sus cinco capítulos, alude o se refiere a veintidós libros del Antiguo Testamento. "Al hacer esto, Santiago obvia la necesidad de cualquier declaración formal sobre la inspiración; simplemente la asume".[4] Tal cosa refleja que Santiago se apoyaba en el Antiguo Testamento y le escribía a una audiencia judía que conocía las Escrituras. Pero como la epístola tenía tan amplia audiencia, esto sugiere la importancia del Antiguo Testamento para la iglesia.

Hay énfasis en las enseñanzas de Jesús. Santiago contiene unas quince alusiones al Sermón del Monte (cp. 3:6 con Mt. 5:22; 3:12 con Mt. 7:16; 4:11 con Mt. 7:1). Debió haber reunido la información sobre la vida de Jesús de quienes le oyeron, pues Santiago no se había convertido en tiempos de Cristo.

Hay énfasis en la autoridad de las Escrituras. Santiago hace referencia a "la palabra de verdad" que tiene poder para salvar a las personas (1:18). Se refiere a "la Escritura" (2:8, 23; 4:5-6) como el punto final de apelación; las Escrituras son la autoridad final. Santiago reprende a quien cuestione sus argumentos y basa su reprensión en la autoridad de las Escrituras (4:5-6).

Hay énfasis en la obra de las Escrituras. Ellas tienen poder para salvar el alma (1:21); las Escrituras revelan el pecado del hombre (1:23-25); juzgan hoy y en el día postrero (2:12).[5]

Dios

La visión que Santiago tiene de Dios refleja los conceptos de la relación condicional de Israel con Dios bajo la ley mosaica: la obediencia trae bendición; la desobediencia, castigo (Dt. 28). De este modo, Santiago presenta al pecador como enemigo de Dios: la amistad con el mundo es enemistad con Dios (4:4-5). Cuando los ricos oprimen a los pobres, solo pueden esperar miseria y juicio (5:1-8), un tema común también a los profetas del Antiguo Testamento (cp. Am. 2:6-8). De manera opuesta, el obediente puede esperar bendición. Quien pide con fe, recibe sabiduría (1:5); quien persevera en la prueba apreciará "todo don perfecto..." que viene de lo alto, del Padre de las luces (1:17).

Hombre y pecado

Santiago relaciona la doctrina y la aplicación cuando exhorta a sus oyentes a controlar la lengua, pues con ella se critica al prójimo que está "hecho a la semejanza de Dios" (3:9). Con esta declaración Santiago afirma el relato de la creación en Génesis 1:26-27.

Aunque el hombre está hecho a semejanza de Dios, por causa de la caída se constituyó pecador y ahora posee una naturaleza pecaminosa, que es descrita por Santiago como concupiscencia (1:14). Tal concupiscencia es la respuesta interna a la solicitud externa que resulta en el pecado (1:15). La discusión de Santiago sobre este asunto es importante, porque es más clara que cualquier otro pasaje de las Escrituras en cuanto a cómo se produce el pecado.

Santiago se refiere seis veces al pecado (gr., *hamartia*, "errar el blanco"): el pecado se deriva de la concupiscencia dentro de la persona (1:15), el pecado acarrea la muerte (1:15); el pecado es mostrar parcialidad y no amar (2:8-9), el pecado es no hacer el bien (4:17) y el pecado puede perdonarse (5:15, 20). Santiago también se refiere al pecado (gr., *parabates*) como una transgresión a las normas de Dios (2:9, 11).

Salvación

Aunque Lutero entendió Santiago como una "epístola de paja", porque la veía en contraste con el énfasis de Pablo en la justificación por la fe sola, Santiago tenía mucho que decir al respecto. La fe es la forma en la que el hombre debe acercarse a Dios (1:6; 5:15), debe estar en Jesucristo (2:1); y las obras demostrarán la realidad de la fe (2:18).[6] "La diferencia entre Santiago y Pablo no es entre fe y obras, es de relación. Santiago enfatiza la obra del creyente en relación con la fe y Pablo, la obra de Cristo en relación con la fe".[7]

Notas

1. D. Edmond Hiebert, *An Introduction to the New Testament*, 3 vols. (Chicago: Moody, 1975), 3:52-53.

2. Josefo, "The Antiquities of the Jews" [*Antigüedades de los judíos*] en William Whiston, ed., *Josephus: Complete Works* (Grand Rapids: Kregel, 1960), 20.9.1. Publicado en español por Clie.

3. Hiebert, *Introduction to the New Testament*, 3:50-51.

4. Charles C. Ryrie, *Biblical Theology of the New Testament* [*Teología bíblica del Nuevo Testamento*] (Chicago: Moody, 1959), 137. Publicado en español por Portavoz.

5. "Juzgados" (*krinesthai*) "no solo significa un acontecimiento futuro sino una elección deliberada de la ley de la libertad (y misericordia), que se prefiere al antiguo rigor implacable de la 'Ley'". Véase Fritz Rienecker, *A Linguistic Key to the Greek New Testament*, Cleon Rogers Jr., ed. (Grand Rapids: Zondervan, 1982), 729.

6. El artículo definido de la palabra "fe" (*ten pistin*) enfatiza "*la* fe"; la realidad de la fe se demuestra por obras (2:18). El artículo definido también aparece en 2:14.

7. Ryrie, *Biblical Theology of the New Testament* [*Teología bíblica del Nuevo Testamento*], 140.

Para estudio adicional sobre Santiago

** Donald Guthrie, *New Testament Theology* (Downers Grove: InterVarsity, 1981).

** George E. Ladd, *Teología del Nuevo Testamento* (Terrassa: Clie, 2003).

** Leon Morris, *New Testament Theology* (Grand Rapids: Zondervan, 1986).

* Charles C. Ryrie, *Biblical Theology of the New Testament* [*Teología bíblica del Nuevo Testamento*] (Chicago: Moody, 1959), 131-147. Publicado en español por Portavoz.

13

TEOLOGÍA
DE PABLO

Introducción a la teología paulina

Trasfondo y formación

Pablo nació alrededor del 3 d.C. en una familia prestigiosa cuyos miembros eran ciudadanos romanos (Hch. 22:28) que vivían en la ciudad de Tarso. Pablo fue educado en un hogar estrictamente judío, fue circuncidado al octavo día, y pertenecía a la tribu de Benjamín (Fil. 3:5). Más tarde Pablo fue educado por Gamaliel, un fariseo y respetado miembro del Sanedrín (Hch. 5:34). Gamaliel fue uno de los siete eruditos en recibir el título de Rabán ("maestro nuestro") en la historia de su nación. Gamaliel fue nieto de Hillel, fundador de la escuela de interpretación que lleva su nombre. Hillel era menos estricto que la escuela de Shammai. Pablo se hizo fariseo, adheriéndose estrictamente a la ley y las costumbres judías (Fil. 3:5). Fue su intensa lealtad al judaísmo y a las tradiciones de los ancianos lo que lo impulsó a perseguir a los cristianos (Hch. 9:1-2; Fil. 3:6). Primero lo hizo con una conciencia limpia (Hch. 23:1: 2 Ti. 1:3). Más adelante interpretó sus actos como blasfemia (1 Ti. 1:13).

Esbozo de sus viajes y ministerio

Tras su conversión al final del año 33 o comienzos del 34 d.C., Pablo pasó varios meses en Damasco (Hch 9:23; Gá 1:17); cuando sus oponentes buscaron matarlo, volvió a Jerusalén (Hch. 9:26). Poco después partió para su ciudad natal, Tarso, (Hch. 9:30). Pasó tres años en Arabia (34-36 d.C.), probablemente desempeñando algún tipo de ministerio, si se tiene en cuenta que comenzó a servir inmediatamente después de su conversión. Después de esos tres años regresó a Jerusalén (Gá. 1:18) y luego partió a Siria y Cilicia (Gá 1:21). Alrededor del 46 d.C., Pablo visitó de nuevo Jerusalén (Hch. 11:30; 12:25; Gá 2:1-21). En Antioquía, Pablo y Bernabé fueron apartados para el primer viaje misionero (46-48 d.C.; Hch. 13:1—14:28). Durante ese viaje los dos evangelizaron en Asia Menor y en la isla de Chipre. En Asia Menor Pablo comenzó a evangelizar a gentiles cuando los judíos repudiaron el evangelio (Hch. 13:46). Se estableció el patrón típico de Pablo: "una proclamación inicial a los judíos y gentiles adheridos al judaísmo, ya fueran prosélitos completos o tuvieran un vínculo menos fuerte; y luego, tras ser rechazado en la sinagoga, un ministerio directo entre los gentiles".[1]

CRONOLOGÍA DE LA VIDA DE PABLO	
Fecha: d.C.	Evento
3(¿?)	Nacimiento de Pablo
18-30	Educación en Jerusalén
33/34	Conversión
34-36	En Arabia
46	En Jerusalén
46-48	Primer viaje misionero: Asia Menor
48-49	Concilio de Jerusalén
49-52	Segundo viaje misionero: Asia Menor y Europa
53-57	Tercer viaje misionero: Asia Menor y Europa
58-60	Encarcelamiento en Cesarea
60-61	Viaje a Roma
61-63	Encarcelamiento en Roma
63-66	Ministerio hasta España
66-67	Encarcelamiento en Roma y ejecución

El Concilio de Jerusalén tuvo lugar en el 49 d.C. (Hch. 15) y resolvió un asunto importante: le permitió a Pablo (y a otros) seguir predicando el evangelio a los gentiles sin los impedimentos judíos; a los gentiles no se les pediría circuncidarse. La decisión fue importante para mantener la pureza del evangelio y separar la ley de la gracia. El segundo viaje misionero (49-52 d.C.; Hch. 15:36—18:22) llevó a Pablo y Silas por Asia Menor, donde volvieron a visitar las iglesias, y a Europa (Hch. 16:11ss). El tercer viaje misionero (53-57 d.C.; Hch. 18:23—21:16) llevó a Pablo a Éfeso, donde pasó cerca de tres años, y a Macedonia y Acaya. Tras su retorno, fue arrestado en Jerusalén y encarcelado en Cesarea (58-60 d.C.; Hch. 24:1—26:32). Pablo apeló al César y finalmente pasó dos años encarcelado en Roma (61-63 d.C.; Hch. 28:30-31). Fue liberado de su primer encarcelamiento en Roma, pasó tres años en el ministerio (63-66 d.C.), probablemente viajó hasta España, y fue arrestado otra vez y ejecutado en Roma en el 67 d.C. (2 Ti. 4:6-8).

EXPOSICIÓN DE LA TEOLOGÍA PAULINA

Dios

Revelación. La teología de Pablo representa un hito indeleble en términos de la teología de Dios. Pablo describe a un Dios soberano que se revela en gracia a través de Jesucristo (Ro. 1:16-17; 3:21; 1 Co. 2:10; 2 Co. 12:7). Aquello que Dios se propuso por toda la eternidad, se había

LAS EPÍSTOLAS DE PABLO

Clase	Nombre	Fecha d.C.	Origen	Teología
Generales	Gálatas	48	Antioquía en Siria	Soteriología y escatología
	1 Tesalonicenses	50	Corinto	
	2 Tesalonicenses	50	Corinto	
	1 Corintios	55	Éfeso	
	2 Corintios	55	Macedonia	
	Romanos	57	Corinto	
Prisión	Efesios	62	Roma	Cristología
	Filipenses	63	Roma	
	Colosenses	62	Roma	
	Filemón	62	Roma	
Pastorales	1 Timoteo	63	Macedonia	Eclesiología
	Tito	63	Corinto	
	2 Timoteo	67	Roma	

revelado ahora en el tiempo. Tal revelación es una manifestación de "nuestro Salvador Jesucristo, el cual quitó la muerte y sacó a luz la vida y la inmortalidad por el evangelio" (2 Ti. 1:10; cp. 1 Ti. 3:16). El evangelio que Pablo predicaba no era de origen humano, él lo recibió directamente del Señor (Gá. 1:12; 2:2). Dios es justo con la muerte de Cristo, pero por ella es libre de justificar a quien crea en Jesús.

Dios se revelará en juicio para los incrédulos (Ro. 1:18; 2:5; 2 Ts. 1:7). La ira (*orge*) expresa "la furia de Dios, profundamente asentada, por el pecado. Furia que surge de su santidad y justicia".[2] Por causa de su santidad, Dios no puede pasar por alto el pecado.

Dios se revelará en bendición gloriosa a los creyentes (Ro. 8:18-19; 1 Co. 1:7; 3:13; 4:5; 2 Co. 5:10). La "gloria" sugiere el resplandor glorioso en el retorno triunfal de Jesucristo, con todas las bendiciones a la espera de los creyentes (Ro. 8:18).

El plan de Dios para la iglesia, que antes era un misterio, se ha revelado (Ro. 16:25; Gá. 3:23; Ef. 3:3, 5). Satanás, cegando a los incrédulos para que el evangelio no pueda iluminarlos, intenta dificultar la revelación de Dios (2 Co. 4:4) y la obra de la iglesia.

Soberanía. El concepto de la soberanía de Dios domina los escritos de Pablo. Emplea numerosos términos para enfatizar el concepto. (1) *Predestinar* (gr., *proorizo*) quiere decir "limitar de antemano" (Ef. 1:5,11; Ro. 8:29-30; 1 Co. 2:7). *Predestinar* se usa solo seis veces en todo el Nuevo Testamento, y cinco de ellas pertenecen a las epístolas de Pablo. Pablo indica que la salvación del creyente está arraigada en el pasado eterno con la obra de predestinación divina. (2) *Presciencia* (gr., *proginosko*) quiere decir "conocer con antelación, prestar atención, estar pendiente de algo" (Ro. 8:29; 11:2).[3] La *presciencia* "no enfatiza la sola previsión, sino una relación activa entre quien tiene la presciencia y quienes son conocidos de antemano".[4] (3) *Elegir* o *escoger* (gr., *eklegomai*) quiere decir llamar (Ef. 1:4; 1 Ts 1:4). El creyente alcanza las bendiciones de Efesios 1:3 porque Dios escogió al creyente desde el pasado eterno (Ef. 1:4). Que Dios escoja enfatiza que Él escoge a los creyentes por sí mismo.[5] (4) *Adopción* (gr., *huiothesia*) quiere decir "posicionar como hijo" (Ef. 1:5) y enfatiza la ceremonia de adopción romana en que el hijo propio pasa a la edad adulta con todos sus privilegios. La adopción fue el resultado de la predestinación divina de los creyentes en el pasado eterno. (5) *Llamado* (gr., *kletos*) se refiere al llamado eficaz de Dios para salvación (cp. Ro. 1:1, 7; 8:28). El llamado de Dios permite que las personas crean. El término está relacionado con la elección incondicional (Dios nos escogió sin ningún mérito de nuestra parte) y la gracia irresistible (quien es llamado no se resiste al llamado). (6) *Propósito* (gr., *protithemi*) quiere decir "poner delante de", y sugiere el propósito de Dios de resumirlo todo en Cristo (Ef. 1:9-10). (7) *Voluntad* (gr., *boule*) se refiere al consejo soberano de Dios según el que Él actúa. Efesios 1:11 es un resumen general; Dios no solo actúa para asegurar la salvación de los creyentes, sino que obra en todas las cosas; la historia se consuma de acuerdo con la soberana voluntad de Dios.

Debe observarse una conclusión importante de las enseñanzas de Pablo sobre la soberanía: "1. La fuente suprema de la predestinación es la soberanía absoluta de Dios. 2. El propósito de la predestinación es la salvación y su resultado es el servicio. 3. La predestinación no invalida la responsabilidad humana".[6]

Cristo

Humanidad. Aunque Pablo ofrece algunas de las declaraciones más fuertes sobre la divinidad de Cristo, también enfatiza su humanidad. Cristo nació de mujer (Gá 4:4).[7] No era un fantasma; su humanidad provenía de su madre terrenal. Era descendiente físico[8] de David (Ro. 1:3; 2 Ti. 2:8).

Cristo no pecó (2 Co. 5:21). "No conoció pecado" hace referencia al conocimiento dado por la experiencia; no experimentó el pecado en su vida porque no tenía tal naturaleza. Cristo vino en "semejanza de carne de pecado", como hombre, pero sin la naturaleza pecaminosa (Ro. 8:3). No vino en la sola semejanza de la carne, pues en ese caso no habría sido verdaderamente humano. No vino en la semejanza del pecado, pues habría tenido el pecado dentro de Él. La gracia de Dios vino a través del último Adán, para redimir lo que el primer Adán perdió (cp. Ro. 5:15; 1 Co. 15:21, 45, 47).

Divinidad. En los escritos paulinos se puede encontrar la teología sobre la divinidad de Cristo completamente desarrollada. Cristo es la esfera en la cual todas las cosas se han creado; es más, "Todas las leyes y propósitos que guían la creación y gobiernan el Universo residen en Él".[9] Cuando Pablo enfatiza que Cristo viene "del cielo" (1 Co. 15:47; cp. 2 Co. 8:9) sugiere su pre-existencia y eternidad.

Pablo declara que la plenitud de la deidad habita en Cristo (Col. 2:9). *Deidad* (gr., *theotes*) "enfatiza la naturaleza o esencia divina... Era y es el Dios absoluto y perfecto".[10] Es interesante cómo Pablo enfatiza que la divinidad habitaba "corporalmente", con lo cual sugiere la completa humanidad de Jesús. Tal versículo es una sólida afirmación paulina del Jesús *Dios-hombre*.

Cristo existe en forma de Dios (Fil. 2:6). La palabra *forma* (gr., *morphe*) sugiere el carácter inherente de la persona o su sustancia esencial. Cristo existe como deidad en su naturaleza esencial.[11] Pablo se dirige a Cristo como Dios en varias ocasiones. Es llamado "bendito" en referencia a su deidad (Ro. 9:5). Una mejor interpretación de este versículo podría ser "Cristo, quien es Dios sobre todas las cosas, bendito por siempre".[12] En Tito 2:13 Pablo se refiere a "nuestro gran Dios y Salvador Jesucristo". La gramática griega exige que los dos sustantivos, Dios y Salvador, se refieran a la misma persona: Jesucristo.[13] Esta es una declaración paulina clara sobre la divinidad de Cristo.

Señorío. Designar a Jesús como Señor es un estudio importante, pues el "título *Señor* aparece al menos 144 veces, más 95 veces en conexión con el nombre propio *Jesucristo*".[14]

Señor designa su divinidad (Ro. 10:9; 1 Co. 12:3; Fil. 2:9). El nombre *Señor* se utilizó con frecuencia para traducir el nombre hebreo *Adonai* en la Septuaginta; a Jesús se le aplicaría el carácter divino de Dios a través del título Señor. El nombre del mismo Dios se aplica a Jesús.[15]

Señor designa poder (Fil. 2:9). El señorío conferido a Cristo, "quien ahora es igual a Dios, se manifiesta especialmente en el hecho de que también todos los poderes invisibles de la creación le están sujetos".[16]

Señor denota soberanía divina. Predicar a Jesús como Señor es proclamar su soberanía (2 Co. 4:5); inclinarse ante Jesús es adorarlo y por lo tanto reconocerlo como Dios soberano. La soberanía de Cristo sobre todos los cristianos se enfatiza especialmente en Romanos 14:5-9 y en títulos como "Nuestro Señor Jesucristo", "Nuestro Señor Jesús" y "Jesucristo nuestro Señor".[17]

Señor denota la realeza y el reinado de Jesús. *Señor* también ha de entenderse como una variante de rey; en realidad los dos títulos son intercambiables. En este sentido, *Señor* enfatiza el reinado de Jesús sobre Israel y la iglesia, así como su señorío sobre el mundo entero (cp. 1 Ti. 6:15; 1 Co. 15:25).[18]

Espíritu Santo
La teología paulina ofrece una amplia exposición de la persona y la obra del Espíritu Santo.

Su persona. Las cartas de Pablo describen los siguientes atributos de la persona del Espíritu Santo: (1) Intelecto. El Espíritu Santo investiga las profundidades de Dios (1 Co. 2:10) y luego las enseña a los creyentes (1 Co. 2:13). (2) Voluntad. El Espíritu Santo tiene voluntad, distribuye sus dones "como Él quiere" (1 Co. 12:11). El Espíritu Santo no da "de acuerdo con los méritos o deseos de los hombres, sino de acuerdo con su propia voluntad".[19] (3) Emoción. El Espíritu Santo se puede entristecer (Ef. 4:30). (4) Divinidad. La divinidad del Espíritu Santo se evidencia en que, como Cristo, es intercesor (cp. Ro. 8:26-27, 34) y habita en el creyente junto con el Padre y el Hijo (Ro. 8:9-11). La bendición hace iguales a los tres miembros de la divinidad (2 Co. 13:14) .

Sus obras. Los escritos de Pablo también afirman muchas e importantes obras que realiza el Espíritu Santo como miembro de la Trinidad. (1) Regenera. El Espíritu Santo da nueva vida a los creyentes (Tit. 3:5). (2) Bautiza. El Espíritu Santo une a los creyentes con su Señor cuando los ubica en el cuerpo de Cristo (1 Co. 12:13). (3) Habita. El Espíritu Santo vive en cada creyente, en quienes no habita no son creyentes (Ro. 8:9; 1 Co. 12:7) (4) Sella. El Espíritu Santo pone una marca de identidad y propiedad en los creyentes; Él mismo es el sello, de modo que verifica la salvación de ellos (Ef. 1:13; 4:30). (5) Da dones. Soberanamente, el Espíritu Santo reparte habilidades espirituales a los creyentes (1 Co. 12:4, 7, 11). (6) Llena. El Espíritu Santo controla a los creyentes cuando se cumplen las condiciones (Ef. 5:18). (7) Da poder. El Espíritu Santo permite que los creyentes vivan por su poder (Gá. 5:16).

Pecado
Definición.[20] Pablo usa varias palabras diferentes del griego para describir la naturaleza de pecado. *Hamartia* es una palabra general para describir los hechos pecaminosos (Ro. 4:7; 11:27). *Hamartia* enlaza la muerte de Cristo con el pecado del hombre (1 Co. 15:3). En plural denota la acumulación de pecados (Gá. 1:4), mientras que en singular denota el estado de pecado (Ro. 3:9, 20; 5:20; 6:16, 23). *Paraptoma* denota un paso en falso, en contraste con uno acertado (Ro. 4:25; Gá. 6:1; Ef. 2:1). *Parabasis* quiere decir hacerse a un lado, desviarse de la fe verdadera (Ro. 2:23; 4:15; Gá. 3:19). *Anomia* quiere decir iniquidad o vivir sin ley (2 Co. 6:14; 2 Te. 2:3).

Explicación.[21] El pecado es una deuda, sugiere la obligación del hombre y su incapacidad para pagarla (Ef. 1:7; Col. 1:14). Es un desvío del camino recto, de la ley mosaica que había establecido las normas de Dios, para la cual el pueblo no estuvo a la altura (Ro. 2:14, 15, 23; 4:15).

El pecado es vivir sin ley y se transforma en rebelión (Ro. 11:30; Ef. 2:2; 5:6; Col. 3:6), relaciona los hechos externos con las actitudes internas. Romanos 1:29-31 combina tanto hechos como actitudes; los hechos son homicidios, inmoralidad, borracheras y homosexualidad; las actitudes son envidia, necedad e infidelidad. Pablo también caracteriza al pecado como a un tirano que esclaviza a quienes no creen (Ro. 6:16-17), como a la falsedad que suprime la verdad (Ro. 1:18) y la sustituye por la mentira (Ro. 1:25).

Salvación

Pablo desarrolla en su totalidad algunos de los grandes temas soteriológicos. La doctrina soteriológica de Pablo estaba centrada en la gracia de Dios; fue Dios quien comenzó la salvación nada más que por su gracia, la cual satisfizo su justicia divina, liberó de la atadura del pecado y otorgó una declaración legal de justificación al creyente.

Perdón. Cuando Dios perdonó nuestras ofensas, lo hizo por su gracia (Col. 2:13). *Perdonado* (gr., *charizomai*) significa "entregar como favor, dar de gracia, perdonar por gracia".[22] La palabra está estrechamente ligada al término para gracia, y enfatiza que el perdón tiene su raíz en la gracia de Dios y sin la participación de algún mérito humano. Así, también tiene la connotación de absolución, cancelación de la deuda, liberación del prisionero.[23] Otra palabra paulina para perdón (gr., *aphesis*) tiene el significado básico de "liberar" o "dejar ir", pero teológicamente significa "perdonar" o "cancelar una obligación o castigo" (Ef. 1:7; Col. 1:14).[24] La gracia de Dios alcanza su cénit con la exaltación que Pablo le confiere en su teología; Dios por su gracia canceló la deuda de pecado que el hombre no podía pagar.

Redención. La palabra *redención* (gr., *apolutrosis*) es un término particularmente paulino; se usa diez veces en el Nuevo Testamento, siete de ellas en los escritos de Pablo. *Redención* quiere decir dejar en libertad mediante el pago de un precio. El trasfondo del término se relaciona con el mercado romano de esclavos; allí se ponían los esclavos a la venta y el comprador pagaba el precio necesario para liberarlos. Pablo emplea el término para describir la liberación del creyente de la atadura y esclavitud del pecado. Pero Pablo también establece el precio de la redención: la sangre de Cristo. Su muerte fue necesaria para lograr la liberación del pecado. Romanos 3:24 enfatiza que la muerte de Cristo satisfizo y apartó la ira de Dios, y por ella la redención se hizo posible. El pasaje también enlaza la justificación con la redención; la redención se alcanzó para que el hombre pudiera declararse justo (cp. Ro. 8:23; 1 Co. 1:30; Gá. 3:13; Ef. 1:7, 14; 4:30; Col. 1:14).

Propiciación. El sustantivo *propiciación* aparece solo cuatro veces en el Nuevo Testamento; en Romanos 3:25, Hebreos 2:17, 1 Juan 2:2 y 4:10. Esta palabra (del griego *hilasmos* e *hilasterion*) significa "expiar, aplacar, reparar". Indica que Cristo cumplió y satisfizo completamente los requisitos del Dios justo y santo. La santidad de Dios ha quedado satisfecha y su ira se ha calmado por la sangre de Jesucristo. Romanos 3:26 explica que, por la muerte de Jesucristo, Dios puede ser justo (su integridad se mantiene) y aún así puede declarar justo al creyente en Cristo. No obstante, Dios no pasa por alto el pecado. La muerte de Cristo fue suficiente para proveer la expiación por el pecado, de modo que la santidad y la justicia de Dios se satisficieran completamente. Por lo tanto, la propiciación es importante para mostrar cómo se puede reconciliar al hombre pecador con el Dios santo: por la expiación de Cristo. Dios es propiciado (se satisface) con la muerte de Cristo y la recibe como pago completo por el pecado (véase también la discusión bajo "El significado correcto de la expiación" en el capítulo 24, especialmente las pp. 321-324).[25]

Justificación. Justificación es un término peculiarmente paulino. El verbo se usa 40 veces en el Nuevo Testamento, y de ellas 29 pertenecen a Pablo. La justificación es un acto legal por medio del cual Dios declara que el creyente pecador es justo, sobre la base de la sangre de Cristo. El significado básico de justificación es "declarar justo". Se pueden aprender otras cosas más del uso que hace Pablo de la palabra justificación: es un regalo de la gracia de Dios (Ro. 3:24), se apropia mediante la fe (Ro. 5:1; Gá. 3:24), es posible a través de la sangre de Cristo (Ro. 5:9) y está separada de la ley (Ro. 3:20; Gá. 2:16; 3:11). El último punto es un importante énfasis paulino y, sin lugar a dudas, es la tesis del libro de Gálatas: el hombre no se justifica por las obras de la ley sino por la fe en Jesucristo.[26]

Iglesia[27]

Definición. La palabra *iglesia* (gr., *ekklesia*) significa simplemente "un grupo llamado". Se utiliza más comúnmente en el sentido técnico de los creyentes a quienes Dios ha llamado del mundo como grupo especial para Él. No obstante, ocasionalmente se usa en un sentido no técnico para referirse, por ejemplo, a la multitud (traducido "asamblea"), como en Hechos 19:32. *Iglesia* se usa en dos formas principales en el Nuevo Testamento: la iglesia *universal* y la iglesia local. Pablo utiliza el término para referirse a la amplia compañía de creyentes que trasciende una congregación particular (Gá. 1:13; Ef. 3:10, 21; 5:23-25, 27, 29, 32). Cuando el término se refiere al cuerpo de Cristo, se usa el sentido universal (Ef. 1:22; Col. 1:18, 24). *Iglesia* se refiere a la iglesia local cuando se usa el sentido de una asamblea particular de creyentes en determinado lugar y determinado momento. Así, Pablo se refiere a las iglesias individuales de Corinto (1 Co. 1:2; 4:17; 7:17; 2 Co. 1:1; 8:1), Galacia (Gá. 1:2, 22), Filipos (Fil. 4:15), Colosas (Col. 4:15-16) y Tesalónica (2 Ts. 1:1).

La iglesia como unión de judíos y gentiles en igualdad de condiciones como coherederos en Cristo (Ef. 3:6) es una entidad distintiva del Nuevo

Testamento. La iglesia no se conocía en el Antiguo Testamento (Ef. 3:5), el conocimiento de la iglesia se le dio a Pablo por revelación (Ef. 3:3).

Explicación. Pablo describe a la iglesia como un organismo que compone "la estructura compleja del Cuerpo de Cristo, que lleva a cabo actividades vivas por medio de los creyentes individuales, cuyas funciones son distintas pero dependen y están gobernadas por su relación con Cristo, la Cabeza".[28]

La entrada a la iglesia se produce a través de la obra bautismal del Espíritu Santo, el cual ubica al creyente en unión con Cristo y con los otros creyentes (1 Co. 12:13). La obra bautismal del Espíritu ocurre simultáneamente con la fe salvadora, no es experimental e incluye a todos los creyentes, sin distinción de clase o posición social. Como una cabeza dirige al cuerpo humano, así Cristo, como cabeza de la iglesia, le da dirección y tiene autoridad sobre ella (Ef. 1:22-23; Col. 2:10). Es por la unión con Cristo que la iglesia crece en madurez (Col. 2:19) en tanto se sujeta a la autoridad de Cristo (Ef. 1:22-23).

Pablo enseña que Dios ha dado dones espirituales para la edificación del cuerpo de Cristo (Ef. 4:11-13). La doctrina de los dones espirituales es casi exclusivamente paulina; la única referencia diferente a Pablo es una declaración breve en 1 Pedro 4:10. *Dones espirituales* es la traducción de la palabra griega *charisma*, literalmente "regalo de gracia". Una definición concisa es "habilidad para el servicio dada por Dios".[29] Pablo describe los dones en Romanos 12, 1 Corintios 12 y Efesios 4 (véase "Los dones del Espíritu Santo", pp. 267-268, para una explicación más amplia).

Organización. Aunque la iglesia es un organismo vivo, también es una organización con oficios y funciones. En el Nuevo Testamento hay dos oficios designados en la iglesia. El oficio del *anciano* (gr., *presbuteros*) enfatiza madurez y dignidad, y normalmente denota a una persona mayor. Los ancianos eran nombrados para ser líderes de las iglesias locales (1 Ti. 5:17; Tit. 1:5). El término *obispo* (gr., *episkopos*) denota la obra de pastoreo del anciano (1 Ti. 3:1). Básicamente, los términos son sinónimos, aunque anciano hace referencia al oficio mientras que obispo enfatiza la función. La obra de los ancianos conllevaba enseñanza (1 Ti. 5:17), gobierno (1 Ti. 5:17), guía, cultivo y cuidado del rebaño (1 Ti. 3:1). Sus cualificaciones están detalladas en 1 Timoteo 3:1-7.

El otro oficio eclesial es el de diácono (gr., *diakonos*) que quiere decir "siervo". De los requisitos citados en 1 Timoteo 3:8-13 es evidente que los diáconos también participaban del ministerio espiritual, aunque subordinados a los ancianos. Junto con los ancianos, tenían posición de autoridad en la iglesia local (cp. Fil. 1:1).

No está del todo claro si Pablo abogaba por un oficio separado de diaconisa (1 Ti. 3:11). La palabra *gunaikas*, traducida "mujeres", se puede referir a las esposas de los diáconos o a una clase separada de diaconisas.

Ordenanzas. Aunque el tema del bautismo es prominente en el Nuevo Testamento, no es de gran énfasis en la teología paulina. El verbo *baptizo* se usa ochenta veces en el Nuevo Testamento, pero Pablo lo usa solo dieciséis veces, y once de ellas se refieren al bautismo en agua (tres en Hechos). Más aún, usa el verbo seis veces para explicar que Cristo no lo envió a bautizar (1 Co. 1:13-17); de este modo, aparte de esa referencia, Pablo se refiere al bautismo en agua solo dos veces en las epístolas (1 Co. 15:29). En su explicación a los corintios Pablo deja claro que el bautismo no es parte del evangelio (1 Co. 1:17-18). Pablo parece enfatizar el bautismo en el Espíritu más que el bautismo en agua (cp. Ro. 6:3; 1 Co. 10:2; 12:13; Gá. 3:27).

Pablo aporta una explicación detallada de la Cena del Señor (1 Co. 11:23-24), que él la recibió por revelación directa del Señor (1 Co. 15:3; Gá. 1:12). Pablo presenta la Cena del Señor como un memorial (1 Co. 11:25), y amonesta a los corintios a no participar de ella de manera casual; de hacerlo, beberían juicio para sí mismos. Más aún, la reprensión de Pablo se relaciona con una comida que la acompaña, a veces llamada el *agape*, en la cual algunos comían hasta saciarse mientras otros tenían poco para comer. Tal cosa interrumpía la comunión y daba como resultado comer y beber la Cena del Señor de manera indigna; "comían sin reconocer el simbolismo que recuerda el cuerpo del Señor, sin ver a Cristo y su muerte en ello".[30]

Últimos tiempos

Concernientes a la iglesia. Como Pablo ha aportado nuevas e importantes enseñanzas relativas a la naturaleza de la iglesia, es apropiado que lleve esa enseñanza a término, que describa el futuro de la iglesia. Pablo se refiere al traslado de la iglesia, en el cual algunos creyentes no morirán, sino serán trasformados en menos de un parpadeo (1 Co. 15:51-57). En ese instante, los creyentes de la era de la iglesia que ya partieron se levantarán para recibir la resurrección de sus cuerpos (1 Ts. 4:16), y los creyentes vivos y trasformados serán arrebatados al cielo repentinamente para estar con Cristo (1 Ts. 4:13-18).

Pablo enfatiza la naturaleza práctica de esta doctrina: "[aliéntense] los unos a los otros con estas palabras" (1 Ts. 4:18). Después del arrebatamiento de la iglesia, los creyentes comparecerán ante el *bema*, el *tribunal* de Cristo, para ser recompensados por las obras hechas en el cuerpo, ya sean buenas o sin valor. La salvación no es la cuestión, sino las obras del creyente. Se quemarán las obras de quien obró en la carne, no habrá recompensa, pero el creyente será salvo... sin obras para mostrar (1 Co. 3:15). Quien tenga obras aceptables para el Señor será recompensado; no en términos de la salvación, porque esta ya se ha establecido. Se habla de las recompensas en términos de coronas (1 Ts. 2:19; 2 Ti. 4:8).

Concernientes a Israel. Pablo habla de la elección de Israel en Romanos 9—11, y lamenta el rechazo de Israel al Mesías (Ro. 9:1-3; 10:1-5). Israel tuvo privilegios grandes pero los despreció (Ro. 9:4-5); con todo, como Dios eligió a Israel en su soberanía, no fracasará en su propósito con la nación. Que Dios no ha abandonado a su pueblo (Ro. 11:1) es evidente porque hay un remanente de judíos creyentes, y Pablo se cuenta entre ellos (Ro. 11:1, 5). Sin embargo, aunque Israel está cegado, es temporal. Pablo ve un futuro en el que la ceguera de Israel se acabará y "todo Israel será salvo" (Ro. 11:26). En el futuro, la nación se volverá a Cristo en fe. Pablo relaciona ese evento con el regreso del Mesías: "Vendrá de Sion el Libertador, que apartará de Jacob la impiedad" (Ro. 11:26).

Concerniente al mundo. Aunque Pablo se refirió a la esperanza futura para la iglesia y a la conversión futura de Israel, habla ampliamente del juicio divino futuro sobre el mundo incrédulo. Pablo usa el término ira (gr., *orgï*) para describir el juicio de Dios que sobrevendrá al mundo. Tal término es decisivamente paulino, lo usa 21 veces en sus escritos, mientras que se usa solo 15 veces en el resto del Nuevo Testamento. Pablo utiliza frecuentemente *orgï* para describir el futuro "día de la ira" (Ro. 2:5), que enfrentarán los duros de corazón y quienes no se arrepientan. Advierte que la ira de Dios vendrá sobre quienes son moralmente impuros (Ef. 5:6; Col. 3:6). No obstante, Pablo se esfuerza en mostrar que los creyentes no enfrentarán la ira de Dios. Serán salvos de aquel día (Ro. 5:9; 1 Ts. 1:10; 5:9).[31]

Pablo también identifica el período como el tiempo en que aparecerá el "hombre de pecado", llamado además "hijo de perdición" (2 Ts. 2:3) y se exaltará a sí mismo como Dios (2 Ts. 2:4). Es incapaz de exaltarse en este momento presente porque hay un impedimento (2 Ts. 2:6), identificado por muchos como el Espíritu Santo en nuestra era eclesial. Cuando se aparte el impedimento, "se manifestará aquel inicuo" (2 Ts. 2:8), y engañará a las personas a través de sus milagros inspirados en Satanás. Pero en la segunda venida de Cristo, el inicuo (conocido popularmente como el anticristo) será destruido (2 Ts. 2:8).

NOTAS

1. Richard Longenecker, *The Ministry and Message of Paul* (Grand Rapids: Zondervan, 1971), 44.

2. Fritz Rienecker, *Linguistic Key to the Greek New Testament*, en Cleon Rogers Jr., ed. (Grand Rapids: Zondervan, 1982), 349.

3. *Ibíd.*, 367.

4. Charles C. Ryrie, *Biblical Theology of the New Testament* [*Teología bíblica del Nuevo Testamento*] (Chicago: Moody, 1959), 169. Publicado en español por Portavoz.

5. *Exelexato* está en la voz media y sugiere que Dios nos escoge para Él.

6. Ryrie, *Biblical Theology of the New Testament* [*Teología bíblica del Nuevo Testamento*], 172-173.

7. El participio aoristo *genomenon* enfatiza el acontecimiento del nacimiento de Cristo. La preposición *ek* enfatiza su origen; vino de una madre humana.

8. "Descendiente" es *spermatos*, literalmente esperma o semilla, y enfatiza la descendencia humana.

9. J. B. Lightfoot, *Saint Paul's Epistles to the Colossians and to Philemon* (Reimpresión, Grand Rapids: Zondervan, 1959), 150.

10. Rienecker, *Linguistic Key to the Greek New Testament*, 573.

11. El participio presente *huparchon* enfatiza que Cristo sigue existiendo como deidad. La deidad es el estado de su existencia.

12. Donald Guthrie, *New Testament Theology* (Downers Grove: InterVarsity, 1981), 339-340, prefiere esta lectura marginal de la versión inglesa RSV, similar a la de la Nueva Versión Internacional en inglés.

13. La regla de Granville Sharpe establece que cuando hay dos nombres sustantivos unidos por *kai*, donde el primer sustantivo viene con artículo y el segundo no, los dos sustantivos se refieren a la misma persona o cosa.

14. Ryrie, *Biblical Theology of the New Testament* [*Teología bíblica del Nuevo Testamento*], 176.

15. Oscar Cullmann, *The Christology of the New Testament* [*Cristología del Nuevo Testamento*], ed. rev. (Filadelfia, Westminster, 1963), 217, publicado en español por Sígueme; y Guthrie, *New Testament Theology*, 291.

16. *Ibíd.*, 218.

17. Guthrie, *New Testament Theology*, 298.

18. Cullmann, *The Christology of the New Testament* [*Cristología del Nuevo Testamento*], 220-221.

19. Charles Hodge, *The First Epistle to the Corinthians* [*1 Corintios*] (Londres: Banner of Truth, 1958), 253. Publicado en español por El Estandarte de la Verdad.

20. Véase Guthrie, *New Testament Theology*, 200-201.

21. *Ibíd.*, 201-204.

22. Rienecker, *Linguistic Key to the Greek New Testament*, 574.

23. Barclay M. Newman Jr., *A Concise Greek-English Dictionary of the New Testament* (Londres: United Bible Societies, 1971), 197.

24. William F. Arndt y F. Wilbur Gingrich, *A Greek-English Lexicon of the New Testament and Other Early Christian Literature*, 2ª ed., F. Wilbur Gingrich y Frederick W. Danker, eds. (Chicago: Univ. of Chicago, 1979), 125.

25. Véase la útil discusión concerniente a la expiación sustitutiva de sangre en la cual Herman Ridderbos analiza además la palabra *propiciación* en *Paul: An Outline of His Theology* [*El pensamiento del apóstol Pablo*] (Grand Rapids: Eerdmans, 1975), 186-193. Publicado en español por Libros Desafío.

26. *Ibíd.*, 159-181.

27. Véase material útil concerniente a la doctrina paulina de la iglesia en Ryrie, *Biblical Theology of the New Testament* [*Teología bíblica del Nuevo Testamento*], 188-202.

28. *Ibíd.*, 191.

29. *Ibíd.*, 193.

30. *Ibíd.*, 159-181.

31. Véase material útil concerniente a la doctrina paulina de la iglesia en Ryrie, *Biblical Theology of the New Testament* [*Teología bíblica del Nuevo Testamento*], 188-202.

PARA ESTUDIO ADICIONAL SOBRE PABLO

** F. F. Bruce, *Pablo: Apóstol del corazón liberado* (Las Palmas de Gran Canaria: Mundo Bíblico, 2003).

** James D. G. Dunn, *The Theology of Paul the Apostle* (Grand Rapids: Eerdmans, 1997).

** Gordon D. Fee, *Pauline Christology* (Peabody: Hendrickson, 2007).

** Donald Guthrie, *New Testament Theology* (Downers Grove: InterVarsity, 1981).

** George E. Ladd, *Teología del Nuevo Testamento* (Terrassa: Clie, 2003).

* Richard Longenecker, *The Ministry and Message of Paul* (Grand Rapids: Zondervan, 1971).

** _____, *Paul: Apostle of Liberty* (Grand Rapids: Baker, 1976).

* _____, "Pauline Theology" en Merrill C. Tenney, ed., *Zondervan Encyclopedia of the Bible*, 5 vols. (Grand Rapids: Zondervan, 1975), 4:657-665.

* J. Gresham Machen, *The Origin of Paul's Religion* (Grand Rapids: Eerdmans, 1925). Una obra clásica de un gran teólogo.

** Leon Morris, *New Testament Theology* (Grand Rapids: Zondervan, 1986).

* S. Motyer, "Paul, Theology of", en *Evangelical Dictionary of Theology* [*Diccionario teológico de la Biblia*]. Walter A. Elwell, ed. (Grand Rapids: Baker, 1984), 829-831. Publicado en español por Caribe.

** Herman Ridderbos, *Paul: An Outline of His Theology* [*El pensamiento del apóstol Pablo*] (Grand Rapids: Eerdmans, 1975), 186-193. Publicado en español por Libros Desafío. Este es un tratamiento bien documentado, extensivo e importante de la teología paulina.

* Charles C. Ryrie, *Biblical Theology of the New Testament* [*Teología bíblica del Nuevo Testamento*] (Chicago: Moody, 1959), 151-222. Publicado en español por Portavoz.

** Thomas R. Schreiner, *Paul, Apostol of God's Glory in Christ: A Pauline Theology* (Downers Grove: InterVarsity, 2006).

* N. T. Wright, "Paul", en *New Dictionary of Theology* [*Nuevo diccionario de teología*], Sinclair B. Ferguson, J. I. Packer y David F. Wright, eds. (Downers Grove: InterVarsity, 1988), 496-499. Publicado en español por Casa Bautista de Publicaciones.

14

TEOLOGÍA
DE HEBREOS

Introducción a hebreos

PARA ANALIZAR LA TEOLOGÍA de Hebreos son particularmente importantes las preguntas introductorias concernientes a los destinatarios, ocasión y propósito de la carta. Partiendo de la posición asumida en lo relativo a tales asuntos, se determinará su interpretación teológica.

Autoría

La autoría del libro de Hebreos ha constituido un problema a lo largo de la historia de la iglesia cristiana, y se ha debatido vigorosamente sin solucionarse. El autor no se identifica por ninguna parte en el libro, mas era conocido para los lectores (5:11-12; 10:32-34; 12:4; 13:9, 18-19, 23). Entendía las circunstancias de ellos y les escribe al respecto.

Lugar y fecha de escritura

El libro se escribió tempranamente; Clemente de Roma lo citó en el 96 d.C. El tiempo presente concerniente a los sacrificios (7:8; 8:4, 13; 9:1-10) sugiere que el templo estaba en pie; por lo tanto, se escribió antes del año 70 d.C. Aunque a los creyentes de la carta se les perseguía, no habían experimentado el martirio (12:4). Como la persecución feroz comenzó con el incendio de Roma en el año 64 d.C., es probable que el libro se escribiera antes de esa fecha.

El lugar donde se escribió es difícil de determinar. La referencia "los de Italia os saludan" (13:24) podría indicar que se escribió en ese país.

Destinatarios

El título "A los Hebreos" es una adición del siglo II al manuscrito, y tan solo refleja la opinión de esa época relativa a sus destinatarios. La evidencia intrínseca apunta a que los destinatarios eran una asamblea de judíos creyentes. (1) El libro sigue su argumentación desde el punto de vista judío, al comparar a Cristo con el sistema levítico. (2) El libro utiliza citas del Antiguo Testamento. (3) El libro hace una extensiva mención al sacerdocio levítico. (4) Hay terminología exclusivamente judía: ángeles, milagros, sumo sacerdote, Moisés, Aarón, ley, pacto, tabernáculo, lugar santo, sacrificios y sangre. (5) Contiene un resumen elaborado de la historia hebrea. (6) Hay un análisis detallado del tabernáculo.

La ubicación de los lectores es difícil de determinar. Aunque plantea problemas, se sugiere que, al parecer, Jerusalén es el destino más razonable.[1] El tiempo presente concerniente a las ofrendas en 8:4 sugiere las condiciones bajo las cuales se llevaban a cabo estas ofrendas.

Propósito teológico

El propósito del libro es demostrar la superioridad de Cristo y el cristianismo con respecto al judaísmo. Los destinatarios eran cristianos hebreos: se les llama "hermanos santos" (3:1), "participantes del llamamiento celestial" (3:1) y "participantes de Cristo" (3:14). Aunque su estado presente era peligroso, el escritor los consideraba salvos (6:9) pero con necesidad de madurar (6:1) y de progresar en su caminar con Cristo. Corrían el peligro de recaer en el judaísmo (5:11—6:3; 10:19-25).

Estos cristianos hebreos eran perseguidos y estaban desanimados (10:32-34; 12:4). Habían perdido sus propiedades y sufrido el ridículo y el ostracismo público por su fe en Cristo. El escritor habla de tales circunstancias, los exhorta a avanzar en la madurez (4:14; 6:11ss; 10:23, 36; 12:1). También los advierte sobre la gravedad de la apostasía (6:4-8; 10:26-31; 12:14-29).

Teología de Hebreos

Dios

El escritor de Hebreos enfatiza tanto la majestad de la Persona de Dios como la forma en que se reveló a su pueblo.

Su Persona. El escritor dice que el Padre es exaltado en los cielos y tiene su trono en las alturas (1:3). La frase es un título de Dios que hace referencia al Salmo 110:1. En 8:1 se da una descripción similar, donde vuelve a usarse el término "Majestad". Como el libro se escribió para una audiencia judía, se refiere sin duda alguna a "la Gloria que descansaba sobre el propiciatorio en el Lugar Santísimo".[2]

El escritor habla también sobre el acercamiento a Dios cuando se refiere a su trono. Como Cristo es el intercesor de los creyentes, ellos pueden aproximarse a Dios (7:25; 10:22; cp. 9:24) y hacerlo con confianza (12:22-24). Jesús ha asumido una posición de autoridad a la diestra del Padre (12:2).

Se les recuerda a los creyentes judíos que su Dios estaba vivo, en contraste con los ídolos que están muertos (cp. Sal. 115:3-8; Is. 46:6-7; Jer. 10:5-10). El escritor los exhorta a servir al Dios vivo y no volver al sistema muerto (He. 9:14; cp. 10:31; 12:22).

El uso del fuego como figura de Dios simboliza su juicio (12:29). Tal cosa se relaciona con la advertencia a los lectores de que no se olviden del Dios vivo. En caso de volver al judaísmo, experimentarán el juicio disciplinario de Dios.

El libro concluye con una mención a Dios como dador de paz (13:20). Él puede dar paz a los judíos creyentes en medio de su persecución.

Su revelación. La cima de la revelación de Dios se dio por medio de su Hijo (1:1-2). En el Antiguo Testamento Dios habló por partes y de muchas formas diferentes; pero el clímax de su revelación está en la persona de su Hijo. La declaración sugiere que no hay necesidad de revelación adicional. ¿Cómo puede haber una revelación sobre Dios mayor que la dada a través de Cristo?

Como los apóstoles fueron testigos de la revelación en Jesús, Dios realizó milagros a través de sus manos, y con ello testificaron de la gran salvación en Cristo (2:4). Cabe destacar que el escritor de Hebreos se ubica fuera de la era de los milagros, indicando con ello que la generación anterior fue la que los atestiguó.

Se ve la magnitud de la gracia de Dios, porque a través de ella Cristo sufrió la muerte para beneficio de todas las personas.[3] Por lo tanto, es importante que se apropien de la gracia que Dios ha manifestado por medio de Cristo (12:15).

El tema de juicio se enfatiza en Hebreos por el peligro de que los cristianos judíos se volvieran al judaísmo. Por lo tanto, se les recordaba no pisotear al Hijo de Dios por quien fueron santificados, pues Dios los juzgaría por repudiar la sangre de Cristo (10:30). No obstante, tal juicio sería un acto disciplinario: indicaría que los estaría tratando en una relación Padre-hijo (12:5-13). Como Dios juzgará a todos finalmente (12:23), los creyentes hebreos no deben hacer caso omiso de las advertencias (12:25). Quienes sean fieles serán recompensados (6:10).

Cristo

Claramente, en la cristología hallamos el mayor énfasis teológico de Hebreos. Al desarrollar el libro, el autor muestra la superioridad de Cristo sobre los profetas (1:1-3), los ángeles (1:4—2:18), Moisés (3:1—4:13) y Aarón (4:14—10:39). Cristo está en el corazón de la sección doctrinal del libro (caps. 1—10). El énfasis cristológico es necesario cuando se consideran los destinatarios. Los cristianos hebreos eran perseguidos por su fe y estaban considerando la idea de volver al judaísmo. El escritor les muestra la necedad de ello al recordarles que, en tal caso, estarían retomando un sistema inferior cuando, de hecho, habían recibido una revelación superior en Cristo. El autor de Hebreos muestra diferentes facetas de Cristo para demostrar su superioridad.

Títulos. Por toda la epístola se usa la designación *Cristo* ("el Ungido", 3:6, 14; 5:5; 6:1; 9:11, 14, 24, 28; 11:26). Es un recordatorio de que el Ungido, el Mesías reinante, ha venido. En el capítulo relacionado con un mejor santuario (cap. 9), el autor emplea el nombre cuatro veces. El Mesías, como sumo sacerdote, ha entrado al cielo, no tan solo a un santuario terrenal que es una simple copia del verdadero en el cielo (9:11, 24). El Mesías ha ofrecido su propia sangre para otorgar limpieza completa (9:14). El Mesías llevó los pecados una vez, pero volverá a aparecer para salvación (9:28).

El nombre humano *Jesús* enfatiza que en su humanidad como sumo sacerdote ha alcanzado lo que el sumo sacerdote levítico no alcanzó (2:9; 3:1; 6:20; 7:22; 10:19; 12:2, 24; 13:12). Jesús asumió la humanidad y sufrió la muerte por todas las personas (2:9). Jesús es el apóstol y sumo sacerdote que sustituyó el sacerdocio levítico (3:1). Jesús entró en el lugar santísimo celestial y por siempre será sumo sacerdote según el orden de Melquisedec (6:20). Además ha garantizado y mediado un pacto mejor (7:22; 12:24); entregó su sangre para que por medio de ella los creyentes tengan acceso al lugar santísimo (10:19); consumó la fe (12:2) y cumplió los tipos del Antiguo Testamento al asegurar la salvación (13:12).

El término *Hijo* se usa para enfatizar la relación mayor entre Jesús y el Padre (1:2, 5, 8; 3:6; 5:5, 8; 7:28). El Hijo es mayor que los ángeles porque es el heredero, creador, sustentador y la imagen misma del Padre (1:3). El Hijo tiene una relación privilegiada con el Padre y gobernará al final de los tiempos (1:5, 8; 5:5). El Hijo es mayor que Moisés, tiene autoridad sobre el pueblo de Dios (3:6) y es mayor que la ley, pues no tiene las debilidades de los sacerdotes levíticos (7:28).

A Cristo también se le designa *Sumo Sacerdote* permanente, quien ha hecho propiciación por los pecados (2:17). Como Sumo Sacerdote se identifica con las personas, mas sin pecado (4:15); está en la presencia del Padre (4:14); permanece para siempre (6:20); es santo, inocente, sin mancha, separado de los pecadores, exaltado hasta el cielo (7:6; 9:11) y, por último, ha culminado su obra como Sumo Sacerdote (8:1).

Deidad. La deidad de Jesús se afirma con los nombres que se le adjudican. En Hebreos 1:8-10 el autor cita el Salmo 45:6-8 y 102:25, pero en el prefacio a la cita declara "mas del Hijo dice". Las citas que siguen tienen referencias al Hijo. Así, se refiere a Él como "Dios" (1:8-9) y "Señor" (1:10).

En 1:3 se ve la deidad de Jesús por su naturaleza y esencia intrínsecas. Él es "el resplandor de su gloria". "Como los rayos de sol están relacionados con el sol, y el uno no puede existir sin los otros, así es Cristo el brillo de la gloria divina. Son esencialmente uno; es decir, los dos son Dios".[4] Jesús es la "imagen misma" (gr., *charakter*) de la naturaleza de Dios (1:3). La palabra quiere decir "grabado o marca que deja una herramienta"; como una moneda refleja la ceca de su procedencia, así Jesús refleja al Padre.

El autor también describe a Jesús como divinidad por sus obras. Es el creador del mundo y de las edades (gr., *aion*), "la suma de los períodos de tiempo" (1:2). Es el sustanciador (gr., *pheron*) que "lleva todas las cosas a su debido curso".[5]

Humanidad sin pecado. El autor enfatiza la verdadera humanidad sin tacha de Jesús, que fue ofrecida para que pagara completamente por el pecado. Jesús, como hombre, participó de "carne y sangre" para mostrar su verdadera humanidad (2:14). Como hombre Jesús estuvo sujeto a las mismas tentaciones de toda la humanidad (2:18; 4:15). Como hombre experimentó el sufrimiento en medio de "gran clamor y lágrimas" antes de la cruz (5:7). Como hombre se sometió al Padre (2:13; 5:7). Pero aunque Jesús fue completa y genuinamente humano, no tuvo pecado, fue impecable (4:15; 7:26).

Sacerdocio. Cristo es superior porque es sacerdote según el orden de Melquisedec, no según el sacerdocio de Aarón. El sacerdocio de Cristo según Melquisedec es superior porque:[6] (1) es nuevo y es mejor (7:15; cp. 7:7, 19, 22; 8:6); (2) es permanente (7:16, 24); (3) está basado en un pacto mejor (8:6; 6:13).

Aun cuando el escritor de Hebreos toca otras doctrinas, es claro que el enfoque de su teología es cristológico.

Espíritu Santo

Aunque la doctrina del Espíritu Santo no se menciona mucho, hay varias cosas que se observan en Hebreos. (1) Los dones de señales se despliegan por la voluntad soberana del Espíritu Santo (2:4). (2) El Espíritu Santo es el autor de las Escrituras (3:7; 9:8; 10:15). (3) La salvación implica participar del Espíritu Santo (6:4). (4) Repudiar la salvación a través de Cristo es insultar al Espíritu Santo (10:29).

Pecado

La doctrina del pecado en hebreos es fundamental para advertir a los cristianos hebreos que no vuelvan a caer en el judaísmo y con ello pecar contra Cristo. Por eso, en 6:4-6, les advierte severamente que si alguna vez fueron iluminados y se hicieron partícipes de la salvación y luego cayeron, les será imposible arrepentirse y ser restaurados de nuevo. En su lugar, Dios indica que regresar al judaísmo confirmará su atrofia espiritual o su niñez extrema; no habrá restauración para ellos. La misma advertencia severa se da en 10:26-30. El de Cristo es el sacrificio mayor; si pecan voluntariamente al regresar al judaísmo, no habrá sacrificio para sus pecados en el sistema levítico. Solo cabe esperar el juicio severo de Dios.

Entonces el escritor les advierte que no endurezcan sus corazones (3:7-11) y los exhorta a perseguir la santificación y no faltar a la gracia de Dios (12:14-15). Les recuerda a Moisés, quien rechazó los placeres temporales del pecado y prefirió soportar el sufrimiento y las dificultades (11:25). De igual manera, los cristianos hebreos debían rechazar el pecado de regresar, y en su lugar ir tras la santificación, aun si ello implicaba sufrimiento. El pecado de la incredulidad (falta de fe) era la raíz de su problema; el escritor los reta a dejar de lado el pecado de la incredulidad que los confunde y más bien mirar a Jesús, al autor de su fe, quien consumó el camino que estaba determinado ante Él (12:1-2).

Salvación

Cuando contrasta a Cristo con los ángeles, el autor explica que una de las funciones de éstos es ayudar a quienes heredan la salvación (1:14). Sin embargo, la exhortación en 2:3 está más relacionada con el tema de Hebreos: "¿cómo escaparemos nosotros, si descuidamos una salvación tan grande?". Esta declaración implica que Cristo es superior a los sacrificios veterotestamentarios porque ofrece salvación completa con su sacrificio. Los hebreos cristianos que pretendían regresar al judaísmo son el blanco de esta advertencia. "Tan grande" enfatiza la muerte de Cristo única y suficiente para asegurar la salvación, algo que era inalcanzable a través de la sangre de toros y machos cabríos (10:4).

La provisión superior de Jesús en la salvación se ve en que Él experimentó la muerte por todos (2:9), y por su muerte llevó a "muchos hijos a la gloria" (2:10). Que la salvación de Jesús pueda llevar a muchos hijos a la gloria enfatiza la finalidad y la seguridad de ella. Los cristianos hebreos no tenían tal seguridad en el pacto antiguo. Más aún, el escritor enfatiza la completa sumisión y obediencia de Cristo a la voluntad del Padre; a través de su obediencia perfecta Cristo llegó a ser "autor de la eterna salvación" (5:9). Los creyentes hebreos necesitaban saber estas importantes verdades, pero estaban entorpecidos y requerían aprender las doctrinas elementales de la fe.

NOTAS

1. B. F. Westcott, *The Epistle to the Hebrews* (Reimpresión. Grand Rapids: Eerdmans, 1965), xxxvii-xlii.

2. *Ibíd*., 213.

3. Que Cristo murió se enfatiza en el texto griego. Muerte (*thanatou*) está al final de la oración para darle énfasis.

4. Homer A. Kent Jr., *The Epistle to the Hebrews: A Commentary* (Grand Rapids: Baker, 1972), 37.

5. Fritz Rienecker, *A Linguistic Key to the Greek New Testament*, ed. Cleon Rogers Jr. (Grand Rapids: Zondervan, 1982), 664.

6. Charles C. Ryrie, *Biblical Theology of the New Testament* [*Teología bíblica del Nuevo Testamento*] (Chicago: Moody, 1959), 247-248. Publicado en español por Portavoz.

PARA ESTUDIO ADICIONAL SOBRE HEBREOS

* F. F. Bruce, "Hebrews, Epistle to the", en Merrill C. Tenney, ed., *Zondervan Encyclopedia of the Bible* (Grand Rapids: Zondervan, 1975), 3:87-93.

** Donald Guthrie, *New Testament Theology* (Downers Grove, InterVarsity, 1981).

** George E. Ladd, *Teología del Nuevo Testamento* (Terrassa: Clie, 2003).

*   Chester K. Lehman, *Biblical Theology: New Testament* (Scottdale, Herald, 1974), 2:431-458.

**   Leon Morris, *The Cross in the New Testament* (Grand Rapids: Eerdmans, 1965), 270-308.

*   Charles C. Ryrie, *Biblical Theology of the New Testament* [*Teología bíblica del Nuevo Testamento*] (Chicago: Moody, 1959), 225-261. Publicado en español por Portavoz.

**   George B. Stevens, *The Theology of the New Testament*, 2ª ed. rev. (Edimburgo: Clark, 1918), 483-522.

15

TEOLOGÍAS DE PEDRO Y JUDAS

Introducción a la teología de Pedro

ESTE ESTUDIO DE TEOLOGÍA bíblica se enfocará en las enseñanzas doctrinales de Pedro en sus dos epístolas y en su predicación de Hechos.

Las epístolas
La primera epístola. Recibió la autentificación temprana de Eusebio, Ireneo, Tertuliano y otros padres de la iglesia. La evidencia interna también sugiere que Pedro es el autor: así se llama la epístola (1:1), y existe un acuerdo considerable entre 1 Pedro y las enseñanzas de Pedro en Hechos. Probablemente, la carta se escribió antes del 64 d.C., y se dirigía a los creyentes hebreos entre los gentiles (1:1). El propósito de Pedro al escribir es animar a los creyentes que sufrían persecución, pues los describe como "afligidos en diversas pruebas" (1:6). Acusados de deslealtad al estado (2:13-15), a los creyentes se les difamaba, ridiculizaba y calumniaba por no participar de las prácticas paganas (3:13-17; 4:4-5). Pedro llamó a su sufrimiento "fuego de prueba" (4:12). La tesis de la primera epístola de Pedro es exhortatoria y se declara en 5:12; los creyentes debían seguir firmes en la gracia de Dios en medio del sufrimiento.

La segunda epístola. Probablemente esta tiene la evidencia más débil entre todos los libros del Nuevo Testamento; no obstante, jamás fue rechazada ni se la consideró una carta espuria. Orígenes (ca. 240 d.C.) fue el primero en atribuirla a Pedro. La evidencia interna apunta a que Pedro es el autor. Así se llama el autor (1:1), e indica que fue testigo presencial del Señor (1:16), lo cual sugiere que fue uno de los tres. También hay similitud con los discursos de Pedro en Hechos.[1] La carta se escribió alrededor del 65 d.C., probablemente para una audiencia amplia. El propósito de Pedro al escribir la carta podía ser doble. (1) Por el lado negativo, advertía a los creyentes del antinomianismo en expansión (desconsideración flagrante de los mandamientos de Dios) y de los maestros herejes que se estaban infiltrando en las asambleas. (2) Por el lado positivo, Pedro exhortaba a los creyentes a crecer "en la gracia y el conocimiento de nuestro Señor y Salvador Jesucristo" (3:18).

El autor

El apóstol Pedro era hijo de Jonás (Mt. 16:17) o de Juan (Jn. 1:42, NVI) y hermano de Andrés (Jn 1:40). Era originario de Betsaida (Jn. 1:44), pero después vivió en Capernaum (Mr. 1:21, 29). Su profesión era la pesca (Lc. 5:1-11).

Cuando Jesús comenzaba su ministerio público, llamó a Pedro para salvación (Jn. 1:42), y cerca de un año después lo nombró apóstol (Mt. 10:1-2). A Pedro, como parte de los doce, se le dio autoridad para realizar señales milagrosas que validaran el mensaje mesiánico (Mt. 10:1-15), y con frecuencia hablaba en nombre del grupo (Mt. 15:15; 16:16; 18:21; 19:27). Fue uno de los tres escogidos, junto con Jacobo y Juan. En compañía de ellos atestiguó la transfiguración de Cristo (Mt. 17:1), sobre la cual escribió después (2 P. 1:16). Pedro, al ser parte de los tres, era "columna" de la iglesia (Gá. 2:9) y posteriormente llegó a ser líder de ella. Fue el vocero cuando se seleccionó al sucesor de Judas (Hch. 1:15-22), en Pentecostés (Hch. 2:14-36) y en el Concilio de Jerusalén (Hch. 15:7-11). Pedro fue apóstol para los judíos, lo que también se refleja en sus discursos y en su primera epístola (1 P. 1:1). Una tradición sugiere que al final Pedro fue a Roma, pero no hay certidumbre de ello.

EXPOSICIÓN DE LA TEOLOGÍA DE PEDRO

Claramente, la teología de Pedro es cristocéntrica y, dado ese énfasis, expone las doctrinas importantes relacionadas con la persona de Cristo. Hace una exposición de la ausencia de pecado de Cristo, su expiación sustitutiva, su resurrección y su glorificación. Pedro se apoya considerablemente en los sufrimientos, la humillación y rechazo de Cristo.

Cristo

Es esclarecedor estudiar los nombres que Pedro utiliza para Cristo. En los sermones de Hechos se refiere a Jesús o Jesús de Nazaret. En Hechos 2:22 Pedro lo identifica como "Jesús nazareno", tal vez para que sus oyentes recordaran a Jesús como el rechazado, porque el término *nazareno* había tenido una connotación negativa. En Hechos 2:36 se refiere a "Jesús", pero le recuerda a la multitud que Él no era tan solo un hombre, porque "Dios le ha hecho Señor y Cristo". Pedro acentúa tal hecho con sus palabras: "Sepa, pues, ciertísimamente".[2] En Hechos 3:13 Pedro se refiere a la glorificación de Jesús y la enlaza con los títulos de "siervo" (3:13, NVI), "Santo", "Justo" (3:14) y "Autor de la Vida", (3:15). Por lo tanto, Pedro menciona de nuevo a Jesús en 3:16; además enfatiza la autoridad y el poder relacionados con su nombre.

Pedro prefería la designación *Cristo* en sus epístolas, y usaba frecuentemente el título *Mesías* para describir sus sufrimientos. Pedro escribe que Cristo derramó su sangre preciosa (1 P. 1:19), sufrió en su papel de sustituto[3] (1 P. 2:21), en la carne (1 P. 4:1), enfrente de otros testigos (1 P. 5:1) y murió por los pecados *una vez* (enfático) y para siempre (1 P. 3:18). En vista de esto, Pedro alienta a los creyentes a apartar a Cristo como Señor en sus corazones (1 P. 3:15), guardar la buena conciencia en medio del sufrimiento por Cristo (1 P. 3:16) y regocijarse en medio de dicho sufrimiento (1 P. 4:13-14), pues al final Dios los llamará a la gloria eterna a través de su unión con Cristo (1 P. 5:10).

Pedro también utiliza el nombre compuesto de Cristo; con ello enfatiza su resurrección, glorificación y segunda venida, no su sufrimiento. A través del Señor Jesucristo los creyentes nacieron de nuevo a una esperanza viva (1 P. 1:3), fueron salvos a través de su resurrección (1 P. 3:21), se edifican como casa espiritual (1 P. 2:5), lo glorifican con el uso de los dones espirituales (1 P. 4:11) y crecen en el conocimiento de Jesucristo (2 P. 1:8; 3:18). Por lo tanto, los creyentes pueden anticipar la aparición gloriosa de Jesucristo (1 P. 1:13; 2 P. 1:16) cuando sus pruebas le glorificarán (1 P. 1:7).

Salvación

Como se ha observado en la exposición anterior, Pedro enfatiza el papel de Cristo en su obra de salvación: como el cordero intachable y sin mácula (1 P. 1:19), Él fue el sacrificio perfecto; no pecó (1 P. 2:22); murió como sustituto una sola vez y para siempre, el inocente por los culpables (1 P. 3:18). Pedro hace énfasis en que lo mataron por causa nuestra.

Los pronombres enfatizan que Cristo murió en lugar de los pecadores (1 P. 2:24). Los rescató[4] de la esclavitud del pecado (1 P. 1:18).

La salvación en Cristo se planeó desde el pasado eterno (1 P. 1:20), pero se reveló en la historia. Completó la salvación con su resurrección y dio esperanza viva a los creyentes (1 P. 1:3).

Las Escrituras

Después de Pablo, Pedro bien podría ser quien más habla sobre la doctrina de las Escrituras. Aporta ideas valiosas relativas al ministerio del Espíritu Santo en la inspiración, y también afirma la inspiración de los escritos paulinos. Proporciona uno de los estudios más completos de las Escrituras: son producto del Espíritu Santo y traen regeneración y crecimiento espiritual.

Pueden observarse las siguientes cosas acerca de la doctrina petrina sobre las Escrituras: (1) Llama a todo el Antiguo Testamento "la palabra profética" (2 P. 1:19). Pedro indica que el texto veterotestamentario se cumple con la aparición de Jesucristo. (2) Las Escrituras están vivas y permanecen para siempre[5] (1 P. 1:23). La Palabra de Dios es incorruptible en contraste con la simiente humana corruptible. (3) Las Escrituras no están contaminadas y ayudan a crecer espiritualmente (1 P. 2:2). (4) Las Escrituras no tienen origen netamente humano (2 P. 1:20). (5) Son producto de hombres que hablaron lo que el Espíritu les dictaba, con lo cual se asegura la exactitud (2 P. 1:21). (6) El Nuevo Testamento es tan inspirado como el Antiguo (2 P. 3:16). Pedro ubica las cartas de Pablo al mismo nivel que "las otras Escrituras". (7) Son la base de la verdad teológica (1 P. 2:6). Pedro elabora una posición teológica fundamentada en Isaías 28:16.

La vida cristiana

El mayor enfoque de los escritos petrinos está en el sufrimiento, aunque dicen algunas cosas sobre otros aspectos de la vida cristiana. Se dirigía a cristianos hebreos que estaban sufriendo por su fe (1 P. 1:1). Escribió para animarlos y explicar cómo deben reaccionar y preparar la mente ante el sufrimiento, especialmente cuando es inmerecido (1 P. 1:6).

Pedro escribió palabras de advertencia y ánimo en cuanto al sufrimiento. Primero, los creyentes han de esperar pruebas, sufrimientos y deben preparar para ello sus mentes, pues Cristo también sufrió (1 P. 1:11; 4:12; 5:9). Segundo, los creyentes han de alegrarse en medio del sufrimiento pues ello anticipa el retorno de Cristo (1 P. 3:14; 4:13). Tercero, los creyentes pueden sufrir injustamente (1 P. 2:19-21, 23; 3:17). No hay mérito si el cristiano sufre por hacer lo malo, mas ante el Señor es admirable el creyente que soporta el sufrimiento injusto. Cristo sufrió y les dio a los creyentes un patrón a través de su ejemplo (1 P. 2:21-23; 3:17-18; 4:1). Finalmente, los creyentes pueden sufrir de acuerdo con la voluntad de Dios (1 P. 3:17; 4:19), pero Él los fortalecerá en el sufrimiento (1 P. 5:10).

La iglesia

Aunque la palabra iglesia no aparece en los escritos de Pedro, él dice algunas cosas sobre esta doctrina.

La iglesia universal. Pedro reconoce la unidad de judíos y gentiles en el cuerpo (Hch. 10:34-43). En una declaración memorable, Pedro anunció que los gentiles eran bienvenidos sin necesidad de hacerse prosélitos del judaísmo a través de rituales (Hch. 10:35).[6] Antes de eso los gentiles se tenían que bautizar en el judaísmo, ofrecer un sacrificio y circuncidarse. Ahora este ritual podía pasarse por alto. Pedro confirmó tal verdad en Hechos 15:7-11.

La iglesia local. En 1 Pedro 5:1-4, el apóstol habla sobre las responsabilidades de los ancianos en la iglesia local. Su responsabilidad es pastorear el rebaño de Dios. La tarea de pastorear denotará la alimentación (enseñanza), protección, crianza y cuidado del rebaño. Dichas funciones debían cumplirse con prontitud y como ejemplos de piedad, no de forma dominante o por amor al dinero.

Pedro también menciona el bautismo, y usa la analogía entre el bautismo y Noé. El bautismo en agua simboliza la ruptura con la vieja vida pecaminosa, tal como sucede con las aguas de Noé (1 P. 3:21).[7]

Últimos tiempos

Las condiciones. En 2 Pedro, el apóstol menciona las condiciones previas al retorno del Señor: habrá falsos maestros que entrarán en la asamblea. Se conocerán porque su falso mensaje negará al Maestro que los rescató (2 P. 2:1). Los falsos maestros se caracterizarán por su inmoralidad (2 P. 2:14). Extraviarán al desprevenido, pero Cristo los juzgará cuando regrese (2 P. 2:9).

La venida de Cristo. En sus dos epístolas, Pedro parece distinguir entre el arrebatamiento de la iglesia y la segunda venida para juzgar a los impíos.[8] La venida por los creyentes en el arrebatamiento será de liberación y bendición; por lo tanto, Pedro indica que el sufrimiento presente de los creyentes culminará en alabanza y honor cuando Cristo se revele (1 P. 1:7). De modo que Pedro anima a los creyentes a afirmar su fe en la revelación de Cristo, el arrebatamiento inclusive (1 P. 1:13). En 2 Pedro el apóstol hace referencia a la venida de Cristo en juicio sobre quienes se mofan de su regreso (2 P. 3:1-7). Tal venida será "el día del juicio y de la perdición de los hombres impíos" (v. 7).

Estado eterno. Pedro describe lo repentino de la venida del día del Señor (2 P. 3:10). El *día del Señor* se utiliza de diversas maneras en las Escrituras, pero como término general caracteriza todo el período que comienza en el arrebatamiento y termina al final del milenio; así, el día del Señor está relacionado con el juicio a los incrédulos pero con bendiciones para los creyentes. En 2 Pedro 3:10*b*-12, Pedro describe el estado eterno. Al final del milenio los cielos pasarán con gran estruendo y la tierra se quemará. Esta es la esfera donde el pecado tiene lugar, y se renueva anticipándose a la eternidad. Pedro concluye su estudio de los últimos tiempos con una exhortación práctica (2 P. 3:11).

Introducción a la teología de Judas

El autor de la pequeña epístola de Judas se identifica tan solo como el hermano de Jacobo (v. 1). La identificación con Jacobo sugiere que se refería a la cabeza de la iglesia de Jerusalén. Entonces, el autor de Judas debía ser medio hermano del Señor (cp. Mt. 13:55).[9] Probablemente escribió para una audiencia en Israel o cerca de allí; la carta sugiere una audiencia judía. La ocasión para escribir la epístola es similar a 2 Pedro: la presencia de los falsos maestros. En el versículo 3 se declara el propósito: que contiendan "ardientemente por la fe que ha sido una vez dada a los santos". Judas reconoce la gran necesidad de advertir a los cristianos sobre los libertinos que destruirían su fe. A la luz de esto, los cristianos deben estar firmes en la fe y atender las palabras de los apóstoles.

EXPOSICIÓN DE LA TEOLOGÍA DE JUDAS

Cristo

Con un tema similar al de 2 Pedro, Judas advierte sobre los falsos maestros que "niegan a Jesucristo, nuestro único Soberano y Señor" (v. 4, NVI). Los títulos Soberano y Señor se refieren a Cristo.[10] Tal declaración es altamente cristológica. *Soberano* (gr., *despoten*) quiere decir que Cristo es el "gobernante absoluto" (2 P. 2:1); la palabra española *déspota* se deriva de esta palabra griega Judas también se refiere a Jesús como *Señor*, un título de divinidad (cp. v. 25). *Señor* es el equivalente a Yahvéh (Jehová) en el Antiguo Testamento (cp. v. 5). Más aún, Judas llama a Jesús "Mesías", el Ungido (cp. v. 25), el Redentor y Gobernante anticipado en el Antiguo Testamento. Aunque Judas es breve, hace una declaración espléndida con la cual exalta la grandeza de Cristo.

Salvación

En su carta, Judas se dirige "a los llamados". En tal declaración él se refiere a la doctrina de la elección. Los "llamados" son los llamados a salvación por la gracia eficaz de Dios, gracia de Dios que el hombre no resiste. Más aún, Judas enfatiza la seguridad de la salvación cuando afirma que Dios le permitirá al creyente presentarse ante su gloriosa presencia (v. 24). Presentarse ante Dios significa tener la capacidad propia de mantenerse, es decir, ser aceptado (contraste con el Sal. 1:5). Judas ha afirmado la seguridad del creyente en la salvación por su elección en el pasado, y por la capacidad de Dios de mantener al creyente para la glorificación futura.

Ángeles

Judas se refiere a los ángeles que "abandonaron su propia morada" (v. 6); probablemente en referencia a la caída de Lucifer de su posición exaltada, por medio de la cual se llevó consigo una hueste de ángeles (Is. 14:12-17; Ez. 28:12-19). Al parecer, algunos de los que cayeron fueron cautivos, otros quedaron libres y se convirtieron en demonios. Judas también reconoce la jerarquía de los ángeles cuando menciona al arcángel Miguel (v. 9), el defensor de Israel (para una explicación adicional véase "Doctrina de los ángeles" en la página 285).

Notas

1. Everett F. Harrison, *Introduction to the New Testament* [*Introducción al Nuevo Testamento*] (Grand Rapids: Eerdmans, 1964), 399. Publicado en español por Libros Desafío.

2. "Ciertísimamente" (*asphalos*) es enfático en el texto griego.

3. La preposición griega *huper*, traducida "por", sugiere sustitución.

4. La palabra "rescatados" es *elutrothete* de *lutroo*, que quiere decir "liberar, buscar la liberación por el pago de la fianza, liberar por el pago de un precio, redimir". Para los judíos la imagen de la redención es la liberación de Egipto. Para los gentiles la imagen sería de un esclavo cuya libertad fue comprada por un precio. Fritz Rienecker, *Linguistic Key to the Greek New Testament*, ed. Cleon Rogers Jr. (Grand Rapids: Zondervan, 1982), 748.

5. Los dos participios, *zontos* y *menontos*, enfatizan que la palabra es viva y permanece.

6. Pedro utiliza la palabra *ethnei* en Hechos 10:35 para identificar a los gentiles.

7. Roger M. Raymer, "1 Peter" en John F. Walvoord y Roy B. Zuck, eds., *The Bible Knowledge Commentary*, 2 vols. (Wheaton: Victor, 1983), 2:852.

8. Charles C. Ryrie, *Biblical Theology of the New Testament* [*Teología bíblica del Nuevo Testamento*] (Chicago: Moody, 1959), 286. Publicado en español por Portavoz.

9. Harrison, *Introduction to the New Testament* [*Introducción al Nuevo Testamento*], 406.

10. Este es un ejemplo en la gramática griega de la Regla de Granville Sharpe: cuando dos sustantivos están unidos por *kai*, y el primero tiene artículo y el segundo no, se refieren a la misma cosa. Véase A. T. Robertson, *Comentario al texto griego del Nuevo Testamento* (Terrassa: Clie, 2003), 675.

Para estudio adicional sobre Pedro

** Donald Guthrie, *New Testament Theology* (Downers Grove: InterVarsity, 1981).

** George E. Ladd, *Teología del Nuevo Testamento* (Terrassa: Clie, 2003).

* Chester K. Lehman, *Biblical Theology: New Testament* (Scottdale, Herald, 1974), 2:267-277.

** Leon Morris, *The Cross in the New Testament* (Grand Rapids: Eerdmans, 1965), 31-38.

* Charles C. Ryrie, *Biblical Theology of the New Testament* [*Teología bíblica del Nuevo Testamento*] (Chicago: Moody, 1959), 265-289. Publicado en español por Portavoz.

* B. Van Elderen, "Peter, First Epistle" y W. White Jr., "Peter, Second Epistle" en Merrill C. Tenney, ed., *Zondervan Pictorial Encyclopedia of the Bible* (Grand Rapids: Zondervan, 1975), 4:723-732. Los dos artículos tienen una sección en la que detallan la teología de Pedro.

Para estudio adicional sobre Judas

** Donald Guthrie, *New Testament Theology* (Downers Grove: InterVarsity, 1981).

** George E. Ladd, *Teología del Nuevo Testamento* (Terrassa: Clie, 2003).

** Leon Morris, *New Testament Theology* (Grand Rapids: Zondervan, 1986).

* Charles C. Ryrie, *Biblical Theology of the New Testament* [*Teología bíblica del Nuevo Testamento*] (Chicago: Moody, 1959), 290-297. Publicado en español por Portavoz.

16

TEOLOGÍA DE JUAN

INTRODUCCIÓN A LA TEOLOGÍA DE JUAN

El apóstol Juan

Juan, el cual era hermano de Jacobo e hijo de Zebedeo, era pescador en Galilea (Mr. 1:19-20). Su negocio debía ser rentable, porque había contratado siervos para que le ayudaran en la pesca (Mr. 1:20). Su madre, Salomé, era hermana de María, la madre de Jesús, por tanto Juan y Jesús eran primos (cp. Jn. 19:25 con Mt. 27:56, 61; Mr. 15:40, 47). Su madre estaba entre las seguidoras de Jesús y contribuyó a su sostenimiento (cp. Lc. 8:3; Mt. 27:55-56; Mr. 15:40-41). Sin lugar a dudas, Juan fue uno de los dos primeros seguidores de Jesús al comienzo de su ministerio (Jn. 1:35-37). Cerca de un año después, Juan fue nombrado uno de los doce apóstoles (Mt. 10:2). Juan, junto con Pedro y Jacobo, fue uno de los tres más cercanos que atestiguaron la transfiguración (Mt. 17:1-8), la resurrección de la hija de Jairo (Mr. 5:37-43) y la oración agonizante del Señor en Getsemaní (Mt. 26:37-38). En la Última Cena, Juan, conocido como el discípulo "al cual Jesús amaba", tuvo una posición favorecida junto a Jesús (Jn. 13:23). Jesús, en su crucifixión, también le encargó a Juan el cuidado de María (Jn. 19:26-27). Juan vio al Señor resucitado al menos dos veces antes de su ascensión (en el aposento alto [Jn. 20:19-29] y en Galilea [Jn. 21:2]), y al menos tres veces después (como Señor de las iglesias [Ap. 1:12-18], Juez de los pecadores [Ap. 5:4-7] y Rey de reyes [Ap. 19:11-16]). En el libro de Hechos, Juan aparece en un lugar preeminente junto con Pedro (Hch. 3:1; 4:13; 8:14-17). A Juan se le conocía como una de las columnas de la iglesia (Gá 2:9). Según Ireneo, Juan fue a vivir finalmente a Éfeso y vivió hasta la vejez, entrado el reinado de Trajano (98-117 d.C.).

Teología de Juan

Las fuentes para el estudio de la teología juanina son el Evangelio de Juan, sus tres epístolas y el Apocalipsis. Aunque los enfoques hacia el estudio de la teología juanina varían, este estudio incorporará las enseñanzas de Jesús como fueron registradas en el Evangelio de Juan y sus escritos específicos. Se asume que la enseñanza del Señor, tal como fue narrada por Juan, se consideraría también en su teología, pues fue precisamente él quien registró las declaraciones de Jesús, lo cual sugiere que fue una parte importante en su énfasis teológico.

La teología de Juan se centra en la persona de Cristo y en la revelación que Dios le dio con la venida de Jesucristo. Aquel que era Dios y estuvo con Dios en el pasado eterno, ahora se hacía carne, y Juan contempló su gloria. Tal es la revelación de luz que Juan describe en su Evangelio, epístolas y Apocalipsis. Juan ofrece un compendio de su teología en el prólogo de su Evangelio (Jn. 1:1-18); allí describe la revelación de la luz y la vida a través del Hijo, pero también describe un mundo que rechaza la luz y está oscurecido por el pecado.[1]

Evangelio de Juan

La evidencia externa, a través del testimonio de Ignacio, Policarpo, Taciano, Teófilo y otros, avala a Juan como autor del Evangelio. La evidencia interna radica en que era un judío palestino que había atestiguado los eventos narrados. Es clara la evidencia de que Juan es el autor. Tradicionalmente, el Evangelio de Juan ha sido datado tardíamente; por ejemplo, Eusebio declaró que Juan escribió el Evangelio "después de los otros"; por lo tanto, ha sido fechado entre el 80-95 d.C. Sin embargo, el escritor liberal John A. T. Robinson sugiere que la fecha de terminación está cerca del 65 d.C.[2] Sin embargo, hay concordancia general en que el Evangelio se escribió el último y, por ende, probablemente se escribió para complementar los otros Evangelios. Tal vez por esa razón Juan tenía en consideración a la iglesia y al mundo en general como audiencia. En contraste con los escritores de los sinópticos, Juan escribió a una audiencia general. La unicidad de su Evangelio se aprecia claramente, pues el 92 por ciento no se encuentra en los sinópticos. Juan incluye grandes discursos y eventos de la vida de Cristo que no se encuentran en otras partes (6:22-71; 7:11-52; 8:21-59; 9:1-41; 10:1-21; 11:1-44; 12:20-50; 13:1-20; 14:1—16:33; 17:1-26). Juan emplea ciertas palabras más que otros escritores: *luz* (21 veces), *vida* (35 veces), *amor* (31 veces) y otras como *Hijo de Dios, creer, mundo, testigo y verdad*. El propósito de Juan con el Evangelio se declara en Juan 20:30-31: incitar a creer en Jesús como el Cristo. Por lo tanto, Juan selecciona ciertas señales para demostrar la autoridad de Jesús sobre un reino particular.[3] Con la cuidadosa selección de ciertas señales, presentó a Jesús como el Mesías para alentar la fe en Él (20:30-31).

Epístolas de Juan

1 Juan. Existen sólidas evidencias externas con respecto a que Juan es su autor. Policarpo y Papías avalaron su autoría. Internamente, se ve que el autor fue testigo presencial (1:1-4), con conexiones al Evangelio de Juan (cp. 1:6 con 3:21, 3:8 con 8:44, 2:16 con 8:23, etc.). Probablemente se escribió 1 Juan desde Éfeso en el 80 d.C., quizás para las iglesias que circundaban esa ciudad. Hubo dos factores para escribir 1 Juan: (1) Juan escribió sobre la presencia de falsos maestros y la laxitud de los creyentes. Los advirtió sobre los anticristos que negaban la verdadera humanidad de Jesús. (2) Juan también escribió sobre la condición espiritual de los creyentes. Algunos no eran cuidadosos en su caminar, relacionándose con el mundo (2:15-17). Juan escribió para explicar la verdadera comunión con el Hijo.

2 Juan. No hay mucho testimonio externo para 2 Juan; la evidencia interna sugiere una similitud de estructura, estilo y lenguaje con el Evangelio de Juan. La carta tiene una terminología que la identifica con 1 Juan: "verdad", "andar", "nuevo mandamiento", "amor" y otros. Probablemente se escribió 2 Juan en Éfeso alrededor del 80 d.C. Los destinatarios son "la señora elegida y sus hijos". Puede referirse a (a) la iglesia universal; (b) una iglesia local; (c) una señora de verdad. Por el uso normal del lenguaje, probablemente Juan le escribía a una señora conocida para él pero desconocida para los eruditos de hoy. Le escribía para advertirle (y a la iglesia que probablemente se congregaba en su casa) sobre las incursiones de los falsos maestros. La señora era hospitalaria y Juan veía el peligro inherente de que la señora invitara a falsos maestros itinerantes a su casa. Juan le advertía que no mostrara hospitalidad hacia esos falsos maestros (2 Jn. 10).

3 Juan. La cercana asociación de 2 y 3 Juan las relaciona con la primera de estas epístolas y exige que tengan un autor común. Probablemente se escribió 3 Juan en Éfeso cerca del 80 d.C. La carta estaba dirigida a Gayo el amado, desconocido más allá de esta referencia. Juan escribió para instruir a Gayo en lo relativo a Diótrefes, una persona de influencia en la iglesia que deseaba estar en una posición prominente. Juan escribió para alentar a Gayo en el problema que este tenía con Diótrefes y para que denunciara su pecado.

Libro de Apocalipsis

Hay considerable evidencia externa sobre la autoría de Juan para el libro de Apocalipsis desde tiempos tan tempranos como los de Justino Mártir, Ireneo y Tertuliano. Internamente, el autor se revela a sí mismo como Juan (1:1, 4, 9; 22:8). Apocalipsis también tiene similitud con el Evangelio de Juan en el empleo de palabras: *Logos, Cordero, Jesús, testigo, verdad, vencer, habitar, fuente de agua viva* y otras.[4] Westcott, Lightfoot y Hort sugieren que data del 68 o 69 d.C., mientras que tradicionalmente ha sido datado alrededor del 95 d.C. Juan dirigió el libro a las siete iglesias de Asia (1:4). Escribió por diferentes razones: para animar a los cristianos en medio de la persecución de Domiciano (quien ascendió al poder en el 81 d.C.) y recordarles el triunfo final de Jesucristo, para la consumación de las verdades proféticas veterotestamentarias y para ofrecer una descripción del Cristo triunfante en su reino milenario.

Exposición de la teología de Juan[5]

Revelación

Juan describe la revelación de dos maneras: a través de las Escrituras y a través del Hijo.

Las Escrituras. Jesús les recordó a los judíos incrédulos que las Escrituras daban testimonio de Él (Jn. 5:39). Jesús afirmaba que las Escrituras eran la verdad proposicional y revelaban la luz de Dios por medio de Él. El tiempo presente indica que la revelación de las Escrituras continúa. Jesús incluso le recordó a su audiencia que Moisés escribió sobre Él y que ellos debían haber creído los escritos de Moisés sobre Cristo (Jn. 5:45-47). Después Jesús sigue declarando que "la Escritura no puede ser quebrantada" (Jn. 10:35). Es importante observar dichas declaraciones. En su debate con los incrédulos Jesús respaldaba su caso con la integridad y autoridad de la revelación escrita: las Escrituras.

El Hijo. En el prólogo a su Evangelio, Juan declara que la revelación de Dios se manifestó por medio de su Hijo. Quien ha estado con el Padre por toda la eternidad (Jn. 1:1), ahora mora en tabernáculo con la humanidad, y Juan se regocija al ver su gloria. Juan no duda en referirse a la transfiguración de Cristo (Mt. 17:1-8) y a sus milagros (Jn. 2:11). La revelación de Jesús también fue la revelación de la gracia (Jn. 1:16-17).

Juan separa la revelación de Cristo de la de Moisés; la ley vino a través de Moisés pero la gracia vino a través de Jesucristo. La intención de Juan es enfatizar la revelación mayor que llegó a través de Cristo. Juan concluye el prólogo al declarar el dilema ("A Dios nadie le vio jamás") y la solución ("el unigénito Hijo... él le ha dado a conocer"). Juan se refiere a Jesús como Dios[6] cuando dice que Cristo ha dado a conocer al Padre. La expresión *dar a conocer* (gr., *exegesato*) se compara con la palabra española *exégesis*, y sugiere que Jesús ha explicado al Padre.

El mundo

Juan utilizó la palabra mundo muchas veces; aunque solo se utiliza quince veces en los Evangelios sinópticos, Juan la utiliza setenta y ocho veces en su Evangelio y veintisiete veces más en sus otros escritos. La usó para describir al mundo en pecado, oscuridad y bajo el dominio de Satanás.

El mundo en oscuridad. Juan describe al mundo en oscuridad y oposición a Cristo; es hostil a Cristo y a su causa, pero ocurre así porque el mundo está ciego. El mundo no reconoció al Mesías cuando vino.[7] Juan describe dos clases de personas: quienes llegaron a la luz y quienes odiaron la luz (Jn. 1:12; 3:19-21). Las personas del mundo odian la luz porque expone su pecado; Jesús dijo que por esa razón el mundo lo odiaba

(Jn. 7:7). El sistema del mundo lleva a las personas a pecar aun desde que Eva fue tentada por primera vez en el Edén: los deseos de la carne, los deseos de los ojos y la vanagloria de la vida (1 Jn. 2:16). El meollo del pecado es la negativa a creer que Jesús es la luz (Jn. 3:19-20); el Espíritu Santo sigue convenciendo a los hombres del mismo pecado: negarse a creer en Cristo (Jn. 16:8-9). El trágico final del pecado es la muerte (Jn. 8:21, 24).

El mundo bajo Satanás. Jesús explica por qué los incrédulos pecan: porque provienen de su padre el diablo (Jn. 8:44).[8] Como son hijos del diablo, es natural que cumplan los deseos de su padre. Como el diablo es mentiroso desde el principio, es natural que los descendientes espirituales del diablo rechacen a Cristo, el cual es la verdad. Juan continúa este tema en 1 Juan 3:8 cuando declara: "el que practica el pecado es del diablo". Hay una relación espiritual entre el diablo y quien practica habitualmente el pecado. Pero Cristo vino a destruir el poder del diablo, de modo que quien crea en Cristo no debe vivir en atadura espiritual con el diablo (1 Jn. 3:9). Jesús juzgó al diablo y rompió su poder (Jn. 16:11).

La encarnación

Luz. Es un término popular en Juan (Jn. 1:4-5, 7-9; 3:19-21; 5:35; 8:12; 9:5; 11:9-10; 12:35-36, 46; 1 Jn. 1:5, 7; 2:8-10; Ap. 18:23; 21:24; 22:5). Cuando trata de la encarnación, Juan se refiere a Jesús como la luz que vino al mundo en tinieblas por el pecado. Juan declara: "En él estaba la vida, y la vida era la luz de los hombres" (Jn. 1:4). Jesús no muestra el camino a la luz, Él es la luz. Dice ser igual a Dios Padre cuando afirma que es la luz. Como el Padre es la luz (Sal. 27:1; 1 Jn. 1:5), así el Hijo es la luz del mundo (Jn. 8:12). Es una fuerte declaración de la divinidad. Puesto que Jesús vino al mundo como la luz, es imperativo que los hombres crean en Él (Jn. 12:35-36). Jesús como luz del mundo puede dar luz física (Jn. 9:7) y espiritual (Jn. 8:12).

Vida. También es un término popular en Juan; lo usa treinta y seis veces en el Evangelio, trece en 1 Juan y quince en Apocalipsis. La maravilla de la encarnación es que Jesús es vida (Jn. 1:4). Juan iguala a Jesús con la divinidad cuando afirma que tal como el Padre es la fuente de vida (Sal. 36:9; Jer. 2:13; Jn. 5:26), Jesús tiene vida en sí mismo (Jn. 1:4). Es, de nuevo, una firme declaración sobre la divinidad de Cristo. Aparte de Dios, el resto tiene vida derivada, pero Jesús tiene vida en sí mismo. Todo lo demás y todos los demás dependen de Jesús para vivir y existir. "Solo porque hay vida en el Logos hay vida en la tierra. La vida no existe por su propia cuenta. Ni siquiera fue hablada en el sentido de ser hecha 'por' o 'a través' del Verbo, sino existente 'en' Él".[9] Como Jesús es la vida, Él la da eternamente a quienes crean en Él (Jn. 3:15-16, 36; 4:14; 5:24; 20:31). Él da vida en abundancia (Jn. 10:10) y resurrección (11:25); Más aún, esa vida es una posesión presente (1 Jn. 5:11-13).

Hijo de Dios. Juan describe la encarnación de Cristo cuando se refiere a Él como "Hijo de Dios" o como "el Hijo". El mismo Jesús utilizó esos términos para describirse; más aún, los judíos incrédulos captaron la importancia del término y trataron de apedrearlo por blasfemia al igualarse a Dios (Jn. 5:18). Cuando Jesús afirmaba ser el Hijo de Dios, afirmaba ser igual a Dios. Y claramente afirmó serlo (Jn. 10:36), y como tal, tenía prerrogativas de la divinidad: es igual al Padre (5:18); tiene vida en sí mismo (Jn. 5:26); tiene poder para levantar a los muertos (Jn. 5:25); da vida (Jn. 5:21); libera al hombre de la esclavitud del pecado (Jn. 8:36); recibe el mismo honor que el Padre (Jn. 5:23); es objeto de fe (Jn. 6:40); es objeto de oración (Jn. 14:13-14);[10] y tiene poder para responder a las oraciones (Jn. 14:13). Jesús indicó que su relación con el Padre era única. Siempre se refirió a Dios como "mi Padre", nunca como "nuestro Padre" (cp. Jn. 20:17). Juan está decidido a enfatizar fuertemente la divinidad de Jesús.

Hijo del Hombre. Jesús usó en repetidas ocasiones el título "Hijo del Hombre" para referirse a su misión (Jn. 1:51; 3:13-14; 5:27; 6:27, 53, 62; 8:28; 9:35; 12:23, 34; 13:31).[11] Sin duda, el origen del término está en Daniel 7:13 y hace referencia al ser celestial que recibe los reinos del mundo. El término es complejo y parece reunir varias ideas: la divinidad del Hijo (obsérvese que "Hijo del Hombre" se iguala con "Hijo de Dios" en Juan 5:25, 27); la realeza del Hijo, pues recibe el dominio, la gloria y el reino (Dn. 7:13); la humanidad del Hijo, pues sufre (Jn. 3:14; 12:23, 34); la gloria celestial del Hijo, pues descendió del cielo (Jn. 1:51; 3:13; 6:32); y la salvación que el Hijo traía (Jn. 6:27, 53; 9:35). "El término 'Hijo del Hombre' nos lleva entonces a la concepción que Cristo tenía de su origen divino y de su posesión de la gloria divina. Al mismo tiempo, el término nos señala su humildad y sus sufrimientos por los hombres, ambas cosas son igual".[12]

Expiación

En la profecía. Aunque la palabra expiación no es del Nuevo Testamento, designa lo que Cristo logró en la cruz por su sufrimiento y muerte. Cuando Juan el Bautista declaró "He aquí el Cordero de Dios, que quita el pecado del mundo" (Jn. 1:29), llevaba a su fin los sacrificios del Antiguo Testamento. Comenzando con la provisión de un cordero en lugar de Isaac en el Monte Moriah (Gn. 22:8), pasando por la provisión del cordero de pascua en Éxodo 12 y hasta la profecía de Isaías 53:7, donde el profeta Isaías indicó que el Mesías moriría sacrificado como un cordero, los sacrificios del Antiguo Testamento apuntan a la muerte expiatoria del Mesías. Indudablemente, es la consumación de este asunto la que describe Juan el Bautista en Juan 1:29. Jesús enfatizó la misma verdad en Juan 6:52-59. Habló sobre descender del cielo y dar su vida por el mundo (Jn. 6:33, 51); la expiación sustitutiva la sugiere la preposición "por" (gr., *huper*). En esta sección, Jesús enseñó que su muerte es vicaria (6:51), da vida eterna (6:53-55, 58), otorga unión con Cristo (6:56-57) y da como resultado la resurrección (6:54).

En la historia. La obra que Cristo vino a llevar a cabo llegó a su consumación en Juan 19:30. Después de seis horas en la cruz gritó "consumado es" (gr., *tetelestai*). Jesús no dijo "estoy consumado" sino "consumado es". Había completado la obra que el Padre le encomendó; la obra de salvación se había logrado. El presente perfecto del verbo *tetelestai* se podría haber traducido "queda terminado", y quiere decir que la obra se terminó para siempre y el resultado obtenido permanece.[13]

En 1 Juan 2:1-2 Juan explica la provisión de Cristo por el pecado. Cristo es "abogado" (gr., *parakletos*) para quienes pecaron. En este contexto, *abogado* quiere decir la parte defensora de un caso legal. El creyente tiene a Cristo en su defensa en el sistema judicial del cielo. Más aún, Juan dice que Cristo es la "propiciación" (gr., *hilasmos*) por los pecados del mundo. La palabra solo se usa aquí, en Romanos 3:25 y en 1 Juan 4:10. *Propiciación* quiere decir que Cristo expió el pecado al pagar el precio y calmar la ira de Dios. La propiciación proviene de Dios y sugiere que aun cuando el pecado ofendió su santidad, la muerte de Cristo satisfizo al Padre y este es libre para mostrar misericordia y perdón al creyente pecador. Juan indica que la propiciación no es solo "por nuestros pecados... sino también por los de todo el mundo" (1 Jn. 2:2). La muerte de Cristo fue sustitutiva y sirvió de provisión para los creyentes, pero Juan enfatiza que es suficiente para "todo el mundo". Aunque no todo el mundo es salvo, como Cristo es Dios, su muerte es suficiente para todo el mundo; sin embargo, solo es eficaz para quienes creen.

La resurrección. Juan describe la escena de la resurrección en Juan 20 para mostrar que la expiación de Cristo ha llegado a su clímax en la resurrección. Su expiación no termina en muerte sino en su resurrección; la resurrección es necesaria para vindicar al Hijo (Ro. 1:4). Juan describe vívidamente la carrera con Pedro a la tumba. Juan llegó primero, observó la tumba y no notó nada.[14] Pedro entró, especuló sobre lo ocurrido y después Juan también observó y entendió. Vieron los lienzos fúnebres en la tumba y notaron que aún conservaban la forma de un cuerpo sobre ellos. El sudario todavía estaba enrollado en círculo (20:7), pero el cuerpo no estaba. Juan "vio, y creyó" porque entendió que solo podía haber pasado una cosa: el cuerpo había atravesado los lienzos. Jesús había resucitado. Juan, en comparación con los sinópticos, aporta una descripción más detallada y clara sobre lo ocurrido en la resurrección. Más adelante Juan narra que Cristo atravesó las puertas cerradas en su cuerpo físico y se apareció a los apóstoles con el cuerpo resucitado (Jn. 20:19, 26). Juan verifica la realidad de la resurrección corporal de Cristo y muestra que al final venció a la muerte, con lo cual trae esperanza y vida para los creyentes (Jn. 11:25-26).

El Espíritu Santo

Juan registra las enseñanzas de Jesús sobre el Espíritu Santo en el discurso del aposento alto (Jn. 14—16). En esos tres capítulos está la más detallada información sobre la persona y la obra del Espíritu Santo.

Su persona. La personalidad del Espíritu se ve en los pronombres personales que se usan para describirlo. Aunque la palabra *Espíritu* (gr., *pneuma*) es neutra, Jesús dice: "*él* os enseñará todas las cosas" (Jn. 14:26). "Él" (gr., *ekeinos*) es un pronombre masculino. Aunque podría haberse esperado un pronombre neutro (esto) acorde con el sustantivo neutro (Espíritu), sería erróneo referirse al Espíritu como "esto", pues Él es una persona como el Padre y el Hijo. La referencia de Jesús al Espíritu como "Él" confirma su personalidad (cp. Jn. 15:26; 16:13-14).

Su obra. El Espíritu convence al mundo (Jn. 16:8-11). La acción de convencer (gr., *elegxei*) es aquella llevada a cabo por la parte acusadora en un juicio, por medio de la cual busca convencer a alguien de algo. El Espíritu Santo actúa como fiscal divino y convence al mundo de su pecado por negarse a creer en Jesús; también convence al mundo de la justicia de Cristo por su resurrección y ascensión, y convence al mundo de juicio porque Satanás fue juzgado en la cruz.

Él regenera (Jn. 3:6). Cuando Jesús le explicó a Nicodemo qué era el nuevo nacimiento, indicó que era un nacimiento por el Espíritu.

Enseña a los discípulos (Jn. 14:26). Como los discípulos eran incapaces de asimilar espiritualmente todas las enseñanzas del Señor, Jesús les prometió que el Espíritu Santo se las recordaría. Tal declaración garantiza el registro preciso en los escritos neotestamentarios pues el Espíritu Santo les recordaba con exactitud lo que iban escribiendo en los Evangelios.

Mora en el creyente (Jn. 14:16-17). Jesús señaló que después de Pentecostés la presencia del Espíritu en el creyente sería permanente en su nueva obra, no temporal como en el Antiguo Testamento. Jesús enfatizó que, tras Pentecostés, el Espíritu Santo estaría en el creyente (Jn. 14:17) y habitaría ahí "para siempre" (Jn. 14:16).

Últimos tiempos

El arrebatamiento. Aunque no ofrece una declaración explícita sobre el arrebatamiento, como sí lo hace Pablo, no hay duda que Juan se refiere a dicho evento en Juan 14:1-3. El arrebatamiento está relacionado con la iglesia; Jesús le hablaba al núcleo de discípulos que compondría los pequeños inicios de la iglesia en Hechos 2. Como en Juan 14 los discípulos lamentaban la partida inminente de Jesús, Él los animó recordándoles (como a iglesia en ciernes) que se iba para prepararles lugar en la casa de su Padre. Se entiende que su promesa de retornar y llevarlos con Él (Jn. 14:3) es paralela a la declaración de Pablo en 1 Tesalonicenses 4:13-18.

La tribulación. Juan ofrece un tratamiento extenso de la tribulación, y detalla los eventos en Apocalipsis 6—19. Los siete sellos se abren sobre la tierra al comienzo de la tribulación (Ap. 6:1—8:1) y traen el triunfo de la bestia (6:1-2), guerra (6:3-4), hambruna (6:5-6), muerte (6:7-8), martirio (6:9-11) y perturbaciones celestiales y terrenales (6:12-17). Al parecer, los siete sellos continúan hasta el final de la tribulación. Con el séptimo sello, se inician las siete trompetas (8:2—11:19). Con el sonar de las trompetas disminuye la cantidad de oxígeno y comida en la tierra (8:2-6), muere un tercio de la vida marina (8:7), las fuentes de agua se contaminan (8:10-11), los cuerpos celestes se oscurecen (8:12-13), las personas son atormentadas (9:1-12) y muere un tercio de la población mundial (9:13-21). La séptima trompeta inaugura los juicios de las copas (11:15-19; 15:1—16:21), que producen llagas dolorosas (16:1-2), la muerte de la vida marina (16:3), ríos convertidos en sangre (16:4-7), personas abrasadas por el calor (16:8-9), oscuridad (16:10-11), un ejército oriental liberado para la batalla final (16:12-16) y un gran terremoto que destruye ciudades y naciones (16:17-21). Se destruye la Babilonia religiosa (17:1-18) y la comercial (18:1-24). La tribulación culmina con el retorno de Cristo, y a partir de ahí Él subyuga a las naciones del mundo (19:11-21).

El anticristo. Juan usa el término *anticristo* para describir a quienes en su época se aferraban a una falsa doctrina sobre Cristo (1 Jn. 2:18, 22; 4:3; 2 Jn. 7). La naturaleza de esta herejía estaba en negar la humanidad de Jesús (2 Jn. 7); Cristo apareció solo como un fantasma, realmente no se hizo humano. Juan declara que quienes niegan que Jesús se hiciera carne son anticristos. Él usa el término para referirse a quienes niegan la verdadera doctrina concerniente a Cristo.

Juan se refiere a la persona definitiva que niega a Cristo como la bestia (Ap. 11:7; 13:1, 12, 14, 15). Juan describe a esta bestia como "la primera bestia" (en contraste con el falso profeta que respalda a la primera bestia pero es conocido como la segunda bestia ["otra bestia", 13:11]). La primera bestia es un gobernante político (13:1-10) que emerge de la forma final de una potencia gentil y cuyo poder proviene de Satanás (13:2), recibe adoración y blasfema el nombre de Dios por tres años y medio (13:4-6), persigue a los creyentes (13:7) y domina el mundo (13:8). La primera bestia es respaldada por la segunda, un falso profeta que obliga a las personas a adorar a la primera bestia (13:11-12), que engaña a las personas con su capacidad para realizar señales (13:14) y limita el comercio a quienes han recibido su marca (13:16-17).

En la segunda venida de Jesucristo, la primera y la segunda bestia son lanzadas al lago de fuego (19:20).

Segunda venida de Cristo. Juan ve al final de la tribulación el retorno triunfante de Cristo y su esposa, la iglesia (Ap. 19:6-8).[15] El matrimonio tuvo lugar en el cielo durante el período de la tribulación. Cristo regresa con su esposa para inaugurar la fiesta de bodas, el reinado milenario que tendrá lugar en la tierra (19:9-10). Juan describe el retorno de Cristo como Rey triunfante —tiene muchas coronas en su cabeza (19:12)— que entra en guerra con Satanás, la bestia y los ejércitos de incrédulos (19:11, 19). Su arma es la autoridad de su Palabra (19:13) con la cual conquista y sujeta a las naciones (19:15). Destruye a los gobernantes de las naciones y arroja a la bestia, al falso profeta (la segunda bestia) y a Satanás al lago de fuego por mil años (19:19—20:3). Con la conquista de sus enemigos, Cristo establece el reino milenario sobre la tierra.

Reino milenario y estado eterno. Juan narra que al final de la tribulación resucitarán los santos del Antiguo Testamento y de la tribulación (Ap. 20:4-5); son parte de la "primera resurrección". El término *resurrección* no describe la resurrección general de los creyentes, sino la resurrección para vivir en el reino milenario (20:6). No obstante, hay varias etapas en la primera resurrección: los santos de la era de la iglesia se levantan antes de la tribulación (1 Ts. 4:13-18), mientras que los santos del Antiguo Testamento y la tribulación se levantan después de ella (Ap. 20:4). Los incrédulos resucitan al final del milenio, y a partir de entonces son arrojados al lago de fuego (Ap. 20:11-15).

En Apocalipsis 21:1—22:21, Juan describe el estado eterno. La nueva Jerusalén que Juan ve descender del cielo (Ap. 21:1-8) es el hogar de la iglesia, la esposa (21:9), pero sin lugar a dudas también lo es de todos los redimidos en todas las eras de la eternidad. Es probable que la nueva Jerusalén esté relacionada tanto con el milenio como con el estado eterno, porque es la morada que Cristo fue a preparar (Jn. 14:2). "En ambos períodos se obtienen condiciones eternas (no temporales) para la ciudad y sus habitantes. Por lo tanto, la nueva Jerusalén es milenaria y eterna en tiempo y posición, y siempre es eterna en su condición interna".[16] Juan dice que la nueva Jerusalén proporcionará comunión con Dios (22:4), descanso (14:13), bendición completa (22:2), alegría (21:4), servicio (22:3) y adoración (7:9-12; 19:1).

NOTAS

1. D. Edmond Hiebert, *An Introduction to the New Testament: The Gospels and Acts* (Chicago: Moody, 1975), 1:167-170.

2. John A. T. Robinson, *Redating the New Testament* (Filadelfia: Westminster, 1976), 307.

3. Merrill C. Tenney, *New Testament Survey* [*Nuestro Nuevo Testamento*] (Grand Rapids: Eerdmans, 1961), 190. Publicado en español por Portavoz.

4. Everett F. Harrison, *Introduction to the New Testament* [*Introducción al Nuevo Testamento*] (Grand Rapids: Eerdmans, 1964), 441-442. Publicado en español por Libros Desafío.

5. Estoy en deuda con el Dr. S. Lewis Johnson por parte del delineamiento y formato de esta sección, *Johannine Theology*, notas de clase inéditas, Seminario Teológico de Dallas.

6. En la edición de 1975 de la United Bible Societies (UBS) del *Greek New Testament* donde se lee *monogenes theos*, "Dios unigénito", hay una calificación textual "B", lo cual quiere decir que hay "cierto grado de duda". En la opinión de este autor, en realidad existe un fuerte respaldo textual para esta lectura. Si este es el caso, esa es una fuerte declaración sobre la divinidad de Cristo.

7. Véase la útil explicación sobre *mundo* en Leon Morris, *The Gospel According to John* [*Evangelio según Juan*] (Grand Rapids: Eerdmans, 1971), 126-128. Publicado en español por Clie.

8. "De" (gr., *ek*) en la frase "sois de vuestro padre el diablo" quiere decir "provenientes". Denota su origen: el Maligno.

9. Morris, *The Gospel According to John* [*Evangelio según Juan*], 82-83.

10. Hay una variante textual de Juan 14:14. La *Biblia de las Américas* refleja la lectura de la UBS, edición de 1975, donde se lee: "Si *me* pedís algo". En la opinión de este autor, hay fuerte evidencia textual para incluir el "me". El texto de la UBS le da a la lectura una calificación de "B"; "hay cierto grado de duda".

11. Véase la explicación útil en Morris, *The Gospel According to John* [*Evangelio según Juan*], 172-173.

12. *Ibíd.*, 173.

13. Russell Bradley Jones ofrece una hermosa explicación de esta declaración en el sermón *Gold from the Golgotha* (Chicago: Moody, 1945), 100-105.

14. Juan utiliza tres palabras para describir lo que vieron Pedro y él. Juan *dio un vistazo* (gr., *blepei*) pero no vio nada importante (Jn. 20:5); sin embargo, Pedro entró a la tumba y cuando vio *especuló* (gr., *theorei*) qué habría ocurrido (20:6). Entonces Juan entró, *vio* (gr., *eidon*) espiritual y físicamente, y creyó (20:8).

15. La palabra griega en tiempo aoristo "vino" (*elthen*) sugiere que el matrimonio de Cristo y su novia, la iglesia, tuvo lugar en el cielo. Cristo y su novia ahora vuelven a la tierra para el banquete de bodas.

16. Charles C. Ryrie, *Biblical Theology of the New Testament* [*Teología bíblica del Nuevo Testamento*] (Chicago: Moody, 1959), 362. Publicado en español por Portavoz.

Para estudio adicional sobre Juan

** W. Robert Cook, *The Theology of John* (Chicago: Moody, 1978).

** Donald Guthrie, *New Testament Theology* (Downers Grove: InterVarsity, 1981).

* Donald Guthrie, "Johannine Tehology", en Merrill C. Tenney, ed., *Zondervan Pictorial Encyclopedia of the Bible* (Grand Rapids: Zondervan, 1975), 3:623-636. Véanse también los artículos "John, The Apostle", "John, The Epistles of" y "John, Gospel of".

** Chester K. Lehman, *Biblical Theology: New Testament* (Scottdale, Pa.: Herald, 1974), 2:459-536.

* Leon Morris, *The Cross in the New Testament* (Grand Rapids: Eerdmans, 1965), 144-179.

* Charles C. Ryrie, *Biblical Theology of the New Testament* [*Teología bíblica del Nuevo Testamento*] (Chicago: Moody, 1959), 301-363. Publicado en español por Portavoz.

Parte 2

TEOLOGÍA
SISTEMÁTICA

17

INTRODUCCIÓN A LA TEOLOGÍA SISTEMÁTICA

Definición de teología sistemática

EL TÉRMINO *TEOLOGÍA* se deriva del griego *theos*, que quiere decir "Dios", y *logos*, que quiere decir "palabra" o "discurso"; por lo tanto, "discurso sobre Dios". La palabra *sistemática* viene del verbo griego *sunistano*, que significa "reunir" u "organizar"; por lo tanto, la teología sistemática enfatiza la sistematización de la teología. Chafer otorga una definición adecuada de qué es la teología sistemática: "La teología sistemática se puede definir como la colección, disposición sistemática, comparación, exhibición y defensa de todos los hechos, provenientes de cualquier fuente, concernientes a Dios y sus obras".[1]

En una definición alternativa, Charles Hodge dice que la teología es "La ciencia de los hechos de la revelación divina en tanto tales hechos conciernen a la naturaleza de Dios y a nuestra relación con Él como sus criaturas, como pecadores y como sujetos de redención. Todos estos hechos, como se acaba de anotar, están en la Biblia".[2]

En estas dos definiciones contrastadas de la teología sistemática se ve que Chafer tiene una perspectiva más amplia, pues enfatiza que la teología sistemática asimila la información sobre Dios "proveniente de cualquier fuente", incluso externa a la Biblia. Hodge restringe su definición de la teología sistemática a la información obtenida solo de la Biblia.

Millard Erickson aporta una buena definición general de la teología como "La disciplina que intenta hacer declaraciones coherentes sobre las doctrinas de la fe cristiana, con base primero en las Escrituras, ubicadas en el contexto de la cultura en general, descritas en lenguaje contemporáneo y relacionadas con los asuntos de la vida".[3]

Erickson sugiere que hay cinco ingredientes en la definición de la teología:[4] (1) La teología es *bíblica*, utiliza las herramientas y los métodos de la investigación bíblica (y emplea ideas de otras áreas de la verdad). (2) La teología es *sistemática*, extraída de la totalidad de las Escrituras, y relaciona unas porciones con otras. (3) La teología es *relevante* para la cultura y el aprendizaje, extrae conocimiento de la cosmología, psicología y filosofía de la historia. (4) La teología debe ser *contemporánea*, relacionando la verdad de Dios con las preguntas y retos de hoy. (5) La teología debe ser *práctica*, no solo declarar la doctrina objetiva, sino relacionarse con la vida misma.

DISTINCIÓN DE LA TEOLOGÍA SISTEMÁTICA

La teología sistemática se distingue de las otras clasificaciones de la teología. Las otras clasificaciones pueden diferenciarse como sigue.

Teología bíblica

La *teología bíblica* tiene un enfoque de estudio más estrecho, enfatiza el estudio de una era o un escritor particular (por ejemplo, la era profética o la teología juanina).

Teología histórica

La *teología histórica* es el estudio del desarrollo histórico y del desenvolvimiento de la teología. Por ejemplo, la teología histórica observa el desarrollo de la cristología en los siglos tempranos de la iglesia cristiana, cuando los concilios de la iglesia formularon su posición sobre gran cantidad de doctrinas (tales como las dos naturalezas de Jesucristo).

Teología dogmática

A la *teología dogmática* a veces se le confunde con la teología sistemática, y hay sobresalientes obras de teología que se han llamado "teología dogmática" (véase W. G. T. Shedd). Por lo general, se entiende que la teología dogmática estudia cómo se desarrollo el sistema de credos dentro de una denominación o movimiento teológico.

Teología cristiana

Teología cristiana es otra categoría que a veces se usa de forma sinónima con la teología sistemática. La obra de Millard J. Erickson lleva tal designación. Los libros teológicos de Emery H. Bancroft y H. Orton Wiley son otros ejemplos. Aunque también sistematiza la teología, esta designación enfatiza que lo escrito tiene una perspectiva decididamente cristiana (pero no sugiere que las obras consideradas teología sistemática no lo sean).

Teología propia

La *teología propia* es una categoría de estudio dentro de la teología sistemática; denota el estudio de la naturaleza y la existencia de Dios. Se usa el término *propia* para distinguir el estudio específico de la teología del Padre (en contraste con el estudio de Jesucristo, el Espíritu Santo, la iglesia y demás). La *teología propia* distingue también entre el estudio de Dios y la teología en general.

Necesidad de la teología sistemática

Como explicación del cristianismo

Es necesaria la explicación estudiada e investigada de la teología sistemática, además de la organización sistemática de las doctrinas fundamentales y necesarias para el cristianismo. Como resultado de la teología sistemática, los cristianos poseen la capacidad de tener una comprensión clara sobre las creencias fundamentales de su fe. La Biblia no se escribió con delineamiento doctrinal; por lo tanto, es importante sistematizar las partes de la Biblia para entender los énfasis doctrinales en ella.

Como apologética cristiana

La teología sistemática les permite a los cristianos defender racionalmente sus creencias frente a los oponentes y antagonistas de la fe. Al comienzo de la iglesia cristiana los creyentes usaron sus creencias sistematizadas para dirigirse a los adversarios e incrédulos. Tal vez esto sea aún más importante hoy con la emergencia del humanismo, el comunismo, las sectas y las religiones orientales. Las doctrinas sistematizadas de la fe cristiana han de investigarse, delinearse y presentarse como defensa del cristianismo histórico.

Como medio de madurez para los cristianos

La teología sistemática es una aseveración de la verdad cristiana; tales verdades son esenciales para la madurez de los creyentes (2 Ti. 3:16-17). Los escritos de Pablo dejan claro que la doctrina (teología) es fundamental para la madurez cristiana, hasta el punto que Pablo desarrolla normalmente una doctrina fundamental en sus epístolas (p. ej., Ef. 1—3) antes de exhortar a los creyentes a vivir correctamente (p. ej., Ef. 4—6). Además, muchos cristianos han asistido fielmente a los servicios de su iglesia durante décadas y aún tienen poca comprensión de las principales doctrinas de la fe cristiana. Con todo, para la madurez cristiana es importante el conocimiento de la doctrina correcta; más aún, protege al creyente del error (cp. 1 Jn. 4:1, 6; Jud. 4).

Requisitos de la teología sistemática

Inspiración e inerrancia de las Escrituras

No hay teología adecuada posible sin creer en la inspiración e inerrancia de las Escrituras. Si se abandona esta doctrina, la razón llega a ser la fuente de autoridad y la razón comienza a juzgar el texto bíblico.

Aplicación de principios hermenéuticos apropiados

La aplicación de los principios hermenéuticos reforzará la objetividad y obligará al intérprete a dejar de lado los sesgos y los extremos.

Observancia científica

La teología ha de ser científica en el sentido de emplear las artes generales, la cultura y los lenguajes bíblicos para extraer sus conclusiones teológicas.[5]

Objetividad

La teología debe basarse en la investigación inductiva y las conclusiones, no en la razón deductiva. El teólogo ha de acercarse a las Escrituras con una *tabula rasa*, con una mente abierta, para permitirle al texto hablar por sí mismo... sin formarse prejuicios sobre qué debería decir la Biblia.

Revelación progresiva

Aunque el Antiguo y el Nuevo Testamento son inspirados, el canon de interpretación dice que la revelación es progresiva. Por lo tanto, el Nuevo Testamento tiene prioridad sobre el Antiguo cuando se formulan las verdades sobre Dios y su relación con el hombre.

Iluminación

Aunque se estén aplicando la metodología y la hermenéutica apropiadas, existe el elemento divino para entender la verdad de Dios. El Espíritu Santo, mediante su ministerio de iluminación, ayuda al creyente a entender la verdad divina (1 Co. 2:11-13).

Reconocimiento de las limitaciones humanas

No obstante, al emplear la metodología apropiada, el estudiante debe reconocer las limitaciones de los seres finitos. El hombre nunca podrá entender a Dios en su totalidad. Debe estar satisfecho con su conocimiento limitado.

FUENTES DE LA TEOLOGÍA SISTEMÁTICA

Fuentes primarias

Las Escrituras son la fuente principal de la teología por su revelación sobre Dios y la relación del hombre con Él. Si Dios se reveló (y lo hizo) y si su revelación se codificó con precisión en los sesenta y seis libros de la Biblia (y lo está), las Escrituras son para el hombre la fuente primaria de información sobre Dios.

La naturaleza también es una fuente primaria de conocimiento (Sal. 19). La naturaleza, en su revelación armoniosa, es un testigo constante de los atributos de Dios, su eterno poder y su condición divina (Ro. 1:20).

Fuentes secundarias

Las confesiones doctrinales —como el Credo de Nicea, las confesiones de Westminster y muchas otras—, son importantes para entender cómo los cristianos de otras épocas han entendido los conceptos teológicos.

La tradición, a pesar de su falibilidad, es importante para entender las afirmaciones sobre la fe cristiana. Lo que individuos, iglesias y denominaciones han enseñado es una consideración necesaria para formular las declaraciones teológicas.

La razón, en tanto guiada por el Espíritu Santo, también es una fuente teológica. No obstante, la razón debe someterse a lo sobrenatural en lugar de intentar definirlo.

NOTAS

1. Lewis Sperry Chafer, *Systematic Theology* [*Teología sistemática*], 8 vols. (Dallas: Dallas Seminary, 1947), 1:6. Publicado en español por Clie.

2. Charles Hodge, *Systematic Theology* [*Teología sistemática*], 3 vols. (Reimpresión. Londres: Clarke, 1960), 1:21. Publicado en español por Clie.

3. Millard J. Erickson, *Christian Theology* [*Teología sistemática*], 3 vols. (Grand Rapids: Baker, 1983), 1:21. Publicado en español por Clie.

4. *Ibíd.*, 1:21-22.

5. William G. T. Shedd, *Dogmatic Theology,* 3 vols. (Reimpresión. Nashville: Nelson, 1980), 1:20ss.

PARA ESTUDIO ADICIONAL SOBRE LA TEOLOGÍA SISTEMÁTICA

* Emery H. Bancroft, *Christian Theology*, 2ª ed. rev. (Grand Rapids: Zondervan, 1976), 13-20.

* Emery H. Bancroft y Ronald B. Mayers, *Fundamentos de teología bíblica* (Grand Rapids: Portavoz, 1977). Publicado en español por Portavoz.

** Gerald Bray, *God Is Love: A Biblical and Systematic Theology* (Wheaton, Ill.: Crossway, 2012).

** Bruce A. Demarest, *General Revelation: Historical Views and Contemporary Issues* (Grand Rapids: Zondervan, 1982).

** Millard J. Erickson *Christian Theology* [*Teología sistemática*], 3 vols. (Grand Rapids: Baker, 1983), 1:17-149. Publicado en español por Clie.

* Robert P. Lightner, *Handbook of Evangelical Theology* (Grand Rapids: Kregel, 1995).

** Norman Geisler, *Systematic Theology*, 4 vols. (Minneapolis, Bethany, 2002-2005). La fuerza radica en su perspectiva filosófica y apologética.

* Kelly M. Kapic y Bruce L. McCormack, eds., *Mapping Modern Theology: A Thematic and Historical Introduction* (Grand Rapids: Baker, 2012).

* Charles C. Ryrie, *Síntesis de la doctrina bíblica* (Grand Rapids: Portavoz, 1995).

* Charles C. Ryrie, *Teología básica* (Miami: Unilit, 1993). Obra útil, clara y concisa.

** A. H. Strong, *Systematic Theology* (Valley Forge: Judson, 1907), 1-51.

** Charles R. Swindoll y Roy B. Zuck, eds., *Understanding Christian Theology* (Nashville: Nelson, 2003). Estudio completo y detallado. Muy útil.

* Henry C. Thiessen, *Lectures in Systematic Theology*, rev. por Vernon D. Doerksen (Grand Rapids: Eerdmans, 1979), 1-20.

18

BIBLIOLOGÍA: DOCTRINA DE LA BIBLIA

Significado de *Biblia*

La palabra española *biblia* se deriva de la palabra griega *biblion*, que quiere decir "libro" o "rollo". El nombre viene de *byblos*, que denotaba la planta de papiro que crecía en humedales o en las riberas de los ríos, principalmente del Nilo. El material para escribir se hacía con el tallo de la planta cortada en tiras de unos 30 cm que luego se dejaban secar al sol. Luego estas franjas se colocaban en filas horizontales y verticales y se pegaban de forma cruzada, en un proceso similar al que se usa hoy para hacer tablas contrachapadas. Las filas horizontales eran más suaves y se convertían en la superficie de escritura. Las secciones de las franjas se pegaban para formar rollos hasta de nueve metros de largo.

Con el tiempo, los cristianos que hablaban latín usaron la forma plural *biblia* para denotar todos los libros del Antiguo y el Nuevo Testamento.[1]

Significado de *Escritura*

La palabra que se traduce "Escritura" viene del griego *graphe*, que simplemente quiere decir "escrito". En el Antiguo Testamento se le reconocía gran autoridad a este escrito (p. ej., 2 R. 14:6; 2 Cr. 23:18; Esd. 3:2; Neh. 10:34). Los "escritos" del Antiguo Testamento con el tiempo se reunieron en tres grupos llamados la Ley, los Profetas y los Escritos (o Salmos), y constituyeron los treinta y nueve libros del Antiguo Testamento. Tales escritos se combinaron formalmente en el canon del Antiguo Testamento.

El verbo griego *grapho* se utiliza en el Nuevo Testamento cerca de noventa veces en referencia a la Biblia, mientras que el sustantivo *graphe* se utiliza cincuenta y una veces casi exclusivamente para referirse a las Sagradas Escrituras. En el Nuevo Testamento las designaciones varían: "las Escrituras" designan todas las partes de la Escritura colectivamente (p. ej., Mt. 21:42; 22:29; 26:54; Lc. 24:27, 32, 45; Jn. 5:39; Ro. 15:4; 2 P. 3:16) o partes individuales de ellas (Mr. 12:10; 15:28; Jn. 13:18; 19:24, 36; Hch. 1:16; 8:35; Ro. 11:2; 2 Ti. 3:16); "la Escritura dice" es prácticamente equivalente a citar a Dios (p. ej., Ro. 4:3; 9:17; 10:11; Gá. 4:30; 1 Ti. 5:18). También se les llama "santas Escrituras" (Ro. 1:2) y "Sagradas Escrituras" (gr., *hiera grammata*, 2 Ti. 3:15). El pasaje clásico de 2 Ti. 3:16 acentúa que estos escritos no son comunes y corrientes, sino que en realidad son inspirados por Dios y como tales son autoritativos e inerrantes en lo que enseñan.[2]

ORIGEN DIVINO DE LA BIBLIA

Afirmación sobre la Biblia

Hay muchas evidencias de que la Biblia es un libro completamente único, como ningún otro. Las afirmaciones únicas que hace dan testimonio de su carácter inusual. Dice unas tres mil ochocientas veces "dijo Dios" o "así dice el Señor" (p. ej., Éx. 14:1; 20:1; Lv. 4:1; Nm. 4:1; Dt. 4:2; 32:48; Is. 1:10, 24; Jer. 1:11; Ez. 1:3, etc.). Pablo también reconoció que las cosas escritas por él eran mandamientos del Señor (1 Co. 14:37) y fueron reconocidas como tales por los creyentes (1 Ts. 2:13). Pedro proclamó la certeza de las Escrituras y la necesidad de hacer caso a la inalterable y cierta Palabra de Dios (2 P. 1:16-21). Juan también reconoció que su enseñanza provenía de Dios; rechazarla era rechazar a Dios (1 Jn. 4:6).

En respuesta a quienes rechacen el argumento anterior, debe observarse que los escritores que hicieron estas afirmaciones a favor de las Escrituras eran hombres confiables que defendían la integridad de la Biblia con gran sacrificio personal. Jeremías recibió su mensaje directamente de Dios (Jer. 11:1-3), pero algunos intentaron matarlo por defender las Escrituras (Jer. 11:21); hasta su familia lo rechazó (Jer. 12:6). A los falsos profetas se les reconocía rápidamente (Jer. 23:21, 32; 28:1-17). No obstante, no ha de entenderse que las afirmaciones de la Biblia provienen de un razonamiento circular. El testimonio de testigos confiables —particularmente de Jesús, pero también de otros como Moisés, Josué, David, Daniel y Nehemías en el Antiguo Testamento, y Juan y Pablo en el Nuevo Testamento— afirmaba la autoridad e inspiración verbal de las Sagradas Escrituras.[3]

Continuidad de la Biblia

El origen divino de la Biblia se aprecia mejor al considerar la continuidad de su enseñanza a pesar de la naturaleza inusual de su composición. Esto la hace diferente de los textos de otras religiones. Por ejemplo, el Corán islámico fue compilado por un individuo, Zaid ibn Thabit, bajo la guía del suegro de Mahoma, Abu-Bekr. Adicionalmente, en el 650 d.C., un grupo de eruditos árabes produjo una versión unificada y destruyó todos los ejemplares que diferían para preservar su unicidad. En contraste, la Biblia fue el trabajo de unos cuarenta autores con diversas vocaciones. Por ejemplo, entre sus escritores se encuentra Moisés, un líder político; Josué, un líder militar; David, un pastor; Salomón, un rey; Amós, un ganadero y cultivador de higos; Daniel, un primer ministro; Mateo, un recaudador de impuestos; Lucas, un médico; Pablo, un rabino y Pedro, un pescador.

Más aún, la Biblia no solo la escribieron diversos autores, sino en diferentes lugares y en diferentes circunstancias. De hecho, se escribió en tres continentes: Europa, Asia y África. Pablo escribió desde una prisión romana y desde la ciudad de Corinto, ambas en Europa; Jeremías (y quizás Moisés) escribieron desde Egipto en África; la mayoría de los otros libros se escribió en Asia. Moisés probablemente escribió en el desierto, David compuso sus salmos en el campo, Salomón redactó los Proverbios en las cortes reales, Juan escribió desterrado en la isla de Patmos y Pablo escribió cinco libros desde la prisión.

Al parecer, muchos de los escritores no se conocieron entre ellos y no estaban familiarizados con los otros escritos, pues escribieron durante un período superior a mil quinientos años; sin embargo, la Biblia es un todo unificado y maravilloso. No hay contradicciones o inconsistencias en sus páginas. El Espíritu Santo es el unificador de los sesenta y seis libros, y es quien determinó su armonía y consistencia. En su unidad, estos libros enseñan la Trinidad de Dios, la deidad de Jesucristo, la personalidad del Espíritu Santo, la caída y depravación del hombre y la salvación por gracia. Rápidamente se hace aparente que ningún ser humano pudo haber orquestado la armonía de las enseñanzas en las Escrituras. La autoría divina de la Biblia es la única respuesta.

REVELACIÓN DIVINA DE LA BIBLIA

Definición de *revelación*

La palabra *revelación* se deriva del griego *apokalupsis*, que quiere decir "manifestación" o "descubrimiento". Por lo tanto, "revelación" significa que Dios se ha manifestado ante la raza humana. El hecho de que la revelación haya tenido lugar, hace posible la teología; si Dios no se hubiera revelado, no podría haber declaraciones proposicionales o precisas sobre Dios. Romanos 16:25 y Lucas 2:32 indican que Dios se descubrió en la persona de Jesucristo. Tal es el epítome de la revelación de Dios.

La revelación puede definirse como "El acto de Dios por medio del cual él se descubre o comunica la verdad a la mente, y con ello les manifiesta a sus criaturas aquello que no podría conocerse de otra manera. La revelación puede ocurrir en un acto único e instantáneo o puede extenderse por un período largo de tiempo; y la mente humana percibe esta comunicación que Él hace de sí mismo y de su verdad en diversos grados de profundidad".[4] El énfasis importante aquí radica en que Dios descubre la verdad sobre Él y el hombre *no tenía otra forma de conocerla*.[5]

En el sentido más amplio del término, *revelación* quiere decir que "Dios se manifiesta a través de la creación, la historia, la conciencia del hombre y las Escrituras. La revelación se da tanto en eventos como en palabras".[6] Así, la revelación es general (Dios se revela en la historia y en la naturaleza) y especial (Dios se revela en las Escrituras y en su Hijo).

Esta definición contrasta con la definición Barthiana y otras propensas a la teología existencial. Karl Barth, el ampliamente reconocido padre de la neo-ortodoxia (véase el capítulo 40), negaba la validez de la revelación general por causa del pecado humano tras la caída. Según Barth, el hombre ya no puede asirse al conocimiento de Dios por medio de la razón por causa de la caída; Dios tenía que revelarse personalmente a cada individuo para que el individuo pudiera asir el conocimiento de Dios. De este modo, para Barth la revelación consistía en que la Palabra de Dios llega al hombre en un encuentro mediante la experiencia. La revelación solo podía considerarse real cuando había tenido lugar un encuentro existencial individual con Cristo.[7]

Revelación general

Aunque no es adecuada para procurar la salvación, la revelación general es un antecedente importante para ella. La revelación general es la revelación que hace Dios de ciertos aspectos y verdades sobre su naturaleza para toda la humanidad, y que son esenciales y preliminares a la revelación especial de Dios.

La revelación de Dios en la naturaleza es quizás la demostración más prominente de la revelación general. El Salmo 19:1-6 afirma que Dios se revela en los cielos y en la tierra para la humanidad. El salmista indica que dicha revelación es continua; día tras día y noche tras noche (v. 2). Nunca cesa. Más aún, no tiene palabras: "No hay lenguaje, ni palabras, ni es oída su voz" (v. 3). Finalmente, su alcance es global: "Por toda la tierra salió su voz, y hasta el extremo del mundo sus palabras" (v. 4). Nadie está excluido de esta revelación de Dios. Donde sea que el hombre escudriñe el universo percibe un orden. Al estar la tierra separada del sol por una distancia de casi 150 millones de km, tenemos exactamente el ambiente de temperatura adecuado para funcionar en la tierra. Si el sol estuviese más cerca, haría demasiado calor para sobrevivir; si estuviese más lejos, haría demasiado frío para que el hombre funcionara. Si la luna estuviera a menos de 384.000 km de la tierra, el impulso gravitacional causado sobre las mareas inundaría la superficie terrestre con el agua de los océanos. Sea donde sea que el hombre mire en el universo, hay armonía y orden. Igualmente, Dios se reveló en la tierra (v. 1). La magnificencia del cuerpo humano tal vez es la mejor evidencia de la revelación general en la tierra. Todo el cuerpo humano —su sistema cardiovascular, la estructura ósea, el sistema respiratorio, los músculos, el sistema nervioso con su centro en el cerebro— revela a un Dios infinito.

Romanos 1:18-21 continúa con el desarrollo del concepto de la revelación general. "Las cosas invisibles de él", el "eterno poder" y la "deidad" de

TIPOS DE REVELACIÓN DIVINA

Tipo	Manifestación	Escritura	Importancia
Revelación general	En la naturaleza	Sal. 19:1-6	Revela que Dios existe. Revela la gloria de Dios.
		Ro. 1:18-21	Revela que Dios es omnipotente. Revela que Dios juzgará.
	En la providencia	Mt. 5:45	Revela que Dios es benévolo con todas las personas.
		Hch. 14:15-17	Revela que Dios provee alimento para todas las personas.
		Dn. 2:21	Revela que Dios levanta y depone gobernantes.
	En la conciencia	Ro. 2:14-15	Revela que Dios ha puesto su ley en los corazones de todas las personas.
Revelación especial	En Cristo	Jn. 1:18	Revela cómo es el Padre.
		Jn. 5:36-37	Revela la compasión del Padre.
		Jn 6:63; 14:10	Revela que el Padre da vida a todos los que creen en el Hijo.
	En las Escrituras	2 Ti. 3:16, 17	Revela toda la doctrina, reprensión, corrección y guía que necesita el cristiano para vivir correctamente.
		2 P. 1:21	Revela todo lo que Dios ha decidido mostrar por medio de autores humanos dirigidos por el Espíritu Santo.

Dios se hacen "claramente visibles" (v. 20). La raza humana es culpable e inexcusable por la revelación que Dios hace de sí mismo en la naturaleza. Esta revelación le da a la humanidad una conciencia de Dios, pero ella en sí misma es inadecuada para ofrecer salvación (véanse también Job 12:7-9; Sal. 8:1-3; Is. 40:12-14, 26; Hch. 14:15-17).

Dios también se ha revelado a la raza humana por medio de su control providencial. Por su bondad providencial da a las personas el sol y las lluvias, que les permiten vivir y funcionar (Mt. 5:45; Hch. 14:15-17). Pablo le recuerda a la gente de Listra que la bondad providencial de Dios fue un testigo para ellos (Hch. 14:17). El control providencial de Dios también es evidente en su trato con las naciones. Disciplinó a su desobediente pueblo Israel (Dt. 28:15-68), pero también lo restauró (Dt. 30:1-10); juzgó a Egipto por pecar contra Israel (Éx. 7—11); erigió las naciones que serían potencias y también las derrumbó (Dn. 2:21a, 31-43).

Más aún, Dios se ha revelado a través de la conciencia. Romanos 2:14-15 indica que Dios ha puesto un conocimiento intuitivo sobre Él en el corazón del hombre. "El hombre intuitivamente no solo sabe que Dios valora la bondad y aborrece la maldad, sino que a la larga también es responsable ante tal Poder justo".[8] Aunque los judíos serán juzgados de acuerdo a la ley escrita, los gentiles que no tienen la ley serán juzgados de acuerdo a la ley no escrita, la ley de la conciencia escrita en sus corazones. Más aún, Pablo dice que la conciencia actúa como un abogado fiscal (v. 15). "La conciencia podría considerarse como el monitor interno, o la voz de Dios en el alma, que juzga la respuesta del hombre a la ley moral dentro de él".[9]

Revelación especial

La revelación especial tiene un enfoque más estrecho que la general, y está restringida a Jesucristo y las Escrituras. Por supuesto, todo lo que se conoce sobre Cristo es a través de las Escrituras; por lo tanto, se puede decir que la revelación especial está restringida a las Escrituras.

Como se refleja en las Escrituras, la revelación especial está dada en declaraciones proposicionales (algo que la neo-ortodoxia niega); en otras palabras, es externa al hombre, no interna a él. Muchos ejemplos reflejan la naturaleza proposicional de la revelación especial: "Y habló Dios todas estas palabras, diciendo" (Éx. 20:1); "Estas son las palabras del pacto" (Dt. 29:1); "Y cuando acabó Moisés de escribir las palabras de esta ley en un libro hasta concluirse..." (Dt. 31:24); "Y vino palabra de Jehová a Jeremías, después que el rey quemó el rollo, las palabras que Baruc había escrito de boca de Jeremías, diciendo: Vuelve a tomar otro rollo, y escribe en él todas las palabras primeras que estaban en el primer rollo que quemó Joacim rey de Judá" (Jer. 36:27-28; cp. v. 2); "Mas os hago saber, hermanos, que el evangelio anunciado por mí, no es según hombre; pues yo ni lo recibí ni lo aprendí de hombre alguno, sino por revelación de Jesucristo" (Gá. 1:11-12).

La revelación especial ha sido necesaria debido al estado pecaminoso del hombre a causa de la caída. A fin de restaurar la comunión entre Dios y la humanidad caída, era esencial que Dios revelara el camino para la salvación y la reconciliación; por lo tanto, la esencia de la revelación especial se centra en la persona de Jesucristo. En las Escrituras, Él se muestra como Aquel que ha explicado al Padre (Jn. 1:18). Aunque en el pasado no habíamos visto a Dios, "Jesús nos ha dado una descripción completa del Padre".[10] Jesús declaró que sus palabras (Jn. 6:63) y sus obras (Jn. 5:36) demostraban que Él revelaba al Padre; y sus palabras y obras se registraron con precisión en las Escrituras. Hebreos 1:3 indica que Cristo es "el resplandor de su gloria [la de Dios], y la imagen misma de su sustancia". La primera frase indica que Cristo irradia la *shekina* de la gloria de Dios, mientras que la última revela que Cristo es la reproducción precisa del Padre. Jesucristo ha revelado completamente el Padre a la humanidad pecadora, y a través de su redención ha permitido que la raza humana restaure su comunión con Dios.

Como la Biblia es inspirada por Dios (2 Ti. 3:16) y escrita por hombres dirigidos por el Espíritu Santo (2 P. 1:21), es totalmente confiable y precisa en su descripción de Jesucristo. De hecho, hay una correlación entre los dos aspectos de la revelación especial: las Escrituras podrían llamarse la Palabra viva y escrita de Dios (He. 4:12), mientras que Jesucristo podría llamarse la Palabra viva y encarnada (Jn. 1:1, 14). En el caso de Cristo había ascendencia *humana*, pero el Espíritu Santo cubrió el acontecimiento con su sombra (Lc. 1:35), lo cual asegura un Cristo sin pecado; en el caso de las Escrituras hubo autoría *humana*, pero el Espíritu Santo supervisaba a los escritores (2 P. 1:21), lo cual asegura la inerrancia de la Palabra. La Biblia presenta con precisión la revelación especial de Dios en Cristo.

Inspiración de la Biblia

Necesidad de la inspiración

La inspiración es necesaria para preservar la revelación de Dios. Si Dios se ha revelado pero el registro de la revelación no es preciso, entonces esa revelación está sujeta a cuestionamientos. Por lo tanto, la inspiración garantiza la precisión de la revelación.

La inspiración podría definirse como la supervisión que hace el Espíritu Santo de los escritores, de modo que, mientras escribían de acuerdo con sus estilos y personalidades propios, el resultado fuera la Palabra de Dios escrita: autoritativa, confiable y libre de errores en los manuscritos originales. A continuación se presentan algunas definiciones dadas por evangélicos prominentes.

Benjamin B. Warfield: "Por lo tanto, la inspiración por lo general se define como la influencia supernatural ejercida sobre los sagrados escritores por el Espíritu de Dios, en virtud de lo cual se les dio fiabilidad divina a sus escritos".[11]

Edward J. Young: "La inspiración es la supervisión de Dios el Espíritu Santo sobre los escritores de la Biblia, como resultado de lo cual estas Escrituras poseen autoridad divina y fiabilidad, y por ello están libres del error".[12]

Charles C. Ryrie: "La inspiración es... la supervisión de Dios sobre los autores humanos de modo que, al usar sus personalidades individuales, compusieran y registraran sin error la revelación de Dios para el hombre como está consignado en los manuscritos originales".[13]

Hay varios elementos importantes que forman parte de una definición apropiada de la inspiración: (1) el elemento divino: Dios el Espíritu Santo supervisó a los escritores y con ello aseguró la precisión del texto; (2) el elemento humano: los autores humanos escribieron de acuerdo con sus estilos y personalidades individuales; (3) el resultado de la autoría divina y humana es el registro sin errores de la verdad de Dios; (4) la inspiración se extiende a la selección de palabras de los escritores; (5) la inspiración está relacionada con los manuscritos originales.

La palabra *inspiración* en español, en su uso teológico, se deriva de la Biblia Vulgata latina; en ella el verbo *inspiro* aparece en 2 Timoteo 3:16 y 2 Pedro 1:21. La palabra *inspiración* se usa para traducir *theopneustos*, un *hapax legomenon* (es decir, que aparece una sola vez en el Nuevo Testamento griego), se encuentra en 2 Timoteo 3:16. *Theopneustos* quiere decir inspirado por Dios, y enfatiza la exhalación de Dios; por lo tanto, *espiración* sería más adecuado puesto que enfatizaría que las Escrituras son producto de la respiración divina. Las Escrituras no fueron algo a lo que Dios infundió aliento; más bien, son algo que Dios exhaló.

Perspectivas falsas sobre la inspiración

Inspiración natural. Esta perspectiva enseña que no hay nada sobrenatural en la inspiración bíblica; los escritores del texto bíblico simplemente eran hombres con una capacidad inusual, y escribieron sus libros de la misma forma en que un individuo escribiría cualquier otro libro.[14] Los escritores fueron hombres con una visión religiosa inusual, que escribieron sobre temas religiosos de la misma forma que Shakespeare o Schiller escribían literatura.

Iluminación espiritual. La perspectiva de la iluminación sugiere que algunos cristianos podían tener visión espiritual que, aunque similar a la de otros cristianos, es de grado mayor. Según esta perspectiva, cualquier cristiano devoto, iluminado por el Espíritu Santo, puede ser autor de las Escrituras inspiradas. Los adherentes de esta perspectiva sugieren que no son los escritos los inspirados, sino los *escritores*. Schleiermacher lo enseñaba así en la Europa continental, mientras que Coleridge lo hacía en Inglaterra.[15]

Inspiración parcial o dinámica. La teoría de la inspiración parcial enseña que las partes de la Biblia relacionadas con asuntos de la fe y la práctica están inspiradas, mientras que los asuntos relacionados con la historia, ciencia, cronología u otros asuntos no propios de la fe pueden estar errados. Según esta perspectiva, Dios preserva el mensaje de la salvación en medio de otro material que sí puede estar errado. La teoría parcial rechaza la inspiración verbal (que la inspiración se extiende a las palabras de las Escrituras) y la inspiración plenaria (que la inspiración se extiende a la totalidad de las Escrituras). A pesar de sus enseñanzas sobre la presencia de errores en la Biblia, los teóricos parciales enseñan que un medio imperfecto es suficiente guía para la salvación. A. H. Strong era proponente de esta perspectiva.[16]

Pueden formularse preguntas problemáticas a quienes se adhieren a esta perspectiva: ¿Qué partes de la Biblia están inspiradas y qué partes contienen errores? ¿Quién determina qué partes de la Biblia son confiables y qué partes contienen errores? Quienes defienden esta posición difieren entre ellos en sus listas de errores. ¿Cómo puede separarse la doctrina de la historia? Por ejemplo, las narrativas sobre el nacimiento virginal de Jesús contienen tanto historia como doctrina. ¿Cómo puede ser la Biblia confiable en un área mientras tenga errores en otra?

Inspiración conceptual. Esta perspectiva sugiere que solo los conceptos e ideas de los escritores son inspirados, pero no las palabras. De esta manera, Dios le dio una idea o concepto al escritor, quien luego la escribió en sus propias palabras. Según esta perspectiva, puede haber errores en las Escrituras, porque la elección de las palabras queda a discreción del escritor y no está supervisada por Dios. Sin embargo, en respuesta a ello debe observarse que Jesús (Mt. 5:18) y Pablo (1 Ts. 2:13) afirmaron la inspiración verbal. Pache concluye correctamente: "Solo por medio de palabras se conciben y transmiten las ideas. Si el pensamiento comunicado al hombre es divino y tiene la naturaleza de una revelación, la forma en la cual se expresa es de suma importancia. Es imposible desasociar la una de la otra".[17]

Dictado divino. La perspectiva del dictado declara que Dios dictó las palabras de las Escrituras y los hombres las escribieron de manera pasiva; eran simples amanuenses (secretarios) que solo escribían las palabras que se les mandó poner. Tal afirmación haría la Biblia igual al Corán, que supuestamente fue dictado en árabe desde el cielo. Aunque algunas partes de la Biblia se dieron dictadas (cp. Éx. 20:1, "Habló Dios todas estas palabras"), los libros de la Biblia reflejan un contraste distintivo en estilo y vocabulario, lo cual sugiere que los autores no eran simples autómatas. El estudiante principiante de griego descubrirá rápidamente la diferencia estilística entre los Evangelios de Juan y Lucas. Juan escribía con un estilo simple y un vocabulario limitado, mientras Lucas lo hacía con un estilo más sofisticado. Si la teoría del dictado fuera cierta, el estilo de los libros de la Biblia debería ser uniforme.

Opinión neo-ortodoxa. La perspectiva neo-ortodoxa enfatiza que la Biblia no se puede igualar exactamente con la Palabra de Dios porque Dios no habla en simples proposiciones. Dios no revela simples *hechos* sobre Él, se revela a *Sí mismo.* La Biblia no es la *sustancia* de la Palabra de Dios, sino el *testigo* de la Palabra de Dios. *Llega a ser* Palabra de Dios cuando el lector encuentra a Cristo en su propia experiencia subjetiva. Más aún, la Biblia está envuelta en mitos, y es necesario desmitificarla para descubrir lo que ocurrió en realidad. La historicidad de los eventos no es importante. Por ejemplo, para el defensor de la neo-ortodoxia no es importante si Cristo en realidad se levantó de entre los muertos en el tiempo y el espacio. Lo importante es el posible encuentro experimental, aunque la Biblia esté llena de errores factuales. Según esta perspectiva, la autoridad es la experiencia subjetiva del individuo, y no las Escrituras.

El cristiano evangélico responde a tales perspectivas con puntos en contraste. La Biblia es la Palabra de Dios autoritativa y objetiva, independientemente de que la persona responda o no a ella (Jn. 8:47; 12:48). Más aún, no hay criterios objetivos para evaluar qué constituiría un encuentro "legítimo" con Dios. Además, ¿quién sería capaz de distinguir entre la verdad y el mito?

Perspectiva bíblica de la inspiración: Verbal plenaria

Perspectiva de Cristo sobre la Biblia.[18] Al determinar la naturaleza de la inspiración bíblica, nada podría ser más significativo que determinar la perspectiva de Cristo sobre las Escrituras. Ciertamente, nadie debe tener una perspectiva más baja de la Biblia que la suya; su punto de vista sobre las Escrituras debe ser determinante y la norma para la perspectiva de los demás. Tal es el argumento fundamental de R. Laird Harris. Al defender la inspiración de las Escrituras no usa 2 Timoteo 3:16 o 2 Pedro 1:21 como argumento principal (aunque reconoce su validez); en lugar de ello, argumenta a partir de la perspectiva de Cristo sobre la Biblia.[19]

(1) Inspiración de todas las Escrituras. Al usar el Antiguo Testamento, Cristo le dio mérito a su inspiración. En Mateo 5:17-18 Cristo afirmó que ni una jota ni una tilde pasarían de la ley hasta que toda se cumpliera. En el versículo 17 se refirió a la ley y los profetas, una frase común para designar a todo el Antiguo Testamento. En esta declaración más fuerte Jesús afirmó que lo allí escrito era inviolable, y con ello afirmó la inspiración de todo el Antiguo Testamento.

En Lucas 24:44 Jesús les recordó a sus discípulos que se *tenían que* cumplir todas las cosas que sobre Él escribieron en la ley mosaica, los profetas y los Salmos. Los discípulos no habían logrado entender las enseñanzas respecto a su muerte y resurrección en el Antiguo Testamento, pero como este es inspirado, esos eventos profetizados *tenían que* cumplirse. Al llamarlo de esta forma triple, Cristo estaba afirmando la inspiración y autoridad de todo el Antiguo Testamento.

Cuando Jesús debatió con los judíos incrédulos sobre su derecho a ser llamado el Hijo de Dios, se refirió al Salmo 82:6 y les recordó que "la Escritura no puede ser quebrantada" (Jn. 10:35). "Quiere decir que a las Escrituras no se les puede quitar su fuerza mostrándolas erradas".[20] Nótese que Jesús se refirió a un pasaje más bien insignificante del Antiguo Testamento e indicó que las Escrituras no pueden dejarse de lado o anularse.[21]

(2) Inspiración de las partes. Cristo citó el Antiguo Testamento profusa y frecuentemente. Sus argumentos dependían de la integridad del pasaje veterotestamentario que estuviera utilizando. Con este método de argumentación, estaba afirmando la inspiración de los textos o libros individuales del Antiguo Testamento. Unos ejemplos serán suficientes. Cuando Jesús se encontró con Satanás en el momento de la tentación, desechó sus argumentos refiriéndose a Deuteronomio. En Mateo 4:4, 7, 10 Jesús citó Deuteronomio 8:3; 6:13 y 16, con lo cual indicaba que Satanás estaba equivocado y las palabras de Deuteronomio habían de cumplirse. En Mateo 21:42 Jesús citó el Salmo 118:22, donde se enseña que el Mesías sería rechazado. En Mateo 12:18-21 Jesús citó Isaías 42:1-4, con lo cual mostró que su disposición apacible y amable, así como su inclusión de los gentiles, estaban predichas en los escritos proféticos.

Estos son tan solo unos ejemplos seleccionados que revelan que Cristo cita de varias partes del Antiguo Testamento afirmando así su inspiración y autoridad.

(3) Inspiración de las palabras. Jesús citó Éxodo 3:6 para defender la doctrina de la resurrección ante los saduceos (algo significativo, porque los saduceos solo se aferraban al Pentateuco). "*Yo soy* el Dios de Abraham". En esta respuesta todo el argumento de Jesús dependía de las palabras "Yo soy". Al parecer, Jesús aportó el verbo que el texto hebreo únicamente insinuaba. De este modo respaldó la versión de la Septuaginta (griega), que incluía el verbo. Muchos contemporáneos del Señor tenían en tan alta consideración esa versión que prácticamente se igualaba a las Escrituras originales.

Al afirmar la resurrección, Jesús les recordó a los saduceos que Éxodo 3:6 decía "Yo soy". Continuó: "Dios no es Dios de muertos, sino de vivos". Si las palabras del Antiguo Testamento no eran inspiradas, su argumento no servía; pero si lo eran, su argumento tenía gran peso. De hecho, el argumento de Jesús depende del *tiempo presente* de la declaración. Como en Éxodo 3:6 estaba escrito "Yo soy...", la doctrina de la resurrección se podía afirmar; Dios es el Dios de los patriarcas vivos.

En Mateo 22:44 se encuentra un argumento similar donde, debatiendo con los fariseos, Jesús les explicaba que su concepto del Mesías estaba errado. Los fariseos creían que el Mesías sería un redentor político, mas Jesús les mostró, citando el Salmo 110:1, que David, el más grande rey de Israel, vio en el Mesías a alguien mayor que él, y lo llamó Señor. Todo el argumento de

Cristo se apoya en la frase "mi Señor". Al citar el Salmo 110:1 Jesús respaldó su argumento en la inspiración de las palabras precisas "mi Señor". Si en el Salmo no se leyera exactamente eso, el argumento hubiera sido vano. Un ejemplo adicional está en el uso que Cristo hace del Salmo 82:6 en Juan 10:34, donde todo su argumento se apoya en la palabra "dioses".

(4) Inspiración de las letras. En varias declaraciones Cristo revela su creencia en que las letras de la Biblia estaban inspiradas. En Mateo 5:18 declaró: "ni una jota ni una tilde pasará de la ley, hasta que todo se haya cumplido". El término "jota" se refiere a la letra hebrea *yodh*, que parece un apóstrofe ('). La "tilde" hace referencia a la pequeñísima distinción entre dos letras hebreas. Un equivalente sería la distinción entre O y Q. Solo la "cola" diferencia a las dos letras. Jesús enfatizó que todos los detalles del Antiguo Testamento se cumplirían al pie de la letra.

(5) Inspiración del Nuevo Testamento. En el discurso del aposento alto, Cristo hizo una declaración significativa que parece apuntar al registro preciso y definitivo del Nuevo Testamento. En Juan 14:26 Jesús indicó que el Espíritu Santo les daría a los apóstoles un recuento preciso en tanto escribieran las palabras de las Escrituras, con lo cual se garantizaría su exactitud (véase Jn. 16:12-15). Ello podría explicar por qué Juan, con su edad avanzada, cuando escribió sobre Cristo pudo describir con precisión los detalles de los eventos que tuvieron lugar años anteriores. El Espíritu Santo les dio a Juan y a los otros escritores el relato exacto de los eventos. Por lo tanto, Jesús afirmó no solo la inspiración del Antiguo sino del Nuevo Testamento.[22]

Una conclusión obvia es el alto concepto que tenía Jesucristo de las Escrituras, pues afirmó la inspiración de todo el Antiguo Testamento (de sus libros, las palabras precisas y las letras usadas) y señaló la inspiración del Nuevo. Con seguridad, quienes sostienen la sola inspiración conceptual u otras variantes, deben reconsiderar la actitud de Jesús hacia las Escrituras. ¿No debería ser la norma su visión de la Biblia? ¿Es legítimo tenerlas en *menor* consideración de lo que Él las tenía?

Perspectiva de Pablo sobre la Biblia. (1) Inspiración del Antiguo y Nuevo Testamentos. En 1 Timoteo 5:18, Pablo antecedió sus comentarios con "la Escritura dice". Luego citó Deuteronomio 25:4 y Lucas 10:7; por lo tanto, respaldó el estado de las Escrituras tanto del Antiguo como del Nuevo Testamento. Pablo estaba diciendo que el Nuevo Testamento es Palabra de Dios tan inspirada como el Antiguo Testamento.

(2) Inspiración de las palabras. En la declaración paulina clásica de 2 Timoteo 3:16, el apóstol recuerda al lector: "Toda la Escritura es inspirada por Dios". Como se indicó antes, "inspirada por Dios" es la palabra griega *theopneustos*, que quiere decir "respirada por Dios". En efecto, este es un versículo importante a tener en cuenta en todo el tema de la inspiración y la inerrancia y, propiamente entendido, resuelve el problema.

Deberían observarse varias cosas. Primero, como las Escrituras fueron respiradas por Dios, se enfatiza que Dios es el origen de ellas. Ello es consecuente con los profetas del Antiguo Testamento, quienes recibieron sus mensajes de la boca de Dios, como lo indican sus frecuentes declaraciones "Así dice el Señor". Es decir, que el mensaje hablado por los profetas era el mensaje que les había dado el Señor (cp. Éx. 4:15; 7:1-2; Jer. 1:9; etc.). Por lo tanto, tal como la palabra dada a los profetas era confiable, las Escrituras, respiradas por Dios, son confiables y precisas porque las dos comunicaciones provienen de la boca de Dios. El énfasis de Pablo está en el *origen* de las Escrituras: aquello que es respirado por Dios se "produce por el soplo creativo del Todopoderoso".[23] El hecho de que *theopneustos* ocurra en voz pasiva, no activa, enfatiza aún más que Dios es el origen de las Escrituras, y no el hombre.[24]

(3) Todas las Escrituras son respiradas por Dios. Young aclara: "Si Pablo quiere decir 'cada Escritura', está hablando de varias partes de la Biblia; esto es, considera las Escrituras de manera distribuida. Luego está diciendo que cualquiera que sea la parte de la Biblia que consideremos, está inspirada por Dios. Por otro lado, si quiere decir 'la totalidad de las Escrituras', claramente hace referencia a la Biblia como un todo. En cualquier caso dice que cualquier cosa llamada 'Escritura' es inspirada por Dios".[25]

Adicionalmente, a todo lo que Dios respira se le llama Escrituras. Aunque tal designación en el versículo 16 se entiende a veces solo en referencia al Antiguo Testamento, puede argumentarse que Pablo usaba la designación "Escritura" para las porciones del Nuevo Testamento que ya se habían escrito en ese momento, no solo para los escritos veterotestamentarios (p. ej., Pablo debe haber considerado canónico el Evangelio de Lucas [1 Timoteo 5:18]); tal vez hasta incluya todo el Nuevo Testamento, con algunos de sus libros aún por escribirse en ese momento.[26]

Pablo concluye que los dos Testamentos fueron respirados por Dios y tuvieron su origen en Dios, no en el hombre. De este modo Pablo afirma su creencia en la inspiración verbal.

Perspectiva de Pedro sobre la Biblia. La enseñanza de Pedro sobre las Escrituras coincide con la de Pablo. En 2 Pedro 1:21, Pedro enfatiza que nada en las Escrituras se produjo como resultado de la voluntad humana; más bien, es producto del poder supervisor del Espíritu Santo. Pedro identifica las Escrituras como "la palabra profética" (v. 19), "profecía de la Escritura" (v. 20) y "profecía" (v. 21); declara que las Escrituras son "algo totalmente confiable".[27] En el versículo 21 Pedro explica por qué lo son. Pedro, al igual que Pablo, afirma que el origen de las Escrituras está en Dios. Aunque fueron hombres quienes escribieron las palabras, ellos fueron llevados (gr., *pheromenoi*) por el Espíritu Santo.[28] Por lo tanto, Pedro acepta que cree en la inspiración verbal, pues fue el Espíritu quien guió a los escritores de la Biblia en su selección de las palabras. Podría ilustrarse esta verdad con el caso de una persona que va a un centro comercial. Como tiene prisa por llegar al segundo piso, sube caminando por las escaleras eléctricas. Aunque camine, las escaleras lo llevan y lo dejan en el segundo piso. De forma similar, el Espíritu llevaba a los autores de las Escrituras cuando ellos escribían cada palabra, de acuerdo con su grado de educación y sus estilos distintivos; se aseguraba así la precisión de todo lo escrito.

En 2 Pedro 3:16, Pedro hace referencia a los escritos de Pablo e indica que los falsos maestros los distorsionan como lo hacen *con las otras Escrituras*. En esta declaración de estilo casi único, Pedro equipara los escritos de Pablo con el Antiguo Testamento.

Conclusión. La defensa más fuerte de la inspiración verbal y plenaria de las Escrituras está en el testimonio de Jesucristo. Él testificó sobre la inspiración total de las Escrituras, los diferentes libros del Antiguo Testamento y las palabras puntuales tal como se registraron originalmente. El hecho de que Cristo haya basado sus argumentos en la formulación precisa de las Escrituras da testimonio del alto concepto en que las tenía. Además, Pablo reconoció que todas la Escrituras fueron respiradas por Dios; el hombre fue un instrumento pasivo, guiado por Dios para escribirlas. La declaración de Pedro fue similar y enfatizó que, en su pasividad, los hombres fueron guiados por el Espíritu Santo cuando escribían. El testimonio de cada uno de estos testigos llama la atención sobre la inspiración verbal y plenaria de las Escrituras.

INERRANCIA DE LA BIBLIA

Definición de *inerrancia*

En el pasado era suficiente decir que la Biblia era inspirada; no obstante, ahora se ha hecho necesario definir la posición evangélica con más precisión. El resultado, como Charles Ryrie ha mostrado, requirió la inclusión de una verborrea adicional. Para declarar la doctrina ortodoxa, ahora es necesario incluir los términos "inspiración verbal, plenaria, infalible, inerrante e ilimitada".[29] Todo esto por causa de quienes han conservado palabras como *inspiración*, *infalible* e incluso *inerrante* y al mismo tiempo niegan que la Biblia esté libre de error.

E. J. Young aporta una definición adecuada de "inerrancia": "Con esta palabra queremos decir que las Escrituras poseen la cualidad de estar libres de error. Están exentas de fallos, son incapaces de errar. En todas sus enseñanzas están en perfecta concordancia con la verdad".[30] Ryrie proporciona un silogismo para concluir lógicamente la enseñanza bíblica de la inerrancia: "Dios es verdad (Ro. 3:4). Las Escrituras son inspiradas por Dios (2 Ti. 3:16). Por lo tanto, las Escrituras son verdad (puesto que son producto del aliento de Dios, el cual es verdad)".[31]

Al definir la inerrancia también es importante declarar qué no significa. No demanda rigidez en el estilo ni citas textuales del Antiguo Testamento. "La inerrancia de la Biblia simplemente significa que la Biblia dice la verdad. La verdad puede incluir, y lo hace, aproximaciones, citas no textuales, lenguaje de apariencias y diferentes relatos del mismo evento en cuanto no se contradigan".[32] En la reunión de Chicago en octubre de 1978, el Concilio Internacional sobre Inerrancia Bíblica emitió la siguiente declaración sobre el tema: "Las Escrituras no tienen errores o fallas en toda su enseñanza pues están verbal y completamente dadas por Dios; sus declaraciones sobre los actos de Dios en la creación, los acontecimientos de la historia mundial y su origen literario divino no son menos que su testimonio de la gracia salvadora de Dios en las vidas individuales".[33]

En la definición final se observa que la inerrancia se extiende a los manuscritos originales:

La inerrancia significa que cuando se conocen todos los hechos, las Escrituras, en sus autógrafos originales e interpretadas apropiadamente, se mostrarán absolutamente verdaderas en todo lo que enseñan, ya sea enseñanza sobre doctrina, ciencia, historia, geografía, geología u otras disciplinas del conocimiento.[34]

Sugerir que hay errores en la Biblia es impugnar el carácter de Dios. Decir que la Biblia tiene errores es igual a sugerir que Dios es falible, que se pude equivocar. "Suponer que Dios pueda pronunciar alguna Palabra contraria a los hechos es asumir que no puede operar sin errar. Está en juego la misma naturaleza de Dios".[35]

Explicación de la inerrancia

La inerrancia permite variedad en el estilo. El Evangelio de Juan fue escrito en el estilo simple que cabría esperarse de un pescador iletrado; Lucas fue escrito con el vocabulario más sofisticado de una persona educada; las epístolas de Pablo reflejan la lógica de un filósofo. Todas estas variaciones son totalmente compatibles con la inerrancia.

La inerrancia permite variedad de detalles para explicar el mismo suceso. Este fenómeno se observa particularmente en los Evangelios sinópticos. Es importante recordar que Cristo habló en arameo y los autores de la Biblia escribieron sus relatos en griego, lo cual significa que debieron traducir las palabras originales al griego. Un escritor usaría palabras ligeramente diferentes a las del otro para describir el mismo incidente; con todo, los dos le darían el mismo significado, aunque con diferentes palabras. Hay una razón adicional para la variedad en los detalles. Un escritor podía haber visto los sucesos desde un punto de vista, mientras otro los veía desde otro. Con ello, los detalles podrían parecer diferentes y ser precisos al mismo tiempo.

La inerrancia no exige reportar los eventos al pie de la letra. "En la Antigüedad no se practicaba la repetición al pie de la letra cada vez que se escribía algo".[36] No se requerían citas al pie de la letra por varias razones. Primero, como ya se mencionó, el escritor debía traducir las palabras de Jesús del arameo al griego. Segundo, al usar el Antiguo Testamento como referencia, habría sido imposible desenrollar cada uno de los largos rollos para escribir la cita textual; más aún, los rollos no estaban fácilmente al alcance, y por lo tanto había libertad en la forma de citar el Antiguo Testamento.[37]

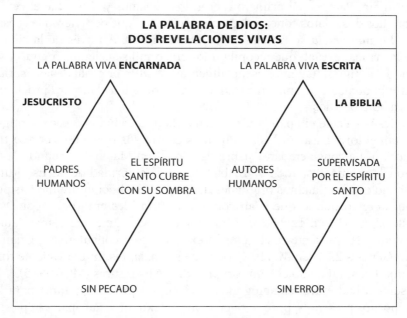

La inerrancia permite alejarse de las normas gramaticales. Obviamente está mal forzar las Escrituras con las reglas del español o su gramática. Por ejemplo, en Juan 10:9 Jesús declara: "Yo soy la puerta", mientras que en el versículo 11 declara: "Yo soy el buen pastor". En español esto se considera una mezcla de metáforas, pero ello no constituye un error en la lengua griega o hebrea. En Juan 14:26 Jesús se refiere al Espíritu usando un pronombre neutro (*pneuma*) y luego usa uno masculino (*ekeinos*). Tal cosa les hará levantar las cejas a los gramáticos del español, pero no es un problema en la gramática griega.

La inerrancia permite pasajes problemáticos. Aun en una obra tan grande como la Biblia, es imposible solucionar todos los problemas. En algunos casos la solución espera los hallazgos de la pala de los arqueólogos, en otros espera investigación de los lingüistas, y en otros puede que la solución nunca será descubierta por diversas razones. La solución a algunos problemas ha de quedar en el aire. No obstante, la respuesta nunca está en sugerir que en las Escrituras hay contradicciones o errores. Si fueron inspiradas por Dios, están completamente exentas de errores.

La inerrancia requiere que los relatos no enseñen errores o contradicciones. En las declaraciones de las Escrituras lo que está escrito concuerda con las cosas como son. Los detalles pueden variar, pero aun así reflejar las cosas como son. Por ejemplo, en Mateo 8:5-13 se dice que un centurión fue ante Jesús y le dijo "No soy digno". En el pasaje paralelo de Lucas 7:1-10 se nos dice que los ancianos fueron y dijeron que el centurión era digno. Parece que primero fueron los ancianos y luego fue el centurión. Los dos relatos concuerdan con la forma en que ocurrieron las cosas.

La inerrancia se refleja en las traducciones. A través de la ciencia de la crítica textual, que recopila unos cinco mil setecientos manuscritos griegos antiguos, tenemos esencialmente la lectura original de las Escrituras y podemos usar nuestras traducciones con autoridad para proclamar la Palabra de Dios.

Jesús y Pablo citaban la Septuaginta (la traducción griega del Antiguo Testamento) y basaban los argumentos contra sus oponentes en esa traducción. La consideraban Palabra de Dios.[38] En Mateo 4:4, cuando Jesús citó el Antiguo Testamento, estaba "atando la autoridad de las Escrituras a mano con las palabras originales dadas por inspiración divina. Las personas creían que lo que leían como 'Escrituras' les era 'dicho por Dios' (Mt. 22:29-32; Mr. 12:24-26)... En cada caso se asume que el texto autografiado está presente en el ejemplar existente para consultarse... Cuando citó Génesis 2:24 (en Mt. 19:4) veía en esas palabras un equivalente total a 'dijo Dios', tal como el autor original de las Escrituras (Mt. 19:4-5)... La distancia real entre los autógrafos y las copias puede ignorarse para los propósitos presentes, porque se cree que el texto original aparece en estos ejemplares".[39]

Podemos extraer una conclusión importante: "'Como está escrito' (73 veces en los Evangelios) expresa que la verdad contenida en las Escrituras originales sigue igual en los ejemplares presentes... *Podemos* creer en nuestros ejemplares y ser salvos sin tener los códices autográficos, porque la misma Biblia indica que tales ejemplares pueden reflejar fielmente el texto original, y por lo tanto funcionar con autoridad.[40]

Problemas de rechazar la inerrancia[41]

Quienes hablan de errores concluyen que éstos pueden enseñar la verdad. Sugieren que no es importante defender la precisión de la Biblia en lo relativo a "los pequeños detalles de la cronología, geografía, historia, cosmología... o las supuestas discrepancias".[42] Sin embargo, los asuntos cronológicos, geográficos, históricos y otros sí son importantes. Con frecuencia están entrelazados con verdades teológicas significativas. Por ejemplo, la historicidad de Adán y Eva en Génesis 1 y 2 es importante porque Pablo hace una analogía entre Adán y Cristo en Romanos 5:12-21. Si Adán no es histórico, la analogía se rompe. La cronología de Mateo 1 es importante, porque detalla el linaje de Jesucristo. Si su linaje no es exacto, ¿qué puede decirse del relato sobre su vida? La geografía de Miqueas 5:2, cuando anuncia el nacimiento de Cristo en Belén, es importante porque en el mismo versículo se enseña su eternidad. Si la geografía relativa a Cristo no se puede creer, ¿puede aceptarse su eternidad?

La conclusión es obvia: si no se puede confiar en la Biblia en asuntos cronológicos, históricos o geográficos, no se puede confiar en el mensaje de salvación.

Hablar de errores impugna el carácter de Dios. Como ya se había anotado, las Escrituras son el resultado de la respiración de Dios (2 Ti. 3:16) y la supervisión del Espíritu Santo (2 P. 1:21). Si las Escrituras tienen errores, entonces Dios erró.

Quienes hablan de errores difieren en la enumeración de ellos. Quienes hablan de errores tienen cada uno su propia lista que difiere de la de los demás. "¿Cuál es el criterio para determinar áreas donde los errores son irrelevantes? ¿Qué o quién decide los límites entre el territorio de los errores permisibles y el terreno donde la inerrancia es necesaria?".[43]

Conclusión

La inerrancia es una doctrina importante. Cuando se entiende correctamente, quiere decir que la Biblia hace sus declaraciones con exactitud, ya sea sobre asuntos teológicos, el relato de la creación, la historia, la geografía o la geología. No obstante, permite variedad en los detalles relativos a un mismo relato; no requiere rigidez en el estilo. La Biblia es exacta y concuerda con la verdad en todas sus declaraciones.

CANONICIDAD DE LA BIBLIA

Definición de *canonicidad*

Si en efecto las Escrituras son inspiradas por Dios, surge una pregunta natural: ¿qué libros son inspirados? Históricamente, para el pueblo de Dios era importante determinar qué libros había inspirado Dios y a cuáles se les reconocería su autoridad.

La palabra *canon* se usa para describir los libros inspirados. La palabra viene del griego *kanon* y probablemente también del hebreo *qaneh*, cuyo significado es "vara de medición". Entonces, los términos *canon* y *canónico* hablan sobre las normas bajo las cuales se determinaba si un libro era inspirado o no. Es importante observar que ninguno de los concilios religiosos de cualquier época tenían poder para *causar* la inspiración de un libro; en su lugar, tan solo *reconocían* como tales a aquellos que Dios había inspirado justo cuando se escribieron.

Los judíos y los cristianos conservadores han reconocido la inspiración de los treinta y nueve libros del Antiguo Testamento. Los protestantes evangélicos reconocen la inspiración de los veintisiete libros del Nuevo Testamento. Los católicos romanos tienen ochenta libros en total, porque reconocen libros apócrifos como deuterocanónicos.

Canonicidad del Antiguo Testamento

El texto masorético (hebreo) del Antiguo Testamento dividió los treinta y nueve libros en tres categorías: la Ley (Pentateuco), los profetas (Josué, Jueces, 1 y 2 Samuel, 1 y 2 Reyes, los profetas mayores y los profetas menores) y los Escritos (a veces llamados "Los Salmos"; incluyen los libros poéticos y de sabiduría: Salmos, Proverbios y Job; los Rollos: Cantar de los Cantares, Rut, Lamentaciones, Eclesiastés y Ester; los Históricos: Daniel, Esdras, Nehemías y 1 y 2 Crónicas). En su origen se contaban veinticuatro libros, no treinta y nueve, porque se combinaban 1 y 2 Samuel, 1 y 2 Reyes, 1 y 2 Crónicas, los profetas menores y Esdras con Nehemías. En tiempos del Nuevo Testamento se reconocía esta división triple (Lc. 24:44). Otras designaciones como "la Escritura" (Jn. 10:35) y "Sagradas Escrituras" (2 Ti. 3:15) sugieren un canon del Antiguo Testamento aceptado en general. Tal división tripartita también fue avalada por Josefo (37-95 d.C.), el obispo Melitón de Sardes (ca. 170 d.C.), Tertuliano (160-250 d.C.) y otros.[44] Se considera el Concilio de Jamnia, en el 90 d.C., la ocasión en que se reconoció públicamente el canon del Antiguo Testamento (aunque se debatía la canonicidad de varios libros).

Hay evidencias sobre la forma en que se reconocía la canonicidad de los libros del Antiguo Testamento. Laird Harris[45] examina la continuidad de ese reconocimiento: se reconocía que Moisés escribía bajo la autoridad de Dios (Éx. 17:14; 34:27; cp. Jos. 8:31; 23:6). El criterio para reconocer el Pentateuco era si provenía de Moisés, siervo de Dios. Después de Moisés, Dios levantó la institución de la profecía para continuar revelándose a su pueblo (cp. Dt. 18:15-19; Jer. 26:8-15). Los profetas a quienes Dios les habló también registraron su revelación (cp. Jos. 24:26; 1 S. 10:25; Is. 8:1; Ez. 43:11). Harris concluye: "La ley merecía el mismo respeto que su autor, de quien se sabía era mensajero de Dios. Asimismo, a los profetas sucesivos, tras la debida autentificación, se les recibía, junto con sus escritos, con el mismo respeto, y se consideraba que hablaban Palabra de Dios. Por lo que respecta al testimonio contenido en los libros, la recepción era inmediata".[46]

Las pruebas específicas para considerar la canonicidad se pueden reconocer. ¿Indicaba el libro autoría divina? ¿Reflejaba a Dios hablando a través de un mediador (p. ej., Éx. 20:1; Jos. 1:1; Is. 2:1)? ¿El autor humano era vocero de Dios? ¿Era profeta o tenía el don de profecía (p. ej., Dt. 31:24-26; 1 S. 10:25; Neh. 8:3)? ¿Era históricamente exacto? ¿Reflejaba un registro real de los hechos? ¿Cómo recibieron el libro los judíos?

En resumen, los libros del Antiguo Testamento fueron inspirados por Dios y tuvieron autoridad en el momento de escribirse. Hubo reconocimiento humano de los escritos, normalmente inmediato una vez el pueblo reconocía a los escritores como voceros de Dios. Finalmente, se compilaron los libros en un canon.[47]

Canonicidad del Nuevo Testamento

Hubo varios factores que hicieron reconocer el canon del Nuevo Testamento. (1) Los escritos espurios y los ataques sobre los escritos genuinos fueron un factor. Por ejemplo, Marción rechazó el Antiguo Testamento, los escritos neotestamentarios distintos a los paulinos y alteró el Evangelio de Juan para ajustarlo a su doctrina. (2) El contenido del Nuevo Testamento daba testimonio de su autenticidad y como consecuencia natural se reunieron los escritos para reconocerlos como canónicos. (3) Los escritos apostólicos se usaban en la adoración pública; por lo tanto, era necesario determinar cuáles eran los canónicos. (4) Por último, el edicto del emperador Diocleciano, en el 303 d.C., obligaba a quemar todos los libros sagrados, lo cual dio como resultado la compilación del Nuevo Testamento.

El proceso de reconocimiento y compilación tuvo lugar en los primeros siglos de la iglesia cristiana.[48] Los libros del Nuevo Testamento se reconocieron desde muy temprano. Pablo, por ejemplo, reconoció que los escritos de Lucas estaban al mismo nivel del Antiguo Testamento (1 Ti. 5:18 cita Dt. 25:4 y Lucas 10:7; se refiere a los dos textos como "la Escritura"). Pedro también reconoció como Escrituras los libros de Pablo (2 P. 3:15-16). Las cartas se leían en las iglesias e incluso circulaban entre ellas (cp. Col. 4:16; 1 Ts. 5:27).

En la era post-apostólica, Clemente de Roma (ca. 95 d.C.) mencionó al menos ocho libros del Nuevo Testamento en una carta; Ignacio de Antioquía (ca. 115 d.C.) también reconoció cerca de siete libros; Policarpo, un discípulo de Juan (ca. 108 d.C.), reconoció quince cartas. Eso no quiere decir que ellos no reconociesen la canonicidad de otros libros, pero éstos fueron los mencionados en su correspondencia. Más adelante escribió Ireneo (ca. 185 d.C.) y reconoció veintiún libros. Hipólito (170-235 d.C.) reconoció veintidós libros. Los libros problemáticos de esta época eran Hebreos, Santiago, 2 Pedro y 2 y 3 Juan.

El testimonio del Canon Muratori (170 d.C.), una compilación de libros cuya canonicidad se reconoció por la iglesia en tan temprana fecha, es aún más importante. El Canon Muratori incluía todos los libros del Nuevo Testamento excepto Hebreos, Santiago y una epístola de Juan.

En el siglo IV hubo también un reconocimiento prominente del canon neotestamentario. Cuando Atanasio escribió, en el 367 d.C., citó los veintisiete libros del Nuevo Testamento como los únicos verdaderos. En el año 363 d.C., el Concilio de Laodicea declaró que en las iglesias debían leerse solo el Antiguo Testamento y los veintisiete libros del Nuevo Testamento. El Concilio de Hipona (393 d.C.) reconoció los veintisiete libros y el Concilio de Cartago (397 d.C.) afirmó que solo los libros canónicos debían leerse en las iglesias.

¿Cómo reconocía la iglesia cuáles libros eran canónicos? Aplicaban algunas pruebas para responder a esa pregunta.[49]

(1) *Apostolicidad*. ¿El autor era apóstol o tenía conexión con un apóstol? Por ejemplo, Marcos escribió bajo la autoridad de Pedro, y Lucas bajo la de Pablo (1 Co. 14:37; 2 Co. 12:12; 1 Ts. 2:13; 2 Ts. 2:15).

(2) *Aceptación*. ¿El libro era aceptado por el grueso de la iglesia? El reconocimiento que le diera la iglesia a un libro particular era importante. Bajo este canon se rechazaron muchos libros falsos (pero también se retardó el reconocimiento de algunos libros legítimos).

(3) *Contenido*. ¿El libro refleja la consistencia de la doctrina con lo que se consideraba enseñanza ortodoxa? El espurio "evangelio de Pedro" se rechazó como resultado de este principio, y también el "evangelio de Tomás".

(4) *Inspiración*. ¿Reflejaba el libro la cualidad de la inspiración? Los apócrifos y deuterocanónicos se rechazaron por no satisfacer este requisito. El libro debía evidenciar una moral elevada y unos valores espirituales que reflejaran la obra del Espíritu Santo.

(5) *Adoración*. ¿Se usó el libro en la adoración cristiana? Como los cristianos primitivos no tenían sus propias copias de las Escrituras y muchos no sabían leer, los libros inspirados del Nuevo Testamento se leían en voz alta en las iglesias (cp. Col. 4:16).

COMPOSICIÓN DE LA BIBLIA

Confiabilidad del texto veterotestamentario

Aunque no tenemos los manuscritos originales del Antiguo o Nuevo Testamento, sí tenemos un texto bíblico confiable. La historia del desarrollo del Antiguo Testamento así nos lo demostraría. La labor de copiar los manuscritos era un ejercicio tedioso, pero desde muy temprano los judíos desarrollaron reglas estrictas para ello. Las reglas regulaban el tipo de pergamino, el número de líneas a escribir, el color de la tinta y la forma de revisión.[50] Cuando los pergaminos comenzaban a desgastarse, el judío quemaba los manuscritos con reverencia. Por ello, antes del descubrimiento de los rollos del Mar Muerto en Qumrán, los manuscritos existentes más antiguos databan del 900 d.C.

No obstante, la confiabilidad del texto veterotestamentario se ve en la transcripción del texto en días de Esdras y luego bajo los masoretas, quienes desarrollaron una tradición de cuidado y exactitud para copiar los textos. Aseguraban la exactitud al contar el número de letras en un libro, anotar la letra del medio y aplicar procedimientos tediosos similares. Por ejemplo, registraron que la letra hebrea *alef* aparecía 42.377 veces en el Antiguo Testamento. Si la cuenta en el nuevo ejemplar no coincidía con el ejemplar original, el manuscrito se volvía a escribir. Cuando una letra o declaración no parecía correcta, la dejaban en el texto (llamado *kethib*), pero hacían una nota al margen con una sugerencia de corrección (llamada *qere*). Los masoretas fueron además los que le dieron al texto hebreo las vocales; antes de ellos, el texto hebreo solo se escribía con consonantes.

Varias fuentes antiguas indican la confiabilidad del texto del Antiguo Testamento.

Los rollos del Mar Muerto. Antes del descubrimiento de los rollos de Qumrán, los manuscritos más antiguos databan de cerca del 900 d.C. Algunos manuscritos de los rollos del Mar Muerto, incluidos ejemplares de Isaías, Habacuc y otros, eran anteriores al 125 a.C., con lo cual se obtuvieron manuscritos mil años más antiguos que los disponibles previamente. La conclusión principal fue que no había diferencias significativas entre los rollos de Isaías en Qumrán y el texto hebreo masorético de mil años después. Esto confirmó la confiabilidad de nuestro texto hebreo presente.

La Septuaginta. La Septuaginta es una traducción griega del Antiguo Testamento hebreo, destinada a los judíos dispersados que ya no leían hebreo. La tradición dice que alrededor de setenta eruditos hebreos tradujeron el texto al griego (el nombre *Septuaginta* quiere decir "setenta"; por lo tanto, se la designa LXX). Se tradujo por partes en Alejandría, Egipto, entre el 250 y el 150 a.C. La traducción no es uniforme, pero su utilidad radica en que se basó en un texto hebreo mil años más antiguo que los manuscritos hebreos existentes. Más aún, los escritores del Nuevo Testamento a veces citaban la Septuaginta, lo cual nos da mayor idea del texto veterotestamentario.

Pentateuco samaritano. La traducción de los libros de Moisés se hizo para facilitar la adoración de los samaritanos en el Monte Gerizim (en rivalidad con Jerusalén). La traducción es independiente del texto masorético y data del siglo IV a.C.; es un testimonio valioso del texto del Antiguo Testamento. Aunque hay aproximadamente seis mil diferencias con el texto masorético, la mayoría de ellas son menores, relacionadas con asuntos gramaticales y de ortografía.[51]

Los Tárgumes arameos. Tras el retorno de Israel de su cautividad en Babilonia, los judíos en general habían cambiado el hebreo por el arameo. Se hizo necesario proporcionarles las Escrituras en su nuevo lenguaje. Los Tárgumes fueron el resultado. *Tárgumes* quiere decir "traducciones" o "paráfrasis", y son muy libres al narrar los relatos bíblicos; no obstante, "aportan un trasfondo valioso para estudiar el NT, además de servir de testimonio para el texto del AT".[52]

Confiabilidad del texto neotestamentario
Aunque no tenemos los autógrafos (textos originales) del Nuevo Testamento, el testimonio de los libros del Nuevo Testamento es formidable. Por ejemplo, hay unos cinco mil manuscritos existentes que contienen el Nuevo Testamento completo o porciones de ello.

Manuscritos de papiro. Estos manuscritos son viejos y un testimonio importante. Por ejemplo, el Papiro Chester Beatty data del siglo III.

Manuscritos unciales. Aproximadamente doscientos cuarenta manuscritos se llaman unciales y se identifican por las *letras mayúsculas.* El Códice (significa "libro") Sinaítico contiene todo el Nuevo Testamento y data del 331 d.C. El Códice Vaticano contiene casi todo el Nuevo Testamento, data del siglo IV y se considera uno de los manuscritos más importantes. El Alejandrino data del siglo V, contiene todo el Nuevo Testamento excepto una parte de Mateo, y es útil para determinar el texto de Apocalipsis. Otros manuscritos incluyen el Códice Ephraemi (del siglo V), el Códice de Beza (siglo V o VI) y el Códice Washington (siglo IV o V).

Manuscritos minúsculos. Hay unos dos mil ochocientos manuscritos *minúsculos,* llamados así porque fueron escritos en *minúsculas* y por lo general en letra cursiva. Normalmente no son tan antiguos como los manuscritos unciales. Algunos de los minúsculos revelan similitud en los tipos de texto; se dice que tienen una relación "familiar" y así se les categoriza.

Versiones. Hay varias versiones tempranas del Nuevo Testamento que también ayudan a entender el texto correcto. Existen varias versiones *siriacas,* entre ellas el Diatessaron de Taciano (170 d.C.), la Siriaca Antigua (200 d.C.), la Peshitta (siglo V) y la Siriaca Palestina (siglo V). La Vulgata Latina, traducida por Jerónimo (ca. 400 d.C.), influenció a la Iglesia occidental. Las traducciones cópticas (traducidas en el siglo III), la Versión Sahídica y la Bohárica inclusive, influenciaron a Egipto.

Los críticos textuales han podido determinar sustancialmente cuál era el texto original a través del estudio de los manuscritos griegos y las primeras versiones. Es evidente que la mano de Dios ha preservado los textos en estos siglos para permitir que los eruditos los recopilen y reconstruyan el texto original tan exacto como sea posible.

ILUMINACIÓN DE LA BIBLIA

Definición de *iluminación*

Como la Biblia es inspirada por Dios y por lo tanto está en una dimensión completamente diferente al resto de la literatura, es necesario que el hombre reciba ayuda divina para entenderla (1 Co. 2:11). Además, el hombre no regenerado, con su mente entenebrecida por el pecado, no puede captar las verdades espirituales (1 Co. 2:14). Se hace necesaria entonces la obra de iluminación para permitir que el hombre comprenda la Palabra de Dios (cp. Lucas 24:44-45). Por tanto, *iluminación* puede definirse como "el ministerio del Espíritu Santo por medio del cual ilumina a quienes están en relación correcta con Él para entender la Palabra de Dios".

Explicación de la iluminación

Hay una tendencia a confundir la iluminación con la revelación y la inspiración. La distinción es esta: "En referencia a la Biblia, la revelación está relacionada con su contenido o material, la inspiración con el método para registrar ese material y la iluminación con el significado del registro".[53] En el momento de la salvación, el creyente es habitado por el Espíritu Santo, quien luego toma las verdades de Dios y las revela (iluminación) al creyente (1 Co. 2:9-13). Puesto que solo Dios conoce las cosas de Dios, es esencial que su Espíritu instruya al creyente. El ministerio del Espíritu Santo fue anticipado por Jesús en el discurso del aposento alto. Jesús anunció que el Espíritu les enseñaría (Jn. 14:26), los guiaría a la verdad (Jn. 16:13) y les revelaría la verdad de Dios (Jn. 16:14-15). Más aún, este ministerio del Espíritu toca la mente (Ro. 12:2; Ef. 4:23; Col. 1:9-10) y el corazón, o la voluntad (Hch. 16:14; Ef. 1:18).[54]

INTERPRETACIÓN DE LA BIBLIA

Hay varios principios básicos en la interpretación de las Escrituras.

Interpretación literal

La interpretación literal quiere decir que las palabras y frases de las Escrituras han de entenderse en su significado *normal*: la forma en que se entienden las palabras en la comunicación normal. El significado normal o literal de las palabras es la base de la comunicación. Bíblicamente hay un precedente para interpretar el Nuevo Testamento de forma literal. Las profecías del Antiguo Testamento como el Salmo 22, Isaías 7:14; 53:1-12 y Miqueas 5:2 se han cumplido literalmente.

Relaciones gramaticales

Como reconocemos la inspiración verbal (las palabras) y plenaria (completa) de las Escrituras, nos interesa prestar atención a las palabras de las Escrituras. Es importante estudiar las relaciones gramaticales porque las palabras están interrelacionadas; por lo tanto, es necesario estudiar tiempos verbales, pronombres, preposiciones, conjunciones y leyes de sintaxis.

Contexto histórico

El contexto histórico es importante como marco a partir del cual interpretar las Escrituras. Cada libro de las Escrituras fue escrito en un contexto histórico, que debe entenderse para ayudar a interpretar el libro con exactitud.

Contexto literario

La interpretación en contexto reúne tres pasos principales.

Estudio del contexto inmediato. El contexto inmediato debe estudiarse con cuidado; deben estudiarse varios párrafos anteriores y posteriores al pasaje.

Estudio del contexto más remoto. Ha de estudiarse el segmento mayor del libro (por lo general de dos a tres capítulos) en el que aparece el pasaje.

Consideración del contexto de todo el libro. Debe estudiarse el énfasis de todo el libro.

La interpretación es un asunto principal y de vital importancia para entender correctamente las Escrituras. Se anima al lector a estudiar cuidadosamente algunas de las valiosas referencias enunciadas a continuación.

Notas

1. Véase F. F. Bruce, *The Books and the Parchments* (Londres: Pickering & Inglis, 1971) para información útil sobre los lenguajes de la Biblia, los manuscritos antiguos, las traducciones y cómo llegó a nosotros la Biblia. Para una explicación actualizada del canon, historia, y traducciones de la Biblia véase David Ewert, *From Ancient Tablets to Modern Translations* (Grand Rapids: Zondervan, 1983). En *Historia natural,* Plinio, citado en C. K. Barrett, *The New Testament Background: Selected Documents* (Nueva York: Harper, 1961), 23-27, da una explicación detallada y fascinante de la preparación y uso del papiro.

2. Para un tratamiento más completo véase R. Mayer y C. Brown, "Scripture", en C. Brown, ed., *The New International Dictionary of New Testament Theology,* 4 vols., (Grand Rapids: Zondervan, 1978), 3:482-487.

3. Véase la excelente explicación de R. Laird Harris, *Inspiration and Canonicity of the Bible* (Grand Rapids: Zondervan, 1969), 45-71. Harris demuestra que invocar el testimonio de los mencionados no es un razonamiento circular.

4. Henry C. Thiessen, *Lectures in Systematic Theology,* rev. por Vernon D. Doerksen, (Grand Rapids: Eerdmans, 1979), 7.

5. Véase Lewis Sperry Chafer, *Systematic Theology* [*Teología sistemática*] (Dallas: Dallas Seminary, 1947), 1:48. Publicado en español por Clie.

6. C. M. Home, "Revelation", en Merrill C. Tenney, ed., *Zondervan Encyclopedia of the Bible,* 5 vols. (Grand Rapids: Zondervan, 1975), 5:86.

7. Karl Barth, *Church Dogmatics,* traducida y editada al inglés por G. W. Bromiley y T. F. Torrance (Edimburgo: Clark, 1956), 1:124-127, 333ss; y Herbert Hartwell, *The Theology of Karl Barth, An Introduction* (Filadelfia: Westminster, 1964), 67-87. Bloesch parece inclinarse en esta dirección cuando dice: "No se debe cometer el error de igualar [el texto bíblico y la revelación divina]... las Escrituras son más que un testimonio humano de la revelación: es la misma revelación mediada a través de las palabras humanas. No es ni en sí misma ni por sí misma la revelación divina, pero cuando es iluminada por el Espíritu *llega a ser* revelación para el creyente" (cursivas añadidas), Donald G. Bloesch, *Essentials of Evangelical Theology* (San Francisco: Harper, 1982), 1:52. De este modo, aun cuando Bloesch reconoce que las Escrituras son "portadoras auténticas de la revelación", parece que su criterio para definir la revelación es la apropiación del creyente (51-56). Parte del problema es que Barth, Bloesch y otros confunden

la *revelación* con la *iluminación*. La iluminación es la comprensión y apropiación personal de la revelación, pero es distinta a ella.

8. Bruce A. Demarest, *General Revelation: Historical Views and Contemporary Issues* (Grand Rapids: Zondervan, 1982), 231.

9. *Ibíd.*, 232-233. Véase también el útil artículo de A. M. Rehwinkel, "Conscience", en Walter A. Elwell, ed., *Evangelical Dictionary of Theology* [*Diccionario teológico de la Biblia*] (Grand Rapids: Baker, 1984), 267-268. Publicado en español por Caribe. Rehwinkel dice: "La conciencia es la percepción restringida a la esfera moral. Es percepción moral... Conciencia es esa facultad por la cual se distingue entre lo moralmente correcto o incorrecto, lo cual insta a hacer aquello considerado correcto, juzgando los actos y llevando a cabo dicha sentencia en el alma... La conciencia es innata y universal. No es producto del ambiente, el entrenamiento, el hábito o la educación, aunque se ve influenciada por todos estos factores" (p. 267).

10. Leon Morris, *The Gospel According to John* [*Evangelio según Juan*] (Grand Rapids: Eerdmans, 1971), 114. Publicado en español por Clie.

11. B. B. Warfield, *The Inspiration and Authority of the Bible* (Filadelfia: Presbyterian and Reformed, 1948), 131.

12. Edward J. Young, *Thy Word Is Truth* (Grand Rapids: Eerdmans, 1957), 27.

13. Charles C. Ryrie, *A Survey of Bible Doctrine* [*Síntesis de la doctrina bíblica*] (Chicago: Moody, 1972), 38. Publicado en español por Portavoz.

14. Alan Richardson, *Christian Apologetics* (Nueva York: Harper, 1948), 207. Richardson sugiere que se han escrito libros cristianos inspirados en el mismo sentido de la Biblia desde el siglo II hasta el XX.

15. Para una explicación extendida véase A. H. Strong, *Systematic Theology* (Valley Forge: Judson, 1907), 204-208.

16. *Ibíd.*, 211-222.

17. Rene Pache, *The Inspiration & Authority of Scripture* (Chicago: Moody, 1980), p. 58. Pache continúa diciendo que la perspectiva conceptual subyacente es la negativa a "dar mérito a la autoridad del texto sagrado" (p. 59).

18. Véase la perspectiva de Jesús sobre la Biblia en la excelente obra de Robert Lightner, *The Saviour and the Scriptures* (Filadelfia: Presbyterian & Reformed, 1966), 60-73.

19. Harris, *Inspiration and Canonicity of the Bible*, 45ss.

20. Morris, *The Gospel According to John* [*Evangelio según Juan*], 527.

21. Véase la excelente explicación de Juan 10:35 en Warfield, *The Inspiration and Authority of the Bible*, 138ss.

22. Para consideraciones adicionales véanse Lightner, *The Saviour and the Scriptures*, 60-73 y Charles C. Ryrie, *What You Should Know About Inerrancy* (Chicago: Moody, 1981), 57-58.

23. Warfield, *The Inspiration and Authority of the Bible*, 296.

24. Véase Young, *Thy Word Is Truth*, 20-21, así como Warfield, *The Inspiration and Authority of the Bible*, 272.

25. *Ibíd.*, 19.

26. H. Wayne House, "Biblical Inspiration in 2 Timothy 3:16", *Bibliotheca Sacra*, tomo 137 (enero a marzo de 1980), 56-57.

27. William F. Arndt y F. Wilbur Gingrich, *A Greek-English Lexicon of the New Testament and Other Early Christian Literature*, 2ª ed., F. Wilbur Gingrich y Frederick W. Danker, eds. (Chicago: Univ. of Chicago, 1979), 138.

28. E. J. Young declara en *Thy Word Is Truth*, 25: "Se dice que quienes hablaron por Dios lo hicieron llevados por el Espíritu Santo. Esto es, en realidad el Espíritu los levanta, los carga y así ellos hablan. El poder del Espíritu los cargó, los llevó, no su propio poder. Si una persona levanta algo y lo carga, lo hace con su propio poder. No obstante, la carga es absolutamente pasiva. Fue el Espíritu de Dios quien los cargó. Él era el activo y ellos los pasivos. De modo que Él los llevó al objetivo que deseaba".

29. Ryrie, *What You Should Know About Inerrancy*, 16.

30. Young, *Thy Word Is Truth*, 113.

31. Charles C. Ryrie, "Some Important Aspects of Biblical Inerrancy", *Bibliotheca Sacra*, tomo 136 (enero a marzo de 1979), 17.

32. Ryrie, *What You Should Know About Inerrancy*, 30. Nótense también las útiles ilustraciones que emplea Ryrie, 31-32.

33. James Montgomery Boice, *Does Inerrancy Matter?* (Oakland: International Council on Biblical Inerrancy, 1979), 13.

34. *Ibíd.*

35. Young, *Thy Word Is Truth*, 165.

36. *Ibíd.*, 119.

37. William R. Eichhorst, *The Issue of Biblical Inerrancy: In Definition and Defense* (Winnipeg: Winnipeg Bible College), 9.

38. Gleason L. Archer & G. C. Chirichigno, *Old Testament Quotations in the New Testament* (Chicago: Moody, 1983).

39. Greg L. Bahnsen, "The Inerrancy of the Autographa", en Norman Geisler, ed., *Inerrancy* (Grand Rapids: Zondervan, 1980), 163.

40. *Ibíd.*, 169.

41. Véase la útil literatura de Ryrie, "Some Important Aspects of Biblical Inerrancy", 16-24 y *What You Should Know About Inerrancy*, 103-109.

42. David Hubbard, "The Current Tensions: Is There a Way Out?", en Jack Rogers, ed., *Biblical Authority* (Waco, Tex.: Word, 1977), 168.

43. Ryrie, "Some Important Aspects of Biblical Inerrancy", 19.

44. Gleason L. Archer Jr., *A Survey of Old Testament Introduction* [*Reseña crítica de una introducción al Antiguo Testamento*] (Chicago: Moody, 1964), 62-65. Publicado en español por Portavoz.

45. Harris, *Inspiration and Canonicity of the Bible*, 156ss.

46. *Ibíd.*, 167.

47. "[Josefo] menciona que el límite de los libros aceptados está marcado hacia la época de Artajerjes (465-425 a.C.) después de lo cual no se publicaban libros sin autorización". D. Guthrie, "Bible", en Merrill C. Tenney, ed., *The Zondervan Encyclopedia of the Bible,* 5 vols. (Grand Rapids: Zondervan, 1975), 1:560.

48. Véase Harris, *Inspiration and Canonicity of the Bible*, 199-218, y Ewert, *From Ancient Tablets to Modern Translations*, 125-134.

49. Everett F. Harrison, *Introduction to the New Testament* [*Introducción al Nuevo Testamento*] (Grand Rapids: Eerdmans, 1964), 103-106, publicado en español por Libros Desafío; Henry C. Thiessen, *Introduction to the New Testament* (Grand Rapids: Eerdmans, 1943), 10; y Ewert, *From Ancient Tablets to Modern Translations*, 130-132.

50. F. G. Kenyon, *Our Bible and the Ancient Manuscripts*, rev. por A. W. Adams (Nueva York: Harper, 1958), 79ss.

51. Ewert, *From Ancient Tablets to Modern Translations*, 100.

52. *Ibíd.*, 104.

53. Ryrie, *A Survey of Bible Doctrine* [*Síntesis de la doctrina bíblica*], 47-48.

54. Pache, *The Inspiration and Authority of Scripture*, 208-209.

PARA ESTUDIO ADICIONAL SOBRE BIBLIOLOGÍA

General

** Norman Geisler, *Systematic Theology*, 4 vols. (Minneapolis: Bethany, 2002-2005) 1:229-281, 438-563.

** Norman L. Geisler y William E. Nix, *A General Introduction to the Bible*, rev. y exp. (Chicago: Moody, 1986). Un estudio global que aporta información exhaustiva sobre todo aspecto de la bibliología.

* Erwin Lutzer, *Siete razones para confiar en la Biblia* (Grand Rapids: Portavoz, 2010).

* Robert L. Saucy, "Scripture", en *Understanding Christian Theology*, Charles R. Swindoll y Roy B. Zuck, eds. (Nashville: Nelson, 2003), 1-134.

Origen divino

** David Baron, *Rays of Messiah's Glory: Christ in the Old Testament* (Winona Lake: Alpha, s.f.).

** Lewis Sperry Chafer, *Systematic Theology* [*Teología sistemática*], 8 vols. (Dallas: Dallas Seminary, 1947), 1:30-31. Publicado en español por Clie.

* Norman Geisler, *To Understand the Bible Look for Jesus* (Grand Rapids: Baker, 1979), 32-36, 63-68, 98-101.

** E. W. Hengstenberg, *Christology of the Old Testament*, reimpresión (Grand Rapids: Kregel, 1970).

* Josh McDowell, *Evidence That Demands a Verdict* [*Evidencia que exige un veredicto*], ed. rev. (San Bernardino, Calif.: Here's Life, 1979), 15-24, 14-76. Publicado en español por Vida.

* Ceil y Moishe Rosen, *Cristo en la pascua* (Grand Rapids: Portavoz, 2009).

* W. Graham Scroggie, *A Guide to the Gospels* (Londres: Pickering & Inglis, 1948), 479-486.

* Henry C. Thiessen, *Lectures in Systematic Theology*, rev. por Vernon D. Doerksen (Grand Rapids: Eerdmans, 1977), 47-48.

* John F. Walvoord, *Jesus Christ Our Lord* [*Jesucristo nuestro Señor*] (Chicago: Moody, 1969), 79-95. Publicado en español por Ediciones las Américas.

Revelación divina

** Louis Berkhof, *Systematic Theology* [*Teología sistemática*] (Grand Rapids: Eerdmans, 1941), 36-40. Publicado en español por T.E.L.L.

** Lewis Sperry Chafer, *Systematic Theology,* [*Teología sistemática*] 8 vols. (Dallas: Dallas Seminary, 1947), 1:48-60. Publicado en español por Clie.

** Bruce A. Demarest, *General Revelation: Historical Views and Contemporary Issues* (Grand Rapids: Zondervan, 1982).

* Carl F. H. Henry, "Revelation, Special" en *Evangelical Dictionary of Theology* [*Diccionario teológico de la Biblia*], Walter A. Elwell, ed. (Grand Rapids: Baker, 1984), 945-948. Publicado en español por Caribe.

* C. M. Home, "Revelation", en *Zondervan Encyclopedia of the Bible,* 5 vols., Merrill C. Tenney, ed. (Grand Rapids: Zondervan, 1975), 5:86-89.

* Robert Lightner, *The God of the Bible* (Grand Rapids: Zondervan, 1978), 50-63.

** Clark H. Pinnock, *Revelación bíblica* (Terrassa: Clie, 2004).

* Henry C. Thiessen, *Lectures in Systematic Theology*, rev. por Vernon D. Doerksen, (Grand Rapids: Eerdmans, 1979), 7-17.

* B. B. Warfield, *The Inspiration and Authority of the Bible* (Filadelfia: Presbyterian and Reformed, 1948), 7-102. El mismo material aparece en James Orr, ed., *The International Standard Bible Encyclopedia* (Grand Rapids: Eerdmans, 1939), 4:2573-2582.

Inspiración divina

** J. Oliver Buswell Jr., *A Systematic Theology of the Christian Religion* [*Teología sistemática*] (Grand Rapids: Zondervan, 1962), 1:183-205. Publicado en español por Logoi.

** R. Laird Harris, *Inspiration and Canonicity of the Bible* (Grand Rapids: Zondervan, 1969), 17-128.

* Carl F. H. Henry, "Bible, Inspiration of", en Walter A. Elwell, ed., *Evangelical Dictionary of Theology* [*Diccionario teológico de la Biblia*] (Grand Rapids: Baker, 1984), 145-149. Publicado en español por Caribe.

** H. Wayne House, "Biblical Inspiration in 2 Timothy 3:16", *Bibliotheca Sacra*, tomo 137 (enero a marzo de 1980), 54-63.

* Robert Lightner, *The Saviour and the Scriptures* (Filadelfia: Presbyterian & Reformed, 1966), 11-103.

* Rene Pache, *The Inspiration & Authority of Scripture* (Chicago: Moody, 1980).

* Robert L. Saucy, *The Bible: Breathed from God* (Wheaton: Victor, 1978).

* B. B. Warfield, *The Inspiration and Authority of the Bible* (Filadelfia: Presbyterian and Reformed, 1948).

** John W. Wenham, *Christ and the Bible* (Downers Grove, InterVarsity, 1972).

* Edward J. Young, *Thy Word Is Truth* (Grand Rapids: Eerdmans, 1957), 13-109.

Inerrancia bíblica

* James M. Boice, *Does Inerrancy Matter?* (Oakland: International Council on Biblical Inerrancy, 1979), 13.

*   Paul D. Feinberg, "Bible, Inerrancy and Infallibility of", en Walter A. Elwell, ed., *Evangelical Dictionary of Theology* [*Diccionario teológico de la Biblia*] (Grand Rapids: Baker, 1984), 141-145. Publicado en español por Caribe.

**   Norman Geisler, ed., *Inerrancy* (Grand Rapids: Zondervan, 1980). Esta es una de las mejores obras sobre el tema y trata de todos los asuntos importantes.

**   Norman Geisler, *Biblical Errancy: An analysis of Its Philosophical Roots* (Grand Rapids: Zondervan, 1981).

**   John Warwick Montgomery, ed., *God's Inerrant Word: An International Symposium on Trustworthiness of Scripture* (Minneapolis: Bethany, 1974).

*   Charles C. Ryrie, *What You Should Know About Inerrancy* (Chicago: Moody, 1981).

**   John D. Woodbridge, *Biblical Authority* (Grand Rapids: Zondervan, 1982).

*   Edward J. Young, *Thy Word Is Truth* (Grand Rapids: Eerdmans, 1957), 113-185. Estos capítulos están entre el material más útil sobre el tema. Ayudan a explicar muchos de los problemas postulados por quienes hablan de errores.

Canonicidad bíblica

**   David Ewert, *From Ancient Tablets to Modern Translations* (Grand Rapids: Zondervan, 1983), 125-134.

*   Donald Guthrie, "Bible", en Merrill C. Tenney, ed., *Zondervan Encyclopedia of the Bible*, 5 vols. (Grand Rapids: Zondervan, 1975), 1:561-562.

**   R. Laird Harris, *Inspiration and Canonicity of the Bible* (Grand Rapids: Zondervan, 1969), 199-245.

**   Everett F. Harrison, *Introduction to the New Testament* [*Introducción al Nuevo Testamento*] (Grand Rapids: Eerdmans, 1964), 91-128. Publicado en español por Libros Desafío.

*   Rene Pache, *The Inspiration & Authority of Scripture* (Chicago: Moody, 1969), 173-185.

*   Henry C. Thiessen, *Introduction to the New Testament* (Grand Rapids: Eerdmans, 1943), 3-30.

Composición humana

**   Gleason L. Archer Jr., *A Survey of Old Testament Introduction* [*Reseña crítica de una introducción al Antiguo Testamento*] (Chicago: Moody, 1964), 31-58. Publicado en español por Portavoz.

**   F. F. Bruce, *¿Son fidedignos los documentos del Nuevo Testamento?* (San José, Costa Rica: Editorial Caribe, 1957).

*   David Ewert, *From Ancient Tablets to Modern Translations* (Grand Rapids: Zondervan, 1983), 85-111, 135-182.

*   Everett F. Harrison, *Introduction to the New Testament* [*Introducción al Nuevo Testamento*] (Grand Rapids: Eerdmans, 1964), 59-88. Publicado en español por Libros Desafío

*   Josh McDowell, *Evidence That Demands a Verdict* [*Evidencia que exige un veredicto*], ed. rev. (San Bernardino, Calif.: Campus Crusade, 1972), 43-79. Publicado en español por Vida.

**   Bruce M. Metzger, *The Text of the New Testament*, 2ª ed., (Nueva York: Oxford, 1968). Esta es una de las obras más importantes para entender la transmisión del texto neotestamentario.

* Rene Pache, *The Inspiration & Authority of Scripture* (Chicago: Moody, 1969), 186-198.

* Merrill F. Unger, *Introductory Guide to the Old Testament* (Grand Rapids: Zondervan, 1951), 115-179.

Iluminación divina

** Lewis Sperry Chafer, *Systematic Theology* [*Teología sistemática*], 8 vols. (Dallas: Dallas Seminary, 1947), 1:105-113. Publicado en español por Clie.

* Rene Pache, *The Inspiration & Authority of Scripture* (Chicago: Moody, 1969), 199-212.

* Charles C. Ryrie, *A Survey of Bible Doctrine* [*Síntesis de la doctrina bíblica*] (Chicago: Moody, 1972), 47-48. Publicado en español por Portavoz.

* Robert L. Saucy, *The Bible: Breathed from God* (Wheaton: Victor, 1978), 103-112.

Interpretación humana

* Irving L. Jensen, *Independent Bible Study* (Chicago: Moody, 1963). Jensen tiene varios libros de estudio útiles sobre los diversos libros de la Biblia. Éstos son especialmente útiles para hacer seguimientos que permitan tener una visión general del libro de la Biblia.

** Walter C. Kaiser Jr., *Toward an Exegetical Theology* (Grand Rapids: Baker, 1981). Aunque este libro está hecho para desarrollar sermones, hay material considerable para ayudar al análisis e interpretación de la Escrituras.

* J. Robertson McQuilkin, *Understanding and Applying the Bible* (Chicago: Moody, 1983).

** A. Berkeley Mickelsen, *Interpreting the Bible* (Grand Rapids: Eerdmans, 1963).

** Bernard Ramm, *Protestant Biblical Interpretation*, 3ª ed. (Grand Rapids: Baker, 1970).

* R. C. Sproul, *Cómo estudiar e interpretar la Biblia* (Miami: Unilit, 1996).

* T. Norton Sterrett, *How to Understand Your Bible* (Downers Grove: InterVarsity, 1974). Este es un volumen particularmente útil; si el estudiante no tiene trasfondo para la interpretación, esta ha de ser la primera adquisición.

* Robert A. Traina, *Methodical Bible Study* (Wilmore: Asbury Seminary, 1952).

* Henry A. Virkler, *Hermenéutica* (Miami: Vida, 1995).

* Oletta Wald, *The Joy of Discovery in Bible Study*, ed. rev. (Minneapolis: Augsburg, 1975). Este pequeño volumen (96 pp.) es particularmente útil para el laico.

19

TEOLOGÍA PROPIA: DOCTRINA DE DIOS

DEFINICIÓN DE TEOLOGÍA PROPIA

LA PALABRA *TEOLOGÍA* proviene de la palabra griega *theos*, que quiere decir Dios, y la palabra *logos*, que quiere decir palabra o discurso; por lo tanto, la teología es un discurso sobre Dios. En general, teología es un término amplio que abarca todo el campo de la fe cristiana (el estudio de Cristo, el Espíritu Santo, los ángeles, etc). Por lo tanto el nombre dado al estudio de Dios Padre es *teología propia*.

EXISTENCIA DE DIOS

Argumento cosmológico

En sentido lógico, el argumento cosmológico a favor de la existencia de Dios es inductivo y a posteriori: la evidencia se examina y basándose en ella se concluye que Dios existe. El término *cosmológico* proviene de la palabra griega *cosmos*, que quiere decir "mundo". Este argumento se basa en el hecho de que el cosmos, el mundo, existe. Como lo que hay no puede provenir de la nada, debe haber una causa original, la razón para la existencia del mundo. Una persona usa un reloj Bulova. Aunque nunca ha visto al relojero, el hecho de que exista el reloj sugiere la existencia del relojero. El argumento cosmológico dice que todo efecto debe tener una causa.[1]

Argumento teológico

Como en el caso previo, el argumento teleológico es inductivo y a posteriori. *Teleológico* viene de la palabra griega *telos*, que significa "fin". El argumento teleológico podría definirse así: "El orden y arreglo útil de un sistema implican que hay inteligencia y propósito en la causa de la organización.

El universo se caracteriza por el orden y el arreglo útil; por lo tanto, el universo tiene una causa inteligente y libre".[2] El mundo evidencia por todas partes inteligencia, propósito y armonía; debe haber un arquitecto maestro detrás de toda esta evidencia. El salmista ve la magnificencia de la creación de Dios en el universo y reconoce que ella da testimonio de su existencia (Sal. 8:3-4; 19:1-4). La armonía de Dios se observa a través de todo el universo y el mundo: el sol, a una distancia de casi 150 millones de km, está en el lugar preciso para proporcionar el clima adecuado a la tierra; la luna, a una distancia de 384.000 km, les da a las mareas su nivel apropiado; la inclinación de la tierra produce las estaciones. Se puede concluir con claridad que Dios, el Diseñador Maestro, ha creado este universo magnífico. La alternativa, que el mundo ocurrió "por azar", es menos plausible que la probabilidad de que un mico, que digita al azar en un teclado, redacte una obra de Shakespeare.

Argumento antropológico

El argumento antropológico también es inductivo y a posteriori; se basa en la palabra griega *anthropos* ("hombre"). A diferencia del humanista secular que ve al hombre solo en términos biológicos, el bíblico ve al hombre creado a imagen de Dios (Gn. 1:26-28). La imagen de Dios en el hombre es espiritual, no física (cp. Ef. 4:24; Col. 3:10). El hombre no es tan solo un ser físico, también es moral y tiene conciencia, intelecto, emociones y voluntad. Chafer declara: "Hay características filosóficas y morales en la constitución del hombre que se pueden rastrear hasta encontrar su origen en Dios... Una fuerza ciega... no podría producir nunca un hombre con intelecto, sensibilidad, voluntad, conciencia y creencia inherente en el Creador".[3]

Argumento moral

El argumento moral está relacionado con el antropológico (algunos los combinan) y se puede entender como una consideración más amplia del segundo. Reconoce que el hombre tiene conciencia de lo bueno y lo malo, sentido de moralidad. ¿De dónde vino el sentido de la justicia moral? Si el hombre no es sino una criatura biológica, ¿por qué tiene sentido de obligación moral? El reconocimiento de las normas y los conceptos morales no puede atribuirse a proceso evolutivo alguno. El argumento bíblico reconoce que, a diferencia del resto de la creación, Dios ha puesto el sentido de la justicia moral en la raza humana. Según Romanos 2:14-15, a los gentiles que no han tenido la revelación de la ley, Dios les dio un testimonio moral interno.

Argumento ontológico

El argumento ontológico, a diferencia de los argumentos anteriores, es deductivo y a priori; comienza con una suposición y luego intenta probarla. Es menos importante que los argumentos precedentes.

El término *ontológico* proviene del participio presente griego *ontos* (del verbo *eimi*), y quiere decir "ser" o "existencia". El argumento es más filosófico que inductivo y razona como sigue: si el hombre pudiera concebir un Dios perfecto que no existe, podría concebir a alguien más grande que Dios, lo cual es imposible. Por lo tanto, Dios existe. Se apoya en el hecho de que todos los hombres tienen conciencia de Dios. Como el concepto de Dios es universal, Dios debe haber puesto la idea en el hombre. Anselmo (¿1033?-1109) fue el primer proponente de esta perspectiva. Según algunos creen, el argumento tiene un valor limitado y pocos afirmarían su utilidad.

Teorías antiteístas

Perspectiva atea

El término *ateo* proviene de la palabra griega *theos*, que quiere decir Dios, y el prefijo *a* (gr., *alfa*), que en el griego niega la declaración anterior. Por lo tanto, quiere decir "alguien que no cree en Dios". Efesios 2:12 usa el término (traducido "sin Dios") para explicar el estado de los gentiles no salvos en su relación con Dios. Los ateos se pueden clasificar en tres categorías:[4] (1) El ateo *práctico* que vive como si no hubiera Dios, (2) el ateo *dogmático* que repudia abiertamente a Dios y (3) el ateo *virtual* que rechaza a Dios por su terminología (p. ej., Paul Tillich: Dios es el "sustento de toda la existencia"). Esta clasificación incluiría a quienes niegan a un Dios personal.

Perspectiva agnóstica

El término *agnóstico* proviene de la palabra griega *gnosis*, que quiere decir "conocimiento", acompañada del prefijo *a*. Por consiguiente, *agnostico* significa uno que no tiene conocimiento de Dios. Por lo tanto, un agnóstico es "aquel que no puede saber siquiera si Dios existe". El término, acuñado por Thomas Huxley, cubre varios grados de escepticismo. Los agnósticos son seguidores del pragmatismo; su creencia en algo ha de ser científicamente verificable y, como Dios no lo es, lo excluyen de toda consideración.

Evolución[5]

La evolución es un enfoque antisobrenatural sobre la vida y su origen. Comienza con la premisa de que no hay Dios y luego busca explicar la vida sin ninguna injerencia divina. Las implicaciones son serias: si Dios creó al hombre, entonces este es un ser moralmente responsable; si el hombre es producto de la evolución, tan solo es un ser biológico y no moralmente responsable ante dios alguno.

Politeísmo

El término politeísmo proviene de la palabra griega *poly*, que quiere decir "muchos", y *theos*, que quiere decir "Dios"; por lo tanto, es la creencia en muchos dioses o en una pluralidad de ellos. La historia ha dado cuenta de muchas naciones y sociedades politeístas: los primeros romanos eran animistas; el pueblo indio era panteísta y politeísta y los egipcios adoraban a múltiples dioses entre los que incluían al sol, el Nilo, las ranas e incluso los mosquitos.

Panteísmo

Panteísmo quiere decir que todas las cosas son Dios y Dios es todas las cosas. "Dios es todo y todo es Dios". Séneca dijo: "¿Qué es Dios?... Él es todo lo que ves y lo que no ves".[6] Hay varias formas diferentes de panteísmo:[7] *panteísmo materialista*, la postura de David Strauss, el cual cree en la eternidad de la materia y que la materia es la causa de toda la vida; el *hilozoísmo*, la forma moderna sostenida por Leibniz, que decía que toda la materia tiene un principio de vida o propiedades psíquicas; el *neutralismo*, según el cual la vida es neutra, ni mente ni materia; el *idealismo*, el cual sugiere que la realidad última es la mente, ya sea mente individual o infinita; y el *misticismo filosófico*, que es un monismo absoluto, la enseñanza de que la realidad es una unidad.

Deísmo

Los deístas creen que no hay un Dios personal con quien el hombre se pueda relacionar. Un Dios impersonal creó el mundo, después se divorció de la raza humana y dejó al hombre solo en el mundo que creó. Los deístas solo reconocen la trascendencia de Dios, pero niegan su inmanencia (véase el glosario).

REVELACIÓN DE DIOS

Revelación general

La revelación de Dios, por medio de la cual hace comprensible su verdad a la humanidad, es necesaria para posibilitar la teología. *Revelación* (gr., *apokalupsis*) quiere decir "manifestación" o "descubrimiento". Así, la revelación es la forma en que Dios se descubre ante el hombre para manifestar la verdad sobre Él que, de otra manera, el hombre no sabría.

La revelación general, preliminar a la salvación, revela a toda la humanidad diversos aspectos sobre Dios y su naturaleza, de modo que todos los hombres tienen conciencia de la existencia de Dios. El Salmo 19:1-6 es un pasaje principal que enfatiza la revelación general de Dios en el universo y la naturaleza. Los cielos hablan de la gloria de Dios, pues nadie distinto al Dios majestuoso podría hacer que existiera el ancho cielo. La tierra, con toda su belleza, armonía y complejidad, revela la obra de las manos de Dios. Romanos 1:18-21 enfatiza aún más la revelación general de Dios y la responsabilidad del hombre ante Él. Dios ha revelado "las cosas invisibles de él, su eterno poder y deidad", de modo que la humanidad no tiene excusa (1:20).

Dios también se ha revelado a toda la humanidad a través de su provisión y control providencial (Mt. 5:45; Hch. 14:15-17) de modo que la humanidad debe responderle al Dios de gracia. Más aún, Dios se ha revelado a toda la humanidad a través de la conciencia, toda la humanidad tiene conocimiento innato de Él (Ro. 2:14-15; para mayor explicación de la revelación general véase capítulo 18: "Bibliología: Doctrina de la Biblia").

Revelación especial

La revelación especial es más estrecha que la general. Aunque toda la humanidad recibe la revelación general, no toda recibe la especial.

Hay muchos ejemplos de revelación especial. Dios se reveló a través de sueños y visiones a ciertas personas. Les habló a otras en voz audible y por medio de teofanías. Una *teofanía* es una manifestación visible o audible de Dios, por lo general considerada un asunto del Antiguo Testamento. No obstante, el mayor énfasis de la revelación especial es doble: la revelación de Dios por medio de las Escrituras y por medio de Jesucristo. Los escritores bíblicos fueron llevados por el Espíritu Santo cuando escribían las Escrituras, y con ello se aseguró la exactitud de lo que allí está escrito. Para que el hombre tenga una verdadera comprensión de la Persona de Dios y sus obras, es necesario que el registro de lo que Dios descubrió sobre Él sea inerrante.

Este registro infalible también revela a Jesucristo, otro aspecto de la revelación especial. Y Cristo, a su vez, ha revelado al Padre a la humanidad. La palabra *exégesis* ("extraer, explicar") se deriva de la palabra griega traducida como "dado a conocer" (*exegesato*) en Juan 1:18. En este texto, la expresión enfatiza que Cristo, por medio de sus palabras (enseñanzas) y obras (milagros), ha dado a conocer el Padre a la humanidad. El Evangelio de Juan enfatiza fuertemente que Jesús vino a revelar al Padre (para mayor explicación sobre la revelación especial véase capítulo 18: "Bibliología: Doctrina de la Biblia").

ATRIBUTOS DE DIOS

Definición

Como puede verse en la variedad del siguiente diagrama, la categorización e identificación de los atributos de Dios es algo arbitrario. Algunos adicionan una categoría separada (aparte de los atributos) para identificar a la Persona de Dios, y listan ahí características tales como espiritualidad, personalidad, inmensidad y eternidad. Varios teólogos, como Louis Berkhof, Charles Hodge, William Shedd y Herman Bavinck siguen las categorías determinadas en la Confesión de Westminster con algunas variaciones. Otros, como Oliver Buswell Jr. y Charles Ryrie, rehúsan categorizar los atributos. Parece útil recopilar sistemáticamente las características de Dios.

Los atributos de Dios pueden definirse como "aquellas características distintivas de la naturaleza divina que son inseparables de la idea de Dios y que constituyen la base y motivo para sus varias manifestaciones a sus criaturas".[8] Los atributos de Dios deben distinguirse de sus obras. Los atributos no le "añaden" nada a Dios; revelan su naturaleza. Gordon Lewis proporciona una definición global:

Dios es Espíritu invisible, personal y viviente; se distingue de todos los otros espíritus por varias clases de atributos: metafísicamente, Dios existe por sí mismo, es eterno e inmutable; intelectualmente es omnisciente, fiel y sabio; éticamente es justo, misericordioso y amante; emocionalmente detesta el mal, es paciente y compasivo; existencialmente es libre, auténtico y omnipotente; en cuanto a las relaciones, es trascendente en esencia, universalmente inmanente en la actividad providencial e inmanente con su pueblo en la actividad redentora.[9]

Los atributos de Dios por lo general se clasifican en dos categorías. Las parejas de títulos usadas dependen de cuáles contrastes, entre muchos, desee enfatizar el teólogo. Las clasificaciones más frecuentes incluyen lo *absoluto* y lo *relativo*, lo *comunicable* y lo *incomunicable* (*transitivo* e *intransitivo*), lo *moral* y lo *no moral*. En el estudio de los atributos de Dios es importante no exaltar un atributo sobre otro; cuando se hace eso, se presenta una caricatura de Dios. Son todos los atributos de Dios, tomados en su conjunto, los que proporcionan una clara comprensión de su naturaleza y persona. Como ya se dijo, la siguiente categorización, que sigue las divisiones de A. H. Strong, es algo arbitraria, como todas las demás.

Atributos absolutos

Espiritualidad. Dios es espíritu (no un espíritu) que no tiene forma física o corporal (Jn. 4:24) Un cuerpo se ubica, pero Dios como espíritu está en todas partes, no puede estar limitado. Sin embargo, aunque Dios no tenga cuerpo, es una sustancia, pero no material. La espiritualidad va más allá de tan solo identificar la ausencia de cuerpo en Dios; también significa que Él es la fuente de toda la vida. La prohibición de Éxodo 20:4 se dio porque Dios no tiene forma física; por lo tanto, es equivocado hacerse a alguna semejanza de Él. Las múltiples referencias a características físicas de Dios (cp. Gn. 3:8; 1 R. 8:29; Sal. 34:15; Is. 65:2) son antropomorfismos (lenguaje figurado para darle a Dios características humanas, utilizado para intentar hacerlo comprensible).

Existencia propia. La existencia propia de Dios quiere decir que "Él tiene el sustento de su existencia en sí mismo… Dios es independiente en su existencia, pero también… es independiente en todo lo demás, en sus virtudes, decretos, obras… y hace a todo lo demás dependiente de Él".[10] Éxodo 3:14 enfatiza su existencia propia cuando Él se identifica: "YO SOY EL QUE SOY". El verbo *ser* enfatiza su continua existencia en sí mismo. Juan 5:26 acentúa aún más que "el Padre tiene vida en sí mismo". Un hijo aún no nacido depende de su madre para vivir, los animales dependen de su hábitat, los árboles y las plantas dependen del sol y la lluvia; toda cosa viviente depende de alguien o algo más, pero Dios es independiente y existe por sí mismo (Dn. 5:23; Hch. 17:28).

Inmanencia. La inmanencia de Dios significa que Dios está involucrado en su creación. "El Dios de la Biblia no es una deidad abstracta, apartada y desinteresada en su creación. La Biblia es la historia de la participación de Dios en su creación y, en particular, con las personas que ha creado".[11] Aunque Dios es completamente distinto de su creación, esto no significa que sea inaccesible o que no esté involucrado en su creación. Al hablar de los paganos en Atenas, Pablo les recordó: "no está lejos de cada uno de nosotros. Porque en él vivimos, y nos movemos, y somos" (Hch. 17:27b-28a). Esa verdad queda reflejada en toda la Biblia. El llamado de Dios a Moisés y al pueblo hebreo es una imagen de la inmanencia de Dios (Éx. 3). A lo largo de las Escrituras, se ve a Dios en su inmanencia ministrando a su pueblo y tratando con los incrédulos.

Inmutabilidad. La inmutabilidad "es esa perfección de Dios por medio de la cual está desprovisto de todo cambio; no solo en su Ser, sino en sus perfecciones, propósitos y promesas... libre de toda adición o disminución y de todo crecimiento o decaimiento en su Ser o perfecciones".[12] El cambio siempre es para mejorar o empeorar, pero como Dios es la perfección absoluta, mejorar o empeorar es imposible para él. Malaquías 3:6 enseña la doctrina de la inmutabilidad: "Yo, el SEÑOR, no cambio" (NVI). Santiago 1:7 indica que no hay variación o sombra de mudanza con Dios. En todo el mundo se producen cambios de un año a otro, pero la persona de Dios no cambia y tampoco su respuesta a sus criaturas. El valor de esta doctrina es enorme: como Dios no cambia, su amor y promesas son ciertos para siempre. Por ejemplo, nunca cambiará en su promesa de Juan 3:16.

LOS ATRIBUTOS DE DIOS: FORMAS DE CATEGORIZACIÓN		
Teólogos	**Categorías**	**Atributos**
Henry C. Thiessen Vernon D. Doerksen	No moral	Omnipresencia Omnisciencia Omnipotencia Inmutabilidad
	Moral	Santidad Justicia y rectitud Bondad y misericordia Verdad
Augustus Hopkins Strong	Absoluto/ Inmanente	Espiritualidad: vida, personalidad Infinitud: Existencia propia, inmutabilidad, unidad Perfección: Verdad, amor, santidad
	Relativo/ Transitivo	Relacionado con tiempo y espacio: eternidad, inmensidad Relacionado con la Creación: omnipresencia, omnisciencia, omnipotencia Relacionado con los seres morales: verdad y fidelidad, misericordia y bondad (amor transitivo), justicia y rectitud (santidad transitiva)

continúa en la página siguiente

LOS ATRIBUTOS DE DIOS: FORMAS DE CATEGORIZACIÓN		
William G. T. Shedd Charles Hodge Louis Berkhof Herman Bavinck	Incomunicable	Shedd/Hodge: existencia propia, simplicidad, infinitud, eternidad, inmutabilidad Berkhof: existencia propia, inmutabilidad, unidad, infinitud (perfección, eternidad, inmensidad) Bavinck: independencia, autosuficiencia, inmutabilidad; infinitud: eternidad, inmensidad (omnipresencia); unicidad (numérica y cualitativa)
	Comunicable	Shedd/Hodge: sabiduría, benevolencia, santidad, justicia, compasión, verdad Berkhof: espiritualidad intelectual 　conocimiento 　sabiduría 　veracidad moral 　bondad (amor, gracia, misericordia, paciencia) 　santidad justicia 　remunerativa 　retributiva soberanía 　voluntad soberana 　poder soberano Bavinck: Vida y Espíritu 　espiritualidad 　invisibilidad Perfecto en la consciencia propia 　conocimiento, omnisciencia 　sabiduría 　veracidad Naturaleza ética 　bondad 　justicia 　santidad Señor, Rey, Soberano 　voluntad 　libertad 　omnipotencia Bendición absoluta 　perfección 　bendición 　gloria

LOS ATRIBUTOS DE DIOS: FORMAS DE CATEGORIZACIÓN		
Millard J. Erickson	Grandeza	Espiritualidad
		Personalidad
		Vida
		Infinitud
		Constancia
	Bondad	Pureza moral
		santidad
		justicia
		rectitud
		Integridad
		carácter genuino
		veracidad
		fidelidad
		Amor
		benevolencia
		gracia
		misericordia
		persistencia
Gordon R. Lewis	Metafísicamente	Tiene existencia propia
		Eterno
		Inmutable
	Intelectualmente	Omnisciente
		Fiel
		Sabio
	Éticamente	Santo
		Justo
		Amoroso
	Emocionalmente	Detesta el mal
		Paciente
		Compasivo
	Existencialmente	Libre
		Auténtico
		Omnipotente
	En las relaciones	Trascendente en su ser
		Inmanente universalmente en la
		actividad providencial
		Inmanente con su pueblo en la actividad
		redentora

Unidad. En la unidad de Dios se expresan dos pensamientos. Primero, enfatiza que Dios es numéricamente uno. Fue esta la creencia que separó a Israel de sus vecinos politeístas. Parte de la adoración diaria de Israel consistía en recitar la Shemá (Dt. 6:4), cuando se afirmaba: "Oye, Israel: Jehová nuestro Dios, Jehová uno es". Tal afirmación era una declaración de monoteísmo, propugnaba que Dios es uno en esencia y no puede dividirse. También lo afirmaba como absolutamente único; no hay

otro que pueda comparársele (cp. Éx. 15:11).[13] El énfasis de Dios como numéricamente uno también se refuerza en 1 Timoteo 2:5 y 1 Corintios 8:6.
Segundo, la unidad de Dios hace referencia a que Dios no es compuesto
y no puede dividirse en partes. La declaración enfatiza "la unidad cua-
litativa e interna" de Dios.[14] Como solo el Señor es Dios, ningún otro va
a compartir su gloria, de ahí la prohibición de adorar ídolos (1 Jn. 5:21).

Verdad. Verdad quiere decir que los hechos se conforman a la realidad; la verdad identifica las cosas como son. Apropiadamente definida en
relación con Dios, la verdad es "aquella perfección de su ser en virtud de
la cual responde completamente a la idea de divinidad, es perfectamente
confiable en su revelación y ve las cosas como son en realidad".[15] Primero,
quiere decir que Él es el verdadero Dios comparado con los otros; no hay
ninguno como Él (Is. 44:8-10; 45:5); segundo, es la verdad porque su
Palabra y su revelación son confiables (Nm. 23:19; Ro. 3:3-4; Jn. 14:1-2,
6; He. 6:18; Tit 1:2). Se puede confiar en Él. Tercero, sabe cómo son las
cosas; es el comienzo de todo el conocimiento y lo pone a disposición del
hombre para que este pueda relacionarse con Él. Es la verdad en sentido
global: "Él es la fuente de toda la verdad, no solo en la esfera de la moral y
la religión, sino en todo campo del quehacer científico".[16]

Amor. "Dios es amor" según 1 Juan 4:8, y en el versículo 10 explica cómo
se mostró este amor: "En esto consiste el amor: no en que nosotros hayamos
amado a Dios, sino en que él nos amó a nosotros, y envió a su Hijo en propiciación por nuestros pecados". Así, el amor de Dios puede definirse como
"esa perfección de la naturaleza divina por la cual Dios se siente movido a
comunicarse. No es un simple impulso emocional sino una expresión racional y voluntaria con sustento en la verdad y santidad, practicado por libre
elección".[17] El término griego *ágape,* traducido "amor", se usa frecuentemente
para designar a Dios y su respuesta a la humanidad (cp. Jn. 3:16; 5:42; Rm.
5:5, 8; 8:35, 39; 1 Jn. 4:10, 11, 19; Ap. 1:5).[18] Denota un amor razonado, no un
amor con base en la emoción (aunque no desprovisto de emociones): se ama
el objeto sin importar su valor, aun cuando ese amor no sea correspondido.

Bondad. La palabra hebrea *tob* expresa la bondad absoluta de Dios. "La
confesión [de los rabinos] expresa que el bien perfecto es de Dios y consiste
en su bondad".[19] La palabra griega *agathos* indica que Dios es "en esencia,
absoluta y completamente bueno" (cp. Mt. 19:17; Mr. 10:18; Lc. 18:19).[20]

La bondad de Dios es amplia y abarca varios aspectos. Uno es la benevolencia, que describe el afecto de Dios por las personas. La benevolencia
no puede mostrarse a la creación inanimada, es especial para las personas; aun así, es mayor que la bondad que cualquier persona muestre a
otra.[21] Se manifiesta en muchos aspectos de la vida tanto para el creyente
como para el incrédulo (cp. Mt. 5:45; Hch. 14:17).

Dios abunda en bondad para con sus criaturas (Éx. 34:6); su bondad
incluso se evidencia con los animales (Sal. 36:6; 104:21; 145:16; Mt. 6:26).

La bondad de Dios también se evidencia en el amor y sobrepasa el que cualquier ser humano tenga por otro (Sal. 27:10).[22] Para Jeremías el amor de Dios significaba "salvación personal y nacional" (Jer. 8:15; 14:11, 19; 17:6).[23] Finalmente, la bondad de Dios se mostró a quien no la merecía cuando envió a su único Hijo como Salvador del mundo (Jn. 3:16; Ef. 3:18-19; 1 Jn. 4:10).[24]

Santidad. El significado básico de santidad es "apartado" o "separado" (heb., *qedosh*; gr., *hagiazo*). Muchos entienden a la santidad como el más importante de todos los atributos, porque esta se relaciona con el resto y es consecuente con todo lo que Él dice y hace.

La santidad de Dios abarca varias características. Éxodo 15:11 explica que la santidad de Dios no tiene par y es impresionante: se reveló en la forma maravillosa en que libró a Israel de los egipcios. La santidad tiene un énfasis *ético* según el cual Dios "está separado del mal moral o del pecado. La 'santidad' señala la pureza majestuosa de Dios o la majestad ética".[25] El fundamento de este énfasis se encuentra en Levítico 11:44-45: "manténganse santos, porque yo soy santo" (NVI). Como Dios es moralmente puro, no puede aprobar el mal ni tener relación con este (Sal. 11:4-6). Dios en su santidad es la norma moral y ética; es la ley. Él determina la norma.[26]

Trascendencia. La trascendencia de Dios está relacionada con su santidad, y enfatiza que "Él es absolutamente distinto de todas sus criaturas, y está exaltado sobre ellos en infinita majestad".[27] La trascendencia de Dios significa que "Dios es distinto de su creación. Él no forma parte de ella, porque la ha creado y gobierna sobre ella".[28] Isaías habla de Dios como "el Alto y Sublime" y vive en "la altura y la santidad" (Is. 57:15). Isaías también dice: "vi yo al Señor sentado sobre un trono alto y sublime, y sus faldas llenaban el templo" (Is. 6:1). Esto representa a Dios como completamente separado y distinto de la humanidad y la creación. Él es "completamente diferente". Cuando Isaías reconoció a Dios como completamente separado, santo y exaltado por encima de la humanidad, gritó lleno de temor (Is. 6:5). Isaías también muestra que, si bien Dios es distinto de su creación, Él gobierna sobre ella (Is. 66:1).

Atributos relativos

Algunos atributos pueden llamarse "relativos" porque hacen alusión al tiempo y al espacio.

Eternidad. Por lo general se entiende la eternidad de Dios en relación con el tiempo. Por definición quiere decir que Dios no está limitado ni restringido por el tiempo; con Dios no hay sucesión de eventos; Él está por encima de todas las limitaciones del tiempo. "Con Él no hay distinción entre el presente, el pasado y el futuro; todas las cosas están siempre igual de presentes para Él".[29] El Salmo 90:2 expresa su eternidad: "Desde el siglo y hasta el siglo, tú eres Dios". La eternidad de Dios se extiende hasta el pasado y el futuro infinitos. Más aún, la eternidad de Dios también se relaciona con el gobierno eterno en su reino universal (Sal. 102:12).[30] La eternidad de Dios también está relacionada con su nombre. En Éxodo 3:14 le dijo a Moisés que su nombre es "YO SOY EL QUE SOY". Algunos eruditos relacionan su nombre Señor (v. 14) con "YO SOY EL QUE SOY" y con el tiempo presente del verbo hebreo *hayah*, que quiere decir "ser". Por lo tanto, el nombre de Dios revela su eternidad porque él es "Aquel que existe continuamente". Sin embargo, esto no sugiere que el tiempo sea irreal e inexistente con Dios. Aunque Dios vea todo como un eterno ahora, en su relación con el hombre y la creación Él ve una sucesión de eventos en el tiempo.

Inmensidad. Puede identificarse como "esa perfección del Ser Divino por la cual trasciende todas las limitaciones espaciales y aun así está presente en todo punto del espacio con todo su Ser".[31] En 1 R. 8:27 se enfatiza esta verdad (véanse también Is. 66:1; Jer. 23:23-24; Hch. 7:48-49). Salomón declaró: "los cielos, los cielos de los cielos, no te pueden contener". Salomón le había construido a Dios un templo magnífico, pero reconocía que Dios no puede contenerse en un templo. A diferencia de los cuerpos humanos, limitados y restringidos al espacio, Dios en su inmensidad no está localizado ni limitado. Él llena todos los lugares con todo su ser pero no en el mismo grado. "No mora en la tierra como en los cielos, en los animales como en el hombre, en la creación inorgánica como en la orgánica; en el impío como en el justo, o en la Iglesia como en Cristo".[32]

Omnipresencia. En los siguientes tres atributos el prefijo *omni* proviene de la palabra latina *omnis*, que significa "todo". Entonces, omnipresencia significa que Dios está presente en todas partes (esto contrasta con el panteísmo, según el cual Dios está *en* todas las cosas). Más específicamente, la omnipresencia se puede definir así: "Dios, en la totalidad de su esencia, sin difusión o expansión, multiplicación o división, penetra y llena el universo en todas partes".[33] El Salmo 139:7-12 explica la omnipresencia de Dios. Desde el más alto cielo hasta las profundidades de la tierra y el mar, Dios está presente en todas partes. No hay escapatoria de la presencia de Dios. En la definición se anota que Dios está presente en todas partes en la totalidad de su ser. La definición va contra la idea de que Dios está en el cielo y solo su poder está en la tierra. Debe hacerse una distinción entre la inmensidad de Dios y su omnipresencia. La inmensidad enfatiza la trascendencia y resalta que Él no está limitado por el espacio, en tanto la omnipresencia enfatiza su inmanencia, llenando el espacio, la tierra inclusive. La doctrina de la omnipresencia es de consuelo para el creyente, quien reconoce que no le sobrevendrá ninguna calamidad sin que Dios esté a su lado; además, es una advertencia para el desobediente, pues no puede escapar de la presencia de Dios.

Omnisciencia. La palabra *omnisciencia* proviene de las palabras latinas *omni*, que significa "todo", y la palabra *scientia*, que significa "conocimiento"; por lo que quiere decir que Dios tiene todo el conocimiento. Una definición más global dirá que Dios sabe todas las cosas reales y posibles, pasadas, presentes y futuras en un solo acto eterno.[34] Deben observarse varias cosas con respecto a la omnisciencia de Dios.

(1) Dios sabe todas las cosas que existen en la realidad (Sal. 139:1-6; 147:4; Mt. 6:8; 10:28-30). El salmista reconoció la omnisciencia de Dios, pues Dios conocía sus acciones, sus pensamientos, sus palabras antes de que las pronunciara, y toda su vida (Sal. 139:1-4).

(2) Dios conoce todas las variables sobre las cosas que no han ocurrido. Jesús sabía qué habrían hecho Tiro y Sidón si se les hubiera predicado (Mt. 11:21).

(3) Dios conoce todos los eventos futuros. Como Dios es eterno, conoce todas las cosas en un acto eterno; los eventos futuros para el hombre son un "ahora eterno" para Dios. Él sabía que las naciones dominarían a Israel (Dn. 2:36-43; 7:4-8) y conoce los eventos que están por ocurrir sobre la tierra (Mt. 24—25; Ap. 6—19).

(4) El conocimiento de Dios es intuitivo. Es inmediato, no le llega por los sentidos; es simultáneo, no adquirido por la razón o la observación; es real, completo y acorde con la realidad.

Omnipotencia. El término *omnipotencia* significa que Dios es todopoderoso. No obstante, no sugiere que, por ser todopoderoso, Él pueda hacer y haga cualquier cosa al azar. Una definición apropiada declara: "Dios es todopoderoso, capaz de hacer lo que desee. Como su voluntad está limitada por su naturaleza, Dios puede hacer todo lo que esté en armonía con sus perfecciones".[35] En otras palabras, no es apropiada la pregunta "¿Puede Dios crear una piedra tan pesada que no la pueda levantar?". Dios puede hacer todas las cosas que estén en armonía con su naturaleza y su Persona.

El nombre *Todopoderoso* quiere decir "el poderoso", y probablemente se derive del verbo que significa "ser fuerte" (cp. Gn. 17:1; 28:3; Is. 13:6; Ez. 1:24; Jl. 1:15). Como Dios es todopoderoso, con Él todo es posible (Mt. 19:26). El que forma al niño en el vientre (Sal. 139:13-16) y creó los cielos (Jer. 32:17) puede hacerlo todo; nada es demasiado difícil para Él. Hace lo que quiere (Sal. 115:3) y decreta todas las cosas conforme a su voluntad (Ef. 1:11).

Dios no puede hacer cosas que no estén en armonía con su naturaleza. No puede retractarse de su palabra (2 Ti. 2:13), no puede mentir (He. 6:18); no tiene relación con el pecado (Hab. 1:13; Stg. 1:13). Como Dios puede hacer lo que quiera, la doctrina de la omnipotencia de Dios es de gran consuelo para el creyente (cp. Gn. 18:14; 1 P. 1:5). También hay atributos de Dios relacionados con la moralidad.

Verdad. Al hablar de Dios como la verdad, se implica que Dios es todo lo que debe ser y que su palabra y revelación son completamente confiables.

(1) Dios es la verdad en su persona. Es perfectamente completo y completamente perfecto como Dios; no tiene par (Is. 45:5).

(2) Dios es la verdad en su revelación (Sal. 110:5; 1 P. 1:25; Mt. 5:18). Esto quiere decir que es completamente confiable en su revelación a la humanidad. Es de fiar. A diferencia de los mortales, Dios no puede mentir

(Tit. 1:2; He. 6:18), habla la verdad y cumple todo lo que ha prometido (Nm. 23:19). Dios es verdadero en el sentido de que nunca abroga sus promesas (Ro. 3:3-4). Jesús, en conformidad con el Padre, proclamó: "Yo soy… la verdad" (Jn. 14:6). Su palabra es confiable; sus discípulos podían confiar en Él. La aplicación de esta doctrina tiene un valor significativo: como Dios es verdad, su palabra para la humanidad es absolutamente confiable y se puede aceptar implícitamente. Él nunca va a renegar de una promesa que haya hecho, como en Juan 3:16.

Misericordia. Una definición general de misericordia es "la bondad o amor que Dios muestra a quienes viven en miseria o angustia, sin importar sus merecimientos".[36] La palabra hebrea *chesed* del Antiguo Testamento enfatiza "la ayuda o favor como gracia de un superior". Resalta la fidelidad de Dios a pesar de la infidelidad del hombre, y por lo tanto enfatiza piedad, compasión y amor. La palabra griega *eleos* del Nuevo Testamento también incluye la idea de piedad y compasión, y se puede traducir como "benevolencia" en un sentido general.[37] La misericordia de Dios busca la necesidad temporal de la humanidad (Rut 1:8; He. 4:16) y la salvación eterna de las personas (Ro. 9:23; Ef. 2:4; Tit. 3:5; 1 P. 1:3; Is. 55:7); no obstante, el Nuevo Testamento resalta la segunda. Su misericordia se extiende a Israel (Sal. 102:13) y a los gentiles (Ro. 11:30-32; 15:9). Su misericordia está libre de obligaciones y la da de acuerdo a su elección soberana (Ro. 9:15-16, 18). Un estudio de concordancia de *misericordia* (al usar una concordancia que liste el uso de la palabra hebrea *chesed*) revela que Dios es de veras "rico en misericordia", lo cual se refleja particularmente en los Salmos (cp. 5:7; 6:4; 13:5; 17:7; 18:50; 21:7; 23:6, etc.; nótese que la palabra se traduce con frecuencia como amor en la Nueva Versión Internacional).

Gracia. La gracia puede definirse como el favor inmerecido de Dios para aquellos que están bajo condenación. Una palabra prominente del Antiguo Testamento para describir la gracia de Dios también es *chesed*.[38] La palabra denota liberación de los enemigos, las aflicciones o la adversidad (Sal. 6:4; 31:7, 16; 57:3; 69:13-16); guía diaria (Sal. 143:8); perdón (Nm. 14:19; Sal. 51:1); preservación (Sal. 23:6; 33:18; 42:8; 94:18; 119:75-76) y que Dios posibilita (Sal. 85:7). La palabra *charis* del nuevo Testamento se centra particularmente en la provisión de salvación en Cristo.[39] La gracia se refleja en la provisión de salvación de Dios (Ro. 3:24; Ef. 1:7; 2:8); Cristo trajo gracia y verdad (Jn. 1:14; Ro. 1:5); la gracia de Cristo permite que los creyentes estén firmes ante Dios (Ro. 5:2); Cristo trajo vida, no muerte, por su gracia (Ro. 5:17); la gracia de Cristo superó el pecado de Adán (Ro. 5:15, 20); concedió dones espirituales a todos los creyentes (Ro. 12:6; Ef. 4:7); los gentiles al igual que los judíos fueron aceptos por la gracia (Ef. 3:2).

Justicia. La justicia a veces se toma en conjunto con la rectitud de Dios. La justicia de Dios quiere decir que Dios es completamente correcto y justo en todo su trato con la humanidad; más aún, tal justicia es acorde con su ley. Por lo tanto, la justicia de Dios está relacionada con el pecado del hombre. Como la ley de Dios refleja la norma de Dios, Él es recto y justo cuando juzga al hombre por violar su ley revelada.

A veces, la justicia de Dios se divide en varias categorías. La *justicia rectora* de Dios reconoce a Dios como un gobernante moral que, cuando impone su ley moral en el mundo, promete recompensar a los obedientes y castigar a los desobedientes (Sal. 99:4; Ro. 1:32). La *justicia distributiva* de Dios está relacionada con la ejecución de la ley tanto en términos de recompensa como de castigo (Is. 3:10-11; Ro. 2:6; 1 P. 1:17); es positiva y negativa. En el lado positivo se llama *justicia remunerativa* (un reflejo del amor divino) que otorga recompensa a quien obedece (Dt. 7:9; Sal. 58:11; Ro. 2:7). En sentido negativo se llama *justicia retributiva*, una expresión de la ira divina con la cual Dios castiga al malvado (Gn. 2:17; Dt. 27:26; Ro. 6:23; Gá. 3:10). El castigo para quienes hacen lo malo es imparcial, porque reciben la pena justa por su pecado.[40]

NOMBRES DE DIOS

Elohim

Elohim es una forma plural hebrea usada más de dos mil veces en el Antiguo Testamento, y se suele calificar como un "plural de majestad" del nombre general de Dios. Proviene del nombre abreviado *El*, cuyo significado de raíz probablemente sea "ser fuerte" (cp. Gn. 17:1; 28:3; 35:11; Jos. 3:10) o "ser preeminente".[41] Se suele traducir como "Dios" en las traducciones españolas. Elohim enfatiza la trascendencia de Dios: Él está sobre todos los otros que son llamados Dios. Algunos entienden Elohim simplemente como el plural de *El*; los términos parecen intercambiables (cp. Éx. 34:14; Sal. 18:31; Dt. 32:17, 21). En algunos pasajes, como Isaías 31:3, *El* se usa para diferenciar a Dios del hombre, por lo que *El* significa el "poder y la fuerza de Dios y la indefensión de sus enemigos humanos" (cp. Os. 11:9).[42]

Adonai

La designación *Adonai* (heb., *Adhon* o *Adhonay*) en su raíz quiere decir "señor" o "amo" y se suele traducir como "Señor" en las Biblias en español. Adonai aparece 449 veces en el Antiguo Testamento y 315 en conjunción con Yahvéh. *Adhon* enfatiza la relación siervo-amo (cp. Gn. 24:9), luego sugiere la autoridad de Dios como Amo, Aquel con autoridad absoluta, soberano en su reinado (cp. Sal. 8:1; Os. 12:14). Adonai probablemente deba entenderse como "Señor de señores" o "Señor por excelencia" (cp. Dt. 10:17; Jos. 3:11). También es posible entender Adonai como una forma personal de dirigirse a Dios y con el significado de "mi Señor".[43]

Yahvéh

El nombre Yahvéh es traducción del tetragrámaton (expresión de cuatro letras) hebreo YHWH. Como el nombre se escribió inicialmente sin vocales, su pronunciación es incierta. Por lo tanto, la Reina-Valera lo traduce "Jehová" mientras la mayoría de traducciones modernas lo traducen "Señor" (para distinguirlo de *Adonai*, "Señor"). Los eruditos judíos generalmente lo pronuncian "Adonai", en lugar de pronunciar YHWH, por respeto al carácter sacro del nombre del pacto.

Aunque la discusión sobre el origen y significado del nombre es considerable, es probable que esta designación común (usada 6828 veces en el Antiguo Testamento) esté relacionada con el verbo "ser". Así, en Éxodo 3:14-15 el Señor declara "YO SOY EL QUE SOY... YO SOY me envió a vosotros... Este es mi nombre para siempre". Tal cosa tiene particular importancia por las afirmaciones "Yo soy" de Cristo (cp. Jn. 6:35; 8:12; 10:9, 11; 11:25; 14:6; 15:1), quien en sus declaraciones afirmó ser igual a Yahvéh.

Para su relación con su pueblo, Israel, Dios se identificó con el nombre *Yahvéh*, y a este nombre respondió Abram en reconocimiento del pacto abrahámico (Gn. 12:8). Con este nombre Dios sacó a Israel de Egipto, los libró de la esclavitud y los redimió (Éx. 6:6; 20:2). Mientras *Elohim* y *Adonai* eran nombres conocidos por otras culturas, la revelación de *Yahvéh* fue única para Israel.

Nombres compuestos

Hay varias formas compuestas de nombres de Dios que usan los nombres El (o Elohim) y Yahvéh.

El Shaddai. Traducido "Dios Todopoderoso", es probable que esté relacionado con la palabra *montaña* y sugiere el poder y la fuerza de Dios. Este nombre se usa también para señalar que Dios cumple sus pactos (Gn. 17:1; cp. vv. 1-18, donde se reitera el pacto).

El Elyon. Traducido "Dios Altísimo", enfatiza la supremacía de Dios. Está sobre todos los otros supuestos dioses (cp. Gn. 14:18-22). Melquisedec lo reconoció como "Dios Altísimo" pues Él precede al cielo y la tierra (v. 19).

El Olam. Traducido "Dios eterno", enfatiza el carácter inmutable de Dios (Gn. 21:33; Is. 40:28).

Otros. Hay otros términos compuestos que se mencionan a veces para nombrar a Dios, pero pueden ser tan solo descripciones de Dios: *Yahvéh-jireh*, "el Señor proveerá" (Gn. 22:14); *Yahvéh-nisi,* "el Señor es mi estandarte" (Éx. 17:15); *Yahvéh-salom*, "el Señor es paz" (Jue. 6:24); *Yahvéh-sabbaot*, "el Señor de los ejércitos" (1 S. 1:3); *Yahvéh-macadeshcem*, "el Señor tu Santificador" (Éx. 31:13); *Yahvéh-tsidkenu* "el Señor, justicia nuestra" (Jer. 23:6).

La Trinidad de Dios

Definición de la Trinidad

La Trinidad de Dios es una doctrina fundamental para la fe cristiana; creer o no creer en la Trinidad separa la ortodoxia de la no ortodoxia. No obstante, la razón humana no puede comprender la Trinidad, la lógica tampoco puede explicarla y, aunque la palabra como tal no aparece en la Biblia, la doctrina se enseña claramente en las Escrituras. La iglesia primitiva se vio obligada a estudiar el tema y afirmar su verdad por causa de las enseñanzas heréticas que surgieron contrarias a la Trinidad.

El término *Trinidad* no es el mejor, porque enfatiza solo las tres Personas y no a la unidad dentro de esa Trinidad. La palabra alemana *Dreieinigkeit* ("tri-unidad") expresa mejor el concepto. Una definición apropiada debe incluir la distinción e igualdad de las tres personas en la Trinidad y la unidad de las tres personas en ella. La palabra *Triunidad* podría expresar mejor la doctrina.[44] La definición apropiada dice: "La Trinidad está compuesta de tres Personas unidas, sin existencia separada, unidas tan completamente que forman un Dios. La naturaleza divina subsiste en las tres distinciones: Padre, Hijo y Espíritu Santo".[45]

Malas interpretaciones de la Trinidad

Triteísmo. Personajes de la historia temprana de la iglesia como Juan Ascunages y Juan Filópono enseñaban que había tres que eran Dios, pero solo estaban vagamente relacionados del mismo modo que, por ejemplo, Pedro, Jacobo y Juan lo eran como discípulos. El error en esta enseñanza radica en que sus proponentes abandonaron la unidad de la Trinidad, lo cual resultó en la enseñanza de que existían tres Dioses, en lugar de tres Personas en el mismo Dios.

Sabelianismo o modalismo. Esta enseñanza de Sabelio (ca. 200 a.C.), erró en sentido opuesto al triteísmo. Aunque Sabelio habló del Padre, del Hijo y del Espíritu Santo, entendía a los tres como simples modos de existencia o tres manifestaciones del único Dios. Por ello su enseñanza se conoce también como *modalismo*, pues veía un Dios que se manifiesta en tres modos de existencia: Padre, Hijo y Espíritu Santo.

Arrianismo. La doctrina arriana tuvo su origen en Tertuliano, quien subordinaba el Hijo al Padre. Orígenes llevó más allá el concepto de Tertuliano y enseñó que el Hijo estaba subordinado al Padre "con respecto a la esencia". Tal cosa llevó finalmente al arrianismo, que negaba la deidad de Cristo. Arrio enseñó que solo Dios era increado; como Cristo fue engendrado por el Padre, quiere decir que Cristo fue creado por el Padre. Según Arrio, hubo un tiempo en que Cristo no existía. Arrio y sus enseñanzas se condenaron en el Concilio de Nicea en el año 325 d.C.

Explicación de la Trinidad

Dios es uno con respecto a la esencia. Muy temprano en la historia de la iglesia surgió la pregunta de si Cristo era igual al Padre en sustancia o en esencia. Arrio enseñó que Cristo era como el Padre en sustancia, pero el Padre era más grande que Cristo; por lo tanto, aunque algunos igualaban los términos sustancia y esencia, la forma apropiada de designar la Trinidad llegó a ser "uno en esencia". La unidad esencial de Dios está ligada a Deuteronomio 6:4: "Oye, Israel: Jehová nuestro Dios, Jehová uno es" (heb., *echad*, "unidad compuesta, uno unido"). Tal declaración no solo enfatiza la unicidad de Dios sino su unidad (cp. también Stg. 2:19). Quiere decir que las tres Personas poseen la suma de los atributos divinos, pero aun así la esencia de Dios no está dividida. Ser uno en esencia también enfatiza que las tres Personas de la Trinidad no actúan independientemente de las otras. Este era un tema constante de Jesús para rechazar las acusaciones de los judíos (cp. Jn. 5:19; 8:28; 12:49; 14:10).

Dios es tres con respecto a las Personas. La palabra *personas* tiende a restar valor a la unidad de la Trinidad; rápidamente puede reconocerse que *personas* no es un término adecuado para describir la relación dentro de la Trinidad. Algunos teólogos han optado por el término *subsistencia*, y por lo tanto, "Dios tiene tres subsistencias". Otras palabras para describir la diferencia entre los tres son: distinción, relación y modo. Sin embargo, el término *personas* es útil, pues no solo enfatiza una manifestación sino una personalidad individual. Cuando se sugiere que Dios es tres con respecto a las Personas, se enfatiza que (1) cada una tiene la misma esencia de Dios y (2) cada una posee la plenitud de Dios. "En Dios no hay tres individuos paralelos y separados uno del otro, tan solo distinciones personales dentro de la esencia divina".[46] Tal cosa es una importante desviación del modalismo (o sabelianismo), según el cual el Dios único se manifiesta de tres formas diferentes. Esta unidad de las tres Personas se ve en pasajes del Antiguo Testamento como Isaías 48:16, donde el Padre ha enviado al Mesías y al Espíritu a hablar a la nación restaurada. En Isaías 61:1 el Padre ha ungido al Mesías con el Espíritu para que cumpla su misión. Estas referencias enfatizan la igualdad y la unidad de las tres Personas.

Las tres Personas tienen relaciones distintas. En la Trinidad existe una relación que se expresa en términos de subsistencia. El Padre no es engendrado ni procede de persona alguna; el Hijo es engendrado por el Padre desde la eternidad (Jn. 1:18; 3:16, 18; 1 Jn. 4:9). El término *generación* sugiere la relación trinitaria en el sentido que el Hijo es engendrado por el Padre desde la eternidad. El Espíritu Santo procede desde la eternidad del Padre y del Hijo (Jn. 14:26; 16:7). La palabra *procesión* sugiere la relación trinitaria del Padre y el Hijo al enviar el Espíritu.[47] No obstante, es importante notar que los términos denotan *relación* en la Trinidad y no sugieren inferioridad de ninguna forma. Hay teólogos que niegan la utilidad de estos términos porque podrían sugerir inferioridad.[48]

Las tres Personas son iguales en autoridad. Es importante observar que las tres Personas son iguales en autoridad, aunque puedan usarse términos como *generación* y *procesión* para referirse al funcionamiento de la Trinidad. Se reconoce al Padre como autoritativo y supremo (1 Co. 8:6); al Hijo en igualdad con el Padre en todo aspecto (Jn. 5:21-23); de igual forma, al Espíritu se le reconoce en igualdad con el Padre y con el Hijo (cp. Mt. 12:31. Este punto se desarrollará más a fondo cuando se trate la deidad de Cristo y la deidad del Espíritu Santo).

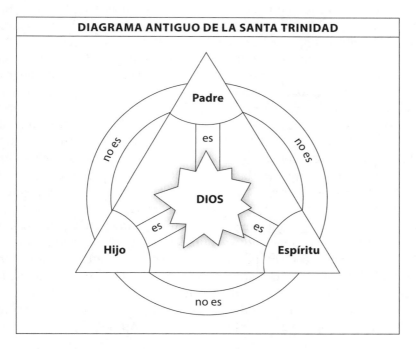

DIAGRAMA ANTIGUO DE LA SANTA TRINIDAD

Enseñanza del Antiguo Testamento

Aunque en él no hay una declaración explícita donde se afirme la Trinidad, es justo decir que el Antiguo Testamento permite la Trinidad y deja entrever que Dios es trino en varios pasajes. En el relato de la creación en Génesis 1, aparecen el Padre y el Espíritu. Se declara que Dios creó los cielos y la tierra (Gn 1:1), mientras el Espíritu se movía sobre la faz de la tierra para infundirle vitalidad (Gn. 1:2). El término *Dios* en Génesis 1:1 es *Elohim*, una forma plural del nombre de Dios. Como se ve en las formas plurales "hagamos" y "nuestra" de Génesis 1:26, la Trinidad se tiene en cuenta aun cuando el pasaje no la enseñe explícitamente. En el Salmo 110:1 David reconoce la distinción entre "Señor" y "mi Señor" (NVI). David quiere decir que el Mesías es mayor que un rey humano común y le imputa divinidad al Mesías, "mi Señor". En la profecía relativa a Cristo de Isaías 7:14 el Señor deja claro que el Ungido nacido de una virgen también se llamará Emanuel, "Dios con nosotros". Es un testimonio de la deidad del Mesías. Dos pasajes adicionales que insinúan la Trinidad, mencionados ya con anterioridad, son Isaías 48:16 y 61:1. En ambos se mencionan las tres Personas de la divinidad y se diferencian unos con otros.

Enseñanza del Nuevo Testamento

Al fin de cuentas, deben afirmarse dos cosas para demostrar que las Escrituras enseñan la Trinidad: que no hay sino un Dios y que las tres Personas se llamen Dios. Aunque una demostración más completa de la deidad de cada Persona de la Trinidad se explica en su respectiva categoría, aquí podemos condensar la enseñanza. Al *Padre* se le llama Dios (1 Co. 8:6); al *Hijo* se le llama Dios (He. 1:8-10), al *Espíritu* se le llama Dios (Hch. 5:3-4) y Dios es uno (Dt. 6:4). La combinación de estas cuatro declaraciones afirma la Trinidad. En el Nuevo Testamento hay pasajes adicionales en los cuales se afirma su unidad e igualdad.

Jesús les ordenó a los apóstoles que cuando hicieran discípulos los bautizaran "en el nombre del Padre, y del Hijo, y del Espíritu Santo" (Mt. 28:19). Parece claro que se pretende la igualdad y unidad de las tres Personas. En la concepción de María, la Trinidad estuvo presente: el Espíritu Santo estuvo sobre María, el poder de Dios la cubrió y al descendiente se le llamó Hijo de Dios (Lc. 1:35). En el bautismo de Jesús también se ve que los tres son diferentes (una negación del modalismo; cp. Lc. 3:21-22). En Juan 14:16 se vuelve a mencionar la unidad de los tres: el Hijo le pide[49] al Padre que envíe al Espíritu para que habite en los creyentes para siempre. La unidad de los tres está clara. En Romanos 8:9-11 se menciona que los tres moran en el creyente. Con seguridad, la bendición de 2 Corintios 13:14 es una fuerte afirmación de la igualdad y unidad del Padre, el Hijo y el Espíritu Santo (véanse también 1 Co 2:4-8; Ap. 1:4-5).

Dificultades con la doctrina

Quienes niegan la Trinidad objetan a veces el uso de ciertos términos que parecen implicar inferioridad de Cristo con respecto al Padre. Aquí se anotan varios de los términos problemáticos.

Significado de **engendrado.** El término *engendrado* se usa en varios sentidos con respecto a Cristo. Primero, es evidente a partir de Mateo 1:20 que Cristo fue engendrado en su humanidad pero no en su divinidad. Cristo era Dios desde la eternidad (Mi. 5:2), pero en Belén tomó para sí una naturaleza adicional: la naturaleza humana. El Espíritu Santo supervisó la concepción de María para asegurar la ausencia de pecado en la humanidad de Cristo. El término *engendrado* se usa con referencia a la humanidad de Cristo; nunca podría usarse con referencia a su divinidad.

Engendrado no está relacionado con que Jesús sea el Hijo de Dios. Jesús fue declarado Hijo de Dios en el tiempo y el espacio (Sal. 2:7; Hch. 13:32-33; Ro. 1:4). Todos estos versículos enfatizan que el carácter de Jesús como Hijo fue vindicado o verificado como resultado de la resurrección, pero la resurrección no lo hizo Hijo de Dios. Jesús había sido el Hijo de Dios desde la eternidad. Así, el Salmo 2:7 y Hechos 13:33 enfatizan que *engendrado* se refiere a la declaración pública de Cristo como Hijo (pero no al origen de su carácter de Hijo).[50]

Significado de primogénito. Quienes niegan la deidad de Cristo, con frecuencia lo hacen por referencia al término *primogénito*; sugieren que el término debe implicar que Cristo tuvo un comienzo en el tiempo. Sin embargo, un estudio léxico y del contexto de la palabra aporta una solución diferente al significado de *primogénito*. Su uso en la cultura del Antiguo Testamento enfatizaba predominantemente el estatus del hijo mayor, quien disfrutaba del doble de porción en la herencia (Dt. 21:17), de privilegios sobre otros miembros de la familia (Gn. 27:1-4, 35-37), tratamiento preferente (Gn. 43:33) y del respeto de los demás (Gn. 37:22). En sentido figurado la palabra denota prioridad o supremacía (Éx. 4:22; Jer. 31:9),[51] y así se usó para Cristo. En Colosenses 1:18, donde se habla de la primogenitura de Cristo, el significado es claro: Cristo, como primogénito, es la cabeza de la iglesia y preeminente en todo.[52] En Hebreos 1:6 la supremacía de Cristo como primogénito se manifiesta en que los ángeles lo adoran. Solo Dios es adorado. El Salmo 89:27 tal vez contiene la más clara explicación del término *primogénito*. Es un ejemplo de poesía sintética en hebreo, donde la segunda línea explica la primera. En este salmo mesiánico Dios afirma que el Mesías será el primogénito; es decir, el más grande de los reyes de la tierra. Se explica que es *primogénito* porque gobernará sobre todos los reyes de la tierra. A partir de un estudio lingüístico y exegético, es claro que *primogénito* llama la atención al estatus preeminente de Jesús como Mesías.

Significado de unigénito. El término *unigénito* (gr., *monogenes*, cp. Jn. 1:14, 18; 3:16; 1 Jn. 4:9) no sugiere un punto de inicio en el tiempo, sino más bien que Jesús, como Hijo unigénito de Dios, es "único", "no hay nadie más de su clase", es "el único ejemplo de su categoría".[53] *Unigénito* "se usa para delimitar únicamente a Jesús por encima de todos los seres terrenales y celestiales".[54] En Génesis 22:2, 12, 16 se refleja el concepto de "único y precioso", como era visto Isaac por su padre, Abraham.[55] El apóstol Juan describe la gloria que irradia el Unigénito de Dios, nadie más irradia la gloria del Padre (Jn. 1:14); más aún, el Hijo "dio a conocer" al Padre; nadie diferente al Hijo podría haber explicado al Padre. Fue el Hijo unigénito, a quien Dios envió al mundo; la vida eterna se entregó solo a través del Unigénito de Dios (Jn. 3:16). Cuando se examinan los pasajes, es evidente que *unigénito* no sugiere inicio en la existencia, más bien expresa la *unicidad* de la persona. Cristo era único como Hijo de Dios, enviado del cielo por el Padre.

DECRETOS DE DIOS

Definición de decreto de Dios

Los decretos de Dios se han establecido desde la eternidad y hacen referencia su control soberano sobre todo reino y sobre todos los eventos.

Los decretos se reflejan en Efesios 1:11, porque Él "hace todas las cosas según el designio de su voluntad". La pregunta 7 del Catecismo Menor de Westminster declara: "Los decretos de Dios son su propósito eterno, según el consejo de su propia voluntad, en virtud del cual ha preordenado, para su propia gloria, todo lo que sucede". Básicamente, solo hay dos opciones. O Dios es soberano y tiene control absoluto sobre el mundo y el universo, o Dios no tiene control soberano y el mundo, junto con el universo, desafía su santa voluntad. Por supuesto, la verdadera es la primera; el mundo no opera al azar. Dios tiene control absoluto. Aun así, debe afirmarse también que el hombre es responsable de las acciones pecaminosas. Dios nunca es el autor del pecado, y su soberanía no elimina la responsabilidad del hombre.

Características del decreto de Dios.

El decreto es un plan único que abarca todas las cosas. Nada está fuera del alcance del reinado soberano de Dios. Efesios 1:11 enfatiza que "todas las cosas" pasan por su decreto. Como todo está contemplado en el plan soberano de Dios, a veces se habla de ello en singular: un solo decreto.

El decreto cubre todas las cosas y fue formado desde la eternidad pero se manifiesta en el tiempo. El creyente fue escogido por Dios desde la eternidad (Ef. 1:4; "antes de la fundación del mundo" equivale a "por toda la eternidad").[56] La salvación y el llamado del creyente están ligados una vez más a la determinación de Dios desde el pasado eterno (2 Ti. 1:9). En este pasaje se enfatiza que esto es "según el propósito suyo". *Propósito* (gr., *prothesin*) enfatiza la determinación o decisión de Dios para llamar y salvar al creyente. La decisión de que Cristo asuma la humanidad y derrame su sangre por ella también se hizo "desde antes de la fundación del mundo" (1 P. 1:20).

El decreto es un plan sabio porque Dios, que es sabio, planeó lo mejor. En Romanos 9—11 Pablo expone la soberanía de Dios y su elección de Israel, para concluir esta sección "difícil de entender" con una doxología en la cual se exalta la soberanía de Dios y sus actos soberanos (Ro. 11:33-36). La sabiduría y el conocimiento de Dios no se pueden entender, sus decisiones no se pueden rastrear cual huellas en la arena. Dios no ha consultado a nadie y nadie lo ha aconsejado. Pero como Él sabe todas las cosas, controla y guía todos los eventos *para su gloria y para nuestro bien* (cp. Sal. 104:24; Pr. 3:19).

El decreto es acorde con la voluntad soberana de Dios: Él hace lo que le place. Dios no ajusta su plan de acuerdo con los eventos de la historia humana; en su lugar, su decreto gobierna la historia humana. Daniel 4:35 abarca todo: Dios "hace según su voluntad" en el reino angélico y con los habitantes de la tierra. En el contexto del libro de Daniel, Dios determina el curso de la historia humana y los gobernantes de las naciones de la tierra (Dn. 2:21, 31-45). Dios ha establecido sus decretos libremente e independiente de todo y todos los demás.

El decreto tiene dos aspectos. (1) La voluntad directiva de Dios. Hay algunas cosas de las cuales Dios es autor; de Él surgen realmente los eventos. Él crea (Is. 45:18), controla el universo (Dn. 4:35), establece los reinos y gobiernos (Dn. 2:21), y elige a las personas que serán salvas (Ef. 1:4).

(2) La voluntad permisiva de Dios. Aun cuando Dios ha determinado todas las cosas, las puede producir por sí mismo o a través de causas secundarias. Los actos pecaminosos, por ejemplo, no frustran el plan de Dios, pero Él tampoco es autor de ellos. Están dentro del alcance del plan de Dios y son parte de su plan y propósito eterno; sin embargo, el hombre es responsable de sus pecados. Luego, "se debe distinguir entre el decreto y su ejecución".[57] Todos los hechos —incluyendo los pecaminosos— se ajustan al plan eterno de Dios, pero Él no es el autor directo de todos los actos. Por ejemplo, cuando el pueblo de Israel exigió un rey para gobernarlos, pecaron contra el Señor (1 S. 8:5-9, 19-22). Pero el Señor había preordenado que vendrían reyes del linaje de Abraham (Gn. 17:6; 35:11), y culminarían en el Mesías. El pueblo pecó, pero se estaba ejecutando el plan de Dios.

El propósito del decreto es glorificar a Dios. La creación del mundo está diseñada para revelar la gloria de Dios (Sal. 19:1). La inmensidad de los cielos y la belleza de la flora y la fauna en la tierra reflejan la gloria de Dios. El acto soberano de Dios por medio del cual predestinó a los creyentes para la salvación (Ef. 1:4-5) es "para alabanza de la gloria de su gracia" (Ef. 1:6, 11-12). Dios se glorifica en el despliegue de su gracia incondicional (cp. Ro. 9:23; Ap. 4:11).

Aunque su decreto abarca todas las cosas, el hombre es responsable por sus pecados. A esto se le conoce como antinomia, y es importante entender el concepto que el hombre es responsable de sus pecados aun cuando Dios es soberano y ha decretado todas las cosas. *Antinomia* proviene de las palabras griegas *anti*, que quiere decir "estar en contra", y *nomos*, que quiere decir "ley"; por lo tanto, una antinomia es algo contrario a la ley o contrario a la comprensión humana. Por supuesto, una antinomia solo es tal en la mente del hombre; en Dios no hay antinomias.

Pedro explica en Hechos 2:23 que Jesús murió por causa del "determinado consejo y anticipado conocimiento de Dios". "Consejo" (gr., *boule*) enfatiza la decisión o voluntad predeterminada de Dios. El "anticipado conocimiento" es un equivalente aproximado y sugiere no solo el saber previo sino la acción. Por lo tanto, Cristo murió porque Dios así lo había decidido en la eternidad; no obstante, Pedro hizo responsables a las personas por haber matado a Cristo; les dijo: "y por medio de gente malvada, ustedes lo mataron, clavándolo en la cruz" (NVI). Aunque la muerte de Cristo se dio por el plan y el decreto de Dios, los hombres malvados fueron responsables de su muerte.

De igual forma, en Habacuc 1:7 Dios le explicó al profeta que estaba levantando a los caldeos para castigar la desobediencia de Judá. Pero cuando los caldeos concluyeran su trabajo, Dios los iba a responsabilizar (Hab. 1:11). Aunque Dios ha decretado todas las cosas, el hombre es responsable de su pecado.

Las personas ejecutan algunos aspectos del decreto. Tal cosa distingue al decreto de Dios del fatalismo. El decreto no puede ser fatalismo porque no trata solo del fin sino de los medios. Por ejemplo, el decreto de Dios elige algunos para la salvación, pero aun así nadie se salva sin evangelismo. Por un lado, el decreto dice que Dios escogió al creyente "antes de la fundación del mundo" (Ef. 1:4), mas alguien ha de presentarle el evangelio a la persona para permitirle creer y ser salvo (Hch. 16:31). En materia de la salvación, Dios usa a las personas mediante el evangelismo para cumplir su decreto.

Manifestación del decreto[58]

En el reino material. La creación del mundo y el universo en todos sus aspectos se dio bajo el decreto divino de Dios (Sal. 33:6-11). El versículo 6 enfatiza que el cielo y la tierra se crearon por el decreto de Dios y Él los gobierna de generación en generación (v. 11). Más aún, Dios también ha señalado las naciones y sus límites (Dt. 32:8, Hch. 17:26). Los días de la vida del hombre ya fueron decretados (Job 14:5), así como la forma en que nos iremos (Jn. 21:19; 2 Ti. 4:6-8).

En el reino social. Dios ha decretado la familia (Gn. 2:18) y ordenado que el matrimonio sea indisoluble (Mt. 19:1-9); el decreto del matrimonio también implicaba hijos (Gn. 1:28; 9:1, 7). Dios también estableció los gobiernos (Ro. 13:1-7); más aún, es Él quien establece y quita reyes (Dn. 2:21; 4:35). Dios en su soberanía escogió a Israel y lo estableció como nación (Gn. 12:1-3; Éx. 19:5-6). A pesar de los fallos de Israel, Dios había decretado su restauración futura bajo el Mesías (Jl. 3:1-21; Zac. 14:1-11) y que todas las naciones estarían bajo el dominio mesiánico (Sal. 2; Zac. 14:12-21). Aunque la iglesia se decretó desde la eternidad, solo hasta el Nuevo Testamento se reveló que Dios uniría a gentiles y judíos en el cuerpo de Cristo (Ef. 2:15; 3:1-13).

En el reino espiritual. (1) El orden de los decretos. Durante siglos, ha surgido polémica en el intento de relacionar la soberanía de Dios y la libre elección del hombre para su salvación. Tal diferencia se refleja en los diferentes puntos de vista sobre el orden de los decretos. El diagrama

ORDEN DE LOS DECRETOS*

Supralapsario (Expiación limitada)	Infralapsario (Expiación limitada)	Amiraldiano (Expiación limitada)	Luterano	Wesleyano	Católico romano
Elección de algunos para la vida eterna.	Permitir la Caída: culpa, corrupción e incapacidad total.	Permitir la Caída: corrupción, culpa e incapacidad moral.	Permitir la Caída: culpa, corrupción e incapacidad total.	Permitir la Caída: culpa, corrupción e incapacidad total.	Permitir la Caída: pérdida de la justicia sobrenatural.
Permitir la Caída: culpa, corrupción e incapacidad total.	Elección de algunos para la vida eterna.	El don de Cristo es hacer la salvación posible para todos.	El don de Cristo es pagar por los pecados del mundo.	El don de Cristo es hacer satisfacción por los pecados del mundo.	El don de Cristo es ofrecer satisfacción por los pecados de los seres humanos.
El don de Cristo se ofrece a todos y solo redime a los elegidos.	El don de Cristo se ofrece a todos y solo redime a los elegidos.	Elección de algunos para el don de la capacidad moral.	El don de los medios de la gracia para comunicar la gracia salvadora.	Remisión del pecado original y el don para todos de la gracia suficiente.	Institución de la iglesia, los sacramentos, para aplicar la satisfacción de Cristo.
El don del Espíritu Santo para salvar a los redimidos.	El don del Espíritu Santo para salvar a los redimidos.	Espíritu Santo para obrar la capacidad moral en los elegidos.	Predestinación para la vida de quienes no se resisten a los medios de la gracia.	Predestinación para la vida de quienes mejoran la gracia suficiente.	Aplicación de la satisfacción de Cristo a través de sacramentos bajo la operación de segundas causas.
Santificación de todos los redimidos y regenerados.	Santificación de todos los redimidos y regenerados.	Santificación por el Espíritu.	Santificación a través de los medios de la gracia.	Santificación de quienes cooperan con la gracia suficiente.	Edificar una vida santa de quienes participan en los sacramentos.

* Benjamin B. Warfield, *The Plan of Salvation* (Reimpresión. Grand Rapids: Eerdmans, 1977), p. 31.

siguiente refleja el rango de creencias sobre la elección, la caída y la aplicación de la gracia para la vida eterna.[59]

(2) El pecado y los decretos. Los temas adicionales relativos al pecado se pueden resumir de la siguiente forma. Dios puede permitir que los hombres manifiesten el mal (Ro. 1:24-28).

No obstante, Dios nunca es el autor del mal ni tienta a nadie para que peque (Stg. 1:13). Dios puede impedir el pecado directamente (2 Ts. 2:7). Dios puede usar los actos malvados de las personas para alcanzar su propósito (Hch. 4:27-28). Dios no hace pecar a los hombres, pero todas las cosas están dentro del alcance de su plan soberano. Dios determina el límite del mal y anula el mal (Job 1:6-12). Dios limitó a Satanás cuando probó a Job.

(3) La salvación y los decretos. Dios escogió y predestinó a los creyentes para salvación desde antes de la fundación del mundo (Ef. 1:4-5; 2 Ti. 1:9). Escogió a judíos y a gentiles unidos como un cuerpo en Cristo (Ef. 3:11). Dios escogió a los creyentes para darles bendiciones individuales (Ro. 8:28).

Objeciones respondidas
Objeción: El decreto no permite el libre albedrío del hombre. El decreto permite la acción responsable del hombre, quien es responsable por sus elecciones pecaminosas. El concepto de la soberanía de Dios y la responsabilidad del hombre solo es antinómico en la mente del hombre. Para Dios no hay inconsistencia en ellos; más aún, los escritores bíblicos no ven la inconsistencia (cp. Hch. 2:23. Pedro no lo consideraba una contradicción). Ha de decirse también que Dios no produce todos los aspectos de su decreto por medio de su voluntad directiva; en su lugar lo hace a través de causas secundarias; por lo tanto, el hombre pecador actúa de acuerdo con su naturaleza pecaminosa. El hombre actúa en armonía con su naturaleza; todos estos actos están al alcance del decreto de Dios y el hombre es responsable por ellos. Además, hay diferencias entre el incrédulo y el creyente. La naturaleza pecaminosa del incrédulo lo impulsa a tomar decisiones sobre la base de su naturaleza caída, es incapaz de tomar decisiones acertadas. El creyente tiene mayor capacidad para ello pues es capaz de tomar las decisiones correctas.

Objeción: El decreto hace innecesaria la predicación del evangelio. La objeción se relaciona una vez más con la antinomia en la mente del hombre. Pablo enseñó que Dios había predestinado a los hombres para la salvación (Ef. 1:5-11), y enseñó además la doctrina de la elección (Ro. 1:1; 8:30; 9:11). Pero con igual fuerza enseñó la necesidad de predicar el evangelio para que las personas pudieran ser salvas (Hch. 16:31; Ro. 10:14-15; 1 Co. 9:16). Las personas se pierden porque se niegan a aceptar el evangelio, no porque su salvación no estuviera decretada.

Conclusiones

Los decretos de Dios tienen ramificaciones prácticas: (1) Debemos sentir temor del gran, sabio, poderoso y amante Dios. (2) Podemos confiar toda nuestra vida al Dios Todopoderoso. (3) Debemos alegrarnos por la maravilla de la salvación, porque Dios nos escogió desde la eternidad. (4) Debemos descansar en paz mientras observamos los eventos apoteósicos del mundo, sabiendo que Dios tiene control soberano sobre todas las cosas (lo cual no implica indiferencia). (5) Dios hace a las personas responsables de su pecado. Aunque el pecado no frustra el plan de Dios, Él no es su autor. (6) Esta enseñanza está en contra del orgullo humano. El hombre en su orgullo desea llevar su propia vida; hay humildad en reconocer la soberanía de Dios.

TEOLOGÍA DE LA APERTURA DE DIOS

Los comienzos de la teología de la apertura de Dios probablemente puedan localizarse en los comentarios de Clark Pinnock en "God Limits His Knowledge" [Dios limita su conocimiento] en la publicación *Predestination and Free Will* [Predestinación y libre albedrío] editada por David Basinger y Randall Basinger en 1986. Desde aquel inicio han publicado sobre el tema Pinnock, Robert Brow, Richard Rice, John Sanders, David Basinger, Gregory Boyd y otros.

La teología de la apertura de Dios, también conocida como teísmo abierto, puede resumirse como sigue: "Primero, Dios nos ama y desea que entremos en relación recíproca con Él y con nuestros prójimos. La intención divina al crearnos era experimentar el amor trino y corresponderle con nuestro amor. Así colaboraríamos libremente con Dios para alcanzar sus objetivos. Segundo, Dios ha decidido soberanamente que algunas de sus acciones sean contingentes a nuestras peticiones y acciones. Dios establece el proyecto y obtiene nuestra colaboración. Por lo tanto, Dios está condicionado en el sentido de que Él responde verdaderamente a lo que hacemos. Tercero, más que una meticulosa providencia, Dios escoge llevar a cabo una providencia general, lo cual nos da espacio para operar y para que Dios sea ingenioso al obrarla. Cuarto, Dios nos concedió la libertad necesaria para desarrollar relaciones personales de amor. Dios participa libremente de relaciones con nosotros en las que da y recibe, relaciones genuinas en las que asume un riesgo porque tenemos la capacidad de decepcionarle".[60]

Los teístas abiertos no creen que Dios controle todos los eventos; más bien, Dios permite que sus criaturas le respondan con una libertad genuina que Él no controla ni conoce. Creen ellos que este es el modelo que permite una relación con Dios. Pinnock dice: "La teología convencional no dejaba espacio suficiente para las relaciones en la esencia de Dios".[61] Y concluye: "La forma tradicional de pensar en Dios... es de una sola vía, porque prefiere el carácter absoluto de Dios al amor condescendiente; y esto dificulta hablar adecuadamente de un Dios personal.[62]

El teísmo abierto objeta específicamente al calvinismo pues, al aferrarse a la soberanía absoluta de Dios, amenaza la realidad de las reacciones de las criaturas. En el calvinismo tales reacciones se consideran predeterminadas, no libres.[63] "La teología de la apertura de Dios es una forma de teísmo del libre albedrío... Sus oyentes más ávidos se encuentran principalmente en círculos wesleyanos, arminianos y pentecostales... El modelo del teísmo abierto tuvo sus raíces en el pensamiento wesleyano y arminiano...".[64] No obstante, aunque el arminianismo tradicional reconoce la inmutabilidad, eternidad y omnisciencia de Dios en sus atributos, el teísmo abierto toma una posición más radical: "el futuro está parcialmente decidido y parcialmente no decidido, parcialmente determinado y parcialmente indeterminado; por lo tanto, es parcialmente desconocido aun para Dios; sostiene que Dios tiene un aspecto temporal".[65]

A continuación se enumeran algunos aspectos específicos de la teología de la apertura de Dios:

(1) Dios busca relacionarse con las personas y, por lo tanto, "el amor es la cualidad más importante que le atribuimos a Dios... supone sensibilidad y respuesta... No solo Él los influencia a ellos, sino que ellos ejercen influencia sobre Él. La voluntad de Dios no es la explicación final de todo lo que ocurre; también contribuyen de manera importante las decisiones y las acciones humanas".[66] Por tanto, para que la gente tenga una relación abierta y genuina con Dios, deben tener la libertad de tomar decisiones sin que Él las conozca previamente. De otra manera, la relación no sería genuina o libre.

Como Dios es amor y el amor es la esencia de su ser, se hace vulnerable y "está condicionado por nuestra voluntad o falta de ella para recibir o rechazar ese amor. El amor es precario, e incluso Dios es vulnerable porque puede no ser correspondido".[67] Los adherentes de la teología de la apertura de Dios rechazan la perspectiva tradicional sobre el amor de Dios. Sugieren que retrata el amor de Dios como si fuera "inmutable y controlador de todo", de hecho, estático. ¿Cómo podría ello producir una relación de amor? En esa relación es posible causarle infelicidad a Dios cuando se rechaza su amor. Los adherentes de la teología de la apertura de Dios ven a un "Dios amoroso, a la espera, anhelante, que se arrepiente e incluso se equivoca".[68]

(2) Los sentimientos de Dios revelan que sus intenciones originales pudieron alterarse o cambiarse. Términos como "se arrepintió" (cp. Gn 6:6; 1 S. 15:35) indican que Dios puede cambiar de opinión en algún asunto. Dios puede desear algo que tal vez no ocurra. "En consecuencia, Dios puede reformular sus planes o alterar sus intenciones conforme algo se desarrolle".[69] Los adeptos de la teología de la apertura de Dios no están de acuerdo con los teólogos que afirman la inmutabilidad de Dios. Tampoco están de acuerdo con los teólogos que explican las declaraciones en las cuales Dios cambió

de idea como si fuesen antropomorfismos. Argumentan ellos que Dios sí cambia de idea: "La intercesión humana puede influenciar las acciones de Dios. Ello muestra que sus intenciones no son absolutas ni invariables; Él no decide qué hacer unilateral e irrevocablemente... Una vez formula sus planes, siguen abiertos a revisión. Tal cosa parece cierta incluso sobre las afirmaciones más enfáticas de parte de Dios".[70]

(3) Dios no es omnisciente. No conoce todos los eventos futuros. Richard Rice lo explica: "El conocimiento que Dios tiene del mundo es dinámico, no estático... Dios conoce los eventos cuando ocurren. Él aprende algo de lo que sucede. Llamamos a esta posición la 'perspectiva abierta de Dios', pues considera que Dios es receptivo a experiencias nuevas, y flexible en la forma en la cual obra sus objetivos en el mundo... Ve que Dios depende del mundo en ciertos aspectos...".[71] En ese sentido, a Dios le afectan grandemente las decisiones humanas, y como resultado "nos encontramos con un Dios que cambia por nuestro bien".[72]

Como Dios está en relación con su Creación, participa de ella y "la parte menor hace una contribución real".[73] Estas partes incluyen la Creación, Israel, las naciones y los individuos. En estas relaciones no hay un decreto predestinado; más bien "Él está abierto a nuevas experiencias... Nosotros le afectamos... Dios es inmutable en cuanto a su carácter pero siempre cambia en relación con nosotros".[74]

(4) La iglesia primitiva estaba influida por la filosofía griega y, al final, las perspectivas judía y cristiana se derivaron de filósofos como Platón, Aristóteles y Filón. John Sanders hace un recuento de la historia de la doctrina cristiana de Dios y ve que el cristianismo está infestado de metafísica griega y platonismo. Concluye: "Agustín permitió que la metafísica neoplatónica restringiera a Dios. Cita la Biblia con frecuencia, pero la interpreta desde un marco conceptual neoplatónico",[75] y concluye que de la cultura pagana "llegaron ciertos elementos negativos de los cuales surgió la síntesis bíblica clásica, que impregna a tal punto la teología cristiana que a menudo funciona como la base para entender la Biblia".[76] Clark Pinnock declara: "El hecho es que a la doctrina convencional de Dios tuvo doble origen, en la Biblia y en el pensamiento griego".[77]

EVALUACIÓN RESUMIDA DE LA TEOLOGÍA DE LA APERTURA DE DIOS

(1) La teología de la apertura de Dios afecta directamente a la doctrina de la inerrancia bíblica. Si se postula que Dios no conoce el futuro y comete errores, ¿por qué serían creíbles las porciones proféticas de las Escrituras? Han comprometido seriamente la inerrancia de las Escrituras al intentar resolver la relación entre la soberanía de Dios y la responsabilidad humana: "La propuesta de la teología de la apertura de Dios menoscaba... cualquier

forma de *garantía* de que los autores humanos escribirían libremente lo que Dios quería o de que lo predicho por Dios ocurre en realidad... No veo cómo se pueda defender racionalmente la inerrancia de las Escrituras a partir del teísmo abierto", escribe Stephen J. Wellum.[78]

Este es un asunto muy serio y representa un distanciamiento de la doctrina bíblica de la inerrancia, fundamental para la teología evangélica. Los partidarios de la teología de la apertura de Dios no pueden manejar las partes proféticas de las Escrituras en que Dios *detalla* los eventos futuros.

(2) El peligro serio de la teología de la apertura de Dios es que estudia el tema de la soberanía de Dios y la libertad del hombre desde el punto de vista de la razón humana, sin explorar adecuadamente las Escrituras relacionadas. Pinnock declara: "La perspectiva abierta de Dios razona con la intuición humana y afirma la libertad".[79] Difícilmente la intuición humana es una fuente de autoridad. Es aún más desafortunado cuando los defensores de la apertura de Dios se apoyan en una película, *El show de Truman*, para defender su perspectiva de rechazar una teología en que Dios controla a la gente.[80]

Falta un estudio serio de las Escrituras pertinentes. Aunque citan algunas porciones bíblicas, la base de su argumento es la razón humana, pero, ¿desde cuándo la razón humana tiene la capacidad de juzgar las Escrituras? Más aún, ¿quién puede decir dogmáticamente que entiende los caminos de Dios?

Quienes respaldan la apertura de Dios se centran en figuras del lenguaje que reflejan particularmente los antropomorfismos y el antropopatismo. Bullinger las describe correctamente como "condescendencias": "Se atribuyen a Dios afectos y sentimientos humanos, aunque eso no significa que los tenga; pero, con una infinita condescendencia, se habla de Él en esta forma para permitirnos entenderlo".[81]

A. B. Caneday responde que "toda la revelación que Dios hace de Sí mismo es analógica o antropomórfica... La Palabra de Dios es intrínsecamente antropomórfica porque la Biblia es el discurso de Dios para los humanos, en lenguaje humano... El hecho de que Dios se haya revelado de manera antropomórfica no nos justifica para suscribir una interpretación antropomórfica... La Biblia *tiene* un carácter antropomórfico".[82] Los partidarios de la apertura de Dios usan las expresiones antropomórficas y a partir de ellas infieren que Dios es como un hombre; eso es una falacia.[83]

Los teístas abiertos no explican adecuadamente las Escrituras (normalmente identificadas como expresiones antropomórficas o antropopáticas) cuando sugieren que Dios yerra, cambia, se arriesga, se preocupa y puede ser infeliz. Tales términos humanizan a Dios, no son bíblicos y son adscripciones indignas para Dios.

(3) La tensión entre la soberanía de Dios y la responsabilidad humana puede resolverse cuando se admite que esa tensión existe y debe

continuar. Pero la tensión puede tolerarse cuando se reconoce que las dos verdades representan una antinomia.[84] Las Escrituras infieren frecuentemente la incapacidad de la mente humana para entender la mente y la magnitud de Dios (Dt. 29:29; Pr. 25:2; Is. 55:8-9; Ro. 11:33-36).

La solución al dilema de la soberanía de Dios y la responsabilidad humana, exhibida en la libertad genuina para decidir, está en la antinomia. J. I. Packer explica la antinomia en el evangelismo: los creyentes tienen la responsabilidad de proclamar el evangelio; aun así Dios es quien salva en su soberanía.[85] Kenneth Boa, para instrucción del lector, aporta una valiosa explicación de las antinomias en varios ámbitos: "La revelación de Dios para el hombre a veces va más allá de la razón y la comprensión humana al declarar dos cosas que los hombres no pueden reconciliar... la *antinomia*".[86] Sabiamente le recuerda al lector: "Las antinomias son relativas, no absolutas... lo antinómico para el razonamiento humano puede ser comprensible para seres con mayor capacidad de razonamiento (ángeles y Dios)".[87] Indudablemente, aquí es donde radica el dilema de la teología de la apertura de Dios. Sus adherentes buscan solucionar las Escrituras antinómicas, y en el proceso despojan a Dios de su soberanía.

La tensión entre la soberanía divina y la responsabilidad humana se ve en la salvación. La elección y la salvación son doctrinas bíblicas, enseñan que Dios seleccionó a los creyentes de antemano y los escogió para salvación desde el pasado eterno (Ef. 1:4-5, 11). Aun así las personas tienen la responsabilidad de creer (Jn. 5:40; 7:17; Hch. 16:31). Hechos 13:48 retrata igualmente tanto la soberanía divina como la responsabilidad humana: "creyeron todos los que estaban ordenados para vida eterna".

La teología de la apertura de Dios rechaza la tesis de que nuestros días estén determinados. Pinnock declara: "El teísmo convencional lucha con el fatalismo. El fatalismo y la predestinación... implican casi las mismas cosas en la práctica, como la certidumbre de todos los eventos futuros. Por ejemplo, si voy a morir hoy, moriré; si no, seguiré vivo. Nada de lo que haga puede cambiar algo. Se quitan todos los incentivos. Solo puedo pretender que marco una diferencia. El control divino anula la acción libre y cualquier responsabilidad".[88] ¿Lo hace? El dilema humano radica en su incapacidad para comprender que las *dos* verdades existen lado a lado... y así es. La soberanía de Dios y la responsabilidad humana se ven juntas con frecuencia. Pedro explicó en Pentecostés por qué murió Cristo: debido a la mano soberana de Dios; sin embargo, en el mismo comentario Pedro acusó al pueblo de haber crucificado a Jesús (Hch. 2:23). Dios había ordenado la muerte de Cristo, pero el pueblo que lo crucificó era responsable. ¿Quién puede entenderlo?

En efecto, Dios ha determinado el número de nuestros días en la tierra (Sal. 139:16) y nadie vivirá más allá de sus días señalados (Job 14:5). Aun así, también es cierto que los creyentes tienen la responsabilidad de cuidar sus cuerpos (Ro. 6:12-13; 12:1; 1 Co. 6:19-20).

(4) Si Dios "conoce los eventos cuando ocurren" y "aprende algo de lo que sucede", entonces Dios está desarrollando y aumentando su conocimiento, por lo tanto, Él es incompleto en su conocimiento. Si ello fuera cierto, Él sería menos que Dios. Dios no puede desarrollarse ni crecer en dimensión ninguna. Dios es completo en todos sus atributos. No es deficiente en ningún aspecto de ninguno de sus atributos (cp. Sal. 139:1-16).

Las Escrituras están repletas de pasajes donde se indica que Dios conoce el futuro antes de que las personas actúen; más aún, Dios gobierna y dicta el futuro. Las Escrituras aportan comentarios detallados sobre los eventos del final de los tiempos. Dios nombra las naciones que invadirán a Israel (Ez. 38:2-3, 5-6). De hecho, aunque ellos son responsables de sus acciones, es Dios quien los mueve a actuar (Ez. 38:4, 16). Él conoce las condiciones de Israel cuando la alianza de naciones invade su pueblo (Ez. 38:8). Conoce lo que hay en sus corazones cuando hacen planes malvados (Ez. 38:10). Dios conoce el resultado de los eventos, lo que hará cuando invadan a Israel (Ez. 38:19ss). Dios conoce lo que se harán entre ellos (Ez. 38:21). Todos estos eventos son futuros, y Dios conoce los pensamientos y planes de los invasores y cómo va a responder Él; todo antes de que dichos eventos ocurran.

Dios detalló los imperios mundiales de Babilonia, Medo-Persia, Grecia y Roma antes de que ocurrieran (Dn. 2:36-45). Jesús sabía de antemano quiénes creerían en Él (Jn. 6:64); también sabía que Judas lo traicionaría (Jn. 6:70-71). En el discurso del monte de los Olivos Cristo enuncia en detalle los eventos que ocurrirán en el período de la tribulación. Explica la naturaleza de la persecución contra los creyentes (Mt. 24:9ss), qué dirán y harán las personas (Mt. 24:11, 23-24), cuál será la respuesta de las personas cuando regrese (Mt. 24:30) y muchas cosas más.

Todo el libro de Apocalipsis delinea eventos futuros, y está repleto de declaraciones sobre cómo actuarán las personas y cómo responderá Dios. Dios tiene un conocimiento completo de los eventos específicos en la tribulación, como se explica en los juicios de los sellos, las trompetas y las copas (Ap. 6—16). El libro explica la respuesta de los gentiles (Ap. 11:18), la actividad de Satanás sobre la tierra (Ap. 12), la jactancia de la bestia y del falso profeta (Ap. 13) y la actividad de la gran ramera (Ap. 17). Las Escrituras están llenas de declaraciones en las cuales se indica que Dios conoce los eventos futuros; las cosas que harán las personas antes de que las hagan y cómo responderá Él. Tales personas tenían libertad en sus decisiones y eran responsables de ellas. La teología de la apertura de Dios presenta una perspectiva distorsionada de Dios cuando rechaza su omnisciencia.

(5) La inmutabilidad de Dios en su personalidad, sus acciones y sus relaciones es una clara enseñanza bíblica. Malaquías 3:6 y Santiago 1:17

afirman la inmutabilidad de Dios. Las Escrituras también son claras en cuanto a la omnisciencia de Dios (p. ej., Sal. 139:1-6). Como dice Richard Rice, si Dios puede aprender algo de los eventos que suceden, entonces no es inmutable ni omnisciente. Esta es una devaluación seria y no bíblica sobre la persona y la naturaleza de Dios.

(6) Russell Fuller respondió a la acusación sobre la base filosófica griega en el pensamiento judío sobre Dios y la teología cristiana. Los rabinos desdeñaban enfáticamente la filosofía griega y desconfiaban de ella. Su enfoque estaba en el Antiguo Testamento.[89] Fuller concluye que los rabinos reconocieron la tensión entre la soberanía divina y el libre albedrío, y aun así mantuvieron la preordenación y la presciencia de Dios.[90] Y concluye: "Los defensores de la apertura de Dios no pueden sostener su afirmación de que los padres de la iglesia incorporaron la filosofía griega en la teología de la iglesia".[91] Fuller demuestra además la hermenéutica inconsistente de los partidarios de la apertura de Dios: "A diferencia de los rabinos, los defensores de la apertura de Dios distinguen artificialmente entre el antropomorfismo físico y el no físico (antropopatismo). Rechazan las descripciones físicas de Dios, pues ven en ellas antropomorfismos, pero aceptan las descripciones emocionales y mentales de Dios (antropopatismos) y las entienden literalmente".[92] Tal cosa representa un serio defecto hermenéutico en la teología de la apertura de Dios.

(7) Gregory Boyd declara: "[Dios] pensó que algo ocurriría y no ocurrió",[93] y con ello infiere errores por parte de Dios. Si Él puede fallar, es menos que Dios. Dios hace lo que le place (Sal. 115:3; 135:6), "hace según su voluntad en el ejército del cielo, y en los habitantes de la tierra" (Dn. 4:35). Eso cubre toda faceta de la existencia. Dios es soberano sobre todas las cosas, eventos y decisiones de las personas (Ef. 1:11). Sus planes nunca fallan (Sal. 33:11); de hecho, Dios moldea los corazones de las personas (Sal. 33:15).

(8) Importantes teólogos como Thomas Oden, D. A. Carson, Norman Geisler, F. S. Leahy, Bruce Ware, John Piper, R. C. Sproul, Albert Mohler y otros, incluyendo la Convención Bautista del Sur, se han declarado contra la teología de la apertura de Dios… algunos en los términos más contundentes. Enfocan su crítica en la interpretación inapropiada de las Escrituras y concluyen que el teísmo abierto ha creado un Dios diferente. Algunos han utilizado términos como "herejía", "anticristiana", "pagana" y "blasfema" para describir la perspectiva de la apertura de Dios. Aunque tales críticas no son el criterio para decidir o rechazar una posición doctrinal, cuando tantos teólogos respetados expresan su consternación, debe abordarse tal doctrina con una precaución considerable.

¿Cómo puede confiarse en el Dios del teísmo abierto? Su Dios está preocupado, se equivoca, asume riesgos, puede ser infeliz y puede fallar. Paul Kjoss Helseth concluye correctamente: "En realidad no se puede confiar en el Dios del teísmo abierto".[94] Una conclusión aleccionadora.

El teólogo Wayne Grudem concluye: "El teísmo abierto conduce naturalmente a un abandono de la infalibilidad bíblica, a la no creencia en la confiabilidad de Dios y a una pérdida del propio evangelio".[95]

La teología de la apertura de Dios se debe rechazar en los términos más fuertes por no ser una perspectiva bíblica de Dios. Ha derivado su concepto de Dios del falible razonamiento humano, que eleva al hombre y despoja a Dios de su posición exaltada plasmada en las Escrituras.

NOTAS

1. J. Oliver Buswell Jr., *A Systematic Theology of the Christian Religion* [*Teología sistemática*] (Grand Rapids: Zondervan, 1962), 82-84; publicado en español por Logoi. Buswell explica la necesidad del argumento cosmológico. La única opción diferente es el universo eterno que se puede refutar a través de la segunda ley de la termodinámica.

2. Henry C. Thiessen, *Lectures in Systematic Theology*, rev. por Vernon D. Doerksen (Grand Rapids: Eerdmans, 1979), 28.

3. Lewis Sperry Chafer, *Systematic Theology* [*Teología sistemática*] (Dallas: Dallas Seminary, 1947), 1:155, 157. Publicado en español por Clie.

4. Thiessen, *Lectures in Systematic Theology*, 32-33. Véase esta obra para hallar respuestas a las teorías antiteístas. Para una refutación más amplia véase también Chafer *Systematic Theology* [*Teología sistemática*], 1:162-178.

5. Se han escrito muchas obras excelentes para refutar las falsas enseñanzas de la evolución, particularmente a través de escritos de biblistas como Bolten Davidheiser, Henry Morris y otros. Algunas obras que deben consultarse son John C. Whitcomb Jr., *La tierra primitiva* (Grand Rapids: Portavoz, 1994); Henry M. Morris, *The Twilight of Evolution* (Grand Rapids: Baker, 1963); S. Maxwell Coder y George F. Howe, *The Bible, Science, and Creation* (Chicago: Moody, 1965) y Henry M. Morris, *The Biblical Basis for Modern Science* (Grand Rapids: Baker, 1984). Quien estudie el tema debe consultar el material proporcionado por la Creation Research Society de San Diego.

6. Chafer, *Systematic Theology* [*Teología sistemática*], 1:174.

7. Thiessen, *Lectures in Systematic Theology*, 34-38. Véase esta obra para refutar las múltiples formas de panteísmo y otras teorías antiteístas.

8. A. H. Strong, *Systematic Theology* (Valley Forge: Judson, 1907), 244.

9. Gordon R. Lewis "God, Attributes of", en Walter A. Elwell, ed., *Evangelical Dictionary of Theology* [*Diccionario teológico de la Biblia*] (Grand Rapids: Baker, 1984), 451. Publicado en español por Caribe.

10. Louis Berkhof, *Systematic Theology* [*Teología sistemática*] (Grand Rapids: Eerdmans, 1941), 58. Publicado en español por T.E.L.L.

11. Wayne Grudem, *Systematic Theology* [*Teología sistemática*] (Grand Rapids: Zondervan, 1994), 267. Publicado en español por Vida.

12. Berkhof, *Systematic Theology* [*Teología sistemática*], 58.

13. S. R. Driver, *Critical and Exegetical Commentary on Deuteronomy in The International Critical Commentary*, 3ª ed. (Edimburgo: Clark, 1978), 90.

14. Berkhof, *Systematic Theology* [*Teología sistemática*], 62.

15. *Ibíd.*, 69.

16. *Ibíd.*

17. Thiessen, *Lectures in Systematic Theology*, 86.

18. Véase Leon Morris, *Testaments of Love* (Grand Rapids: Eerdmans, 1981) para una explicación definitiva de la naturaleza bíblica y el significado del amor.

19. Walter Grundmann, *"agathos"*, en *Theological Dictionary of the New Testament*, Gerhard Kittel, ed. (Grand Rapids: Eerdmans, 1964).

20. W. E. Vine, *An Expository Dictionary of New Testament Words* [*Diccionario Expositivo de palabras del Nuevo y Antiguo Testamento*] (Westwood, N.J.: Revell, 1940), 2:163. Publicado en español por Grupo Nelson.

21. William G. T. Shedd, *Dogmatic Theology* (Reimpresión. Nashville: Nelson, 1980), 1:385-386.

22. *Ibíd*, 1:387.

23. Grundmann, *Theological Dictionary of the New Testament*, 1:14.

24. Charles Hodge, *Systematic Theology* [*Teología sistemática*] 3 vols. (Reimpresión. Londres: Clarke, 1960), 157. Publicado en español por Clie.

25. Berkhof, *Systematic Theology* [*Teología sistemática*], 73.

26. Shedd, *Dogmatic Theology*, 1:362-363.

27. Berkhof, *Systematic Theology* [*Teología sistemática*], 73.

28. Grudem, *Systematic Theology* [*Teología sistemática*], 267.

29. Charles Hodge, *Systematic Theology* [*Teología sistemática*], 3 vols. (Reimpreso Londres: Clarke, 1960), 1:385. Publicado en español por Clie.

30. Véase Alva J. McClain, *The Greatness of the Kingdom* [*La grandeza del reino*] (Chicago: Moody, 1968), 22-36 para una explicación donde se expone el reino universal de Dios por toda la eternidad. Publicado en español por Editorial Cordillera.

31. Berkhof, *Systematic Theology* [*Teología sistemática*], 60.

32. *Ibíd.*, 61.

33. Strong, *Systematic Theology*, 279.

34. Es importante reconocer que hablar del conocimiento o presciencia de Dios no implica una conciencia pasiva de lo que ocurrirá, sino que Él ha decretado todos los eventos en conexión con su conocimiento o presciencia. Compárese Shedd, *Dogmatic Theology*, 1:353-358, 396-399.

35. Thiessen, *Lectures in Systematic Theology*, 82.

36. Buswell, *A Systematic Theology of the Christian Religion* [*Teología sistemática*], p. 72.

37. Rudolph Bultmann, *"Eleos"*, en Kittel, ed., *Theological Dictionary of the New Testament*, 2:479-485.

38. La palabra hebrea *chesed* en realidad denota "bondad", y el concepto se sobrepone tanto a misericordia como a gracia.

39. Charles C. Ryrie, *The Grace of God* [*La gracia de Dios*] (Chicago: Moody, 1963), 9-26. Publicado en español por Portavoz. Este es un libro muy útil sobre todo el tema de la gracia, y se recomienda ampliamente para entender apropiadamente esta importante doctrina.

40. Véase Shedd, *Dogmatic Theology*, 1:365-385, para una discusión amplia y excelente del tema.

41. Frank M. Cross, "El", en *Theological Dictionary of the Old Testament*, 6 vols., G. Johannes Botterweck y Helmer Ringgren, eds. (Grand Rapids: Eerdmans, 1977), 1:244.

42. Helmer Ringgren, "Elohim", en *Theological Dictionary of the Old Testament*, 1:273-274.

43. *Nelson's Expository Dictionary of the Old Testament*, Merrill F. Unger y William White Jr., eds., (Nashville: Nelson, 1980), 228-229, y Otto Eissfeldt, "Adhon", en *Theological Dictionary of the Old Testament*, 1:59-72.

44. Ryrie, *A Survey of Bible Doctrine* [*Síntesis de la doctrina bíblica*] (Chicago: Moody, 1989), 30. Publicado en español por Portavoz.

45. Chafer, *Systematic Theology* [*Teología sistemática*], 1:276.

46. Berkhof, *Systematic Theology* [*Teología sistemática*], 87.

47. *Ibíd.*, 88-89.

48. Buswell, *Systematic Theology* [*Teología sistemática*], 1:111-112, 119-120.

49. Cabe destacar que Jesús utilizó *eroteso* de *erotao*, un término utilizado para alguien del mismo nivel o familiaridad. Jesús nunca usó *aiteo*, propio de alguien inferior que pide algo a un superior. Compárese W. E. Vine, *An Expository Dictionary of New Testament Words* [*Diccionario Expositivo de palabras del Nuevo y Antiguo Testamento*] (Westwood, N.J.: Revell, 1940), 1:79, publicado en español por Grupo Nelson; H. Schonweiss, "Aiteo", en Colin Brown, ed., *The New International Dictionary of New Testament Theology*, 4 vols. (Grand Rapids: Zondervan, 1976), 2:856-857.

50. Véase la útil explicación de Buswell en *Systematic Theology* [*Teología sistemática*], 1:106-109.

51. J. E. Rosscup, "First-born", en Merrill C. Tenney, ed., *Zondervan Pictoral Encyclopedia of the Bible*, 5 vols. (Grand Rapids: Zondervan, 1975), 2:540-541.

52. El participio *proteuon* enfatiza la clase de acción y dirige la atención sobre estatus preeminente de Cristo. La posición enfática de *proteuon* intensifica el énfasis.

53. William F. Arndt y F. Wilbur Gingrich, *A Greek-English Lexicon of the New Testament and Other Early Christian Literature*, 2ª ed., rev. por F. Wilbur Gingrich y Frederick W. Danker (Chicago: Univ. of Chicago, 1979), 527.; véase también D. Moody, "God's Only Son: The Translation of John 3:16 in the Revised Standard Version", *Journal of Biblical Literature*, tomo 72, 1953, 213-219.

54. Karl-Heinz Bartels, "Monos", en *New International Dictionary of New Testament Theology*, 2:725.

55. Raymond E. Brown, "The Gospel According to John I-XII", en *The Anchor Bible*, 2ª ed. (Garden City: Doubleday, 1966), 1:13-14.

56. Fritz Rienecker, *A Linguistic Key to the Greek New Testament*, Cleon Rogers Jr., ed. (Grand Rapids: Zondervan, 1982), 521.

57. Berkhof, *Systematic Theology* [*Teología sistemática*], 102-103, aporta una explicación que aclara la distinción entre dos hechos: cuando Dios promulga su decreto o cuando lo determina a través de causas secundarias.

58. Estoy en deuda con Thiessen, *Lectures in Systematic Theology*, 104-110, por esta sección. Cuidadosamente organizada y explicada, esta sección es de suma utilidad para entender la enseñanza.

59. Véanse Benjamin B. Warfield, *The Plan of Salvation*, ed. rev. (Grand Rapids: Eerdmans, 1977); Walter A. Elwell, ed., *Evangelical Dictionary of Theology* [*Diccionario teológico de la Biblia*] (Grand Rapids: Baker, 1984), 560-561, 1059-1060, publicado en español por Caribe; Herman Bavinck, *The Doctrine of God* (Grand Rapids: Baker, 1979), 382-394 y Buswell, *Systematic Theology* [*Teología sistemática*], 2:134-136.

60. Clark H. Pinnock, *Most Moved Mover: A Theology of God's Openness* (Grand Rapids: Baker, 2001), 4-5. J. Sanders, *The God Who Risks: A Theology of Providence* (Downers Grove: InterVarsity, 1998), 282.

61. Pinnock, *Most Moved Mover*, 6.

62. *Ibíd.*, 7.

63. *Ibíd.*, 8.

64. *Ibíd.*, 11-12; B. L. Callen, *Clark H. Pinnock: Journey Toward Renewal: An Intellectual Biography*.

65. Pinnock, *Most Moved Mover*, 13.

66. Richard Rice, "Biblical Support for a New Perspective", en *The Openness of God: A Biblical Challenge to the Traditional View of God* (Downers Grove: InterVarsity, 1998), 15-16.

67. Pinnock, *Most Moved Mover*, 81.

68. *Ibíd.*, 82.

69. Rice, "Biblical Support for a New Perspective", en *The Openness of God*, 26.

70. *Ibíd.*, 29-30.

71. *Ibíd.*, 16.

72. Pinnock, *Most Moved Mover*, 27.

73. *Ibíd.*, 35.

74. *Ibíd.*, 41.

75. John Sanders, "Historical Considerations", en *The Openness of God*, 85.

76. *Ibíd.*, 99.

77. Pinnock, *Most Moved Mover*, 68.

78. Stephen J. Wellum, "The Inerrancy of Scripture", en *Beyond the Bounds*, John Piper, Justin Taylor y Paul Kjoss, eds. (Wheaton: Crossway, 2003), 274.

79. Sanders, "Historical Considerations", en *The Openness of God*, 160.

80. *Ibíd.*

81. E. W. Bullinger, *Figures of Speech Used in the Bible* [*Diccionario de figuras de dicción usadas en la Biblia*] (Reimpresión. Grand Rapids: Baker, 1968), 882. Publicado en español por Clie.

82. A. B. Caneday, "Veiled Glory: God's Self-Revelation in Human Likeness—A Biblical Theology of God's Anthropomorphic Self-Disclosure", en *Beyond the Bounds*, 160-161.

83. *Ibíd.*, 163.

84. J. I. Packer, *Evangelism and the Sovereignty of God* (Chicago: InterVarsity, 1961); Kenneth Boa, *God, I Don't Understand* (Wheaton: Victor, 1975). Estas dos fuentes tratan el asunto de las antinomias y animan al lector a convivir con la tensión.

85. Packer, *Evangelism and the Sovereignty of God*, 18-36.

86. Boa, *God, I Don't Understand*, 13.

87. *Ibíd.*, 14.

88. Pinnock, *Most Moved Mover*, 162-163.

89. Russell Fuller, "The Rabbis and the Claims of Openness Advocates", en *Beyond the Bounds*, 23-31.

90. *Ibíd.*, 32.

91. *Ibíd.*, 35.

92. *Ibíd.*, 36.

93. Gregory Boyd, *God of the Possible: A Biblical Introduction to the Open View of God* [*El Dios de lo posible*] (Grand Rapids: Baker, 2000), 61. Publicado en español por Vida.

94. Paul Kjoss Helseth, "The Trustworthiness of God and the Foundation of Hope" en en *Beyond the Bounds*, 306.

95. Wayne Grudem, "Why, When, and for What Should We Draw New Boundaries?", en *Beyond the Bounds*, 369.

PARA ESTUDIO ADICIONAL SOBRE LA TEOLOGÍA PROPIA

General

** John M. Frame, *Doctrine of God* (Phillipsburg: P&R, 2002).

** J. Carl Laney Jr., "God", en Charles R. Swindoll y Roy B. Zuck, eds., *Understanding Christian Theology* (Nashville: Nelson, 2003), 135-287.

** Norman Geisler, *Systematic Theology*, 4 vols. (Minneapolis: Bethany, 2003), 2:17-419.

La existencia de Dios

** Lewis Sperry Chafer, *Systematic Theology* [*Teología sistemática*] (Dallas: Dallas Seminary, 1947), 1:162-178. Publicado en español por Clie.

* Walter A. Elwell, ed., *Diccionario teológico de la Biblia* (Nashville, TN: Caribe, 2005).

** Augustus Hopkins Strong, *Systematic Theology* (Valley Forge, Pa.: Judson, 1907), 90-110.

* Henry C. Thiessen, *Lectures in Systematic Theology*, rev. por Vernon D. Doerksen, (Grand Rapids: Eerdmans, 1979), 32-40.

Los atributos de Dios

** Herman Bavinck, *The Doctrine of God* (Grand Rapids: Baker, 1979), 113-251. Este es un estudio exhaustivo y valioso para el estudiante serio.

** Lewis Sperry Chafer, *Systematic Theology* [*Teología sistemática*], 8 vols. (Dallas: Dallas Seminary, 1947), 1:187-224. Publicado en español por Clie.

** Stephen Charnock, *The Existence and Attributes of God*, 2 vols. (Reimpresión. Grand Rapids: Baker, 1979). Un clásico, la obra más importante sobre los atributos de Dios.

** Millard J. Erickson, *Christian Theology* [*Teología sistemática*] (Grand Rapids: Baker, 1983), 1:263-319. Publicado en español por Clie.

* William Evans, *The Great Doctrines of the Bible* [*Las grandes doctrinas de la Biblia*] (Chicago: Moody, 1949), 28-48. Publicado en español por Portavoz.

** Charles Hodge, *Systematic Theology* [*Teología sistemática*], 3 vols. (Reimpreso Londres: Clarke, 1960), 1:368-441. Publicado en español por Clie.

* Robert Lightner, *The God of the Bible* (Grand Rapids: Zondervan, 1975), 88-106.

** J. I. Packer, *Knowing God* [*El conocimiento del Dios santo*] (Downers Grove, Ill.: InterVarsity, 1973), 67-158. Publicado en español por Vida. Obra útil, escrita con un estilo ameno.

* Charles C. Ryrie, *A Survey of Bible Doctrine* [*Síntesis de la doctrina bíblica*] (Chicago: Moody, 1972), 17-25. Publicado en español por Portavoz.

** William G. T. Shedd, *Dogmatic Theology* (Reimpresión. Nashville: Nelson, 1980), 1:334-392. Un tratamiento superlativo realizado por un excelente teólogo. El estudiante serio debería interactuar con Shedd.

* Henry C. Thiessen, *Lectures in Systematic Theology*. rev. por Vernon D. Doerksen (Grand Rapids: Eerdmans, 1977), 75-88.

* A. W. Tozer, *El conocimiento del Dios santo* (Miami: Vida, 1996). Uno de los tratamientos mejor escritos sobre el tema. Debe leerse en primer lugar.

Los nombres de Dios

** Herman Bavinck, *The Doctrine of God* (Grand Rapids: Baker, 1979), 83-110.

** Louis Berkhof, *Systematic Theology* [*Teología sistemática*] (Grand Rapids: Eerdmans, 1941), 47-51. Publicado en español por T.E.L.L.

* Robert Lightner, *The God of the Bible* (Grand Rapids: Baker, 1978), 107-123.

* T. E. McComiskey "God, Names of", en Walter A. Elwell, ed., *Evangelical Dictionary of Theology* [*Diccionario teológico de la Biblia*] (Grand Rapids: Baker, 1984), 464-468. Publicado en español por Caribe.

* Charles C. Ryrie, *A Survey of Bible Doctrine* [*Síntesis de la doctrina bíblica*] (Chicago: Moody, 1972), 25-29. Publicado en español por Portavoz.

** Ethelbert Stauffer, "El and Elohim in the Old Testament", en *Theological Dictionary of the New Testament*, 10 vols., Gerhard Kittel y Gerhard Friedrich, eds. (Grand Rapids: Eerdmans, 1965), 3:79-92.

* Nathan J. Stone, *Los nombres de Dios* (Grand Rapids: Portavoz, 1996).

La trinidad de Dios

* Emery H. Bancroft, *Christian Theology* (Grand Rapids: Zondervan, 1976), 85-89.

** Louis Berkhof, *Systematic Theology* [*Teología sistemática*] (Grand Rapids: Eerdmans, 1941), 82-99. Publicado en español por T.E.L.L.

** J. Oliver Buswell Jr., *A Systematic Theology of the Christian Religion* [*Teología sistemática*] (Grand Rapids: Zondervan, 1962), 1:102-129. Publicado en español por Logoi.

* Walter A. Elwell, ed., *Evangelical Dictionary of Theology* [*Diccionario teológico de la Biblia*] (Grand Rapids: Baker, 1984), 1112-1113. Publicado en español por Caribe. Véanse también otros artículos individuales relacionados con este estudio.

** Millard J. Erickson, *Christian Theology* [*Teología sistemática*] (Grand Rapids: Baker, 1983), 1:321-342. Publicado en español por Clie.

* Charles C. Ryrie, *A Survey of Bible Doctrine* [*Síntesis de la doctrina bíblica*] (Chicago: Moody, 1972), 29-35. Publicado en español por Portavoz.

** William G. T. Shedd, *Dogmatic Theology*, 3 vols. (Reimpresión. Nashville: Nelson, 1980), 1:249-333.

* Henry C. Thiessen, *Lectures in Systematic Theology*, rev. por Vernon D. Doerksen, (Grand Rapids: Eerdmans, 1979), 89-99.

Los decretos de Dios

** Herman Bavinck, *The Doctrine of God* (Grand Rapids: Baker, 1979), 337-407.

** Louis Berkhof, *Systematic Theology* [*Teología sistemática*] (Grand Rapids: Eerdmans, 1941), 100-108. Publicado en español por T.E.L.L.

* Walter A. Elwell, ed., *Evangelical Dictionary of Theology* [*Diccionario teológico de la Biblia*] (Grand Rapids: Baker, 1984), 302-304. Publicado en español por Caribe.

** Millard J. Erickson, *Christian Theology* [*Teología sistemática*] (Grand Rapids: Baker, 1983), 1:345-363. Publicado en español por Clie.

* A. A. Hodge, *Outlines of Theology* (Reimpresión. Grand Rapids: Zondervan, 1973), 200-213.

** Charles Hodge, *Systematic Theology* [*Teología sistemática*], 3 vols. (Reimpresión. Londres: Clarke, 1960), 1:535-549. Publicado en español por Clie.

* Robert Lightner, *The God of the Bible* (Grand Rapids: Baker, 1978), 76-87.

** William G. T. Shedd, *Dogmatic Theology*, 3 vols. (Reimpresión Nashville: Nelson, 1980), 1:393-462. Esta es una explicación exhaustiva en una teología superlativa para ser consultada por el estudiante serio.

* Henry C. Thiessen, *Lectures in Systematic Theology*, rev. por Vernon D. Doerksen (Grand Rapids: Eerdmans, 1979), 100-110.

** Benjamin B. Warfield, *The Plan of Salvation*, (Reimpresión. Grand Rapids: Eerdmans, 1977).

Teísmo abierto

* D. Basinger, *The Case for Free Will Theism: A Philosophical Assessment* (Downers Grove: InterVarsity, 1996).

* Gregory Boyd, *El Dios de lo posible* (Miami: Vida, 2003).

* Clark Pinnock, ed., *The Grace of God an the Will of Man* (Grand Rapids: Zondervan, 1989).

* Clark Pinnock, *Most Moved Mover: A Theology of God's Openness* (Grand Rapids: Baker, 2001).

* Clark Pinnock et. al., *The Openness of God: A Biblical Challenge to the Traditional Understanding of God* (Downers Grove: InterVarsity, 1994).

* R. Rice, *God's Foreknowledge and Man's Free Will* (Minneapolis: Bethany, 1985).

* John Sanders, *The God Who Risks: A Theology of Providence* (Downers Grove: InterVarsity, 2007).

20

CRISTOLOGÍA:
DOCTRINA DE CRISTO

PRE-EXISTENCIA Y ETERNIDAD DE CRISTO

LA ETERNIDAD Y DEIDAD de Cristo están inseparablemente ligadas. Quienes niegan su eternidad también niegan su deidad. Si se establece la deidad de Cristo, no hay problema en aceptar su eternidad.

Pruebas directas

Nuevo Testamento. Muchos pasajes del Nuevo Testamento afirman claramente la eternidad de Jesucristo.

(1) Juan 1:1. La palabra "era" en la frase "En el principio era el Verbo" es el griego *hen*, el tiempo imperfecto que enfatiza la existencia continua en pasado. Entonces la frase podría traducirse "En el principio el Verbo existía continuamente". El principio de Juan probablemente llega hasta el origen del universo; Juan indica que no importa cuán atrás se vaya, el Verbo ya existía continuamente.[1]

(2) Juan 8:58. Aunque Abraham vivió dos mil años antes de Cristo, Él dijo "Antes que Abraham fuese, yo soy". Aunque Jesús nació en Belén, afirmó haber existido antes de Abraham. Vale la pena notar una vez más el tiempo verbal. Antes de que Abraham naciese, Cristo *existía continuamente*. Por supuesto, la declaración "yo soy" también es una referencia a su divinidad y afirma igualdad con Yahvéh. "Yo soy" hace referencia a Éxodo 3:14, donde Dios se identifica como "YO SOY EL QUE SOY".[2]

(3) Hebreos 1:8. El escritor de Hebreos comienza una serie de citas veterotestamentarias. El prefacio de tales declaraciones es "mas del Hijo dice"; luego las declaraciones siguientes se refieren a Cristo. Por lo tanto, la declaración "Tu trono, oh Dios, por el *siglo del siglo*" es una referencia a la eternidad de Cristo.

(4) Colosenses 1:17. Pablo declara: "Y *él es* antes de todas las cosas", que enfatiza una vez más la existencia y eternidad de Cristo con el uso del tiempo presente.

Antiguo Testamento.

(1) Miqueas 5:2. Esta declaración enfatiza que "sus salidas son desde el principio, desde los días de la eternidad". Aunque Jesús nació en Belén (profetizado en este versículo), ese no fue su comienzo; Él ha existido "desde los días de la eternidad".

(2) Isaías 9:6. Cristo es llamado "Padre Eterno". No quiere decir que Cristo sea el Padre, porque son dos Personas diferentes en la Trinidad. Quiere decir que Cristo también posee el título de Padre. Tal nombre sugiere su preexistencia y eternidad.

Pruebas indirectas

(1) El origen celestial de Cristo prueba su existencia eterna. Juan 3:13 enfatiza que Cristo "descendió del cielo". Si Cristo descendió del cielo, Belén no puede ser su principio. Este versículo indica que Él habitaba en el cielo antes de venir a la tierra; por lo tanto, es eterno (cp. Jn. 6:38).

(2) La obra previa a su encarnación prueba su existencia eterna. Juan 1:3 dice que Cristo creó todas las cosas ("todas" es enfático). Si Él creó todas las cosas, es eterno (cp. 1 Co. 8:6).

(3) Los títulos de Cristo prueban su existencia eterna. (a) *Yahvéh*. En Juan 12:41 el apóstol dice que Isaías vio "su gloria", una referencia a Cristo en ese contexto. Sin embargo, Juan citó Isaías 6:10, donde la referencia claramente es a Yahvéh (cp. Is. 6:3, 5). Luego Juan hace iguales a Jesús y a Yahvéh, el Señor del Antiguo Testamento; y como Yahvéh es eterno, Jesús es eterno. (b) *Adonai*. En Mateo 22:44 Cristo cita el Salmo 110:1: "Así dijo el SEÑOR a mi Señor" (NVI), y lo aplica para sí. El término "Señor" es *Adonai*, uno de los nombres para Dios en el Antiguo Testamento. Si Cristo se llamó Adonai, entonces Él es eterno, porque Dios es eterno.

(4) Las teofanías prueban su existencia eterna. Una teofanía puede definirse así: "Es la segunda Persona de la Trinidad que se aparece en forma humana... Debe considerarse la segunda Persona de la Trinidad a Aquel que entre los tres es llamado SEÑOR, o Yahvéh, en el incidente registrado en Génesis 18".[3] La identificación de Cristo con las apariciones del Ángel del Señor (la teofanía) se puede demostrar de la siguiente manera: se reconoce la divinidad del Ángel del Señor. Se le llama Dios (Jue. 6:11, 14 [NVI]; nótese que en el versículo 11 es llamado "ángel del SEÑOR", aunque en el versículo 14 se le llama "SEÑOR"). En otros ejemplos el Ángel del Señor es diferente de Yahvéh porque le habla a Yahvéh (Zac. 1:11; 3:1-2; cp. Gn. 24:7). El Ángel del Señor no podría haber sido el Espíritu o el Padre, porque ninguno de los dos se revela en forma física (cp. Jn. 1:18). El Ángel del Señor no vuelve a aparecer después de la encarnación de Cristo. No hay mención al Ángel del Señor en el Nuevo Testamento; no aparece más después del nacimiento de Cristo.

PROFECÍAS DE CRISTO EN EL ANTIGUO TESTAMENTO

Profecías sobre el linaje de Cristo[4]

Nacimiento virginal. Génesis 3:15 es conocido como el *protoevangelio* porque es la primera profecía (de buenas nuevas) sobre Cristo. Habría enemistad entre Satanás y el Mesías, identificado aquí como la simiente de la mujer. Esta identificación le pertenece solo a María, y sugiere el nacimiento virginal; el Mesías nació solo de la virgen. Mateo 1:16 también lo enfatiza en la frase "de la cual" (gr., *hes*), un pronombre relativo femenino por el cual se enfatiza el nacimiento de Jesús sin la participación de José.

Línea de Sem. Cuando Génesis 9:26 (NVI) menciona el nombre específico "el Señor, Dios de Sem", "da a entender la preservación de la verdadera religión entre los descendientes de Sem".[5] Al final, la línea de Sem llevará bendición al linaje de los otros dos hijos de Noé. Más aún, se usa el nombre mucho más específico "Señor" (Yahvéh), "que se refiere a su revelación e instituciones para redimir al hombre".[6] El título "Dios de Sem" sugiere también "que Dios tendría una relación completamente particular con la posteridad de Sem, la favorecería con las revelaciones de su voluntad".

Línea de Abraham. En Génesis 12:2 Dios le hace una promesa a Abraham, "engrandeceré tu nombre", la cual sugiere que el Mesías vendría de su descendencia y que en él "serán benditas... todas las familias de la tierra". Según Mateo 1:1 y Gálatas 3:16, esta promesa se cumplió en Cristo (cp. Gn. 13:15).

Línea de Isaac. Por medio de los descendientes de Isaac, Dios estableció su pacto e instituyó sus bendiciones (Gn. 17:19).

Línea de Jacob. La línea de bendición mesiánica se estrecha aún más, pues la bendición fluyó a través de Jacob, no de Ismael (Gn. 25:23; 28:13). Números 24:17 enfatiza que de la descendencia de Jacob saldrá un gobernante ("cetro") que aplastará al enemigo, un "dominador" (v. 19; cp. Ro. 9:10-13).

Línea de Judá. Génesis 49:10 afirma que el Mesías (como Rey) vendrá de la tribu de Judá. El Mesías, de la tribu de Judá, poseerá el "cetro". "El rey sostenía el cetro en su mano cuando hablaba en las asambleas públicas; cuando se sentaba en su trono, lo apoyaba entre sus pies y se inclinaba sobre él".[7] Este versículo también explica que Judá tendrá el linaje "hasta que venga Siloh". Siloh tiene varias interpretaciones: como título del Mesías quiere decir "Hombre de descanso";[8] habla del Mesías como "pacificador, generador de paz".[9] El Mesías será un hombre de paz (cp. Sal. 72:7; 122:7; Jer. 23:6; Zac. 9:10); la frase "hasta que venga Siloh" podría traducirse "hasta que venga aquel a quien [esto] le pertenece". "Y a él se congregarán los pueblos" enfatiza que el Mesías regirá las naciones del mundo en el reino milenario.

Línea de David. El Mesías será descendiente de David (2 S. 7:12-16). En esta promesa a David (cp. el v. 16) el Señor indicó que su descendiente (el Mesías) tendría una dinastía eterna ("casa"), regiría ("trono") sobre el pueblo ("reino") y su reinado sería "estable eternamente". El Salmo 89 expande esta promesa.

218 COMPENDIO PORTAVOZ DE TEOLOGÍA

PROFECÍAS DE CRISTO EN EL ANTIGUO TESTAMENTO		
Tema	**Profecía**	**Pasaje**
Linaje de Cristo	Nacimiento virginal	Génesis 3:15
	Linaje de Sem	Génesis 9:26
	Linaje de Abraham	Génesis 12:2
	Linaje de Isaac	Génesis 17:19
	Linaje de Jacob	Génesis 25:23; 28:13
	Linaje de Judá	Génesis 49:10
	Linaje de David	2 Samuel 7:12-16
Nacimiento de Cristo	Forma del nacimiento	Isaías 7:14
	Lugar del nacimiento	Miqueas 5:2
Vida de Cristo	Su precursor	Isaías 40:3
	Su misión	Isaías 61:1
	Su ministerio	Isaías 53:4
	Su enseñanza	Salmo 78:2
	Su presentación	Zacarías 9:9
	Su rechazo	Salmo 118:22
Muerte de Cristo	Una muerte dolorosa	Salmo 22
	Una muerte violenta	Isaías 52—53
Victoria de Cristo	Su resurrección	Salmo 16:10
	Su ascensión	Salmo 68:18
Reino de Cristo	Como rey soberano	Salmo 2
	Desde la Jerusalén exaltada	Salmo 24
	Con autoridad gubernamental	Isaías 9:6-7
	En justicia pacífica	Isaías 11
	Por la restauración feliz	Isaías 35:1-10

Profecías sobre el nacimiento de Cristo

La manera. Isaías 7:14 prometió una señal para el incrédulo rey Acaz. La profecía era que una virgen tendría un hijo cuyo nombre sería Emanuel: Dios con nosotros. Las siete veces que aparece el término "virgen" (heb., *almah*) "nunca se refiere a una soltera que haya perdido su virginidad…".[10] El pasaje tiene cumplimiento cercano y lejano: en el futuro inmediato se cumplió con el nacimiento de Maher-salal-hasbaz (Is. 8:3) y en el futuro distante se cumplió con el nacimiento virginal de Jesucristo. Mateo 1:23 proporciona un comentario sobre este versículo.

El lugar. Miqueas 5:2 identifica Belén como el lugar de nacimiento de Cristo, un pueblo pequeño más que insignificante para ser detallado entre los pueblos de Judá (cp. Jos. 15:60), diferente de Belén de Zabulón (Jos. 19:15). Mateo 2:6 hace un comentario sobre este versículo.

Profecías sobre la vida de Cristo

Su precursor. Isaías 40:3 identifica a Juan el Bautista, el precursor, como aquel que llama al pueblo al arrepentimiento y a la preparación espiritual porque el reino de los cielos se había acercado (Mt. 3:3; Jn. 1:23). Malaquías 3:1 identifica al precursor del Mesías como un mensajero que preparará el camino del Señor. Malaquías 3:1 tiene una idea paralela a Isaías 40:3 (cp. Mt. 11:19; Mr. 1:2-3).

Su misión. Isaías 61:1 promete que Cristo sería ungido en su ministerio por el Espíritu Santo, quien le daría poder para predicar el evangelio a los pobres, liberar a quienes estaban en atadura espiritual y dar vista a los ciegos (Lc. 4:18-19). Isaías 9:1-2 predice que Cristo se identificará con la sociedad despreciada y con los gentiles. Tal cosa se cumplió cuando Cristo se estableció en Nazaret (donde había una guarnición romana) y luego en Capernaum (Mt. 4:15-16).

Su ministerio. Isaías 53:4 dice que Cristo llevaría las enfermedades de las personas, lo cual según Mateo se cumplió en el ministerio terrenal de Cristo cuando curaba a los enfermos (Mt. 8:17). Isaías 35:5-6 e Isaías 61:1-2 se combinan en la respuesta de Jesús a la pregunta de Juan, lo cual indica que en el ministerio terrenal de Cristo se estaban cumpliendo las profecías de Isaías al dar vista a los ciegos, curar a los cojos, limpiar a los leprosos, resucitar a los muertos y predicar las buenas nuevas (Mt. 11:5-6). Isaías 42:2-4 diferencia a Cristo de los fariseos. No será pendenciero ni contencioso; será bueno y compasivo; no aplastará a los débiles ni a los pobres; los consolará. Por esta razón muchos gentiles creerían en Él (Mt. 12:19-21).

Su enseñanza. El Salmo 78:2 predice que Cristo enseñaría con parábolas para revelar verdades ocultas anteriormente (Mt. 13:35).

Su presentación. Zacarías 9:9 predice la entrada triunfal de Cristo en Jerusalén sobre un animal en perfecto estado (Mt. 21:5). Según el Salmo 118:26 Cristo llegará a la nación como Libertador del pueblo que clama por ayuda y liberación (Mt. 21:9). El Salmo 110:1 dice que Cristo es más grande que David; en Él, David reconoció a su Señor y aquel que al final sometería a sus enemigos (Mt. 22:44).

Su rechazo. El Salmo 118:22 declara que Cristo será rechazado. Cristo, a quien se le compara con la más importante piedra angular que mantiene unido a un edificio, será rechazado por el pueblo judío (Mt. 21:42). Isaías 29:13 dice que el pueblo apoyará a Cristo de boquilla, pero no será obediencia genuina (Mt. 15:8-9).

Zacarías 13:7 declara que los amigos se olvidarían de Cristo en el momento crucial (Mt. 26:31). Al combinar Jeremías 18:1-2; 19:1-15; 32:6-9 y Zacarías 11:12-13, se ve que los profetas del Antiguo Testamento predijeron la entrega de Cristo por treinta monedas de plata (Mt. 27:9-10).

Profecías sobre la muerte de Cristo

Una muerte dolorosa. El Salmo 22 describe los sufrimientos de Cristo. Aquí David utiliza muchas expresiones poéticas para retratar vívidamente cuán intensas serían las agonías del Señor. Tales figuras del lenguaje se hicieron verdades literales cuando Jesús sufrió a manos de sus enemigos.[11] El Salmo 22:1 profetiza el grito de Cristo en la cruz, donde cargaría judicialmente con los pecados del mundo (Mt. 27:46; Mr. 15:34). El versículo 7 describe a los que le veían, los cuales lo ridiculizaban (Mt. 27:39). El versículo 8 profetiza las palabras precisas de quienes lo insultaban (Mt. 27:43). El versículo 16 profetiza cómo perforaron sus manos y sus pies (Jn. 20:25). El versículo 17 indica que ninguno de los huesos de Cristo se quebraría (Jn. 19:33-36). El Salmo 22:18 profetiza que los soldados echarían suertes para la ropa de Cristo (Jn. 19:24). El Salmo 22:24 profetiza la oración de Cristo al Padre sobre su muerte inminente (Mt. 26:39; He. 5:7).

Una muerte violenta. Isaías 52 y 53 también retratan los sufrimientos futuros de Cristo. Isaías 52:14 describe la desfiguración de Cristo como resultado de los azotes (Jn. 19:1).[12] Isaías 53:5 profetiza el azotamiento y la muerte violenta de Cristo (Jn. 19:1, 18). Isaías 53:7 profetiza que el Mesías sería como un cordero: callado y obediente en su camino a la muerte (Jn. 1:29).

Profecías sobre la victoria de Cristo

Su resurrección. En Hechos 2:2-28, Pedro aplica a Cristo la esperanza de David en el Salmo 16:10, con lo cual indica que esos versículos profetizaban la resurrección de Cristo (Hch. 2:24ss). Tal cosa no se cumplió para David, porque este murió y fue sepultado (Hch. 2:29); más bien, este pasaje habla de la resurrección de Cristo (Hch. 2:31; cp. Hch. 13:35). El Salmo 22:22 se aplica tipológicamente a Cristo en Hebreos 2:12 donde, tras su resurrección, Cristo expresa su alabanza por ella.

Su ascensión. El Salmo 68:18 anticipa el final decretado por Dios para la vida terrenal del Señor (cp. Ef. 4:8).

Profecías sobre el reinado de Cristo

En numerosos capítulos del Antiguo Testamento hay referencias al futuro reinado milenario de Cristo en la tierra. El Salmo 2 describe la instauración de Cristo como Rey en Jerusalén, desde donde gobernará a las naciones del mundo (Sal. 2:6-9). El Salmo 24:7-10 describe la entrada triunfal del Rey a Jerusalén para gobernar. Isaías 9:6-7 describe a Cristo como el Hijo en su gobierno. Isaías 11:1-16 indica que el reinado de Cristo será de justicia (vv. 1-5), pacífico (vv. 6-9), sobre el Israel restaurado y sobre las naciones del mundo (vv. 10-16). Isaías 24:23 profetiza que el reinado de Cristo tendrá lugar en Jerusalén. Isaías 35:1-10 enfatiza las bendiciones de la tierra y la nación restauradas en el reino del Mesías. Daniel

7:13-14 enfatiza que el gobierno de Cristo será sobre todas las personas y naciones. Zacarías 14:9-21 profetiza la destrucción de los enemigos de Israel y el gobierno de Cristo sobre todas las naciones del mundo.

PROFECÍAS CUMPLIDAS CONCERNIENTES A CRISTO		
Asunto	Profecía en el Antiguo Testamento	Cumplimiento en el Nuevo Testamento
Linaje de Abraham	Génesis 12:2	Mateo 1:1; Gálatas 3:16
Linaje de Judá	Génesis 49:10	Mateo 1:2
Linaje de David	2 Samuel 7:12-16	Mateo 1:1
Nacimiento virginal	Isaías 7:14	Mateo 1:23
Belén, lugar de nacimiento	Miqueas 5:2	Mateo 2:6
Juan, el precursor	Isaías 40:3; Malaquías 3:1	Mateo 3:3
Rey	Números 24:17; Salmo 2:6	Mateo 21:5
Profeta	Deuteronomio 18:15-18	Hechos 3:22-23
Sacerdote	Salmo 110:4	Hebreos 5:6-10
Cargó con los pecados del mundo	Salmo 22:1	Mateo 27:46
Ridiculizado	Salmo 22:7-8	Mateo 27:39, 43
Manos y pies horadados	Salmo 22:16	Juan 20:25
Los huesos no se quebraron	Salmo 22:17	Juan 19:33-36
Apuesta de los soldados	Salmo 22:18	Juan 19:24
Oración de Cristo	Salmo 22:24	Mateo 26:39; Hebreos 5:7
Desfiguración	Isaías 52:14	Juan 19:1
Azotamiento y muerte	Isaías 53:5	Juan 19:1, 18
Resurrección	Salmo 16:10; 22:22	Mateo 28:6; Hechos 2:27-28
Ascensión	Salmo 68:18	Lucas 24:50-53; Hechos 1:9-11

La Encarnación de Cristo

Significado de la encarnación

La palabra *encarnación* quiere decir "en la carne", y denota el acto por el cual el Hijo eterno de Dios tomó para sí una naturaleza adicional —la humana— a través del nacimiento virginal. El resultado es que la deidad de Cristo permanece intachable para siempre, como ha sido desde el pasado eterno; pero también posee humanidad verdadera y sin pecado en la misma Persona para siempre (cp. Jn. 1:14; Fil. 2:7-8; 1 Ti. 3:16).

Explicación de la encarnación

Genealogías. Hay dos genealogías que describen la encarnación de Cristo: Mateo 1:1-16 y Lucas 3:23-38. La relación entre estas dos genealogías ha provocado debates y controversias. Pero vale la pena anotar una cosa: las dos genealogías trazan el linaje de Jesús hasta David (Mt. 1:1; Lc. 3:31) y con ello enfatizan su legítima afirmación como heredero del trono de David (cp. Lc. 1:32-33). Parece que Mateo describe el linaje de José (cp. el v. 16), y como el heredero reclamaba su lugar a través de su padre, el derecho de Jesús al trono davídico llegaba por medio de José, su padre adoptivo.[13] Lucas cita el linaje de Jesús desde María hasta Adán, con lo cual "conecta a Cristo con la simiente de la mujer predicha".[14]

Nacimiento virginal. El nacimiento virginal fue el *medio* por el cual tuvo lugar la encarnación y garantizó la naturaleza no pecaminosa del Hijo de Dios. Por esa razón era esencial. Isaías 7:14 predice el nacimiento virginal y Mateo 1:23 hace un comentario donde indica que este se cumplió en el nacimiento de Cristo. Mateo 1:23 identifica a María como "virgen" (gr., *parthenos*, que denota claramente a una virgen).[15] Los textos de Mateo y Lucas son claros en la enseñanza del nacimiento virginal. Mateo 1:18 enfatiza que María estaba embarazada antes de que José viviera con ella; más aún, el mismo versículo indica que su embarazo se debió al Espíritu Santo. Mateo 1:22-23 enfatiza que en el nacimiento de Cristo se cumplió la profecía del nacimiento virginal de Isaías 7:14. Mateo 1:25 enfatiza que María fue virgen *hasta* el nacimiento de Cristo. Lucas 1:34 declara que María no había tenido relaciones con hombre alguno, mientras que en Lucas 1:35 el ángel le explica a María que su embarazo se debió a que el Espíritu Santo la cubrió con su sombra.[16]

LA HUMANIDAD DE CRISTO

Significado de la humanidad de Cristo

La doctrina de la humanidad de Cristo es tan importante como la doctrina de su divinidad. Jesús tenía que ser hombre si iba a representar a la humanidad caída. 1 Juan fue escrita para disipar el error doctrinal que niega la verdadera humanidad de Cristo (cp. 1 Jn. 4:2). Si Jesús no era un hombre real, la muerte en la cruz fue una ilusión; tenía que ser real para morir por la humanidad. Las Escrituras enseñan la humanidad verdadera de Jesús. No obstante, también muestran que no poseía el pecado del hombre, la naturaleza caída (cp. 1 Jn. 3:5).

Nació de una virgen

El nacimiento virginal es una doctrina esencial (y bíblica), necesaria para que Cristo no tuviera pecado. Si hubiera nacido de José, habría poseído naturaleza pecaminosa. Hay considerable evidencia en los Evangelios donde se afirma el nacimiento virginal de Cristo. En Mateo 1:2-15 se usa la forma activa de los verbos: "Abraham engendró a Isaac" (v. 2). Sin embargo, en el versículo 16, hay un cambio deliberado a la forma pasiva para describir el nacimiento de Jesús. La frase "de la cual nació Jesús" enfatiza que, en contraste con todos los anteriores padres, José no engendró a Jesús (véase la explicación anterior para información adicional).[17]

Tuvo un cuerpo verdadero de carne y sangre

El cuerpo de Jesús "era como el cuerpo de los otros hombres excepto por las características resultantes del pecado y el fracaso humanos".[18] Al describirse en Lucas 1—2 el embarazo de María y su alumbramiento del niño Jesús, se afirma al verdadero Salvador de la humanidad. Jesús no era un fantasma, como enseñaban los docetistas. Más adelante en su vida se le reconoció como judío (Jn. 4:9) y como el carpintero que tenía hermanos y hermanas (Mt. 13:55). Al final sufrió grandemente en su cuerpo humano: experimentó el dolor de los azotes (Jn. 19:1), el horror de la crucifixión (Jn. 19:18) y en la cruz tuvo sed como un hombre (Jn. 19:28). Tales elementos enfatizan su humanidad verdadera.

Tuvo un desarrollo normal

Lucas 2:52 describe el desarrollo de Jesús en cuatro áreas: mental, física, espiritual y social. Continuó desarrollándose en su conocimiento de las cosas, creció en su cuerpo físico, desarrolló su conciencia espiritual (no hubo interacción con el pecado, por supuesto, pues no pecó desde su nacimiento hasta su muerte) y desarrolló sus relaciones sociales. Su desarrollo en estas cuatro áreas fue *perfecto*; "en cada etapa fue perfecto para esa etapa".[19]

Tenía alma y espíritu humanos

Jesús fue un ser humano completo; tenía cuerpo, alma y espíritu. Jesús estuvo atribulado en su alma por la anticipación de la cruz (Jn. 12:27). Tenía conciencia de que iba a cargar con los pecados del mundo y estaba abrumado con la perspectiva. Juan 11:33 describe en los términos más fuertes la emoción que Jesús sintió en su espíritu humano cuando murió su amigo Lázaro.[20] Estuvo atribulado en su espíritu humano por la perspectiva de su crucifixión inminente (Jn. 13:21) y finalmente entregó su espíritu cuando murió (Jn. 19:30).

Tenía características de un ser humano

Jesús tuvo hambre cuando estaba ayunando en el desierto (Mt. 4:2), se cansó y se detuvo a descansar cuando Él y sus discípulos fueron hasta Samaria (Jn. 4:6), y el viaje en aquel día caluroso le produjo sed (Jn. 4:7). Jesús también experimentó emociones humanas: lloró la muerte de su amigo Lázaro (Jn. 11:34-35); sintió compasión de las personas porque no tenían líderes capaces (Mt. 9:36); experimentó pena, y se lamentó por los habitantes de Jerusalén (Mt. 23:37; Lc. 19:41).

Tuvo nombres humanos

Se le llamó "hijo de David" para indicar su descendencia del rey David (Mt. 1:1). También se llamó Jesús (Mt. 1:21), el equivalente a Josué en el Antiguo Testamento (cuyo significado es "Yahvéh salva"). Se refirieron a Él como "varón". Pablo señala un día futuro en que el mundo será juzgado por un "varón" (Hch. 17:31). En su humanidad Jesús también es mediador entre Dios y los hombres (1 Ti. 2:5).

LA DEIDAD DE CRISTO

Significado de la deidad de Cristo

Durante los primeros siglos de la iglesia había grupos que negaban la humanidad verdadera de Cristo. Pero el énfasis hoy es el opuesto. En los pasados doscientos años la teología liberal ha expresado vigorosamente la negación de la divinidad de Cristo. Aun así, C. S. Lewis estaba en lo cierto cuando dijo que las únicas opciones disponibles relativas a la persona de Cristo eran: Él es un mentiroso, un lunático o el Señor. Considerando las enormes afirmaciones hechas por Cristo, sería sencillamente imposible designarlo como un "buen maestro". Él afirmó ser mucho más que un maestro.

Afirmar que Cristo es Dios no consiste tan solo en sugerir "semejanza a Dios". Cristo es absolutamente igual al Padre en su Persona y sus obras. Cristo es *deidad no disminuida*. Cuando B. B. Warfield comenta la frase "[Cristo], siendo en *forma* de Dios" de Filipenses 2:6, dice: "Se declara de la forma más expresa posible que Él es todo lo que Dios es; posee toda la plenitud de atributos que hacen a Dios divino".[21]

Importancia de la deidad de Cristo

Atacar la deidad de Cristo es atacar los cimientos del cristianismo. El reconocimiento de la muerte sustitutiva de Cristo para proveer salvación a la humanidad perdida está en el centro de la creencia ortodoxa. Si Jesús fuera tan solo un hombre, no podría haber muerto para salvar al mundo; es por causa de su divinidad que su muerte tiene valor infinito para todo el mundo.

Enseñanza de la deidad de Cristo

Las Escrituras están repletas de afirmaciones personales de Cristo y testimonios de otros concernientes a su deidad. Particularmente, el Evangelio de Juan es rico en su énfasis de la deidad de Cristo.

Sus nombres. (1) Dios. En Hebreos 1:8ss el escritor declara la superioridad de Cristo con respecto a los ángeles y adscribe a Cristo el Salmo 45:6-7. Declara antes de citar este salmo: "mas del Hijo dice"; luego sí cita el salmo que reza: "Tu trono, *oh Dios*, es eterno y para siempre" y "por tanto Dios" (LBLA). Las dos designaciones "Dios" hacen referencia al Hijo (He. 1:8). Tomás, tras ver a Cristo resucitado con las heridas abiertas, confesó: "¡Señor mío, y *Dios* mío!" (Jn. 20:28; algunos de los que rechazan la divinidad de Cristo sugieren sorprendentemente que la declaración de Tomás fue un arrebato blasfemo). Tito 2:13 se refiere a Jesús como "nuestro gran Dios y Salvador Jesucristo".[22] La regla de gramática griega Granville Sharpe declara que cuando dos nombres están unidos por *kai* (y) y el primer nombre tiene artículo pero el segundo no, los dos nombres se refieren a la misma cosa. Por lo tanto, "gran Dios" y "Salvador" se refieren a "Jesucristo". Juan 1:18 declara que "el unigénito Hijo" —una referencia a Cristo— ha explicado al Padre.[23]

(2) Señor. Cuando Cristo debatía con los fariseos, demostró que el Mesías era más que simplemente un descendiente de David. Les recordó que el mimo David llamó al Mesías "mi Señor" (Mt. 22:44). En Romanos 10:9-13 Pablo se refiere a Jesús como Señor. En el versículo 9 enfatiza que reconocerlo como Señor (deidad) resulta en salvación. En el versículo 13 Pablo cita Joel 2:32, donde se hace referencia al Señor; pero Pablo la aplica a Jesús y así afirma la igualdad de Cristo con Yahvéh en el Antiguo Testamento. En Hebreos 1:10 el escritor aplica a Cristo el Salmo 102:25 y lo llama "Señor".

(3) Hijo de Dios. Jesús afirmó ser el Hijo de Dios en varias ocasiones (cp. Jn. 5:25). Frecuentemente se entiende mal este nombre de Cristo; algunos sugieren que "Hijo" denota inferioridad respecto al Padre. No obstante, los judíos entendieron la afirmación que Jesús estaba haciendo; cuando dijo que Él era el Hijo de Dios, los judíos dijeron que estaba "haciéndose igual a Dios" (Jn. 5:18).

Sus atributos. (1) Eternidad. Juan 1:1 afirma la eternidad de Cristo. El verbo "era" (gr. imperfecto *hen*) sugiere su existencia continua en tiempo pasado. En Hebreos 1:11-12 el escritor aplica el Salmo 102:25-27, con lo cual expresa la eternidad de Dios en Cristo.

(2) Omnipresencia. En Mateo 28:20 Cristo les prometió a los discípulos que siempre estaría con ellos. Reconociendo que Cristo tiene naturaleza divina y humana, debe declararse que en su humanidad está ubicado en el cielo pero en su deidad es omnipresente.[24] Cristo habita en cada creyente, y ello demanda omnipresencia (cp. Jn. 14:23; Ef. 3:17; Co. 1:27; Ap. 3:20).

(3) Omnisciencia. Jesús sabía qué había en los corazones de los hombres y por ello no se confiaba a ellos (Jn. 2:25). Le dijo a la mujer samaritana su historia incluso sin haberla conocido antes (Jn. 4:18). Sus

discípulos reconocieron su omnisciencia (Jn. 16:30). Sus múltiples predicciones de su muerte demuestran su omnisciencia (cp. Mt. 16:21; 17:22; 20:18-19; 26:1-2).

(4) Omnipotencia. Jesús declaró que Él tenía toda autoridad en el cielo y en la tierra (Mt. 28:18). Tenía el poder para perdonar pecados, algo que solo Dios puede hacer (cp. Mr. 2:5, 7, 10; Is. 43:25; 55:7).

(5) Inmutabilidad. Cristo no cambia; Él siempre es el mismo (He. 13:8). Este es un atributo de la deidad (Mal. 3:6; Stg. 1:17).

(6) Vida. Toda la Creación —humana, animal y vegetal— está viva porque se les ha infundido vida. Cristo es diferente. Tiene vida en sí mismo; no es vida derivada, sino que Él es la vida (Jn. 1:4; 14:6; cp. Sal. 36:9; Jer. 2:13).

Sus obras. (1) Creador. Juan declara que nada existe sin que Cristo lo haya creado (Jn. 1:3). Colosenses 1:16 enseña que Cristo no creo solo la tierra, sino también los cielos y el reino angélico.

(2) Sustentador. Colosenses 1:17 enseña que Cristo es la fuerza cohesiva del universo. Hebreos 1:3 sugiere que Cristo es "quien sustenta todas las cosas".[25] Esta es la fuerza del participio griego *pheron.*

(3) Perdonador de pecados. Solamente Dios puede perdonar los pecados: el hecho de que Jesús lo hiciera demuestra su deidad (cp. Mr. 2:1-12; Is. 43:25).

(4) Hacedor de milagros. Los milagros de Cristo fueron prueba de su divinidad. Es valioso estudiar los milagros de Cristo y notar la afirmación de divinidad que supone cada uno de ellos. Por ejemplo, cuando Jesús le da la vista al ciego, el pueblo podría haber recordado el Salmo 146:8: "abre los ojos a los ciegos".

Su adoración. En las Escrituras es una verdad fundamental que solo Dios debe ser adorado (Dt. 6:13; 10:20; Mt. 4:10; Hch. 10:25-26). El hecho de que Jesús reciba adoración de las personas es una fuerte prueba de su divinidad. En Juan 5:23 Jesús dijo que se le debía rendir honor y reverencia *tal como* la gente honra al Padre. Si Jesús no fuera Dios, tal declaración sería completamente blasfema. La bendición de 2 Corintios 13:14 para el creyente es del Dios trino. La forma de la bendición sugiere la igualdad de las tres Personas. En la entrada triunfal Jesús se aplicó los cánticos de los jóvenes para citar así el Salmo 8:2: "De la boca de los niños y de los que maman, perfeccionaste la alabanza" (Mt. 21:16). El Salmo 8 se dirige a Yahvéh y describe la adoración que se le rinde; Jesús aplica a sí mismo esa misma adoración. Cuando el ciego a quien Jesús sanó se encontró con Él y descubrió quién era, lo adoró (Jn. 9:38). Como Jesús no rechazó la adoración, se muestra que Él es Dios. En 2 Timoteo 4:18 Pablo se refiere a Jesús como Señor y le atribuye gloria. La gloria se refiere a la *shekina* de Dios y pertenece solo a la divinidad. En Filipenses 2:10 Pablo ve el día futuro en que toda la tierra y el cielo adorarán a Cristo.

UNIÓN HIPOSTÁTICA

Significado de *unión hipostática*

Se puede definir la unión hipostática como "la segunda Persona, el Cristo pre-encarnado que vino, asumió la naturaleza humana y sigue siendo para siempre, en una persona, verdaderamente humano y divino sin que por ello disminuya su divinidad". Cuando Cristo vino, vino una persona, no solo una naturaleza; tomó una naturaleza adicional, la humana; no habitó tan solo en una persona humana. El resultado de la unión de las dos naturalezas es la Persona teoantrópica (el Dios-hombre).

Explicación de la unión hipostática

Las dos naturalezas de Cristo están unidas de forma inseparable sin mezcla o pérdida de su identidad separada. Sigue siendo Dios-hombre para siempre, completamente Dios y completamente humano, dos naturalezas distintas en una persona para siempre. "Aunque a veces Cristo operó en la esfera de su humanidad y en otros casos en la de su divinidad, en todos los casos puede atribuirse a una única persona lo que hizo y lo que era. Aun cuando es evidente que en Cristo había dos naturalezas, nunca se considera una personalidad dual".[26] En resumen, se pueden anotar tres hechos: (1) Cristo tiene dos naturalezas distintas: la humana y la divina; (2) no hay mezcla o fusión de las dos naturalezas; (3) aunque tiene dos naturalezas, Cristo es una Persona.

Problema de la unión hipostática

La mayor dificultad en esta doctrina involucra la relación de las dos naturalezas del Señor Jesús. Se han desarrollado varias opiniones al respecto.

Punto de vista calvinista. Juan Calvino enseñó que las dos naturalezas están unidas sin transferencia de atributos. Un atributo no se puede quitar de una naturaleza sin cambiar la esencia de esa naturaleza. Walvoord declara: "Las dos naturalezas están unidas sin pérdida de ningún atributo esencial y... las dos naturalezas mantienen su identidad separada".[27] No puede darse una mezcla de las dos naturalezas; "lo infinito no puede transferirse a lo finito; la mente no puede transferirse a la materia; Dios no puede transferirse al hombre, o viceversa. Despojar la naturaleza divina de un solo atributo resultaría en la destrucción de la verdadera deidad, y despojar al hombre de un solo atributo resultaría en la destrucción de su verdadera humanidad. Por esta razón no se puede perder ni transferir un solo atributo en las dos naturalezas de Cristo".[28]

Punto de vista luterano. La perspectiva luterana de las dos naturalezas enseña que los atributos de la naturaleza divina se extienden a la naturaleza humana con algunos resultados importantes. Uno de los resultados doctrinales importantes es la ubicuidad del cuerpo humano de Cristo;

esto es, la omnipresencia de la naturaleza divina de Cristo se transfiere a su cuerpo humano. En consecuencia, su naturaleza humana pasa a un estado ubicuo en su ascensión y está físicamente presente en los elementos de la Comunión. Aunque los elementos no cambian, la persona participa de Cristo quien está "en, con, bajo y por" el pan y el vino.

Resultados de la unión hipostática[29]

Las dos naturalezas son necesarias para la redención. Como hombre, Cristo podría representar al hombre y morir; como Dios, la muerte de Cristo podía tener el valor infinito "suficiente para otorgar redención por los pecados del mundo".

El sacerdocio eterno de Cristo está basado en la unión hipostática. "Por la encarnación se hizo hombre, y por lo tanto podía actuar como sacerdote humano. Como Dios, su sacerdocio podría ser eterno según el orden de Melquisedec y Él podría ser un mediador adecuado entre Dios y el hombre".

Kenosis y unión hipostática

El problema de la kenosis tiene que ver con la interpretación de Filipenses 2:7, "se despojó [gr., *ekenosen*] a sí mismo". La pregunta crítica es: ¿De qué se despojó Cristo? Los teólogos liberales sugieren que fue de su divinidad, pero es evidente, por su vida y ministerio, que no lo hizo, pues su divinidad se manifestó en numerosas ocasiones. Se pueden decir dos cosas. (1) "Cristo tan solo rindió el ejercicio independiente de algunos atributos transitorios o relativos. En ningún sentido se despojó de los atributos absolutos o inmanentes; siempre fue perfectamente santo, justo, misericordioso, veraz y fiel".[30] Esta declaración tiene mérito y aporta una solución al problema en pasajes como Mateo 24:36. La palabra clave de esta definición sería "independiente", porque Jesús reveló sus atributos relativos en muchas ocasiones. (2) Cristo adoptó una naturaleza adicional. El contexto de Filipenses 2:7 aporta la mejor solución al problema de la kenosis. Ese despojarse no era una sustracción, sino una *adición*. Las cuatro frases siguientes (Fil. 2:7-8) lo explican: "(a) tomando forma de siervo, (b) hecho semejante a los hombres; y (c) estando en la condición de hombre, (4) se humilló a sí mismo, haciéndose obediente hasta la muerte, y muerte de cruz". El "despojo" de Cristo consistió en tomar una naturaleza adicional, una naturaleza humana con sus limitaciones. Jamás renunció a su divinidad.

VIDA TERRENAL DE CRISTO

Introducción

En el estudio de la cristología es importante la vida terrenal de Cristo, pues ella autentica a Jesús de Nazaret como el Mesías prometido. Los evangelistas demuestran que Jesús cumplió las profecías del Antiguo

Testamento durante su vida. Por ejemplo, Mateo tiene 129 referencias al Antiguo Testamento. Muchas de ellas están citadas con una fórmula introductoria, como "para que se cumpliese lo dicho por el Señor... cuando dijo" (cp. Mt. 1:22; 2:5, 15, 17, 23, etc.). Cada uno de los evangelistas escribió para una audiencia diferente, pero todos escribieron una apologética concerniente a Cristo y a sus afirmaciones. Todos los evangelistas enfatizan la autenticidad de las afirmaciones de Jesús como Mesías.

Palabras de Cristo

La enseñanza de Cristo era importante para autenticar sus afirmaciones sobre su carácter mesiánico; los evangelistas le otorgaron un espacio considerable a las enseñanzas o palabras reales de Cristo.[31]

Los versículos con palabras de Jesús, en los escritos combinados, componen más de la mitad del material de los Evangelios. Claramente, los evangelistas ponen un decidido énfasis en las palabras reales de Cristo. Mateo enfatiza sus palabras más que los otros evangelistas. En su Evangelio registra varios grandes discursos de Cristo. Mateo 5—7 registra el Sermón del Monte, donde se revela la autoridad de Cristo en su enseñanza. Hay declaraciones a lo largo de todo el discurso como "Ustedes han oído que se dijo... Pero yo les digo" (NVI); éstas reflejan la autoridad de Jesús. Enseñó en contra de la tradición y los rabinos; más aún, no citó a otros maestros (como solían hacer los maestros de Israel); Él era la autoridad en sí mismo. Cuando terminó el discurso, el pueblo quedó sorprendido por la autoridad de su enseñanza; no se parecía en nada a la de sus escribas.

La omnisciencia de Cristo también se reflejó en su enseñanza, como en las parábolas del reino (Mt. 13), en las cuales delineó el curso de esta era, y en el Discurso del monte de los Olivos (Mt. 24—25), cuando reveló los eventos cataclísmicos que ocurrirían en la tribulación. En el Discurso del aposento alto Jesús instruyó a sus discípulos sobre la nueva e importante verdad del ministerio del Espíritu Santo (Jn. 14—16). Al hacerlo, preparó a sus discípulos para su partida.

Además, los cuatro Evangelios contienen muchos discursos y parábolas que reflejan la autoridad de Cristo en su enseñanza. Esta autenticaba su afirmación de ser el Mesías; Él dijo que sus palabras venían del Padre, quien lo había enviado (Jn. 12:49), y que Él venía directo del Padre (Jn. 17:8). Las palabras de Cristo eran de vida eterna (Jn. 6:63, 68); reflejaban la sabiduría de Dios (Mt. 13:54); incluso los incrédulos se sorprendían con la sabiduría y el poder de su enseñanza (Mr. 6:2; Lc. 4:22). Las palabras de Cristo eran importantes para verificar sus afirmaciones.

Las obras de Cristo

Isaías profetizó que el Mesías le daría vista a los ciegos, abriría los oídos de los sordos, daría voz a los mudos y curaría a los cojos (Is. 29:18; 32:3;

35:5-6; véase también Zac. 3:19). Cuando los discípulos de Juan fueron a hacerle preguntas a Jesús, Él les recordó estas profecías y luego las aplicó para sí (Mt. 11:4-5). Los milagros que Jesús realizó eran demostraciones de su deidad y su mesianidad; llevó a cabo las obras de Dios en medio de ellos. Cuando se estudian los milagros, esta verdad se hace evidente.

LAS OBRAS DE DIOS EN JESÚS	
Obra de Jesús	Obra de Dios
Calmar la tormenta (Mt. 8:23-27)	Salmo 107:29
Sanar a los ciegos (Jn. 9:1-7)	Salmo 146:8
Perdonar el pecado (Mt. 9:2)	Isaías 43:25; 44:22
Levantar los muertos (Mt. 9:25)	Salmo 49:15
Alimentar a los 5.000 (Mt. 14:15-21)	Joel 2:22-24

Muchos de los milagros que realizó Cristo anticipaban su reino milenario mesiánico.[32]

EL SIGNIFICADO MILENARIO DE LOS MILAGROS DE CRISTO		
Milagro	Significado milenario	Profecía
Agua en vino (Jn 2:1-11)	Alegría, felicidad	Isaías 9:3-4; 12:3-6
Alimentación de los 5.000 (Mt. 14:15-21)	Prosperidad, abundancia	Isaías 30:23-24; 35:1-7
Caminar sobre el agua (Mt. 14:26)	Cambio medioambiental	Isaías 30; 41
Pesca milagrosa (Lc. 5:1-11)	Abundancia, autoridad sobre el mundo animal	Isaías 11:6-8
Tormenta calmada (Mt. 8:23-27)	Control de los elementos	Isaías 11:9; 65:25
Curación de los ciegos (Mt. 9:27-31)	Ausencia de ceguera espiritual y física	Isaías 35:5
Resurrección de los muertos (Mt. 9:18-26)	Longevidad, ausencia de muerte en el creyente	Isaías 65:20

Cuando Juan escribió su Evangelio, seleccionó siete milagros previos a la resurrección que demostraban la autoridad de Cristo en diferentes ámbitos. Cristo realizó muchos más milagros, pero esos siete eran representativos porque reflejaban su autoridad sobre todo reino humano.

MILAGROS SELECCIONADOS EN EL EVANGELIO DE JUAN[33]	
Señal	Significado
Agua convertida en vino (2:1-11)	Calidad
Curación del hijo de un noble (4:46-54)	Espacio
Curación de un hombre en el estanque (5:1-18)	Tiempo
Alimentación de los 5.000 (6:1-14)	Cantidad
Caminar sobre el agua (6:16-21)	Naturaleza
Curación de un ciego (9:1-41)	Desgracia
Resurrección de Lázaro (11:1-44)	Muerte

Los testimonios de Jesús para la nación estaban en sus palabras y sus obras: sus enseñanzas y sus milagros. Ambos eran demostraciones de su deidad y sus mesianidad, por ello Jesús les dijo a sus discípulos: "Vayan y cuéntenle a Juan lo que están *viendo* y *oyendo*" (Mt. 11:4, NVI).

Rechazo de Cristo

Jesús vino como el Mesías de Israel y dio testimonio de su mesianidad a través de sus palabras y obras. Los evangelistas escribieron sus relatos de la vida de Cristo desde un punto de vista temático. Tal cosa se refleja particularmente en el Evangelio de Mateo. Él relata en los capítulos 5—7 la enseñanza de Cristo en el Sermón del Monte y demuestra su mesianidad por medio de su enseñanza (Mt. 7:28-29); en los capítulos 8—10 Cristo realiza milagros en varios ámbitos para autentificar su mesianidad a través de sus obras. Como resultado, la nación recibe testimonio del Mesías a través de sus palabras y sus obras. Ahora le correspondía a la nación responder al Mesías, y los líderes religiosos eran quienes debían guiar al pueblo para reconocerlo. En Mateo 12 el asunto alcanza su punto culminante cuando los líderes religiosos llegan a una conclusión: "Este no expulsa a los demonios sino por medio de Beelzebú, príncipe de los demonios" (Mt. 12:24). Reconocieron que Cristo obraba milagros, pero concluyeron que los realizaba por el poder de Satanás. La nación rechazó a su Mesías. Y por ello el reino ofrecido por Cristo no se inauguraría en su primera venida, debía suspenderse hasta la segunda. Luego Jesús instruyó a sus discípulos acerca del período intermedio entre sus dos venidas (Mt. 13:1-52).

Muerte de Cristo[34]

Sustitución. Hay varias teorías sobre el significado de la muerte de Cristo. No obstante, el énfasis del Nuevo Testamento es que Cristo murió como sustituto de los pecadores. Su muerte también se llama *vicaria*, lo cual quiere decir "uno en lugar de otro". Los pronombres en Isaías 53 enfatizan la naturaleza sustitutiva de la muerte de Cristo: "Mas *él* fue herido por *nuestras* rebeliones, molido por *nuestros* pecados; el castigo de nuestra paz fue sobre *él*, y por *su* llaga fuimos *nosotros* curados". El tenor de 1 P. 2:24 es similar: "y *él mismo llevó nuestros* pecados en *su* cuerpo sobre el madero, para que *nosotros*, estando muertos a los pecados, vivamos a la justicia; y por cuya herida fuisteis sanados".

Hay dos preposiciones griegas que enseñan el aspecto *sustitutivo* de la muerte de Cristo. La preposición *anti*, traducida "por", y cuyo significado es "en vez de", enseña la sustitución. Mateo 20:28 declara: "el Hijo del Hombre no vino para ser servido, sino para servir, y para dar su vida en rescate por [*anti*] muchos" (cp. Mr. 10:45). El uso de *anti* en Lucas 11:11 indica que "en vez de" (sustitución) es el significado básico de esta preposición. La otra preposición es *huper*, cuyo significado es "en lugar de", y también enfatiza la sustitución. 1 Timoteo 2:6 declara que Cristo "se dio a sí mismo en rescate por [*huper*] todos". Gálatas 3:13 también enseña esta verdad: "Cristo nos redimió de la maldición de la ley, hecho por [*huper*] nosotros maldición". Cuando murió en la cruz romana, Jesús lo hizo como sustituto por toda la humanidad (cp. 2 Co. 5:21; 1 P. 3:18). Esta doctrina es importante, porque las exigencias justas del Dios santo se cumplieron completamente a través de Cristo en pago completo por el pecado. Con base en esto Dios puede declarar justos a los creyentes pecadores y aceptarlos en comunión sin comprometerse a sí mismo. Todos los pecados del creyente se cargaron en Cristo, quien los expió completamente y pagó por ellos con su muerte.

Redención. Una verdad relacionada es que la muerte de Cristo otorgó *redención*. 1 Corintios 6:20 declara que los creyentes han sido "comprados por precio". *Comprados* es la palabra griega *agorazo*, y sirve para describir a un esclavo que ha sido adquirido en el mercado público de esclavos. Cristo adquirió a los creyentes en el mercado de esclavos del pecado y los hizo libres (cp. 1 Co. 7:23; Gá. 3:13; 4:5; Ap. 5:9; 14:3-4).

Otro resultado de la muerte de Cristo es que el hombre se reconcilió con Dios; es decir, el hombre, quien era un extraño y estaba alienado de Dios, ahora está en paz con Él. La enemistad y la hostilidad fueron erradicadas (Ro. 5:10). El hombre perdió la comunión con Dios por su rebelión en el huerto, y necesitaba recuperarla. La reconciliación consiste en que Dios provee paz donde antes había enemistad, y restaura la comunión del hombre con Él (cp. 2 Co. 5:18-20).

Propiciación. La muerte de Cristo también otorgó *propiciación*, lo cual quiere decir que las exigencias justas del Dios santo se satisficieron completamente. Romanos 3:25 explica que Cristo es "a quien Dios puso como propiciación [gr., *hilasterion*] por medio de la fe en su sangre". Cristo proporcionó un pago satisfactorio por el pecado a través de su muerte. Dios estaba satisfecho. Conservó su santidad y apartó su ira.

Perdón. La muerte de Cristo otorgó el perdón para los pecadores. Dios no podía perdonar el pecado sin un pago apropiado; la muerte de Cristo otorgó los medios legales para que Dios pudiera perdonar el pecado. Colosenses 2:13 declara que Dios nos ha perdonado (gr., *charisamenos*) todos los pecados. La palabra *perdón* viene de la palabra raíz para "gracia"; luego, "perdón" significa "perdonar por gracia". La palabra común para perdón (gr., *aphiemi*) quiere decir "mandar lejos" (cp. Mt. 6:12; 9:6; Stg. 5:15; 1 Jn. 1:9).

Justificación. Un resultado adicional de la muerte de Cristo es la *justificación* del pecador creyente. La justificación también es un acto legal en el cual el Dios Juez declara justo al creyente pecador. Romanos 5:1 lo explica: "Justificados [gr., *dikaiothentes*], pues, por la fe, tenemos paz para con Dios por medio de nuestro Señor Jesucristo". La palabra *justificado* (gr., *dikaioo*) tiene un aspecto negativo y uno positivo. Por el lado negativo, quiere decir que se borran los pecados del creyente; por el lado positivo, quiere decir que la justicia de Cristo se le concede al creyente (cp. Ro. 3:24, 28; 5:9; Gá. 2:16). Véase la "Doctrina de la salvación" (p. 319) para una explicación adicional del significado de la muerte de Cristo.

Resurrección de Cristo

Importancia. (1) La resurrección determina la validez de la fe cristiana. Pablo dijo: "si Cristo no resucitó, vuestra fe es vana; aún estáis en vuestros pecados" (1 Co. 15:17).

(2) Fue la garantía de la aceptación del Padre de la obra del Hijo. La resurrección indicaba que la obra de la cruz se completó. Cristo oró para que la copa pasará de Él (Mt. 26:39); no para evitar la cruz, sino para que la muerte se volviera vida con su resurrección (Sal. 16:10). El Padre oyó la oración (He. 5:7) y levantó al Hijo de entre los muertos, con lo cual indicó su aceptación de la obra de Cristo.

(3) Era esencial en el programa de Dios. Cristo prometió enviar al Espíritu Santo como Consolador de los discípulos (Jn. 16:7), pero el Espíritu Santo solo podía venir si Cristo se iba (para lo cual era necesaria la resurrección).

(4) Cumplía las profecías sobre su resurrección. David profetizó la resurrección de Cristo (Sal. 16:10); Pedro indicó en Hechos 2:27 que la resurrección cumplía la profecía del Salmo 16:10. Cristo mismo predijo no solo su muerte sino su resurrección (Mt. 16:21; Mr. 14:28).

Pruebas. (1) La tumba vacía. O Cristo resucitó o alguien robó el cuerpo. Si los oponentes tomaron el cuerpo, ¿por qué no lo mostraron después? Los discípulos no podrían haberlo robado, porque los soldados romanos vigilaban la tumba y habían puesto un sello en ella. La tumba vacía era una prueba obvia de la resurrección.

(2) La forma de los lienzos. Cuando Juan entró a la tumba "vio, y creyó" (Jn. 20:8). Juan vio los lienzos que aún retenían la forma del cuerpo y el sudario "enrollado en un lugar aparte" (Jn. 20:7; cp. 11:44). Juan sabía que nadie podía haber sacado el cuerpo de los lienzos reteniendo su forma. Solo había una explicación: el cuerpo de Jesús había pasado a través de ellos.[35]

(3) Las apariciones después de la resurrección. Muchas personas vieron al Señor resucitado en los cuarenta días subsiguientes. Entre ellas estaban las mujeres fieles en la tumba, los dos en el camino a Emaús, Pedro, los doce, quinientos creyentes en una sola ocasión, Jacobo, los apóstoles y Pablo (Mt. 28:1-10; Lc. 24:13-35; 1 Co. 15:5-8). Tales testigos eran un testimonio importante para la veracidad de la resurrección. Las apariciones del Señor Jesús a Juan y a Pablo, posteriores a la ascensión, están registradas en Hechos y Apocalipsis.

(4) La transformación de los discípulos. Los discípulos sabían que Cristo había muerto y en principio eran escépticos en lo relacionado con su resurrección, pero cambiaron completamente cuando lo vieron. El Pedro de Hechos 2 es completamente diferente al Pedro de Juan 19. El conocimiento de la resurrección supuso la diferencia.

(5) La observancia del primer día de la semana. Los discípulos comenzaron inmediatamente a reunirse para conmemorar la resurrección de Jesús (Jn. 20:26; Hch. 20:7; 1 Co. 16:2; Ap. 1:10).

(6) La existencia de la iglesia. La existencia de la iglesia depende del hecho de la resurrección. La iglesia primitiva creció por la predicación de tal doctrina (Hch. 2:24-32; 3:15; 4:2).

Ascensión de Cristo

Hechos de la ascensión. La ascensión de Cristo se describe en Marcos 16:19, Lucas 24:51 y Hechos 1:9. También se menciona en Hechos 2:33, donde Pedro indica que la evidencia para la ascensión de Cristo radica en que Él envió al Espíritu Santo, de lo cual muchos fueron testigos en el día de Pentecostés. Más aún, Pedro enfatiza que la ascensión cumplía el Salmo 110:1, donde el Señor decía: "Siéntate a mi diestra". Pablo enfatiza la misma verdad en Efesios 4:8 cuando indica que "Subiendo a lo alto... dio dones a los hombres". El libro de Hebreos anima a los creyentes a acercarse con confianza al trono de la gracia, porque hay "un gran sumo sacerdote que traspasó los cielos, Jesús el Hijo de Dios" (He. 4:14). Pedro indica que el creyente es salvo al apelar al Señor resucitado y ascendido (1 P. 3:22).

Significado de la ascensión.[36] (1) La ascensión de Jesús terminó el ministerio terrenal de Cristo. Marcó el final del período de autolimitación durante los días de su recorrido en la tierra.

(2) La ascensión concluyó el período de su humillación. Su gloria no estaría cubierta después de la ascensión (Jn. 17:5; Hch. 9:3, 5). Cristo ahora es exaltado y tiene su trono en el cielo.

(3) Marcó la primera entrada de la humanidad resucitada en el cielo y el comienzo de una nueva obra también en el cielo (He. 4:14-16; 6:20). El intercesor de los cristianos es un representante de la raza humana con un cuerpo resucitado y glorificado.

(4) La ascensión hizo posible el descenso del Espíritu Santo (Jn. 16:7). Era necesario que Cristo ascendiera al cielo para que pudiera enviar al Espíritu Santo.

TENTACIÓN DE CRISTO

Definición

Aunque Cristo fue "tentado" en repetidas ocasiones durante su ministerio (cp. Lc. 4:13; 22:28; Mr. 8:11), su gran tentación (Mt. 4:1 y paralelos) es el punto central en esta unidad de estudio. Su tentación fue una prueba para demostrar su pureza y su falta de pecado (He. 4:15), sin ninguna posibilidad de incitarlo al mal (Stg. 1:13).

Pecabilidad

La perspectiva según la cual Cristo pudo haber pecado se denomina *pecabilidad* (lat., *potuit non peccare*, "capaz de no pecar"), mientras que la perspectiva de que Cristo no pudo haber pecado se llama *impecabilidad* (lat., *non potuit peccare*, "incapaz de pecar"). Entre los evangélicos la cuestión no es si Cristo pecó o no; todos negarían que pecase. La cuestión a debatir es si Cristo *podría* haber pecado. En general (no siempre), los calvinistas creen que Cristo no podría haber pecado; mientras que los arminianos creen, en general, que Cristo podría haber pecado pero no lo hizo.

Quienes sostienen la pecabilidad de Cristo lo hacen basándose en Hebreos 4:15. Él "fue tentado en todo según nuestra semejanza, pero sin pecado". Si la tentación era genuina, Cristo tenía que poder pecar; de otra manera la tentación no sería genuina. Charles Hodge, un teólogo reformado, tal vez es el mejor representante de esta perspectiva. Declara él:

> Sí Él era un hombre verdadero, debía estar en capacidad de pecar. Que no haya pecado ante las más grandes provocaciones, que bendijera cuando era injuriado, que no amenazara cuando estaba sufriendo; que se quedara mudo como una oveja ante sus esquiladores, se erige para nosotros como ejemplo. La tentación implica la posibilidad de pecado. Si, por la

constitución de Cristo, le fuera imposible pecar, su tentación no fue real, no tiene efectos y Él no puede simpatizar con su pueblo.[37]

Los ministerios radiofónicos y escritos de M. R. DeHaan y Richard DeHaan también enseñan la pecabilidad de Cristo.

La supuesta fuerza de esta perspectiva es que solo ella identifica a Cristo con la humanidad en sus tentaciones; fueron tentaciones reales. Las debilidades de esta perspectiva radican en que no considera suficientemente a Cristo como *Dios* y como hombre. Además, la palabra *tentación* (gr., *peirazo*) también se usa para hablar de Dios Padre (Hch. 15:10; 1 Co. 10:9; He. 3:9) y del Espíritu Santo (Hch. 5:9).[38] Muy pocos afirmarían que el Padre o el Espíritu Santo pueden pecar. La conclusión es que la tentación no demanda la capacidad para pecar. Las personas tentaron genuinamente al Padre y al Espíritu Santo, pero no había posibilidad de que pecaran estas Personas de la Trinidad.

Impecabilidad

Quienes se adhieren a la impecabilidad sugieren que la tentación de Satanás a Cristo fue genuina, pero a Cristo le era imposible pecar.[39] Han de hacerse varias observaciones introductorias.

Observaciones. El propósito de la tentación no era ver si Cristo podía pecar, sino mostrar que Él no podía hacerlo. La tentación ocurrió en un momento crítico: el comienzo del ministerio público de Cristo. Estaba diseñada para mostrar a la nación cuán grande era el único Salvador que tenía: el impecable Hijo de Dios. Cabe destacar también que no fue Satanás quien inició la tentación sino el Espíritu Santo (Mt. 4:1). Si Cristo hubiera pecado, sería entonces porque el Espíritu Santo se lo solicitó, pero Dios no hace eso (Stg. 1:13).

La pecabilidad de Cristo podría relacionarse solo con su naturaleza humana; su naturaleza divina era impecable. No obstante tener dos naturalezas, Él era una sola persona y no se le puede divorciar de su divinidad. Dondequiera que fuese, estaba presente su naturaleza divina. Si las dos naturalezas se podían separar, podría entonces decirse que Él pudo haber pecado en su humanidad; pero como las naturalezas divina y humana no pueden separarse en Cristo, y como la naturaleza divina no puede pecar, debe afirmarse que Cristo no podía haber pecado.

Evidencia. William Shedd y otros exponen la evidencia a favor de la impecabilidad de Cristo de la siguiente forma:

(1) La inmutabilidad de Cristo (He. 13:8). Cristo no cambia, y por lo tanto no puede pecar. Si Cristo pudiera haber pecado mientras estaba en la tierra, podría pecar ahora por causa de su inmutabilidad. Si pudiera haber pecado en la tierra, ¿qué seguridad tenemos de que no va a hacerlo ahora?

(2) La omnipotencia de Cristo (Mt. 28:18). Cristo era omnipotente y por lo tanto no podía pecar. La debilidad es implícita cuando el pecado es posible; pero no había ninguna forma de debilidad en Cristo. ¿Cómo podía ser omnipotente y al mismo tiempo tener la capacidad de pecar?

(3) La omnisciencia de Cristo (Jn. 2:25). Cristo era omnisciente y por lo tanto no podía pecar. El pecado depende de la ignorancia para engañar al pecador, pero Cristo no podría ser engañado porque Él sabe todas las cosas, las hipotéticas inclusive (Mt. 11:21). Si Cristo pudiera haber pecado, no sabría lo que iba a ocurrir en caso de hacerlo.

(4) La deidad de Cristo. Cristo no es solo hombre, también es Dios. Si fuera solo hombre podría haber pecado, pero Dios no puede pecar; y en la unión de las dos naturalezas, la naturaleza humana se somete a la divina (de otra forma lo finito sería más fuerte que lo infinito). En la persona de Cristo se unen las dos naturalezas, humana y divina; no pudo haber pecado, porque Cristo también es deidad.

(5) La naturaleza de la tentación (Stg. 1:14-15). La tentación que llegó a Cristo era *de afuera*. No obstante, para que el pecado tuviera lugar debía haber una respuesta *interna* a esa tentación externa. Como Jesús no poseía naturaleza pecaminosa, no había nada dentro de Él que respondiera a la tentación. Las personas pecan porque hay una respuesta interna a una tentación externa.

(6) La voluntad de Cristo. En las decisiones morales Cristo solo podía tener una voluntad: hacer la voluntad del Padre; en las decisiones morales la voluntad humana estaba sometida a la divina.[40] Si Cristo pudiera haber pecado, su voluntad humana habría sido más grande que su voluntad divina.

(7) La autoridad de Cristo (Jn. 10:18). En su deidad, Cristo tenía completa autoridad sobre su humanidad. Por ejemplo, nadie podía tomar la vida de Cristo a menos que Él la ofreciera voluntariamente (Jn. 10:18). Si Cristo tenía autoridad sobre la vida y la muerte, ciertamente tenía autoridad sobre el pecado; si podía detener la muerte a su arbitrio, también podía detener el pecado.

LOS OFICIOS DE CRISTO

Es profeta

Dios habló a la humanidad por medio de los profetas. El oficio de profeta se estableció en Deuteronomio 18:15-18 y también espera su cumplimiento final en Cristo (cp. Hch. 3:22-23). Ningún profeta reveló por sí solo la voluntad del Padre completa, excepto Jesucristo. Cuando Cristo vino, les reveló completamente el Padre a las personas; les dio a conocer el Padre (Jn. 1:18).

Es sacerdote

Si bien el profeta revelaba a Dios para el hombre, el sacerdote representaba al hombre ante Dios. El Salmo 110:4 establece el sacerdocio de Cristo según el orden de Melquisedec (cp. He. 5:6-10; 6:20; 7:11, 17). Como sacerdote (1) Cristo representa continuamente al creyente porque Él vive para siempre (He. 7:24); (2) Cristo salva completamente al creyente porque su intercesión nunca cesa (He. 7:25); (3) Cristo no tiene pecados personales que impidan su obra de sacerdocio (He. 7:27); (4) Cristo finalizó su sacerdocio ofreciendo un solo sacrificio (He. 10:12).

Es rey

Génesis 49:10 profetizó que el Mesías vendría de la tribu de Judá y sería Rey (véase la explicación anterior). 2 Samuel 7:16 indicaba que el Mesías tendría una dinastía, un pueblo sobre el cual gobernaría y un trono eterno. En el Salmo 2:6, Dios Padre anunció que el reino de su Hijo se establecería en Jerusalén. El Salmo 110 indica que el Mesías subyugaría a sus enemigos y gobernaría sobre ellos (cp. Is. 9:6-7; Dn. 7:13-14; Mi. 5:2; Zac. 9:9; Mt. 22:41-46; 25:31; Lc. 1:31-33; Ap. 1:5; 19:16).

Estos tres oficios de Cristo —Profeta, Sacerdote y Rey— son la clave del propósito de la encarnación. Su oficio profético está relacionado con la revelación del mensaje de Dios; el sacerdotal con su labor de salvación e intercesión, y el oficio real le dio el derecho a reinar sobre Israel y sobre toda la tierra. Toda la intención divina de estos tres oficios históricos culminaba perfectamente en el Señor Jesucristo.

MINISTERIO PRESENTE DE CRISTO

Cristo está edificando su iglesia

Formación del cuerpo. 1 Corintios 12:13 indica que el Espíritu Santo está formando a la iglesia, el cuerpo de Cristo; no obstante, Cristo, como cabeza de la iglesia la guía y la controla. Hechos 2:47 indica que Cristo es Aquel que produce el crecimiento de ella. Tal cosa es consistente con Hechos 1:1, donde Lucas indica que el Evangelio por él escrito describe la obra que Jesús *comenzó*, lo cual sugiere que Él hoy continúa su obra de edificación de la iglesia.

Dirección del cuerpo. Cristo no es solo la cabeza del cuerpo, sino que también lo dirige (Col. 1:18), le da dirección y gobierna sobre él soberanamente (Ef. 5:23-24). Igual que la cabeza humana le da dirección a todo el cuerpo físico, así Cristo, como cabeza de la iglesia, la dirige a través de la Palabra de Dios (Ef. 5:26).

Alimentación del cuerpo. Cristo sustenta a la iglesia, tal como un individuo alimenta su cuerpo humano; Él es el medio para alimentarla hasta alcanzar la madurez (Ef. 5:29-30).[41] La obra presente de Cristo es llevar el cuerpo hacia la madurez.

Purificación del cuerpo. Cristo participa en la purificación del cuerpo. Produce la santificación del creyente (Ef. 5:25-27). Ello denota la santificación progresiva con la cual Cristo purifica a la iglesia.

Entrega de dones al cuerpo. Cristo es la fuente de los dones espirituales; el Espíritu Santo los administra (Ef. 4:8, 11-13). Los dones se entregan con el propósito de edificar a toda la iglesia y así hacerla crecer. Efesios 4:11-13 indica que los dones se entregan para llevar al cuerpo de Cristo, la iglesia, hacia la madurez.

Cristo está orando por los creyentes

La intercesión de Cristo asegura nuestra salvación. El creyente solo podría perder su salvación si Cristo no fuera efectivo en su rol de mediador (Ro. 8:34; He. 7:25). La intercesión de Cristo involucra (1) su presencia ante el Padre; (2) su palabra hablada (Lc. 22:32; Jn. 17:6-26); 3) su intercesión continua (note el tiempo presente en los verbos).

La intercesión de Cristo restaura la comunión que se rompió con el pecado. A Cristo se le llama "Abogado" de los creyentes (gr., *parakletos*), cuyo significado es "abogado defensor" (1 Jn. 2:1). "En la literatura rabínica la palabra podría indicar a aquel que ofrece ayuda legal o quien intercede a favor de alguien más… Indudablemente, la palabra significaba "abogado" o "abogado defensor" en un contexto legal".[42]

Cristo nos está preparando un domicilio celestial (Jn. 14:1-3). Cristo, en la gloria, está preparando muchas viviendas en el hogar del Padre. El retrato es el de un padre oriental rico que añade cuartos en su casa grande para acomodar a los hijos casados. Hay habitaciones para todos ellos.

Cristo está produciendo fruto en las vidas de los creyentes (Jn. 15:1-7). Como el pámpano está pegado a la vid y extrae su vida y alimento de ella para mantenerse vivo y producir fruto, así también el creyente se injerta en unión espiritual con Cristo para obtener alimento espiritual de Él. Todo ello da como resultado el fruto espiritual.

Obra futura de Cristo

La esperanza que se exhibe en las Escrituras es la de restaurar finalmente todas las cosas bajo el Mesías. Por un lado, su venida cumplirá la esperanza gloriosa de la iglesia, un evento de resurrección y reunión (1 Co. 15:51-58; 1 Ts. 4:13-18; Tit. 2:13); por otro lado, su venida será de juicio sobre las naciones incrédulas y Satanás (Ap. 19:11-21), de rescate para su pueblo Israel y de inauguración del reino milenario (Mi. 5:4; Zac. 9:10). (Véase una explicación extendida en el capítulo 26, "Escatología: La doctrina de los últimos tiempos").

Notas

1. "Nunca hubo un tiempo en que el Verbo no fuera. Nunca hubo una cosa que no dependiera de Él para existir. El verbo 'era' se entiende más naturalmente como la existencia continua del Verbo: 'el Verbo era continuamente'". Leon Morris, *The Gospel According to John* [*Evangelio según Juan*] (Grand Rapids: Eerdmans, 1971), 73. Publicado en español por Clie. Este es uno de los mejores comentarios sobre Juan.

2. *Ibíd.*, 473. Véanse los útiles comentarios de Morris sobre este versículo que, según su perspectiva, enfatiza la divinidad y eternidad de Cristo.

3. J. Oliver Buswell Jr., *A Systematic Theology of the Christian Religion* [*Teología sistemática*] (Grand Rapids: Zondervan, 1962), 1:33. Publicado en español por Logoi.

4. El lector debe consultar E. W. Hengstenberg, *Christology of the Old Testament* (Reimpresión. Grand Rapids: Kregel, 1970). Esta obra maestra, publicada originalmente en 1847, es un estudio completo de las profecías mesiánicas, desde Génesis hasta Zacarías.

5. Hengstenberg, *Christology of the Old Testament*, 24.

6. *Ibíd.*

7. C. F. Keil y F. Delitzsch, *Biblical Commentary on the Old Testament* [*Comentario al texto hebreo del Antiguo Testamento*], 25 vols. (Reimpresión, Grand Rapids: Eerdmans, 1968), 1:393. Publicado en español por CLIE

8. Keil y Delitzsch, *Biblical Commentary* [*Comentario al texto hebreo del Antiguo Testamento*], 1:397.

9. Hengstenberg, *Christology of the Old Testament*, 30.

10. Gleason L. Archer Jr., *Encyclopedia of Bible Difficulties* (Grand Rapids: Zondervan, 1982), 266-268.

11. Allen Ross, "Psalms" en John F. Walvoord y Roy B. Zuck, eds., *The Bible Knowledge Commentary* (Wheaton: Victor, 1983), 809.

12. Herbert M. Wolf, *Interpreting Isaiah* (Grand Rapids: Zondervan, 1985), 215. Este libro es muy útil para conocer la interpretación premilenaria y la teología de Isaías.

13. Una obra importante en este estudio es W. W. Barndollar, *Jesus' Title to the Throne of David: A Study in Biblical Eschatology* (Findlay: Dunham, 1963).

14. John F. Walvoord, *Jesus Christ Our Lord* [*Jesucristo nuestro Señor*] (Chicago: Moody, 1969), 104. Publicado en español por Ediciones Las Américas.

15. William F. Arndt y F. Wilbur Gingrich, *A Greek-English Lexicon of the New Testament and Other Early Christian Literature*, 2ª ed., F. Wilbur Gingrich y Frederick W. Danker, eds. (Chicago: Univ. of Chicago, 1979), 627.

16. Véase Donald Grey Barnhouse, *God's Freedom: Exposition of Bible Doctrine, Taking the Epistle to the Romans as the Point of Departure*, 10 vols. (Grand Rapids: Eerdmans, 1963), 1:43-48. Barnhouse demuestra la necesidad bíblica y lógica del nacimiento virginal.

17. El uso de la forma pasiva *egennethe*, en lugar de la forma activa *gannao*, enfatiza que Jesús nació de María sin la participación de José.

18. Walvoord, *Jesus Christ Our Lord* [*Jesucristo nuestro Señor*], 110.

19. A. T. Robertson, *Word Pictures in the New Testament* [*Comentario al texto griego del Nuevo Testamento*], 6 vols. (Nashville: Broadman, 1930), 2:36. Publicado en español por Clie.

20. El verbo traducido como "estremeció" es *enebrimesato*. "Quiere decir un ruido fuerte e inarticulado, y su uso apropiado parece ser para describir el resoplido de los caballos. Cuando se usa para los hombres suele denotar ira... Su sentimiento no era una emoción ligera. Muchos sienten que la palabra ha de significar "furia"; si es así, probablemente signifique rabia contra la muerte". Leon Morris, *The Gospel According to John* [*Evangelio según Juan*] (Grand Rapids: Eerdmans, 1971), 556. Publicado en español por Clie.

21. B. B. Warfield, *The Person and Work of Christ* [*La Persona y obra de Jesucristo*] (Filadelfia: Presbyterian and Reformed, 1950), 39. Publicado en español por Clie.

22. Como punto de la gramática griega puede afirmarse que los dos términos, *Dios* y *Salvador*, se refieren a Cristo.

23. Hay un problema contextual en esta frase: en algunos manuscritos se lee "Hijo unigénito" y en otros "Dios unigénito". La segunda tiene un fuerte respaldo de los manuscritos y tiene calificación "B" en el texto de la United Bible Society, lo cual sugiere solo "cierto grado de duda".

24. Walvoord, *Jesus Christ Our Lord* [*Jesucristo nuestro Señor*], 116.

25. Fritz Rienecker, *A Linguistic Key to the Greek New Testament*, Cleon Rogers Jr., ed. (Grand Rapids: Zondervan, 1980), 664.

26. Walvoord, *Jesus Christ Our Lord* [*Jesucristo nuestro Señor*], 112.

27. *Ibíd.*, 114.

28. *Ibíd.*

29. Walvoord delinea resultados importantes de la unión hipostática en *Jesus Christ Our Lord* [*Jesucristo nuestro Señor*], 120-122.

30. Henry C. Thiessen, *Lectures in Systematic Theology,* rev. por Vernon D. Doerksen (Grand Rapids: Eerdmans, 1979), 216-217.

31. W. Graham Scroggie, *A Guide to the Gospels* (Londres, Pickering & Inglis, 1948), 193. Obra muy útil para estudiar la vida de Cristo. Scroggie aporta una buena cantidad de material, como citas del Antiguo Testamento en cada uno de los Evangelios, las parábolas, milagros y palabras en cada Evangelio, y muchas características adicionales. El estudiante de la vida de Cristo encontrará una herramienta muy interesante en este libro.

32. R. W. McCarthy, "The Millennial Significance of Miracles of Christ" tesis inédita de maestría en teología, Seminario de Dallas.

33. Este gráfico es una adaptación de Merrill C. Tenney, *The Gospel of Belief* (Grand Rapids: Eerdmans, 1949), 312.

34. Véase también la explicación en "Soteriología: Doctrina de la salvación", 319.

35. Claramente, los artistas son malos teólogos y muy a menudo pintan cuadros donde describen las escenas bíblicas de manera errónea. Una pintura común de la resurrección muestra los lienzos bien doblados al borde de una losa. Tal ilustración no dice nada sobre la resurrección, y ciertamente no refleja la emoción en la tumba cuando Pedro y Juan vieron y creyeron. Los verbos *theorei* (v. 6) y *eidon* (v. 8) enfatizan que los discípulos vieron algo extraordinario, algo que les hizo creer. Barnabas Lindars reconoce: "Podría argumentarse lo siguiente: Juan quiere decir aquí que el sudario todavía estaba enrollado, como lo estaba cuando envolvieron la cara de Jesús. Esto llevaría a la conclusión de

que, según Juan, la ropa en la tumba no se alteró por la resurrección. Jesús pasó a través de ella y ni siquiera el sudario se había movido" (Barnabas Lindars, "The Gospel of John", en *The New Century Bible Commentary* [Grand Rapids: Eerdmans, 1972], 602). Raymond Brown cita varias fuentes que respaldan esta teoría en *The Gospel According to John XIII—XXI*, en *The Anchor Bible*, 34 vols. (Garden City: Doubleday, 1970), 2:985. Véase también Homer A. Kent Jr., *Light in the Darkness: Studies in the Gospel of John* (Grand Rapids: Baker, 1974).

36. Walvoord, *Jesus Christ Our Lord* [*Jesucristo nuestro Señor*], 223-224.

37. Charles Hodge, *Systematic Theology* [*Teología sistemática*], 3 vols. (Reimpresión. Londres: Clarke, 1960), 2:457. Publicado en español por Clie.

38. Arndt y Gingrich, *A Greek-English Lexicon*, 640.

39. Tal vez la explicación más capaz y completa de esta perspectiva sea la de William G. T. Shedd, *Dogmatic Theology*, 3 vols. (Reimpresión. Nashville: Nelson, 1980), 2:330-349. La precisión y rigurosidad de Shedd se perciben tanto aquí como en cualquier otra parte.

40. Walvoord, *Jesus Christ Our Lord* [*Jesucristo nuestro Señor*], 119-120; véase Shedd, *Dogmatic Theology*, 2:332.

41. "Sustentar" o "Alimentar" (NVI), *ektrephei*, quiere decir "criar a un niño hasta que alcance la madurez… el tiempo presente denota todo el proceso que lleva a alcanzar esa meta", Rienecker, *Linguistic Key to the Greek New Testament*, 539.

42. *Ibíd.*, 786.

PARA ESTUDIO ADICIONAL SOBRE CRISTOLOGÍA

General

* Norman Geisler, *Systematic Theology*, 4 vols. (Minneapolis, Bethany, 2002-2005), 2:597-631.

* Robert P. Lightner, *Sin, the Savior, and Salvation* (Nashville: Nelson, 1991), 97-136.

* John A. Witmer. "Jesus Christ", en *Understanding Christian Theology*, Charles R. Swindoll y Roy B. Zuck, eds. (Nashville: Nelson, 2003), 289-387.

El nacimiento virginal

Hay dos fuentes principales que deben considerarse para estudiar el nacimiento virginal de Cristo.

* Robert G. Gromacki, *The Virgin Birth: Doctrine of Deity* (Grand Rapids: Baker, 1974).

** J. Gresham Machen, *The Virgin Birth of Christ* (Reimpresión. Grand Rapids: Baker, 1967). Es un estudio clásico de la doctrina a cargo de uno de los grandes teólogos estadounidenses al comienzo del siglo xx.

Profecías de Cristo

** David Baron, *Rays of Messiah's Glory: Christ in the Old Testament* (Winona Lake: Alpha, 1979).

** Lewis Sperry Chafer, *Systematic Theology* [*Teología sistemática*] (Dallas: Dallas Seminary, 1947), 5:181-187, 236-238. Publicado en español por Clie.

* Norman Geisler, *To Understand the Bible Look for Jesus* (Grand Rapids: Baker, 1979).

** E. W. Hengstenberg, *Christology of the Old Testament* (Reimpresión, Grand Rapids: Kregel, 1970).

* Ceil y Moishe Rosen, *Cristo en la pascua* (Grand Rapids: Portavoz, 2009).

* John F. Walvoord, *Jesus Christ Our Lord* [*Jesucristo nuestro Señor*] (Chicago: Moody, 1969) 79-95. Publicado en español por Ediciones Las Américas.

La persona de Cristo

* Emery H. Bancroft, *Christian Theology*, 2ª ed. rev. (Grand Rapids: Zondervan, 1976), 103-105.

** Donald G. Bloesch, *Essentials of Evangelical Theology* (San Francisco: Harper, 1978), 1:120-147.

** Gary Habermas y Michael R. Licona. *The Case for the Resurrection of Jesus* (Grand Rapids: Kregel, 2004).

** Charles Hodge, *Systematic Theology* [*Teología sistemática*], 3 vols. (Reimpresión. Londres: Clarke, 1960), 1:483-521. Publicado en español por Clie.

* Robert P. Lightner, *Sin, the Savior, and Salvation* (Nashville: Nelson, 1991), 49-85.

* Charles C. Ryrie, *A Survey of Bible Doctrine* [*Síntesis de la doctrina bíblica*] (Chicago: Moody, 1972), 52-55. Publicado en español por Portavoz.

** William G. T. Shedd, *Dogmatic Theology*, 3 vols. (Reimpresión. Nashville: Nelson, 1980), 1:312-328.

** A. H. Strong, *Systematic Theology* (Valley Forge: Judson, 1907), 305-315.

* John F. Walvoord, *Jesus Christ Our Lord* [*Jesucristo nuestro Señor*] (Chicago: Moody, 1969), 107-109. Publicado en español por Ediciones Las Américas.

** B. B. Warfield, *The Person and Work of Christ* [*La Persona y obra de Jesucristo*] (Filadelfia: Presbyterian and Reformed, 1950), 37-70. Publicado en español por Clie.

El ministerio de Cristo

** Alfred Edersheim, *The Life and Times of Jesus the Messiah* [*Comentario bíblico histórico*], 2 vols. (Reimpresión. Grand Rapids: Eerdmans, 1969). Publicado en español por Clie. Esta obra, aunque fue escrita hace cien años, es extremadamente valiosa para aportar material de trasfondo sobre la vida social judía y los escritos rabínicos.

* Donald Guthrie, *A Shorter Life of Christ* (Grand Rapids: Zondervan, 1970).

* Everett F. Harrison, *A Short Life of Christ* (Grand Rapids: Eerdmans, 1968)

** D. Martyn Lloyd-Jones, *Estudios sobre el Sermón del Monte* (Edimburgo: El Estandarte de la Verdad, 1991). Una explicación excelente que refleja la autoridad y poder de la enseñanza de Cristo.

* J. Dwight Pentecost, *El sermón del monte* (Grand Rapids: Portavoz, 1995).

** _____, *The Words and Works of Jesus Christ* (Grand Rapids: Zondervan, 1981). Un valioso tratamiento temático de alguien que ha enseñado la vida de Cristo por más de treinta años.

21

PNEUMATOLOGÍA: DOCTRINA DEL ESPÍRITU SANTO

EL ESTUDIO ESPECIAL de la persona y obra del Espíritu Santo, como miembro del Dios trino, no podría ser más importante. Como es de esperar, siempre que Dios y su verdad forman parte de algo, se han desarrollado falsas enseñanzas para distorsionar o negar la doctrina ortodoxa.[1] La Biblia es rica en datos sobre el Espíritu, y a partir de ellos se puede construir un segmento teológico importante.

PERSONALIDAD DEL ESPÍRITU SANTO

Su identidad confirma su personalidad

El problema en la mente de muchas personas es que pueda existir personalidad solo en los seres humanos, como si la personalidad pudiera relacionarse solo con los seres finitos mas no con los infinitos.[2] Es razonable esperar características similares entre Dios y el hombre, pues el hombre está hecho a la imagen de Dios. Por lo tanto, "al estudiar la personalidad humana es posible hacerse una idea de la divina, pues el hombre está hecho a imagen de Dios".[3] La personalidad puede definirse simplemente como la posesión de intelecto, emociones y voluntad; por lo tanto, al demostrar que el Espíritu Santo tienes estas tres características, se mostrará que es una persona y tiene personalidad.[4] A veces se refieren al Espíritu Santo como un objeto, una cosa o simplemente como una influencia. Este estudio mostrará que Él es una persona y no solo una influencia, tiene características de personalidad. Arrio negó la personalidad del Espíritu Santo en la época temprana de la historia de la iglesia. Según él, era solo una influencia que emanaba del Padre. Arrio fue condenado en el Concilio de Nicea en el 325 d.C. Su enseñanza sigue presente hasta hoy en el unitarismo y en sectas como los Testigos de Jehová.

Sus atributos confirman su personalidad

Intelecto. El Espíritu Santo tiene intelecto, pues "todo lo escudriña" (1 Co. 2:10). La palabra "escudriñar" quiere decir "examinar o investigar un asunto". El Espíritu examina las profundidades de Dios y las revela a los creyentes. Cristo usa la misma palabra en Juan 5:39 cuando pide escudriñar las Escrituras.

Conocimiento. Ningún ser humano tiene conciencia o conocimiento de los pensamientos de Dios, pero el Espíritu Santo entiende la mente de Dios (1 Co. 2:11).

Mente. Tal como el Espíritu conoce al Padre, el Padre conoce la mente del Espíritu (Ro. 8:27). La palabra *mente* (gr., *phronema*) quiere decir "forma de pensar, pensamiento, intención, aspiración, esfuerzo",[5] y claramente indica que el Espíritu Santo tiene intelecto (cp. Ef. 1:17).

Emociones. Las emociones o sensibilidad quieren decir que hay sentimientos, conciencia y capacidad para responder a algo. Efesios 4:30 manda no contristar al Espíritu Santo. El contexto enfatiza que el Espíritu se contrista cuando el creyente peca con mentiras (v. 25), ira (v. 26), robo, pereza (v. 28) o al hablar palabras poco amables (v. 29). La misma palabra se usa para describir el dolor de los corintios después de que Pablo les escribiera una dura carta (2 Co. 2:2, 5). Es una *persona* la que se entristece, pues una mera influencia no puede entristecerse.

Voluntad. El Espíritu Santo tiene voluntad, lo cual indica que Él tiene el poder de elección y decisión soberana. El Espíritu distribuye dones espirituales como Él quiere.[6] La frase "él quiere" (gr., *bouletai*) se refiere a "decisiones de la voluntad tras una deliberación previa".[7] La idea de la elección soberana es evidente en esta declaración. A manera de analogía, la palabra "voluntad" también se usa para describir la voluntad del Padre (Stg. 1:18). Como el Padre tiene voluntad, así también la tiene el Espíritu Santo. En Hechos 16:6 el Espíritu la usó cuando le prohibió a Pablo predicar en Asia y lo redirigió a ministrar en Europa. Tales pasajes de las Escrituras enseñan claramente que el Espíritu Santo tiene intelecto, emociones y voluntad, como parte de una personalidad genuina.

Sus obras confirman su personalidad

El Espíritu Santo realiza obras similares a las del Padre y el Hijo. Éstas confirman su personalidad.

El Espíritu enseña. Antes de que Jesús dejara a los discípulos, los animó diciéndoles que les enviaría "otro Consolador" (Jn. 14:16). "Otro" enfatiza que el Espíritu sería tan Consolador como Cristo.[8] Tal como Jesús enseñó a los discípulos (Mt. 5:2; Jn. 8:2), el Espíritu les enseñaría a ellos (Jn. 14:26). El Espíritu Santo realizaría y llevaría a cabo la misma clase de ministerios de enseñanza que Cristo. Les haría recordar las cosas que Cristo les había enseñado antes, confirmaría la enseñanza de Cristo.

El Espíritu testifica. Jesús prometió a sus discípulos que el Espíritu Santo daría testimonio de Él (Jn. 15:26). El Espíritu testificaría sobre la enseñanza de Cristo, según la cual el segundo había venido del Padre y hablaba la verdad de Dios. La misma palabra se utiliza cuando los discípulos dan testimonio de Cristo en Juan 15:27. Como los discípulos llevan testimonio de Cristo, así también el Espíritu testifica de Él.

El Espíritu guía. Jesús declaró que cuando el Espíritu viniera, guiaría a los discípulos a toda la verdad (Jn. 16:13). El cuadro es como un guía o escolta que lleva a un viajero a un territorio desconocido para él pero conocido para el guía.

El Espíritu convence. Juan 16:8 declara que el Espíritu Santo "convencerá al mundo". *Convencer* (gr., *elegcho*) quiere decir "convencer a alguien de algo".[9] El Espíritu actúa como fiscal divino para convencer al mundo de pecado, justicia y juicio.

El Espíritu regenera. Quien experimenta el nuevo nacimiento ha nacido del Espíritu Santo; ha sido regenerado por el Espíritu. Tal como el Hijo de Dios da vida a los creyentes (Jn. 5:21), el Espíritu regenera a las personas (cp. Ez. 36:25-27; Tit. 3:5).

El Espíritu intercede. En tiempos de debilidad del creyente, el Espíritu Santo toma sus gemidos e intercede a favor de él (Ro. 8:26). El Padre entiende la intercesión del Espíritu y responde a la oración y hace que todas las cosas cooperan para bien en la vida del creyente, porque el Espíritu ha intercedido a favor de él (Ro. 8:28). La misma palabra sobre la intercesión se usa para hablar de la obra intercesora de Cristo (Ro. 8:34; He. 7:25). Como Cristo intercede a favor de los creyentes, así también el Espíritu intercede por ellos. De nuevo se recuerda que una entidad inanimada no podría interceder por otros; una persona intercede.

El Espíritu ordena. En Hechos 13:2 el Espíritu Santo ordenó apartar a Pablo y Bernabé para un viaje misionero; Hechos 13:4 agrega que los dos fueron enviados por el Espíritu Santo. En Hechos 16:6 el Espíritu le prohibió a Silas predicar en Asia; en Hechos 8:29 el Espíritu Santo dirigió a Felipe a hablar con el eunuco etíope.

Su posición confirma su personalidad

"Ciertas cosas hechas por el Espíritu Santo serían completamente incongruentes si no poseyera una personalidad verdadera".[10]

Se puede contristar al Espíritu. El Espíritu Santo puede contristarse cuando el creyente peca (véase la explicación anterior e Is. 63:10).

Se puede blasfemar contra el Espíritu. Normalmente se piensa que la blasfemia está dirigida contra el Padre (cp. Ap. 13:6; 16:9). Cristo también fue blasfemado (Mt. 27:39; Lc. 23:39); de manera semejante, el Espíritu también puede ser blasfemado (Mt. 12:32; Mr. 3:29-30). La blasfemia contra el Espíritu Santo consiste en atribuir las obras de Cristo a Satanás cuando el Espíritu ha dado testimonio de que la obra de Cristo proviene del Padre.

Se puede resistir al Espíritu. Esteban, en su discurso contra los judíos incrédulos que al final lo apedrearon hasta matarlo, los acusó de ser "¡Duros de cerviz, e incircuncisos de corazón y de oídos!" porque resistían "siempre al Espíritu Santo" (Hch. 7:51). Se afianzaron en una larga tradición de rechazar la obra de Dios y resistir las admoniciones del Espíritu Santo.

Se puede mentir al Espíritu. Cuando Pedro confrontó a Ananías y Safira sobre su engaño, los acusó de mentirle al Espíritu Santo (Hch. 5:3). Ananías y Safira fueron juzgados por el pecado de haber mentido al Espíritu.

Se puede obedecer al Espíritu. En Hechos 10 el Señor reveló de la forma más descriptiva posible a Pedro que los gentiles estaban incluidos en el reino de bendición. En este sentido, el Espíritu le dijo a Pedro que acompañara a los dos hombres a casa de Cornelio donde esta verdad se haría evidente a los gentiles. Pedro obedeció la orden del Espíritu Santo y fue a casa de Cornelio en Cesarea. Pedro obedeció al Espíritu Santo.

Estos ejemplos evidencian la personalidad del Espíritu Santo en cuanto a que se le puede contristar, blasfemar, resistir, mentir y obedecer. Tales cosas solo pueden decirse en referencia a una personalidad.

Sus designaciones confirman su personalidad

La palabra griega para Espíritu es *pneuma*, una palabra de género neutro. Cualquier pronombre que se use para sustituir a *pneuma* sería neutro normalmente. No obstante, los escritores bíblicos no siguen este patrón gramatical; en lugar de ello, lo sustituyen por pronombres masculinos para designar al Espíritu Santo.

ALGUNOS PRONOMBRES MASCULINOS DEL ESPÍRITU SANTO		
Escritura	Sustantivo neutro	Pronombre masculino
Juan 15:26	*pneuma* (Espíritu)	*ekeinos* (Él)
Juan 16:13	*pneuma* (Espíritu)	*ekeinos* (Él)
Juan 16:14	*pneuma* (Espíritu)	*ekeinos* (Él)

DEIDAD DEL ESPÍRITU SANTO

La deidad del Espíritu Santo está unida inextricablemente a la doctrina de la Trinidad. Negar la primera es negar la segunda. Recíprocamente, la creencia en la Trinidad hace necesaria la creencia en la deidad del Espíritu Santo.

Títulos divinos del Espíritu

El título *Espíritu de Dios* evidencia su relación con el Padre y el Hijo y afirma al tiempo su deidad. "Cuando se le llama 'Espíritu de Dios' quiere decir que Él es la misma Persona de Dios. 1 Corintios 2:11 muestra claramente que, como el hombre y su espíritu constituyen un único e idéntico ser, así también Dios y su Espíritu son uno solo".[11]

Probablemente, en la mayoría de casos en que se usa el término *Espíritu de Dios*, la referencia es al Espíritu Santo y no al Padre; igualmente, cuando se usa el término *Espíritu de Cristo*, suele ser en referencia al Espíritu Santo. La razón para ello es que si se pretendiera hablar del Padre, sería más normal usar "Dios", "Señor" u otros por el estilo; si se pretendiera hablar de Cristo, sería más normal usar el nombre Jesucristo. Por ejemplo, en Romanos 8:9-11 se mencionan todos los miembros de la Trinidad: "el Espíritu de Dios vive en ustedes" (v. 9, NVI), "Cristo está en ustedes" (v. 10, NVI), "el Espíritu de aquel que levantó a Jesús de entre los muertos [el Padre] vive en ustedes" (v. 11, NVI). Parece bastante claro que "Espíritu de Dios" es una referencia al Espíritu Santo y no a Cristo o el Padre. En Romanos 8:9 y 8:13-14 también se ve que "Espíritu" y "Espíritu de Dios" son sinónimos y hacen referencia a la tercera persona de la Trinidad.[12] Un ejemplo similar se puede ver en Hechos 16:6-7, donde "Espíritu Santo" (v. 6, NVI) y "Espíritu de Jesús" (v. 7, NVI) son sinónimos. Efesios 4:4 declara que solo hay un Espíritu, indicando que la proposición anterior es verdadera.

LOS TÍTULOS DEL ESPÍRITU SANTO[13]		
Título	**Énfasis**	**Cita**
Un Espíritu	Su unidad	Efesios 4:4
Siete Espíritus	Su perfección, omnipresencia e integridad	Apocalipsis 1:4; 3:1
El Espíritu del Señor	Su soberanía	2 Corintios 3:18
Espíritu eterno	Su eternidad	Hebreos 9:14
Glorioso Espíritu de Dios	Su gloria	1 Pedro 4:14
Espíritu de vida	Su vitalidad	Romanos 8:2
Espíritu de santidad Espíritu Santo El Santo	Su santidad	Romanos 1:4 Mateo 1:20 1 Juan 2:20
Espíritu de sabiduría Espíritu de inteligencia Espíritu de consejo Espíritu de conocimiento	Su omnisciencia, sabiduría y consejo	Éxodo 28:3 Isaías 11:2
Espíritu de poder	Su omnipotencia	Isaías 11:2
Espíritu de temor de Jehová	Su reverencia	Isaías 11:2
Espíritu de verdad	Su veracidad	Juan 14:17
Espíritu noble	Su libertad soberana	Salmo 51:12
Espíritu de gracia	Su gracia	Hebreos 10:29
Espíritu de gracia y de oración	Su gracia y disposición a la oración	Zacarías 12:10

Atributos divinos del Espíritu

Vida (Ro. 8:2). La vida es un atributo de la deidad (Jos. 3:10; Jn. 1:4; 14:6; 1 Ti. 3:15). Como el Padre y el Hijo tienen vida en sí mismos, así también el Espíritu Santo la tiene.

Omnisciencia (1 Co. 2:10-12). Alguien diferente al hombre debe saber sobre Dios. El espíritu del hombre (el espíritu humano) sabe las cosas pertenecientes a la humanidad; el Espíritu de Dios sabe sobre Dios. El Espíritu Santo escudriña las profundidades de Dios (1 Co. 2:10); el mismo término *profundidades* (gr., *bathos*) se usa para el conocimiento de Dios. Es inalcanzable para el hombre, pero Dios Espíritu Santo conoce lo que de otra forma sería inescrutable e inalcanzable (Ro. 11:33).

Omnipotencia (Job 33:4). La omnipotencia del Espíritu Santo se manifiesta en la Creación. En Génesis 1:2 se ve que el Espíritu rodea su Creación como una gallina a sus polluelos; el Espíritu Santo dio vida a la Creación.[14]

Omnipresencia (Sal. 139:7-10; Jn. 14:17). En el Salmo 139 David exclama que no puede huir de la presencia del Espíritu Santo; si sube al cielo, Él está ahí; si desciende a las profundidades de la tierra, allá también está el Espíritu. Aun si pudiera huir rápidamente, no podría escapar de la presencia del Espíritu. La omnipresencia del Espíritu también se enseña en Juan 14:17, donde Cristo enseña a sus discípulos que el Espíritu habitaría en todos ellos, una afirmación de la omnipresencia del Espíritu.

Eternidad (He. 9:14). Al Espíritu Santo se le llama "Espíritu eterno" en este pasaje. Cristo se ofreció sin mancha a Dios a través del Espíritu eterno. Tal como el Espíritu Santo tuvo parte en el nacimiento de Cristo (Lc. 1:35), así también tuvo parte en su muerte.[15]

Santidad (véase Mt. 12:32). Un aspecto importante de la deidad es que Dios es santo; se halla completamente separado y apartado del pecado y los pecadores. El nombre más común para el Espíritu es "Espíritu Santo", con lo cual se indica que la tercera persona de la Trinidad también posee este atributo trascendente de la deidad.

Amor (Gá. 5:22). El Espíritu Santo es amor y produce amor en los hijos de Dios. Si Él no poseyera amor como atributo primario, no podría producir amor en el creyente.

Verdad (Jn. 14:17). Al Espíritu Santo se le llama "Espíritu de verdad" en Juan 14:17 y 15:26. Como Cristo es la verdad (Jn. 14:6), así también el Espíritu Santo es la verdad y guía a las personas a la verdad a través de las Escrituras.[16]

El gráfico de la página siguiente, "Los atributos del Dios trino", muestra la unidad y la igualdad de la deidad. El Espíritu Santo manifiesta los mismos atributos de deidad que el Padre y el Hijo.

LOS ATRIBUTOS DEL DIOS TRINO			
Atributo	**Padre**	**Hijo**	**Espíritu Santo**
Vida	Josué 3:10	Juan 1:4	Romanos 8:2
Omnisciencia	Salmo 139:1-6	Juan 4:17-18	1 Corintios 2:10-12
Omnipotencia	Génesis 1:1	Juan 1:3	Job 33:4
Omnipresencia	Jeremías 23:23-24	Mateo 28:20	Salmo 139:7-10
Eternidad	Salmo 90:2	Juan 1:1	Hebreos 9:14
Santidad	Levítico 11:44	Hechos 3:14	Mateo 12:32
Amor	1 Juan 4:8	Romanos 8:37-39	Gálatas 5:22
Verdad	Juan 3:33	Juan 14:6	Juan 14:17

Obras divinas del Espíritu
Las obras del Espíritu Santo evidencian su deidad.

Creación (Gn. 1:2). Varios pasajes de las Escrituras afirman que el Espíritu Santo participó en la obra de la Creación. Génesis 1:2 indica que el Espíritu se movía sobre la superficie de la Creación, dándole vida. En el Salmo 104:24-26 el salmista describe la Creación y en el versículo 30 indica cómo creó Dios: "Envías tu Espíritu, son creados". Job 26:13 extiende la creación de Dios a los cielos; el Espíritu Santo creó los cielos, no solo la tierra (véase también la explicación anterior).[17]

Generación de Cristo (Mt. 1:20). Cuando el Espíritu cubrió a María con su sombra, aseguró la humanidad sin pecado de Cristo. En su deidad, Cristo es eterno, pero el Espíritu engendró su naturaleza humana sin pecado.

> Él hizo existir la naturaleza humana de Cristo. A menudo se asume que María, la madre de Jesús, contribuyó a su humanidad y que el Espíritu Santo contribuyó a su deidad; pero un momento de reflexión demuestra que la deidad de Cristo era su forma propia desde toda la eternidad, y por lo tanto no se originó en el momento de su nacimiento. Se encarnó cuando en su eternidad tomó la forma humana... El Espíritu hizo que la humanidad de Cristo se originara y ese es su acto de generación.[18]

Inspiración de las Escrituras (2 P. 1:21). Hay una analogía entre la labor de generación de la humanidad de Cristo por el Espíritu Santo y su supervisión de los escritores bíblicos; como el Espíritu Santo cubrió con su sombra a María y garantizó la humanidad de Cristo libre de pecado, así también supervisó a los escritores humanos para garantizar la inerrancia de las Escrituras. Por analogía, la negación de una niega necesariamente la otra.

Los escritores bíblicos fueron llevados por el Espíritu Santo, lo cual garantizaba la inspiración de los libros en las Escrituras. La obra del Espíritu en la inspiración es análoga a la obra del Padre (cp. 2 Ti. 3:16).

Regeneración (Tit. 3:5). Regenerar quiere decir "dar vida". El Espíritu Santo produce el nuevo nacimiento; Él es su autor. La regeneración por el Espíritu Santo es la contrapartida espiritual de la reproducción humana en el reino físico. La generación humana produce vida humana; la regeneración espiritual produce vida espiritual. El Espíritu Santo produce el nuevo nacimiento, pero lo hace usando la Palabra de Dios como instrumento (1 P. 1:23). La misma verdad se enseña en Juan 3:6, donde Jesús indica que el Espíritu Santo produce el nuevo nacimiento porque regenera a la persona.

Intercesión (Ro. 8:26). Cristo es intercesor para los creyentes pero el Espíritu también lo es (véase la explicación previa sobre este versículo).

Santificación (2 Ts. 2:13). Hay tres aspectos de santificación, siendo el primero posicional: "la separación que ocurre cuando, por el Espíritu Santo, un creyente se une a Cristo y por lo tanto pasa a estar en Cristo"[19] (cp. 1 Co. 1:30; He. 10:14-15; 1 P. 1:2).

Consolar a los santos (Jn. 14:16). En este texto Jesús les promete a los discípulos "otro Consolador". "Consolador" es la palabra griega *parakleton*, que proviene de las expresiones "al lado de" y "llamado"; por lo tanto, es "quien es llamado al lado de uno para consolar". En 1 Juan 2:1 se llama a Jesús el Paracleto ("abogado" en la mayoría de versiones) de los santos pecadores. El Espíritu Santo es "otro de la misma clase" de Cristo, un Consolador llamado al lado del creyente para ayudar. La obra del Espíritu como Paracleto (Consolador) del creyente requiere su deidad, puesto que su obra es la misma de Cristo en su papel de Paracleto.

Se hace obvio que las obras del Espíritu Santo muestran su deidad: su unicidad dentro de la Divinidad, junto con el Padre y el Hijo.

Procesión divina del Espíritu

La relación del Espíritu Santo con los otros miembros de la Trinidad se expresa con el término *procesión*, el cual indica que el Espíritu procede del Padre y del Hijo.

El Credo de Constantinopla afirmó esta doctrina en el 381 d.C. La frase *filioque* ("y del Hijo") fue añadida en el sínodo de Toledo en el 589 d.C., para afirmar que Cristo y el Padre enviaron al Espíritu. Esta declaración combate la herejía que depreciaba la persona de Cristo.

Hay varios indicadores que sugieren la doctrina de la procesión del Espíritu. Todas las designaciones como "Espíritu de Dios" afirman la procesión del Espíritu, pues Él es el Espíritu que proviene de Dios. El tiempo presente de Juan 15:26 ("procede") se usa para entender la eternidad de la relación. Por lo tanto, se dice que el Espíritu Santo proviene del Padre y del Hijo. La procesión eterna del Espíritu parece afirmarse en el Salmo 104:30; allí se indica que el Espíritu Santo proviene del Padre en la economía veterotestamentaria. La Iglesia ortodoxa griega entendió que la "procesión eterna" comenzaba con la encarnación de Cristo (los dos ocurrieron al mismo tiempo).[20]

Ha de mencionarse una advertencia. La procesión del Espíritu Santo no indica la subordinación del Espíritu a los otros miembros de la Trinidad. J. Oliver Buswell discute el problema y anota que algunas personas de la iglesia primitiva entendían con el término a un "ser casi dependiente". Buswell rechaza el término y lo considera un estorbo.[21]

REPRESENTACIONES DEL ESPÍRITU SANTO

En las Escrituras hay descripciones y retratos del Espíritu Santo que ilustran vívidamente su persona y obra. Esos podrían identificarse variadamente como tipo, ilustración, emblema o símbolo, y de este modo se categorizan como representaciones del Espíritu Santo.

Vestido

Tras su resurrección, Jesús ordenó a los discípulos que esperaran en Jerusalén hasta que fueran "investidos de poder desde lo alto" (Lc. 24:49). *Investidos* (gr., *enduo*) es la palabra normal para "ataviar" o "vestir a alguien". La palabra es pasiva, lo cual indica que el individuo no se inviste él mismo; alguien más (Dios) lo hace por él. El significado de vestir se explica en el texto con la frase "de poder". Los apóstoles se iban a quedar en Jerusalén hasta que fueran revestidos con el poder del Espíritu Santo.

Paloma

El Espíritu Santo descendió "como una paloma" en el bautismo de Cristo. ¿Era una paloma en realidad? Es útil un estudio de los pasajes: "como paloma" (Mt. 3:16; Mr. 1:10), "en forma corporal, como paloma" (Lc. 3:22), "vi al Espíritu que descendía del cielo como paloma" (Jn. 1:32). De acuerdo con Lucas 3:22 y con Juan 1:32, debe haber una representación física de una paloma. No obstante, la paloma solo representaba al Espíritu Santo. Algo con las características y cualidades de la paloma sirvió como vehículo para retratar al Espíritu Santo.

Cada uno de los Evangelios enfatiza el descenso del cielo del Espíritu como paloma, lo cual hace hincapié en que el Espíritu Santo provenía de la presencia de Dios en el cielo. Por supuesto, es significativo para enfatizar la bendición y unción que el Padre le daba a su Hijo para el ministerio público. Fue un testimonio importante para las personas, particularmente para quienes se oponían a Cristo.

La paloma retrataba al Espíritu Santo que descendió sobre Jesús en el comienzo de su ministerio público, y así enfatiza el poder del Espíritu Santo en la obra de Cristo.

La paloma también es símbolo de pureza (cp. Mt. 10:16) y una representación de la paz.

Arras

En 2 Corintios 1:22 Pablo dice que Dios "nos ha dado las arras del Espíritu en nuestros corazones". La palabra *arras* (gr., *arrabon*) quiere decir "primera cuota, depósito, cuota inicial, arras, el hecho de pagar una parte del precio de compra por adelantado y así asegurar la posesión legal del artículo en cuestión... o la validez del contrato... (*Arrabon*) es un pago que obliga a la parte contratante a hacer los pagos futuros".[22] Efesios 1:14 revela la naturaleza del Espíritu Santo como cuota inicial de nuestra glorificación completa y final en el cielo. La "redención" de Efesios 1:14 es un anhelo de la etapa final de redención del creyente; esto es, su glorificación última. El Espíritu Santo, en cuanto arras, es un símbolo de la seguridad del creyente en Cristo.

Fuego

En Pentecostés se manifestaron "lenguas... como de fuego" que se ubicaron sobre los apóstoles (Hch. 2:3). Que Dios se revelara en el fuego no era inusual y habría sido entendido por los judíos. Habría denotado la *presencia de Dios*. Este suceso inusual, con la llegada del Espíritu, significaría que Dios estaba en el evento (cp. Éx. 3:2). También indicaba la *aprobación de Dios*. Momentos después, cuando Pedro proclamó a Jesús resucitado, el fuego simbolizaría la aprobación de Dios al mensaje de Pedro (cp. Lv. 9:24; 1 R. 18:38-39). El fuego también simbolizaba el *juicio de Dios* (cp. Lv. 10:2). Con la destrucción del templo en el año 70 d.C., los incrédulos de Pentecostés serían juzgados finalmente por su incredulidad.

Aceite

El aceite es un tipo del Espíritu Santo, ya que la práctica veterotestamentaria de ungir a los sacerdotes y reyes tipificaba el ministerio del Espíritu. Zacarías 4:1-14 ilustra el significado del aceite como tipo; el aceite describía el poder del Espíritu para fortalecer a Josué y a Zorobabel cuando guiaban al pueblo para completar la construcción del templo en el 515 a.C. El flujo constante de aceite en el candelabro (v. 2) hacia los dos líderes (vv. 3, 14) se interpreta en el versículo 6: "No con ejército, ni con fuerza, sino con mi Espíritu". En 1 Samuel 10:1, Samuel ungió a Saúl como rey de Israel; la unción era una representación del Espíritu del Señor que reposaría sobre él para guiar al pueblo (1 S. 10:6, 10). Sin embargo, los eventos del Antiguo Testamento solo eran representaciones tipológicas del ministerio del Espíritu Santo en el Nuevo Testamento.

EL ACEITE COMO SÍMBOLO DEL ESPÍRITU	
Significado	Escrituras
El Espíritu dado para el ministerio El Espíritu ilumina El Espíritu limpia y santifica	Éxodo 40:9-16 y Hechos 1:8 Éxodo 27:20-21 y 1 Juan 2:20 Levítico 8:30; 14:7; y Romanos 8:2-3

Sello

El Espíritu Santo se identifica como el sello del creyente (2 Co. 1:22; Ef. 1:13; 4:30). "Sellar" significa asegurar una piedra con un sello, como hicieron las autoridades romanas en Mateo 27:66. En sentido figurado, sellar quiere decir "marcar (con un sello) para poder identificar... en papiros, de todas las clases de animales, de modo que la marca que denota propiedad también implica la protección del propietario".[23] Marcar los rebaños sería un paralelo moderno de los sellos antiguos (cp. Is. 44:5; Ez. 9:4).

Del sello del Espíritu emergen varias verdades importantes. (1) Significa *propiedad de Dios*. El sello del Espíritu en el creyente indica que el creyente le pertenece a Dios. (2) Sugiere *seguridad*. El sello es permanente "para el día de la redención" (Ef. 4:30). (3) También sugiere *autoridad*. Como había autoridad romana dondequiera que había un sello romano, así también hay autoridad de Dios sobre el creyente al cual le ha dado su Espíritu.

Agua

Durante el ritual final de la fiesta de los tabernáculos, el sacerdote tomaba agua del estanque de Siloé y la vertía en el embudo junto al altar, en medio de los adoradores que cantaban. El evento era alegre, y anticipaba el reino glorioso del Mesías (Zac. 14:16-21). Durante ese evento Jesús proclamó: "Si alguno tiene sed, venga a mí y beba. El que cree en mí, como dice la Escritura, de su interior correrán ríos de agua viva" (Jn. 7:37-38). El siguiente versículo lo explica: "Esto dijo del Espíritu" (Jn. 7:39). Hay varios puntos a destacar. El agua es un emblema del Espíritu Santo que significa vida eterna (cp. Juan 4:14; 7:37-39). El agua significa la recepción del Espíritu Santo (Ez. 36:25-27; Jn. 7:39). Anticipa las bendiciones del milenio (estúdiese el trasfondo de Jn. 7:37-39; cp. Is. 12:3; Jl. 2:28-32).

Viento

El viento es la representación más natural del Espíritu Santo, pues la palabra *espíritu* (gr., *pneuma*) puede traducirse *viento* o *espíritu*. Algunas palabras en español, como *neumático*, se derivan de la palabra *pneuma*. Jesús comparó el nacimiento por el Espíritu Santo con el viento cuando explicaba a Nicodemo el nuevo nacimiento (Jn. 3:8). El nuevo nacimiento era una obra soberana e inexplicable de Dios; como el viento que sopla entre los árboles es inexplicable y soberano, así también lo es el nuevo nacimiento por el Espíritu Santo. El Espíritu hace "como él quiere", nadie le dice qué hacer, así como nadie le dice al viento qué hacer (cp. 1 Co. 12:11).

EL ESPÍRITU EN LA REVELACIÓN Y EN LA INSPIRACIÓN

Definiciones

Revelación. Revelación (gr., *apokalupsis*) quiere decir "destapar" o "quitar el velo", y se usa para describir el momento en que un gran escultor termina una estatua y le quita el velo que la cubre. En la verdad bíblica, "revelación" quiere decir que Dios manifiesta al hombre algo que este no sabría de otra manera (cp. Ez. 2:2; 8:3).

Inspiración. La inspiración bíblica se puede definir como "la supervisión de Dios de los autores humanos de modo que, usando sus propias personalidades, compusieran y registraran sin error la revelación de Dios al hombre en las palabras de los autógrafos originales".[24] Si se contrasta la revelación con la inspiración, se puede decir que la revelación se refiere a lo *material* mientras la inspiración se refiere al *método.*[25] La palabra *inspiración* se toma de la palabra griega *theopneustos* (que quiere decir "respirado por Dios") en 2 Timoteo 3:16. La Escritura es aquello "inspirado por Dios". Las Escrituras son producto del aliento creativo de Dios. "El 'aliento de Dios' en las Escrituras es el símbolo de su grandísimo poder, el que lleva su palabra creativa".[26] Se puede observar un paralelo:

LAS CREACIONES INSPIRADAS POR DIOS	
Dios, con su aliento	Formó los cielos, Salmo 33:6
	Reveló las Escrituras, 2 Timoteo 3:16

Canales de la revelación

El profeta del Antiguo Testamento. El mensaje del profeta en el Antiguo Testamento no se originaba en él. Tan solo era un vehículo a través del cual Dios le hablaba al pueblo; era guiado por el Espíritu Santo para llevar su mensaje (cp. Jer. 1:2, 4, 9, 11, 17).

El Espíritu Santo. Aunque el profeta del Antiguo Testamento usualmente era el vehículo por medio del cual Dios se revelaba, era el Espíritu Santo quien guiaba a los escritores bíblicos. En 2 Pedro 1:21 dice que el Espíritu Santo era quien impulsaba a los profetas del Antiguo Testamento, y así salvaguardaba las palabras del error. Se pueden citar ejemplos específicos. El Espíritu Santo controlaba a David. David exclama: "El Espíritu del Señor habló por medio de mí; puso sus palabras en mi lengua" (2 S. 23:2, NVI). Hechos 1:16 enfatiza la misma verdad para explicar la profecía de David sobre Judas, que debía cumplirse, pues "el Espíritu Santo habló antes por boca de David" (cp. Hch. 4:25; Mt. 22:43). El Espíritu

Santo controlaba a Ezequiel. El Espíritu Santo, quien le permitía al profeta recibir visiones de Dios, controlaba las numerosas profecías que se le daban a Ezequiel (Ez. 2:2; 3:24; 8:3; 11:24). El Espíritu Santo controlaba a Miqueas. Llenaba al profeta para permitirle hablar a la nación (Mi. 3:8).

Métodos de revelación

Dios se revelaba de varias maneras en el Antiguo Testamento.

Palabra hablada. Hay numerosos ejemplos en los cuales Dios habló audiblemente a las personas del Antiguo Testamento. Le habló de forma audible a Abraham (Gn. 18:13, 17), le habló a Moisés y hasta el pueblo podía oírle (Éx. 19:9; 20:1ss), y le habló a Isaías (Is. 6:8).

Sueños. La revelación por medio de sueños parece ser un modo inferior de revelación. Era un privilegio comunicarse cara a cara con Dios; así, la forma normal en que Dios se comunicaba con los paganos era por medio de sueños. El método permitía enseñar a los incrédulos. "La revelación por sueños encontraba al receptor en un estado pasivo, inconsciente, donde la realidad de lo soñado se encontraba solo en imágenes mentales incorpóreas… El sueño era más adecuado para personas con escaso o ningún discernimiento espiritual… La personalidad del receptor se neutralizaba, y solo existía como un instrumento inerte al cual se le podía impartir información sin el estorbo de las respuestas paganas e inapropiadas".[27] Algunos ejemplos de personas a quienes Dios habló por medio de sueños son Abimelec (Gn. 20:3), Jacob (Gn. 31:10-13), José (Gn. 35:7-9) y Nabucodonosor (Dn. 2).

Visiones. Aparentemente, las visiones eran una categoría más alta de la revelación, reservada para personas maduras espiritualmente.[28] Los profetas recibían visiones con frecuencia. Una de las palabras para profeta es *vidente*, que proviene de la palabra hebrea cuyo significado es "ver"; por lo tanto, el profeta (vidente) es "quien ve". Algunos ejemplos de heraldos de Dios que recibieron visiones son: Abraham (Gn. 15:1), Natán (1 Cr. 17:15), Ezequiel (Ez. 1:1) y Daniel (Dn. 8:1).

Teofanías. Una teofanía veterotestamentaria era una manifestación de Dios en sentido físico. *Teofanía* proviene de las palabras griegas *theos* (Dios) y *phanein* (aparecer); por lo tanto, una teofanía es una aparición de Dios. Era un privilegio que Dios visitara a alguien de este modo, y "normalmente estaba reservado para personas de alta madurez espiritual".[29] Los ejemplos en el Antiguo Testamento incluyen las teofanías a Abraham (Gn. 18), Josué (Jos. 5:14), Gedeón (Jue. 6:22) y Daniel (Dn. 6:22).

Inspiración del Antiguo Testamento

El Espíritu Santo era el medio de toda la inspiración bíblica. Su supervisión aseguraba la infalibilidad de la comunicación. Ello puede observarse en repetidas ocasiones en conexión con el Antiguo Testamento.

Los escritores del Antiguo Testamento eran conscientes de que el Espíritu Santo los guiaba al escribir (2 S. 23:2-3). En este pasaje se enfatiza cuatro veces que Dios le hablaba a David.

Cristo enseñó que el Espíritu Santo guiaba a los escritores del Antiguo Testamento (Mr. 12:36). Cuando Jesús cita el Salmo 110 dice que David habló "por el Espíritu Santo". Jesús basó su argumento en las palabras de David inspiradas por el Espíritu Santo.

Los apóstoles enseñaron que el Espíritu Santo guiaba a los autores del Antiguo Testamento (Hch. 1:16; 4:24-25; 28:25). Cuando Pedro explica la muerte de Judas, observa que tuvo lugar porque el Espíritu Santo la había predicho por medio de David (Hch. 1:16).

Inspiración del Nuevo Testamento

Aunque 2 Timoteo 3:16, un pasaje importante sobre la inspiración, tiene básicamente en mente el Antiguo Testamento, hay muchos pasajes que apuntan a la inspiración en el Nuevo.

Cristo afirmó la inspiración del Nuevo Testamento. Cristo predicó que los apóstoles serían salvaguardados cuando escribieran, lo cual les permitiría escribir sin errores todo lo que Él les había hablado (Jn. 14:26; 16:14). Ello explica por qué años después Juan podía recordar aún los detalles de la vida de Cristo cuando escribió su Evangelio. Cuando Jesús les enseñaba a sus discípulos, ellos no tenían la capacidad para comprender, pero después el Espíritu Santo les permitiría entenderlo (Jn. 16:12-15).

El Espíritu Santo guió a los escritores del Nuevo Testamento de las siguientes formas. (1) Los ayudaba a recordar los hechos en las enseñanzas de Cristo. (2) Les permitía entender la teología de lo que escribían. Cuando Jesús les habló, no captaron la importancia de su muerte inminente y de su resurrección. (3) Garantizó la finalización de todo el Nuevo Testamento. "Todas las cosas" en Juan 14:26 hace referencia a toda verdad espiritual necesaria para el hombre, lo cual implica que se completaría el canon del Nuevo Testamento.

Los escritores del Nuevo Testamento reconocieron que escribían la Biblia. En 1 Corintios Pablo había reprendido a los corintios por varios errores en la asamblea, y les dio la manera de corregirlos. Concluyó recordándoles que las cosas que les escribía eran "mandamientos del Señor" (1 Co. 14:37). Pablo reconoció que les estaba escribiendo Palabra de Dios. Se pueden sacar varias conclusiones de los escritos paulinos: La enseñanza de Pablo se le dio por revelación directa (Gá. 1:12). El Espíritu Santo le enseñó a Pablo lo que él enseñaba (1 Co. 2:13). La enseñanza de Pablo era mandamiento de Dios, por tanto estaba libre de errores (1 Co. 14:37; 1 Ts. 4:2, 15). La iglesia primitiva reconocía que la enseñanza de Pablo era palabra de Dios (1 Ts. 2:13).

Los escritores del Nuevo Testamento reconocían que los escritos de los otros eran inspirados. En 1 Timoteo 5:18, Pablo precedió su declaración con "la Escritura dice" para luego citar Deuteronomio 25:4 y Lucas 10:7. Cuando Pablo cita tanto el Antiguo como el Nuevo Testamento, considera que tienen la misma autoridad. Las palabras de Lucas eran Escrituras en exactamente el mismo sentido en que lo eran las de Moisés en Deuteronomio. En 2 Pedro 3:16 Pedro igualó los escritos paulinos con "las otras Escrituras". Los escritos de Pablo estaban a la par con los escritos veterotestamentarios. Se hace un paralelo similar en 2 Pedro 3:2.

SECCIONES DUALES DE LA AUTORIDAD BÍBLICA (2 P. 3:2)	
Autoridad	**Secciones**
"Para que tengan memoria..."	"de las palabras que antes han sido dichas por los santos profetas" (Antiguo Testamento)
	"del mandamiento del Señor y Salvador dado por vuestros apóstoles" (Nuevo Testamento)

EL MINISTERIO DEL ESPÍRITU EN EL ANTIGUO TESTAMENTO

Regeneración

¿El Espíritu Santo regeneraba a personas en el Antiguo Testamento? Jesús explicó a Nicodemo el nuevo nacimiento en Juan 3 (del cual forma parte la regeneración) y le recordó que tales cosas se enseñaron en el Antiguo Testamento, y por tanto debían ser conocidas por él (Jn. 3:10). Con toda probabilidad Jesús se estaba refiriendo a Ezequiel 36, porque los dos pasajes contienen un comentario sobre el agua y el Espíritu. En Ezequiel 11:19 y 36:25-27 Dios le promete a Israel una experiencia regeneradora en el milenio. Dios les dará un corazón y un espíritu nuevos, y pondrá su Espíritu en ellos. Aunque tales pasajes pertenecen al futuro, los creyentes del Antiguo Testamento también habrían experimentado la regeneración. En Ezequiel 18:31 se encomendó al pueblo hacerse "un corazón nuevo y un espíritu nuevo". Las dos frases son paralelas a Ezequiel 36:25-27 y a Juan 3:5, y sugieren que el Espíritu Santo regeneraba al creyente del Antiguo Testamento (véase también Sal. 51:10).

Morada selectiva

En Juan 14:16-17 Jesús indicó que después de Pentecostés el Espíritu Santo comenzaría un nuevo ministerio para los creyentes, diferente al del Antiguo Testamento. El énfasis en este pasaje radica en que el nuevo ministerio consistiría en *habitar* en ellos (a diferencia de tan solo acompañarlos) y sería *permanente*. Aunque la promesa de Juan 14 pertenece a *todos* los creyentes y habitar en ellos es *permanente*, el Espíritu Santo habitó en algunos del Antiguo Testamento; no obstante, era *selectivo y temporal*. (1) El Espíritu Santo habitó en algunas personas del Antiguo Testamento como Josué (Nm. 27:18) y David (1 S. 16:12-13).[30] (2) El Espíritu Santo descendió sobre algunas personas del Antiguo Testamento. Charles C. Ryrie sugiere que no hay distinción entre "habitar" y "venir sobre", "excepto porque la idea de 'venir sobre' parece implicar el carácter temporal y transitorio de la relación del Espíritu con los santos del Antiguo Testamento".[31] Se ve que el Espíritu venía sobre un individuo temporalmente para realizar una tarea específica. Es razonable suponer que el Espíritu dejaba al individuo cuando la tarea se había ejecutado. El Espíritu vino sobre Otoniel para conquistar Cusan-risataim (Jue. 3:10); vino sobre Gedeón para derrotar a los madianitas (Jue. 6:34); vino sobre Jefté para derrotar a los amonitas (Jue. 11:29); vino sobre Sansón para derrotar a los filisteos (Jue. 14:6); vino sobre Balaam para profetizar bendición a Israel (Nm. 24:2). "Al evaluar estos textos se muestra que todos requerían que se otorgara poder para una actividad física. Ninguno de ellos tenía que ver con la salvación del pecado en ningún sentido".[32] Ese otorgamiento de poder tampoco tenía nada que ver con la condición espiritual de la persona. Jefté era hijo de una prostituta, vivía en un ambiente idólatra. Sansón era un hombre carnal, vivía para satisfacer sus deseos carnales. Balaam era un incrédulo. (3) El Espíritu Santo llenó a algunas personas en el Antiguo Testamento. Dios llenó a Bezaleel con el Espíritu y le dio sabiduría en las artesanías, "para inventar diseños, para trabajar en oro, en plata" (Éx. 31:2-5) con el fin de embellecer el tabernáculo.

John Walvoord hace tres observaciones sobre la habitación del Espíritu en las personas del Antiguo Testamento. Primero, el hecho de que el Espíritu habitara en una persona no tiene relación con la condición espiritual de dicha persona. Segundo, que el Espíritu decidiera habitar en alguien era una obra soberana de Dios en la persona, con el fin de realizar una tarea específica; por ejemplo, liberar a Israel en una guerra o construir el tabernáculo. Tercero, el Espíritu habitaba temporalmente. El Espíritu del Señor vino sobre Saúl pero luego se apartó de Él (1 S. 10:10; 16:14). David temía que el Espíritu Santo lo abandonase (Sal. 51:11).[33]

Contener el pecado

Génesis 6:3 indica que la lucha del Espíritu por refrenar el pecado sería limitada, pues el hombre no quiso prestar atención al ministerio de convicción del Espíritu. En ese contexto, Dios juzgaría a las personas con el diluvio noéico.[34] Se puede ver un paralelo entre el Antiguo y el Nuevo Testamento para quienes sostienen el arrebatamiento pretribulacional.

JUICIOS PARALELOS: EL DILUVIO Y LA TRIBULACIÓN			
Escritura	Efecto de la restricción del Espíritu	Levantamiento de la restricción del Espíritu	Juicios paralelos de Dios
Génesis 6:3	Ministerio de Noé	Noé fue tomado	Diluvio
2 Tesalonicenses 2:7-8	Ministerio de la iglesia	La iglesia será tomada	Tribulación

Capacitar para el servicio

En el Antiguo Testamento se daba el Espíritu Santo a individuos selectos para realizar tareas específicas. Tales tareas incluían: habilidad para la obra artística del tabernáculo y templo, dada a Bezaleel (Éx. 31:2-5; 35:30-35) e Hiram (1 R. 7:14); habilidad para liderar la nación, dada a Josué (Nm. 27:16-18), Saúl (1 S. 10:10) y David (1 S. 16:13); habilidad para la guerra, dada a Otoniel (Jue. 3:10), Gedeón (Jue. 6:34) y Jefté (Jue. 11:29) y fuerza física inusual, dada a Sansón (Jue. 14:19).

EL ESPÍRITU EN RELACIÓN CON CRISTO

Isaías había profetizado que el Espíritu reposaría sobre el Mesías (42:1), le daría sabiduría, fuerza y conocimiento en su ministerio (11:2-3). Las narrativas de los Evangelios reflejan continuamente el poder del Espíritu sobre Cristo en su ministerio, con lo cual se cumplían las profecías de Isaías. No obstante, ello no quiere decir que Cristo no tuviera poder en Sí mismo, porque sí lo tenía (Jn. 10:18). El hecho de que ministrara en el poder del Espíritu Santo enfatiza la unidad de la Trinidad (cp. Jn. 5:31-44; 6:29; 8:18; 10:37-38, etc).

El nacimiento virginal

El agente. Mateo y Lucas enfatizan el ministerio del Espíritu Santo para producir la concepción de María. Mateo 1:20 declara: "lo que en ella es engendrado, del [gr., *ek*] Espíritu Santo es", con lo cual hace énfasis en su origen. El origen del nacimiento de Jesús no fue a través de José, sino por medio del Espíritu Santo. Lucas 1:35 utiliza los términos "vendrá sobre ti" y "te cubrirá con su sombra" para describir el ministerio del Espíritu Santo en la concepción de María. Cuando el Espíritu Santo viene sobre los apóstoles en Pentecostés (Hch. 1:8) se usa el mismo término (gr., *eperchomai*). Es improbable que se pretendiera usar la palabra como eufemismo de una relación sexual.[35] "Te cubrirá con su sombra" sugiere que "la presencia poderosa de Dios reposará sobre María, de modo que ella lleve en su seno al niño que será el Hijo de Dios. No se dice nada al respecto de cómo ocurrirá y, en particular, no se sugiere engendramiento divino".[36] El punto a enfatizar en los dos Evangelios es que Jesús no tuvo un padre humano, José no engendró a Jesús (véase también la explicación en "Cristología: Doctrina de Cristo", cap. 20).

Los resultados. (1) Nace la naturaleza humana de Cristo. No es una persona la que nace, pues Cristo como persona existía desde la eternidad en su deidad; no obstante, la naturaleza humana de Cristo tuvo su origen en el vientre de María.

(2) La naturaleza humana de Cristo era sin pecado. Aunque Cristo tenía una naturaleza completamente humana, no estaba manchada por el pecado. Aunque nació de una madre humana, la concepción por el Espíritu Santo garantizaba la ausencia de pecado en Cristo. Este hecho revela la importancia del nacimiento virginal; si Jesús hubiese tenido un padre humano, no habría sido diferente de nadie. El testimonio de la ausencia de pecado en Cristo es evidente partiendo de la afirmación del mismo Cristo: "no hay en él injusticia" (Jn. 7:18). El apóstol Juan declaró: "no hay pecado en él" (1 Jn. 3:5).

(3) La naturaleza humana de Cristo conllevaba limitaciones humanas. Aunque Cristo no tenía pecado, el nacimiento virginal dio como resultado una naturaleza verdaderamente humana. Cristo se cansaba (Jn. 4:6), tenía sed (Jn. 4:7), dormía (Mt. 8:24), lloraba (Jn. 11:35). Se sometió a las limitaciones voluntarias de la humanidad.

Vida y ministerio de Cristo

El Espíritu Santo ungió a Cristo. Lucas 4:18 indica que Cristo fue ungido por el Espíritu Santo. Con ello se cumplió la profecía de Isaías 61:1. Como eran ungidos los reyes (2 S. 2:4) y los sacerdotes (Éx. 28:41), así también fue ungido el Mesías. La unción confería poder; en este caso era el Espíritu quien ungía, dando poder a Cristo para el ministerio.[37]

Se pueden resumir varios puntos sobre la unción de Cristo: (1) La unción designaba a Jesús como el Mesías y rey de Israel. Juan 1:31 indica que Juan el Bautista manifestó a Jesús a la nación en su bautismo. Se hizo a la manera de los reyes del Antiguo Testamento (cf. 1 S. 16:6-13). (2) La unción introdujo a Jesús en su ministerio público (Hch. 10:38). Después de su bautismo, Jesús comenzó su ministerio público de enseñanza y realización de milagros. La unción del Espíritu apartó a Jesús como Mesías de Israel. La unción era necesaria a causa de la humanidad de Jesús y para demostrar la unidad de la Trinidad. (3) La unción le dio poder a Jesús para su ministerio público (Lc. 4:18). Aunque Él tenía poder en sí mismo para realizar milagros, al recibir el poder del Espíritu para su ministerio reveló unidad en el Dios trino y su dependencia de otro miembro de la Trinidad. (4) La unción fue una autenticación divina de Jesús. En su bautismo, el Padre, de modo audible, confirmó a Jesús como Mesías para la nación;

las personas oyeron la declaración de autenticación del Padre: "Este es mi Hijo amado, en quien tengo complacencia" (Mt. 3:17).

El Espíritu Santo llenó a Cristo. Lucas 1:15 indica que Juan el Bautista, el precursor, estaba lleno del Espíritu Santo cuando estaba en el vientre de su madre. Ciertamente, el Mesías estaría al menos tan lleno del Espíritu como su predecesor. En Lucas 4:1 dice: "Jesús, lleno del Espíritu Santo... fue llevado por el Espíritu". El verbo está en tiempo imperfecto, lo cual sugiere una acción continua. "Ahora Jesús estaba continuamente bajo la guía del Espíritu Santo".[38] Marcos 1:12 declara: "el Espíritu le impulsó al desierto". El tiempo presente "impulsó" enfatiza que "toda la vida terrenal de Jesús estuvo vinculada al Espíritu Santo, desde su nacimiento hasta su muerte y resurrección".[39] El registro del Nuevo Testamento sobre la vida de Cristo revela el cumplimiento de las predicciones en Isaías 11:2 y 42:1. Cristo estaba continuamente lleno del Espíritu Santo.

La muerte de Cristo

El Espíritu Santo no solo fue responsable de producir la humanidad de Cristo y darle poder en su ministerio terrenal; en la muerte de Cristo también jugó un papel importante (He. 9:14).[40] Tal vez el concepto del sufrimiento del Siervo en Isaías pesaba en la mente del escritor de Hebreos. Si es así, el Espíritu que vino sobre el Siervo en Isaías 42:1 también es el Espíritu que llevó al Siervo a cargar los pecados de muchos en Isaías 52:13—53:12.[41]

La resurrección de Cristo

Los relatos bíblicos indican que "cada miembro de la divinidad participó en el gran acto de la resurrección".[42] Cristo resucitó por el poder de Dios Padre (Ef. 1:19-20; Sal. 16:10), pero tenía el poder para levantarse a Sí mismo (Jn. 10:18). El Espíritu Santo también fue parte de la resurrección de Cristo. Romanos 1:4 declara que Él es "Hijo de Dios con poder, según el Espíritu de santidad, por la resurrección de entre los muertos". Posiblemente esta sea una referencia al Espíritu Santo.[43] Romanos 8:11 se refiere al "Espíritu de aquel que levantó de los muertos a Jesús". Esta es una referencia al Padre o al Espíritu Santo. En 1 Pedro 3:18 declara que Cristo fue "vivificado en espíritu". La frase podría referirse al papel del Espíritu Santo como instrumento para resucitarlo; no obstante, es más probable que se refiera a su espíritu humano. Sin embargo, se puede extraer una conclusión sobre el ministerio del Espíritu Santo en la vida de Jesucristo. Pentecost declara: "Me pregunto si hay una gran obra de Dios, cualquiera que sea, revelada en su Palabra, en la cual los tres miembros no actúen conjuntamente para alcanzar el propósito de Dios".[44]

EL PECADO CONTRA EL ESPÍRITU SANTO

Trasfondo histórico

Aunque las Escrituras hablan de pecados contra el Espíritu Santo con los verbos *apagar* (1 Ts. 5:19) y *contristar* (Ef. 4:30), lo que se viene a la mente cuando se menciona "el pecado" contra el Espíritu es la *blasfemia*.

Cuando se habla del pecado contra el Espíritu Santo (Mt. 12:31-32) es importante considerar el trasfondo histórico contra el cual se cometió el pecado. Jesús se había manifestado a la nación de Israel a través de sus enseñanzas (Mt. 5—7) y milagros (Mt. 8—10). Las señales mesiánicas se habían realizado en medio de la nación. Ahora los líderes religiosos venían a investigar a Cristo por sí mismos (cp. Lucas 5:14 con 5:17). ¿Quién era Cristo? ¿Era el Mesías? ¿Cómo podían explicar sus milagros? En Mateo 12 los líderes judíos llegan a una conclusión que culmina con el pecado contra el Espíritu Santo. En Mateo 12:22 le traen a un endemoniado, y Jesús lo sana. La respuesta de las personas en 12:23 refleja la influencia de los líderes. El pueblo exclamó: "¿No será este el Hijo de David?" (NVI).[45] La forma de la pregunta anticipa un "no" como respuesta. En 12:24 los fariseos afirman dogmáticamente: "Este no echa fuera los demonios sino por Beelzebú, príncipe de los demonios". Los fariseos se estaban refiriendo a Aquel de quien el Padre había dicho "pondré mi Espíritu sobre él" como alguien que actuaba por el poder del diablo. En este contexto Jesús declaró que la blasfemia contra el Espíritu Santo nunca se perdonaría. Es importante considerar este trasfondo al considerar el pecado en 12:31-32.

Explicación

El pecado contra Cristo. El pecado contra el Espíritu Santo también está relacionado con pecar contra Cristo. El quid del asunto se explica en Mateo 12:24. Los líderes religiosos han oído la enseñanza de Cristo y han visto sus milagros, pero su evaluación concluye que Cristo realizaba sus milagros por el poder de Satanás. Ese fue su pecado contra Cristo. En lugar de reconocerlo como Mesías, dijeron que obraba a través de Satanás. No negaron los milagros, pero rechazaron que su fuente fuera Dios. Dijeron que actuaba por el poder de Satanás. Quien estaba destinado a ser el libertador de Israel, tanto espiritual como nacionalmente, fue rechazado y acusado de haberse aliado con Satanás. Tal rechazo constituye el fundamento del pecado contra el Espíritu Santo.

El pecado contra el Espíritu Santo. Aquel sobre el cual Dios había puesto su Espíritu (Mt. 12:18) era el que los fariseos acusaron de obrar por medio de Satanás. Dios había dicho: "pondré mi Espíritu sobre él" (12:18), pero los líderes dijeron: "Este no echa fuera los demonios sino por Beelzebú, príncipe de los demonios". El pecado se cometió en un contexto histórico. Los fariseos habían observado de primera mano el ministerio público de Jesús, habían visto sus milagros con sus propios ojos y aun así adscribieron a Satanás la obra de Cristo. Más aún, podrían haber recibido perdón si solo hubieran rechazado el testimonio de Cristo (Mt. 12:32*a*), pero rechazaron al testigo final, el testimonio del Espíritu Santo. No había otro testigo para presentarles.[46] Debe observarse que el pecado contra el Espíritu era eterno (Mt. 12:31-32). No había oportunidad de arrepentirse; era imperdonable y nunca se perdonaría.

Pregunta

La pregunta que puede formularse es: ¿se puede pecar hoy contra el Espíritu Santo? Pecar por blasfemia contra el Espíritu Santo requeriría la presencia física de Jesucristo con sus enseñanzas y milagros, al tiempo que quienes lo oyeran y lo vieran rechazaran su ministerio y lo adjudicaran a Satanás. El pecado de la blasfemia contra el Espíritu Santo no es igual a la incredulidad. No hay indicación en las Escrituras de que si una persona rechazó el evangelio una vez, no tendrá de nuevo la oportunidad para creer; tampoco existe hoy un pecado particular que no pueda perdonarse. ¿Quién entre los creyentes no ha rechazado el evangelio la primera vez que lo oyó? Por supuesto, la incredulidad no se perdonará si la persona persiste de manera permanente en ella.

OBRA BAUTISMAL DEL ESPÍRITU SANTO

Introducción

La obra bautismal del Espíritu Santo ha sido un punto de controversia considerable y de diversidad de opiniones. Por un lado, se confunde con el bautismo en agua. Aunque hay muchos pasajes que se refieren al bautismo en el Espíritu, algunas personas ven en estos pasajes una referencia al bautismo en agua (cp. Ro. 6:4; Gá. 3:27). Otros entienden la obra bautismal del Espíritu como una "segunda bendición" que puede traer poder para el servicio o manifestarse a través del hablar en lenguas.[47] Parte de la confusión radica en la comprensión errada de la naturaleza distintiva de la iglesia. En Pentecostés nació la iglesia, y el Espíritu Santo comenzó su obra de edificarla con el bautismo de los creyentes en el cuerpo de Cristo.

Definición

La obra bautismal del Espíritu Santo se puede definir como la obra por medio de la cual el Espíritu ubica al creyente en unión con Cristo y en unión con los otros creyentes del cuerpo de Cristo (1 Co. 12:13).

Explicación

El bautismo del Espíritu Santo es relativo solo a la era de la iglesia. La referencia básica es a 1 Corintios 12:13: "Porque por un solo Espíritu

fuimos todos bautizados en un cuerpo, sean judíos o griegos, sean esclavos o libres; y a todos se nos dio a beber de un mismo Espíritu". Puede
verse que este ministerio del Espíritu comenzó en Pentecostés al comparar
Hechos 1:5, donde se indica que la obra bautismal es aún futura, con Hechos 11:15, donde se indica que el "principio" de dicha obra se encuentra
en Hechos 2. La obra bautismal no ocurre en el Antiguo Testamento: es
única a la era de la iglesia que comienza en Pentecostés.

*El bautismo del Espíritu Santo incluye a todos los creyentes de esta
era.* En varios pasajes se enfatiza que "todos" son bautizados por el Espíritu Santo. En 1 Corintios 12:13 leemos: "fuimos *todos* bautizados".
En Romanos 6 todos los que fueron bautizados (v. 3) son los que se han
unido a Cristo (v. 5), luego, son todos los creyentes. Gálatas 3:27-28 indica
"todos... han sido bautizados en Cristo, se han revestido de Cristo. Ya
no hay judío ni griego, esclavo ni libre, hombre ni mujer, sino que todos
ustedes son uno solo en Cristo Jesús" (NVI).

*El bautismo del Espíritu Santo une a los creyentes con otros creyen-
tes del cuerpo de Cristo.* No hay ninguna distinción en absoluto entre
quienes llegan a ser parte de esta unión: judíos, gentiles, esclavos, libres,
hombres, mujeres (1 Co. 12:13). Además vale la pena observar que la condición espiritual del creyente no es un factor determinante: los corintios
sobresalían por su carnalidad y, sin embargo, estaban incluidos.

El bautismo del Espíritu Santo une a los creyentes con Cristo. Quienes han sido "bautizados en Cristo Jesús" (Ro. 6:3) también están "unidos
con él" (Ro. 6:5, NVI). Esta verdad prohíbe que el bautismo del Espíritu sea
una obra subsiguiente a la salvación.

El bautismo del Espíritu no es experimental. El bautismo no es experimental porque es una obra hecha al creyente pero no por él, y porque
ocurre simultáneamente con la salvación.

El bautismo del Espíritu Santo lo realiza el Espíritu Santo. No
hay dos bautismos por el Espíritu. Algunos grupos hacen distinción
entre 1 Corintios 12:13, "*por* un solo Espíritu", sugiriendo su llegada a
habitar en el cuerpo, y Hechos 1:5, "*con* el Espíritu Santo", sugiriendo
un acto subsiguiente de otorgar poder para el servicio. No obstante,
en las dos frases se usa la misma preposición griega *en*; intentar, pues,
hacer distinción cuando en griego se usa la misma frase es precario, en
el mejor de los casos. El Espíritu Santo es el agente del bautismo (Hch.
1:5; 1 Co. 12:13).[48]

HABITACIÓN DEL ESPÍRITU SANTO

Hecho de morar en las personas

Juan 14:16 es un versículo clave para indicar el ministerio único del
Espíritu Santo en esta era; ahí Jesús prometió que el Espíritu habitaría en

los creyentes de forma permanente. Tal habitación permanente no sería para unos cuantos creyentes, sino para todos. Hay varias indicaciones que afirman estos hechos.

El Espíritu Santo es un don. El Espíritu Santo es un don entregado a los creyentes en Jesús, sin excepción: no hay condiciones adjuntas al regalo del Espíritu a no ser la fe en Jesús (Jn. 7:37-39). Muchas Escrituras hablan del Espíritu que es "dado" a los creyentes. La palabra *dar* en estas instancias quiere decir "entregar un regalo" (cp. 2 Co. 1:22; 1 Ts. 4:8; 1 Jn. 4:13).[49] Aparte de aceptarlo, no hay nada que la persona pueda hacer para recibir al Espíritu, pues se entrega como un regalo.

El Espíritu Santo se entrega en la salvación. Esta es la declaración positiva de su contrapartida negativa según la cual el incrédulo no posee el Espíritu. Efesios 1:13 indica que el Espíritu se entrega en el momento de la salvación.[50] El sello (y habitación) del Espíritu ocurre en el momento de creer. Gálatas 3:2 también enfatiza la misma verdad.

Una persona que no posee el Espíritu Santo no es creyente. Romanos 8:9 enfatiza: "Y si alguno no tiene el Espíritu de Cristo, no es de él". Judas 19 se refiere a los incrédulos como los que "no tienen al Espíritu".

El Espíritu Santo habita en los creyentes carnales. Los cristianos carnales de Corinto —a pesar de ser culpables de incestos, de demandar a otros creyentes y de otros pecados— estaban habitados por el Espíritu Santo (1 Co. 6:19). Si solo un grupo selecto fuera su habitación, entonces los corintios no lo hubieran sido. Romanos 8:9 y 2 Corintios 1:22 exigen a modo de conclusión que todos los creyentes, a pesar de su condición espiritual, sean habitados por el Espíritu Santo.

El Espíritu Santo habita permanentemente en los creyentes. Además de habitar en todos los creyentes, el Espíritu habita en ellos de forma permanente (Jn. 14:16). Los creyentes reciben al Espíritu Santo como "arras", una verificación de su glorificación futura (2 Co. 1:22; Ef. 4:30).

Problemas relacionados con habitar en los creyentes

Hay varios textos bíblicos que son problemáticos respecto a la enseñanza neotestamentaria de habitar permanentemente en los creyentes. Algunos merecen especial atención.

Salmo 51:11. La oración de David "no quites de mí tu santo Espíritu" se relaciona con la habitación temporal del Espíritu Santo en el Antiguo Testamento. Después de Pentecostés, el Espíritu habita de manera permanente en el creyente (Jn. 14:16).

Hechos 5:32. Pedro no establece la obediencia como condición para que el Espíritu habite en el creyente; antes bien, Pedro usa obedecer como sinónimo de creer. Se usa una expresión similar en Hechos 6:7, donde está claro que el significado es fe (cp. Jn. 3:36).

Hechos 8:14-17. Esta fue una situación única durante la transición de la ley a la gracia y de Israel a la iglesia. Debía haber clara evidencia de que los samaritanos también recibían el Espíritu como los judíos. Ello no constituye una norma en la actualidad. Si fuera norma, nadie podría recibir el Espíritu, porque se necesitaría a los apóstoles para confirmar que sí habita en los creyentes, tal como lo hicieron con los samaritanos.

EL SELLO DEL ESPÍRITU SANTO

Definición

El sello del Espíritu Santo es una de las múltiples obras que Dios realiza en favor del creyente para asegurarle la salvación (cp. 2 Co. 1:22; Ef. 1:13; 4:30). En 2 Corintios 1:22 leemos que Dios "nos ha sellado, y nos ha dado las arras del Espíritu en nuestros corazones". En tiempos del Antiguo Testamento se usaban los sellos de varias maneras: para autenticar un documento (p. ej., un contrato marital), para autenticar una transferencia de poder de un gobernante a otro, para asegurar algo —más por la autoridad que acarreaba que por su fuerza intrínseca—, para verificar un documento como una factura o un divorcio.[51] El Espíritu Santo se da como un sello a la persona que cree en Cristo, identificando al creyente como propiedad de Dios.

Explicación

La idea principal del sello es mostrar *propiedad*. El creyente es sellado por el Espíritu para identificarlo como propiedad de Dios. Marcar el ganado sería un paralelo; el ranchero pone su marca en el novillo para señalar que le pertenece. En 2 Corintios 1:22 se indica que el Espíritu Santo es el sello. La frase "nos ha dado las arras del Espíritu" explica el sello puesto en el creyente, no es algo que el creyente haga por sí mismo.[52] Más aún, el sello es permanente, con miras a la glorificación definitiva del creyente (Ef. 4:30). Por lo tanto, el sello enfatiza *seguridad*, no solo propiedad. El Espíritu Santo verifica que el creyente pertenece a Dios de forma permanente. El énfasis de los tres pasajes también está en que los creyentes están sellados. Todos los cristianos de Corinto estaban sellados a pesar de su carnalidad (2 Co. 1:22), incluso quienes eran capaces de contristar al Espíritu (Ef. 4:30). Lo que es más, como no hay mandamiento para ser sellado más, todos los creyentes obtienen el sello en el momento de la conversión.

DONES DEL ESPÍRITU SANTO

Definición de los dones

Hay dos palabras griegas que se usan generalmente para describir los dones espirituales. La primera es *pneumatikos*, cuyo significado es "cosas espirituales" o "cosas que pertenecen al espíritu". La palabra enfatiza la naturaleza y origen espiritual de los dones; no son talentos naturales, tienen su origen en el Espíritu Santo. El Espíritu Santo las entregó sobrenaturalmente a los creyentes (1 Co. 12:11).

La otra palabra usual para identificar los dones espirituales es *charisma*, cuyo significado es "don de gracia". La palabra charisma enfatiza que un don es un regalo por la gracia de Dios; no es una habilidad desarrollada naturalmente, sino un don otorgado al creyente (1 Co. 12:4). Este énfasis se ve cuando Pablo habla de los dones espirituales en Romanos 12. Él hace énfasis en que los creyentes reciben los dones según la gracia que les es dada (Ro 12:3, 6).

Una definición concisa de los dones espirituales simplemente es "dones de gracia". Una definición más completa es: "dotación divina a un miembro del cuerpo de Cristo de una habilidad especial para el servicio".[53]

Explicación de los dones

Dos conceptos forman parte de los dones espirituales. Primero, un don espiritual *para un individuo* es la capacitación que Dios le da para el servicio espiritual personal (1 Co. 12:11). Segundo, un don espiritual *para la iglesia* es una persona equipada de manera única para la edificación y madurez de la iglesia (Ef. 4:11-13).

Debe precisarse lo que *no* se quiere decir con "dones espirituales".[54] No quiere decir *un lugar de servicio*. Algunos pueden sugerir: "Tal persona tiene un verdadero don para trabajar en los barrios pobres". Por supuesto, este es un mal concepto de los dones espirituales. Un ministerio a personas de la misma edad no es un don espiritual. De otra forma, algunos dirían: "Él tiene un verdadero don para trabajar con estudiantes de secundaria". Un don espiritual no es lo mismo que un *talento natural*; puede haber una relación, pero un talento natural es la capacidad desarrollada que una persona pudiera tener desde el nacimiento, mientras que un don espiritual es dado por Dios de manera sobrenatural en el momento de la conversión. Los talentos naturales y los dones se pueden contrastar así:[55]

COMPARACIÓN ENTRE CAPACIDADES NATURALES Y ESPIRITUALES		
Comparaciones	**Talentos naturales**	**Dones espirituales**
Fuente:	De Dios Por medio de los padres	De Dios Independientes de los padres
Posesión:	De nacimiento	Probablemente desde la conversión

Propósito:	Para beneficiar a la humanidad en el plano natural	Para beneficiar a la humanidad en el plano espiritual
Proceso:	Se deben reconocer, desarrollar y ejercitar	Se deben reconocer, desarrollar y ejercitar
Función:	Los creyentes deben dedicárselos a Dios de modo que Él los use para su gloria	Se deben usar para la gloria de Dios

Descripción de los dones

Apóstol (Ef. 4:11). Se debe hacer una distinción entre el don y el oficio de apóstol. El oficio estaba limitado a los Doce y a Pablo. En Lucas 6:13 Jesús llamó a sus discípulos y escogió a doce de ellos "a los cuales también llamó apóstoles". Jesús les dio a esos doce una autoridad única limitada a aquellos que ostentaban el oficio de apóstol (cp. Lucas 9:1; Mt. 10:1). Más adelante, cuando Pablo defendió su propio apostolado, enfatizó que él realizaba las señales de un verdadero apóstol (2 Co. 12:12). Las cualificaciones para el oficio de apóstol se establecen en Hechos 1:21-22; quienes ostentaban el oficio debían haber caminado con el Señor desde el bautismo de Juan hasta la ascensión de Cristo. La situación de Pablo era única, él se refirió a sí mismo como apóstol pero "uno nacido fuera de tiempo" (1 Co. 15:8-9).

El don de apóstol se menciona en 1 Corintios 12:28 y en Efesios 4:11. La palabra *apóstol* viene de *apo*, cuyo significado es "desde", y *stello*, cuyo significado es "enviar". Por lo tanto, un apóstol es alguien a quien se "envía desde". Parece que la palabra se usaba en sentido técnico pero también en otro general. En sentido técnico estaba limitado a los Doce que tenían tanto el oficio como el don del apostolado.[56] En ese sentido era un don fundacional, limitado a la formación de la iglesia (Ef. 2:20). La necesidad del don cesó una vez cimentada la iglesia. Como el oficio de apóstol se acabó (porque nadie puede satisfacer las cualificaciones de Hechos 1:21-22), así también cesó el oficio de apóstol en sentido estricto. La palabra *apóstol* también se usa en el sentido general de "mensajero" o "enviado" en la causa de Cristo. Aquéllos son conocidos como apóstoles, pero no tienen ni el oficio ni el don. La palabra se usa en sentido no técnico para quien es mensajero (cp. Hch. 14:14; 2 Co. 8:23; Fil. 2:25).

El término "apóstol" se puede resumir como sigue:[57] (1) Los apóstoles eran los representantes de Cristo (Mt. 10:1-15) que tenían autoridad en la iglesia primitiva (Hch. 15:4, 6, 22-23). (2) Los apóstoles realizaban señales, maravillas y milagros (2 Co. 12:12). (3) Los apóstoles eran testigos de la resurrección del Señor (1 Co. 9:1-2; 15:5-8). (4) A la iglesia se le dieron apóstoles solo al principio (Ef. 2:20). (5) Los apóstoles recibieron revelación directa del Señor (Gá. 1:12). (6) Después de Pablo no se esperaba que hubieran apóstoles (1 Co. 15:8).

Profeta (Ro. 12:6). El significado léxico de *profetizar* (*propheteuo*) es: (1) proclamar la verdad divina; (2) revelar proféticamente lo que está oculto; (3) predecir el futuro.[58] Hay muchos ejemplos claros donde se muestra que *profetizar* quiere decir "predecir el futuro". No hay una referencia clara donde se muestre que *profetizar* es sinónimo de *enseñar*, es decir, de "esparcir" la verdad de Dios.

El don de profecía se menciona en Romanos 12:6, 1 Corintios 12:10 y Efesios 4:11. El apóstol recibió su información por revelación directa de Dios; así Agabo anunció la hambruna que vendría sobre el mundo (Hch. 11:28) y la cautividad de Pablo en Jerusalén (Hch. 21:10-11). El profeta recibía por revelación directa el conocimiento de los "misterios" divinos (1 Co. 13:2) que el hombre no habría conocido de otra forma. El don de profecía era importante antes de completar el canon para edificación de la iglesia (1 Co. 14:3). El profeta recibía revelación directa de Dios y enseñaba a la gente para edificarla, exhortarla y consolarla (1 Co. 14:3). La autenticidad del profeta se exhibía en la precisión de la profecía, pues la revelación venía de Dios (cp. Dt. 18:20, 22). Así, predecir eventos futuros era parte de la profecía. El don de profecía también está relacionado con la fundación de la iglesia (Ef. 2:20). No hay necesidad del don de profecía, porque ya se cimentó la iglesia y ya se completó el canon de las Escrituras.

Milagros (1 Co. 12:10). La naturaleza de los milagros bíblicos es un tema amplio y se anima al lector a estudiar el tema por separado.[59] Los milagros no ocurrieron aleatoriamente en las Escrituras, sino en tres períodos principales: en los días de Moisés y Josué, Elías y Eliseo, y Cristo y los apóstoles. Hubo milagros selectos fuera de estos intervalos de tiempo, pero fueron pocos. Los milagros se daban para autentificar el mensaje, y en cada uno de los períodos ya mencionados Dios permitía que sus mensajeros hicieran milagros inusuales para corroborar el mensaje nuevo que daban. En la era del Nuevo Testamento ocurrieron milagros para validar el mensaje nuevo de los apóstoles. Cuando se completó el canon de las Escrituras desapareció la necesidad de los milagros como señal para validar; la autoridad de la Palabra de Dios era suficiente para validar la palabra del mensajero.

El don de los milagros (1 Co. 12:10, 28) es más amplio que el de sanidades. La palabra *milagros* quiere decir "poder" u "obra de poder". Algunos ejemplos del ejercicio de los milagros se encuentran en el juicio de Pedro a Ananías y Safira (Hch. 5:9-11) y en el juicio de Pablo a Elimás el mago castigado con ceguera (Hch. 13:8-11).[60] La palabra también se usa para describir los milagros de Cristo (Mt. 11:20, 21, 23; 13:54).

Se debe distinguir entre los milagros y el don de los milagros. Aunque el don de los milagros —la habilidad de un individuo para realizar actividades milagrosas— cesó con la era apostólica, eso no quiere decir que hoy no ocurran milagros. Dios puede responder directamente la oración de un creyente y realizar un milagro en su vida. Dios puede curar a un enfermo terminal en respuesta a la oración, pero no lo hace a través del don de milagros de una persona.

Sanidad (1 Co. 12:9). Un aspecto menos amplio del don de milagros es el don de sanidades (1 Co. 12:9, 28, 30). La palabra se usa en plural (gr., *iamaton,* "sanidades") en 1 Corintios 12:9; ello sugiere que "pueden curarse diferentes clases de enfermedad".[61] Curar a otras personas de todas las formas de enfermedad formaba parte del don de sanidades. Vale la pena examinar las sanidades realizadas por Cristo y los apóstoles en el Nuevo Testamento. Estas curaciones eran:[62] *instantáneas* (Mr. 1:42); *completas* (Mt. 14:36); *permanentes* (Mt. 14:36); *limitadas* (enfermedades constitutivas, como la lepra en Mr. 1:40, no enfermedades psicológicas); *incondicionales* (incluían incrédulos, personas sin fe y que no conocían a Jesús, Jn. 9:25); *tenían un propósito* (no eran solo para aliviar a las personas de su sufrimiento y dolor. Si fuera así, habría sido cruel e inmoral por parte de nuestro Señor salir de las ciudades, donde los enfermos buscaban sanidad, hacia la soledad del campo, Lc. 5:15-16); *subordinadas* (secundarias a la predicación de la Palabra de Dios, Lc. 9:6), *con significado* (pretendían confirmar a Cristo y sus apóstoles como mensajeros de Dios y al mensaje de ellos como Palabra de Dios; Jn. 3:2; Hch. 2:22; He. 2:3-4), *exitosas* (excepto en el caso en que la falta de fe de los discípulos fue la causa del fracaso, Mt. 17:20) e *inclusivas* (la demostración suprema de este don fue la resurrección de los muertos; Mr. 5:39-43; Lucas 7:14; Jn. 11:44; Hch. 9:40).

Hay que distinguir entre las sanidades y el don de sanidades. Como ocurría con otros dones de señales, el don de sanidades terminó cuando se completó el canon de las Escrituras; ya no había necesidad del don de sanidades. No obstante, Dios puede responder a las oraciones de sus hijos y sanar de su dolencia a una persona; sin embargo, ello ocurre sin la participación de otra persona. Dios puede sanar directamente a una persona. La distinción entre estas dos formas de sanidad se encuentra en Hechos 9, donde Pedro sana a Eneas a través del don de sanidades (Hch. 9:34), pero Dios sana a Tabita en respuesta a la oración de Pedro (Hch. 9:40).[63]

Debe observarse que hay varios ejemplos donde Dios decidió *no* sanar a las personas (2 Co. 12:8-9; 1 Ti. 5:23).

Lenguas (1 Co. 12:28). Varias observaciones ayudan a aclarar el significado de este don. (1) El libro de los Hechos establece que las lenguas bíblicas eran idiomas (Hch. 2:6, 8, 11). Cuando los judíos de la diáspora estaban en Jerusalén durante Pentecostés, oyeron que los apóstoles proclamaban el evangelio en su lengua nativa (cp. vv. 8-11). Las lenguas de

Hechos y Corintios son las mismas. No hay evidencia de que les lenguas de Corintios fueran diferentes a las de Hechos o de que fueran lenguas angélicas (1 Co. 13:1).[64]

Las lenguas eran un don menor (1 Co. 12:28). Los dones fundacionales, entregados para edificar a la iglesia, eran los de apóstol, profeta, evangelista, pastor-maestro y maestro (1 Co. 12:28; Ef. 4:11). Las lenguas se mencionan en último lugar para indicar que no eran un don primario o fundacional (1 Co. 12:28).

Fueron un don de señales temporal (1 Co. 13:8). La frase "cesarán las lenguas" está en voz *media*, con lo cual se enfatiza que pasarán. La interpretación es que las lenguas no continuarán cuando "venga lo perfecto" —el tiempo en que terminarían los dones de conocimiento y profecía—, sino que cesarían por sí mismas cuando ya no fueran más útiles. Si las lenguas fueran a continuar hasta que "venga lo perfecto", el verbo seguramente estaría en la forma *pasiva*.

Las lenguas eran parte de la era milagrosa de Cristo y los apóstoles, y eran necesarias, junto con el don de milagros, para autenticar las señales de los apóstoles (2 Co. 12:12). Cuando se completaron las Escrituras ya no hubo necesidad de una señal de autenticación; ahora la Biblia era la autoridad para verificar el mensaje proclamado por los siervos de Dios. Las lenguas eran un don de señales que pertenecía a la etapa infantil de la iglesia (1 Co. 13:10-11; 14:20).

Se usaban como señal para los judíos incrédulos y eran empleadas en ese sentido en el evangelismo (1 Co. 14:21-22). Para los judíos incrédulos, entrar a la asamblea y oír a las personas hablar en lenguas foráneas era señal de que Dios obraba en medio de ellos, como en los tiempos de Isaías (Is. 28:11-12). Esta señal debía llevarlos a la fe en Jesús como Mesías.

Interpretación de las lenguas (1 Co. 12:10). El don de interpretación de lenguas era la capacidad sobrenatural de algún miembro de la asamblea para interpretar la lengua hablada por alguien que tuviese el don de lenguas. La lengua se debía traducir a la vernácula para las personas que estaban presentes.

Evangelismo (Ef. 4:11). La palabra *euanggelistas*, escrita en español como evangelistas, significa "quien proclama las buenas nuevas". Una definición del don de evangelismo es "el don de proclamar las buenas nuevas de salvación con efectividad, de modo que las personas respondan a las afirmaciones de Cristo mediante su conversión y discipulado".[65]

Varias cosas forman parte del don de evangelismo:[66] (1) Necesidad de sentir carga por los perdidos. Quien tiene este don siente un gran deseo de ver salvas a las personas. (2) Necesidad de proclamar las buenas nuevas. El evangelista es aquel que proclama las buenas nuevas. Aunque sin lugar a dudas hombres como Billy Graham tienen este don, el don no se limita necesariamente al evangelismo de masas. El evangelista también comparte las buenas nuevas con los incrédulos de persona a persona. (3) Necesidad de presentar claramente el evangelio. El evangelista tiene la capacidad de presentar el evangelio de forma simple y lúcida; proclama las necesidades básicas de salvación —pecado, muerte sustitutiva de Cristo, fe, perdón, reconciliación— de forma que los incrédulos sin trasfondo bíblico puedan entender el evangelio. (4) Requiere respuesta a la proclamación del evangelio. Quien tiene el don de evangelismo ve respuesta a su presentación del evangelio; tal es un indicador de que tiene el don. (5) Requiere deleitarse en ver a las personas llegar a Cristo. El evangelista se regocija cuando hombres y mujeres llegan a Cristo, puesto que esa es su responsabilidad y su pasión.

Aunque solo algunos tienen el don de evangelismo, los demás creyentes no están exentos de proclamar las buenas nuevas. *Todos* los creyentes deben hacer labor de evangelismo (2 Ti. 4:5).

Pastor-maestro (Ef. 4:11). En la declaración de Efesios 4:11 solo hay un don en perspectiva, no dos. La palabra *pastor* (gr., *poimenas*) quiere decir literalmente eso, y solo aquí se usa como don. No obstante, se usa también para Cristo, quien es el Buen Pastor (Jn. 10:11; 14,16; He. 13:20; 1 P. 2:25) y designa el pastoreo espiritual de quien es pastor-maestro. La obra del pastor eclesial es análoga con la del pastor de ovejas al cuidar de su rebaño. "Como pastor, cuida del rebaño, guía, guarda, protege y alimenta a los que están bajo su supervisión".[67] Hechos 20:28 es un ejemplo en el que Pablo exhorta a los ancianos de Éfeso a "apacentar la iglesia del Señor". Debe hacerse voluntariamente, no para ganancia material ni para enseñorearse de los creyentes, sino para ser ejemplo de humildad (1 P. 5:2-5).

Hay un segundo aspecto de este don; requiere la capacidad de enseñar. A veces se dice del pastor de una iglesia: "No puede enseñar muy bien pero es un buen pastor". Por supuesto, esto es imposible. Si una persona tiene el don, es *tanto* pastor *como* maestro. "Como maestro, el énfasis está en el método por el cual obra el pastor. Guía, guarda y protege con su enseñanza".[68] Tal énfasis es importante para la madurez de los creyentes en la iglesia local. Pablo exhortó fuertemente a Timoteo a ser fiel en la enseñanza de la Palabra (1 Ti. 1:3, 5; 4:11; 6:2, 17).

Hay varios términos relacionados. *Anciano* (Tit. 1:5) denota la dignidad del oficio; *obispo* designa la función u obra del anciano (1 Ti. 3:2): la obra de pastorear; *pastor* denota el don y también enfatiza la obra en cuanto a pastor y maestro.

Maestro (Ro. 12:7; 1 Co. 12:28). Un pastor es un maestro, pero no necesariamente el maestro es pastor. Varios factores muestran si una persona tiene el don de maestro. Tiene un gran interés en la Palabra de Dios y se consagra a su estudio disciplinado. Tiene la capacidad de comunicar claramente la Palabra de Dios y aplicarla a la vida de las personas. El don se evidencia a las claras en personas con la capacidad de tomar profundas verdades, bíblicas y teológicas, para comunicarlas luego de manera lúcida, de modo que las personas comunes puedan asimilar los conceptos. Ese es el don de maestro. El don se enfatizaba de manera considerable en las iglesias locales del Nuevo Testamento por su importancia en llevar a los creyentes hacia la madurez (cp. Hch. 2:42; 4:2; 5:42; 11:26; 13:1; 15:35; 18:11, etc).

Deben observarse dos cosas sobre el don de maestro. Primera, requiere desarrollo. Una persona puede tener el don de maestro, pero el uso efectivo del don requiere estudio serio y el ejercicio fiel del don. Segunda, la enseñanza no es igual a un talento natural. Es usual que a los profesores de los colegios locales les den cargos de enseñanza en la iglesia local. De la capacidad natural para enseñar no necesariamente se desprende que se tenga el don espiritual de maestro. La habilidad natural para enseñar y el don espiritual de maestro no son lo mismo.

Servicio (Ro. 12:7). La palabra *servicio* (gr., *diakonia*) es una palabra general para ministrar o servir a otros. Se refiere al ministerio y servicio de otros de manera general. Una muestra de los usos de esta palabra indica que: Timoteo y Erasto le servían a Pablo en Éfeso (Hch. 19:22); Pablo les sirvió a los creyentes de Jerusalén cuando les llevó un ofrenda en dinero (Ro. 15:25); Onesíforo sirvió en Éfeso (2 Ti. 1:18); Onésimo le fue útil a Pablo mientras estaba en la prisión (Flm. 13), los creyentes hebreos mostraron actos de bondad (He. 6:10). De éstos y otros ejemplos se desprende que un aspecto importante del servicio es ayudar a los creyentes que tienen necesidad física. El don sería menos conspicuo, pues el creyente sirve a otros en la privacidad de una relación de uno a uno.

Ayuda (1 Co. 12:28). La palabra *ayudas* (gr., *antilempsis*) denota "obras útiles de asistencia. El significado básico de la palabra es emprender algo en favor de otro".[69] La palabra es similar a *servir*, y algunos las consideran idénticas. Ciertamente son muy similares, si no idénticas. La única aparición de la palabra en el Nuevo Testamento está aquí, pero la palabra griega relacionada *antilambanesthai* ocurre en Lucas 1:54, Hechos 20:35 1 Timoteo 6:2. El don de ayuda quiere decir "aferrar firmemente a alguien para ayudarle. Por lo tanto, esta 'ayuda' probablemente se refiera al socorro de quienes están en necesidad, ya sean pobres, enfermos, viudas, huérfanos, extranjeros, viajeros o cualquier otra persona".[70]

Fe (1 Co. 12:9). Aunque todos los cristianos son salvos por fe (Ef. 2:8) y deben manifestar fe para sostenerse en su caminar espiritual (He. 11), solo algunos creyentes poseen el don de la fe. "El don de la fe es la fe manifiesta en obras inusuales de confianza... Esta persona tiene la capacidad de ver que algo se debe hacer, y de creer que Dios lo hará a través de ella aun cuando parezca imposible".[71] Esteban manifestaba el don, pues era "varón lleno de fe" (Hch. 6:5). Hombres como George Müller y Hudson Taylor son ejemplos sobresalientes de quienes poseen el don de la fe.[72]

Exhortación (Ro. 12:8). La palabra *exhortación* (gr., *parakalon*) quiere decir "llamar al lado para ayudar". La forma sustantiva se usa para el Espíritu Santo como consolador del creyente (Jn. 14:16, 26). "Quien exhorta es quien tiene la habilidad de apelar a la voluntad del individuo para hacerlo actuar".[73] El don de la exhortación "suele ir a la par con el de maestro (cp. 1 Ti. 4:13; 6:2) y se dirige a la conciencia y al corazón".[74]

El don de la exhortación puede suponer *exhortación*, apremiar a alguien para que siga un curso de conducta (cf. Jud. 3), o *consuelo* en vista de la prueba o la tragedia que sufre una persona (Hch. 4:36, 9:27, 15:39).[75]

Discernimiento de espíritus (1 Co. 12:10). En la iglesia primitiva, antes de que se completara el canon de las Escrituras, Dios les daba revelación directa a los individuos que comunicaban esa revelación a la iglesia. Pero, ¿cómo sabían los primeros creyentes si esa revelación era verdadera o falsa? ¿Cómo podían decir si venía de Dios, de un espíritu falso o de un espíritu humano? Dios les dio el don de "distinguir espíritus" para autenticar la validez de las revelaciones. A quienes tenían el don se les daba la capacidad sobrenatural de determinar si la revelación venía de Dios o era falsa. La exhortación de Juan a probar los espíritus hace referencia a esto (1 Jn. 4:1). Igualmente, cuando dos o tres hablaban la revelación de Dios en la asamblea, quienes tenían el don de discernimiento de espíritus determinaban si provenía de Dios (1 Co. 14:29; cp. 1 Ts. 5:20-21). Como la revelación directa se terminó cuando se completó el canon y el don de discernir espíritus dependía de la revelación que se entregaba, cesó el discernimiento de espíritus como don.

Hacer misericordia (Ro. 12:8). Hacer misericordia (gr., *eleon*) significa "sentir compasión, mostrar lástima".[76] En la vida de Cristo, hacer misericordia se tradujo en sanar a dos ciegos (Mt. 9:27), ayudar a la hija de la mujer cananea (Mt. 15:22), curar al epiléptico (Mt. 17:15) y sanar a leprosos (Lc. 17:13). Así, el don de mostrar misericordia requiere mostrar compasión y ayudar a los pobres, enfermos, atribulados y a los que sufren. Más aún, tal compasión debe llevarse a cabo con alegría. Quien posee el don, debe realizar actos de misericordia con felicidad, no con pesadez.

Dar (Ro. 12:8). La palabra *dar* o *repartir* (gr., *metadidous*) quiere decir "compartir con alguien"; por lo tanto, el don de dar es la habilidad inusual de compartir voluntariamente los bienes materiales propios con los demás. Quien tiene el don de dar comparte sus bienes con liberalidad y entusiasmo. La exhortación de Pablo es a repartir "con liberalidad". "Se refiere a dar con el corazón abierto y las manos abiertas, por compasión y sin dobles intenciones, no por ambición".[77] El don no está reservado para los ricos, también es para los cristianos comunes. Aparentemente, los filipenses hicieron uso del don cuando compartieron con Pablo (Fil. 4:10-16).

Administración (Ro. 12:8; 1 Co. 12:28). En Romanos 12:8 Pablo se refiere al que preside. Esto viene de la palabra griega *prohistimi*, cuyo significado es "estar de pie ante", por lo tanto, dirigir, gobernar o presidir. Se usa para los ancianos en 1 Tesalonicenses 5:12 y 1 Timoteo 5:17. En 1 Corintios 12:28 se refiere al don de los "que administran" (gr., *kubernesis*), literalmente "llevar el timón de un navío". Aunque las referencias anteriores son a los ancianos que guían a las personas, es probable que el término vaya más allá y sugiera también guía en términos de supervisión de la escuela dominical, y más allá de la iglesia local, en ministerios como presidir o dirigir una universidad o un seminario cristiano.

Sabiduría (1 Co. 12:8). El don de la sabiduría era importante, pues figura el primero en esta lista de dones. Pablo lo explica más detalladamente en 1 Corintios 2:6-12, donde se ve que es la revelación divina impartida que Pablo comunica a los creyentes. Como el don necesita la recepción directa de la revelación, era característico de los apóstoles, quienes recibieron la revelación directa de Dios.[78] El don de la sabiduría, pues, "es el sistema completo de la verdad revelada. Quien tenía el don de sabiduría, tenía la capacidad de recibir de Dios esta verdad revelada y presentarla al pueblo de Dios".[79] Puesto que el don está relacionado con la recepción y la transmisión directas de la revelación de Dios, el don ha cesado con la culminación del canon de las Escrituras.

Conocimiento (1 Co. 12:8). Parece estar íntimamente relacionado con el don de la sabiduría, y se refiere a la habilidad para entender apropiadamente las verdades reveladas a los apóstoles y profetas.[80] Se relaciona con los dones fundacionales de profeta y maestro, que habrían requerido comunicación de la revelación directa que Dios les dio a los apóstoles y los profetas (cp. 1 Co. 12:28). Por lo tanto, el don también habría cesado cuando se completó el canon de las Escrituras. En 1 Corintios 13:8 se indica que el don cesaría.

La relación de estos dones se puede ver en el siguiente diagrama.[81]

LAS RELACIONES DE LOS DONES FUNDACIONALES		
1 Corintios 12:6-10	1 Corintios 12:28	1 Corintios 12:29-30
Palabra de sabiduría	Apóstoles	Apóstoles
Palabra de conocimiento	Profetas, maestros	Profetas, maestros

LLENURA DEL ESPÍRITU

La llenura del Espíritu Santo es diferente a sus otros ministerios pues es condicional. Mientras que sus ministerios como habitar en el creyente, bautizarlo, regenerarlo y sellarlo no son experimentales y ocurren instantáneamente en el momento de la conversión, la llenura del Espíritu es experimental y repetida.

Definición

La base para la llenura del Espíritu es Efesios 5:18: "sed llenos del Espíritu". El mandamiento para ser lleno del Espíritu se da en contraste con la advertencia de no embriagarse con vino. La embriaguez exhibe la incapacidad de la persona para tener control de sí. La naturaleza de la vida cristiana contrasta con la naturaleza de quien se embriaga sin control. El significado de *llenos* (gr., *plerousthe*) es "control". El Espíritu que habita en el creyente debe controlar y dominar continuamente la vida de quien lo hospeda".[82]

Se puede observar un contraste adicional entre el creyente espiritual y el carnal (1 Co. 2:9—3:4). "El hombre carnal vive por el poder de la carne, según los dictados de la carne; el hombre espiritual vive por el poder del Espíritu".[83]

Explicación

La llenura del Espíritu es necesaria por dos motivos. (1) Es esencial para la madurez del creyente (1 Co. 3:1-3). Pablo amonestó a los creyentes corintios por ser "carnales" (gr., *sarkikos*), "controlados por la carne". La solución a la carnalidad y al caminar de acuerdo a la vieja naturaleza era ser controlado por el Espíritu o lleno de Él. (2) Es esencial para el servicio del creyente (Hch. 4:31; 9:17, 20). Hechos 4:31 ilustra la relación entre la llenura y el servicio; la llenura del Espíritu permitía a los creyentes hablar "con denuedo la palabra de Dios". Cuando Pablo estaba lleno del Espíritu comenzaba a proclamar a Jesús inmediatamente como Hijo de Dios (Hch. 9:17, 20).

Efesios 5:18 enseña tres factores relativos al concepto de la llenura del Espíritu. (1) Es un mandamiento. En ninguna parte se ordena al creyente ser habitado o sellado por el Espíritu; no obstante, al creyente se le ordena ser lleno del Espíritu. "Estar continuamente lleno del Espíritu" es un mandamiento para la madurez y el servicio. (2) Es condicional. No hay condiciones ligadas a la morada del Espíritu en el creyente, al bautismo, a ser sellado y a muchos otros ministerios del Espíritu; sin embargo, la llenura del Espíritu es condicional. Se necesita la obediencia a otros mandamientos de las Escrituras para ser lleno del Espíritu. (3) Es repetida. Efesios 5:18 está en presente imperativo, ordena "ser llenos continuamente". Esto indica que no es una experiencia de una única vez, sino un evento repetido.

Condiciones

Aunque Efesios 5:18 es un mandamiento para estar llenos del Espíritu y hay inferencia sobre las condiciones necesarias para ser lleno, sorprende que no haya un mandamiento en las Escrituras para orar por esa llenura. Como el mandamiento está relacionado con una correcta relación con el Espíritu Santo, las condiciones que gobiernan esa relación deben tener que ver con la llenura del Espíritu. Hay varios mandamientos que se relacionan con la llenura del Espíritu en el creyente.[84]

No contristar al Espíritu Santo (Ef. 4:30). El contexto de Efesios 4:30 se relaciona con exhortaciones concernientes al pecado. A los creyentes se les advierte que no mientan (4:25), no prolonguen la ira (4:26) y no se amarguen o no perdonen (4:31-32). Cuando un creyente hace estas cosas, contrista al Espíritu. El pecado contrista al Espíritu Santo y evita que el creyente sea lleno de Él.

No apagar al Espíritu (1 Ts. 5:19). El contexto de este pasaje se relaciona con el ministerio. Se exhorta al creyente a orar sin cesar (5:17), a ser agradecido (5:18) y a no menospreciar las profecías (5:20). Cuando los creyentes echan agua fría sobre el fuego del ministerio, apagan al Espíritu. No debe dificultarse el ministerio del Espíritu; los cristianos tampoco deben dificultar el ministerio de otros para Dios.

Andar en el Espíritu (Gá. 5:16). Andar quiere decir "conducir su propia vida". Se exhorta a los creyentes a conducir sus vidas en la esfera del Espíritu Santo, en lugar de vivir en la esfera de la vieja naturaleza o bajo su dominio.

A veces se añaden otras condiciones a las anteriores como la confesión de los pecados (1 Jn. 1:9) y la dedicación del creyente a Dios (Ro. 6:13; 12:1-2). No obstante, se puede argumentar que estos elementos están subordinados a las tres condiciones ya expuestas.

Resultado

Aunque sin duda hay numerosas consecuencias de estar lleno del Espíritu, probablemente la mayoría de ellas está relacionada con la declaración de Gálatas 5:22-24. El resultado de estar lleno del Espíritu será producir su fruto. En contraste a las obras que resultan de andar en la carne (Gá. 5:19-21), la llenura del Espíritu produce "amor, gozo, paz, paciencia, benignidad, bondad, fe, mansedumbre y templanza" (vv. 22-23). Además, los creyentes serán receptivos al ministerio de enseñanza del Espíritu Santo (1 Co. 2:9-13; Jn. 16:12-15), mostrarán alegría, unidad y agradecimiento en la asamblea (1 Ts. 5:17-22), y mostrarán dedicación a Dios e inconformidad con el mundo (Ro. 12:1-2).

NOTAS

1. Un ejemplo de un grave error sobre el Espíritu Santo es la perspectiva según la cual la Trinidad está compuesta por el Padre, la Madre (el Espíritu Santo) y el Hijo. Uno de los defensores de esta posición es Lois Roden, de Waco, Texas. Véase el informe de Mary Barrineau, "She Preaches Holy Spirit Is a Woman", en *Florida Times-Union* (29 de noviembre de 1980).

2. Emery H. Bancroft, *Christian Theology*, 2ª ed. rev. (Grand Rapids: Zondervan, 1976), 157.

3. *Ibíd.*

4. Charles C. Ryrie, *The Holy Spirit* [*El Espíritu Santo*] (Chicago: Moody, 1965), 11. Este estudio claro y conciso probablemente es la mejor obra sobre el Espíritu Santo para el teólogo neófito.

5. William F. Arndt y F. Wilbur Gingrich, *A Greek-English Lexicon of the New Testament and Other Early Christian Literature*, 2ª ed., rev. por F. Wilbur Gingrich y Frederick W. Danker (Chicago: Univ. of Chicago, 1979), 866.

6. La frase "como él quiere", *kathos bouletai*, está en posición enfática en el texto griego y llama la atención al hecho de que el Espíritu Santo hace exactamente lo que él quiere.

7. Arndt y Gingrich, *Greek-English Lexicon*, 146.

8. *Altos*, traducido "otro", enfatiza la idea de "otro de la misma clase" en contraste con *heteros*, que quiere decir "otro de una clase diferente".

9. Arndt y Gingrich, *Greek-English Lexicon*, 249.

10. Ryrie, *The Holy Spirit* [*El Espíritu Santo*], 13.

11. Rene Pache, *The Person and Work of the Holy Spirit* [La persona y la obra del Espíritu Santo] (Chicago: Moody, 1954), 14. Publicado en español por Clie.

12. Tales declaraciones son tautológicas, repeticiones de una idea.

13. Este diagrama se adaptó de la información en John F. Walvoord, *The Holy Spirit* (Grand Rapids: Zondervan, 1958), 10-12.

14. Keil anota: "*Raqeph* en la conjugación Piel se aplica a un pájaro que sobrevuela y cubre a sus polluelos, para calentarlos y desarrollar sus poderes vitales (Dt. 32:11). De igual forma, el Espíritu se movía sobre las profundidades, que habían recibido los gérmenes de toda la vida en el momento de su creación, para llenarlas con su energía vital, con su aliento de vida". C. F. Keil y F. Delitzsch, *Biblical Commentary on the Old Testament* [*Comentario al texto hebreo del Antiguo Testamento*], 25 vols. (Reimpresión, Grand Rapids: Eerdmans, 1968), 1:49. Publicado en español por Clie.

15. Hay un problema en la interpretación de este pasaje, pues no es del todo claro si *pneuma* se refiere al Espíritu Santo o al espíritu humano de Cristo. Aunque cualquiera es posible, la mayoría de los eruditos se inclina a favor del Espíritu Santo.

16. Hoy día se da entre los cristianos un énfasis anormal en la experiencia. Aunque el cristianismo es experimental, debe reconocerse también que el Espíritu Santo nunca llevará al creyente a una "experiencia" contra la Palabra de Dios. Una experiencia espiritual solo es válida mientras concuerde con la Biblia. Véase Arthur L. Johnson, *Faith Misguided: Exposing the Dangers of Mysticism* (Chicago: Moody, 1988).

17. La traducción de Biblia de las Américas es "Con su soplo". La palabra hebrea *ruach* se puede traducir como "Espíritu", "soplo" o "viento". Algunos pasajes, como Job 26:13, son más difíciles de interpretar, aunque usualmente el contexto determina cuál es la mejor opción.

18. Lewis Sperry Chafer, *Systematic Theology* [*Teología sistemática*], 8 vols. (Dallas: Dallas Seminary, 1948), 6:33. Publicado en español por Clie.

19. *Ibíd.*

20. Walvoord, *The Holy Spirit*, 14.

21. J. Oliver Buswell Jr., *A Systematic Theology of the Christian Religion* [*Teología sistemática*], 2 vols. (Grand Rapids: Zondervan, 1962), 1:119. Publicado en español por Logoi.

22. Arndt y Gingrich, *Greek-English Lexicon*, 109.

23. *Ibíd.*, 796.

24. Ryrie, *The Holy Spirit* [*El Espíritu Santo*], 33.

25. Véase la discusión eficaz de Ryrie sobre el tema en *The Holy Spirit* [*El Espíritu Santo*], 33.

26. B. B. Warfield, *The Inspiration and Authority of the Bible* (Reimpresión. Filadelfia: Presbyterian and Reformed, 1970), 133.

27. Leon Wood, *The Holy Spirit in the Old Testament* (Grand Rapids: Zondervan, 1976), 122-123; véase G. Vos, *Biblical Theology* (Grand Rapids: Eerdmans, 1948), 83-85.

28. Wood, *The Holy Spirit in the Old Testament*, 123.

29. *Ibíd.*

30. Sigue abierta la pregunta sobre cómo entender *ruach* en 1 Crónicas 28:12. La Biblia de las Américas y la Reina-Valera lo traducen como "mente" y lo relacionan con la mente de David. Las versiones inglesas King James y New King James lo traducen "by the Spirit" [por el Espíritu], mientras que la New International Version (en inglés) lo traduce como "all the Spirit had put in his mind" [todo lo que el Espíritu había puesto en su mente].

31. Ryrie *The Holy Spirit* [*El Espíritu Santo*], 41-42.

32. Wood, *The Holy Spirit in the Old Testament*, 41.

33. Walvoord, *The Holy Spirit*, 72.

34. Hay un problema con la palabra "contender", *yadon*. Algunos sugieren que significa "gobernar" o "tolerar". No obstante, "la idea es que Dios no cargará para siempre con las consecuencias del pecado del hombre" (Harold Stigers, *Commentary on Genesis* [Grand Rapids: Zondervan, 1975], 98).

35. I. Howard Marshall, *The Gospel of Luke: A Commentary on the Greek Text* (Grand Rapids: Eerdmans, 1978), 70.

36. *Ibíd.*, 71.

37. Franz Hesse, "Xrio", en *Theological Dictionary of the New Testament*, 10 vols., Gerhard Kittel y Gerhard Friedrich, eds., (Grand Rapids: Eerdmans, 1974), 9:501.

38. A. T. Robertson, *Word Pictures in the New Testament* [*Comentario al texto griego del Nuevo Testamento*], 6 vols. (Nashville: Broadman, 1930), 2:48. Publicado en español por Clie.

39. *Ibíd.*, 1:255.

40. Este es un pasaje problemático, pues *pneuma* se puede referir al espíritu humano de Cristo o al Espíritu Santo. Sin embargo, si se pretendía hablar de su espíritu humano, era de esperar que el autor hubiera escrito *su* espíritu. La conclusión no es del todo clara.

41. Véase F. F. Bruce, *The Epistle to the Hebrews* [*La Epístola a los Hebreos*] (Grand Rapids: Eerdmans, 1964), 205. Publicado en español por Nueva Creación.

42. J. Dwight Pentecost, *The Divine Comforter* (Chicago: Moody, 1963), 97.

43. Es difícil determinar el significado de "Espíritu de santidad". Algunos sugieren que se refiere a la deidad de Cristo o a su naturaleza espiritual, otros sugieren que se refiere al Espíritu Santo.

44. Pentecost, *The Divine Comforter*, 100.

45. La partícula interrogativa *meti* se usa en preguntas que esperan una respuesta negativa. Véase Arndt y Gingrich, *Greek-English Lexicon*, 520.

46. Véase J. Dwight Pentecost, *The Words and Works of Jesus Christ* (Grand Rapids: Zondervan, 1981), 207.

47. Una persona tan notable como R. A. Torrey confundió el bautismo del Espíritu con su llenura. Véase R. A. Torrey, *The Baptism with The Holy Spirit* (Nueva York: Revell, 1895).

48. Véase Merrill F. Unger, *The Baptism and Gifts of the Holy Spirit* (Chicago: Moody, 1974). Este es un estudio bíblico exhaustivo sobre el tema y se recomienda en alto grado.

49. Arndt y Gingrich, *Greek-English Lexicon*, 192-193.

50. La frase "habiendo creído" es "un participio aoristo 'coincidente', según los gramáticos, porque denota una acción que coincide en el tiempo con el verbo principal". F. F. Bruce, *The Epistle to the Ephesians* (Londres: Pickering & Inglis, 1961), 36.

51. R. Schippers, "Seal", en Colin Brown, ed., *The New International Dictionary of New Testament Theology*, 4 vols. (Grand Rapids: Zondervan, 1976), 3:497-499; véase también la explicación anterior llamada "Representaciones del Espíritu Santo", 252.

52. Cp. Efesios 1:13; 4:30. La forma pasiva del griego *esphragisthete* enfatiza que Dios sella al creyente.

53. William McRae, *The Dynamics of Spiritual Gifts* (Grand Rapids: Zondervan, 1976), 18.

54. Ryrie, *The Holy Spirit* [*El Espíritu Santo*], 83-84.

55. McRae, *The Dynamics of Spiritual Gifts*, 21.

56. Pentecost, *The Divine Comforter*, 178; véase Walvoord, *The Holy Spirit*, 176.

57. Thomas R. Edgar, *Miraculous Gifts: Are They for Today?* (Neptune: Loizeaux, 1983), 46-67.

58. Arndt y Gingrich, *Greek-English Lexicon*, 723.

59. Véanse B. B. Warfield, *Counterfeit Miracles* (Carlisle: Banner of Truth, 1918) y John F. MacArthur Jr., *The Charismatics* [*Los carismáticos*] (Grand Rapids: Zondervan, 1978), 73-84; publicado en español por Casa Bautista de Publicaciones.

60. McRae, *The Dynamics of Spiritual Gifts*, 72-73.

61. Fritz Rienecker, *A Linguistic Key to the Greek New Testament*, ed. Cleon Rogers Jr. (Grand Rapids: Zondervan, 1980), 429.

62. McRae, *The Dynamics of Spiritual Gifts*, 69.

63. Ryrie *The Holy Spirit* [*El Espíritu Santo*], 86-87.

64. Sobre la base de 1 Corintios 13:1 es especulativo sugerir que las lenguas de los corintios fueran angélicas. En el texto Pablo no dice que fueran en efecto lenguas angélicas, ni tampoco define con ellas el don de lenguas. Más bien, él supone una situación hipotética para enfatizar la importancia del amor.

65. Leslie B. Flynn, *19 Gifts of the Spirit* (Wheaton: Victor, 1974), 57.

66. Véase McRae, *The Dynamics of Spiritual Gifts*, 56-57 y Flynn, *19 Gifts of the Spirit*, 57-61.

67. Pentecost, *The Divine Comforter*, 173.

68. *Ibíd.*

69. Rienecker, *Linguistic Key to the Greek New Testament*, 430.

70. A. T. Robertson y Alfred Plummer, *A Critical and Exegetical Commentary on the First Epistle of St. Paul to the Corinthians*, en *International Critical Commentary* (Edimburgo: Clark, 1914), 281.

71. McRae, *The Dynamics of Spiritual Gifts*, 66.

72. Véase Arthur T. Pierson, *George Müller of Bristol* (Old Tappan: Revell, 1971) y Howard y Geraldine Taylor, *El secreto espiritual de Hudson Taylor* (Grand Rapids: Portavoz, 1988).

73. Pentecost, *The Divine Comforter*, 174.

74. W. E. Vine, *The Epistle to the Romans* (Grand Rapids: Zondervan, 1948), 180.

75. Mc Rae, *The Dynamics of Spiritual Gifts*, 49-50.

76. H. H. Esser, "Mercy", en Brown, ed., *The New International Dictionary of New Testament Theology*, 2:594.

77. Rienecker, *Linguistic Key to the Greek New Testament*, 376.

78. Charles Hodge, *The First Epistle to the Corinthians* (Londres: Banner of Truth, 1958), 245-246.

79. McRae, *The Dynamics of Spiritual Gifts*, 65.

80. Hodge, *Commentary on the First Epistle to the Corinthians* (Grand Rapids: Eerdmans, 1950), 246.

81. McRae, *The Dynamics of Spiritual Gifts*, 66.

82. Rienecker, *Linguistic Key to the Greek New Testament*, 538.

83. Pentecost, *The Divine Comforter*, 154.

84. Véase la explicación considerablemente detallada de Lewis Sperry Chafer en su obra clásica *He That Is Spiritual* [*El hombre espiritual*] (Grand Rapids: Zondervan, 1918), 82-172. Publicado en español por Portavoz.

PARA ESTUDIO ADICIONAL SOBRE PNEUMATOLOGÍA

General

** Robert G. Gromacki, "The Holy Spirit", en Charles R. Swindoll y Roy B. Zuck, eds., *Understanding Christian Theology* (Nashville: Nelson, 2003), 389-536.

La personalidad del Espíritu

* Emery H. Bancroft, *Christian Theology*, 2ª ed. rev. (Grand Rapids: Zondervan, 1976), 157-159.

* Rene Pache, *The Person and Work of the Holy Spirit* [*La persona y la obra del Espíritu Santo*] (Chicago: Moody, 1954), 11-13. Publicado en español por Clie.

* J. Dwight Pentecost, *The Divine Comforter* (Chicago: Moody, 1963), 11-20.

*   Charles C. Ryrie, *The Holy Spirit* [*El Espíritu Santo*] (Chicago: Moody, 1965), 11-16. Publicado en español por Portavoz.

** John F. Walvoord, *The Holy Spirit* (Grand Rapids: Zondervan, 1958), 5-7.

La deidad del Espíritu Santo

** Lewis Sperry Chafer, *Systematic Theology* [*Teología sistemática*], 8 vols. (Dallas: Dallas Seminary, 1948), 6:2-46. Publicado en español por Clie.

*   Millard J. Erickson, *Christian Theology* [*Teología sistemática*], 3 vols. (Grand Rapids: Baker, 1985), 2:857-859. Publicado en español por Clie.

*   Arthur L. Johnson, *Faith Misguided: Exposing the Dangers of Mysticism* (Chicago: Moody, 1988).

*   Rene Pache, *The Person and Work of the Holy Spirit* [*La persona y la obra del Espíritu Santo*] (Chicago: Moody, 1954), 14-19. Publicado en español por Clie.

*   Charles C. Ryrie, *The Holy Spirit* [*El Espíritu Santo*] (Chicago: Moody, 1965), 17-22. Publicado en español por Portavoz.

** John F. Walvoord, *The Holy Spirit* (Grand Rapids: Zondervan, 1958), 8-17.

Representaciones del Espíritu

** F. E. Marsh, *Emblems of the Holy Spirit* (Nueva York: Alliance, 1911).

*   J. Robertson McQuilkin, *Understanding and Applying the Bible* (Chicago: Moody, 1983), 221-226.

** A. Berkeley Mickelsen, *Interpreting the Bible* (Grand Rapids: Eerdmans, 1963), 236-264.

*   Rene Pache, *The Person and Work of the Holy Spirit* [*La persona y la obra del Espíritu Santo*] (Chicago: Moody, 1954), 20-25. Publicado en español por Clie.

** Bernard Ramm, *Protestant Biblical Interpretation*, 3ª ed. (Grand Rapids: Baker, 1970), 215-240.

*   Charles C. Ryrie, *The Holy Spirit* [*El Espíritu Santo*] (Chicago: Moody, 1965), 23-25; publicado en español por Portavoz. Esta explicación sucinta es especialmente útil para definir los tipos y contrastarlos con las ilustraciones comunes.

*   T. Norton Sterrett, *How to Understand Your Bible* (Downers Grove: InterVarsity, 1974), 107-114. Este es un libro muy útil para comenzar el estudio de la hermenéutica, y se recomienda en alto grado.

** John F. Walvoord, *The Holy Spirit* (Grand Rapids: Zondervan, 1965), 18-25.

La obra bautismal del Espíritu

** Lewis Sperry Chafer, *Systematic Theology* [*Teología sistemática*], 8 vols. (Dallas: Dallas Seminary, 1947), 6:138-161. Publicado en español por Clie.

*   W. A. Criswell, *The Baptism, Filling and Gifts of the Holy Spirit* (Grand Rapids: Zondervan, 1973), 7-25.

*   Rene Pache, *The Person and Work of the Holy Spirit* [*La persona y la obra del Espíritu Santo*] (Chicago: Moody, 1954), 70-79. Publicado en español por Clie.

*   J. Dwight Pentecost, *The Divine Comforter* (Chicago: Moody, 1963), 136-143.

*   Charles C. Ryrie, *The Holy Spirit* [*El Espíritu Santo*] (Chicago: Moody, 1965), 74-79. Publicado en español por Portavoz.

** Merrill F. Unger, *The Baptism and Gifts of the Holy Spirit* (Chicago: Moody, 1974).

** John F. Walvoord, *The Holy Spirit* (Grand Rapids: Zondervan, 1965), 138-150.

Dones del Espíritu

* Kenneth Berding, *What Are Spiritual Gifts? Rethinking the Conventional View* (Grand Rapids: Kregel, 2007).

* Donald W. Burdick, *Tongues: To Speak or Not to Speak* (Chicago: Moody, 1969).

* W. A. Criswell, *The Baptism, Filling and Gifts of the Holy Spirit* (Grand Rapids: Zondervan, 1973), 40-127.

** Thomas R. Edgar, *Miraculous Gifts: Are They for Today?* (Neptune: Loizeaux, 1983), 46-67. Sin lugar a dudas esta es una de las mejores y más documentadas obras en el asunto.

* Leslie B. Flynn, *19 Gifts of the Spirit* (Wheaton: Victor, 1974).

* Norman Geisler, *Signs and Wonders* (Wheaton: Tyndale, 1987).

** Robert G. Gromack, *The Modern Tongues Movement* (Grand Rapids: Baker, 1967). Escrito originalmente como una tesis doctoral. Es una obra muy útil que ofrece un tratamiento minucioso y bíblico del tema.

** John F. MacArthur Jr., *Los carismáticos: Una perspective doctrinal* (El Paso, TX: Casa Bautista de Publicaciones, 1994). Un tratamiento serio del tema.

* William McRae, *The Dynamics of Spiritual Gifts* (Grand Rapids: Zondervan, 1976). Este libro quizá sea el más útil en el tema.

* J. Dwight Pentecost, *The Divine Comforter* (Chicago: Moody, 1963), 165-192.

* Charles C. Ryrie, *The Holy Spirit* [El Espíritu Santo], ed. rev. (Chicago: Moody, 1997), 123-137. Publicado en español por Portavoz.

** Robert L. Thomas, *Entendamos los dones espirituales* (Grand Rapids: Portavoz, 2002). Probablemente esta sea la obra más completa sobre los dones espirituales.

* Merrill F. Unger, *El don de lenguas y el Nuevo Testamento* (Grand Rapids: Portavoz, 1995).

* B. B. Warfield, *Counterfeit Miracles* (Edimburgo: Banner of Truth Trust, 1972).

La llenura del Espíritu

* Lewis Sperry Chafer, en su obra clásica *El hombre espiritual* (Grand Rapids: Portavoz, 1973).

* David Ewert, *The Holy Spirit in the New Testament* (Scottdale: Herald, 1983), 232-238.

* William Fitch, *The Ministry of the Holy Spirit* (Grand Rapids: Zondervan, 1974), 183-192.

* Rene Pache, *The Person and Work of the Holy Spirit* [La persona y la obra del Espíritu Santo] (Chicago: Moody, 1954), 114-186. Publicado en español por Clie.

* J. Dwight Pentecost, *The Divine Comforter* (Chicago: Moody, 1963), 154-164.

* Charles C. Ryrie, *The Holy Spirit* [El Espíritu Santo] (Chicago: Moody, 1965), 93-103. Publicado en español por Portavoz.

* J. Oswald Sanders, *The Holy Spirits and His Gifts* (Grand Rapids: Zondervan, 1940), 137-144.

** John F. Walvoord, *The Holy Spirit* (Grand Rapids: Zondervan, 1958), 189-224.

22

ANGELOLOGÍA: DOCTRINAS DE LOS ÁNGELES, SATANÁS Y LOS DEMONIOS

DOCTRINA DE LOS ÁNGELES

Definición de *ángeles*

Hay varias palabras en la Biblia para definir a los seres angélicos.

Ángel. La palabra hebrea *malak* sencillamente quiere decir "mensajero"; puede hacer referencia a un mensajero humano (1 R. 19:2) o a uno divino (Gn. 28:12). El significado básico de la palabra es "enviado". Como mensajero divino, un ángel es un "ser celestial a quien Dios le ha encargado una comisión".[1] La palabra se encuentra 103 veces en el Antiguo Testamento. La palabra griega *angelos* ocurre 175 veces en el Nuevo Testamento; sin embargo, solo se utiliza para los hombres en seis ocasiones. La palabra *angelos* es similar a la palabra *malak* en hebreo; también quiere decir "mensajero... quien habla y actúa en lugar de quien lo envió".[2]

Hijos de Dios. A los ángeles se les llama "hijos de Dios", pues por su estado no caído son hijos de Dios por su creación (Job 1:6; 38:7).[3]

Santos. También los llaman "santos" (Sal. 89:5, 7) en el sentido de "apartados" para Dios y por Dios para guardar su santidad.

Ejércitos. A los ángeles se les llama "ejércitos", lo cual puede denotar las tropas militares del cielo (Sal. 89:8; 1 S. 17:45). Las frases usadas para describir a los ángeles de esta manera son "ejército del cielo", y en la frase "Jehová de los ejércitos" se llama "ejércitos" a los millones de seres celestiales que rodean a Dios (Is. 31:4).

Existencia de los ángeles

En las Escrituras se presenta uniformemente la existencia de los ángeles. Se hace referencia a los ángeles en 34 libros de la Biblia (17 del Antiguo Testamento y 17 del Nuevo). La relación de los ángeles con Cristo es crítica para la creencia en los ángeles. Los ángeles lo ayudaron después de la tentación (Mt. 4:11); dijo que su estado resucitado era comparable al de los ángeles (Mt. 22:29-30); enseñó que los ángeles reunirán a la nación de Israel cuando Él vuelva (Mt. 25:31-32, 41). La existencia de los ángeles está unida a la confiabilidad del testimonio de Cristo.

Naturaleza y atributos de los ángeles

Los ángeles son seres espirituales. Aunque los ángeles pueden revelarse a la humanidad con cuerpos humanos (Gn. 18:3), se les llama "espíritus" (He. 1:14), lo cual sugiere que no tienen cuerpo físico. Por lo tanto, no funcionan como los seres humanos en términos de matrimonio (Mr. 12:25) y no están sujetos a la muerte (Lc. 20:36).

Los ángeles son seres creados. El salmista hace un llamado a la naturaleza a adorar a Dios por su Creación. Por su palabra, el Señor creó a los ángeles junto con los cuerpos celestes (Sal. 148:2-5). A Job se le recordó que los ángeles cantaban alabanzas a Dios cuando fueron creados (Job 38:6-7). Cristo creó a los ángeles para que le alabaran (Col. 1:16).

Los ángeles fueron creados simultáneamente y en cantidad innumerable. La declaración de creación en Colosenses 1:16 apunta a la creación de los ángeles en un acto único; el acto de crear ángeles no continúa.[4] Como los ángeles son incapaces de reproducirse (Mt. 22:30), su cantidad es constante. Su población es de "miríadas" (He. 12:22 LBLA). Aunque el término *miríadas* (gr., *muriasin*) literalmente quiere decir "diez mil", aquí denota "miles incontables" (cp. Ap. 5:11).[5] La repetición de *miríadas* en Apocalipsis 5:11 (LBLA) sugiere que el número de ángeles es incontable.

Los ángeles son de un orden más alto que los hombres. La humanidad, incluyendo a nuestro Señor encarnado, es "un poco menor que los ángeles" (He. 2:7). Los ángeles no están sujetos a las limitaciones de los hombres, especialmente porque no pueden morir (Lc. 20:36). Tienen más sabiduría que los hombres (2 S. 14:20), aunque es limitada (Mt. 24:36). Los ángeles tienen más poder que el hombre (Mt. 28:2; Hch. 5:19; 2 P. 2:11), aunque su poder es limitado (Dn. 10:13).[6]

Sin embargo, los ángeles tienen limitaciones en comparación con los hombres, particularmente en las relaciones futuras. Los ángeles no fueron creados a imagen de Dios; por lo tanto, no comparten el destino glorioso de la redención del hombre en Cristo. El hombre redimido será exaltado sobre los ángeles al final de los tiempos (1 Co. 6:3).

Clasificación de los ángeles

Ángeles gobernantes. Efesios 6:12 hace una "jerarquía de ángeles caídos": *principados* son "los primeros o los de alto rango", *potestades* son "los investidos con autoridad", *gobernadores de las tinieblas* "expresa el poder o autoridad que ejercitan sobre el mundo", *huestes espirituales de maldad* describe a los espíritus malignos "y expresa su carácter y naturaleza".[7] Daniel 10:13 se refiere al "príncipe del reino de Persia" y su oposición a Miguel. No era el rey de Persia, sino un ángel caído bajo el control de Satanás; un demonio de "alto rango, asignado especialmente a Persia por Satanás, el jefe de los demonios"[8] (cp. Ap. 12:7).

Ángeles con los más altos rangos. A Miguel se le llama "arcángel" en Judas 9 y "gran príncipe" en Daniel 12:1. Miguel es el único ángel con la designación de "arcángel", y posiblemente sea único en su rango. La misión del arcángel es proteger a Israel (se le llama "el capitán de ustedes" en Dn. 10:21, NVI). Hay *príncipes principales* (Dn. 10:13), de los cuales Miguel forma parte, y son los ángeles de Dios con más alto rango. También se mencionan *ángeles dirigentes*, pero no se dan mayores detalles (Ef. 3:10).

Ángeles prominentes. (1) Miguel (Dn. 10:13; 12:1; Jud. 9). El nombre *Miguel* quiere decir "¿Quién es como Dios?", e identifica al único arcángel clasificado en las Escrituras. Miguel es el defensor de Israel, y librará batalla contra Satanás y sus huestes para defenderlo en la tribulación (Ap. 12:1-9). Miguel también disputó con Satanás por el cuerpo de Moisés, pero se abstuvo de juzgar, pues ello le corresponde a Dios (Jud. 9). Los Testigos de Jehová y algunos cristianos identifican a Miguel con Cristo; sin embargo, esta perspectiva sugeriría que Cristo tiene menos autoridad que Satanás, lo cual es insostenible.

(2) Gabriel (Dn. 9:21; Lc. 1:26). Su nombre significa "hombre de Dios" o "Dios es fuerte". "A juzgar por las cuatro veces que aparece en el registro bíblico, parece ser el mensajero especial de Dios en su programa del reino... Revela e interpreta el programa y propósito de Dios con relación al Mesías y su reino, a los profetas y al pueblo de Israel".[9] Gabriel explicó los eventos de las setenta semanas para Israel en un pasaje de gran significado (Dn. 9:21-27). Gabriel le dijo a María que quien nacería de ella sería grande y gobernaría en el trono de David (Lc. 1:26-27). Gabriel le explicó a Daniel los reinos sucesivos de Medo-Persia y Grecia, así como la muerte prematura de Alejandro el Grande (Dn. 8:1-16). Gabriel también anunció a Zacarías el nacimiento de Juan el Bautista (Lc. 1:11-20).

(3) Lucifer (Is. 14:12) significa "aquel que brilla" o "estrella de la mañana". Es posible que fuera el más sabio y hermoso de todos los seres creados por Dios, y originariamente estaba en posición de autoridad sobre los querubines que rodean el trono de Dios[10] (véanse explicaciones adicionales en la sección "Origen y naturaleza de Satanás").

Ángeles al servicio divino. (1) Los *querubines* pertenecen a "la clase u orden más alto, fueron creados con una belleza y un poder indescriptibles... Su propósito y actividad principal se podrían resumir así: proclaman y protegen la presencia gloriosa de Dios, su soberanía y su santidad".[11] Montaron guardia en la puerta del huerto del Edén para evitar que el hombre pecador entrara (Gn. 3:24); eran las figuras doradas que cubrían el propiciatorio sobre el arca en el Lugar Santísimo (Éx. 25:17-22), y servían a la gloria de Dios en la visión de Ezequiel (Ez. 1). Los querubines tenían una apariencia extraordinaria, con cuatro caras —de hombre, león, buey y águila—. Tenían cuatro alas, pies semejantes a los de los becerros, y centelleaban como bronce bruñido. En Ezequiel 1 atendían la gloria de Dios preparatoria para el juicio.

(2) Los *serafines*, cuyo significado es "los que arden", se describen alrededor del trono de Dios en Isaías 6:2. Se describen con seis alas en Isaías 6. En su triple proclamación "santo, santo, santo" (Is. 6:3), "se reconoce que Dios es perfecto y extremadamente santo. Por lo tanto, alaban y proclaman la santidad perfecta de Dios. Los serafines también expresan la santidad de Dios cuando proclaman que el hombre debe limpiar su profanación moral de pecado antes de estar ante Dios y servirle".[12]

Ministerio de los ángeles

Ministerio con Dios. Los querubines tienen el ministerio de defender la santidad de Dios; los serafines tienen el ministerio de rodear el trono de Dios mientras atienden su santidad.

Ministerio con Cristo. Los ángeles tienen un ministerio importante en relación a Cristo desde antes de su nacimiento hasta su segunda venida. Tal hecho enfatiza la divinidad de Cristo; tal como los seres angélicos rodean el trono del Padre, así también atienden al Hijo.

(1) Predijeron su nacimiento (Lc. 1:26-28). Gabriel fue donde María para explicarle que su hijo se llamaría "Hijo del Altísimo" y se sentaría sobre el trono de David, su padre, y tendría un reino eterno.

(2) Lo protegieron en su infancia (Mt. 2:13). Un ángel le advirtió a José la intención de Herodes y le dijo que huyera a Egipto hasta la muerte del gobernante. Fue un ángel el que también señaló a José cuándo era seguro regresar a la tierra de Israel (Mt. 2:20).

(3) Le sirvieron después de la tentación (Mt. 4:11). El servicio tal vez incluía darle aliento después de cuarenta exhaustivos días de tentación, además de proveerle comida como hizo un ángel con Elías (1 R. 19:5-7).

(4) Lo fortalecieron en Getsemaní (Lc. 22:43). Igual que Cristo tuvo una batalla espiritual con Satanás en el momento de su tentación, así también tuvo una batalla espiritual en Getsemaní con respecto a la cruz. Los ángeles lo fortalecieron mientras luchaba en oración anticipando su crucifixión.

(5) Anunciaron su resurrección (Mt. 28:5-7; Mr. 16:6-7; Lc. 24:4-7; Jn. 20:12-13). Los ángeles invitaron a las mujeres a entrar a la tumba vacía para ver los lienzos vacíos, de modo que tuvieran certeza de la resurrección y la proclamaran al mundo. Los ángeles les recordaron la promesa anterior de Jesús según la cual resucitaría al tercer día.

(6) Le sirvieron en su ascensión (Hch. 1:10). Como los ángeles rodean el trono del Padre, así también los ángeles participaron en la ascensión triunfal del Hijo a la gloria, y les recordaron a quienes estaban presentes que Jesús regresaría triunfante en el futuro.

(7) Le servirán en su segunda venida (Mt. 25:31). Los ángeles prepararán al mundo para el regreso del Hijo; lo hacen reuniendo a Israel en su tierra en preparación para el regreso y gobierno del Mesías (Mt. 24:31). Cuando Dios Hijo regrese a la tierra será servido por un ejército de ángeles que darán más esplendor y gloria a su regreso triunfal (Mt. 25:31).

Ministerio con los creyentes. En Hebreos 1:14 a los ángeles se les denomina "espíritus ministradores". El término griego para *ministrar* (*leitourgika*) no hace alusión a la idea de esclavitud, sino a la de función oficial. Han sido debidamente comisionados y enviados para ayudar a los creyentes.[13] Los ángeles tienen las siguientes responsabilidades en su ministerio con los creyentes.

(1) Protección física. David experimentó la protección física de los ángeles cuando tuvo que huir a los filisteos (Sal. 34:7). Los ángeles pueden frustrar los planes de los enemigos del pueblo de Dios (Sal. 35:4-5). Los ángeles protegen de daño físico a quienes buscan refugio en el Señor (Sal. 91:11-13). Liberaron a los apóstoles de la prisión (Hch. 5:18-19; 12:7-11). Protegerán a los 144.000 durante la tribulación (Ap. 7:1-14).

(2) Provisión física. Un ángel le dio alimento físico a Elías cuando estaba débil a causa de su largo viaje (1 R. 19:5-7).

(3) Aliento. Un ángel le dio ánimo a Pablo en medio de una tormenta en el mar, y le recordó que llegaría seguro a Roma para dar testimonio de Cristo (Hch. 27:23-25).

(4) Dirección. Un ángel dirigió a Felipe para que testificara ante el eunuco etíope (Hch. 8:26); un ángel organizó la reunión entre Pedro y Cornelio que conllevaría a la aceptación de los gentiles en la comunidad de creyentes (Hch. 10:3, 22).

(5) Ayudar en respuesta a la oración. Parece haber una relación entre la oración por la liberación de Pedro y su liberación efectuada por los ángeles (Hch. 12:1-11). En un caso similar, un ángel explicó la oración de Daniel (Dn. 9:20-27; cp. 10:10—12:13).

(6) Llevar a casa a los creyentes. Lucas 16:22 dice que cuando Lázaro murió, los ángeles lo llevaron al seno de Abraham. Tal vez sea esta la forma en que Dios hace que sus santos muertos estén "ausentes del cuerpo, y presentes al Señor" (2 Co. 5:8).

Relación con los incrédulos. Los ángeles han hecho y harán parte del juicio castigador sobre los incrédulos. Anunciaron la destrucción futura de Sodoma por causa de su pecado (Gn. 19:12-13); anunciarán la destrucción de los poderes del mundo junto con quienes adoraron a la bestia, ello antes de los juicios culminantes de las copas (Ap. 14:4, 7-9, 15, 17-18). Hay ángeles cuando se juzga a Jerusalén por su idolatría (Ez. 9:1-11); un ángel hirió a Herodes Agripa I, por su blasfemia, para que muriera (Hch. 12:23). Participarán en el juicio final cuando arrojen a los incrédulos en el horno de fuego (Mt. 13:39-42); harán sonar las trompetas en los juicios durante la tribulación (Ap. 8:2-12; 9:1, 13; 11:15) y derramarán las copas de los juicios sobre la tierra (Ap. 16:2-17).

DOCTRINA DE SATANÁS

Existencia de Satanás

Las Escrituras son el testimonio principal sobre la realidad y existencia de Satanás, no la experiencia ni las historias sensacionalistas. Tanto el Antiguo como el Nuevo Testamento afirman la realidad y existencia de Satanás. Cuando Génesis 3 menciona la serpiente, se reconoce en ella a Satanás y el juicio pronunciado (Gn 3:15) va dirigido a él. Se le menciona específicamente en Job 2:1, cuando fue a acusar a Job ante Dios. En 1 Crónicas 21:1 Satanás induce a David a hacer un censo de la población. En Zacarías 3:1-2, Satanás aparece acusando a la nación ante Dios.

Aunque a Satanás no se le llame así en Isaías 14:1-17 y Ezequiel 28:11-19, estos pasajes se entienden por buenas razones como referencias a su estado original y posterior caída.

La evidencia del Nuevo Testamento a favor de la existencia de Satanás es amplia. Todos los escritores lo mencionan, diecinueve libros hacen referencia a él (cp. Mt. 4:10; 12:26; Mr. 1:13; 3:23, 26; 4:15; Lc. 11:18; 22:3; Jn. 13:27; etc.). Cristo lo menciona veinticinco veces. El hecho de la existencia de Satanás encuentra su apoyo definitivo en la veracidad de las palabras de Cristo.

Además de los nombres anteriores a su caída, como *Lucifer* o *querubín*, en los dos Testamentos hay muchos nombres para Satanás que, en su conjunto, establecen su existencia y su carácter malvado.

Personalidad de Satanás

Satanás exhibe atributos de personalidad. Las Escrituras mencionan tres características principales de la personalidad de Satanás. Satanás refleja *intelecto*, pues él crea confabulaciones y es astuto en su obra (Ef. 6:11). Su forma de engañar[14] indica su habilidad para pensar y planear un curso de acción que logre su cometido de engañar a las personas (Ap. 12:9). Su conocimiento y desenvoltura para usar las Escrituras (para engañar) ilustra aun más su intelecto (Mt. 4:5-6). Las *emociones* de Satanás se evidencian en su deseo de exaltarse sobre la autoridad de Dios (Is. 14:12-17, nótese su hablar en primera persona). Satanás desea tender trampas a los nuevos creyentes a través de su vanidad (1 Ti. 3:6). Como reconoce que su tiempo en la tierra es corto, respira una gran ira (gr., *thumon*), "gran furor" (Ap. 12:12, LBLA). Satanás demostró su *voluntad* cuando intentó inducir a Cristo a pecar (Mt. 4:3). La voluntad de Satanás se refleja más claramente en su deseo de ser como Dios (Is. 14:13-14).

Satanás exhibe actos de personalidad. Satanás habla (Job 1:9-10), tienta a Cristo (Mt. 4:3), planea (Ef. 6:11) y acusa a los creyentes (Ap. 12:10).

LOS NOMBRES DE SATANÁS		
Nombre	**Significado**	**Cita**
Satanás	Adversario	Mateo 4:10
Diablo	Calumniador	Mateo 4:1
Maligno	Malo intrínsecamente	Juan 17:15 (NVI)
Gran dragón escarlata	Criatura destructiva	Apocalipsis 12:3, 7, 9
Serpiente antigua	El engañador del Huerto	Apocalipsis 12:9
Abadón	Destrucción	Apocalipsis 9:11
Apolión	Destructor	Apocalipsis 9:11
Adversario	Oponente	1 Pedro 5:8
Beelzebú	Señor de las moscas (Baalzebub)	Mateo 12:24
Belial	Despreciable (Beliar)	2 Corintios 6:15
El dios de este mundo	Controla la filosofía del mundo	2 Corintios 4:4 (NVI)
El príncipe de este mundo	Gobierna en el sistema del mundo	Juan 12:31
El príncipe de la potestad del aire	Control de los incrédulos	Efesios 2:2
Enemigo	Oponente	Mateo 13:28
Tentador	Tienta a las personas para que pequen	Mateo 4:3
Homicida	Lleva a las personas a la muerte eterna	Juan 8:44
Mentiroso	Pervierte la verdad	Juan 8:44
Acusador	Se opone a los creyentes ante Dios	Apocalipsis 12:10

Sobre todo, Satanás es engañoso, maquina vencer a los cristianos. Su intención y oposición hacia los creyentes se retrata gráficamente en 1 Pedro 5:8. En su oposición es feroz como un león, merodea continuamente por los alrededores con la intención de devorar a alguien. Continuamente lleva acusaciones legales contra los cristianos (Ap. 12:9-10). Maquina (gr., *methodeia*) contra los cristianos para hacerlos caer (Ef. 6:11).

Todos estos elementos demuestran que Satanás es una persona.

Origen y naturaleza de Satanás

Estado original de Satanás. Ezequiel 28:12-15 describe a Satanás antes de su caída.[15] Disfrutaba de una posición exaltada en la presencia de Dios; el brillo del cielo lo rodeaba (28:13). Se le llamó "elegido... querubín protector", y disfrutaba la posición de más alto honor ante Dios (28:14, 16). Isaías se refiere a este ángel supremo como "lucero de la mañana, hijo de la aurora" (14:12, LBLA). Después de hacerse el principal adversario (heb. *Satan*) de Dios, nunca se le vuelve a llamar con esos títulos honorables. Pero en el esplendor anterior a su caída estuvo lleno de sabiduría y belleza, e irreprochable (Ez. 28:12, 15).

Caída de Satanás. La caída de Satanás se describe en Ezequiel 28 y en Isaías 14. Satanás fue expulsado de la presencia de Dios por su pecado (Ez. 28:16). La razón de su caída fue el orgullo, su corazón se enalteció por causa de su belleza y se corrompió su sabiduría (28:17). La declaración indica que Satanás debió tener un rango de muchísima altura que lo condujo a sentir orgullo. Isaías 14:12-14 describe en mayor detalle el pecado. Las cinco veces que habla en primera persona sobre lo que haría enfatizan su pecado (14:13-14). Deseaba entrar a la misma presencia de Dios y usurpar el trono de Dios por encima de los otros ángeles. Quería ser semejante al "Altísimo". Por esa razón Dios lo arrojó del cielo.

Responsabilidad moral de Satanás. Satanás es una persona moralmente responsable ante Dios (Job 1:7). No tiene libertad ilimitada, está subordinado y restringido por Dios.

Juicio de Satanás

Satanás cayó de su posición original exaltada. Satanás, como querubín elegido, se llevó con él a un ejército de ángeles, posiblemente un tercio de ellos, cuando fue arrojado del cielo (Ez. 28:16-17; Ap. 12:4).

La derrota final de Satanás se dictaminó en el Edén. Dios le dijo a Satanás que tendría una victoria pequeña ("tú le morderás el talón"), pero Cristo tendría la victoria grande por medio de la cruz ("te aplastará la cabeza", Gn. 3:15, NVI).

Satanás quedó impotente debido a la cruz. Cristo se hizo parte de la humanidad y con su muerte sustitutiva derrotó a Satanás, haciéndolo con ello impotente en la vida del creyente. Tenía el poder de la muerte sobre las personas, pero ese poder se destruyó con Cristo (He. 2:14).

Satanás será expulsado del cielo en la tribulación. La expulsión del cielo (Ap. 12:13) es un acto de juicio y se refiere probablemente al cielo de las estrellas, conocido también como el segundo cielo (no la presencia de Dios).

Satanás será atado en el abismo por mil años. Cuando Cristo regrese en triunfo, Satanás será atado y arrojado al abismo por mil años; ya no será capaz de engañar a nadie en la tierra durante el milenio (Ap. 20:2-3).

Finalmente Satanás será arrojado al lago de fuego. Al final del milenio Satanás será liberado y ahí engañará a muchas personas, liderará una rebelión contra Dios, será derrotado y finalmente arrojado al lago de fuego por toda la eternidad (Ap. 20:7-10).

DOCTRINA DE LOS DEMONIOS

Origen de los demonios

Hay varias teorías sobre el origen de los demonios. Los cristianos deben evaluarlas todas a la luz de la Biblia.

Espíritus de personas malvadas ya muertas. Este era el punto de vista de Filón, Josefo, algunos escritores cristianos de antaño y de los antiguos griegos. Según las Escrituras, esta teoría es falsa, porque las personas malas están en el infierno desde que murieron (Lc. 16:23).

Espíritus de una raza pre-adánica. Tal teoría tiene su base en la "teoría de la brecha" de una creación original en Génesis 1:1, la rebelión y caída de esa raza originalmente creada entre Génesis 1:1 y 1:2 y el caos resultante. Génesis 1:3 describe la recreación. La creación original, la humanidad que cayó, es ahora la que compone los demonios. El problema con esta perspectiva es que depende de una creación de la humanidad anterior a Génesis 1 y 2, y no hay evidencia bíblica para ello.[16] Más aún, Romanos 5:12 deja claro que fue a través de Adán, y no de alguna criatura anterior, que comenzaron las condiciones de pecado y muerte en el cosmos.

Descendientes de ángeles y mujeres. Esta teoría se basa en la sugerencia de que los "hijos de Dios" en Génesis 6:2 eran ángeles que vinieron a la tierra, tuvieron relaciones con "las hijas de los hombres" y produjeron una descendencia resultante en los *nefilim* (Gn. 6:4), que eran demonios. Esta teoría presenta varios problemas. La sugerencia de que "hijos de Dios" se refiera a los ángeles no es tan fuerte; no era una unión sexual poco natural, pues la frase "tomaron para sí mujeres" se refiere a una relación matrimonial, nunca a un acto de relación sexual ilícita.[17] Además, nada indica que los *nefilim* fueran demonios; más bien, probablemente fueron "valientes" o "varones de renombre".[18]

Ángeles caídos no encarcelados. Este es el punto de vista preferible y la sostienen Hodge, Strong, Morgan, Gaebelein, Unger y otros. Enseña que cuando Lucifer se rebeló contra Dios, cayó de su lugar prominente y se llevó con él a un ejército de ángeles de menor rango. Lucifer, ahora llamado Satanás, es el "príncipe de los demonios" (Mt. 12:24). Mateo 25:41 también se refiere a "el diablo y sus ángeles", lo cual podría hacer referencia a sus demonios; lo mismo sucede en Apocalipsis 12:7, donde se menciona al "dragón y sus ángeles".

Las Escrituras indican que hay dos grupos de ángeles caídos. Un grupo son los demonios que están libres y activos en el mundo. El otro son los ángeles que están atados y encarcelados. De algunos se dice que están encarcelados en el *tártaro* (traducido "infierno" en 2 P. 2:4) por causa de algún pecado enorme (hay quienes lo relacionan con Génesis 6 y su sugerencia de que "los hijos de Dios" eran ángeles). Judas 6 se puede referir al mismo encarcelamiento. Otro grupo de ángeles caídos está confinado en el abismo (Lc. 8:31; Ap. 9:2). "Aparentemente eran demasiado depravados y perniciosos como para permitírseles deambular por la tierra".[19] Apocalipsis 9 indica que estos demonios serán liberados durante la tribulación para afligir a quienes no tengan el sello de Cristo en su frente (Ap. 9:3-11).

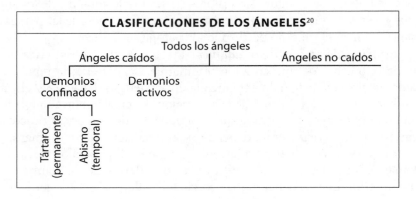

CLASIFICACIONES DE LOS ÁNGELES[20]

Características de los demonios

Son seres espirituales. Se les llama espíritus; esto es, seres sin cuerpos de carne (Mt. 8:16; Lc. 10:17, 20).

Están localizados, no son omnipresentes. Solo pueden estar en un lugar a la vez. Los demonios habitaban en los dos gadarenos, y cuando Jesús los expulsa pasan a habitar en los cerdos. En cada uno de los casos estaban localizados (Mt. 8:28-34; cp. Hch. 16:16).

Son inteligentes pero no omniscientes. Fueron conscientes de la identidad de Jesús (Mr. 1:24), también eran conscientes de su destino final (Mt. 8:29). Pablo se refiere a las "doctrinas de demonios" (1 Ti. 4:1), con lo cual indica que propagaban sus enseñanzas falsas por medio de sus emisarios. No obstante, no son omniscientes o serían como Dios: solo Dios es omnisciente.

Son poderosos pero no omnipotentes. Como los demonios habitaban en él, el gadareno podía romper las cadenas y los grillos; nadie podía atarlo debido a su fuerza inusual (Mr. 5:3-4). El demonio en el niño buscaba que el niño se suicidara cuando se arrojaba al fuego o al agua (Mr. 9:22). La posesión demoniaca impedía el habla de un hombre (Mt. 9:32) y atormentaba a una niña (Mt. 15:22), pero aun así los demonios tienen un poder limitado; no pueden hacer las obras de Dios (Jn. 10:21).

Actividad de los demonios

Causan enfermedades. Lucas 13:11 da testimonio de una mujer que andaba encorvada a causa de "un espíritu de enfermedad"; Lucas 13:16 declara además que "Satanás había atado dieciocho años" a esta mujer en su sufrimiento. A veces hay una correlación entre la enfermedad mental, la enfermedad física y la actividad demoniaca, sin embargo, no siempre es posible identificar la diferencia, y cualquiera que intente un diagnóstico debe ser cauteloso. Aflicción por parte de Satanás o los demonios solo puede venir si lo permite Dios (Job 1:12; 2:6, cp. 2 Co. 12:7-10).

Influencian la mente. Al principio Satanás engañó a Eva para que pecara; lo hizo pervirtiendo la verdad y cambiando lo que Eva pensaba sobre Dios (Gn. 3:1-5). Satanás y sus demonios continúan en esa tarea de influenciar el pensamiento de las personas al cegar sus mentes (2 Co. 4:4). Este pasaje indica que Satanás inhibe la habilidad para pensar o razonar.[21] Aun cuando el pasaje se refiere a los incrédulos, Satanás también puede influenciar el pensamiento de los creyentes (2 Co. 11:3); puede desviar a los creyentes de la "sincera fidelidad a Cristo". Santiago 3:15 indica que la sabiduría terrenal es demoniaca y lleva a la contención y a los celos.

La solución contra la influencia demoniaca de la mente es llevar el pensamiento cautivo a Cristo (2 Co. 10:5). Hay una exhortación similar en Filipenses 4:6-8. El creyente guardará su mente cuando confíe todos sus asuntos a Dios en oración y medite en las cosas que son honorables, verdaderas, justas y puras.

Engañan a las personas. Pablo temía que Satanás pudiese incitar a pecar a la incipiente iglesia tesalónica en medio de sus sufrimientos y persecuciones (1 Ts. 3:5). Aunque los tesalonicenses recibieron el evangelio con alegría, su esperanza podría debilitarse por el ataque de Satanás.

Satanás, por medio de sus emisarios, también trabaja en los incrédulos; Pablo dice que el príncipe de la potestad del aire "opera en los hijos de desobediencia". El contexto indica que Satanás engaña a los incrédulos para que vivan de acuerdo a la lujuria y los deseos de la carne y la mente. Más aún, Mateo 13:19 indica que el engaño de Satanás arrebata la Palabra cuando los creyentes la oyen, y frustra así su entendimiento.

Engañan a las naciones. Al final los demonios reunirán a las naciones en rebeldía contra Cristo. Los demonios engañan a las naciones al realizar señales para incitarlas a ir a la guerra contra el Mesías (Ap. 16:14).

Posesión demoniaca

Definición. Charles Ryrie define así la posesión demoniaca:

> Un demonio reside en una persona, ejerce control e influencia directa sobre esa persona, con cierto trastorno de la mente o cuerpo. La posesión demoniaca debe distinguirse de la influencia o actividad demoniaca en

relación a una persona. En la segunda el demonio opera desde afuera; en la primera es desde dentro. Según esta definición, un cristiano no puede estar poseído por un demonio, pues es habitado por el Espíritu Santo. No obstante, el creyente puede ser blanco de actividad demoniaca hasta el punto de dar la apariencia de una posesión.[22]

Hecho de la posesión demoniaca. Hubo gran explosión de la actividad demoniaca durante la estadía de Cristo en la tierra, como oposición a su papel mesiánico, sin lugar a dudas. Los Evangelios abundan en relatos de personas poseídas por los demonios (Mt. 4:24; 8:16, 28, 33; 12:22; 15:22; Mr. 1:32; 5:15-16, 18; Lc. 8:36; Jn. 10:21). Los líderes de la iglesia primitiva como Justino Mártir y Tertuliano hacían referencia a la posesión demoniaca, al igual que *El pastor de Hermas*.

Naturaleza de la posesión demoniaca.[23] La posesión demoniaca se evidencia por un cambio en el carácter moral y la disposición espiritual. Una voz diferente, un nivel de educación distinto o incluso una lengua extranjera reflejarán con frecuencia el cambio en la personalidad de la persona afectada. En Marcos 1:23-24, cuando los demonios hablaron a través del hombre, él reconoció a Cristo de inmediato; lo cual quiere decir que tenía un conocimiento y un intelecto sobrenaturales. Otro síntoma de la posesión demoniaca se exhibe en el hombre gadareno, con su fuerza física sobrenatural y su habilidad para romper grillos y cadenas (Mr. 5:3-4).

Juicio de los demonios
El poder de los demonios se conquistó a través de la cruz. Cristo conquistó a Satanás y sus demonios en la cruz y los exhibió públicamente, como cuando quien sale victorioso despliega el botín de guerra (Col. 2:15).

Cuando Cristo regrese, los demonios serán arrojados al lago de fuego. Los demonios están asociados con el juicio contra Satanás (Mt. 25:41; Ap. 12:9) y por lo tanto serán arrojados al lago de fuego junto con él (Ap. 19:19-21).

NOTAS

1. Gerhard von Rad, "Mal'āk in the Old Testament" en Gerhard Kittel, ed., *Theological Dictionary of the New Testament*, 10 vols. (Grand Rapids: Eerdmans, 1964), 1:76-77.

2. H. Bietenhard, "Angel", en Colin Brown, ed., *The New International Dictionary of New Testament Theology*, 4 vols. (Grand Rapids: Zondervan, 1975), 1:101.

3. Roy Zuck, "Job", en *The Bible Knowledge Commentary*, 2 vols. (Wheaton: Victor, 1983), 1:719.

4. El aoristo *ektisthe* indica "que toda la actividad de la creación se resume en Cristo, todo lo que hay en la tierra y los ángeles del cielo inclusive". A. T. Robertson, *Word Pictures in the New Testament* [*Comentario al texto griego del*

Nuevo Testamento], 6 vols. (Nashville: Broadman, 1930), 4:478. Publicado en español por Clie.

5. William F. Arndt y F. Wilbur Gingrich, *A Greek-English Lexicon of the New Testament and Other Early Christian Literature*, 2ª ed., rev. por F. Wilbur Gingrich y Frederick W. Danker (Chicago: Univ. of Chicago, 1979), 529.

6. Henry C. Thiessen, *Lectures in Systematic Theology*. rev. por Vernon D. Doerksen (Grand Rapids: Eerdmans, 1979), 13-36.

7. Charles Hodge, *A Commentary on the Epistle to the Ephesians* (Reimpresión. Londres: Banner of Truth, 1964), 378-379.

8. Leon Wood, *A Commentary on Daniel* (Grand Rapids: Zondervan, 1973), 272.

9. C. Fred Dickason, *Angels: Elect and Evil* [*Los ángeles: Escogidos y malignos*] (Chicago: Moody, 1975), 70. Publicado en español por Portavoz.

10. J. Dwight Pentecost, *Your Adversary the Devil* [*Vuestro adversario, el diablo*] (Grand Rapids: Zondervan, 1969), 20. Publicado en español por Logoi.

11. Dickason, *Angels: Elect and Evil* [*Los ángeles: Escogidos y malignos*], 61, 63.

12. *Ibíd.*, 66.

13. Homer A. Kent Jr., *The Epistle to the Hebrews: A Commentary* (Grand Rapids: Baker, 1972), 46.

14. El participio presente *planon* indica la acción habitual de algo que es característico de la persona.

15. Hay una polémica considerable respecto a la interpretación de este pasaje; no obstante, el texto debe ir mucho más allá del rey de Tiro, pues expresiones como "acabado en hermosura", "en el huerto de Dios estuviste", "querubín grande", "en el santo monte de Dios, allí estuviste" y "perfecto eras en todos tus caminos" difícilmente describen a aquel rey pagano. Han de entenderse tales declaraciones como una referencia a Satanás y a su alto rango angélico anterior a su caída.

16. Tal punto de vista depende también de una brecha de tiempo entre Génesis 1:1 y Génesis 1:2, cosa que la gramática hebrea no respalda; véase Weston W. Fields, *Unformed and Unfilled* (Nutley: Presbyterian & Reformed, 1976).

17. C. F. Keil y F. Delitzsch, *Biblical Commentary on the Old Testament* [*Comentario al texto hebreo del Antiguo Testamento*], 25 vols. (Reimpresión, Grand Rapids: Eerdmans, 1968), 1:131. Publicado en español por Clie.

18. Milton C. Fisher, "Nepîlîm", en *Theological Wordbook of the Old Testament*, 2 vols. (Chicago: Moody, 1980), 2:587.

19. Merrill F. Unger, *Demons in the World Today* [*Los demonios y el mundo moderno*] (Wheaton: Tyndale, 1971), 16. Publicado en español por Logoi.

20. Este diagrama es una adaptación de Charles C. Ryrie, *A Survey of Bible Doctrine* [*Síntesis de la doctrina bíblica*] (Chicago: Moody, 1972), 97. Publicado en español por Portavoz.

21. Fritz Rienecker, *A Linguistic Key to the Greek New Testament*, ed. Cleon Rogers Jr. (Grand Rapids: Zondervan, 1980), 463.

22. Charles C. Ryrie, *Study-Graph: Bible Doctrine II* (Chicago: Moody, 1965).

23. Véase Unger, *Demons in the World Today* [*Los demonios y el mundo moderno*], 102-108.

PARA ESTUDIO ADICIONAL SOBRE ANGELOLOGÍA

Ángeles

** H. Bietenhard, "Angel" en Colin Brown, ed., *The New International Dictionary of New Testament Theology*, 4 vols. (Grand Rapids: Zondervan, 1975), 1:101-104. También hay artículos sobre Gabriel y Miguel, además de una bibliografía extensa.

* G. W. Bromiley. "Angel", en Walter A. Elwell, ed., *Evangelical Dictionary of Theology* [*Diccionario teológico de la Biblia*] (Grand Rapids: Baker, 1985), 46-47. Publicado en español por Caribe.

** Lewis Sperry Chafer, *Systematic Theology* [*Teología sistemática*], 8 vols. (Dallas: Dallas Seminary, 1947), 2:3-32. Publicado en español por Clie.

** C. Fred Dickason, *Los ángeles: Escogidos y malignos* (Grand Rapids: Portavoz, 1995). Probablemente este sea el libro más valioso sobre el tema, y el estudiante serio debería consultarlo.

* G. B. Funderburk, "Angel", en Merrill C. Tenney, ed., *Zondervan Encyclopedia of the Bible,* 5 vols. (Grand Rapids: Zondervan, 1975), 1:160-166. Véanse artículos adicionales como "Gabriel", "Michael", "Lucifer", "Host" y otros.

* Henry C. Thiessen, *Lectures in Systematic Theology*, rev. por Vernon D. Doerksen (Grand Rapids: Eerdmans, 1979), 133-148.

* Merrill F. Unger, *Unger's Bible Dictionary* (Chicago: Moody, 1961), 52.

Ángeles caídos: Satanás

* Emery H. Bancroft, *Christian Theology*, 2ª ed. rev. (Grand Rapids: Zondervan, 1976), 320-340.

** Donald Grey Barnhouse, *La guerra invisible* (Miami: Vida, 2002).

* Mark I. Bubeck, *El adversario* (Grand Rapids: Portavoz, 1988).

** Lewis Sperry Chafer, *Systematic Theology* [*Teología sistemática*] (Dallas: Dallas Seminary, 1947), 1:33-112. Publicado en español por Clie.

** C. Fred Dickason, *Los ángeles: Escogidos y malignos* (Grand Rapids: Portavoz, 1995).

* D. Edmond Hiebert, "Satan", en Merrill C. Tenney, ed., *Zondervan Encyclopedia of the Bible* (Grand Rapids: Zondervan, 1975), 5:282-286.

** J. Dwight Pentecost, *Vuestro adversario, el diablo* (Miami: Logoi, 1974).

* J. Oswald Sanders, *Satanás no es un mito* (Grand Rapids: Portavoz, 1996).

* Merrill F. Unger, "Satan", en Walter A. Elwell, ed., *Evangelical Dictionary of Theology* [*Diccionario teológico de la Biblia*] (Grand Rapids: Baker, 1984), 972-973. Publicado en español por Caribe.

Ángeles caídos: Demonios

** Donald Grey Barnhouse, *La guerra invisible* (Miami: Vida, 2002).

** Lewis Sperry Chafer, *Systematic Theology* [*Teología sistemática*] (Dallas: Dallas Seminary, 1947), 2:113-121. Publicado en español por Clie.

** C. Fred Dickason, *Los ángeles: Escogidos y malignos* (Grand Rapids: Portavoz, 1995.

* _____, *La posesión demoniaca y el cristiano* (Nashville: Betania, 1999).

*   J. Dwight Pentecost, *Vuestro adversario, el diablo* (Miami: Logoi, 1974).

*   J. Oswald Sanders, *Satanás no es un mito* (Grand Rapids: Portavoz, 1996).

** Merrill F. Unger, *Biblical Demonology* (Grand Rapids: Kregel, 1994). Probablemente este sea el libro más valioso sobre el tema.

*   _____, *Los demonios y el mundo moderno* (Miami: Logoi, 1974).

*   _____, *What Demons Can Do to Saints* (Chicago: Moody, 1991).

23

ANTROPOLOGÍA Y HAMARTOLOGÍA: DOCTRINAS DEL HOMBRE Y EL PECADO.

Doctrina del hombre

AL ESTUDIO DEL HOMBRE se le llama *antropología*, de las palabras griegas *anthropos*, cuyo significado es "hombre", y *logos*, cuyo significado es "palabra" o "discurso"; por lo tanto, la antropología es el discurso sobre el hombre. El término *antropología* puede hacer referencia al estudio de la doctrina del hombre desde un punto de vista bíblico, o puede hacer referencia al estudio del hombre en su ambiente cultural. El primer sentido será el tema de este estudio.

Origen del hombre

Hay opinions diversas entre cristianos y no cristianos sobre el origen del hombre. Usualmente, quienes no son cristianos sostienen la evolución atea o humanista. Algunos cristianos defienden un punto de vista mediador, según la cual Dios comenzó el proceso pero lo hizo a través de la evolución; sostienen, pues, un evolucionismo teísta. Otros cristianos defienden alguna forma de creación, ya sea por orden divina (acto de Dios) o alguna forma de "creación en desarrollo".

Evolución atea. La teoría de la evolución comenzó con Charles Darwin y fue refinada por otros para intentar explicar el origen de la materia y la vida sin Dios. El origen de la vida humana, animal y vegetal se explica sin recurso a algún proceso sobrenatural. "De acuerdo con la evolución naturalista, todo lo necesario son átomos en movimiento. La combinación de átomos, movimiento, tiempo y azar le ha dado forma a lo que tenemos hoy".[1]

Los fundamentos de la evolución, como fueron declarados en *El origen de las especies* de Darwin, son: "(1) La variación hace que algunos descendientes sean superiores a sus padres. (2) La lucha por la existencia elimina a los más débiles, las variedades menos adaptadas. (3) El proceso de selección natural obra constantemente y gracias a él sobreviven los más aptos. (4) A través de la herencia se producen nuevas y mejores variaciones que se van transmitiendo y acumulando gradualmente. (5) Mediante este método surgen nuevas especies, después de que haya transcurrido una cantidad de tiempo suficiente".[2]

La evolución atea tiene importantes implicaciones. Si no hay Dios que haya creado el mundo, el hombre no es responsable ante Él en cuanto a estructura moral alguna; de hecho, si la evolución atea es cierta, no hay absolutos morales a los cuales deba adherirse el hombre.

Evolución teísta. "La evolución teísta enseña que las plantas, los animales y el hombre evolucionaron gradualmente a partir de formas inferiores, pero Dios supervisó el proceso".[3] Los evolucionistas teístas aceptan en general los hallazgos de la ciencia e intentan armonizar las hipótesis evolutivas con la Biblia. Irónicamente, la evolución teísta es tan rechazada por los evolucionistas estrictos como por los biblistas. Los evolucionistas humanistas critican duramente a los evolucionistas teístas y no los toman en serio en asuntos científicos.[4]

Los evolucionistas teístas se enfrentan a varios problemas serios.[5] Si la raza humana ha evolucionado entonces Adán no es un personaje histórico y se derrumba la analogía entre Adán y Cristo de Romanos 5:12-21. Más aún, el evolucionista teísta requiere una interpretación alegórica o poética de Génesis 1:1—2:4; y ello no se puede garantizar. Todavía más, sugerir que la humanidad se deriva de ancestros no humanos no se puede reconciliar con la declaración bíblica de la creación del hombre en Génesis 2:7.

Creacionismo progresivo. Esta teoría (llamada también "teoría del día-era") se basa parcialmente en el Salmo 90:4 y 2 Pedro 3:8 para rechazar la creación literal en seis días. No se entienden los días de la creación como días de veinticuatro horas, sino como eras. Tradicionalmente, la teoría del día-era sostiene que los días son equivalentes a eras. No obstante, ello plantea varios problemas: el registro fósil no muestra eso, y la creación de las semillas de las plantas antes de la creación de los animales terrestres plantea un problema, pues algunas semillas dependen de los insectos para su polinización y fertilización.[6]

El creacionismo progresivo es un intento más serio de reconciliar la Biblia y la ciencia. Armoniza la antigüedad de la tierra con la ciencia, y al mismo tiempo reconoce la creación directa del hombre y de las especies generales consideradas en Génesis 1—2. Sin embargo, permite un desarrollo "dentro de la clase" (microevolución) de las especies aunque rechaza el desarrollo "entre las clases" (macroevolución).[7]

El creacionista progresivo se enfrenta a varios problemas. Éxodo 20:10-11 hace una analogía entre la persona que trabaja seis días y descansa en el séptimo con la creación de Dios en seis días y el séptimo día que dedicó a descansar. La analogía demanda días de veinticuatro horas. Más aún, dicha teoría implicaría que hubo muerte antes de la caída porque se requiere un período largo de tiempo. No obstante, Génesis indica que no hubo muerte sino desde el pecado de Adán.

Teoría de la brecha. En la teoría de la brecha hay un lapso prolongado entre Génesis 1:1 y Génesis 1:2; básicamente para acomodarse a la ciencia.

Así, los teóricos de la brecha pueden afirmar la antigüedad de la tierra y al mismo tiempo entender literalmente las palabras de Génesis 1—2, con lo cual se adhieren a días de veinticuatro horas en la creación. La teoría de la brecha enseña que hubo una creación original (algunos ubican la brecha antes del v. 1, otros entre 1:1 y 1:2) y, como resultado de la caída y rebelión de Lucifer, la tierra se volvió un caos. La frase "desordenada y vacía" (Gn. 1:2) describe la tierra caótica que Dios juzgó. Entre Génesis 1:1 y Génesis 1:2 pasaron millones de años, de acuerdo con la evaluación científica relativa a la edad de la tierra.

Los problemas de la teoría de la brecha están bien documentados.[8] La gramática de Génesis 1:1-2 no permite tal brecha. El versículo 1 es una cláusula independiente. El versículo 2 está compuesto de tres cláusulas circunstanciales que explican la condición de la tierra cuando Dios comenzó a crear, y está conectado con el versículo 3.[9] No hay pausa entre los versículos 1 y 2. La teoría de la brecha depende también de que "desordenada y vacía" signifique la maldad o el resultado de un juicio; no obstante, su uso en Job 26:7 e Isaías 45:18 no lo sugiere así. Los teóricos del agujero distinguen además entre el verbo hebreo *barah* (Gn. 1:1), que sugiere creación ex nihilo (de la nada), mientras *asa* (Gn. 1:7, 16, 25, etc.) significa reformar. El estudio cuidadoso de estos dos verbos revela que se usan de manera intercambiable; *asa* no quiere decir reformar.[10]

La teoría de la brecha no se basa en la exégesis, sino en un intento de reconciliar la Biblia con las perspectivas de la ciencia.

Días literales de veinticuatro horas. La perspectiva de que Dios creó en días de veinticuatro horas también se llama *creación por decreto*; Dios creó directa e instantáneamente. Los creacionistas literales sostienen que la tierra es reciente, de aproximadamente hace diez mil años. Las formaciones geológicas se pueden explicar por el diluvio de Noé.[11] Los creacionistas literales rechazan todas las formas de evolución.

La base para los días de veinticuatro horas en la Creación es el relato bíblico de Génesis 1 y 2. (1) Dios creó al hombre directamente (Gn. 1:27; 2:7; 5:1; Dt. 4:32). Génesis 1:27 es la declaración general, mientras 2:7 proporciona detalles adicionales sobre la creación del hombre. La declaración en 2:7 también explica la forma en que Dios creó: creó al hombre del polvo de la tierra. Cristo afirmó la misma verdad (Mt. 19:4).

(2) Dios creó los géneros masculino y femenino (Gn. 1:27). De acuerdo con este relato, Dios creó directamente al hombre y la mujer; no evolucionaron de formas inferiores de vida. Dios les dio su género al crearlos hombre y mujer. Tales declaraciones no permiten forma alguna de evolución.

(3) Dios creó en seis días de veinticuatro horas. Hay varios indicadores en el relato de la creación para validar esta tesis: (a) la palabra hebrea para día (*yom*) con un numeral siempre designa un día de veinticuatro horas.[12] (b) La frase "la tarde y la mañana" (Gn. 1:5, 8, 13, 19, 23, 31) enfatiza un

día de veinticuatro horas. Sugerir cualquier forma conceptual de día-era requiere negar el significado normal de estas palabras. (c) Éxodo 20:9-11 enfatiza la creación de veinticuatro horas cuando hace la analogía para que el hombre trabaje seis días y descanse el séptimo, como hizo Dios.

(4) Dios creó al hombre como un ser único. Si el hombre evolucionó, solo es una forma animal superior, sin sensibilidad ni responsabilidad moral. No obstante, las Escrituras presentan al hombre como una criatura moral, responsable ante Dios. El hombre también tiene alma, por tanto es eterno (Gn. 2:7); más aún, está hecho a la imagen de Dios (Gn. 1:26); difícilmente se aplicaría esta declaración a alguien que sea producto de alguna forma de evolución.

Parte material del hombre

Estructura del cuerpo. Las Escrituras hacen una distinción entre lo material (cuerpo) y lo inmaterial (alma/espíritu) (cp. 2 Co. 5:1; 1 Ts. 5:23). Génesis 2:7 indica que el cuerpo del hombre se formó a partir del polvo de la tierra. Definitivamente hay un juego de palabras: "Y Dios el Señor formó al hombre [*adam*] del polvo de la tierra [*adamah*]" (Gn. 2:7). El mismo nombre de *Adán* era un recordatorio del origen del hombre: proviene de la tierra. Un análisis químico del cuerpo humano revela que la mayoría de sus componentes son los de la tierra: calcio, hierro, potasio y otros. Más aún, al momento de la muerte el cuerpo se vuelve a unir con el polvo del cual provino (Gn. 3:19; Sal. 104:29; Ec. 12:7).

Puntos de vista sobre el propósito del cuerpo. (1) El cuerpo es la prisión del alma. Tal era la opinión de los filósofos griegos que hacían una gran dicotomía entre el cuerpo y el alma. El alma era inmaterial y buena, el cuerpo era material y malo. A causa de este parecer se despreciaba el cuerpo. Sin embargo, esta clase de dicotomía entre lo material e inmaterial no es bíblica. La Biblia no se refiere al cuerpo como algo intrínsecamente malo. De hecho, el Cantar de los Cantares de Salomón se enfoca completamente en el valor del cuerpo humano y en la dicha del amor marital y la expresión sexual. La revelación divina deja claro que "el hombre es… una unidad —un ser— y las partes material e inmaterial solo se pueden separar por la muerte física".[13]

(2) El cuerpo es la única parte importante del hombre. A este punto de vista se le llama *hedonismo*, y representa lo opuesto al anterior. El hedonismo sugiere que una persona debe buscar el placer del cuerpo al hacer lo que disfruta. Tal filosofía es una negación del alma. El testimonio de Jesucristo invalida dicha posición, pues Cristo exaltó el enorme valor del alma en tanto difiere del cuerpo (Mr. 10:28; 16:26). Hay otras Escrituras donde se afirma la existencia del alma (2 Co. 5:8; Ec. 12:7).

(3) El cuerpo es compañero del alma. El objetivo del cuerpo es glorificar a Dios, ya que es su templo (1 Co. 6:19). No debe ser el amo para que

el individuo se vuelva indulgente, ni es un enemigo al que se debe castigar. El cuerpo es para someterlo a Dios (Ro. 12:1), de modo que Cristo se
glorifique en él (Fil. 1:20). Al final el creyente será recompensado por las
obras que haya hecho estando en el cuerpo (2 Co. 5:10).

Parte inmaterial del hombre

Relato bíblico. Cuando Dios creó al hombre, lo creó a su imagen (Gn.
1:26-27). La pregunta es: ¿cuál es la imagen de Dios en el hombre? La
imagen de Dios en el hombre no puede ser física, porque Dios es espíritu
(Jn. 4:24) y no tiene cuerpo. Entonces la imagen debe ser inmaterial y los
siguientes elementos principales deben ser parte de ella.

(1) Personalidad. El hombre tiene conciencia y determinación propias
que le permiten tomar decisiones, y lo eleva sobre el reino de los animales.
Este factor es importante porque hace al hombre capaz de la redención.
Pero la faceta necesita muchos elementos naturales; la personalidad revela
la capacidad del hombre para ejercer dominio sobre el mundo (Gn. 1:28) y
desarrollar la tierra (Gn. 2:15). Todos los aspectos del intelecto del hombre
caen dentro de esta categoría.

(2) Ser espiritual.

Dios es espíritu, el alma humana es un espíritu. Los atributos esenciales del espíritu son la razón, la conciencia y la voluntad. Un espíritu es
un agente racional, moral, y por lo tanto también es libre. Así, cuando
Dios hizo al hombre a su propia imagen, le concedió esos atributos que
pertenecen a su propia naturaleza espiritual. De este modo el hombre
se distingue de los otros habitantes del mundo y se yergue de forma
inconmensurable por encima de ellos. Pertenece al mismo orden de los
seres que son como Dios, por lo tanto es capaz de estar en comunión
con su Hacedor… Esta también es la condición necesaria para nuestra
capacidad de conocer a Dios, y por tanto es el fundamento de nuestra
naturaleza religiosa. Si no fuéramos como Dios, no podríamos conocerlo.
Seríamos como las bestias que perecen.[14]

(3) Naturaleza moral. El hombre fue creado en "justicia original", llamada también "conocimiento, justicia y santidad".[15] La justicia y la santidad original se perdieron con la Caída, pero Cristo las restauró. Efesios
4:24 enfatiza que la nueva naturaleza del creyente es "a imagen de Dios,
[creado] en verdadera justicia y santidad". Colosenses 3:10 declara que la
nueva naturaleza "se va renovando en conocimiento a imagen de su Creador", una referencia a Génesis 1:26.

Origen de la parte inmaterial del hombre. (1) Teoría de la preexistencia. Esta teoría defiende que el alma del hombre existía previamente,
y tiene sus raíces en filosofías no cristianas; se enseña en el hinduismo y

la sostenían Platón, Filón y Orígenes. Tal teoría enseña que los hombres eran espíritus angélicos en su existencia previa y, como castigo y disciplina por el pecado, fueron enviados a habitar en cuerpos humanos. Hay varios problemas con este punto de vista: no hay una declaración clara en las Escrituras para respaldarlo (aunque la idea puede estar presente en Jn. 9:2), nadie tiene recuento de tal existencia y la doctrina del pecado no está relacionada con el pecado de Adán en Génesis 3, sino con una esfera angélica.

(2) Teoría de la creación. Esta teoría enseña que cada alma humana es una creación de Dios inmediata e individual; solo el cuerpo se propaga a través de los padres. Este punto de vista lo sostienen los católicos romanos y muchos cristianos reformados, entre ellos Charles Hodge.[16] Hay dos razones para esta opinión: mantiene la pureza de Cristo (desde este punto de vista, Cristo no pudo heredar la naturaleza pecaminosa de su madre), y hace una distinción entre el cuerpo mortal y el alma inmortal (los padres pueden propagar el cuerpo mortal pero solo Dios puede producir el alma inmortal). Los problemas que tiene son: requiere la caída de cada persona individualmente, porque solo Dios puede crear perfección; no explica por qué todos los hombres pecan.

(3) Teoría del traducianismo. Esta perspectiva, muy bien defendida por William G. T. Shedd,[17] afirma que los padres generan el alma y el cuerpo. "El hombre es una especie, y esa idea implica la propagación de todo el individuo a partir de él... Los individuos no se propagan por partes".[18] Sus problemas son: ¿Cómo pueden propagar el alma los padres, si es inmaterial? Además, si el traducianismo fuera cierto, Cristo habría tenido naturaleza pecaminosa.

Sus puntos fuertes son los siguientes: Explica la depravación del hombre. Si los padres transmiten la naturaleza inmaterial, ello explica la propagación de la naturaleza pecaminosa y la tendencia a pecar de todos los humanos desde el nacimiento. La naturaleza pecaminosa no se puede explicar si Dios crea directamente cada alma. El traducianismo también explica el factor de la herencia: la similitud entre el intelecto, la personalidad y las emociones de los hijos con sus padres. Si el creacionismo no fuera correcto, esas similitudes no deberían ser tan prevalentes y notorias. Las Escrituras parecen afirmar la posición traduciana (Sal. 51:5; Ro. 5:12; He. 7:10).

Composición de la parte inmaterial del hombre. Aunque la mayoría reconoce que el hombre tiene una constitución inmaterial, ¿cuál es la naturaleza de esa parte del hombre? ¿Son diferentes el espíritu y el alma? ¿Son la misma cosa? La Iglesia oriental en general ha creído que el hombre es tricótomo (tiene tres partes), con espíritu, alma y cuerpo. Originalmente, los padres de las iglesias griegas y de Alejandría respaldaban este punto de vista; entre ellos se contaban Orígenes y Clemente de Alejandría. Por otro lado, la Iglesia occidental ha respaldado en general una posición dicotómica: el hombre es cuerpo y alma. Personajes como Agustín y Anselmo respaldaban esta posición.

(1) Posición dicotómica. Dicotomía viene del griego *dicha*, "dos", y *temno* "cortar". Por lo tanto, el hombre es un ser de dos partes: cuerpo y alma. La parte inmaterial del hombre es el alma y el espíritu, que son de la misma sustancia; no obstante, tienen diferentes funciones. El respaldo para la posición dicotómica se encuentra en:[19] (a) Génesis 2:7, donde se afirman solo dos partes. Dios formó al hombre del polvo de la tierra y sopló sobre él aliento de vida para hacerlo un alma viviente (cp. Job 27:3). (b) Las palabras alma y espíritu pueden usarse de forma intercambiable. Compárese Génesis 41:8 con el Salmo 42:6, y Hebreos 12:23 con Apocalipsis 6:9. (c) Se menciona que el cuerpo y el alma (o el espíritu) juntos constituyen toda la persona (cp. Mt. 10:28; 1 Co. 5:3; 3 Jn. 2).

(2) Posición tricotómica. Tricotomía proviene del griego *tricha*, "tres", y *temno*, "cortar". Por lo tanto, el hombre es un ser tripartito, con cuerpo, alma y espíritu. El alma y el espíritu son diferentes tanto en función como en sustancia. Se considera que el cuerpo es consciente del mundo, el alma consciente del yo y el espíritu consciente de Dios. Se considera al alma un poder menor, formada por la imaginación, la memoria y el entendimiento; mientras el espíritu es un poder superior formado por la razón, la conciencia y la voluntad.[20] El respaldo para la posición tricotómica está en: (a) El aparente énfasis de Pablo en la posición tripartita cuando desea la santificación de la persona completa (1 Ts. 5:23). (b) Hebreos 4:12 implica distinción entre alma y espíritu. (c) 1 Corintios 2:14—3:4 sugiere una clasificación triple: natural (material), carnal (del alma) y espiritual.[21]

(3) Posición multifacética.[22] Aunque los términos *alma* y *espíritu* son comunes para describir la parte inmaterial del hombre, hay varios términos adicionales para describir su naturaleza no física. Por lo tanto, la naturaleza inmaterial del hombre se puede entender de modo multifacético (para un resumen de estas tres posiciones, véase el gráfico "Tres puntos de vista sobre la composición del hombre").

Hay al menos cuatro términos que se usan para describir la naturaleza inmaterial del hombre. *Corazón*: El corazón describe el intelecto (Mt. 15:19-20) y la voluntad (Ro. 10:9-10; He. 4:7). *Conciencia*: Dios ha puesto la conciencia en el hombre como testigo. La conciencia está afectada por la Caída y puede endurecerse y ser poco confiable (1. Ti. 4:2); no obstante, puede convencer al incrédulo (Ro. 2:15). En el creyente puede ser débil y excesivamente escrupulosa (1 Co. 8:7, 10, 12). *Mente*: La mente del incrédulo es depravada (Ro. 1:28), cegada por Satanás (2 Co. 4:4), entenebrecida y vana (Ef. 4:17-18). El creyente tiene una mente renovada (Ro. 12:2) que le permite amar a Dios (Mt. 22:37). *Voluntad*: La voluntad del incrédulo desea seguir lo que le dicta la carne (Ef. 2:2-3), en tanto que el creyente tiene la capacidad para hacer la voluntad de Dios (Ro. 6:12-13). En el momento de la conversión al creyente se le entrega una naturaleza nueva que le permite amar a Dios con todo su corazón, mente y voluntad.[23]

TRES PUNTOS DE VISTA SOBRE LA COMPOSICIÓN DEL HOMBRE		
Puntos de vista	**Análisis**	
	Material	Inmaterial
Dicotomía	Cuerpo	Alma .... Espíritu
Tricotomía	Cuerpo	Alma Espíritu
Multifacético	Cuerpo	Alma .... Espíritu .... Corazón .... Conciencia .... Mente .... Voluntad

Caída del hombre

Génesis 3 no describe el origen del pecado, sino la entrada de este en el ámbito humano. Génesis 3 describe un evento histórico: Adán y Eva fueron personajes históricos que pecaron contra Dios en el tiempo y el espacio. La historicidad de dicho evento es esencial a la hora de ver la analogía en Romanos 5:12-21. Si Adán no fue una criatura real que trajo el pecado a la raza humana en algún punto de la historia, no hay razón para que Jesús redimiera la humanidad en otro momento de ella. No obstante, el mismo testimonio de Cristo confirma Génesis 3 como evento histórico (Mt. 19:3-5).

La prueba. Dios probó la obediencia de Adán y Eva durante el tiempo que pasaron en el Huerto. Eran libres para comer el fruto de cualquier árbol, excepto del árbol del conocimiento del bien y del mal (Gn. 2:16-17). La prueba era simple: determinar si le creerían a Dios y le obedecerían. Sin embargo, la desobediencia tenía graves consecuencias: significaba la muerte física y espiritual. El propósito de Dios era dar a Adán y Eva el conocimiento del pecado a través de la obediencia si no comían de aquel árbol. Adán y Eva conocieron el bien y el mal, pero obtuvieron tal conocimiento de la forma equivocada.[24]

La tentación. La tentación llegó al hombre y la mujer por medio de la serpiente (Gn. 3:1). No obstante, ha de entenderse que la tentación proviene de Satanás; el diablo inspiró a Caín para matar a su hermano (Jn. 8:44). Al diablo se le llama "serpiente antigua" (Ap. 12:9; 20:2), y la alusión de Romanos 16:20 indica que el juicio de Génesis 3:15 se refiere a Satanás, no tan solo a la serpiente. La serpiente era astuta (Gn. 3:1); por lo tanto, Satanás fue astuto para maquinar su prueba. Su estrategia podría resumirse en tres fases.

(1) Los haría dudar de la Palabra de Dios (Gn. 3:1).[25] La tentación creó una sospecha sobre la bondad de Dios; les hizo preguntarse si Dios estaría obrando con sabiduría y justicia para con Adán Y Eva. Eva sucumbió a la tentación porque exageró la prohibición de Dios en su respuesta a Satanás (Gn. 3:3). Dios no había dicho nada sobre tocar la fruta.

(2) Satanás mintió cuando dijo que no morirían (Gn. 3:4). Negó categóricamente la declaración previa de Dios; dijo: "no van a morir" (NVI).[26]

(3) Satanás dijo una verdad a medias (Gn. 3:5). Les dijo que, si comían el fruto, serían como Dios al conocer el bien y el mal, pero no les dijo el resto: no les habló del dolor, el sufrimiento y la muerte consecuencia de su pecado. La prueba era en tres áreas: la lujuria de la carne, la lujuria de los ojos y la vanagloria de la vida (1 Jn. 2:16; cp. Mt. 4:1-11).

Los resultados del pecado. (1) El juicio sobre la serpiente (Gn. 3:14). Antes la serpiente era una criatura noble; pero el resultado del juicio fue la alteración de forma. Dado que la serpiente se exaltó a sí misma, ahora se la obligaría a arrastrarse sobre su vientre y a comer el polvo de la tierra.

(2) El juicio sobre Satanás (Gn. 3:15). Debe entenderse que Génesis 3:15 no va dirigido a la serpiente sino a Satanás. Habría enemistad entre la semilla de Satanás (los incrédulos y tal vez los demonios) y la semilla de la mujer (los creyentes, pero Cristo específicamente). "Esta te herirá en la cabeza" indica que Cristo acabaría con Satanás en la cruz (Col. 2:14-15; He. 2:14). Cristo tendría la victoria principal. "Tú le herirás en el calcañar" sugiere que Satanás tendría una victoria menor porque Cristo murió; sin embargo, esa muerte significó la misma derrota de Satanás.

(3) El juicio sobre la mujer (Gn. 3:16). La mujer experimentará dolores en el parto. El dolor (heb., *yizabon*) en el parto es similar al del trabajo pesado de Adán (Gn. 3:17). Ambos sufrirían en sus respectivos roles. El deseo de la mujer sería para su esposo. Esa frase es difícil y puede significar (a) deseo sexual (Cnt. 7:10), (b) deseo de seguridad bajo la autoridad de su esposo o (c) deseo de mandar sobre su esposo (cp. Gn. 4:7).[27] El aspecto final del juicio a la mujer es que su esposo se enseñorearía de ella.

(4) El juicio sobre el hombre (Gn. 3:17-19). El primer juicio fue contra la tierra. La tierra no volvería a producir su fruto si el hombre no trabajaba

duro en ella. El segundo juicio sobre el hombre fue la muerte. Adán fue hecho a partir de los elementos de la tierra. El proceso mortal haría que el hombre retornara al polvo del que su cuerpo fue tomado.

(5) El juicio sobre la raza humana (Ro. 5:12). El resultado del pecado de Adán pasó a toda la raza humana. Ahora toda la humanidad estaba sujeta a la muerte.

(6) El juicio sobre la creación (Gn. 3:17-18). Toda la vida animal y vegetal se vio afectada por el pecado de Adán. La vida animal y la naturaleza le opondrían resistencia al hombre. Los animales se volverían salvajes y feroces; la vida vegetal produciría espinos para dificultar la productividad. Toda la creación gemiría por efecto de la Caída y anhelaría con ansias el día de la restauración (Ro. 8:19-21).

DOCTRINA DEL PECADO

Definición del pecado

El pecado es una transgresión de la ley de Dios. La palabra griega *parabasis* quiere decir "sobrepasar, transgredir".[28] Dios entregó la ley mosaica para que el hombre comprendiera mejor el criterio de Dios y la seriedad de transgredir ese criterio (Ro. 4:15). A partir de ahí, cuando Dios dijo "No dirás falso testimonio" las mentiras se ven como lo que son: un sobrepaso o transgresión de la ley de Dios (cp. Ro. 2:23; 5:14; Gá. 3:19).

El pecado es no lograr conformarse al nivel requerido por Dios. La palabra griega *hamartia* quiere decir "errar el blanco", "toda salida del camino de la justicia".[29] Luego, quiere decir que todas las personas han fallado el marco del nivel requerido por Dios y siguen quedándose cortas ante este (Ro. 3:23). En ello participan tanto los pecados de acción como los de omisión. No hacer lo que es justo también es pecado (Ro. 14:23).

El pecado es un principio dentro del hombre. El pecado no es solo un acto sino un principio dentro del hombre.[30] Pablo se refiere a la lucha con el pecado interno (Ro. 7:14, 17-25); todas las personas tienen esta naturaleza pecaminosa (Gá. 3:22). Ha sido descrito como "el poder que engaña a los hombre y los lleva a su destrucción" (cp. He. 3:13).[31] Jesús también se refiere al pecado como una "condición o cualidad característica" (Jn. 9:41; 15:24; 19:11).[32]

El pecado es rebelión contra Dios. Otra palabra griega para pecado es *anomia*, cuyo significado es "ausencia de ley" (1 Jn. 3:4) y puede describirse como un "marco mental".[33] Denota obras caóticas (Tit. 2:14) y es una señal de los últimos días; su significado es "sin ley ni restricción" (Mt. 24:12).

El pecado implica actos ilícitos contra Dios y el hombre. Romanos 1:18 se refiere a la "impiedad e injusticia de los hombres". "Impiedad" hace alusión al fracaso del hombre para obedecer la ley de Dios y cumplir los mandamientos relacionados con Él (Éx. 20:1-11); la injusticia se hace manifiesta en el fracaso del hombre para vivir justamente con sus congéneres (Éx. 20:12-17).

Pecado original

Definición. El *pecado original* se puede describir como "el estado y condición de pecado en el cual nacieron los hombres".[34] También se le llama así porque: "(1) Se deriva de la raíz original de la raza humana (Adán), (2) está presente en la vida de todo individuo desde el momento de su nacimiento, y (3) es la raíz interna de todos los pecados reales que profanan la vida del hombre".[35] En palabras simples, se refiere a "la corrupción de toda nuestra naturaleza".[36]

Resultados. Primero, el hombre está totalmente depravado. "La depravación total no quiere decir que todos son tan completamente depravados en sus acciones como pudieran serlo, que todos se permitan todas las formas de pecado o que una persona no pueda apreciar o incluso realizar actos de bondad; quiere decir que la corrupción del pecado se extiende a todos los hombres y por todas las partes de los hombres, de modo que no hay nada en su naturaleza que pueda darle mérito a los ojos de Dios".[37]

Segundo, el hombre tiene una naturaleza pecaminosa innata. "La naturaleza de pecado es la capacidad para hacer todas las cosas (buenas o malas) que de ninguna manera pueden obtener el elogio de Dios".[38] Todas las partes del hombre están afectadas: el intelecto (2 Co. 4:4), la conciencia (1 Ti. 4:2); la voluntad (Ro. 1:28), el corazón (Ef. 4:18) y todo su ser (Ro. 1:18—3:20).[39]

Imputación de pecado

La palabra *imputación* proviene del latín *imputare*, cuyo significado es "considerar", "cargar a la cuenta de alguien",[40] y está relacionada con la forma en que se acusa a toda persona de su pecado. La porción bíblica clave es Romanos 5:12, donde se enseña que el pecado entró en el mundo por Adán. La interpretación del versículo determina la perspectiva propia de la imputación. A lo largo de la historia ha habido cuatro perspectivas de cómo se imputa el pecado a la raza humana.

Perspectiva Pelagiana. Pelagio fue un monje británico que nació cerca del 370 d.C., y enseñó sus doctrinas extrañas en Roma en el año 409 d.C. Los unitarios modernos continúan con su esquema básico de la doctrina. Pelagio enseñaba que Dios creó cada alma directamente (despreciaba la teoría traduciana) y que, por lo tanto, cada alma era inocente e inmaculada. Ningún alma creada tenía relación directa con el pecado de Adán; la única importancia del pecado de Adán para la humanidad era el mal ejemplo. Por ello, Pelagio no veía que Romanos 5:12 afectara a toda la humanidad; no lo hacía. Los pecados de Adán no se le imputaron a la raza humana; a cada persona solo pueden imputársele sus propios actos pecaminosos. Más aún, el hombre no murió por su pecado sino por la ley de la naturaleza. Adán habría muerto incluso si no hubiera pecado. Pelagio y sus doctrinas se condenaron en el Concilio de Cartago en el año 418 d.C.[41]

La enseñanza de Pelagio va contra las Escrituras en varios puntos. Enseñaba que el hombre no moría por su pecado, pero la Biblia afirma lo opuesto (Ez. 18:20; Ro. 6:23). Enseñaba que el hombre no tenía una tendencia natural a pecar, pero las Escrituras afirman lo opuesto (Ro. 3:9-18). Si su perspectiva siguiera la lógica, cada persona nacida libre del pecado de Adán tendría que tener una "caída" individual, porque si no, habría algunas personas perfectas.

Perspectiva arminiana. Jacobo Arminio (1560-1609) fue un teólogo holandés. La perspectiva arminiana es similar al semi-pelagianismo y es representativa de las iglesias metodistas, wesleyanas, pentecostales y otras. De pensamiento semejante al del pelagianismo, Arminio enseñaba que al hombre no se le consideraba culpable por el pecado de Adán. Solo cuando las personas escogen pecar voluntariamente y a propósito, aunque tengan el poder de vivir justamente, Dios les imputa el pecado y las hace responsables de su culpa. Aunque el hombre no posee justicia original por el pecado de Adán, "desde el primer amanecer de la conciencia, Dios le entrega a cada individuo una influencia especial del Espíritu Santo, suficiente para contrarrestar el efecto de la depravación heredada y hacer posible la obediencia, siempre que la voluntad coopere, algo para lo cual aún tiene capacidad".[42] Así, Arminio reconocía el efecto del pecado de Adán pero no en el sentido de total depravación; el hombre todavía recibe divinamente la capacidad de tomar las decisiones correctas. No ha de entenderse Romanos 5:12 como si toda la humanidad estuviera sufriendo el efecto del pecado y la muerte de Adán, sino como una imputación de pecado individual, porque el individuo actúa acorde con Adán.

Perspectiva federal. La perspectiva federal fue propuesta originalmente por Cocceius (1603-1669) y se convirtió en la norma de creencia en la teología reformada. La enseñaron personajes como Charles Hodge, J. Oliver Buswell Jr. y Louis Berkhof. Se le llama federal porque se ve a Adán como la cabeza o representante de toda la raza humana. Dios entró en un pacto de obras con Adán por el cual Él le prometió bendecirlo, y a través de él bendecir a toda la humanidad con vida eterna, si le obedecía. La desobediencia causaría sufrimiento a toda la raza humana. Como Adán era el representante de toda la humanidad, su pecado la sumergiría en el sufrimiento y la muerte. Por el pecado de Adán se imputa la muerte y el pecado a toda la humanidad, pues la humanidad estaba representada en él. Charles Hodge define así esta perspectiva: "En virtud de la unión, federal y natural, entre Adán y su posteridad, su pecado, no su acto, se imputa a esa posteridad de tal forma que el fundamento judicial de la pena contra él también recae sobre ella".[43]

Perspectiva agustiniana. Recibe su nombre por Agustín (354-430 d.C.) y ha sido respaldada más recientemente por Calvino, Lutero, Shedd y Strong. Enseña que la declaración "todos pecaron" de Romanos 5:12 sugiere que toda la humanidad participó del pecado de Adán. De la misma forma en que Leví —aunque no había nacido— le pagó los diezmos a Melquisedec a través de Abraham, pues estaba "en los lomos de su padre" Abraham (He. 7:9-10), así también toda la humanidad estuvo "en los lomos de su padre" Adán cuando él pecó; por lo tanto, toda la humanidad es partícipe de ese pecado. De modo que el pecado de Adán y la muerte resultante se pasan a toda la humanidad, pues toda la humanidad es culpable. Dios hace culpable a toda la humanidad porque toda la humanidad *es* culpable.

PERSPECTIVAS SOBRE LA IMPUTACIÓN DEL PECADO				
Perspectivas	Romanos 5:12	Adán	Humanidad	Adherentes modernos
Perspectiva Pelagiana	Las personas contraen la muerte cuando pecan siguiendo el ejemplo de Adán.	El pecado afectó solo a Adán.	Nadie se vio afectado por el pecado de Adán.	Unitarios
Perspectiva arminiana	Todas las personas consienten el pecado de Adán, luego se les imputa el pecado.	Adán pecó y afectó parcialmente a toda la humanidad.	La depravación no es total; las personas recibieron la naturaleza corrupta de Adán pero no son culpables por ello.	Metodistas Wesleyanos Pentecostales Grupos de santidad
Perspectiva federal	El pecado se imputa a la humanidad porque Adán pecó.	Solo Adán pecó pero toda la raza humana se se vio afectada.	La depravación es total; se imputan pecado y culpa.	Presbiterianos Otros que sostienen la teología del pacto.
Perspectiva agustiniana	El pecado se imputa a la humanidad porque Adán pecó.	La humanidad pecó en Adán.	La depravación es total; se imputan pecado y culpa.	Los reformadores Posteriormente, los Calvinistas.

El cristiano y el pecado

El conflicto. De acuerdo con 1 Juan 2:16, el conflicto del cristiano con el pecado surge en tres áreas. (1) El mundo. *Mundo* (gr., *kosmos*) denota "aquello que es hostil a Dios; es decir, perdido en pecado y completamente contrario a lo divino; arruinado y depravado".[44] A los creyentes se les advierte de no amar al mundo ni a las cosas del mundo (1 Jn. 2:15). Tal declaración indica que debe evitarse tanto un elemento material como uno filosófico. Juan indica que el pecado atrae al cristiano a través de los deseos de los ojos, los deseos de la carne y la vanagloria de la vida (1 Jn. 2:16). Este mundo está bajo el control de Satanás (1 Jn. 5:19) y se manifiesta en insensatez (1 Co. 3:19), inmoralidad (1 Co. 5:10) y hostilidad contra Dios (Stg. 4:4). El cristiano debe tener en cuenta que ha sido crucificado con respecto al mundo (Gá. 6:14).

(2) La carne. La *carne* (gr., *sarx*) "es el instrumento a disposición del pecado; está sujeto a él hasta el punto que donde está la carne, están presentes también todas las formas de pecado; nada bueno puede vivir en *sarx*".[45] El término *carne* se puede usar en sentido material; no obstante, con frecuencia se le da un sentido no material para referirse a la "vieja naturaleza de la carne... esa capacidad de todos los hombres para servir y satisfacerse a sí mismos... la capacidad para dejar a Dios fuera de sus vidas".[46] Pablo describe la carne en su experiencia cristiana en Romanos 7:17-20 como su capacidad para pecar. Requiere lujuria y controla la mente (Ef. 2:3); gobierna la vida del no cristiano (Ro. 8:5-6). La solución al dilema está en Romanos 7:25 es el poder del Espíritu Santo (Ro. 8:2ss) y la renovación de la mente (Ro. 12:1) que considera crucificada a la carne (Ro. 6:6).

(3) El diablo. El diablo es real, un ser personal que se opone a los cristianos y busca hacerlos ineficaces en su vida cristiana. Es un enemigo formidable del cristiano, pues su intención es devorarlo (1 P. 5:8); por lo tanto, el cristiano tiene el llamado de resistir al diablo (Stg. 4:7). Tal cosa se puede alcanzar usando la armadura para la batalla espiritual (Ef. 6:10-17).

La provisión. Dios le ha dado al cristiano una provisión amplia para mantenerlo alejado del pecado. (1) La Palabra de Dios. Dios le ha dado al cristiano la Biblia "inspiriada por Dios", provechosa para "instruir en justicia", de modo que el creyente esté "preparado para toda buena obra" (2 Ti. 3:16-17). Esta Palabra puede mantener al creyente alejado del pecado (Sal. 119:9-16); limpia al creyente (Ef. 5:26), lo santifica (Jn. 17:17) y ayuda en la respuesta a la oración (Jn. 15:7).

(2) La intercesión de Cristo. Cuando el creyente peca, Cristo es su abogado defensor (1 Jn. 2:1). Como Cristo vive continuamente, su intercesión es efectiva (He. 7:25). Juan 17 revela la naturaleza de la intercesión de Cristo en favor de los cristianos: ora por su seguridad (17:11), por su alegría (17:13), por su protección frente a Satanás (17:15), porque Dios los aparte para la verdad (17:17) y para que al final estén con Cristo (17:24).

(3) Porque el Espíritu Santo habita en el creyente. El ministerio del Espíritu Santo en la vida del creyente es crucial en cuanto a llevar una vida apartada del pecado. Forman parte del ministerio del Espíritu la morada

en el creyente (Ro. 8:9), la unción (1 Jn. 2:20; 4:4), el sello (Ef. 1:13; 4:30), el otorgamiento de poder (Hch. 1:8), la plenitud (Ef. 5:18) y la capacidad de vivir constantemente por el Espíritu (Gá. 5:16).

NOTAS

1. Millard J. Erickson, *Christian Theology* [*Teología sistemática*], 3 vols. (Grand Rapids: Baker, 1984), 2:478. Publicado en español por Clie.

2. S. Maxwell Coder y George F. Howe, *The Bible, Science, and Creation* (Chicago: Moody, 1965), 60-61.

3. G. Richard Culp, *Remember Thy Creator* (Grand Rapids: Baker, 1975), 148.

4. Compárese el comentario de un evolucionista humanista: "Hay otra clase de teoría evolutiva que a duras penas merece mencionarse en un artículo científico. Es la perspectiva mística, que esconde la comprensión insuficiente de los hechos tras palabras vacías como evolución creativa, evolución emergente, holismo, y psicolamarckismo... El biólogo no recibe ayuda constructiva de estas ideas, y está forzado a ignorarlas". R. B. Goldschmidt, "Evolution, as Viewed by One Geneticist", *American Scientist* tomo 40 (enero de 1952): 85; citado por John C. Whitcomb Jr. y Henry M. Morris, *The Genesis Flood* [*El diluvio de Génesis*] (Grand Rapids: Baker, 1961), 443. Publicado en español por Clie.

5. Compárese P. T. Pun, "Evolution", en Walter A. Elwell, ed., *Evangelical Dictionary of Theology* [*Diccionario teológico de la Biblia*] (Grand Rapids: Baker, 1984), 390-391. Publicado en español por Caribe. Pun concluye: "Los evolucionistas teístas también le dan mucha credibilidad a la teoría de la evolución orgánica, muy pobremente formulada hasta ahora. En sus esfuerzos por reconciliar las perspectivas naturalista y teísta con el origen de la vida, inadvertidamente se han colocado en una posición inconsistente al negar los milagros y mantener la naturaleza sobrenatural del mensaje cristiano".

6. *Ibíd.*

7. Erickson, *Christian Theology* [*Teología sistemática*], 2:482. Erickson contrasta el creacionismo progresivo con las otras perspectivas: "El creacionismo progresivo se alinea con el creacionismo por orden divina para afirmar que el ser humano en su totalidad fue una creación especial. Sin embargo, no se alinea con él cuando afirma que hubo cierta cantidad de desarrollo en la creación después del acto de creación directa divino. Concuerda con la evolución naturalista, la evolución deísta y la evolución teísta en que ve desarrollo dentro de la creación, pero insiste en que hay varios actos *denovo* de la creación dentro de este proceso general. Y aunque concuerda con la evolución teísta en que el hombre es un acto de creación especial de Dios, va más allá de dicha perspectiva, pues insiste en que este acto creativo especial comprendía toda la naturaleza humana, física y espiritual".

8. Weston W. Fields, *Unformed and Unfilled* (Nutley: Presbyterian & Reformed, 1976) y Edward J. Young, *Studies in Genesis One* (Nutley: Presbyterian & Reformed, 1976).

9. Bruce K. Waltke, *Creation and Chaos* (Portland: Western Conservative Baptist Seminary, 1974), 31.

10. Fields, *Unformed and Unfilled*, 51-74.

11. La obra de Whitcomb y Morris, *El diluvio de Génesis*, sigue siendo distintiva en el estudio del tema.

12. Bruce K. Waltke, notas de clase no publicadas, Seminario Teológico de Dallas.

13. Lewis Sperry Chafer, *Systematic Theology* [*Teología sistemática*], 8 vols. (Dallas: Dallas Seminary, 1947), 2:146. Publicado en español por Clie.

14. Charles Hodge, *Systematic Theology* [*Teología sistemática*] 3 vols. (Reimpresión. Londres: Clarke, 1960), 2:96-97. Publicado en español por Clie.

15. Louis Berkhof, *Systematic Theology* [*Teología sistemática*] (Grand Rapids: Eerdmans, 1938), 204, publicado en español por T.E.L.L. y Hodge, *Systematic Theology* [*Teología sistemática*], 2:99.

16. Hodge hace una defensa firme; *Systematic Theology* [*Teología sistemática*], 2:70-76.

17. William G. T. Shedd, *Dogmatic Theology*, 3 vols. (Reimpresión Nashville: Nelson, 1980), 2:19-94.

18. *Ibíd.*, 2:19.

19. Véase la explicación útil en A. H. Strong, *Systematic Theology* (Valley Forge: Judson, 1907), 483-484.

20. Henry C. Thiessen, *Lectures in Systematic Theology*. rev. por Vernon D. Doerksen (Grand Rapids: Eerdmans, 1979), 161.

21. *Ibíd.*

22. Charles C. Ryrie, *A Survey of Bible Doctrine* [*Síntesis de la doctrina bíblica*] (Chicago: Moody, 1972), 104-107. Publicado en español por Portavoz.

23. J. Dwight Pentecost, *Designed to Be Like Him* [*Marchando hacia la madurez espiritual*] (Chicago: Moody, 1972), 42-84. Publicado en español por Portavoz.

24. C. F. Keil y F. Delitzsch, *Biblical Commentary on the Old Testament* [*Comentario al texto hebreo del Antiguo Testamento*], 25 vols. (Reimpresión, Grand Rapids: Eerdmans, 1968), 1:84-86. Publicado en español por Clie.

25. *Ibíd.*, 1:94. *'Ap kî* (heb.) quiere decir literalmente "¡De hecho, realmente!". "*'Ap kî* es una expresión interrogativa de sorpresa (como en 1 S. 23:3; 2 S. 4:11): '¿*Realmente* Dios les prohibió comer de *todos* los árboles del Huerto?'".

26. La construcción es un infinitivo absoluto: "¡De ninguna manera, no morirán!". "El infinitivo absoluto expresa énfasis cuando precede inmediatamente al verbo finito". J. Weingreen, *A Practical Grammar for Classical Hebrew* (Oxford: Clarendon, 1959), 79.

27. La palabra *deseo* (*shuq*) solo aparece tres veces en el Antiguo Testamento (Gn. 3:16, 4:7; Cnt. 7:10). En Génesis 4:7 hace referencia al deseo del pecado por prevalecer en el hombre; en Cantar de los Cantares 7:10 hace referencia al deseo sexual. La palabra quiere decir "tener ansias intensas de alguna cosa". Keil y Delitzsch, *Biblical Commentary on the Old Testament* [*Comentario al texto hebreo del Antiguo Testamento*], 1:103.

28. William F. Arndt y F. Wilbur Gingrich, *A Greek-English Lexicon of the New Testament and Other Early Christian Literature*, 2ª ed., F. Wilbur Gingrich y Frederick W. Danker, eds. (Chicago: Univ. of Chicago, 1979), 611.

29. *Ibíd.*, 43.

30. *Ibíd.*

31. *Ibíd.*

32. *Ibíd.*

33. Ibíd.

34. Berkhof, *Systematic Theology* [*Teología sistemática*], 244.

35. Ibíd.

36. Hodge, *Systematic Theology* [*Teología sistemática*], 2:227.

37. Ryrie, *A Survey of Bible Doctrine* [*Síntesis de la doctrina bíblica*], 111.

38. Ibíd.

39. Ibíd.

40. R. K. Johnston, "Imputation", en Elwell, ed., *Evangelical Dictionary of Theology* [*Diccionario teológico de la Biblia*], 555. Publicado en español por Caribe.

41. Véase la explicación útil de la doctrina de Pelagio, así como una crítica de ella, en Strong, *Systematic Theology*, 597-601. Una síntesis sobre su vida y enseñanzas está en B. L. Shelley, "Pelagius, Pelagianism", en *Evangelical Dictionary of Theology* [*Diccionario teológico de la Biblia*], 833-834.

42. Strong, *Systematic Theology*, 601.

43. Hodge, *Systematic Theology* [*Teología sistemática*], 2:192-193.

44. Arndt y Gingrich, *Greek-English Lexicon*, 446.

45. Ibíd., 744.

46. Charles C. Ryrie, *Balancing the Christian Life* [*Equilibrio en la vida cristiana*] (Chicago: Moody, 1969), 34-35; véase también J. Dwight Pentecost, *Designed to Be Like Him* [*Marchando hacia la madurez espiritual*] (Chicago: Moody, 1966), 85-93, 208-214. Ambos publicados en español por Portavoz.

PARA ESTUDIO ADICIONAL SOBRE ANTROPOLOGÍA Y HAMARTOLOGÍA

General

** Norman Geisler, *Systematic Theology*, 4 vols. (Minneapolis: Bethany, 2004), 3:17-178.

* Robert P. Lightner, *Sin, the Savior, and Salvation* (Nashville: Nelson, 1991), 17-45.

** Robert A. Pyne, "Humanity and Sin", en Charles R. Swindoll y Roy B. Zuck, eds., *Understanding Christian Theology* (Nashville: Nelson, 2003), 641-800.

** David L. Smith, *With Willful Intent: A Theology of Sin* (Wheaton: BridgePoint, 1994), 311-413.

Origen del hombre

** Ronald B. Allen, *The Majesty of Man*, rev., exp. (Grand Rapids: Kregel, 2000).

** G. Richard Culp, *Remember Thy Creator* (Grand Rapids: Baker, 1975).

** Helena Curtis, *Biology* [*Biología*], 3ª ed. (Nueva York: Worth, 1979). Publicado en español por Médica Panamericana. Esta es una obra típica sobre la evolución.

** Millard J. Erickson, *Christian Theology* [*Teología sistemática*] (Grand Rapids: Baker, 1983), 2:473-493. Publicado en español por Clie. Una revisión supremamente útil de las diferentes perspectivas.

** Weston W. Fields, *Unformed and Unfilled* (Nutley: Presbyterian & Reformed, 1976). Refuta detalladamente la teoría de la brecha y defiende la Tierra joven.

** R. Laird Harris, *Man: God's Eternal Creation* (Chicago: Moody, 1971), 7-71.

* Henry M. Morris, *Evolution and the Modern Christian* (Grand Rapids: Baker, 1967).

* P. T. T. Pun, "Evolution", en Walter A. Elwell, ed., *Evangelical Dictionary of Theology* [*Diccionario teológico de la Biblia*] (Grand Rapids: Baker, 1984), 388-392. Publicado en español por Caribe. Una síntesis útil de los distintos puntos de vista.

* Henry C. Thiessen, *Lectures in Systematic Theology*. rev. por Vernon D. Doerksen (Grand Rapids: Eerdmans, 1979), 15-54.

* John Whitcomb Jr., *La tierra primitiva* (Grand Rapids: Portavoz, 1994).

** _____ y Henry M. Morris, *El diluvio de Génesis* (Terrasa: Clie, 1982). Una obra valiosa para refutar la evolución y defender la Tierra joven.

** Davis A. Young, *Christianity and the Age of the Earth* (Grand Rapids: Zondervan, 1982).

La naturaleza del hombre

* Emery H. Bancroft, *Christian Theology*, 2ª ed. rev. (Grand Rapids: Zondervan, 1976), 186-197.

* Louis Berkhof, *Summary of Christian Doctrine* [*Sumario de doctrina reformada*] (Grand Rapids: Eerdmans, 1938), 67-73. Publicado en español por Libros Desafío.

** Louis Berkhof, *Systematic Theology* [*Teología sistemática*] (Grand Rapids: Eerdmans, 1941), 191-210. Publicado en español por T.E.L.L.

** Lewis Sperry Chafer, *Systematic Theology* [*Teología sistemática*], 8 vols. (Dallas: Dallas Seminary, 1947), 2:160-199. Publicado en español por Clie.

** Millard J. Erikson, *Christian Theology* [*Teología sistemática*], 3 vols. (Grand Rapids: Baker, 1984), 2:495-539. Publicado en español por Clie.

** _____,ed., *Man's Need and God's Gift* (Grand Rapids: Baker, 1976), 37-98.

** Charles Hodge, *Systematic Theology* [*Teología sistemática*] 3 vols. (Reimpresión. Londres: Clarke, 1960), 2:46-76. Publicado en español por Clie.

* H. D. McDonald, *The Christian View of Man* (Westchester: Crossway, 1981), 68-79.

* Charles C. Ryrie, *A Survey of Bible Doctrine* [*Síntesis de la doctrina bíblica*] (Chicago: Moody, 1972), 104-107. Publicado en español por Portavoz.

** William G. T. Shedd, *Dogmatic Theology,* 3 vols. (Reimpresión. Nashville: Nelson, 1980), 2:3-94.

** A. H. Strong, *Systematic Theology* (Valley Forge: Judson, 1907), 48-513.

* Henry C. Thiessen, *Lectures in Systematic Theology*. rev. por Vernon D. Doerksen (Grand Rapids: Eerdmans, 1977), 158-167.

La caída del hombre

* Emery H. Bancroft, *Christian Theology*, 2ª ed. rev. (Grand Rapids: Zondervan, 1976), 197-207.

** Louis Berkhof, *Systematic Theology* [*Teología sistemática*] (Grand Rapids: Eerd-mans, 1941), 219-225. Publicado en español por T.E.L.L.

** J. Oliver Buswell Jr., *A Systematic Theology of the Christian Religion* [*Teología sisté-matica*] (Grand Rapids: Zondervan, 1962), 1:255-320. Publicado en español por Logoi.

** Lewis Sperry Chafer, *Systematic Theology* [*Teología sistemática*], 8 vols. (Dallas: Dallas Seminary, 1947), 2:200-223. Publicado en español por Clie.

* B. A. Demarest, "Fall of Man", en Walter A. Elwell, ed., *Evangelical Dictionary of Theology* [*Diccionario teológico de la Biblia*] (Grand Rapids: Baker, 1984), 403-405. Publicado en español por Caribe.

* William Evans, *The Great Doctrines of the Bible* [*Las grandes doctrina de la Biblia*] (Chicago: Moody, 1949), 129-134. Publicado en español por Portavoz.

* A. A. Hodge, *Outlines of Theology* (Reimpresión. Grand Rapids: Zondervan, 1972), 315-324.

** William G. T. Shedd, *Dogmatic Theology,* 3 vols. (Reimpresión. Nashville: Nel-son, 1980), 2:115-167.

* Henry C. Thiessen, *Lectures in Systematic Theology.* rev. por Vernon D. Doerksen (Grand Rapids: Eerdmans, 1979), 168-184.

* Merrill F. Unger, *Unger's Bible Dictionary* (Chicago: Moody, 1961), 342-343.

Pecado

* Louis Berkhof, *Systematic Theology* [*Teología sistemática*] (Grand Rapids: Eerd-mans, 1941), 227-243. Publicado en español por T.E.L.L.

** Millard J. Erickson, *Christian Theology* [*Teología sistemática*], 3 vols. (Grand Rapids: Baker, 1983), 2:631-639. Publicado en español por Clie.

** Charles Hodge, *Systematic Theology* [*Teología sistemática*] 3 vols. (Reimpresión. Londres: Clarke, 1960), 2:192-256. Publicado en español por Clie.

* H. D. McDonald, *The Christian View of Man* (Westchester: Crossway, 1981), 57-67.

** William G. T. Shedd, *Dogmatic Theology,* 3 vols. (Reimpresión Nashville: Nel-son, 1980), 2:168-257.

* B. L. Shelley, "Pelagius, Pelagianism", en *Evangelical Dictionary of Theology* [*Dic-cionario teológico de la Biblia*], 833-834. Véase también "imputation", 554-555.

** A. H. Strong, *Systematic Theology* (Valley Forge: Judson, 1907), 597-637.

* Henry C. Thiessen, *Lectures in Systematic Theology.* rev. por Vernon D. Doerksen (Grand Rapids: Eerdmans, 1979), 185-195.

* Merrill F. Unger, *Unger's Bible Dictionary* (Chicago: Moody, 1961), 520-521, 1028-1029.

24

SOTERIOLOGÍA:
DOCTRINA DE
LA SALVACIÓN

LA MUERTE DE CRISTO tiene gran significado en la doctrina cristiana, pero su comprensión se ha reflejado en perspectivas ampliamente divergentes. Las siguientes son las principales perspectivas al respecto.

FALSAS TEORÍAS SOBRE LA EXPIACIÓN

Teoría del pago del rescate a Satanás

Orígenes (185-254 d.C.) desarrolló esta teoría, según la cual Satanás, cual vencedor de una guerra, tenía cautivas a las personas. Tal teoría, también compartida por Agustín, sostenía que, como Satanás tenía a las personas en cautividad, debía pagársele a él un rescate, no a Dios.

En respuesta a dicha teoría ha de anotarse que la ofendida fue la santidad de Dios, no la de Satanás, y el pago (rescate) debía hacérsele a Dios para calmar su ira. Más aún, Satanás no tenía el poder para liberar al hombre, solo Dios tiene ese poder.

La teoría es falsa porque hace a Satanás el benefactor de la muerte de Cristo. Tiene un concepto demasiado alto de Satanás; la cruz fue un juicio contra él, no un rescate a pagarle.

Teoría de la recapitulación

Ireneo (130-¿200?) propuso la teoría de la recapitulación, según la cual Cristo pasó por todas las fases y experiencias de la vida de Adán, incluyendo la experiencia del pecado. Así, Cristo logró tener éxito donde Adán había fracasado.

El elemento de verdad es que Cristo fue el último Adán (1 Co. 15:45); no obstante, Cristo no tuvo ninguna clase de encuentro personal con el pecado (1 Jn. 3:5; Jn. 8:46). La teoría es incompleta porque no tiene en cuenta la expiación; es la muerte de Cristo la que salva, no su vida.

Teoría comercial

Anselmo (1033-1109) propuso esta teoría, que enseñaba que a Dios se le había robado el honor debido por causa del pecado. Resolver la situación requería el castigo de los pecadores o su satisfacción. Dios escogió resolver el asunto por medio de la satisfacción al ofrecer a su Hijo como un don. Cristo honró a Dios con su muerte y recibió una recompensa que entregó a los pecadores. El don fue el perdón del pecador y la vida eterna a quienes vivieran por el evangelio.

Aunque este punto de vista cambió el enfoque del pago a Dios en vez de Satanás, presenta problemas. Enfatiza la misericordia de Dios a expensas de otros atributos como su justicia y santidad. Además, rechaza la obediencia en la vida de Cristo e ignora su sufrimiento vicario. La teoría, en lugar de enfatizar que Cristo murió como pena por el pecado, abraza el concepto católico romano de penitencia: "tanta satisfacción para tanto pecado".

Teoría de la influencia moral

Abelardo (1079-1142) fue el primero en defender esta teoría que desde entonces han enseñado liberales modernos como Horace Bushnell y otros con una postura liberal más "moderada". Al principio, la teoría de la influencia moral fue una reacción a la teoría comercial de Anselmo. Según la primera, la muerte de Cristo no era necesaria para expiar el pecado; más bien, por medio de la muerte de Cristo, Dios demostraba su amor por la humanidad de forma tal que los corazones de los pecadores se ablandaban y arrepentían.

Las debilidades de la teoría de la influencia moral son obvias. La base de la muerte de Cristo es su amor y no su santidad; la teoría enseña además que conmover las emociones de la gente de alguna forma llevará a las personas al arrepentimiento. Las Escrituras afirman que la muerte de Cristo fue sustitutiva (Mt. 20:28); y por tanto, el pecador está justificado ante el Dios santo por ella, no está simplemente influenciado por una demostración de amor.

Teoría del accidente

Una posición más reciente, la teoría del accidente, defendida por Albert Schweitzer (1875-1965), enseñaba que Cristo se enamoró de su papel mesiánico. Según la teoría, Él predica la venida del reino y murió por error en el proceso. Schweitzer no considera que la muerte de Cristo tenga algún valor para los demás.

La deficiencia de dicha teoría está en sugerir que la muerte de Cristo fue un error. Las Escrituras no lo presentan así. Jesús predijo su muerte en varias ocasiones (Mt. 16:21; 17:22; 20:17-19; 26:1-5); la muerte de Cristo estaba en el plan de Dios (Hch. 2:23). Más aún, su muerte tuvo infinito valor como expiación sustitutiva (Is. 53:4-6).

Teoría del ejemplo (mártir)

En reacción a los reformadores, los socinianos del siglo XVI defendieron la teoría del ejemplo y más recientemente los unitarios la sostienen. Tal posición, más liberal que la de la influencia moral, sugiere que la muerte de Cristo no era necesaria para expiar los pecados; no es necesario castigar el pecado. No hay relación entre la muerte de Cristo y la salvación de los creyentes. Más bien, Cristo fue ejemplo de obediencia hasta la muerte y esa obediencia debe inspirar a las personas a reformarse y vivir como vivió Cristo.

Las debilidades de esta teoría son múltiples. Según ella, Cristo es solo un hombre; la expiación no es necesaria aunque la Biblia enfatice su necesidad (Ro. 3:24). Enfatiza que Cristo fue un ejemplo para los incrédulos, pero 1 Pedro 2:21 enseña que el ejemplo de Cristo era para los creyentes, no para los incrédulos.

Teoría gubernamental

Hugo Grocio (1583-1645) enseñó la teoría gubernamental como reacción a la teoría del ejemplo de Socino. Servía como un arreglo entre la teoría del ejemplo y la perspectiva de los reformadores. Grocio enseñaba que Dios perdonaba a los pecadores sin necesidad de un pago equivalente. Razonó que Cristo conservaba el principio de gobierno en la ley de Dios, pues a través de su muerte hizo un pago simbólico por el pecado. Dios aceptaba el pago de Cristo, dejaba de lado el requisito de la ley y podía perdonar a los creyentes porque el principio de su gobierno se había mantenido.

Entre los problemas de esta perspectiva se cuentan los siguientes. Dios está sujeto a cambio: amenaza pero no ejecuta (de hecho, cambia) la sentencia. Según la teoría, Dios perdona el pecado sin pago por ese pecado. No obstante, las Escrituras enseñan que la propiciación de Dios es necesaria (Ro. 3:24; 1 Jn. 2:2), la ira de Dios se tiene que aplacar. Además, debe haber una expiación sustitutiva por el pecado (2 Co. 5:21; 1 P. 2:24).

EL SIGNIFICADO CORRECTO DE LA EXPIACIÓN

Aunque hay algunos puntos meritorios en las teorías descritas anteriormente, son incompletas o deficientes al evaluar la muerte de Cristo. El significado fundamental de su muerte está en su carácter sustitutivo. Murió en lugar de los creyentes, de modo que pudiera comprar su libertad, reconciliarlos con Dios y satisfacer así las demandas justas del Dios santo. Los siguientes términos explican el significado de la muerte de Cristo.

Sustitución

La muerte de Cristo fue sustitutiva: murió en lugar de los creyentes. Esto se describe como muerte *vicaria*, del latín *vicarius*, que significa "uno en lugar de otro". La muerte de Cristo "es vicaria en el sentido de que Cristo es el Sustituto que carga con el castigo correspondiente a los pecadores; se le imputa la culpa de ellos, de tal manera que él carga con el castigo de forma representativa".[2] Hay muchos pasajes que enfatizan la expiación sustitutiva de Cristo en lugar de la humanidad. Cristo era sustituto porque Dios lo hizo pecado por otros (2 Co. 5:21); en la cruz cargó en su cuerpo los pecados de otros (1 P. 2:24); sufrió una vez para llevar los

FALSAS TEORÍAS SOBRE LA EXPIACIÓN[1]

Teoría	Exponente original	Idea principal	Debilidad	Exponentes recientes
Rescate a Satanás	Orígenes (184-254)	Se paga el rescate a Satanás porque él es quien tenía cautivas a las personas.	El pecado ofendió la santidad de Dios; la cruz fue el juicio sobre Satanás, no un rescate que se le pagó.	No se conocen defensores actuales.
Recapitulación	Ireneo (130-200)	Cristo experimentó todo lo que hizo Adán, el pecado inclusive.	Contradice a Cristo sin pecado (1 Jn. 3:5).	No se conocen.
Comercial (Satisfacción)	Anselmo (1033-1109)	El pecado despojó a Dios de su honor; la muerte de Cristo honró a Dios, lo cual le permitió perdonar a los creyentes.	Eleva la honra a Dios sobre sus otros atributos; ignora la expiación vicaria.	No se conocen.
Influencia moral	Abelardo (1079-1142)	La muerte de Cristo no era necesaria para expiar los pecados; su muerte ablanda los corazones de los pecadores y los hace arrepentirse.	La base de la muerte de Cristo es el amor de Dios, no la santidad. Considera innecesaria la expiación.	Friedrich Schleiermacher Albrecht Ritschl Horace Bushnell
Ejemplo	Socino (1539-1604)	La muerte de Cristo era innecesaria para expiar los pecados; su muerte fue un ejemplo de obediencia para inspirar la reforma moral.	Ve a Cristo como un hombre; considera innecesaria la expiación.	Thomas Altizer Unitarios
Gubernamental	Grocio (1583-1645)	Cristo conservó el gobierno en las leyes de Dios; su muerte fue un pago simbólico para permitir que Dios dejara su ley a un lado y perdonara a las personas.	Dios está sujeto a cambios; su ley se deja a un lado; Dios perdona sin un pago por el pecado.	Daniel Whitby Samuel Clarke Richard Watson J. McLeod Campbell H. R. Mackintosh
Accidente	A. Schweitzer (1875-1965)	Cristo se enamoró de de su papel mesiánico y murió por error en el proceso.	Considera que la muerte de Cristo fue un error; niega la expiación sustitutiva.	No se conocen.

pecados de otros (He. 9:28) y experimentó un sufrimiento horrible, azotes y la muerte en lugar de los pecadores (Is. 53:4-6).

Hay dos preposiciones griegas que enfatizan la naturaleza sustitutiva de la muerte de Jesús. La preposición *anti*, traducida "por", quiere decir que murió "en vez de" los pecadores (Mt. 20:28; Mr. 10:45). La preposición *huper*, que también se traduce "por", quiere decir que Cristo murió "de parte de" o "en lugar de" los pecadores (Gá. 3:13; 1 Ti. 2:6; 2 Co. 5:21; 1 P. 3:18). Filemón 13 muestra que *huper* debe significar "en lugar de".

La doctrina de la sustitución es importante, porque a través de la muerte de Cristo se satisficieron las demandas justas de Dios; fue una transacción legal en la cual Cristo lidió con el problema del pecado en lugar de la raza humana. Fue el sustituto por el pecado de la humanidad.

Redención

La palabra *redención* viene de la palabra griega *agorazo*, y quiere decir "comprar en el mercado". Con frecuencia estaba relacionada con la venta de esclavos en el mercado. La palabra se usa para describir la compra del creyente en el mercado de la esclavitud del pecado y su liberación de las ataduras de dicho pecado. La sangre de Jesucristo fue el precio de compra por la libertad del creyente (1 Co. 6:20; 7:23; Ap. 5:9; 14:3-4).

Puesto que el creyente fue comprado por Cristo, le pertenece a Cristo y es su esclavo. "Paradójicamente, los redimidos son esclavos, los esclavos de Dios, porque fueron comprados por un precio… Cristo no les dejó a los creyentes en una libertad de comodidad egoísta. Más bien, como fueron comprados por Dios a un precio terrible, se han vuelto esclavos de Dios para hacer su voluntad".[3]

Hay otra palabra relacionada con la redención del creyente, y es *exagorazo*, que enseña que Cristo redimió a los creyentes de la maldición y ataduras de la ley, que solo condenaba y no podía salvar. Los creyentes fueron comprados por un precio en el mercado de esclavos (-*agorazo*) y fueron totalmente sacados (*ex-*) del mercado. Cristo liberó a los creyentes de la atadura de la ley y de su condenación (Gá. 3:13; 4:5). "Hay una maldición sobre todo el que no cumple la ley; Cristo murió de tal manera que pudiera soportar esa maldición; nosotros, quienes habíamos estado en maldición, somos libres ahora… [Más aún, esta es] una libertad con base legal".[4]

Un tercer término usado para explicar la redención es *lutroo*, cuyo significado es "obtener liberación por el pago de un precio".[5] Prevalece en la palabra la idea de obtener la libertad por el pago de una recompensa (Lc. 24:21). Los creyentes han sido redimidos por la sangre preciosa de Cristo (1 P. 1:18) para ser posesión especial de Dios (Tit. 2:14).

La redención va dirigida al pecado; la humanidad estaba en esclavitud al pecado y necesitaba liberarse de esa esclavitud.

Reconciliación

El énfasis de la *reconciliación* es hacer las paces con Dios. El hombre, que estaba alienado de Dios, llega a la comunión con Él. El pecado había creado una barrera entre el hombre y Dios, e hizo al hombre hostil hacia Dios (Is. 59:1-2; Col. 1:21-22; Stg. 4:4). La ira de Dios y la enemistad con Él se eliminaron a través de Cristo (Ro. 5:10). Así, la *reconciliación* se puede definir como "la eliminación de la barrera de pecado por parte de Dios, que produce paz y permite la salvación del hombre". Hay dos aspectos de la reconciliación. El aspecto *objetivo*: Dios reconcilia al hombre consigo mismo antes de la fe haciéndolo salvable (2 Co. 5:18*a*, 19*a*). Tal reconciliación es *provisional*. El aspecto *subjetivo* radica en que el hombre es reconciliado con Dios cuando cree (2 Co. 5:18*b*, 19*b*). Tal reconciliación es *experimental*.

La palabra *reconciliación* viene del griego *katalasso*, cuyo significado es "efectuar un cambio, reconciliar".[6] Dios es quien inició dicho cambio o reconciliación; Él actuó para reconciliar consigo al hombre pecador (2 Co. 5:18-19). Por otro lado, el hombre es el objeto de la reconciliación. Es el hombre quien perdió su comunión con Dios; por lo tanto, es al hombre a quien se debe restaurar. La reconciliación es una provisión para todo el mundo, pero se hace efectiva solo cuando es recibida por la fe personal.[7]

La reconciliación va *dirigida al hombre*; era el hombre quien había perdido la comunión por su pecado, y era el hombre quien necesitaba ser reconciliado para renovar la comunión.

Propiciación

Propiciación quiere decir que la muerte de Cristo satisfizo completamente las demandas justas de Dios para con el pecador. Debido a que Dios es santo y justo, no puede pasar por alto el pecado; la obra de Jesucristo satisfizo completamente a Dios y cumplió su norma. La unión con Cristo hace al creyente aceptable para Dios y lo aleja de su ira.

La palabra veterotestamentaria *kaphar* quiere decir "cubrir"; hace alusión a un ritual para cubrir el pecado (Lv. 4:35; 10:17). El verbo griego *hilaskomai*, que significa "propiciar", aparece dos veces en el Nuevo Testamento. En Lucas 18:13 el recaudador de impuestos arrepentido oró que Dios le fuera propicio, o que le proveyera un cubrimiento para su pecado. Hebreos 2:17 declara que Cristo hizo propiciación por el pecado. La palabra también aparece tres veces como sustantivo (*hilasmos* en 1 Jn. 2:2; 4:10; e *hilasterion* en Ro. 3:25).

La propiciación está relacionada con varios conceptos. (1) La ira de Dios. Como Dios es santo, su ira está dirigida al pecado y debe apaciguarse para apartar al hombre de su destrucción eterna. (2) Dios proporciona el remedio. Dios provee la solución cuando envía a Cristo para satisfacer el precio por el pecado. (3) La muerte de Cristo calma la ira de Dios. El don de Cristo satisfizo la santidad de Dios y alejó su ira.

La propiciación va *dirigida a Dios*; Dios es propiciado: la muerte de Cristo vindica y satisface la santidad de Dios.

Perdón

El perdón es el acto legal de Dios por medio del cual elimina los cargos que había contra el pecador, porque hay una satisfacción adecuada o expiación por esos pecados. Hay varias palabras griegas que describen el perdón. Una es *charizomai*, relacionada con la palabra *gracia*, y significa "perdonar por gracia".[8] Se usa cuando se cancela una deuda (Col. 2:13). El contexto enfatiza que nuestras deudas quedaron clavadas en la cruz con la expiación de Cristo, que perdona gratuitamente los pecados de los que estábamos acusados.

La palabra más común para perdón es *aphiemi*, cuyo significado es "dejar ir, liberar" o "despedir". La forma sustantiva se usa en Efesios 1:7, donde enfatiza que los pecados del creyente se han perdonado, o se han despedido, por las riquezas de la gracia de Dios, como se revela en la muerte de Cristo. El perdón soluciona por siempre el problema del pecado en la vida del creyente: todos sus pecados pasados, presentes y futuros (Col. 2:13). Es diferente de la limpieza diaria del pecado, necesaria para mantener la comunión con Dios (1 Jn. 1:9).

El perdón va *dirigido al hombre*; el hombre ha pecado y necesita que se haga algo con sus pecados, que los borren.

Justificación

Si bien el perdón es el lado negativo de la salvación, la justificación es el lado positivo. Justificar es declarar justo a quien tiene fe en Jesucristo. Es un acto forense (legal) de Dios por medio del cual declara justo al pecador creyente gracias a la sangre de Cristo. El énfasis principal de la justificación es positivo, y de él forman parte dos grandes aspectos: el perdón y eliminación de todos los pecados y el final de la separación con Dios (Hch. 13:39; Ro. 4:6-7; 5:9-11; 2 Co. 5:19). Lleva implícito también la concesión de justicia sobre la persona creyente y "un título para todas las bendiciones prometidas al justo".[9]

La justificación es un don que se entrega por la gracia de Dios (Ro. 3:24) y ocurre cuando el individuo tiene fe en Cristo (Ro. 4:2; 5:1). La base de la justificación es la muerte de Cristo (Ro. 5:9), sin importar las obras (Ro. 4:5). La fe es el medio para la justificación (Ro. 5:1). A través de la justificación, Dios retiene su integridad y su norma, pero puede entrar en comunión con los pecadores, porque a ellos se les ha imputado la justicia de Cristo.

La justificación va *dirigida al hombre*, el cual ha pecado y ha transgredido la norma de Dios. El hombre necesitaba recibir la justicia de Dios para tener comunión con Él.

ALCANCE DE LA EXPIACIÓN

El debate sobre el alcance de la expiación viene de lejos: *¿Por quién murió Cristo?* Algunos sugieren que Cristo murió solo por los elegidos, mientras otros enfatizan que su muerte fue universal: murió por todos aunque no todos se salvarán.

Expiación limitada

En lugar de "expiación limitada", se prefiere la expresión "redención particular" o "definida", lo cual sugiere que la expiación de Cristo está limitada a una cantidad particular o definida de personas. La defensa de la redención particular sigue las siguientes líneas.

En varios pasajes se enfatiza que Cristo murió por un grupo particular de personas y no por todos. Como Buen Pastor, Cristo dio su vida por sus ovejas (Jn. 10:15); pero no todas las personas forman parte de este rebaño. Cristo dio su vida por la Iglesia (Hch. 20:28; Ef. 5:25), murió por los elegidos (Ro. 8:32-33). Por lo tanto, los objetos del amor de Dios son particulares; no ama a todos con el mismo amor (cp. Ro. 1:7; 8:29; 9:13; Col. 3:12; 1 Ts. 1:4; 2 Ts. 2:13). "Puesto que los objetos del amor del Padre son particulares, definidos y limitados, los objetos de la muerte de Cristo también lo son".[10] Tal verdad se refleja también en versículos como 1 Juan 4:10 y Romanos 5:8 y 8:32.

Si en realidad Cristo expió el pecado, los objetos de esa expiación han de ser un grupo particular. Si no, el efecto de la expiación se debilitaría, porque no son salvos todos aquellos por quienes Cristo hizo expiación.

Otros argumentos propuestos a favor de la expiación limitada incluyen los siguientes. Si Dios es soberano (Ef. 1:11), su plan no se puede frustrar; pero si Cristo murió por todas las personas y no todas se salvan, entonces el plan de Dios se frustra. Si Dios murió por todas las personas, todas son redimidas y justificadas. Lógicamente, esa forma de pensar conduce al universalismo (todos se salvarán). Los pasajes donde se declara que Cristo murió por el mundo quieren decir que murió por "las personas de toda tribu y nación, no solo por los judíos".[11] De igual modo, cuando se usa la palabra "todos" (2 Co. 5:15), significa toda clase de personas pero no todas las personas.

Expiación ilimitada

Como los evangélicos entienden la expiación ilimitada, significa que Cristo murió por todas las personas, pero su muerte solo es efectiva para quienes creen en el evangelio. Los argumentos a favor son los siguientes:

(1) Si se toman las declaraciones del Nuevo Testamento al pie de la letra, evidentemente enseñan que Cristo murió por todos.

(2) La expiación limitada no tiene su fundamento en la exégesis de los textos de las Escrituras, sino más bien en la premisa lógica de que si Cristo murió por todos y no todos se salvan, el plan de Dios se frustra.

(3) El *mundo*, como Juan lo describe, "odia a Dios, rechaza a Cristo y está bajo el dominio de Satanás. Aun así, este es el mundo por el cual murió Cristo"[12] (cp. Jn. 1:29; 3:16-17; 4:42; 1 Jn. 4:14). Tales pasajes enfatizan una expiación universal.

(4) La expresión *todo aquel,* o una expresión equivalente, se usa más de ciento diez veces en el Nuevo Testamento y su significado nunca está restringido[13] (cp. Jn. 3:16; Hch. 2:21; 10:43; Ro. 10:13; Ap. 22:17).

(5) La palabra *todos*, o un término equivalente, se usa para denotar a todo el mundo. Cristo murió por los impíos, todos son impíos (Ro. 5:6); Cristo murió por todos, por todo el mundo (2 Co. 5:14-15; 1 Ti. 2:6; 4:10; Tit. 2:11; He. 2:9; 2 P. 3:9).

(6) Segunda Pedro 2:1 indica que Cristo murió por los falsos maestros que niegan "al Señor que los rescató". El contexto indica que son herejes destinados a la destrucción, pero, aun así, de ellos se dice que "el Señor...los rescató". Tal cosa está en contra de la perspectiva de la expiación limitada.

(7) "La Biblia enseña que Cristo murió por los 'pecadores' (1 Ti. 1:15; Ro. 5:6-8). La palabra 'pecadores' no significa en ninguna parte 'la iglesia' o 'los elegidos', simplemente toda la humanidad perdida".[14]

PROCESO DE SALVACIÓN

La parte de Dios

Obra del Padre. Aunque también hay responsabilidad humana, antes que nada está la parte divina en la que Dios actúa con soberanía para asegurar la salvación del creyente.

(1) Elección. La pregunta sobre la elección no es si se entiende, sino si la Biblia la enseña. Si es así, como con cualquier otra doctrina, tenemos la obligación de creerla. La doctrina de la elección incluye varias áreas: Israel es el pueblo escogido (Dt. 7:6); hay ángeles escogidos (1 Ti. 5:21); los sacerdotes levíticos eran escogidos (Dt. 18:5), el profeta Jeremías fue escogido (Jer. 1:5) y los creyentes son escogidos (Ef. 1:4).

¿Qué es la elección? Puede definirse como "el acto eterno de Dios por medio del cual escoge cierta cantidad de personas para que reciban la gracia especial de la salvación eterna, según le place en su soberanía y sin prever mérito alguno por parte de ellos".[15] Uno de los principales pasajes con respecto a la elección es Efesios 1:4, con su declaración "nos escogió". El verbo *escogió* corresponde al griego *eklego*, cuyo significado es "llamar" de entre los demás. La palabra quiere decir que Dios escogió algunos individuos de las masas. Más aún, siempre se usa en voz media, lo cual quiere decir que es Dios quien escoge *para sí*. Esto describe el propósito de la elección: Dios escogió a los creyentes para estar en comunión con Él y reflejar su gracia al vivir una vida redimida.

Hay varias características que se deben notar en la elección: tuvo lugar en el pasado eterno (Ef. 1:4); es un acto del Dios soberano y acorde con su voluntad (Ro. 9:11; 2 Ti. 1:9); es una expresión del amor de Dios (Ef. 1:4); no está condicionada al hombre de ninguna manera (2 Ti. 1:9; Ro. 9:11); refleja la justicia de Dios, y no puede acusarse a Dios de injusto en la elección (Ro. 9:14, 20).

(2) Predestinación. La palabra *predestinación* viene del griego *proorizo*, que quiere decir "señalar de antemano", y ocurre seis veces en el Nuevo Testamento (Hch. 4:28; Ro. 8:29-30; 1 Co. 2:7; Ef. 1:5, 11). La palabra *horizonte*

en español se deriva de *proorizo*. Dios, con su elección soberana, señaló a los creyentes desde el pasado eterno. Se pueden ver varias características de la predestinación: incluye todos los eventos, no solo la salvación individual (Hch. 4:28); determina nuestro estatus de hijos adoptados de Dios (Ef. 1:5); asegura nuestra glorificación última (Ro. 8:29-30), su propósito es ensalzar la gracia de Dios (Ef. 1:6); asegura nuestra herencia eterna (Ef. 1:11) y concuerda con la libre elección de Dios y con su voluntad (Ef. 1:5, 11).

Sin embargo, la elección y la predestinación de Dios no eliminan la responsabilidad del hombre. Aunque las dos se enseñan en las Escrituras, el hombre sigue siendo responsable de sus elecciones. Las Escrituras nunca sugieren que el hombre se perdió porque no fue escogido o porque no estaba predestinado; enfatizan que el hombre está perdido porque rehúsa creer en el evangelio.

(3) Adopción. La palabra *adopción* (gr., *huiothesia*) significa "ubicar como hijo" y describe los derechos, privilegios y la nueva posición del creyente en Cristo. La palabra proviene de la costumbre romana, donde al hijo adoptado se le daban los derechos de un hijo natural mediante una ceremonia legal. Cuatro cosas ocurrían en este rito: "[a] El hijo adoptado perdía todos los derechos en su familia antigua, y ganaba todos los de un hijo completamente legítimo en su nueva familia. [b] Se hacía heredero de las propiedades de su nuevo padre. [c] Se borraba completamente la vida de la persona adoptada. Por ejemplo, todas las deudas se cancelaban; se borraban como si nunca hubieran existido. [d] La persona adoptada era literal y absolutamente hijo de su nuevo padre ante los ojos de la ley.[16]

Pablo emplea ese trasfondo romano para describir el nuevo estatus que el cristiano tiene en Cristo. Mediante la adopción, el creyente se libera de la esclavitud y pasa a la libertad y madurez en Cristo (Ro. 8:15). Mediante la adopción, el creyente es liberado de la atadura de estar bajo la ley y pasa a tener un nuevo estatus de hijo (Gá. 4:5). Con ella, el creyente disfruta una relación nueva donde puede llamar a Dios "¡Abba, Padre!" (Ro. 8:15; Gá. 4:6), un término íntimo que usa el niño cuando se dirige a su padre. Efesios 1:5 indica que el acto de la adopción está conectado con la predestinación, pues tuvo lugar en el pasado eterno pero se ejecuta cuando la persona cree en Jesucristo.

Obra de Cristo. Cuando se analiza el proceso de la salvación, la obra de Cristo es suprema para alcanzarla. Su parte principal es la muerte de Cristo como expiación sustitutiva por el pecado, la cual asegura que el hombre es libre de la pena y atadura del pecado, y satisface la demanda justa del Dios santo.

Otro aspecto importante de la salvación que no se había mencionado antes es la santificación. La palabra *santificación* (gr., *hagiasmos*) quiere decir "apartar" y su raíz se encuentra en las palabras *santo* y *santidad*. Santificación y otros términos relacionados se usan de formas variadas en el Antiguo y el

Nuevo Testamento. No obstante, hay tres aspectos principales de la santificación con respecto al creyente del Nuevo Testamento.

(1) Santificación posicional. Se refiere a la posición del creyente ante Dios, con base en la muerte de Cristo. En la santificación posicional se considera santo al creyente ante Dios; se le declara santo. Es usual que Pablo comience sus cartas refiriéndose a los creyentes como santos (Ro. 1:7; 2 Co. 1:1 y Ef. 1:1). Cabe destacar que se dirige a un grupo tan carnal como la iglesia de Corinto, como "los santificados en Cristo Jesús" (1 Co. 1:2). Dicha santificación posicional se logra a través de la muerte única y definitiva de Cristo (He. 10:10, 14, 29).

(2) Santificación experimental. Aunque la santificación posicional del creyente es segura, su santificación experimental puede fluctuar, pues está relacionada con su experiencia y su vida diaria. La oración de Pablo es que los creyentes sean santificados por completo en su experiencia (1 Ts. 5:23); Pedro ordena a los creyentes a ser santos (1 P. 1:16). Tal santificación experimental crece en tanto el creyente dedica su vida a Dios (Ro. 6:13; 12:1-2) y se alimenta con la Biblia (Sal. 119:9-16). Claramente, hay factores adicionales en la santificación experimental.

(3) Santificación final. Es un aspecto futuro de la santificación, y anticipa la transformación final del creyente a semejanza de Cristo. En ese tiempo los creyentes se presentarán ante el Señor sin mancha (Ef. 5:26-27).

Obra del Espíritu Santo. La obra del Espíritu Santo en la salvación incluye el ministerio de convencer al incrédulo, regenerar la persona para darle vida espiritual, habitar en el creyente, bautizarlo en unión con Cristo y con otros creyentes y sellarlo (véase la exposición extendida en el capítulo 21. "Pneumatología: Doctrina del Espíritu Santo").

La parte del hombre

La cuestión de los términos de la salvación es importante, porque está en juego la pureza del evangelio. ¿Cuáles son los términos de la salvación? ¿La salvación requiere algo más que la aceptación intelectual del evangelio? El asunto es crítico, porque Pablo declaró anatema a quien predicase un evangelio contrario al predicado por él (Gá. 1:8-9).

Perspectivas erróneas. Hay varias perspectivas falsas de las condiciones humanas para obtener la salvación. Tales perspectivas anulan la gracia de Dios y corrompen la pureza del evangelio. Algunas de tales falsas perspectivas son las siguientes.

(1) Creer solamente. Algunos afirman que la salvación no tiene que incluir el arrepentimiento ni el fruto del Espíritu en la vida de la persona, porque ambas cosas añaden obras a la salvación. Sin embargo, *arrepentimiento* es un término bíblico claramente relacionado con la salvación. Jesús inició su ministerio con una llamada al arrepentimiento (Mt. 4:17). Al citar varios acontecimientos históricos, Jesús advirtió: "antes si no os arrepentís, todos

pereceréis igualmente" (Lc. 13:3, 5). Las Escrituras enseñan que el evangelio llama a los pecadores a la fe junto con el arrepentimiento (Hch. 2:38; 17:30; 20:21; 2 P. 3:9). A quienes argumentan que el arrepentimiento es obra nuestra, las Escrituras aclaran que "El arrepentimiento... no consiste en una obra humana, sino que es gracia concedida por Dios (Hch. 11:18; 2 Ti. 2:25)".[17]

Se ve con facilidad que el arrepentimiento no solo implica un cambio de mente, sino también un cambio de dirección, el remordimiento por el pecado y, como resultado, una transformación de vida. "En esencia, el arrepentimiento es un cambio de mente generado por el Espíritu".[18] William Mounce define el arrepentimiento (*metanoeo*) como "un giro radical y moral de toda la persona del pecado y hacia a Dios".[19]

Semejante cambio de mente y de la totalidad del individuo significa que la verdadera creencia incluye una vida transformada: la salvación engloba transformación. Ulrico Zuinglio, Martin Lutero, Juan Calvino, Jonathan Edwards, los cánones y las confesiones antiguas han enfatizado, todos ellos, que las obras demuestran la realidad visible de una fe genuina.[20] Enseñaron de forma sistemática que si las obras no son evidentes, no hay fe.[21]

Los defensores de "creer solamente" adoptan el punto de vista que se denomina "salvación sin señorío". Creen que hacer a Jesús Señor sobre la salvación es añadir una obra al acto simple de la fe. Sin embargo, como escribe Dunn: "La confesión más temprana cristiana que tenemos es, tal vez, 'Jesús es el Señor'".[22] La salvación de señorío está arraigada en la resurrección y la exaltación de Jesucristo (Fil. 2:9-11). "El nombre que Jesús recibió en el momento de su exaltación, ese nombre que la constituye y la expresa a la vez, es el título 'Señor'".[23] En resumen, la salvación de señorío recalca que, en la salvación, la persona responde reconociendo a Jesús como Señor de su vida.[24]

(2) Creer y bautizarse. La sugerencia parte de no entender bien Hechos 2:38. Pedro no sugirió que el bautismo fuera necesario para el perdón de los pecados; antes bien, estaba haciendo un llamado a los miembros de esa generación, culpable de haber crucificado a Cristo, a separarse de quienes estaban bajo el juicio de Dios. Dicha separación usaría el bautismo como símbolo público. Más aún, el bautismo significaba que las personas *habían* recibido el perdón de los pecados.[25]

A veces se cita otro pasaje para sugerir que el bautismo es necesario para obtener la salvación: Marcos 16:16. La frase "el que creyere y fuere bautizado, será salvo" no equivale a decir que el bautismo es necesario para la salvación, como puede notarte en la segunda mitad del versículo, pues allí se omite la referencia al bautismo. Hay condenación cuando se rehúsa creer, no cuando no hay bautismo. Además, argumentar a partir de Marcos 16:16 es insustancial porque algunos de los manuscritos más viejos del Nuevo Testamento no contienen Marcos 16:9-20.

(3) Creer y confesar a Cristo. A veces se añade a la fe la condición de confesar a Cristo públicamente para obtener la salvación, con base en Ro-

manos 10:9. No obstante, este pasaje no establece condiciones adicionales para la salvación, Más bien, confesar a Jesús como Señor significa reconocer su divinidad. Ese es y siempre será un asunto crítico en la salvación. Quien crea en Cristo como Salvador, necesariamente debe reconocer su divinidad. He ahí el significado de Romanos 10:9.

Perspectiva bíblica. Hay muchos pasajes donde se afirma que la única responsabilidad del hombre en la salvación es creer en el evangelio (Jn. 1:12; 3:16, 18, 36; 5:24; 11:25-26; 12:44; 20:31; Hch. 16:31; 1 Jn. 5:13 y otros más). Asimismo, la salvación es solo por gracia; las obras no cuentan en este asunto (Ro. 3:28; Ef. 2:8-9; 2 Ti. 1:9; Tit. 3:5). Se asevera, y con razón, que la salvación es solo por gracia, solo por medio de la fe, para la gloria de Dios solamente.

Pero, ¿qué es la fe? ¿Qué quiere decir creer en el evangelio? La fe se puede definir de forma sucinta como "confiar con seguridad".[26] Cuando Juan usa la palabra *fe* lo hace en sentido semejante al de Pablo para describir la fe como creencia "en Cristo". Para Juan, la fe "es una actividad que saca a los hombres de sí mismos y los hace uno con Cristo".[27]

La fe salvadora no es el solo asentimiento intelectual de una doctrina; requiere más que eso. La fe salvadora tiene al menos tres elementos.

(1) Conocimiento. Requiere *intelecto*, y enfatiza que hay ciertas verdades básicas que se deben creer para la salvación. Jesús afirmó que era Dios; creer en su divinidad es el punto central de la salvación (Ro. 10:9-10). A menos que una persona crea que Jesús es todo lo que Él afirmo ser, esa persona morirá en sus pecados (Jn. 8:24). En 1 Corintios 15:1-4 se bosquejan las verdades básicas que se deben creer para salvación. Pablo anuncia que este era el evangelio que él predicaba (v. 1), "por el cual asimismo... sois salvos" (v. 2): "Que Cristo murió por nuestros pecados, conforme a las Escrituras; y que fue sepultado, y que resucitó al tercer día, conforme a las Escrituras" (vv. 3-4). Este es el evangelio. De ahí que la pecaminosidad del hombre, la divinidad de Cristo, su expiación en la cruz y su resurrección corporal son creencias fundamentales para la salvación según las Escrituras. Juan registró estas verdades sobre Cristo en su evangelio para que las personas pudieran creer y ser salvos (Jn. 20:30-31).

(2) Convicción. La convicción requiere *emociones*. Este elemento enfatiza que la persona no solo tiene conocimiento intelectual de las verdades, sino que hay una convicción interior (cp. Jn. 16:8-11) de que son confiables. El Espíritu Santo convence al individuo de su pecado y lo personaliza; ahora la persona ve su transgresión y su necesidad de salvación (Hch. 2:37). Esto redunda en arrepentimiento (Hch. 2:38; 3:19; 17:30; 26:20). Como ya se ha mencionado, el arrepentimiento (*metanoe*) significa más que un simple cambio de opinión; es "un giro radical y moral de toda la persona del pecado y hacia a Dios". Pedro le advirtió a Simón el hechicero, en Hechos 8:22: "Arrepiéntete, pues, de esta tu maldad". El verdadero

arrepentimiento se demuestra con acciones y con una vida que lleva fruto (Mt. 3:8; Hch. 26:20). Apartarse del pecado es algo que se ve cuando Pedro ordenó a sus oyentes: "Arrepentíos y convertíos" (Hch. 3:19). Pablo pidió a las personas "que se arrepintiesen y se convirtiesen a Dios" (Hch. 26:20). "El arrepentimiento y la fe van de la mano: no podemos creer sin arrepentirnos, y nos arrepentimos con el fin de creer".[28]

(3) Confianza. Como resultado del conocimiento de Cristo y la convicción de que estas cosas son ciertas, debe haber una confianza establecida, un movimiento de la *voluntad*; debe tomarse una decisión como acto de la voluntad. Usualmente, el "corazón" denota la voluntad, y ese es el énfasis de Pablo cuando declara "crees en el corazón" (Ro. 10:9 NVI).

Como resultado, "si alguno está en Cristo, nueva criatura es; las cosas viejas pasaron; he aquí todas son hechas nuevas" (2 Co. 5:17). La realidad de la fe se manifiesta en una nueva vida (Stg. 2:18, 26; 1 Ts. 1:9). El creyente ya no ama el mundo como antes lo amaba; de hacerlo, "el amor del Padre no está en él" (1 Jn. 2:15). El creyente ya no sigue en el pecado (1 Jn. 2:3; 3:6, 9; 5:18); sino que vence al mundo (1 Jn. 5:4-5).

La gracia de Dios

Aunque ya se ha dicho mucho sobre la gracia de Dios, es preciso un enfoque más agudo sobre esta verdad gloriosa.

Gracia común

Definición de gracia común. Si Dios es soberano y el hombre está depravado por su herencia de pecado, entonces Dios debe moverse para traer reconciliación entre el hombre y Él. La gracia se categoriza de maneras diferentes, pero en esta obra se usarán las categorías de gracia común y gracia eficaz. La gracia común tiene mayor alcance, va dirigida a toda la humanidad. En términos concisos, la gracia común puede definirse como "el favor inmerecido de Dios para con los hombres, manifiesto en cómo cuida de ellos".[29] Una definición expandida de la gracia común es: "(a) las operaciones generales del Espíritu Santo por medio de las cuales ejerce una influencia moral en el hombre a través de su revelación general o especial, para refrenar el pecado, mantener el orden en la vida social y promover los derechos civiles, sin que ello implique renovar el corazón; o (b) las bendiciones generales, como la lluvia y el sol, la comida y la bebida, el vestido y el abrigo, que da Dios indistintamente a todos los hombres, en la medida que a Él le place y donde a Él le place".[30]

Explicación de la gracia común. (1) Bendiciones generales para toda la humanidad. La designación "común" enfatiza que toda la humanidad es receptora de la gracia común de Dios. Las *provisiones materiales* son un aspecto de esta forma de gracia. Jesús ordenó a quienes lo seguían que amaran a sus enemigos porque Dios muestra su amor a todas las personas (Mt. 5:45). Así como Dios le da sol y lluvia al agricultor cristiano, también le da esas cosas al agricultor ateo para que pueda cosechar su cultivo. Pablo les recordó a sus oyentes incrédulos en Listra que Dios les ha dado "lluvias del cielo y tiempos fructíferos", una muestra de la gracia común divina. El salmista exclama en el Salmo 145:8-9: "El Señor es clemente y compasivo, lento para la ira y grande en amor. El Señor es bueno con todos, él se compadece de toda su creación" (NVI). La gracia y compasión de Dios se muestran particularmente en su demora y *aplazamiento del juicio*. Que Dios no juzgue al hombre inmediatamente evidencia su gracia. La razón es permitir que el hombre se arrepienta (Ro. 2:4).

Dios ha dado *provisiones espirituales* a toda la humanidad. En 1 Timoteo 4:10 se refiere a Cristo como "el Salvador de todos, especialmente de los que creen". No se enseña ahí el universalismo, pero sí se indica una provisión espiritual para todos. Si Cristo es Dios, entonces su muerte tiene valor infinito en el sentido de ser potencial Salvador de todos los hombres y Salvador real de todos los que creen. La gracia común se extiende a todos los hombres, en el sentido en que Dios ha dado provisión para todos por medio de la muerte de Cristo.

(2) Refrenar el pecado. Dios refrena el pecado por extensión de su gracia común; ello funciona al menos a través de cuatro canales. *A través de acciones directas*: Dios detuvo el engaño de Labán, después de que había engañado a Jacob (Gn. 31:7); Dios limitó los actos de Satanás cuando este desafió a Dios con la lealtad de Job (Job 1:12; 2:6). *Por medio del Espíritu Santo*: Dios dijo en Génesis 6:3 "No contenderá mi espíritu con el hombre para siempre". Del texto se infiere que el Espíritu Santo contiende con y refrena el comportamiento pecaminoso del hombre. *Por medio de los profetas*: El ministerio de los profetas era hacer un llamado a la obediencia y adhesión a la ley mosaica. Al hacerlo, los profetas servían para refrenar el pecado (cp. Is. 1:16-20). *Por medio de los gobiernos humanos*: En Romanos 13:1-4 Pablo determina que Dios ordena los gobiernos (v. 1), y que ellos se establecen para refrenar el mal.

En la era actual hay una fuerza para refrenar el mal que se menciona en 2 Tesalonicenses 2:6-7. Aquí el refreno consiste en retardar la manifestación del "hombre de pecado". El hombre de pecado volverá cuando se quite al que lo refrena. Es significativo que la frase "algo que detiene" (NVI) en el versículo 6 cambia al género masculino "el que ahora lo detiene" en el versículo 7. Más aún, quien lo refrena debe tener la fuerza suficiente para hacer retroceder las fuerzas de Satanás, lo cual sugiere que quien refrena es el Espíritu Santo.[31]

(3) Convencer de pecado. La obra de convencer tiene un enfoque más estrecho que las provisiones materiales de la gracia común. Se clasifica aun en un aspecto menos amplio de la gracia común porque no es eficaz en todo el que la encuentra.[32] Juan 16:8-11 determina la obra de convicción del Espíritu Santo. Él "convencerá al mundo de pecado, de justicia y de juicio"

(v. 8). La palabra *convencer* (gr., *elegchein*) es un término legal que quiere decir "reexaminar con el propósito de convencer o refutar a un oponente (la palabra se usaba principalmente en procedimientos legales)".[33]

> Forman parte [de ella] los conceptos de examen autoritativo, prueba irre-futable, juicio decisivo y poder punitivo. Cualquiera que sea el asunto final, quien "convence" a otro expone el caso en disputa de forma diáfana ante él, de modo que se vea y reconozca como verdadero. Quien después rechaza la conclusión requerida de dicha exposición, la rechaza cons-ciente de ello y para su propio riesgo. La verdad vista como verdad lleva condenación para todos los que rehusan aceptarla.[34]

La obra de convicción del Espíritu Santo es triple. Está relacionada con el *pecado* (Jn. 16:9) cuando las personas se niegan a creer en Cristo. En concreto, el pecado es la incredulidad de las personas, a pesar de que Cristo se reveló en palabra y obra. Está relacionada con la *justicia* en cuanto a convencer al mundo, por lo cual Cristo recibe vindicación por su muerte, resurrección y ascensión (Jn. 16:10). El hecho de que Cristo resucitara y ascendiera al Padre demuestra que Él era realmente el Justo. Está relacionada con convencer al mundo de *juicio*, pues a Satanás se le juzgó en la cruz (Jn. 16:11). Satanás gobierna por medio del pecado y de la muerte; aun así, Cristo triunfó sobre los dos y derrotó a Satanás. Si se juzgó al gobernante, se juzgará también a sus seguidores. El Espíritu Santo convencerá al mundo de estas verdades.

Necesidad de la gracia común. Es anterior a la gracia eficaz. Debe haber un testimonio de Dios, antes de que la persona se salve; ese testimonio viene primero a través del conocimiento de Dios. Dios se revela a las personas por medio de la gracia común. Las personas deben reflexionar sobre la bondad de Dios cuando participan de sus bendiciones materiales (Mt. 5:45). Ade-más, Dios ha revelado algo de Él en la naturaleza: todos ven claramente "su eterno poder y deidad" (Ro. 1:20). En tanto que todas las personas sean partícipes de las bendiciones de Dios con ellos, tendrán conciencia de su responsabilidad ante Él. Con tal conciencia en la humanidad, el Espíritu Santo convence a las personas de la justicia de Jesucristo, quien ofrece la solución al dilema (Jn. 16:8-11). Nadie puede recibir la gracia eficaz de Dios si primero no ha recibido y reconocido la obra de Dios en la gracia común. Así, la gracia común es la preparación para la gracia eficaz: hace que el hom-bre caiga en la cuenta de su pecado y de la justicia de Jesucristo.

Gracia eficaz
Definición de gracia eficaz. La gracia eficaz tiene un alcance más angosto que la común y es *eficaz*, como su nombre indica; es decir, *efectiva* en quienes la reciben. Todos los receptores de la gracia eficaz responden a ella y se hacen creyentes. A la gracia eficaz también se le llama gracia especial, en contraste con la gracia común.

Una definición concisa de la gracia eficaz es "la obra del Espíritu Santo que mueve de manera eficaz a los hombres a creer en Jesucristo como Salvador".[35] En otra definición "la gracia eficaz es irresistible... pues cambia el corazón, con lo cual el hombre está perfectamente dispuesto a aceptar a Jesucristo para salvación y a obedecer la voluntad de Dios".[36] Esta definición enfatiza que la gracia eficaz es la *voluntad* de la persona para creer en Jesucristo; en otras palabras, el individuo cree voluntariamente, no en contra de su voluntad. La definición de Walvoord tiene un énfasis similar: "[La gracia eficaz es] la obra instantánea de Dios que capacita la voluntad e inclina el corazón del hombre a tener fe en Cristo".[37] La gracia eficaz tiene su base en los pasajes de los "llamados" en las Escrituras (cp. Ro. 1:1, 6-7; 8:28; 1 Co. 1:1-2, 24, 26; Ef. 1:18; 4:1, 4; 2 Ti. 1:9). El llamado denota la invitación efectiva de Dios, en la cual Él seduce a las personas por el poder del Espíritu Santo y hace que el individuo esté dispuesto a responder al evangelio.

Explicación de la gracia eficaz. Ocho observaciones sobre la gracia eficaz ayudan a darle un significado preciso.

Primero, no todos son llamados; la gracia eficaz no se entrega a todos. Está limitada a los elegidos. A la inversa, todos los elegidos reciben la gracia eficaz. En Romanos 1:5-6 Pablo enfatiza que entre el amplio espectro de gentiles, se llamó al grupo selecto que componía la iglesia de Roma. No se llamó a todos los gentiles, solo a los que constituían la iglesia de Roma por la gracia especial de Dios. Este enfoque más estrecho también se ve en 1 Corintios 1:24-28. Dios llamó a *algunos* judíos y a *algunos* gentiles para quienes Cristo representaba el poder de Dios de entre el sector amplio de judíos y gentiles que veían en Cristo una piedra de tropiezo. Nótese el énfasis en *llamados* o *escogidos* (la misma raíz de la palabra *llamados*) en este pasaje (vv. 24, 26-28).

Segundo, es eficaz porque nunca se rechaza con éxito. Es irresistible. Ello no sugiere que algunos se negarían a entrar pero se les obligaría, de modo que llegasen luchando al reino. Como ya se dijo, quiere decir que Dios actúa sobre la voluntad del pecador para hacerlo dispuesto a llegar. Como resultado, él llega por su voluntad, y no resiste la gracia eficaz de Dios. En 1 Corintios 1:23-24 se enfatiza que el evangelio es locura para los incrédulos, pero es poder de Dios y es efectivo en los creyentes.

El otro lado de la gracia eficaz es la necesidad de creer. Entonces, tercero, no opera en contra de la voluntad del hombre. El hombre sigue siendo responsable de creer en el evangelio para salvarse y no puede hacerlo sin creer (Hch. 16:31). Jesús amonestó a los judíos incrédulos: "ustedes no quieren venir a mí para tener esa vida" (Jn 5:40, NVI; cp. Mt. 23:37). Es una negación deliberada y una falta de voluntad para creer en Cristo.

Cuarto, la gracia eficaz requiere el poder de atracción de Dios. Juan 6:44 declara: "Nadie puede venir a mí si no lo atrae el Padre que me envió". "Aquí se dice que quienes llegan a Cristo lo hacen atraídos por el Padre... Se enfatiza la iniciativa divina en la salvación de los creyentes.

No se pasa por alto en el asunto la responsabilidad de hombres y mujeres de venir a Cristo (cp. Jn. 5:40); pero nadie llegaría si no fuera divinamente persuadido y capacitado para hacerlo".[38]

Quinto, la obra del Espíritu Santo participa en la gracia eficaz. El Espíritu Santo debe convencer a la persona de su incredulidad y de la justicia de Cristo antes de que la persona responda a la gracia (Jn. 16:8-11; véase la discusión previa). El Espíritu Santo también es quien efectúa la gracia eficaz en la persona en cuanto la regenera (Tit. 3:5).

Sexto, la Palabra de Dios tiene parte en la gracia eficaz. La persona responde con fe en respuesta al don de la gracia eficaz, pero esa fe ha de tener contenido y conocimiento de la verdad aceptada. Por lo tanto, no hay gracia eficaz fuera de la verdad bíblica. "Así que la fe es por el oír, y el oír, por la palabra de Dios" (Ro. 10:17). "Porque la palabra de Dios es viva" y se aplica al corazón del creyente por el Espíritu Santo (He. 4:12). Pedro les recuerda a los creyentes que han nacido de nuevo "por la palabra de Dios que vive y permanece" (1 P. 1:23). Los dos últimos textos enfatizan que la Palabra de Dios está *viva* y juega un papel decisivo para efectuar el nuevo nacimiento. La gracia eficaz y la aplicación de la Palabra viva de Dios son vitales para efectuar la salvación de la persona.

Séptimo, la aplicación de la gracia eficaz va a individuos, no a grupos ni a la iglesia como un todo. Jacob es un ejemplo de elección individual y el receptor de la gracia eficaz (Ro. 9:11-13). Dios pasó por alto a Esaú y escogió a Jacob para revelar su gracia. Tal como la justificación debe tener una base individual y no corporativa (p. ej., que toda la Iglesia se eligiera como entidad distintiva), la elección mediante la aplicación de la gracia eficaz debe ser individual. En Romanos 8:30 los que fueron llamados (gracia eficaz) también fueron justificados por Dios. Para una interpretación consistente es menester reconocer que el llamado (la gracia eficaz) y la justificación se aplican de manera similar (es decir, individualmente, no de forma corporativa).

Finalmente, la gracia eficaz está desde la eternidad. Aunque la aplicación de la gracia eficaz tiene lugar en el tiempo, su plan se determinó desde la eternidad. Romanos 9:11 enfatiza que solo el plan y *propósito* (gr., *prothesis*) de Dios, determinaron el objeto de su gracia en el pasado eterno. Antes de que Esaú y Jacob hicieran algo bueno o malo, Dios escogió a Jacob y pasó por alto a Esaú para revelar su gracia; no de acuerdo con las obras humanas, sino como resultado del consejo eterno del Dios soberano. Igualmente, Romanos 8:30 enseña que la aplicación de la gracia eficaz resulta de haber predestinado a ciertas personas para ser los objetos de esa gracia. Dios llamó por su gracia eficaz a quien había predestinado con anterioridad.

Defensa de la gracia eficaz. La necesidad de la gracia eficaz se hace aparente cuando se consideran cuatro factores.

Primero, el pecado la hace necesaria. Efesios 2:1 declara la condición de la persona no salva: "ustedes estaban muertos en sus transgresiones y pecados" (NVI).[39] Si el no creyente está *muerto*, no puede darle a Dios la respuesta inicial. Dios debe actuar primero. Por lo tanto, Dios llama por su gracia a quien está muerto en sus delitos y pecados.

Es efectiva además porque Dios no puede fallar. Nadie se pierde en la sucesión de quienes Dios llama en Romanos 8:29-30. También predestinó, llamó, justificó y glorificó a quienes conoció de antemano. Ninguno se le perdió en el proceso. El texto es claro al enfatizar que "a los que llamó, a éstos también justificó". Los que fueron llamados fueron también justificados, lo cual indica que la gracia eficaz era efectiva en cada persona a la que Dios llamó.

Adicionalmente, la gracia eficaz también es justa porque Dios siempre es justo. Después de hablar sobre el llamado soberano de Dios, posterior al comentario del llamado de Jacob sobre Esaú, Pablo se pregunta lo que debía estar en boca de muchos: "¿Qué, pues, diremos? ¿Qué hay injusticia en Dios?" (Ro. 9:14). Pablo responde de la forma más fuerte posible con una declaración negativa: "En ninguna manera".[40] Aunque la mente finita no puede comprender el trato soberano de Dios, Él es justo en todas sus acciones.

Por último, su gracia es justa porque el hombre debe creer. El hecho de que Dios dé gracia eficaz no anula la responsabilidad de creer del hombre. Varias Escrituras enfatizan la necesidad de creer (cp. Jn. 3:16, 18, 36; 5:24). En particular, Juan 3:18, 36 enfatiza que el hombre está perdido porque rehúsa voluntariamente a creer en el evangelio, no porque no reciba la gracia eficaz.

Objeciones a la gracia eficaz. Primero, no se necesita la responsabilidad. Parece que si el hombre está muerto en su pecado y Dios debe demostrar gracia eficaz para salvar al individuo, no es necesaria la responsabilidad humana. Sin embargo, el problema se relaciona con la incapacidad humana de entender completamente las obras de Dios y la respuesta del hombre en la salvación. Aunque es cierto que Dios debe iniciar la acción y que el hombre no se salva sin la gracia eficaz de Dios, tales verdades no absuelven al hombre de su responsabilidad. La solución está en reconocer que esta es una de las muchas antinomias (paradojas) de las Escrituras.[41] Los múltiples pasajes de la Biblia donde se ordena creer son evidencia suficiente para mostrar que el hombre es responsable (cp. Jn 3:18, 36; 6:37; Hch. 16:31, etc.).

Segundo, es injusta. Romanos 9:14 indica que el hombre no puede sugerir que hay injusticia en Dios. Puede ser que no comprenda la obra de Dios, pero aun así Dios es justo. Debe anotarse un punto adicional. Dios no le debe nada a nadie. Si elige mostrar su gracia a unos y no a otros, eso no es injusto porque no le debe nada a nadie; más aún, *todas las personas* le han dado la espalda a Dios. Si Él decide no mostrar a todos su gracia, eso no es injusto, porque todos lo rechazaron en un acto de su voluntad (Ro. 3:11-12). Es notoria la conclusión de Ryrie en este asunto difícil.

Dios no concede su gracia eficaz de forma caprichosa y sin propósito. Su propósito no solo es iluminar, regenerar y acercar al pecador a comunión con Él, su propósito principal es que a través de esta operación Él reciba gloria. Su propósito es que quienes han recibido la gracia eficaz puedan mostrar "las obras maravillosas de aquel que los llamó de las tinieblas a su luz admirable" (1 P. 2:9-10). Dios se glorifica cuando la vida del creyente muestra su gracia eficaz.[42]

REGENERACIÓN

Definición de regeneración

La palabra *regeneración* (gr., *paliggenesia*) aparece solo dos veces en el Nuevo Testamento. Una vez se usa escatológicamente: "en la regeneración, cuando el Hijo del Hombre se siente en el trono de su gloria" (Mt. 19:28);[43] el segundo uso es para "la regeneración y por la renovación en el Espíritu Santo" (Tit. 3:5).[44] La regeneración debe distinguirse de la conversión.

> La conversión se refiere a la respuesta del ser humano a la oferta de salvación y al acercamiento de Dios. La regeneración es el otro lado de la conversión. Es Dios que actúa. En la regeneración el alma es pasiva; en la conversión es activa. La regeneración se puede definir como impartir vida divina al alma... como impartir una naturaleza nueva... un corazón nuevo... y la producción de una nueva creación.[45]

Dicho sucintamente, *regenerar* quiere decir "impartir vida". La regeneración es el acto por medio del cual Dios imparte vida a quien cree.

Escrituras relativas a la regeneración

Hay dos pasajes de las Escrituras donde se explica que la regeneración consiste en impartir nueva vida al creyente. Juan 3:3 (aunque no usa la palabra *regeneración*) se refiere a la regeneración como nuevo nacimiento. La palabra griega traducida "de nuevo" es *anothen*, y puede traducirse "desde arriba". En otras palabras, el segundo nacimiento es de arriba, de Dios. En contraste con el primero, que es físico, el nuevo nacimiento es espiritual. En el nacimiento espiritual el Espíritu Santo regenera a la persona; Él es el *medio* de la regeneración. En Juan 3:5 la frase "el que no naciere" es pasiva originalmente,[46] con lo cual se indica que es una obra hecha *sobre* el hombre, no *por* el hombre. El hombre no produce la regeneración; lo hace el Espíritu Santo. Tito 3:5 es el otro pasaje en que se explica la regeneración. Aquí la palabra está ligada a dos cosas: el lavamiento y la renovación por el Espíritu Santo. Cabe destacar que tanto en Juan 3:5 como en Tito 3:5 se mencionan dos elementos: agua y Espíritu Santo. Se puede entender el agua como símbolo de la Palabra de Dios (cp. Ef. 5:26).[47] Otras personas vinculan el agua y el Espíritu Santo con la limpieza, como en Ezequiel 36:25-27. En este caso el agua se referiría a la limpieza que viene del arrepentimiento.[48] En el siguiente diagrama puede verse un contraste entre los nacimientos primero y segundo.[49]

CONTRASTES ENTRE LOS DOS NACIMIENTOS		
	Primer nacimiento	**Segundo nacimiento**
Origen	De padres pecadores	De Dios
Medio	De semilla corruptible	De semilla incorruptible
Naturaleza	De la carne, carnal	Del Espíritu, espiritual
Reino	Esclavo de Satanás	Hombre libre perteneciente a Cristo
Posición	Objeto de la ira divina	Objeto del amor divino

Explicación de la regeneración

Es instantáneo. Tal como un niño nace físicamente en un momento específico, el nacimiento espiritual ocurre instantáneamente cuando el Espíritu imparte vida nueva.[50]

No es el resultado de la experiencia humana. En otras palabras, no es algo que la persona hace, sino algo que se le hace. Puede que la regeneración dé como *resultado* la experiencia, pero la experiencia como tal no es la causa de la regeneración.

No tiene base en el esfuerzo humano. Juan 1:13 indica que el nuevo nacimiento no se lleva a cabo por voluntad del hombre. La regeneración es un acto divino, no un esfuerzo cooperativo entre Dios y el hombre.[51] No obstante, ello no quiere decir que no se necesite la fe en la salvación. Puede sugerirse que aunque la regeneración y la fe son *distintas*, ocurren simultáneamente.[52] Las dos se ponen lado a lado en Juan 1:12-13. Según Juan 1:12, todos los que reciben a Cristo (creen) se hacen hijos de Dios; Juan 1:13 indica que en ese mismo instante esas personas nacen de Dios. Con seguridad, aquí hay un misterio que sobrepasa la comprensión humana.

Resultado de la regeneración

Naturaleza nueva. Como resultado de la regeneración se imparte la "naturaleza divina" (2 P. 1:4). El creyente recibió una "nueva naturaleza" (Ef 4:24 NVI), una capacidad de vivir justamente. Es una "nueva criatura" (2 Co. 5:17).

Nueva vida. El creyente recibe una nueva mente (1 Co. 2:16) que le permite conocer a Dios; un nuevo corazón (Ro. 5:5) que le permite amarlo (1 Jn. 4:9) y una nueva voluntad (Ro. 6:13) que le permite obedecerle.[53]

SEGURIDAD ETERNA

Hay dos perspectivas concernientes a la seguridad eterna de la salvación del creyente. La arminiana dice que el hombre recibió la salvación como un acto de su voluntad, y puede perderla también con un acto de su voluntad o a través de pecados específicos. La perspectiva calvinista dice que el verdadero creyente perseverará en su fe. A veces se llama a dicha doctrina la "perseverancia de los santos", un título poco apropiado, pues enfatiza la capacidad de perseverancia del hombre y no la capacidad de Dios para guardar al creyente. Sería mejor título la "perseverancia del Señor".

La doctrina no sugiere que el creyente nunca reincide o peca. No obstante, quiere decir que cuando una persona ha creído genuinamente en Cristo como su Salvador del pecado, tiene la certeza eterna de que Dios lo guarda por su poder. La base de la seguridad de salvación no está en el hombre, está en Dios. La seguridad del creyente se basa en la obra del Padre, del Hijo y del Espíritu Santo.

Obra del Padre en la seguridad

Los creyentes están seguros porque el Padre escogió salvarlos desde el pasado eterno (Ef. 1:4). El Padre predestinó a los creyentes para un nuevo estatus de hijos en Cristo (Ef. 1:5). El Padre tiene el poder para mantener seguros a los creyentes en su salvación (Ro. 8:28-30). Aquellos a quienes el Padre conoció de antemano, predestinó, llamó y justificó, en el futuro también serán glorificados. Ninguno se perderá en el proceso. El amor del Padre por los creyentes garantiza también su seguridad (Ro. 5:7-10).

Obra del Hijo en la seguridad

El Hijo redimió al creyente (Ef. 1:7), quitó de él la ira de Dios (Ro. 3:25), lo justificó (Ro. 5:1), lo perdonó (Col. 2:13) y lo santificó (1 Co. 1:2). Más aún, Cristo pide en oración que los creyentes estén con Él (Jn. 17:24); sigue siendo abogado de ellos en el sistema judicial de Dios (1 Jn. 2:1) y continúa intercediendo por ellos como su Sumo Sacerdote (He. 7:25). Si el creyente se pudiera perder, la obra de Cristo como su Mediador sería inefectiva.

Además, Jesús ha prometido la vida eterna a sus seguidores: "y yo les doy vida eterna; y no perecerán jamás, ni nadie las arrebatará de mi mano. Mi Padre que me las dio, es mayor que todos, y nadie las puede arrebatar de la mano de mi Padre" (Jn. 10:28-29). Observe que Jesús prometió vida *eterna*. Si un creyente pudiera perder su salvación, no sería eterna. Jesús afirmó: "no perecerán jamás". En el texto griego se usa una doble negación (*ou me*), o "no, nunca", para reforzar la idea, y su posición en el texto es enfática, haciendo hincapié en que el seguidor de Cristo *no perecerá jamás*.

Los creyentes están en las manos de Cristo y del Padre, y nadie se los puede arrebatar. Para que los creyentes pierdan su salvación sería necesario alguien o una fuerza mayor que Cristo y más fuerte que el Padre. Claramente, nuestra salvación es segura.

Obra del Espíritu Santo en la seguridad

El Espíritu Santo regeneró al creyente, le dio vida (Tit. 3:5); habita en el creyente para siempre (Jn. 14:17); lo selló para el día de la redención (Ef. 4:30), aquí el sello es una cuota inicial que garantiza nuestra herencia futura; por el Espíritu son bautizados los creyentes en unión con Cristo y en el cuerpo de creyentes (1 Co. 12:13).

Para que el creyente perdiera su salvación se requeriría que Padre, Hijo y Espíritu se arrepintieran de sus obras y las deshicieran. El punto clave en la discusión de la seguridad del creyente está en quién salva. Si el hombre es responsable de asegurar su salvación, puede perderse; si Dios asegura la salvación de la persona, ella siempre está segura.

La seguridad eterna del creyente completa y corona el plan de salvación divino por la gracia de Dios.

Notas

1. Gráfico adaptado de Charles M. Home, *Salvation* (Chicago: Moody, 1971), 32.

2. Louis Berkhof, *Systematic Theology* [*Teología sistemática*] (Grand Rapids: Eerdmans, 1941), 392. Publicado en español por T.E.L.L.

3. Leon Morris, *The Apostolic Preaching of the Cross*, 3ª ed. (Grand Rapids: Eerdmans, 1965), 54. Este libro es una obra importantísima con una explicación bíblica seria de los términos clave relacionados con la salvación. El estudiante serio no debería rechazar su estudio.

4. *Ibíd.*, 56, 58.

5. Fritz Rienecker, *A Linguistic Key to the Greek New Testament*, ed. Cleon Rogers Jr. (Grand Rapids: Zondervan, 1980), 655.

6. *Ibíd.*, 470.

7. John F. Walvoord, *Jesus Christ Our Lord* [*Jesucristo nuestro Señor*] (Chicago: Moody, 1969) 182. Publicado en español por Ediciones Las Américas.

8. Rienecker, *Linguistic Key to the Greek New Testament*, 574.

9. J. I. Packer, "Justification", en Walter A. Elwell, ed., *Evangelical Dictionary of Theology* [*Diccionario teológico de la Biblia*] (Grand Rapids: Baker, 1984), 594. Publicado en español por Caribe.

10. Edwin H. Palmer, *The Five Points of Calvinism* (Grand Rapids: Guardian, 1972), 44.

11. *Ibíd.*, 45.

12. Elwell, "Atonement, Extent of", en *Evangelical Dictionary of Theology* [*Diccionario teológico de la Biblia*], 99.

13. Lewis Sperry Chafer, *Systematic Theology* [*Teología sistemática*], 8 vols. (Dallas: Dallas Seminary, 1947), 3:204. Publicado en español por Clie.

14. Elwell, *Evangelical Dictionary of Theology* [*Diccionario teológico de la Biblia*], 99.

15. Berkhof, *Systematic Theology* [*Teología sistemática*], 114.

16. William Barclay, *The Letter to the Romans* [*Romanos*] (Edimburgo: Saint Andrew, 1957), 110-111. Publicado en español por Clie.

17. "A Grace Community Church Distinctive: Lordship Salvation", folleto (Sun Valley, Calif.: Grace Community Church, 2001).

18. J. D. Greear, *Stop Asking Jesus Into Your Heart* (Nashville: B&H Publishing, 2013), 68.

19. William D. Mounce, ed. gen., *Mounce's Complete Expository Dictionary of Old & New Testament Words* (Grand Rapids: Zondervan, 2006), 580-581.

20. Como escribió Lutero en el prólogo a su comentario de Romanos, "La fe es, sin embargo, algo que Dios efectúa en nosotros. Nos cambia y nacemos de nuevo de Dios, Juan 1... De hecho, es imposible separar las obras de la fe". *Martin Luther*, John Dillenberg, ed. (Nueva York: Doubleday, 1961), tal como se cita en John MacArthur, *The Gospel According to Jesus* [*El Evangelio según Jesucristo*] (Grand Rapids: Zondervan, 2009), 256. Publicado en español por Casa Bautista.

21. Edwards escribió: "La voz de la razón, las Escrituras y la experiencia, y el testimonio de los mejores hombres coinciden, todos, en ello: la conversión es algo que debe existir. Tiene que haber un cambio de naturaleza para ser feliz en Dios". Citado en Owen Strachan, "His Arm is Strong to Save: A Trajectory of Conversion in America", *9MarksJournal*, marzo/abril 2012, vol. 9, número 2.

22. James D. G. Dunn: *Beginning from Jerusalem*, vol. 2 de *Christianity in the Making* (Grand Rapids: Eerdmans, 2009), 106.

23. Terry A. Chrisope, *Confessing Jesus as Lord* (Fearn, Ross-shire, Escocia: Mentor, Christian Focus, 2012), 185.

24. Chrisope, profesor de historia y Biblia en Missouri Baptist University, resume los elementos de la salvación de señorío como parte de la historia bíblica vinculada al Dios hombre, Jesucristo:

    "(1) La historia de la Biblia puede contarse como narración del señorío de Dios, del esfuerzo de la humanidad por independizarse de dicho señorío y del programa de Dios para reclamar la sumisión de la humanidad a su señorío
    (2) El agente para la recuperación de la sumisión de la humanidad al señorío de Dios es Jesucristo.
    (3) El mecanismo para expresar la renovada sumisión de la humanidad al señorío de Dios es la confesión 'Jesús es el Señor'... Esta confesión, pronunciada con sinceridad, es el principio de una vida transformada". Véase Chrisope, *Confessing Jesus as Lord,* 17-20.

25. En la frase "para perdón de los pecados", la preposición *para* traduce la preposición griega *eis*, que también puede traducirse "por causa de"; se refiere a quienes fueron bautizados para testificar públicamente que se les perdonaron sus pecados.

26. William G. T. Shedd, *Commentary on Romans* (Reimpresión. Grand Rapids: Baker, 1980), 76.

27. Leon Morris, *The Gospel According to John* [*El Evangelio según Juan*] (Grand Rapids: Eerdmans, 1971), 336. Publicado en español por Clie. Véase la nota útil de Morris sobre "creer" y su uso en el Evangelio de Juan, 335-337.

28. David F, Wells, *Turning to God* (Grand Rapids: Baker, 2012), 35.

29. Charles C. Ryrie, *The Holy Spirit* [*El Espíritu Santo*] (Chicago: Moody, 1965), 55. Publicado en español por Portavoz. Véase también Ryrie, *La gracia de Dios* (Grand Rapids: Portavoz, 1979), para una explicación completa sobre la gracia.

30. Berkhof, *Systematic Theology* [*Teología sistemática*], 436.

31. Véase la explicación excelente de D. Edmond Hiebert, *The Thessalonian Epistles* (Chicago: Moody, 1971), 312-314.

32. Véase la explicación de Ryrie en *The Holy Spirit* [*El Espíritu Santo*], 58-59.

33. Morris, *The Gospel According to John* [*El Evangelio según Juan*], 697.

34. B. F. Westcott, *The Gospel According to St. John* (Reimpresión. Grand Rapids: Eerdmans, 1967), 228.

35. Ryrie, *The Holy Spirit* [*El Espíritu Santo*], 61.

36. Berkhof, *Systematic Theology* [*Teología sistemática*], 436.

37. John F. Walvoord, *The Holy Spirit* (Grand Rapids: Zondervan, 1958), 122.

38. F. F. Bruce, *The Gospel of John* (Grand Rapids: Eerdmans, 1983), 156.

39. "Estaban" (gr., *ontas*) es un participio presente (una traducción mejor sería "estando") que enfatiza el estado en que ellos existían, estando muertos en el pecado.

40. *Me genoito* (gr.) "expresa el aborrecimiento por una inferencia mal obtenida a partir de un argumento". Rienecker, *Linguistic Key to the Greek New Testament*, 354.

41. *Antinomia* viene del griego *and*, cuyo significado es "contra", y *nomos*, cuyo significado es "ley"; por lo tanto, es algo contrario a la ley o a la razón humana. Se anima al estudiante a revisar Ken Boa, *God, I Don't Understand* (Wheaton: Victor, 1975) para una explicación útil de las antinomias. Tener conciencia de las antinomias en las Escrituras ayudará a resolver muchas tensiones y a evitar el énfasis indebido en uno u otro lado de las antinomias.

42. Ryrie *The Holy Spirit* [*El Espíritu Santo*], 63.

43. William F. Arndt y F. Wilbur Gingrich, *A Greek-English Lexicon of the New Testament and Other Early Christian Literature*, 2ª ed., F. Wilbur Gingrich y Frederick W. Danker, eds. (Chicago: Univ. of Chicago, 1979), 606.

44. *Ibíd.*

45. Millard J. Erickson, *Christian Theology* [*Teología sistemática*], 3 vols. (Grand Rapids: Baker, 1985), 3:942. Publicado en español por Clie.

46. *Egennethe* (gr.) está en voz pasiva, y puede traducirse más o menos como "hecho para ser nacido".

47. Homer A. Kent Jr., *The Pastoral Epistles* (Chicago: Moody, 1958), 242.

48. Véase la explicación de varias perspectivas por S. Lewis Johnson, "Born of Water and Spirit", en *Believers Bible Bulletin* (31 de enero de 1983), 3-4.

49. Home, *Salvation*, 51.

50. El tiempo aoristo griego en Juan 1:13 y 3:5 indicaría que el nuevo nacimiento es un hecho instantáneo.

51. Walvoord, *The Holy Spirit*, 133.

52. Ryrie, *The Holy Spirit* [*El Espíritu Santo*], 64-65.

53. Véase J. Dwight Pentecost, *Marchando hacia la madurez espiritual* (Grand Rapids: Portavoz, 1995). Esta es una obra muy útil para explicar qué ocurre en el nuevo nacimiento. Pentecost tiene capítulos separados sobre la nueva mente, el nuevo corazón y la nueva voluntad.

PARA ESTUDIO ADICIONAL SOBRE LA SOTERIOLOGÍA

General

** Norman Geisler, *Systematic Theology*, 4 vols. (Minneapolis, Bethany, 2004), 3:181-551.

* Robert P. Lightner, *Sin, the Savior, and Salvation* (Nashville: Nelson, 1991), 139-284.

* John F. MacArthur Jr., *El evangelio según Jesucristo* (El Paso: Mundo Hispano, 2003). Enfatiza el señorío en la salvación.

** Earl D. Radmacher, "Salvation", en *Understanding Christian Theology*. Charles R. Swindoll y Roy B. Zuck, eds. (Nashville: Nelson, 2003), 801-944.

* Charles C. Ryrie, *Una salvación tan grande* (Puebla: Ediciones las Américas, 1990). Enfatiza la ausencia de señorío en la salvación.

Falsas teorías sobre la expiación

** Louis Berkhof, *Systematic Theology* [*Teología sistemática*] (Grand Rapids: Eerdmans, 1941), 384-391. Publicado en español por T.E.L.L.

** Millard J. Erickson, *Christian Theology* [*Teología sistemática*], 3 vols. (Grand Rapids: Baker, 1984), 2:781-800. Publicado en español por Clie.

* Charles M. Home, *Salvation* (Chicago: Moody, 1971), 24-36.

* Leon Morris, "Atonement, Theories of", en Walter A. Elwell, ed., *Evangelical Dictionary of Theology* [*Diccionario teológico de la Biblia*] (Grand Rapids: Baker, 1984), 100-102. Publicado en español por Caribe.

** A. H. Strong, *Systematic Theology* (Valley Forge: Judson, 1907), 728-771.

* Henry C. Thiessen, *Lectures in Systematic Theology*. rev. por Vernon D. Doerksen (Grand Rapids: Eerdmans, 1979), 231-235.

** John F. Walvoord, *Jesus Christ Our Lord* [*Jesucristo nuestro Señor*] (Chicago: Moody, 1969) 157-163. Publicado en español por Ediciones Las Américas.

* Merrill F. Unger, *Unger's Bible Dictionary* (Chicago: Moody, 1961), 106-108.

Significado correcto de la expiación

* Walter A. Elwell, ed., *Diccionario teológico de la Biblia* (Nashville, TN: Caribe, 2005).

** Millard J. Erickson, *Christian Theology* [*Teología sistemática*], 3 vols. (Grand Rapids: Baker, 1984), 2:802-819. Publicado en español por Clie.

* Charles M. Home, *Salvation* (Chicago: Moody, 1971), 33-41, 70-74.

** H. D. McDonald, *The Atonement of the Death of Christ* (Grand Rapids: Baker, 1985), 13-112.

** Leon Morris, *The Apostolic Preaching of the Cross*, 3ª ed. (Grand Rapids: Eerdmans, 1965). Esta obra es de incalculable valor en el estudio de este tema.

** _____, *The Atonement: Its Meaning and Significance* (Downers Grove: InterVarsity, 1983).

* Lawrence O. Richards, *Expository Dictionary of Bible Words* (Grand Rapids: Zondervan, 1985).

** William G. T. Shedd, *Dogmatic Theology*, 3 vols. (Reimpresión Nashville: Nelson, 1980), 2:378-552.

* Merrill F. Unger, *New Unger's Bible Dictionary* (Chicago: Moody, 1988).

Alcance de la expiación

Expiación limitada

* Walter A. Elwell, "Atonement, Extent of", en *Evangelical Dictionary of Theology* [*Diccionario teológico de la Biblia*] (Grand Rapids: Baker, 1984), 98-99. Él explica los dos puntos de vista. Publicado en español por Caribe.

** R. B. Kuiper, *For Whom Did Christ Die?* (Grand Rapids: Baker, 1959).

* Edwin H. Palmer, *The Five Points of Calvinism* (Grand Rapids: Guardian, 1972), 41-55.

** Robert A. Peterson, *Calvin's Doctrine of the Atonement* (Phillisburg: Presbyterian & Reformed, 1983).

** Benjamin B. Warfield, *The Plan of Salvation*, ed. rev. (Grand Rapids: Eerdmans, 1977).

Expiación ilimitada

** Lewis Sperry Chafer, *Systematic Theology* [*Teología sistemática*], 8 vols. (Dallas: Dallas Seminary, 1947), 3:183-205. Publicado en español por Clie.

** Robert Lightner, *The Death Christ Died* (Grand Rapids: Kregel, 1967).

** A. H. Strong, *Systematic Theology* (Valley Forge: Judson, 1907), 771-773.

* John F. Walvoord, *Jesus Christ Our Lord* [*Jesucristo nuestro Señor*] (Chicago: Moody, 1969) 186-188. Publicado en español por Ediciones Las Américas.

Proceso de salvación

Elección y predestinación

** Louis Berkhof, *Systematic Theology* [*Teología sistemática*] (Grand Rapids: Eerdmans, 1941), 109-125. Publicado en español por T.E.L.L.

** Loraine Boettner, *The Reformed Doctrine of Predestination* (Filadelfia: Presbyterian & Reformed, 1966).

** J. Oliver Buswell Jr., *A Systematic Theology of the Christian Religion* [*Teología sistémática*], 2 vols. (Grand Rapids: Zondervan, 1962), 2:133-156. Publicado en español por Logoi.

* Lewis Sperry Chafer, *Major Bible Themes* [*Grandes temas bíblicos*], editado por John F. Walvoord (Grand Rapids: Zondervan, 1974) 230-235. Publicado en español por Portavoz.

* Gordon H. Clark, *Biblical Predestination* (Phillipsburg: Presbyterian & Reformed, 1969).

* Walter A. Elwell, *Evangelical Dictionary of Theology* [*Diccionario teológico de la Biblia*] (Grand Rapids: Baker, 1984). Véanse los artículos titulados "Election", "Predestination" y "Adoption". Publicado en español por Caribe.

** Millard J. Erickson, *Christian Theology* [*Teología sistemática*], 3 vols. (Grand Rapids: Baker, 1984), 2:825-841. Publicado en español por Clie.

* Charles C. Ryrie, *A Survey of Bible Doctrine* [*Síntesis de la doctrina bíblica*] (Chicago: Moody, 1972), 115-118, 129-130. Publicado en español por Portavoz.

* Henry C. Thiessen, *Lectures in Systematic Theology*. rev. por Vernon D. Doerksen (Grand Rapids: Eerdmans, 1977), 257-263, 281-282.

Santificación

** Louis Berkhof, *Systematic Theology* [*Teología sistemática*] (Grand Rapids: Eerdmans, 1941), 527-544. Publicado en español por T.E.L.L.

** J J. Oliver Buswell Jr., *A Systematic Theology of the Christian Religion* [*Teología sistémática*], 2 vols. (Grand Rapids: Zondervan, 1962), 2:196-211. Publicado en español por Logoi.

* Lewis Sperry Chafer, *Major Bible Themes* [*Grandes temas bíblicos*], editado por John F. Walvoord (Grand Rapids: Zondervan, 1974) 202-211. Publicado en español por Portavoz.

** _____, *Systematic Theology* [*Teología sistemática*], 8 vols. (Dallas: Dallas Seminary, 1947), 7:274-284. Publicado en español por Clie.

* Lawrence O. Richards, *Expository Dictionary of Bible Words* (Grand Rapids: Zondervan, 1985), 542-543.

* Henry C. Thiessen, *Lectures in Systematic Theology*. rev. por Vernon D. Doerksen (Grand Rapids: Eerdmans, 1977), 283-289.

La gracia de Dios

** Louis Berkhof, *Systematic Theology* [*Teología sistemática*] (Grand Rapids: Eerdmans, 1941), 454-464. Publicado en español por T.E.L.L.

* _____, *Summary of Christian Doctrine* [*Sumario de doctrina reformada*] (Grand Rapids: Eerdmans, 1938), 125-126. Publicado en español por Libros Desafío.

* P. E. Hughes, "Grace", en Walter A. Elwell, *Evangelical Dictionary of Theology* [*Diccionario teológico de la Biblia*] (Grand Rapids: Baker, 1984), 480. Publicado en español por Caribe.

* Charles C. Ryrie, *The Holy Spirit* [*El Espíritu Santo*] (Chicago: Moody, 1965), 61-63. Publicado en español por Portavoz.

** John F. Walvoord, *The Holy Spirit* (Grand Rapids: Zondervan, 1958), 119-127.

Regeneración

** Louis Berkhof, *Systematic Theology* [*Teología sistemática*] (Grand Rapids: Eerdmans, 1941), 465-479. Publicado en español por T.E.L.L.

* Sinclair B. Ferguson, *Know Your Christian Life* [*La vida cristiana*] (Downers Grove: InterVarsity, 1981), 42-54. Publicado en español por Peregrino.

* Charles M. Home, *Salvation* (Chicago: Moody, 1971), 50-55.

* Edwin H. Palmer, *The Holy Spirit*, ed. rev. (Filadelfia: Presbyterian & Reformed, 1958), 77-86.

* J. Dwight Pentecost, *The Divine Comforter* (Chicago: Moody, 1963), 120-125.

* Charles C. Ryrie, *The Holy Spirit* [*El Espíritu Santo*] (Chicago: Moody, 1958), 64-66. Publicado en español por Portavoz.

** John F. Walvoord, *The Holy Spirit* (Grand Rapids: Zondervan, 1965), 128-137.

Seguridad eterna

** Louis Berkhof, *Systematic Theology* [*Teología sistemática*] (Grand Rapids: Eerdmans, 1941), 545-549. Publicado en español por T.E.L.L.

** G. C. Berkouwer, *Studies in Dogmatics, Faith and Perseverance* (Grand Rapids: Eerdmans, 1958).

** Lewis Sperry Chafer, *Major Bible Themes* [*Grandes temas bíblicos*], editado por John F. Walvoord (Grand Rapids: Zondervan, 1974), 220-229. Publicado en español por Portavoz.

* _____, *Salvation* [*El camino de la salvación*] (Grand Rapids: Zondervan, 1945), 70-98. Publicado en español por Portavoz.

* _____, *Systematic Theology* [*Teología sistemática*], 8 vols. (Dallas: Dallas Seminary, 1947), 3:313-339. Publicado en español por Clie.

** Robert G. Gromacki, *Salvation Is Forever* (Chicago: Moody, 1973).

* Charles M. Home, *Salvation* (Chicago: Moody, 1971), 88-100.

** John Murray, *La redención, consumada y aplicada* (Terrassa: Clie, 1993).

* Henry C. Thiessen, *Lectures in Systematic Theology*. rev. por Vernon D. Doerksen (Grand Rapids: Eerdmans, 1977), 290-295.

* Merrill F. Unger, *Unger's Bible Dictionary* (Chicago: Moody, 1961), 990-991.

25

ECLESIOLOGÍA: DOCTRINA DE LA IGLESIA

DEFINICIÓN

Significado de la iglesia

La palabra *iglesia* en inglés (*church*) está relacionada con la palabra escocesa *kirk* y la alemana *kirche*, y todos estos términos se derivan de la palabra griega *kuriakon*, el adjetivo neutro de *kurios* ("Señor"), cuyo significado es "perteneciente al Señor".[1] La palabra *iglesia* en español se traduce del griego *ekklesia*, derivada de *ek* ("fuera de") y *kaleo* ("llamar"); por lo tanto, la iglesia es "un grupo llamado aparte".

Ekklesia aparece 114 veces en el Nuevo Testamento, tres veces en los Evangelios y 111 veces en las epístolas. En los Evangelios solo aparece en Mateo 16:18 y 18:17 (dos veces). Las dos últimas probablemente se usen en sentido no técnico para referirse a una congregación judía. Así las cosas, en los Evangelios *ekklesia* solo se usa una vez en sentido técnico, y ese pasaje es una referencia profética a la iglesia. Esto ayuda a establecer el hecho de que la iglesia comenzó después de la ascensión, tal como se registra en el libro de Hechos y particularmente es una doctrina paulina.

Sin embargo, la palabra *ekklesia* no indica la naturaleza del grupo llamado aparte; puede usarse en el sentido técnico de la Iglesia neotestamentaria o se puede usar para cualquier grupo en sentido no técnico. Por ejemplo, Hechos 7:38 se refiere a la congregación del pueblo de Israel como *ekklesia* (aquí se traduce "congregación"). En Hechos 19:32 se refiere a una multitud en Éfeso que era rebelde a Pablo (aquí se traduce "asamblea"). No obstante, muy a menudo se usa la palabra en sentido técnico para designar al grupo de creyentes llamado aparte en Jesucristo.

Aspectos de la iglesia

La iglesia local. El uso neotestamentario más común de la palabra *iglesia* designa a un grupo de creyentes al cual se identifica como congregación o asamblea local. Así, había iglesias en Jerusalén (Hch. 8:1; 11:22), en Asia Menor (Hch. 16:5), en Roma (Ro. 16:5), en Corinto (1 Co. 1:2; 2 Co. 1:1), en Galacia (Gá 1:2), en Tesalónica (1 Ts. 1:1) y en la casa de Filemón (Flm. 2).

Esos primeros creyentes no tenían edificios especiales en los que reunirse; en lugar de ello, se reunían en casas (Ro. 16:5; Flm. 2). Los primeros creyentes se reunían para adorar (1 Co. 11:18), estar en comunión (Hch. 2:45-46; 4:31), recibir instrucción (Hch. 2:42; 11:26; 1 Co. 4:17) y llevar a cabo ministerios como enviar misioneros (Hch. 13:2; 15:3). El resultado fue la salvación continua de personas (Hch. 2:47).

La iglesia universal. Si bien la iglesia local ve a la iglesia como un grupo local de creyentes reunidos en un local particular, la iglesia universal incluye "a todos aquellos que, en todas las eras, han nacido del Espíritu de Dios y se han bautizado por el mismo Espíritu en el Cuerpo de Cristo (1 Co. 12:13; 1 P. 1:3, 22-25)".[2] Es un grupo corporativo de creyentes que Cristo prometió edificar (Mt. 16:18), el Cuerpo por el cual murió Cristo (Ef. 5:25) y sobre el cual es cabeza para darle dirección (Ef. 1:22-23; Col. 1:18). En Efesios 1:23 se refiere a la iglesia como "su cuerpo". Esto no puede referirse a una asamblea local, sino que debe representar el cuerpo universal de creyentes (cp. Col. 1:18). El énfasis particular de la iglesia universal es su unidad. Ya sean judíos o gentiles, todos juntos componen un cuerpo en la unidad producida por el Espíritu Santo (Gá. 3:28; Ef. 4:4).

A veces a la iglesia universal se la llama iglesia invisible, y a la local se le llama visible (aunque hay quienes niegan esta identificación).[3] Personajes como Agustín, Lutero y Calvino enseñaron tal distinción, que enfatizaba que la iglesia invisible era perfecta, verdadera y madura espiritualmente; en tanto que la iglesia visible era la asamblea local de creyentes, con sus imperfecciones e incluso con incrédulos que son parte de ella. También se usa el término *invisible* para indicar que su membresía exacta no se puede conocer. ¡En realidad, los miembros son completamente visibles![4]

Formación de la iglesia

¿Cuándo comenzó la iglesia? El estudio del Nuevo Testamento indica que la iglesia es una entidad exclusiva del Nuevo Testamento que no existía antes, aunque algunos sugieran que la iglesia existía en el Antiguo Testamento.[5] En Mateo 16:18 Jesús declaró "edificaré mi iglesia"; indicaba con ello que la edificación de la iglesia era futura. Este es un punto importante. Enfatiza que la iglesia no existía cuando Jesús pronunció tales palabras. Estaba haciendo una predicción sobre la iglesia que edificaría en el futuro.

En 1 Corintios 12:13 se identifica la manera en que habría de edificarse: por obra del Espíritu Santo que bautizaría a los creyentes en el cuerpo de Cristo. El Espíritu Santo ubica a los creyentes en unión con Cristo en el momento de la regeneración. Efesios 1:2-23 identifica la iglesia con el cuerpo de Cristo, y enfatiza la unión de los creyentes con Cristo en el momento de la conversión.

En Hechos 1:5 Jesús declaró que los creyentes serían bautizados con el Espíritu Santo "dentro de no muchos días". Ello indica que la obra del Espíritu Santo de unir a los creyentes con Cristo no había comenzado, pero fue anticipada como algo inminente. El contexto da claridad al evento e indica que comenzó en Pentecostés cuando el Espíritu Santo descendió (Hch. 2:1-4). Cuando Pedro relató lo ocurrido en la casa de Cornelio en Cesarea, indicó a los judíos de Jerusalén que el Espíritu Santo descendió sobre los gentiles tal como lo había hecho con los judíos "al principio" (Hch. 11:15). La última frase identifica el punto de inicio de la obra bautismal del Espíritu Santo, y por tanto identifica el inicio de la formación de la iglesia neotestamentaria. La iglesia comienza en Pentecostés (Hch. 2).

Figuras de la iglesia

Cuando Jesús declaró "edificaré mi iglesia" (Mt. 16:18), no se estaba refiriendo a la iglesia local sino a la universal, el agregado de creyentes en la era actual. La Biblia usa varias figuras para describir o ilustrar a la iglesia como organismo vivo.

Cuerpo. La palabra *cuerpo* es una metáfora que ilustra la unidad y universalidad de la iglesia. Como la cabeza tiene autoridad sobre el cuerpo físico y le da dirección, así también Cristo, como cabeza de la iglesia, tiene autoridad sobre ella y le da dirección (Ef. 1:22-23; Col. 1:18). Esta metáfora también enfatiza la unidad de todos los creyentes en la era de la iglesia, pues reconcilia a judíos y gentiles en un cuerpo. No hay distinción, son uno en Cristo (1 Co. 12:13; Ef. 2:16; 4:4). Más aún, Cristo alimenta a la iglesia con líderes dotados, de modo que ella pueda madurar y edificarse como un cuerpo en Cristo (Ef. 4:12, 16; Col. 2:19). La participación en los elementos que componen la Cena del Señor ilustra la unidad de la iglesia como cuerpo de Cristo (1 Co. 10:16-17).

Novia. Efesios 5:23 describe a la iglesia como novia de Cristo; allí se hace una analogía que compara la relación matrimonial de esposo y esposa con Cristo y su novia, la iglesia. La ilustración es aplicable porque revela la magnitud del amor de Cristo por la iglesia (Ef. 5:2, 25). El segundo énfasis de la ilustración es la posición exaltada de la novia.[6] Como es costumbre en los matrimonios orientales, la novia recibe la promesa de bendición futura con su esposo durante el compromiso (desposorio). Así, la iglesia de hoy es una novia comprometida que espera el retorno desde la gloria de su esposo. La segunda etapa del matrimonio oriental era la boda como tal, cuando el marido venía para que la novia se quedara con él. En una figura análoga, la iglesia espera el retorno de Cristo para casarse con Él (Jn. 14:1-3; 1 Ts. 4:16-17). En las bodas orientales, después viene la celebración; así también la iglesia, como novia de Cristo, espera el retorno de su esposo (Ap. 19:7-9) y la gloria del reino milenario posterior.

Edificio. Pablo había enfatizado que judíos y gentiles son uno en Cristo, pues Dios derribó la pared que los separaba (Ef. 2:11-18). Ahora pasa a describir la unidad de la iglesia bajo la figura de un edificio. La iglesia, una unión de judíos y gentiles, se construye "sobre el fundamento de apóstoles y profetas" (Ef. 2:20). En colectivo, "los apóstoles" son uno de los dones fundacionales, diseñados para equipar a los creyentes (Ef. 4:12) y ayudar a que la iglesia madure (Ef. 4:13).

Jesucristo es la piedra angular en la figura del edificio (Ef. 2:20; cp. 1 Co. 3:11); por piedra angular tal vez se refiera a "la piedra principal en el ángulo de la estructura a partir de la cual el arquitecto determina cómo van los muros en todo edificio".[7] En Cristo, todo el edificio, la iglesia, está "bien coordinado" (gr., *sunarmologoumene*; Ef. 2:21),[8] esto enfatiza la obra de Cristo en la construcción de la iglesia. Tal como el edificio "crece" cuando se está construyendo, así también la iglesia, como organismo vivo, crece cuando se suman a ella nuevos creyentes (cp. 1 P. 2:5).

Sacerdocio. En 1 Pedro 2:5, el apóstol combina las figuras de edificio y sacerdocio cuando declara: "ustedes son como piedras vivas, con las cuales se está edificando una casa espiritual. De este modo llegan a ser un sacerdocio santo" (NVI). La declaración recuerda a Éxodo 19:5-6, donde Dios declaró que Israel era "un reino de sacerdotes".[9] No obstante, en Israel solo podían ser sacerdotes quienes pertenecían a la tribu de Leví, mientras que en la iglesia cada creyente es un sacerdote. Así lo indica Pedro; el propósito de ello es ofrecer sacrificio espiritual, no animal.

La unicidad del sacerdocio neotestamentario se ve más claramente en 1 Pedro 2:9, donde Pedro se refiere al "real sacerdocio". Los creyentes de la era de la iglesia son reyes y sacerdotes (cp. Ap. 1:6). En el Antiguo Testamento era posible combinar los dos oficios porque o bien se era de ascendencia sacerdotal levítica o de la ascendencia real, que era de la tribu de Judá. Toda la iglesia funciona como el sacerdocio; mientras que en Israel solo la línea levítica tenía ese privilegio. Todos los creyentes de la era de la iglesia tienen acceso a Dios por medio de Cristo, el sumo sacerdote de la iglesia; mientras que en Israel los creyentes individuales solo podían acercarse a Dios por medio de los sacerdotes levitas. En la era de la iglesia todos los sacerdotes pueden acercarse a Dios confiadamente y en cualquier momento (He. 4:14-16), mientras que los israelitas solo podían acercarse durante las ofrendas particulares (Lv. 1—7).[10] Tales contrastes indican que Israel y la iglesia son entidades diferentes, aun cuando las dos tienen un llamado al sacerdocio.

Rebaño. Esta imagen bella y tierna se encuentra en Juan 10:16 y describe la relación de los creyentes con el Señor (cp. Hch 20:28; 1 P. 5:3). La relación de Israel con el Señor era como de oveja y pastor (Sal. 23) y se dice de Israel que es un rebaño (Sal. 80:1; Jer. 13:17), pero en el Antiguo Testamento dicha figura estaba limitada a Israel. La relación oveja-Pastor entre la iglesia y Cristo es única, porque este rebaño se compone de judíos y gentiles. Jesús declaró: "También tengo otras ovejas [los gentiles] que no son de este redil [los judíos]; aquéllas también debo traer, y oirán mi voz; y habrá un rebaño, y un pastor" (Jn. 10:16).

La imagen enfatiza que los miembros de la iglesia universal pertenecen a Cristo, pues son sus ovejas. Jesús enfatiza que el rebaño es suyo (Jn. 10:26-27) y que está seguro en su mano. Más aún, el rebaño responde a la voz del Pastor: hay intimidad porque el Pastor conoce individualmente sus ovejas y ellas reconocen su voz y le responden.

Ramas. En Juan 15 Jesús describe su relación cercana con los creyentes de la era de la iglesia en términos de una vid y sus ramas. Jesús es la vid verdadera (Jn. 15:1) y el Padre es quien labra la tierra para que las ramas den fruto (Jn. 15:1). Los creyentes de la era de la iglesia son las ramas que tienen vida gracias a la vid, porque están en ella (Jn. 15:4-5). Las ramas reciben su alimento de vida porque están ligadas a la vid; en tanto estén en la vid, pueden crecer y dar fruto.

Tal relación describe la unión y la comunión de Cristo con los creyentes de la era de la iglesia.[11] Cristo exhorta a la iglesia a permanecer en Él. *Permanecer* (gr., *meno*) esencialmente quiere decir "quedarse" o "vivir". En este contexto quiere decir *quedarse* o *continuar* en el reino donde uno se encuentra.[12] Por lo tanto, permanecer en Cristo es equivalente a creer en Él. Tal relación de permanencia comienza en el momento de la fe y continúa en tanto caminemos por fe (cp. 1 Jn. 2:22, 24, 28).[13]

El propósito de permanecer en la vid es producir fruto. Él "levanta" toda rama que no lleva fruto para que pueda llevarlo.[14] Las ramas que permanecen en Cristo, llevarán fruto (Jn. 15:5). Para promover el proceso de fructificación se podan las ramas de tal manera que puedan dar más fruto (Jn. 15:2). "La figura de la vid demuestra la relación vital entre Cristo y los miembros de la iglesia".[15]

Distintivos de la iglesia

Con relación a Israel. La iglesia es una entidad diferente de Israel y así continuará siéndolo. Evidencia de ello es lo siguiente. Israel siempre significa la descendencia física de Jacob. Así lo mostrará un simple estudio de concordancia del término *Israel*. Todas las veces que el término aparece en el Nuevo Testamento se refiere a los judíos.[16] Usar el término *nuevo Israel* para la iglesia es impreciso; Israel siempre hace referencia al pueblo judío.

Pablo acepta la distinción entre los dos. Cuando advierte a los creyentes que no ofendan a otros, menciona a judíos, griegos (gentiles) e iglesia (1 Co. 10:32). Después de que la iglesia se establece, Israel continúa siendo un pueblo diferenciado de los gentiles y de la iglesia (Hch. 3:12; 4:8, 10; 5:21, 31, 35; 21:19).[17]

Con relación al reino. Algunos cristianos creen que la iglesia es sinónimo del reino, y que ella lo inaugura. Esa es una mala interpretación de la palabra *reino*, cuyo significado es "dominio real, y designa el poder (Esd. 4:5) y la forma de gobernar, y especialmente en los escritores posteriores, el territorio y el gobierno, el rey y el reino".[18] Por lo tanto, el significado básico contiene tres cosas: un gobernante, un pueblo para gobernar y un territorio sobre el cual hacerlo.

Hay dos formas básicas del reino.[19] (1) El reino universal. Esta forma de gobierno ha existido desde siempre (Lm. 5:19), incluye todo lo que hay en el tiempo y el espacio (Sal. 103:19; 139:7-10) y el control de la historia forma parte de él (Is. 44:26—45:4). El reino universal de Dios es su gobierno soberano desde la eternidad y hasta la eternidad.

(2) El reino de mediación. Es "(a) el gobierno de Dios a través de un representante elegido por Él; dicho representante no se limita a hablar y actuar en lugar de Dios, sino que además representa al pueblo ante Dios; (b) un gobierno que hace referencia especial a la tierra; y (c) tener de mediador a alguien que siempre haya sido miembro de la humanidad".[20] Así, Dios entregó su voluntad en la tierra a través de mediadores señalados como Adán, Noé, Abraham, Moisés y otros. Estos mediadores anticiparon siempre al Mediador final, el Mesías que habría de venir para gobernar la tierra al final de esta era. Tal fue la promesa de Gabriel a María sobre su Hijo: "Este será grande, y será llamado Hijo del Altísimo; y el Señor Dios le dará el trono de David su padre; y reinará sobre la casa de Jacob para siempre, y su reino no tendrá fin" (Lc. 1:32-33). Es decir, se refiere al reino futuro prometido (2 S. 7:12-16) sobre el cual el Mesías regirá. La iglesia no es el reino. Ella existe en la era actual; el reino es futuro y su inauguración tendrá lugar con la segunda venida de Cristo.

Hay varias distinciones entre la iglesia y el reino. En las Escrituras jamás se intercambian los términos *iglesia* y *reino*.[21] En las 114 apariciones de la palabra *iglesia* (gr., *ekklesia*), nunca se iguala a reino.[22] Jesús vino a ofrecerle el reino a la nación judía; de ahí la proclamación "el reino de los cielos se ha acercado" (Mt. 4:17). Cuando rechazan el reino, este queda a la espera de la segunda venida (Mt. 13). Después del rechazo de su oferta del reino, Jesús anunció que edificaría su iglesia (Mt. 16:18).

Funciones de la iglesia local

¿Qué constituye una iglesia local? ¿Qué es una iglesia, en realidad? ¿Un grupo de creyentes que se reúne para oír grabaciones de líderes cristianos es una iglesia? ¿Un grupo que se reúne a oír cada semana un conferenciante bíblico diferente es una iglesia?

Hay varias características importantes que permiten identificar una iglesia local bíblica según el Nuevo Testamento.

La adoración.[23] El griego neotestamentario tiene varias palabras para adoración. *Proskuneo* que significa "inclinarse" o "postrarse" se usa muchas veces en los Evangelios pero solo una vez en las epístolas, en 1 Corintios 14:24-25 en conexión con los incrédulos. El hecho físico de inclinarse refleja la actitud interna del corazón: sumisión a Dios. *Latreuo* tiene el significado básico de "servicio sacerdotal"; por lo tanto, Pablo le servía a Dios mediante la predicación (Ro. 1:9). En lugar de ofrecer un animal muerto para adorar, el creyente del Nuevo Testamento le ofrece a Dios un cuerpo vivo, separado para Dios en el acto de adoración (Ro. 12:1). *Sebomai* quiere decir "quien teme a Dios" en la literatura del Antiguo Testamento, y "adoración" en el Nuevo Testamento (cp. Hch. 18:13).

La adoración verdadera debe ser de la naturaleza o esfera espiritual y debe ser acorde con la verdad como Dios la reveló (Jn. 4:24). Requiere la presentación decisiva de todo el creyente a Dios (Ro. 12:1-2). Mientras los creyentes del Antiguo Testamento se reunían para adorar el sábado, en Hechos se ve la transición pues los cristianos comenzaron a adorar el domingo, el primer día de la semana, para conmemorar la resurrección (Jn. 20:1, 19, 26). Cumplían el mandato del Señor sobre la Cena del Señor (Acts 20:7) y recogían las ofrendas (1 Co. 16:2) cuando se reunían el primer día de la semana. Cantar himnos también era parte de la adoración conjunta en la iglesia primitiva (1 Co. 14:26; Ef. 5:19; Col. 3:16).

Instrucción. Era un elemento vital en la vida de la iglesia primitiva. Dios entregó las Escrituras para enseñarlas a las personas y hacerlas madurar (2 Ti. 3:16-17). La enseñanza es el antídoto contra las falsas doctrinas (1 Ti. 1:3), produce amor entre los creyentes (1 Ti. 1:5), provee alimento espiritual (1 Ti. 4:6), piedad (1 Ti. 4:6-16), sumisión (1 Ti. 5:17; 6:2) y un enfoque apropiado de la vida (1 Ti. 6:17). Pablo le pidió a Timoteo instruir a otros para extender la doctrina (2 Ti. 2:2; cp. 1 Ti. 4:14, 16; 6:20).

Desde el mismo comienzo, la iglesia se entregó a la enseñanza de los apóstoles (Hch. 2:42), y luego procedió a llenar la ciudad de doctrina cristiana (Hch. 5:28). Pablo elogió a la iglesia de Roma por adherirse a la enseñanza que había recibido. En sus viajes misioneros, Pablo enseñaba en las iglesias (Hch. 18:11), tanto en público como en las casas (Hch. 20:20). En realidad, Hechos concluye con las enseñanzas de Pablo a quienes se le acercaban en Roma (Hch. 28:31). Difícilmente se podría sobrevalorar la importancia de enseñar como una de las principales funciones de la iglesia.

Comunión. La palabra *comunión* (gr., *koinonia*) quiere decir "compartir" y enfatiza la unidad de la iglesia. La comunión tiene lugar de varias formas. La iglesia primitiva se reunía para tener comunión al partir el pan y orar (Hch. 2:42). Partir el pan era tener una comida conjunta, llamada "ágape", y después tomar la Cena del Señor. La iglesia primitiva enfatizó bastante la comunión en la oración (cp. Hch. 4:24-31; 12:5, 12; Fil. 1:3-4). La comunión también podría incluir medios materiales para ayudar en la difusión del evangelio (Ro. 15:26; 2 Co. 9:13; Fil. 1:5) o compartir el rechazo por identificarse con Cristo (Fil. 3:10).

La comunión también enfatiza el hecho de que los creyentes pertenezcan unos a otros. Pablo lo enfatiza con su uso de "los unos a los otros".

Pablo instruye a los creyentes a aceptarse unos a otros por su comunión en Cristo (Ro. 15:7), a amarse unos a otros (Ef. 4:2, 15, 16; 5:2), a abstenerse de juzgarse unos a otros (14:3, 13), a fortalecerse unos a otros (Ro. 14:19), a estar unidos (Ro. 15:5) y a amonestarse unos a otros (Ro. 15:14). Esta forma de relación es importante para mantener la unidad por la cual Cristo oró (Jn. 17) y por la que Pablo suplicó (Fil. 2:1-4).

Ministerio. La iglesia local también tiene que ver con el ministerio (véase "Propósito de la iglesia" en la página 364 para mayor explicación). Consiste en la evangelización de los incrédulos del mundo (Hch. 8:4; 11:19-20; 16:31; 17:12) y varios ministerios orientados a los creyentes en la comunidad de la iglesia. También consiste en el ejercicio de los dones espirituales a fin de ministrarse unos a otros (Ro. 12:3-8; 1 Co. 12; Ef. 4:8-13) y, en esa misma medida, servir a otros (Ro. 12:7) al dar para cubrir las necesidades de otros (Ro. 12:8), mostrar compasión (Ro. 12:8) y ayudar a otros (1 Co. 12:28). Lleva implícito, además, el ejercicio de la disciplina eclesial. Es necesario usarla (exclusión de la comunidad) por causa de la inmoralidad (1 Co. 5:1-13) y de las falsas doctrinas (2 Ts. 3:14; 2 Jn. 10). Gálatas 6:1-2 aporta un principio importante sobre el uso de la disciplina eclesial. El ministerio también consiste en ayudar a los necesitados de la iglesia, en particular a las viudas (Stg. 1:27). En 1 Ti. 5:1-8 se aportan detalles sobre la importancia de cuidar a las viudas.

Organización. Cuando la iglesia se forma se deben asignar ancianos y diáconos para supervisar el ministerio (Hch. 14:23; Tit. 1:5; véase "Líderes de la iglesia" para una explicación más amplia).

Ordenanzas. La iglesia practicó las ordenanzas del bautismo y la Cena del Señor (Hch. 2:41; 1 Co. 11:23-24; véase "Ordenanzas de la iglesia" en la página 359 para una explicación más amplia).

Líderes de la iglesia

Hebreos 13:17 identifica a los líderes de la iglesia local que velan por el bienestar de las personas; los creyentes deben someterse a quienes tienen autoridad sobre ellos. Hay varios oficios para denotar a los líderes mencionados en las Escrituras.

Ancianos
Nombres. Hay dos términos básicos para identificar el oficio de anciano. (1) Presbíteros. El primer término es *anciano* (gr., *presbuteros*) e identifica a alguien que ha sido cristiano durante más tiempo. Puede usarse en sentido literal para referirse a un hombre mayor (1 Ti. 5:1) o a una mujer mayor (1 Ti. 5:2). También puede usarse en sentido figurado para los líderes, como los miembros del Sanedrín (Hch. 4:5) o los líderes de la iglesia (Hch. 14:23; 15:2, 4, 6).

Presbuteros enfatiza además la dignidad y madurez del cargo. Los ancianos tienen autoridad para distribuir el dinero (Hch. 11:30) y para tomar decisiones relativas a lo que constituye la doctrina ortodoxa (Hch. 15:2, 4, 6, 22; 16:2); reciben los informes de la obra misionera (Hch. 20:17; 21:18); se deben respetar (1 Ti. 5:17); no deben ser dictatoriales (1 P. 5:1-3); deben visitar a los enfermos y orar por ellos, y ofrecerles consejo y ánimo (Stg. 5:14).[24]

(2) Obispos. El segundo término es *obispo* (gr., *episkopos*). El término significa "vigilar" como un pastor. Enfatiza la obra o función del anciano. Su deber es alimentar y cuidar al rebaño que Dios le confió (cp. Hch. 20:28; 1 Ti. 3:2; Tit. 1:7). Si se comparan Hechos 20:17, 28 y Tito 1:5, 7, puede verse que *anciano* y *obispo* se intercambian, luego son el mismo oficio. La distinción importante es que *presbuteros* enfatiza la dignidad del oficio, mientras que *episkopos* enfatiza la obra.

Cualificaciones. Las cualificaciones de los ancianos se dan en 1 Timoteo 3:1-7 y Tito 1:5-9. Los ancianos deben tener las quince características siguientes. Ser irreprensible: no hay nada en su vida por lo cual se le pueda acusar. Marido de una sola mujer: no quiere decir "una a la vez" (la poligamia era desconocida para los romanos y los griegos); no se ha divorciado ni se ha vuelto a casar.[25] Sobrio: su juicio es moderado. Prudente: es discreto, coherente. Decoroso: es sensato, no es cáustico. Hospitalario: ama a los extranjeros y los hospeda. Apto para enseñar: discierne y comunica la sana doctrina. No dado al vino: no se demora en la mesa bebiendo vino. No es pendenciero: no busca peleas. Gentil: es razonable. No es contencioso: evita las peleas. No ama el dinero: no es avaro o irresponsable en lo relativo al dinero. Dirige su propia casa: atiende a su propia familia para hacerlos creyentes y obedientes. No es un recién convertido: no es un neófito. Buena reputación entre los incrédulos: es respetado por la comunidad en general.

Deberes. Pastorear el rebaño (Hch. 20:28), enseñar (1 Ti. 3:2), liderar en general o gobernar (1 Ti. 5:17) y proteger del error (Tit. 1:9).

Número. Con frecuencia se menciona a varios ancianos (Hch. 14:23; Fil. 1:1; Tit. 1:5).

Diáconos

Nombres. La palabra *diácono* (gr., *diakonos*) es la usual para "ministro" o "siervo" y aparece muchas veces en el Nuevo Testamento sin sentido técnico (Mt. 20:26; Mr. 9:35).

Oficio. Aunque no se establece con claridad, parece que el oficio se origina en Hechos 6:1-6, cuando se seleccionan siete hombres para velar por las necesidades materiales de las viudas en la congregación. Esto les permitió a los apóstoles dedicar tiempo a la oración y a ministrar la Palabra. Según esto, la función de los diáconos está subordinada a los ancianos y es auxiliar para ellos; mientras los ancianos enseñan a la congregación, los diáconos velan por las necesidades materiales de la congregación. El término "doblez" sugiere que los diáconos tenían contacto casa a casa (cp. 1 Ti. 3:8).

Cualificaciones. En 1 Timoteo 3:8-13 se detallan las condiciones para el diaconato. Un diácono se caracteriza por las siguientes ocho características. Son dignos: serios, merecedores de respeto. Sin doblez: no generan historias conflictivas en la congregación. No son adictos al vino: son moderados en comida y bebida. No son afines a las ganancias deshonestas: no codician el dinero ni usan su posición para obtener ganancias económicas. Guardan el ministerio de la fe: practican lo que predican. Sometidos a prueba: aprobados después de haberlos observado. Una esposa: no se han divorciado ni se han vuelto a casar. Gobiernan bien su casa: son dignos de estar al frente de los asuntos de la iglesia porque dirigen bien los de su propia casa.

Diaconisas

La pregunta sobre las diaconisas genera debate. Hay dos pasajes a considerar en cuanto al oficio. Romanos 16:1 habla de Febe, "diaconisa" (gr., *diakonon*) de la iglesia. La pregunta es si el término se usa en el sentido técnico del oficio eclesial o en el sentido no técnico de ideal cristiano de servicio. Aunque es difícil dar una respuesta definitiva a la pregunta, parece que Pablo no emplea el término en sentido técnico, lo cual es consistente con los saludos informales al final de la carta (cp. 1 Co. 16:15). Pablo usa el término en sentido no técnico en otros pasajes (Ef. 3:7; Col. 1:25; 1 Ti. 4:6).

El segundo pasaje es 1 Timoteo 3:11, donde se menciona a las "mujeres" (gr., *gunaikas*). La pregunta es si *mujeres* hace referencia a las esposas de los diáconos o si se refiere al oficio separado de diaconisa. El contexto sugiere una pausa no natural si esto se refiere a las diaconisas; se haría referencia entonces a los diáconos en los versículos 8-10 y luego saltaría a los versículos 12-13, lo cual no parece muy coherente. Homer A. Kent Jr., por el contrario, sostiene firmemente que 3:11 se refiere al oficio de diaconisa.[26] En 1 Timoteo 5:9-16 se habla sobre el ministerio de las mujeres en la iglesia. Sin embargo, no declara si tal ministerio es el de diaconisa.

GOBIERNO DE LA IGLESIA

La iglesia como cuerpo de Cristo es un organismo vivo; como el cuerpo humano que recibe dirección desde la cabeza, así también Cristo como cabeza dirige a la iglesia. No obstante, hay una organización para gobernar el funcionamiento de la iglesia. A lo largo de la historia han surgido tres tipos diferentes de gobierno eclesial.

Tipos de gobierno eclesial

Episcopal. El nombre *episcopal* viene del griego *episkopos*, cuyo significado es "supervisor" (la palabra se traduce como "obispo" en la RVR, la LBLA y la NVI), e identifica a las iglesias gobernadas por la autoridad de los obispos. Hay varias denominaciones identificadas por su gobierno episcopal, y la forma más simple es la de la Iglesia metodista. La estructura de la Iglesia episcopal (anglicana) es más compleja. La Iglesia católica romana tiene la forma más compleja de gobierno episcopal, donde la autoridad final recae sobre el obispo de Roma, el papa.[27] La Iglesia luterana también sigue la forma episcopal.

En esta forma de gobierno la autoridad recae sobre los obispos, quienes supervisan un grupo de iglesias, no solo una. El obispo tiene el poder inherente de ordenar ministros o sacerdotes. Los católicos romanos sugieren que dicha autoridad se deriva de la sucesión apostólica, con origen en los apóstoles. Reclaman tal autoridad con base en Mateo 16:18-19. Hay otros, como los metodistas, que no reconocen la autoridad por sucesión apostólica.

Esta forma de gobierno surgió en el siglo segundo, pero quienes se adhieren a ella afirmaron tener respaldo bíblico por la posición de Santiago en la iglesia de Jerusalén, así como por la posición y autoridad de Timoteo y Tito.

Presbiteriano. El nombre *presbiteriano* viene del griego *presbuteros*, cuyo significado es "anciano", y sugiere la dignidad, madurez y edad de los líderes de la iglesia. *Presbiteriano* (llamado a veces *federal*) designa el gobierno eclesial de los ancianos, como en las Iglesias presbiteriana y reformada). La forma presbiteriana enfatiza el gobierno de ancianos, elegidos o señalados por las personas, lo cual contrasta con la forma congregacional. La sesión (o consistorio), compuesta por los ancianos gobernantes elegidos (presidida por el anciano maestro), gobierna la iglesia local. Sobre la sesión está el presbiterio, compuesto por todos los ministros ordenados, los ancianos maestros y un anciano gobernante de cada congregación local en el distrito.[28] "Sobre el presbiterio está el sínodo y sobre él está la asamblea general, la corte suprema. Los dos cuerpos se dividen en ministros, laicos o ancianos gobernantes".[29] El pastor oficia como uno de los ancianos.

El Nuevo Testamento menciona con frecuencia a los ancianos, lo cual sirve de respaldo bíblico: había ancianos en Jerusalén (Hch. 11:30; 15:2, 4) y Éfeso (Hch. 20:17); se escogían para cada iglesia (Hch. 14:23; Tit. 1:5); eran responsables de alimentar el rebaño (1 P. 5:1-2); también había ancianos que gobernaban (1 Ti. 5:17).

Congregacional. Aquí la autoridad recae sobre toda la congregación local, no sobre un representante individual. Se enfatizan aquí dos cosas: la autonomía y la democracia.[30] Sus iglesias son autónomas, pues ninguna autoridad externa a la iglesia local tiene poder sobre ella. Además, sus iglesias son democráticas: todos los miembros de la congregación local to-

FORMAS DE GOBIERNO ECLESIAL			
Forma	**Adherentes**	**Autoridad**	**Base**
Episcopal	Católicos romanos Ortodoxos Episcopales Luteranos Metodistas	Obispos	Hechos 6:6; 14:23 Gálatas 1:19; 2:9
Presbiteriana	Presbiterianos Reformados	Ancianos	Hechos 20:17 1 Timoteo 5:17 Tito 1:5
Congregacional	Congregacionales Bautistas Menonitas Evangélicos libres	Congregación	Hechos 15:12, 22-25 Colosenses 1:18 1 Pedro 2:9

man decisiones para guiar y gobernar la iglesia. Lo argumentan teniendo en cuenta el sacerdocio de todos los creyentes. Tal forma de gobierno la adoptan los bautistas, evangélicos libres, los congregacionales, algunos luteranos y algunas iglesias independientes.

El respaldo bíblico está en que la congregación participó en la elección de diáconos (Hch. 6:3-5) y ancianos (Hch. 14:23);[31] toda la iglesia envió a Bernabé (Hch. 11:22) y a Tito (2 Co. 8:19) y recibió a Pablo y Bernabé (Hch. 14:27; 15:4); toda la iglesia participó en la decisión sobre la circuncisión (Hch. 15:25); toda la iglesia disciplinó (1 Co. 5:12; 2 Co. 2:6-7; 2 Ts. 3:14); todos los creyentes tienen la responsabilidad de seguir la doctrina correcta al probar los espíritus (1 Jn 4:1), cosa que pueden hacer, pues tienen la unción (1 Jn. 2:20).

Evaluación del gobierno eclesial

La forma de gobierno *episcopal* se basa parcialmente en la autoridad de los apóstoles, lo cual en realidad no tiene contrapartida en la iglesia del Nuevo Testamento más allá de la era apostólica. Cristo confirió una autoridad única sobre los doce (Lc. 9:1), que ningún grupo o persona puede reclamar para sí; tampoco hay base bíblica para forma alguna de sucesión apostólica. Jesús les dio a los apóstoles la autoridad que le dio a Pedro (Mt. 16:18-19, Mt. 18:18, Jn. 20:23), pero no a los grupos que los sucederían. Se ve esta forma de gobierno eclesial en el siglo segundo, pero no en el primero.

El gobierno *presbiteriano* goza de un fuerte apoyo por su perspectiva de la pluralidad de los ancianos; hay muchos ejemplos en el Nuevo Testamento. No obstante, el Nuevo Testamento no habla de ninguna organización más allá de la iglesia local.

El gobierno *congregacional* tiene base bíblica para la participación de todas las personas en la toma de decisiones de la iglesia. Se puede decir con seguridad que en las Escrituras hay elementos a favor de los gobiernos presbiteriano y congregacional.

ORDENANZAS DE LA IGLESIA

Históricamente, los protestantes han reconocido dos ordenanzas: el bautismo y la Cena del Señor (o Santa Cena), mientras que los católicos romanos han mantenido siete sacramentos: bautismo, eucaristía (Santa Cena), confirmación, penitencia (confesión), unción de los enfermos, orden sacerdotal y matrimonio. Hay diferencia de opiniones en cuanto a la terminología. Los católicos (y algunos protestantes) prefieren el término *sacramento*, proveniente del latín *sacramentum*, cuyo significado es "algo separado o sagrado". En la Vulgata Latina el término *sacramentum* también se usó para traducir la palabra griega *musterion* (Ef. 5:32) y "terminó usándose para todo lo que tuviera un significado secreto o misterioso. Agustín lo llamaba 'la forma invisible de la gracia visible'".[32] Después se definió *sacramento* como una "señal visible y externa de la gracia espiritual e interna".[33] Por esa razón, muchos protestantes prefieren el término *ordenanza*, que no tiene la connotación de gracia transmitida. Una ordenanza podría definirse como "un rito externo, prescrito por Cristo, que debe realizar la iglesia".[34]

Cena del Señor

Cristo instituyó la Santa Cena en la víspera de su crucifixión, y les ordenó a sus seguidores que siguieran practicándola hasta su regreso (Mt. 26:26-29; Mr. 14:22-25; Lc. 22:14-23). Era un pacto o testamento nuevo que contrastaba con el antiguo pacto mosaico. Era necesaria la muerte para habilitar el pacto, porque por en ella había perdón de pecados. Pablo también enseñó esta ordenanza a la iglesia de Corinto (1 Co. 11:23-32). El asunto en cuestión, por supuesto, es: ¿qué significa la Cena del Señor? La cristiandad ha tenido cuatro perspectivas sobre su significado.

Transubstanciación. La perspectiva católica romana sobre la Santa Cena se llama *transubstanciación*, que significa "cambio de sustancia". La Iglesia católica romana enseña que en el momento de la eucaristía (la misa) ocurre un milagro en el cual el pan y el vino se vuelven literalmente el cuerpo y la sangre de Cristo, aunque las características sensoriales de los elementos (llamadas "accidentes" por los católicos) —figura, color, sabor y olor— sigan siendo las mismas. El Credo del papa Pío IV declaraba: "Profeso igualmente que en la Misa se ofrece a Dios un sacrificio verdadero, propio y propiciatorio por los vivos y por los difuntos, y que en el santísimo sacramento de la Eucaristía está verdadera, real y sustancialmente el cuerpo y la sangre, juntamente con el alma y la divinidad, de nuestro Señor Jesucristo, y que se realiza la conversión de toda la sustancia del pan en su cuerpo, y de toda la sustancia del vino en su sangre…".[35] Cuando el sacerdote consagra los elementos, la sustancia cambia de pan y vino a cuerpo, sangre, alma y divinidad de Cristo. Así, en la enseñanza católica, el participante toma, en realidad, el cuerpo de Cristo. La Iglesia católica afirma que esa es la enseñanza en Juan 6:32-58.

John O'Brien, católico romano, declaró: "La misa, con sus vestimentas coloridas y ceremonias vívidas, es una reconstitución dramática, de forma incruenta, del sacrificio de Cristo en el Calvario".[36] Un teólogo católico contemporáneo la igualó con la salvación: "En su carne y sangre, pues, se ofrece Jesús mismo. Él se presenta como don de salvación".[37]

Esta perspectiva suscita varios problemas serios. (1) Así las cosas, la obra de Cristo no se ha acabado, el sacrificio de Cristo continúa en la misa. Mas Cristo declaró que su obra se completó (Jn. 19:30), y el autor de Hebreos también lo dijo (He. 10:10-14). (2) Si esta enseñanza fuera cierta, el cuerpo de Cristo tendría que ser omnipresente; no obstante, su cuerpo humano está en el cielo (Hch. 7:56). (3) Cristo usó una figura del lenguaje para instituir la Cena —la metáfora: "Esto es mi cuerpo… esto es mi sangre"— para referirse al pan y la copa. Él estaba físicamente presente, pero era distinto a los elementos, cuando se refirió a ellos como su cuerpo y su sangre. De igual forma, en Juan 6 Jesús usó una metáfora impactante para describir vívidamente la relación de la fe salvadora con Él ("El que come mi carne y bebe mi sangre"). Insistir en la literalidad de dichas expresiones supone violentar los principios hermenéuticos fundamentales. (4) Estaba prohibido que los judíos bebieran sangre (Lv. 17:10-16), pero era eso lo que Jesús les estaría pidiendo en caso de que tuviera en mente la transubstanciación.

Consubstanciación. Es la doctrina luterana según la cual el cuerpo y la sangre de Jesús están realmente presentes en los elementos pero ellos siguen siendo pan y vino; no se convierten literalmente en el cuerpo y la sangre como enseña la doctrina católica romana. Para enfatizar la presencia de Cristo en los elementos, los luteranos usan términos como "en, con y bajo" para expresar la presencia real de su cuerpo y sangre. Martín Lutero usó la ilustración del hierro puesto en el fuego donde ambos, fuego y hierro, unidos en el hierro al rojo vivo, se mantienen a pesar de todo sin cambio.[38]

Los luteranos difieren de los católicos romanos también en que no aceptan la noción del sacrificio perpetuo de Cristo en la Eucaristía. No obstante, Lutero insistió en que "al participar del sacramento se experimenta un beneficio real: el perdón de los pecados y la confirmación de la fe. No obstante, el beneficio se debe a la recepción de la Palabra por la fe, no a los elementos en el sacramento".[39]

El problema con la perspectiva luterana de la Eucaristía es que no reconoce la declaración "esto es mi sangre" como figura del lenguaje.

Perspectiva reformada. También se llama perspectiva calvinista porque sus adherentes son de las iglesias reformadas (y otras) que siguen las enseñanzas de Calvino sobre el tema. Rechaza la noción de la presencia literal de Cristo en cualquiera de sus formas; en esto se asemeja a la perspectiva memorial. No obstante, enfatiza la presencia de la obra espiritual de Cristo. Calvino enseñó que "Cristo está presente y gozado en toda su persona, tanto cuerpo como sangre. Enfatiza la comunión mística de los creyentes con todo el ser del Redentor... Aunque el cuerpo y la sangre de Cristo están ausentes aquí y presentes en el cielo, le comunican al creyente una influencia que da vida".[40] La gracia se comunica a quienes participan de los elementos debido a la presencia mística de Cristo en ellos; más aún, la gracia es similar a la recibida por medio de la Palabra y, de hecho, añade efectividad a la Palabra.[41]

Esta perspectiva tiene un problema: no hay una declaración explícita o una inferencia de las Escrituras donde se sugiera que al participante se le imparte gracia.

Perspectiva memorial. También se le llama "perspectiva Zuingliana", por el reformador suizo Ulrico Zuinglio (1481-1531), el cual era un claro defensor de la misma, a diferencia de otras perspectivas de su tiempo. Zuinglio, en contraste con la perspectiva calvinista, enseñaba que no ha-

PERSPECTIVAS SOBRE LA CENA DEL SEÑOR		
Perspectiva	**Cristo y los elementos**	**Significado**
Transubstanciación (católica romana)	El pan y el vino cambian literalmente al cuerpo y la sangre de Cristo.	Quien la toma participa de Cristo; Él se sacrifica en la misa para expiar los pecados.
Consubstanciación (luterana)	El pan y el vino contienen el cuerpo y la sangre de Cristo, pero no cambian literalmente. Cristo está realmente presente "en, con y bajo" los elementos.	Quien la toma recibe perdón de los pecados y confirmación de su fe al participar de los elementos, pero se deben recibir por fe.
Reformada (presbiteriana, reformada)	Cristo no está literalmente presente en los elementos, pero está presente espiritualmente.	Quien la toma recibe gracia por participar de los elementos.
Memorial (bautista, menonita)	Cristo no está presente física ni espiritualmente.	Quien la toma conmemora la muerte de Cristo.

bía presencia real de Cristo, solo había comunión espiritual con Cristo de quienes participaban con fe. En la perspectiva memorial se concibe al pan y la copa únicamente en sentido figurado; un memorial de la muerte de Cristo. Aunque Zuinglio reconocía la presencia espiritual del Señor en quienes participaban con fe, los anabautistas rechazaron la idea de la presencia en la Cena en cualquier sentido no más que pudiera estar presente en cualquier otro lugar. Esta perspectiva enfatiza la demostración de fe en la muerte de Cristo por medio del acto simbólico.

La perspectiva memorial tiene amplio respaldo en las Escrituras. Cuando éstas se examinan revelan el significado de la Cena del Señor. Es un memorial de su muerte (1 Co. 11:24-25): así lo deja claro la declaración constante "en memoria de mí"; el pan simboliza su cuerpo perfecto, ofrecido en sacrificio para llevar los pecados (1 P. 2:24), y el vino es la sangre derramada para perdonarlos (Ef. 1:7). Es la proclamación de la muerte de Cristo mientras se espera su regreso (1 Co. 11:26): recuerda el evento histórico de la cruz y anticipa su retorno futuro (Mt. 26:29). Es comunión de los creyentes entre ellos (1 Co. 10:17): comen y beben los mismos elementos simbólicos centrándose en la fe común en Cristo.

Bautismo
Significado. El bautismo neotestamentario tuvo su origen en el mandamiento de Cristo de hacer discípulos y bautizarlos (Mt. 28:19). En el origen de este mandato hay un orden establecido. La primera parte era hacer discípulos, luego había que bautizarlos. Ese es el patrón en Hechos. Pedro ordenó que sus oyentes se arrepintieran y luego se bautizaran (Hch. 2:38). El bautismo era solo para quienes oían el evangelio, lo entendían y respondían con fe y arrepentimiento. Las personas recibían primero la Palabra y después se bautizaban (Hch. 2:41). Así ocurrió con quienes respondieron al mensaje de Felipe (Hch. 8:12), con el etíope (Hch. 8:38), Pablo (Hch. 9:18), los gentiles de Cesarea (Hch. 10:48), Lidia (Hch. 16:14-15), el carcelero de Filipos (Hch. 16:32-33) y Crispo (Hch. 18:8). Todas estas referencias indican que el bautismo es posterior a la fe; el arrepentimiento y la fe son anteriores a la ordenanza del bautismo.

El bautismo significa identificación. En el Nuevo Testamento identifica al creyente con Cristo en su muerte y resurrección. El bautismo en el nombre de Cristo (Hch. 2:38) enfatiza la asociación con Cristo en el rito. Romanos 6:4-5 ilustra el significado del bautismo en agua, aunque se refiere al bautismo del Espíritu y no al bautismo en agua. Es una declaración pública de que el creyente se unió a Cristo por la fe, en su muerte y resurrección.

Perspectivas sobre el bautismo.[42] (1) Medio de gracia salvadora (regeneración bautismal). Según esta perspectiva, el bautismo "es el medio por el cual Dios imparte la gracia salvadora, lo cual da como resultado la remisión de los pecados. Al despertar o fortalecer la fe, el bautismo lava para regeneración".[43] Según la perspectiva católica romana no es necesaria la fe; el rito como tal es suficiente si se realiza apropiadamente. La perspectiva luterana es que la fe es un prerrequisito. Los niños se deben bautizar y pueden poseer inconscientemente la fe de sus padres.

(2) Señal y sello del pacto. Es la perspectiva de las iglesias reformadas y presbiterianas. Los sacramentos del bautismo y la Cena del Señor son "señales y sellos de algo invisible e interno, a través de los cuales Dios obra en nosotros por el poder del Espíritu Santo... El bautismo nos asegura las promesas de Dios, como la circuncisión en el Antiguo Testamento... El bautismo es el medio de iniciación en el pacto y una señal de la salvación".[44]

(3) Símbolo de nuestra salvación. Es la perspectiva de los bautistas y otros según la cual el bautismo solo es una señal externa del cambio interno. Es un testimonio público de la fe en Cristo. "No produce cambio espiritual alguno en quien se bautizó... El bautismo no aporta directamente ninguna bendición o beneficio espiritual".[45] Más aún, solo debe practicársele a los creyentes. Por tanto, esta perspectiva es la única que afirma que solo creyentes deben bautizarse. Las primeras dos declaran que los niños deberían o pueden bautizarse, junto con los adultos convertidos.

Modo. Hay diferencias de vieja data sobre el modo del bautismo. Parte del problema radica en que, en realidad, la palabra *bautismo* es un término no traducido que se incorporó al idioma por la transliteración de la palabra griega *baptisma* (verbo *baptizo*). Hoy se practica el bautismo en tres modos: por afusión, aspersión e inmersión. A continuación se explica la defensa de los tres.[46]

(1) Afusión o vertimiento. Históricamente, quien bautizaba vertía agua tres veces sobre la cabeza del bautizado, una por cada miembro de la Trinidad. El argumento es que vertir el agua ilustra mejor la obra del Espíritu Santo en la persona (Hch. 2:17-18). Se afirma que frases como "descendieron ambos al agua" (Hch. 8:38) y "cuando subía del agua" (Mr. 1:10) se relacionan con vertir agua tanto como la inmersión. La *Didajé*, escrita al comienzo del siglo II, declaraba: "Respecto del bautismo, bautizad de esta manera. Dichas con anterioridad todas estas cosas, bautizad en el nombre del Padre y del Hijo y del Espíritu Santo en agua viva [corriente]. Pero si no tienes agua corriente, bautiza con otra agua. Si no puedes hacerlo con agua fría, hazlo con agua caliente. Si no tuvieres ni una ni otra, derrama tres veces agua sobre la cabeza en el nombre del Padre y del Hijo y del Espíritu Santo".[47] Se infiere que la iglesia primitiva permitía verter el agua aun cuando empleaba la inmersión. Parece que los dos modos ya existían en el siglo II.

La afusión tiene un respaldo adicional en las ilustraciones gráficas tempranas, donde se muestra al candidato al bautismo de pie en el agua mientras el ministro vierte agua sobre su cabeza. Finalmente, en los bautismos de la casa de Cornelio (Hch. 10:48) y del carcelero de Filipos (Hch. 16:33) parece más probable la afusión que la inmersión.

(2) Aspersión o rociamiento. En los primeros siglos se reservaba la aspersión para los enfermos o quienes estaban demasiado débiles para recibir el bautismo en público por inmersión o afusión. Su uso generalizado no se aceptó hasta el siglo xiii. A menudo se citan dos precedentes para respaldar la aspersión. Los levitas del Antiguo Testamento se limpiaban con el agua que caía sobre ellos (Nm. 8:5-7; 19:8-13). Hebreos 9:10, en el texto griego original, se refiere a este ritual de limpieza como "bautismo" (gr., *baptismos*; traducido "abluciones" en la RVR). En el siglo iii, Cipriano declaró que ni la cantidad de agua ni el método limpiaban el pecado; más bien, cuando la fe del receptor era genuina, la aspersión era tan efectiva como los otros modos de bautismo.

(3) Inmersión. Se acepta en general que la iglesia primitiva sumergía a quienes se bautizaban. El estudio léxico de *baptizo* indica que significa "hundir, sumergir".[48] Según Oepke, *baptizo* quiere decir "sumergir" y la palabra se ha usado para "hundir un barco", "hundir (en la arena)", "ahogarse" y "morir".[49] Tal significado básico está acorde con el énfasis de las Escrituras: Juan bautizó a Jesús "en el Jordán" y Él "subía del agua" (Mr. 1:9-10; cp. Hch. 8:38). Por otro lado, el griego tiene palabras para *rociar* y *derramar* que no se usan para hablar del bautismo.

Los múltiples estanques de Jerusalén podrían haberse usado para la inmersión, y es muy probable que se usaran para sumergir a un grupo grande como los tres mil del día de Pentecostés (Hch. 2:41). También se sabe que los prosélitos hacían la inmersión solos; este era el modo practicado por la iglesia primitiva. La inmersión ilustra mejor la verdad de la muerte y resurrección con Cristo en Romanos 6.

Bautismo de los niños. Al bautismo de los niños, practicado por católicos romanos, anglicanos, presbiterianos, metodistas y luteranos, se lo defiende de varias maneras. Está relacionado con la teología del pacto. A los niños judíos se les circuncidaba y así se introducían a la comunidad de creyentes, así el bautismo de niños es la contrapartida de la circuncisión, y los introduce en la comunidad cristiana. Está relacionado con la salvación de toda la casa (cp. Hch. 16:15, 31, 33-34; 18:8). Algunos creen que la declaración "cuando fue bautizada, y su familia" (Hch. 16:15) da a entender el bautismo de niños.[50]

PROPÓSITO DE LA IGLESIA

La iglesia tiene dos propósitos principales: reunir (ministrar al cuerpo) y esparcir (ministrar al mundo).[51] Por un lado, la iglesia se reúne como un cuerpo de creyentes en el cual los creyentes se ministran unos a otros; por otro lado, la iglesia debe ministrar el evangelio a los incrédulos del mundo. Estos dos propósitos deben mantenerse separados: la iglesia ministra tanto a creyentes como a incrédulos. Hay varias funciones en cada una de estas dos grandes áreas (véase también la explicación en "Función de la iglesia local").

Reunir: ministrar al cuerpo

El propósito de que la iglesia se reúna es que madure (Ef. 4:13). Muchas actividades de la iglesia reunida apuntan a este fin.

Enseñanza. La palabra *enseñanza* (gr., *didajé*) es sinónima de la palabra *doctrina*. Es un factor importante en la edificación, y constituía una parte vital de la iglesia del Nuevo Testamento. Sus miembros se dedicaban[52] con esmero a las enseñanzas de los apóstoles (Hch. 2:42). Enseñaban la doctrina de la resurrección de Cristo (Hch. 4:2), lo hacían continuamente, cada vez que tenían la oportunidad (Hch. 5:21, 25), hasta el punto de tener a Jerusalén saturada con la enseñanza de Cristo y su expiación (Hch. 5:28). El centro de su mensaje era Jesús como verdadero Mesías (Hch. 5:42; 17:3). Los nuevos creyentes maduraban gracias a las enseñanzas (Hch. 11:26; 15:35).

El objetivo de la enseñanza paulina era presentar perfecto en Cristo a todo creyente (Col. 1:28); por lo tanto, la enseñanza debía ser una práctica para las generaciones futuras (2 Ti. 2:2). No hacerlo o no atender a la enseñanza producía niñez espiritual (He. 5:12). Un sencillo estudio de concordancia revelará la importancia de la enseñanza como énfasis del Nuevo Testamento.

Comunión. Además de la enseñanza, la iglesia del Nuevo Testamento usó otros dones espirituales para ministrar al cuerpo. La relación entre el cuerpo de Cristo se ve en el término "los unos a los otros" (cp. Ro. 12:5, 10, 16; 13:8; 14:13, 19; 15:5, 7, 14). Ello enfatiza además la importancia de la comunión con la iglesia reunida. Así tenían comunión en el sufrimiento (Hch. 4:23; 5:41), en la unidad (Hch. 2:46; 4:31; Fil. 2:1-4), en el ministerio (Hch. 4:31), en la oración (Hch. 2:14, 42; 4:31; 12:5, 12; 13:3; 16:25), en la Cena del Señor (Hch. 2:14), así como en las comidas (Hch. 2:46). Es interesante que dicha comunión era diaria (Hch. 2:46). También requería la ayuda a las viudas, huérfanos y necesitados de la familia propia (1 Ti. 5:8; Stg. 1:27).

Adoración. Es parte integral de la iglesia reunida. Muchas de las cosas mencionadas son reflejo de la adoración (p. ej., la Cena del Señor). En la iglesia reunida, la oración fue desde el comienzo un aspecto importante de la adoración. Cuando los otros creyentes pasaban necesidades, la iglesia oraba (Hch. 12:5, 12). Leer la Biblia también era parte central de las reuniones de la iglesia (Hch. 4:24-26; 1 Ti. 4:13; 2 Ti. 3:15-17). Sin duda, esto seguía el patrón de adoración en las sinagogas, donde se enfatizaba la lectura y exposición de las Escrituras.[53] Cantar era parte vital de la iglesia primitiva, como expresión sincera de la adoración (Hch. 16:25; 1 Co. 14:26; Ef. 5:19; Col. 3:16).

Esparcir: ministrar al mundo

La iglesia neotestamentaria intentaba llevar el evangelio a todo el mundo, no confinarlo a un edificio. El mandamiento fundamental para evangelizar el mundo es Mateo 28:18-20. La obra de la iglesia en el mundo es hacer discípulos (aprendices), bautizarlos y llevarlos a la comunidad de creyentes. El ministerio del evangelismo no lo llevaban a cabo solo unas cuantas personas selectas, también los creyentes comunes y corrientes (Hch. 8:4). El mensaje central de la iglesia primitiva era Cristo (Hch. 8:5, 12, 35; 9:20; 11:20); más aún, llevaban su mensaje más allá de los límites judíos, cruzando las antiguas barreras culturales tan rígidas (Hch. 10:34-43; 11:20; 14:1). El resultado es que muchas personas se convirtieron (Hch. 2:41; 4:4; 5:14; 6:1; 8:12; 10:48; 11:24; 13:48; 14:1, 21).

La pregunta sobre la naturaleza del evangelio se ha debatido desde hace mucho tiempo. No obstante, el Nuevo Testamento dice poco sobre la responsabilidad social en el mundo. Gálatas 6:10 enfatiza la ayuda entre los creyentes, quienes son llamados también a "[hacer] bien a todos". Cuando se examina el mensaje de Pablo en Hechos, el énfasis está en creer que Jesús es el Cristo (Hch. 16:31). Así, Pablo delinea la esencia del evangelio en 1 Corintios 15:1-4: creer en la muerte y resurrección de Cristo.

NOTAS

1. Robert L. Saucy, *The Church in God's Program* (Chicago: Moody, 1972), 11.

2. Henry C. Thiessen, *Lectures in Systematic Theology*. rev. por Vernon D. Doerksen (Grand Rapids: Eerdmans, 1979), 307.

3. Millard J. Erickson, *Christian Theology* [*Teología sistemática*], 3 vols. (Grand Rapids: Baker, 1985), 3:1043-1048, publicado en español por Clie; véase Douglas Kelly et al., eds., *The Westminster Confession of Faiths*, 2ª ed. (Greenwood: Attic, 1981), 44.

4. Saucy, *The Church in God's Program*, 17.

5. Este argumento toma como base el uso de *eklessia* en la Septuaginta, la traducción griega del Antiguo Testamento. Sin embargo, como ya se mostró, *eklessia* se puede usar en sentido no técnico o para denotar cualquier reunión particular de personas. De modo que puede usarse para identificar a Israel en el Antiguo Testamento. No obstante, ello no constituye evidencia suficiente para igualar a la iglesia del Nuevo Testamento con Israel. Iglesia, en su uso neotestamentario es diferente de Israel.

6. Earl D. Radmacher, *What the Church Is All About: A Biblical and Historical Study* (Chicago: Moody, 1978), 256-265.

7. A. T. Robertson, *Word Pictures in the New Testament* [*Comentario al texto griego del Nuevo Testamento*], 6 vols. (Nashville: Broadman, 1931), 4:528-529. Publicado en español por Clie.

8. "En términos de construcción representa la totalidad del proceso elaborado por el cual se ajustan unas piedras con otras: preparar las superficies, incluyendo la cantería, el pulido y las pruebas; la preparación de las vigas y de los agujeros de las vigas; y finalmente el ajuste de las vigas con plomo fundido".

Fritz Rienecker, *A Linguistic Key to the Greek New Testament*, ed. Cleon Rogers Jr. (Grand Rapids: Zondervan, 1980), 527.

9. "Aunque estas descripciones de la Iglesia [1 P. 2:9] sean similares a las que el Antiguo Testamento usa para Israel, no indica esto que la Iglesia lo suplante y asuma sus bendiciones nacionales (a cumplirse en el milenio). Pedro tan solo usó términos similares para señalar tales verdades". Roger M. Raymer, "1 Peter", en John F. Walvoord y Roy B. Zuck, eds., *The Bible Knowledge Commentary*, 2 vols. (Wheaton: Victor, 1983), 845-846.

10. Véase el contraste útil en Saucy, *The Church in God's Program*, 39-40.

11. James E. Rosscup, *Abiding in Christ: Studies in John 15* (Grand Rapids: Zondervan, 1973), 16-19.

12. William F. Arndt y F. Wilbur Gingrich, *A Greek-English Lexicon of the New Testament and Other Early Christian Literature*, 2ª ed., F. Wilbur Gingrich y Frederick W. Danker, eds. (Chicago: Univ. of Chicago, 1979), 505.

13. Homer A. Kent Jr., *Light in the Darkness: Studies in the Gospel of John* (Grand Rapids: Baker, 1974), 183.

14. La palabra de Juan 15:2 que se tradujo "quitará", bien podría haberse traducido por "levantará", traducción justificada tanto por la definición como por la cultura. La palabra *airei* se puede traducir legítimamente como "levantar". Véanse los usos en Arndt y Wilbur Gingrich, *A Greek-English Lexicon*, 24. Quien viaje a Israel observará que las viñas tienen piedras cuya altura es de unos 13 cm que se colocan debajo de las ramas para levantarlas del suelo y ayudarlas a llevar fruto.

15. Saucy, *The Church in God's Program*, 55-56.

16. Donald K. Campbell, "Galatians", en *The Bible Knowledge Commentary*, 2:611. El pasaje en disputa es Gálatas 6:16: "Y a todos los que anden conforme a esta regla, paz y misericordia sea a ellos, y al Israel de Dios". "Debe considerarse la frase como una entidad o grupo separado, no como explicación de lo anterior. Sus pensamientos apuntan a sus hermanos en la carne, y hace la pausa para especificar a aquellos que una vez fueron israelitas según la carne pero ahora son el Israel de Dios". Rienecker, *Linguistic Key to the Greek New Testament*, 520.

17. Charles C. Ryrie, *Basic Theology* [*Teología básica*] (Wheaton, Ill.: Victor, 1987), 399. Publicado en español por Unilit.

18. Hermann Cremer, *Biblico-Theological Lexicon of New Testament Greek* (Edimburgo: Clark, 1895), 132.

19. Véase Alva J. McClain, *The Greatness of the Kingdom* [*La grandeza del reino*] (Chicago: Moody, 1968), 23ss, publicado en español por Editorial Cordillera. Este libro trata de manera importante el asunto. Para un estudio exhaustivo véase George N. H. Peters, *The Theocratic Kingdom* (Reimpresión. Grand Rapids: Kregel, 1957).

20. McClain, *The Greatness of the Kingdom* [*La grandeza del reino*], 41.

21. Véase Saucy, *The Church in God's Program*, 84-85; Emery H. Bancroft, *Christian Theology*, 2ª ed. rev. (Grand Rapids: Zondervan, 1976), 284-288 y Radmacher, *What the Church Is All About*, 166-176, para las diferencias entre iglesia y reino.

22. Radmacher, *What the Church Is All About*, 168.

23. Véanse los resúmenes útiles en Saucy, *The Church in God's Program*, 166-190 y Ryrie, *Basic Theology* [*Teología básica*], 428-432.

24. Véase la explicación valiosa sobre la palabra *enfermo* (gr., *asthenei*), que significa "estar débil", y se refiere a quien está cansado moral o espiritualmente. Véase J. Ronald Blue, "James", en *The Bible Knowledge Commentary*, 2:834-835.

25. Véase la explicación importante de Homer A. Kent Jr., *The Pastoral Epistles* (Chicago: Moody, 1982), 122-126. Kent explica las diferentes perspectivas y concluye que Pablo prohíbe las segundas nupcias después del divorcio. El argumento sobre el divorcio usualmente se centra en la cláusula de excepción de Mateo 19:9. Para un estudio cuidadoso y bíblico del asunto del divorcio completo véase J. Carl Laney, *The Divorce Myth* (Minneapolis: Bethany, 1981). Tal vez el libro más importante que se ha escrito recientemente sobre el tema sea el de William A. Heth y Gordon J. Wenham, *Jesus and Divorce: The Problem with the Evangelical Consensus* (Nashville: Nelson, 1984). Concluyen que la sugerencia usual según la cual Jesús permitió que la "parte inocente" se volviera a casar después del divorcio es una perspectiva reciente abogada primero por Erasmo, y es deficiente y errónea bíblicamente. Sin consultar esta importante obra el estudio del tema no estará completo.

26. Kent, *The Pastoral Epistles*, 135-137.

27. Erickson, *Christian Theology* [*Teología sistemática*], 3:1070.

28. Saucy, *The Church in God's Program*, 112.

29. *Ibíd.*

30. Erickson, *Christian Theology* [*Teología sistemática*], 3:1078-1079.

31. La palabra *señalado* (gr., *cheirotonesantes*) es particularmente interesante; quiere decir "escoger, elegir por levantamiento de manos". Arndt y Gingrich, *A Greek-English Lexicon*, 881.

32. Saucy, *The Church in God's Program*, 191.

33. R. S. Wallace, "Sacrament" en Walter A. Elwell, ed., *Evangelical Dictionary of Theology* [*Diccionario teológico de la Biblia*] (Grand Rapids: Baker, 1984), 965. Publicado en español por Caribe.

34. Charles C. Ryrie, *A Survey of Bible Doctrine* [*Síntesis de la doctrina bíblica*] (Chicago: Moody, 1972), 149. Publicado en español por Portavoz.

35. Loraine Boettner, *Roman Catholicism* (Filadelfia: Presbyterian and Reformed, 1965), 168-169.

36. *Ibíd.*, 114.

37. Alois Stoger, "Eucharist", en J. B. Bauer, ed., *Encyclopedia of Biblical Theology* (Nueva York: Crossroad, 1981), 234.

38. Erickson, *Christian Theology* [*Teología sistemática*], 3:1117.

39. *Ibíd.*, 1118.

40. Louis Berkhof, *Systematic Theology* [*Teología sistemática*] (Grand Rapids: Eerdmans, 1941), 653. Publicado en español por T.E.L.L.

41. *Ibíd.*, 654.

42. Para un resumen de estas perspectivas, véase Erickson, *Christian Theology* [*Teología sistemática*], 3:1090ss.

43. *Ibíd.*, 3:1090.

44. *Ibíd.*, 3:1093.

45. *Ibíd.*, 3:1096.

46. Véanse los resúmenes de estas tres posiciones en Ryrie, *Basic Theology* [*Teología básica*], 424, y G. W. Bromiley, A. T. Robertson, T. M. Lindsay y W. H. T. Dau, "Baptism", en Geoffrey W. Bromiley, ed., *The International Standard Bible Encyclopedia*, 4 vols. (Grand Rapids: Eerdmans, 1988), 1:410-426.

47. J. B. Lightfoot, ed. orig.; J. R. Harmer, ed. y comp., *The Apostolic Fathers* [*Los padres apostólicos*] (Reimpresión. Grand Rapids: Baker, 1956), 126. Publicado en español por Clie.

48. Arndt y Gingrich, *A Greek-English Lexicon*, 131.

49. Albrecht Oepke, "*Baptizo*", en Gerhard Kittel, ed., *Theological Dictionary of the New Testament*, 10 vols. (Grand Rapids: Eerdmans, 1964), 1:530.

50. Lenski declara: "Ahora, 'su familia' como se usa aquí, es el término regular para hablar de los miembros de la familia inmediata. Así, los hijos de Lidia estarían incluidos (en el bautismo)… El punto en cuestión está relacionado con los niños hasta la edad de discreción y no solo a los bebés… Los apóstoles y sus asistentes bautizaban familias completas, y esas familias entraban en la iglesia cristiana por el bautismo". R. C. H. Lenski, *The Interpretation of the Acts of the Apostles* (Minneapolis: Augsburg, 1961), 660. Véase David John Williams, *Acts: A Good News Commentary* (San Francisco: Harper, 1985), 185; y William Neil, "The Acts of the Apostles", *The New Century Bible Commentary* (Grand Rapids: Eerdmans, 1981), 143.

51. Véase Gene A. Getz, *Sharpening the Focus of the Church* (Chicago: Moody, 1974), 40-50, 75-83, 269-316.

52. El participio presente griego *prokarterountes* enfatiza que continuamente hacían esto.

53. Bruce M. Metzger, *The New Testament: Its Background, Growth, and Content* (Nashville: Abingdon, 1965), 56-60.

PARA ESTUDIO ADICIONAL SOBRE ECLESIOLOGÍA

Formas de gobierno en la iglesia

** Louis Berkhof, *Systematic Theology* [*Teología sistemática*] (Grand Rapids: Eerdmans, 1941), 579-584. Publicado en español por T.E.L.L.

** Millard J. Erickson, *Christian Theology* [*Teología sistemática*], 3 vols. (Grand Rapids: Baker, 1985), 3:1069-1087. Publicado en español por Clie.

* G. W. Kirby, "Church, The", en Merrill C. Tenney, ed., *Zondervan Encyclopedia of the Bible*, 5 vols. (Grand Rapids: Zondervan, 1975), 1:845-855.

* L. Morris, "Church Government", en Walter A. Elwell, ed., *Evangelical Dictionary of Theology* [*Diccionario teológico de la Biblia*] (Grand Rapids: Baker, 1984), 238-241. Publicado en español por Caribe.

* Robert L. Saucy, *The Church in God's Program* (Chicago: Moody, 1972), 105-119.

** A. H. Strong, *Systematic Theology* (Valley Forge: Judson, 1907), 903-914.

Doctrina de la iglesia

** Daniel Akin, ed., *A Theology for the Church* (Nashville: B&H, 2007). Un estudio completo y exhaustivo.

** Mal Couch, ed., *Biblical Theology of the Church* (Grand Rapids: Kregel, 2006).

** Mark Dever, *La Iglesia: El evangelio visible* (Nashville: B&H Español, 2020). Una explicación sólida y bíblica de la doctrina de la iglesia.

** Norman Geisler, *Systematic Theology*, 4 vols. (Minneapolis, Bethany, 2005), 4:17-244.

** Edward L. Hayes, "The Church", en Charles R. Swindoll y Roy B. Zuck, eds., *Understanding Christian Theology* (Nashville: Nelson, 2003), 1077-1242.

* John F. MacArthur Jr., *El plan del Señor para la iglesia* (Grand Rapids: Portavoz, 2005). Aporta principios de liderazgo eclesial.

* John MacArthur, *Worship: The Ultimate Priority* (Chicago: Moody, 2012). Enfatiza la adoración como una prioridad para los creyentes y proporciona una base bíblica sólida tanto del Antiguo como del Nuevo Testamento.

* John Stott, *Señales de una iglesia viva* (Buenos Aires: Certeza Argentina, 2013).

* Joseph M. Stowell, *Shepherding the Church* (Chicago: Moody, 1997). Principios de liderazgo en una cultura cambiante.

Ordenanzas de la iglesia

* G. W. Bromiley, "Baptism, Believers" y "Baptism, Infant", en Walter A. Elwell, ed., *Evangelical Dictionary of Theology* [*Diccionario teológico de la Biblia*] (Grand Rapids: Baker, 1984), 112-117. Publicado en español por Caribe. Véanse también los artículos titulados "Lord's Supper, Views of" y "Sacrament".

* G. W. Bromiley, A. T. Robertson, T. M. Lindsay y W. H. T. Dau, "Baptism" en Geoffrey W. Bromiley, ed., *The International Standard Bible Encyclopedia* (Grand Rapids: Eerdmans, 1988), 1:410-426.

* Larry Dyer, *Baptism: The Believer's First Obedience* (Grand Rapids: Kregel, 2000).

** Millard J. Erickson, *Christian Theology* [*Teología sistemática*], 3 vols. (Grand Rapids: Baker, 1985), 3:1189-1227. Publicado en español por Clie.

* Charles C. Ryrie, *Basic Theology* [*Teología básica*] (Wheaton, Ill.: Victor, 1986), 393-436. Publicado en español por Unilit.

** Robert L. Saucy, *The Church in God's Program* (Chicago: Moody, 1972), 191-234.

** A. H. Strong, *Systematic Theology* (Valley Forge: Judson, 1907), 930-980.

* Henry C. Thiessen, *Lectures in Systematic Theology*. rev. por Vernon D. Doerksen (Grand Rapids: Eerdmans, 1977), 319-325.

26

ESCATOLOGÍA: DOCTRINA DE LOS ÚLTIMOS TIEMPOS

EL ESTUDIO RELATIVAMENTE RECIENTE de los últimos tiempos ha dividido con frecuencia a los creyentes. Los diferentes sistemas de interpretación (como el premilenarismo, postmilenarismo y amilenarismo) han afectado a otras áreas de la teología distintas a la escatología. Sin embargo, en el estudio de los últimos tiempos hay muchos puntos de encuentro entre los creyentes. Los cristianos han estado de acuerdo en la explicación de la muerte, la presencia inmediata del creyente con el Señor, la esperanza del retorno de Cristo, la resurrección, el juicio y el estado eterno. A continuación se da una explicación de las áreas consensuadas, seguida por una discusión de aquellas donde existe controversia.

CIELO, INFIERNO, RESURRECCIÓN Y JUICIOS

Muerte

La muerte es una realidad para todos los seres humanos (He. 9:27). Cuando la Biblia habla de la muerte, se refiere a la física, no a la del alma. El cuerpo puede morir, pero el alma, el principio de vida del hombre, vive (Mt. 10:28; Lc. 12:4-5). En algunos casos la Biblia usa la palabra griega *psuche* (vida-alma) para describir la muerte (Jn. 12:25; 13:37-38), pero aun pasajes de este tipo denotan la muerte del cuerpo, no la muerte de la naturaleza inmaterial del hombre. Así, la muerte puede definirse como el final físico de la vida por la separación del alma y el cuerpo (cp. Stg. 2:26).[1]

Como el cuerpo está compuesto de los elementos del polvo, al morir regresa al polvo (Gn. 3:19). La muerte física es el resultado del pecado. La muerte se extendió a toda la humanidad por el pecado de Adán en el huerto; nadie está exento (Ro. 5:12). La muerte es la "paga" del pecado (Ro. 6:23; 1 Co. 15:56).

Sin embargo, la muerte no debe entenderse como aniquilación. La vida continúa tanto para el creyente como para el incrédulo después de su muerte física. Lucas 16:19-31 describe gráficamente que la existencia continua de Lázaro, el pobre mendigo, continúa en la bendición eterna descrita como "el seno de Abraham" (Lc. 16:22), mientras el rico estaba eternamente atormentado en el Hades (Lc. 16:23). Para el creyente, la muerte quiere decir "estar ausentes del cuerpo, y presentes al Señor" (2 Co. 5:8). Pablo deseaba la muerte para "estar con Cristo" (Fil. 1:23).

El impacto de la muerte en los creyentes es motivo de esperanza por muchas razones.

La muerte es ganancia. Pablo no le temía a la muerte. Si vivía, quería decir vivir en comunión y al servicio de Cristo; si moría, era ventajoso. Hizo la impresionante declaración "morir es ganancia" (Fil. 1:21). Para Pablo, la muerte "no lo podía separar de Cristo (Ro. 8:38-39)... En la muerte había una relación continua con Cristo. La vida en Cristo no puede ser destruida por la muerte, más bien, se enriquece e incrementa con la muerte".[2]

Jesús anuló el poder de Satanás sobre la muerte. Jesús, con su muerte y resurrección, destruyó el poder de la muerte. Por la encarnación, se hizo humano, murió para expiar los pecados del mundo y gracias a ello conquistó al adversario, quien tenía el poder sobre la muerte. Hebreos 2:14 dice: "él también participó de lo mismo, para destruir por medio de la muerte al que tenía el imperio de la muerte, esto es, al diablo". El término traducido "destruir" quiere decir "hacer inoperante, anular, desactivar o hacer inefectivo, hacer tan impotente como si no existiera".[3] Quienes estaban esclavizados por el miedo a la muerte ahora están libres (He. 2:15).

Jesús dijo: "Yo soy la resurrección y la vida; el que cree en mí, aunque esté muerto, vivirá. Y todo aquel que vive y cree en mí, no morirá eternamente" (Jn. 11:25-26). Parece una declaración contradictoria; pero se refería a la distinción entre las partes material e inmaterial del hombre. La primera parte reconoce la muerte del cuerpo físico, que va a la tumba. Pero la segunda habla de la naturaleza espiritual del hombre, el alma y el espíritu. Esa naturaleza nunca muere. Quien cree que Jesucristo llevó sus pecados nunca morirá espiritualmente. El cuerpo va a la tierra, en espera de la resurrección, pero el alma y el espíritu —la esencia real de la persona— van a su hogar con el Padre del cielo. Jesús lo declara así en los términos más fuertes, usando una doble negación en el texto griego: "Quien vive y cree en mí no morirá *nunca —de ninguna manera [ou, me]*" (traducción del autor). Salomón también reconoció la continuidad de una persona en su espíritu: "el polvo vuelva a la tierra, como era, y el espíritu vuelva a Dios que lo dio" (Ec. 12:7).

Jesús conquistó a la muerte. Con su muerte y resurrección, Cristo conquistó a la muerte (1 Co. 15:25-26). Las Escrituras dicen que la muerte será abolida, es decir, que Él acabará con la muerte.[4] No existirá más. Por medio de la victoria de Cristo los creyentes se hicieron inmortales (1 Co. 15:53). Esa verdad se consumará cuando los creyentes reciban sus cuerpos glorificados. Entonces se cumplirá la profecía de Isaías: "Destruirá a la muerte para siempre" (Is. 25:8; cp. 1 Co. 15:54). La muerte tenía poder por el pecado, pero Cristo conquistó el pecado y, por medio del pecado, la muerte. De ahí que exclama Pablo "¿Dónde está, oh muerte, tu aguijón? ¿Dónde, oh sepulcro, tu victoria?" (1 Co. 15:55). Tal verdad trae victoria y confianza a los creyentes (1 Co. 15:57-58).

Deshace nuestro tabernáculo. La imagen de la muerte en las Escrituras es la de un tabernáculo (o "tienda de campaña", NVI) que cae. Pablo dice: "Porque sabemos que si nuestra morada terrestre, este tabernáculo, se deshiciere, tenemos de Dios un edificio, una casa no hecha de manos, eterna, en los cielos." (2 Co. 5:1). La figura del tabernáculo sugiere "falta de permanencia e inseguridad, y es una descripción común de la vida terrenal y de su ubicación en el cuerpo".[5] Cuando partimos de la tierra al cielo, dejamos atrás nuestra habitación temporal y recibimos nuestra vivienda permanente, "una edificación de Dios, una casa no hecha a mano".

Se leva el ancla. Otra descripción de la muerte es levar el ancla de un barco. Pablo tenía emociones encontradas; por un lado, sentía la necesidad de quedarse y servir a los creyentes de Filipos (Fil. 1:24); pero en su interior sentía un fuerte deseo: "De ambas cosas estoy puesto en estrecho, teniendo deseo de partir y estar con Cristo, lo cual es muchísimo mejor" (Fil. 1:23). *Partir (analuo)* quiere decir "liberar, deshacer. Se usa cuando se sueltan las amarras del barco".[6] Quiere decir levar anclas y navegar a otro destino. El creyente leva anclas cuando muere y parte hacia un destino mejor: el cielo.

Cristo nos da la bienvenida. Cuando el Sanedrín mató a Esteban apedreándolo, él "vio la gloria de Dios, y a Jesús que estaba a la diestra de Dios" (Hch. 7:55). Jesús está sentado a la diestra del Padre en el cielo (He. 1:3). Pero cuando el creyente muere, ¡Jesús se levanta de su silla para darle la bienvenida a su siervo en el cielo!

Los creyentes estarán con Cristo. Jesús le hizo una promesa al ladrón de la cruz: "De cierto te digo que hoy estarás conmigo en el paraíso" (Lc. 23:43). Son palabras poderosas. "Hoy" es enfático en el texto griego. *Hoy,* hoy mismo, el ladrón arrepentido experimentará la dicha del cielo. Su cuerpo irá a la tumba, pero espiritualmente, en su esencia, entrará al cielo.

"Conmigo" es una frase hermosa que enfatiza la comunión cara a cara. Quien había compartido con ladrones y atracadores ahora tendría la compañía eterna del mismo Salvador. Apocalipsis 21:3 describe la misma escena. La preposición *(meta)* que en el pasaje de Lucas se tradujo "con" ahora se traduce "entre"; "el tabernáculo de Dios está entre los hombres, y El habitará entre ellos y ellos serán su pueblo, y Dios mismo estará entre ellos" (LBLA). Dios mismo estará en una eternidad de comunión cercana con su pueblo para siempre.

Cielo

Todos los teólogos cristianos ortodoxos están de acuerdo en la existencia de dos destinos eternos para ángeles y humanos: el cielo y el infierno.

La palabra *cielo* en el Antiguo Testamento (heb., *shamayim*) quiere decir "alto, elevado",[7] mientras el término griego del Nuevo Testamento *ouranos* simplemente quiere decir "cielo", y probablemente venga de una raíz que significa "cubrir" o "rodear".[8] En palabras simples, quiere decir "lo que está arriba".[9]

La palabra *cielo* se usa de tres formas en la Biblia.[10]

El cielo atmosférico. Se usa para describir la troposfera: el espacio que rodea la tierra hasta una altura de aproximadamente diez kilómetros. De allí recibe la tierra rocío (Dt. 33:13), escarcha (Job 38:29), lluvia y nieve (Is. 55:10), viento (Job 26:13) y los truenos (1 S. 2:10). Las nubes están en el cielo atmosférico (Sal. 147:8) y los pájaros vuelan en él (Gn. 1:20). Puesto que tales cosas necesarias para la vida (rocío, lluvia, nieve, viento) vienen del "cielo", recuerdan que son un regalo de la gracia divina (cp. Mt. 5:45).[11]

El cielo sideral. También se usa la palabra para describir al reino sideral: el reino del sol, la luna, las estrellas y los planetas. Dios creó el universo (Gn. 1:1; Sal. 33:6) y puso estas lumbreras en el cielo (Gn. 1:14).

El lugar donde Dios habita. Probablemente a esto se refería Pablo con "tercer cielo" (2 Co. 12:2). Dios llevó a Juan al cielo (Ap. 4:1ss). Este cielo es un lugar específico donde habita Dios, como indica el saludo de Jesús en su modelo de oración ("Padre nuestro que estás en los cielos", Mt. 6:9). Dios tiene su trono en el cielo (Sal. 2:4; Is. 66:1); juzga desde el cielo (Gn. 19:24; Jos. 10:11) y sus bendiciones también provienen de allá (Éx. 16:4). Dios observa a su pueblo desde el cielo (Dt. 26:15), oye sus oraciones (Sal. 20:6) y desde allá desciende (Sal. 144:5). En el cielo también se establece su plan soberano (Sal. 119:89).

La Biblia menciona a los ocupantes del cielo. En el Antiguo Testamento el creyente anhelaba el reino futuro del Mesías. Para los judíos solo había dos eras, la presente y la venidera, en la cual el Mesías reinaría sobre la tierra. Los profetas tenían mucho que decir sobre el reino futuro del Mesías (cp. Is. 9:6-7; 11:1-16; 25:1—27:13). La frase "y fue unido a su pueblo" (cp. Gn. 25:8) es usual en el Antiguo Testamento y sugiere inmortalidad.[12] Los creyentes del Antiguo Testamento no esperaron hasta la ascensión de Cristo para entrar a la presencia de Dios. Esto puede verse en Mateo 17:1-8, pues en la transfiguración de Cristo, Moisés y Elías vinieron desde la presencia de Dios. En la era actual de la iglesia, cuando los creyentes mueren van inmediatamente a la presencia de Dios en el cielo (Lc. 23:43; 2 Co. 5:8; Fil. 1:23; 1 Ts. 4:14).

Paraíso. Al cielo también se le llama paraíso (2 Co. 12:4); se describe como un jardín cuya figura original son los parques del rey de Persia.[13] También describe el huerto del Edén creado por Dios (Gn. 2:8-10). El lenguaje pintoresco revela la belleza sin par del huerto del Edén. Ezequiel e Isaías visualizan el día futuro en que la tierra se restaurará a la perfección del huerto del Edén, donde no había pecado (Ez. 36:35; Is. 51:3).

El cielo intermedio. La promesa de Jesús al ladrón arrepentido en la cruz: "De cierto te digo que hoy estarás conmigo en el paraíso" (Lc. 23:43), explica también donde estarán los creyentes antes de recibir sus cuerpos resucitados y vivir en el cielo nuevo y la tierra nueva. Algunas veces se refiere a esto como el cielo intermedio (a diferencia del estado eterno, que es el cielo nuevo y la tierra nueva).[14]

Aunque los creyentes no recibirán sus cuerpos resucitados hasta el arrebatamiento, es evidente que los creyentes tienen cuerpos en el estado intermedio en el cielo. En la transfiguración, Moisés y Elías aparecieron con Cristo a los apóstoles (Mt. 17:3-4). El hecho de que fueron reconocidos como los profetas da fe de su corporeidad. Aparecieron en forma corporal. Del mismo modo, en el relato de Lázaro y el hombre rico (Lc. 16:19-31), a Lázaro se le ve recostado para un banquete, junto a Abraham, lo que indica que él estaba allí en forma física (Lc. 16:23). Cuando los creyentes son martirizados durante la tribulación, recuerdan lo que les pasó, y se les da vestiduras (Ap. 6:11), lo que indica que en el cielo intermedio existe una continuidad entre lo que cada persona fue en la tierra y lo que cada persona es en el cielo intermedio.

El cielo nuevo y la tierra nueva. Es el destino final de los creyentes. Juan vio un cielo nuevo y una tierra nueva que descendían del cielo, de Dios (Ap. 21:1-2). Como el libro de Apocalipsis es cronológico —la tribulación (caps. 6—19), la segunda venida de Cristo (19:11-21), el milenio (20:1-6), el juicio del gran trono blanco (caps. 21—22)—, algunos han concluido que no hay conexión entre el milenio y el estado eterno, particularmente porque entienden que la tierra se destruirá al final del milenio.

De ahí queda una pregunta clave: ¿hay continuidad entre el milenio y el estado eterno? Existen evidencias sólidas que así lo sugieren. Hay muchas conexiones entre Apocalipsis 21—22 (el estado eterno) y pasajes del Antiguo Testamento que se relacionan normalmente con el milenio. Juan ve "un cielo nuevo y una tierra nueva" (Ap. 21:1), un pasaje que, en la cronología de Apocalipsis, describe el estado eterno. Pero Isaías se refiere a los "nuevos cielos y nueva tierra" (Is. 65:17) y, a continuación, se refiere a la construcción de viviendas, la plantación de viñedos; el lobo y el cordero apacentados juntos, y el león que come paja como el buey (Is. 65:21-25).[15] La descripción del río que fluye desde el trono con el árbol de la vida que produce doce tipos de fruta (Ap. 22:1-2) corresponde a la descripción de Ezequiel (Ez. 47:1-12), un pasaje que se suele relacionar con el milenio.

Existen numerosos enlaces entre los pasajes que describen la eternidad en el Apocalipsis 21—22 y pasajes del Antiguo Testamento que normalmente se interpretan en relación con el milenio. El Antiguo Testamento prometía que el reino sería eterno (Is. 9:7; 55:13; 59:21). Las palabras "no tendrán límite" y "para siempre" no pueden limitarse a mil años. El reino es eterno. Dios le reveló a Daniel que dicho reino "no será jamás destruido… permanecerá para siempre" (Dn. 2:44). El contexto de la sucesión de reyes requiere un reino terrenal; no se puede hacer una alegoría para dar a entender un reino celestial. Daniel tuvo una revelación según la cual habría un reino: "su dominio es dominio eterno… que no será destruido" (Dn. 7:14). Juan también anticipó el reino de Cristo, en el que Él "reinará por los siglos de los siglos" (Ap. 11:15). El reino que Cristo establece será permanente, para siempre, eterno y terrenal. No puede restringirse a mil años. Requiere la continuidad entre el milenio y la tierra nueva por toda la eternidad. Erwin Lutzer recalca: "es razonable suponer que hay continuidad entre el reino terrenal y el eterno reino celestial".[16]

Restauración de la tierra. Pedro profetizó un evento cataclísmico en la tierra actual (2 P. 3:10). ¿A qué se refería? ¿Describía la destrucción total de la tierra?

Dios creó la tierra para la humanidad. El hombre estaba destinado a regir la tierra en un ambiente perfecto.[17] Cuando Dios completó la creación dijo que lo que había hecho era "bueno en gran manera" (Gn. 1:31). Dios no creó la tierra "buena en gran manera" para luego permitir que Satanás lograra que la humanidad se rebelara contra Dios, de modo que después tuviera que destruir el planeta. Si así fuera, Satanás podría cantar victoria.

"Cuesta pensar que Dios aniquilaría su creación original, y con ello parecer darle la última palabra al diablo desechando aquello que originalmente llamó 'bueno en gran manera' (Gn. 1:31)".[18]

Grudem concluye que 2 Pedro 3:10 no se refiere a la destrucción del mundo, sino a una limpieza de la "superficie de la tierra (es decir, gran parte del suelo y de las cosas que hay en él)".[19] "La tierra nueva surgirá de aquel bautismo de fuego original y judicial; limpia, bonita, santa. Se quitará toda mancha de pecado o de maldad. Se restaurará el estado de la tierra a como era en Génesis 1:1; con algo 'adicional'".[20] Otras personas llegaron a una conclusión similar.[21] Hebreos 1:12 describe el evento en que los cielos y la tierra "serán mudados" (*allagesontai*). El término "mudados" también describe la glorificación del creyente en 1 Corintios 15:51: "seremos transformados". El cuerpo del creyente se cambia por uno glorificado, pero el cuerpo nuevo conserva una continuidad con el antiguo, la voz y la personalidad. La tierra vieja se renovará pero no se destruirá; habrá continuidad entre la tierra vieja y la tierra nueva eterna.

Las Escrituras anticipan la renovación y restauración gloriosa de esta tierra para hacerse nueva (Is. 51:3; Ez. 36:35). La creación también anticipa la restauración de su caída: "el anhelo ardiente de la creación es el aguardar la manifestación de los hijos de Dios" (Ro. 8:19). Cual madre que espera un hijo, la creación gime bajo la Caída y espera el día en que vuelva a nacer en el reino de Cristo en la tierra nueva (Ro. 8:20-22).

La tierra nueva es parte del nuevo cielo. Con frecuencia se describen juntos el nuevo cielo y la tierra nueva (Is. 65:17; 66:22; 2 P. 3:13; Ap. 21:1). Ya que Dios habitará con la humanidad redimida en la tierra nueva, y como el hogar de Dios es el cielo, la tierra nueva es parte del cielo. El cielo desciende a la tierra nueva (Ap. 21:2-3). El propósito original de Dios era tener comunión con la humanidad en la tierra original; ese propósito se alcanzará cuando el cielo descienda a la tierra nueva. "La tierra nueva será el cielo de los cristianos... Después de la resurrección del cuerpo, los creyentes vendrán a reinar con Cristo durante el milenio. Después de los mil años viviremos para siempre en esta tierra nueva".[22]

La conclusión es que las referencias en el Antiguo Testamento al reino de Cristo no se han de restringir al milenio. Su reinado será para siempre, en una tierra nueva, renovada, que será el cielo del creyente. "Cuando leemos pasajes sobre el futuro reino terrenal, suponemos que no se refieren al Cielo. Pero como Dios habitará con los creyentes en la Tierra Nueva, estas Escrituras sí se refieren al Cielo".[23]

Ambiente de la tierra nueva. La tierra quedó maldita cuando Adán pecó, afectando a toda la naturaleza (Gn. 3:17-19), pero la tierra se restaurará a su perfección prístina; toda la naturaleza se restaurará. Estará el Árbol de la Vida, disponible para comer de él, como recuerdo continuo de que los habitantes de la tierra nueva vivirán para siempre (Ap. 22:2, 14). En la descripción, el desierto se alegra por el gobierno del Mesías y florece en alabanza al Rey Jesucristo (Is. 35:1-2). El desierto desaparecerá, el agua fluirá en abundancia (Is. 35:6-7). "El cambio del desierto a un campo donde abunda el agua no es un simple ornamento poético; en los últimos tiempos, la era de la redención, la naturaleza compartirá verdaderamente la *doxa* [gloria] que procede del Dios que se manifestó a sus redimidos".[24]

Desde el trono de Dios y del Cordero fluirá un río de agua viva, el Árbol de la Vida estará a ambos lados del río y producirá doce clases de fruta (Ap. 22:1-2; cp. Ez. 47:1-2). Las laderas estarán cubiertas de viñas exuberantes; las cosechas serán abundantes (Is. 30:23; 32:20; 65:21; Jl. 3:18).

Los granjeros y sus rebaños disfrutarán de pastos abundantes (Is. 30:23). Inclusive los animales disfrutarán la abundancia del forraje en la tierra nueva (Is. 30:24) y tendrán espacio para recorrerla (Is. 32:20). El mundo animal será dócil y pacífico en el milenio y en la tierra nueva. Ninguno será depredador, ninguno será carnívoro (Is. 11:6-7; 65:25).

Actividades en la tierra nueva. Quienes fueron fieles en el servicio de Cristo en la tierra, le servirán en el cielo, la tierra nueva (Mt. 24:45-46; 25:14, 19, 23). Más aún, "habrá varias actividades en el cielo que serán continuación de nuestras tareas aquí en la tierra".[25] En la tierra nueva los creyentes juzgarán y reinarán tanto en el milenio como en el estado eterno (Ro. 5:17; 1 Co. 6:2-3; Ap. 22:5). Quienes han sufrido por Cristo y han perserverado, reinarán con Él (2 Ti. 2:12); quienes han dejado a su familia, quienes se han sacrificado por seguir a Cristo, recibirán una recompensa más grande (Mt. 19:27-30; Lc. 22:29-30). Los creyentes tendrán autoridad sobre las ciudades (Lc. 19:11-19). La comisión original del hombre, gobernar sobre la tierra (Gn. 1:28), que se perdió por el pecado, se cumplirá totalmente en el milenio y en la tierra nueva por toda la eternidad (Sal. 8:6-8). Los creyentes "reinarán por los siglos de los siglos", según la promesa (Ap. 22:5).

¿Qué clase de servicio habrá en el cielo? Muchos concluyen que habrá una continuidad con lo que hacemos en esta tierra. Wilbur Smith señala:

"En el cielo se nos permitirá terminar muchas de esas tareas valiosas que soñábamos en la tierra pero para las cuales no teníamos ni el tiempo, ni la fuerza, ni la habilidad suficientes para realizarlas".[26] De modo similar, Erwin Lutzer comenta: "Bien puede ser que nuestra fidelidad (o infidelidad) en la tierra tenga repercusiones por toda la eternidad".[27]

Según la descripción, los mártires de la tribulación están en el cielo intermedio, donde "están delante del trono de Dios, y le sirven día y noche en su templo" (Ap. 7:15). Aquí, "sirven" tiene el sentido de adoración.[28] Tiene un sentido similar en Apocalipsis 22:3, donde "sus siervos le servirán" en el cielo. En otras referencias se usa para hablar de la oración y la alabanza, lo cual "incluye toda forma de adoración divina".[29] En la gloria, los redimidos le servirán al Señor de muchas formas diferentes; la oración, adoración y alabanza serán parte de todas ellas.

En la tierra las actividades serán variadas; tal vez similares a las de Noé y sus hijos cuando salieron del arca en la tierra purificada. Habrá construcción de casas (Is. 65:21), se podrá vivir en paz en las casas nuevas (Is. 32:18), habrá cultivos (Is. 30:23; 32:20), huertos (Is. 65:21) y muchas otras actividades, sin lugar a dudas. Randy Alcorn concluye: "Seremos una gran comunidad en la Tierra Nueva. Los dones, habilidades, pasiones y tareas que Dios nos entregue a cada uno no serán solo para su gloria y para nuestro bien, sino también para el bien de nuestra gran familia. Dios se alegra cuando prosperamos juntos, interdependientes, en la cultura creativa continua de la Tierra Nueva".[30]

Las relaciones con los demás en la tierra nueva. Tras la muerte de un creyente del Antiguo Testamento era común la frase "y fue unido a su pueblo" (Gn. 25:8; 35:29; 49:33); era un recordatorio de la reunión en el cielo con los creyentes de su familia. Cuando el hijo de David murió, él se lamentó así: "Yo voy a él, mas él no volverá a mí" (2 S. 12:23). David reconoció que se reuniría con su hijo en el cielo. El apóstol Pablo confortó a los tesalonicenses enlutados así: "los muertos en Cristo resucitarán primero. Luego nosotros los que vivimos, los que hayamos quedado, seremos arrebatados juntamente con ellos en las nubes para recibir al Señor en el aire, y así estaremos siempre con el Señor" (1 Ts. 4:16-17). En la resurrección, los creyentes vivos se reunirán con los que ya partieron y disfrutarán de la comunión para siempre.

El conocimiento continuará en la eternidad del cielo. Pedro, Jacobo y Juan reconocieron a Moisés y Elías en el monte de la transfiguración (Mt. 17:3), lo cual sugiere el reconocimiento y la continuidad con el pasado. Igualmente, en la historia del rico y Lázaro, el rico está en el Hades y recuerda abundantes detalles de su vida en la tierra (Lc. 16:27-28). Si quienes están en el infierno tienen este conocimiento y esos recuerdos, con seguridad también es cierto para quienes están en el cielo. Habrá reconocimiento de los amigos y familiares creyentes. Más aún, será un conocimiento más completo (1 Co. 13:12). También habrá comida y comunión con familiares y amigos (Mt. 8:11; Lc. 13:29; Is. 25:6). Para todo ello es necesaria la continuidad de la personalidad y la identidad. Jesús les prometió a sus discípulos: "Les digo que no beberé de este fruto de la vid desde ahora en adelante, hasta el día en que beba *con ustedes* el vino nuevo en el reino de mi Padre" (Mt. 26:29 NVI; cursivas añadidas). Les recordaba que sus identidades permanecerían. Habría una continuidad con su vida terrenal: se reconocerían en el cielo. Jesús les recordó que tendrían una reunión familiar en el cielo cuando les dijo: "muchos vendrán del oriente y del occidente, y participarán en el banquete con Abraham, Isaac y Jacob en el reino de los cielos" (Mt. 8:11). También se infiere que los creyentes retendrán su origen étnico[31] (cp. Is. 2:2-3; 9:1-2; 60:3; 66:18, 22-23; Zac. 2:11; Mi. 4:1-2).

Relación con Dios en la tierra nueva. En el Antiguo Testamento, las personas no se podían acercar a Dios (Éx. 19:16, 21) ni verlo (Éx. 33:20), pero los creyentes tienen la promesa de ver a Dios en la tierra nueva (Mt. 5:8). Los creyentes verán a Dios en sus cuerpos glorificados (Ap. 22:4) y serán como Él (1 Jn. 3:2). Los redimidos disfrutarán de comunión sin igual con Dios (Ap. 21:3).[32] Así como Jesús tenía comunión íntima con sus discípulos en la tierra, los creyentes tendrán comunión íntima, una relación personal con Dios. Los dolores de la tierra desaparecerán en el cielo; se enjugará toda lágrima.[33]

La nueva Jerusalén. La *nueva Jerusalén* de Apocalipsis 21—22 es de considerable importancia en la explicación del cielo. Aunque algunos sugieran que este pasaje se refiere al milenio, debe considerarse un estado eterno, porque la cronología de Apocalipsis 20 así lo sugiere.

En Apocalipsis 21 se describe la morada eterna final de los creyentes como "un cielo nuevo y una tierra nueva" (21:1). Los cielos y la tierra antiguos se renovaron por el fuego (2 P. 3:10), porque fueron el dominio de la rebelión humana y angélica contra Dios. Los creyentes redimidos de todas las épocas vivirán en la nueva Jerusalén. La nueva Jerusalén es la casa que Cristo fue a preparar (Jn. 14:2), pero también es el cielo del estado eterno.

Los gentiles redimidos vendrán a la nueva Jerusalén para adorar al Señor (Is. 19:21, 23; 27:13; Zac. 14:16), e Israel también lo adorará allí (Is. 58:1-14). Los gentiles vendrán y verán la gloria del Señor y la declararán por todo el mundo (Is. 66:18-19). La gloria de Dios emanará de Jerusalén, y rodeará la tierra (Zac. 2:5). La adoración del Señor continuará por toda la eternidad en el cielo nuevo y la tierra nueva (Is. 66:22-23). La nueva Jerusalén reflejará la gloria de Dios (Ap. 21:11), no habrá necesidad de sol ni de luna, porque su gloria iluminará la tierra (Ap. 21:23). Los creyentes "reinarán por los siglos de los siglos" al calor de ese brillo (Ap. 22:5).

La belleza de la nueva Jerusalén. Su brillo (Ap. 21:9-11). Los cielos reflejan la gloria brillante de Dios debido a su presencia. La gloria de la nueva Jerusalén (Ap. 21:11) denota la gloria *shekina* que ilumina la ciudad.

"Gloria" "se refiere al resplandor brillante que viene de la presencia y la gloria de Dios".[34]

Sus muros y puertas (Ap. 21:12-13). Los muros altos que rodean la ciudad sugieren seguridad.

Sus cimientos (Ap. 21:14). Los cimientos, con los nombres de los apóstoles, quienes son el fundamento de la iglesia, sugieren que la iglesia también se encuentra en la nueva Jerusalén.

Sus medidas (Ap. 21:15-18). La nueva Jerusalén mide un poco más de 2.400 kilómetros de largo, ancho y alto; posiblemente tenga la forma de un cono o pirámide donde Dios se ubica en la parte superior.

Sus adornos (Ap. 21:19-21). Está adornada con piedras preciosas y costosas que reflejan aún más la gloria shekina de Dios.

Su disponibilidad (Ap. 21:22). La ciudad ya no tiene un sacerdocio de mediación porque todos sus habitantes tienen acceso inmediato a Dios.

Su luz (Ap. 21:23). La ciudad está iluminada por la gloria shekina, no requiere luces celestes.

Su propósito (Ap. 21:24-26). El propósito último del lugar eterno para los creyentes es darle gloria a su Señor, quien ha hecho posible la redención.

Infierno
En el griego y el hebreo hay diversos términos para describir el castigo eterno.

Seol. La palabra aparece 65 veces en el Antiguo Testamento. En la versión Reina-Valera aparece 63 veces sin traducir y en la Nueva Versión Internacional se han usado palabras como "sepulcro" y "abismo" para traducirla. Puede referirse al sepulcro (Job 17:13; Sal. 16:10; Is. 38:10). Puede referirse al lugar de la muerte, donde van los buenos y los malos cuando mueren (Gn. 37:35; 42:38; 44:29, 31; Nm. 16:33; Job 14:13; Sal. 55:15; Pr. 9:18). Se rescatará a los creyentes del Seol (Sal. 16:9-11; 18:5; 49:15). Los impíos van al Seol cuando mueren (Job 21:13; 24:19; Sal. 9:17; 31:17; 49:14; 55:15).

El enfoque dominante del Antiguo Testamento parece estar en el lugar donde van los cuerpos, no donde existen sus almas. Hay otras palabras que usa el Antiguo Testamento para enfatizar tal enfoque. Los términos sepulcro (heb., qeber, que aparece 71 veces), cisterna o fosa (heb., bor), y profundidades de la tierra (heb., erets tahtit) enfatizan el lugar donde el cuerpo va cuando muere.[35] Así, el Antiguo Testamento "nos ofrece una descripción de la tumba palestina típica: polvorienta, oscura, con huesos revueltos, y donde la 'lengua tartamuda y ceceante guarda silencio'. Todas las almas de los hombres no van a un solo lugar. Pero todas las personas van al sepulcro. El AT dice poco en cuanto al destino de las almas de los hombres en el estado intermedio".[36]

Hades. Es el término usado por el Nuevo Testamento para describir la vida después de la muerte, equivalente al hebreo seol. La Septuaginta, la traducción griega del Antiguo Testamento, traduce casi siempre la palabra *seol* como *hades*. Originalmente la palabra era un nombre propio, el nombre del dios del mundo de las tinieblas que gobernaba sobre la muerte.[37]

En el período entre los Testamentos se desarrolló una teoría compartimental doble, probablemente por influencia del zoroastrismo persa,[38] que enseñaba que el Seol y el Hades tenían dos compartimentos: un lugar de dicha para los justos y un lugar de tormento para los impíos. Los justos esperaban la resurrección de Cristo, quien los libraría del Hades y los llevaría a la presencia de Dios. El argumento tiene su base en Efesios 4:9-10 y 1 Pedro 3:19. No obstante, es dudoso que los pasajes lo enseñen así.[39] Más aún, la aparición de Moisés y Elías en la transfiguración de Cristo sugiere que ya estaban en la presencia de Dios (Mt. 17:3), no en algún lugar intermedio de espera.

La palabra *hades* probablemente se usa en dos sentidos. Para describir un *lugar* cuando se refiere al castigo o tan solo para el *estado* de la muerte donde todos deben ir cuando su vida acabe.[40] La palabra aparece diez veces[41] en el Nuevo Testamento, se usa tres para referirse al lugar de castigo (Mt. 11:23; Lc. 10:15; 16:23) y siete para el estado de la muerte al que entran creyentes e incrédulos (Mt. 16:18; Hch. 2:27, 31; Ap. 1:18; 6:8; 20:13-14).

Gehena. Aparece 12 veces en el Nuevo Testamento, designa el castigo eterno tomado del hebreo *ge hinnom*, y se refiere al Valle de Hinom, ubicado en el lado sur de Jerusalén. La adoración de Moloc, donde se sacrificaban niños en el fuego, ocurrió en el Valle de Hinom (2 R. 16:3; 17:17; 21:6). Jeremías anunció que el Valle de Hinom sería el lugar del juicio de Dios (Jer. 7:32; 19:6). El valle también se convirtió en el lugar donde se quemaban los cuerpos de animales y criminales rechazados. Como resultado, la gehena se hizo sinónimo de castigo eterno, el fuego del infierno. Describe el castigo conectado con el juicio final, un castigo de duración eterna, no de aniquilación (Mt. 23:15, 33; 25:41, 46).

Tártaro. Solo está en 2 Pedro 2:4. El Tártaro es "el nombre mitológico clásico del abismo subterráneo en el cual se castigaba a dioses y otros seres como los titanes. Sin embargo, la palabra fue absorbida por el judaísmo helénico y se usó en el libro de Enoc (Enoc 20:2) en conexión con los ángeles caídos".[42]

Abismo. El abismo (gr., *abussos*), cuyo significado es "sin fondo", se traduce como "pozo" o "abismo", es la prisión de los demonios (Lc. 8:31; Ap. 9:1-2, 11). Satanás (la estrella caída) es el rey de los demonios del abismo (Ap. 9:11) que liberará a los demonios (langostas) en la tierra durante la tribulación (Ap. 9:1ss). Satanás será atado y confinado al abismo por mil años en la segunda venida de Cristo (Ap. 20:1-3).

Otros términos. Hay otros términos usados para describir el castigo eterno, como "fuego que nunca se apagará" (Mt. 3:12; Mr. 9:43, 48), "horno de fuego" (Mt. 13:42, 50), "las tinieblas de afuera" (Mt. 8:12; 22:13; 25:30), "fuego eterno" (Mt. 25:41), "el lago que arde con fuego y azufre" (Ap. 21:8), y "lago de fuego" (Ap. 19:20; 20:10, 14-15). Los incrédulos serán arrojados al lago de fuego en el juicio del gran trono blanco (Ap. 20:11-15), y allí vivirán en tormento eterno.

Doctrina del infierno

Aunque en los veinte siglos de fe cristiana siempre han aparecido perspectivas no ortodoxas sobre la doctrina del castigo eterno, parece que en los años recientes ha habido un cambio hacia una visión suavizada del infierno. Clark Pinnock se lamenta: "¿Cómo pueden los cristianos proyectar una deidad de semejante crueldad y rencor, cuyos métodos de acción incluyen causar la tortura eterna sobre sus criaturas, no importa cuán pecaminosas hayan sido? Con seguridad, un Dios que obre así estará más cerca de parecer Satanás que Dios, al menos desde cualquier normativa moral y desde el mismo Evangelio".[43]

¿Hay un cambio en el evangelicalismo? James Hunter dice que hay varios estudios en los cuales se revela que "surgen certezas doctrinales suavizadas" entre los estudiantes fundamentalistas de universidades y seminarios cristianos:

> Dentro de esta generación de evangélicos [hay un] grado medible de incomodidad con el concepto de maldición eterna… En general los evangélicos, y en particular la generación venidera, han adoptado un código ético de civilidad político en diversos grados. Además de tolerar las creencias, opiniones y estilos de vida de las demás personas, ello los lleva a hacerse tolerables para los demás. El dogma crítico es no ofender, sino ser gentil en las relaciones sociales y civiles… [Semejante] estilo religioso… implica la ausencia de énfasis sobre los aspectos más ofensivos del evangelicalismo, como las acusaciones de herejía, pecado, inmoralidad, paganismo, cuestiones de juicio, ira divina, maldición e infierno.[44]

El cambio en el punto de vista de los evangélicos respecto al infierno se debe a un cambio de opinión respecto a Dios. "La cultura ha rechazado la visión bíblica de Dios por ser demasiado restrictiva con la libertad humana y ofensiva para las sensibilidades humanas. El amor de Dios se ha redefinido de manera que ya no es santo. Se ha adoptado un nuevo concepto de la soberanía de Dios de modo que la autonomía humana no se vea alterada".[45] Cuando el amor de Dios tiene preeminencia sobre su santidad (como ha sucedido en el último siglo), su persona y naturaleza quedan distorsionadas y no bíblicas. Para la persona y la obra de Dios, su santidad es fundamental. Cuando esto se abandona, las falsas doctrinas aparecerán. Albert Mohler hace una pregunta vital: "¿La teología evangélica es una comercialización de Dios para nuestra cultura contemporánea, o nuestra tarea consiste en dar continuidad a la convicción ortodoxa bíblica, sin importar precio?".[46]

Perspectivas sobre el castigo eterno

Universalismo. Orígenes fue un fuerte proponente de la ausencia de castigo eterno (185-*ca.* 254).[47] "Orígenes enseñaba que las amenazas del castigo eterno solo eran exhortativas... 'admitía que el sentido gramatical de los términos bíblicos enseña el fuego eterno e inextinguible; pero lo considera un engaño intencional y de gracia, de parte de Dios, para disuadir a los hombres de pecar'".[48] Enseñó que a la larga habría una restauración individual de todos, incluyendo a Satanás, los sodomitas y todos los demás. Orígenes apeló a Juan 17:20-21, 1 Corintios 15:25, Efesios 4:13 y Filipenses 2:10-11 para respaldar el universalismo.

Aunque Karl Barth no es explícito en sus escritos, muchos creen que enseñaba el universalismo. C. H. Dodd vio universalismo en Romanos 11:32 y dijo: "en otras palabras, la voluntad de Dios es que *toda la humanidad* sea salva al final".[49] También lo vio en Romanos 8:18-23, Efesios 1:20, 3:6-10 y Colosenses 1:20. John A. T. Robinson, el liberal británico, dijo: "Mientras permanezca un solo pecador en el infierno, Cristo... sigue en la cruz. No hay especulación: es una declaración basada sobre la misma necesidad de la naturaleza de Dios. En un universo de amor no puede haber cielo que tolere una cámara de horrores, ni infierno al mismo tiempo que no sea un infierno para Dios. Él no lo puede soportar, pues eso sería la burla definitiva de su naturaleza, y eso no va a pasar".[50]

De forma incuestionable, algunos se aferran al universalismo por emoción más que por las Escrituras.[51] Al actuar así, las malinterpretan. Citan Filipenses 2:9-11 y enfatizan que como toda rodilla se doblará, todos serán salvos. Pero la idea es que incluso en el infierno, los incrédulos reconocerán a Jesús como Señor. Al aludir a los enemigos de la cruz, "el fin de los cuales será perdición" (Fil. 3:19), los universalistas citan también 2 Corintios 5:19: "Dios estaba en Cristo reconciliando consigo al mundo...". Este versículo no enseña el universalismo; sencillamente declara que la expiación de Cristo fue ilimitada y puso la salvación a disposición de todos.

Rob Bell cuestiona tanto la Biblia como la interpretación que de ella hacen los cristianos, cuando afirma:

A un impresionante número de personas se les ha enseñado que unos cuantos cristianos selectos disfrutarán para siempre en un lugar apacible y alegre llamado cielo, mientras que el resto de la humanidad padecerá por siempre tormento y castigo en el infierno, sin ninguna oportunidad de algo mejor. Se ha comunicado de un modo claro y generalizado que esta creencia es una verdad fundamental de la fe cristiana y que rechazarla es, en esencia, no aceptar a Jesús. Esto es erróneo y tóxico y, en última instancia, trastorna la contagiosa divulgación del mensaje de amor, paz, perdón y gozo de Jesús que nuestro mundo necesita oír con urgencia.[52]

Al hacer esta declaración, Rob Bell no apela a las Escrituras, sino a la "lógica" tal como él la ve. ¿Quién o qué es la autoridad? Rob Bell. Además, proporciona su forma de comprender el evangelio: "Comienza con la verdad segura y cierta de que somos amados. Que, a pesar de cualquier cosa terrible que haya sucedido en la profundidad de nuestros corazones y se haya extendido a cada rincón del mundo, a pesar de nuestros pecados, fracasos, rebeldía y dureza de corazón, a pesar de lo que se nos haya hecho o de lo que hayamos hecho, Dios se ha reconciliado con nosotros".[53]

La pregunta es ¿cómo hace Dios las paces con nosotros? Dios es santo; el hombre es pecador. ¿Cómo puede el ser humano pecador tener comunión con un Dios santo? Solo Jesucristo es el mediador entre el hombre pecador y un Dios santo (1 Ti. 2:5). Sin su sacrificio expiatorio por medio de la sangre que derramó en la cruz, no hay resolución (He. 9:22). Solo Él proporciona redención (Ef. 1:7). Jesús mismo declaró lo que les ocurriría a aquellos que lo negaran (Mt. 25:46; Jn. 3:36). ¿Es la palabra de Jesús confiable? Bell ha adoptado la opinión liberal del siglo XIX.

Los universalistas argumentan "que los pasajes que describen la victoria universal de Dios sobre el mal exigen que no quede mal alguno en el universo. Por ejemplo, al final, todos doblarán la rodilla ante Cristo (Fil. 2:10); el mundo se reconciliará con Cristo (2 Co. 5:19); todo estará 'en Cristo' (Ef. 1:10); la muerte y el pecado serán destruidos (1 Co. 15:26); y todos estarán sujetos a Cristo (v. 15:28). Aunque la interpretación que el universalismo hace de estos textos es incorrecta, indica que el *pecado* será derrotado por completo, algo que los condicionalistas insisten en que no puede suceder a menos que todos los *pecadores* sean destruidos".[54]

Aniquilacionismo. Aunque la aniquilación se ha asociado tradicionalmente con grupos como los Adventistas del Séptimo Día y los Testigos de Jehová, algunos evangélicos recientes han abrazado la doctrina.

John R. W. Stott probablemente fue el proponente más prominente. En su debate con el liberal David Edwards, declaró: "No dogmatizo sobre la posición a la cual llegué, la sostengo de manera tentativa. Pero pido un diálogo franco entre los evangélicos con base en las Escrituras. También creo que la aniquilación final de los impíos debería al menos aceptarse como una alternativa bíblica legítima al tormento consciente y eterno".[55]

El teólogo Clark Pinnock afirmó que quienes se aferran al castigo eterno y consciente de los impíos deben enfrentarse al "horror moral y la falta de solidez exegética de la visión tradicional del infierno".[56] Se preguntó: "¿Cómo se puede imaginar por un momento que el Dios que por su gran amor dio a su Hijo por los pecadores, instaure una cámara de torturas en algún punto de la nueva Creación para sujetar en el dolor eterno a quienes lo rechazaron?".[57]

Pinnock concluyó: "Creo que se puede esgrimir mejor argumento para entender la naturaleza del infierno como una terminación: mejor desde el punto de vista bíblico, antropológico, moral, judicial y metafísico".[58]

La defensa del aniquilacionismo sigue esta línea: (1) A partir de las Escrituras, sus partidarios afirman que solo Dios es inmortal (1 Ti. 6:16) y que Cristo otorgó vida e inmortalidad a través del evangelio, lo cual vale para todas las personas (2 Ti. 1:10). (2) Como en el caso de Pinnock, la defensa del aniquilacionismo "está más relacionada con su "repulsión moral" que con las consideraciones exegéticas, como él mismo admite".[59]

Edward W. Fudge argumenta que, aunque el castigo será eterno, los términos no explican la naturaleza de este castigo "eterno". Fudge declara: "El término castigo no nos indica la naturaleza de la pena ni en lo que consiste en realidad... ni de lo que conlleva de verdad. En nuestro sistema de justicia criminal, *castigo* posee una amplia diversidad de significados. Podría referirse a una multa económica o tal vez a un breve período en la cárcel, o incluso a una sentencia de cadena perpetua. El peor castigo de todos es, no obstante, la pena de muerte, aunque el acto de ejecución real no dure más que unos cuantos minutos como mucho. No medimos el castigo capital por el tiempo que se tarde en llevarlo a cabo, sino en términos de sus consecuencias perdurables".[60]

Citando Juan 3:16, Fudge argumenta que Dios amó tanto al mundo que entregó a su Hijo para que las personas no *perecieran*. Concluye que, si bien la separación del incrédulo es para siempre, este no sufre tormento eterno. Más bien, como Sodoma y Gomorra, será destruido, apartado de Dios perpetuamente. Dejará de existir.[61]

La aniquilación basa su creencia en versículos como Mateo 10:28, donde Jesús enseñó: "temed más bien a aquel que puede destruir el alma y el cuerpo en el infierno". Sin embargo, en esta opinión existe un grave problema. "No existe un solo ejemplo en todo el Nuevo Testamento donde *apolummi* signifique aniquilación en el sentido estricto de la palabra".[62]

Salvación sin conocimiento de Cristo. ¿Pueden ser salvos quienes nunca oyeron de Cristo? ¿Habrá oportunidad después de la muerte para que las personas se salven? Hay personas que han considerado estas preguntas y han llegado a diferentes conclusiones.

Clark Pinnock cree que las personas que no han oído de Cristo no están necesariamente condenadas al infierno: "De una cosa podemos estar seguros: Dios no abandonará en el infierno a quienes no lo conocen y por tanto no declinaron su ofrecimiento de gracia. Aunque no nos ha dicho cuál es la naturaleza de su plan, no podemos dudar de la existencia y la bondad de dicho plan".[63]

Donald Bloesch cree que las personas tendrán la oportunidad de salvarse después de la muerte, incluso de trasladarse del infierno al cielo. Afirma: "El castigo en el infierno es punitivo y correctivo... No obstante, no queremos ponerle límites a la gracia de Dios, y no excluimos la posibilidad de que finalmente algunos se trasladen del infierno al cielo. De la ciudad santa dice que sus puertas están abiertas de día y de noche (Is. 60:11; Ap.

21:25), lo cual significa que el acceso al trono de la gracia es posible continuamente. Las puertas del infierno están cerradas con llave, pero solo por dentro... Podemos afirmar la salvación al otro lado del sepulcro".[64]

John Lawson dice: "Es difícil defender que la proposición de la gracia salvadora de Dios se extienda a todos los hombres y no extender lógicamente la operación de la gracia más allá de la vida del hombre en este mundo... quienes han vivido en este mundo de acuerdo con la luz limitada que se les dio, cuando se despierten en la vida futura descubrirán que pertenecen a Cristo, aunque en esta vida no parecieran cristianos.[65]

Grados de castigo. Aunque las Escrituras no son claras al hablar de los grados de castigo, se infiere de algunas porciones que en el infierno habrá grados de castigo. La defensa de ello, por supuesto, es difícil de entender. Quienes tienen más conocimiento sobre Cristo serán responsables de más; quienes han recibido menos información tendrán menos responsabilidad (Lc. 12:47-48). En Mateo 10:15 y 11:22 se expresa el mismo pensamiento. Las naciones paganas no tienen el mismo conocimiento de la verdad de Dios y de Cristo que ha recibido Israel. Debido a que Judas era discípulo, y por ello recibió más cantidad de información, le hubiera resultado mejor no haber nacido por el castigo tan grande que le esperaba (Mt. 26:24). Sin embargo, sería poco sabio inferir de aquí que quienes nunca han oído el evangelio escaparán al castigo eterno.

Finalmente, Dios juzgará a las personas de acuerdo con sus obras (Ap. 20:12). Probablemente haya dos pensamientos asociados con este pasaje. Sus obras se exponen y los muestran dignos de condenación, pero puede también inferirse que por sus obras sufrirán diferentes grados de castigo.

Castigo literal y eterno. Según esta creencia, "el castigo para los impíos es eterno y es punitivo, no de redención".[66] Cuando Jesús usó el término *gehena* para definir el infierno, "era obvio que el énfasis en el castigo del pecado de los impíos era eterno después de la muerte".[67]

¿Es eterno el castigo en el infierno? El término *aionion* de Mateo 25:46 hace necesario entender el castigo como algo eterno y sin fin. El mismo adjetivo, "eterno", define el castigo y la vida. Si la vida es eterna, sin fin y continua, el castigo también lo es, dada la naturaleza de la declaración. Larry Dixon dice: "El destino eterno de los impíos ('las cabras') parece equivalente al destino eterno de los justos ('las ovejas'). Concluir que el destino de los justos es cuantitativo pero el de los impíos no, o que 'vida eterna' indica posesión mientras 'castigo eterno' indica efecto eterno, es forzar el texto".[68] Harry Buis dice: "*Aionios* se usa 66 veces en el Antiguo Testamento: 51 para la felicidad de los justos, 2 para la duración de la gloria de Dios, 6 donde no cabe duda que su significado es "eternidad" y 7 para el castigo de los impíos".[69]

De la terminología que Jesús usa, se infiere que el infierno es fuego literal (cp. Mt. 5:22, 30; 13:29-30). La historia de Lázaro y el rico indica que el infierno es un lugar de tormento en el fuego (Lc. 16:23-28).

También se describe el infierno como un lugar de tinieblas (Mt. 25:30). "Ello sugiere un lugar de castigo muy alejado del Reino".[70] Las tinieblas han de entenderse literalmente como un lugar de castigo eterno.[71] Son opuestas al resplandor de la gloria de Dios en el cielo (Ap. 22:5). Es un recordatorio de que el infierno está "[excluido] de la presencia del Señor y de la gloria de su poder" (2 Ts. 1:9).

Jesús también enseñó que habría diversos grados de castigo en el infierno de acuerdo con el conocimiento que la persona hubiera recibido. Quien conocía la voluntad del amo y no le respondió, recibirá mayor castigo que quien no lo conoció y no lo hizo (Lc. 12:47-48).

Retorno de Cristo

Aunque hay divergencia sobre los detalles, el retorno de Cristo es una de las doctrinas a la que se adhieren todos los evangélicos. Es prominente en las Escrituras; se menciona más de 300 veces en el Nuevo Testamento, con capítulos completos dedicados a la explicación del tema (Mt. 13, 24, 25; Mr. 13, Lc. 21) e incluso la mayor parte de algunos libros (1 y 2 Ts.; Ap.).[72]

Cristo enseñó que su regreso sería un evento físico literal; regresará de la misma manera en que sus discípulos lo vieron partir (Hch. 1:11). También enseñó que su regreso sería de consuelo para sus seguidores, pues vendría a por ellos para llevárselos a la casa del Padre (Jn. 14:1-3). Sin embargo, el momento de su retorno es desconocido; por lo tanto, las personas deben prepararse para su venida (Mt. 24:36, 42; 25:1-13). Durante su ausencia, su pueblo debe ser un mayordomo fiel (Mt. 24:45-51), que le sirva fielmente para recibir su elogio y recompensa en el momento de su retorno (Mt. 25:14-30).

Los creyentes deben anticipar con alegría el retorno de Cristo, pues Él los llevará al cielo, el verdadero lugar de su ciudadanía, y transformará sus cuerpos mortales en cuerpos inmortales como el suyo (Fil. 3:20-21; 1 Jn. 3:2). Tal esperanza reconforta, no solo por los creyentes vivos, sino por los que partieron ya, pues ellos se levantarán de entre los muertos y recibirán cuerpos nuevos e inmortales (1 Ts. 4:13-18). Por lo tanto, los creyentes deben anticipar su venida como un evento feliz (Tit. 2:13) y como la etapa final de su salvación (He. 9:27). El Nuevo Testamento concluye con la réplica de Juan: "Amén; sí, ven, Señor Jesús" (Ap. 22:20). Pero el Nuevo Testamento también enfatiza que esta doctrina tiene un efecto presente. Puesto que los creyentes verán a Aquel que es puro, deben purificarse (1 Jn. 3:3). Más aún, como el final de esta era significará la destrucción de la tierra presente, Pedro enfatiza: "deberían vivir ustedes como Dios manda, siguiendo una conducta intachable" (2 P. 3:11, NVI).

Resurrección de los muertos

El retorno de Cristo tiene implicaciones importantes para el creyente, porque significa la esperanza de la resurrección corporal.[73] La esperanza de la resurrección se enseña en los dos Testamentos y es fundamental para la fe cristiana. David habló de despertar en la presencia de Dios (Sal. 17:15). Los hijos de Coré expresaron la esperanza de que Dios los rescatara del poder de la muerte y los recibiera en su presencia (Sal. 49:15). Asaf tenía fe en que Dios lo guiaría a lo largo de su vida y, cuando su vida se terminara, Él lo recibiría en el cielo (Sal. 73:24-25). Isaías aporta una declaración importante sobre la esperanza de la resurrección: "Tus muertos vivirán; sus cadáveres resucitarán. ¡Despertad y cantad, moradores del polvo! Porque tu rocío es cual rocío de hortalizas, y la tierra dará sus muertos" (Is. 26:19). Daniel también describe con claridad la resurrección futura del polvo de la tierra, algunos para entrar en la vida eterna y otros para juicio y condenación eterna (Dn. 12:1-2).

El Nuevo Testamento tiene una revelación adicional sobre la resurrección. Jesús, cuando debatía con los saduceos, los reprendió por entender mal la noción de resurrección. Ni entendían las Escrituras (porque el Antiguo Testamento enseñaba sobre la resurrección) ni el poder de Dios (porque Él tiene poder para levantar a los muertos, Mt. 22:29; cp. Mr. 12:24-27; Lc. 20:34-38). En Juan 5:28-29, Jesús habló de tal forma que recordaba a Daniel 12:2 cuando explicó que los muertos oirían la voz de Cristo y saldrían, unos para la vida y otros para juicio. Cristo también prometió vida eterna a quienes creyeran en él; tenían la certeza de que Él los resucitaría (Jn. 6:39-40, 44, 54). Cuando resucitó a Lázaro, declaró: "Yo soy la resurrección y la vida; el que cree en mí, aunque esté muerto, vivirá. Y todo aquel que vive y cree en mí, no morirá eternamente" (Jn. 11:25-26).

Pablo, en su defensa y explicación detallada de la resurrección en 1 Corintios 15, dice que la resurrección es fundamental para la fe cristiana. Si la resurrección no es cierta, entonces Cristo no ha resucitado, la fe es inútil y el problema del pecado sigue sin resolverse (v. 17). La resurrección también se explica en conexión con el retorno de Cristo (1 Ts. 4:16).

La doctrina de la resurrección también era central para la predicación en el Nuevo Testamento (Hch. 2:31; 4:2, 33; 17:18, 32; 23:6, 8; 24:15, 21; 26:23). Pablo le pidió a Timoteo que recordara la resurrección de Cristo (2 Ti. 2:8), y lo exhortó a reprender falsas enseñanzas sobre la resurrección (2 Ti. 2:18). El Nuevo Testamento alcanza su plenitud con el anuncio de la resurrección de los justos, descrita como "la primera resurrección" (Ap. 20:4-5).

Los juicios

Los cristianos, desde el comienzo, han reconocido que esta era terminará en juicio con el regreso de Cristo. Como Dios es santo, debe juzgar toda impiedad, o dejaría de ser santo. El juicio es una expresión necesaria del carácter propio de Dios,[74] pero será justo y acorde con la verdad (Ro. 2:2).

Algunos creen que el único juicio por venir es el juicio presente. Dios ha juzgado esta era, es verdad. En algún punto del pasado Dios juzgó a Satanás y a los ángeles caídos (2 P. 2:4; Jud. 6). Dios juzgó a las personas con el diluvio en días de Noé (Gn. 6:7); juzgó a las personas de la torre de Babel (Gn. 11:1-9); juzgó al reino del norte, Israel, al enviarlo cautivo a Asiria (2 R. 17:1-6), juzgó al reino del sur, Judá, al hacerlo cautivo en Babilonia (2 R. 25:1-12); juzgó a la iglesia con la muerte de Ananías y Safira (Hch. 5:1-11). Pablo enfatizó que hay juicio en la era actual cuando declaró: "Porque la ira de Dios se revela desde el cielo contra toda impiedad e injusticia de los hombres que detienen con injusticia la verdad" (Ro. 1:18). Sin embargo, este no es el juicio final. Las Escrituras indican que habrá un juicio futuro relacionado con el regreso de Cristo.

Jesús, como Hijo de Dios, tiene la autoridad de juzgar (Jn. 5:27-29). Él anunció un juicio futuro ligado a su regreso cuando dijo que las personas serían juzgadas según sus obras (Mt. 16:27). También declaró que el conocimiento (o falta de él) de las personas afectaría a ese juicio. Quienes tuvieran mayor conocimiento recibirían mayor juicio (Mt. 11:24).

Todas las personas, sin excepción, morirán e irán al juicio de Dios (He. 9:27).

El apóstol Juan describió un día final en que los libros se abrirían y los incrédulos serían juzgados ante el gran trono blanco (Ap. 20:11-15). Los registros de los incrédulos los harán culpables ante Dios y no merecedores de la vida eterna. Todos los incrédulos muertos, en el mar o en la tierra, serán juzgados en la presencia de Dios en aquel día. El destino de ellos será el lago de fuego (Ap. 20:15).

Los creyentes también serán juzgados, porque Pablo declara: "todos compareceremos ante el tribunal de Cristo" (Ro. 14:10; cp. 2 Co. 5:10). Allí se recompensará a los creyentes por sus obras, ya sean buenas o sin valor. Las vidas de los creyentes se reflejarán en este juicio (1 Co. 3:12-15). Algunos no tendrán recompensas; sus obras se quemarán porque sus motivos eran equivocados (1 Co. 3:14-15; 4:5). Otros habrán vivido vidas de calidad y por ello se les recompensará (1 Co. 3:12-13). La parábola de los talentos (Mt. 25:14-30) y la parábola de las diez minas (Lc. 19:11-27) enseñan la importancia de la mayordomía fiel en conexión con el juicio final.

El fuego eterno está preparado para el diablo y sus ángeles (Mt. 25:41). Al final de los tiempos Dios juzgará a Satanás y a sus demonios que serán lanzados al lago de fuego, junto con la bestia y el falso profeta (Ap. 20:10).

El estado eterno

Los evangélicos están de acuerdo en que las almas de los hombres vivirán eternamente en los cuerpos resucitados, ya sea en el cielo o en el infierno.

Los incrédulos continuarán en el estado eterno de tormento. La expresión "lloro y crujir de dientes" (Mt. 8:12; 13:42, 50; 22:13; 24:51; 25:30; Lc. 13:28) sugiere sufrimiento y desesperación,[75] lo cual implica una existencia continua de sufrimiento. En Mateo 25:46 los términos "castigo" y "vida" están modificados por la misma palabra "eterno"; luego, si la vida es eterna, entonces también lo es el castigo. En este versículo se niega la aniquilación; el castigo tiene una duración interminable. El relato del rico y Lázaro en Lucas 16:19-31 también enfatiza la existencia eterna del castigo. La frase "estando en tormentos" enfatiza el estado continuo de sufrimiento para el rico (Lc. 16:23).[76] Una de las palabras para infierno es Gehena, y está relacionada con el Valle de Hinom, situado al sur de Jerusalén. Los desperdicios y los cuerpos de los criminales eran arrojados al Valle de Hinom, donde ardían constantemente, lo cual hace el término apto para enfatizar el sufrimiento eterno en el infierno (véase de nuevo la explicación de "Infierno" en este capítulo).[77]

El diablo, la bestia y el falso profeta serán lanzados al lago de fuego al final de la era, donde "serán atormentados día y noche por los siglos de los siglos" (Ap. 20:10).

Aunque no se dice mucho al respecto, parece que habrá grados de castigo en el infierno. Esto se acepta generalmente basándose en Lucas 12:47-48, donde pocos azotes recibió el esclavo que no conocía la voluntad de su señor y no la hizo, pero muchos recibió el que la conocía y no la hizo. Hay quienes usan Apocalipsis 20:12 para sugerir la existencia de diversos grados de castigo, pero es probable que el texto enfatice que las obras de los incrédulos serán deficientes y los condenarán.

Finalmente, el infierno puede verse como "(a) La ausencia total del favor de Dios; (b) la vida interminablemente alterada como resultado de la dominación completa del pecado; (c) dolores y sufrimientos reales en cuerpo y alma; y (d) castigos tan subjetivos como punzadas en la conciencia, angustia, desespero, lloro y crujir de dientes (Mt. 8:12; 13:50; Mr. 9:43-44, 47-48; Lc. 16:23, 28; Ap. 14:10; 21:8)".[78]

Los creyentes disfrutarán de comunión eterna en compañía de Cristo (Jn. 14:2). Las "moradas eternas" en la casa del Padre se extraen de la idea de familia judía. Cuando un hijo se casa, se añade un apartamento a la casa del padre y el hijo, junto con su esposa, van a vivir con el resto de la familia.[79] Los creyentes disfrutarán esa misma comunión familiar en la casa del Padre en el cielo.

El cielo también se describe como un banquete (Mt. 8:11), lo cual enfatiza comunión, relajación, alegría y felicidad en la presencia de Cristo.

El lugar de habitación para los cristianos será el cielo nuevo y la tierra nueva (Is. 65:17). Juan lo describe con mucho detalle (Ap. 21:1—22:5). Muchos ubican el cielo nuevo y la tierra nueva justo después de la renovación de los cielos y la tierra, seguido del momento en que Satanás y el hombre se rebelan contra Dios (2 P. 3:10). Ello no sugiere la aniquilación original de los cielos y la tierra, sino una transición en la cual se los santifica.[80]

Hebreos 12:22-24 describe a los habitantes de la nueva Jerusalén: ángeles, creyentes del Nuevo Testamento (identificados como "la congregación de los primogénitos"), Dios, creyentes del Antiguo Testamento (identificados como "los espíritus de los justos hechos perfectos") y Jesús. A la nueva Jerusalén se la describe como una ciudad santa que desciende del cielo; muchos entienden que estará sobre la tierra. Es una ciudad literal porque tiene medidas (Ap. 21:16). La *shekina* de Dios iluminará la ciudad (Ap. 21:9-11). La ciudad estará segura (21:12-13); medirá 2.200 kilómetros de largo, ancho y alto, y el trono de Dios estará en su parte superior (21:15-18, nvi). Los cimientos estarán adornados con varias clases de piedras preciosas (21:19-21).

Sobre todas las cosas, la bendición de la nueva Jerusalén será que Dios estará en comunión con el hombre.[81] No habrá necesidad de sacerdotes, pues los creyentes tendrán acceso directo a Dios (21:22). El dolor y sus causas no tendrán cabida (21:4-5). Cristo será el centro, y los creyentes le servirán y disfrutarán de comunión con Él por toda la eternidad (22:3-5).

Evaluación

(1) Con frecuencia, quienes se adhieren al universalismo apelan a la lógica del amor de Dios. No son tan firmes para buscar respaldo bíblico como lo son para defender su perspectiva de que el amor de Dios no permitiría que un pecador sufriera eternamente en el infierno. Sin embargo, la fuente de la autoridad no es la razón. Las Escrituras son la autoridad, aunque puedan decir cosas que produzcan luchas internas en las personas. No obstante, la Biblia no se puede dejar de lado. Ella es la autoridad.

(2) En general, quienes se adhieren al aniquilacionismo usan argumentos similares a los de los universalistas. Emplean la lógica y aborrecen el horror del infierno en vez de debatir el asunto a partir del contexto de las Escrituras.

(3) Nada indica que haya oportunidades de salvarse después de la muerte; al contrario, Hebreos 9:27 indica que la muerte excluye cualquier oportunidad de salvación. La historia de Jesús sobre el rico y Lázaro verifica aún más la imposibilidad de tal cosa. Los destinos de Lázaro y el rico se sellaron en la muerte. Abraham le recordó al rico en Hades que desde allí no se accedía al cielo (Lc. 16:26).

(4) La frase "castigo eterno" (*kolasin aionion*) es el equivalente negativo de "vida eterna" (*zoen aionion*) en Mateo 25:46. Si la vida es eterna, una existencia consciente en el cielo, el corolario también debe ser cierto: existe el castigo consciente y eterno.

(5) La Biblia es clara cuando afirma que la salvación solo es posible a través de Jesucristo (Jn. 14:6; Hch. 4:12). Más aún, Pablo expresó su preocupación por que el evangelio se predicara, ya que creer en Cristo para salvación es imposible sin oír la proclamación del evangelio (Ro. 10:14-15).

(6) Con frecuencia, los argumentos de universalismo, aniquilacionismo y salvación sin Cristo tienen su base en la especulación y no en las Escrituras. La Biblia es clara en cuanto al destino de los incrédulos.

(7) Si se toman las declaraciones bíblicas en su sentido normal, se infiere que el infierno es un lugar literal de castigo eterno. Tal vez objetar

el castigo eterno sea resultado de no entender la santidad de Dios y la naturaleza horrenda del pecado. El amor de Dios no se puede enfatizar sin referencia a su santidad. Si Dios es tan solo un Dios de amor que pasa por alto el pecado o lo trata a la ligera, entonces no es justo. La santidad de Dios requiere un lugar llamado infierno para quienes lo repudiaron y no están cubiertos por la obra expiatoria de Cristo.

PRINCIPALES PERSPECTIVAS SOBRE LOS ÚLTIMOS TIEMPOS

En la teología conservadora hay tres grandes perspectivas sobre los últimos tiempos: amilenarismo, postmilenarismo y premilenarismo. La palabra *milenio* viene del latín *mille*, cuyo significado es "mil", y se relaciona con la declaración de Apocalipsis 20:4: "vivieron y reinaron con Cristo mil años". ¿Debe entenderse literal o simbólicamente este pasaje? La respuesta determina parcialmente la doctrina propia de los últimos tiempos.

Amilenarismo.
Introducción. La presente discusión sobre escatología amilenarista se concentrará en la perspectiva de la escatología reformada, en tanto se trata de la posición conservadora prevalente que sostiene el amilenarismo. Aunque los teólogos liberales sostienen una forma de amilenarismo, la mayoría de ellos no se preocupa mucho de la escatología, si bien es cierto que usan formas y designaciones más radicales (tales cosas se discuten en la parte 5, "Teología contemporánea").

La *a-* en *amilenarismo* niega el término; por lo tanto, *amilenarismo* quiere decir que no habrá un milenio futuro literal. Los amilenaristas no niegan el retorno literal de Cristo a la tierra, pero rechazan su reino literal de mil años en este planeta. Según el amilenarismo, el reino de Dios está presente en la era de la iglesia, y cuando dicha era termine, el estado eterno se inaugurará sin que intervenga un milenio.[82] Por esta razón, algunos amilenaristas sugieren un término como *milenarismo realizado* para indicar que no niegan el milenio, sino consideran que se cumple en la era actual.[83]

De acuerdo con los amilenaristas, Apocalipsis 20:4-6 se refiere "al reino presente de las almas de creyentes ya muertos que están con Cristo en el cielo", y el reino de Dios "está presente ahora en el mundo, en tanto el Cristo victorioso gobierna a su pueblo con su Palabra y su Espíritu, aunque ellos también esperan un reino futuro, glorioso y perfecto de la tierra nueva en la vida futura".[84]

Algunos amilenaristas interpretan el Apocalipsis de acuerdo con el *paralelismo progresivo*, según el cual la revelación del libro consiste en siete secciones que van paralelamente entre ellas, donde cada una describe a la iglesia y al mundo desde el tiempo de la primera venida de Cristo hasta la segunda venida: los capítulos 1—3 están relacionados con eventos del primer siglo pero tienen aplicación presente, los capítulos 4—7 describen a la iglesia que sufre pruebas y persecución, los capítulos 8—11 vislumbran a la iglesia vengada, protegida y victoriosa; los capítulos 12—14 describen el nacimiento de Cristo y la oposición de Satanás; los capítulos 15—16 describen la ira de Dios hacia los no arrepentidos; los capítulos 17—19 ilustran la caída final de las fuerzas de secularismo e impiedad; los capítulos 20—22 describen la condenación final de los enemigos del Señor y el triunfo final de Cristo y la iglesia.[85]

Segunda venida de Cristo. Los amilenaristas entienden la segunda venida de Cristo como un *evento único*, a diferencia de los dispensacionalistas, que ven dos fases en el evento. Los amilenaristas enseñan que ciertos eventos deben ocurrir antes de la segunda venida; por lo tanto, no se puede decir que el regreso de Cristo es "inminente" (es decir, que Cristo puede venir en cualquier momento).[86] Las señales anteriores a la segunda venida de Cristo son las siguientes: (1) El llamado de los gentiles (Mt. 24:14; Mr. 13:10; Ro. 11:25), en el cual se evangelizará a las naciones. Algunos de ellos creerán y se constituirán en "la plenitud de los gentiles". (2) La conversión de Israel. En Romanos 11:26 "todo Israel" no quiere decir la nación, sino el número elegido de israelitas. (3) La gran apostasía y la gran tribulación (Mt. 24:9-12, 21-24; Mr. 13:9-22; Lc. 21:22-24). Estos eventos se cumplieron parcialmente en la destrucción de Jerusalén, pero también tendrán un cumplimiento futuro. (4) La revelación del anticristo. Hubo elementos del anticristo durante los tiempos de Pablo y los hay en el sistema papal de Roma, pero la identidad del anticristo se plasmará en una persona escatológica. (5) Prodigios y señales. Habrá guerras, falsos profetas, milagros satánicos sorprendentes y señales en los cielos.

Cristo regresará en el "día de la consumación", al final del mundo; sin embargo, nadie sabe el tiempo de su venida. Su forma será personal, física y visible (Hch. 1:11); no se puede equiparar con la venida del Espíritu Santo en Pentecostés. A diferencia de los premilenaristas, quienes enseñan que en la segunda venida Cristo establecerá su reino terrenal, los amilenaristas enseñan que el propósito de su regreso es "introducir la era futura, el estado eterno de las cosas".[87] Tal cosa se alcanzará con la resurrección de los muertos y el juicio final.

Resurrección de los muertos. Según el amilenarismo, la Biblia enseña la resurrección *corporal* al final de los tiempos (1 Co. 15:35-49). El cuerpo del creyente resucitado "será, en sentido fundamental, idéntico al cuerpo presente".[88]

Con respecto al tiempo de la resurrección, ocurrirá al mismo tiempo tanto para creyentes como para incrédulos.[89] Pasajes como Daniel 12:2, Juan 5:28-29, Hechos 24:15 y Apocalipsis 20:13-15 así lo implican. Daniel 12:2 menciona a piadosos e impíos en la misma declaración, como sucede en Juan 5:28-29. El término "hora" en Juan 5:28 no podría usarse para denotar una distinción de mil años entre las dos resurrecciones. En Hechos 24:15, Pablo usa el singular "resurrección" para describir la resurrección de justos e injustos. Apocalipsis 20:11-15 debe referirse a todos los muertos, no tan solo los creyentes, porque la expresión "la muerte y el Hades entregaron los muertos que había en ellos" ha de referirse a todas las personas.

La resurrección de los creyentes y de los incrédulos ocurre en la segunda venida de Cristo (1 Co. 15:23; Fil. 3:20-21; 1 Ts. 4:16) y también recibe el nombre de "día postrero" o "día del Señor". Tendrá lugar al final de los tiempos en el advenimiento del estado eterno.

Juicio final. De acuerdo con los amilenaristas, el juicio final ocurrirá al final de los tiempos y está asociado con la segunda venida de Cristo, la resurrección de todas las personas y la inauguración del estado eterno. Será un juicio general "con el único propósito de juzgar a los vivos y enviar a cada individuo a su destino eterno".[90] Se pueden delinear tres propósitos del juicio final:[91] (1) "demostrar la soberanía y la gloria de Dios en la revelación del destino final de cada persona"; (2) "revelar el grado de recompensa y de castigo que cada cual recibirá"; (3) "ejecutar el juicio de Dios en cada persona. Ahora Dios asigna a cada persona el lugar donde esta pasará la eternidad".

Deben observarse los detalles de este juicio. Como la resurrección es general, el *tiempo* del juicio final debe ser el final de esta era (2 P. 3:7). Cristo será el *juez*. Como por medio de Él se salvan las personas, tiene sentido que los incrédulos lo enfrenten como Juez (Jn. 5:22; Hch. 17:31; 2 Ti. 4:8). Sin embargo, los ángeles asistirán a Cristo en el juicio (Mt. 13:41-43), así como los santos (Mt. 19:28; 1 Co. 6:2-3).[92] Los *sujetos* de su juicio serán ángeles (1 Co. 6:2-3) y todas las personas (Mt. 25:32; Ro. 2:5-6; 2 Co. 5:10),[93] lo cual incluye a creyentes e incrédulos.

El *contenido* del juicio tendrá que ver con "las obras, palabras y pensamientos" de las personas.[94] El juicio por las obras de una persona es evidente en Mateo 25:35-40; se juzgarán las palabras ociosas (Mt. 12:36), saldrán a la luz los pensamientos (1 Co. 4:5). Incluso los pecados de los creyentes se conocerán, pero se manifestarán como pecados perdonados, cubiertos por la sangre de Cristo.[95]

La *norma* del juicio será la revelación de Dios. Se juzgará a quienes recibieron la revelación del Antiguo Testamento de acuerdo con tal revelación; se juzgará a quienes recibieron la verdad del Nuevo Testamento de acuerdo con tal revelación (Mt. 11:20-22); se juzgará a quienes no recibieron ninguna de las dos de acuerdo con la luz que recibieron.[96] Como resultado, habrá diferentes grados de sufrimiento para los perdidos (Lc. 12:47-48). Sin embargo, los creyentes recibirán justificación con base en su relación con Jesucristo (Jn. 3:18, 36; 5:24), aunque su recompensa variará según su fidelidad (Lc. 19:12-19; 1 Co. 3:10-15).

Estado eterno. Según los amilenaristas, tanto creyentes como incrédulos continuarán con su existencia consciente en la eternidad. Los incrédulos

PERSPECTIVAS RELATIVAS A LOS ÚLTIMOS TIEMPOS

Categorías	Amilenarismo	Postmilenarismo	Premilenarismo histórico	Premilenarismo dispensacional
Segunda venida de Cristo	Acontecimiento único; no hay distinción entre arrebatamiento y segunda venida; introduce el estado eterno.	Acontecimiento único; no hay distinción entre arrebatamiento y segunda venida; Cristo regresa después del milenio.	Arrebatamiento y segunda venida simultáneos; Cristo regresa para reinar en la tierra.	Segunda venida en dos etapas: arrebatamiento de la iglesia; segunda venida a la tierra siete años más tarde.
Resurrección	Resurrección general de creyentes e incrédulos en la segunda venida de Cristo.	Resurrección general de creyentes e incrédulos en la segunda venida de Cristo.	Resurrección de creyentes al comienzo del milenio; resurrección de incrédulos al final del milenio.	Distinción entre las resurrecciones: 1. La iglesia en el arrebatamiento. 2. Santos del Antiguo Testamento y de la tribulación en la segunda venida. 3. Los incrédulos al final del milenio.
Juicios	Juicio general de todas las personas.	Juicio general de todas las personas.	Juicios en la segunda venida; juicios al final de la tribulación.	Distinción entre los juicios: 1. Las obras de los creyentes en el arrebatamiento. 2. Judíos/gentiles al final de la tribulación 3. Incrédulos al final del milenio.
Tribulación	Se experimenta tribulación en esta presente era.	Se experimenta tribulación en esta presente era.	Perspectiva postribulacional: la iglesia atraviesa la futura tribulación.	Perspectiva pretribulacional: la iglesia es arrebatada antes de la tribulación.
Milenio	No hay milenio literal sobre la tierra después de la segunda venida; el reino no está presente en la era de la iglesia.	La era actual se mezcla con el milenio por el progreso del evangelio.	El milenio es presente y futuro, Cristo está reinando en el cielo; el milenio no abarca necesariamente mil años.	En la segunda venida, Cristo inaugura el milenio literal de mil años sobre la tierra.
Israel y la iglesia	La iglesia es el nuevo Israel; no hay distinción entre Israel y la iglesia.	La iglesia es el nuevo Israel; no hay distinción entre Israel y la iglesia.	Alguna distinción entre Israel y la iglesia; un futuro para Israel, pero la iglesia es el Israel espiritual.	Distinción total entre Israel y la iglesia; programa distinto para cada una.
Partidarios	L. Berkhof O. T. Allis G. C. Berkhouwer	Charles Hodge B. B. Warfield W. G. T. Shedd A. H. Strong	G. E. Ladd A. Reese M. J. Erickson	L. S. Chafer J. D. Pentecost C. C. Ryrie J. F. Walvoord

continuarán su existencia consciente en el infierno, a veces llamado gehena (cp. Mt. 25:30, 46; Lc. 16:19-31). Como se usa el mismo término para describir la existencia continua de creyentes e incrédulos ("eterno", Mt. 25:46), el sufrimiento de los incrédulos será tan eterno como la felicidad de los creyentes en el cielo.

El final de los tiempos traerá "la regeneración" (Mt. 19:28), una "regeneración de la creación actual".[97] Será el lugar al cual las Escrituras llaman "cielo": la morada eterna de los creyentes con el Dios trino. El cielo no es tan solo una disposición mental, sino un lugar real (Jn. 14:1) donde los creyentes disfrutarán la plenitud de la vida. "Verán cara a cara a Dios en Jesucristo, encontrarán plenitud completa en Él y le darán gloria".[98] Como los creyentes tienen un cuerpo en el estado resucitado, podrán reconocer a los demás y habrá interacción social.

Postmilenarismo

Introducción. La perspectiva postmilenarista fue particularmente popular en el siglo XIX, y era la posición de los principales teólogos de finales del mismo siglo y comienzo del siguiente. Entre ellos se contaban Charles Hodge, William G. T. Shedd, B. B. Warfield, A. A. Hodge, A. H. Strong y otros. El momento de dicha perspectiva es notorio, pues siguió un período de optimismo y progreso en ciencias, cultura y el nivel de vida en general. Además, fue anterior a las dos guerras mundiales. El postmilenarismo declinó considerablemente después de las guerras mundiales, porque las conflagraciones contradecían el optimismo de la doctrina.

Se puede definir el postmilenarismo como "la perspectiva de las últimas cosas según la cual el reino de Dios se extiende ahora por el mundo a través de la predicación del evangelio y de la obra salvadora del Espíritu Santo en los corazones de los individuos, según la cual el mundo se hará cristiano a la larga y el retorno de Cristo ocurrirá al final de un largo período de justicia y paz, normalmente llamado 'milenio'".[99]

Postmilenarismo quiere decir que Cristo regresará *después* del milenio. La era actual se desarrollará moral y espiritualmente hasta que llegue la era del milenio, cuyo final estará marcado por el regreso de Cristo a la tierra.

El milenio.[100] El postmilenarismo adopta una perspectiva optimista con respecto a la era actual; prevé una era dorada de progreso en la era de la iglesia que afecta todas las dimensiones de la vida: política, cultural, económica y social. El postmilenarismo prevé una iglesia triunfante, que esparce el evangelio hasta los confines de la tierra, con el resultado que "el mal, en sus múltiples formas, se reducirá finalmente a proporciones insignificantes; los principios cristianos serán la norma, no la excepción, y Cristo regresará a un mundo verdaderamente cristianizado".[101]

(1) Naturaleza del milenio. La era del milenio será semejante al presente en muchos aspectos: habrá matrimonios y nacimientos; el pecado

estará presente, aunque se reducirá en grandes cantidades debido al esparcimiento del evangelio, y los principios y preceptos de conducta cristianos serán la norma, no la excepción. La era actual dará paso gradualmente al milenio como resultado del progreso del evangelio, pero la vida continuará en su forma presente. Cristo regresará al final del milenio.

(2) Progreso del evangelio. Hay pasajes de las Escrituras que parecen enfatizar la conversión de un amplio número de personas. Zacarías 9:10 dice que el reino de Cristo será "de mar a mar". Números 14:21 enfatiza que su "gloria llena toda la tierra". Isaías 49:6 se refiere a Cristo como "la luz de las naciones". Los Salmos 2:8; 47:2-8; 72:7-11; 86:9 y 110:1 aparentemente hacen referencia a la misma verdad. Como Cristo murió por el mundo, ha de concluirse que al final se va a salvar gran parte de él (lo cual no sugiere la doctrina del universalismo).

La razón para la cristianización del mundo es el progreso del evangelio. En Apocalipsis 19:11-21 se dice que el regreso de Cristo se dará en un mundo obediente y cumplidor de la Gran Comisión (Mt. 28:18-20); el evangelio se ha llevado hasta los confines de la tierra y Cristo, por medio de sus siervos, vence en el mundo. Apocalipsis 19:11-21 "es una descripción de todo el período entre la primera y la segunda venida, visto desde la perspectiva celestial. Es el período en que se consolida la victoria del Hijo de Dios en el mundo, enfatizando, en armonía con su ubicación al final del libro, la totalidad de la victoria".[102]

(3) El progreso en el mundo. Los postmilenaristas dicen que ha habido un progreso espiritual y material en el mundo, lo cual sugiere que este va mejorando. Estados Unidos ha dado más de 160 mil millones de dólares en ayuda externa desde la segunda guerra mundial,[103] lo cual no incluye otras formas de ayuda caritativa, como la destinada a iglesias locales. A diferencia de los días anteriores a la Reforma, la Biblia está disponible en la mayoría de los idiomas modernos, por lo cual el 98% de la población mundial tiene la Biblia en su propio idioma. La radio y la televisión cristiana llegan a incontables hogares con el mensaje del evangelio; los institutos, universidades y seminarios bíblicos preparan a más personas que antes. El resultado es que hay casi mil millones de partidarios nominales del cristianismo.

Se ha observado un importante progreso en el transporte con la llegada del automóvil y del avión. Se pueden mencionar los avances en la educación y los logros de la ciencia, así como en asistencia médica. Todas estas cosas sugieren el progreso y el triunfo final del evangelio y la inauguración del milenio. No obstante, el milenio no se debe entender como mil años literales, sino en contexto simbólico. De hecho, el milenio puede durar más de mil años.

Segunda venida de Cristo. A diferencia del premilenarismo, según el cual el retorno de Cristo es anterior al milenio, el postmilenarismo declara que Cristo regresará al final del milenio. A diferencia del amilenarismo y del premilenarismo, según los cuales Cristo regresará a un mundo cada vez más pecador, el postmilenarismo enseña que Cristo regresará a un mundo cada vez mejor. Las misiones modernas y los grandes avivamientos de George Whitefield y Jonathan Edwards son precursores de la segunda venida de Cristo.[104] Pasajes como Daniel 2:44-45; Mateo 13:31-32; 24:14 y Colosenses 1:23 sugieren el progreso del evangelio antes del regreso de Cristo.

El regreso de Cristo será literal y visible (Hch. 1:11; 1 Ts. 4:16; Ap. 1:7). No obstante, el tiempo de su venida es desconocido.

La resurrección de los muertos. En general, los postmilenaristas están de acuerdo con los amilenaristas en lo relativo a la resurrección. Habrá una resurrección general de creyentes e incrédulos (Dn. 12:2; Mt. 25:31-32; Jn. 5:28-29; Hch. 24:15; Ap. 20:12-13) que tendrá lugar conjuntamente con el regreso de Cristo (1 Co. 15:23-24; 1 Ts. 4:16).[105]

Juicio final. En general, los postmilenaristas también están de acuerdo con los amilenaristas en lo relativo al juicio final. En la segunda venida de Cristo habrá una resurrección general y un juicio general para todas las personas (Mt. 13:37-43; 25:32) y para los ángeles (2 P. 2:4). Habrá juicio por las obras hechas en el cuerpo y se juzgará a las personas según la luz que hayan recibido (Lc. 12:47-48). Se juzgará a quienes han oído el evangelio de acuerdo con su actitud para con Cristo.[106]

El estado eterno. Los postmilenaristas enseñan que después de que Cristo juzgue, los justos serán llevados a vida eterna y los impíos, a castigo eterno. La disposición final de creyentes e incrédulos será inalterable y no tendrá fin. Para los creyentes será "la plenitud y perfección de la vida santa, en comunión con Dios y con los espíritus santificados".[107] Sin embargo, habrá grados de recompensa en función de la fidelidad mostrada (Lc. 19:17, 19; 1 Co. 3:14-15).

El creyente pasará la eternidad en el cielo, identificado como este mundo en una forma renovada.[108] Los pecadores pasarán la eternidad sumidos en un castigo sin fin (Mt. 25:31-33, 41, 46).[109]

El premilenarismo "histórico"

Introducción. El término *premilenarismo* quiere decir que Cristo regresará antes del milenio para establecer su reino terrenal de mil años. Sin embargo, hay dos formas distintas de premilenarismo: el premilenarismo "histórico" (o premilenarismo no dispensacional) y premilenarismo dispensacional. Algunos voceros prominentes del premilenarismo histórico han sido George E. Ladd y J. Barton Payne.

El sistema hermenéutico del premilenarismo histórico lo diferencia del premilenarismo dispensacional. En el premilenarismo histórico no se distingue entre Israel y la iglesia, tampoco se requiere un método de interpretación consistentemente literal.[110] Ladd sugiere que dadas esas características, Isaías 53 no es una profecía mesiánica; aun así, en el Nuevo Testamento se dice que sí lo es; por lo tanto, la "hermenéutica literal no funciona".[111]

Más aún, "el Nuevo Testamento aplica profecías del Antiguo a la iglesia neotestamentaria, y al hacerlo la identifica con el Israel espiritual".[112] Un ejemplo de esto se encuentra en Romanos 9:25-26, donde se cita Oseas 1:9-10; 2:23. En la cita del Antiguo Testamento se refiere a Israel, mientras que en la del Nuevo Testamento se refiere a la iglesia. Otros ejemplos de esta "hermenéutica espiritualizada" se encuentran en Romanos 2:28-29; 4:11, 16 y Gálatas 3:7, 29. La aplicación del nuevo pacto de Jeremías 31:33-34 a la iglesia en Hebreos 8 es otro ejemplo. Ladd concluye que "Pablo ve a la iglesia como un Israel espiritual".[113]

El método de interpretación ya mencionado y sus conclusiones son semejantes a las del amilenarismo, sugiere Ladd.[114] Sin embargo, hay una diferencia entre el premilenarismo histórico y el amilenarismo en el reconocimiento de una nación literal de Israel en el futuro; el primero lo reconoce, y el segundo lo niega. Romanos 11:26 declara: "y luego todo Israel será salvo", una referencia al Israel nacional. A partir de esta declaración es evidente que habrá un futuro para el país. Sin embargo, los detalles sobre ese futuro no son claros. Ni siquiera está claro si la conversión futura de Israel tiene relación con el milenio.[115]

La tribulación. Dado que el arrebatamiento pretribulacional está ligado a una clara diferenciación entre el programa de Dios para Israel y su programa para la iglesia, y como algunos premilenaristas históricos no aceptan esa distinción, el premilenarismo histórico enseña que la iglesia pasará por la tribulación. George Ladd argumenta que esa era la creencia de la iglesia primitiva,[116] e incluso argumenta que los términos griegos relacionados con la venida de Cristo (*parousia*, *apokalypse* y *epifanía*) no distinguen las dos venidas diferentes, como enseñan los partidarios del arrebatamiento pretribulacional.[117] Tras haber examinado los pasajes clave, Ladd concluye que en el Nuevo Testamento no es clara la enseñanza sobre el arrebatamiento pretribulacional. Él declara: "La Palabra de Dios no afirma en ninguna parte que el arrebatamiento y la resurrección de los creyentes sean anteriores a la tribulación".[118]

Los argumentos a favor de que la iglesia estará en la tierra durante la tribulación pueden resumirse así: (1) El postribulacionismo es la postura histórica de la iglesia primitiva; el pretribulacionismo es reciente.[119] (2) Aunque la iglesia esté en la tierra durante la tribulación, experimentará sufrimientos y pruebas mas no la ira de Dios, reservada para los incrédulos. (3) No hay resurrección separada de los santos de la era de la iglesia y los creyentes del Antiguo Testamento; todos resucitarán al mismo tiempo: justo antes del establecimiento del reino de Cristo.[120] (4) La esperanza de los escritores del Nuevo Testamento no era un arrebatamiento secreto, sino la segunda venida de Cristo. Todas las declaraciones sobre su regreso se relacionan con una venida, no con una venida secreta para la iglesia antes de la tribulación y luego, posterior a la tribulación, una venida visible para gobernar.[121] (5) La iglesia incluye a los salvos de todas las épocas y, como las Escrituras indican que habrá creyentes en la tierra durante la tribulación (por ejemplo, Ap. 7:14), significa que la iIglesia no será arrebatada antes de la tribulación.

La segunda venida. De acuerdo con Apocalipsis 19:6-10, el premilenarismo histórico dice que la fiesta de bodas del Cordero ("la unión con su novia, la iglesia") ocurrirá en la segunda venida de Cristo.[122] Ello se describe con más detalle en lenguaje metafórico (Mt. 25:1-13; 2 Co. 11:2). Cristo conquista a sus enemigos en su regreso triunfal y envía a la bestia y al falso profeta al lago de fuego (Ap. 19:20). Al diablo también se le ata en un abismo sin fondo durante mil años (Ap. 20:2-3), y al final de esos mil años se le arroja al lago de fuego (Ap. 20:10).

La "primera resurrección" describe la resurrección corporal de los santos de todas las épocas (Ap. 20:4-5); no habrá una resurrección separada de los santos de la era de la iglesia y los del Antiguo Testamento. Los muertos creyentes de todas las épocas resucitarán en el regreso de Cristo; los muertos incrédulos resucitarán al final del milenio.

El milenio. El reino de Cristo no comienza con algún evento futuro, Él ya está reinando en el cielo.[123] En este momento Cristo está sentado a la diestra de Dios como rey mesiánico. "El Nuevo Testamento no limita el reino de Cristo a Israel en el milenio; es un reino espiritual en el cielo que ya ha comenzado".[124] Filipenses 2:5-10 declara que Cristo actualmente gobierna desde el trono (cp. 1 Co. 15:24; 1 Ti. 6:15). Hechos 2:34-35 (que cita el Salmo 110:1) indica que el trono de David se ha transferido de Jerusalén al cielo.[125] Así las cosas, el gobierno de Cristo no pertenece solo a la era del milenio, sino también a la era presente.

De acuerdo con 1 Corintios 15:23-26, el triunfo del reino de Cristo puede verse en tres etapas:[126] (1) La resurrección de Cristo es la primera etapa y le sigue un intervalo indefinido; (2) la *parousia* de Cristo y la resurrección de los creyentes seguida por un intervalo indefinido; (3) "el fin", cuando Cristo completa la sujeción de sus enemigos.

Entonces, el reinado mesiánico de Cristo se ha ido revelando en la historia, no solo en el milenio;[127] de hecho, "Cristo comenzó su reino mesiánico con su resurrección-ascensión; pero su reino presente es invisible… El orden de la era porvenir incluye un cielo nuevo y una tierra nueva, y será muy diferente del orden actual, pues se podrá decir de él que está *más allá de la historia*.[128]

Premilenarismo dispensacional

Introducción. En el premilenarismo dispensacional[129] se pueden identificar dos características básicas: (1) Se hace una distinción entre el programa de Dios para Israel y el programa de Dios para la iglesia; (2) se mantiene una interpretación constantemente literal de las Escrituras. Los partidarios del premilenarismo dispensacional creen que habrá un arrebatamiento de la iglesia (1 Ts. 4:13-18) anterior al período de la tribulación; Dios juzgará a los gentiles incrédulos y al Israel desobediente durante la tribulación (Ap. 6—19). Cristo regresará al final de la tribulación con la iglesia y establecerá el reino milenario en la tierra. Después de ese reino de mil años, Satanás volverá a ser libre y, junto con sus seguidores, será arrojado al lago de fuego (Ap. 20:1-10). Luego seguirá el estado eterno.

Desde el comienzo, la iglesia ha sostenido el premilenarismo. La *Didajé* (*ca.* 100 d.C.), Clemente de Roma (96 o 97 d.C.), el *Pastor de Hermas* (140-150 d.C.), Ignacio de Antioquía (50-¿115? d.C.), Papías (80-163 d.C.), Justino Mártir (nacido *ca.* 100 d.C.), Ireneo (muerto 200 d.C.), Tertuliano (150-225 d.C.) y otras fuentes indican que la iglesia primitiva creía en el retorno de Jesucristo para establecer en persona su reino en la tierra.[130]

Interpretación. Hay dos características básicas que identifican el premilenarismo dispensacional. (1) La hermenéutica literal. La interpretación literal se refiere a la interpretación "normal": entender las palabras y declaraciones en su sentido común y corriente.[131] Puesto que las profecías sobre la primera venida de Cristo se cumplieron literalmente, tiene sentido interpretar literalmente las profecías concernientes a su segunda venida. Aún más, si la profecía se puede espiritualizar, se pierde toda la objetividad. Los premilenaristas dispensacionales enfatizan la coherencia en la interpretación cuando interpretan literalmente las profecías. Por ello los premilenaristas critican a los amilenaristas conservadores y a los postmilenaristas, pues cambian su metodología hermenéutica cuando interpretan literalmente, excepto en el caso de la profecía.

(2) La distinción entre Israel y la iglesia. El término *Israel* siempre se refiere a la posteridad física de Jacob; en ninguna parte hace referencia a la iglesia.[132] Aunque los no dispensacionalistas se refieren con frecuencia a la iglesia como "el nuevo Israel", no hay base bíblica para hacerlo. Después del nacimiento de la iglesia, hay muchos pasajes en los cuales se considera a Israel como una entidad diferente a ella (Ro. 9:6; 1 Co. 10:32). A Israel se le dio promesas incondicionales (pactos) en el Antiguo Testamento que se cumplirán en el reino milenario. Por otro lado, la iglesia es una entidad neotestamentaria diferente, nacida en Pentecostés (1 Co. 12:13), no existente ni profetizada en el Antiguo Testamento (Ef. 3:9). Existe desde Pentecostés (Hch. 2) hasta el arrebatamiento (1 Ts. 4:13-18). En este punto reside la razón para creer en un arrebatamiento pretribulacional: el propósito de la tribulación es juzgar a los gentiles incrédulos y disciplinar al Israel desobediente (Jer. 30:7); la iglesia no tiene propósito ni lugar en la tribulación.

Pactos. Aunque Apocalipsis 20:4-6 confirma el premilenarismo dispensacional, esa cita no es su fundamento; el fundamento está en los pactos del Antiguo Testamento.[133] Tales pactos eran *literales, incondicionales* y *eternos.* No hay condiciones adjuntas a los pactos y, como tales, prometen, sin lugar a equívocos, una tierra futura, un reino mesiánico y las bendiciones espirituales. (1) El pacto abrahámico. Descrito en Génesis 12:1-3, prometía una *tierra* (v. 1; cp. 13:14-17; desarrollado más en el pacto palestino), numerosos *descendientes* implicando el concepto de nación, dinastía y trono (v. 2; cp. 13:16; 17:2-6; desarrollado más en el pacto davídico) y *redención* (v. 3; cp. 22:18; desarrollado más en el nuevo pacto).

(2) El pacto palestino (Dt. 30:1-10). Este pacto garantiza el derecho permanente de Israel a la tierra. Es incondicional, como queda claro en las declaraciones sobre los actos futuros de Dios, sin obligaciones de la otra parte. Este pacto promete el regreso final de Israel a la tierra en arrepentimiento y fe (v. 2), y que Dios los prosperará (v. 3). Tendrá su cumplimiento en el milenio.

(3) El pacto davídico (2 S. 7:12-16). Las provisiones de este pacto se resumen en el versículo 16 con las palabras "casa", donde se promete un linaje de David; "reino", se refiere a un pueblo gobernado por un rey; "trono", enfatiza la autoridad del gobierno del rey, y "eternamente" para enfatizar la infinitud en tiempo y la naturaleza incondicional de esta promesa a Israel. Este pacto se cumplirá cuando Cristo regrese a gobernar sobre el Israel creyente.

(4) El nuevo pacto (Jer. 31:31-34). Este pacto proporciona la base de la bendición futura de Dios a Israel: la nación disfrutará el perdón de los pecados a través de la muerte meritoria de Cristo. La naturaleza incondicional del pacto se ve una vez más en las declaraciones de los actos futuros de Dios en los versículos 33-34.

Estos pactos, entendidos de acuerdo con su significado normal, son un llamado a la bendición futura del Israel creyente, en su tierra y bajo el gobierno del Mesías. Tales pactos esperan su cumplimiento en el milenio.

El arrebatamiento. El término *arrebatamiento* viene de la traducción latina, cuyo significado es "arrebatado" en 1 Tesalonicenses 4:17. El arrebatamiento se enseña en Juan 14:1-3, 1 Corintios 15:51-57 y 1 Tesalonicenses 4:13-18, y es diferente a la segunda venida de Cristo. Él descenderá del cielo antes de la tribulación y arrebatará a la iglesia para que esté con Él, mientras se desata la tribulación sobre el mundo incrédulo y no arrepentido.

Existen varias perspectivas sobre el arrebatamiento: que tendrá lugar antes de la tribulación (arrebatamiento pretribulacional), durante la tribulación (arrebatamiento midtribulacional), después de los juicios de los sellos y las trompetas (arrebatamiento previo a la ira), al final de la tribulación (arrebatamiento postribulacional) o que solo habrá arrebatamiento para algunos creyentes.

Arrebatamiento parcial. Quienes enseñan el arrebatamiento parcial dicen que solo habrá arrebatamiento de quienes estén "velando", "orando" y "esperando". Enseñan que solo habrá arrebatamiento para quienes "aman su venida" (2 Ti. 4:8) y "lo esperan" (He. 9:28). En el pasado, esta ha sido la posición de Robert Govett, J. A. Seiss, G. H. Pember y G. H. Lang; más recientemente Witness Lee, del Local Church Movement (Movimiento de la iglesia local) se ha adherido a esta posición.

Problemas. Esta perspectiva plantea problemas más serios que todas las demás.[134] (1) No entiende el significado y sentido de la muerte de Cristo, y se vuelve una versión protestante de la doctrina del purgatorio. En efecto, el arrebatamiento parcial dice que los creyentes no se ajustan al cielo tan solo por confiar en la obra expiatoria de Cristo. Si no han alcanzado cierto nivel de espiritualidad, deben pasar por el fuego refinador de la tribulación. Sin embargo, las Escrituras indican claramente que solo la obra expiatoria de Cristo justifica a los creyentes, los prepara completamente para el cielo (Ro. 5:1; Col. 2:13). (2) Niega la unidad del cuerpo de Cristo. El cuerpo de Cristo es uno solo (1 Co. 12:12-13). ¿Cómo puede fragmentarse un cuerpo? Si el arrebatamiento parcial fuera cierto, se fragmentaría el cuerpo de Cristo. Pero la iglesia es la novia del Cristo, y habrá arrebatamiento para todos los miembros de su cuerpo: "*todos seremos transformados*" (1 Co. 15:51). Esta promesa se le hizo a una iglesia problemática, llena de pecado (cp. 1 Co. 3:1; 5:1; 6:1, 18). (3) Confunde la enseñanza sobre las recompensas. Enseña que el arrebatamiento es una recompensa por la fidelidad; pero eso no es cierto: es la bendición prometida a todos los creyentes. El tribunal de Cristo, que promete las recompensas, viene después del arrebatamiento. (4) El arrebatamiento incluye a cristianos carnales. El énfasis de Pablo a los corintios con la palabra "seremos" lo deja claro (1 Co. 15:51).

Arrebatamiento midtribulacional. Los adherentes del arrebatamiento midtribulacional creen que la iglesia pasará por los primeros tres años y medio de tribulación, los cuales (dicen ellos) no representan la ira de Dios (en ese punto es semejante a la perspectiva del arrebatamiento previo a la ira). Los creyentes no pasarán por la ira de Dios, que caerá durante los últimos tres años y medio. Los juicios de los sellos y las trompetas vienen de los hombres; los juicios de las copas vienen de Dios. Identifican la trompeta de Apocalipsis 11:15 con la trompeta de 1 Corintios 15:52. Los partidarios de esta perspectiva incluyen a Merrill C. Tenney, J. Oliver Buswell y Norman B. Harrison.

Problemas. (1) La identificación de la trompeta de Apocalipsis 11:15 con la trompeta de 1 Corintios 15:52 es una analogía problemática y completamente arbitraria. En las Escrituras se mencionan numerosas trompetas. Más aún, la identificación de estas dos trompetas se basa en la premisa de que la séptima trompeta de Apocalipsis es la última trompeta, pero no lo es. La última trompeta se menciona en Mateo 24:31, la trompeta del final de la tribulación que reúne a los israelitas elegidos a su tierra. Más aún, las trompetas de Apocalipsis y 1 Corintios 15 son muy diferentes. Quienes tocan las trompetas del Apocalipsis son ángeles, y están relacionadas con el juicio. La trompeta de 1 Corintios 15 es la "trompeta de Dios", y es una bendición con el resultado de la resurrección y la glorificación. No hay mención de la resurrección en el contexto de Apocalipsis 11:15. Además, la trompeta de Apocalipsis 11:15 no se sitúa en el punto medio de la tribulación, sino casi al final,[135] lo cual quiere decir que los creyentes estarían en la segunda mitad y pasarían por una "gran tribulación" (Mt. 24:21; Dn. 7:25; 12:7).

Arrebatamiento postribulacional. En la perspectiva del arrebatamiento postribulacional hay al menos cuatro variaciones. (1) *Postribulacionismo clásico.* J. Barton Payne[136] se refiere a esta posición como "postribulacionismo" para sugerir que las profecías sobre la tribulación ya se han cumplido o están en proceso de cumplirse, de modo que Cristo puede regresar en cualquier momento. Por lo tanto, Payne creía en el regreso inminente de Cristo... una posición inusual para un postribulacionista. Él veía la tribulación como un evento no literal. Y al alegorizar la tribulación, su perspectiva era semejante a la amilenarista. El problema con esto está en no ver la seriedad de los acontecimientos en Apocalipsis 6—19. (2) *Postribulacionismo semiclásico.* Esta perspectiva, sostenida por Alexander Reese,[137] enseña que la tribulación puede ocurrir ahora, pero ciertos aspectos solo se cumplirán en el futuro. Por lo tanto, el regreso de Cristo no es inminente. (3) *Postribulacionismo futurista.* George Eldon Ladd[138] defiende esta posición, afirmando una tribulación literal futura. Aunque Ladd no acepte que las Escrituras enseñen el regreso inminente de Cristo, las Escrituras son claras al respecto (cp. 1 Co. 15:51-52; Fil. 3:20; 1 Ts. 4:13-18; Tit. 2:13). (4) *Postribulacionismo dispensacional.* Robert Gundry está en contra del regreso inminente de Criso; ve la tribulación como ira de Satanás, no como ira divina. Aunque hace una distinción entre Israel y la iglesia, él ve a la iglesia y el arrebatamiento en Mateo 24. Sugiere que el arrebatamiento ocurre antes de la segunda venida de Cristo, pero aun así lo relaciona con dicho acontecimiento. El problema de Gundry es que no distingue adecuadamente entre Israel y la iglesia. La tribulación es un período de castigo para las naciones gentiles (Jl. 3:1ss; Zac. 14:2ss; Ap. 6:15-17; 11:18) y de disciplina a Israel (Jer. 30:7; Dn. 12:1; Sof. 1:16-18), para que se arrepientan (Ez. 36:18.32; Mal. 4:5-6) y reciban a Jesús como su Mesías (Zac. 12:10-14), pero no tiene relación con la iglesia. La tribulación es el derramamiento de la ira de Dios, no la del hombre ni la de Satanás (Ro. 5:9; Ap. 6:16-17). Un problema serio del postribulacionismo es la pregunta: ¿Quién queda para poblar el reino milenario?

Arrebatamiento previo a la ira. Marvin Rosenthal[139] enseña que solo los juicios de las copas reflejan la ira de Dios; por lo tanto, la iglesia estará en la tierra durante los juicios de las trompetas pero será arrebatada antes de los juicios de las copas.

Problema. El gran problema de esta perspectiva es que las Escrituras son claras en que el período de siete años de estos tres juicios es resultado del tiempo de Dios. Después de los seis sellos iniciales al comienzo de la tribulación, las personas clamarán a las rocas que los dejen esconderse "de la ira del Cordero, porque el gran día de su ira ha llegado"[140] (Ap. 6:16-17).

Ellos reconocen que los juicios de los sellos se deben a la ira de Dios. A través de todo el período de la tribulación, los eventos se describen como la ira de Dios (Ap. 6:16-17; 11:18; 14:19; 15:1, 7; 16:1, 19). Tales Escrituras no permiten que la ira de Dios sea limitada a los juicios de las copas.

Arrebatamiento pretribulacional. El arrebatamiento pretribulacional es apoyada por numerosas razones.[141] (1) La *naturaleza* de la tribulación. La semana setenta de Daniel —la tribulación— es el derramamiento de la ira de Dios durante siete años (Ap. 6:16-17; 11:18; 14:19; 15:1; 16:1, 19); se describe como juicio de Dios (Ap. 14:7; 15:4; 16:5-7; 19:2) y como castigo de Dios (Is. 24:21-22). (2) El *alcance* de la tribulación. Afectará a toda la tierra (Is. 24:1, 3-6, 21; 34:2). El castigo de Dios a Israel también es parte de la tribulación (Jer. 30:7; Dn. 9:24). Si éstos son la naturaleza y el alcance de la tribulación, es inconcebible que la iglesia esté en la tierra para experimentar la ira de Dios. (3) Los *propósitos* de la tribulación. Las intenciones divinas de la tribulación serán juzgar a los vivos en la tierra (Ap. 6:10; 11:10; 13:8, 12, 14; 14:6; 17:8) y preparar a Israel para su Rey (Ez. 36:18-32; Mal. 4:5-6). Ninguna de las dos tiene nada que ver con la iglesia. (4) La *unidad* de la tribulación. Es la semana setenta de Daniel; Daniel 9:24 deja claro que se refiere a Israel. (5) La *exoneración* de la tribulación. La iglesia es la novia de Cristo, el objeto de su amor, no de su ira (Ef. 5:25). Sería una contradicción de la relación entre Cristo y su iglesia que la segunda sufriera los castigos de la tribulación. Declaraciones específicas afirman que la iglesia no pasará por la tribulación (cp. Ro. 5:9;[142] 1 Ts. 5:9; 2 Ts. 2:13; Ap. 3:10).[143] (6) La *secuela* de la tribulación. A Israel se le dieron las señales de Mateo 24 sobre la segunda venida de Cristo (y varios pasajes más); no obstante, a la iglesia no se le dieron señales que anticiparan el arrebatamiento (lo cual quiere decir que ocurrirá repentinamente, como han afirmado los pretribulacionistas). "A la iglesia se le dijo que viviera a la luz de la venida inminente del Señor para trasladarla a su presencia (Jn. 14:2-3; Hch. 1:11; 1 Co. 15:51-52; Fil 3:20; Col. 3:4; 1 Ts. 1:10; 1 Ti. 6:14; Stg. 5:8; 2 P. 3:3-4)".[144]

Problema. Es la perspectiva con menos problemas, pues diferencia el propósito de Dios con Israel de su propósito con la iglesia. Como la iglesia es la novia de Cristo y la tribulación es el derramamiento de la ira de Dios, es inconcebible que la iglesia esté en la tierra durante la tribulación. Hay textos explícitos donde se dice que los creyentes de la era de la iglesia no pasarán por la ira de Dios (Ro. 5:9; 1 Ts. 1:10; 5:9; Ap. 3:10).

La tribulación. Es la semana setenta de Daniel (Dn. 9:24-27); una semana, de acuerdo con la terminología del profeta, equivale a siete años. Es la última de la profecía de las setenta semanas (490 años) sobre el futuro de Israel (Dn. 9:24-27), que comenzó en el 444 a.C. Las primeras sesenta y nueve semanas (483 años) concluyeron con la muerte de Cristo (Dn. 9:26). Hay un vacío entre la semana sesenta y nueve (33 d.C.) y la setenta (el período de tribulación futura).[145] La tribulación, en cuanto a la semana setenta de Daniel, hace referencia particular a Israel (no a la iglesia) pues a Daniel se le dijo: "Setenta semanas están determinadas sobre *tu pueblo*" (Dn. 9:24). Cuando Jesús detalló los acontecimientos de la tribulación en Mateo 24—25, les explicó a los discípulos lo que le pasaría a Israel como nación, indicando que la tribulación hace referencia a Israel.

La tribulación comenzará cuando la bestia firmé el pacto en que promete proteger a Israel (Dn. 9:27). Técnicamente, el arrebatamiento no es su inicio; puede haber un período breve entre el arrebatamiento de la iglesia y la firma del pacto. El juicio de Dios sobre los incrédulos será parte de la tribulación, como se detalla en Apocalipsis 6—19. La serie consecutiva de juicios de sellos, trompetas y copas en Apocalipsis detalla el juicio de Dios sobre los incrédulos, y alcanza su punto culminante con el regreso de Cristo a la tierra con su novia, la iglesia (Ap. 19:11-21).

Se considera que un año profético tiene 360 días, con énfasis en la segunda mitad del período de tribulación, llamado gran tribulación (Mt. 24:21), al cual se hace referencia como 42 meses (Ap. 11:2) o 1.260 días (Ap. 11:3).

La naturaleza y el propósito de la tribulación son importantes para resolver el asunto de la participación de la iglesia en ella. (1) *Naturaleza* de la tribulación. Ya se ha mostrado que la tribulación es un tiempo en que se manifiesta la ira de Dios (1 Ts. 1:10; Ap. 6:16-17; 11:18; 14:19; 15:1; 16:1, 19); es también un tiempo de castigo (Is. 24:20-21), de problemas (Jer. 30:7; Dn. 12:1), de gran destrucción (Jl. 1:15; 1 Ts. 5:3), de desolación (Sof. 1:14-15), y de juicio (Ap. 14:7; 16:5; 19:2). Si la iglesia es el objeto del amor de Cristo, ¿cómo puede estar presente en la tribulación?

(2) La *fuente* de la tribulación. Los postribulacionistas sugieren que la tribulación es el tiempo de la ira de Satanás, no de Dios. Sin embargo, el énfasis de las Escrituras es que la tribulación es el tiempo de la ira de Dios derramada en juicio sobre el mundo incrédulo[146] (Is. 24:1; 26:21; Sof. 1:18; Ap. 6:16-17; 11:18; 16:19; 19:1-2; etc.).

(3) Los *propósitos* de la tribulación.[147] El primer propósito de la tribulación es convertir a Israel, lo cual se logrará por medio de la disciplina de Dios sobre su pueblo (Jer. 30:7; Ez. 20:37; Dn. 12:1; Zac. 13:8-9). El segundo propósito de la tribulación es juzgar a los pueblos y naciones incrédulos (Is. 26:21; Jer. 25:32-33; 2 Ts. 2:12).

El tribunal de Cristo. Se menciona en Romanos 14:10, 1 Corintios 3:19-15 y 2 Corintios 5:10. No denota un juicio sobre el destino eterno, sino de recompensas a los creyentes de la era de la iglesia por su fidelidad. El término *tribunal* (gr., *bema*) proviene de los juegos griegos, donde se recompensaba a los ganadores en las competiciones atléticas. Pablo usó esa figura para denotar la entrega de recompensas a los creyentes de la era de la iglesia. El propósito del tribunal será recompensar por las obras hechas en el cuerpo, sean buenas o inútiles (2 Co. 5:10). Las obras de los creyentes serán examinadas (1 Co 3:13), respecto a si se hicieron por propio esfuerzo o por Dios a través de los individuos. Si esas obras no pasan la prueba, el creyente se salva pero no recibe recompensa (1 Co. 3:15); si son genuinas, recibirá recompensa (1 Co. 9:25; 1 Ts. 2:19; 2 Ti. 4:8; 1 P. 5:4; Stg. 1:12). Las recompensas se reciben antes de la segunda venida, pues la novia ya ha recibido la recompensa cuando regresa con Cristo (Ap. 19:8).[148]

Bodas del Cordero. La boda de Cristo y la iglesia ocurrirá en el cielo antes de la segunda venida. Cuando Cristo regresa con su esposa en Apocalipsis 19:7, la boda ya ha tenido lugar.[149] La boda hace referencia a la iglesia y sucede en el cielo, mientras que la cena de bodas hace referencia a Israel y tiene lugar en la tierra bajo la forma del reino milenario.[150]

Segunda venida de Cristo. Cristo regresará físicamente a la tierra al final de la tribulación (Zac. 14:4) para juzgar e inaugurar el reino milenario (Zac. 14:9-21; Mt. 25:31; Ap. 20:4). Los santos del Antiguo Testamento y de la tribulación resucitarán en ese momento para heredar el reino (Ap. 20:4). Cristo juzgará a judíos y gentiles en la segunda venida. A los judíos, en función de cómo se prepararon para su regreso (Mt. 25:1-13) y a su fidelidad por ser mayordomos de la Palabra de Dios (Mt. 25:14-30). Los judíos salvos entrarán al reino milenario (Mt 25:21), los no salvos se enviarán a las tinieblas (Mt. 25:30). Los gentiles incrédulos recibirán su juicio en el Valle de Josafat (torrente de Cedrón, Zac. 14:4) de acuerdo a su trato con los judíos (Jl. 3:2; Mt. 25:40). Responder positivamente indicaría creencia en el Mesías, por lo tanto, herencia del reino (Mt. 25:34); mientras que los incrédulos serán enviados al castigo eterno (Mt. 25:46).

Reino milenario. Cuando Cristo regrese a la tierra, se establecerá como rey en Jerusalén, sentándose en el trono de David (Lc. 1:32-33). Los pactos incondicionales requieren el retorno literal y físico de Cristo para establecer el reino. El pacto abrahámico le prometía a Israel tierra, posteridad, gobernante y bendición espiritual (Gn. 12:1-3); el pacto palestino le prometía a Israel la restauración y ocupación de la tierra (Dt. 30:1-10); el pacto davídico prometía un gobernante para el trono de David (2 S. 7:16); el nuevo pacto prometía perdón para Israel: el medio por el cual se bendeciría a Israel (Jer. 31:31-34). En la segunda venida se cumplirán estos pactos, cuando se reúna a Israel de entre las naciones (Mt. 24:31), se convierta (Zac. 12:10-14) y se le restaure la tierra bajo el gobierno de su Mesías.

Las condiciones durante el milenio serán de un ambiente perfecto tanto física como espiritualmente. Será tiempo de paz (Mi. 4:2-4; Is. 32:17-18); alegría (Is. 61:7,10); comodidad (Is. 40:1-2) y ausencia de pobreza (Am. 9:13-15) o enfermedad (Is. 35:5-6). Ya que solo los creyentes entrarán en el milenio, será un tiempo de justicia (Mt. 25:37; Sal. 24:3-4), obediencia (Jer. 31:33), santidad (Is. 35:8), verdad (Is. 65:16) y plenitud del Espíritu Santo (Jl. 2:28-29).

Cristo será Rey (Is. 9:3-7; 11:1-10) y David, regente (Jer. 33:15, 17, 21; Am. 9:11); los nobles y los gobernantes también regirán (Is. 32:1; Mt. 19:28; Lc. 19:17).

Jerusalén será el centro del mundo y del gobierno (Zac. 8:3), y se levantará físicamente para revelar su prominencia (Zac. 14:10). Habrá cambios topográficos en Israel (Zac. 14:4, 8, 10).

Al final del milenio resucitarán los muertos no salvos de todas las eras y recibirán juicio en el gran trono blanco. Serán condenados y arrojados al lago de fuego, su morada final (Ap. 20:11-15). El diablo, la bestia (el anticristo) y el falso profeta también serán arrojados al lago de fuego (Ap. 20:10).

Estado eterno. Después del milenio se juzgarán los cielos y la tierra (2 P. 3:10), pues ellos fueron el domino de la rebelión de Satanás contra Dios. Comenzará el estado eterno (Ap. 21—22), la morada de todos los redimidos (He. 12:22-24).

NOTAS

1. Louis Berkhof, *Systematic Theology* [*Teología sistemática*] (Grand Rapids: Eerdmans, 1941), 384-668, publicado en español por T.E.L.L. y Millard J. Erickson, *Christian Theology* [*Teología sistemática*], 3 vols. (Grand Rapids: Baker, 1983), 3:1169, publicado en español por Clie.

2. Gerald F. Hawthorne, *Philippians* en *Word Biblical Commentary* (Waco: Word, 1983), 46.

3. Cleon L. Rogers Jr. y Cleon L. Rogers III, *The New Linguistic and Exegetical Key to the Greek New Testament* (Grand Rapids: Zondervan, 1998), 520.

4. *Ibíd.*, 466.

5. *Ibíd.*, 547.

6. *Ibíd.*, 386.

7. Francis Brown, S. R. Driver y Charles A. Briggs, *A Hebrew and English Lexicon of the Old Testament* (Oxford, Clarendon, 1968), 1029.

8. Joseph Henry Thayer, *A Greek-English Lexicon of the New Testament* (Grand Rapids: Zondervan, 1962) 464.

9. Wilbur M. Smith, *The Biblical Doctrine of Heaven* (Chicago: Moody, 1968), 27.

10. Véase el excelente artículo de Wilbur M. Smith, "Heaven", en Merrill C. Tenney, ed., *Zondervan Encyclopedia of the Bible*, 5 vols. (Grand Rapids: Zondervan, 1975), 3:60-64. Véase también su obra importante *The Biblical Doctrine of Heaven*. Sin lugar a dudas, este es el libro más importante sobre el tema.

11. Smith, "Heaven" en *The Zondervan Pictorial Encyclopedia of the Bible*, 3:61.

12. Keil y Lelitzsch hacen un comentario importante: "Esta expresión ('unido a su pueblo'), que es sinónimo de 'vendrás a tus padres' (15:15) o 'fue reunida a sus padres' (Jue. 2:10), pero constantemente se diferencia de partir de esta vida y ser enterrado, denota la reunión en el Seol con los amigos que ya han partido y, por lo tanto, presupone fe en la continuación personal del hombre después de la muerte, como pasar de un presentimiento exaltado por las promesas de Dios a los patriarcas, a una certeza firme de fe (He. 11:13)". Véase C. F. Keil y F. Delitzsch, "The Pentateuch", en *Biblical Commentary on the Old Testament* [*Comentario al texto hebreo del Antiguo Testamento*] 25 vols. (Reimpresión. Grand Rapids: Eerdmans, 1968), 1:263. Publicado en español por Clie.

13. Joachim Jeremias, "*Paradeisos*", en Gerhard Kittel, ed., *Theological Dictionary of the New Testament*, 10 vols. (Grand Rapids: Eerdmans, 1967), 5:765.

14. Randy Alcorn, *Heaven* [*El cielo*] (Wheaton: Tyndale, 2004), 41-73. Publicado en español por Tyndale.

15. Debería reconocerse que algunos aspectos solo se relacionan con el milenio. La referencia de un joven que muere a los 100 años debe referirse al milenio, pues en el estado eterno no habrá muerte.

16. Erwin Lutzer, *One Minute After You Die* [*Tu primer minuto después de morir*] (Chicago: Moody, 1997), 89. Publicado en español por Portavoz.

17. Véase Erich Sauer, *The King of the Earth* (Exeter: Paternoster Press, 1962). Sauer desarrolla hábilmente esta tesis a lo largo de todo el libro.

18. Wayne Grudem, *Systematic Theology* [*Teología sistemática*] (Grand Rapids: Zondervan, 1994), 1160. Publicado en español por Vida.

19. *Ibíd.*, 1161.

20. Louis T. Talbot, *God's Plan of the Ages* (Grand Rapids: Eerdmans, 1936), 196.

21. David Jeremiah: *Escape of the Coming Night* (Nashville: W. Publishing, 1997), 243; Alcorn, *Heaven* [*El cielo*], 137.

22. Tim LaHaye, *Revelation Unveiled* [*Apocalipsis sin velo*] (Grand Rapids: Zondervan, 1999), 356-357. Publicado en español por Vida.

23. Alcorn, *Heaven* [*El cielo*], 138.

24. Franz Delitzsch, *Biblical Commentary on the Profecies of Isaiah,* 2 vols. (Reimpresión. Grand Rapids: Eerdmans, 1969), 2:78.

25. Wilbur M. Smith, *The Biblical Doctrine of Heaven* (Chicago: Moody, 1968), 192.

26. *Ibíd.*, 195; véase Alcorn, *Heaven* [*El cielo*], 396-397.

27. Lutzer, *One Minute After You Die* [*Tu primer minuto después de morir*], 89.

28. H. Strathmann, "*Latreuo, Latreia*", en Gerhard Kittel, ed., *Theological Dictionary of the New Testament*, 10 vols. (Grand Rapids: Eerdmans, 1964), 4:63.

29. *Ibíd.*

30. Alcorn, *Heaven* [*El cielo*], 400.

31. John F. Walvoord, *The Nations in Prophecy* (Grand Rapids: Zondervan, 1967), 169-170; Gordon R. Lewis y Bruce A. Demarest, *Integrity Theology* (Grand Rapids: Zondervan, 1994), 3:482.

32. El triple uso de *meta* ("con") describe a Dios "en compañía" y "asociación cercana" con los creyentes. William F. Arndt y F. Wilbur Gingrich, *A Greek-English Lexicon of the New Testament and Other Early Christian Literature*, 2ª ed., F. Wilbur Gingrich y Frederick W. Danker, eds. (Chicago: Univ. of Chicago, 1979), 508.

33. La preposición que se traduce "con" es *meta*, y quiere decir "en compañía de alguien; de asociación cercana" (Arndt y Gingrich, *A Greek-English Lexicon of the New Testament*, 508). Se usaba para describir la relación de Cristo con los apóstoles. Véase Marcos 3:14; Juan 13:33; 14:9; 15:27; 16:4; 17:12, 24. *Meta* se usa tres veces en este versículo, enfatizando la comunión del hombre con Dios.

34. Fritz Rienecker, *A Linguistic Key to the Greek New Testament*, ed. Cleon Rogers Jr. (Grand Rapids: Zondervan, 1980), 860.

35. R. Laird Harris, "Sheol", en R. Laird Harris et. al., eds, *Theological Wordbook of the Old Testament,* 2 vols. (Chicago: Moody,1980), 2:892-893.

36. *Ibíd.,* 2:893.

37. Hermann Cremer, A *Bíblico-Theological Lexicon of New Testament Greek,* 4ª ed. (Edimburgo: Clark, 1895), 67.

38. H. Buis, "Hades", en Merrill C. Tenney, ed., *Zondervan Encyclopedia of the Bible,* 5 vols. (Grand Rapids: Zondervan, 1975), 3:7.

39. Harris, *Theological Wordbook of the Old Testament,* 2:892.

40. Buis, en *The Zondervan Pictorial Encyclopedia of the Bible,* 3:8.

41. La palabra no figura en 1 Corintios 15:55, como sugieren algunos.

42. Rienecker, *Linguistic Key to the Greek New Testament,* 775.

43. Clark Pinnock, "The Destruction of the Finally Impenitent", *Criswell Theological Review* (primavera 1990), 246-247.

44. James Hunter, *Evangelicalism: The Coming Generation* (Chicago: Univ. of Chicago, 1987), 38, 183.

45. Albert Mohler, "Doing Away with Hell?", *The Christian Post,* 9 de marzo de 2011.

46. *Ibíd.*

47. Larry Dixon, *The Other Side of the Good News* (Wheaton: Bridgepoint, 1992), 27-32.

48. *Ibíd.,* 29.

49. Citado en *ibíd.,* 43.

50. John A. T. Robinson, *Christianity Today* (13 de junio de 1957), 5.

51. Rob Bell, *Love Wins* (New York: HarperOne, 2011), 107.

52. *Ibíd.*

53. *Ibíd.*

54. Norman Geisler, *Sytematic Theology,* 4 vols. (Minneapolis, Bethany, 2005), 4:406-407.

55. John R. W. Stott y David L. Edwards, *Evangelical Essentials* (Londres: Hodder & Stoughton, 1988), 319-320.

56. Clark Pinnock, "Fire, Then Nothing", *Christianity Today* (20 de marzo de 1987), 41.

57. *Ibíd.,* 40.

58. Clark Pinnock, "The Conditional View", *Four Views on Hell,* William Crockett, ed. (Grand Rapids: Zondervan, 1992), 165.

59. Citado en Dixon, *The Other Side of the Good News,* 74-75.

60. Edward William Fudge, "The Case for Creationism", *Four Views on Hell,* Crockett, ed., 45.

61. *Ibíd.,* 80-82.

62. Robert A. Peterson, "The Case for Traditionalism", *Four Views on Hell,* Crockett, ed., 118-120.

63. Ronald Blue, "Untold Billions: Are They Really Lost?", *Bibliotheca Sacra* (octubre-diciembre de 1981), 343; citado en Dixon, *The Other Side of the Good News,* 74-75.

64. Donald Bloesch, *Essentials of Evangelical Theology,* 2 vols. (San Francisco: Harper, 1982), 2:226-227.

65. John Lawson, *Introduction to Christian Doctrine* (Grand Rapids: Zondervan, 1980), 216.

66. John F. Walvoord, "The Literal View", en *Four Views on Hell,* Crockett, ed. (Grand Rapids: Zondervan, 1992), 12.

67. *Ibíd.,* 20.

68. Dixon, *The Other Side of Good News,* 128.

69. Harry Buis, *Doctrine of Eternal Punishment* (Filadelfia: Presbyterian & Reformed, 1957), 49.

70. Arndt y Gingrich, *A Greek-English Lexicon of the New Testament,* 757.

71. Hans Conzelmann, "*Skotos*", en Kittel y Friedrich, eds., *Theological Dictionary of the New Testament,* 7:439.

72. Henry C. Thiessen, *Lectures in Systematic Theology.* rev. por Vernon D. Doerksen (Grand Rapids: Eerdmans, 1979), 337.

73. Hay personas identificadas como evangélicas que niegan la resurrección. Donald Bloesch declara: "La resurrección no connota la resucitación de la carne, sino la renovación de la persona. *Soma* puede significar el cuerpo en el sentido terrenal, físico (aquí es idéntico con *sarx*), pero también puede referirse al 'yo' o al 'aliento', y es en este segundo uso que podemos hablar de la resurrección del cuerpo. La resurrección implica tanto el cuerpo como el alma, pero niega la 'carne'". Donald G. Bloesch, *Essentials of Evangelical Theology,* 2 vols. (San Francisco: Harper, 1982), 2:184. La declaración no parece armonizar con las Escrituras pues niega la resurrección del cuerpo físico. Jesús invitó a Tomás a poner las manos en la cicatriz de su costado (Jn. 20:27). Jesús comió pescado con sus discípulos en la orilla del mar (Jn. 21:13). Jesús les recordó a los discípulos que "un espíritu no tiene carne ni huesos", como él tenía (Lc. 24:39). Tales declaraciones indican que el cuerpo resucitado de Jesús era más que simplemente un "yo renovado"; indican que Jesús tenía un cuerpo de carne físico. Su declaración en Lucas 24 declara expresamente que Él tenía un cuerpo de carne.

74. Thiessen, *Lectures in Systematic Theology,* 383.

75. D. A. Carson, "Matthew", en Frank E. Gaebelein, ed., *The Expositor's Bible Commentary,* 12 vols. (Grand Rapids: Zondervan, 1984), 8:203.

76. La palabra que se traduce como "estando" es el participio presente griego *huparchon,* que enfatiza la condición y el estado continuo de tormento.

77. R. E. Davies, "Gehenna", en *Zondervan Pictorial Encyclopedia of the Bible,* 2:671.

78. Berkhof, *Systematic Theology* [*Teología sistemática*], 736.

79. J. Dwight Pentecost, *The Words and Works of Jesus Christ* (Grand Rapids: Zondervan, 1981), 436.

80. Thiessen, *Lectures in Systematic Theology,* 398.

81. El énfasis continuado de la preposición "con" de Apocalipsis 21:3 es notoria: "He aquí el tabernáculo de Dios *con* los hombres, y él morará *con* ellos; y ellos serán su pueblo, y Dios mismo estará *con* ellos como su Dios". La preposición "con" es *meta,* cuyo significado es "en compañía de alguien; en asociación cercana" (Arndt y Gingrich, *A Greek-English Lexicon of the New Testament,* 508). La preposición se usa para describir la comunión entre Cristo y sus discípulos (Mr. 3:14; Jn. 13:33; 14:9; 15:27; 16:4; 17:12, 24).

82. Berkhof, *Systematic Theology* [*Teología sistemática*], 708.

83. Jay E. Adams, *The Time Is at Hand* (Filadelfia: Presbyterian & Reformed, 1970), 7-11.

84. Anthony A. Hoekema, *The Bible and the Future* [*La Biblia y el futuro*] (Grand Rapids: Eerdmans, 1979), 174. Publicado en español por Subcomisión de Literatura Cristiana.

85. Anthony A. Hoekema, "Amillennialism", en Robert G. Clouse, ed., *The Meaning of the Millenium: Four Views* [*¿Qué es el milenio? Cuantro enfoques para una respuesta*] (Downers Grove: InterVarsity, 1977), 156-158, publicado en español por Casa Bautista de Publicaciones; y William Hendriksen, *More Than Conquerors* [*Más que vencedores*] (Grand Rapids: Baker, 1939), publicado en español por Libros Desafío.

86. Los eventos que ocurrirán antes de la segunda venida de Cristo se delinean en Berkhof, *Systematic Theology* [*Teología sistemática*], 696-703.

87. *Ibíd.*, 707.

88. *Ibíd.*, 722.

89. Berkhof declara: "Todos estos pasajes hablan de la resurrección como un evento único, y no contienen ni la más mínima indicación de que la resurrección de los justos y los impíos se dará en dos períodos separados por mil años". *Ibíd.*, 724; y Hoekema, *The Bible and the Future* [*La Biblia y el futuro*], 240-243.

90. Berkhof, *Systematic Theology* [*Teología sistemática*], 728.

91. Hoekema, *The Bible and the Future* [*La Biblia y el futuro*], 254.

92. *Ibíd.*, 256-257.

93. En el amilenarismo no se hace distinción entre el tribunal de Cristo o el juicio del gran trono blanco.

94. Hoekema, *The Bible and the Future* [*La Biblia y el futuro*], 258.

95. *Ibíd.*, 259.

96. *Ibíd.*, 259-260.

97. Berkhof, *Systematic Theology* [*Teología sistemática*], 737.

98. *Ibíd.*

99. Loraine Boettner, *The Millenium* (Filadelfia: Presbyterian & Reformed, 1966), 14. Véanse 3-105 para la posición definitiva y representativa del postmilenarismo.

100. Véase Boettner, *The Millenium*, 14-62 y "Postmillennialism" en *The Meaning of the Millennium* [*¿Qué es el milenio?*], 117-141, para más detalles.

101. Boettner, *The Millennium*, 14.

102. B. B. Warfield, *Biblical Doctrines* (Nueva York: Oxford Univ. 1929), 648.

103. Boettner, "Postmillennialism", en *The Meaning of the Millennium* [*¿Qué es el milenio?*], 126.

104. H. Strong, *Systematic Theology* (Valley Forge, Judson, 1907), 1003, 1008.

105. Véase la discusión de Charles Hodge, *Systematic Theology* [*Teología sistemática*], 3 vols. (Reimpresión. Londres: Clarke, 1960), 3:838-844. Publicado en español por Clie.

106. *Ibíd.*, 3:849-850.

107. Strong, *Systematic Theology*, 1030.

108. William G. T. Shedd, *Dogmatic Theology*, 3 vols. (Reimpresión. Nashville: Nelson, 1980), 2:665.

109. Para una explicación completa de la doctrina del infierno, véase Shedd, *Dogmatic Theology*, 2:667-754. Shedd presenta un estudio exegético convincente de la duración eterna del sufrimiento en el infierno y refuta la doctrina de la aniquilación.

110. George E. Ladd, "Historic Premillennialism", en *The Meaning of the Millennium* [*¿Qué es el milenio?*], 19-27.

111. *Ibíd.*, 23.

112. *Ibíd.*

113. *Ibíd.*, 25.

114. *Ibíd.*, 27.

115. *Ibíd.*, 28.

116. George E. Ladd, *The Blessed Hope* (Grand Rapids: Eerdmans, 1956), 19-31.

117. *Ibíd.*, 62-70.

118. *Ibíd.*, 88.

119. *Ibíd.*, 19-31; Alexander Reese, *The Approaching Advent of Christ* (Reimpresión. Grand Rapids: Grand Rapids International, 1975), 19. Ya se han cuestionado las sugerencias en cuanto a que el postribulacionismo era la perspectiva de la iglesia primitiva y que el pretribulacionismo es una perspectiva reciente. Véase Walvoord, *The Rapture Question* (Grand Rapids: Dunham, 1957), 52-56, 135-139.

120. Reese, *The Approaching Advent of Christ*, 34-94.

121. *Ibíd.*, 125-166; Ladd, *The Blessed Hope*, 61-70.

122. Ladd, "Historic Premillennialism", en *The Meaning of the Millennium* [*¿Qué es el milenio?*], 34.

123. *Ibíd.*, 29-32.

124. *Ibíd.*, 29-30.

125. *Ibíd.*, 31.

126. *Ibíd.*, 38-39.

127. *Ibíd.*, 39. Ladd declara: "La mayor parte del Nuevo Testamento no prevé el reino milenario... Por ningún lado presenta la teología del Milenio".

128. *Ibíd.*, 39.

129. El premilenarismo dispensacional será llamado de aquí en adelante simplemente premilenarismo. No hay problema en afirmar que la gran mayoría de premilenaristas también son dispensacionalistas; a partir de la declaración propia de Ladd, los premilenaristas históricos tienen una perspectiva de la escatología semejante a la de los amilenaristas. De hecho, se puede cuestionar con seriedad si el nombre "premilenarismo histórico" es adecuado para esa perspectiva escatológica, porque consideramos que no era la posición de los apóstoles, pues elimina los elementos dispensacionales que se han integrado históricamente en casi todo el premilenarismo.

130. Charles C. Ryrie, *The Basis of Premillenial Faith* [*Las bases de la fe premilenial*] (Neptune: Loizeaux, 1953), 17-26. Publicado en español por Portavoz. Esta es

una fuente extremadamente valiosa, no solo para rastrear la historia del premilenarismo, sino para explicar los principios hermenéuticos y el fundamento bíblico del premilenarismo en los pactos incondicionales del Antiguo Testamento.

131. Véase Charles C. Ryrie, *Dispensationalism Today* [*Dispensacionalismo hoy*] (Chicago: Moody, 1965), 8-98, publicado en español por Portavoz; y Bernard Ramm, *Protestant Biblical Interpretation*, 3ª ed., (Grand Rapids: Baker, 1970), 119-127.

132. Tal vez el único pasaje sujeto a debate sea Gálatas 6:16. El griego *kai* probablemente se deba entender epexegéticamente como "incluso". De este modo, "Israel de Dios" se refiere a los israelitas creyentes que caminan por fe, no a los judaizantes legalistas.

133. Para una explicación detallada de estos pactos véase J. Dwight Pentecost, *Things to Come* [*Eventos del porvenir*] (Grand Rapids: Zondervan, 1958), 65-128, publicado en español por Vida; Ryrie, *The Basis of Premillennial Faith* [*Las bases de la fe premilenial*], 48-125; John F. Walvoord, *The Millennial Kingdom* (Grand Rapids: Zondervan, 1959), 139-220; Charles L. Feinberg, *Millennialism: The Two Major Views*, 3ª ed. (Chicago: Moody, 1980).

134. J. Dwight Pentecost, *Things to Come* [*Eventos del porvenir*] (Grand Rapids: Zondervan, 1959), 158ss. Publicado en español por Vida.

135. Robert Gundry, *The Church and the Tribulation* (Grand Rapids: Zondervan, 1973), 74-77.

136. Véase J. Barton Payne, *The Imminent Appearing of Christ* (Grand Rapids: Eerdmans, 1962) y *Enciclopedia de profecía bíblica* (Terrasa: Clie, 1993).

137. Alexander Reese, *The Approaching Advent of Christ* (Londres: Marshall, Morgan, Scott, 1932).

138. Ladd, *The Blessed Hope*.

139. Véase Marvin Rosenthal, *The Pre-Wrath Rapture of the Church* (Nashville: Thomas Nelson, 1990).

140. El aoristo *elthen* ("ha llegado") recuerda los juicios de los sellos que ya habían ocurrido.

141. Véase Pentecost, *Things to Come* [*Eventos del porvenir*], 193-218.

142. La declaración "ira" es enfática en el texto griego, pues está al final de la frase; además es definitiva por el uso del artículo en *tes orges*. Los dos factores muestran que no se refiere a una ira cualquiera, sino a una específica: *la ira* de la tribulación. Si Dios nos amó cuando estábamos en nuestros pecados, entonces nos librará de *la ira* venidera, conforme a su promesa.

143. Para un estudio completo sobre el asunto véase John F. Walvoord, *The Rapture Question*, ed. rev. (Grand Rapids: Zondervan, 1979); y Gerald B. Stanton, *Kept from the Hour* (Grand Rapids: Zondervan, 1956).

144. Pentecost, *Things to Come* [*Eventos del porvenir*], 203.

145. Véase Harold W. Hoehner, *Chronological Aspects of the Life of Christ* (Grand Rapids: Zondervan, 1977), 115-139, donde Hoehner explica la semana setenta y establece la necesidad del agujero entre la semana sesenta y nueve y la semana setenta. Véase también Alva J. McClain, *Daniel's Prophecy of the Seventy Weeks* (Grand Rapids: Zondervan, 1940).

146. *Ibíd.*, 235-237.

147. *Ibíd.*, 237-239.

148. El término plural "acciones justas" sugiere las obras justas del creyente que ha sido recompensado.

149. La frase que en Apocalipsis 19:7 se traduce como "han llegado" es la forma aorista griega *elthen*, que indica que ya ocurrieron.

150. Pentecost, *Things to Come* [*Eventos del porvenir*], 227.

PARA ESTUDIO ADICIONAL SOBRE ESCATOLOGÍA

Cielo e infierno

* Randy Alcorn, *50 días del cielo* (Carol Stream: Tyndale, 2008).

** Randy Alcorn, *El cielo* (Carol Stream: Tyndale, 2007). Estudio completo y bíblico y, sin duda, el más exhaustivo sobre el tema.

** Colin Brown, ed., *The New International Dictionary of New Testament Theology*, 4 vols. (Grand Rapids: Zondervan, 1976). Véanse los artículos "Heaven", 2:184-196 y "Hell", 2:205-210.

* William Crockett, ed., *Four Views on Hell* (Grand Rapids: Zondervan, 1992).

* Larry Dixon, *The Other Side of the Good News* (Wheaton: BridgePoint, 1992)

* J. D. Douglas, ed., *The New Bible Dictionary* [*Nuevo diccionario bíblico Certeza*] (Grand Rapids: Eerdmans, 1962), 510, 518-519. Publicado en español por Certeza Unida.

* Jonathan Edwards, *Heaven: A World of Love* (Reimpresión. Amityville: Calvary, 1999).

* Walter A. Elwell, ed., *Evangelical Dictionary of Theology* [*Diccionario teológico de la Biblia*] (Grand Rapids: Baker, 1984). Publicado en español por Caribe. Consúltense los artículos titulados "Heaven", "Hell", "Hades", "Sheol" y "Gehenna". Publicado en español por Caribe.

* Paul Enns, *Heaven Revealed* (Chicago: Moody, 2011).

** Millard J. Erickson, *Christian Theology* [*Teología sistemática*] (Grand Rapids: Baker, 1985), 3:1225-1241. Publicado en español por Clie.

** R. Laird Harris, "Seol", en R. Laird Harris et. al., eds, *Theological Wordbook of the Old Testament*, 2 vols. (Chicago: Moody, 1980), 2:892-893.

** Gerhard Kittel y Gerhard Friedrich, eds., *Theological Dictionary of the New Testament*, Geoffrey W. Bromiley, trans., 10 vols. (Grand Rapids: Eerdmans, 1964-1967). Véanse los artículo "Hades", 1:146-149 y "Heaven", 5:497-536.

* Erwin Lutzer, *Tu primer minuto después de morir* (Grand Rapids: Portavoz, 1999).

** John F. MacArthur, *La gloria del cielo* (Grand Rapids: Portavoz, 1997).

** Alister McGrath, *A Brief History of Heaven* (Malden: Blackwell, 2003). Examina las perspectivas sobre el cielo a través de los siglos.

** Bruce Milne, *The Message of Heaven and Hell* (Downers Grove: InterVarsity, 2002).

* J. Oswald Sanders, *El cielo* (Grand Rapids: Portavoz, 2004).

* Erich Sauer, *The King of the Earth* (Exeter: Paternoster, 1962).

** William G. T. Shedd, *Dogmatic Theology*, 3 vols. (Reimpresión Nashville: Nelson, 1980), 2:667-754.

** Wilbur M. Smith, *The Biblical Doctrine of Heaven* (Chicago: Moody, 1968). Esta obra sobresaliente debe consultarse para una explicación definitiva del cielo. Incluye una extensa bibliografía.

* Merrill C. Tenney, ed., *Zondervan Pictorial Encyclopedia of the Bible* (Grand Rapids: Zondervan, 1975). Véanse los artículos "Heaven", "Hell", "Hades", "Sheol" y "Gehenna".

* Robert L. Thomas, *Revelation: An Exegetical Commentary*, 2 vols. (Chicago: Moody, 1995).

* Merrill F. Unger, *Unger's Bible Dictionary* (Chicago: Moody, 1961), 462-464, 467.

Arrebatamiento

* Gleason L. Archer Jr., Paul D. Feinberg y Douglas J. Moo, eds., *The Rapture: Pre-, Mid-, or Post-Tribulational?* (Grand Rapids: Zondervan, 1984).

* Paul N. Benware, *Entienda la profecía de los últimos tiempos* (Grand Rapids: Portavoz, 2010).

* Herman A. Hoyt, *The End Times* (Chicago: Moody, 1969).

* Erwin W. Lutzer, *Your Eternal Reward* (Chicago: Moody, 1998).

** J. Barton Payne, *The Imminent Appearing of Christ* (Grand Rapids: Eerdmans, 1962).

** J. Dwight Pentecost, *Eventos del porvenir* (Miami: Vida, 1984).

* Renald E. Showers, *The Pre-Wrath Rapture View: An Examination and Critique* (Grand Rapids: Kregel, 2001).

** Merrill C. Tenney, *Interpreting Revelation* (Grand Rapids: Eerdmans, 1957).

** Robert Van Kampen, *The Sign* (Wheaton: Crossway, 1992).

* John F. Walvoord, *The Blessed Hope and the Tribulation* (Grand Rapids: Zondervan, 1976).

** _____, *The Nations, Israel and the Church in Prophecy* (Grand Rapids: Zondervan, 1988)

* _____, *The Rapture Question*, ed. ampliada (Grand Rapids: Zondervan, 1979).

Eventos finales

* Gleason Archer, Paul Feinberg y Douglas Moo, eds., *The Rapture: Pre-, Mid-, or Post-Tribulational?* (Grand Rapids: Zondervan, 1984).

* Emery H. Bancroft, *Christian Theology*, 2ª ed. rev. (Grand Rapids: Zondervan, 1976), 345-410.

** Louis Berkhof, *Systematic Theology* [*Teología sistemática*] (Grand Rapids: Eerdmans, 1941), 661-738. Publicado en español por T.E.L.L.

* Darrell L. Bock, *Tres puntos de vista del milenio y el más allá* (Miami: Vida, 2004).

** J. Oliver Buswell Jr., *A Systematic Theology of the Christian Religion* [*Teología sistemática*], 2 vols. (Grand Rapids: Zondervan, 1962), 2:285-538. Publicado en español por Logoi.

** Millard J. Erickson, *Christian Theology* [*Teología sistemática*], 3 vols. (Grand Rapids: Baker, 1985), 3:1149-1247. Publicado en español por Clie.

* Charles C. Ryrie, *Basic Theology* [*Teología básica*] (Wheaton, Ill.: Victor, 1986), 439-522. Publicado en español por Unilit.

* Henry C. Thiessen, *Lectures in Systematic Theology*, rev. por Vernon D. Doerksen (Grand Rapids: Eerdmans, 1979), 331-399.

Amilenarismo

** Oswald T. Allis, *Prophecy and the Church* (Filadelfia: Presbyterian & Reformed, 1945).

* Louis Berkhof, *Summary of Christian Doctrine* [*Sumario de doctrina reformada*] (Grand Rapids: Eerdmans, 1938), 181-198. Publicado en español por Libros Desafío.

** _____, *Systematic Theology* [*Teología sistemática*] (Grand Rapids: Eerdmans, 1938), 661-738. Publicado en español por T.E.L.L.

** G. C. Berkouwer, *The Return of Christ* (Grand Rapids: Eerdmans, 1972).

* William E. Cox, *Amillennialism Today* (Phillipsburg: Presbyterian & Reformed, 1966), 57-135.

* Anthony A. Hoekema, "Amillennialism", en Robert G. Clouse, ed., *The Meaning of the Millenium: Four Views* [*¿Qué es el milenio? Cuantro enfoques para una respuesta*] (Downers Grove: InterVarsity, 1977), 155-187. Publicado en español por Casa Bautista de Publicaciones.

** Anthony A. Hoekema, *La Biblia y el futuro* (Grand Rapids: Subcomisión de Literatura Cristiana, 1984).

Postmilenarismo

* Loraine Boettner, *The Millenium* (Filadelfia: Presbyterian & Reformed, 1966), 3-105.

* _____, "Postmillennialism", en Robert G. Clouse, ed., *The Meaning of the Millenium: Four Views* [*¿Qué es el milenio? Cuantro enfoques para una respuesta*] (Downers Grove: InterVarsity, 1977), 47-54, 95-103, 117-141, 199-208. Publicado en español por Casa Bautista de Publicaciones.

** John Jefferson Davis, *Christ's Victorious Kingdom: Postmillennialism Reconsidered* (Grand Rapids: Baker, 1986).

** Charles Hodge, *Systematic Theology* [*Teología sistemática*] 3 vols. (Reimpresión. Londres: Clarke, 1960), 3:771-880. Publicado en español por Clie.

* Keith Mathison, *Postmillennialism* (Phillipsburg: Presbyterian & Reformed, 1999).

** William G. T. Shedd, *Dogmatic Theology*, 3 vols. (Reimpresión. Nashville: Nelson, 1980), 2:641-754.

** A. H. Strong, *Systematic Theology* (Valley Forge: Judson, 1907), 1003-1056.

Premilenarismo histórico

** Robert Gundry, *The Church and the Tribulation* (Grand Rapids: Zondervan, 1973). En realidad, Gundry se identifica como dispensacionalista. Sin embargo, se adhiere al arrebatamiento postribulacional, un principio del "premilenarismo histórico".

* George E. Ladd, *The Blessed Hope* (Grand Rapids: Zondervan, 1956).

** _____, *Crucial Questions about the Kingdom of God* (Grand Rapids: Eerdmans, 1952).

* George E. Ladd, "Historic Premillennialism", en Robert G. Clouse, *The Meaning of the Millenium: Four Views* [*¿Qué es el milenio? Cuantro enfoques para una respuesta*] (Downers Grove: InterVarsity, 1977), 17-40. Publicado en español por Casa Bautista de Publicaciones.

** George E. Ladd, *Jesus and the Kingdom* (Nueva York: Harper, 1964).

* _____, *The Presence of the Future* (Grand Rapids: Eerdmans, 1974).

* Douglas J. Moo, "The Case for the Posttribulation Rapture Position", en Gleason Archer, Paul Feinberg y Douglas Moo, eds., *The Rapture: Pre-, Mid-, or Post-Tribulational?* (Grand Rapids: Zondervan, 1984).

**   J. Barton Payne, *Enciclopedia de profecía bíblica* (Terrasa: Clie, 1993).

**   Alexander Reese, *The Approaching Advent of Christ* (Reimpresión. Grand Rapids: Grand Rapids International, 1975).

Premilenarismo dispensacional

*   Paul N. Benware, *Entienda la profecía de los últimos tiempos* (Grand Rapids: Portavoz, 2010).

**   Mal Couch, ed., *Diccionario de teología premilenarista* (Grand Rapids: Portavoz, 2000).

**   Charles L. Feinberg, *Millennialism: The Two Major Views* (Chicago: Moody, 1980).

**   Norman Geisler, *Systematic Theology*, 4 vols. (Minneapolis, Bethany, 2005), 4:247-661.

**   Thomas Ice y Timothy Demy, eds., *When the Trumpet Sounds* (Eugene: Harvest, 1995).

*   Rene Pache, *The Return of Jesus Christ* (Chicago: Moody, 1955).

**   J. Dwight Pentecost, *Prophecy for Today* (Grand Rapids: Zondervan, 1961).

*   _____, *Eventos del porvenir* (Miami: Vida, 1984). Es la obra más importante sobre el tema; en ella se detalla la cronología de la profecía. También compara las diferentes posiciones interpretativas —premilenarismo, postmilenarismo y amilenarismo—, así como las perspectivas del arrebatamiento, pre-, semi- y postribulacionista. Es una obra exhaustiva que debe ser consultada por todo estudiante serio de la profecía.

*   Charles C. Ryrie, *Las bases de la fe premilenial* (Grand Rapids: Portavoz, 1984. Es una obra particularmente importante para determinar los fundamentos del premilenarismo.

**   Paul Lee Tan, *The Interpretation of Prophecy* (Rockville: Assurance, 1974). Esta obra es importante para discutir los principios hermenéuticos del premilenarismo.

**   John F. Walvoord, "End Times", en Charles R. Swindoll y Roy B. Zuck, eds., *Understanding Christian Theology* (Nashville: Nelson, 2003), 1243-1371.

*   John F. Walvoord, *The Nations, Israel and the Church in Prophecy* (Grand Rapids: Zondervan, 1988). Este es un estudio valioso para delinear los rasgos distintivos de Israel, las naciones y la iglesia; muestra el propósito particular de Dios para cada una. Es una compilación de tres obras que anteriormente se habían publicado por separado.

*   _____, *Las grandes profecías de la Biblia* (Nashville: Betania, 1995).

**   _____, *The Millennial Kingdom* (Grand Rapids: Zondervan, 1959). Esta obra explica las diferentes perspectivas mileniales y rastrea su desarrollo histórico y sus sistemas hermenéuticos.

**   _____, *The Prophecy Knowledge Handbook* (Wheaton: Victor, 1990).

*   _____, *The Rapture Question*, ed. rev. (Grand Rapids: Zondervan, 1979). Esta obra explica la base bíblica del pretribulacionismo; también toca las otras perspectivas sobre la tribulación.

Parte 3

TEOLOGÍA
HISTÓRICA

27

INTRODUCCIÓN A LA TEOLOGÍA HISTÓRICA

Definición de teología histórica

LA TEOLOGÍA HISTÓRICA estudia el progreso de la teología cristiana a través de los siglos. Se especializa en el desarrollo, crecimiento y cambios de la teología cristiana. Examina la formación de las doctrinas más importantes sobre Dios, Cristo, el Espíritu Santo, la salvación, la iglesia y otras áreas, para ver la forma en que se formularon esas doctrinas y cómo han evolucionado.

Propósito de la teología histórica

El propósito de la teología histórica es "describir el origen histórico del dogma de la iglesia y rastrear sus cambios y desarrollos posteriores".[1] La teología histórica intenta entender la formación de las doctrinas, su desarrollo y cambios, para bien o para mal. La dirección de la iglesia ha influenciado el rumbo de la teología. La escolástica, con su énfasis en la razón, alejó a la teología de la soberanía de Dios; la Reforma, con su regreso a la centralidad de la Biblia, produjo un regreso al énfasis sobre la gracia; la Ilustración confirió a la teología un sesgo antisobrenatural.

La teología histórica delinea el movimiento teológico a través de los siglos. Es importante y útil ver los comienzos de las doctrinas, cómo han evolucionado y cómo, algunas veces, se han desviado de la verdad bíblica.

Divisiones de la teología histórica

En el desarrollo de la teología histórica se reconocerán cuatro divisiones principales: (1) la teología antigua (siglo i- 90 d.C.), (2) la teología medieval (590-1517), (3) la teología de la Reforma (1517-1750), (4) la teología moderna (1750-presente).

Desarrollo de la teología histórica

En la iglesia antigua
Los escritos de los padres apostólicos son importantes porque estuvieron cerca de los eventos de la vida de Cristo y de la era de los apóstoles. Trataban asuntos importantes como la Trinidad, la deidad y eternidad

de Cristo y la salvación. Los apologistas eran otro grupo del siglo II que defendía el cristianismo contra las críticas, y debatía vigorosamente las doctrinas cristianas con filósofos y emperadores. En esta época también aparecieron aberraciones de la fe cristiana. Las sectas judías buscaban retener la ley mosaica; los gnósticos buscaban atar el cristianismo a un sistema filosófico que proclamaba la maldad de la materia y la bondad del espíritu; los marcionitas trataron de corromper el canon y los montanistas corrompieron las doctrinas del Espíritu Santo y la escatología. Desde temprano en su historia, el cristianismo se vio obligado a defenderse y a atacar. Por causa de Marción, la iglesia primitiva se vio obligada a formular su canon, afirmando los 27 libros del Nuevo Testamento.

Arrio también desafió la doctrina de la Trinidad; su debate continuo con Atanasio llenó el mundo cristiano. En el año 325, el Concilio de Nicea afirmó la perspectiva histórica de la Trinidad, según la cual se entendía que Cristo poseía la misma sustancia que el Padre.

La iglesia discutió sobre la relación de las dos naturalezas de Cristo durante los siglos IV y V, y declaró lo que era ortodoxo y herético en Nicea, en el año 325, y finalmente en Calcedonia en el 451.

El conflicto entre Agustín y Pelagio fue candente, pues Pelagio enseñaba que el hombre estaba libre del pecado original y tenía la capacidad de escoger el bien. Agustín, un gran defensor de la gracia, enfatizó que era necesaria la gracia de Dios para rescatar al hombre de su depravación total. Aun así, el mismo Agustín enseñaba la necesidad del bautismo para limpiarse de los pecados cometidos con anterioridad. La regeneración bautismal y el bautismo de niños se hicieron parte rápidamente de las enseñanzas de la iglesia.

En la iglesia medieval

El período medieval transcurrió desde el año 590 al 1517, cuando comenzó la Reforma. El período de 500-1500 se conoce también con el nombre de oscurantismo, debido a la corrupción eclesiástica. De hecho, fue esa corrupción la que encendió la chispa de la Reforma protestante bajo Martín Lutero.

La doctrina católica romana se desarrolló considerablemente durante el período medieval: el purgatorio en el 593; la oración a María, los santos y los ángeles en el 600; el beso a los pies del papa en el 709; la canonización de los santos muertos en el 995; el celibato de los sacerdotes en el 1079; el rosario en el 1090; la transubstanciación y la confesión de los pecados a un sacerdote en 1215, y los siete sacramentos en 1439.

La iglesia medieval se vio confrontada por grandes controversias. Surgió la controversia iconoclasta, en la cual el uso de imágenes se hizo parte integral de la iglesia occidental. La controversia filioque (¿Solo el Padre envió al Espíritu o fueron el Padre *y el Hijo*?) dividió a la iglesia en occidental y oriental. La controversia por la predestinación desembocó en el rechazo de la perspectiva de predestinación de Gottschalk. La controversia sobre la Eucaristía llevó a la doctrina de la transubstanciación. También surgieron perspectivas controvertidas sobre la expiación. La escolástica se desarrolló durante el período medieval; entrenaba a los estudiosos para defender la fe desde un punto de vista racional. Un escolástico, Tomás de Aquino, se hizo prominente en la formulación de la doctrina católica.

Otras perspectivas doctrinales emergieron en tanto la Iglesia católica romana se alejaba más y más de la doctrina agustiniana. Se consideraba que el hombre cooperaba con Dios en la salvación y la santificación. Las obras se hicieron parte importante en la salvación y la santificación, en especial con la adopción de los siete sacramentos. La autoridad del papado también surgió durante este tiempo, cuando el papa comenzó a ser llamado "vicario de Cristo". La sumisión al papa era esencial en los asuntos religiosos y políticos.

En la teología de la Reforma

Varios individuos fueron prominentes en el período de la Reforma. Martín Lutero, un fraile católico, encendió la llama de la Reforma cuando, el 31 de octubre de 1517, en oposición a la Iglesia católica, clavó las 95 Tesis en la puerta de su iglesia en Wittenberg. Lutero experimentó la conversión basada en la gracia a través de la fe, y esa verdad fue una motivación para él durante toda su vida. Enfatizó el regreso a las Escrituras como autoridad última en la vida del creyente. El período marcó el regreso al estudio de las Escrituras, particularmente con la publicación del Nuevo Testamento griego de Erasmo.

Juan Calvino, el reformador suizo, surgió como pastor, escritor, político e intérprete científico de la Biblia. El gran volumen *Institución de la religión cristiana* iba a dejar huella en la teología protestante de los siglos venideros. Calvino enfatizó la soberanía de Dios; todos los acontecimientos habían sido ordenados de antemano por Dios a través de su decreto eterno.

Ulrico Zuinglio, quien siguió en general la doctrina calvinista, influenció el movimiento anabautista, particularmente en la concepción anabautista de la Cena del Señor, en defensa de la perspectiva del memorial. Con su rechazo a todo lo que las Escrituras no apoyaban, Zuinglio llevó la Reforma aún más allá de Lutero y Calvino.

La doctrina de la expiación fue un asunto de gran controversia en este período. Mientras Lutero y Calvino enfatizaban la expiación sustitutiva de Cristo, Socino, el precursor del unitarismo, la rechazaba. Grocio enseñaba que, para Dios, la muerte de Cristo tan solo era un "pago representativo". La teología arminiana también rechazaba una expiación sustitutiva estricta.

La Cena del Señor se volvió asunto de división en el período de la Reforma. La teología luterana enfatizaba la consubstanciación, la perspectiva según la cual la presencia de Cristo rodeaba los elementos. La teología reformada enfatizaba que la gracia se transmitía a quien participaba. Zuinglio enseñó la perspectiva del memorial: participar de la Cena no impartía gracia.

Los anabautistas influenciaron notablemente la doctrina de la iglesia mediante su énfasis en el bautismo de los creyentes y su consiguiente rechazo al bautismo de niños.

En la teología moderna

La teología moderna se vio seriamente afectada por la Ilustración y sus efectos posteriores. La Ilustración trajo un énfasis en el hombre y la razón como centro. Los filósofos y teólogos del siglo XVIII desarrollaron aún más el concepto. Immanuel Kant enfatizó la importancia de la razón y el rechazo de todo lo externo a ella. Friedrich Schleiermacher rechazó las doctrinas y los credos y, en lugar de ellos, enfatizó la importancia del sentimiento en la religión. George Hegel vio la religión como una evolución constante con la síntesis de dos perspectivas opuestas. Los tres, en particular, dejaron su marca en este período. En la raíz de la teología moderna estaba la razón del hombre, el rechazo por lo sobrenatural y la falibilidad de las Escrituras.

En 1919 la teología moderna dio un nuevo giro cuando Karl Barth rechazó la teología liberal, aunque había sido formado en ella, pero no se volvió completamente a la teología conservadora. Nace así la neo-ortodoxia. Esta enfatizaba el encuentro experimental con Dios a través de un "salto de fe". Aunque los teólogos neo-ortodoxos diferían ampliamente en sus perspectivas, ninguno aceptaba la inspiración de la Biblia. Muchos rechazaron la historicidad de la resurrección corporal de Cristo: la Biblia debía considerarse *geschichte* (relato, cuento), no historia. A partir de las teologías liberal y neo-ortodoxa han evolucionado múltiples y variadas formas de la teología moderna.

NOTA

1. Louis Berkhof, *The History of Christian Doctrines* [*Historia de las doctrinas cristianas*] (Edimburgo: Banner of Truth, 1937), 20. Publicado en español por Estandarte de la Verdad.

PARA ESTUDIO ADICIONAL SOBRE LA TEOLOGÍA HISTÓRICA

* Louis Berkhof, *The History of Christian Doctrines* [*Historia de las doctrinas cristianas*] (Edimburgo: Banner of Truth, 1937), 15-34. Publicado en español por Estandarte de la Verdad.

**   Geoffrey W. Bromiley, *Historical Theology: An Introduction* (Grand Rapids: Eerdmans, 1978), xxi-xxix.

*   Geoffrey W. Bromiley "History of Theology", en Sinclair B. Ferguson, David F. Wright y J. I. Packer, eds., *New Dictionary of Theology* [*Nuevo diccionario de teología*] (Downers Grove: InterVarsity, 1988) 309-312. Publicado en español por Casa Bautista.

**   E. H. Klotsche, *The History of Christian Doctrine*, ed. rev. (Grand Rapids: Baker, 1979), 1-16.

EL ESTUDIO DE LA HISTORIA de las doctrinas es semejante al estudio de la historia de la iglesia, aunque se diferencia en que la historia de la teología enfatiza el desarrollo de la doctrina a través de los siglos, mientras que la historia de la iglesia se centra con mayor detalle en los problemas externos relacionados con el desarrollo de la iglesia.

LOS PADRES APOSTÓLICOS

Los escritos de los padres apostólicos son importantes porque representan a quienes aún vivían en el tiempo de los apóstoles del Nuevo Testamento. Tales escritos son: *La primera epístola de Clemente de Roma a los corintios*, del año 97 d.C.; *La segunda epístola de Clemente*, en realidad, una homilía en lugar de una epístola, escrita alrededor del año 150 por un autor desconocido, no por Clemente; *Las epístolas de Ignacio*, el obispo de Antioquía, escritas alrededor del año 110 a las iglesias de Éfeso, Magnesia, Tralles, Roma, Filadelfia, Esmirna y a Policarpo, obispo de Esmirna; *La Didajé o Enseñanza de los 12 apóstoles*, escrita alrededor del año 100; *La epístola de Bernabé*, escrita en algún punto entre el 70 y el 132; *El pastor de Hermas*, escrito alrededor de los años 140-145; *Los fragmentos de Papías*, obispo de Hierápolis, escritos alrededor del año 125.

Cuando se estudian las obras de los padres apostólicos, es evidente rápidamente que hay considerable diferencia de calidad cuando se comparan con los escritos neotestamentarios, y que ofrecen poco material nuevo. Más aún, en lugar de un énfasis doctrinal, hay un énfasis decidido en la ética. No obstante, los escritos son importantes porque "dan testimonio de la canonicidad e integridad de los libros del Nuevo Testamento, y forman un enlace doctrinal entre el Nuevo Testamento y los escritos más especulativos de los apologistas que aparecieron durante el siglo segundo".[1]

Bibliología de los padres

Los padres apostólicos tienen una característica común: la incorporación de las Escrituras al flujo de sus escritos. Citan extensivamente el Antiguo y el Nuevo Testamento, intercalando los textos (incluyendo secciones largas) en sus escritos.

También reconocen la autoridad de las Escrituras. Clemente advierte en contra de la vida pecaminosa, con base en "las Escrituras dicen" (*1*

Clem. 35; 46). Él afirma que las Escrituras son verdad, dadas a través del Espíritu Santo, y que no hay "nada injusto o engañoso" en ellas (*1 Clem.* 45). Se refiere al Antiguo Testamento como "las sagradas escrituras" y "los oráculos de Dios" (*1 Clem.* 53).

Con frecuencia, los padres apostólicos eran alegóricos en su interpretación. Al interpretar la cita del Antiguo Testamento "Regocíjate, oh estéril, la que no daba a luz", dicen: "nuestra Iglesia era estéril antes de que se le hubieran dado hijos" (*2 Clem.* 2).[2] *El pastor de Hermas* es otro ejemplo. Ignacio exhorta a los trallianos así: "... cubríos de la fe que es la carne del Señor, y el amor que es la sangre de Jesucristo" (*Ad Tral.* 8).

Teología propia de los padres

Se afirma la creencia en la Trinidad; Clemente establece la igualdad del Dios trino en su declaración: "Porque tal como Dios vive, y vive el Señor Jesucristo, y el Espíritu Santo, que son la fe y la esperanza de los elegidos" (*1 Clem.* 58). Clemente reconoce que Dios es "Creador y Señor del mismo universo" (*1 Clem.* 33).

Cristología de los padres

Los padres afirman verdades notorias sobre Cristo. Ignacio hace declaraciones significativas en las que declara la deidad de Cristo. Se refiere a Él como "Jesucristo nuestro Dios" (*Ad Eph.* 1; *Ad Rom.* 1); en cuanto a que Él habite en el creyente dice: "Él mismo pueda estar en nosotros como nuestro Dios" (*Ad. Eph.* 15, también *Ad Magn.* 12); dice que Él es "la mente del Padre" (*Ad Eph.* 3) y el "conocimiento de Dios" (*Ad Eph.* 17); dice que "estaba con el Padre antes que los mundos" (*Ad Magn.* 6) y se refiere a él como "el Hijo" (*Ad Rom.* 1). Policarpo también se refirió a Jesús como "nuestro Señor y Dios Jesucristo" (*Ad Phil.* 12). Se declara que Él fue "enviado de Dios" (*1 Clem.* 42). Su humanidad se afirma en las palabras del apóstol Juan (Policarpo, *Ad Phil.* 7). Con cierta frecuencia se reconoce su resurrección (*1 Clem.* 24; 42; Ignacio, *Ad Tral.* 9; *Ad Phil.* 1). Afirman su sumo sacerdocio y su superioridad sobre los ángeles (*1 Clem.* 36; 61; Policarpo, *Ad Phil.* 12).

Soteriología de los padres

Con frecuencia los padres mencionan que la salvación tuvo lugar a través de la sangre de Cristo. Clemente declara: "Pongamos nuestros ojos en la sangre de Cristo y démonos cuenta de lo precioso que es para su Padre, porque habiendo sido derramada por nuestra salvación, ganó para todo el mundo la gracia del arrepentimiento" (*1 Clem.* 7; cp. *1 Clem.* 23; 49; *Bernabé* 5). La declaración de Clemente también parece sugerir la expiación ilimitada. Ignacio indica que la fe en Cristo procura la salvación (*Ad Smyrn.* 6). También se enfatiza el arrepentimiento (*2 Clem.* 13; 19).

Sin embargo, hay un énfasis prominente en la necesidad de las obras en la salvación. En una larga explicación, Clemente enfatiza la importancia de la obediencia para procurar la salvación, indicando que Lot se salvó por su hospitalidad (*1 Clem.* 11), como también sucedió con Rahab (*1 Clem.* 12). La salvación también requiere hacer la voluntad del Padre, mantener pura la carne y guardar los mandamientos del Señor (*2 Clem.* 8). El amor también es necesario para entrar al reino (*2 Clem.* 9), como lo es la necesidad de despedirse de los placeres terrenales y rechazar las lujurias malignas (*2 Clem.* 16). Además, es esencial practicar la justicia (*2 Clem.* 19).

Tales declaraciones indican un énfasis digno en caminar piadosamente, pero al mismo tiempo confunden el mensaje de salvación y le restan valor a la gracia gratuita de Dios. Este es uno de los errores doctrinales que apareció muy temprano en la historia del pensamiento cristiano.

Eclesiología de los padres

Desarrollan con claridad los oficios de diácono, presbítero (anciano) y obispo, disfrutando cada vez de mayor autoridad. Los padres apostólicos enfatizan prioritariamente que los creyentes se sometan a la autoridad de los ancianos y obispos. Clemente exhorta a los creyentes a estar en paz con los ancianos (*1 Clem.* 54), a someterse a su autoridad y recibir castigo de ellos (*1 Clem.* 57; 63). Policarpo enseña la sumisión a los ancianos y diáconos (*Ad Phil.* 5). Ignacio iguala la obediencia del creyente al obispo con la obediencia de Cristo al Padre y a la de los apóstoles a Cristo (*Ad Magn.* 13). Los líderes deben recibir considerable honra. Ignacio escribe a los trallianos: "…no hagáis nada sin el obispo, sino que seáis obedientes también al presbiterio, como los apóstoles de Jesucristo… De la misma manera, que todos respeten a los diáconos como a Jesucristo, tal como deben respetar al obispo como tipo que es del Padre y a los presbíteros como concilio de Dios" (*Ad Tral.* 2; 3). Ignacio declara a los filadelfianos: "Porque todos los que son de Dios y de Jesucristo están con los obispos" (*Ad Phil.* 3). Más aún, declara: "Seguid todos a vuestro obispo, como Jesucristo siguió al Padre, y al presbiterio como los apóstoles; y respetad a los diáconos, como el mandamiento de Dios… Allí donde aparezca el obispo, allí debe estar el pueblo; tal como allí donde está Jesús, allí está la iglesia universal." (*Ad Smyrn.* 8).

El desarrollo de la autoridad del obispo se ve claramente en las declaraciones de Ignacio:

Que nadie haga nada perteneciente a la Iglesia al margen del obispo. Considerad como eucaristía válida la que tiene lugar bajo el obispo o bajo uno a quien él la haya encomendado… No es legítimo, aparte del obispo, ni bautizar ni celebrar una fiesta de amor; pero todo lo que él aprueba, esto es agradable también a Dios; que todo lo que hagáis sea seguro y válido... Es bueno reconocer a Dios y al obispo. El que honra al obispo es honrado por Dios (*Ad Smyrn.* 8; 9).

De la Cena del Señor se dice que es "la medicina de la inmortalidad y el antídoto para que no tengamos que morir, sino vivir para siempre en Jesucristo" (*Ad Eph.* 20). La *Didajé* instruye sobre las oraciones antes y después de la Cena del Señor (9; 10). También hay instrucciones sobre el bautismo y el ayuno (7; 8).

Escatología de los padres

No hay mucha información sobre los últimos tiempos. *La segunda epístola de Clemente* dice que el reino de Dios vendrá cuando Dios aparezca (12; 17) y que las personas de este mundo se sorprenderán cuando Cristo reciba el reino de este mundo (17). Hay distinción entre el reino y la vida eterna (5); es en el reino donde se coronarán los creyentes por haber luchado con valentía (7). Cuando Cristo aparezca, quienes han vivido en impiedad recibirán juicio y castigo en el fuego que no se apaga (17).

Bernabé exhorta a los creyentes sobre la base del retorno inminente de Cristo (21). Papías reconoce el reino milenario en la siguiente declaración:

La bendición así predicha pertenece indudablemente a los tiempos del Reino, cuando los justos se levantarán de los muertos y reinarán, cuando también la creación renovada y liberada de servidumbre producirá una gran abundancia de alimento de todas clases, del rocío del cielo y la gordura de la tierra... como el Señor acostumbraba enseñar respecto a aquellos tiempos y decir: Vendrán días en que crecerán vides, cada una de las cuales tendrá diez mil brotes, y cada brote diez mil ramas, y cada rama diez mil ramitas, y en cada ramita diez mil racimos, y en cada racimo diez mil granos, y cada racimo, una vez prensado, producirá veinticinco medidas de vino... y todos los animales, usando estos frutos que son productos del suelo, se volverán pacíficos y armoniosos, obedientes al hombre en toda sujeción (*Frag. Pap.* 14).

APOLOGISTAS ANTIGUOS

La mala comprensión del cristianismo y las difamaciones que resultaron produjeron el surgimiento de cristianos gentiles prominentes que escribieron apologías en defensa del cristianismo. Tales escritores antiguos se conocieron como apologistas. Su tarea era triple.[3] (1) Defendían el cristianismo de las acusaciones falsas de ateísmo, canibalismo, incesto, indolencia y otros comportamientos antisociales. (2) Tomaron la ofensiva y acusaron a los judíos de malinterpretar la naturaleza tipológica y enigmática del Antiguo Testamento en su anticipación de Cristo. También atacaron el paganismo, su inmoralidad y la inmortalidad de las deidades paganas, particularmente en comparación con la revelación de Dios en el Nuevo Testamento. (3) Fueron constructivos: argumentaban a partir de la realidad de la revelación neotestamentaria, a través de la profecía cumplida y de los milagros.

Los principales escritos apologéticos son los siguientes:[4] *Epístola a Diogneto*, escrita por un autor desconocido alrededor del 150 d.C.; Cuadrato, obispo de Atenas, escribió una apología, ahora perdida, para el emperador Adriano alrededor del año 125. Arístides, filósofo ateniense, escribió para Adriano o Antonino Pío; Melitón, obispo de Sardis, escribió una apología para Marco Aurelio; Claudio Apolinar, obispo de Hierápolis, también escribió una apología para Marco Aurelio; Milcíades, filósofo ateniense, escribió contra los judíos y los paganos; Atenágoras defendió a los cristianos en una apología para Marco Aurelio alrededor del 177, en la que refutaba las acusaciones de ateísmo, canibalismo e inmoralidad; Teófilo de Antioquía escribió tres obras en las cuales defendía la creencia en Dios y la esperanza de la resurrección, denunciando las creencias paganas y exponiendo la inferioridad de la literatura pagana, comparada con el Antiguo Testamento; Taciano, un asirio, defendió la racionalidad del cristianismo, en oposición a la "ausencia de valor en el paganismo"; y Justino Mártir, considerado el más grande de los apologistas, escribió dos *Apologías* y el *Diálogo con Trifón*. Fue un filósofo convertido y retuvo su inclinación filosófica para defender el cristianismo.

Bibliología de los apologistas

La *Epístola a Diogneto* enfatiza la revelación de Dios; el Creador del universo se ha revelado a la humanidad: "el Dios invisible mismo de los cielos plantó entre los hombres la verdad y la santa enseñanza que sobrepasa la imaginación de los hombres, y la fijó firmemente en sus corazones" (*Diog.* 7). Tal declaración contrasta la revelación de Dios al hombre con las divagaciones especulativas de los filósofos. La epístola declara que Dios se ha revelado a través del Verbo (entiéndase Cristo), un término filosófico (gr., *logos*), cuyo significado es "palabra" o "discurso"; por lo tanto, Cristo es el discurso de Dios para la humanidad. En particular, los apologistas enfatizan en este sentido a Cristo como el Maestro que comunica la revelación de Dios a la humanidad. Por lo tanto, se exhorta al lector a "entender los discursos que el Verbo pone en la boca..." (*Diog.* 11).

Teología propia de los apologistas

El autor de la *Epístola a Diogneto* declara extensivamente la insignificancia e inutilidad de los dioses de piedra y madera. Recuerda a sus lectores que tales dioses están hechos de piedra como aquella sobre la cual caminan las personas; dichos dioses se descomponen y decaen. De hecho, los dioses hechos de plata y oro tienen que guardarse y cerrarse por las noches (*Diog.* 2). Se refiere a Dios como "el Creador Todopoderoso del universo, el Dios Invisible" (*Diog.* 7), y "el Señor y Creador del universo, que hizo todas las cosas y las puso en orden" (*Diog.* 8). Justino Mártir se refiere a Dios como "el Dios más verdadero, el Padre de la justicia, templanza y las otras virtudes, en quien no hay mezcla de *maldad* alguna" (*1 Apol. Just.* 6).

Antes de su revelación, las personas no sabían cómo era Dios; ahora saben que es "bueno, bondadoso, justo y verdadero, y solo Él es bueno" (*Diog.* 8). Aunque el hombre merecía el castigo y la muerte, Dios fue benévolo y paciente; por lo tanto, envió a su Hijo como rescate por el pecado (*Diog.* 9). En esto Dios demostró que es un Dios de amor (*Diog.* 10). En su declaración son prominentes las palabras de Juan 3:16.

Atenágoras aporta una declaración clara del monoteísmo y la Trinidad: "Reconocemos un Dios, quien es increado, eterno, invisible, impasible, incomprensible, ilimitable. Solo se puede captar mediante la mente y la inteligencia, está rodeado de luz, belleza, espíritu y un poder indescriptible. El universo fue creado por él a través de su Verbo, le dio orden y lo mantiene. (Digo 'su Verbo'), porque también pensamos que Dios tiene un Hijo" (Atenágoras, *Súplica* 10). Del Espíritu Santo se dice que "es una afluencia de Dios, fluye de Él y retorna como un rayo del sol" (*ibíd.*). Justino Mártir hace una declaración interesante sobre la Trinidad cuando afirma que el Hijo ocupa el segundo lugar y el Espíritu profético tiene el tercer rango (*1 Apol. Just.* 13).

Cristología de los apologistas

Cristo ha sido enviado por Dios como Verbo para ser rechazado por su pueblo pero aceptado por los gentiles (*Diog.* 11). De Él se dice que es eterno, en la declaración: "Este Verbo, que era desde el principio... que es eterno" (*Diog.* 11). Aunque Atenágoras describe a Cristo como "el primer hijo del Padre", niega que el Hijo sea creado. Dice: "Como Dios es mente eterna, tenía su Verbo dentro de Él desde el principio, siendo eternamente sabio" (Atenágoras, *Suplica* 10; cp. *1 Apol. Just.* 21). Más aún, a Cristo se le describe como Hijo de Dios y como "el Verbo de Dios en la idea y en la realidad... El Hijo de Dios es la mente y el Verbo del Padre" (Atenágoras, *Súplica* 10).

Cristo se presenta en su obra como "rescate por nosotros, el santo por el transgresor, el inocente por el malo, el justo por los injustos, lo incorruptible por lo corruptible, lo inmortal por lo mortal" (*Diog.* 9). Las personas reciben justificación a través de un Hombre justo (*Diog.* 9). Claramente, las palabras de Romanos 5 y de 1 Pedro 3:18 están en perspectiva.

Eclesiología de los apologistas

Justino Mártir sugiere que Isaías 1:16-20 se refiere al bautismo cristiano; aparentemente sugiere que este rito produce el nuevo nacimiento (*1 Apol. Just.* 61). También indica que la eucaristía solamente es para los creyentes, y declara que la "comida consagrada por la palabra de oración que viene de Él, por medio de la cual nuestra carne y sangre se alimentan por la transformación, es la carne y la sangre de Jesús encarnado" (66). En esta declaración son notorias las semillas de la doctrina católica romana de la transubstanciación.

TERGIVERSACIONES ANTIGUAS

Con relación a la ley mosaica

Se entiende fácilmente que los judíos convertidos al cristianismo se aferraban aún a la ley mosaica, porque incluso para personalidades del Nuevo Testamento como Pedro esto era un problema. También fue el problema tratado por la iglesia en Hechos 15. Desde muy temprano en la historia de la iglesia hubo sectas de judíos cristianos, que enseñaban que era esencial adherirse a la ley para tener salvación.[5] En la secta de los *nazarenos* observaban estrictamente la ley mosaica, guardaban las leyes sobre el sábado, la circuncisión y las dietéticas, aunque no las imponían a los gentiles. Reconocían el nacimiento virginal y la deidad de Jesús y aceptaban que sus enseñanzas eran superiores a las de Moisés y los profetas. Los nazarenos solo usaban la edición hebrea del Evangelio de Mateo, pero reconocían al mismo tiempo el apostolado de Pablo. Los *ebionitas* negaban el nacimiento virginal y la deidad de Cristo, enseñaban que era hijo natural de María y José y, como tal, tan solo un ser humano, aunque profeta. Rechazaban el apostolado de Pablo, lo consideraban un apóstata de la ley. Los *elkesaitas* afirmaban que un ángel le había dado un libro a Elkesai, donde se enseñaba que Cristo era un ángel nacido de padres humanos. Rechazaban el nacimiento virginal, enseñaban que Él era el arcángel más alto. Insistían en que la ley aún estaba vigente, enseñaban la necesidad de guardar el sábado y la circuncisión. Puede ser que la epístola a los Colosenses y 1 Timoteo se refieran a esta herejía.

Con relación a la filosofía gnóstica

El nombre *gnosticismo* viene de la palabra griega *gnosis*, cuyo significado es "conocimiento" y enfatiza el carácter de esta herejía. El gnosticismo era un sistema filosófico, construido sobre la base de la filosofía griega, que enfatizaba que la materia era mala pero el espíritu bueno. Si esto era cierto, Dios no podría haber creado el mundo material. Por lo tanto, en su sistema filosófico, los *gnósticos* construían una serie de emanaciones o eones que comenzaban con el Dios Altísimo, quien era completamente espíritu. Uno de los seres intermedios en la cadena era un demiurgo, el Dios del Antiguo Testamento, al que despreciaban. Tal demiurgo "tenía espíritu suficiente para tener poder creativo, y suficiente materia para crear el mundo material".[6]

Tal sistema filosófico también afectaba a la perspectiva de los gnósticos sobre Jesús. Había dos perspectivas diferentes: una basada en la maldad de la materia, según la cual Jesús en realidad no pudo haber venido en forma humana; solo parecía tener forma humana y solo parecía sufrir. La otra perspectiva sugería que el *Logos* divino vino sobre el Jesús humano y partió antes de la crucifixión. La salvación también era filosófica: era conocer la verdad, impartida solo a los esotéricos (aquellos que tenían una iniciación especial). El pecado y el mal estaban asociados con la ignorancia o la falta de conocimiento. La Ciencia Cristiana es una forma moderna de gnosticismo.

Con relación al canon de Marción

Marción, un hombre muy rico, llegó a Roma alrededor del año 139 e intentó influenciar a la iglesia. Como no tuvo éxito, organizó su propia iglesia con sus doctrinas peculiares. Siguió algunos aspectos del gnosticismo pero rechazó el énfasis filosófico. Marción creía que la epístola a los Gálatas era la verdad fundamental del evangelio, que se había corrompido por la mezcla del evangelio con la ley. Por lo tanto, Marción rechazaba todas las Escrituras excepto las 10 epístolas de Pablo y una versión editada de Lucas. Diferenciaba entre el Dios Creador del Antiguo Testamento, quien había dado la ley y a quien Marción consideraba malo, y el Dios del Nuevo Testamento, quien se reveló en Cristo. Sin embargo, Cristo no era el Mesías del Antiguo Testamento ni había venido en cuerpo físico, aunque reveló al Dios misericordioso del Nuevo Testamento. Este Dios se oponía al del Antiguo Testamento, a quien Jesús había rechazado por su oposición a la ley. Por esta razón los judíos crucificaron a Jesús. Sin embargo, él no sufrió daño porque no tenía cuerpo real. Marción proclamaba la salvación por fe, no la salvación por el conocimiento.

En realidad, Marción, por causa de su canon selectivo, ayudó a la iglesia, pues la forzó a determinar el canon verdadero de las Escrituras.

Con relación a la enseñanza montanista

En Frigia, Asia Menor, surgió la enseñanza estricta y ascética del montanismo en oposición al gnosticismo. Cuando Montano se bautizó, habló en lenguas y declaró que la era del Espíritu Santo había llegado y que el fin del mundo estaba cerca. Dentro de poco la Nueva Jerusalén descendería del cielo y se inauguraría la era del milenio. Él y sus discípulos eran los últimos profetas que traían la revelación de Dios para el mundo. Dos mujeres, discípulas suyas, también eran conocidas como profetas que traían la nueva revelación. Montano se refugió en los escritos de Juan y enseñó que él (Montano) era el portavoz por medio del cual el Paracleto, el Espíritu Santo, se revelaba al mundo. Aunque su doctrina era ortodoxa en general, Montano enseñó "que el Espíritu Santo continuaba hablando a través de los profetas, y entre ellos incluyó a las mujeres".[7] Puesto que era el final de los tiempos, los dones del Espíritu se estaban manifestando.

Montano enfatizaba requisitos de moralidad estricta en sus seguidores, y por esa razón encontró una considerable cantidad de seguidores en Asia Menor. Enfatizaba el ayuno y la dieta, prohibía el segundo matrimonio tras la muerte de la pareja y alentaba el celibato y el martirio.

Aunque el Concilio de Constantinopla condenó el montanismo en el año 381 d.C., la enseñanza gozó de popularidad considerable, e incluso Tertuliano se convirtió a su enseñanza.

CANONIZACIÓN Y CREDOS

Regla de fe

Con la llegada de los grupos y maestros herejes, particularmente Marción, se hizo necesario determinar cuál era la verdadera doctrina y qué libros formaban parte de Escrituras inspiradas. Los primeros cristianos se vieron forzados a desarrollar una "regla de fe" (lat., *regula fidei*) antes del reconocimiento del Nuevo Testamento para determinar la verdadera doctrina y reconocer y rechazar las falsas doctrinas. Esta fue la forma más temprana del Credo de los Apóstoles. La forma más temprana de la regla de fe fue la fórmula bautismal de Mateo 28:19, que confesaba un Dios trino. El Símbolo Romano fue probablemente una elaboración de la fórmula bautismal.

A mediados del siglo II se usaba una breve declaración de fe llamada Antiguo Símbolo Romano (o Forma) cuyo origen, se creía, estaba en los apóstoles, y fue Pedro quien la llevó a Roma. La forma abreviada dice: "Creo en Dios Padre Todopoderoso y en Jesucristo su único Hijo y nuestro Señor, quien nació del Espíritu Santo y de la virgen María; fue crucificado bajo Poncio Pilato, y enterrado; al tercer día resucitó de los muertos; ascendió al cielo y se sentó a la diestra del Padre, desde donde vendrá a juzgar a los vivos y los muertos. Y en el Espíritu Santo, la santa Iglesia; el perdón de los pecados; la resurrección del cuerpo; la vida eterna".[8]

Canon del Nuevo Testamento

Las cartas de Pablo se leían en las iglesias y se admitía su autoridad en las etapas iniciales de reconocimiento del canon del Nuevo Testamento. Ireneo reconoció los cuatro Evangelios, a diferencia de Marción y los gnósticos. Aproximadamente en el año 175, el Canon Muratori citaba todos los libros del Nuevo Testamento, excepto Hebreos, Santiago, 1 y 2 Pedro y 1 Juan. En un escrito del año 367, Atanasio mencionó todos los libros del Nuevo Testamento. Había un amplio acuerdo en que eran los 27 libros que hoy conocemos.

Credo de los Apóstoles

El Credo de los Apóstoles, en su forma más antigua, apareció aproximadamente en el año 340, y fue un esfuerzo adicional por afirmar las verdaderas doctrinas de las Escrituras y repudiar las enseñanzas falsas de Marción y otros. Dice la leyenda que cada uno de los apóstoles contribuyó con una cláusula para el credo. Bien pudo haber tenido su origen en una declaración concisa como la de Mateo 28:19. Otras declaraciones bíblicas fundamentales podrían ser Romanos 10:9-10; 1 Corintios 12:3; 15:4 y 1 Timoteo 3:16.

El Credo de los Apóstoles data de los tiempos apostólicos, con la predicación y la enseñanza de ellos. El término *regla de fe* hace referencia al Credo de los Apóstoles en su versión más antigua. El credo se desarrolló en dos formas, una corta, conocida como Antiguo Símbolo Romano, y otra más extensa. En el credo se lee: "Creo en Dios Padre Todopoderoso, Creador del cielo y de la tierra, y en Jesucristo su único Hijo, nuestro Señor, que fue concebido por obra y gracia del Espíritu Santo; nació de la virgen María, padeció bajo el poder de Poncio Pilato, fue crucificado, muerto y sepultado, descendió a los infiernos, al tercer día resucitó de entre los muertos; subió a los cielos, está sentado a la diestra de Dios Padre Todopoderoso; desde allí ha de venir a juzgar a los vivos y a los muertos. Creo en el Espíritu Santo, en la santa Iglesia católica, en la comunión de los santos, en el perdón de los pecados, en la resurrección de la carne, y en la vida eterna. Amén".[9] La forma más antigua de la versión expandida del credo apareció alrededor del 650 d.C., pero existía al menos desde el 460.

El propósito del Credo de los Apóstoles no era suplantar las Escrituras, sino corroborarlas y proteger a la iglesia de infiltraciones heréticas. Por ejemplo, la confesión de que Dios es todopoderoso y Creador del cielo y de la tierra va en contra de la concepción marcionita de un Dios Creador malvado; la confesión de que Jesús nació de una virgen y murió excluye las creencias gnósticas y docetistas, según las cuales Jesús solamente era un fantasma.

TRINITARISMO ANTIGUO

Uno de los grandes problemas al formular la doctrina de la Trinidad estaba relacionado con la creencia monoteísta del Antiguo Testamento. ¿Cómo podía la iglesia reconocer la creencia en que Dios es uno y aun así reconocer la deidad de Cristo? En sus inicios la iglesia no tenía un concepto claro de la Trinidad; de hecho, en varias partes se explicaba a Cristo como la mente de Dios: un Logos impersonal que se hizo personal en la encarnación. Otros lo imaginaban eterno con el Padre pero subordinado a Él. La comprensión del Espíritu Santo era incluso menor. Algunos creían que estaba subordinado al Padre y al Hijo.

Monarquianismo

Los dos puntos que la iglesia enfrentaba con respecto a la Trinidad eran mantener la unidad de Dios por una parte y, por la otra, afirmar la deidad de Cristo. La primera herejía relacionada con la controversia trinitaria fue el monarquianismo, que se expresaba de dos formas. La menos influyente era el *monarquianismo dinámico*, que enfatizaba la unidad de Dios a expensas de Cristo. Teódoto de Bizancio fue quien sostuvo esta doctrina en el año 190; después lo hizo Pablo de Samosata, obispo de Antioquía. Él enseñó que el Logos era

> consubstancial con el Padre, pero no una persona diferente de la divinidad. Podía identificarse con Dios porque existía en Él tal como la razón humana existe en el hombre. Tan solo era un poder impersonal, presente en todos los hombres, pero operaba particularmente en el hombre Jesús. Al penetrar en la humanidad de Jesús progresivamente, como nunca lo había hecho con otro ser humano, este poder divino lo hizo divino gradualmente. Y como el hombre Jesús ahora está divinizado, Él es digno del honor divino, aunque no se le pueda considerar Dios en el estricto sentido de la palabra.[10]

Está claro que, aun cuando esta perspectiva doctrinal mantuviera la unidad de Dios, se perdía la distinción de las tres personas de la divinidad.

La segunda forma de monarquianismo era el *monarquianismo modalista*, la más popular de las dos. También buscaba preservar la unidad de Dios, pero adicionalmente enfatizaba la deidad de Cristo. También se le llamó *patripasianismo*, por la creencia en que era el Padre quien se había encarnado, sufrido y muerto. También se le conoció como *sabelianismo* debido a Sabelio, su proponente en Oriente.

El nombre *modalista* enfatiza la idea de que Dios era uno solo y se manifestaba de varias maneras: a veces como Padre, a veces como Hijo y otras veces como Espíritu Santo. Aunque los monarquianistas modalistas hablaban de tres personas, creían que solo había una esencia de la deidad que se manifestaba de tres modos diferentes. De este modo, el Padre nació al igual que el Hijo, el Padre murió en la cruz y el Padre también resució de los muertos. De hecho, Práxeas, probablemente el padre del monarquianismo modalista, dijo que el Padre se convirtió en su propio Hijo.

Arrianismo

El nombre más prominente de la controversia trinitaria es Arrio, un presbítero de Alejandría. En oposición al monarquianismo modalista, Arrio enseñaba que el único Dios es eterno y, de hecho, es incomprensible. Sugerir la eternidad de Cristo sería afirmar la existencia de dos dioses. Arrio enseñaba que el Hijo tuvo principio; hubo una vez en que el Hijo no existió. El Hijo no era de la "misma sustancia" (gr., *homoousios*) que el Padre; el Hijo fue creado por el Padre, a lo que Arrio se refería de manera incorrecta como ser generado por el Padre. Más aún, Arrio enseñó que Cristo fue creado antes de toda la creación, Él fue por medio de quien se creó todo después. Como tal, Cristo tiene el rango más alto de todos los seres creados. No obstante, Cristo está sujeto a cambios porque no es Dios.

El altamente capaz Atanasio de Alejandría se oponía a Arrio. Atanasio enfatizaba la unicidad de Dios, aunque sostenía que la Divinidad estaba compuesta por tres personas distintas. También propuso la existencia eterna del Hijo. Atanasio sobresale en la historia de la iglesia como uno de los más grandes defensores de la ortodoxia.

Concilio de Nicea

El concilio de Nicea se reunió en el año 325 para tratar el problema de la controversia arriana. Estuvieron presentes 300 obispos. El concilio rechazó el arrianismo y cualquier concesión a Arrio; además, con el visto bueno del emperador, adoptó el siguiente credo.

> Creemos en un Dios Padre Todopoderoso, creador de todas las cosas visibles e invisibles.
>
> Y en un Señor, Jesucristo, el Hijo de Dios, el unigénito del Padre, esto es, de la sustancia [*ousias*] del Padre, Dios de Dios, luz de luz, Dios verdadero del Dios verdadero, engendrado, no hecho, de una sustancia [*homoousion*] con el Padre, a través de quien se crearon todas las cosas, las que están en el cielo y las que están en la tierra, quien para nosotros los humanos y para nuestra salvación descendió y se hizo carne, se hizo humano, y sufrió, y resucitó al tercer día, y vendrá a juzgar a los vivos y los muertos.
>
> Y en el Espíritu Santo.

El nombre *homoousion* enfatizaba que Cristo no tiene tan solo la semejanza del Padre, sino que es idéntico en su sustancia con Él. Los términos "Dios de Dios" y "Dios verdadero del Dios verdadero" enfatizaban aún más la deidad de Cristo. Asimismo, "engendrado, no hecho" y "descendió" enfatiza su eternidad.

Después del Concilio de Nicea continuó la controversia, que giraba alrededor del término *homoousian*, un término al que muchos objetaban. La controversia avanzaba y retrocedía, desterraron tanto a Arrio como a Atanasio en diferentes épocas. En occidente favorecían la perspectiva de Atanasio, mientras en oriente querían modificar la declaración. En el año 381 el emperador Teodosio convocó el concilio de Constantinopla y aceptó el Credo de Nicea, con lo cual se reafirmó la cláusula *homoousiana*.

Concilio de Constantinopla

A pesar de lo bueno que era el credo niceno, en él solamente se afirmaba "Creemos en... Y en el Espíritu Santo". No había una formulación doctrinal clara sobre la Persona del Espíritu Santo. Mientras tanto, Arrio enseñaba que el Espíritu Santo fue la primera creación del Hijo. Macedonio, obispo de Constantinopla, enseñaba que el Espíritu Santo era una criatura subordinada al Hijo, como los ángeles. Atanasio enfatizaba que el Espíritu Santo también tenía la misma sustancia (*homoousian*) del Hijo y del Padre. Sin embargo, hasta el concilio de Constantinopla, en el año 381, no se cerró el asunto. El concilio adoptó la siguiente declaración: "Creemos en el Espíritu Santo, Señor y dador de la vida, que procede del Padre y del Hijo, que conjuntamente con el Padre y el Hijo recibe una misma adoración y gloria, y que habló por los profetas". La declaración enfatiza que el Espíritu Santo no estaba subordinado al Hijo o al Padre, sino que era de la misma sustancia que ellos.

CRISTOLOGÍA ANTIGUA

Trasfondo

La controversia trinitaria era claramente cristológica. Lo relevante no era tan solo la verdadera deidad y genuina humanidad de Cristo, sino también la relación entre sus dos naturalezas. El péndulo iba y volvía: los docetistas negaban la humanidad de Jesús; los ebionitas negaban su deidad; los arrianos "reducían" su deidad, los apolinarios reducían su humanidad; los nestorianos negaban la unión de las dos naturalezas, los eutiquianos enfatizaban solo una naturaleza.

Apolinarismo

Apolinar el Joven se opuso al arrianismo hasta tal punto que terminó enseñando el extremo opuesto, que también resultó herético. Apolinar enseñaba "que el Logos divino pre-existente ocupó el lugar del 'espíritu' en Jesús el hombre; por lo tanto, Jesús tenía cuerpo y alma humana, pero no era humano en su 'espíritu'. También afirmaba que Cristo tenía cuerpo, pero de alguna forma estaba tan sublimado que prácticamente no era un cuerpo humano... Apolinar redujo la naturaleza humana de Cristo a poco menos que humana".[11] Apolinar creía que el espíritu humano era la fuente del pecado; por lo tanto, para eliminar cualquier posibilidad de que Cristo pecase, sintió que debía negar la humanidad de su espíritu. El problema con la perspectiva de Apolinar era que negaba la humanidad genuina de Cristo, aun cuando retuviera su divinidad. Jesús era menos que un hombre, según él enseñaba. Negó la humanidad de Jesús al buscar la unidad de la persona de Cristo. Apolinar fue condenado como hereje en el concilio de Constantinopla en el año 381.

Nestorianismo

A Nestorio no le gustó la Declaración de Calcedonia en la que se describía a María como "madre de Dios". Aunque la declaración también afirmaba "con respecto a su humanidad", Nestorio se resistió a ella porque llevaba a la adoración de María. En cuanto a Cristo, en lugar de reconocer dos naturalezas en una persona, Nestorio "negó la unión real entre las naturalezas divina y humana de Cristo... [y] virtualmente sostuvo que había dos naturalezas y dos personas".[12] Nestorio enseñó que, aunque Cristo sufriera en su humanidad, su divinidad no estaba involucrada (esta también era la postura de Juan Damasceno). La enseñanza negaba la encarnación real; en lugar de afirmar que Cristo era Dios-hombre, lo veía como dos personas, Dios y hombre, y que no se unían. Como María solo era la fuente de la humanidad de Jesús, Nestorio creía que Él debía ser dos personas diferentes.

Nestorio pretendía defender la deidad de Cristo contra el arrianismo y resistir la idolatría a María. Pero, finalmente, negó la divinidad de Cristo. Fue condenado en el concilio de Éfeso en el año 431.

Eutiquianismo

Como reacción a Nestorio, Eutiques (380-456) originó la herejía monofisita, en la cual declaraba que Cristo solo tenía una naturaleza. "La

DISTORSIONES DE LA DOCTRINA DE CRISTO[14]				
Grupo	Época	Referencia	Naturaleza humana	Naturaleza divina
Docetistas	Final del siglo I	1 Juan 4:1-3	Negada	Afirmada
Ebionitas	siglo II	Ireneo	Afirmada	Negada
Arrianos	siglo IV	Condenada en Nicea, 325 d.C.	Afirmada	Reducida
Apolinarios	siglo IV	Condenada en Constantinopla, 381 d.C.	Reducida	Afirmada
Nestorianos	siglo V	Condenada en Éfeso, 431 d.C.	Afirmada	Afirmada[15]
Eutiquianos	siglo V	Condenada en Calcedonia, 451 d.C.	Reducida	Reducida[16]

naturaleza divina se había modificado y acomodado tanto a la naturaleza humana que Cristo no era divino, en realidad... Al mismo tiempo, la naturaleza humana se había modificado y cambiado tanto al asimilar la naturaleza divina que en realidad ya no era genuinamente humano".[13]

El resultado de la enseñanza de Eutiques es que Cristo no era humano ni divino; los eutiquianos crearon una tercera naturaleza. En su enseñanza, Cristo solo tenía una naturaleza que no era humana ni divina.

Esta perspectiva se condenó en el concilio de Calcedonia en el 451 d.C., pero continuó en la Iglesia copta de Egipto.

Después se propagó una variante bajo un nuevo título: la perspectiva monotelista, que sugería que Cristo solo tenía una voluntad. Tal enseñanza se condenó en Constantinopla en el 680 d.C.

ANTROPOLOGÍA ANTIGUA

Pecado y gracia

Pelagio. Pelagio fue un monje británico muy diferente a Agustín. Vivió una vida sosegada y austera, y no conoció los conflictos espirituales que Agustín experimentaba.

Pelagio planteó su doctrina del hombre y la salvación por primera vez en Roma, alrededor del 400 d.C. En el 410 fue a África, donde conoció a Agustín, con quien tuvo grandes discrepancias. Los temas del conflicto estaban relacionados con el pecado original y la libertad de la voluntad. Pelagio enseñaba que el hombre nace neutral, con habilidad y libertad para escoger el bien o el mal; el hombre no nace con pecado original. Ya que Dios creó cada alma por separado en el nacimiento, cada persona nace libre y neutral como Adán, y cada una tiene la capacidad para hacer bien o mal; de hecho, la vida sin pecado es posible. El pecado de Adán no afectó a la raza humana; solo lo afectó a él. Por lo tanto, cualquier persona puede escoger el bien o el mal en cualquier momento dado y tiene tanta capacidad para hacer el bien como el mal. Pelagio explicaba que el problema del mal en el mundo se debía a la "mala educación" o al "mal ejemplo.[17] La gracia de Dios fue útil para vencer el mal en la vida, pero no era necesaria para la salvación porque el hombre podía escoger esa salvación por su propia habilidad. Pelagio también rechazaba el bautismo de niños, pues el hombre no nació inherentemente malo; bautizarlos era tan solo un rito de dedicación.

Agustín. Agustín nació en el norte de África en el año 354. Aunque tuvo una madre cristiana, vivió una vida desenfrenada, agitada y sin paz. En su búsqueda de la paz, se hizo discípulo de los maniqueos y después estudió filosofía neoplatónica. Bajo la influencia de Ambrosio, obispo de Milán, Agustín se introdujo en el cristianismo pero experimentó el "terrible poder del pecado y su propia incapacidad de vencer sus deseos pecaminosos".[18] Después de leer Romanos 13:14 experimentó la liberación de sus cargas y se convirtió. Inmediatamente comenzó un estudio de las epístolas de Pablo, y con ellas experimentó la gracia de Dios.

Sin duda, fue el teólogo más grande entre Pablo y Lutero. Agustín formuló las siguientes doctrinas:[19]

El estado original del hombre anterior a la caída era de perfección natural, en el que él disfrutaba de la imagen de Dios en sabiduría, santidad e inmortalidad. Pero ese estado privilegiado con Dios se perdió en la Caída. El amor a Dios se cambió por el amor propio; pasó a un estado en el cual es imposible no pecar (lat., *non posse non peccare*). La voluntad quedó afectada por completo, y ahora estaba inclinada al mal en lugar de ser neutral. El hombre ya no era libre.

La naturaleza y disposición caída y pecaminosa pasó a toda la raza humana. En la doctrina agustiniana de imputación del pecado, toda la humanidad está "presente seminalmente" en Adán. Por lo tanto, cuando Adán pecó se juzgó culpable a todo ser humano hasta el final de los tiempos, por haber participado en el primer pecado. Esa era la interpretación de Agustín de Romanos 5:12. Incluso los niños estaban incluidos en esta depravación.

La gracia de Dios era absolutamente esencial para rescatar al hombre de su estado de depravación total. Debido a la Caída, el hombre solo era libre para pecar; ahora el hombre era incapaz de hacer el bien. Dios extendió su gracia (llamada por Agustín "gracia irresistible") para asegurar la salvación. La gracia de Dios no actúa en contra de la naturaleza humana, pero "cambia tanto la voluntad del hombre que él ahora escoge lo bueno. La voluntad del hombre se renueva y así queda restaurada a su verdadera libertad. Dios puede operar —y lo hace— en la voluntad, de modo que el hombre se vuelva por elección propia a la virtud y la santidad. Así, la gracia de Dios se convierte en la fuente de todo bien en el hombre".[20] Esta gracia era necesaria incluso para tener la capacidad de creer en el evangelio. "La gracia se da al hombre pecador, no porque crea, sino para que crea; el don de Dios es la fe".[21]

Conclusión. La diferencia entre Pelagio y Agustín era muy marcada. Pelagio creía que el hombre nacía neutral, sin depravación de la voluntad y sin una tendencia inherente al mal. Él creía que el hombre tenía la capacidad de escoger el servicio a Dios sin necesidad de su gracia. Agustín creía que la caída de Adán había afectado a toda la humanidad, de modo que el hombre estaba completamente corrompido, y su voluntad se inclinaría hacia el mal. Solo la intervención de la gracia de Dios podría salvar al hombre; el hombre no era libre para escoger el bien. La salvación no era que el hombre cooperara con Dios; el hombre es completamente dependiente de la gracia de Dios para obtener la salvación.[22]

PERSPECTIVAS DE PELAGIO Y AGUSTÍN SOBRE EL PECADO		
Comparaciones	Pelagio	Agustín
Efecto de la Caída	Solo Adán se vio afectado	Toda la humanidad afectada
Pecado original	No	Sí
Pecado hereditario	No	Sí
Humanos al nacer	Nacen neutrales	Nacen con la naturaleza caída
Voluntad del hombre	Libre	Esclavos del pecado
Hecho del pecado universal	Debido a los malos ejemplos	Debido al pecado innato del hombre: el hombre "no puede no pecar"
Volverse a Dios en la salvación	Es posible independiente de la gracia de Dios	Solo es posible por la gracia de Dios

A Pelagio se le acusó, al final, de herejía en el sínodo de Jerusalén, y el pelagianismo fue declarado herético en el año 416 en los sínodos de Cartago y Milevo. El concilio de Éfeso también condenó el pelagianismo en el año 431.

Desafortunadamente, surgió el semipelagianismo, un intento de alcanzar una posición intermedia. Los seguidores de esta nueva teología mediadora enfatizaban que en la salvación operaba tanto la gracia de Dios como el libre albedrío del hombre. El hombre podía cooperar con Dios para la salvación porque en la Caída su voluntad se había debilitado, pero no dañado fatalmente. El semipelagianismo, al final, dio su fruto completo en la Iglesia católica romana.

Soteriología antigua

Expiación y salvación

Los padres apostólicos enseñaron la expiación sustitutiva de Cristo y se adhirieron a las declaraciones y la fraseología de las Escrituras; no detallaron el asunto ni proporcionaron mayores explicaciones sobre la expiación. No obstante, vale la pena considerar sus declaraciones sobre la expiación. Clemente dice que la sangre de Cristo es preciosa al Padre "porque habiendo sido derramada por nuestra salvación, ganó para todo el mundo la gracia del arrepentimiento" (1 Clem. 7). Tal declaración parece implicar que el hombre hace una contribución para su propia salvación ("la gracia del arrepentimiento" es distinta de lo que la sangre había logrado); también sugiere una expiación ilimitada ("para todo el mundo"). Clemente también se refiere a que por medio de la sangre del Señor habrá redención para todos los que creen (1 Clem. 12). Ignacio hace una declaración semejante

(*Ad Smyrn.* 6). Otras declaraciones similares indican que el concepto de la sangre de Cristo era prominente para la salvación. Policarpo se refiere a la expiación sustitutiva cuando dice que Cristo "tomó nuestro pecados en su propio cuerpo sobre el madero" (*Ad. Phil.* 8).

Atanasio enseñaba que la expiación sustitutiva de Cristo no satisfacía la santidad o la justicia de Dios, sino su verdad. Agustín enseñaba que la muerte de Cristo había apaciguado la ira de Dios y reconciliado al hombre con Dios; sin embargo, la enseñanza de Agustín sobre la expiación no está bien formulada.

Aplicación de la salvación

Aunque los padres apostólicos reconocían la importancia de la muerte de Cristo en la salvación, enfatizaban las obras como parte de ella. Clemente se extiende largamente al enfatizar la importancia de la obediencia en la salvación y citó a Enoc, Noé y Abraham, incluso a Lot. Rahab se salvó "por su fe y su hospitalidad" (*1 Clem.* 12). La salvación se expresa en términos de un "camino en santidad y justicia" (*1 Clem.* 48); el bautismo (*2 Clem.* 6); hacer la voluntad del Padre, mantener la carne pura, guardar los mandamientos del Señor (*2 Clem.* 8); amarse los unos a los otros (*2 Clem.* 9); rehusar la lujuria del mal (*2 Clem.* 16) y practicar la justicia (*2 Clem.* 19). En los siglos siguientes se volvió importante el concepto de la cooperación del hombre con Dios para efectuar la salvación. La creencia en el bautismo como expiación por el pecado era prominente, y más adelante ocurriría igual con la creencia en que el sufrimiento de algunos cristianos, como los mártires, podía valer como expiación por otros.[23]

Hubo personajes, como Pelagio, que se desviaron incluso más de las Escrituras y sugerían que la salvación podía alcanzarse al guardar la ley. Los gnósticos enseñaban que la salvación se alcanzaba al evitar contaminarse con la materia. Orígenes, defensor de las alegorías, enseñó que al final todos serían salvos —inclusive los demonios—; aunque debían pasar antes por un castigo educativo.[24]

ECLESIOLOGÍA ANTIGUA

Bautismo

La *Enseñanza de los doce apóstoles* requiere que una persona se bautice en el nombre del Dios trino; antes del bautismo, deberían ayunar quien bautiza y quien es bautizado (*Didajé* 7).

Temprano en la historia de la iglesia cristiana se dio prominencia al rito del bautismo, hasta el punto de que muchos enseñaban la regeneración bautismal. Justino Mártir enseñaba que el nombre del Padre debía invocarse sobre quien se iba a bautizar para tener remisión de los pecados (*1 Apol. Just.* 61). "Se supone que el cristiano no peca después de bautizado, y algunos pecados, si se cometieran después de que el rito haya tenido lugar, podrían considerarse imperdonables".[25] Aunque este concepto no era tan enfático entre los padres apostólicos, fue ganando importancia hasta el punto de que, en los siglos siguientes, Agustín, por ejemplo, enseñó que el pecado original y los pecados cometidos antes del bautismo se limpiaban gracias a este rito.[26] Por esa razón defendía el bautismo de niños. Sin embargo, Agustín enfatizaba la necesidad del arrepentimiento y de la fe como condiciones para que los adultos pudieran recibir el bautismo. Ireneo y Orígenes reconocieron la validez del bautismo de niños, pero Tertuliano se opuso.

La forma del bautismo no se enseñó expresamente por los padres apostólicos; sin embargo, la *Didajé* permite la afusión como modo alternativo. Sin embargo, la práctica general de la iglesia primitiva era la inmersión.

La Cena del Señor

Cuando Ignacio escribió a los efesios, identificó la Cena del Señor como la "medicina de la inmortalidad y el antídoto para que no tengamos que morir, sino vivir para siempre en Jesucristo" (*A los efesios* 20). La *Didajé* da instrucciones sobre la Cena del Señor, ofreciendo oraciones para usarse antes y después de ella. El bautismo también requería cierta calificación para participar de él (*Didajé* 9; 10). Justino Mártir enseña que "la comida consagrada por la palabra de oración que viene de él, por la cual se alimentan nuestra carne y nuestra sangre al modo de una transmutación, es la carne y la sangre de Jesús encarnado" (*1 Apología* 66). En tal declaración se pueden ver los comienzos de la doctrina católica romana de la transubstanciación.

Los primeros cristianos observaban el ágape (gr., *agape*) o fiesta de amor antes de la Cena del Señor. Se consideraba que la comida era una ofrenda de gracias a Dios, bendecida por el obispo y presentada como una *ofrenda de agradecimiento* (gr., *eucharist*) para Dios; por lo tanto, la comida terminó conociéndose como una acción de gracias u ofrenda. Con la llegada del sacerdocio, el sacerdote asumía el lugar de Cristo al ofrecer el cuerpo y la sangre del Señor como sacrificio por los pecados. La misa católica romana claramente tuvo sus comienzos en este ritual de la iglesia primitiva. Aunque Agustín reconocía la ordenanza como un memorial, enseñaba que los elementos se volvían el cuerpo y la sangre de Cristo.

ESCATOLOGÍA ANTIGUA

Papías, que escribió alrededor del año 130-140 d.C., aportó una declaración más desarrollada sobre el reino milenario. Ireneo indica que Papías habló "[del] Reino, cuando los justos se levantarán de los muertos y reinarán, cuando también la creación renovada y liberada de servidumbre producirá una gran abundancia de alimento de todas clases" (*Frag. Pap.* 14). Papías se refiere a la enseñanza del Señor según la cual "crecerán vides, cada una de las cuales tendrá diez mil brotes... un grano de trigo producirá diez mil espigas... hierbas producirán proporciones similares, y todos los animales, usando estos frutos que son productos del suelo, se volverán pacíficos y armoniosos, obedientes al hombre en toda sujeción" (*ibíd.*). Según Focio, Papías e Ireneo enseñaban "que el reino del cielo consistirá en el disfrutar de ciertos alimentos materiales" (*Frag. Pap.* 17). Estas declaraciones afirman clarísimamente un reino milenario literal.

Entre los escritores primitivos tal vez es Ireneo quien da las declaraciones más sofisticadas sobre el reino milenario. Distingue entre las resurrecciones y enseña que los justos se levantarán primero para recibir el nuevo orden creado y para reinar. El juicio sigue al reino. Ireneo basa esta creencia en el pacto abrahámico (Gn. 12:1-3, *Contra las herejías*, Libro V, 32). También habla de un nuevo pacto, en el cual la herencia de la tierra se renovará y "se beberá el nuevo producto de la vid" (*Contra las herejías*, Libro V, 33). Ireneo cita a Isaías 11 y 65 para referirse a la era del milenio. El uso de las Escrituras en Ireneo es considerablemente más sofisticado y sistematizado que el de sus contemporáneos.

George N. H. Peters identifica a Justino Mártir, Taciano, Ireneo, Tertuliano, Hipólito y Apolinar (y otros) como premilenaristas del segundo siglo.[27] El amilenarismo se puede relacionar con la escuela alegórica de interpretación en Alejandría, Egipto y en hombres como Clemente, Orígenes y Dionisio. Probablemente Agustín fue el primer amilenarista explícito, dado que enseñó que la era actual era un conflicto entre la iglesia y el mundo. La razón por la cual Agustín optó por el amilenarismo es notoria: observó que los cristianos que sostienen una perspectiva milenaria ven el reino en términos carnales. Esto indujo a Agustín a abandonar la perspectiva milenaria.

NOTAS

1. Louis Berkhof, *The History of Christian Doctrines* [*Historia de las doctrinas cristianas*] (Edimburgo: Banner of Truth, 1937), 39. Publicado en español por Estandarte de la Verdad.

2. J. B. Lightfoot, ed. y trad., *The Apostolic Fathers* [*Los padres apóstolicos*] (Reimpresión. Grand Rapids: Baker, 1956), 44. Publicado en español por Clie.

3. Berkhof, *History of Christian Doctrines* [*Historia de las doctrinas cristianas*], 56-57, y Earle E. Cairns, *Christianity through the Centuries* (Grand Rapids: Zondervan, 1954), 114.

4. E. H. Klotsche, *The History of Christian Doctrine*, ed. rev. (Grand Rapids: Baker, 1979), 23-25.

5. Berkhof, *History of Christian Doctrines* [*Historia de las doctrinas cristianas*], 44-45 y Klotsche, *History of Christian Doctrine*, 28-29.

6. Cairns, *Christianity through the Centuries*, 106.

7. Kenneth Scott Latourette, *A History of Christianity* [*Historia del cristianismo*] (Nueva York: Harper, 1953), 129. Publicado en español por Casa Bautista de Publicaciones.

8. Addison H. Leitch, "Apostles' Creed, The", en Merrill C. Tenney, ed., *Zondervan Encyclopedia of the Bible*, 5 vols. (Grand Rapids: Zondervan, 1975), 1:220.

9. James Orr, "Apostles' Creed, The", en James Orr, ed., *The International Standard Bible Encyclopedia* (Grand Rapids: Eerdmans, 1939), 1:204-205.

10. Berkhof, *History of Christian Doctrines* [*Historia de las doctrinas cristianas*], 78.

11. J. Oliver Buswell Jr., *A Systematic Theology of the Christian Religion* [*Teología sistématica*], 2 vols. (Grand Rapids: Zondervan, 1962), 2:49-50. Publicado en español por Logoi.

12. A. H. Strong, *Systematic Theology* (Valley Forge: Judson, 1907), 671.

13. Buswell, *A Systematic Theology of the Christian Religion* [*Teología sistemática*], 2:51.

14. *Ibíd.*, 2:46.

15. Los nestorianos creían que Cristo era dos Personas.

16. Los eutiquianos enseñaban que Cristo tenía una naturaleza mixta: ni era completamente humano ni era completamente divino.

17. Berkhof, *History of Christian Doctrines* [*Historia de las doctrinas cristianas*], 133.

18. Klotsche, *History of Christian Doctrine*, 88.

19. *Ibíd.*, 89-93.

20. Berkhof, *History of Christian Doctrines* [*Historia de las doctrinas cristianas*], 135.

21. William G. T. Shedd, *A History of Christian Doctrine* (Reimpresión. Minneapolis: Klock & Klock, 1978), 2:50-92. Véase las explicaciones valiosas y extendidas de las doctrinas de Agustín sobre el hombre y el pecado.

22. Véase Norman L. Geisler, "Augustine of Hipona", en Walter A. Elwell, ed., *Evangelical Dictionary of Theology* [*Diccionario teológico de la Biblia*] (Grand Rapids: Baker, 1984), 105-107, para un resumen conciso de la teología agustiniana. Publicado en español por Caribe.

23. Berkhof, *History of Christian Doctrines* [*Historia de las doctrinas cristianas*], 205.

24. Latourette, *History of Christianity* [*Historia del cristianismo*], 151.

25. *Ibíd.*, 138.

26. *Ibíd.* 179.

27. George N. H. Peters, *The Theocratic Kingdom* (Grand Rapids: Kregel, 1952), 495-496.

Para estudio adicional sobre teología antigua

Padres apostólicos

*   Gregg R. Allison, *Historical Theology* (Grand Rapids: Zondervan, 2011).

*   Louis Berkhof, *The History of Christian Doctrines* [*Historia de las doctrinas cristianas*] (Edimburgo: Banner of Truth, 1937), 37-42. Publicado en español por Estandarte de la Verdad.

*   Geoffrey W. Bromiley, *Historical Theology: An Introduction* (Grand Rapids: Eerdmans, 1978), 3-17.

*   E. H. Klotsche, *The History of Christian Doctrine*, ed. rev. (Grand Rapids: Baker, 1979), 17-22.

*   Kenneth Scott Latourette, *A History of Christianity* [*Historia del cristianismo*] (Nueva York: Harper, 1953), 115-118, 131-133. Publicado en español por Casa Bautista de Publicaciones.

**   J. B. Lightfoot, ed. y trad., *Los padres apóstolicos* (Terrassa: Clie, 1990).

**   Cyril C. Richardson, ed., *Early Christian Fathers* (Nueva York: Macmillan, 1970).

Apologistas antiguos

*   Louis Berkhof, *The History of Christian Doctrines* [*Historia de las doctrinas cristianas*] (Edimburgo: Banner of Truth, 1937), 56-61. Publicado en español por Estandarte de la Verdad.

*   Geoffrey W. Bromiley, *Historical Theology: An Introduction* (Grand Rapids: Eerdmans, 1978), 18-26.

*   Earle E. Cairns, *Christianity through the Centuries* (Grand Rapids: Zondervan, 1954), 114-117.

*   E. H. Klotsche, *The History of Christian Doctrine*, ed. rev. (Grand Rapids: Baker, 1979), 23-27.

*   Kenneth Scott Latourette, *A History of Christianity* [*Historia del cristianismo*] (Nueva York: Harper, 1953), 83-84. Publicado en español por Casa Bautista de Publicaciones.

**   J. B. Lightfoot, ed. y trad., *The Apostolic Fathers* [*Los padres apóstolicos*] (Reimpresión. Grand Rapids: Baker, 1956), 245-259. Publicado en español por Clie.

**   Cyril C. Richardson, ed., *Early Christian Fathers* (Nueva York: Macmillan, 1970), 205-397.

Tergiversaciones antiguas

*   Louis Berkhof, *The History of Christian Doctrines* [*Historia de las doctrinas cristianas*] (Edimburgo: Banner of Truth, 1937), 43-55. Publicado en español por Estandarte de la Verdad.

**   Geoffrey W. Bromiley, *Historical Theology: An Introduction* (Grand Rapids: Eerdmans, 1978), 18-29.

*   Walter A. Elwell, ed., *Diccionario teológico de la Biblia* (Nashville, TN: Caribe, 2005).

*   E. H. Klotsche, *The History of Christian Doctrine*, ed. rev. (Grand Rapids: Baker, 1979), 28-39.

**   William G. T. Shedd, *A History of Christian Doctrine,* 2 vols. (Reimpresión Minneapolis: Klock & Klock, 1978), vol. 1.

*   Merrill C. Tenney, ed., *Zondervan Encyclopedia of the Bible* (Grand Rapids: Zondervan, 1977).

Canonización y credos

**   J. N. D. Kelly, *Early Christian Creeds* [*Primitivos credos cristianos*] (Reimpresión. Chicago: Longman, 1981), 364-434. Publicado en español por Secretariado Trinitario (Salamanca).

*   E. H. Klotsche, *The History of Christian Doctrine*, ed. rev. (Grand Rapids: Baker, 1979), 40-45.

*   Addison H. Leitch, "Apostles' Creed, The", en Merrill C. Tenney, ed., *Zondervan Pictorial Encyclopedia of the Bible,* 5 vols. (Grand Rapids: Zondervan, 1975), 1:220-221.

** A. C. McGiffert, *The Apostles' Creed* (Nueva York: Scribner's, 1902).

* J. L. Neve, *A History of Christian Thought*, 2 vols. (Filadelfia: Muhlenburg, 1948), 1:61-68.

* James Orr, "Apostles' Creed, The", en James Orr, ed., *The International Standard Bible Encyclopedia*, 5 vols. (Grand Rapids: Eerdmans, 1939), 1:20-26.

** Philip Schaff, *The Creeds of Christendom*, 6 vols., 6ª ed. (Nueva York: Scribner's, 1890), vol. 1.

Trinitarismo antiguo

** Joseph Ayer Jr., *A Source Book for Ancient Church History* (Nueva York: Scribner's: 1913), 297-356.

* Louis Berkhof, *The History of Christian Doctrines* [*Historia de las doctrinas cristianas*] (Edimburgo: Banner of Truth, 1937), 83-93. Publicado en español por Estandarte de la Verdad.

* Geoffrey W. Bromiley, *Historical Theology: An Introduction* (Grand Rapids: Eerdmans, 1978).

* Walter A. Elwell, ed., *Diccionario teológico de la Biblia* (Nashville, TN: Caribe, 2005).

* E. H. Klotsche, *The History of Christian Doctrine*, ed. rev. (Grand Rapids: Baker, 1979), 58-70.

** Kenneth Scott Latourette, *A History of Christianity* [*Historia del cristianismo*] (Nueva York: Harper, 1953), 142-169. Publicado en español por Casa Bautista de Publicaciones.

** A. T. Robertson, P. Schaff y H. Wace, eds., *A Select Library of Nicene and Post-Nicene Fathers of the Christian Church*, 14 vols. (Nueva York: Scribner's, 1903), vol. 4, *Select Writings and Letters of Athanasius, Bishop of Alexandria*.

** Philip Schaff, *The Creeds of Christendom*, vol. 1, 6ª ed. (Nueva York: Scribner's, 1890).

Cristología antigua

* Louis Berkhof, *The History of Christian Doctrines* [*Historia de las doctrinas cristianas*] (Edimburgo: Banner of Truth, 1937), 101-113. Publicado en español por Estandarte de la Verdad.

** J. Oliver Buswell Jr., *A Systematic Theology of the Christian Religion* [*Teología sistemática*], 2 vols. (Grand Rapids: Zondervan, 1962), 2:46-52. Publicado en español por Logoi.

* E. H. Klotsche, *The History of Christian Doctrine*, ed. rev. (Grand Rapids: Baker, 1979), 71-82.

** Kenneth Scott Latourette, *A History of Christianity* [*Historia del cristianismo*] (Nueva York: Harper, 1953), 165-173. Publicado en español por Casa Bautista de Publicaciones.

* H. D. McDonald, *The Atonement of the Death of Christ* (Grand Rapids: Baker, 1985), 115-162.

** Stephen W. Need, *Truly Divine & Truly Human: The Story of Christ and the Seven Ecumenical Councils* (Peabody: Hendrickson, 2008).

** R. Seeberg, *Text-Book of the History of Doctrines* (Reimpresión. Minneapolis: Klock & Klock, 1978), 1:392-408.

** William G. T. Shedd, *A History of Christian Doctrine,* 2 vols. (Reimpresión Minneapolis: Klock & Klock, 1978), 1:392-408.

* David F. Wells, *The Person of Christ* (Westchester: Crossway, 1984), 98-109.

Antropología antigua

* Louis Berkhof, *The History of Christian Doctrines [Historia de las doctrinas cristianas]* (Edimburgo: Banner of Truth, 1937), 131-139. Publicado en español por Estandarte de la Verdad.

* Geoffrey W. Bromiley, *Historical Theology: An Introduction* (Grand Rapids: Eerdmans, 1978), 109-123.

** William Cunningham, *Historical Theology,* 2 vols. (Reimpresión. Londres: Banner of Truth, 1960), 1:321-358.

* Norman L. Geisler, "Augustine of Hipona", en Walter A. Elwell, ed., *Evangelical Dictionary of Theology [Diccionario teológico de la Biblia]* (Grand Rapids: Baker, 1984), 105-107. Publicado en español por Caribe.

** Norman L. Geisler, ed., *What Augustine Says* (Grand Rapids: Baker, 1982).

* E. H. Klotsche, *The History of Christian Doctrine,* ed. rev. (Grand Rapids: Baker, 1979), 83-96.

** Kenneth Scott Latourette, *A History of Christianity [Historia del cristianismo]* (Nueva York: Harper, 1953), 173-182. Publicado en español por Casa Bautista de Publicaciones.

** A. T. Robertson, P. Schaff y H. Wace, eds., *A Select Library of Nicene and Post-Nicene Fathers of the Christian Church* 14 vols. (Nueva York: Scribner's, 1903), vol. 5, *Saint Augustine's Anti-Pelagian Works.*

* B. L. Shelley, "Pelagius, Pelagianism", en Walter A. Elwell, ed., *Evangelical Dictionary of Theology [Diccionario teológico de la Biblia]* (Grand Rapids: Baker, 1984), 833-834. Publicado en español por Caribe.

* David L. Smith, *With Willful Intent: A Theology of Sin,* (Wheaton: BridgePoint, 1994), 17-45.

Eclesiología antigua

* Louis Berkhof, *The History of Christian Doctrines [Historia de las doctrinas cristianas]* (Edimburgo: Banner of Truth, 1937), 242-256. Publicado en español por Estandarte de la Verdad.

** J. F. Bethune-Baker, *An Introduction to the Early History of Christian Doctrine* (Londres: Methuen, 1903), 376-392.

** Geoffrey W. Bromiley, *Historical Theology: An Introduction* (Grand Rapids: Eerdmans, 1978).

** G. Dix, *The Shape of Liturgy* (Westminster: Dacre, 1945).

* E. H. Klotsche, *The History of Christian Doctrine,* ed. rev. (Grand Rapids: Baker, 1979), 97-108.

* Kenneth Scott Latourette, *A History of Christianity [Historia del cristianismo]* (Nueva York: Harper, 1953), 193-205. Publicado en español por Casa Bautista de Publicaciones.

* J. L. Neve, *A History of Christian Thought,* 2 vols. (Filadelfia: Muhlenberg, 1946), 1:152-164.

TEOLOGÍA
MEDIEVAL

EL PERÍODO MEDIEVAL existió desde el año 590 d.C., cuando Gregorio I fue investido como obispo de Roma, hasta 1517, cuando Lutero inició la Reforma Protestante. Gregorio I fue un estudioso serio de Agustín y escribió prolíficamente su interpretación de las doctrinas agustinianas.

La era del 500-1500 se suele conocer también como un período de oscurantismo, debido a la corrupción de la iglesia durante este período; condición que, de hecho, llevó a la Reforma de Martín Lutero, quien buscaba purificar a la iglesia y restaurar la verdadera doctrina.

La doctrina católica romana se desarrolló durante el período medieval. En general, la iglesia asumió una posición semipelagiana; despreciaba la caída del hombre; por lo tanto, este ya no se consideraba espiritualmente muerto sino debilitado, aunque con capacidad para cooperar con Dios en la salvación. Específicamente, en este período comenzaron doctrinas como el purgatorio, las oraciones a María y a los santos, el sacrificio de la misa y la transubstanciación.

CONTROVERSIAS MEDIEVALES

Controversia iconoclasta

El término *iconoclasta* viene de la palabra *icono* (gr., *eikon*, "asemejar"), cuyo significado es imagen o figura religiosa, y *klan* (gr., cuyo significado es "romper"). Por lo tanto, un iconoclasta era quien abogaba por la destrucción de las imágenes. Hacia el final del siglo III las personas en la iglesia comenzaron a adorar imágenes,[1] una práctica que se incrementó en los siglos siguientes. La rama oriental de la iglesia fue particularmente dada a estas cosas, debido a la influencia de la adoración pagana. Sin embargo, occidente también participó. Las imágenes y pinturas de María, Cristo, los apóstoles y otros santos se usaban con frecuencia para ayudar a las personas analfabetas en sus oraciones. Aunque la iglesia enseñaba que las imágenes debían venerarse mas no adorarse, probablemente los laicos incultos sí las adoraban.

Basilio el Grande decía que "el honor rendido a la imagen se transmite al prototipo", un acto que, con seguridad, alentaría el uso y adoración de las imágenes. Los defensores de las imágenes declaraban que "adornan las iglesias, despiertan las memorias del pasado y toman el lugar de las

Escrituras para el inculto".² El asunto alcanzó su punto culminante en el año 726, cuando el emperador León prohibió el uso de imágenes. Los papas Gregorio II y Gregorio III, junto con Juan Damasceno, defendían el uso de las imágenes. Juan enseñó que las imágenes tenían valor sacramental y dispensaban gracia. También hizo distinción entre la adoración a Dios y la veneración de las imágenes. En el año 787, un concilio ecuménico de la iglesia se reunió en Nicea y se aprobó el uso de íconos, declarando que las imágenes de Cristo y los santos debían recibir "afecto y reverencia respetuosa". De ahí en adelante, la adoración de las imágenes llegó a ser parte integral de la iglesia. En el año 843, la Iglesia oriental abandonó el uso de figuras esculpidas y confinó el uso de imágenes a las pinturas.

Controversia filioque

La controversia *filioque* (gr., cuyo significado es "y del Hijo") está relacionada con la pregunta ¿De quién procede el Espíritu Santo? ¿Procede del Padre, o del Padre *y del Hijo*? Históricamente, este punto en aparencia inocuo marcó la diferencia entre las Iglesias occidental y oriental. La Iglesia griega (oriental) enseñaba la "procesión única" del Espíritu Santo: solo el Padre participó para enviar el Espíritu. Con base en Juan 15:26 y el hecho de que el Hijo es de la misma esencia del Padre, la Iglesia romana (occidental) enseñaba la "procesión doble" del Espíritu Santo: tanto el Padre como el Hijo eran responsables de enviar al Espíritu Santo. En el concilio de Toledo, en el año 589, la frase "y del Hijo" se adicionó al Credo de Nicea. La Iglesia oriental rehusó aceptar la doctrina y, a final de cuentas, fue este el asunto que dividió de manera permanente las Iglesias oriental y occidental en el año 1054.

Controversia sobre la predestinación

La Iglesia católica romana había seguido un curso semipelagiano que llevó a Godescalco, un monje del siglo ix, a intentar devolver a la iglesia a la doctrina agustiniana de la predestinación. Godescalco defendió vigorosamente la doctrina agustiniana, y enfatizaba que Dios había determinado todas las cosas por su decreto eterno. Godescalco rechazó el concepto de la elección basándose en el mero conocimiento previo de las respuestas espirituales del hombre. Enseñaba la doble predestinación: una elección para la salvación de algunos y la reprobación para castigo eterno de otros. Otros decían que el pecado no era parte de la predestinación de Dios; Dios solo predestinó el castigo por el pecado. Por lo tanto, la elección para condenación no podía ser un hecho. Godescalco, además, enfatizó la salvación por gracia y no por obras.

La oposición a Godescalco fue severa, porque su enseñanza sobre la salvación no dejaba espacio para los sacramentos y las buenas obras o para otros aspectos doctrinales de la iglesia medieval. En el año 848, en el sínodo de Mainz, se decidió condenarlo, azotarlo y encarcelarlo de por vida. Murió en el 869 sin renegar de sus creencias.

Controversia sobre la Cena del Señor

En el año 831, un monje llamado Radberto, del monasterio de Corbie, en Francia, escribió un tratado titulado *Del cuerpo y la sangre del Señor*, en el cual enseñaba la doctrina de la transubstanciación. Radberto enseñaba que, cuando un monje pronunciaba las palabras de Cristo en la consagración ("Esto es mi cuerpo... esta es mi sangre"), ocurría un milagro: el pan y el vino se convertían literalmente en el cuerpo y la sangre de Cristo. Aunque los fenómenos externos —como color, forma y sabor de los elementos físicos— eran los mismos, internamente obraba un milagro. Radberto basó su creencia en Juan 6 ("Yo soy el pan de vida... si no comen la carne del Hijo del hombre ni beben su sangre, no tienen realmente vida", NVI) y las declaraciones de Cristo en el aposento alto, tomadas literalmente. Sin embargo, dijo que el valor del milagro solo se aplicaba al creyente que participaba con fe; no era efectivo para el incrédulo.

Tal perspectiva se enfrentó a cierta oposición en sus inicios, pero la Iglesia católica romana la adoptó oficialmente en el siglo XIII.

LA ESCOLÁSTICA MEDIEVAL

El término *escolástica* se aplica a las escuelas monásticas, llamadas *scholae*, durante los siglos XI y XII. Era allí donde los eruditos estudiaban para defender y explicar la fe desde un punto de vista racional. No se esforzaban en descubrir nuevas verdades, sino en defender las doctrinas de la iglesia a través de la razón. "La teología se trataba desde un punto de vista filosófico, no bíblico".[3]

La escolástica alcanzó prominencia en gran parte por la traducción de las obras de Aristóteles en el siglo XII. Los escolásticos seguían la lógica deductiva de Aristóteles en su intento de entender la verdad bíblica. En la escolástica hubo tres tendencias. El realismo, que seguía las enseñanzas de Platón, enseñaba que existen ideas universales separadas de los objetos individuales. Anselmo y Buenaventura fueron realistas notables. Los realistas moderados, seguidores de Aristóteles, enseñaban que las ideas universales como la verdad y la bondad tienen existencia objetiva pero no están separadas de su existencia en las cosas individuales. Abelardo y Tomás de Aquino (quien fuera el más grande de los escolásticos), eran representantes de esta perspectiva. El nominalismo, una reacción contra el realismo, enseñaba que las ideas no tienen existencia externa a la mente. Guillermo de Occam representaba dicha perspectiva. Los nominalistas negaban cualquier cosa externa a la experiencia humana; por lo tanto, negaban la Trinidad. El concepto de nominalismo se plasmó siglos después en el empirismo y el pragmatismo.

Antropología medieval

Anselmo

Anselmo (1033-1109) enseñó la doctrina del pecado original, pero enfatizó que "original" se podía llamar "natural", porque no se refería al origen de la raza humana. Solo se refería a la condición del individuo como resultado de la Caída. El pecado de Adán y Eva afectó a toda la humanidad porque toda la naturaleza humana estaba representada en ellos; por lo tanto, su pecado se propagó con la naturaleza corrompida. Los niños también quedan afectados, porque participan de la naturaleza humana. Pecaron en Adán, por lo tanto estan llenos de pecado y son culpables.

Anselmo enseñó que la verdadera libertad se perdió en la Caída, pero la "facultad volitiva" no se destruyó. El hombre retiene su voluntad; pero Anselmo diferenciaba entre la libertad —algo que él rechazaba— y la capacidad volitiva —algo que él reconocía—. Anselmo rechazó la noción según la cual el hombre tiene libertad en el sentido de indiferencia, para escoger entre lo correcto o lo incorrecto; la voluntad del hombre está hecha con el propósito de escoger el bien.[4]

Tomás de Aquino

Tomas no solo definió el pecado original como la privación de la justicia original, sino también como la concupiscencia. La naturaleza pecaminosa se propagó de padres a hijos. Aquino enseñó que el pecado de Adán pasó a toda la humanidad a causa de la unidad de la raza humana. Declaró: "todos los que nacieron de Adán pueden considerarse un solo hombre; por lo tanto, los hombres derivados de Adán son miembros de un solo cuerpo". Los resultados del pecado original son la alienación de la voluntad humana para con Dios, el desorden de las capacidades del alma y la responsabilidad en el castigo.[5]

Los escolásticos, con quienes se identificaba Aquino, reconocieron que el orgullo, la codicia, la lujuria, la ira, la gula, la envidia y la pereza eran pecados capitales; tales pecados constituían una transgresión voluntaria de la ley de Dios y separaban al hombre de Dios; sin embargo, los pecados veniales se consideraban "un apartamiento de Dios sin reflexión suficiente o completo consentimiento de la voluntad. Deben ser expiados con castigos temporales".[6]

María sin pecado

Debido a que María fue ganando importancia, la iglesia enseñó que no tenía pecado. No obstante, la pregunta del debate era si María se concibió sin pecado o si también estaba sujeta al pecado original, pero luego se había vuelto inmaculada en su estado prenatal.[7] Radberto enseñaba que María permaneció sin pecado en el vientre, y llegó al mundo sin mancha de pecado. Bernardo de Claraval y Tomás de Aquino se opusieron a la doctrina de la concepción inmaculada cuando surgió en el año 1140, pero la creencia fue ganando aceptación y se declaró dogma de fe en 1854.

Conclusión

La concepción católica romana de la antropología surgió durante el período medieval: el hombre poseía originalmente una justicia entregada de forma sobrenatural; él no era moralmente neutro. Como consecuencia de la Caída, el hombre perdió su justicia sobrenatural, pero no sus capacidades naturales. El resultado no fue depravación total, sino neutralidad moral y, a partir de ella, el hombre tenía la capacidad de cooperar con Dios en la salvación (semipelagianismo).

SOTERIOLOGÍA MEDIEVAL

La expiación

Anselmo. Anselmo enseñó que el hombre, por causa del pecado, le había robado a Dios el honor debido. Dios podía escoger entre castigar el pecado o satisfacer su honor al ofrecer a su Hijo. Escogió la segunda, y Cristo, con su muerte, le devolvió el honor a Dios. En cambio, Cristo recibió una recompensa, la cual pasó a los pecadores en forma de perdón.[8] (Para una explicación más amplia sobre este punto de vista, véase la sección sobre teorías acerca del significado de la expiación de Cristo en el capítulo 24: "Soteriología: Doctrina de la salvación)".

Abelardo. En reacción a la teoría comercial (o teoría de la satisfacción) de Anselmo, Abelardo enseñó que Dios no requería la muerte de Cristo para expiar el pecado. Más bien, Dios reveló su amor con la muerte de Cristo. Según el punto de vista de Abelardo, Dios perdona libremente a los pecadores por el amor revelado en la muerte de Cristo. Su posición era llamada la teoría de la influencia moral.

Otros. Bernardo de Claraval rechazó la teoría de Abelardo y declaró que no era el ejemplo de Cristo, sino su sangre, lo que procuraba la redención de los creyentes. Pedro Lombardo combinó los conceptos de Anselmo y Abelardo y declaró que Cristo murió por los pecadores. Su muerte conmueve a los pecadores y los lleva a amar a Dios, con el resultado de que son librados de sus pecados.

Tomás de Aquino también reflejó las perspectivas de Anselmo y Abelardo. Veía a Cristo como la cabeza de la raza humana; Él dispensaba su perfección para la humanidad. La perspectiva que Aquino tenía de Cristo era la del "maestro y ejemplo de la raza humana por sus enseñanzas, hechos y sufrimientos. Tales sufrimientos revelan más particularmente el amor de Dios y despiertan una respuesta de amor en los corazones de los hombres".[9]

Conclusión. La era medieval contribuyó poco a una mayor conciencia de la doctrina de la expiación.

Gracia de Dios

Aunque la iglesia medieval aprobaba verbalmente a Agustín, las enseñanzas doctrinales avanzaban cada vez con más fuerza en dirección al semipelagianismo. La perspectiva general era que la voluntad del hombre no se destruyó con la Caída; él podía cooperar con Dios para su salvación. Sin embargo, en general, los escolásticos reconocían la necesidad de la gracia en la salvación, aunque esta se definiera de formas variadas. La gracia era esencial para la salvación según la perspectiva de Tomás. Decía que es imposible para el hombre volverse del estado de culpa o pecado a la justicia sin la gracia de Dios.[10] Sin embargo, Aquino diferenciaba la "gracia gratuita" de la "gracia santificadora".[11] La gracia gratuita incluía conocimiento (fe y comprensión), demostración (sanidad, milagros, profecía predictiva) y comunicación (lenguas e interpretación). La gracia santificadora estaba compuesta por la gracia operativa (preveniente) y cooperativa (subsiguiente). Según Aquino, en la gracia cooperativa el hombre colaboraba con Dios para recibir su gracia.

Pedro Lombardo también diferenció entre la gracia operativa, una obra completa de Dios que le permite al hombre volverse a Dios en fe, y la gracia cooperativa (de la cual forma parte toda la gracia subsiguiente), que requiere la cooperación del hombre con Dios para recibirla. Incluso los escolásticos se inclinaban hacia el semipelagianismo.

Fe y obras

Los escolásticos categorizaban la fe en dos dimensiones. *Fides informis* es el conocimiento de la doctrina de la Iglesia, mientras *fides informata* es la fe de la cual nacen las obras de amor. Solo la *fides informata* da como resultado salvación y justificación. Más aún, la vida religiosa no está centrada en la fe, sino en el amor y las buenas obras. Por tal razón la perspectiva escolástica de la justificación no producía una nueva relación con Dios, sino tan solo la capacidad para hacer buenas obras.[12]

Justificación

Los escolásticos enseñaban que la justificación no era un acto judicial de Dios, sino una acción cooperativa en el cual Dios dispensaba su gracia santificadora en el individuo. Al mismo tiempo, el individuo se vuelve a Dios en contrición y fe, un acto del libre albedrío. Sin embargo, en la enseñanza escolástica la justificación no incluye la seguridad de la salvación; eso es algo inalcanzable.

ECLESIOLOGÍA MEDIEVAL

Los sacramentos

La iglesia medieval tenía un interés doble en los sacramentos: presentar la salvación al individuo como algo tangible y vincular la salvación del creyente a la iglesia.[13] Así, los sacramentos se convirtieron en señales visibles de la comunicación de la gracia al individuo.

El número de sacramentos no se había determinado; algunas autoridades defendían seis, otras siete, otras más doce. Pedro Lombardo fue el primero en delinear siete sacramentos: bautismo, eucaristía, confirmación, extremaunción, penitencia, orden sagrado y matrimonio. Estos siete sacramentos se reconocieron oficialmente en el concilio de Florencia, en el año 1439.

EFECTOS ESPIRITUALES DE LOS SACRAMENTOS MEDIEVALES[14]	
Sacramento	Efecto
Bautismo	Regeneración; confiere vida espiritual
Confirmación	Fortalece la vida espiritual
Eucaristía	Alimenta la vida espiritual
Confesión	Restaura la vida espiritual que se perdió por el pecado
Extremaunción	Sana el alma; a veces el cuerpo
Orden sagrado	Crea gobernantes de la Iglesia
Matrimonio	La bendición de Dios sobre la familia; produce hijos; llena el cielo con los elegidos

De acuerdo con la teología medieval, la salvación y la santificación se alcanzan aparentemente por las obras y no por la gracia de Dios.

El papado[15]

Durante el período escolástico, el papado afirmó la supremacía espiritual y temporal sobre todo el mundo, con el respaldo de escolásticos como Tomás de Aquino y Bernardo de Claraval. El concepto surgió de la noción de que Cristo le había dado a Pedro autoridad por encima de los otros apóstoles, y de que Pedro había sido el primer obispo de Roma con la autoridad concomitante heredada por los futuros obispos de Roma.

Desobedecer al papa es desobedecer a Dios, enseñaba Graciano. Tomás de Aquino enseñó que el papa, como obispo de Roma, es la cabeza suprema que garantiza la pureza moral y las enseñanzas de la Iglesia; solo el papa puede enseñar lo que se debe creer. El papa Inocencio III declaró que el papa era el "vicario de Cristo" sobre la tierra, y de ahí en adelante debía ser llamado "santidad" o "santísimo". Inocencio III también enseñó que Melquisedec era un tipo del papa. Como el papa tiene las llaves del reino y el poder de atar y desatar, quien no se someta a la autoridad del papa se declarará hereje. Por lo tanto, no hay salvación fuera de la Iglesia católica romana. La supremacía del papa también pasó al estado. Inocencio III declaró que el Señor le dio a Pedro toda la tierra para que la gobernara. Por lo tanto, toda autoridad civil debía sujetarse al papa. Él tenía autoridad para deponer gobernantes, recibir tributo, entregar territorios, castigar a quienes objetaran y anular la legislación de un país. El papa Gregorio VII se declaró responsable ante Dios por los reinos de la tierra. En el año 1302, Bonifacio VIII publicó una bula papal en la cual se declaraba que el papa tenía autoridad sobre dos reinos: controla la espada espiritual y la temporal.

Naturaleza de la iglesia

En el período medieval se desarrolló un concepto que identificaba a la iglesia con el reino de Dios. Se derivaba de dos documentos falsos, *La donación de Constantino* (escrito aproximadamente en la mitad del siglo VIII) y los *Decretos de Isidoro* (escrito aproximadamente a mediados del siglo IX). Se decía que el primero había sido escrito por Constantino y legaba su palacio, la ciudad de Roma, sus distritos y las ciudades de Italia al papa y sus sucesores. Toda la vida comenzó a girar alrededor de la iglesia, se renunciaba a todo lo que no se relacionara con ella, considerándolo secular. Sin embargo, la misma iglesia se secularizó.[16] Como se creía el reino de Dios, comenzó a preocuparse por la política y desatendió la salvación del pueblo.

En la Edad Media, el concepto de iglesia desarrolló los siguientes elementos.[17] (1) Se enfatizó la naturaleza visible de la iglesia; como la encarnación hace a Cristo visible, la iglesia continúa la encarnación de Cristo. Los papas poseen autoridad por ser sucesores visibles de Pedro. (2) Se diferencia entre la iglesia que instruye (todo el clero con el papa a la cabeza) y la iglesia que oye (los fieles que honran al clero). (3) La iglesia está compuesta de cuerpo (quienes profesan la verdadera fe) y alma (quienes están unidos a Cristo por dones y gracias sobrenaturales). (4) La iglesia distribuye las gracias de Cristo a través del clero. (5) La iglesia es "una institución de salvación, un arca salvadora". Enseña la fe verdadera, efectúa la santificación por medio de los sacramentos y gobierna a los creyentes de acuerdo con las leyes eclesiásticas.

NOTAS

1.   E. H. Klotsche, *The History of Christian Doctrine*, ed. rev. (Grand Rapids: Baker, 1979), 118.

2. J. L. Neve, *A History of Christian Thought,* 2 vols. (Filadelfia: Muhlenberg, 1946), 1:177.

3. Cairns, *Christianity through the Centuries* (Grand Rapids: Zondervan, 1954), 251.

4. William G. T. Shedd, *A History of Christian Doctrine,* 2 vols. (Reimpresión. Minneapolis: Klock & Klock, 1978), 2:130.

5. Klotsche, *History of Christian Doctrine,* 143.

6. Neve, *History of Christian Thought,* 1:202.

7. Klotsche, *History of Christian Doctrine,* 143.

8. Louis Berkhof, *Systematic Theology* [*Teología sistemática*] (Grand Rapids: Eerdmans, 1939), 385. Publicado en español por T.E.L.L.

9. Louis Berkhof, *The History of Christian Doctrines* [*Historia de las doctrinas cristianas*] (Edimburgo: Banner of Truth, 1937), 177. Publicado en español por Estandarte de la Verdad.

10. Geoffrey W. Bromiley, *Historical Theology: An Introduction* (Grand Rapids: Eerdmans, 1978), 205.

11. *Ibíd.,* 206.

12. Klotsche, *History of Christian Doctrine,* 143.

13. Neve, *History of Christian Thought,* 1:203.

14. Klotsche, *History of Christian Doctrine,* 148.

15. Véase la excelente explicación de David S. Chaff, "The Middle Ages", en Phillip Schaff, *History of the Christian Church,* 8 vols. (Nueva York: Scribner's, 1926), 5:1:772-780.

16. Berkhof, *History of Christian Doctrines* [*Historia de las doctrinas cristianas*], 233.

17. *Ibíd.,* 234-236.

PARA ESTUDIO ADICIONAL SOBRE TEOLOGÍA MEDIEVAL

Controversias medievales

** Geoffrey W. Bromiley, *Historical Theology: An Introduction* (Grand Rapids: Eerdmans, 1978).

** Hubert Cunliffe-Jones, ed., *A History of Christian Doctrine* (Filadelfia: Fortress, 1978).

** William Cunningham, *Historical Theology,* 2 vols. (Reimpresión. Londres: Banner of Truth, 1960), 1:359-389.

* E. H. Klotsche, *The History of Christian Doctrine,* ed. rev. (Grand Rapids: Baker, 1979), 116-126.

** Kenneth Scott Latourette, *A History of Christianity* [*Historia del cristianismo*] (Nueva York: Harper, 1953), 292-363. Publicado en español por Casa Bautista de Publicaciones.

* J. L. Neve, *A History of Christian Thought* (Filadelfia: Muhlenberg, 1946), 2:176-180.

Escolásticica medieval

* Louis Berkhof, *The History of Christian Doctrines* [*Historia de las doctrinas cristianas*] (Edimburgo: Banner of Truth, 1937), 171-181. Publicado en español por Estandarte de la Verdad.

* Geoffrey W. Bromiley, *Historical Theology: An Introduction* (Grand Rapids: Eerdmans, 1978).

** William G. T. Shedd, *A History of Christian Doctrine* (Reimpresión. Minneapolis: Klock & Klock, 1978), 2:273-318.

Antropología medieval

* Louis Berkhof, *The History of Christian Doctrines* [*Historia de las doctrinas cristianas*] (Edimburgo: Banner of Truth, 1937), 140-146. Publicado en español por Estandarte de la Verdad.

* Geoffrey W. Bromiley, *Historical Theology: An Introduction* (Grand Rapids: Eerdmans, 1978), 180-183, 204-205.

* E. H. Klotsche, *The History of Christian Doctrine*, ed. rev. (Grand Rapids: Baker, 1979), 142-144.

** Hejko A. Oberman, *The Harvest of Medieval Theology* (Grand Rapids: Eerdmans, 1967), 120-145, 281-322.

** William G. T. Shedd, *A History of Christian Doctrine*, 2 vols. (Reimpresión Minneapolis: Klock & Klock, 1978), 2:111-151.

* David L. Smith, *With Willful Intent: A Theology of Sin* (Wheaton, BridgePoint, 1994), 46-63.

Soteriología medieval

* Louis Berkhof, *The History of Christian Doctrines* [*Historia de las doctrinas cristianas*] (Edimburgo: Banner of Truth, 1937), 211-216. Publicado en español por Estandarte de la Verdad.

* Geoffrey W. Bromiley, *Historical Theology: An Introduction* (Grand Rapids: Eerdmans, 1978), 204-209.

** A. M. Fairweather, ed., *Nature and Grace*, y Thomas Aquinas, *Summa Theologica*, en J. Baillie, J. T. McNeill y H. Van Dusen, *Library of Christian Classics* (Filadelfia: Westminster, 1954).

* E. H. Klotsche, *The History of Christian Doctrine*, ed. rev. (Grand Rapids: Baker, 1979), 144-146.

* H. D. McDonald, *The Atonement of the Death of Christ* (Grand Rapids: Baker, 1985), 163-180.

** A. C. McGiffert, *A History of Christian Thought* (Nueva York: Scribner's, 1946), 2:185-312.

** Hejko A. Oberman, *The Harvest of Medieval Theology* (Grand Rapids: Eerdmans, 1967), 120-184.

Eclesiología medieval

* Louis Berkhof, *The History of Christian Doctrines* [*Historia de las doctrinas cristianas*] (Edimburgo: Banner of Truth, 1937), 227-241. Publicado en español por Estandarte de la Verdad.

* E. H. Klotsche, *The History of Christian Doctrine*, ed. rev. (Grand Rapids: Baker, 1979), 146-158.

*   J. L. Neve, *A History of Christian Thought,* 2 vols. (Filadelfia: Muhlenberg, 1946), 2:179-183,198-206.

**   Hejko A. Oberman, *The Harvest of Medieval Theology* (Grand Rapids: Eerdmans, 1967), 271-280, 412-422.

**   David Schaff, "The Middle Ages", en Phillip Schaff, *History of the Christian Church,* 8 vols., 3ª ed. rev. (Nueva York: Scribner's, 1960), 5:700-829.

Raíces de la Reforma

LA REFORMA MARCÓ un punto de inflexión importante en el desarrollo doctrinal de la iglesia. En los mil años anteriores, la autoridad de la iglesia se había desarrollado continuamente hasta llegar a la tradición de la Iglesia católica romana, y la autoridad del papado determinaba qué creían las personas. La Reforma cambió todo eso.

Hubo varios factores que provocaron la reforma protestante. Uno fue político. El islam había conquistado Constantinopla en 1453, lo cual causó la caída de la Iglesia oriental. El islam avanzaba hacia occidente, amenazaba el poder del papado y manifestaba su influencia a través de su literatura, que fluía por toda Europa. Además, la creación de estados nacionales y de ciudades libres en Europa desafiaba la autoridad política de Roma. El espíritu nacionalista que surgió entre fuertes líderes políticos locales alentó el apoyo a los reformadores.

El segundo factor fue educativo, evocado por el Renacimiento. El *Renaissance* (fr., cuyo significado es "renacimiento") abrió la mente de los hombres a estudiar literatura clásica además de la Biblia. Los humanistas cristianos estaban al frente de este movimiento educativo, particularmente Erasmo, quien produjo una edición griega del Nuevo Testamento. La obra de Erasmo alentó el estudio del Nuevo Testamento en la lengua original, en lugar de hacerlo en la Vulgata Latina. La llegada de la imprenta permitió que aún más personas estudiaran las Escrituras por sí mismas.

El Renacimiento también enfatizó la centralidad del hombre, lo cual, en cierta medida, coincidía con el llamado de los reformadores a la fe y la salvación individual.

También hubo un factor socio-económico que le dio aliento a la Reforma. Con el fin de la Edad Media se produjo un desarrollo económico gracias a los mercados producidos por las ciudades y colonias. Emergió una nueva clase media que se oponía al flujo de la moneda hacia Roma.

Sin duda, el factor religioso fue muy importante. Al tener acceso al Nuevo Testamento, los reformadores y los cristianos humanistas descubrieron discrepancias entre la iglesia del Nuevo Testamento y las prácticas de la iglesia de Roma. Hubo corrupción desde el sacerdocio hasta el papado; la simonía permitía que hombres compraran y vendieran los oficios de la Iglesia. A través de la venta de indulgencias, una persona podía pagar de antemano por los pecados y asegurarse el perdón. En particular, fue esta práctica la que encolerizó a Martín Lutero y la que le llevó, a la larga, a su ruptura con la Iglesia de Roma. Hombres como Lutero llevaron la autoridad de vuelta a las Escrituras: la Biblia sola era la autoridad final en cuanto a qué se debía practicar y creer. Con el énfasis renovado en la autoridad bíblica y en el estudio de las Escrituras, la doctrina de la justificación por fe tuvo un nuevo despertar, así como otras doctrinas cristianas históricas. Lutero en Alemania, y Zuinglio y Calvino en Suiza, esparcieron las enseñanzas de las Escrituras desde los púlpitos y a través de obras voluminosas. Era el despertar de un nuevo día. El conocimiento de las Escrituras volvía a propagarse.

Líderes de la Reforma

Martín Lutero (1483-1546)

Martín Lutero, el catalizador de la Reforma protestante, nació en una familia de padres campesinos en Eisleben, Sajonia, en 1483. El fundamento de su pensamiento teológico llegó tal vez cuando la necesidad de la revelación divina lo confrontó en sus tiempos de estudiante en la Universidad de Erfurt. Lutero entró en un monasterio católico romano, pues le había prometido a Santa Ana que se volvería monje después de librarse de una tormenta violenta. Sin embargo, durante un viaje a Roma se desilusionó de la Iglesia católica romana cuando vio su grado de corrupción. Se volvió a Wittenberg, donde recibió su doctorado en teología, y allí enseñó sobre la Biblia. Lutero llegó al conocimiento de la salvación por la sola fe tras estudiar las Escrituras, particularmente Romanos 1:17. Tal conocimiento fue el fundamento de su teología y de su oposición a la Iglesia católica. El 31 de octubre de 1517 clavó las Noventa y cinco tesis en la puerta de la iglesia en Wittenberg. En ellas delineaba sus desacuerdos con la Iglesia católica. Enfatizó la *sola scriptura*: solo las Escrituras tienen autoridad sobre las personas, no la iglesia y tampoco sus concilios.

Lutero dejó un legado teológico enorme: enseñó que los únicos sacramentos legítimos eran el bautismo y la Cena del Señor; fue escritor prolífico, desafió a la Iglesia de Roma y desarrolló su propio catecismo; le dejó a la Iglesia algunos de sus grandes himnos como "Castillo fuerte es nuestro Dios"; estableció un sistema educativo y enseñó al pueblo a leer la Biblia.

Juan Calvino (1509-1564)

Juan Calvino, respetado e influyente teólogo de la Reforma, nació en Francia en 1509. Comenzó sus estudios en la Universidad de París, donde recibió la influencia de los humanistas. Más adelante estudió derecho en Orleans y posteriormente continuó sus estudios en Bourges. En 1534 se identificó con el protestantismo y fue obligado a abandonar Francia. Calvino fue a Basilea, Suiza, donde completó su obra magna con tan solo 26 años: *Institución de la religión cristiana*, una apología en la cual defendía el protestantismo para el rey de Francia. Tras un proceso de varias revisiones, la obra quedó compuesta por ochenta capítulos en cuatro volúmenes.

Después de un breve interludio en Estrasburgo, Calvino regresó en 1541 a Ginebra, Suiza, donde se quedó el resto de su vida. Allí Calvino pasó sus días como pastor, predicando y exponiendo la Biblia a diario. También escribió comentarios sobre 27 libros del Antiguo Testamento y todos los del Nuevo Testamento, excepto Apocalipsis. Calvino tenía autoridad eclesiástica y política en Ginebra, donde acusó (y a veces ejecutó) por herejía a algunas personas. Hoy se considera que haber quemado a Servet en la hoguera por su herejía anti-trinitaria es una seria mancha en la carrera de Calvino. Sin embargo, en su tiempo, en Ginebra y en otros lugares, tanto líderes como herejes sabían que la clase de enseñanza de Servet era una ofensa más seria que el homicidio, y probablemente terminaría en la pena capital. Calvino luchó, sin éxito, de varias maneras para librar a Servet, pero tristemente, al final estuvo de acuerdo con la sentencia contra él.

Calvino se conoce como el primer intérprete científico de la Biblia. Edificó la teología sobre la soberanía de Dios que dirigió la Iglesia reformada de Europa y Escocia.

Ulrico Zuinglio (1484-1531)

Mientras Calvino ministraba a la población de habla francesa en Suiza, Ulrico Zuinglio, nacido en 1484, sirvió al pueblo de lengua alemana también en Suiza. Zuinglio estudió en Berna, Viena y Basilea, después de lo cual entró en el sacerdocio de la Iglesia católica romana en 1506, ejerciendo hasta 1518. En los últimos días de este período mientras estudiaba el Nuevo Testamento griego de Erasmo, Zuinglio se convirtió a Cristo y a los puntos de vista de la Reforma. En 1519, cuando todavía era pastor de la iglesia de la gran catedral en Zurich, comenzó a predicar sermones expositivos y a denunciar las prácticas de la Iglesia católica. Sus perspectivas se adoptaron tras un debate público ante el concejo de la ciudad,que redundó en la propagación y práctica de la teología de la Reforma. Los sacerdotes se casaron, las imágenes se prohibieron, las misas se abolieron y las propiedades de la iglesia se confiscaron para uso educativo.

Después de que Zuinglio adoptase la perspectiva memorial de la Cena del Señor, Lutero rompió sus lazos con él, aunque los dos estaban de acuerdo en la salvación por fe. Zuinglio murió en el año 1531 durante una guerra con un cantón (provincia) vecino católico romano. Dejó su huella en los anabautistas y adoptó posturas aparentemente más radicales que las de Lutero o Calvino.

BIBLIOLOGÍA DE LA REFORMA

Según Lutero

Para Martín Lutero, la Biblia era la única autoridad infalible en cuanto a fe y salvación. Para llegar a ese punto de vista Lutero rechazó la autoridad del papa, los concilios de la iglesia, las indulgencias y los sacramentos católicos romanos. Lutero declaró: "La Palabra de Dios debe establecer los artículos de fe, y nadie más, ni siquiera un ángel". Más aún, las Escrituras eran autoritarias porque eran el testimonio del Espíritu Santo. Lutero se refirió a las Escrituras como "el libro dado por Dios Espíritu Santo a su Iglesia", y en el prefacio de su comentario a Génesis, se refirió a dicho libro como "las Escrituras del Espíritu Santo".[1]

A Lutero le interesaba en las Escrituras lo que apuntaba a Cristo. Por lo tanto, el libro de Santiago era para él una "epístola de paja"; por otro lado le dio preeminencia a Romanos, Gálatas y Efesios, porque eran evangelio puro y aportaban instrucción sobre Cristo. Lutero también cuestionó que Salomón fuera el autor de Eclesiastés, y creía que Ester no debía figurar en el canon del Antiguo Testamento.

Lutero aportó principios útiles para la interpretación de las Escrituras. (1) La iluminación del Espíritu Santo, no solo la letra de la ley, era importante. (2) Las circunstancias históricas eran esenciales. (3) Se debía diferenciar entre el Antiguo Testamento —la ley— y el Nuevo Testamento —el evangelio—. (4) Las Escrituras tenían un elemento unificador: Cristo. (5) la interpretación literal era importante, la alegórica era "cuestionable".[2]

Según Zuinglio

Ulrico Zuinglio reconocía la infalibilidad de las Escrituras, las llamaba "certeza de poder", lo cual significaba "la certeza de que la Palabra hará lo que dice".[3] Se convirtió al leer la traducción de Erasmo del Nuevo Testamento al griego, desde entonces rechazó la autoridad de la Iglesia católica romana. Solo las Escrituras tenían autoridad en el asunto de la salvación.

Zuinglio se dedicó al estudio serio de las Escrituras. Después de reconocer su autoridad, empezó a predicar sermones exegéticos, comenzando con Mateo. "Su obra como reformador también se apoyó en el principio... de que todos los asuntos en disputa debían decidirse a la luz de la Palabra de Dios. Zuinglio siempre intentó basar sus acciones en la enseñanza bíblica, y enfrentar a sus oponentes con argumentos bíblicos, ya fueran católicos romanos, luteranos o anabautistas. Como Lutero, o tal vez más, quería una teología y una iglesia de la Palabra".[4]

Una de las tesis importantes de Zuinglio era la claridad de la Palabra de Dios y la capacidad de las personas comunes para entenderla. Zuinglio declaró que la Biblia "es perfecta en sí misma y se reveló para el bien de la humanidad". Por lo tanto, en la interpretación de la Palabra de Dios no se necesita una persona eclesiástica, ya sea papa, sacerdote o concilio de la iglesia. Ese es el ministerio del Espíritu Santo. Más aún, es posible acercarse a las Escrituras e interpretarlas si se hace con humildad, oración y sin prejuicios. Dadas tales condiciones, el Espíritu Santo iluminará al lector sobre su significado.

Según Calvino

Juan Calvino afirmó que la Biblia, no la iglesia, tenía la autoridad final en los asuntos religiosos. La Biblia era la autoridad que unía a todas las personas de todos los tiempos. Afirmó su adhesión a la inspiración cuando declaró que el deber de las personas era aceptar "sin excepción alguna todo lo que las sagradas Escrituras entregaban".

Calvino ha sido llamado "el rey de los comentadores", "el exégeta más grande del siglo XVI" y el "creador de la exégesis genuina".[5] Otros lo han llamado el primer intérprete científico. Calvino produjo comentarios exegéticos sólidos sobre casi todos los libros de la Biblia; además, expuso su teología en su *Institución de la religión cristiana*. Enunció los siguientes principios importantes de interpretación bíblica.[6] (1) La iluminación del Espíritu Santo es necesaria para preparar al intérprete de las Escrituras. (2) La interpretación alegórica es satánica, aleja a las personas de la verdad bíblica; por lo tanto, debe rechazarse. (3) Las Escrituras interpretan las Escrituras. Ello significaba varias cosas para Calvino. Significaba interpretación literal; significaba oír las Escrituras y dejar que el autor hable; significaba estudiar la gramática de las Escrituras: significado de las palabras, contextos, y comparación de la Biblia con ella misma en temas comunes.

CRISTOLOGÍA DE LA REFORMA

Calvino y Zuinglio siguieron la perspectiva ortodoxa de Cristo: es una persona con dos naturalezas distintas, y no hay mezcla entre ellas. Sin embargo, Lutero tenía una postura diferente. Defendía la presencia real de Cristo en la Cena del Señor, y enseñaba que la naturaleza humana de Cristo adopta ciertos atributos de la naturaleza divina, como la omnisciencia, omnipresencia y omnipotencia.

El problema con esta postura es que no diferencia apropiadamente las dos naturalezas de Cristo.

ANTROPOLOGÍA DE LA REFORMA

Perspectiva de los reformadores

En general, Lutero y Calvino estaban de acuerdo en cuanto a la depravación total del hombre: su incapacidad para efectuar su propia salvación.

Los dos reconocían que por causa de la depravación total del hombre, era necesaria la gracia de Dios para redimir al hombre caído. Zuinglio también estaba de acuerdo con esto. Teodoro de Beza (1519-1605), el sucesor de Calvino en Ginebra, enseñó que Adán era la cabeza federal de la raza humana; por lo tanto, cuando Adán pecó como representante de la humanidad, ella también cayó y se contaminó. Así las cosas, cada niño que llega al mundo nace con una naturaleza depravada.

Calvino rechazó el libre albedrío debido a la condición de depravación total en el hombre; el libre albedrío se perdió en la Caída. Enseñaba que la voluntad está atada, incapaz de moverse en cualquier dirección distinta al mal.[7] Aun así, enseñó que el hombre era responsable de sus pecados, pues peca por su propia voluntad y no por alguna causa externa. Más aún, aunque la razón del hombre quedó afectada, él puede discernir entre el bien y el mal; por lo tanto, el hombre es responsable por "no desear lo bueno sino lo malo".[8]

La predestinación es el corolario de la depravación total, y de ella (la predestinación) eran partidarios Lutero, Calvino y Zuinglio. Como el hombre era incapaz de moverse positivamente en dirección a Dios por causa de su depravación, era necesario que Dios predestinara a algunos para salvarlos.

Perspectiva sociniana

Fausto Socino (1539-1604) siguió la perspectiva de Pelagio para negar la depravación del hombre. Socino enseñó que el hombre no estaba creado a imagen de Dios en el sentido de la perfección moral, sino solo para dominar la Creación inferior.[9] Aunque Adán pecó, su pecado no tuvo efectos adversos en su posteridad, pues la naturaleza moral del hombre se transmitía intacta a sus descendientes.[10] Las personas no pecan por la herencia de pecado que recibieron, sino por los malos ejemplos. Al contrario, Socino enseñaba que todas las personas nacen con la naturaleza de Adán anterior a la Caída, y tienen la capacidad de evitar el pecado.

Perspectiva arminiana

Habiendo estudiado bajo Teodoro de Beza, Jacobo Arminio (1509-1609) fue al principio un calvinista estricto. Cuando en un debate sintió que su oponente tenía argumentos más fuertes, cambió su postura y pasó a defender la gracia universal y la libertad de la voluntad. Básicamente, su posición era semipelagiana en el sentido de negar la doctrina del pecado original, y se opuso a la idea de que la culpa del pecado de Adán se imputara a sus descendientes. Solo sugirió que la contaminación del pecado de Adán pasa a las generaciones posteriores, pero solamente es debilidad ,y por ella no se puede condenar al hombre. Más bien, lo hace incapaz de alcanzar la salvación por sus propios medios. La Caída del hombre no incapacita al hombre para dar el primer paso positivo hacia Dios.[11] Ello se logra porque Dios dispensa su gracia preveniente a todas las personas con el fin de aminorar los efectos de la depravación heredada, por lo tanto, el hombre está en capacidad de cooperar con Dios para su salvación.

SOTERIOLOGÍA DE LA REFORMA

Predestinación

Calvino enseñó la doctrina de la salvación por gracia, es decir, la salvación está arraigada en el decreto eterno de Dios. Todos los eventos que ocurren han sido ordenados por Dios porque Él es soberano; así, Calvino enseñó la doctrina de la doble predestinación. Declaró: "Llamamos a la predestinación el decreto eterno de Dios, por medio del cual Dios ha determinado en sí mismo el destino de todo hombre. La humanidad no ha sido creada en la misma condición, sino que a algunos se les ha predestinado la vida eterna y a otros se les ha predestinado la maldición eterna. Por lo tanto, como todo hombre ha sido creado para uno de estos dos fines, decimos que está predestinado para muerte o para vida". La doctrina de la predestinación requiere la elección para salvación y la reprobación para condenación eterna. Calvino enfatizaba la necesidad de ambas. Aunque la elección para la salvación es por pura gracia de Dios, la reprobación es justa porque se debe al pecado y a la culpa.[12]

Lutero también enseñó la necesidad de la doctrina de la predestinación y la basó en la depravación e incapacidad del hombre; Zuinglio basó en la providencia de Dios su creencia en la predestinación.[13]

Expiación

Perspectiva de los reformadores. Aunque católicos y protestantes reconocen el valor de la expiación de Cristo, la Iglesia católica romana siguió la enseñanza de Tomás de Aquino, mientras que los reformadores, en general, siguieron la postura de Anselmo. Sin embargo, Anselmo enseñaba que el pecado del hombre le había robado a Dios la honra, y que Cristo había muerto para satisfacer esa honra. Los reformadores enseñaban que Cristo murió para satisfacer la justicia de Dios. Cristo llevó el castigo del pecado, y con ello satisfizo la justicia de Dios. Tal hecho solo se puede apropiar por fe, la fe que une al creyente con Cristo; por lo tanto, al creyente se le ha imputado la justicia de Cristo. Lutero dijo: "[Cristo] me ha redimido con su sangre preciosa y con sus sufrimientos y muerte inocentes, para que yo pueda ser suyo, vivir bajo Él en su reino". Calvino enseñó que la muerte de Cristo fue una expiación particular: solo murió por los elegidos.

Perspectiva sociniana. Socino repudió la idea de que la justicia de Dios requiriera la muerte de Cristo. Enseñó que Dios podía perdonar a los pecadores como quisiera, sin expiación de Cristo. Dios perdona a los pecadores por su misericordia, no por la muerte de Cristo. Todo lo que pide Dios es el arrepentimiento del pecador y el deseo de obedecer su ley. Socino enseñó que la muerte de Cristo era un ejemplo de obediencia que debía inspirar a otros.

Históricamente, la perspectiva de Socino se ve en el pelagianismo y, más recientemente, en el unitarismo.

Perspectiva grociana. Hugo Grocio (1583-1645) reaccionó contra la enseñanza sociniana. Sin embargo, la enseñanza de Grocio sobre la teoría gubernamental variaba de la de los reformadores. Según él no era necesario que Dios demandara el pago completo por los pecados; más bien, la muerte de Cristo era un pago simbólico para Dios, quien hizo a un lado lo que la ley requería al aceptar la muerte de Cristo como pago simbólico.

El Nuevo Testamento enseña que la muerte de Cristo satisfizo las demandas de la ley. Claramente, Grocio estaba equivocado.

PERSPECTIVAS DE LA REFORMA SOBRE LA EXPIACIÓN		
Persona	Muerte de Cristo	Obra de Dios
Socino	Innecesaria.	Dios perdona por su misericordia, no por la muerte de Cristo.
Grocio	"Pago simbólico", pago completo innecesario.	Deja de lado las demandas de la ley.
Arminio	No es un equivalente estricto para el pecado, sino un sustituto de la pena.	Perdona por la muerte de Cristo, pero deja de lado las reclamaciones de justicia.
Lutero	Expiación sustitutiva por el pecado; calmó la ira de Dios.	Imputa justicia al creyente.
Calvino	Expiación sustitutiva por el pecado; calmó la ira de Dios.	Imputa justicia al creyente.

Perspectiva arminiana. La teología arminiana se formó principalmente gracias a Curcellaeus y Limborch, los cuales escribieron para corregir los errores del socinianismo. Consideraban que la muerte de Cristo era análoga a los sacrificios del Antiguo Testamento, pues la muerte del animal tenía el propósito de liberar a los culpables del castigo. Aunque la muerte de Cristo fue un sacrificio, los sacrificios no eran el pago de la deuda ni la satisfacción de la justicia por el pecado.[14] En la analogía del Antiguo Testamento, quien ofrecía un animal, cumpliendo con el requisito de la ley, recibía la remisión de los pecados. Así también, Dios prometió perdonar a los pecadores con base en la muerte de Cristo, aunque Cristo no soportó el castigo exacto que debían pagar los pecadores. Dios perdonó porque no aplicó las reclamaciones de la justicia. Cristo no sufrió en su muerte lo que merecía el hombre; más bien, su muerte fue en sustitución de la pena del pecado.

La muerte de Cristo según la perspectiva arminiana no es ni una equivalencia estricta del pecado ni una pena sustituida; es en sustitución de la pena.[15] La pena sustituida requiere un valor equivalente; en sustitución de la pena significa que puede ser de valor inferior. Es evidente que hay semejanza entre la teoría gubernamental de Grocio, en la que Cristo no pagó completamente por el pecado, y la perspectiva arminiana.

Fe y obras

Perspectiva luterana. La luz de la gracia llegó a Martín Lutero después de leer Romanos 1:17, en algún momento anterior a 1517. De ahí en adelante, tras romper con la Iglesia católica romana, Lutero llegó a la firme convicción de que la justificación es por la fe sola (lat., *sola fide*). El 3 de octubre de 1517, cuando Lutero clavó las Noventa y cinco tesis en la puerta de la iglesia de Wittenberg, puede considerarse el inicio real de la Reforma, con su afirmación de la salvación por la gracia a través de la fe, en lugar de la perspectiva sinérgica de la Iglesia católica romana. Como resultado, Lutero rechazó la necesidad de las doctrinas católicas de la penitencia, indulgencias y otras formas de mérito humano para obtener la salvación. Lutero llegó a la conclusión de que solo la gracia de Dios es el fundamento y la base de la salvación y justificación del hombre. Enseñó que solo la gracia de Dios perdona los pecados e imputa la justicia de Cristo en quien cree.

Según Lutero, las obras no tenían parte en la salvación. Las buenas obras nacen o son fruto de la salvación, nunca son parte de ella. Diferenciaba entre las "obras de la ley", hechas en estado de incredulidad y que no tienen parte en la salvación, y las "obras de la fe", pruebas de la justificación. Estas buenas obras genuinas se encuentran en los Diez Mandamientos, como declaró Lutero: "... los Diez Mandamientos forman un compendio de doctrina divina, concerniente a lo que debemos hacer a fin de que toda nuestra vida agrade a Dios. [...] fuera de los Diez Mandamientos no puede haber obras ni prácticas buenas y agradables a Dios".

Perspectiva calvinista. En general, Juan Calvino estaba de acuerdo con Lutero en cuanto a la justificación por la fe. Calvino también enfatizó la justificación como un hecho forense (legal) por medio del cual Dios declara justo al pecador, un hecho posible por la gracia de Dios que es gratuita. Sin embargo, a diferencia de Lutero, Calvino comenzó su doctrina de la salvación con la elección de Dios del pecador. Según él, la elección para la salvación era incondicional, pues "si la elección fuera dependiente de la fe y las buenas obras de los hombres, la gracia no sería gratuita, de hecho dejaría de ser gracia".[16]

Calvino decía de Santiago 2:20 que la justificación por las obras no se relaciona con la imputación de justicia; más bien, como enseñaba también Lutero, las obras demuestran la realidad de la justificación. Por lo tanto, Calvino enseñó una "justificación doble". "Primero que todo, justificación es ser acepto ante Dios por medio de la imputación de la justicia que viene por la fe sola. Segundo, como consecuencia de lo anterior, la justificación es la declaración o manifiesto ante los hombres de la justicia de la fe. Tal es la justificación por las obras".[17]

La doctrina de la salvación de Calvino fue un hito porque relacionó la justificación y la santificación. Aunque mantenía la distinción entre las dos, las relacionó con el hecho de la salvación. Cristo no justifica a quien no santifica también. De acuerdo con Calvino, la justificación se convierte en el motivo de la santificación. Aunque la justificación es gratuita, la santificación es la respuesta agradecida del creyente.[18] Calvino observó: "... nadie puede abrazar la gracia del Evangelio sin apartarse de sus errores y su mala vida, ni poner todo el cuidado y diligencia en reformarse y enmendarse".

Perspectiva arminiana. En oposición a la doctrina de la elección incondicional de Calvino, los arminianos enseñaban la elección condicional: Dios elige para salvación a quienes Él sabe que creerán en Cristo. Pero hay provisión para toda la humanidad porque Cristo murió por todos, no solo por los elegidos. Aunque el hombre es incapaz de responderle a Dios por causa del pecado, Dios entrega su gracia previniente a todas las personas, lo cual les permite escoger libremente creer en Cristo o rechazarlo. Sin embargo, el creyente tiene la capacidad de resistir al Espíritu Santo, volver al mundo y perder su salvación. La perseverancia es esencial para mantener la vida eterna.

ECLESIOLOGÍA DE LA REFORMA

Perspectiva luterana

Iglesia. Cuando rompió con el catolicismo romano, Martín Lutero rechazó la infalibilidad de la iglesia y el concepto de sacerdocio único. En su lugar, enseñó el sacerdocio de todos los creyentes. Fue una recuperación importante de la verdad bíblica. Lutero enseñaba que la iglesia es "la asamblea de todos los cristianos del mundo". Esta es la iglesia verdadera y abarca a todos los creyentes unidos con Cristo por la fe. Lutero usaba el término *cristiano* para enfatizar la universalidad de la iglesia. Aunque sostuvo que solo hay una iglesia, distinguió la iglesia visible (observable por el ministerio de la Palabra y los sacramentos) de la iglesia invisible (observable por la provisión de salvación por medio del Espíritu Santo y por la comunión mística con Cristo).

Bautismo. Lutero enseñó que los sacramentos del bautismo y la Cena del Señor son vehículos que comunican la gracia de Dios. No dependen de la fe o el valor de las personas, sino de la promesa de Dios. Por lo tanto, Lutero enseñaba que los incrédulos se benefician de los sacramentos.

El concepto de Lutero del bautismo no difería mucho de la perspectiva católica romana; retenía gran parte de la ceremonia romana conectada con el rito. Enseñó que el bautismo es necesario para la salvación y que, de hecho, produce regeneración en las personas. Enfatizó que el bautismo es un arreglo entre Dios y el hombre, por el cual Dios promete perdonarle sus pecados y continuar dispensando su gracia, en tanto la persona le promete a Dios una vida de gratitud penitente.[19] En lo referente al bautismo, Lutero declaró: "[Dios] ha ordenado seria y severamente que nos debemos bautizar; de lo contrario no seremos salvos... [Es] el sacramento, en virtud del cual somos recibidos primeramente en la cristiandad".

Lutero también defendió el bautismo de los niños; enseñaba que Dios, a través de su gracia preveniente, obra la fe en el niño inconsciente, aunque el pequeño sea incapaz de ejercitarla. Tomaba como base para ello el mandamiento de bautizar a todas las naciones (Mt. 28:19).

Cena del Señor. Lutero rechazó la doctrina católica romana de la transubstanciación que enseña que los elementos se convierten en el cuerpo y la sangre de Cristo. Lutero estuvo en agudo desacuerdo con Zuinglio, pues afirmaba la presencia real de Cristo en la Cena del Señor. Su perspectiva

PERSPECTIVAS DE LOS REFORMADORES SOBRE LA IGLESIA Y LAS ORDENANZAS			
Perspectiva	Iglesia	Bautismo	Santa Cena
Luterana	Todos los creyentes del mundo constituyen la iglesia invisible. La iglesia visible se observa por el ministerio de la Palabra y los sacramentos.	Necesario para obtener la salvación. Efectúa la salvación. El bautismo de niños es necesario; Dios obra la fe en ellos.	"Consubstanciación": Cristo está presente corporalmente "en, con y bajo" los elementos.
Reformada	La iglesia universal se completa con el regreso de Cristo. La salvación es posible fuera de la iglesia.	Señal de la fe del creyente. El bautismo de niños es necesario y es señal del pacto.	Cristo está presente espiritualmente y es mediador de la gracia a los participantes.
Anabautista	La iglesia está compuesta solo por creyentes (los niños no son parte de la iglesia). Se enfatiza la pureza de la iglesia a través de la disciplina.	El bautismo es solo para los creyentes. Se rechaza el bautismo de los niños.	Solo es memorial. La carne y la copa simbolizan a Cristo en su muerte. No hay mediación de gracia.

se conoce como consubstanciación: aunque los elementos no se alteran, Cristo está presente corporalmente "en, con y bajo" los elementos.

Perspectiva reformada

Iglesia. Aunque las Iglesias luterana y reformada se alejaron de la católica romana, había diferencias marcadas entre ellas sobre qué debía aceptarse y qué debía rechazarse. "El luteranismo rechazó solo aquellas características de la Iglesia católica que le parecían expresamente prohibidas en las Escrituras. Las iglesias reformadas fueron más allá y retuvieron del catolicismo romano solo lo que creían avalado por las Escrituras".[20]

Mientras Lutero enfatizó que la iglesia solo es observable por las ordenanzas y que la salvación ocurre a través de la iglesia visible, los creyentes reformados afirmaban que la salvación es posible fuera del alcance de la iglesia visible. Según ellos, el Espíritu Santo podía obrar y salvar a las personas "cuando, donde y como a Él le placiera".[21] Los creyentes reformados también ampliaron la explicación de la iglesia invisible: es universal porque nadie puede ver a la iglesia en todas partes y en todo momento; no estará completa hasta que el Señor regrese; es imposible diferenciar siempre entre creyentes e incrédulos.

Bautismo. Los creyentes reformados enseñaron que los sacramentos debían administrarse solo a los creyentes como símbolos de su fe. Sin embargo, Dios comunica su gracia por medio de estos sacramentos.

Los reformados sostenían que, aun cuando el bautismo se debe administrar solo a los creyentes, es necesario bautizar a los niños para indicar su inclusión en el pacto. La inclusión del niño en el pacto es un símbolo de seguridad para los padres, y como los niños entran en el pacto, tienen derecho al bautismo.[22]

Cena del Señor. Juan Calvino rechazó la noción de Lutero de la presencia real de Cristo en la Cena del Señor, pero también rechazó la idea de Zuinglio de que solo fuera memorial. Calvino enseñaba que la ordenanza es solo para creyentes y que Cristo está espiritualmente presente, mediando la gracia a los creyentes participantes. Aunque Calvino enseñaba que el creyente participa de Cristo en la Cena del Señor, tal participación se da espiritualmente por la fe y no por medio de los elementos materiales. El incrédulo que participe de los elementos no se beneficia de la Cena del Señor, como sí sucede con el creyente.

Perspectiva anabautista

Iglesia. La perspectiva anabautista difería de la católica romana más radicalmente que la de los otros reformadores. Precisamente, el nombre anabautista quiere decir "bautizar de nuevo". Los anabautistas enfatizaban que la iglesia solo está compuesta de creyentes; por lo tanto, como los niños no tienen la capacidad de creer, no son parte de la iglesia. A diferencia de Lutero y Calvino, los anabautistas sostenían una fuerte división entre la iglesia y el estado. Una doctrina resultante que luego evolucionó fue la no resistencia: la prohibición de llevar armas en la guerra. Hubo quienes insistieron en que los anabautistas no debieran servir en la policía ni asumir responsabilidades judiciales.

TEOLOGÍA DE LOS REFORMADORES			
Doctrina	Lutero	Calvino	Zuinglio/Anabautistas
Escrituras	Única autoridad infalible para la fe y la salvación. Las Escrituras apuntan a Cristo.	La Biblia, no la iglesia, es la autoridad final. El primer intérprete científico.	Z: Autoridad infalible: deben determinar todas las prácticas. Se cumplirán las Escrituras. Las personas comunes y corrientes pueden entenderlas.
Predestinación	Todos los eventos fueron ordenados por Dios. Enseñaba la doble predestinación.	La predestinación se necesita debido a la depravación del hombre.	La predestinación se basa en la providencia de Dios.
Cristo	En la Cena del Señor, su naturaleza humana toma características divinas, como la omnipresencia.	Perspectiva ortodoxa; una persona con dos naturalezas que no se mezclan.	Perspectiva ortodoxa: una persona con dos naturalezas que no se mezclan.
Hombre y pecado	El hombre es depravado y no puede liberarse solo. Se necesita la gracia debido al pecado.	El hombre es depravado y no puede liberarse solo. Se necesita la gracia debido al pecado.	El hombre es depravado y no puede liberarse solo. Se necesita la gracia debido al pecado.
Expiación	Cristo murió una muerte sustitutiva por todos.	Cristo murió una muerte sustitutiva por todos.	Cristo murió una muerte sustitutiva por todos.
Salvación	La justificación es por fe sola, no por obras.	La justificación por la fe es un acto legal de Dios, imputa justicia al creyente. La base es la elección incondicional.	Cristo murió una muerte sustitutiva; pagó por el pecado original y por los pecados reales. Depende de la elección eterna.
Iglesia	Sacerdocio de todos los creyentes, compuesto por todos los creyentes del mundo.	Es posible la salvación fuera de la iglesia. La iglesia es visible e invisible.	A: La iglesia solo está compuesta de creyentes; los niños no forman parte. La iglesia y el estado están separados. Los creyentes son pacifistas.
Bautismo	Comunica la gracia. Produce perdón de los pecados; es necesario para la salvación. Bautismo de los niños.	Solo para los creyentes, pero hay bautismo de niños para mostrar que pertenecen al pacto.	Z: Bautismo de niños. A: Solo para los creyentes; rechazo del bautismo de niños.
Santa Cena	Cristo está presente en un sentido real. Los incrédulos se pueden beneficiar.	Comunica la gracia. El creyente participa de Cristo por la fe.	Z: Solo memorial. El pan es símbolo de Cristo, no su cuerpo literal.

Adoptaron una manera sencilla de vivir en la que se esmeraban por cumplir el sermón del monte. También se esforzaban por mantener la pureza de la iglesia y ejercitaban con diligencia la disciplina eclesial (castigos físicos) contra los esposos que maltrataban a sus esposas. También usaban la disciplina eclesial para otras cosas. Un capítulo triste de la historia de la iglesia es anotar que no solo los católicos romanos persiguieron a los anabautistas para matarlos, sino que los luteranos y calvinistas también lo hicieron.[23]

Bautismo. Los anabautistas enfatizaban que solo los creyentes deben bautizarse; como resultado invalidaban y rechazaban el bautismo de niños; requerían el nuevo bautismo de quienes se habían hecho creyentes pero solo habían recibido el bautismo de niños. En esto los anabautistas se apartan incluso de Zuinglio, quien defendía el bautismo de niños. El bautismo se administra solo a quienes exhiben conscientemente su fe en Cristo. El nombre "anabautista" (el prefijo *ana* es latín, y significa "de nuevo") se deriva de la exigencia de volver a bautizar a los adeptos que se habían bautizado cuando niños. Es interesante que el modo del bautismo no fuera importante para los anabautistas; algunos defendían la inmersión y otros la afusión.

Cena del Señor. La ruptura de Lutero con Zuinglio por el asunto de la Cena del Señor es bien conocida. Mientras Lutero aceptaba la presencia de Cristo alrededor de los elementos y los creyentes reformados creían en la comunicación de la gracia en los elementos, Zuinglio enseñó que la Cena del Señor tan solo era un memorial de la muerte de Cristo. Lutero entendía literalmente la declaración de Cristo "esto es mi cuerpo"; Zuinglio decía que el pan solo simbolizaba el cuerpo de Cristo. Los anabautistas siguieron la perspectiva de Zuinglio sobre la Cena del Señor. Aun así, esta significaba mucho para los anabautistas. Comer y beber fraternalmente les daba fuerza, ánimo y la certeza de pertenecer a una asamblea de almas redimidas y de pertenecer al "verdadero cuerpo de Cristo".[24] Veían en la Cena del Señor la confirmación de la unidad interna de creyentes, y el aporte del elemento horizontal de compartir y reunirse espiritualmente.[25]

NOTAS

1. E. H. Klotsche, *The History of Christian Doctrine*, ed. rev. (Grand Rapids: Baker, 1979), 170.

2. A. Berkeley Mickelsen, *Interpreting the Bible* (Grand Rapids: Eerdmans, 1963), 39.

3. Geoffrey W. Bromiley, *Historical Theology: An Introduction* (Grand Rapids: Eerdmans, 1978), 214.

4. *Ibíd.*, 214.

5. Phillip Schaff, *History of the Christian Church*, 8 vols., 3a ed. rev. (Nueva York: Scribner's, 1960), 8:524-525.

6. Bernard Ramm, *Protestant Biblical Interpretation*, 3ª ed. (Grand Rapids: Baker, 1970), 57-59.

7. A. Mitchell Hunter, *The Teaching of Calvin* (Westwood: Revell, 1950), 121.

8. G. Fisher, Hubert Cunliffe-Jones, ed., *A History of Christian Doctrine* (Filadelfia: Fortress, 1978), 391-392.

9. Louis Berkhof, *History of Christian Doctrines* [*Historia de las doctrinas cristianas*] (Edimburgo: Banner of Truth, 1937), 149. Publicado en español por Estandarte de la Verdad.

10. *Ibíd.*

11. *Ibíd.*, 150-151.

12. Schaff, *History of the Christian Church*, 8:551.

13. *Ibíd.*, 8:547.

14. William G. T. Shedd, *A History of Christian Doctrine,* 2 vols. (Reimpresión. Minneapolis: Klock & Klock, 1978), 2:371.

15. *Ibíd.*

16. Philip Schaff, *The Creeds of Christendom with a History and Critical Notes* (Reimpresión. Grand Rapids: Baker, 1977), 1:453.

17. Bromiley, *Historical Theology*, 236.

18. *Ibíd.*, 238.

19. E. G. Schwiebert, *Luther and His Times* (St. Louis: Concordia, 1950), 448.

20. Kenneth Scott Latourette, *A History of Christianity* [*Historia del cristianismo*] (Nueva York: Harper, 1953), 778. Publicado en español por Casa Bautista de Publicaciones.

21. Berkhof, *History of Christian Doctrines* [*Historia de las doctrinas cristianas*], 238.

22. *Ibíd.*, 250-251.

23. Véase Henry Smith, *The History of the Mennonites* (Newton: Mennonite, 1957).

24. Robert Friedmann, *The Theology of Anabaptism* [*Teología del anabautismo*] (Scottdale: Herald, 1973), 139. Publicado en español por Ediciones Clara.

25. *Ibíd.*, 140.

PARA ESTUDIO ADICIONAL SOBRE LA TEOLOGÍA DE LA REFORMA

General

* Robert Friedmann, *Teología del anabautismo: Una interpretación* (Santafé de Bogotá: Ediciones Clara, 1998).

* Stephen J. Nichols, *The Reformation: How a Monk and a Mallet Changed the World* (Wheaton: Crossway, 2007).

Bibliología de la Reforma

* Geoffrey W. Bromiley, *Historical Theology: An Introduction* (Grand Rapids: Eerdmans, 1978), 210-217, 222-228.

* E. H. Klotsche, *The History of Christian Doctrine*, ed. rev. (Grand Rapids: Baker, 1979), 169-170, 188, 230-231.

* Bernard Ramm, *Protestant Biblical Interpretation*, 3ª ed. (Grand Rapids: Baker, 1970), 51-59.

** Phillip Schaff, *History of the Christian Church*, 8 vols. (Nueva York: Scribner's, 1960), vol. 8.

Antropología de la Reforma

** Carl Bangs, *Arminius* (Nashville: Abingdon, 1971).

* Louis Berkhof, *History of Christian Doctrines* [*Historia de las doctrinas cristianas*] (Edimburgo: Banner of Truth, 1937), 147-151. Publicado en español por Estandarte de la Verdad.

** William Cunningham, *Historical Theology,* 2 vols. (Reimpresión. Londres: Banner of Truth, 1960), 2:371-513.

* E. H. Klotsche, *The History of Christian Doctrine*, ed. rev. (Grand Rapids: Baker, 1979), 174-176, 231-232.

** Martin Luther, *The Bondage of the Will*, traducido por J. I. Packer y A. R. Johnston (Londres: Clarke, 1957).

** William G. T. Shedd, *A History of Christian Doctrine,* 2 vols. (Reimpresión. Minneapolis: Klock & Klock, 1978), 2:111-196.

* David L. Smith, *With Willful Intent: A Theology of Sin* (Wheaton, BridgePoint, 1994), 64-89.

Soteriología de la Reforma

Significado de la expiación

* Louis Berkhof, *The History of Christian Doctrines* [*Historia de las doctrinas cristianas*] (Edimburgo: Banner of Truth, 1937), 182-189. Publicado en español por Estandarte de la Verdad.

** William Cunningham, *Historical Theology,* 2 vols. (Reimpresión. Londres: Banner of Truth, 1960), 2:237-370.

* Walter A. Elwell, ed., *Diccionario teológico de la Biblia* (Nashville, TN: Caribe, 2005).

* H. D. McDonald, *The Atonement of the Death of Christ* (Grand Rapids: Baker, 1985), 181-192.

** William G. T. Shedd, *Dogmatic Theology,* 3 vols. (Reimpresión. Nashville: Nelson, 1980), 2:378-489.

** William G. T. Shedd, *A History of Christian Doctrine* (Reimpresión. Minneapolis: Klock & Klock, 1978), 2:333-386.

** A. H. Strong, *Systematic Theology* (Valley Forge: Judson, 1907), 728-773.

Fe y obras

* Louis Berkhof, *The History of Christian Doctrines* [*Historia de las doctrinas cristianas*] (Edimburgo: Banner of Truth, 1937), 217-224. Publicado en español por Estandarte de la Verdad.

* Geoffrey W. Bromiley, *Historical Theology: An Introduction* (Grand Rapids: Eerdmans, 1978), 229-232, 235-239, 242-245, 248-253.

** Juan Calvino, *Institución de la religión cristiana* (Buenos Aires: Nueva Creación, 1988).

** H. T. Kerr, *A Compend of Luther's Theology* (Filadelfia: Westminster, 1943).

* E. H. Klotsche, *The History of Christian Doctrine*, ed. rev. (Grand Rapids: Baker, 1979), 176-178, 235-238.

Eclesiología de la Reforma

* Louis Berkhof, *The History of Christian Doctrines* [*Historia de las doctrinas cristianas*] (Edimburgo: Banner of Truth, 1937), 236-238, 245-256. Publicado en español por Estandarte de la Verdad.

** Robert Friedmann, *The Theology of Anabaptism* [*Teología del anabautismo*] (Scottdale: Herald, 1973), 115-157. Publicado en español por Ediciones Clara.

** A. Mitchell Hunter, *The Teaching of Calvin* (Westwood: Revell, 1950), 166-190.

* E. H. Klotsche, *The History of Christian Doctrine*, ed. rev. (Grand Rapids: Baker, 1979), 180-184, 238-243.

** John T. McNeill, *The History and Character of Calvinism* (Nueva York: Oxford Univ. Press, 1957). Esta obra útil no solo explica las enseñanzas Calvino, también las de Lutero, Zuinglio y los anabautistas.

** E. G. Schwiebert, *Luther and His Times* (St. Louis: Concordia, 1950). Véase el índice para la explicación de los temas. Una obra bien documentada sobre la vida de Lutero.

AUNQUE PUEDE PARECER extraño llamar modernos a los desarrollos de los siglos XVII al XX, tal título no parece tan inapropiado desde la perspectiva de la historia de los milenios. Es en este sentido que el presente capítulo recibe su nombre.

Como hay una superposición obvia entre el desarrollo doctrinal de la iglesia moderna y la teología contemporánea (siglo XX), este capítulo aportará solo un resumen breve de las grandes perspectivas teológicas que salieron a flote después de la Reforma. En la parte 5 de este volumen, "Teología contemporánea", se explican muchas teologías específicas y distintivas que se desarrollaron en la iglesia desde inicios del siglo XX.

TEOLOGÍA DEL PACTO

La teología del pacto fue fruto de la Reforma, particularmente a través de escritos teológicos de hombres como Zuinglio, Bullinger, Calvino y Cocceius. Aunque estos hombres no enseñaban lo que hoy se conoce por teología del pacto, su teología echó los fundamentos de lo que después se conocería bajo ese nombre. Johannes Wollebius (1586-1629), teólogo reformado de Basilea, y William Ames (1576-1633), puritano, hicieron contribuciones importantes para su desarrollo. Johannes Cocceius (1603-1669), un discípulo de Ames, fue responsable de sistematizar la teología del pacto.

En la teología del pacto hay dos características principales: el pacto de obras y el pacto de gracia. El pacto de obras está implicado en el Antiguo Testamento, aunque ahí no se menciona específicamente. De acuerdo con los teólogos del pacto, Dios hizo un pacto con Adán antes de la Caída. Allí Dios le prometió vida eterna por obedecer durante un período de prueba, y muerte si desobedecía. En dicha prueba Adán era la cabeza federal de toda la humanidad; de haber obedecido, él habría sido confirmado en justicia y los beneficios habrían recaído sobre toda la humanidad. Por otra parte, como fracasó y cayó, los hechos de su desobediencia pasaron a toda la humanidad: todos nacen en pecado y bajo la autoridad del pecado.

Después de la Caída, Dios hizo otro pacto con Adán (el cual era el representante de la raza humana), en el cual Dios, por su abundante misericordia, prometía vida eterna a todo el que creyera en Jesucristo. Esencialmente, el pacto de gracia tiene su base en el pacto de redención hecho en el pasado eterno por el Dios trino, cuando el Padre delegó a su Hijo, quien estuvo de acuerdo en llevar salvación al mundo con su muerte expiatoria. El pacto de gracia se entiende como la aplicación del pacto de redención, por lo tanto, está restringido a los elegidos.

TEOLOGÍA LUTERANA

Tras el establecimiento del luteranismo en el siglo XVI, la teología luterana recibió influencia del pensamiento neoaristotélico, que ya había entrado en las universidades alemanas. No obstante, ello no fue a expensas de la doctrina luterana.[1] El movimiento pietista, liderado por Philipp Jakob Spener (1635-1705), pastor alemán y capellán real, reaccionó ante la metodología escolástica e hizo un llamado a la experiencia individual y espiritual. En el siglo XVIII, Christian Wolff (1679-1754), matemático y filósofo alemán, llevó a la teología luterana hacia el racionalismo, pues afirmaba que nada se podía conocer sin mediar una prueba. Intentó armonizar la fe y la razón, mas la consecuencia fue que la razón se volvió la autoridad final.[2]

Después de la Reforma se desarrolló una teología reformada distintiva. Su fundamento era la *sola Scriptura*: la Biblia sola es la autoridad confiable para los cristianos. Por esta verdad Lutero rompió con la Iglesia católica romana en 1517, y tal principio continuó siendo la verdad fundamental que rigió la teología luterana en el siglo XVII.

La segunda doctrina importante en el corazón de la teología luterana posterior al período de la Reforma fue el modo de justificación. Como Lutero, sus seguidores enseñaron que la justificación se basa en la muerte meritoria de Cristo, que expió los pecados. La Confesión de Augsburgo explicó en 1530 que la justificación era "absolver al pecador y declararlo justo por cuenta de la justicia de alguien más, o sea, la justicia de Cristo".

La tercera doctrina importante desarrollada por los luteranos era la *sola fide*; la sola fe es el medio por el cual una persona puede apropiarse de la salvación y la justificación de Dios.

TEOLOGÍA REFORMADA

La designación *reformada* diferencia la doctrina calvinista de la doctrina luterana o anabautista.[3] El fundamento de la teología reformada se encuentra en la *Institución de la religión cristiana* de Calvino, aunque ha habido considerable diversidad entre los diferentes adeptos a la tradición reformada. En esta era se produjeron algunos de los grandes catecismos y confesiones de fe. La Primera Confesión Helvética (1536), compuesta por Johann Bullinger (1504-1575; el sucesor de Zuinglio) y otros, representaba la fe reformada de todos los cantones de Suiza.[4] La Segunda Confesión Helvética (1566), escrita también por Bullinger y publicada en latín, alemán y francés, tuvo una influencia aún más amplia.[5] El Catecismo de Heidelberg (1536)[6] ha tenido gran influencia hasta el día de hoy.

La *Institución* de Calvino logró entrar en Bretaña entre los puritanos y los presbiterianos independientes. Inclusive algunos anabautistas, conocidos como "bautistas particulares" para señalar su adherencia a la redención particular, también siguieron la teología reformada. La Confesión de Fe de Westminster[7] se convirtió en la norma doctrinal de los adherentes británicos a la fe reformada.

La teología reformada también se extendió a Holanda, y tal vez entre los holandeses encontró a sus más grandes seguidores en años recientes como Herman Bavinck (1895-1964) y Abraham Kuyper (1837-1920); el segundo fue fundador de la Universidad Libre de Amsterdam y también primer ministro de Holanda. En la tradición reformada hubo otros hombres del siglo xx, como James Orr en Escocia, Benjamin B. Warfield, J. Gresham Machen y Cornelius Van Til en Estados Unidos.

El corazón de la teología reformada puede resumirse en los cánones del sínodo de Dort[8] (1619), que respondía a la Remonstrancia (la afirmación doctrinal de Jacobo Arminio). En el sínodo de Dort se hicieron cinco declaraciones positivas que resumían el calvinismo: (1) la depravación total del hombre, (2) la elección incondicional para la salvación, (3) la expiación limitada (solo para los elegidos), (4) la gracia irresistible, (5) la perseverancia de los santos.

TEOLOGÍA LIBERAL

Las raíces de la teología liberal (también llamada modernismo) se pueden rastrear hasta la Alemania del siglo xviii. Immanuel Kant (1724-1804) se considera usualmente el padre del liberalismo religioso moderno. Kant negaba las pruebas de la existencia de Dios, sostenía que el hombre solo podía alcanzar a Dios por la razón. Este enfoque fue resultado de la Ilustración, que veía con sospecha la tradición y la autoridad bíblica y aclamaba el mérito de la razón. Friedrich Schleiermacher (1768-1834) aportó una nueva característica a la teología; sostuvo que la esencia de la religión consiste en el "sentimiento". Schleiermacher intentó hacer la teología compatible con la mente moderna. Enseñaba que la religión no se puede identificar con credos, sino con expresiones del sentimiento, ya fueran ellas arte, literatura u otras expresiones. Schleiermacher definía la religión como "el sentimiento de absoluta dependencia". Por otro lado, identificó el pecado con la preocupación egoísta por este mundo. Georg Hegel (1770-1831) llevó el pensamiento liberal en otra dirección. Introdujo el concepto de evolución en la historia (y la religión) cuando enseñó que la historia es el encuentro de dos movimientos opuestos (tesis-antítesis), cuyo resultado es la mezcla de las dos (síntesis). Muchos creen que la filosofía hegeliana influenció a Ferdinand C. Baur (1792-1860) y a Julius Wellhausen (1844-1918) en sus estudios críticos de la Biblia. Así nació la alta crítica, para la cual eran cuestionables las perspectivas tradicionales sobre los autores de los libros bíblicos.

Los principios de la teología liberal incluyen los siguientes:[9] El énfasis en la razón y la experiencia humana: las creencias religiosas deben superar la prueba de la razón humana y los hallazgos de la ciencia, y el cristianismo debe adaptarse al mundo moderno. La Biblia no es un libro autoritario e infalible; es un registro de experiencias de otros y tiene un valor ejemplar pero no dogmático. No hay diferencia entre lo natural y lo sobrenatural, entre Dios y la naturaleza, el hombre y los animales. Se resta importancia a Cristo y al hombre, y el resultado lógico de esta perspectiva es el panteísmo.

El liberalismo fue una perspectiva optimista de la vida que perdió influencia después de la Primera Guerra Mundial, y con la llegada de un nuevo enfoque para las creencias religiosas llamado neo-ortodoxia.

TEOLOGÍA NEO-ORTODOXA

El término *neo-ortodoxia* quiere decir "nueva ortodoxia"; no obstante, aunque es relativamente nueva, no es ortodoxa. La neo-ortodoxia fue una reacción al fracaso del liberalismo. La Primera Guerra Mundial mostró el error teológico del liberalismo con su negación del pecado y su afirmación de la bondad básica del hombre. Karl Barth (1886-1968) buscó recuperar la verdad cuando abandonó su formación liberal y se entregó al estudio serio de las Escrituras. La publicación de su comentario *Carta a los romanos* en 1919 se considera el inicio de la neo-ortodoxia, la ruptura con el liberalismo. Sin embargo, la neo-ortodoxia presentaba una amplia divergencia de opiniones teológicas.

Søren Kierkegaard (1813-1855), filósofo y teólogo danés, le dio a la teología un énfasis en la experiencia que luego desarrollaron los teólogos neo-ortodoxos. Kierkegaard denunció la ortodoxia fría de su país, donde la gente asentía verbalmente a los credos y se consideraban cristianos por pertenecer a la iglesia del estado. Kierkegaard enseñó que la vida no es creer las doctrinas, sino la presencia de la experiencia y el compromiso. A diferencia del énfasis liberal en la inmanencia de Dios, Kierkegaard enseñaba la trascendencia de Dios y la dificultad del hombre en conocerlo. El hombre debe dar un "salto de fe" para descubrir a Dios. La teología de Kierkegaard (también llamada "teología de la desesperanza") marcó el inicio del existencialismo, un énfasis en la experiencia personal como norma de la realidad.

Karl Barth siguió a Kierkegaard en su reconocimiento de la trascendencia de Dios y enfatizó la experiencia en la religión. Barth enseñaba que

Dios no se puede conocer objetivamente porque Él es trascendente; debe conocerse subjetivamente mediante la experiencia (varias perspectivas de Barth se discutirán más adelante en la parte 5: "Teología contemporánea"). Emil Brunner (1889-1966) era conocido por su énfasis en la cristología: denunció la perspectiva liberal de Cristo y enseñó que se necesita un encuentro personal para conocer a Dios. De su enseñanza viene el nombre "teología de la crisis", pues Dios encuentra al hombre en crisis. Reinhold Niebuhr (1892-1971), como pastor de las áreas de la clase trabajadora en Detroit, se concentró en la ética social. Rudolf Bultmann (1884-1976) negó la confiabilidad de la Biblia, sugirió que había sido contaminada por las perspectivas de la iglesia y no enseñaba fácticamente a Dios y a Cristo. Su enseñanza ha impactado en muchos teólogos, de tal forma que el bultmannismo se ha vuelto sinónimo de una forma particular de la neo-ortodoxia.

Los principales fundamentos de la neo-ortodoxia son éstos:[10] la Biblia no es la revelación, sino un testimonio de ella; no se puede equiparar objetivamente con la Palabra de Dios; la revelación de Dios no se da en palabras. Jesucristo es el centro de la revelación de Dios: el hombre llega a Dios en un encuentro experimental con Jesucristo. Los eventos de las Escrituras, como la resurrección de Cristo, se llaman *geschichte*, "relato", en contraste con *historie*, "historia". *Geschichte* hace referencia a la verdad de Dios trascendente y experimental que no se ve afectada por la verdad o el error que puede caracterizar los particulares de la *historie* en este mundo. La *historie* es verificable históricamente, por lo tanto, es un nivel inferior de las Escrituras en el cual se pueden encontrar errores, y se han encontrado. La *geschichte* no puede verificarse históricamente y, por lo tanto, es un nivel superior de las Escrituras en el que no pueden encontrarse errores. Por lo tanto, no es importante si los eventos bíblicos ocurrieron o no; el hecho de que muchos relatos bíblicos sean "mitos" o "sagas" no afecta su significado y validez mayor. Dios es trascendente, es "totalmente otro". Hay una fuerte distinción entre Dios y el hombre; el hombre solo puede tener comunión con Dios a través de "un salto de fe".

CONCLUSIÓN

Esta es, pues, la teología histórica. La tarea de los cristianos contemporáneos es abrazar los puntos fuertes y evitar los errores de los teólogos del pasado. Ello solo puede hacerse evaluando todas las doctrinas a la luz de la Palabra de Dios. Por ello la Biblia es provechosa (2 Ti. 3:16-17).

PERSPECTIVAS TEOLÓGICAS EN LA IGLESIA MODERNA

Comparaciones	Teología del pacto	Luterana	Reformada	Liberal	Neo-ortodoxa
Adeptos	J. Wollebius W. Ames J. Cocceius Adeptos modernos	Martín Lutero Teólogos luteranos	J. Calvino A. Kuyper B. B. Warfield Teólogos reformados modernos	I. Kant F. Schleiermacher G. Hegel Otros liberales	K. Barth S. Kierkegaard R. Bultmann Otros teólogos neo-ortodoxos
Características	El pacto de obras significa vida a través de la obediencia. El pacto de gracia significa vida a través de la fe.	Sola Escritura Sola fe El creyente es justificado por la fe con base en la muerte de Cristo	Depravación total del hombre. Elección incondicional. Expiación limitada. Gracia irresistible. Perseverancia de los santos.	Énfasis en la razón y la experiencia humanas. Falibilidad de la Biblia. Perspectiva optimista del hombre.	Énfasis en la experiencia. Falibilidad de la Biblia: solo es un testimonio de la revelación. Los eventos de la Biblia son "mitos".

484 COMPENDIO PORTAVOZ DE TEOLOGÍA

Notas

1. J. F. Johnson, "Lutheran Tradition, The", en Walter A. Elwell, ed., *Evangelical Dictionary of Theology* [*Diccionario teológico de la Biblia*] (Grand Rapids: Baker, 1984), 669. Publicado en español por Caribe.

2. *Ibíd.*

3. Véase W. S. Reid, "Reformed Tradition, The", en *Evangelical Dictionary of Theology* [*Diccionario teológico de la Biblia*], 921-924, para un resumen muy útil. Publicado en español por Caribe.

4. Philip Schaff, *The Creeds of Christendom* (Reimpresión. Grand Rapids: Baker, 1977), pp: 3:211-231.

5. *Ibíd.*, 3:233-306.

6. *Ibíd.*, 3:307-355.

7. *Ibíd.*, 3:600-673.

8. *Ibíd.*, 3:550-597.

9. Bernard Ramm, *A Handbook of Contemporary Theology* [*Diccionario de teología contemporánea*] (Grand Rapids: Eerdmans, 1966), 81, publicado en español por Casa Bautista de Publicaciones; y R. V. Pierard, "Liberalism, Theological", en *Evangelical Dictionary of Theology* [*Diccionario teológico de la Biblia*], 631-632.

10. Ramm, *A Handbook of Contemporary Theology* [*Diccionario de teología contemporánea*], 89-92.

Para estudio adicional sobre la teología moderna

* Walter A. Elwell, ed., *Diccionario teológico de la Biblia* (Nashville, TN: Caribe, 2005).

** Eric W. Gritsch y Robert W. Jenson, *Lutheranism* (Filadelfia: Fortress, 1976).

** Warren F. Groff y Donald E. Miller, *The Shaping of Modern Christian Thought* (Cleveland: World, 1968).

* William E. Hordern, *A Layman's Guide to Protestant Theology*, ed. rev. (Londres: Macmillan, 1968), 1-129.

** Michael Scott Horton, ed., *Power Religion* (Chicago: Moody, 1992).

** George M. Marsden, *Reforming Fundamentalism: Fuller Seminary and the New Evangelicalism* (Grand Rapids: Eerdmans,1987).

** Iain H. Murray, *After Fundamentalism* (San Francisco: Harper & Row, 1983).

** _____, *Evangelicalism Divided* (Edimburgo: Banner of Truth, 2000).

* Bernard Ramm, *Diccionario de teología contemporánea* (El Paso, TX: Casa Bautista de Publicaciones, 1978).

** David F. Wells, *God in the Wasteland* (Grand Rapids: Eerdmans, 1994).

* _____, *No Place for Truth: Or Whatever Happened to Evangelical Theology?* (Grand Rapids: Eerdmans, 1993).

Parte 4   # TEOLOGÍA DOGMÁTICA

INTRODUCCIÓN A LA TEOLOGÍA DOGMÁTICA

DISTINCIÓN

LA TEOLOGÍA DOGMÁTICA se suele confundir con la teología sistemática, y a menudo se usa como sinónimo de ella.[1] Aunque William G. T. Shedd escribió una teología sistemática de tres volúmenes llamada *Dogmatic Theology* [Teología dogmática], él uso los términos *sistemática* y *dogmática* de forma intercambiable.[2] Aunque la siguiente definición mostrará la diferencia entre las dos, el nombre *teología dogmática* es más común en Alemania y Holanda, mientras *teología sistemática* es el nombre popular en Gran Bretaña y Estados Unidos.[3]

DEFINICIÓN

La palabra *dogma* viene de una palabra del latín y del griego que significa "aquello que se sostiene como una opinión", y también puede denotar "una doctrina o cuerpo de doctrinas de la teología y la religión declaradas formalmente y proclamadas autoritativamente por una iglesia".[4] Berkhof define *dogma* como "una doctrina, derivada de las Escrituras, definida oficialmente por la iglesia, la cual se considera que descansa sobre la autoridad divina".[5] Históricamente, los concilios de la iglesia buscaban resolver los problemas teológicos y diferenciar la verdad del error; por lo tanto, los concilios de la iglesia formulaban declaraciones doctrinales conocidas como *dogmas*.[6] Como la iglesia afirmaba oficialmente estos dogmas, las declaraciones eran vinculantes para los cristianos. Es importante ver que, desde su inicio, el término *dogma* no solo enfatiza las declaraciones de las Escrituras, sino las afirmaciones eclesiásticas y autoritativas de ese dogma.

Probablemente, el término *teología dogmática* lo usó por primera vez L. Reinhardt en 1659, como título de un libro. La palabra *dogma* o *dogmática* entró en boga después de la Reforma, y se usó para designar "los artículos de fe que la iglesia formulaba oficialmente"; por lo tanto, el término indicaba la teología dogmática de la Iglesia católica romana, la Iglesia reformada y las demás.[7]

Shedd, en relación a la teología dogmática, define *dogma* así: "1. Denota una proposición doctrinal que se ha derivado exegéticamente de las Escrituras. 2. Denota un decreto o decisión de la Iglesia. La autoridad del dogma, en el primer caso, es divina; en el segundo, humana".[8] Esta definición diferencia la teología dogmática de la sistemática. La definición de la teología sistemática no necesitaría incluir la declaración sobre la autoridad de la iglesia. Se han escrito muchas teologías sistemáticas con la aprobación o autorización oficial de una iglesia o cuerpo eclesiástico. La teología dogmática explica las mismas doctrinas, usualmente bajo el mismo bosquejo y forma de la teología sistemática, pero desde una posición teológica particular y una identificación eclesial.

Wayne Grudem considera que *"Teología dogmática* es lo mismo que *teología sistemática"*.[9] Louis Berkhof explica que la palabra *dogma* se refiere a "las afirmaciones o definiciones de doctrina, que el cuerpo de cristianos que los definió considera como verdades inconmovibles, y por eso mismo revestidas con autoridad".[10] Así, a través de los siglos, diferentes grupos cristianos (los padres de la iglesia, la Iglesia católica romana y los reformadores) han afirmado sus dogmas de acuerdo con su comprensión de las Escrituras. Karl Barth define los *dogmas* como "las proposiciones doctrinales, reconocidas y confesadas por la Iglesia, las cuales, con su relativa autoridad, están depositadas en los símbolos eclesiásticos".[11] Tal declaración ayuda a entender la autoridad de la iglesia en los dogmas.

Cuando Berkhof relaciona la palabra *dogma* con la teología dogmática, probablemente aporta la mejor definición de teología dogmática: "la dogmática trata la verdad doctrinal de la Escritura en forma sistemática, y más particularmente con la verdad tal como la Iglesia la confiesa".[12]

AUTORIDAD

Perspectiva católica romana

La teología dogmática de la Iglesia católica romana, aunque reconoce la autoridad de las Escrituras, también contempla la tradición y las decisiones oficiales de la iglesia para la formulación de sus dogmas. En años recientes, teólogos católicos romanos como Karl Rahner han defendido la necesidad de la experimentar los dogmas en la vida, en lugar de reconocer tan solo las declaraciones de los credos.

Perspectiva protestante

La teología dogmática escrita en la tradición protestante, ya sea calvinista, arminiana, del pacto o dispensacional, tiene a la Biblia como su autoridad, no a la iglesia. En los puntos de controversia se busca la solución en las Escrituras, no en la decisión de los concilios de la iglesia. Tal como la teología conservadora rechazó la autoridad de la iglesia para formular sus doctrinas, la teología conservadora también ha rechazado la autoridad del racionalismo en los últimos dos siglos.

Las categorías de teología calvinista, arminiana, del pacto, dispensacional y católica, se agrupan bajo esta sección titulada "Teología dogmática". Cada uno de estos sistemas refleja la interpretación y perspectiva teológica de un cuerpo eclesial particular o de un movimiento que profese a Cristo.

Notas

1. F. H. Klooster, "Dogmatics", en Walter A. Elwell, ed., *Evangelical Dictionary of Theology* [*Diccionario teológico de la Biblia*] (Grand Rapids: Baker, 1984), 328. Publicado en español por Caribe.

2. William G. T. Shedd, *Dogmatic Theology,* 3 vols. (Reimpresión. Nashville: Nelson, 1980), 1:1s.

3. Hendrikus Berkhof, *Introduction to the Study of Dogmatics* (Grand Rapids: Eerdmans: 1985), 7 y Louis Berkhof, *Introduction to Systematic Theology* [*Introducción a la teología sistemática*] (Reimpresión. Grand Rapids: Baker, 1979), 17, publicado en español por T.E.L.L. Aunque Louis Berkhof prefiere el nombre *teología dogmática,* por razones prácticas en su obra usa la expresión *teología sistemática.*

4. *Webster's New Collegiate Dictionary* (Springfield: Merriam, 1949), 245. El uso bíblico y extra-bíblico de la palabra puede denotar ideas como "decreto", "ordenanza", "decisión" o "mandato". Se usa en el *decreto* de César (Lc. 2:1; Hch. 17:7), los *mandamientos* de Cristo (*Bernabé* 1:6; *Epístola a los Magnesianos* 13:1) o la *ley* mosaica (*1 Mace.* 1:3; Ef. 2:15; Col. 2:14). Compárese William F. Arndt y F. Wilbur Gingrich, *A Greek-English Lexicon of the New Testament and Other Early Christian Literature,* 2ª ed., F. Wilbur Gingrich y Frederick W. Danker, eds. (Chicago: Univ. of Chicago, 1979), 201. Estos ejemplos indican además que la palabra se usa para enfatizar las creencias de un individuo o grupo.

5. Louis Berkhof, *The History of Christian Doctrines* [*Historia de las doctrinas cristianas*] (Edimburgo: Banner of Truth, 1937), 18-19. Publicado en español por Estandarte de la Verdad.

6. Berkhof, *Introduction to the Study of Dogmatics,* 4-5.

7. T. W. J. Morrow, "Dogma", en Sinclair B. Ferguson, David F. Wright y J. I. Packer, eds., *New Dictionary of Theology* [*Nuevo diccionario de teología*] (Downers Grove: InterVarsity, 1988) 203. Publicado en español por Casa Bautista.

8. Shedd, *Dogmatic Theology,* 1:11.

9. Wayne Grudem, *Teología sistemática* (Miami: Vida, 2007), 25.

10. Louis Berkhof, *Introduction to Systematic Theology* [*Introducción a la teología sistemática*], 19.

11. *Ibíd.,* 20.

12. *Ibíd.,* 35.

Para estudio adicional sobre la teología dogmática

** Hendrikus Berkhof, *Introduction to the Study of Dogmatics* (Grand Rapids: Eerdmans: 1985).

** Louis Berkhof, *Introducción a la teología sistemática* (Grand Rapids: T.E.L.L., 1982).

* F. H. Klooster, "Dogmatics", en Walter A. Elwell, ed., *Evangelical Dictionary of Theology* [*Diccionario teológico de la Biblia*] (Grand Rapids: Baker, 1984), 328-329. Publicado en español por Caribe.

* T. W. J. Morrow, "Dogma", en Sinclair B. Ferguson, David F. Wright y J. I. Packer, eds., *New Dictionary of Theology* [*Nuevo diccionario de teología*] (Downers Grove: InterVarsity, 1988) 202-204. Publicado en español por Casa Bautista.

TEOLOGÍA
CALVINISTA

HABLAR DE CALVINISMO es hablar de la fe reformada. Hoy, el término *reformado* básicamente es sinónimo de calvinismo, e históricamente diferencia a las iglesias calvinistas de las tradiciones luteranas y anabautistas.[1] La teología del calvinismo o de la fe reformada tiene sus raíces en los escritos de Juan Calvino, expresadas particularmente en la *Institución de la religión cristiana*. La teología de Calvino se centra en la soberanía de Dios, y las otras doctrinas están vinculadas a esa premisa. Muchas declaraciones confesionales se han adherido a la teología calvinista en Europa, Gran Bretaña y Estados Unidos.

DESARROLLO HISTÓRICO DE LA TEOLOGÍA CALVINISTA

Juan Calvino y la *Institución*

Juan Calvino (1509-1564) nació en Noyon, Picardía, a casi 100 kilómetros al noreste de París. Comenzó a estudiar para el sacerdocio en la Universidad de París a los 14 años pero, por un conflicto con un obispo, terminó estudiando derecho. Se hizo experto en latín, griego y hebreo. Su conversión ocurrió por el contacto con los protestantes, probablemente en 1533 o 1534, pero falta información en cuanto a los detalles. En ese momento Calvino rechazó las "supersticiones del papado". Fue perseguido por su fe, encarcelado, pero después liberado. Encontró refugio en Basilea, Suiza, donde comenzó su extenso ministerio de escritura. En 1536 publicó la primera edición de la *Institución* cuando tan solo tenía 26 años. Calvino escribió la *Institución* originalmente en latín, y luego la tradujo al francés. Constantemente revisaba sus escritos, y amplió la primera edición de seis capítulos a ochenta, en la cuarta y última edición en 1559.[2]

En Ginebra, Suiza, Calvino se hizo amigo de Guillermo Farel (1489-1565), un reformador importante; allí desarrolló aún más la *Institución* y llegó a ser también un líder de la Reforma. Farel y él comenzaron a enseñar la teología de la Reforma en Ginebra, pero fueron desterrados. Calvino fue a Estrasburgo por tres años (1538-1541) como pastor de los refugiados franceses. Un cambio en el escenario político le permitió volver a Ginebra a trabajar con Farel. Calvino fue allí pastor y líder comunitario; le dio forma a una unión entre Iglesia y estado. Impuso una moral estricta en la comunidad, pero también desarrolló el comercio de Ginebra y la convirtió en un estado próspero. Calvino fue un escritor prolífico, escribió comentarios sobre 49 libros de la Biblia, además de panfletos y la siempre creciente *Institución*.

Expansión del calvinismo

La influencia de Juan Calvino se sintió en toda Europa, pues sus enseñanzas doctrinales se extendieron rápidamente. El Catecismo de Heidelberg, escrito en 1563 por los amigos de Calvino, influenció las iglesias reformadas de Holanda, Alemania y Estados Unidos. La confesión belga, escrita en 1561 por Guy de Bray, llegó a ser la norma de creencia en la Iglesia reformada de Holanda. El sínodo de Dort, reunido en 1618-1619, además de condenar al arminianismo y a los remonstrantes, reafirmó la doctrina calvinista tal como estaba expresada en las confesiones belga y de Heidelberg.

En el período anteriormente mencionado, la influencia del calvinismo remplazó la del luteranismo. El calvinismo también se expandió hasta Escocia bajo la forma del presbiterianismo, y desde allá afectaría el puritanismo inglés. John Knox (1505-1572), que estudió bajo Calvino en Ginebra, fue un líder escocés de la Reforma. Regresó a Escocia para dirigir el rechazo oficial de Escocia a la autoridad del papa y la adopción de la confesión de fe calvinista. El calvinismo prevaleció en Inglaterra, fue la teología detrás de los Treinta y nueve artículos (1563) de la Iglesia de Inglaterra. Allí los puritanos se convirtieron en una fuerza importante a su favor. Los puritanos buscaban purificar a la Iglesia de Inglaterra fundamentándose en la obra de William Tyndale y John Knox.

La colonización de Estados Unidos llevó el calvinismo a tierras norteamericanas. Las normas de la Confesión de Westminster se convirtieron en la doctrina de las iglesias presbiterianas.

Por último, el calvinismo produjo algunos de los eruditos y líderes del cristianismo más sobresalientes tanto en Europa como en Estados Unidos. En Europa Abraham Kuyper fue primer ministro y erudito calvinista, y James Orr escribió en defensa del calvinismo desde Escocia; Estados Unidos produjo personajes como Charles y A. A. Hodge, William G. T. Shedd, J. Gresham Machen, Benjamin B. Warfield, Cornelius Van Til y muchos más.

El sínodo de Dort

En Holanda surgió un conflicto entre los seguidores de Jacobo Arminio y los calvinistas. Al calvinismo se le atacó por sus enseñanzas sobre la predestinación, la reprobación y otros temas. Los Estados Generales convocaron un sínodo en 1618 para poner fin al asunto, pero los arminianos no fueron tratados como iguales. Más bien, convocaron a los remonstrantes para presentar sus doctrinas y después fueron condenados. El sínodo reafirmó las confesiones belga y de Heildelberg. Los siguientes puntos, de forma resumida, fueron los aprobados en Dort:[3]

Sobre la predestinación divina. Todos los hombres pecaron en Adán y están bajo maldición, pero Dios proveyó salvación por medio de la muerte de Cristo. El hecho de que algunos reciban el don de la fe y otros no, se deriva del decreto eterno de Dios para elección o reprobación. La elección es incondicional, no se basa en la presciencia de Dios; desde antes de la fundación del mundo, solo por su gracia y de acuerdo a su soberana voluntad, escogió a algunos para salvación. Los no elegidos quedan para condenación, pero aun así Dios no es el autor del pecado.

De la muerte de Cristo. Aunque la muerte de Cristo es de valor infinito y suficiente para salvar al mundo entero, su muerte expiatoria solo se extiende a los elegidos.

De la corrupción del hombre y su conversión a Dios. El hombre fue creado a imagen de Dios, pero toda la humanidad se corrompió por el pecado de Adán. El pecado pasó a toda la raza humana, de modo que todas las personas nacen en pecado y son hijos de la ira. Pero en tanto que el hombre es incapaz de salvarse, Dios logra la salvación de los elegidos por la obra de su Espíritu Santo. Él llama a su tiempo a quienes ha escogido para la eternidad. La fe salvadora es en sí un don.

Sobre la perseverancia de los santos. A los que Dios llama, a éstos también les salva del dominio y de la esclavitud del pecado. Como Dios es fiel, preserva a quienes creen hasta el final.

La Confesión de Westminster

La Confesión de Westminster surgió por la tormentosa escena política de Inglaterra durante el reino de Carlos I. Carlos encontró resistencia cuando intentó imponer el episcopado en la Iglesia de Escocia y ajustar sus servicios al *Libro de oración común* de la Iglesia de Inglaterra. Estalló una guerra civil, y Oliver Cromwell lideró la victoria de las fuerzas puritanas. Carlos I fue decapitado en el proceso. En 1643 el parlamento inglés comisionó a la asamblea de Westminster que desarrollara el credo de la Iglesia de Inglaterra. Los 121 ministros puritanos ingleses se reunieron en 1163 sesiones diarias desde 1643 hasta 1649. La Confesión de fe de Westminster se completó en 1646; afirmaba un calvinismo fuerte y repudiaba "los errores del arminianismo, el catolicismo romano y el secularismo".[4]

Los siguientes puntos resumen la Confesión de fe de Westminster:[5]

Escrituras. Se reconoce que los 66 libros de la Biblia aportan "inspiración divina, autoridad y suficiencia como regla infalible de fe y práctica". Se rechazaron las tradiciones del catolicismo romano, los apócrifos y el humanismo.

Dios. Dios, un ser infinito, existe como Dios Padre, Dios Hijo y Dios Espíritu Santo. Es absolutamente soberano, y ordenó por su voluntad y desde la eternidad todo lo que sucede. El Dios trino ha creado el mundo a partir de la nada en un lapso de seis días. En su providencia, sostiene todas las cosas por su autoridad divina.

Hombre. El hombre cayó de su justicia original y quedó muerto en el pecado; por ello se imputó el pecado y la muerte a toda la humanidad. Originalmente, Dios entró en un pacto de obras con Adán, pero cuando él pecó, Dios promulgó un pacto de gracia. El hombre, en su pecado, perdió la capacidad de anhelar cualquier cosa buena espiritualmente.

Cristo. Jesucristo es de una sustancia con el Padre, nació de una virgen, y se hizo el Mediador en su papel de Dios-hombre ofreciendo un sacrificio perfecto. Cristo compró la reconciliación para todos los que el Padre le había dado.

Salvación. Dios llama eficazmente por medio de su Palabra y su Espíritu a quienes predestinó para la vida eterna. Renueva su espíritu y los lleva a Jesucristo. Por lo tanto, la salvación es completamente por gracia. Dios justifica a estos creyentes, los declara justos; los adopta como hijos y los santifica. La fe salvadora es un don del Espíritu de Cristo. El arrepentimiento es una doctrina que debe ser predicada junto con la fe salvadora. Las buenas obras son el fruto de la fe verdadera.

Perseverancia. Quienes han sido salvados por Dios no pueden caer ni total ni definitivamente del estado de gracia, sino que perseverarán en Él hasta el fin, y serán salvados eternamente.

Seguridad. Solo los verdaderos creyentes tienen la seguridad de estar en la gracia; los incrédulos no tendrán esa seguridad.

Adoración. Dios debe ser temido, amado, alabado, invocado, creído, y servido con todo el corazón, alma y fuerzas. La adoración es para el Padre, el Hijo y el Espíritu Santo, para nadie más. Las oraciones se ofrecen a Dios. El juramento lícito forma parte de la adoración religiosa.

Deberes civiles. Dios ha designado a las autoridades, y los creyentes deben orar por ellas; los creyentes también pueden recibir el llamado a ser magistrados.

Divorcio. El matrimonio es entre un hombre y una mujer. La parte inocente puede divorciarse cuando ha ocurrido adulterio o fornicación.

Iglesia. La iglesia católica o universal está compuesta por todos los elegidos; la Iglesia visible está compuesta por quienes profesan su fe. Todos los creyentes están unidos con Cristo y están en comunión santa en la adoración a Dios. Los sacramentos son los sellos del pacto de gracia. En cada sacramento hay una relación sacramental o una unión espiritual. El bautismo es un sacramento y también una señal y un sello del pacto de gracia. Es correcto administrar el bautismo por afusión o por aspersión. La Cena del Señor es alimento espiritual y promueve el crecimiento en Cristo. En la Cena del Señor no hay remisión de pecados, es una conmemoración. Cristo dio autoridad a los oficiales de la iglesia en la que actúan para ejercer la disciplina eclesiástica. Deben existir los concilios y los sínodos para gobernar mejor a la iglesia.

Muerte y juicio. Después de la muerte, el cuerpo vuelve al polvo, pero el alma vuelve al Señor inmediatamente: los justos son recibidos en el cielo y los impíos van al infierno. Cristo ha recibido toda la autoridad y juzgará al mundo con justicia.

Los cinco puntos del calvinismo

Calvino no es el autor de los llamados cinco puntos del calvinismo. Se originaron en el sínodo de Dort (1619), y también son el resultado de afirmar las características del calvinismo a través de los siglos desde su origen. El Dios soberano era fundamental en la teología de Calvino, y eso se refleja en los cinco puntos. Los cinco puntos enfatizan la gracia y la soberanía de Dios, pero también la depravación y el pecado del hombre. Popularmente se les llama: depravación total, elección incondicional, expiación limitada, gracia irresistible y perseverancia de los santos.

Los cinco conceptos se organizaron lógicamente, y todos dependen de los otros. Si el hombre está en un estado de depravación total, no tiene la capacidad de responder ante Dios inicialmente; Dios debe llamar al hombre a la salvación por su elección incondicional. Además, a los que ha llamado, les provee salvación por medio de la muerte de Cristo; Él asegura la salvación de ellos por el llamado eficaz del Espíritu Santo, que los guarda para que reciban la vida eterna prometida. La tabla sobre el tema y la explicación que sigue darán una explicación más detallada.

AFIRMACIONES DOCTRINALES DE LA TEOLOGÍA CALVINISTA

La siguiente explicación afirmará los puntos principales del calvinismo tal como generalmente se enseña hoy. También hay declaraciones sobre las enseñanzas doctrinales de Juan Calvino. No obstante, se reconoce que el calvinismo ha sufrido algunas modificaciones en estos siglos. Las perspectivas que se presentan son las aceptadas *en general* por los calvinistas de hoy, y se toman de obras calvinistas (para mayor información véase el capítulo 30, "Teología de la Reforma"). El propósito no es estudiar todos los aspectos de la teología calvinista; para ello se refiere al lector a una obra como *The Theology of Calvinism* [La teología del calvinismo] de Wilhelm Niesel.

El propósito de este estudio es, simplemente, resumir las características distintivas y esenciales que separan el calvinismo del arminianismo y de otros sistemas doctrinales.

Soberanía de Dios

El fundamento de todo el sistema calvinista es la doctrina de soberanía de Dios. "El calvinismo afirma que la soberanía de Dios es suprema; Él tiene autoridad absoluta e indisputable sobre toda la creación, nada está fuera y no hay nada que puede verse no sujeto a la soberanía de su voluntad; Dios no solo creó y sostiene su creación, también dispone todos los eventos desde el inicio de los tiempos hasta su final".[6] El mismo Calvino enseñaba que la providencia de Dios se manifiesta de tres formas:[7]

LOS CINCO PUNTOS DEL CALVINISMO	
Doctrina	**Explicación**
Depravación total	La caída de Adán afectó a toda la raza humana; la humanidad está muerta en sus delitos y pecados. El hombre es incapaz de salvarse.
Elección incondicional	Como el hombre está muerto en el pecado, no tiene la capacidad de responderle a Dios; por lo tanto, en el pasado eterno Dios eligió a ciertas personas para salvarlas. La elección y la predestinación son incondicionales; no tienen su base en la respuesta del hombre.
Expiación limitada	Como Dios determinó que algunas personas se salvaran por su elección incondicional, determinó que Cristo muriera por los elegidos. Serán salvos todos aquellos que fueron elegidos y por los cuales murió Cristo.
Gracia irresistible	Dios, con su gracia irresistible, atrae para sí a quienes Dios eligió y por los que Cristo murió. Dios hace que el hombre anhele llegar a Él. Cuando Dios llama, el hombre responde.
Perseverancia de los santos	Quienes han sido elegidos y atraídos a Dios por el Espíritu Santo, perseverarán en la fe. No se perderá ninguno de los elegidos por Dios; están seguros por la eternidad.

(1) Dios en su ser sostiene toda la creación: sin Dios esta dejaría de existir; (2) Dios otorga vida y habilidad a todas las cosas según le place: nada puede tener vida ni existir aparte de Él; (3) Dios guía todas las cosas a su final señalado. Calvino también enseñó que, aun cuando Dios sostiene y guía el mundo entero y a todos los individuos, su cuidado providencial se enfoca particularmente en la iglesia, donde manifiesta sus propósitos divinos".[8] Sin embargo, según Calvino, esa soberanía divina no invalida la responsabilidad del hombre. Dios dotó al hombre de razón y voluntad: las personas son responsables de sus decisiones. Por otra parte, la responsabilidad del hombre no elimina la soberanía de Dios. Dios no se queda esperando para ver cuál va a ser la decisión del hombre antes de actuar Él; más bien, Dios somete las acciones y decisiones de los hombres para alcanzar su propósito.[9] En una palabra, a Dios no lo gobierna ninguna circunstancia externa, solo su buena voluntad.[10] Por lo tanto, Dios determina el resultado de todas las personas, eventos y cosas.

El resultado de la soberanía de Dios es que se consigue su propósito. Nada puede impedir su plan; la historia se desarrollará de acuerdo con la predeterminada voluntad de Dios.

Predestinación

Calvino definió la *predestinación* como sigue: "Llamamos predestinación al eterno decreto de Dios, por el cual ha determinado lo que quiere hacer de cada uno de los hombres... ordena a unos para la vida eterna, y a otros para la condenación perpetua. Por tanto, según el fin para el cual el hombre es creado, decimos que está predestinado para vida o para muerte".[11]

La predestinación tiene un aspecto amplio y uno más estrecho. En su aspecto más amplio enfatiza, basándose en Efesios 1:11, que Dios ordenó de antemano todo lo que habría de ocurrir. Dios determinó los eventos de la historia desde el pasado eterno. El aspecto más estrecho de la predestinación es personal: Dios eligió (o escogió) desde el pasado eterno a algunos para salvación, al resto le permitió seguir su propio camino. Esta última doctrina se conoce como reprobación (Ro. 9:16-19).[12] Dios escoge salvar a algunos, aunque no lo merezcan; a algunos los pasa por alto, condenándolos al castigo eterno por sus pecados. Calvino decía que la doctrina era "horrible", pero insistía en que las Escrituras la enseñaban con claridad y no podía evitarse.[13]

La palabra *predestinar* (gr., *prooridzo*) quiere decir "señalar de antemano" (Ef. 1:5, 11; Ro. 8:29; Hch. 4:28; 1 Co. 2:7). Con este punto de partida, los calvinistas enseñan que Dios eligió a ciertas personas para la salvación en el acto de la predestinación. La elección se basa en el término *llamar* (gr., *kaleo*), cuyo significado es "llamar de entre [un grupo]". Sugiere la obra soberana de Dios en escoger a algunos para salvación de entre las masas de la humanidad. Las referencias múltiples del Nuevo Testamento al *llamado* enfatizan el llamado soberano de Dios para la salvación (p. ej., Ro. 1:1; 8:28, 30; 9:11; 1 Co. 1:1-2).

Como se indicó antes, hay una relación cercana entre las doctrinas esenciales del sistema calvinista. Los calvinistas insisten en la necesidad de la elección y la predestinación por causa de la caída del hombre. Si el hombre está muerto en sus delitos y pecados (Ef. 2:1), es necesario que Dios sea quien inicie la salvación. Si Dios no hubiera señalado a algunos para salvarlos, nadie podría salvarse. El hombre, en su estado depravado, es completamente incapaz de moverse hacia Dios.

Depravación total

La depravación total debe definirse primero negativamente. *No* quiere decir "(1) Que las personas depravadas no pueden hacer buenas acciones a los ojos de Dios o de los hombres... (2) que el hombre caído no tiene conciencia para juzgar entre el bien y el mal para él... (3) que las personas permitan toda forma de pecado o cualquier pecado en su máxima extensión".[14]

La palabra *depravación* quiere decir que, por la corrupción del pecado, "no hay nada que el hombre pueda hacer con Dios para merecer el favor de la salvación", mientras *total* quiere decir que la depravación "se ha extendido a todos los aspectos de la naturaleza humana, a todo su ser".[15] Calvino definió el estado depravado del hombre como sigue: "Todos los hombres son concebidos en pecado y, al nacer como hijos de ira, incapaces de algún bien saludable o salvífico, e inclinados al mal, muertos en pecado y esclavos del pecado; y no quieren ni pueden volver a Dios, ni corregir su naturaleza corrompida, ni por ellos mismos mejorar la misma, sin la gracia del Espíritu Santo, que es quien regenera".[16]

Las Escrituras[17] enfatizan la depravación del hombre por su pecado continuo (Gn. 6:5; Jer. 17:9; Ro. 3:10-18). La razón es que el hombre nació caído y con la contaminación del pecado (Sal. 51:5). La depravación también afirma la incapacidad del hombre para hacer el bien (Mt. 7:17-18; Jn. 15:4-5; 1 Co. 12:3) y para entender el bien (Mt. 13:14; Jn. 1:11; 8:43; Hch. 16:14; 1 Co. 1:18; 2:14; 2 Co. 3:12-18; Ef. 4:18). La depravación también indica que el hombre no puede desear lo bueno (Mt. 7:18; Jn 3:3; 6:44; 8:43; 15:4-5; Ef. 2:1).

La depravación total indica la incapacidad completa del hombre para hacer algo para salvarse. Dios debe iniciar el proceso si la persona ha de ser salva.

Elección incondicional

La elección incondicional está unida lógicamente a la doctrina de la depravación total del hombre. Si las Escrituras enseñan que el hombre está completamente depravado, muerto en sus delitos y pecados, entonces el hombre es incapaz de iniciar una respuesta hacia Dios para salvarse. Dios debe actuar. El calvinismo enseña que, desde el pasado eterno, Dios eligió incondicionalmente a ciertas personas para salvarlas, sin importar los méritos de parte de ellas. La palabra *incondicional* enfatiza que la elección no está condicionada a la presciencia de Dios de que algunos creerán en Cristo. La elección no está condicionada a la capacidad o respuesta del hombre. *Incondicional* enfatiza que solo Dios inicia el proceso.

Hay seis características principales en la elección.[18] (1) La elección es el decreto eterno y soberano de Dios (Ro. 8:29; Ef. 1:4-5, 11). (2) La elección es necesaria debido a la Caída y a la depravación total del hombre. Por lo tanto, refleja la gracia de Dios, no el esfuerzo humano (Ro. 9:11). (3) La elección es "en Cristo". Dios escogió a los creyentes desde el pasado eterno para estar unidos a Cristo (Ro. 8:29; Ef. 1:4-5, 11). En la elección, Dios salva al enviar el Salvador y llamar eficazmente a algunos para la salvación. (4) La elección implica la salvación de los elegidos y la provisión de su salvación. Dios determinó predestinar, llamar, justificar y glorificar a algunos (Ro. 8:29-30). Tal cosa se planeó y efectuó en el pasado eterno. (5) La elección y la reprobación son individuales, personales, específicas y particulares. Los pronombres de Romanos 8 y Efesios 1 enfatizan la naturaleza individual de la elección. (6) El objetivo de la elección es glorificar y alabar a Dios (Ef. 1:6, 12). Todo lo que hay debe atribuirle la gloria y la alabanza a Dios.

Expiación limitada

A esta perspectiva también se le llama "expiación particular" o "redención particular". Declara que "En la expiación, Dios se propuso salvar solo a los elegidos y, en consecuencia, los elegidos, y solo ellos, son salvos".[19] La muerte de Cristo salva a todos los que Él pretendía salvar. De nuevo, hay una conexión con la doctrina anterior de la elección incondicional. Si Dios eligió a ciertas personas para salvarlas desde el pasado eterno, se sigue lógicamente que Él también proporcionará precisamente la redención de aquellos a quienes ha escogido.

El énfasis en la expiación particular se puede ver en varios pasajes (cursivas añadidas): Cristo "salvará a *su pueblo* de sus pecados" (Mt. 1:21); el buen pastor "su vida da por *las ovejas*" (Jn. 10:11); Cristo solamente oró "por los que *me diste*" (Jn. 17:9); compró a la *iglesia del Señor* "por su propia sangre" (Hch. 20:28); Dios envió a su Hijo y "lo entregó *por todos nosotros*" (Ro. 8:32); Cristo "amó *a la iglesia*, y se entregó a sí mismo *por ella*" (Ef. 5:25). En cada uno de los casos, el pasaje bíblico sugiere solo a los elegidos, no a todo el mundo. Cristo murió por "su pueblo", sus "ovejas", aquellos por quienes oró, aquellos que el Padre le dio y "la iglesia". En un pasaje como Juan 3:16, la palabra "mundo" no quiere decir todos, sino "todo el mundo en el sentido de las personas de toda tribu y nación, no solo los judíos".[20] En pasajes como Juan 1:29, 1 Juan 2:2 y 1 Timoteo 2:6, las referencias que parecen sugerir a todas las personas, deben entenderse en sentido restringido. A veces la Biblia usa la palabra "mundo" y "todos" en un sentido limitado.[21]

Muchos calvinistas enfatizan que, aun cuando la expiación es particular, —Cristo solo murió por los elegidos— la oferta del evangelio es para todos.[22] Cómo pueden ser verdad estos dos hechos es una paradoja, un misterio sin respuesta; es uno de los opuestos "irreconciliables" en las Escrituras. Los pensamientos y caminos de Dios no son los pensamientos y caminos de los hombres. Él siempre ha sido fiel y verdadero. Por lo tanto, confiamos en Él en aquellos casos en que se confunden completamente nuestros esfuerzos filosóficos por armonizar sus misterios.

Gracia irresistible

La gracia es el favor inmerecido de Dios. Los calvinistas enfatizan la necesidad de la gracia de Dios en la salvación. Si el hombre no puede hacer nada para salvarse, Dios debe actuar; Dios debe proporcionar la gracia para que el hombre se salve. Esa es la obra de la gracia irresistible, también conocida como la gracia especial o eficaz (porque es efectiva). Los oponentes de esta doctrina podrían sugerir que, si la gracia es irresistible,

Dios fuerza a algunos a llegar a Él en contra de su voluntad. No es esa la idea de la gracia irresistible, de acuerdo con los calvinistas. No hace que quien llegue lo haga en contra de su voluntad. Más bien, la gracia irresistible hace que el individuo *desee* llegar, así se ve en la definición de Berkhof: "Al cambiar su corazón, *dispone* perfectamente al hombre a aceptar a Jesucristo para la salvación y para producir obediencia a la voluntad de Dios".[23] La gracia irresistible es la obra sobrenatural de Dios, Él actúa en el alma del individuo y cambia toda la naturaleza por la operación del Espíritu Santo.[24]

Según la lógica del calvinismo, Dios, a través de su Espíritu, acerca precisamente a quien eligió incondicionalmente desde el pasado eterno, aquellos por los cuales Cristo murió. Así se alcanza el propósito de Dios. Elige a algunos, Cristo muere por ellos y ahora, a través del Espíritu Santo, Dios dispensa su gracia irresistible para hacerlos querer llegar. No se quieren resistir.

La base bíblica para la gracia irresistible es Juan 6:37, 44.[25] Jesús dijo que llegarían a Él precisamente aquellos que le había dado el Padre; más aún, ellos no llegan por sí mismos. No pueden llegar a menos que el Padre los acerque sobrenaturalmente a Cristo. Jesús, como el Buen Pastor, trae a todo el rebaño para sí; nadie se queda afuera (Jn. 10:16). Pablo también afirma que a los que Cristo eligió, también los justificó y los glorificará al final (Ro. 8:28-30). Ninguno se pierde en el proceso.

La gracia irresistible no elimina la responsabilidad del hombre de creer. El hombre debe atender el llamado, "cree en el Señor Jesucristo, y serás salvo" (Hch. 16:31). Pero cuando el hombre cree en Cristo, es Dios quien le ha permitido creer por su gracia irresistible.

La perseverancia de los santos

Este es el quinto y último factor de los cinco puntos del calvinismo. De nuevo debe observarse que la perseverancia de los santos está conectada lógicamente con los puntos precedentes. Si el hombre es totalmente depravado, entonces no puede responder ante Dios; Dios debe elegir al hombre incondicionalmente para salvarlo. Cristo murió para asegurar la salvación de los elegidos. Entonces, Dios acerca irresistiblemente a las personas para llevar a cabo su salvación, pero también les da seguridad en esa salvación hasta el final.

Juan Calvino enseñó la perseverancia de los santos.

Dios, que es rico en misericordia, por el inmutable propósito de la elección, no quita de los suyos su Espíritu Santo, aun en caídas lamentables; ni tampoco les permite deslizarse de tal manera que caigan de la gracia de la adopción y del estado de justificación, o que cometan "el pecado mortal" o contra el Espíritu Santo; que abandonados por Dios, se arrojen solos a la destrucción eterna. Por tanto, ellos no caen o salen de la gracia ni continúan cayendo hasta que al final perezcan; mas esto no por su propio mérito o fuerzas, sino por la misericordia gratuita de Dios.[26]

La doctrina de la perseverancia suele expresarse como: "una vez salvo, siempre salvo". Definida concisamente, la perseverancia de los santos significa que los creyentes "perseverarán en confianza en Cristo como su Salvador... De modo que siempre serán salvos".[27] Berkhof define la perseverancia como "aquella operación continua del Espíritu Santo en el creyente, por medio de la cual sigue adelante y se completa la obra divina de la gracia que comenzó en el corazón".[28]

A veces se llama a esta doctrina "seguridad eterna", y enfatiza la certidumbre de la salvación en los elegidos. Sin embargo, la perseverancia también hace un énfasis importante en que los cristianos perseveran en creer. Aunque el término *perseverancia* parece sugerir que la continuidad de la fe depende del creyente, ese no es el énfasis de la doctrina. La continuidad de la fe depende de Dios.

La consideración bíblica de esta doctrina se encuentra en Juan 10:27-29, ahí Jesús enfatiza que Jesús da vida eterna a las ovejas y ellas no perecerán jamás.[29] Pablo indica en Romanos 8:29-30 que a quienes Dios conocía de antemano, también predestinó, llamó, justificó y finalmente los glorificó. Ninguno se perdió en el proceso. Efesios 1:3-14 también enfatiza esta verdad. Dios Padre planeó la salvación de algunos y los señaló para salvación (Ef. 1:3-6); Dios Hijo aseguró su salvación al redimirlos con su sangre (Ef. 1:7-12) y Dios Espíritu Santo los sella para efectuar su salvación, la señal de la seguridad eterna (Ef. 1:13-14).

EVALUACIÓN RESUMIDA DE LA TEOLOGÍA CALVINISTA

Hay siete énfasis calvinistas que merecen una evaluación específica.

(1) El énfasis en la soberanía de Dios es bíblico (Sal. 135:6; Dn. 4:35; Ef. 1:11; etc.).

(2) La predestinación y la elección son conceptos bíblicos. La razón por la cual muchos rechazan estas doctrinas es porque piensan que éstas excluyen la responsabilidad humana. Sin embargo, la mayoría de los calvinistas reconoce la antinomia (la contradicción aparente entre la soberanía de Dios y la responsabilidad humana) y la aceptan como una paradoja divina. Hay diferencias de opinión entre los calvinistas en cuanto a cómo se relacionan estas dos ideas opuestas. Para tener una teología bíblica, los dos conceptos deben preservarse en todo el alcance de la revelación de las Escrituras. La responsabilidad humana no se debe sacrificar por una interpretación miope de la predestinación soberana y la elección de Dios.

(3) La doctrina de la depravación total es consistente con las Escrituras (cp. Ef. 2:1). La caída no solo hirió al hombre; el hombre murió espiritualmente y ello afectó su mente, corazón y voluntad. Como resultado de la caída, el hombre no está dispuesto a buscar a Dios (Ro. 3:11).

(4) La elección incondicional es una necesidad lógica y se enfatiza en las Escrituras. Dios escogió a los creyentes desde antes de la fundación del mundo (Ef. 1:4). El corolario, la doctrina de la reprobación (Dios decretó que los no elegidos sufran eternamente en el infierno) no tiene apoyo en las Escrituras; al menos no en la forma clara en que lo tiene la elección positiva. Aunque Juan Calvino enseñó la reprobación, no todos los calvinistas están de acuerdo sobre ese punto.

(5) La doctrina de la expiación limitada bien puede ser el punto más controvertido del calvinismo: algunos calvinistas la aceptan; otros más moderados la rechazan categóricamente o la modifican. Muchos moderados dicen que Cristo murió *realmente* solo por los elegidos pero *potencialmente* por todos. Los calvinistas estrictos insisten en que la expiación limitada es una necesidad lógica en vista de la soberanía de Dios. Si Cristo murió por todos y no todos se salvan, Dios sufrió una derrota; para que su propósito soberano se alcance, Cristo debía morir solo por los elegidos, y precisamente ellos y solo ellos serán salvos. Aunque la doctrina puede defenderse lógicamente, es difícil sostenerla bíblicamente. En la expiación limitada, las Escrituras que indican que Cristo murió por el mundo (Jn. 3:16) deben restringirse a los elegidos; más aún, pasajes como 1 Timoteo 2:6, 2 Pedro 3:9 y 1 Juan 2:2 enseñan que Cristo murió por todos.

(6) La gracia irresistible es necesaria si la humanidad está totalmente depravada. Entendida correctamente, la gracia irresistible no enseña que Dios lleva a las personas al reino en contra de su voluntad, sino que mueve su voluntad para que tengan el deseo de llegar a Cristo para la salvación.

(7) Las Escrituras enfatizan la perseverancia de los santos (la seguridad del creyente). Perder la salvación es imposible, porque la salvación es resultado de la gracia; los creyentes fueron escogidos antes de la fundación del mundo, fueron redimidos por Cristo y fueron sellados por el Espíritu Santo.

Notas

1. W. S. Reid, "Reformed Tradition, The", en Walter A. Elwell, ed., *Evangelical Dictionary of Theology* [*Diccionario teológico de la Biblia*] (Grand Rapids: Baker, 1984), 921, publicado en español por Caribe; y Harvey M. Conn, *Contemporary World Theology* (Nutley: Presbyterian & Reformed, 1974), 141.

2. Véase el útil resumen de las enseñanzas de Calvino y las anotaciones históricas en Justo L. González, *A History of Christian Thought* [*Historia del pensamiento cristiano*], 3 vols. (Nashville: Abingdon, 1975), 3:120-161. Publicado en español por Caribe.

3. Véase el resumen de los cánones de Dort en Philip Schaff, *The Creeds of Christendom*, 3 vols., 6ª ed. (Reimpresión. Grand Rapids: Baker, 1977), 1:51-53, y el texto completo en 3:581-595.

4. J. M. Frame, "Westminster Confession of Faith", en *Evangelical Dictionary of Theology* [*Diccionario teológico de la Biblia*], 1168.

5. Schaff, *The Creeds of Christendom*, 1:766-782 y 3:600-673. Véase también Douglas Kelly, Hugh McClure y Philip B. Rollinson, eds., *The Westminster Confession of Faith*, 2ª ed. (Greenwood: Attic, 1981).

6. Ben A. Warburton, *Calvinism* (Grand Rapids: Eerdmans, 1955), 64.

7. Wilhelm Niesel, *The Theology of Calvin* (Reimpresión. Grand Rapids: Baker, 1980), 70.

8. *Ibíd.*, 73.

9. *Ibíd.*, 75-76.

10. A. Mitchell Hunter, *The Teaching of Calvin*, 2ª ed. (Westwood: Revell, 1950), 55.

11. John McClintock y James Strong, "Calvinism", en *Cyclopaedia of Biblical, Theological and Ecclesiastical Literature*, 12 vols. (Grand Rapids: Baker, 1970), 2:42.

12. W. S. Reid, "Predestination", en *Evangelical Dictionary of Theology* [*Diccionario teológico de la Biblia*], 870.

13. W. S. Reid, "Reprobation", *ibíd.*, 937.

14. Carles C. Ryrie, "Depravity, Total", *ibíd.*, 312. Véase también Edwin H. Palmer, *The Five Points of Calvinism* (Grand Rapids: Guardian, 1972), 9-13.

15. Ryrie, "Depravity, Total", en *Evangelical Dictionary of Theology* [*Diccionario teológico de la Biblia*], 312.

16. McClintock y Strong, "Calvinism", en *Cyclopaedia of Biblical, Theological and Ecclesiastical Literature* (Grand Rapids: Baker, 1970), 2:44.

17. Véase la explicación de los pasajes bíblicos en Palmer, *Five Points of Calvinism*, 13-19.

18. F. H. Klooster, "Elect, Election", en Walter A. Elwell, ed., *Evangelical Dictionary of Theology* [*Diccionario teológico de la Biblia*] (Grand Rapids: Baker, 1984), 348-349. Publicado en español por Caribe.

19. R. B. Kuiper, *For Whom Did Christ Die?* (Grand Rapids: Baker, 1982), 62.

20. Palmer, *Five Points of Calvinism*, 45.

21. *Ibíd.*, 52.

22. *Ibíd.*, 50-52.

23. Louis Berkhof, *Systematic Theology* [*Teología sistemática*] (Grand Rapids: Eerdmans, 1941), 436. Publicado en español por T.E.L.L.

24. *Ibíd.*, 437.

25. Palmer, *Five Points of Calvinism*, 60-66.

26. McClintock y Strong, "Calvinism", en *Cyclopaedia of Biblical, Theological and Ecclesiastical Literature* (Grand Rapids: Baker, 1970), 2:44.

27. Palmer, *Five Points of Calvinism*, 68.

28. Berkhof, *Systematic Theology* [*Teología sistemática*], 546.

29. El negativo doble *ou me* en el texto griego de Juan 10:28 es particularmente enfático: "no perecerán jamás".

PARA ESTUDIO ADICIONAL DE LA TEOLOGÍA CALVINISTA

** Louis Berkhof, *Teología sistemática* (Jenison: T.E.L.L.: 1988).

* A. Dakin, *Calvinism* (Reimpresión. Port Washington: Kennikat, 1972).

** A. Mitchell Hunter, *The Teaching of Calvin* (Westwood: Revell, 1950).

* John McClintock y James Strong, "Calvinism", en *Cyclopaedia of Biblical, Theological and Ecclesiastical Literature,* 12 vols. (Grand Rapids: Baker, 1970), 2:42-46.

** John T. McNeill, *The History and Character of Calvinism* (Nueva York: Oxford University Press, 1957).

** Wilhelm Niesel, *The Theology of Calvin* (Reimpresión. Grand Rapids: Baker, 1980).

* Edwin H. Palmer, *The Five Points of Calvinism* (Grand Rapids: Guardian, 1972).

* W. S. Reid, "Calvinism", en Walter A. Elwell, ed., *Evangelical Dictionary of Theology* [*Diccionario teológico de la Biblia*] (Grand Rapids: Baker, 1984), 186-88. Publicado en español por Caribe.

** Cornelius Van Til, *The Case for Calvinism* (Filadelfia: Presbyterian & Reformed, 1963).

* Ben A. Warburton, *Calvinism* (Grand Rapids: Eerdmans, 1955).

EL TÉRMINO "ARMINIANISMO" se usa para describir la perspectiva teológica de Jacobo Arminio (1560-1609) y el movimiento que siguió sus enseñanzas. Los seguidores de Arminio explicaron en detalle su posición en un documento titulado *Remonstrancia* (pliego o memorial de protesta), producido en 1610 en el cual protestaban formalmente por el calvinismo estricto en Holanda.

Los principales énfasis teológicos del arminianismo son: la elección condicional con base en la presciencia de Dios; la gracia de Dios es resistible; la expiación de Cristo fue universal; el hombre tiene libre albedrío y por la gracia preveniente puede cooperar con Dios en su salvación; el creyente puede perder la salvación. Aunque el arminianismo es producto de las diferencias teológicas dentro de la Iglesia reformada, diversos grupos sostienen hoy sus perspectivas teológicas. El metodismo y el wesleyanismo se adhieren a la doctrina arminiana; también el movimiento de la santidad, muchos carismáticos y otros como los bautistas del libre albedrío.

DESARROLLO HISTÓRICO DE LA TEOLOGÍA ARMINIANA

Jacobo Arminio

Jacobo Arminio nació en Holanda y estudió en Marburg, Leiden, Ginebra y Basilea. Fue pastor de una congregación en Ámsterdam (1588-1603) y profesor en la Universidad de Leiden, Holanda, durante sus últimos seis años de vida.

Aunque Arminio comenzó como calvinista estricto (estudió en Ginebra bajo Beza, el yerno de Calvino), cuando tuvo que defender el calvinismo contra el punto de vista de Coornhert, creyó que su oponente defendió con mayor habilidad su postura. Tal derrota llevó a Arminio a rechazar el calvinismo.

Arminio objetó las doctrinas calvinistas de la predestinación y la reprobación, y buscó modificar el calvinismo de forma tal que "Dios no pudiera considerarse el autor del pecado, ni el hombre un autómata en las manos de Dios".[1] Al desarrollar su concepto, escribió un tratado sobre Romanos 9 en el cual defendía la elección condicional. Un corolario de esta doctrina fue la capacidad del hombre para iniciar la salvación y cooperar con Dios en ella. En contraste con Lutero y Calvino, quienes enseñaban que la libertad de la voluntad se había perdido en la caída, Arminio creía que Dios concedió para todos su gracia preveniente, permitiéndoles responder al llamado del evangelio. Arminio también estuvo en contra del *supralapsarianismo*: el punto de vista calvinista según el cual Dios decretó la salvación y reprobación de ciertas personas antes de la caída. Creía que el supralapsarianismo hacía a Dios el autor del pecado.

Además enseñó la expiación ilimitada de Cristo: Cristo sufrió por todos. Y enfatizó que la gracia de Dios puede ser resistida. También enseñó que los creyentes pueden perderse eternamente.

Sínodo de Dort

Las perspectivas de Arminio generaron una controversia considerable en Holanda, aun entre sus colegas. Por lo tanto, Arminio apeló al gobierno para convenir un sínodo que tratara el asunto. Arminio murió en 1609, nueve años antes de que el sínodo se reuniera. El sínodo de Dort convocado por los Estados Generales se celebró entre el 13 de noviembre de 1618 y el 9 de mayo de 1619. Asistieron 84 miembros, de los cuales 58 eran holandeses. Como el presidente y el primer secretario eran calvinistas estrictos y toda la delegación holandesa tenía una postura ortodoxa, el destino de los remonstrantes quedó sellado. Convocaron a Simón Epíscopo, el líder arminiano y sucesor de Arminio como profesor de Leiden, junto con otros 12 arminianos para defenderse ante el sínodo. Allí se rechazaron los cinco artículos de los remonstrantes y se adoptaron los 5 cánones del calvinismo, además de la confesión belga y el catecismo de Heidelberg.[2]

La decisión del sínodo generó persecuciones. Doscientos pastores arminianos perdieron sus cargos; decapitaron al estadista Johan van Oldenbarnevelt; condenaron a Hugo Grocio a cadena perpetua, pero él se escapó después de dos años. Muchos arminianos huyeron del país.

Líderes holandeses

Después de 1625, la persecución disminuyó, y los remonstrantes volvieron a Holanda para establecer iglesias y escuelas, amparados en un decreto de 1630. Se estableció una escuela teológica prominente en Ámsterdam, donde Simón Epíscopo era profesor de teología. Epíscopo escribió una declaración de fe en 1621 que tuvo influencia considerable para atraer a luteranos y a otros grupos a las perspectivas arminianas (algunos menos ortodoxos estaban desilusionados con esta declaración porque era ortodoxa en cuanto a la Trinidad; el arminianismo había sido acusado de tener puntos de vista socinianos en su perspectiva sobre la Trinidad).

Después de que los arminianos regresaron a Holanda, sus principios de tolerancia influyeron en su tierra, que en adelante se volvió mucho más tolerante en lo religioso. Sin embargo, el arminianismo disminuyó gradualmente y su influencia se desvaneció en Holanda. No obstante, su efecto trascendió las fronteras geográficas para preparar "el camino del

CONTRASTE ENTRE CALVINISMO Y ARMINIANISMO

Doctrina	Arminianismo	Calvinismo
Depravación	El hombre heredó una naturaleza corrompida, resultante de la caída. La gracia preveniente ha eliminado la culpa y la condenación por el pecado de Adán.	El hombre está completamente depravado y muerto en el pecado a raíz de la caída; es incapaz de salvarse. Como está muerto en el pecado, Dios debe iniciar la salvación.
Imputación del pecado	Dios no imputa pecado a toda la raza humana por el pecado de Adán, pero todas las personas heredan una naturaleza corrompida, debido a la caída de Adán.	El pecado se imputó a toda la humanidad por el pecado de Adán, de modo que todas las personas nacen en pecado.
Elección	Dios eligió a quienes sabía que creerían por su libre albedrío. La elección es condicional, con base en la respuesta del hombre en fe.	Dios eligió a algunos incondicionalmente, desde la eternidad pasada, para salvarlos. La elección no está basada en la respuesta futura del hombre.
Expiación de Cristo	Cristo murió por toda la raza humana, hizo a toda la humanidad salvable. Su muerte es efectiva solo en quienes creen.	Dios determinó que Cristo muriera por todos aquellos a quienes Dios había elegido. Como Dios no murió por todos, sino solo por quienes fueron elegidos para la salvación, su muerte es un éxito completo.
Gracia	Por su gracia preveniente o preventiva, el hombre puede cooperar con Dios y responderle para salvación. La gracia preveniente anula los efectos del pecado de Adán.	La gracia común se extiende a toda la humanidad, pero no es suficiente para salvar a nadie. Dios atrae a Él a los que ha elegido a través de su gracia irresistible, hace que ellos quieran responderle.
Voluntad del hombre	La gracia preveniente se da a todas las personas, y ejerce sobre toda la persona, dándole libre albedrío.	La depravación se extiende a la totalidad del hombre, lo cual abarca su voluntad. Sin la gracia irresistible la voluntad del hombre continúa atada e incapaz de responder a Dios.
Perseverancia	Los creyentes pueden darle la espalda a la gracia y perder su salvación.	Los creyentes perseverarán en la fe. Los creyentes tienen seguridad de salvación; ninguno se perderá.
Soberanía de Dios	Dios limita su control de acuerdo con la libertad y la respuesta del hombre. Sus decretos están relacionados con su presciencia de cuál será la respuesta del hombre.	La soberanía de Dios es absoluta e incondicional. Él ha determinado todas las cosas de acuerdo al designio de su voluntad. Su presciencia se origina en la planificación anticipada, no en la información anticipada.

racionalismo, que prevaleció ampliamente en las iglesias estatales de Holanda, Ginebra y Alemania".[3]

Inglaterra y Juan Wesley

La doctrina arminiana se había defendido en Inglaterra desde antes de Arminio. Por ejemplo, los 39 Artículos de la Religión, eran tan ambiguos que podían interpretarse como arminianos o como calvinistas.[4] Thomas Cranmer (1489-1556) publicó una obra de naturaleza arminiana en 1546 llamada A Necessary Doctrine and Erudition for Any Christian Man [Doctrina y erudición necesarias para todo hombre cristiano]. La Universidad de Cambridge, aunque calvinista en su doctrina, sintió los efectos del arminianismo. Baro, un refugiado francés, nombrado profesor de divinidades de dicha universidad en 1574, enseñaba que "Dios predestinó a todos los hombres para la vida eterna, pero bajo la condición de su fe y perseverancia".[5] Aparecieron publicaciones arminianas: John Playfere, profesor de Cambridge, escribió An Appeal to the Gospel for the True Doctrine of Predestination [Apelación al evangelio para la verdadera doctrina de la predestinación] (1608), y Samuel Hoard publicó God's Love to Mankind Manifested by Disproving His Absolute Decree for Their Damnation [El amor de Dios para la humanidad manifestado en la desaprobación de su decreto absoluto que la condenaba] en 1633.

Después de la guerra civil, Carlos II de Inglaterra, que despreciaba a los presbiterianos, restituyó la doctrina arminiana en la Iglesia de Inglaterra. Allí dominó durante unos 50 años. Sin embargo, ha de decirse que el arminianismo inglés difería del holandés. El inglés rechazaba la doctrina de la gracia y enfatizaba la teoría del ejemplo en lo referente a la expiación de Cristo. El arminianismo de Inglaterra se acercó al pelagianismo, y Juan Wesley tuvo que restablecer las verdaderas enseñanzas de Arminio.[6]

Juan Wesley (1703-1791) pertenecía a una familia de 19 hijos; Susana, una madre devota, lo instruyó desde temprana edad. Estudió en Oxford y tuvo su "conversión religiosa" en 1725, cuando inició un estudio metódico de la Biblia llamado el "club santo". Después fue llamado metodista por el método estricto de estudiar las Escrituras. Wesley sería el fundador de la denominación metodista. Impresionado por la fe de los moravos en su viaje a Estados Unidos, encontró su salvación por la sola fe en Cristo después de volver a Inglaterra, gracias a Peter Bohler, otro moravo. Este hecho marcó la verdadera conversión de Juan Wesley y la predicación de un mensaje nuevo: la salvación por la fe sola. Este mensaje no era común en la Iglesia de Inglaterra, dado su énfasis en los sacramentos. Junto con George Whitefield, un antiguo miembro del club santo, comenzó un gran ministerio evangelístico, viajando más de 400.000 kilómetros y predicando más de 40.000 sermones. El avivamiento wesleyano llevó de vuelta a Inglaterra las doctrinas arminianas.

AFIRMACIONES DOCTRINALES DE LA TEOLOGÍA ARMINIANA

La doctrina arminiana se encuentra hoy en grupos completamente diversos: luteranos, metodistas, episcopales, anglicanos, pentecostales, bautistas del libre albedrío y la mayoría de creyentes carismáticos y de la santidad. Las posturas doctrinales que aquí se presentarán son las representativas del arminianismo en general (especialmente el afirmado por los wesleyanos), pero debido a la diversidad de las denominaciones y grupos que se adhieren a los principios generales del arminianismo, lo que es verdad para algunos en particular no necesariamente lo es para todos los demás.

No se discutirán todas las doctrinas fundamentales para la fe cristiana, solo las que diferencian al arminianismo del calvinismo en los cinco artículos doctrinales llamados colectivamente la *Remonstrancia* (o protesta). Estos cinco puntos enfatizaban: (1) la predestinación condicional con base en la presciencia de Dios; (2) la muerte universal de Cristo: Él murió por todos pero su muerte solo es efectiva en los creyentes; (3) la fe salvadora es imposible sin la regeneración del Espíritu Santo; (4) la gracia de Dios es resistible, y (5) aunque Dios da gracia para que los creyentes perseveren, las Escrituras no son claras en cuanto a que los creyentes no puedan perderse. Los cinco artículos de la Remonstrancia de 1610 se reimprimen en los siguientes párrafos.[7]

Artículo Uno: La elección con base en la presciencia
Que Dios, por el propósito eterno e inmutable en su hijo Jesucristo, había determinado desde antes de la fundación del mundo, respecto a la raza humana pecadora y caída, salvar en Cristo, por el amor de Cristo y a través de Cristo, a quienes, por la gracia del Espíritu Santo, crean en su Hijo Jesús y perseveren en esta fe y obediencia de fe, por medio de esta gracia, hasta el final; y, por otra parte, dejar a los incorregibles e incrédulos en el pecado y bajo la ira, condenarlos como alienados de Cristo, de acuerdo a la palabra en el Evangelio de Juan 3:36: "El que cree en el Hijo tiene vida eterna; pero el que rehúsa creer en el Hijo no verá la vida, sino que la ira de Dios está sobre él", y también de acuerdo a otros pasajes de las Escrituras.

Artículo Dos: Expiación ilimitada
Que, de acuerdo con esto, Jesucristo, el Salvador del mundo, murió por todos y cada uno de los hombres, de modo que, por su muerte en la cruz, obtuvo para todos ellos la redención y el perdón de los pecados; aunque en realidad nadie que no sea creyente disfruta este perdón, de acuerdo con Juan 3:16: "Porque de tal manera amó Dios al mundo, que ha dado a su Hijo unigénito, para que todo aquel que en Él cree, no se pierda, mas

tenga vida eterna". Y en 1 Juan 2:2: "Y Él es la propiciación por nuestros pecados; y no solamente por los nuestros, sino también por los de todo el mundo".

Artículo Tres: Incapacidad natural
Que el hombre no tiene gracia salvadora por sí mismo, ni por la energía de su libre albedrío, en tanto como él, en estado de apostasía y pecado, no puede de él y por él pensar, desear ni hacer cosa alguna que sea realmente buena (tal como eminentemente lo es la fe salvadora); pero que le es necesario nacer de nuevo de Dios en Cristo, por medio del Espíritu Santo, y renovar su entendimiento, inclinación o voluntad y todos su poderes, para que pueda entender, pensar, desear y efectuar correctamente lo que es verdaderamente bueno, de acuerdo con la Palabra de Cristo en Juan 15:5: "separados de mí nada podéis hacer".

Artículo Cuatro: La gracia preveniente
Que esta gracia de Dios es el principio, continuidad y alcance de todo el bien, hasta el punto en que el hombre regenerado, sin la gracia preveniente o asistida, que despierta, sigue y coopera, no puede pensar, desear ni hacer el bien y tampoco puede resistir las tentaciones del mal; de modo que todas las buenas obras y movimientos que se puedan concebir han de adscribirse a la gracia de Dios en Cristo. Pero respecto al modo de operación de esta gracia, no es irresistible, pues se ha escrito sobre muchos que han resistido al Espíritu Santo. Hechos 7 y en muchos otros lugares.

Artículo Cinco: Perseverancia condicional
Que quienes se incorporaron en Cristo por la fe verdadera y con ello se hicieron partícipes de su Espíritu dador de vida, tienen por esa razón poder completo para luchar contra Satanás, el pecado, el mundo y su propia carne, y obtener la victoria; se entiende bien que esto es siempre a través de la gracia de asistencia de su Espíritu Santo; y que Jesucristo siempre los asiste en todas sus tentaciones por medio de su Espíritu, les extiende su mano, de modo que si están listos para el conflicto, desean su ayuda y no están inactivos, [Él] los guarda de caer, para que ellos no se desvíen ni sean arrebatados de las manos de Cristo, de acuerdo con su Palabra en Juan 10:28: "nadie las arrebatará de mi mano". Pero si, por su negligencia, son capaces de olvidarse de los comienzos de su vida en Cristo, de retornar a este mundo presente de mal, de volverse de la sana doctrina que los liberó, de perder la buena conciencia, de quedar desprovistos de gracia, ello puede determinarse más particularmente por las Santas Escrituras, antes de que lo enseñemos con la persuasión completa de nuestras mentes.

El pecado original

Los arminianos enseñaban la doctrina del pecado original; este afecta a todo el hombre; destituye el hombre de todo bien positivo y, alejado de la gracia de Dios, el hombre comete el mal continuamente. Por el pecado de Adán entraron al mundo el pecado y la muerte. La pena de muerte cayó sobre toda la humanidad por un estado del corazón humano (no por la imputación).[8] Además, todas las personas heredaron la naturaleza corrupta por ser descendientes de Adán. No obstante, esto no sugiere una imputación legal del pecado. La Apología de los remonstrantes declara: "No hay base para aseverar que el pecado de Adán se imputó a su posteridad en el sentido de que Dios la haya declarado culpable y la acuse del mismo pecado y crimen cometidos por Adán".[9]

DOCTRINA ARMINIANA (LA REMONSTRANCIA)	
Doctrina	**Explicación**
Elección con base en el conocimiento	Dios eligió a quienes Él sabía que por su propio libre albedrío creerían en Cristo y perseverarían en la fe.
Expiación ilimitada	En su expiación, Cristo proporcionó la redención para toda la humanidad haciendo que toda la humanidad sea potencialmente salva. La expiación de Cristo solo es efectiva en los que creen.
Incapacidad natural	El hombre no puede salvarse por sí mismo; el Espíritu Santo es quien efectúa el nuevo nacimiento.
Gracia preveniente	La obra preparatoria del Espíritu Santo permite que el creyente responda al evangelio y coopere con Dios en la salvación.
Perseverancia condicional	Los creyentes han recibido poder para vivir una vida de victoria, pero tienen la capacidad de darle la espalda a la gracia y perder su salvación.

Había una diferencia entre la postura de Arminio y la de Wesley. "Para Arminio, la capacidad que recibimos sobre nuestra naturaleza depravada y que nos permite cooperar con Dios, fluye de su justicia, y sin ella el hombre no podría responsabilizarse por sus pecados". Sin embargo, Wesley enseñó que la capacidad de cooperar con Dios tiene lugar por medio del "don gratuito de la gracia preveniente, dada a todos los hombres como primer beneficio de la expiación universal de Cristo por toda la humanidad".[10] De este modo, Arminio enseñó, de acuerdo con Romanos 5:16, que el don gratuito de la gracia de Cristo quitaba la condenación y la culpa de toda la humanidad, de modo que a nadie se le condena eternamente por el pecado original o sus consecuencias. "Ahora no se condena al hombre por la depravación de su propia naturaleza, aunque esa depravación sea la esencia del pecado; su culpabilidad, sostenemos, fue borrada por el don gratuito de Cristo. Al hombre solo se le condena por sus propias transgresiones".[11]

Así, aunque en el arminianismo se reconoce la depravación y el pecado original, sus efectos se borran y se revierten por la gracia de Dios, lo cual le permite al pecador responder a Dios activamente o cooperar con Él para su salvación. Nadie recibe su condena por la imputación del pecado de Adán o por su naturaleza depravada, solo por sus pecados individuales.

Elección y predestinación

Arminio relacionó la doctrina de la predestinación (Dios señaló a algunos para la salvación) con su presciencia. Dios sabía quiénes lo escogerían, y a ésos predestinó. No solo relacionó la doctrina de la predestinación con quienes escogerían a Dios, sino con quienes lo escogerían y además perseverarían. En cuanto a la elección de los individuos, Arminio declara: "[El] decreto se apoya en la presciencia de Dios; por ella Él ha sabido desde la eternidad qué personas van a creer, de acuerdo a la administración de los medios que sirven para el arrepentimiento y la fe por su gracia precedente, y qué personas van a perseverar por su gracia subsiguiente; también sabe quiénes no creerán ni perseverarán".[12]

El arminianismo incluía a toda la humanidad en su definición de la predestinación, lo que podría llamarse "el propósito misericordioso de Dios para salvar a la humanidad de su ruina completa. No es un acto arbitrario o indiscriminado de Dios pretendido para asegurar la salvación de unos cuantos y nada más. Incluye provisionalmente en su alcance a todos los hombres, y solamente está condicionado por la fe en Jesucristo".[13]

Los arminianos siempre han considerado que la elección para la vida eterna está condicionada por la fe en Cristo.[14] No es una elección arbitraria de Dios; más bien tiene su base en la respuesta de fe del hombre al evangelio.

Gracia preveniente

La gracia preveniente es la gracia divina "de preparación" dispensada para todos,[15] que le permite a una persona responder a la invitación del evangelio. La gracia preveniente puede definirse como "la gracia 'anterior' o de preparación para que el alma entre en el estado inicial de salvación. Es la gracia preparatoria del Espíritu Santo ejercitada en el hombre impotente en su pecado. Con respecto al culpable, puede considerarse misericordia; con respecto al impotente, es poder que le da capacidad. Por lo tanto, puede definirse como la manifestación de la influencia divina que precede a la vida completamente regenerada".[16]

Esto lleva a una creencia en la sinergia, la "obra conjunta" o "acción cooperativa" entre Dios y el hombre, sobre la salvación. Como Dios dispensa su gracia preveniente, se revierten los efectos del pecado de Adán, lo cual permite que la persona responda con fe al evangelio. El hombre puede aceptar o rechazar el evangelio y la gracia de Dios por su propio libre albedrío. "Al despertar de este pecado original, uno se abre a la gracia en Jesucristo, ofrecida gratuitamente. Por ello es posible la restauración a una relación no corrompida y cercana con Dios".[17]

El sistema arminiano de la gracia puede resumirse como sigue: "(1) La incapacidad del hombre por su depravación total; (2) en algún sentido el estado natural es el estado de gracia por medio del beneficio incondicional de la expiación; (3) la continuidad de la gracia excluye la diferenciación calvinista entre gracia común y eficaz; (4) sinergia o cooperación de la gracia y el libre albedrío, y (5) el poder del hombre para resistir finalmente la gracia que Dios le concedió".[18]

Libre albedrío

Es evidente que hay relación entre la gracia preveniente y el libre albedrío. Wiley cita cuatro proposiciones sobre esta relación.

(1) La gracia preveniente obra sobre el hombre natural o el hombre en su condición posterior a la caída. Esta gracia obra sobre todo su ser, no sobre un elemento particular o capacidad de su ser... (2) La gracia preveniente tiene que ver con el hombre como un agente libre y responsable. La caída no borra la imagen natural de Dios en el hombre ni destruye alguno de los poderes de su ser. No destruye el poder de pensar, perteneciente al intelecto; ni el poder del afecto, perteneciente a los sentimientos. Igualmente, tampoco destruye el poder volitivo, perteneciente a su albedrío. (3) Más aún, la gracia preveniente tiene que ver con la persona esclavizada por el pecado... Esta esclavitud no es absoluta, el alma es consciente de su servidumbre y se rebela contra ella... Luego se hace necesaria la gracia... para despertar el alma a la verdad... y moverse sobre los afectos de manera que el corazón se aliste en el lado de la verdad. (4) La cooperación continua de la voluntad humana con la gracia original del Espíritu transforma directamente la gracia preveniente en la gracia salvadora... Los arminianos afirman que el poder y la libre agencia existen desde el primer amanecer de la vida moral a través de la gracia preveniente del Espíritu, otorgada incondicionalmente a todos los hombres.[19]

En resumen, el arminianismo enseña que la caída del hombre no destruyó su poder para elegir. Así, la gracia preveniente mueve a la persona a ver su necesidad espiritual, cosa que le permite escoger la salvación. Pero la gracia es prominente en la transacción, enfatiza Wiley.

Términos de la salvación

Cuatro cosas que componen la fe salvadora: "(1) la consciencia de pecado; (2) volverse hacia Dios por medio de la gracia preveniente del Espíritu Santo, quien convence y atrae; (3) el arrepentimiento y la confesión de que el pecado ha separado al hombre de la gracia de Dios y ha evitado que se una al nuevo pacto; (4) la apropiación personal del nuevo nacimiento en Jesucristo".[20]

La responsabilidad humana en la salvación requiere conocer el pecado, darle la espalda, volverse a Dios y tener fe en Cristo. Juan Wesley enfatizaba que la "fe salvadora" está constituida por el arrepentimiento y la creencia. Cuando Wesley predicaba, su mensaje era "arrepiéntanse y crean".[21] El arrepentimiento conlleva la idea de cambio. Wesley lo llamaba "un cambio en el corazón: de pecado total a santidad total". Arrepentirse quiere decir abandonar el pecado; tiene lugar un cambio. Por lo tanto, arrepentirse requiere actuar; más aún, de acuerdo con Wesley, el arrepentimiento es anterior a la fe.[22] Dice Wesley: "Debemos arrepentirnos antes de creer en el evangelio. Debemos cortar la dependencia de nosotros mismos antes de que podamos depender verdaderamente de Cristo. Debemos erradicar toda la confianza en nuestra justicia, o no podremos tener verdadera confianza en la suya. Cuando nos libremos de confiar en las cosas que hacemos, podremos confiar completamente en lo que Él ha hecho y sufrido".[23]

Wesley definió la fe salvadora en tres términos: (1) poner la confianza en la misericordia y el perdón de Dios; (2) recibir seguridad en la vida del creyente, por ejemplo, en que Jesús es el Hijo de Dios; (3) expresar confianza en Cristo, entregando la vida a Cristo como Señor. Para Wesley la creencia termina expresándose en obediencia.[24] En esto están de acuerdo los arminianos actuales, quienes enfatizan la importancia de las obras como condición de la salvación.[25]

Significado de la expiación

Los arminianos en general se aferran a la perspectiva gubernamental de la muerte de Cristo, según la cual, como enseñó Grocio, Cristo no murió en sustitución de los pecadores. Cristo sufrió para satisfacer la justicia o el gobierno de Dios. Cristo hizo un "pago simbólico" para satisfacer el gobierno de Dios, no para morir por la humanidad. Por lo tanto, Dios hace a un lado la exigencia de la ley y perdona a los pecadores sobre la base de que su gobierno se mantiene y recibe honra. (Véase una explicación más amplia en el capítulo 24, "Soteriología: La doctrina de la salvación", y también en H. Orton Wiley, *Christian Theology,* 3 vols. [Kansas: Beacon Hill, 1952], 2:270-300).

Alcance de la expiación

Los arminianos enseñan que la expiación de Cristo fue universal. "Esto no quiere decir que toda la humanidad se salve incondicionalmente, sino que la ofrenda de sacrificio de Cristo satisfizo las solicitudes de la ley divina para hacer posible la salvación para todos".[26] La provisión de Cristo a través de su expiación es para todos; es suficiente para que todos se salven (aunque no todos lo hacen). Las Escrituras enfatizan la provisión universal (Jn. 3:16-17; Ro. 5:8, 18; 2 Co. 5:14-15; 1 Ti. 2:4; 4:10; He. 2:9; 10:29; 2 P. 2:1; 1 Jn. 2:2; 4:14). La proclamación del evangelio es para todos, porque Cristo proveyó para todos (Mt. 28:19; Mr. 16:15; Lc. 24:47).

Los arminianos enseñan además que el beneficio de la expiación incluye lo siguiente.

(1) La existencia continua de la raza humana. Es difícil concebir que a la raza humana se le hubiera permitido multiplicarse en su pecado y depravación si no hubiera habido provisión para su salvación... (2) La restauración de todos los hombres a un estado potencial de salvación. La expiación proporcionaba a todos los hombres incondicionalmente el don gratuito de la gracia. Esto incluía restaurar el Espíritu en la raza humana como Espíritu de iluminación, lucha y convicción. Así, al hombre no solo se le da la capacidad de ser probado apropiadamente, además se le garantiza la ayuda misericordiosa del Espíritu Santo... (3) La salvación de quienes murieron en la infancia. Debemos considerar que la expiación logra la salvación real de quienes murieron en la infancia.[27]

La salvación se puede perder

Los arminianos se han adherido a la doctrina según la cual los creyentes pueden perder la salvación. Aunque Arminio no dijo claramente que los creyentes pudieran perderse, sus conclusiones apuntan en esa dirección. Él enseñaba que el hombre es salvo por gracia, pero no independientemente de su libre albedrío. Su voluntad sigue siendo libre. Arminio enfatizó que el libre albedrío debía coincidir con la perseverancia, pues de otra forma el creyente podría perderse. "Es inevitable que el libre albedrío coincida con preservar la gracia otorgada, asistida, sin embargo, por la gracia subsiguiente, y siempre está en poder del libre albedrío rechazar la gracia otorgada y rehusar la gracia subsiguiente, pues la gracia no es un acto omnipotente de Dios que no pueda ser resistida por la voluntad del hombre.[28]

Juan Wesley también enseñó que el creyente puede "hacer naufragar su fe y su buena conciencia de modo que caiga, no tan solo vilmente, sino que al final de cuentas perezca para siempre".[29] La base para la pérdida de la salvación se encuentra en pasajes como 2 Timoteo 2:5 y Hebreos 6:4-6.

EVALUACIÓN RESUMIDA DE LA TEOLOGÍA ARMINIANA

El arminianismo enfatiza varias características importantes. Con seguridad, el énfasis sobre la responsabilidad del hombre es un factor bíblico: el hombre debe creer para ser salvo (Jn. 3:16; Hch. 16:31; etc.). El hombre está perdido si rehúsa creer (Jn. 5:40; 7:17). El énfasis del arminianismo en la universalidad de la expiación también es bíblico (1 Ti. 4:10; 2 P. 3:9; 1 Jn. 2:2). En el arminianismo deben evaluarse varias características. (1) El arminianismo niega la imputación del pecado; nadie recibe condena eterna por el pecado original. El hombre se condena por sus propios pecados. Esto parece diferente a Romanos 5:12-21.

(2) Aunque lo enseñan de diferentes formas, los arminianos en general enseñan que los efectos de la caída se borraron por la gracia preveniente dada a los hombres y, por lo tanto, pueden cooperar con Dios en su salvación. Sin embargo, en las Escrituras no hay una indicación clara de esta clase de gracia preveniente.

(3) Los arminianos enseñan que la caída no destruyó el libre albedrío del hombre; aún más, enseñan que la gracia preveniente se mueve en el corazón del creyente y le permite cooperar con Dios en su salvación por un acto de su voluntad. Aunque es cierto que el hombre lleva la responsabilidad por su respuesta al evangelio (Jn. 5:40), su libre albedrío se afectó con la caída (Ro. 3:11-12; Ef. 2:1); el hombre necesita la gracia de Dios para salvarse (Ef. 2:8; Hch. 13:48; 16:14).

(4) Los arminianos relacionan la predestinación con la presciencia de Dios en cuanto a los actos del hombre. Enfatizan que Dios conocía de antemano quién creería y a esos eligió. En el arminianismo, la elección y la predestinación están condicionadas por la fe. Sin embargo, la palabra *presciencia* (gr., *prognosis*) básicamente es equivalente a "elección" (cp. Ro. 11:2; 1 P. 1:20). El conocimiento en la presciencia de Dios se origina al *planificar* a priori, no por la *información* previa.

(5) El arminianismo enfatiza la participación y la responsabilidad humana en la salvación: reconocimiento del pecado, dar la espalda al pecado, arrepentimiento, confesión y fe. En el arminianismo, el arrepentimiento requiere cambiar las acciones, abandonar los pecados, mientras la palabra bíblica *arrepentimiento* (gr., *metanoia*) significa "cambio de mente". Aunque el énfasis en las responsabilidad humana es importante, requiere muchas condiciones para la salvación; este asunto se torna serio, porque está en juego la pureza de la salvación por la sola gracia. La única condición para la salvación que se enfatiza en el registro bíblico es la fe en Cristo (Jn. 3:16, 36; Hch. 16:31; Ro. 10:9; etc).

(6) El arminianismo enseña que los creyentes pueden perder su salvación porque la voluntad humana sigue siendo libre, y por lo tanto puede prescindir de su fe anterior en Cristo para escoger el pecado. Esta perspectiva suele basarse en pasajes controvertidos como Hebreos 6:4-6 y 2 Pedro 2:20-22. Sin embargo, el énfasis claro de las Escrituras es que el creyente tiene la vida eterna como una posesión presente (Jn. 3:16; 1 Jn. 5:11-13) y está seguro en Cristo (Jn. 10:28) por la obra que Él ha hecho (Ro. 5:1; 8:1).

Notas

1. Earle E. Cairns, *Christianity through the Centuries* (Grand Rapids: Zondervan, 1954), 351.

2. Philip Schaff, *The Creeds of Christendom*, 3 vols., 4ª ed. (Nueva York: Scribner's, 1890), 1:513-514. Los cánones del sínodo de Dort están en 3:550-597.

3. *Ibíd.*, 1:516.

4. John McClintock y James Strong, en *Cyclopaedia of Biblical, Theological and Ecclesiastical Literature* (Grand Rapids: Baker, 1970), 1:416-17.

5. Schaff, *Creeds of Christendom*, 1:659.

6. McClintock y Strong, en *Cyclopaedia of Biblical Literature*, 1:417.

7. Philip Schaff, *The Creeds of Christendom*, 3:545-549. Schaff también aporta los textos paralelos en latín y holandés; el texto holandés se tomó de la primera edición de 1612, y la edición latina de la de 1616. La traducción al inglés se hizo para la edición de Schaff de *The Creeds of Christendom*.

8. H. Orton Wiley, *Christian Theology*, 3 vols. (Kansas: Beacon Hill, 1952), 2:97-98.

9. *Ibíd.*, 2:107-108.

10. *Ibíd.*, 2:108.

11. *Ibíd.*, 2:135.

12. Carl Bangs, *Arminius* (Nashville: Abingdon, 1971), 352.

13. Wiley, *Christian Theology*, 2:337.

14. *Ibíd.*, 2:341.

15. Steve Harper, *John Wesley's Message for Today* (Grand Rapids: Zondervan, 1983), 42.

16. Wiley, *Christian Theology*, 2:346.

17. Paul A. Mickey, *Essentials of Wesleyan Theology* (Grand Rapids: Zondervan, 1980), 86.

18. Wiley, *Christian Theology*, 2:353.

19. *Ibíd.*, 2:356-357.

20. Mickey, *Essentials of Wesleyan Theology*, 133.

21. Harper, *John Wesley's Message for Today*, 50.

22. *Ibíd.*, 51-53.

23. *Ibíd.*, 53.

24. *Ibíd.*, 55-57. Véanse también los apartes en los escritos de Wesley sobre arrepentimiento y fe en Robert W. Burtner y Robert E. Chiles, *John Wesley's Theology* (Nashville: Abingdon, 1982), 151-162.

25. Wiley, *Christian Theology*, 2:373.

26. *Ibíd.*, 2:295.

27. *Ibíd.*, 2:297.

28. Bangs, *Arminius*, 216.

29. Richard S. Taylor, "Historical and Modern Significance of Wesleyan Theology", en R. Duane Thompson y Charles R. Wilson, eds., *A Contemporary Wesleyan Theology: Biblical, Systematic and Practical,* 2 vols. (Grand Rapids: Zondervan, 1983), 1:63.

PARA ESTUDIO ADICIONAL SOBRE LA TEOLOGÍA ARMINIANA

**   Carl Bangs, *Arminius* (Nashville: Abingdon, 1971).

**   Robert W. Burtner y Robert E. Chiles, *John Wesley's Theology* (Nashville: Abingdon, 1982).

**   Charles W. Carter, ed., *A Contemporary Wesleyan Theology* (Grand Rapids: Asbury, 1983).

*   J. K. Grider, "Arminianism", en Walter A. Elwell, ed., *Evangelical Dictionary of Theology* [*Diccionario teológico de la Biblia*] (Grand Rapids: Baker, 1984), 79-81. Publicado en español por Caribe.

*   Steve Harper, *John Wesley's Message for Today* (Grand Rapids: Zondervan, 1983).

**   A. W. Harrison, *Arminianism* (Londres: Duckworth, 1937).

**   Thomas A. Langford, *Practical Divinity: Theology in the Wesleyan Tradition* (Nashville: Abingdon, 1983).

*   Paul A. Mickey, *Essentials of Wesleyan Theology* (Grand Rapids: Zondervan, 1980).

*   Thomas C. Oden, *Doctrinal Standards in the Wesleyan Tradition* (Grand Rapids: Zondervan, 1988).

*   Roger E. Olson, *Arminian Theology: Myths and Realities* (Downers Grove: Inter-Varsity, 2006). Trata las malas interpretaciones de la teología arminiana.

**   H. Orton Wiley, *Christian Theology* (Kansas: Beacon Hill, 1952). Una de las obras más completas e importantes para explicar las características distintivas de la teología arminiana, y escrita desde un punto de vista nazareno.

*   Mildred Bangs Wynkoop, *Bases teológicas de Arminio y Wesley* (Kansas City: Casa Nazarena de Publicaciones, 1973).

TEOLOGÍA
DEL PACTO

LA TEOLOGÍA DEL PACTO es un sistema de interpretación de las Escrituras con base en dos pactos: el pacto de obras y el pacto de gracia. Algunos teólogos del pacto especifican tres de ellos: obras, redención y gracia. La teología del pacto enseña que inicialmente Dios hizo un pacto de obras con Adán; le prometió vida eterna por la obediencia y muerte por la desobediencia. Adán fracasó y la muerte entró a la raza humana. Sin embargo, Dios actuó para resolver el dilema del hombre y lo hizo entrando en un pacto de gracia, por medio del cual vencería el problema del pecado y la muerte. Cristo es el mediador último en el pacto divino de gracia.

TRASFONDO HISTÓRICO DE LA TEOLOGÍA DEL PACTO

Johann Bullinger

Johann Heinrich Bullinger (1504-1575) siguió a Ulrico Zuinglio en el liderazgo de la Reforma en Zurich. Bullinger, al igual que los otros reformadores, defendía la autoridad de las Escrituras y predicó la doctrina bíblica que también se publicó. Escribió ampliamente, sus obras llegan a los 150 volúmenes. Fue un influyente líder de la Iglesia reformada, solo segundo a Calvino en autoridad.

Fue el único autor de la Segunda Confesión Helvética de 1566, donde se daba una declaración clara de la fe reformada.[1] También tuvo su papel en el desarrollo de la teología del pacto: enseñó la representación federal de la salvación en el *Compendio de la religión cristiana*.

Johannes Wollebius[2]

Johannes Wollebius (1586-1629), el cual enseñó Nuevo Testamento en Basilea, Suiza, publicó un *Compendio de la teología cristiana* en 1626, en el cual abrazaba la teología reformada. Wollebius enseñaba que Dios hizo un pacto de obras con Adán; en este pacto Dios gobernaba al hombre antes de la caída. Wollebius definió el pacto de obras como se ha definido usualmente: "la promesa de la vida eterna por la obediencia y la amenaza de muerte por la desobediencia". Wollebius veía en los dos árboles del huerto los sacramentos del pacto de obras.

También enseñó sobre el pacto de gracia, un pacto de la misericordia de Dios posterior a la caída. El pacto de gracia, extendido a todas las eras después de la caída, es mediado por Cristo. Wollebius se refería a dos administraciones: el Antiguo y el Nuevo Testamento. El Antiguo

Testamento cubría tres etapas: de Adán a Abraham, de Abraham a Moisés y de Moisés a Cristo. La nueva administración es el período posterior a la venida de Cristo. Enfatizó cinco diferencias entre las dos administraciones. Los sacramentos del pacto de obras son la circuncisión y la ceremonia de la pascua en el Antiguo Testamento; el bautismo y la Cena del Señor en el Nuevo Testamento.

William Ames[3]

William Ames (1576-1633) fue un teólogo puritano, erudito y bien reputado en Inglaterra y Holanda. Se opuso vigorosamente al arminianismo y participó en el sínodo de Dort. Al igual que Wollebius, Ames enseñaba el pacto de obras establecido antes de la caída. Sin embargo, también afirmaba que el pacto de obras, universal en su alcance, continuó después de la caída. Su cumplimiento dependía de la obediencia del hombre para con Dios. Algunos teólogos subsumían la continuación del concepto de pacto bajo el pacto de la ley, en vez de sugerir que pertenecía al pacto de obras.

Ames enseñó un pacto de gracia posterior a la caída, pero prefería llamarlo "testamento" porque estaba relacionado con la muerte de Cristo. Ames vio a Dios como el único participante del pacto de gracia. Enseñó la suficiencia universal del pacto, pero también su aplicación limitada a quienes Dios dirigía. Ames entendía también que el pacto de gracia abarcaba todas las eras posteriores a la caída. Enseñó que el pacto de gracia comprendía dos administraciones: el Antiguo y el Nuevo Testamento; el Antiguo cubría dos eras: antes de Moisés y después de Moisés; el Nuevo Testamento también cubría dos eras: desde Cristo hasta el final del mundo y el final como tal. En el final se alcanzaría el propósito del pacto: la gloria de Dios y la salvación del hombre. La señal del pacto de gracia es el bautismo; por lo tanto, es necesario el bautismo de los niños.

Johannes Cocceius

Johannes Cocceius (1603-1669) enseñó en Bremen, Franeker y Leiden. Fue líder en el desarrollo de la teología del pacto. Se expresó claramente en sus escritos. Enfatizó la teología exegética y bíblica, en la cual reconocía la necesidad de una teología derivada de las Escrituras, tal como los reformadores la habían practicado.

Cocceius enseñó que Dios entró en un pacto de obras con Adán.[4] Este pacto le permitió a Adán disfrutar de comunión y amistad con Dios. Cocceius enseñaba que, en el pacto de obras, Adán representaba a toda la raza humana. Si Adán obedecía a Dios, llegaría a conocer y sentir su propio bien; si le desobedecía, se precipitaría de cabeza en el mal o la muerte. El árbol de la vida era el "sacramento de la ciudad celestial y de la vida eterna", según Cocceius. Como Cristo es vida, el árbol de la vida simboliza al Hijo de Dios. Adán se hizo culpable por su pecado, perdió su comunión con Dios, la esperanza de la vida eterna, la gracia espiritual, la rectitud, la autoridad sobre las criaturas y la vida física.

Cocceius enseñó una base universalista para el pacto de gracia.[5] Dios resolvió mostrar su misericordia inexpresable y "emplear un sufrimiento y bondad inefables hacia la raza humana". Pero ello fue a través de un mediador que pudiera expiar el pecado. La muerte de Cristo era "garantía efectiva ya desde su inicio, aun antes que el Hijo, en vista de este mérito suyo en el futuro, hubiera cumplido su voto de redención. Aunque el Hijo aún no había arrancado la culpa del pecado, este ya no se imputaba a la humanidad". Esto se convirtió en un punto controversial para Cocceius. También distinguió el "doble tiempo"; el primero era el Antiguo Testamento, "a la espera de Cristo", y el otro era el Nuevo Testamento, "de fe revelada en Cristo". Pero Cocceius enfatizaba que, tanto en la era del Antiguo como del Nuevo Testamento, las personas siempre se salvaban por gracia.

Hermann Witsius

Hermann Witsius (1636-1708) aclaró aún más la teología del pacto. Definió el pacto de las obras como "el acuerdo entre Dios y Adán, creado a imagen divina, como cabeza y príncipe de toda la raza humana, por medio del cual Dios le promete felicidad y vida eterna si él obedece perfectamente todos los preceptos, y añade la amenaza de muerte si Adán peca en el detalle más ínfimo; y Adán estuvo de acuerdo con esta condición".[6] La definición incorpora gran parte de la teología del pacto: Adán, como cabeza representativa de la raza humana; el pacto de obras, con la promesa de vida eterna si hay obediencia, y la amenaza de muerte si hay desobediencia.

Witsius explicó también los resultados del pacto y la solución de Dios.

(1) Los preceptos del pacto... atan a uno y a todos en cualquier estado a una ejecución perfecta de deberes; (2) la vida eterna prometida por el pacto no puede obtenerse bajo una condición distinta a la obediencia perfecta en cada uno de los detalles; (3) la desobediencia no escapa al látigo de Dios y la muerte es siempre el castigo del pecado. Sin embargo, estos axiomas no excluyen al patrocinador, que cumple la petición en lugar del hombre al pagar la pena y cumplir la condición.[7]

Así, aunque el hombre estuviera bajo sentencia de muerte, Dios aporta una solución.

El nuevo pacto de gracia hace visibles las inescrutables riquezas de la sabiduría divina "mucho más claramente que si el antiguo pacto hubiera tenido un buen final para el hombre".[8] Witsius lo describió como un pacto entre Dios y Cristo, donde la promesa se le hace a Cristo (Gá. 3:17).

La Confesión de Westminster

Una de las primeras declaraciones de la teología del pacto es la Confesión de Westminster de 1647. En ella se lee lo siguiente:[9]

(1) La distancia entre Dios y la criatura es tan grande, que aún cuando las criaturas racionales le deben obediencia como a su Creador, sin embargo, ellas no podrán nunca tener plenitud con Él como su bienaventuranza o galardón, si no es por alguna condescendencia voluntaria por parte de Dios, habiéndole placido a Este expresarla por medio de su pacto.

(2) El primer pacto hecho con el hombre fue un pacto de obras, en el que se prometía la vida a Adán, y en este a su posteridad, bajo la condición de una obediencia personal perfecta.

(3) El hombre, por su caída, se hizo incapaz para la vida que tenía mediante aquel pacto, por lo que agradó a Dios hacer un segundo pacto, llamado comúnmente el Pacto de gracia, según el cual Dios ofrece libremente a los pecadores vida y salvación por Cristo, exigiéndoles la fe en Él para que puedan ser salvos, y prometiendo dar su Espíritu Santo a todos aquellos que ha ordenado para vida, dándoles así voluntad y capacidad para creer.

(4) Este pacto de gracia se propone con frecuencia en las Escrituras con el nombre de un testamento, con referencia a la muerte de Jesucristo el testador, y a la herencia eterna con todas las cosas que a esta pertenecen y están legadas en este pacto.

(5) Este pacto era ministrado de un modo diferente en el tiempo de la ley y en el del Evangelio. Bajo la ley se ministraba por promesas, profecías, sacrificios, la circuncisión, el cordero pascal y otros tipos y ordenanzas entregados al pueblo judío; y todos señalaban al Cristo que había de venir, y eran suficientes y eficaces en aquel tiempo por la operación del Espíritu Santo, para instruir y edificar a los elegidos en fe en el Mesías prometido, por quien tenían plena remisión de pecado y salvación eterna. A este pacto se le llama el Antiguo Testamento.

(6) Bajo el evangelio de Cristo, se reveló la sustancia de la gracia de Dios. Las ordenanzas por las cuales se ministra este pacto son: la predicación de la Palabra, la administración de los sacramentos del Bautismo y de la Cena del Señor; y aún cuando son menos en número y ministradas con más sencillez y menos gloria exterior, sin embargo, en ellas el pacto se muestra a todas las naciones, así a los judíos como a los gentiles, con más plenitud, evidencia y eficacia espiritual, y se le llama el Nuevo Testamento. Con todo, no hay dos pactos de gracia diferentes en sustancia, sino uno y el mismo bajo diversas dispensaciones.

AFIRMACIONES DOCTRINALES DE
LA TEOLOGÍA DEL PACTO

Pacto de obras

Definición. Se le llama "pacto de vida" porque refleja la recompensa por la obediencia; además, se le llama "pacto de obras" porque las obras son la condición ligada a la promesa. Se puede definir como sigue: Dios hizo un pacto con Adán como cabeza federal (representante) de la raza humana, en el cual prometía bendecirlo con vida eterna si él obedecía; si desobedecía, sería juzgado con la muerte.[10]

Base bíblica. Aunque en los capítulos iniciales del Génesis no se menciona específicamente el pacto, su existencia está implícita. Un pacto requiere el acuerdo entre dos partes, en este caso, entre Dios y Adán en Génesis 2:16-17, donde Dios dictamina los términos del pacto.[11] El principio del pacto también se sugiere en Levítico 18:5; Ezequiel 20:11, 13, 20; Lucas 10:28; Romanos 7:10; 10:5 y Gálatas 3:12; en estos pasajes se sugiere que la ley pretendía dar vida.[12]

Características. (1) La promesa. La promesa del pacto de obras era que si Adán obedecía el mandato de Dios, no moriría; ello se sugiere en la declaración negativa de Génesis 2:17, "el día que de él comieres, ciertamente morirás". En otras palabras, si Adán no comía la fruta, viviría. La promesa a Adán es consistente con otros pasajes que enfatizan el pacto, o la ley, bajo el cual Dios puso al hombre. La promesa por la obediencia no era solo la continuación de la vida mortal, porque eso ya lo poseía. "La vida prometida incluía la existencia feliz, santa e inmortal del alma y el cuerpo",[13] es decir, la vida eterna. Era "la vida en su más alto desarrollo de dicha y gloria perenne".[14]

(2) Condición. La condición que Dios le puso a Adán era la obediencia perfecta. Es la condición de aceptación mencionada en otras partes de la Biblia (cp. Gá. 3:10; Stg. 2:10). Dios le dijo a Adán que no comiera el fruto del árbol de la ciencia del bien y del mal (Gn. 2:17); esa era la condición. La prueba era si el hombre obedecería a Dios o seguiría su propio juicio.[15]

(3) Pena. El castigo por la desobediencia al pacto de obras está en el término "muerte" (Gn. 2:17).[16] El término debe entenderse exhaustivamente, lo cual incluye todo mal penal. La muerte está en completa oposición a todo lo que se le había prometido a Adán en la vida; Adán perdió la vida eterna, espiritual y física. "La vida prometida… incluye todo lo que se requiere para la existencia inmortal, santa y feliz del alma y el cuerpo; por lo tanto, la muerte ha de incluir todo lo que significa muerte espiritual y eterna, no solo todas las miserias de esta vida y la disolución del cuerpo".[17]

(4) Estado presente del pacto de obras. Se puede responder de dos maneras. En un sentido no se abrogó el pacto de las obras. Dios aún de-

manda obediencia perfecta de los hombres, tal como con Adán (Lv. 18:5; Ro. 10:5; Gá. 3:12); más aún, la maldición de la muerte es evidencia de que el pacto no se abrogó. Sin embargo, el pacto puede considerarse abrogado en el sentido de que Cristo satisfizo las obligaciones.[18] Algunos teólogos del pacto son muy enfáticos en que el pacto de obras ya no está vigente.[19]

Pacto de redención

Los teólogos del pacto ven de formas distintas los pactos. Algunos solo se refieren a los pactos de obras y de gracia, mientras otros se refieren a los pactos de obras, de redención y de gracia. Sin embargo, no deben entenderse los pactos de redención y de gracia como algo distinto, sino como "dos modos o fases de un pacto evangélico de misericordia".[20]

Definición. El pacto de redención es entre el Padre y el Hijo, hecho desde el pasado eterno. En este "acordaron la redención de la raza humana; el Padre designó al Hijo como mediador, el Segundo Adán, cuya vida se daría por la salvación del mundo; el Hijo aceptó la comisión, prometió que haría la obra encomendada y cumpliría con la justicia obedeciendo la ley de Dios".[21]

Base bíblica. Hay múltiples Escrituras que enfatizan la naturaleza eterna del plan de salvación (Ef. 1:3-14; 3:11; 2 Ts. 2:13; 2 Ti. 1:9; Stg. 2:5; 1 P. 1:2). Más aún, Cristo se refirió a su venida como una comisión (Jn. 5:30, 43; 6:38-40; 17:4-12). Cristo también se considera el representante de la raza humana, la cabeza del pacto (Ro. 5:12-21; 1 Co. 15:22).[22]

En el plan eterno de Dios se decretó que el Padre planificara la redención por la elección y la predestinación; que el Hijo proporcionara la redención por su muerte expiatoria y que el Espíritu Santo efectuara el plan por la regeneración y mediante su sello en los creyentes (Ef. 1:3-14).

Características. Las características del pacto de redención se relacionan con la obra asignada al Hijo. Cristo tuvo que hacerse humano en una encarnación genuina para lograr la redención del hombre (Ro. 8:3). Cristo, como representante del hombre, se hizo garantía de un mejor pacto: uno que pudiera efectuar genuinamente la salvación (He. 7:22). Cristo se sujetó a los dictados de la ley, cumplió perfectamente los requisitos de esta para redimir a la humanidad esclavizada bajo la ley (Gá. 4:4-5). La liberación final de la servidumbre de la esclavitud bajo la ley llegó por medio de la muerte expiatoria de Cristo (Gá. 3:13).

Pacto de gracia

Definición. El pacto de gracia se hizo entre Dios y los elegidos: Él ofrece salvación a los pecadores elegidos en Cristo. (Los teólogos reformados postulan diferentes perspectivas sobre una de las partes del pacto: algunos sugieren que son "los pecadores", otros que son "los pecadores elegidos en Cristo").[23]

Base bíblica. La base bíblica del pacto de gracia se repite con frecuencia en la frase "[seré] tu Dios, y el de tu descendencia después de ti" (Gn. 17:7; cp. Jer. 31:33; 32:38-40; Ez. 34:23-31; 36:25-28; 37:26-27; 2 Co. 6:16-18; He. 8:10).

Características.[24] (1) Es un pacto de misericordia. Dios aporta a su Hijo como garantía de nuestra salvación: Dios, a través de su gracia, le permite al hombre satisfacer las exigencias del pacto por el don del Espíritu Santo. (2) Es un pacto trinitario. El origen del pacto está en el amor electivo del Padre, la redención del Hijo y la aplicación del Espíritu Santo (Ef. 1:3-14). (3) Es un pacto eterno e inquebrantable. El pacto no puede cambiarse: Dios siempre será fiel al pacto que ha prometido y provisto. (4) Es un pacto particular. No es universal, porque no se extiende a todas las personas; el objetivo del pacto son los elegidos. (5) Es igual en todas las dispensaciones. La frase de resumen, "seré tu Dios", es unificadora en el Antiguo y en el Nuevo Testamento (Gn. 17:7; Éx. 19:5; 20:2; Dt. 29:13; 2 S. 7:14; Jer. 31:33; He. 8:10). Esto puede verse mejor en el hecho de que las personas de todas las eras se salvan por el mismo evangelio (Gá. 1:8-9).

Teología del reemplazo

La teología del pacto también se conoce como teología del reemplazo. La segunda es una distinción de la primera. La terminología refleja su enseñanza en que la iglesia reemplazó a Israel en el programa de Dios. Creen que, puesto que Israel rechazó a Jesús como Mesías, Dios reemplazó a Israel por la iglesia. Israel ya no tiene futuro en el programa de Dios. Las promesas que Dios ha hecho a Israel se han cumplido en la iglesia.[25]

La desintegración de Israel como nación y la dispersión del pueblo judío entre las naciones es un argumento adicional para los teólogos del remplazo en defensa de su punto de vista. Puesto que la iglesia ha reemplazado a Israel en el programa de Dios, las promesas que Dios le hizo a Israel se han cumplido o se cumplirán en la iglesia.

La teología del reemplazo se desarrolló durante muchos siglos. Agustín (354-430) veía que la iglesia había reemplazado a Israel. Creía que las promesas hechas a Israel se cumplirían en la iglesia. Líderes de la iglesia como Jerónimo y Crisóstomo suscitaron fuertes polémicas contra los judíos. El antisemitismo fue prominente en el Oscurantismo, y culminó con las atrocidades de las Cruzadas no solo contra los musulmanes, sino también contra Israel. La perspectiva dominante durante estos siglos era que Dios había rechazado a los judíos y los había reemplazado por la iglesia. Sin lugar a dudas, la hostilidad de las personas hacia los judíos afectó a la teología medieval.

Los teólogos del reemplazo señalaban Gálatas 3:29, el cual, decían ellos, muestra que la filiación de Abraham es espiritual, no física.

CONCEPTOS DE LA TEOLOGÍA DEL PACTO			
Comparaciones	Pacto de obras	Pacto de redención	Pacto de gracia
Personas	Con Adán	Con el Padre y el Hijo	Con la humanidad
Promesa	Vida eterna y física confirmada	Daba salvación a la humanidad	Humanidad eterna
Condición	Obediencia	——	Fe
Advertencia	Muerte física	——	Muerte eterna
Tiempo	En el Edén antes de la caída	Pasado eterno	En el Edén después de la caída

EVALUACIÓN RESUMIDA DE LA TEOLOGÍA DEL PACTO

Hay siete énfasis en la teología del pacto que merecen una evaluación particular.

(1) El énfasis primordial de la gracia en la teología del pacto es una verdad válida e importante. La salvación por gracia debe cuidarse y conservarse; es la doctrina por la cual lucharon los reformadores. Siempre es verdad que los creyentes se salvan por gracia, tanto en el Antiguo como en el Nuevo Testamento.

(2) El concepto del pacto de obras puede ser correcto porque los principios básicos del pacto están en las Escrituras: Dios prometió vida a Adán a cambio de obediencia, y le prometió la muerte por su desobediencia. Sin embargo, no se declara con claridad que este intercambio entre Dios y Adán sea un verdadero pacto.

(3) El pacto de redención, en el que el Dios trino planificó la redención del hombre y su aplicación en el pasado eterno, es una inferencia, aunque el pacto no se menciona específicamente en las Escrituras.

(4) El pacto de gracia hace particular énfasis en el concepto de la salvación por gracia. Probablemente la principal debilidad en la idea de este pacto sea su simplificación excesiva; aunque observa una semejanza perenne en la relación de Dios con la humanidad, no explica las diferencias enfáticas de dicha relación. Se dice que el pacto de gracia cubre desde Adán hasta el final de los tiempos, sin hacer distinciones entre los diferentes pactos y las diferentes partes en este período. Se usan pasajes relacionados con Israel (p. ej., Ez. 36:25-28) para referirse a la iglesia. En la teología del pacto hay otras áreas semejantes, de legítima distinción, que necesitan considerarse.

(5) La mayor debilidad de la teología del reemplazo es que debe apoyarse en una hermenéutica alegórica: se da por hecho que "Israel" sig-

nifique "iglesia". Sin embargo, un estudio de concordancia y léxico de la palabra *Israel* mostrará que Israel nunca se usa en sentido alegórico; siempre se refiere a la posteridad física de Jacob. La alegorización no es objetiva en su interpretación; es subjetiva y lleva a una pregunta sería: si se pueden alegorizar los textos relativos a Israel, ¿qué más puede alegorizarse? Los teólogos liberales llevan este concepto hasta la conclusión final de alegorizar las afirmaciones de Cristo, negando con ello su divinidad.

(6) La Biblia es clara en que Dios no ha abandonado al pueblo hebreo. Pablo se hace la pregunta y luego la responde categóricamente: "Digo, pues: ¿Ha desechado Dios a su pueblo? En ninguna manera. Porque también yo soy israelita, de la descendencia de Abraham, de la tribu de Benjamín. No ha desechado Dios a su pueblo, al cual desde antes conoció" (Ro. 11:1-2a). Pablo incluso hace un comentario provocador, afirmando que, aun en su incredulidad, los hebreos siguen siendo el pueblo escogido de Dios: "Con respecto al evangelio, los israelitas son enemigos de Dios para bien de ustedes; pero si tomamos en cuenta la elección, son amados de Dios por causa de los patriarcas, porque las dádivas de Dios son irrevocables, como lo es también su llamamiento" (Ro. 11:28-29, NVI).

Dios hizo una promesa a Israel: "'Si yo no hubiera establecido mi pacto con el día ni con la noche, ni hubiera fijado las leyes que rigen el cielo y la tierra, entonces habría rechazado a los descendientes de Jacob y de mi siervo David, y no habría escogido a uno de su estirpe para gobernar sobre la descendencia de Abraham, Isaac y Jacob. ¡Pero yo cambiaré su suerte y les tendré compasión!'" (Jer. 33:25-26, NVI). Dios no solo les ha prometido un pacto irrevocable, sino su restauración futura.

(7) La naturaleza incondicional de los pactos abrahámico (Gn. 12:1-3), palestino (Dt. 30:1-10), davídico (2 S. 7:12-16) y el nuevo (Jer. 31:31-34) recuerdan que no hay condiciones adjuntas en las promesas de Dios para bendecir a los descendientes de Jacob. La promesa de Gálatas 3:29 lleva las bendiciones al pueblo gentil, pero con ello no se invalidan ni se anulan las promesas a Israel.[26]

TEOLOGÍA DEL DOMINIO

Historia

La teología del dominio, conocida también como "reconstruccionismo cristiano", es un desarrollo reciente que sigue el pensamiento de los puritanos, quienes intentaron construir una sociedad cristiana en Estados Unidos aplicando los principios de la ley mosaica a la sociedad civil. Su intención era construir un reino teocrático de Dios en la tierra. En recientes décadas ha surgido un movimiento que intenta tener éxito donde fallaron los puritanos: en establecer un gobierno teocrático en Estados Unidos.[27]

Los proponentes del reconstruccionismo cristiano son serios, bien educados y agresivos en su filosofía. Rousas J. Rushdoony (1916-), autor de 30 libros (los dos volúmenes de *Institutes of Biblical Law* [Institución de la ley bíblica] inclusive, en los cuales detalla la aplicación de los diez mandamientos a la sociedad), ha sido uno de los más importantes promotores de la teología del dominio.[28] Tras haber sido misionero entre los indios norteamericanos, y pastor presbiteriano, Rushdoony formó la Fundación Calcedonia en 1965, publicó el *Chalcedon Report* [Informe calcedonio] y la *Journal of Christian Reconstruction* [Revista de la reconstrucción cristiana]. Gary North, yerno de Rushdoony, ha escrito varios libros y artículos, y sirve en el Instituto de Economía Cristiana en Tyler, Texas. Greg Bahnsen, graduado del Seminario Westminster, quien fue pastor presbiteriano y profesor en el Seminario Teológico Reformado, también ha escrito varios libros, incluido *Theonomy in Christian Ethics* [Teonomía en la ética cristiana], que aboga por una aplicación de la ley mosaica a la sociedad norteamericana. Otros líderes incluyen a David Chilton, especialista en escatología reconstruccionista (véanse *Paradise Restored: An Eschatology of Dominion* [Paraíso restaurado: Una escatología del dominio] y *Days of Vengeance* [Días de venganza]); Gary DeMar, presidente de American Vision y autor de *God and Government* [Dios y gobierno] en tres volúmenes; Joseph Morecraft III, pastor de la Iglesia Presbiteriana Calcedonia, que publica *The Counsel of Chalcedon* [El consejo de Calcedonia]; Joe Kickasola, profesor de la Universidad CBN, y otros. Entre quienes han recibido influencia de este movimiento se encuentran Pat Robertson y Francis Schaeffer.

La razón para el surgimiento del reconstruccionismo cristiano ha sido la "desilusión con el gran gobierno, preocupación por el decaimiento moral estadounidense y el fracaso de los programas de la Gran Sociedad".[29] Más aún, los reconstruccionistas cristianos ofrecen soluciones, al creer en la perspectiva postmilenaria de que todas las naciones se convertirán y la iglesia establecerá el reino de Dios en la tierra. Aunque los líderes del movimiento afirman la teología reformada, los carismáticos (quienes defienden generalmente la teología arminiana), particularmente los del movimiento de la "confesión positiva",[30] también han sido influenciados por el movimiento debido a su optimismo sobre el futuro.[31]

Definición

Teología del dominio, reconstruccionismo cristiano, teonomía y teología del reino ahora. Todos éstos son los nombres que se han usado para describir este movimiento. La teología del dominio dice que Dios, a través de Cristo, ejerce dominio sobre este mundo, y los creyentes, por su identificación con Cristo, tienen dominio sobre el mundo. Los creyentes alcanzarán este dominio en el mundo a través de su obediencia a los mandamientos de Dios y el servicio fiel. Los cristianos al final se verán como los "benefactores" del mundo. Puesto que Cristo ha derrotado a Satanás y al pecado, los cristianos pueden tener un dominio personal sobre cada área de la vida.[32]

El reconstruccionismo cristiano es "una filosofía articulada recientemente, en la cual se argumenta que los cristianos tienen la obligación moral de recuperar toda institución para Jesucristo [por medio de] la ley bíblica".[33] "Reconstruccionismo" quiere decir que los cristianos deben reconstruir la cultura "en cada área de la vida… educación, medicina, agricultura, economía, política, aplicación de la ley, relaciones familiares, vida eclesial, artes y ciencias… en todo".[34]

Teonomía proviene de dos palabras griegas: *theos*, cuyo significado es Dios, y *nomos*, cuyo significado es ley; por lo tanto, "ley de Dios". Greg Bahnsen acuñó el término para la aplicación de la ley de Dios a toda la vida, de forma individual como también legislativamente, por los gobiernos del mundo.[35]

Doctrina

Las perspectivas doctrinales de la teología del dominio pueden resumirse como sigue:[36]

Teología calvinista. Los reconstruccionistas sostienen los cinco puntos del calvinismo: la depravación total, la elección incondicional, la expiación limitada, la gracia irresistible y la perseverancia de los santos.[37] Algunos sencillamente identifican esta categoría con la soberanía de Dios,[38] una doctrina importante en el reconstruccionismo, puesto que esta ofrece esperanza para el futuro y nada puede frustrar la voluntad soberana de Dios.

Teología del pacto. En lugar de diferenciar claramente entre Israel y la iglesia, los reconstruccionistas reconocen solo un pueblo de Dios: Israel en el Antiguo Testamento y la iglesia en el Nuevo; por lo tanto, aplican los mandamientos y las promesas veterotestamentarios a la iglesia. Los cristianos han recibido el mandato de conquistar y tener dominio (Gn. 1:28; 9:1-7), y han recibido la Gran Comisión (Gn. 12; Mt. 28) para llevar a todas las personas bajo la disciplina de la ley divina.

Apologética presuposicional. Esta filosofía "argumenta que las conclusiones extraídas por el hombre a partir de toda la evidencia están ceñidas a sus presuposiciones operativas sobre Dios, el hombre, la ley y la naturaleza".[39] Tiene su base en la metodología de Cornelius Van Til, quien "argumentaba que la Biblia aporta tanto el marco [categorías] como el contenido de la filosofía cristiana".[40] Rushdoony (*The Institutes of Biblical Law*) y Bahnsen (*Theonomy in Christian Ethics*) se ocuparon de la tarea de aplicar la metodología de Van Til. Solo la Biblia debe gobernar el pensamiento del hombre. Es imposible hacer avanzar el cristianismo a través de los razonamientos filosóficos humanistas de hombres caídos.

Postmilenarismo optimista. Habrá "una transformación de la sociedad y la cultura, resultante de la conversión de grandes multitudes de pueblos y naciones".[41] La conversión de las multitudes se dará por "la predicación del evangelio y la adherencia a la Biblia como la norma y el medio para hacer avanzar el reino de Dios en la tierra".[42] En su primera venida, Cristo ató a Satanás y estableció el reino de Dios en la tierra. Como Satanás está atado, los ciudadanos del reino pueden llevar a las naciones bajo la ley de Dios con éxito.[43]

Ética teonómica o ley bíblica. Es la herramienta del reconstruccionismo. Los Diez Mandamientos son el ápice e ideal de la revelación divina; más aún, nunca se han abrogado. A los individuos y naciones les es necesario obedecer la ley de Dios. El reconstruccionismo cristiano intenta edificar un "orden social explícitamente bíblico" para "confrontar al mundo con el testimonio de *la ley bíblica exhaustiva*".[44] La ley es la herramienta del dominio: "dominio sobre nuestras vidas (la esfera moral), dominio sobre los hechos externos anárquicos de los rebeldes (la esfera judicial) y dominio sobre la creación (la esfera dominical)".[45] Esta ley debe aplicarse a las instituciones de la familia, la iglesia, el estado y la economía.[46]

EVALUACIÓN DE LA TEOLOGÍA DEL DOMINIO

(1) Los reconstruccionistas se enfrentaron directamente a nuestra sociedad impía y prescribieron [lo que ellos consideran] la solución bíblica. Sus escritos son serios y eruditos. Es posible no estar de acuerdo con la hermenéutica y la filosofía del reconstruccionismo, pero éstas deben sacar a los cristianos de su letargo sobre lo que está aconteciendo en el mundo. Los cristianos necesitan enfrentar los males de la sociedad, tomar en serio el evangelismo y vivir vidas santas en este mundo.

(2) La teología del dominio presenta un serio problema hermenéutico, pues no hace distinción entre los mandamientos de Dios para Israel y sus mandamientos para la iglesia. Israel y la iglesia son dos entidades separadas (cp. 1 Co. 10:32; Ro. 11:1-2, 25-26, 29). En general, no es lícito aplicar la ley mosaica a la iglesia.

(3) La aplicación de la ley mosaica a la iglesia y a la sociedad trae problemas serios, sobre todo en lo concerniente a la ley ceremonial. ¿Cómo llevarla a cabo? Hoy no existe el templo. Por lo tanto, no pueden ofrecerse sacrificios. Todos los hombres adultos deberían hacer tres peregrinaciones a Jerusalén anualmente (Éx. 23:14-17). Además, sería difícil ejecutar muchas leyes civiles. Quienes se adhieren a la teología del dominio no pueden seleccionar qué leyes se mantendrán y qué leyes se ignorarán. Estar bajo la ley supone estar obligado a la totalidad de la ley mosaica (Gá. 3:10).

(4) Las Escrituras son claras en cuanto a que los creyentes no están bajo la ley (Ro. 6:14; 7:4, 6; 10:4; 1 Co. 9:20). La ley existió desde los tiempos de Moisés hasta la venida de Cristo (Gá. 3:19). Se diseñó para mostrar al hombre su naturaleza pecaminosa y llevarlo a Cristo. Los creyentes ya no están bajo la tutela de la ley sino bajo la gracia, y la fe los justifica ahora que vino Cristo (Gá. 3:24-25). La ley se hizo a un lado porque era débil y no podía perfeccionar a los creyentes (He. 7:18). Ahora los creyentes están bajo un nuevo pacto que es mejor (He. 8:6-7).

(5) Aunque defienden la unidad entre los creyentes y quieren alcanzar a los carismáticos, algunos escritos reconstruccionistas contienen anotaciones descorteses, condescendientes y acusadores de otros cristianos e instituciones cristianas. Tales escritos pierden credibilidad por su carácter tendencioso.

(6) Otras posiciones teológicas se representan mal o sencillamente se enuncian de manera imprecisa.[47]

Aunque afirman su compromiso con el calvinismo, los reconstruccionistas defienden también la "confesión positiva", una teología ajena a la ortodoxia cristiana histórica.[48]

Notas

1. Véase Philip Schaff, *The Creeds of Christendom with a History and Critical Notes*, 3 vols., 4ª ed. (Reimpresión. Grand Rapids: Baker, 1977), 3:831-909.

2. Véase la explicación de Geoffrey W. Bromiley, *Historical Theology: An Introduction* (Grand Rapids: Eerdmans, 1978), 306-314.

3. *Ibíd.*

4. Véase la explicación ampliada de las enseñanzas de Cocceius sobre el pacto de obras en Heinrich Heppe, *Reformed Dogmatics* (Reimpresión. Grand Rapids: Baker, 1978), 281-319.

5. *Ibíd.*, 371-447. Véase la enseñanza de Cocceius sobre el pacto de gracia.

6. *Ibíd.*, 283.

7. *Ibíd.*, 318.

8. *Ibíd.*, 371.

9. Douglas Kelly et al., eds., *The Westminster Confession of Faith*, 2ª ed. (Greenwood: Attic, 1981), 13-14.

10. Véase las definiciones de Heidegger y Witsius en Heppe, *Reformed Dogmatics*, 283.

11. Louis Berkhof, *Systematic Theology* [*Teología sistemática*] (Grand Rapids: Eerdmans, 1941), 213. Publicado en español por T.E.L.L.

12. *Ibíd.*, 214, 216.

13. Charles Hodge, *Systematic Theology* [*Teología sistemática*], 3 vols. (Reimpresión. Londres: Clarke, 1960), 2:118.

14. Berkhof, *Systematic Theology* [*Teología sistemática*], 216.

15. *Ibíd.*, p 217.

16. Véase Hodge, *Systematic Theology* [*Teología sistemática*], 2:120.

17. *Ibíd.*

18. Berkhof, *Systematic Theology* [*Teología sistemática*], 218.

19. J. Oliver Buswell Jr., *A Systematic Theology of the Christian Religion* [*Teología sistématica*], 2 vols. (Grand Rapids: Zondervan, 1962), 1:312-314. Publicado en español por Logoi.

20. William G. T. Shedd, *Dogmatic Theology,* 3 vols., 2ª ed. (Reimpresión. Nashville: Nelson, 1980), 2:360.

21. M. E. Osterhaven, "Covenant Theology", en Walter A. Elwell, ed., *Evangelical Dictionary of Theology* [*Diccionario teológico de la Biblia*] (Grand Rapids: Baker, 1984), 280. Publicado en español por Caribe.

22. Berkhof, *Systematic Theology* [*Teología sistemática*], 266.

23. *Ibíd.*, 273.

24. *Ibíd.*, 278-282.

25. Gary DeMar, "All promises Made to Israel Have Been Fulfilled: Answering the 'Replacement Theology' Critics (part 4)", American Vision: A Biblical Worldview Ministry, http://www.americanvision.org.

26. Clarence H. Wagner Jr., "The Error of Replacement Theology", *The Refiner's Fire*, http://www.therefinersfire.org/replacement_theology.htm.

27. H. Wayne House y Thomas Ice, *Dominion Theology: Blessing or Curse?* (Portland: Multnomah, 1988), 15-17.

28. Véase *ibíd.*, 17-21 para un resumen útil de los líderes del movimiento.

29. *Ibíd.*, 21.

30. *Ibíd.*, 23.

31. Hay puntos de acuerdo entre la teología optimista del reino de los carismáticos y la teología del dominio de los reconstruccionistas. DeMar y Leithart comentan: "La frase *teología del reino* se usa ampliamente en ciertos círculos carismáticos. No la han usado quienes defienden la teología del dominio, aunque hay puntos de acuerdo". Gary DeMar y Peter Leithart, *The Reduction of Christianity* (Atlanta: American vision, 1988), 29.

32. De Mar y Leithart, *The Reduction of Christianity*, 24-29.

33. Gary North, *Backward, Christian Soldiers?* (Tyler: Institute for Christian Economics, 1984), 267.

34. *Ibíd.*, 7, 48.

35. Véase Greg Bahnsen, *Theonomy in Christian Ethics* (Phillipsburg: Presbyterian & Reformed, 1984).

36. Para una explicación de estos cinco puntos véase T. Mark Duncan, "The Five Points of Christian Reconstruction from the Lips of our Lord", en *The Counsel of Chalcedon*, Atlanta, vol. X, nº 5 (julio de 1988), 8-10, 30-32. Algunos podrían declarar las doctrinas principales de una forma ligeramente diferente: Gary North sugiere (1) la ley bíblica, (2) la escatología optimista, (3) la predestinación y (4) la apologética presuposicional. Véase North, *Backward, Christian Soldiers?*, 267; Gary North, ed., "Tactics of Christan Resistance", *Christianity and Civilization*, (Tyler, Tex.: Geneva Divinity School, 1983), nº 3 (verano de 1983), p 107.

37. Véase el capítulo 33, "Teología calvinista", para una explicación ampliada de la teología calvinista.

38. North, "Tactics of Christian Resistance", 107-111.

39. North, *Backward, Christian Soldiers?*, 275.

40. *Ibíd.*

41. DeMar y Leithart, *The Reduction of Christianity*, 42.

42. *Ibíd.*

43. Duncan, "The Five Points of Christian Reconstructionism", 30.

44. North, "Tactics of Christian Resistance", 115-116.

45. Gary North, *Unconditional Surrender: God's Program for Victory* (Tyler: Geneva Press, 1983), 80.

46. *Ibíd.*, 89-171.

47. Un ejemplo es la perspectiva errada sobre el origen del dispensacionalismo. Véase Gary North, *Unholy Spirits* (Forth Worth: Dominion, 1986), 381-382. Este ha sido hábilmente refutado por R. A. Huebner, *The Truth of the Pre-Tribulation Rapture Recovered* (Millington: Present Truth, 1973); cp. Charles C. Ryrie, *Dispensationalism Today* [*Dispensacionalismo hoy*] (Chicago: Moody, 1995), 61-77. Publicado en español por Portavoz.

48. Véase North, *Unholy Spirits*, 386. Dos útiles libros donde se expone la "confesión positiva" como evangelio falso son Bruce Barron, *The Health and Wealth Gospel* (Downers Grove: InterVarsity, 1987) y D. R. McConnell, *A Different Gospel* (Peabody, Hendrickson, 1988).

PARA ESTUDIO ADICIONAL SOBRE LA TEOLOGÍA DEL PACTO

* Louis Berkhof, *Summary of Christian Doctrine* [*Sumario de doctrina reformada*] (Grand Rapids: Eerdmans, 1938), 70-71. Publicado en español por Libros Desafío.

** Louis Berkhof, *Systematic Theology* [*Teología sistemática*] (Grand Rapids: Eerdmans, 1941), 211-218, 262-301. Publicado en español por T.E.L.L. Este es uno de los tratamientos más útiles sobre el asunto.

* Geoffrey W. Bromiley, *Historical Theology: An Introduction* (Grand Rapids: Eerdmans, 1978), 305-314.

* J. Oliver Buswell Jr., *A Systematic Theology of the Christian Religion* [*Teología sistemática*], 2 vols. (Grand Rapids: Zondervan, 1962), 1:307-320, 2:121-124. Publicado en español por Logoi.

** Daniel Fuller, *Gospel and Law: Contrast or Continuum?* (Grand Rapids: Eerdmans, 1980). Una crítica del dispensacionalismo y una defensa de la teología del pacto.

* Carl F. H. Henry, ed., *Basic Christian Doctrines* (Nueva York: Holt, Rinehart, and Winston, 1962), 96-102, 117-123.

** Heinrich Heppe, *Reformed Dogmatics* (Reimpresión. Grand Rapids: Baker, 1978), 281-319, 371-409.

** A. A. Hodge, *Outlines of Theology* (Reimpresión. Grand Rapids: Zondervan, 1973), 309-314, 367-377.

** Charles Hodge, *Systematic Theology* [*Teología sistemática*], 3 vols. (Reimpresión. Londres: Clarke, 1960), 2:117-122, 354-377. Publicado en español por Clie.

* M. E. Osterhaven, "Covenant Theology", en Walter A. Elwell, ed., *Evangelical Dictionary of Theology* [*Diccionario teológico de la Biblia*] (Grand Rapids: Baker, 1984), 279-280. Publicado en español por Caribe. Véanse otros artículos como "Ames, William" y "Cocceius, Johannes".

* Gregg Strawbridge, *The Case for Covenantal Infant Baptism* (Phillipsburg: Presbyterian & Reformed, 2006).

PARA ESTUDIO ADICIONAL SOBRE EL RECONSTRUCCIONISMO CRISTIANO

** Greg Bahnsen, *Theonomy in Christian Ethics* (Phillipsburg: Presbyterian & Reformed, 1984).

* *Chalcedon Report* y *The Journal of Christian Reconstruction*. P. O. Box 158, Vallecito, Ca. 95251.

** David Chilton, *Paradise Restored: An Eschatology of Dominion* (Tyler: Reconstruction, 1985).

* *Christianity and Civilization*. Una publicación de Geneva Ministries. P. O. Box 131300, Tyler, Tx, 75713.

* *The Counsel of Chalcedon*. Una publicación de The Chalcedon Presbyterian Church. Atlanta, Ga.

* H. Wayne House y Thomas Ice, *Dominion Theology: Blessing or Curse?* (Portland: Multnomah, 1988). Probablemente la crítica más importante.

* Robert P. Lightner, "Theonomy and Dispensationalism", "Nondispensational Responses to Theonomy" y "A Dispensational Response to Theonomy", *Bibliotheca Sacra*, 143, números 569, 570, 571 (enero a marzo, abril a junio, julio a septiembre de 1986).

** Gary North, *Unconditional Surrender: God's Program for Victory* (Tyler: Geneva Press, 1981).

** Rousas John Rushdoony, *The Institutes of Biblical Law* (Phillipsburg: Presbyterian & Reformed, 1973).

EL DISPENSACIONALISMO ES UN SISTEMA de interpretación que busca establecer la unidad en las Escrituras a través de su enfoque central en la gracia de Dios. Aunque los dispensacionalistas reconocen diferentes administraciones o dispensaciones a través de las cuales Dios puso al hombre en posiciones de confianza, enseñan que la respuesta a la revelación de Dios en cada una de las dispensaciones es por fe (la salvación *siempre* es por gracia a través de la fe). Los dispensacionalistas llegan a su sistema de interpretación por medio de dos principios: (1) mantener un método de interpretación consistentemente literal; (2) mantener la distinción entre Israel y la iglesia.[1]

DESARROLLO HISTÓRICO DE LA TEOLOGÍA DISPENSACIONAL

Desarrollos antiguos[2]

Aunque con un formato organizado el dispensacionalismo es relativamente reciente, sus fundamentos y desarrollos iniciales datan de hace mucho tiempo. Las siguientes declaraciones de los primeros líderes de la iglesia reflejan la intención de diferenciar las economías (dispensaciones) en el programa de Dios.

Justino Mártir (110-165). En su *Diálogo con Trifón*, Justino reconoce varias economías diferentes en el Antiguo Testamento. Justino reconoce que antes de la circuncisión y la ley se podía agradar a Dios sin circuncidarse o guardar el sábado. Después de la revelación de Dios a Abraham, la circuncisión era necesaria para agradar a Dios; después de dar la ley a Moisés, era necesario guardar el sábado y cumplir con un sistema de sacrificios.

Justino Mártir apoyaba la esencia del dispensacionalismo cuando reconocía economías diferentes en el Antiguo Testamento.

Ireneo (130-200). En sus escritos, Ireneo hace alusión a cuatro pactos principales entregados a la raza humana, diferencia particularmente entre tres pactos del Antiguo Testamento y el evangelio. Esta diferenciación es típica del dispensacionalismo.

Clemente de Alejandría (150-220). Clemente identificó cuatro dispensaciones: adánica, noéica, abrahámica y mosaica.

Agustín (354-430). Agustín diferencia la "primera dispensación", cuando se ofrecían sacrificios, y la era presente, inadecuada para ofrecer sacrificios. Aunque Dios es inmutable, escribe Agustín, Él impone un tipo de sacrificios en el primer período y otro tipo en el segundo. Agustín lo llama "los cambios de las épocas sucesivas". Reconoce que en eras diferentes, los adoradores se acercan a Dios de maneras diferentes.

Ryrie concluye: "No se sugiere ni debe inferirse que los padres de la iglesia fueran dispensacionalistas en el sentido moderno de la palabra. Pero que algunos de ellos enunciaron principios que posteriormente se desarrollaron en el dispensacionalismo, eso es innegable; puede decirse con claridad que ellos sostenían conceptos dispensacionales tempranos o primitivos".[3]

Desarrollos modernos[4]

Pierre Poiret (1646-1719). Este místico y filósofo francés escribió una teología sistemática de seis volúmenes llamada *L'Economie Divine.* En esta obra premilenaria y de calvinismo modificado, Poiret presentaba un esquema de siete dispensaciones de la siguiente forma:

1. Infancia: Hasta el diluvio.
2. Niñez: Hasta Moisés.
3. Adolescencia: Hasta los profetas (alrededor del tiempo de Salomón).
4. Juventud: Hasta la venida de Cristo.
5. Madurez: "Algún tiempo después de eso" (la época temprana del cristianismo).
6. Vejez: "El tiempo del decaimiento del hombre" (la época tardía del cristianismo).
7. Renovación de todas las cosas: El milenio.

Así, Poiret reconoce dispensaciones diferentes que culminan en un período literal de mil años.

John Edwards (1637-1716). Este pastor y autor publicó dos volúmenes titulados *A Compleat History, or Survey of All the Dispensations* [Historia completa o síntesis de todas las dispensaciones]. Ahí se dedicó a mostrar los tratos providenciales divinos desde la creación hasta el fin del mundo. Delinea las dispensaciones como sigue:

1. La inocencia y la felicidad (Dios creó a Adán recto).
2. Pecado y miseria (Adán caído).
3. Reconciliación (Adán recuperado: desde la redención de Adán hasta el fin del mundo).
   A. Economía patriarcal.
      (1) Adánica (antediluviana).
      (2) Noéica.
      (3) Abrahámica.
   B. Economía mosaica.
   C. Economía gentil (al tiempo que A y B).

D. Economía cristiana (evangélica).
(1) Infancia, período pasado (primitivo).
(2) Niñez, período presente.
(3) Madurez, período futuro (milenio).
(4) Vejez, período de cierre (la liberación de Satanás para la conflagración).

Isaac Watts (1674-1748). Este notable escritor de himnos, y además teólogo fue más preciso al definir el dispensacionalismo; veía en las dispensaciones eras en las cuales Dios tenía ciertas expectativas de los hombres y les hacía promesas y prohibiciones condicionales. Watts define las dispensaciones como sigue:

> Las dispensaciones públicas de Dios hacia los hombres son las constituciones sabias y santas de su voluntad y gobierno, reveladas o de alguna manera manifestadas en varios períodos sucesivos o eras del mundo. En ellas les dice los deberes que espera de ellos, las bendiciones prometidas o qué esperar de Él en adelante, los pecados que prohíbe y los castigos que amenaza infligir a tales pecadores. Las dispensaciones de Dios pueden describirse más brevemente como las leyes morales señaladas en el trato divino con los seres humanos, considerados criaturas razonables y responsables ante Él por su comportamiento, tanto en este mundo como en el venidero.[5]

Watts delinea así sus dispensaciones:

(1) Dispensación de la inocencia (la religión de Adán al principio).
(2) Dispensación adánica del pacto de gracia (la religión de Adán después de la caída).
(3) La dispensación noéica (la religión de Noé).
(4) La dispensación abrahámica (la religión de Abraham).
(5) La dispensación mosaica (la religión judía).
(6) La dispensación cristiana.

Cabe destacar que esta forma de delinear las dispensaciones es semejante a la de la Biblia anotada de Scofield, excepto por la omisión del milenio, al cual Watts no considera una dispensación.

John Nelson Darby (1800-1882). Aunque fue una figura importante en la sistematización de la dispensación, este erudito no originó el sistema. Darby fue un hombre brillante: se graduó del Trinity College en Dublín cuando tenía 18 años y se convirtió en abogado litigante a los 22. Tras su conversión, dejó de practicar derecho y se ordenó en la Iglesia de Inglaterra. Gracias a su ministerio, cientos de católicos romanos se hicieron

TEOLOGÍA DISPENSACIONAL 537

protestantes. Después, Darby abandonó la Iglesia de Inglaterra, pues buscaba un grupo más espiritual. Se asentó en Plymouth, Inglaterra, donde se reunía con los creyentes para compartir el pan durante el servicio. En 1840 asistían a sus reuniones 800 personas y, aunque él insistía que no eran una denominación, los demás los llamaban "los hermanos de Plymouth".

Darby fue un escritor infatigable: acumuló 40 volúmenes de 600 páginas cada uno. Más aún, los volúmenes reflejan su conocimiento de los idiomas bíblicos, la filosofía y la historia de la iglesia. El sistema dispensacional de Darby es como sigue:

1. Desde el estado paradisiaco hasta el diluvio.
2. Noé.
3. Abraham.
4. Israel.
   A. Bajo la ley.
   B. Bajo el sacerdocio.
   C. Bajo los reyes.
5. Los gentiles.
6. El Espíritu
7. El milenio.

Darby promovió el esquema del dispensacionalismo anotando que cada dispensación ubica al hombre bajo alguna condición; el hombre tiene alguna responsabilidad ante Dios. También observó que cada dispensación culmina en fracaso.

C. I. Scofield (1843-1921). Este erudito bíblico, que también era abogado, identificó siete dispensaciones: "Estos períodos están marcados en la Biblia por algún cambio en el método de Dios para tratar a la humanidad o una porción de ella, en relación a dos asuntos: el pecado y la responsabilidad del hombre. Cada una de las dispensaciones puede considerarse una nueva prueba del hombre natural, y cada una de ellas termina en juicio, con lo cual se demuestra el completo fracaso de todas."[6]

Scofield categorizó las dispensaciones de esta forma:

1. El hombre inocente (desde la creación hasta la expulsión del Edén).
2. El hombre bajo la conciencia (desde el Edén hasta el diluvio).
3. El hombre en autoridad sobre la tierra (desde Noé hasta Abraham).
4. El hombre bajo la promesa (desde Abraham hasta Moisés).
5. El hombre bajo la ley (desde Moisés hasta Cristo).
6. El hombre bajo la gracia (desde la muerte de Cristo hasta el arrebatamiento).
7. El hombre bajo el reinado personal de Cristo (reino milenario de Cristo).

Scofield fue una influencia temprana en dos individuos que se tornarían profesores de la verdad dispensacional y tendrían un impacto notable en su tiempo: James H. Brookes (1830-1897), pastor presbiteriano de San Luis (Missouri) y conferencista popular, y James M. Gray (1851-1935), quien se convirtió en presidente del Instituto Bíblico Moody.

El esquema de las dispensaciones de Scofield se popularizó después en la Biblia anotada que lleva su nombre, a través de la cual muchas personas entendieron más a fondo las Escrituras. En 1967 se publicó otra edición bajo la dirección de E. Schuyler English; incluía notas actualizadas de eruditos dispensacionalistas sobresalientes: Frank E. Gaebelein (Stony Brook School), William Culbertson (Instituto Bíblico Moody), Charles L. Feinberg (Seminario Talbot), Allan A. MacRae (Faith Seminary), Clarence E. Mason (Universidad Bíblica de Filadelfia), Alva J. McClain (Grace Seminary), Wilbur M. Smith (Trinity Evangelical Divinity School) y John F. Walvoord (Seminario Teológico de Dallas).

Otros. En años recientes, los profesores del Seminario Teológico de Dallas han promulgado el dispensacionalismo en sus escritos. Sin lugar a dudas, *Dispensacionalismo* de Charles Ryrie es la principal defensa del dispensacionalismo clásico. Otros escritos, como *Eventos del porvenir* de J. Dwight Pentecost y los escritos escatológicos de John F. Walvoord (principalmente *The Millennial Kingdom* [El reino milenario] y la trilogía *Israel in Prophecy* [Israel en la profecía], *The Church in Prophecy* [La iglesia en la profecía] y *The Nations in Prophecy* [Las naciones en la profecía]) han establecido de forma muy capaz la posición dispensacionalista. *Millennarism* [El milenarismo], de Charles L. Feinberg, también ha defendido este sistema. En su *Teología sistemática*, Lewis Sperry Chafer explica de manera exhaustiva el dispensacionalismo.

Dentro de las escuelas que se han declarado dispensacionalistas se incluyen: el Seminario Teológico de Dallas, el Grace Theological Seminary, el Seminario Teológico Talbot, el Western Conservative Baptist Seminary, la Multnomah Bible College, el Instituto Bíblico Moody, la Universidad Bíblica de Filadelfia y muchas más.

AFIRMACIONES DOCTRINALES DE
LA TEOLOGÍA DISPENSACIONAL

Definición de dispensacionalismo

Etimología. Se puede definir una dispensación como "una economía, o administración distinguible en el cumplimiento del propósito de Dios".[7]

La palabra griega para *dispensación* es *oikonomia*, cuyo significado es "administración". La palabra se usa en Lucas 16:2, 3, 4; 1 Corintios 9:17; Efesios 1:10; 3:2, 9; Colosenses 1:25.

En los escritos paulinos se pueden ver varios ejemplos diferentes de dispensaciones. En Efesios 1:10, el apóstol indica que Dios planeó una "administración" o "dispensación" que al final reuniría todas las cosas en Cristo. Pablo describe esta dispensación futura como "el cumplimiento de los tiempos", la reunión "de todas las cosas en Cristo". Esto aún no ha ocurrido; es la dispensación futura del reino milenario.

En Efesios 3:2, 9 Pablo habla de la administración o dispensación que antes había sido un misterio. Se refiere a la era en la cual los gentiles son herederos junto con los judíos (v. 6); sin embargo, esto no ocurrió hasta Hechos 2; por lo tanto, en estos versículos Pablo hace de la era de la iglesia una dispensación aparte. Mas al hacerlo de esta forma, está haciendo un contraste con la era anterior, la de la ley mosaica. Por lo tanto, Pablo diferencia tres dispensaciones en Efesios 1 y 3.

En otras declaraciones también se enfatizan las eras o dispensaciones. Juan 1:17 declara: "Pues la ley por medio de Moisés fue dada, pero la gracia y la verdad vinieron por medio de Jesucristo". Juan señala que la nueva era de Cristo contrasta con el período de la ley mosaica. A la dispensación bajo Moisés se le llama "ley", mientras que a la era bajo Jesucristo se le llama "gracia".

Romanos 6:14 declara que no estamos "bajo la ley sino bajo la gracia". Por la venida de Cristo, el creyente ha muerto y resucitado junto con Él, por lo tanto, el pecado no tiene por qué dominar su vida. El creyente puede disfrutar una medida de victoria en esta dispensación que no tenía bajo la ley.

Gálatas 3:19-25 explica la duración de la ley: fue "añadida" y estuvo en vigencia "hasta" la venida de Cristo. El propósito de la ley era encerrar a todos bajo el pecado y señalarles la fe en Cristo. Como el tutor que ha culminado su labor cuando el niño alcanza la madurez, la función de la ley termina con la venida de Cristo (Gá. 3:25).

Características. "El dispensacionalismo contempla al mundo como una casa administrada por Dios".[8] En esta casa divina, Dios le da ciertas responsabilidades al hombre como administrador. Si el hombre le obedece dentro de esa economía (dispensación), Él promete bendición; si le desobedece, Él promete juicio. De modo que en una dispensación hay tres aspectos a la vista: (1) prueba, (2) fracaso, (3) juicio. En cada una de las dispensaciones Dios pone a prueba al hombre, este falla y hay juicio.

El concepto básico de la dispensación es la administración. Puede verse particularmente en Lucas 16:1-2. Esta parábola ilustra las características de una dispensación.[9]

Hay dos partes, una con la autoridad para delegar deberes, la otra con la responsabilidad de ejecutarlos. En esta parábola, el hombre rico y el administrador son las dos partes.

Hay responsabilidades específicas. En la parábola, el administrador fracasa en sus deberes porque derrocha los bienes de su amo.

ESQUEMAS DISPENSACIONALES REPRESENTATIVOS*

Pierre Poiret 1646-1719	John Edwards 1637-1716	Isaac Watts 1674-1748	J. N. Darby 1800-1882	J. H. Brookes 1830-1897	James M. Gray 1851-1935	C. I. Scofield 1843-1921
Desde la creación hasta el diluvio (Infancia)	Inocencia	Inocencia	Paradisiaca (hasta el diluvio)	Estado edénico	Edénica	Inocencia
	Adán caído Antediluviana	Adánica (después de la caída)		Antediluviana	Antediluviana	Conciencia
Desde el diluvio hasta Moisés (Niñez)	Noéica	Noéica	Noé	Patriarcal	Patriarcal	Gobierno humano
	Abrahámica	Abrahámica	Abraham			Promesa
Desde Moisés hasta los profetas (Adolescencia)	Mosaica	Mosaica	Israel: Bajo la ley Bajo el sacerdocio Bajo los reyes	Mosaica	Mosaica	Ley
Desde los profetas hasta Cristo (Juventud)						
Madurez y Vejez	Cristiana	Cristiana	Los gentiles El Espíritu	Mesiánica Del Espíritu Santo	De la iglesia	Gracia
Renovación de todas las cosas			El milenio	Milenaria	Milenaria	Reino
					Cumplimiento de los tiempos Eterna	

*Charles C. Ryrie, *Dispensationalism Today* [*Dispensacionalismo, hoy*] (Chicago, Moody, 1965), p. 84. Publicado en español por Portavoz.

Hay que rendir cuentas. El hombre rico llama al administrador a rendirle cuentas de su fidelidad en el cargo.

Hay cambio. El amo tiene el derecho de quitar al administrador de su puesto privilegiado y de responsabilidad (Lc. 16:2).

Un dispensacionalista es simplemente alguien que reconoce que Dios actúa de forma diferente con las personas de diferentes épocas o economías. Lewis Sperry Chafer solía decir que si alguien no lleva un cordero al altar para adorar a Dios, esa persona es dispensacionalista. Quien adora a Dios un domingo y no un sábado también es dispensacionalista porque reconoce que el sábado es para Israel, no para la iglesia (Éx. 20:8-11).

Número. El número de dispensaciones no es tan importante como reconocer que las hay. Diferentes personas dividen las épocas de manera diferente. Muchos dispensacionalistas sugieren siete las siguientes.[10]

Inocencia. Cubre el tiempo anterior a la caída de Adán (Gn. 1:28—3:6).

Conciencia. Romanos 2:15 indica que Dios trató con el hombre por medio de la conciencia antes de la ley. Hay quienes llaman a esta era "auto-determinación" o "responsabilidad moral". Cubre el período de Génesis 4:1—8:14.

Gobierno. Tiene características del pacto noéico: los animales temen al hombre, la promesa de no enviar más diluvios y la protección de la vida humana mediante la institución de la pena de muerte. Cubre el período de Génesis 8:15—11:9.

Promesa. Abarca el período de los patriarcas, en el cual Dios ordenó que respondieran a su revelación por la fe. Comprende desde Génesis 11:10 a Éxodo 18:27.

Ley mosaica. Los israelitas recibieron la ley como una constitución de la nación, y cubre el período de Éxodo 19:1 a Hechos 1:26. La ley tuvo vigencia hasta la muerte de Cristo y el descenso del Espíritu Santo.

Gracia. Aunque la gracia es evidente en cada era, tiene sentido únicamente en la venida de Cristo. Dios dio a conocer su gracia a toda la humanidad por la venida de Cristo. Cubre el período de Hechos 2:1 a Apocalipsis 19:21.

Milenio. Cubre el período descrito en Apocalipsis 20:4-6, cuando Cristo regrese a reinar por mil años.

Deberíamos tomar nota que las características de una dispensación se pueden incorporar en dispensaciones subsiguientes; así, los elementos de los períodos conciencia, gobierno y promesa continúan en dispensaciones subsiguientes.

Hermenéutica del dispensacionalismo

Interpretación literal. Los dispensacionalistas siguen de forma consistente el método de interpretación literal, el cual se extiende hasta los estudios escatológicos. Muchos conservadores no dispensacionalistas

interpretan la Biblia literalmente, exceptuando la profecía; los dispensacionalistas aplican el esquema literal de interpretación a todas las disciplinas de la teología. Aunque el término *literal* puede hacer surgir preguntas
en varios frentes, debe entenderse como la manera normal y usual de
abordar cualquier forma de literatura: el modo en que se entiende el lenguaje comúnmente. *Literal*, cuando describe el enfoque hermenéutico, se
refiere al método de interpretación, *no* a la clase de lenguaje usada en la
literatura interpretada. La *interpretación* literal reconoce el *lenguaje* literal
y el figurado.

Los dispensacionalistas insisten en la *interpretación* literal de las Escrituras proféticas aun cuando abunden en *lenguaje* figurado. Una de las
razones para ello, además de la consistencia, radica en la literalidad demostrable de las profecías ya cumplidas en la primera venida de Cristo.[11]
Existen muchas razones para esperar el cumplimiento literal de las profecías relativas a la segunda venida de Cristo.

El dispensacionalismo se basa en el hecho de que Dios le ha dado a
Israel promesas incondicionales, como el pacto abrahámico (Gn. 12:1-3).
En aquel, Dios le prometió tierra y posteridad física a Abraham, donde Él
bendeciría a sus descendientes. Los dispensacionalistas creen que estas
promesas se cumplirán literalmente en Israel en el futuro. Los no dispensacionalistas espiritualizan las profecías y las relegan a la iglesia.

Unicidad de la iglesia. Los dispensacionalistas enfatizan que *Israel*
siempre denota la posteridad física de Jacob y nunca se debe confundir
con la iglesia. Un estudio de concordancia del término *Israel* indica que
siempre se usa para denotar la descendencia física de Jacob, nunca tiene el
sentido "espiritualizado" de iglesia.[12] Aunque los no dispensacionalistas se
refieren con frecuencia a la iglesia como "el nuevo Israel", tal designación
carece de base.

Los dispensacionalistas enseñan que Dios tiene un programa para
Israel y otro distinto para la iglesia. Los mandamientos del uno no son los
mandamientos de la otra; las promesas para el uno no son las promesas
para la otra. Dios llama a Israel a guardar el sábado (Éx. 20:8-11), pero a
la iglesia se le pide guardar el Día del Señor (1 Co. 16:2). Israel es la esposa
de Yahvéh (Os. 3:1), pero la iglesia es el cuerpo de Cristo (Col. 1:18).

Primera Corintios 10:32 es importante, pues señala que la distinción
entre Israel y la iglesia se mantiene *después* del nacimiento de la iglesia
(Hch. 3:12; 4:8, 10; 5:21, 31; Ro. 10:1; 11:1-29). En Romanos 11 Pablo
explica ampliamente el futuro de Israel cuando se salve y enfatiza la esperanza distintiva futura de Israel como nación. El capítulo establece un
contraste entre Israel y los gentiles: Israel será salvo cuando llegue la plenitud de los gentiles.[13]

Unidad bíblica. Los dispensacionalistas enfatizan que el tema unificador de la Biblia es la gloria de Dios. A diferencia de la teología del pacto,

cuyo énfasis está en la salvación como tema unificador, los dispensacionalistas contemplan la salvación como centrado en el hombre y es tan solo
un aspecto de la gloria de Dios. "Las Escrituras no se centran en el hombre
haciendo de la salvación el tema principal, están centradas en Dios porque
su gloria es el centro".[14] Dios ha revelado su gloria en todas las eras o dispensaciones, y ese es el tema unificador de las Escrituras.

Características del dispensacionalismo

Gracia. Aunque los dispensacionalistas enfatizan que la presente era
de la iglesia es una de gracia (Jn. 1:17; Ro. 6:14), ese énfasis no quiere decir
que la gracia no existiera en las dispensaciones previas. En la salvación, el
acercamiento a Dios es siempre por la gracia, y esta se manifestó también
en la dispensación de la ley.[15] Dios escogió a Israel pero pasó por alto a los
gentiles. Prometió tierra, paz, victoria sobre los enemigos y bendición para
Israel. A pesar de los repetidos fracasos del pueblo, Él continuó su trato
de gracia con la nación; el período de los jueces y los monarcas fue una
muestra de dicha gracia. En medio del fracaso de Israel, Dios le prometió
al país un nuevo pacto en el cual perdonaría sus pecados. Dios los hizo
aptos por medio de la gracia manifestada y por el ministerio del Espíritu.

Aunque la gracia de Dios se manifiesta en la presente era de manera
singular a través de la venida de Jesucristo, la gracia también se manifestó
bajo la ley.

Salvación. A veces se ha acusado a los dispensacionalistas de enseñar formas diferentes de salvación en las diferentes dispensaciones. Sin
embargo, es una acusación falsa. Los dispensacionalistas enseñan que "la
base de la salvación en cada era es la muerte de Cristo; el *requisito* para la
salvación en todas las eras es la fe; el *objeto* de la fe en cada era es Dios; el
contenido de la fe cambia con las dispensaciones".[16] La revelación de Dios
al hombre difiere en las diferentes dispensaciones, pero el hombre tiene
la responsabilidad de responderle a Dios en fe, de acuerdo con la forma
en que Dios se le ha revelado. Así, cuando Dios se le reveló a Abraham y
le prometió una gran posteridad, Abraham creyó a Dios, y Dios declaró
justo al patriarca (Gn. 15:6). Es probable que Abraham supiera poco de
Cristo, pero respondió con fe a la revelación de Dios y obtuvo la salvación.
De manera semejante, Dios prometió vida por medio de la fe bajo la ley.
Aunque los israelitas bajo la ley conocían la importancia de los sacrificios
de sangre, su conocimiento del sufrimiento del Mesías era limitado, pero
se salvaron por la fe (Hab. 2:4). De modo que los dispensacionalistas enfatizan en cada dispensación la salvación por la gracia de Dios y por medio
de la fe y según su revelación.

Iglesia. En ninguna parte hace tanta diferenciación el dispensacionalismo como en su doctrina de la iglesia. Los dispensacionalistas sostienen
que la iglesia es una entidad completamente distinta de Israel. Esto se

544 COMPENDIO PORTAVOZ DE TEOLOGÍA

argumenta desde varios puntos. (1) La iglesia era un misterio, desconocido en el Antiguo Testamento (Ef. 3:1-9; Col. 1:26). (2) La iglesia está compuesta por judíos y gentiles; los gentiles también se volvieron herederos sin tener que hacerse prosélitos judíos, algo que no era cierto en el Antiguo Testamento (Ef. 3:6). Tal asunto se resolvió en Hechos 15, cuando los judaizantes intentaron poner a los gentiles bajo la ley. (3) La iglesia no comenzó hasta Hechos 2. Por la obra bautismal del Espíritu Santo los creyentes se unen con Cristo y entre ellos, formando así la iglesia (1 Co. 12:13). Esta obra era futura en Hechos 1:5, pero en Hechos 11:15 está claro que comenzó en Hechos 2, cuando nace la iglesia. Los dispensacionalistas creen también que la iglesia dejará de existir en la tierra en el momento del arrebatamiento, antes de la tribulación (1 Ts. 4:16). (4) El Nuevo Testamento es coherente en su distinción entre la iglesia e Israel (1 Co. 10:32).

Profecía. Los dispensacionalistas intentan ser consistentes en la interpretación literal; por lo tanto, las profecías veterotestamentarias relativas a Israel se consideran atentamente. Más aún, tales profecías pertenecen a Israel, la descendencia de Jacob, no a la iglesia. Fue Israel quien recibió los pactos incondicionales del Antiguo Testamento: el pacto abrahámico (Gn. 12:1-3) le prometía tierra, posteridad y bendición; el pacto palestino (Dt. 30:1-10) le prometía el regreso a la tierra; el pacto davídico (2 S. 7:12-16) le prometía un Mesías de la tribu de Judá, tendría un trono y un reino, gobernando sobre Israel; el nuevo pacto (Jer. 31:31-34) le prometía el medio espiritual por el cual la nación sería bendecida y perdonada.

Si estos pactos se entienden literal e incondicionalmente, entonces Israel tiene un futuro diferente del de la iglesia. Sobre esa base los dispensacionalistas sostienen que el milenio será literal para Israel, establecido por el Mesías en su segunda venida (Ap. 19:11-19). Pero antes de entrar en la bendición, Israel debe arrepentirse y reconocer a Jesús como el Mesías; uno de los principales propósitos de la tribulación es disciplinar a Israel para llevarlo a la fe en el Mesías (Jer. 30:7; Ez. 20:37-38; Dn. 9:24. La tribulación, pues, no tiene punto de referencia para la iglesia que será arrebatada antes de la tribulación (Ro. 5:9; 1 Ts. 5:9; Ap. 3:10). El *propósito* de la tribulación tiene que ver con Israel, no con la iglesia. He ahí una de las principales razones por las cuales los dispensacionalistas defienden el arrebatamiento pretribulacional.

Dispensacionalismo extremo

En general, se conoce como ultradispensacionalismo al movimiento de los estudiantes fieles a la Biblia que lleva el dispensacionalismo más allá de donde la mayoría de los dispensacionalistas se detiene.[17] La característica principal del ultradispensacionalismo es la perspectiva relativa al comienzo de la iglesia. A diferencia de la corriente principal del dispensacionalismo, la cual defiende que el inicio de la iglesia ocurre en Hechos 2,

TEOLOGÍA DISPENSACIONAL 545

el ultradispensacionalismo cree que la iglesia comenzó después; el grupo moderado sugiere Hechos 9 o 13, y el más extremo sugiere Hechos 28.

El grupo extremo sigue a E. W. Bullinger (1837-1913), un erudito con algo de renombre; de hecho, el dispensacionalismo temprano a veces era llamado bullingerismo. Otras personas de este grupo incluyen a Charles H. Welch de Londres, sucesor de E. W. Bullinger; A. E. Knoch; Vladimir M. Gelesnoff y Otis Q. Sellers de Grand Rapids. Bullinger enseñaba que los Evangelios y Hechos estaban bajo la dispensación de la ley, y que la iglesia comenzó en realidad con el ministerio de Pablo después de Hechos 28:28. Los libros del Nuevo Testamento donde se establece la revelación sobre este concepto de iglesia son Efesios, Filipenses y Colosenses. Bullinger identificó tres períodos en el Nuevo Testamento: (1) el tiempo de los Evangelios, cuando el evangelio solo se predicaba a los judíos y se autenticaba por el bautismo en agua; (2) el período de transición en Hechos y en las epístolas neotestamentarias, correspondiente al tiempo en que todavía se ofrecía a los judíos participar en la "iglesia/novia", y se autenticaba mediante el bautismo doble en agua y en Espíritu; (3) el período en que los judíos y gentiles forman un solo cuerpo en Cristo, autenticado tan solo por el bautismo en el Espíritu. Como la iglesia gentil se relaciona con Cristo a través del Espíritu, el bautismo y la Cena del Señor no tienen importancia para la iglesia. Según Bullinger, tales ritos están relacionados con la carne.

El grupo moderado sostiene que la iglesia comenzó en Hechos 9 o 13. Se identifica con J. C. O'Hair, Cornelius R. Stam y Charles F. Baker, autor de *A Dispensational Theology* [Una teología dispensacional]. El Grace Bible College de Grand Rapids es la principal escuela ultradispensacional afiliada con los ministerios Grace Gospel Fellowship y Worldwide Grace Testimony.

Stam enseñaba que la iglesia comenzó en Hechos 9 con la conversión de Pablo. El "Cuerpo de la Iglesia" solo pudo empezar con el inicio del ministerio paulino, porque Pablo era el ministro a los gentiles. Como después de esa fecha no volvió a haber un ofrecimiento del reino a Israel, J. C. O'Hair enseñaba que la iglesia comenzó en Hechos 13:46 con la declaración: "nos volvemos a los gentiles". Como los seguidores de O'Hair ponen el comienzo la iglesia en el marco de Hechos, observan la Cena del Señor pero no el bautismo en agua.

EVALUACIÓN RESUMIDA DE LA TEOLOGÍA DISPENSACIONAL

Hay por lo menos nueve elementos para evaluar en la teología dispensacional.

(1) Una fortaleza del dispensacionalismo está en su intento de reconocer las diferentes economías o dispensaciones de la historia bíblica. Tal

característica ha llevado a mantener una distinción clara entre los programas de Dios para Israel y para la iglesia.

(2) El dispensacionalismo sigue un enfoque de las Escrituras consistentemente literal en lo hermenéutico. Otros sistemas, como la teología del pacto, admiten libremente cambios hermenéuticos fundamentales dentro de sus interpretaciones de la Biblia.

(3) El dispensacionalismo tiene una base bíblica legítima en la idea de las economías diferentes (Ef. 1:10; 3:2, 9; etc). Exegéticamente, puede mostrarse que hay al menos tres dispensaciones distintas: Antiguo Testamento, Nuevo Testamento y el reino. Lo importante no es la cantidad de dispensaciones, sino el principio de economías o "administraciones" diferentes en la historia de la interacción de Dios con las personas. Incluso postmilenaristas como Charles Hodge y amilenaristas como Louis Berkhof reconocieron la existencia de distintas dispensaciones, aunque ninguno aceptó ser encasillado como dispensacionalista.

(4) Otra fortaleza está en su enfoque en la gloria de Dios en vez de la salvación del hombre como objetivo de todas las cosas. Se centra en Dios, no en el hombre.

(5) La corriente principal del dispensacionalismo evita los excesos del ultradispensacionalismo. Este subgrupo, en su forma más radical, ha limitado las Escrituras aplicables a tan solo algunas epístolas paulinas. Los extremistas en sus filas rechazan el bautismo y la Cena del Señor, mientras los moderados observan la Cena del Señor. La falacia principal de este movimiento está en no reconocer el nacimiento de la iglesia en Pentecostés (Hch. 2); en lugar de ello, el origen de la iglesia se localiza en Hechos 9, 13 o 28, dependiendo de la facción ultradispensacionalista consultada.

(6) El dispensacionalismo ha fomentado en ocasiones una mala interpretación sobre la forma de salvarse. Algunos dispensacionalistas importantes han enseñado erróneamente que la responsabilidad del hombre en la salvación ha variado de una dispensación a otra. Aunque es cierto que la expresión o la forma de la confianza que tenga el hombre en Dios han diferido a lo largo de todas las dispensaciones, en cada era la salvación es por la gracia de Dios por medio de la fe del hombre.

(7) A veces, el dispensacionalismo se ha equivocado al enfatizar que la gracia se restringe a la era de la iglesia, mientras ignora o minimiza la gracia en las otras dispensaciones. La gracia de Dios se ha manifestado en todas las eras.

(8) El dispensacionalismo ha proyectado a veces una actitud negativa hacia la ley de Dios, como si se opusiera a su gracia. La ley de Dios, de una u otra forma, está presente en todas las dispensaciones por razones divinas necesarias y saludables.

(9) En ocasiones, los dispensacionalistas han relegado ciertos pasajes de las Escrituras a otras dispensaciones pasadas o futuras, oscureciendo

así su utilidad para la iglesia. Un ejemplo es el Sermón del Monte (Mt. 5—7). Sin embargo, los dispensacionalistas recientes han cambiado esta práctica y han reconocido y enseñado las aplicaciones legítimas de todas las Escrituras al pueblo de Dios de hoy.

DISPENSACIONALISMO PROGRESIVO

Introducción

Excepto pequeñas variaciones, hay tres características principales para identificar el dispensacionalismo: la interpretación literal y consistente de las Escrituras, la diferenciación clara y eterna entre Israel y la iglesia, y la gloria de Dios como propósito final del hombre. A esto se le ha llamado "dispensacionalismo clásico" o "histórico". Más recientemente se ha abogado por una variante de dispensacionalismo en la cual se modifican estos rasgos. Tal perspectiva se conoce como "dispensacionalismo progresivo".

Definición

El dispensacionalismo progresivo es "una posición mediadora entre el no dispensacionalismo y el dispensacionalismo tradicional... Dicha perspectiva busca retener la comprensión natural de las Escrituras proféticas que parecen asignar a Israel un papel significativo en el futuro... También ve unidad del programa de Dios *dentro* de la historia, de acuerdo con los no dispensacionalistas, y niega la discontinuidad radical entre la presente era de la iglesia y las promesas del reino mesiánico".[18]

Características del dispensacionalismo progresivo

Hay cuatro elementos distintivos del dispensacionalismo progresivo que vale la pena anotar.

Primero, el reino teocrático de Dios sobre la tierra es un tema unificador que representa la obra divina en la historia. Su gobierno en la tierra, parte de su plan histórico, "no implica programas separados para la iglesia e Israel, que de alguna manera solo se unen al final en la manifestación de la gloria de Dios o en la eternidad".[19]

Segundo, el reino ofrecido por Jesús se dio en su primera venida. Cuando Jesús envió a los 70, los exhortó a anunciar "el reino de Dios ya está cerca de ustedes" (Lc. 10:9, NVI). "Está cerca" (*eggiken*), argumentan, quiere decir "el reino ha llegado... la presencia del reino, o al menos su proximidad está atada a la primera fase en la carrera de Jesús".[20] El reino se ha inaugurado con la primera venida de Cristo, por su presencia ha llegado el reino. Pero sigue habiendo una mezcla del reino con la primera venida de Jesús y la segunda: "El reino se inauguró con la primera venida de Jesús, pero el programa culmina con su retorno en toda la gloria".[21]

Tercero, esto lleva a que los dispensacionalistas progresivos digan "ya, pero no todavía" en referencia al reino. Jesús "ya" está reinando: "El gobierno de Jesús está presente en los beneficios de la salvación como parte de la fase inicial de su reinado. El reino es invisible en el sentido de que no gobierna directamente sobre todas las personas, sino sobre quienes comparten los beneficios ofrecidos, especialmente la provisión del Espíritu… Pero gobierna desde el cielo, no en la tierra, y así el reino es invisible solo en el sentido de que no se origina de forma visible en la tierra.[22] Los dispensacionalistas progresivos entienden que Jesús ya está gobernando en el trono de David desde el cielo: *"Estar sentado en el trono de David está ligado a estar sentado a la diestra de Dios… la resurrección y ascensión de Jesús a la derecha del Padre es para Pedro el cumplimiento del pacto davídico".*[23]

Jesús gobierna "no todavía", como se ve en la promesa que Pedro cita en Hechos 3:20. Los "tiempos de refrigerio" tienen dos partes: el reino presente de Jesús en el cielo y su regreso futuro a la tierra para restaurar las cosas prometidas en el Antiguo Testamento. El segundo aspecto es futuro, en el sentido de que su reino aún no es visible.

El gobierno presente y futuro de Jesús aparecen en Apocalipsis 1:6-7. Apocalipsis 1:6 dice: "ha hecho de nosotros un reino" (NVI), lo cual evidencia una forma presente del reino. Pero Apocalipsis 1:7 señala claramente el regreso futuro de Jesús: "He aquí que viene con las nubes". "Se desprende de allí un reino en dos etapas: un reino presente y una manifestación futura de la autoridad del juicio".[24]

Cuarto, el método interpretativo del dispensacionalismo progresivo requiere combinar elementos "espirituales" y "materiales" en las profecías del Antiguo Testamento.[25] En este sentido, los pactos veterotestamentarios de Dios con Israel se cumplen en la era de la iglesia neotestamentaria. Por ejemplo, del título de Jesús "Hijo de David", se infiere "que Él cumple las promesas que Dios le hizo a David (2 S. 7:12-16)".[26] En Hechos 2:34-35 se entiende que Jesús gobierna en el trono de David en "sentido metafórico".[27] De ellos puede concluirse que "la exaltación de Jesús a la diestra de Dios, en cumplimiento de la promesa mesiánica davídica, permite el cumplimiento inaugural de tales promesas, a diferencia del aplazamiento total de la promesa davídica en el dispensacionalismo tradicional".[28]

EVALUACIÓN RESUMIDA DEL DISPENSACIONALISMO PROGRESIVO

(1) Los dispensacionalistas progresivos reconocen la diferencia entre Israel y los gentiles. "Israel" significa para ellos "una nación particular, de acuerdo con los primeros pactos y promesas de las Escrituras".[29]

(2) Es valioso reconocer la unidad en el programa divino a través de todas las épocas admitiendo su gobierno en cada una de ellas. El gobierno

de Cristo en esta era presente es el aspecto espiritual, y su gobierno futuro será material en la segunda venida.

(3) Cuando se refieren al gobierno de Jesús como "ya, pero no todavía", los dispensacionalistas progresivos han reconocido sus lazos con la teología del pacto. Desafortunadamente, esta perspectiva requiere alegorizar el sentido normal de las palabras. Representa una desviación del dispensacionalismo clásico —pero más importante— una desviación del sistema hermenéutico coherente que consistentemente intentaba interpretar las Escrituras de manera literal o "normal".

¿Cómo entendería David la promesa de "casa", "reino" y "trono" en 2 Samuel 7:12-16? Como David gobernaba en un trono de Jerusalén, sobre un territorio y sobre los hebreos, debió haber entendido el cumplimiento de la profecía en una dinastía terrenal, en la que gobernaba desde Jerusalén en un trono terrenal sobre un reino terrenal. De igual forma, en la promesa de Gabriel a María, "el Señor Dios le dará el trono de David su padre; y reinará sobre la casa de Jacob para siempre, y su reino no tendrá fin" (Lc. 1:32-33), ella habría entendido que dicha promesa se cumpliría literalmente en un gobierno terrenal. Alegorizar estos términos es un dilema hermenéutico serio, y se aleja de la hermenéutica apropiada.

(4) Sugerir que el reino de Dios ha llegado requiere alegorizar el significado de *reino*; pero, el significado normal de *basileia* es "gobierno real... reino*; es decir, el territorio gobernado por un rey".[30] Más aún, decir que el reino "está cerca" o "se ha acercado" no indica que ha llegado (cp. Stg. 5:8; 1 P. 4:7). *Eggizo* significa "acercar, aproximar".[31] El arrepentimiento del pueblo hebreo era un requisito para la inauguración del reino (Mt. 3:2; 4:17; Zac. 12:10-14).

(5) Se hace una diferenciación borrosa entre Israel y la iglesia cuando se sugiere que el gobierno de Jesús a la diestra de Dios cumple inicial pero definitivamente las promesas a David.[32] La iglesia es un misterio en el Antiguo Testamento (Ef. 3:3, 5), lo cual hace difícil establecer que el pacto davídico se haya cumplido inicialmente en ella.

NOTAS

1. El autor está en deuda con Charles C. Ryrie, *Dispensationalism Today* [*Dispensacionalismo, hoy*] (Chicago: Moody, 1965), publicado en español por Portavoz, por gran parte del material en este capítulo. Esta obra delinea el significado y la hermenéutica del dispensacionalismo, así como sus diferencias con la teología del pacto y el ultradispensacionalismo.

2. *Ibíd.*, 66-76.

3. *Ibíd.*, 70.

4. *Ibíd.*, 71-76.

5. *Ibíd.*, 73.

6. C. I. Scofield, *Rightly Dividing the Word of Truth* [*Traza bien la Palabra de verdad*] (Nueva York: Loizeaux, 1896), 12. Publicado en español por Portavoz.

7. Ryrie, *Dispensationalism Today* [*Dispensacionalismo hoy*], 29.

8. Ibíd., 31.

9. Ibíd., 26.

10. Ibíd., 57-64.

11. Ibíd., 86-98; véase también Bernard Ramn, *Protestant Biblical Interpretation*, 3ª ed. (Grand Rapids: Baker, 1970), 119-127.

12. El pasaje particular al que se refieren los no dispensacionalistas es Gálatas 6:16, donde se sugiere que "Israel de Dios" puede referirse a la iglesia. Sin embargo, la palabra griega *kai* (y) se usa aquí probablemente en sentido epexegético; es decir, paz y misericordia vienen sobre el verdadero Israel de Dios: los israelitas que caminan por la fe, no los judaizantes.

13. Véase Ryrie, *Dispensationalism Today* [*Dispensacionalismo hoy*], 132-15, para una explicación útil sobre la distinción entre la iglesia e Israel.

14. Ibíd., 46.

15. Charles C. Ryrie, *The Grace of God* [*La gracia de Dios*] (Chicago: Moody, 1963), 101-109. Publicado en español por Portavoz.

16. Ryrie, *Dispensationalism Today* [*Dispensacionalismo hoy*], 123.

17. Ibíd., 192-205 y G. R. Lewis, "Ultradispensationalism", en Walter A. Elwell, ed., *Evangelical Dictionary of Theology* [*Diccionario teológico de la Biblia*] (Grand Rapids: Baker, 1984), 1120-1121. Publicado en español por Caribe.

18. Robert L. Saucy, *The Case for Progressive Dispensationalism* (Grand Rapids: Zondervan, 1993), 27.

19. Ibíd., 28.

20. Craig A. Blaising y Darrell L. Bock, eds., *Dispensationalism, Israel and the Church* (Grand Rapids: Zondervan, 1992), 40.

21. Ibíd., 43.

22. Ibíd., 53.

23. Ibíd., 49.

24. Ibíd., 61.

25. Saucy, *The Case for Progressive Dispensationalism*, 30.

26. Saucy cita a D. A. Carson en ibíd., 67.

27. Saucy, *The Case for Progressive Dispensationalism*, 71.

28. Ibíd., 76.

29. Ibíd., 28-29.

30. William F. Arndt y F. Wilbur Gingrich, *A Greek-English Lexicon of the New Testament and Other Early Christian Literature*, 2ª ed. (Chicago: Univ. of Chicago, 1979), 134-135.

31. Ibíd., 213.

32. Blaising y Bock, *Dispensationalism, Israel and the Church*, 65.

PARA ESTUDIO ADICIONAL SOBRE LA TEOLOGÍA DISPENSACIONAL

* Herbert W. Bateman IV, *Three Central Issues in Contemporary Dispensationalism* (Grand Rapids: Kregel, 1999). Media en el debate.

* Craig A. Blaising y Darrell L Bock, eds., *Dispensationalism, Israel and the Church* (Grand Rapids: Zondervan, 1992), dispensacionalismo progresivo.

** Donald K. Campbell, ed., *Walvoord: A Tribute* (Chicago: Moody, 1982). Hay varios artículos valiosos relacionados con el dispensacionalismo: "A Biblical Defense of Dispensationalism", "God, Evil, and Dispensations" y "Hermeneutics and Dispensationalism".

* E. Schuyler English, ed., *Nueva Biblia de estudio Scofield* (Nashville: Lifeway, 2001). Las notas de estudio en esta Biblia son valiosas para explicar el dispensacionalismo moderno, particularmente porque la tradición de los ocho escritores de esta revisión representa el sello de esta perspectiva teológica.

* Gordon R. Lewis, "Ultradispensationalism", en Walter A. Elwell, ed., *Evangelical Dictionary of Theology* [*Diccionario teológico de la Biblia*] (Grand Rapids: Baker, 1984), 1120-1121. Publicado en español por Caribe.

* Vern Poythress, *Understanding Dispensationalists* (Philipsburg: P & R, 1987).

* Charles C. Ryrie, "Dispensationalism", en Walter A. Elwell, ed., *Evangelical Dictionary of Theology* [*Diccionario teológico de la Biblia*] (Grand Rapids: Baker, 1984), 321-323. Publicado en español por Caribe.

* _____, *Dispensationalism* (Chicago: Moody, 1995), dispensacionalismo clásico.

* _____, *Dispensacionalismo hoy* (Grand Rapids: Portavoz, 1974), dispensacionalismo clásico.

* C. I. Scofield, *Traza bien la Palabra de verdad* (Grand Rapids: Portavoz, 1981).

* Robert L. Saucy, *The Case for Progressive Dispensationalism* (Grand Rapids: Zondervan, 1993).

* Renald E. Showers, *There Really Is a Difference* (Bellmawr: Friends of Israel, 1990). Crítica.

** Paul Lee Tan, *The Interpretation of Prophecy* (Rockville: Assurance, 1974). Una obra valiosa para explicar el método hermenéutico del dispensacionalismo.

** Stanley D. Toussaint y Charles H. Dyer, eds., *Essays in Honor of J. Dwight Pentecost* (Chicago: Moody, 1986). Aquí hay ensayos importantes relacionados con el dispensacionalismo.

* Wesley R. Willis y John R. Master, ed. generales, *Issues in Dispensationalism* (Chicago: Moody, 1994). Crítica

37

TEOLOGÍA CATÓLICA ROMANA DOGMÁTICA

LA TEOLOGÍA CATÓLICA ROMANA *DOGMÁTICA* hace referencia al sistema detallado que produjeron principalmente papas, teólogos y concilios de la era medieval y de la Reforma. Se protege con sanciones como las etiquetas *de fide* y la infalibilidad papal, con lo cual se diferencia de la inestabilidad y la incertidumbre presentes en gran parte de la teología católica *contemporánea* (véase el capítulo 44).

DESARROLLO HISTÓRICO DE LA TEOLOGÍA CATÓLICA

El catolicismo romano, generalmente, se encuentra en la categoría de semi-pelagianismo en su postura teológica. Pelagio enseñaba que cada persona nacía con libre albedrío y la capacidad de escoger tanto lo bueno como lo malo. Rechazó la noción según la cual la caída de Adán afectó la voluntad del hombre. Aunque el catolicismo romano es diferente del pelagianismo, reconoce la cooperación de la voluntad humana con la gracia de Dios en la salvación; tal cosa es posible porque el pecado de Adán debilitó la condición del hombre pero no lo mató espiritualmente. Por lo tanto, el hombre puede iniciar la salvación.

El catolicismo no ha sido estático, más bien se ha desarrollado y ha evolucionado. Aunque reconoce la autoridad de la tradición, los pronunciamientos anteriores se pueden derogar mediante pronunciamientos oficiales posteriores[1] lo cual refleja un cambio continuo dentro del catolicismo. Se pueden aislar dos tradiciones en desarrollo dentro del catolicismo.[2] La tradición principal enfatiza la trascendencia de Dios y la Iglesia como institución autoritativa dispuesta por Dios. Esta tradición ha sido llamada de diferentes maneras: "medievalismo", "romanismo", "vaticanismo", "papismo" y "jesuitismo". Una tradición minoritaria de reforma que enfatiza la inmanencia de Dios y de la iglesia como comunidad recibe los nombres de "galicanismo", "jansenismo", "catolicismo liberal" y "modernismo". En el Concilio Vaticano II, de 1962, convocado por el Papa Juan XXIII, se buscó más reforma. Este concilio ecuménico, aunque retuviera su adherencia a sus características propias, pretendía reformar y modernizar la Iglesia católica.

AFIRMACIONES DOCTRINALES DE
LA TEOLOGÍA CATÓLICA

Autoridad

Mientras el protestantismo sostiene que la autoridad para la fe y la práctica descansa solo en los 66 libros de las Escrituras, el catolicismo romano enseña que los escritos apócrifos (libros extrabíblicos aceptados como canónicos por los católicos), la tradición de los padres de la iglesia y los pronunciamientos papales también tienen autoridad, junto con la Biblia. Este desacuerdo sobre la autoridad marca una diferencia fundamental entre el catolicismo romano y el protestantismo.

El catolicismo romano reconoce la autoridad de 15 libros más, aparte de los 66 de las Escrituras. Se conocen como apócrifos (cuyo significado es "ocultos"). Son 1 y 2 Esdras, Tobit, Judit, adiciones a Ester, Sabiduría de Salomón, Eclesiástico, Baruc, Carta de Jeremías, Cántico de los tres jóvenes, Susana, Bel y el Dragón, Oración de Manasés y 1 y 2 Macabeos.

El Concilio de Trento, en 1546, decretó oficialmente la autoridad de la tradición y de las Escrituras en esta declaración:

> El sacrosanto, ecuménico y general Concilio de Trento... proponiéndose siempre por objeto, que exterminados los errores, se conserve en la Iglesia la misma pureza del Evangelio... considerando que esta verdad y disciplina están contenidas en los libros escritos, y en las tradiciones no escritas, que recibidas de boca del mismo Cristo por los Apóstoles... siguiendo los ejemplos de los Padres católicos, recibe y venera con igual afecto de piedad y reverencia, todos los libros del viejo y nuevo Testamento, pues Dios es el único autor de ambos, así como las mencionadas tradiciones pertenecientes a la fe y a las costumbres, como que fueron dictadas verbalmente por Jesucristo, o por el Espíritu Santo, y conservadas perpetuamente sin interrupción en la Iglesia católica.[3]

El Concilio de Trento también declaró que la Vulgata Latina era la Biblia normativa para la lectura y la enseñanza. Un decreto aún más importante del Concilio era que la Iglesia romana debía ser la intérprete de la Escrituras.

> Decreta además, con el fin de contener los ingenios insolentes, que ninguno fiado en su propia sabiduría, se atreva a interpretar la misma sagrada Escritura en cosas pertenecientes a la fe, y a las costumbres que miran a la propagación de la doctrina cristiana, violentando la sagrada Escritura para apoyar sus dictámenes, contra el sentido que le ha dado y da la santa madre Iglesia, a la que privativamente toca determinar el

verdadero sentido, e interpretación de las sagradas letras; ni tampoco contra el unánime consentimiento de los santos Padres.[4]

Esto es importante. La Iglesia romana se declaró la intérprete oficial de la fe; nadie debe interpretar las Escrituras por sí mismo de forma contraria a la interpretación católica romana.

La iglesia
El catolicismo romano enseña que la Iglesia católica romana fue establecida por Cristo, con Pedro como su primera cabeza visible. La autoridad era la delegada por Dios a Cristo y que, a su vez, Cristo le delegó a la iglesia. Personas no católicas determinaron el comienzo de la Iglesia católica romana en el año 590, con Gregorio I, "quien consolidó el poder del obispado en Roma y comenzó esta Iglesia en una nueva dirección".[5]

Un punto de énfasis en la historia del catolicismo romano radica en que la unión con la Iglesia católica romana es esencial para la salvación. En el siglo XII, los albigenses, un movimiento reformador que se separó de la fe católica, fueron condenados en el Cuarto Concilio de Letrán en 1215: "Solo hay una Iglesia universal de los fieles, fuera de la cual nadie será salvo".[6] El papa Bonifacio VIII lo reafirmó en una bula, *Unam Sanctam*, en 1302. En 1854, el papa Pío IX declaró: "Hemos de admitir por la fe que nadie puede salvarse fuera de la Iglesia Apostólica Romana; que ella es la única arca de salvación; quien no entrare en ella, perecerá en el diluvio".[7]

La Iglesia romana también se consideraba la depositaria de la verdad. En 1862, el papa Pío IX escribió: "La Iglesia, en virtud de su institución divina, tiene el deber de mantener de la forma más consciente posible el tesoro de la fe divina, intacta y completa, y de velar con el mayor celo por la salvación de las almas".[8]

El Concilio Vaticano I de 1870 pronunció que la Iglesia romana era "custodia y maestra de la Palabra revelada... La doctrina de la fe... un depósito divino confiado a la esposa de Cristo para ser fielmente protegido e infaliblemente promulgado... hay que mantener siempre el sentido de los dogmas sagrados que una vez declaró la Santa Madre Iglesia".[9]

El catolicismo romano enseña que tal como Cristo es divino, debe tener una Iglesia de cualidades semejantes (divinas). "La Iglesia tiene cualidades humanas y divinas, tal como Jesucristo era humano y divino, quien en una sola persona tenía tanto naturaleza humana como divina. Los atributos gloriosos de la Iglesia no se deben a que sea meramente humana, se deben a las cualidades divinas".[10] Las cualidades divinas que posee la Iglesia católica incluyen "la autoridad, la infalibilidad y la indefectibilidad".[11]

El Vaticano II sustituyó la idea de la iglesia como medio de salvación por "la iglesia como misterio o sacramento", y la concepción de la iglesia como institución jerárquica se reemplazó por la perspectiva de la iglesia como "todo el pueblo de Dios".[12]

El papado

Después de una disputa con el patriarca de Constantinopla, el papa León IX firmó en 1053 una carta oficial en la cual se abogaba por la autoridad del papa. En tiempos de Gregorio IX, se requiere de los obispos un juramento de obediencia al papa, muy similar al de un vasallo con su señor; además, el papa se coronaba con una corona triple usada por los gobernantes deificados de Persia.[13] El cardenal oficiante declaraba en la coronación: "Recibe la tiara adornada con las tres coronas, sabiendo que eres el Padre de los Príncipes y los Reyes, Gobernador del Mundo, Vicario de nuestro Salvador Jesucristo".[14] En 1299, Bonifacio VIII declaró: "Es totalmente necesario para la salvación que toda criatura humana se sujete al Pontífice romano".[15]

En el Concilio Vaticano I de 1870 se hizo una declaración significativa sobre el primado del papa. Declaraba que para preservar la unidad de la iglesia, Cristo puso a Pedro sobre los demás apóstoles. La constitución declaraba además que:

> Pedro, príncipe y cabeza de los Apóstoles, columna de la fe y fundamento de la Iglesia Católica, recibió las llaves del reino de nuestro Señor Jesucristo, salvador y redentor del género humano, y que hasta este día y para siempre él vive, preside y juzga en sus sucesores los obispos de la Santa Sede Romana, fundada por él mismo y consagrada con su sangre. Por lo tanto, todo el que sucede a Pedro en esta cátedra obtiene, por la institución del mismo Cristo, el primado de Pedro sobre toda la Iglesia… El bienaventurado Pedro persevera en la fortaleza de piedra que le fue concedida y no abandona el timón de la Iglesia que una vez recibió… El Romano Pontífice mantiene un primado sobre todo el orbe, y que el mismo Romano Pontífice es sucesor del bienaventurado Pedro, príncipe de los apóstoles, y que es verdadero vicario de Cristo, cabeza de toda la Iglesia, y padre y maestro de todos los cristianos; y que a él, en el bienaventurado Pedro, le ha sido dada, por nuestro Señor Jesucristo, plena potestad para apacentar, regir y gobernar la Iglesia universal.[16]

Hay varios puntos a destacar. La Iglesia católica romana declara que la sucesión papal tiene la autoridad de Pedro, Pedro sigue dirigiendo la iglesia y el papa es el representante de Cristo en la tierra; también enfatiza la autoridad papal sobre la iglesia. La Iglesia romana declara anatema a quien dispute estas conclusiones.[17]

El Concilio Vaticano I enfatizaba además que todos debían someterse a esta doctrina "de la cual nadie puede desviarse sin perder la fe y la salvación".[18] Definía además la infalibilidad papal así:

El Romano Pontífice, cuando habla *ex cathedra*, esto es, cuando en el ejercicio de su oficio de pastor y maestro de todos los cristianos, en virtud de su suprema autoridad apostólica, define una doctrina de fe o costumbres como que debe ser sostenida por toda la Iglesia, posee... aquella infalibilidad de la que el divino Redentor quiso que gozara su Iglesia en la definición de la doctrina de fe y costumbres.[19]

El Concilio Vaticano II, 1962-1965, mantenía la subordinación de las personas a las enseñanzas papa, incluso cuando hablara informalmente:

Este obsequio religioso de la voluntad y del entendimiento de modo particular ha de ser prestado al magisterio auténtico del Romano Pontífice aun cuando no hable *ex cathedra*; de tal manera que se reconozca con reverencia su magisterio supremo y con sinceridad se preste adhesión al parecer expresado por él.[20]

María

La posición de María en la teología de la Iglesia católica romana es el resultado de varios siglos de desarrollo. La primera vez que se reconoció a María como "Madre de Dios" fue en el Concilio de Éfeso, el año 431. El concilio validó la expresión declarando a María "madre de Dios según la humanidad" de Jesús. Aunque la frase se consideraba inapropiada aplicada a algún mortal, pretendía referirse solo a la humanidad de Cristo. Esta no es la posición de la Iglesia romana hoy. El catolicismo de hoy enseña:

Los principales misterios sobre la maternidad de Dios, la concepción inmaculada, la ausencia de pecado y la virginidad son dones hechos a María en vista de su vocación como Madre de Dios. Su maternidad del Verbo de Dios no consiste solamente en ocasionar la existencia corporal de Cristo. María fue la madre del Redentor en todo el sentido de haber sido su asistente en la obra de redención... El misterio que completa la cooperación de María en la obra de Cristo es su papel como Mediadora de la Gracia... Todas las gracias de Dios para nosotros por cuenta de los méritos de Cristo nos llegan directa o indirectamente a través de María.[21]

Las doctrinas sobre María son un desarrollo reciente. Una de las primeras declaraciones sobre María pertenece al papa Siricio, en una carta al obispo de Tesalónica en el año 392. Allí se declaraba la virginidad perpetua de María.[22] Pero solo en el Concilio de Trento, en 1547, la Iglesia católica romana anuncio la ausencia de pecado en María, lo cual le permitía evitar los pecados veniales.[23] Las doctrinas más importantes sobre María se han promulgado en los últimos 150 años aproximadamente. El papa Pío IX, en 1854, declaró a María libre de todo pecado durante toda su vida. Declara:

...con la autoridad de nuestro Señor Jesucristo, con la de los Santos Apóstoles Pedro y Pablo y con la nuestra: Definimos, afirmamos y pronunciamos que la doctrina que sostiene que la Santísima Virgen María fue preservada inmune de toda mancha de culpa original desde el primer instante de su concepción, por singular privilegio y gracia de Dios Omnipotente, en atención a los méritos de Cristo Jesús, Salvador del género humano, ha sido revelada por Dios...[24]

El rol de María como mediadora de la gracia y co-redentora con Cristo es prominente en la teología católica reciente. En 1891, el Papa León XIII declaró en su encíclica *Octobri Mense*:

Queriendo el Hijo de Dios eterno tomar la naturaleza humana para redención y gloria del hombre... no hizo esto sin haber explorado antes el *libérrimo consentimiento de la designada para Madre suya*, la cual representaba en cierto modo la personalidad del mismo género humano... a la manera que nadie puede llegar al Padre sino por el Hijo, casi del mismo modo nadie puede llegar a Cristo sino por la Madre.[25]

La encíclica continúa aclarando que, como algunas personas tiemblan ante la justicia de Dios, se necesita un abogado y protector donde no se rechace a nadie. "María es esa persona, María digna de toda alabanza; es poderosa, madre del Dios omnipotente... de modo que Dios nos la dio... Debemos ubicarnos bajo su protección y [ofrecerle] lealtad, junto con nuestros planes y nuestras obras, nuestra pureza y nuestras penitencias, nuestros pesares, alegrías, peticiones y anhelos. Debemos confiarle todo lo que es nuestro".[26]

En 1892, la encíclica *Magnae Dei Matris*, del papa León XIII, declaró a los adherentes de la fe católica que oraran a María y recibieran ayuda del tesoro de su gracia. Declara su posición exaltada: "está en las alturas sobre todos los órdenes de ángeles y hombres, y solo ella está cerca de Cristo".[27] En 1904, el papa Pío X declaró que todo el que esté unido a Cristo "viene del vientre de María, de la manera en que un Cuerpo está unido a su Cabeza. De modo que podemos llamarnos de forma mística y espiritual hijos de María, y ella es la Madre de todos nosotros.[28] Declara que, como María compartió los sufrimientos de Cristo, Dios "la promovió a la alta dignidad de restauradora del mundo perdido, por tanto dispensadora de todos los bienes que Jesús ganó para nosotros con su muerte y por el precio de su sangre".[29] Así, a los ojos de la Iglesia católica, María se ha convertido en "la mediadora y conciliadora más poderosa entre el mundo entero y su Hijo unigénito... (y) la *ministra principal en la distribución de las gracias*".[30]

El papa Pío XII declaró en 1943, en su encíclica *Mystici Corporis Christi*, que María era inmune a todo pecado; ofreció a su hijo en el Gólgota al

Padre; recibió al Espíritu Santo en Pentecostés; ahora proporciona cuidado maternal a la iglesia y reina en el cielo con Cristo.[31] En 1950, el papa Pío XII dijo que María fue preservada de la corrupción del cuerpo en la muerte: "Conquistó la muerte y fue levantada en cuerpo y alma a la gloria del cielo, donde resplandece como Reina a la diestra de su Hijo… Proclamamos y definimos como dogma revelado por Dios que la inmaculada Madre de Dios, siempre Virgen, cuando terminó el curso de su vida terrenal, fue levantada en cuerpo y alma a la gloria del cielo.[32] El Vaticano II reafirmó el rol de María en la teología católica como se había enseñado con anterioridad.[33]

Purgatorio

El catolicismo romano describe el purgatorio como "un lugar o estado en el cual están retenidas las almas de quienes murieron en la gracia, en amistad con Dios, pero con la mancha de pecados veniales o de deudas temporales sin pagar. Aquí se purgan las almas, se purifican, se preparan para la unión eterna con el Padre en el Cielo".[34]

En el purgatorio, el sufrimiento es doble: hay dolor físico y hay separación de Dios. Es necesario sufrir en el purgatorio porque la persona no ha satisfecho completamente sus pecados, y no está lista para ver a Dios por causa de su imperfección. Más aún, al perdonar a las personas bautizadas, Cristo escogió cambiar el castigo mayor por uno menor (en lugar de abolir completamente los pecados), "cambiar el sufrimiento eterno por sufrimiento temporal",[35] para lo cual se requiere la purificación en el purgatorio.

La duración del sufrimiento en el purgatorio está determinada por el grado de pecado de la persona. El tiempo del sufrimiento puede acortarse por las oraciones y buenas obras de los creyentes vivos. Esto tiene su base en 2 Macabeos 12:43-45, 56. Las almas de quienes partieron se purifican en el fuego del purgatorio, como sugiere 1 Corintios 3:14-15, de acuerdo con la interpretación católica.

Los sacramentos

El sistema de sacramentos de la Iglesia católica romana fue obra principalmente del Concilio de Trento durante la Contrarreforma católica. Los católicos romanos veían los sacramentos como comunicadores de la gracia; en ellos "Jesucristo hace hoy en su Cuerpo Místico lo que hizo alguna vez físicamente sobre la tierra".[36] El catolicismo define el sacramento como "una señal externa instituida por Jesucristo para dar gracia".[37] La naturaleza y la cantidad de gracia recibida dependen de la disposición del alma.[38] Los sacramentos también se ven como extensión de los hechos redentores de Cristo.[39]

La Iglesia católica romana enseña que los sacramentos son siete: bautismo, confirmación, comunión, confesión (penitencia), ordenación sacerdotal, matrimonio y unción de los enfermos.

Bautismo. "Es el sacramento que libera al hombre del pecado original y de la culpa personal, el que lo hace miembro de Cristo y de su Iglesia".[40] El Concilio de Trento afirmó que la salvación necesita el bautismo (en agua), que el bautismo de niños es legítimo, que el bautismo de los adultos creyentes no es necesario, que cumplir la ley sigue siendo esencial: la sola fe es inadecuada.[41] En el eje de la enseñanza católica romana sobre el bautismo está su carácter necesario para la salvación que, de hecho, produce. También une a la persona con la iglesia. Los católicos también enseñan un "bautismo por deseo" para quienes desean bautizarse en agua pero tienen algún obstáculo.

Confirmación. "El sacramento de la confirmación completa el sacramento del bautismo. Si el bautismo es el sacramento del nuevo nacimiento a una nueva vida sobrenatural, la confirmación es el sacramento de la madurez y de llegada a la edad de la razon".[42]

El sacerdote administra el bautismo, mientras que el obispo administra la confirmación apoyando su mano en la cabeza de la persona. Se dice que la persona recibe en este acto al Espíritu Santo, que la fortalece para vivir a la altura de su profesión y para declarar lo que cree. El poder del obispo se iguala con el de los apóstoles en Pentecostés y en Samaria (Hch. 8:14-17) para transmitir al Espíritu Santo.[43] El solo bautismo hace a la persona un "niño cristiano, mientras la confirmación hace de la persona un "cristiano adulto".[44]

La eucaristía. La santa comunión o eucaristía también se llama misa. Este ritual se considera el sacrificio continuo de Cristo. El término *misa* también se usa para describir todo el servicio en el cual el sacerdote participa en el sacrificio del cuerpo y la sangre de Cristo.[45]

En cuanto al sacramento, la Iglesia católica enseña la presencia real de Cristo en los elementos de la comunión. En el momento en que el sacerdote pronuncia las palabras "Esto es mi cuerpo... esta es mi sangre", Jesucristo se presenta realmente bajo los accidentes (apariencia, sabor, olor y tacto) del pan y el vino.[46] Esto se conoce como "Presencia Real, una presencia sustancial y real del Dios-Hombre en forma sacramental con su verdadero Cuerpo, Sangre, Alma y Divinidad. Jesucristo está presente de la forma más profunda, directa e íntima".[47] Se le llama doctrina de la transubstanciación, que significa que los elementos se convierten esencialmente en Jesucristo. Desde el momento de la consagración en adelante, el agua y el vino, por separado o conjuntamente, son "el Cordero de Dios" que debe adorarse y recibirse para la vida eterna.

En este sacramento, el más importante de los católicos, se recibe gracia por la participación porque se recibe a Cristo, lo cual tiene su base en Juan 6:53-58. Los resultados de participar en la eucaristía son:[48] (1) el perdón de los pecados veniales, (2) poder para vencer la tentación (el cual extingue el poder de los malos deseos) y (3) la promesa de la gloria eterna y de la resurrección gloriosa. El Vaticano II alentaba la participación diaria o frecuente, pues "incrementa la unión con Cristo, enriquece la vida espiritual, fortalece el alma en virtud y da al que comulga una señal más fuerte de la felicidad eterna".[49] (Véase también la explicación de la transubstanciación en el capítulo 25, "Eclesiología, Doctrina de la Iglesia").

En la misa se perpetúa el sacrificio de Cristo; esto, para el adorador católico, equivale a estar presente en el sacrificio de la cruz del Calvario hace dos mil años; es el mismo sacrificio que Cristo ofreció allí.[50] La diferencia radica en que el primer sacrificio era de sangre, mientras la misa es un sacrificio incruento. Se defiende además la naturaleza continua del sacrificio de Cristo con base en los continuos sacrificios cruentos e incruentos en el Antiguo Testamento. Más aún, el Concilio de Trento enseñaba que, en cuanto al sacrificio de Cristo, la misa se ofrecía por los pecados y los castigos, lo cual la hacía propiciatoria para el penitente, pero también es para quienes "partieron en Cristo mas no se han purificado aún".[51] El Vaticano II afirmó las enseñanzas del Concilio de Trento sobre la misa.[52]

El adorador católico bautizado se une a Cristo en el sacrificio de la misa y también se ofrece en sacrificio junto con Él. En dicho ritual, el adorador reafirma su conversión del pecado, real pero no completa, y efectúa la reconciliación con el Padre.[53]

Confesión (penitencia). El catolicismo romano enseña que Cristo perdona los pecados a través del sacerdote en la confesión o penitencia. La señal externa de perdón para el confesor es la declaración de absolución del sacerdote. Él tiene la autoridad por la declaración de Cristo en Juan 20:23. El sacerdote tiene el poder de perdonar o retener los pecados.[54] La buena confesión requiere cinco cosas: examen de conciencia, pena por los pecados, la intención firme de evitarlos en el futuro, confesarlos y tener la intención de llevar a cabo la penitencia determinada por el sacerdote.[55]

El sacramento de la penitencia se describe en el Concilio de Florencia en 1439:

El cuarto sacramento es la penitencia, que consiste en las acciones tripartitas del penitente. La primera de éstas es la contrición del corazón: consiste en la pena por los pecados cometidos y la intención de no pecar en el futuro. La segunda es la confesión oral, donde el pecador le confiesa al sacerdote todos los pecados que recuerde en su totalidad. La tercera es la satisfacción por los pecados de acuerdo al juicio del sacerdote, lo cual se alcanza principalmente por la oración, el ayuno y las limosnas. La forma de este sacramento se adquiere en las palabras de absolución pronunciadas por el sacerdote cuando dice: "yo te absuelvo...". El ministro de este sacramento es el sacerdote, quien tiene la autoridad para absolver, ya sea normalmente o por comisión de un superior. El efecto de este sacramento es la absolución de los pecados.[56]

Ordenación sacerdotal. La ordenación sacerdotal está relacionada con la ordenación de los oficios de obispo, sacerdote, o diácono; le concede "al hombre el poder espiritual y la gracia para santificar a otros".[57] "El Sacramento de la Ordenación Sacerdotal le confiere al alma del hombre ordenado la marca o carácter especial e indeleble de Jesucristo que durará por toda la eternidad".[58] El diácono ayuda al sacerdote en el bautismo, el matrimonio, la predicación y en otros deberes. "El sacerdocio otorga al hombre el poder de consagrar y ofrecer el Cuerpo y la Sangre de Jesucristo para remitir o retener los pecados".[59] Los sacerdotes deben recibir su ordenación de un obispo. El obispo es un sucesor de los apóstoles y tiene el poder de ordenar sacerdotes, perpetuando así el sacerdocio de Cristo. También tiene autoridad especial para enseñar. De la misma manera en que Cristo fue ordenado Sumo Sacerdote, el sacerdote católico sigue en la tradición de Cristo como un "mediador autorizado para ofrecer sacrificio verdadero en reconocimiento del dominio supremo de Dios sobre los hombres y para la expiación de sus pecados... El sacerdote media entre Dios y las personas".[60] El sacerdote tiene poder para perdonar pecados en el nombre de Dios. Se le nombra sacerdote según el orden de Melquisedec, de manera permanente. Así, actúa como Cristo; cuando ofrece la misa dice: "Esto es *mi* cuerpo" (cursivas añadidas). Cuando perdona los pecados dice: "Yo te absuelvo de tus pecados".[61]

Matrimonio. El sacramento del matrimonio es una señal de la unión entre Cristo y la iglesia. El Concilio de Florencia declaró en 1439: "Hay un bien triple adjunto al matrimonio. El primero es engendrar hijos y educarlos en la adoración a Dios. El segundo es la fidelidad que cada cónyuge le debe al otro. El tercero es la indisolubilidad del matrimonio porque representa la unión indisoluble de Cristo y la iglesia".[62] La Iglesia católica romana enfatiza la permanencia del matrimonio; prohíbe el divorcio. También rechaza el aborto y los métodos anticonceptivos artificiales. El Vaticano II enfatizó la necesidad de desarrollar el amor en el matrimonio, y que este no existe solo para la procreación.[63]

Unción de los enfermos (extremaunción)

[La extrema unción] es el complemento y plenitud de la penitencia... Quita la enfermedad que deja el pecado; "erradica el estado que pudiera ser obstáculo para vestirse de la gloria de la resurrección"; y, como todo sacramento nos hace a los hombres en algún sentido semejantes a Cristo, "así también en la extrema unción llegamos a ser como el Cristo resucitado, porque el moribundo la recibe como una señal de la gloria por venir"... La unción santa deja listo para entrar directamente a la Visión

LOS SIETE SACRAMENTOS CATÓLICOS ROMANOS

Sacramento	Procedimiento	Importancia	Énfasis del Vaticano II
Bautismo	El sacerdote realiza el rito en los niños.	Produce el nuevo nacimiento, "el niño cristiano". Es necesario para la salvación. Libera del pecado original y la culpa. Une con Cristo y con la iglesia.	El bautismo debe recibir mayor énfasis. El converso debe recibir instrucción previa. Ilustra el compromiso de Cristo. Enfatiza la unidad de todos los miembros en Cristo.
Confirmación	El obispo apoya sus manos sobre las personas y así ellas reciben el Espíritu Santo.	Un paso necesario después del bautismo. Junto con el bautismo, es parte del "Sacramento de la iniciación". La persona recibe al Espíritu Santo, lo cual la lleva a la madurez y a la dedicación.	Esfuerzo por unir el bautismo y la confirmación como un solo acto de iniciación. La separación de los dos sacramentos sugiere que hay "grados de membresía en la iglesia".
Eucaristía	El sacerdote celebra la misa. Cuando pronuncia "Esto es mi cuerpo...", el pan y el vino se transforman en el cuerpo y la sangre de Cristo.	La misa es el sacrificio continuo de Cristo. Idéntica al Calvario excepto en que la misa es incruenta. En la misa, Cristo ofrece expiación por los pecados. El que comulga recibe el perdón de los pecados veniales. Comer el pan es comer a Cristo.	Se anima a participar frecuentemente para incrementar "la unión con Cristo". Ahora la ceremonia está abierta a los laicos. Una ceremonia más simple y corta; mayor uso de las Escrituras.
Confesión (penitencia)	Tres pasos: 1. Contrición por el pecado. 2. Confesión oral ante el sacerdote. 3. Absolución del sacerdote.	El adherente recibe del sacerdote la absolución de sus pecados tras haber confesado todos los pecados conocidos al sacerdote, y haber declarado la intención de no pecar en el futuro.	La nueva perspectiva del pecado distorsiona la relación y los motivos personales. Permite la confesión y la absolución generales. La confesión general se lleva a cabo en el servicio de los cantos, las Escrituras, la oración, el sermón, el autoexamen, la confesión y la absolución.

Ordenación sacerdotal	Ordenación para el oficio de obispo, sacerdote o diácono. El obispo, como sucesor de los apóstoles, ordena al sacerdote. Confiere a quien lo recibe el poder de santificar a otros. El sacerdote recibe poder para ofrecer el cuerpo y la sangre de Cristo, también para remitir pecados. El sacerdote es mediador entre Dios y los hombres, tal como Cristo es mediador entre Dios y los hombres.	Mayor participación de los laicos en el ministerio. Los laicos desarrollan o usan sus dones en la iglesia. Reduce la distinción entre el sacerdote y el pueblo. Se considera al sacerdote "hermano entre los hermanos".
Matrimonio	Hay intercambio de votos en la presencia del sacerdote. Señal de la unión de Cristo y la iglesia. Es indisoluble, porque el matrimonio entre Cristo y la iglesia también lo es.	El matrimonio no es solo para la procreación. Mayor énfasis en el amor dentro del matrimonio. Se permite la misa en bodas con no católicos bautizados.
Unción de los enfermos	El sacerdote consagra el aceite. Quien está a punto de morir recibe la unción del sacerdote. Elimina la enfermedad y los obstáculos dejados por el pecado, los cuales le impiden que el alma sea glorificada. Prepara a las personas para morir, haciéndolas como el Cristo resucitado. Prepara el alma para la eternidad.	Uso más amplio: cambió de "extremaunción" a "unción de los enfermos". Se usa para fortalecer o sanar el cuerpo y el alma. La persona enferma comparte las lecturas y las oraciones.

Beatífica a quien está en el umbral de la eternidad y coopera con la gracia del sacramento.[64]

Tradicionalmente se ungía a las personas moribundas con aceite bendecido por el obispo; sin embargo, el Concilio Vaticano II declaró que el rito debía llamarse más precisamente "unción de los enfermos", porque no debe entenderse como un sacramento "solo para quienes están a punto de morir".[65]

EVALUACIÓN RESUMIDA DE LA TEOLOGÍA CATÓLICA

Aunque la teología católica tiene varias doctrinas comunes con la teología protestante conservadora (la Trinidad, la deidad de Cristo, etc.), hay muchas desviaciones de la teología ortodoxa. Una diferencia fundamental es la autoridad de la tradición además de la autoridad de la Biblia. En su aplicación, la tradición está en algún sentido por encima de la autoridad de la Biblia porque la tradición y los concilios de la Iglesia emiten decretos que revocan o agregan cosas a las enseñanzas explícitas de las Escrituras. El reconocimiento de los Apócrifos es otra desviación. El lugar de María en la teología católica romana quita a Cristo de su lugar correcto como único mediador entre Dios y los hombres (1 Ti. 2:5). Adicionalmente, todo el sistema de sacramentos es un rechazo genuino del don verdadero de la salvación por gracia. En la teología católico-romana, la salvación no es por gracia mediante la fe, sino que es una adherencia compleja a los sacramentos y rituales como fueron legislados por la jerarquía de la iglesia.

NOTAS

1. F. S. Piggin, "Roman Catholicism", en Walter A. Elwell, ed., *Evangelical Dictionary of Theology* [*Diccionario teológico de la Biblia*] (Grand Rapids: Baker, 1984), 955. Publicado en español por Caribe.

2. *Ibíd.*

3. Josef Neuner y Heinrich Roos en Karl Rahner, ed., *The Teaching of the Catholic Church* (Staten Island: Alba, 1967), 59.

4. *Ibíd.*, 61.

5. Loraine Boettner, *Roman Catholicism* (Filadelfia: Presbyterian & Reformed, 1962), 126; véase A. M. Renwick, *The Story of the Church* (Londres: InterVarsity, 1958), 64.

6. Neuner y Roos, *Teaching of the Catholic Church*, 203.

7. *Ibíd.*, 207.

8. *Ibíd.*

9. *Ibíd.*, 210.

10. Robert J. Fox, *The Catholic Faith* (Huntington: Our Sunday Visitor, 1983), 156-157.

11. *Ibíd.*, 157.

12. Piggin, "Roman Catholicism", en *Evangelical Dictionary of Theology* [*Diccionario teológico de la Biblia*], 956.

13. *Ibíd.*.

14. Citado de *The National Catholic Almanac* en Boettner, *Roman Catholicism*, 127.

15. Kenneth Scott Latourette, *A History of Christianity* [*Historia del cristianismo*] (Nueva York: Harper, 1953), 487. Publicado en español por Casa Bautista de Publicaciones.

16. *Ibíd.*, 223-224.

17. *Ibíd.*, 224.

18. Neuner y Roos, *Teaching of the Catholic Church*, 225.

19. *Ibíd.*, 229.

20. Fox, *The Catholic Faith*, 164.

21. Neuner y Roos, *Teaching of the Catholic Church*, 181-182.

22. *Ibíd.*, 183.

23. *Ibíd.*, 184.

24. *Ibíd.*, 186.

25. *Ibíd.*, 187; cursivas añadidas.

26. *Ibíd.*, 188.

27. *Ibíd.*, 189.

28. *Ibíd.*, 190.

29. *Ibíd.*, 191.

30. *Ibíd.*, cursivas añadidas.

31. *Ibíd.*, 193.

32. *Ibíd.*, 195-196.

33. Walter M. Abbott, ed., *The Documents of Vatican II* (Nueva York: Herder and Herder, 1966), 85-96. Véase el índice para referencias adicionales.

34. George Brantl, ed., *Catholicism* [*Catolicismo*] (Nueva York: Braziller, 1962), 232. Publicado en español por Plaza & Janes.

35. *Ibíd.*, 234.

36. Fox, *The Catholic Faith*, 181.

37. *Ibíd.*

38. *Ibíd.*, 182.

39. *Ibíd.*, 183.

40. Neuner y Roos, *Teaching of the Catholic Church*, 265.

41. *Ibíd.*, 269-271.

42. *Ibíd.*, 273.

43. *Ibíd.*, 275.

44. Fox, *The Catholic Faith*, 191.

45. T. Weber, "Mass", en *Evangelical Dictionary of Theology* [*Diccionario teológico de la Biblia*], 697.

46. Fox, *The Catholic Faith*, 205.

47. *Ibíd.*, 205-206.

48. *Ibíd.*, 212-213.

49. *Ibíd.*, 213.

50. *Ibíd.*, 220.

51. Neuner y Roos, *Teaching of the Catholic Church*, 297.

52. Abbot, *Documents of Vatican II*, 156.

53. Fox, *The Catholic Faith*, 226.

54. *Ibíd.*, 197.

55. *Ibíd.*, 199.

56. Neuner y Roos, *Teaching of the Catholic Church*, 307-308.

57. Fox, *The Catholic Faith*, 232.

58. *Ibíd.*

59. *Ibíd.*, 232-233.

60. *Ibíd.*, 234.

61. *Ibíd.*, 236.

62. Neuner y Roos, *Teaching of the Catholic Church*, 354.

63. Abbott, ed., *Documents of Vatican II*, 252-255.

64. Neuner y Roos, *Teaching of the Catholic Church*, 331.

65. Abbott, ed., *Documents of Vatican II*, 161.

PARA ESTUDIO ADICIONAL SOBRE LA TEOLOGÍA CATÓLICA DOGMÁTICA

** Walter M. Abbott, ed., *The Documents of Vatican II* (Nueva York: Herder and Herder, 1966). Esta es una obra importantísima para explicar la enseñanza autoritativa de los católicos romanos, como se interpreta hoy bajo la dirección de los papas recientes (Juan XXIII, Pablo VI y Juan Pablo II).

* John Armstrong, ed. gen., *Roman Catholicism: Evangelical Protestants Analyze What Divides and Unites Us* (Chicago: Moody, 1994).

* Loraine Boettnner, *Roman Catholicism* (Filadelfia: Presbyterian & Reformed, 1965). Una crítica valiosa y bien documentada del catolicismo romano.

** George Brantl, ed., *Catolicismo* (Barcelona: Plaza & Janes, 1963).

* Greg Dues, *Catholic Customs & Traditions: A Popular Guide*, ed. rev., (New London: Twenty-Third, 2000).

* Robert J. Fox, *The Catholic Faith* (Huntington: Our Sunday Visitor, 1983). Escrito con claridad, incluye documentos del Vaticano II.

** Anthony D. Lee, O.P., *Vatican II: The Theological Dimension* (Thomist Press, 1963).

* Dwight Longenecker y David Gustafson, *Mary: A Catholic-Evangelical Debate* (Grand Rapids: Brazos, 2003).

* Josef Neuner y Heinrich Roos en Karl Rahner, ed., *The Teaching of the Catholic Church* (Staten Island: Alba, 1967). Este volumen cita las enseñanzas doctrinales de los concilios católicos más importantes a lo largo de los siglos.

* Bernard C. Pawley, *The Second Vatican Council: Studies by Eight Anglican Observers* (Londres: Oxford Univ., 1967).

* F. S. Piggin, "Roman Catholicism", en Walter A. Elwell, ed., *Evangelical Dictionary of Theology* [*Diccionario teológico de la Biblia*] (Grand Rapids: Baker, 1984), 955-958. Publicado en español por Caribe. Véanse también los artículos adicionales bajo "Mass" y "Vatican Council II".

* Alan Schreck, *Catholic and Christian: An Explanation of Commonly Misunderstood Catholic Beliefs* (Cincinnati: Servant, 2004).

Parte 5

TEOLOGÍA CONTEMPORÁNEA

38

INTRODUCCIÓN A LA TEOLOGÍA CONTEMPORÁNEA

VARIAS INFLUENCIAS FILOSÓFICAS AYUDARON a preparar el camino a buena parte de lo que está hoy presente en el pensamiento y en los movimientos teológicos.

El Renacimiento

El término *Renacimiento* significa "volver a nacer", y describe el despertar intelectual que tuvo lugar en Europa después de la Edad Media. También se le conoce como un "avivamiento del conocimiento". El tiempo de esta era, aunque es difícil de delinear con precisión, puede identificarse en general entre los años 1350 y 1650. El Renacimiento "sustituyó el enfoque medieval de la vida corporativa y religiosa por una perspectiva moderna individualista y secular... el énfasis se puso en la gloria del hombre, no en la gloria de Dios".[1] Se desarrolló el interés por el hombre y el mundo en lugar de por Dios y el cielo. Con el nuevo interés en el hombre y sus capacidades, la confianza se depositó en la razón humana, en lugar de en la revelación divina. Ahora el hombre era el centro del universo, no Dios.

Con el Renacimiento vino el escepticismo en cuanto a la Biblia y lo sobrenatural. Filósofos como Descartes, Spinoza y Leibniz defendían la capacidad de la razón humana y de la ciencia para comprender los enigmas de la vida. Los escritos de los humanistas seculares hicieron bastante para socavar la fe en la Biblia, los milagros y la revelación divina. Los filósofos "iluminados" del humanismo secular echaron los fundamentos del liberalismo teológico con su negación de lo sobrenatural.

La Ilustración

John Locke

John Locke (1632-1704) introdujo el subjetivismo mediante su enseñanza del conocimiento proveniente de la experiencia. Locke enseñó que el hombre tiene *sensaciones* por las cuales se hace consciente de su alrededor; luego, a través de las *reflexiones*, el hombre contempla el significado.[2] De este modo, Locke argumentaba que el hombre no tiene nada en la mente que no esté primero en los sentidos. Aunque Locke reconoció algunos aspectos de la revelación divina, rechazó los fundamentos de la fe cristiana contrarios a la razón experimental.[3]

Se hizo aparente que los cimientos del liberalismo teológico —y de la neo-ortodoxia— se echaron sobre el énfasis racional y experimental de John Locke.

George Berkeley

George Berkeley (1685-1753) desarrolló más la orientación por los sentidos de Locke, con su declaración de "ser es ser percibido". Berkeley declaró que las cosas son "exactamente como se experimentan. Las cualidades percibidas componen la esencia del objeto".[4] Todo el conocimiento, pensaba Berkeley, existe en la mente. Con ello negaba la revelación especial.

Berkeley no era ateo; de hecho, intentó usar su sistema como apología de la creencia en Dios. Pero con ello desarrolló una negación de lo sobrenatural, exaltando el poder de la razón y la experiencia humana mientras negaba la validez de la revelación divina y el sobrenaturalismo.

David Hume

David Hume (1711-1776) fue un escéptico escocés que llevó las ideas de Locke y Berkeley a su conclusión lógica de negar las realidades espirituales. Hume atacó los milagros de la Biblia, negando la posibilidad de conocer la verdad objetiva.

La Ilustración trajo consigo el agnosticismo, el escepticismo, y enfatizó el racionalismo y el método científico como bases para probar la verdad. Todos estos factores contribuyeron al rechazo de la Biblia y lo sobrenatural.

IDEALISMO

El idealismo era la filosofía según la cual la realidad no está en el reino físico sino en la mente. Detrás de toda la realidad está la mente divina, que mueve el mundo hacia el bien.

Immanuel Kant

Immanuel Kant (1724-1804) argumentó que el concepto individual que se tenga de Dios proviene de la razón; por lo tanto, atacó las pruebas a favor de la existencia de Dios, negando su validez. De acuerdo con Kant, el conocimiento no puede existir sin la experiencia demostrable por pruebas. Aquí combinaba Kant el racionalismo (la confianza en la razón humana) y el empirismo (probar las cosas por el método científico). Kant, por este énfasis innovador, puede llamarse "el fundador teórico del liberalismo religioso".[5]

La perspectiva de Kant sobre el cristianismo no permite lo sobrenatural; creía que Jesús era tan solo un buen maestro con altos ideales éticos.

Posteriormente, la teología liberal edificó a partir de Kant su énfasis en el cristianismo como sistema de ética, en lugar de revelación de Dios.

Georg W. F. Hegel

Georg W. F. Hegel (1770-1831) era un idealista alemán. Enseñaba que: "solo la mente es real; todo lo demás es expresión de la mente... Toda la realidad es una expresión de lo Absoluto, que es Dios. Todo lo existente es expresión de la mente divina; por lo tanto, lo real es racional y lo racional es real".[6]

Hegel veía a Dios obrando en la historia con su concepto de la dialéctica: una tesis da lugar a su antítesis, lo cual da como resultado una síntesis de dos conceptos diversos. Sin embargo, el proceso no tiene fin, pues de la síntesis proviene una nueva tesis que vuelve a tener su antítesis. De este modo, para Hegel el cristianismo no era una religión revelada, sino tan solo una síntesis de la religión y la cultura en desarrollo. De acuerdo con Hegel, el cristianismo, con su creencia en la encarnación de Cristo, en algún punto evolucionó a una forma de conocimiento más alta, llamada filosofía especulativa.[7] Hegel, como idealista, entendía que la doctrina cristiana era tan solo un conjunto de símbolos. Los términos como *Hijo de Dios* no debían entenderse en sentido literal sino simbólico.

La teología liberal se edificó grandemente sobre los fundamentos de los filósofos ilustrados e idealistas. Específicamente, la hipótesis documentaria (que cuestionaba la historicidad de los autores de los cinco primeros libros de las Escrituras) y otros métodos de la alta crítica tuvieron sus raíces en la metodología de Hegel.

NOTAS

1. Earle E. Cairns, *Christianity through the Centuries* (Grand Rapids: Zondervan, 1954), 284.

2. Warren C. Young, *A Christian Approach to Philosophy* [*Un enfoque cristiano a la filosofía*] (Grand Rapids: Baker, 1954), 107. Publicado en español por Mundo Hispano.

3. Bruce A. Demarest, *General Revelation: Historical Views and Contemporary Issues* (Grand Rapids: Zondervan, 1982), 81.

4. Young, *A Christian Approach to Philosophy* [*Un enfoque cristiano a la filosofía*], p. 76.

5. Stanley N. Gundry y Alan F. Johnson, eds., *Tensions in Contemporary Theology* (Chicago: Moody, 1976), 18.

6. R. H. DeVries, "Hegel, George Wilhelm Friedrich", en Walter A. Elwell, ed., *Evangelical Dictionary of Theology* [*Diccionario teológico de la Biblia*] (Grand Rapids: Baker, 1984), 502. Publicado en español por Caribe.

7. *Ibíd.*, 502-503.

PARA ESTUDIO ADICIONAL SOBRE LA TEOLOGÍA CONTEMPORÁNEA

** Karl Barth, *Protestant Theology in the Nineteenth Century* (Valley Forge: Judson, 1973).

** E. Cassirer, *The Philosophy of the Enlightenment* (Princeton: Princeton Univ., 1951).

** Mark Ellingsen, *The Evangelical Movement: Growth, Impact, Controversy, Dialog* (Minneapolis: Augsburg, 1988).

* Walter A. Elwell, ed., *Evangelical Dictionary of Theology* [*Diccionario teológico de la Biblia*] (Grand Rapids: Baker, 1984), 355-357, 502-503, 536-537, 599-600. Publicado en español por Caribe.

* Deane William Ferm, *Contemporary American Theologies: A Critical Survey*, rev. act. (Nueva York: Harper Collins, 1990).

* William E. Hordern, *A Layman's Guide to Protestant Theology*, ed. rev. (Londres: Macmillan, 1968), 73-90.

* Bernard Ramm, "The Fortunes of Theology from Schleiermacher to Barth and Bultmann", en Stanley N. Gundry y Alan F. Johnson, eds., *Tensions in Contemporary Theology* (Chicago: Moody, 1976), 15-41.

** John D. Woodbridge y Thomas Edward McComiskey, eds., *Doing Theology in Today's World: Essays in Honor of Kenneth S. Kantzer* (Grand Rapids: Zondervan, 1991).

** Warren C. Young, *Un enfoque cristiano a la filosofía* (El Paso, TX.: Editorial Mundo Hispano, 1984).

39

TEOLOGÍA
LIBERAL

EL LIBERALISMO DENOTA LA FACETA de la teología que surgió como resultado del racionalismo y el experimentalismo de filósofos y científicos. El liberalismo premia la razón humana y los hallazgos de la ciencia; aquello contrario a la razón y a la ciencia debe rechazarse. Como resultado, el liberalismo ha rechazado las doctrinas históricas de la fe cristiana porque incluyen milagros y lo sobrenatural: la encarnación de Cristo, su resurrección corporal y así sucesivamente. El modernismo es, en general, equivalente al liberalismo, pero enfatiza los hallazgos de la ciencia en un intento por reconciliar la ciencia y la Biblia, como en el caso de Harry Emerson Fosdick.[1]

LIBERALISMO

Desarrollo histórico del liberalismo
Friedrich Schleiermacher (1763-1834). Este teólogo alemán protestante reaccionó al racionalismo frío de los filósofos e intentó defender el cristianismo basándose en los sentimientos. Desarrolló una "teología del sentimiento" y, por lo tanto podría considerarse el padre de la neo-ortodoxia (también es conocido como el padre del liberalismo religioso moderno). Schleiermacher enfatizaba que la religión no se podía fundamentar en el razonamiento filosófico o en las afirmaciones doctrinales (rechazó las doctrinas históricas del cristianismo); en su lugar, la religión debía fundamentarse en el sentimiento con el que las personas pudieran experimentar a Dios. Enfatizaba la naturaleza subjetiva de la religión, y tal cosa tendría después su más completa expresión en la neo-ortodoxia.

Schleiermacher enfatizó la religión ética, definida como "el sentimiento de la dependencia absoluta" o "conciencia de Dios".[2] No consideraba el pecado como una violación moral de la ley divina, sino como "el intento del hombre de vivir por sí mismo, aislado del universo y de sus congéneres".[3] Schleiermacher rechazó además doctrinas históricas como el nacimiento virginal, la expiación sustitutiva y la deidad de Cristo. No eran importantes. Enseñaba que Cristo fue un redentor solo en el sentido de haber sido el ejemplo ideal y fuente de la conciencia de Dios que vence el pecado. El creyente experimenta la regeneración (la adquisición de la conciencia que Cristo tenía de Dios) "cuando participa en la vida corporativa de la iglesia contemporánea, en vez de tan solo creer en la muerte de Cristo y su resurrección histórica".[4]

La teología de Schleiermacher tuvo un efecto dramático en el asunto de la autoridad. "Ninguna autoridad externa, sea las Escrituras, la iglesia o las declaraciones de los credos históricos, tiene precedencia sobre la experiencia inmediata de los creyentes".[5] Las raíces del subjetivismo (con su énfasis en la experiencia y no en la verdad doctrinal objetiva), observadas principalmente en la neo-ortodoxia y en el rechazo liberal a la autoridad de las Escrituras, se encuentran en la teología de Schleiermacher.

Albrecht Ritschl (1822-1889). Este teólogo, procedente del protestantismo alemán como Schleiermacher, enseñaba que la religión no debe ser teórica sino práctica. Rechazaba las especulaciones filosóficas de los filósofos y el énfasis en la experiencia de Schleiermacher; enseñaba, en vez de ellas, la importancia de los valores éticos. "Debe comenzarse con la pregunta '¿Qué debo hacer para ser salvo?', pero si la pregunta significa '¿Cómo puedo ir al cielo cuando muera?' entonces es retórica. Ser salvo quiere decir vivir una vida nueva, ser salvo del pecado, del egoísmo, del miedo y de la culpa".[6]

Ritschl rechazó el pecado original, la encarnación, la deidad de Cristo, su expiación sustitutiva, su resurrección, los milagros y otras doctrinas fundamentales. No eran importantes porque no eran prácticas: no estaban relacionadas con la moral. Ritschl evaluaba todo en términos de juicios de hecho (eventos históricos) y juicios de valor (implicaciones para el individuo). Así, podría hablarse del Jesús de hecho y del Cristo de valor.[7] La importancia del tema radica simplemente en el valor de Cristo para la comunidad de creyentes. A este Cristo se llega por la fe, su realidad histórica no es importante. Las declaraciones doctrinales tampoco son importantes, porque no ayudan a la persona en su conducta moral; de modo que la muerte de Cristo no era propiciatoria, sino un ejemplo de lealtad a su llamado, la cual debía inspirar a otros a llevar una vida similar.

Es evidente que Ritschl echó los fundamentos para la dicotomía de las discusiones posteriores entre *historie* (los eventos de la historia) y *geschichte* (narración o mito). Por su énfasis en los valores morales, sus enseñanzas se consideran el fundamento del "evangelio social" liberal.[8]

Adolf von Harnack (1851-1930). Este teólogo alemán siguió a Ritschl y "creía que las creencias cristianas estaban moldeadas por el pensamiento griego que introdujo al Evangelio muchas cosas no pertenecientes a la verdadera esencia de la fe".[9] Von Harnack popularizó la perspectiva de Ritschl a través del libro muy vendido *Das Wesen des Christentums* [¿Qué es el cristianismo?], publicado en 1901.

Von Harnack negó que Jesús hubiera afirmado su divinidad, negó los milagros y dijo que Pablo había corrompido la religión simple de Jesús. Enfatizó la necesidad de volver a la religión *de* Jesús, no a la religión *sobre* Jesús. Así, era necesario llegar a la verdad o eje central quitando la cáscara de la cultura que envuelve la verdad. El enfoque de von Harnack abonó el terreno para la desmitologización de Rudolf Bultmann.

Crítica bíblica. Como parte del desarrollo de la teología liberal, la crítica bíblica surgió y creció durante los siglos XVIII-XIX.

(1) Nuevo Testamento. F. C. Baur (1792-1860) rechazó las doctrinas cristianas históricas y desarrolló un método de crítica histórica aplicando a las Escrituras la filosofía hegeliana de tesis, antítesis y síntesis. Buscaba elementos contradictorios en las Escrituras para respaldar su teoría. Así, alegaba que había conflicto entre la teología de Pedro (judía) y la de Pablo (gentil). Según Baur, cada libro del Nuevo Testamento debía considerarse a la luz del conflicto judío-gentil en la iglesia primitiva.

David Strauss (1808-1874), estudiante de Baur, negó la precisión histórica de los relatos bíblicos, sugiriendo que estaban embellecidos por los seguidores de Jesús. De este modo, para él la Biblia estaba llena de "mitos", un concepto derivado de la filosofía hegeliana. Al reinterpretar el Nuevo Testamento, Strauss enseñaba que Jesús era un símbolo de la Idea Absoluta en la raza humana. Por lo tanto, el verdadero Dios-hombre no era Jesús el individuo sino toda la raza humana.[10]

(2) Antiguo Testamento. En la crítica del Antiguo Testamento, la hipótesis documentaria sugiere que el Pentateuco era una compilación de diferentes documentos escritos en un lapso de cinco siglos (en lugar de haber sido escritos en su totalidad por Moisés).[11] Jean Astruc (1684-1766), un médico francés, sugirió que Moisés había copiado de dos documentos diferentes, uno donde se usaba el nombre Elohim en referencia a Dios y otro que usaba Jehová. La sugerencia de Astruc llegó a ser el fundamento de la hipótesis documentaria. Johann Eichhorn (1752-1827), teólogo alemán de la Ilustración, desarrolló la sugerencia y dividió en partes Génesis y una porción de Éxodo; Wilhelm DeWette (1780-1849) continuó la obra y aplicó la tesis de Astruc a Deuteronomio. Otros hicieron contribuciones, y la teoría final relacionaba la composición del Pentateuco con un patrón evolutivo de Julius Wellhausen.

El enfoque de la alta crítica hizo mucho para destruir las posturas defendidas históricamente sobre la autoría de los libros bíblicos. Preparó el terreno para diseccionar todos los libros de la Biblia y asignarles, en general, fechas posteriores a sus escritos. En el Nuevo Testamento, por ejemplo, rechazaban la autoría paulina de las epístolas pastorales.[12]

Horace Bushnell (1802-1876). Este clérigo estadounidense fue para Estados Unidos lo que Schleiermacher fue para Europa. Se conoció como el "padre del liberalismo teológico norteamericano". A diferencia de las conversiones dramáticas y momentáneas defendidas por los evangelistas de su tiempo, Bushnell ganó influencia enseñando que los niños podían "crecer en el cristianismo" a lo largo de un período de tiempo, en lugar de pasar por una conversión instantánea. Debido a esta filosofía, Bushnell rechazaba la doctrina del pecado original. En vez de ella, sugirió que el niño nacía bueno y seguía así si se le criaba correctamente.

Bushnell rechazó la doctrina de la inspiración bíblica (entre otras), y también defendió la teoría del ejemplo de la muerte de Cristo.

Walter Raushchenbusch (1861-1918). Este clérigo bautista estadounidense enseñaba un evangelio social y se hizo famoso como el "padre del evangelio social". Su teología estuvo influenciada por su cargo como pastor de la Segunda Iglesia Bautista de habla alemana en Nueva York, donde vio las condiciones de vida adversas de los inmigrantes, las explotaciones laborales y la indiferencia gubernamental hacia el sufrimiento de los pobres.[13] Cuando regresó a su cargo de profesor en el Seminario Teológico de Rochester, Nueva York, enseñó y escribió ampliamente en defensa de una teología con preocupaciones sociales. Criticó el sistema capitalista que motivaba la ambición y defendió la propiedad colectiva de los bienes (aunque negaba el marxismo). El evangelio, para Rauschenbusch, no era un mensaje sobre la salvación personal, sino sobre la ética del amor de Jesús que transformaría la sociedad al resolver sus males.

Primera Guerra Mundial. La Primera Guerra Mundial fue devastadora para las enseñanzas liberales, debido a que, en esencia, su mensaje era optimista: la negación del pecado en el hombre y la mejora progresiva de la sociedad. La llegada de la guerra destruyó el mito de que el hombre progresaba y le dio un golpe mortal al liberalismo, tal como se había conocido. El liberalismo reaparecería, pero de manera distinta.

Karl Barth se formó bajó Harnack, pero con la guerra descubrió que no tenía un mensaje para predicar. Su mensaje liberal de optimismo no tenía nada que aportar para las personas devastadas por la guerra. Así, regresó a las Escrituras en búsqueda de un mensaje nuevo. Él llevaría el mundo teológico a una nueva teología resultante de esta crisis.

Afirmaciones doctrinales del liberalismo[14]

Bibliología. Para los liberales, la Biblia era un libro común y corriente, no inspirado de ninguna forma especial. Los partidarios de la alta crítica analizaron los libros bíblicos desde un punto de vista humano, intentando descubrir los factores humanos relativos a su autoría, fecha y fuentes subyacentes. Por ejemplo, no se preocupaban de la perspectiva tradicional de la autoría paulina. De este modo, en general, asignaban a los libros de la Biblia fechas posteriores y rechazaban con frecuencia las perspectivas tradicionales sobre su autoría.

El esquema evolutivo se aplicó al desarrolló religioso en la Biblia de modo que, en lugar de reconocer la revelación divina en la religión de Israel, tan solo veían un desarrollo humano de la religión. Así, consideraban la religión de Israel en el Antiguo Testamento como una "religión sanguinaria" y su desarrollo era inferior a la "ética más alta de Jesús". De esta manera, el aparente conflicto entre los dos Testamentos podía explicarse por la evolución de la religión.

Teología propia. El liberalismo enfatizaba la inmanencia de Dios, que Dios está en todos los lugares y en todas las cosas. El resultado extremo de la inmanencia es el panteísmo (Dios *es* todo). Para la doctrina liberal, Dios obraba en todas partes: en la naturaleza y en el proceso evolutivo. Por lo tanto, no se necesitaban los milagros. Así, los liberales se negaban a diferenciar entre lo natural y lo sobrenatural.

Antropología. Se rechazó la autoridad de las Escrituras y la revelación divina. Se exaltó la razón humana por encima de las Escrituras y las doctrinas tradicionales. La Biblia debía entenderse desde un punto de vista racional. Si la Biblia contenía relatos no digeribles racionalmente, se rechazaban. Así, se descartaban los milagros en la Biblia.

La teología debía ser práctica; por lo tanto, la razón humana se combinaba con la experiencia religiosa para reemplazar la revelación divina y la autoridad de las Escrituras.

Mientras el cristianismo tradicional había enseñado absolutos en la moral y la verdad, el liberalismo enseñaba que el mundo es un sistema abierto. No había absolutos para los liberales; no podían hacerse aseveraciones dogmáticas. Todo estaba sujeto a cuestionamiento, inclusive la Biblia y las doctrinas defendidas tradicionalmente. Se rechazó la teología tradicional porque era un sistema fijo, mientras el liberal reconocía la posibilidad del cambio constante.

Con la llegada de la Edad de la Razón y de la ciencia moderna, los liberales intentaban hacer que el cristianismo fuera digerible para el pueblo. Buscaban descartar términos y perspectivas arcaicas en favor de las que armonizaban con la razón humana y la ciencia moderna. No debía verse el cristianismo como algo pasado de moda o desactualizado, el cristianismo liberal debía relacionarse con el espíritu de la época. Esto se aprecia particularmente en la obra de Harry Emerson Fosdick.

Soteriología. En el intento liberal de ser relevante, se rechazaba el énfasis en la salvación personal del castigo eterno, que se consideraba irrelevante. Con su inclinación optimista, el liberalismo pretendía traer el reino por el esfuerzo humano; de este modo, el evangelio social se convirtió en su mensaje. El reino de Dios no era algo futuro o sobrenatural, se instauraba aquí y ahora mediante la aplicación de los principios éticos de Jesús.

Es importante destacar que no todos los liberales enseñaban un mensaje social, al menos no en la etapa inicial del liberalismo. El liberalismo temprano era teórico. Reinhold Niebuhr, un teólogo prominente neo-ortodoxo, vio las injusticias sociales durante su ministerio en Detroit y se convirtió en un crítico a voces del liberalismo. El evangelio social fue en gran escala un fenómeno estadounidense del siglo XIX y comienzos del XX.

LA TEOLOGÍA LIBERAL

Teólogo	Énfasis	Perspectiva de las doctrinas cristianas
Schleiermacher	Enfatizaba los sentimientos y la experiencia; padre del liberalismo religioso moderno.	Rechazó la caída, el pecado original, el nacimiento virginal y la expiación sustitutiva. El pecado es interés por el mundo; la fe es sentimiento, no respuesta a lo que Dios dice.
Ritschl	Enfatizaba los aspectos prácticos y éticos; su enseñanza fue la base del evangelio social.	El pecado se imputó a toda la raza humana por la transgresión de Adán; de modo que todas las personas nacen en pecado.
Harnack	Enseñaba que Pablo corrompió la enseñanza de Jesús y del cristianismo. Enseñó "la paternidad de Dios y la hermandad del hombre".	Negó la deidad de Cristo y su expiación sustitutiva. Enseñó que Pablo corrompió la religión de Jesús.
Baur	Desarrolló el método histórico-crítico. Enfatizó la evolución histórica del Nuevo Testamento.	Negó la revelación, la encarnación y la resurrección corporal de Cristo. Enseñó que el cristianismo era un conflicto entre las facciones judía (Pedro) y gentil (Pablo).
Bushnell	Los hijos nacen buenos y pueden educarse para crecer en el cristianismo.	Se opuso a las conversiones repentinas. Negó la expiación sustitutiva de Cristo; su muerte tan solo fue un ejemplo.
Rauschenbusch	Enfatizó el evangelio social; el amor de Jesús trasformaría la sociedad.	La depravación se extiende a todo el ser humano, incluyendo su voluntad. Sin la gracia irresistible, la voluntad del hombre seguirá atada, incapaz por sí sola de responder a Dios.

Evaluación resumida del liberalismo

El resultado del énfasis liberal en la razón humana y el método científico se puede ver en el abandono de las doctrinas cristianas históricas. Se rechazaron las doctrinas de la depravación total y el pecado original; no se consideraba malo al hombre, sino básicamente bueno. Por medio de la educación se podía enseñar al hombre a hacer el bien. Se rechazó la deidad de Jesús; era un buen maestro y un hombre ideal. Era el modelo para los demás. Se negaron los milagros de la Biblia porque no estaban en armonía con la razón humana y los hallazgos de la ciencia moderna.

NEOLIBERALISMO

Desarrollo histórico del neoliberalismo

El impacto de la Primera Guerra Mundial acabó con el liberalismo de vieja escuela. De ahí en adelante se formó un nuevo liberalismo llamado "teología realista".

Harry Emerson Fosdick (1878-1969) fue el "padre fundador" del nuevo liberalismo. Educado en el Seminario Teológico de la Unión, Nueva York, de corte liberal, Fosdick se volvió inmensamente popular en el púlpito de la Iglesia Riverside de Nueva York. Escribió más de 30 libros, tenía un programa semanal de radio y con su pastorado popular en Nueva York, fue el vocero neoliberal más influyente de esta época.

Fosdick atacó a los fundamentalistas y a los liberales. Se involucró en la controversia entre fundamentalismo y liberalismo y en 1922 predicó (y después publicó) sobre el tema "¿Ganarán los fundamentalistas?". En 1935 predicó en Nueva York su famoso sermón "La iglesia debe trascender el modernismo". Acusó al modernismo de estar muy ocupado con el intelectualismo, de ser muy sentimental, de suavizar el concepto de Dios y de estar demasiado bien armonizado con el mundo moderno.[15] Esto marcó una nueva dirección en el liberalismo, y el neoliberalismo nació a partir de este reto de Fosdick. El neoliberalismo rechazaba la filosofía idealista y el subjetivismo del antiguo liberalismo; buscaba a Dios fuera del hombre, no dentro de él.[16]

Walter M. Horton fue otro de los pioneros que redireccionó el liberalismo. Aunque Horton determinó retener algo del liberalismo, junto con otros neoliberales, no manifestaba una perspectiva optimista del hombre. Reconoció que la alienación del hombre con Dios produce las guerras y el sufrimiento humano. John C. Bennett también rechazó "el escepticismo, el subjetivismo y la arbitrariedad" y enfatizó la importancia de la "decisión de fe".[17] Vio lo inadecuado del "humanismo religioso autosuficiente y del naturalismo reductivo", y abrió la puerta a la posibilidad de la revelación.[18] A pesar de ello, Bennett repudió la idea del tema cristológico en el Antiguo Testamento. Aceptó de buena gana los principios de la alta crítica.

La organización mundial que unió originalmente los teólogos liberales fue el Consejo Federal de Iglesias en 1908. Esta organización fue sustituida por el Consejo Mundial de Iglesias, organizado en 1948, con el respaldo principal de las denominaciones protestantes más importantes que defendían las perspectivas de la teología liberal.

Afirmaciones doctrinales del neoliberalismo

Bibliología. En el neoliberalismo, la Biblia se tomó más en serio, como se ve en el estudio serio de C. H. Dodd (1834-1973). No obstante, los neoliberales compartían las presuposiciones del viejo liberalismo: la alta crítica y la negación de la inspiración.

Antropología. Los neoliberales retuvieron las creencias básicas del viejo liberalismo en cuanto a la naturaleza del hombre. Consideraban al hombre básicamente bueno, no malo, sino "algo bueno que se estropeó". Sin embargo, no eran optimistas en la construcción de una utopía sobre la tierra, como sí lo fueron los antiguos liberales.

Hamartología. Los neoliberales eran más realistas que los liberales antiguos en cuanto al pecado. Para resolver el dilema humano, John C. Bennett propuso reconocer las siguientes cosas: (1) "el concepto de pecado, a menudo una mala elección por autoengaño"; (2) "la presencia del pecado en cada nivel del crecimiento moral y espiritual"; (3) "la posibilidad de resolver todos los problemas de la humanidad de una vez por todas mediante un cambio en las instituciones es una ilusión" y (4) "el arrepentimiento es una necesidad continua".[19] Sin embargo, los neoliberales no reconocían el pecado original ni la depravación total de la humanidad.

Cristología. Los neoliberales tenían una concepción de Cristo más alta que los antiguos liberales. Hablaban de la "divinidad" de Cristo (aunque habrían rechazado la declaración ortodoxa de su deidad completa y sin mancha); no obstante, rechazaban la noción de que referirse a la divinidad de Cristo requiere una creencia en el nacimiento virginal. Los neoliberales, sin reconocer la expiación sustitutiva, le dieron gran crédito a la muerte de Cristo, aseverando que por ella había nacido la iglesia y se infundió el poder de Dios a los individuos.

Evaluación resumida del neoliberalismo

A diferencia del liberalismo antiguo, los neoliberales tenían una perspectiva más baja del hombre y una más alta de Dios. Sin embargo, no regresaron a la ortodoxia; es justo decir que el neoliberalismo fue una nueva forma del liberalismo antiguo. En esencia, el neoliberalismo retenía la esencia del viejo liberalismo.

NOTAS

1. Van A. Harvey, *A Handbook of Theological Terms* (Nueva York: Macmillan, 1964), 153-154.

2. W. A. Hoffecker, "Schleiermacher, Friedrich Daniel Ernst", en Walter A. Elwell, ed., *Evangelical Dictionary of Theology* [*Diccionario teológico de la Biblia*] (Grand Rapids: Baker, 1984), 982. Publicado en español por Caribe.

3. William E. Hordern, *A Layman's Guide to Protestant Theology*, ed. rev. (Londres: Macmillan, 1968), 45.

4. Hoffecker, "Schleiermacher", en *Evangelical Dictionary of Theology* [*Diccionario teológico de la Biblia*], 982.

5. *Ibíd.*, 982-983.

6. Hordern, *Layman's Guide to Protestant Theology*, 46-47.

7. Warren F. Groff y Donald E. Miller, *The Shaping of Modern Christian Thought* (Cleveland: World, 1968), 99-100.

8. Robert Lightner, *Neoliberalism* (Nutley: Craig, 1959), 23.

9. *Ibíd.*, 22-23.

10. R. V. Pierard, "Strauss, David Friedrich", en *Evangelical Dictionary of Theology* [*Diccionario teológico de la Biblia*], 1056.

11. Véanse las útiles explicaciones de Gleason L. Archer Jr., *A Survey of Old Testament Introduction* [*Reseña crítica de una introducción al Antiguo Testamento*] (Chicago: Moody, 1964), 73-109. Publicado en español por Portavoz.

12. John A. T. Robinson, *Redating the New Testament* (Filadelfia: Westminster, 1976) es un epílogo interesante a toda esta explicación. Aunque difícilmente se reconoce a Robinson por su postura conservadora, él determinó hacer un estudio independiente del Nuevo Testamento, dejando atrás las presuposiciones y su formación liberal. ¡Concluyó que todos los libros del Nuevo Testamento se escribieron antes del año 70 d.C.!

13. Mark A. Noll, "Rauschenbush, Walter", en *Evangelical Dictionary of Theology* [*Diccionario teológico de la Biblia*], 912.

14. Véanse las útiles explicaciones de Hordern, *A Layman's Guide to Protestant Theology*, 73-84; Harvey, *A Handbook of Theological Terms*, 144-146 y Bernard Ramm, *A Handbook of Contemporary Theology* [*Diccionario de teología contemporánea*] (Grand Rapids: Eerdmans, 1966), 80-82, publicado en español por Casa Bautista de Publicaciones.

15. Lightner, *Neoliberalism*, 36 y Hordern, *Layman's Guide to Protestant Theology*, 102-104.

16. Hordern, *A Layman's Guide to Protestant Theology*, 105.

17. Harold E. Fey, ed., *How My Mind Was Changed* (Cleveland: World, 1961), 13.

18. *Ibíd.*, 14.

19. Lightner, *Neoliberalism*, 64.

PARA ESTUDIO ADICIONAL SOBRE LA TEOLOGÍA LIBERAL

Liberalismo

Su historia

**   Bruce A. Demarest, *General Revelation: Historical Views and Contemporary Issues* (Grand Rapids: Zondervan, 1982), 93-114.

**   L. Harold DeWolf, *The Case for Theology in Liberal Perspective* (Filadelfia: West-minster, 1959).

*   Walter A. Elwell, ed., *Diccionario teológico de la Biblia* (Nashville, TN: Caribe, 2005). Véanse también las bibliografías bajo los artículos específicos de las obras individuales de y sobre los teólogos liberales.

**   William C. Fletcher, *The Moderns* (Grand Rapids: Zondervan, 1962).

*   Stanley N. Gundry y Alan F. Johnson, eds., *Tensions in Contemporary Theology* (Chicago: Moody, 1976), 15-34.

*   Alasdair I. C. Heron, *A Century of Protestant Theology* (Filadelfia: Westminster, 1980), 22-67.

*   William E. Hordern, *A Layman's Guide to Protestant Theology*, ed. rev. (Londres: Macmillan, 1968), 73-110.

Su metodología

**   W. K. Cauthen, *The Impact of American Religious Liberalism* (Nueva York: Harper, 1962).

**   F. H. Cleobury, *Liberal Christian Orthodoxy* (Londres: Clarke, 1963).

**   L. Harold DeWolf, *The Case for Theology in Liberal Perspective* (Filadelfia: West-minster, 1959).

*   Walter A. Elwell, ed., *Evangelical Dictionary of Theology* [*Diccionario teológico de la Biblia*] (Grand Rapids: Baker, 1984). Publicado en español por Caribe. Véanse los artículos individuales como "Higher Criticism", "Social Gospel", "Liberalism" y otros.

*   Van A. Harvey, *A Handbook of Theological Terms* (Nueva York: Macmillan, 1964). Véanse artículos individuales como "Biblical Criticism", "Liberalism" y "Modernism".

*   William E. Hordern, *A Layman's Guide to Protestant Theology*, ed. rev. (Londres: Macmillan, 1968), 73-87.

Neoliberalismo

*   John C. Bennett, en Harold E. Fey, ed., *How I Changed My Mind* (Cleveland: Meridian, 1961), 11-24.

**   W. K. Cauthen, *The Impact of American Religious Liberalism* (Nueva York: Harper, 1962).

**   L. Harold DeWolf, *The Case for Theology in Liberal Perspective* (Filadelfia: West-minster, 1959).

*   Walter A. Elwell, ed., *Evangelical Dictionary of Theology* [*Diccionario teológico de la Biblia*] (Grand Rapids: Baker, 1984), 424, 631-635. Publicado en español por Caribe.

*   William E. Hordern, *A Layman's Guide to Protestant Theology*, ed. rev. (Londres: Macmillan, 1968), 7-87.

*   Robert Lightner, *Neoliberalism* (Nutley: Craig, 1972).

**   John Macquarrie, *Twentieth-Century Religious Thought* (Londres: SCM, 1963).

**   Martin E. Marty y Dean G. Peerman, eds., *A Handbook of Christian Theologians* (Cleveland: World, 1965).

*   David L. Smith, *A Handbook of Contemporary Theology* (Wheaton: BridgePoint, 1992), 72-86.

LA NEO-ORTODOXIA también se conoce como "teología dialéctica" (para describir las relaciones divina y humana en contraste) o "teología de la crisis" (para indicar que una persona llega a experimentar a Dios en una situación de crisis). El nombre *neo-ortodoxia* sugiere una "nueva ortodoxia", lo cual implica un regreso a las creencias cristianas ortodoxas después de casi dos siglos de liberalismo. Sin embargo, *ortodoxia* es un término equivocado; aunque la neo-ortodoxia toma la Biblia con más seriedad que el viejo liberalismo, retiene los fundamentos del liberalismo.

INTRODUCCIÓN

Amplia en su alcance y diversa en sus creencias, la neo-ortodoxia tuvo sus inicios después de la Primera Guerra Mundial. Aunque la neo-ortodoxia fue influenciada por los escritos de Søren Kierkegaard, su nacimiento está ligado a la publicación del comentario a Romanos de Karl Barth en 1919. Barth se formó bajo los teólogos liberales de Alemania, pero consideró que el mensaje liberal no tenía relevancia para las personas devastadas por la guerra, así que regresó al análisis serio de las Escrituras. Por esa misma época, Emil Brunner, otro pionero de la neo-ortodoxia, comenzaba a escribir y a enseñar. Aunque había marcadas diferencias entre los dos, llevaron a Europa y Estados Unidos a la neo-ortodoxia. Otros exponentes notables de la neo-ortodoxia fueron Reinhold Niebuhr, Paul Tillich y John A. T. Robinson (véase la explicación adicional, incluyendo las principales creencias teológicas de la neo-ortodoxia, en el capítulo 31, "Teología moderna").

TEOLOGÍA DE SØREN KIERKEGAARD

Desarrollo histórico de la teología de Kierkegaard

Søren Kierkegaard (1813-1855) fue un filósofo danés y fundador del existencialismo,[1] sobre el cual se construyó la neo-ortodoxia. El trasfondo de Kierkegaard parece haber tenido un impacto profundo sobre sus creencias teológicas. Tenía una disposición melancólica, como su padre, quien creía haber pecado contra el Espíritu Santo. Kierkegaard tuvo muchos problemas personales. Sufrió físicamente por tener la espalda encorvada y las piernas desparejas, y psicológicamente por su depresión recurrente. Se comprometió, pero aunque amaba a su prometida, rompió el compromiso porque no quería cargarla con sus problemas. Kierkegaard se sumergió en la escritura pero fue ridiculizado por la prensa. Sus escritos no se aceptaron sino hasta 1930. Tenía dificultad para asociarse con otros debido a su melancolía. Kierkegaard estudió para el ministerio en la Universidad de Copenhague, pero nunca se ordenó formalmente porque quería libertad. Esas experiencias traumáticas de fondo afectaron a Kierkegaard y a su teología de varias maneras.

Afirmaciones doctrinales de la teología de Kierkegaard

Teología propia. A diferencia del énfasis liberal en la inmanencia de Dios, Kierkegaard enfatizaba la trascendencia de Dios, en el que era difícil conocer a Dios (más adelante Barth también enfatizó la trascendencia de Dios). Rechazó la idea de que se podía probar la existencia de Dios usando argumentos a favor de su existencia; según él, Dios es absoluto y solo se puede descubrir dándole obediencia absoluta, aparte del conocimiento de su existencia real. Este encuentro con Dios requiere un "salto de fe" desde la desesperación personal; es allí donde Dios encuentra a la persona. Por lo tanto, su teología se conoció como "teología de la desesperanza". Kierkegaard, en este encuentro subjetivo con Dios, se oponía a la teoría del conocimiento objetivo de Hegel.

Cristología. Aunque el liberalismo relegó a Cristo a fundador de una religión y maestro de ética, Kierkegaard afirmó que conocer a Cristo suponía más que estudiar una figura del pasado. Cristo desafía a las personas como Aquel que es la verdad; encuentra a las personas en el presente. Tal encuentro no puede explicarse estudiando al Cristo histórico. Más bien, quien lee el encuentro de los discípulos con Cristo, debe dar como ellos un salto de fe para encontrar a Cristo en el presente.[2]

Soteriología. Kierkegaard despreció el formalismo muerto de la Iglesia oficial de Dinamarca con su fría recitación de los credos. En su época, ser danés y cristiano eran sinónimos, pero la vida espiritual no era evidente. Kierkegaard reaccionó con fuerza contra la ortodoxia fría, lo cual lo llevó a enfatizar la naturaleza subjetiva de la salvación. Dijo que conocer la doctrina no era importante; la experiencia sí lo es. Para Kierkegaard, la fe no es creer las doctrinas, sino tener un compromiso en la vida personal. La salvación es un "salto de fe" que la mente o la razón no pueden penetrar. Es un salto de fe en la ignota oscuridad esperando que Dios esté ahí. Significa tomarse la vida en serio, lo cual a su vez resultará en la desesperación propia; entonces Dios saldrá al encuentro. En el concepto de salvación de Kierkegaard, el hombre no se hace cristiano; lucha por serlo pero nunca lo consigue.

Evaluación resumida de la teología de Kierkegaard

Søren Kierkegaard les restó importancia a la historicidad de Cristo y a los eventos bíblicos. En su celo por un encuentro subjetivo con Cristo, ignoró las verdades objetivas basadas en eventos históricos. La legitimidad del "encuentro" con Cristo está directamente relacionada con la historicidad de su Persona. Si los eventos de la vida de Cristo no son genuinos históricamente, cualquier experiencia es inválida. Kierkegaard reflexionó sobre su rechazo a los eventos históricos en su explicación sobre "el oscuro salto de fe hacia lo desconocido". Pero, en oposición a Kierkegaard, los eventos históricos sobre la vida de Cristo son verdaderos: no es un oscuro salto de fe ni es desconocido. El cristianismo tiene su base en hechos históricos. Por supuesto, su denuncia de la ortodoxia fría y muerta tiene mérito. Las declaraciones doctrinales se deben afirmar porque se crean internamente. El conocimiento de Cristo es *objetivo*, con base en los eventos históricos, y *subjetivo*, experimentado internamente por el creyente.

TEOLOGÍA DE KARL BARTH

Desarrollo histórico de la teología de Karl Barth

Karl Barth nació el 10 de mayo de 1886 en Basilea, Suiza. Fue hijo de un ministro reformado suizo. A los 18 años, comenzó a estudiar teología en Alemania y más adelante estudió en Berna, Berlín, Tubinga y Marburgo bajo reconocidos teólogos liberales como Adolf von Harnack y Wilhelm Herrmann. A pesar de la oposición de su padre, Barth se sentía atraído por la enseñanza de Harnack, y se interesó particularmente en la teología de la experiencia de Schleiermacher.

Comenzó su ministerio pastoral en Suiza en 1909, y sirvió en la iglesia reformada de Safenwil de 1911 a 1921. En este periodo sucedieron varias cosas notorias. Primero, descubrió que su formación liberal lo había entrenado para predicar de acuerdo a la razón y la experiencia, pero esas cosas no eran la palabra autoritativa de Dios. La Primera Guerra Mundial complicó aún más el problema: Barth se dio cuenta de que la naturaleza superficial del mensaje liberal no tenía la capacidad de ministrar a las personas en tiempos de adversidad. Estos eventos llevaron a Barth a estudiar nuevamente la Biblia y a los reformadores, incluyendo la *Institución* de Calvino. Comenzó a estudiar Romanos y en 1919 publicó su célebre comentario. Fue una bomba. Barth hacía a Dios el centro, no al hombre. Despojó al hombre de su autojusticia y de su confianza en sí mismo, y exaltó la gracia de Dios en Cristo. Buscaba que su teología estuviera centrada en Dios, no en el hombre. Los liberales rechazaron rápidamente el comentario innovador, pero Barth fue aclamado por muchos, incluso por Emil Brunner.

En 1921 lo invitaron a ser profesor de teología reformada en la Universidad de Gotinga. Allí no solo enseñó sobre la tradición reformada, sino que hizo exposiciones de los libros bíblicos. De 1925 a 1930 enseñó en Münster, donde también comenzó a escribir su memorable *Dogmática eclesial* en doce volúmenes. Enseñó en Bonn de 1930 a 1935, pero cuando se negó a prestar juramento a Hitler, fue obligado a abandonar Alemania.

Regresó a Basilea y asumió la dirección de la cátedra de teología en la universidad, donde enseñó hasta jubilarse en 1962.

Afirmaciones doctrinales en la teología de Barth

Bibliología. Aunque regresó al estudio de la Biblia, no la igualaba con la Palabra de Dios. Barth rechazó la infalibilidad de la Palabra escrita y llamó al concepto "el Papa de papel". Para él la Biblia no era la Palabra objetiva de Dios, sino un *testimonio* de la Palabra. Los autores bíblicos tan solo relataron sus experiencias relativas a la revelación divina. Cuando una persona lee sus relatos, ella también puede experimentar la revelación de Dios; en ese momento las Escrituras se transforman en la Palabra de Dios para esa persona.

Barth categorizó en tres ámbitos la Palabra de Dios: (1) La "Palabra Revelada" es Dios revelándose a través de los apóstoles y profetas. (2) La "Palabra Escrita" es el depósito de la revelación al hombre. La Biblia no puede igualarse a la Palabra de Dios, porque el hombre la escribió. (3) La "Palabra Predicada" es la proclamación de la Palabra, y cuando la gracia de Dios se abre paso en el individuo, la Biblia *llega a ser* la Palabra de Dios.

Barth se tomaba en serio la Biblia; escribió su voluminosa *Dogmática* usando la Biblia como fundamento, no la filosofía liberal. No obstante, no creía que las verdades se pudieran expresar proposiciones doctrinales; las verdades se encuentran a través de la revelación de Dios en Cristo.

Barth rechazó la validez de la revelación general en la naturaleza declarando que ella es incapaz de revelar a Dios para el hombre. Para Barth, el evento de la revelación es Jesucristo, aunque el Dios Trino es todo el sujeto de la revelación.[3] Dios Padre, por su decreto eterno, decidió revelarse en Cristo; el Hijo ejecutó el decreto; el Espíritu Santo consumó la revelación y permitió que el hombre la contemplara. La revelación continúa hoy, pues es la venida de la Palabra de Dios al hombre; Dios viene al hombre en esa Palabra. Más aún, solo se puede llamar *revelación* si el hombre la reconoce y la recibe. Sin embargo, Barth desechó cualquier idea de revelación progresiva. La revelación solo es posible a través de la reconciliación en Cristo,[4] y aunque la revelación de Dios ocurrió en Cristo, esta continúa cuando los individuos experimentan la Palabra de Dios revelada.

Teología propia. Barth fue influenciado por Calvino y otros reformadores; por lo tanto, Barth enfatizaba la soberanía (y la trascendencia) de Dios. Él es absolutamente Otro y el hombre solo puede conocerlo porque se le da a conocer. Pero aunque Barth usó la terminología de Calvino, les daba diferentes significados a los términos. Para explicar la elección, Barth enfatizó la elección de Cristo en lugar de la del hombre. Jesucristo es ambas cosas: sujeto en cuanto elector y objeto en cuanto elegido (esto es un ejemplo de la teología dialéctica, en la que los temas se definen mediante declaraciones contrastantes). Barth estableció que todos los individuos son elegidos en Cristo, pero rechazó la noción del universalismo. Dios, en su gracia, eligió a Cristo y, a través de Él, el hombre es elegido y reconciliado con Dios. Esto incluye a quienes no creen en Cristo pero están determinados a oír y creer.[5]

Cristología. En su teología, Barth enfatizó la centralidad de Jesucristo. Cristo debía ser el punto inicial y el centro de la teología. Según Barth, sin Cristo no hay revelación. Para él, el evangelio comienza con el decreto eterno: la elección de Jesucristo. Barth enseñó que la predestinación es la elección de Jesucristo. Más aún, Cristo es el Dios elector y el hombre elegido. La elección de Cristo significa la elección de la comunidad. Cuando explica la doble elección, enseña que Dios y Cristo se hicieron réprobos tomando sobre sí mismos las consecuencias que el hombre pecador merecía. Al mismo tiempo se elige a la humanidad que gana la salvación y la participación en la gloria de Dios. Barth se refirió a la comunidad de elegidos como el Israel que resiste su elección y la Iglesia que es la base de la elección. Finalmente trató el tema de la elección del individuo, el "otro": la multitud en la cual nadie se excluye. Por esta conclusión, en la que Barth rehusó referirse a los no elegidos en un sentido diferente a los elegidos, se le acusa de universalismo: la creencia en que toda la humanidad será salva. Como Cristo llevó los pecados de toda la humanidad, no puede rechazarla. Barth incluso argumentó a favor de la elección de Judas. Él nunca negó la acusación de que su doctrina de la elección llevara al universalismo.

Evaluación resumida de la teología de Barth

Se pueden decir varias cosas positivas sobre la teología de Karl Barth. Rechazó su formación liberal y reconoció la necesidad de volver al estudio de la Biblia lejos de la especulación o la filosofía liberal. Tenía un alto concepto de Dios, enfatizó su soberanía y trascendencia. Su énfasis en la centralidad de Cristo en todas las Escrituras es a todas luces valioso.

Cabe observar algunos defectos en su teología. Negó la inspiración e inerrancia de la Biblia y retuvo la perspectiva liberal concerniente a la alta crítica. Negó la posibilidad de declarar verdades proposicionales. Más aún, declaró que la Biblia no es la Palabra de Dios, hasta que *llega a serlo* para el individuo; en otras palabras, Barth enfatizó la subjetividad en su enfoque de la Biblia. Rechazó también la revelación general, no obstante la Biblia la afirma (Sal. 19:1-6; Ro. 1:18-21). Además, confundió la revelación con la iluminación. Su perspectiva de la elección y la soberanía no era acorde con la tradición de los reformadores o con las Escrituras; de hecho, su punto de vista llevaba al universalismo.

TEOLOGÍA DE EMIL BRUNNER

Desarrollo histórico de la teología de Emil Brunner

Emil Brunner (1889-1966), junto con Karl Barth y Rudolf Bultmann, fue pionero del movimiento neo-ortodoxo. Brunner nació cerca de Zurich,

Suiza, donde también estudió. Además estudió en Berlín y en el Seminario de la Unión en Nueva York. Desde 1924 fue profesor de teología en Zurich. Fue escritor prolífico, completó 396 libros y artículos, de los cuales se tradujeron al inglés 23 libros. Se convirtió en un teólogo muy popular y dio conferencias en la Europa continental, Gran Bretaña, Estados Unidos y Japón.

Fue un pionero, abandonó el liberalismo y rechazó la ortodoxia. Como teólogo dialéctico, al igual que Barth, se fundamentó en el método de Kierkegaard.

Afirmaciones doctrinales de la teología de Brunner

Bibliología. Emil Brunner, al aceptar la validez de la revelación general, estaba en desacuerdo con Barth; de hecho, la revelación continúa en la historia y la experiencia, que para Brunner eran las Escrituras, la fe de la iglesia y el testimonio interno del Espíritu Santo. Por lo tanto, la revelación de Dios sigue encontrando a las personas.[6]

Estaba de acuerdo con Barth en que Dios no se revela objetivamente en la Biblia, sino en el encuentro subjetivo con Cristo. Pero Brunner declaró la necesidad de sujeto y objeto en la comunión con Dios. En cuanto a esto, Brunner siguió al teólogo judío Martin Buber (1878-1965), el cual popularizó la relación yo-Tú. Brunner enseñaba que Dios no puede conocerse objetivamente mediante declaraciones doctrinales, como enseñaban los fundamentalistas y los católicos romanos, sino solo mediante el encuentro personal y subjetivo, la relación yo-Tú. Dios, en esta comunión, no se revela en verdades o proposiciones, sino en su Persona.

Antropología y hamartología. Brunner trató ampliamente la humanidad y el pecado, pues el pecado determina la relación del hombre con Dios y la sociedad. Brunner rechazó la depravación total del hombre, la naturaleza pecaminosa heredada y la historicidad de Génesis 3. Adán no era un personaje histórico; más bien debía verse a la humanidad en Génesis 3.

Brunner declaró que el hombre es pecador porque escoge pecar, no porque herede la naturaleza pecaminosa. El hombre está llamado a vivir en comunión con Dios y con los demás; no hacerlo se considera egocentrismo, lo cual era la definición de pecado para Brunner. Esto solo puede vencerse a través de un encuentro personal con Cristo. En su cristología, él sostenía la declaración de Calcedonia de la verdadera humanidad y divinidad de Jesús. Enfatizó la encarnación y resurrección de Cristo en su enseñanza. Creía que Dios le dio al hombre libertad para responder a su gracia revelada en Cristo.

Evaluación resumida de la teología de Brunner

Emil Brunner se separó del liberalismo y rechazó su falsa perspectiva de Jesús, su creencia en la bondad del hombre y su optimismo en cuanto al establecimiento del reino. Brunner trajo también un nuevo regreso a la declaración bíblica del estado pecaminoso del hombre y la necesidad de la fe y la conducta cristiana responsable. Se centró en las doctrinas cristológicas históricas de la encarnación y la resurrección.

La debilidad de Brunner radicaba en su negación de la inspiración verbal plenaria de las Escrituras; también negó la historicidad de Adán y de Génesis 3. Aunque Brunner fue fuerte en su afirmación de la doctrina cristológica, negó el nacimiento virginal. Brunner negó también la realidad del infierno.

TEOLOGÍA DE REINHOLD NIEBUHR

Desarrollo histórico de la teología Niebuhr

Reinhold Niebuhr (1892-1971) nació en Missouri, hijo de un pastor luterano inmigrante de Alemania. Niebuhr estudió en el Seminario Luterano y después en la Escuela de Divinidades de Yale. Se aburrió de la erudición y buscó relevancia en la vida. Este deseo le proveyó una nueva dirección teológica a la que abriría camino.

Niebuhr trabajó como pastor únicamente en Detroit, de 1915 a 1928. Esa posición habría de moldear su teología. Durante aquel tiempo, Niebuhr observó las injusticias sociales de la clase trabajadora y se sumergió en el conflicto entre las clases laboral y dirigente. Niebuhr vio la pobreza y las condiciones de trabajo difíciles de las personas y atacó abiertamente las políticas de Henry Ford, en quien veía al representante del sistema opresor capitalista.

De forma similar a la experiencia de Barth en Suiza, llegó a rechazar su trasfondo liberal teológico cuando vio su error. Las enseñanzas del liberalismo sobre la bondad innata del hombre, con el estado utópico, no se ajustaban a las condiciones que observaba. Aunque el hombre había avanzado en su tecnología, era esta la que explotaba al hombre. Su solución fue adoptar "el socialismo y el pacifismo para la vida en sociedad, un nuevo 'realismo cristiano' para la teología".[7] Niebuhr abandonó el pacifismo y el socialismo con la llegada de la Segunda Guerra Mundial, pero siguió sus actividades en las causas sociales.

De 1928 a 1960 fue profesor de ética cristiana en el Seminario Teológico de la Unión en Nueva York, donde enfatizó los asuntos políticos y sociales.

Afirmaciones doctrinales en la teología de Niebuhr

La teología de Reinhold Niebuhr estuvo influenciada por su experiencia pastoral en Detroit. Su principal preocupación era la justicia social y la causa del hombre; las otras doctrinas solo eran importantes si se relacionaban con la necesidad humana y la justicia social. En ese sentido, "Niebuhr diría que el pecado era más social que espiritual, y que el evangelio debía apelar a la conversión de la sociedad, no del individuo. El Sermón del Monte debía ser la ley y el código de los negocios hoy".[8]

Aunque se refiriera al pecado y a la aplicación de la Biblia a los problemas e injusticias sociales, Niebuhr declaró que los relatos de la creación y la caída eran "mitos". Sin embargo, vio en la historia de la creación un retrato de la humanidad donde el pecado era real. El pecado comenzaba con el miedo del hombre al cambio, al decaimiento y a la muerte; para quitarse el miedo, el hombre busca seguridad en el poder manifiesto de la ciencia y la tecnología. El pecado ocurre por el mal uso que el hombre hace del poder para destruir a otros.[9]

Niebuhr rechazó la perspectiva histórica del pecado; se refirió al pecado original como a la inclinación perversa en todos los hechos humanos.[10]

ALGUNOS PUNTOS DE VISTA NEO-ORTODOXOS		
Teólogo	Énfasis	Doctrina
Søren Kierkegaard	El conocimiento no es importante. La experiencia subjetiva sí lo es. La salvación es un compromiso hacia Dios en un "salto de fe" a ciegas en medio de la desesperación propia.	Enfatizaba la trascendencia de Dios; Él no puede conocerse mediante "pruebas". El Cristo histórico no es importante, debe experimentarse en el presente. La historicidad de los eventos bíblicos no es importante.
Karl Barth	La teología debe centrarse en Dios, no en el hombre. Se fundamentó en el énfasis subjetivo de Kierkegaard. El hombre encuentra a Dios cuando revive las experiencias de los escritores bíblicos.	Rechazó la revelación general. La Biblia es importante, pero rechazó la inspiración; la Biblia es testimonio de la revelación. La revelación ocurre cuando el hombre la recibe. Cristocéntrico; Cristo es la revelación de Dios y toda la humanidad es elegida en Cristo.
Emil Brunner	Dios no puede conocerse por medio de la doctrina objetiva, sino por medio de un encuentro personal con Cristo. Enfatizó una cristología elevada. Dios se conoce personalmente en una relación yo-Tú.	Permite la revelación general. Rechazó la inspiración de las Escrituras y la realidad del infierno. Rechazó la historicidad de Adán y del pecado heredado. El hombre peca por elección, no por su naturaleza heredada. El pecado es egocentrismo. Sostuvo la encarnación, deidad y resurrección de Cristo.
Reinhold Niebuhr	Básicamente, el pecado es social; la sociedad necesita transformar su ambición capitalista. Debe defenderse la necesidad de justicia social del hombre.	Rechazó la perspectiva liberal de la bondad del hombre. Rechazó la perspectiva histórica del pecado y la historicidad de Adán. El pecado es miedo e injusticia social. El relato de la creación es un mito. La teología tradicional es útil solo cuando se relaciona con las necesidades del hombre moderno.

Evaluación resumida de la teología de Niebuhr

Reinhold Niebuhr no era tan conservador ni bíblico como Karl Barth o Emil Brunner, aunque reaccionó contra el optimismo liberal y denunció que las injusticias sociales tenían su raíz en el pecado. No derivó su concepto del pecado de las Escrituras; rechazó las doctrinas del pecado original, la historicidad de Adán y su caída.

TEOLOGÍA DE PAUL TILLICH

Desarrollo histórico de la teología de Tillich

Paul Tillich (1886-1965) nació en Prusia, hijo de un pastor luterano que lo educó en las creencias tradicionales. Sin embargo, su madre lo impulsó a abrirse. Su amor por la naturaleza de su ambiente rural permaneció con él toda su vida. Su familia se mudó a Berlín cuando todavía era joven. Después estudió en Berlín, Tubinga y Halle, y obtuvo un doctorado en filosofía en Breslau; fue ordenado pastor luterano en 1912. Fue capellán de Alemania en la Primera Guerra Mundial. En 1924 comenzó a enseñar teología en Marburgo, donde también fue influenciado por la filosofía existencialista de Heidegger. Fue expulsado de la Universidad de Frankfurt en 1933 por su abierta oposición a Hitler en esa década. Emigró a Estados Unidos, y allí fue profesor en el Seminario Teológico de la Unión en Nueva York, en Harvard y en la Universidad de Chicago. Escribió una *Teología sistemática* de tres volúmenes, así como muchos otros volúmenes.

Solía llamársele el "teólogo de los teólogos", y sus escritos no eran fáciles de entender. Su teología se consideraba liberal en Alemania pero neo-ortodoxa en Estados Unidos. Podría llamarse apropiadamente *teología dialéctica*.[11] Tillich decía estar en el límite entre liberalismo y neo-ortodoxia.[12] Representaba el brazo radical de la neo-ortodoxia, mientras Karl Barth representaba el ala conservadora.

Afirmaciones doctrinales de Tillich

Teología propia. Paul Tillich buscaba entender a Dios más filosófica que teológicamente. Así, los términos tradicionales como *Dios* son símbolos y nada más. No veía a Dios como un ser personal, sino como el "Ser" en sí. Dios es el Fundamento o el Poder del Ser. Dios está "más allá de las cosas que pertenecen al ser finito… Todas las cosas finitas existen. Pero Dios simplemente *es*".[13] De este modo, decía Tillich, "es tan ateo afirmar la existencia de Dios como negarlo… Dios es *ser* en sí, no *un ser*".[14]

Hamartología. El pecado se describe como un alineamiento del verdadero ser o del fundamento de nuestro ser. La caída no fue un evento histórico; "es una transición no temporal de la esencia a la existencia. Es una 'caída' y es trágica, pues provoca la situación en que el hombre está alienado de su ser esencial".[15] Para Tillich, el carácter esencial del pecado es la interrupción de la unidad esencial con Dios. "En la existencia el hombre está alienado del fundamento de su ser, de los otros seres y de sí mismo".[16]

Soteriología. La salvación no se expresa en términos tradicionales; para Tillich la salvación está en el Nuevo Ser, que es "la preocupación última" de la clase de vida vista en Cristo, porque Cristo evidenció una preocupación real. Se entiende la preocupación última como la preocupación principal sobre todas las demás; se relaciona con el "ser" o el "no ser". El hombre es consciente de su finitud y de su "no ser", lo cual genera ansiedad. El hombre mira con esperanza a Cristo (no usado en sentido ortodoxo), quien lo rescatará de la alienación.

Cristología. A Jesucristo ni se le entiende ni se le describe en términos tradicionales, tampoco se entiende como una persona histórica. Cristo es "un símbolo del 'Nuevo Ser' en el que se ha disuelto toda fuerza de alienación que intente disolver su unidad con Dios".[17] Por lo tanto, Tillich rechazó la creencia en la encarnación y en la resurrección de Cristo.

Resumen de la teología de Tillich

Paul Tillich fue más filósofo que teólogo; trató más con ideas y conceptos que con los eventos históricos de las Escrituras. Por este motivo Tillich le dio demasiado crédito a la razón humana. Más puntualmente, su enfoque en la interpretación de las Escrituras es una forma moderna de alegoría. Atribuyó significados nuevos a las palabras bíblicas. Negó la personalidad de Dios y se refirió a él como "Fundamento último de la existencia". Rechazó el pecado personal y la rebelión contra Dios; también rechazó el evento histórico de la caída en el Edén. El pecado del hombre es su falta de preocupación. La salvación no está en la persona histórica de Cristo, sino en un símbolo; en la teología de Tillich, Jesucristo no es la persona histórica de las Escrituras. La salvación no se alcanza a través de la expiación de los pecados, sino por la preocupación última.

El enfoque de Tillich sobre las Escrituras violentó todas las grandes doctrinas históricas sostenidas por la fe cristiana.

TEOLOGÍA DE JOHN A. T. ROBINSON[18]

Desarrollo histórico de la teología de Robinson

John A. T. Robinson (1919-), obispo de Woolwich, Inglaterra, probablemente es notorio por popularizar la teología de Paul Tillich. La mayoría de personas reconocería que leer a Tillich es difícil; Robinson lo ha popularizado. Él ha registrado su pensamiento teológico en su conocido libro *Sincero para con Dios.*

Afirmaciones doctrinales en la teología de Robinson

Robinson, de acuerdo con Rudolf Bultmann, repudia la idea de un Dios "allá arriba". Cree que el concepto de un Dios localizado es objetable en la era científica. También aboga por el rechazo de este lenguaje tradicional sobre Dios. Puesto que Robinson rechaza los argumentos tradicionales de la existencia de Dios y la idea de Dios soberano, busca descubrir esa "realidad última".[19] Así, Robinson rechaza la perspectiva de Dios como una entidad que existe por sí misma, y sugiere que el término *Dios* es intercambiable con el término *universo*.[20] Robinson también rechaza la trascendencia de Dios.

La teología de Robinson tiene sus raíces en tres mentores: de Bultmann sugiere la necesidad de desmitificar las Escrituras para hacerlas más digeribles para los hombres y las mujeres de hoy; de Dietrich Bonhoeffer adopta el concepto de ausencia de religión en el cristianismo, y de Tillich ve a Dios como "el Fundamento de nuestro ser", donde el objetivo del hombre es "la preocupación última".[21] También refleja el lenguaje de la teología del proceso cuando sugiere una perspectiva panteísta de Dios: "la creencia en que el Ser de Dios incluye y penetra todo el universo, de modo tal que cada parte de dicho universo existe en Él, pero [en contra del panteísmo] que su Ser es más que el universo y no se agota en él".[22]

Evaluación resumida de la teología de Robinson

El concepto de Dios de John A. T. Robinson es muy semejante al de Paul Tillich. Rechaza la doctrina de un Dios personal y trascendente. Identifica a Dios con el universo. En un llamado a la secularización del cristianismo, busca relacionar la vieja terminología con el pensamiento moderno. Así las cosas, rechaza incluso la oración a favor de la participación social. La doctrina de Robinson sobre Cristo tampoco es ortodoxa. Rechaza la encarnación, sugiere que Jesús nunca afirmó ser Dios. Para Robinson la salvación "es la vida del 'hombre por los demás', el amor por medio del cual somos completamente uno con el Fundamento de nuestro ser".[23]

La teología radical de Robinson tiene poco que aportar a la fe cristiana histórica. Su teología violenta el significado normal de las palabras y los principios hermenéuticos históricos.

NOTAS

1. "La palabra 'existencial' es usada por la neo-ortodoxia para designar el punto de un compromiso personal en un acto de fe. La fe existencial cree con una pasión interna; está interesada en la relación que hay entre uno y el objeto de la fe; elige desde dentro del centro de la libertad moral. La fe barata cree con demasiada facilidad, sin darse cuenta del costo". E. J. Carnell, "Existencialismo", en Everett Harrison, ed., *Diccionario de teología* (Grand Rapids: Desafío, 1999), 246.

2. Alasdair I. C. Heron, *A Century of Protestant Theology* (Filadelfia: Westminster, 1980), 49.

3. Karl Barth, *Church Dogmatics*, 4 vols. en 13 libros (Edimburgo: Clark, 1936), 1:1:334ss.

4. Véase la explicación en Geoffrey W. Bromiley, *Introduction to the Theology of Karl Barth* (Grand Rapids: Eerdmans, 1979), 175-243.

5. Barth, *Church Dogmatics*, 2:2:457ss.

6. R. D. Under, "Brunner, Heinrich Emil", en Walter A. Elwell, ed., *Evangelical Dictionary of Theology* [*Diccionario teológico de la Biblia*] (Grand Rapids: Baker, 1984), 176-177. Publicado en español por Caribe.

7. Mark A. Noll, "Niebuhr, Reinhold", en *Evangelical Dictionary of Theology* [*Diccionario teológico de la Biblia*], 777.

8. Charles C. Ryrie, *Neoorthodoxy: What It Is and What It Does* (Chicago: Moody, 1956), 31.

9. Theodore Minnema, "Reinhold Niebuhr", en Philip Edgcumbe Hughes, ed., *Creative Minds in Contemporary Theology* (Grand Rapids: Eerdmans, 1969), 384-386.

10. *Ibíd.*, 387.

11. *Teología dialéctica*, en realidad, es un término muy amplio que puede aplicarse a muchos teólogos, comenzando en la era neo-ortodoxa. Ramm define así la teología dialéctica:

> No creía en la clase directa de afirmaciones sobre Dios y el hombre de los antiguos teólogos ortodoxos y los liberales religiosos más recientes. Creía que la relación entre Dios y el hombre era de tensión. Tenía una dimensión existencial. La única lógica adecuada para la situación es la dialéctica, con su Sí y No, con su afirmación y contra-afirmación. De este modo, no se llegaba adecuadamente a una verdad teológica hasta haberla formulado paradójicamente mediante una proposición y una contra-proposición. (Bernard Ramm, *A Handbook of Contemporary Theology* [*Diccionario de teología contemporánea*] (Grand Rapids: Eerdmans, 1966), 35-36, publicado en español por Casa Bautista de Publicaciones).

Tillich aplicó el concepto de dialéctica a todo y, por tanto, su teología podía llamarse dialéctica. Compárese con Vernon C. Grounds, "Pacesetters for Radical Theologians of the Sixties and Seventies", en Stanley N. Gundry y Alan F. Johnson, eds., *Tensions in Contemporary Theology* (Chicago: Moody, 1978), 85-91.

12. William E. Hordern, *A Layman's Guide to Protestant Theology*, ed. rev. (Londres: Macmillan, 1968), 171.

13. Kenneth Hamilton, "Paul Tillich", en *Creative Minds in Contemporary Theology*, 455.

14. *Ibíd.*

15. *Ibíd.*, 458.

16. *Ibíd..*

17. Harvey M. Conn, *Contemporary World Theology* (Nutley: Presbyterian & Reformed, 1974), 89.

18. John A. T. Robinson también podría categorizarse bajo el "cristianismo mundano" junto con Bonhoeffer o bajo la "teología (secular) Dios-ha-muerto".

19. Harold B. Kuhn, "Secular Theology", en *Tensions in Contemporary Theology*, 175.

20. *Ibíd.*

21. Ibíd., 176.

22. Ibíd., 177.

23. Henlee H. Barnette, *The New Theology and Morality* (Filadelfia: Westminster, 1967), 36.

PARA ESTUDIO ADICIONAL SOBRE LA TEOLOGÍA NEO-ORTODOXA

Søren Kierkegaard

*   D. B. Eller, "Kierkegaard, Søren", en Walter A. Elwell, ed., *Evangelical Dictionary of Theology* [*Diccionario teológico de la Biblia*] (Grand Rapids: Baker, 1984), 605-606. Publicado en español por Caribe.

**   Warren F. Groff y Donald E. Miller, *The Shaping of Modern Christian Thought* (Cleveland: World, 1968), 82-98, 210-225, 368-390.

*   William E. Hordern, *A Layman's Guide to Protestant Theology*, ed. rev. (Londres: Macmillan, 1968), 113-118.

**   Søren Kierkegaard, *Christian Discourses* (Londres: Oxford Univ., 1940).

Karl Barth

**   Karl Barth, *Church Dogmatics,* 4 vols. en 13 libros (Edimburgo: Clark, 1936).

**   _____, *Esbozo de dogmática* (Santander: Sal Terrae, 2000).

**   Geoffrey W. Bromiley, *Introduction to the Theology of Karl Barth* (Grand Rapids: Eerdmans, 1979).

*   Herbert Hartwell, *The Theology of Karl Barth: An Introduction* (Filadelfia: Westminster, 1964).

*   Robert L. Reymond, *Barth's Soteriology* (Filadelfia: Presbyterian & Reformed, 1967).

*   Charles C. Ryrie, *Neoorthodoxy: What It Is and What It Does* (Chicago: Moody, 1956), 17-27.

*   R. V. Schnucker, "Barth Karl", en Walter A. Elwell, ed., *Evangelical Dictionary of Theology* [*Diccionario teológico de la Biblia*] (Grand Rapids: Baker, 1984), 126-127. Publicado en español por Caribe.

Emil Brunner

*   Emil Brunner, *The Scandal of Christianity* (Richmond, Knox, 1951).

*   _____, *The Theology of Crisis* (Nueva York: Scribner, 1929).

*   William E. Hordern, *A Layman's Guide to Protestant Theology*, ed. rev. (Londres: Macmillan, 1968), 118-129.

*   Charles C. Ryrie, *Neoorthodoxy: What It Is and What It Does* (Chicago: Moody, 1956), 28-30.

*   Paul G. Schrotenboer, "Emil Brunner", en Philip Edgcumbe Hughes, ed., *Creative Minds in Contemporary Theology* (Grand Rapids: Eerdmans, 1969), 99-130.

*   R. D. Under, "Brunner, Heinrich Emil", en Walter A. Elwell, ed., *Evangelical Dictionary of Theology* [*Diccionario teológico de la Biblia*] (Grand Rapids: Baker, 1984), 175-177. Publicado en español por Caribe.

Reinhold Niebuhr

* William E. Hordern, *A Layman's Guide to Protestant Theology*, ed. rev. (Londres: Macmillan, 1968), 150-169.

* Theodore Minnema, "Reinhold Niebuhr", en Philip Edgcumbe Hughes, ed., *Creative Minds in Contemporary Theology* (Grand Rapids: Eerdmans, 1969), 377-406.

** Reinhold Niebuhr, *El hombre moral y la sociedad inmoral* (Buenos Aires: Ediciones Siglo Veinte, 1966).

** _____, *The Nature and Destiny of Man*, 2 vols. (Nueva York: Scribner, 1946).

* Mark A. Noll, "Niebuhr, Reinhold", en Walter A. Elwell, ed., *Evangelical Dictionary of Theology* [*Diccionario teológico de la Biblia*] (Grand Rapids: Baker, 1984), 776-777. Publicado en español por Caribe.

* Charles C. Ryrie, *Neoorthodoxy: What It Is and What It Does* (Chicago: Moody, 1956), 31-34.

Paul Tillich

* Harvey M. Conn, *Contemporary World Theology* (Nutley: Presbyterian & Reformed, 1974), 87-92.

* C. J. Curtis, *Contemporary Protestant Thought* (Nueva York: Bruce, 1970), 150-157.

* David H. Freeman, *Tillich* (Filadelfia: Presbyterian & Reformed, 1962).

* Stanley N. Gundry y Alan F. Johnson, eds., *Tensions in Contemporary Theology* (Chicago: Moody, 1978), 82-96.

** Kenneth Hamilton, *The System and the Gospel: A Critique of Paul Tillich* (Grand Rapids: Eerdmans, 1963).

* J. D. Spiceland, "Tillich, Paul", en Walter A. Elwell, ed., *Evangelical Dictionary of Theology* [*Diccionario teológico de la Biblia*] (Grand Rapids: Baker, 1984), 1093-1094. Publicado en español por Caribe.

** Paul Tillich, *Teología sistemática*, 3 vols. (Salamanca: Sígueme, 1982-1984).

John A. T. Robinson

* Henlee H. Barnette, *The New Theology and Morality* (Filadelfia: Westminster, 1967), 35-38.

* Harvie M. Conn, *Contemporary World Theology* (Nutley: Presbyterian & Reformed, 1974), 46-52.

** David L. Edwards, ed., *El debate en torno a "Honest to God"* (Barcelona: Kairós, 1968).

* Stanley N. Gundry y Alan F. Johnson, eds., *Tensions in Contemporary Theology* (Chicago: Moody, 1976), 174-180.

** John A. T. Robinson, *Christian Morals Today* (Filadelfia: Westminster, 1964).

** _____, *Sincero para con Dios* (Barcelona: Ediciones Ariel, 1967).

41

TEOLOGÍAS
RADICALES

VARIAS TEOLOGÍAS CONTEMPORÁNEAS contienen factores esenciales con radicales y alarmantes contrastes respecto al cristianismo tradicional.

CRÍTICA DE LAS FORMAS: RUDOLF BULTMANN

Desarrollo histórico de la teología de Bultmann

Rudolf Bultmann (1884-1976) fue hijo de un ministro luterano evangélico. Estudió teología en Tubinga, Berlín y Marburgo, donde fue profesor de Nuevo Testamento en 1921 y permaneció hasta 1951. En Marburgo se interesó por la teología dialéctica. Aunque estudió bajo liberales como Hermann Gunkel y Adolf von Harnack, al igual que Karl Barth, recibió la influencia de Søren Kierkegaard, que le llevó hacia la teología dialéctica. Estuvo particularmente influenciado por el filósofo Martin Heidegger, quien trabajó en Marburgo de 1922 a 1928. Bultmann aplicó la filosofía de Heidegger al Nuevo Testamento, lo cual resultó en una crítica radical del texto. Desarrolló lo que se conoce como "crítica de las formas"[1] en un intento por descubrir las formas literarias y las fuentes que usaba el autor de las Escrituras. Concluyó que los registros de los Evangelios son colecciones de mitos "que representan verdades sobre la existencia del hombre, en lugar de narraciones sobre eventos históricos reales".[2] Para entender los libros del Nuevo Testamento se necesita "desmitificarlos", esto es, despojarlos del mito con el cual la iglesia primitiva cubrió los Evangelios.

Afirmaciones doctrinales de la teología de Bultmann

La crítica de las formas está en el centro de la teología de Rudolf Bultmann. Él rechazó la tesis de que los libros neotestamentarios son obras completas y auténticas de escritores individuales. Creía que los Evangelios eran producto de la iglesia primitiva, que había embellecido los registros originales sobre la vida de Cristo. Para Bultmann, Martin Debelius y otros, los evangelistas no eran escritores como tal, sino principalmente recolectores de textos fragmentarios y editores que unieron las piezas. Así, la conclusión de un crítico de las formas es: "No tenemos la historia de Jesús, solo tenemos historias sobre Jesús".[3] Por lo tanto, la labor del crítico es descubrir las formas originales en los escritos neotestamentarios. Más aún, la Biblia no se trata como un libro sobrenatural, sino como cualquier otro libro.

El proceso de descubrir las declaraciones originales de Jesús es "desmitificar" las Escrituras; esto es, quitar las capas de los embellecimientos editoriales de la iglesia primitiva. Por ejemplo, la iglesia primitiva creía que el universo tenía tres escalones: el cielo arriba, la tierra y el infierno abajo. Dentro de estos tres niveles de existencia estaban los seres sobrenaturales: Dios, los ángeles, Satanás y los demonios. Pero tales declaraciones son mitológicas: las palabras tienen significados simbólicos y deben interpretarse.

No obstante, al reconocer que el Nuevo Testamento está envuelto en mito, Bultmann vio un *kerygma*, una proclamación del evangelio que expresa "la verdadera intención de los escritores bíblicos detrás de su patrón mitológico de pensamiento".[4] En estilo neo-ortodoxo, sugirió que Dios encuentra al individuo a través de la palabra predicada.[5]

El resultado de la metodología de Bultmann es el escepticismo. Concluye: "En efecto, creo que ahora no podemos saber casi nada sobre la vida y personalidad de Jesús, pues las primeras fuentes cristianas no muestran ningún interés en éstas e incluso son fragmentarias y legendarias; y no existen otras fuentes sobre Jesús".[6]

Evaluación resumida de la teología de Bultmann

La crítica de las formas de Rudolf Bultmann es una metodología subjetiva que ve en las Escrituras un libro común y corriente. Primero de todo, esto constituye una negación de su inspiración. La crítica de las formas se acerca a la Biblia como a cualquier otro texto literario, la analiza desde un punto de vista completamente subjetivo. La desmitificación surge a partir de la crítica de las formas y se extiende hasta el enfoque subjetivo de las Escrituras. La premisa subyacente es esta: las Escrituras están llenas de mito y este se debe eliminar porque no se corresponde con la mente científica moderna.

A la luz de la perspectiva de Bultmann cabría preguntarse: ¿cuál es el beneficio de proclamar un evangelio sin validez histórica? Si, como Bultmann sugiere, el verdadero Jesús no se puede conocer, ¿cuál es el beneficio de proclamar el evangelio? La verdadera fe cristiana está anclada en la historia y tiene validez histórica; el evangelio de Bultmann es la proclamación de un mito que ofrece poca esperanza.

CRISTIANISMO MUNDANO: DIETRICH BONHOEFFER

Desarrollo histórico de la teología de Bonhoeffer

Dietrich Bonhoeffer (1906-1945), hijo de un neurólogo berlinés, estudió en la Universidad de Tubinga y en la Universidad de Berlín, donde se doctoró en teología a los 21 años. Completó otra disertación en 1930, el mismo año en que comenzó un año de estudios en el Seminario Teológico de la Unión en Nueva York. Después de volver a Alemania, fue inspirado por Karl Barth en un seminario del afamado profesor neo-ortodoxo. En

1931 se convirtió en capellán de un instituto universitario, y después fue catedrático en la Universidad de Berlín. Cuando Adolf Hitler se hizo canciller de Alemania en 1933, Bonhoeffer expresó abiertamente su oposición al nazismo y a la propuesta nazista de la supremacía aria (la hermana melliza de Bonhoeffer estaba casada con un judío). Después de ir a Inglaterra en 1933, regresó a Alemania para unirse a la Iglesia confesional en la dirección de un seminario que los nazis cerraron en 1937. A Bonhoeffer se le prohibió hablar o escribir públicamente. Aunque asistió durante un lapso breve de tiempo al Seminario Teológico de la Unión en 1939, regresó a Alemania casi inmediatamente para unirse a la lucha contra los nazis. Se involucró en un plan para derrocar a Hitler en 1938. En 1941 prohibieron sus libros y en 1943 fue encarcelado. Allí escribió su obra más popular, *Resistencia y sumisión: cartas y apuntes desde el cautiverio*. Bonhoeffer fue llevado a la horca en 1945 cuando se evidenció que fue parte de un complot para ponerle una bomba a Hitler en 1944.

Afirmaciones doctrinales en la teología de Bonhoeffer

Cristología. Dietrich Bonhoeffer debía mucha de su teología a Karl Barth, aunque fue un pensador independiente. La "religión" era inaceptable para él; lo que en realidad importa es un encuentro personal con Cristo. Dijo de Jesús que era "hombre para los demás" y que "se le podía tener, asir, dentro su Palabra, dentro de la iglesia".

Para Bonhoeffer, Cristo estaba activo en la vida secular. "Cristo no está exiliado de nuestro mundo irreligioso, está presente en él. Confronta a las personas, no en el viejo proceso de arrepentimiento, fe, conversión, regeneración y santificación, sino de formas novedosas por medio de sus actitudes [de ellos] 'impías'".[7] Este es un ejemplo de la terminología extrema de Bonhoeffer, causa de considerables debates.

Eclesiología. Su poderosa *Cartas y apuntes desde el cautiverio* expresa el énfasis de Bonhoeffer en el sacrificio y la disciplina: "La iglesia es la iglesia solo cuando existe para los demás. Para comenzar, debe entregar todas sus propiedades a quienes están en necesidad. El clero solo debe vivir de las ofrendas de sus congregaciones o tal vez participar en algún llamado secular. La iglesia debe compartir los problemas seculares de la vida humana común, no desde la dominación sino en ayuda y servicio".[8]

Cristianismo sin religión. Mucho se ha debatido sobre el significado de las declaraciones enigmáticas de Bonhoeffer sobre el cristianismo sin religión. Algunos lo han entendido en el sentido positivo: un discipulado en el mundo en el cual se vive responsablemente "bajo el aspecto de Dios como realidad última".[9] Esto significaría vivir disciplinadamente en el mundo como un discípulo de Cristo. No obstante, los teólogos radicales de los años sesenta también recibieron impulso de las declaraciones de Bonhoeffer al respecto. Así, algunos han entendido que Bonhoeffer enseñaba que el "hombre maduro" debe aprender a vivir independiente de Dios. Bonhoeffer rechazó la noción de lo "sagrado" y lo "secular"; veía la necesidad de servirle a Dios en el mundo, no solo en el ámbito "sagrado". Más aún, con la llegada de la ciencia, el hombre puede aprender a resolver sus propios problemas, mientras que antes se apoyaba en Dios.

En cuanto a la independencia del hombre con Dios, Bonhoeffer declaró: "El hombre ha aprendido a manejar sus cosas en todas las cuestiones importantes sin recurrir a la 'hipótesis de trabajo' llamada 'Dios'".[10] Bonhoeffer no negaba la utilidad de esta independencia de Dios.

Ciertamente, Bonhoeffer hizo declaraciones dualistas difíciles de entender, particularmente porque su muerte prematura acabó con cualquier posibilidad de explicaciones posteriores o de sistematización.

Evaluación resumida de la teología de Bonhoeffer

El principal problema a la hora de evaluar los escritos de Dietrich Bonhoeffer es que murió antes de haber desarrollado más a fondo sus ideas. Con toda seguridad, muchas declaraciones son enigmáticas. Bonhoeffer le debía mucho a Barth y siguió la teología dialéctica, como queda claro en numerosas declaraciones "contradictorias". Independientemente de cómo se evalúen sus declaraciones, una cosa sí es cierta: la teología secular de "Dios ha muerto" tuvo sus raíces en los escritos de Bonhoeffer, donde enfatizaba la independencia de Dios. Como mínimo, sus declaraciones sobre la madurez del hombre en independencia de Dios van en contra del llamado bíblico de volverse a Dios en fe, reconociendo las debilidades propias (p. ej., 2 Co. 12:9-10).

TEOLOGÍA DE LA MUERTE DE DIOS: CUATRO PUNTOS DE VISTA

Desarrollo histórico de la teología de la muerte de Dios

Sin duda, muchos han considerado una broma la expresión "Dios ha muerto" usada por los teólogos de la muerte de Dios. Sin embargo, ha de observarse que estos teólogos hicieron declaraciones serias. Las raíces del movimiento teológico van hasta Friedrich Nietzsche (1844-1900). Thomas Altizer (1927-), como Nietzsche, afirmaba "que toda la realidad pasa por una destrucción y una recreación constantes a través de una dialéctica continua e irresistible. Así, niegan todas las formas de ontología tradicional y no permiten un Ser soberano e incondicional, sino solo un 'Dios' que en algún punto de la dialéctica anhela su propia autodestrucción".[11] También es justo decir que los teólogos de la muerte de Dios tomaron cosas de Rudolf Bultmann y Dietrich Bonhoeffer. De Bultmann concluyeron que la Biblia es mitológica, y de Bonhoeffer concluyeron que el hombre debe aprender a vivir sin Dios.

Afirmaciones doctrinales de la teología de la muerte de Dios

Para entender la teología de la muerte de Dios deben considerarse los puntos de vista de cuatro autores.

Teología de Gabriel Vahanian. Gabriel Vahanian (1927-) estudió en la Sorbona y Princeton. Fue profesor en Princeton y después en la Universidad de Syracuse. Ha escrito varias obras, incluyendo *La muerte de Dios: La cultura de nuestra era postcristiana*. Para Vahanian nuestra sociedad es postcristiana; el cristianismo ha sido eclipsado por la era moderna y científica. "Dios ya no es necesario, es irrelevante; ha muerto".[12] Vahanian observa, como otros teólogos de la muerte de Dios, que Dios ya no es trascendente en la cultura cristiana; el concepto de Dios se ha mezclado con el del hombre. Lo ve en los términos comunes para expresar el nombre de Dios ("copiloto", etc). Aunque Vahanian no creía que Dios estuviera muerto, exhortaba a un cristianismo secular.

Teología de Paul Van Buren. Paul Van Buren (1924-1998) trabajó en las facultades del Seminario Teológico Episcopal en Austin, Texas y en la Universidad Temple en Filadelfia. Fue a Temple (antes, una universidad religiosa pero ahora es secular) a "hacer las preguntas sobre religión más claramente, tal como surgen en nuestra sociedad, no en un contexto religioso profesional".[13]

Van Buren parte de Dietrich Bonhoeffer, el cual declaró: "La honestidad nos demanda reconocer que podemos vivir en el mundo como si no hubiera Dios… Continuamente estamos en la presencia del Dios que nos hace vivir en el mundo sin la hipótesis de Dios".[14] Independientemente de si Bonhoeffer quería darse a entender o no de esta manera, la teología de la muerte de Dios tomó a él y a Nietzsche como punto de partida.[15] Van Buren escribió *El significado secular del evangelio* y *Post Mortem Dei*, en los cuales sugiere que, como la Biblia es mito, es imposible y carece de sentido hablar de Dios. En su lugar, el hombre secular debe encontrar significado en Jesús y el "acontecimiento pascual", que no quiere decir resurrección, sino una nueva libertad contagiosa para amar.

Teología de William Hamilton. William Hamilton (1924-) es un ministro bautista, antiguo profesor de teología sistemática en la Escuela de Divinidades de Colgate en Rochester, Nueva York. Los libros que abrazaban su postura incluyen *The Christian Man* [El hombre cristiano], *La nueva esencia del cristianismo* y *Teología radical y la muerte de Dios* (con Altizer).

Hamilton rechaza la perspectiva tradicional y ortodoxa acerca de Dios, pero ve en la muerte de Dios un evento cultural de los últimos 200 años. Por lo tanto, el hombre debe adaptarse a la muerte de Dios, no esperar ayuda de su parte; más bien, las soluciones a los problemas de la vida se encuentran en el mundo secular. "Dios ya no es necesario para librar al hombre de la agitación, la desperación o autojustificación; de hecho, no hay Dios que lo haga".[16] La razón por la cual el hombre puede hacer las cosas sin Dios es el surgimiento de la tecnología y la ciencia moderna.[17] Del cristianismo queda una ética derivada principalmente de Jesús de Nazaret, pero sin Dios.[18] De acuerdo con Hamilton, el "cristiano" de hoy debe darle la espalda a la teología histórica y la religión y volverse al mundo.[19]

Teología de Thomas J. J. Altizer. Thomas J. J. Altizer, episcopal, ha sido profesor en la Universidad de Emory, Atlanta. Ha escrito muchos libros sobre su teología radical; en particular, *El evangelio del ateísmo cristiano* (Barcelona: Libros del Nopal, 1972).

Altizer rechaza el cristianismo tradicional y ortodoxo, citando Filipenses 2:6-8 para sugerir que Dios murió en la historia cuando Cristo murió en la cruz. Altizer parte de la premisa de Nietzsche sobre la muerte de Dios cuando declara: "Debemos entender la muerte de Dios como un evento histórico: Dios murió en *nuestro* tiempo, en *nuestra* historia, en *nuestra* existencia".[20]

Sin embargo, es difícil entenderle porque habla en lenguaje poético y dialéctico. Parece que Altizer enfatiza la inexistencia de la trascendencia divina debido a la muerte de Cristo. Dios murió en su trascendencia cuando Cristo murió; así, debe desearse la continua muerte de Dios para que pueda hacerse completamente inmanente en el mundo y en la historia. Para Altizer el resultado es la unión de lo divino y lo humano.[21]

Evaluación resumida de la teología de la muerte de Dios

Aunque hay matices de diferencia entre los teólogos de la muerte de Dios, los siguientes puntos se aplican a la mayoría de ellos. Se basan en los sistemas filosóficos de Kant y Ritschl, quienes negaban que pudiera demostrarse la existencia de Dios. También tomaron cosas de Nietzsche, quien proclamó "Dios ha muerto". En cuanto a la Biblia, comienzan con el enfoque de Bultmann para sugerir que la Biblia es un mito; los relatos de las Escrituras no deben tomarse seriamente. Por eso, como Vahanian, en Jesús solamente ven a un ser humano, no a Dios. No se toman la Biblia en serio para sus afirmaciones sobre Dios, Jesucristo, el hombre y el mundo. Como ignoran el sentido bíblico del pecado, ignoran la solución bíblica a través de la expiación de Cristo. La solución y la esencia del "cristianismo" es la secularización: intentar resolver los problemas del mundo a través de las ventajas de la ciencia y la tecnología, pero sin recurrir a Dios. Su "evangelio" se centra en el hombre, no en Dios.

TEOLOGÍA DEL PROCESO: SEIS PUNTOS DE VISTA

Desarrollo histórico de la teología del proceso

Un aspecto de la teología secular es el asunto del "lenguaje acerca de Dios", que sugiere que es imposible hablar inteligentemente sobre Dios según el modo antiguo; debe hablarse sobre Dios en términos seculares.

Esta discusión siguió en la teología del proceso: ¿es posible hablar inteligentemente sobre Dios? Al igual que la teología de la muerte de Dios, la teología del proceso no se acerca al estudio de Dios desde una perspectiva bíblica, sino desde una filosófica. La revelación especial no entra en el asunto. La teología del proceso se remonta a Hegel, quien enseñaba que el universo es incompleto y está en constante cambio. "La realidad es un movimiento constante de la dialéctica de tesis, antítesis y síntesis. Las síntesis del sistema hegeliano del proceso son las etapas de la evolución creativa, y nunca perfecciones finales, estáticas y no cambiantes".[22] Sobre esta premisa se edifica la teología del proceso.

Alfred North Whitehead, filósofo y matemático, se considera en general el padre de la teología del proceso.

Afirmaciones doctrinales de la teología del proceso

Teología de Alfred North Whitehead. Alfred North Whitehead (1861-1947) partió de la premisa de que la realidad no es estática sino dinámica, en proceso.[23] Esto incluye a Dios, quien también está compuesto de actividades cambiantes. El concepto divino de Whitehead surgió de su estudio matemático, donde observó "la actividad general del flujo del mundo". Whitehead enfatizó que "el proceso es la regla del mundo". Todo lo real está en el ciclo constante de "llegar a ser"; todo está pasando por una transición. Este concepto incluye a Dios, quien también está en el proceso de "llegar a ser". Whitehead sugirió que Dios tiene dos lados; es "bipolar". Su naturaleza primordial, relacionada solo con los objetos eternos, y su naturaleza consecuente (su inmanencia), relacionada con el mundo. En su naturaleza consecuente está en el proceso continuo de salvar y preservar al mundo, pero nunca termina. Así, Whitehead también dice que Dios es "dipolar", una combinación de lo temporal y lo eterno, de lo finito y lo infinito, de los conceptos abstractos y de la materialización concreta en el mundo real.[24]

Dios es una fuerza impersonal para Whitehead, la fuerza controladora detrás de la evolución, quien también tiene una naturaleza cambiante. Dios tampoco es omnipotente, sino co-creador del futuro con el hombre. Dios, "como entidad real, incluyó al mundo consecuentemente dentro de Él, y sufre y crece con el mundo por medio de la creatividad que poseen ambos".[25]

Teología de Charles Hartshorne. Tal como Alfred North Whitehead, Charles Hartshorne (1897-2000) rechazó el concepto tradicional de Dios.[26] Dios solo es el "Director" del mundo, trabaja en cooperación con el mundo, es mutuamente dependiente de él. Hartshorne argumentó la existencia de un "Ser necesario" desde el punto de vista racional y lógico. Dios, como Ser impersonal, se percibe como "una serie de entidades" que causan el mundo. Hartshorne, de acuerdo con Whitehead, "argumenta que Dios no tiene esencia inmutable, sino que se está desarrollando y se completa continuamente por su propia experiencia progresiva en el proceso universal, su participación en dicho proceso y en las vidas y el sufrimiento de los seres humanos.[27] La tesis de Hartshorne y su conclusión basan su concepto de Dios en la "teología natural", por eso rechazan el sobrenaturalismo.

Teología de John Cobb. Aunque John Cobb (1925-) se incluye dentro de la teología del proceso, se diferencia de Alfred North Whitehead por su rechazo a la noción de la "tesis bipolar" de Dios. Cobb concibe a Dios como una unidad y una persona viva en lugar de una entidad real, como sugería Whitehead. Aun así, Cobb enfatiza el regreso a la "teología natural" (como Whitehead) para entender a Dios apropiadamente. Es evidente la doctrina del "panenteísmo" (todas las cosas ocurren dentro de Dios) porque Cobb sugiere que "Dios está en el mundo y el mundo está en Dios y proviene de Él".[28] Es un intento de unir el teísmo y el panteísmo. El mal del mundo no se explica con base en Génesis 3, sino por cuenta del proceso evolutivo que explica el surgimiento de la vida y los valores de los cuales surge la libertad, la conciencia propia y la razón.[29] El resultado es un optimismo básico en la humanidad, recuerdo del antiguo liberalismo.

Teología de Nelson Pike. Nelson Pike, quien también es parte del movimiento de la teología del proceso, argumenta en contra de la creencia de Aquino de la atemporalidad de Dios.[30] Según Pike, la atemporalidad eliminaría la presciencia de Dios, porque para un Dios atemporal no existe el futuro. Dios no puede actuar en el tiempo, solo en la eternidad, aunque el mundo se creó en el tiempo. La atemporalidad eliminaría la personalidad de Dios porque ella demanda respuesta. Si Dios es atemporal, no puede responder, porque es inmutable. La adoración y la oración requieren que Dios se mueva a favor de quien implora, pero si es atemporal no puede actuar. La atemporalidad eliminaría la encarnación porque ella requiere cambio. Más aún, la Biblia dice que Dios cambia de opinión, según Pike.[31]

Teología de Schubert M. Ogden.[32] Schubert M. Ogden (1928-) también sigue la tesis de la teología del proceso, pero ve la necesidad de un Dios en proceso, sustentada en las ideas de Bultmann. Es decir, para existir en el mundo el hombre debe tener entendimiento. Ogden desarrolla su pensamiento a partir de la perspectiva dipolar de Dios que tenía Hartshorne. Dios es relativo. Dios está relacionado con el mundo como yo con mi cuerpo; el mundo es el cuerpo de Dios. Por lo tanto, Dios participa en el mundo a través de la "participación empática". Dios es absoluto en el sentido de su inclusión en todos los seres; está relacionado con toda entidad en el universo. Continuamente está sujeto a cambio dentro de esta relación.

Teología de Norman Pittenger.[33] Norman Pittenger (1905-1997) hizo que la teología del proceso abarcase la doctrina de Cristo. Aunque Pittenger se refiere a la deidad de Jesús, no la describe en términos de la esencia de su deidad sino de la actividad de Dios en Él. La deidad de Cristo es la obra de Dios en Cristo; Él es la acción de Dios entre los hombres.

Pittenger también sigue la teología del proceso porque se adhiere al panenteísmo: "el ser de Dios incluye y penetra la totalidad del universo, de modo que toda parte de este existe en Él, pero [en contra del panteísmo] su ser es más que el universo y este no lo agota".[34] Dios está activo en el mundo, proporcionado realización propia a todas las criaturas. En tanto Dios actúe en el mundo, cada acto puede verse como una encarnación de "Dios".

Evaluación resumida de la teología del proceso
El concepto de Dios en la teología del proceso no se deriva de la revelación en las Escrituras, sino de hipótesis matemáticas y científicas (Alfred North Whitehead) y de la especulación racionalista (Charles Hartshorne). Se niega la personalidad y soberanía de Dios; se le ve solo como una "fuerza" que además es cambiante. Hay un abandono de lo sobrenatural y milagroso en la teología del proceso. Carl F. H. Henry evalúa el uso de los términos bíblicos en la teología del proceso: "La creación se vuelve evolución, la redención se vuelve relación y la resurrección se vuelve renovación. Se abandona lo sobrenatural, desaparecen los milagros y el Dios bíblico vivo se sumerge en motivos inmanentes".[35] La teología del proceso violenta la inmutabilidad de Dios (Mal. 3:6; Stg. 1:17) porque sugiere que Dios está sujeto a cambio. También ignora cualquier concepto bíblico de pecado y expiación.

NOTAS

1. Para una explicación resumida del método que sigue la crítica de las formas véase Stephen H. Travis "Form Criticism", en I. Howard Marshall, ed., *New Testament Interpretation: Essays on Principles and Methods* (Grand Rapids: Eerdmans, 1977), 153-154.

2. Grant R. Osborne, *The Resurrection Narratives: A Redactional Study* (Grand Rapids: Baker, 1984), 26.

3. Harvey M. Conn, *Contemporary World Theology*, ed. rev. (Nutley: Presbyterian & Reformed, 1974), 28.

4. Robert D. Knudsen, "Rudolf Bultmann", en Philip Edgcumbe Hughes, ed., *Creative Minds in Contemporary Theology* (Grand Rapids: Eerdmans, 1969), 135.

5. Rudolf Bultmann, *Jesus Christ and Mythology* [*Jesucristo y mitología*] (Nueva York: Scribner, 1958), 78-79. Publicado en español por Libros del Nopal.

6. Rudolf Bultmann, *Jesus and the Word* (Nueva York, Scribner, 1958), 8

7. David F. Wells, *The Search for Salvation* (Downers Grove: InterVarsity, 1978), 103.

8. Dietrich Bonhoeffer, *Letters and Papers from Prison* [*Resistencia y sumisión: cartas y apuntes desde el cautiverio*] (Nueva York: Macmillan, 1972), 382. Publicado en español por Sígueme.

9. Harold B. Kuhn, "Secular Theology", en Stanley N. Gundry y Alan F. Johnson, eds., *Tensions in Contemporary Theology* (Chicago: Moody, 1976), 173.

10. Vernon C. Grounds, "Radical Theologians of the Sixties and Seventies", en *Tensions in Contemporary Theology*, 72.

11. Harold B. Kuhn, "Secular Theology", en *Tensions in Contemporary Theology*, 61-62.

12. Henlee H. Barnette, *The New Theology and Morality* (Filadelfia: Westminster, 1967), 11.

13. *Ibíd.*

14. *Ibíd.*, 15.

15. Por esta razón se podría catalogar fácilmente a Dietrich Bonhoeffer entre los teólogos de la muerte de Dios. Puede que Bonhoeffer no pretendiera la conclusión extrema a la cual llegaron estos teólogos, pero aun así ellos creían que sus ideas se derivaban del sistema de Bonhoeffer.

16. Kuhn, "Secular Theology", en *Tensions in Contemporary Theology*, 166.

17. Thomas Altizer y William Hamilton, *Radical Theology and the Death of God* [*Teología radical y la muerte de Dios*] (Indianápolis: Bobbs-Merrill, 1966), 33. Publicado en español por Grijalbo.

18. *Ibíd.*, 33-34.

19. Kuhn, "Secular Theology" en *Tensions in Contemporary Theology*, 167.

20. Altizer y Hamilton, *Radical Theology and the Death of God* [*Teología radical y la muerte de Dios*], 95.

21. William E. Hordern, *A Layman's Guide to Protestant Theology*, ed. rev. (Londres: Macmillan, 1968), 240-241 y Stanley Gundry, "Death of God Theology", en Walter A. Elwell, ed., *Evangelical Dictionary of Theology* [*Diccionario teológico de la Biblia*] (Grand Rapids: Baker, 1984), 302. Publicado en español por Caribe.

22. C. J. Curtis, *Contemporary Protestant Thought* (Nueva York: Bruce, 1970), 65.

23. Véase la útil discusión de Norman Geisler, "Process Theology" en *Tensions in Contemporary Theology*, 239-250.

24. *Ibíd.*, 250.

25. D. W. Diehl, "Process Theology", en *Evangelical Dictionary of Theology* [*Diccionario teológico de la Biblia*], 882.

26. Véase el resumen de diferencias entre Whitehead y Hartshorne en Geisler, "Process Theology", 250-257.

27. Alasdair I. C. Heron, *A Century of Protestant Theology* (Filadelfia: Westminster, 1980), 147.

28. Stanley T. Sutphin, *Options in Contemporary Theology* (Washington: Univ. Press of America, 1977), 79.

29. *Ibíd.*, 89-90.

30. Geisler, "Process Theology", 258-260.

31. *Ibíd.*, 271-274. Véase la refutación a Pike.

32. *Ibíd.*, 206-264. Geisler hace un resumen útil.

33. *Ibíd.*, 265-267.

34. *Ibíd.*, 265.

35. Conn, *Contemporary World Theology*, 85.

PARA ESTUDIO ADICIONAL SOBRE LAS TEOLOGÍAS RADICALES

Crítica de las formas

* G. C. Berkouwer, *A Half Century of Theology* (Grand Rapids: Eerdmans, 1977), 51-74.

** Rudolf Bultmann, *Form Criticism: Two Essays on New Testament Research* (Nueva York: Harper, 1962).

** _____, *Teología del Nuevo Testamento* (Salamanca: Sígueme, 1987).

* Harvie M. Conn, *Contemporary World Theology*, ed. rev. (Nutley: Presbyterian & Reformed, 1974), 26-38.

* Stanley N. Gundry y Alan F. Johnson, eds., *Tensions in Contemporary Theology* (Chicago: Moody, 1976), 46-56.

* Robert D. Knudsen, "Rudolf Bultmann", en Philip Edgcumbe Hughes, ed., *Creative Minds in Contemporary Theology* (Grand Rapids: Eerdmans, 1969), 131-162.

* Robert L. Reymond, *Bultmann's Demythologized Kerygma* (Filadelfia: Presbyterian & Reformed, 1967).

** Robert C. Roberts, *Rudolf Bultmann's Theology: A Critical Interpretation* (Grand Rapids: Eerdmans, 1976).

* _____, "Bultmann, Rudolf", en Walter A. Elwell, ed., *Evangelical Dictionary of Theology* [*Diccionario teológico de la Biblia*] (Grand Rapids: Baker, 1984), 180. Publicado en español por Caribe. Véanse también los artículos "Demythologization", "Existentialism" y "New Hermeneutic".

Cristianismo mundano

** Dietrich Bonhoeffer, *Resistencia y sumisión: cartas y apuntes desde el cautiverio* (Salamca: Sígueme, 1983).

** _____, *No Rusty Swords* (Nueva York: Harper, 1965).

* C. J. Curtis, *Contemporary Protestant Thought* (Nueva York: Bruce, 1970), 21-50.

** André Dumas, *Una teología de la realidad: Dietrich Bohoeffer* (Bilbao: Desclée de Bouwer, 1971).

* Warren F. Groff y Donald E. Miller, *The Shaping of Modern Christian Thought* (Cleveland: World, 1968), 276-288.

* Stanley N. Gundry y Alan F. Johnson, eds., *Tensions in Contemporary Theology* (Chicago: Moody, 1976), 170-174.

* William E. Hordern, *A Layman's Guide to Protestant Theology*, ed. rev. (Londres: Macmillan, 1968), 210-229.

** Philip Edgcumbe Hughes, ed., *Creative Minds in Contemporary Theology* (Grand Rapids: Eerdmans, 1969), 479-515.

* R. Zerner, "Bonhoeffer, Dietrich", en Walter A. Elwell, ed., *Evangelical Dictionary of Theology* [*Diccionario teológico de la Biblia*] (Grand Rapids: Baker, 1984), 168-169. Publicado en español por Caribe.

Teología de la muerte de Dios

** Thomas Altizer y William Hamilton, *Teología radical y la muerte de Dios* (Barcelona: Grijalbo, 1967).

* Henlee H. Barnette, *The New Theology and Morality* (Filadelfia: Westminster, 1967), 9-30.

* Harvie M. Conn, *Contemporary World Theology* (Nutley: Presbyterian & Reformed, 1974), 46-52.

* C. J. Curtis, *Contemporary Protestant Thought* (Nueva York: Bruce, 1970), 85-96.

* Stanley Gundry, "Death of God Theology", en Walter A. Elwell, ed., *Evangelical Dictionary of Theology* [*Diccionario teológico de la Biblia*] (Grand Rapids: Baker, 1984), 301-302. Publicado en español por Caribe.

* William E. Hordern, *A Layman's Guide to Protestant Theology*, ed. rev. (Londres: Macmillan, 1968), 235-247.

* Harold B. Kuhn, "Secular Theology", en Stanley N. Gundry y Alan F. Johnson, eds., *Tensions in Contemporary Theology* (Chicago: Moody, 1976), 161-170.

* David L. Smith, *A Handbook of Contemporary Theology* (Wheaton: BridgePoint, 1992), 72-86.

** Paul M. Van Buren, *El significado secular del evangelio* (Barcelona: Península, 1968).

* James M. Wall, ed., *Theologians in Transition* (Nueva York: Crossroad, 1981), 67-73, 151-160.

Teología del proceso

* James E. Caraway, *God as Dynamic Actuality: A Preliminary Study of the Process Theologies of John B. Cobb Jr. and Schubert M. Ogden* (Washington: Univ. Press of America, 1978).

* Harvie M. Conn, *Contemporary World Theology*, ed. rev. (Nutley: Presbyterian & Reformed, 1974), 81-86.

** C. J. Curtis, *Contemporary Protestant Thought* (Nueva York: Bruce, 1970), 51-84.

* D. W. Diehl, "Process Theology", en Walter A. Elwell, ed., *Evangelical Dictionary of Theology* [*Diccionario teológico de la Biblia*] (Grand Rapids: Baker, 1984), 880-885. Publicado en español por Caribe.

** Norman Geisler, "Process Theology", en Stanley N. Gundry y Alan F. Johnson, eds., *Tensions in Contemporary Theology* (Chicago: Moody, 1976), 237-284.

** Charles Hartshorne, *A Natural Theology for Our Time* (LaSalle: Open Court, 1967).

* Alasdair I. C. Heron, *A Century of Protestant Theology* (Filadelfia: Westminster, 1980), 144-150.

** William Robert Miller, *Contemporary American Protestant Thought, 1900-1970* (Indianápolis: Bobbs-Merrill, 1973), 309-333, 450-468.

* David L. Smith, *A Handbook of Contemporary Theology* (Wheaton: BridgePoint, 1992), 72-86.

** Stanley T. Sutphin, *Options in Contemporary Theology* (Washington: Univ. Press of America, 1977), 69-102.

** Alfred North Whitehead, *El devenir de la religión* (Buenos Aires: Editorial Nova, 1961).

42

TEOLOGÍAS
HISTORICISTAS

DOS TEOLOGÍAS CONTEMPORÁNEAS enfatizan la importancia de la historia bíblica como revelación de Dios.

HISTORIA DE LA SALVACIÓN: OSCAR CULLMANN

Desarrollo histórico de la teología de Cullmann

Oscar Cullmann (1902-1999) se identifica con el término *Heilsgeschichte*, cuyo significado es "historia de la salvación" o "historia santa". J. C. K. von Hofmann comenzó a usar el término y Cullmann desarrolló su uso.[1] La *Heilsgeschichte* contempla los eventos históricos de los hechos salvíficos divinos en lugar de centrarse en la filosofía de la religión. Sin embargo, la teología de la historia de la salvación reconoce el enfoque crítico sobre las Escrituras, como lo abogaban los antiguos liberales o los escritores neo-ortodoxos, más recientemente. Los proponentes de la teología de la historia de la salvación ven la Biblia como un registro de los actos de salvación de Dios en la historia, pero no reconocen su infalibilidad ni desarrollan una teología sistematizada a partir de la Biblia. La importancia de las Escrituras radica en su registro de la actuación de Dios en la historia. Los proponentes de la teología de la historia de la salvación enfatizan que los beneficios de los actos divinos se apropian personalmente por la fe en Cristo, como aseguraban los neo-ortodoxos.

Oscar Cullmann estudió en la Universidad de Estrasburgo donde, después, enseñó griego e historia de la iglesia antigua. Invitado a la Universidad de Basilea, trabajó allí como profesor de historia de la iglesia y del Nuevo Testamento, donde alcanzó la erudición y la reputación de una facultad prestigiosa. Allí también recibió influencia de Karl Barth en su enfoque cristológico del Nuevo Testamento. La postura más conservadora de Cullmann se evidencia en su oposición a algunas características radicales de la desmitificación y la crítica de las formas de Rudolf Bultmann. Cullmann, además, dependió menos del existencialismo y enfatizó más la exégesis.[2]

Afirmaciones doctrinales en la teología de Cullmann

Los principales aspectos de la teología de la historia de la salvación pueden resumirse como sigue.[3] Se hace gran énfasis en la revelación de Dios en los eventos históricos. Cullmann rechazó la idea de mitos engrandecidos por la iglesia, como decía Bultmann. Sin embargo, las Escrituras no son infalibles; tan solo son el vehículo para explicar los eventos divinos de la historia santa. El elemento importante es la "historia santa", no las palabras de las Escrituras. La culminación de la historia de la salvación es la venida de Jesús como Mesías. La era escatológica comenzó con la encarnación de Cristo pero su culminación es futura.[4] Cullmann redefine la escatología. Todos los eventos del Nuevo Testamento y de la historia de la iglesia son escatológicos.[5] Quienes se adhieren a la teología de la historia de la salvación, junto con los neo-ortodoxos, insisten en la necesidad de un encuentro subjetivo para conocer el significado de la revelación.[6]

Evaluación resumida de la teología de Cullmann

Hay varias cosas encomiables en el enfoque de Oscar Cullmann. Su énfasis en la historicidad de los eventos bíblicos es crucial para el mensaje cristiano. Cullmann afirma que "con seguridad solo se puede tener fe auténtica si se cree en el hecho histórico de que Jesús se consideraba el Mesías",[7] una verdad central del cristianismo. Cullmann también enfatiza la centralidad e historicidad de Jesucristo.[8] No obstante, solo acepta la historicidad de los eventos verificables. Llama mitos a otros relatos como el de Adán y los eventos escatológicos.[9] Cullmann sigue en esto el método de Bultmann en la crítica de las formas, dividiendo las Escrituras según su propio criterio. La teología de la historia de la salvación sigue también a Barth, pues identifica la revelación como una experiencia subjetiva. En la teología de la historia de la salvación el encuentro espiritual es el punto central de la revelación.[10]

TEOLOGÍA DE LA RESURRECCIÓN: WOLFHART PANNENBERG

Desarrollo histórico de la teología de Pannenberg

Wolfhart Pannenberg (1928-), profesor de teología sistemática en la Universidad de Munich, representa una ruptura con el pasado y un nuevo énfasis en la teología alemana. En su intento de separarse del énfasis existencial de Bultmann, asentó su teología en la historia, particularmente en la resurrección de Jesucristo, que él considera fundamental en el cristianismo. Por ello la teología de Pannenberg puede llamarse "teología de la historia" o "teología de la resurrección".

Afirmaciones doctrinales en la teología de Pannenberg

Enfatiza la necesidad de la historicidad de los eventos bíblicos para tener una fe válida. Rechaza en esto la dicotomía de Karl Barth entre *historie* y *geschichte*. Es imposible proclamar el evangelio sin ubicarlo en la historia. Para Pannenberg toda la historia es revelación. La revelación ocurre por medio de los eventos históricos en un nivel horizontal, no en uno vertical proveniente de Dios. Así, Pannenberg investiga la vida de Cristo desde una perspectiva histórica, y no en términos de la revelación directa de Dios.[11] La revelación a través de la historia se deriva de los eventos históricos, no solo de las Escrituras o de Dios. No hay distinción entre la revelación natural y la especial. La revelación por medio de la historia se puede llegar a entender por la fe. La ceguera espiritual está fuera de la discusión; por lo tanto, Pannenberg ignora la cuestión del pecado original.[12] El punto culminante de la revelación está en el pasado: la resurrección de Cristo. A diferencia de Bultmann, para Pannenberg la resurrección no es un mito sino un evento histórico.[13]

Resumen de la teología de Pannenberg

Aunque Wolfhart Pannenberg enfatizó la necesidad de historicidad de la resurrección de Cristo, hay defectos notorios en su teología.[14] No identifica al hombre en su estado caído y con necesidad de la gracia divina; más bien, para él, el hombre natural tiene la capacidad de entender la revelación en la historia. Con ello rechaza la afirmación barthiana según la cual "la verdad del cristianismo entra en el corazón de los cristianos solo por el milagro de la gracia".[15] Para Pannenberg, la Biblia no es la revelación. Sigue las tesis de la crítica histórica, pues sugiere que el nacimiento virginal es un mito. Dice que la Biblia tiene errores, pues sugiere imprecisiones en los relatos de la resurrección. Según él, Jesús estaba equivocado con su resurrección, pues pensaba que "coincidiría con el fin del mundo y la resurrección general de todos los creyentes".[16] Hace que la historia sea la autoridad, en vez de las Escrituras; y el individuo debe someterse al intérprete de la historia, no a las Escrituras.

A pesar del énfasis en la historia, Pannenberg no ha seguido la ortodoxia histórica, porque rechaza la Biblia en cuanto a revelación de Dios para la humanidad. En efecto, él pone a la historia como autoridad, y no la Biblia.

NOTAS

1. Véase Bernard Ramm, *A Handbook of Contemporary Theology* [*Diccionario de teología contemporánea*] (Grand Rapids: Eerdmans, 1966), 55-56 para una explicación concisa del término. Publicado en español por Casa Bautista de Publicaciones. Otra fuente es Van A. Harvey, *A Handbook of Theological Terms* (Nueva York: Macmillan, 1964), 113-114.

2. Harvie M. Conn, *Contemporary World Theology* (Nutley: Presbyterian & Reformed, 1974), 40.

3. *Ibíd.*, 41-42.

4. David H. Wallace, "Oscar Cullmann", en Philip Edgcumbe Hughes, ed., *Creative Minds in Contemporary Theology* (Grand Rapids: Eerdmans, 1969), 169.

5. *Ibíd.*

6. Carl F. H. Henry, *Frontiers in Modern Theology* (Chicago: Moody, 1965), 46.

7. *Ibíd.*, 51.

8. Oscar Cullmann, *Cristología del Nuevo Testamento* (Salamanca: Sígueme, 1998).

9. Henry, *Frontiers in Modern Theology*, 51-52.

10. *Ibíd.*, 46.

11. David Scaer, "Theology of Hope", en Stanley N. Gundry y Alan F. Johnson, eds., *Tensions in Contemporary Theology* (Chicago: Moody, 1976), 219.

12. *Ibíd.*

13. Wolfhart Pannenberg, *Faith and Reality* (Filadelfia: Westminster, 1997), 68-77.

14. Conn, *Contemporary World Theology*, 70-72.

15. Henry, *Frontiers in Modern Theology*, 74.

16. Conn, *Contemporary World Theology*, 71.

PARA ESTUDIO ADICIONAL SOBRE LA TEOLOGÍA HISTORICISTA

Historia de la salvación

*   Harvie M. Conn, *Contemporary World Theology* (Nutley: Presbyterian & Reformed, 1974), 39-45.

** Oscar Cullmann, *Cristo y el tiempo* (Barcelona: Estela, 1968).

** _____, *Cristología del Nuevo Testamento* (Salamanca: Sígueme, 1998).

*   Carl F. H. Henry, *Frontiers in Modern Theology* (Chicago: Moody, 1965).

*   I. Howard Marshall, *The Origins of New Testament Christology* (Downers Grove: InterVarsity, 1977).

*   Bernard Ramm, *A Handbook of Contemporary Theology* [*Diccionario de teología contemporánea*] (Grand Rapids: Eerdmans, 1966), 55-56. Publicado en español por Casa Bautista de Publicaciones.

*   David H. Wallace, "Oscar Cullmann", en Philip Edgcumbe Hughes, ed., *Creative Minds in Contemporary Theology* (Grand Rapids: Eerdmans, 1969), 163-202.

Teología de la resurrección

*   G. C. Berkouwer, *A Half Century of Theology* (Grand Rapids: Eerdmans, 1977), 159-178.

*   Harvie M. Conn, *Contemporary World Theology* (Nutley: Presbyterian & Reformed, 1974), 66-72.

** Allan D. Galloway, *Wolfhart Pannenberg* (Londres: Allen and Unwin, 1973).

*   Stanley N. Gundry y Alan F. Johnson, eds., *Tensions in Contemporary Theology* (Chicago: Moody, 1976), 219-225.

*   Carl F. H. Henry, *Frontiers in Modern Theology* (Chicago: Moody, 1965).

** Wolfhart Pannenberg, *Basic Questions in Theology* (Filadelfia: Fortress, 1970-73), vols. 1-3.

** _____, *Faith and Reality* (Filadelfia: Westminster, 1977).

*   Klaas Runia, *The Present-Day Christological Debate* (Downers Grove: InterVarsity, 1984), 33-38.

43

TEOLOGÍAS
SOCIALISTAS

HAY AL MENOS DOS PUNTOS DE VISTA teológicos recientes que enfatizan lo que algunos consideran aspectos sociales revolucionarios de la fe cristiana.

TEOLOGÍA DE LA ESPERANZA: JÜRGEN MOLTMANN

Desarrollo histórico de la teología de Moltmann

Jürgen Moltmann (1926-) se hizo famoso en los años sesenta. Moltmann conoció al filósofo marxista Ernst Bloch en la Universidad de Tubinga, y este influenció en gran manera la teología de Moltmann. En aquellos años, hubo un diálogo entre cristianos y marxistas en Tubinga que afectó a algunos jóvenes. Fue a raíz de esta interacción con los marxistas que Moltmann escribió su *Teología de la esperanza*, publicada en español en 1968. El libro fue producto de un estudio bíblico que se enfocaba en la esperanza cristiana del futuro. Tales tesis continuaron su desarrollo en *Religion, Revolution and the Future* [Religión, revolución y el futuro] en 1969. "Para Moltmann el principio hermenéutico es la escatología, y la esperanza es el tema principal en la Biblia".[1] Pero para Moltmann la iglesia le da forma al futuro y proporciona esperanza por medio de la interacción social, particularmente a favor de los pobres.

Afirmaciones doctrinales en la teología de Moltmann

La teología de Moltmann puede resumirse como sigue.[2] Dios es parte del proceso del tiempo, va hacia el futuro. Por lo tanto, no es absoluto, va camino al futuro, donde se cumplirán sus promesas. El futuro es la naturaleza esencial de Dios. La resurrección de Jesucristo en cuanto a evento histórico no tiene ninguna importancia. Lo importante en la resurrección de Cristo es escatológico y debe verse desde el futuro, porque da la esperanza de una resurrección general. En lugar de mirar desde la tumba vacía hacia el futuro, Moltmann sugiere mirar al futuro porque este legitima la resurrección de Cristo. El hombre también debe verse desde el punto de vista del futuro. "El hombre solo puede entenderse con referencia a la historia continuamente en desarrollo en relación con el futuro de Dios".[3] La solución para el hombre es asociarse con Dios, "quien se muestra siempre que la humanidad se desprecia o brutaliza. Moltmann lo llama teología de la cruz. El hombre participa en esta teología de la cruz aceptando que los desafíos de la vida son momentos futuros que irrumpen en el presente".[4]

El hombre debe participar activamente en la sociedad para cambiarla. Deben eliminarse "razas, clases, estatus e iglesias nacionales".[5] La iglesia tiene la capacidad de moldear el futuro y debe predicar para cambiar la sociedad.[6] La iglesia debe ver más allá de la salvación "personal" para desafiar todas las barreras y estructuras entre diferentes personas.[7] La iglesia es el instrumento de Dios para el cambio, para reconciliar a los ricos con los pobres, las razas y las estructuras artificiales. La revolución puede ser uno de los medios para que la iglesia introduzca cambios.

Evaluación resumida de la teología de Moltmann

Jürgen Moltmann niega la comprensión normal de la historia por su énfasis en el futuro. Rechaza el significado de la historicidad de la resurrección de Cristo. Dada su alineación de la historia con la escatología, niega el verdadero significado de la historia y los eventos históricos. Moltmann niega la inmutabilidad de Dios (Mal. 3:6) y sugiere que Dios no es absoluto, sino que "se mueve hacia el futuro".

La influencia del marxismo y del "marxismo cristiano" de Ernst Bloch es evidente en su concepto de cambiar la sociedad. Sin duda alguna, gran parte de la teología de la liberación tiene sus raíces en la teología de la revolución y el cambio social de Moltmann. Tal cambio no se alcanzará por la salvación individual, sino porque la iglesia confronte a la sociedad con estas injusticias.

La esperanza futura de Moltmann también está ligada al humanismo optimista y a la filosofía hegeliana: ve caos en el pasado (tesis), esperanza en el futuro (antítesis) y la necesidad de que los hechos presentes efectúen cambios (síntesis). En resumen, Moltmann le debe más a Karl Marx que a las Escrituras.

TEOLOGÍA DE LA LIBERACIÓN: CINCO PUNTOS DE VISTA

Desarrollo histórico de la teología de la liberación[8]

La teología de la liberación es un movimiento teológico que ha intentado unir la teología con las preocupaciones socioeconómicas de los pobres y oprimidos, particularmente en América Central y América del Sur. Sin embargo, el movimiento tiene un alcance más amplio: incluye a negros (lo que puede llamarse separadamente "teología negra"), feministas (lo que puede llamarse separadamente "teología feminista") y otras.

Hay cuatro factores que han contribuido al surgimiento de la teología de la liberación. El movimiento ha tomado ideas de las tesis filosóficas de Kant (quien enfatizó la prioridad de la razón humana separada de la revelación divina), de Georg W. F. Hegel (para quien la transformación de la sociedad ocurría mediante tesis, antítesis y síntesis) y particularmente de Karl Marx (por medio de la superación de las distinciones y barreras sociales). Aunque en muchos países latinoamericanos el catolicismo romano tiene mucha fuerza, las personas han sufrido mucha opresión, cosa que las predispone a la ideología marxista socialista.

También se ha visto influenciada por la teología de la esperanza de Jürgen Moltmann, quien considera la revolución como un medio para alcanzar la esperanza futura. Es más, Moltmann desarrolló su perspectiva teológica a partir de Karl Marx.

El movimiento en América Latina es católico romano principalmente. Después del Concilio Vaticano II, con sus tendencias liberalizantes y mayores libertades para las personas, muchos sacerdotes dieron el giro hacia la teología de la liberación para solucionar los problemas de América Latina.

Ha sido esencialmente latinoamericano debido a la opresión a los pueblos por parte de algunos terratenientes ricos y dictadores; la dicotomía entre ricos y pobres ha sido enorme. Los teólogos relacionan la opresión del pueblo con los días de la colonización en América del Sur.[9]

Debe observarse que, dentro del alcance de la teología de la liberación, hay quienes intentan ligar genuinamente la teología cristiana con el esfuerzo político y socialista; sin embargo, otros niegan la teología cristiana. Para ellos se trata únicamente de un movimiento político. Es imposible diferenciar y explicar la variedad de teólogos y sus puntos de vista en un breve resumen. La explicación debe ser general. Se remite al lector a fuentes adicionales para ampliar la investigación sobre los teólogos específicos y sus énfasis particulares.

Los siguientes son teólogos liberales representativos. La lista no es exhaustiva; sin embargo, el mensaje es semejante en muchos casos. Aunque algunos le dan algo de crédito a las Escrituras, el énfasis de la teología de la liberación usualmente está en las implicaciones políticas que llaman a rescatar a los oprimidos de sus carencias físicas.

Afirmaciones doctrinales de la teología de la liberación
Teología de James H. Cone. James H. Cone (1938-), profesor del Seminario Teológico de la Unión en Nueva York, tal vez sea el líder de la teología de la liberación negra. Escribió *Teología negra de la liberación*; en este libro identifica la teología cristiana con la teología de la liberación, a la cual define como "el estudio racional del ser de Dios en el mundo, a la luz de la situación existencial de la comunidad oprimida, relacionando las fuerzas de la liberación con la esencia del evangelio, que es Jesucristo".[10] Cone identifica la liberación con el evangelio de Cristo: el evangelio es ayudar a los oprimidos. Sustenta su teología de la liberación en la liberación de Dios al Israel oprimido y en lo que Él hizo con los oprimidos de su pueblo.[11] Concluye: "El tema consistente en la profecía israelita es la preocupación de Yahvéh por la falta de justicia social, económica y política para con los pobres y despreciados en la sociedad. De acuerdo con la

profecía hebrea, Yahvéh no tolerará la injusticia con los pobres; ellos serán vindicados por actividad divina. Dios de nuevo se revela como libertador de los oprimidos".[12] De acuerdo con Cone, Jesús no vino a traer libertad espiritual sino a liberar a los oprimidos.[13] La resurrección de Cristo significa "que todos los oprimidos se convierten en su pueblo... La resurrección significa que la obra libertadora de Dios no es solo para la casa de Israel, sino para todos los esclavizados por principados y potestades... Es esperanza enfocada en el futuro, de modo que los hombres rehúsen tolerar las desigualdades actuales... además de ver la contradicción en cualquier injusticia terrenal".[14]

Teología de Gustavo Gutiérrez. Gustavo Gutiérrez (1928-) es profesor de teología en Lima, Perú. Escribió *Teología de la liberación: Perspectivas*, llamado la Carta Magna de la teología de la liberación.[15] Para Gutiérrez la teología no es una sistematización de verdades atemporales, sino de verdades en concierto con otras: "La teología es un ejercicio dinámico y continuo, del cual forman parte las ideas contemporáneas sobre el conocimiento, el hombre y la historia... quiere decir que el descubrimiento y la formación de la verdad teológica se dan a partir de una situación histórica dada por medio de la participación personal en la lucha de clases latinoamericana, para conseguir una nueva sociedad socialista".[16] Gutiérrez afirma que la teología de la liberación está "basada en el evangelio y en las experiencias de los hombres y mujeres comprometidos en el proceso de liberar la tierra latinoamericana oprimida y explotada. Es reflexión teológica nacida de la experiencia de esfuerzos compartidos para abolir la situación actual de injusticia y construir una sociedad diferente, más libre y más humana".[17] Esto se alcanza a través de la participación del individuo en la lucha contra los opresores. Cristo se contempla como un don de Dios para liberarlos.

Teología de José Míguez Bonino. José Míguez Bonino es metodista y profesor de teología en Buenos Aires, Argentina. Escribió *Doing Theology in a Revolutionary Situation* [Hacer teología en una situación revolucionaria], donde considera al socialismo marxista la forma apropiada de transformar el mundo. "La lucha de clases es un hecho de la vida, y los cristianos están llamados a participar en esta lucha identificándose con los oprimidos".[18]

Es interesante que Míguez Bonino haya criticado a la izquierda y la derecha del espectro teológico, y se alinea en el centro. Ha criticado a los fundamentalistas por su falta de participación social y a los liberales por rechazar el mensaje de fe en la conversión.[19] Míguez Bonino saca tres conclusiones:[20] (1) Los cristianos son responsables por sus gobiernos, por lo tanto deben trabajar para crear condiciones donde las personas sean más receptivas al evangelio. Esto requiere derruir las barreras que provocan la miseria y la opresión. (2) La iglesia debe servir al mundo con amor; es decir, participar en sus problemas sociales. (3) La iglesia debe participar en la "obra de Cristo" creando "paz y orden, justicia y libertad, dignidad y comunidad".

Teología de Juan Luis Segundo. Juan Luis Segundo (1925-1996) fue un sacerdote jesuita uruguayo. Fue un escritor prolífico que siguió la teología de Pierre Teilhard de Chardin. En *Liberación de la teología* indicó que los cristianos se han comprometido con una reinterpretación radical de su fe, no solo como individuos sino dentro de la estructura de la iglesia. Siguiendo a Teilhard, sugería que la teología no debía verse como un tema académico, sino como un espíritu revolucionario que se esfuerza por cambiar el mundo. Declaró: "No hay tal cosa como una teología cristiana o una interpretación cristiana del evangelio en ausencia de un compromiso político previo. Solo el segundo hace posible el primero".[21] Esta obra delinea la metodología hermenéutica de Segundo, que estaba dictada por los cambios en la sociedad, según él sugería; requería el cambio constante en la manera de interpretar la Biblia. De hecho, debe verse con sospecha la interpretación bíblica imperante. La ideología personal es crucial para la interpretación; no puede interpretarse la Biblia sin tener un compromiso ideológico previo.[22] "Aquí él ve una fuerte semejanza entre una fe, como el cristianismo, y una ideología, como el marxismo".[23]

Teología de José Porfirio Miranda.[24] José Porfirio Miranda, ex-sacerdote jesuita, escribió un libro controvertido titulado *Marx y la Biblia: Crítica a la filosofía de la opresión.* Aunque la investigación de Miranda ha sido un estudio independiente de otros teólogos de la liberación, reflejando incluso independencia de Jürgen Moltmann, sus conclusiones son prácticamente las mismas. Miranda busca la "acción social cristiana" entre los pobres de México. Tras haber estudiado los obras de Karl Marx concluye: "El significado esencial del mensaje bíblico nos ha estado eludiendo a los cristianos y a nuestras organizaciones. La Biblia, especialmente Éxodo y los profetas, es la revelación del Dios trascendente, el libertador de los oprimidos, quien pelea a su favor contra los opresores".[25] Esto concuerda básicamente con otros teólogos de la liberación que usan el relato del éxodo para dar sustento bíblico a la resistencia del gobierno imperante. También para Miranda la tesis central de la Biblia es la justicia social, la salvación de los pobres. La única cosa que Dios quiere es justicia entre las personas. Miranda encuentra relación entre Karl Marx y el apóstol Pablo: "Los dos creen que el hombre puede dejar su egoísmo, su falta de misericordia y su autocomplacencia, y que puede encontrar su más grande plenitud en amar al prójimo".[26] Un crítico ha sugerido que Miranda ha hecho de "Marx nada menos que un profeta en deuda con la tradición bíblica".[27]

Evaluación resumida de la teología de la liberación

La evaluación de la teología de la liberación es *general*: es claro que en el movimiento hay diversas voces, unas más hacia la izquierda y otras más moderadas. Los cristianos conservadores tienen reservas serias con la teología de la liberación por las siguientes razones.

(1) Los teólogos de la liberación dan significados secundarios al significado común y corriente de las Escrituras. Por ejemplo, James Cone sugiere que la resurrección de Cristo quiere decir la liberación de todas las personas, entendiéndola como la libertad física de la opresión. Se ignora el significado histórico de la resurrección en cuanto a liberación del pecado (cp. 1 Co. 15).

(2) El asunto del pecado humano y la necesidad de un Salvador espiritual para expiar ese pecado se ignora en la teología de la liberación. Se ignora la liberación del pecado, se ve la liberación como algo esencialmente político. De hecho, los teólogos de la liberación consideran que derrocar a sus opresores es liberarlos (a los opresores) del pecado. La injusticia social es el pecado más grande, no la violación de las normas divinas.

(3) La esperanza de los teólogos de la liberación no tiene su base en el concepto bíblico de la vida eterna a través de Jesucristo, sino que está relacionada con las perspectivas de Moltmann de alcanzar la esperanza futura en el presente moldeando el futuro (usualmente a través de medios revolucionarios).

(4) Para teólogos de la liberación como Gustavo Gutiérrez, la teología no es la revelación objetiva de Dios en verdades proposicionales (como se ha entendido históricamente), sino un flujo cambiante relacionado con la sociedad también cambiante. Es una "capa cristiana" de socialismo marxista.

(5) La teología de la liberación viola el mandato bíblico delineado en Romanos 13 de someterse al gobierno.

(6) La metodología de interpretación admite serios cuestionamientos, como en el caso de Juan Luis Segundo, quien no comienza con un estudio inductivo de las Escrituras (lo cual las permite hablar por sí mismas), sino que permite que su ideología política interprete las Escrituras.

(7) Sugerir que las personas responderán más fácilmente al evangelio si disfrutan de un medio más próspero es una suposición falsa de la teología de la liberación, como lo señala Peter Wagner.[28] José Porfirio Miranda relaciona a Karl Marx con el apóstol Pablo, sugiriendo que los principios marxistas llevarán a que las personas se amen unas a otras... todo sin reconocer el pecado y la salvación a través de Cristo.

En suma, la teología de la liberación no aborda los conceptos de Dios, Cristo, hombre, pecado y salvación desde un punto de vista bíblico y ortodoxo; los reinterpreta en un contexto político.

NOTAS

1. David Scaer, "Theology of Hope", en Stanley N. Gundry y Alan F. Johnson, eds., *Tensions in Contemporary Theology* (Chicago: Moody, 1976), 210.

2. Para un resumen de la teología de Moltmann véase Scaer, "Theology of Hope", 212-218 y Harvie M. Conn, *Contemporary World Theology* (Nutley: Presbyterian & Reformed, 1974), 59-65.

3. Scaer, "Theology of Hope", 212.

4. *Ibíd.*, 213.

5. Jürgen Moltmann, *The Experiment Hope* [*El experimento esperanza*] (Filadelfia: Fortress, 1975), 117. Publicado en español por Sígueme.

6. Conn, *Contemporary World Theology*, 62.

7. S. M. Smith, "Hope, Theology of", en Walter A. Elwell, ed., *Evangelical Dictionary of Theology* [*Diccionario teológico de la Biblia*] (Grand Rapids: Baker, 1984), 533. Publicado en español por Caribe.

8. Para resúmenes útiles véase D. D. Webster "Liberation Theology" y V. Cruz "Black Theology", en *Evangelical Dictionary of Theology* [*Diccionario teológico de la Biblia*], 158-161, 635-638. También véase Harvie M. Conn, "Theologies of Liberation: An Overview" y "Theologies of Liberation: Toward a Common View", en *Tensions in Contemporary Theology* (1979), 327-434.

9. Dean William Ferm, *Contemporary American Theologies* (Nueva York: Seabury, 1981).

10. James H. Cone, *A Black Theology of Liberation* [*Teología negra de la liberación*] (Filadelfia: Lippincott, 1970), 17-18. Publicado en español por C. Lohlé.

11. *Ibíd.*, 18.

12. *Ibíd.*, 19.

13. *Ibíd.*, 19-20.

14. *Ibíd.*, 21.

15. Ferm, *Contemporary American Theologies*, 64.

16. Webster "Liberation Theology", en *Evangelical Dictionary of Theology* [*Diccionario teológico de la Biblia*], 635.

17. Gustavo Gutiérrez, *A Theology of Liberación* [*Teología de la liberación*] (Maryknoll, NY: Orbis, 1971), ix. Publicado en español por Sígueme.

18. Ferm, *Contemporary American Theologies*, 68.

19. C. Peter Wagner, *Latin American Theology* [*Teología latinoamericana*] (Grand Rapids: Eerdmans, 1970), 27-28. Publicado en español por Vida.

20. *Ibíd.*, 28-30.

21. Juan Luis Segundo, *Liberación of Theology* [*Liberación de la teología*] (Maryknoll, NY: Orbis, 1976), 94. Publicado en español por Ediciones Carlos Lohlé.

22. Harvie M. Conn, "Theologies of Liberation: An Overview", en *Tensions in Contemporary Theology*, 367.

23. *Ibíd.*

24. *Ibíd.*, 364-366.

25. *Ibíd.*, 364-365.

26. *Ibíd.*, 365.

27. *Ibíd.*, 366.

28. Wagner, *Latin American Theology* [*Teología latinoamericana*], 29.

PARA ESTUDIO ADICIONAL SOBRE LAS TEOLOGÍAS SOCIALISTAS

* Harvie M. Conn, *Contemporary World Theology* (Nutley: Presbyterian & Reformed, 1974), 59-65.

* Stanley N. Gundry y Alan F. Johnson, eds., *Tensions in Contemporary Theology* (Chicago: Moody, 1976), 209-218.

** Jürgen Moltmann, Experiencias de Dios (Salamanca: Sígueme, 1983).

** _____, *Religion, Revolution and the Future* (Nueva York: Scribner's, 1969).

** _____, *Teología de la esperanza* (Salamanca: Sígueme, 1968).

* _____, "Toward a Political Hermeneutics of the Gospel", en Martin E. Marty y Dean G. Peerman, *New Theology*, n° 6 (Nueva York: Macmillan, 1969), 66-90.

* S. M. Smith, "Hope, Theology of", en Walter A. Elwell, ed., *Evangelical Dictionary of Theology* [*Diccionario teológico de la Biblia*] (Grand Rapids: Baker, 1984), 532-534. Publicado en español por Caribe.

Teología de la liberación

* Carl E. Armerding, ed., *Evangelicals and Liberation* (Nutley: Presbyterian & Reformed, 1977).

** José Míguez Bonino, *Christians and Marxists: The Mutual Challenge to Revolution* (Grand Rapids: Eerdmans, 1976).

* Anthony Bradley, *Liberating Black Theology* (Wheaton, Ill. Crossway, 2010).

* Robert McAfee Brown, *Liberation Theology* (Louisville: Westminster/John Knox, 1993).

** Calvin E. Bruce y William R. Jones, eds., *Black Theology II* (Cranbury: Associated Univ., 1978).

** James H. Cone, *Teología negra de la liberación* (Buenos Aires: C. Lohlé, 1973).

* Harvie M. Conn, "Theologies of Liberation: An Overview" y "Theologies of Liberation: Toward a Common View", en Stanley N. Gundry y Alan F. Johnson, eds., *Tensions in Contemporary Theology,* ed. ampliada (Chicago: Moody, 1979), 327-434. Estos dos artículos son excelentes, muestran la historia y la filosofía del movimiento.

** Dean William Ferm, *Contemporary American Theologies: A Critical Survey* (Nueva York: Seabury, 1981). Trata las perspectivas teológicas feminista, suramericana y negra.

** Gustavo Gutiérrez, *Teología de la liberación* (Salamanca: Sígueme, 1973).

* Dwight N. Hopkins, *Introducing Black Theology of Liberation* (Maryknoll, NY: Orbis, 1999).

* Ronald H. Nash, ed., *Liberation Theology* (Grand Rapids: Baker, 1984).

* Emilio A. Núñez, *Teología de la liberación* (San José: Caribe, 1986).

* C. Peter Wagner, *Teología latinoamericana* (Miami: Vida, 1969).

* D. D. Webster "Liberation Theology", en Walter A. Elwell, ed., *Evangelical Dictionary of Theology* [*Diccionario teológico de la Biblia*] (Grand Rapids: Baker, 1984), 635-638. Publicado en español por Caribe.

44

TEOLOGÍA CATÓLICA

Desarrollo histórico del catolicismo contemporáneo

DEBE EVALUARSE EL CATOLICISMO romano contemporáneo desde el punto de vista del Concilio Vaticano II, reunido en 1962 por el papa Juan XXIII y finalizado en 1965 por el papa Pablo VI.[1] Antes hubo cambios en la perspectiva pero no se cristalizaron hasta el Concilio. Una pregunta que golpeaba el corazón del catolicismo romano era la autoridad de la iglesia. Personajes como Hans Küng, Edward Schillebeeckx y, más recientemente, Charles Curran se habían opuesto a la enseñanza tradicional de la infalibilidad de Roma en sus pronunciamientos *ex catedra*. Sin embargo, esta reacción no es del todo nueva. En el siglo XIX los católicos romanos comenzaron a pedir la separación de la Iglesia y el estado, pero el papa Pío IX los castigó con severidad. A comienzos del siglo XX, Alfred Loisy contradijo a Roma en su posición sobre la inspiración y fue relevado de su cargo académico. Aunque el papa Pío X atacó a los liberales y disidentes católicos en una encíclica de 1910, no pudo detenerse la ola. Sin lugar a dudas, tales desarrollos tempranos allanaron el camino para el Concilio Vaticano II, que buscaba modernizar la fe católica y dejarla andando al paso del siglo XX.

Pudo verse un efecto negativo del Concilio Vaticano II en la denuncia del arzobispo Marcel Lefebvre, según la cual los anticristos se habían apoderado del Vaticano. Aunque ya había abandonado la Iglesia católica, Lefebvre (1905-1991) siguió ordenando obispos y se aferró a las viejas tradiciones como si fueran la verdadera fe católica. Parece ser que algunos católicos romanos tradicionales también habían sido afectados. En 1963 una encuesta reportó que la asistencia a la Iglesia estaba en el 71%, mientras que en 1974 decayó al 50%. En el mismo período se dobló el número de personas que no iban a la iglesia.[2] Para 1999 tan solo el 37% de los católicos iba a misa todas las semanas, según informó *USA Today*.

Afirmaciones doctrinales del catolicismo contemporáneo

De los teólogos radicales

Hans Küng. Sin lugar a dudas, Hans Küng (1928-), profesor de Tubinga, ha sido uno de los más críticos de Roma y de los más influyentes. Ha buscado más cambios de los que trajo el Vaticano II. Por ejemplo, ha sugerido que no hay mucha distinción entre las perspectivas católica y calvinista de la justificación. En 1968 publicó *Apostolic Sucession* [Sucesión apostólica], donde sugiere que profetas, maestros y otros individuos con dones pueden afirmar la sucesión, tanto como los apóstoles. Sus cuestionamientos continuos a la autoridad papal en *¿Infalible?* le valieron la pérdida de su cargo como profesor oficial católico. En la actualidad, Küng no solo se ha alejado del catolicismo histórico, sino que se ha alineado con la mayoría del liberalismo moderno. Por ejemplo, ha abandonado la creencia en la infalibilidad de las Escrituras sugiriendo que algunos relatos no son confiables, con lo cual se alinea con la crítica histórica. Su perspectiva de Cristo abandona cualquier forma de ortodoxia: sugiere que Jesús no pretendió tener el título de Mesías, sino que la Iglesia se lo atribuyó después. El título "Hijo de Dios" no tiene nada que ver con la naturaleza de Jesús.[3]

Karl Rahner.[4] Karl Rahner (1904-1984), alemán, fue un teólogo católico prominente, sobre todo en lo relacionado con el Vaticano II. Fue profesor en Innsbruck y Münster. Rahner desarrolla un tomismo trascendental en su teología (el tomismo hace alusión al sistema filosófico y teológico de Tomás de Aquino); con este concluye que como el ser absoluto de Dios está detrás de todo conocimiento humano, el ser humano, dada la naturaleza de su intelecto, está predispuesto al conocimiento de Dios.[5]

Rahner desarrolla una teología antropocéntrica según la cual Dios le ha dado a todos los hombres el potencial para recibir la gracia divina, el "existencial sobrenatural". La capacidad de oír a Dios es una característica humana. Incluye a ateos y a personas de otras religiones. Esto implica que el hombre puede relacionarse con Dios internamente, no externamente por medio de la iglesia, eliminando la necesidad de estar asociado con ella. En la teología de Rahner, Cristo cumple el potencial humano en su obediencia. Cristo es, según Rahner, el pináculo de la evolución humana.[6]

Edward Schillebeeckx. Edward Schillebeeckx (1914-2009) ha sido un teólogo católico holandés que ha consternado a la Iglesia romana con sus desviaciones de la doctrina católica. En cuanto a la revelación cree que no solo se da en palabra, sino también en la realidad.[7] Por ejemplo, cuando alguien participa en la eucaristía, esa persona entra en contacto con la palabra revelada y con la realidad revelada. La realidad de la participación solo se logra a través de la iluminación del Espíritu Santo, la "luz de la fe".

Así, el desarrollo de la doctrina tiene su significado final en el testimonio interno del Espíritu Santo.

Schillebeeckx también ha estudiado ampliamente al Jesús histórico. Con sus conclusiones, a partir de la metodología de la crítica histórica, ha enfatizado la humanidad de Jesús. El ministerio de Jesús se llevó a cabo por su relación única con Dios. Aunque sí ha sugerido una perspectiva trinitaria, es dudoso que Schillebeeckx defienda la Trinidad histórica y ortodoxa.[8]

Del Concilio Vaticano II

El Vaticano II,[9] también llamado Vigésimo Primer Concilio Ecuménico de la Iglesia, fue convocado por el papa Juan XXIII en octubre de 1962, y vuelto a convocar para varias sesiones aparte por el papa Pablo VI desde septiembre de 1963 hasta su conclusión en 1965.

El Concilio se reunió para estudiar el impacto de la era tecnológica, su énfasis en el materialismo y los valores espirituales debilitados. La Iglesia católica buscaba renovarse y ministrar misericordia a los pobres y sufrientes en este mundo que padece la distribución desigual de la riqueza. La Iglesia buscaba unir a los cristianos extendiéndose hasta protestantes y ortodoxos. También pretendía el Vaticano II un énfasis bíblico en sus decisiones, más que afirmaciones teológicas abstractas.

Revelación. El Vaticano II buscó resolver las viejas tensiones entre la autoridad de las Escrituras y la de la tradición. En la declaración sobre la revelación divina afirmó que tanto las Escrituras como la tradición eran la revelación de Dios, y por lo tanto no podían contradecirse, especialmente porque fue el Espíritu Santo quien entregó las dos. Las Escrituras y la tradición juntas forman "un depósito sagrado de la Palabra de Dios". Para asegurar la reconciliación, la interpretación debe concentrarse en la revelación conjunta de las dos.

El Vaticano II enfatizó que la revelación no es solo un conjunto de doctrinas, sino que está en la persona. Parece ser que el teólogo neo-ortodoxo Søren Kierkegaard influenció a los teólogos del Vaticano II en este punto.

Inerrancia. El Concilio Vaticano II afirmó: "Debe reconocerse que los libros de las Escrituras enseñan firmemente, fielmente y sin errores la verdad que Dios quiso dejar en los escritos sagrados para nuestra salvación".[10] El énfasis católico de esta definición se alinea con el protestantismo liberal al permitir "errores en la Biblia que no afecten el mensaje esencial" o "declaraciones erradas fortuitas".[11]

Ecumenismo. Por medio del Decreto sobre el Ecumenismo, el Vaticano II se extendió a cristianos no católicos con la esperanza de que "pudiera haber una Iglesia visible de Dios, una Iglesia verdaderamente universal y enviada a todo el mundo".[12] El Vaticano II reconoció la legitimidad de las comunidades cristianas no católicas y dejó de pedir su regreso a la Iglesia romana.

Los cristianos no católicos recibieron el nombre de "hermanos separados", y se permitió la adoración pública con protestantes.

El Vaticano II indicó que protestantes y católicos por igual eran responsables de la división que tuvo lugar en la Reforma. El Concilio buscaba unidad con los no católicos mediante un lenguaje conciliador. Tal iniciativa se promovió aún más con el nombramiento de un secretario permanente para la Promoción de la Unidad Cristiana.

Papado. El Vaticano I (1869-1870) había decretado la infalibilidad del papa en sus pronunciamientos *ex cathedra*, esto es, en ejercicio de su autoridad de pastor de todos los cristianos, de acuerdo con la autoridad recibida como sucesor del apóstol Pedro. El Vaticano II reafirmó tal doctrina, pero modificó el absolutismo papal dándoles autoridad a los obispos bajo los auspicios del papa. Bajo el principio de colegialidad, se afirmó la autoridad de los obispos, junto con la del papa, como colegio episcopal sobre la Iglesia. Este acto, con su autoridad compartida, aplacó a algunos elementos de la Iglesia.

María. El Vaticano II buscaba enfatizar que María era "un miembro de la comunidad de la Iglesia, y no alguna clase de ser semidivino exaltado sobre la Iglesia".[13] No obstante, María debe recibir veneración por su sublime dignidad como madre de Dios y madre de la Iglesia. También se afirmó que María estaba completamente libre de pecado desde el momento de su concepción. María estuvo al lado de Jesús en cada momento de su vida, cooperó con Él en restaurar la vida a las almas, cuya función continuó después de ser llevada al cielo. El Concilio también recomendó devoción a María, la madre de Dios.[14]

Sacramentos. El Vaticano II introdujo cambios notorios en algunas formas de los siete sacramentos católicos. En vez de colocarse frente al altar con su espalda hacia las personas, el sacerdote ahora oficia mirando hacia las personas; la liturgia de la misa se hace en el idioma de las personas, no en latín. Los laicos pueden ahora colaborar con el sacerdote, y las mujeres pueden ayudar con las lecturas de la misa.[15] "Los objetivos generales buscaban hacer la liturgia más *simple*, más *participativa*, más *inteligible* y más *dinámica*. Los ritos se simplificaron por eliminación de repeticiones, inclinaciones, besos, señales de la cruz y genuflexiones... Se enfatizó más la participación asignando muchas respuestas a las personas y, sobre todo, haciendo la liturgia en la lengua vernácula para que las personas pudieran entender el mensaje".[16]

(1) Bautismo. Se dio más importancia al bautismo para enfatizar la unidad de los miembros con Cristo en su muerte y resurrección. Se restableció la catequesis, donde se prepara al candidato al bautismo por medio de instrucción y examen.

(2) Confirmación. Aunque se formuló y decretó originalmente en la Edad Media como un sacramento aparte, a veces se considera parte del

bautismo. Por lo tanto, es común que el sacerdote administre los dos sacramentos al mismo tiempo, particularmente cuando participan adultos convertidos.

(3) Eucaristía. El Vaticano II diseñó una eucaristía más participativa. La ceremonia debía ser más corta y más simple, para que las personas la entendieran mejor. Las personas participarían en la lectura y la presentación de las ofrendas. Debían emplearse más las Escrituras. Ahora se animaba a los católicos a orar con los protestantes y a adorar con ellos ocasionalmente, cosa que antes estaba prohibida.

(4) Penitencia. Con la caída en la práctica de la confesión, el Vaticano II reformó el rito de la penitencia, que incluía la confesión general y la absolución general. Se animó a los sacerdotes a ser más flexibles y menos legalistas, en la confesión privada, para recordarle al penitente el amor de Dios.[17]

(5) Unción de los enfermos. El término *extremaunción* se cambió por *unción de los enfermos*, lo cual reflejaba un "cambio en la perspectiva: del acto final de la Iglesia que ayudaba al alma a entrar en la eternidad, pasó a un medio para fortalecer y sanar tanto el cuerpo como el alma".[18] Con la reforma del Vaticano II, este sacramento ahora pone énfasis en la participación del individuo. En lugar de ungir al enfermo moribundo, ahora el ritual está diseñado para que el enfermo participe en las lecturas y la oración.[19]

(6) Matrimonio. En la perspectiva católica tradicional con respecto al matrimonio, la principal razón de ser de este era la procreación y la educación de los hijos; la expresión de amor tan solo era algo secundario. El Vaticano II borró tales distinciones, dándole más importancia al amor en el matrimonio. También se permitió oficiar misa en una boda donde uno de los dos es católico y el otro es no católico bautizado.[20] El divorcio sigue estando prohibido.

(7) Ordenación sacerdotal. Antes del Vaticano II se consideraba que el ministerio era una labor casi exclusiva del clero. El Vaticano II buscaba la participación del laicado en el ministerio por medio de la educación, para que así reconocieran cuáles eran sus dones y los usaran. Ahora se considera al sacerdote como un "hermano entre los hermanos". Todos los fieles se consideran iguales; ahora los laicos pueden tener un rol activo en el ministerio de la Iglesia (aunque el clero retiene su ministerio único).[21]

Afirmaciones del Vaticano del 2007. El año 2007, el papa Benedicto XVI volvió a afirmar que la Iglesia católica romana es "la única Iglesia de Cristo"; el Vaticano II no cambió la creencia en que la única Iglesia de Cristo, con sus elementos históricos que incluyen la sucesión apostólica y el sacerdocio sacramental, existe solamente en la Iglesia católica romana. No obstante, la declaración del 2007 del Vaticano reconoce que la Iglesia de Cristo opera en iglesias que no están en completa comunión con la Iglesia católica, y que Dios ha usado a tales iglesias como "instrumentos de salvación".

De los católicos evangélicos o carismáticos[22]

El movimiento carismático ha afectado a muchos grupos diferentes, y la Iglesia católica romana no es la excepción. Hay quien ubica el inicio de la participación católica en el movimiento carismático en el *cursillo*, un fin de semana de oración intensa y emocional practicado por personas de habla hispana. En febrero de 1967, dos profesores de la Universidad de Duquesne en Pittsburgh, quienes habían asistido a reuniones pentecostales protestantes y al *cursillo*, organizaron un retiro en el que se vivió una experiencia pentecostal. Experiencias semejantes se repitieron en la Universidad Estatal de Michigan y en la de Notre Dame en la primavera del mismo año. En 1969, la Iglesia le dio su aprobación cautelosa y el movimiento creció. Para 1973 se estimaba el número de católicos pentecostales de Estados Unidos y Canadá en 50.000; para 1984 había 5.700 grupos de oración en Estados Unidos, 250.000 personas asistían semanalmente a las reuniones de oración carismáticas y otras 250.000 participaban de otras formas. Se calcula que entre ocho y diez millones de católicos han participado en el movimiento desde 1967.

Aunque el movimiento carismático católico ha atraído a sacerdotes, es principalmente laico. Tiene su propia oficina central en South Bend, Indiana, una revista y una editorial y una convención anual que se suele celebrar en la Universidad de Notre Dame.

El movimiento católico evangélico ha coincidido con el movimiento carismático en la Iglesia católica. Algunos católicos comenzaron a reunirse en grupos para estudiar la Biblia y orar, dado el énfasis en la religión personal y vivencial. Comenzaron a dar testimonio de su fe. Los grupos comenzaron a reunirse en comunidades para "discernir conjuntamente la vida en Cristo" y a compartir las necesidades económicas unos con otros. Se dieron muchos informes de sanidades. Los avivamientos evangélicos se han vuelto una forma popular de evangelismo en las iglesias católicas de negros. Sin duda, la Biblia y la personalización de la fe se han hecho notorias en sectores de la Iglesia católica desde el Vaticano II.

EVALUACIÓN RESUMIDA DEL
CATOLICISMO CONTEMPORÁNEO

Observaciones[23]

El Concilio Vaticano II ha preparado el terreno para nuevas direcciones en la teología católica romana. Ha habido una inclinación hacia la participación de las personas y, de alguna forma, se ha roto la distinción entre el sacerdote y el pueblo. Por lo tanto, se considera que la revelación está mediada por las percepciones religiosas de las personas, además de la Biblia y la tradición católico-romana. Se le ha quitado algo de autoridad a la jerarquía porque ahora recibe su mandato de las personas y es responsable ante ellas. Por lo tanto, se está moviendo decididamente hacia la concepción de que la iglesia debe tener su propio gobierno y enseñarse a sí misma.

En los años sesenta comenzó una tendencia hacia la secularización, pues los católicos dejaron el aislamiento en sus instituciones y se hicieron más partícipes de la vida y la cultura. John Courtney Murray defendió la idea de vivir y adaptarse a una sociedad pluralista, aunque respaldaba la institución. Por otro lado, Daniel Berrigan apoyaba el uso de la violencia para derrocar la sociedad corrupta.

El existencialismo también ha afectado al catolicismo romano y ha ayudado a sacarlo de su racionalismo anterior. Esto puede verse en el nuevo catecismo holandés, cuyo comienzo está ahora en el hombre, y no en Dios. La neo-ortodoxia es evidente en el enfoque del hombre hacia Cristo a través de un encuentro existencial. Este tipo de encuentro también se ha aplicado a los sacramentos; el hombre puede encontrarse con Dios por medio de los sacramentos.

En resumen, puede observarse que desde el Vaticano II la Iglesia católica romana ha abierto más su mente, extendiéndose a los protestantes como "hermanos separados". La Biblia ya no es el libro cerrado que solía ser. La teología católica también ha cambiado de su enfoque centrado en Dios a un enfoque centrado en el hombre; se ha pasado de la evaluación del mundo a partir de la perspectiva divina, a experimentar el mundo desde la perspectiva humana.

Evaluaciones

Hans Küng ha rechazado la divinidad de Jesucristo empleando la crítica histórica; sugiere que Cristo nunca afirmó ser el Mesías. Usando la misma metodología también rechazó la inspiración de las Escrituras.

La perspectiva del hombre de Rahner no tiene en cuenta apropiadamente la condición del hombre caído en pecado, porque para Rahner toda persona puede tener conocimiento de Dios. La perspectiva que Rahner tiene de Cristo también es defectuosa. Lo ve con admiración, pero solo desde el punto de vista de su obediencia como ser humano y como el pináculo de la evolución. Obviamente, Rahner no enseña que Cristo como Dios-hombre tenga dos naturalezas.

Edward Schillebeeckx enfatiza el existencialismo relacionándolo con la eucaristía, y confunde al mismo tiempo el ministerio de iluminación del Espíritu Santo con la recepción de los elementos de la eucaristía. Aparentemente, Schillebeeckx niega la unión de las dos naturalezas de Cristo, completamente humano y completamente divino, en un solo Dios-hombre.

El Vaticano II ha redireccionado dramáticamente la Iglesia católica romana, cambiando muchos de los énfasis del Vaticano I. El Vaticano II ha buscado personalizar la fe católica y darle más significado por medio del uso de las lenguas vernáculas y la participación del pueblo. Ha habido más énfasis en la Biblia, lo cual ha resultado en grupos de estudio y oración, evangelismo, y grupos carismáticos. Como resultado del Vaticano II, la Iglesia católica romana es una amalgama: algunas iglesias locales siguen siendo tradicionalistas pre-Concilio, otras se han vuelto más progresistas y contemporáneas, y otras más están confundidas en su búsqueda de identidad.

NOTAS

1. Véase también la explicación "Teología dogmática católico-romana", cap. 37.

2. Jay Dolan, *The American Catholic Experience* (Garden City: Image, 1985), 433.

3. Klaas Runia, *The Present-Day Christological Debate* (Downers Grove: InterVarsity, 1984), 59.

4. Véase el resumen de W. Corduan, "Rahner, Karl", en Walter A. Elwell, ed., *Evangelical Dictionary of Theology* [*Diccionario teológico de la Biblia*] (Grand Rapids: Baker, 1984), 906-907. Publicado en español por Caribe.

5. *Ibíd.*, 906.

6. *Ibíd.* Para otro buen resumen de la teología de Rahner véase Robert Kress, *A Rahner Handbook* (Atlanta: Knox, 1982), 36-41.

7. Peter Toon, *The Development of Doctrine in the Church* (Grand Rapids: Eerdmans, 1979), 96-99.

8. Runia, *Present-Day Christological Debate*, 53-58.

9. Para explicaciones de los desarrollos del Vaticano II en el catolicismo contemporáneo véase: F. S. Piggn, "Roman Catholicism" y C. T. McIntire, "Vatican Council II", en *Evangelical Dictionary of Theology* [*Diccionario teológico de la Biblia*], 955-959, 1135-1137 y David F. Wells, "Recent Roman Catholic Theology", en Stanley N. Gundry y Alan F. Johnson, eds., *Tensions in Contemporary Theology* (Chicago: Moody, 1976), 287-384. Para explicaciones de los documentos del Vaticano II véase Walter M. Abbott, S. J., ed., *The Documents of Vatican II* (Nueva York: Herder and Herder, 1966) y Thomas Bokenkotter, *Essential Catholicism* (Garden City: Image, 1986).

10. Citado en Bokenkotter, *Essential Catholicism*, 32.

11. *Ibíd.*

12. *Ibíd.*, 100.

13. *Ibíd.*, 133.

14. *Ibíd.*, 133-134.

15. *Ibíd.*, 161.

16. *Ibíd.*, 168.

17. *Ibíd.*, 232-233.

18. *Ibíd.*, 245.

19. *Ibíd.*

20. *Ibíd.*, 250.

21. *Ibíd.*, 256-257.

22. Véase el resumen útil en Dolan, *The American Catholic Experience*, 431-433.

23. Véase Wells, "Recent Roman Catholic Theology", en *Tensions in Contemporary Theology*, 229ss.

PARA ESTUDIO ADICIONAL SOBRE LA TEOLOGÍA CATÓLICA

** Walter M Abbott, ed., *The Documents of Vatican II* (Nueva York: Herder and Herder, 1966).

* John Armstrong, ed., *Roman Catholicism: Evangelical Protestants Analyze What Divides and Unites Them* (Chicago: Moody, 1994).

** G. C. Berkouwer, *The Second Vatican Council and the New Catholicism* (Grand Rapids: Eerdmans, 1965).

** Thomas Bokenkotter, *Essential Catholicism* (Garden City: Image, 1986).

* Greg Dues, *Catholic Customs & Traditions: A Popular Guide*, rev. act. (New London: Twenty-Third, 2000).

* Walter A. Elwell, ed., *Evangelical Dictionary of Theology* [*Diccionario teológico de la Biblia*] (Grand Rapids: Baker, 1984). Publicado en español por Caribe. Véanse artículos como "Vatican Council II", "Küng, Hans", "Rahner, Karl", "Roman Catholicism" y otros.

* Deane William Ferm, *Contemporary American Theologies: A Critical Survey* (Nueva York: Seabury, 1981), 112-134.

** Robert Kress, *A Rahner Handbook* (Atlanta: Knox, 1982).

** George A. Lindbeck, *The Future of Roman Catholic Theology: Vatican II—Catalyst for Change* (Filadelfia: Fortress, 1970).

* Dwight Longenecker y David Gustafson. *Mary: A Catholic-Evangelical Debate* (Grand Rapids: Brazos, 2003).

* Klaas Runia, *The Present-Day Christological Debate* (Downers Grove: InterVarsity, 1984), 47-65.

** E. Schillebeeckx, *Revelation and Theology* (Nueva York: Sheed & Ward, 1967).

* Alan Schreck, *Catholic and Christian: An Explanation of Commonly Misunderstood Catholic Beliefs* (Cincinnati: Servant, 2004).

* David L. Smith, *A Handbook of Contemporary Theology* (Wheaton: BridgePoint, 1992), 87-102.

* Peter Toon, *The Development of Doctrine in the Church* (Grand Rapids: Eerdmans, 1979), 89-103.

* David F. Wells, "Recent Roman Catholic Theology" en Stanley N. Gundry y Alan F. Johnson, eds., *Tensions in Contemporary Theology* (Chicago: Moody, 1976), 287-324.

** David Wells, *Revolution in Rome* (Downers Grove: InterVarsity, 1972)

45

TEOLOGÍA CONSERVADORA

HAY AL MENOS TRES TÉRMINOS para identificar el cristianismo bíblico de hoy: *conservador, evangélico* y *fundamentalista*. Sin duda, tales términos significan cosas diferentes para diferentes personas. *Conservador* identifica en general a la persona u organización que se opone al cristianismo liberal y se aferra a las doctrinas históricas de la fe cristiana. Los otros dos términos requieren explicaciones más largas.

EVANGELICALISMO

Evangélico es un término bíblico, que se deriva del griego *euangelion*, cuyo significado es "las buenas nuevas"; por lo tanto, un evangélico es un heraldo de las buenas nuevas de Jesucristo.[1] Sin embargo, el término debe entenderse en su contexto. En Europa el término *evangélico* no denota necesariamente a quien sostiene doctrinas conservadoras, pues se ha vuelto sinónimo de protestante.[2] Sin embargo, en Estados Unidos el término se usa para denotar a quien sostiene las doctrinas históricas de la fe. Se prefiere el término *evangélico* al término *fundamentalista*, porque el primero se considera más conciliador, mientras el segundo suele identificarse con el separatismo y el legalismo. Aunque cerca de 50 millones de estadounidenses se identificaban como evangélicos en los años setenta y ochenta, probablemente menos del 10% se identificaría como fundamentalistas separatistas.[3] Según el Grupo de Investigación Barna, el 40% de los estadounidenses se identificaba como evangélicos en el año 2003.

Desarrollo histórico del evangelicalismo

El evangelicalismo está enlazado históricamente con los movimientos reformadores de la historia de la iglesia, particularmente la Reforma, pero también con los despertares evangélicos del siglo XVIII. En el siglo XIX y gran parte del XX, el evangelicalismo tendió a retroceder ante el embate del liberalismo. En años recientes el evangelicalismo se ha hecho más importante gracias a sus universidades y seminarios, escritos y medios de comunicación.

George Mardsen ha identificado cuatro etapas del evangelicalismo.[4] La primera etapa fue desde la década de 1870 hasta el final de la Primera Guerra Mundial; en este período se vio emerger a los liberales teológicos dentro de las denominaciones evangélicas. En esta época también surgieron los grupos pentecostales y de santidad, así como los grupos de avivamiento y los premilenaristas con su énfasis en la escatología. La segunda etapa iba desde 1919 hasta 1926, cuando se atacó a los modernistas en la mayoría de las denominaciones. Los evangélicos formaban parte de la corriente principal del protestantismo durante esta época. La tercera etapa iba desde 1926 hasta la década de 1940, cuando se consideraba sectarios a los evangélicos (fundamentalistas); la mayoría trabajaba fuera de las principales denominaciones con sus colegios y misiones independientes. Los evangélicos pasaron del norte al sur de Estados Unidos durante este período. La cuarta etapa va desde la década de 1940 hasta hoy; aquí surge un nuevo evangelicalismo a partir de la tradición fundamentalista original. Aparecieron dos nuevos movimientos: el evangelicalismo y el fundamentalismo separatista. El más numeroso de los dos es el evangelicalismo, cuyos miembros no desean llamarse fundamentalistas pero son teológicamente conservadores.

Han emergido varios grupos importantes para dar voz al evangelicalismo. En 1941 se fundó la Asociación Nacional de Evangélicos, organizada para defender la ortodoxia en oposición al liberalismo; aun así, estos evangélicos no querían darse a conocer como reaccionarios o negativos, como el Concilio Estadounidense de Iglesias Cristianas, su contrapartida fundamentalista. En 1949 se formó la Sociedad Evangélica Teológica para promover la erudición en el evangelicalismo. La única posición doctrinal que une a estos evangélicos es la inerrancia de las Escrituras.

Afirmaciones doctrinales del evangelicalismo

La doctrina fundamental del evangelicalismo es la inerrancia de las Escrituras, tal como figura en la declaración doctrinal de la Sociedad Teológica Evangélica, por ejemplo: "La Biblia sola, la Biblia en su totalidad, es la Palabra de Dios escrita, y por lo tanto es inerrante en los autógrafos". En general, los evangélicos defienden la inspiración verbal plenaria (Mt. 5:18), en lugar de la inspiración conceptual o mecánica (véase en el glosario "inspiración conceptual").

Los evangélicos creen en el Dios soberano, trino, coexistente como Padre, Hijo y Espíritu Santo. En particular, se afirma la deidad del Hijo y la personalidad del Espíritu Santo.

Los evangélicos también enseñan que el hombre era inocente cuando fue creado (Col. 3:10), pero el pecado entró en la raza humana por el pecado de Adán y pasó a las generaciones siguientes (Ro. 5:12). El hombre está totalmente depravado y corrompido a raíz de la Caída, y requiere que la gracia de Dios actúe para redimirlo. Jesucristo pagó el precio de esta redención para toda la raza humana y fue un sustituto suficiente (Mt. 20:28; 2 Co. 5:21; 1 Ti. 2:6). Cristo satisfizo la justicia del Dios santo por medio de su muerte expiatoria, y gracias a ello reconcilió al hombre con Dios (2 Co. 5:19). Para afirmar la realidad de la redención, Cristo resucitó corporalmente de la tumba (Mt. 28:6), como heraldo de las buenas cosas para los creyentes que sigan su guía (1 Co. 15:20-23). Cristo ascendió corporalmente al cielo (Hch. 1:9) y volverá de nuevo en su persona física (Hch. 1:11).

Los evangélicos están divididos en cuanto a la naturaleza de los sucesos al final de los tiempos. Los premilenaristas creen que Cristo establecerá un reino literal de mil años sobre la tierra, los amilenaristas creen que el regreso de Cristo marcará el comienzo del estado eterno y los postmilenaristas creen que Cristo regresará después del milenio.

La salvación por gracia, por medio de la fe, no por obras, es una doctrina importante del evangelicalismo (Ef. 2:8-9). Al creyente se le declara justo por medio de la sola fe (Ro. 5:1) y reconciliado con Dios (2 Co. 5:19). Como el nombre evangélico implica "buenas nuevas", los evangélicos creen firmemente en el evangelismo, la necesidad de compartir el mensaje de salvación por gracia por medio de la fe (Mt. 28:18-20; Lc. 24:47; Hch. 1:8).

Evaluación resumida del evangelicalismo

Por medio de las organizaciones evangélicas ya mencionadas, y de otras instituciones evangélicas como universidades y seminarios, ha habido un resurgimiento del conocimiento teológico, un desarrollo de liderazgo influyente y una mayor afirmación pública de la fe cristiana histórica.

FUNDAMENTALISMO

La palabra *fundamentalista* la usó por primera vez en 1920 Curtis Lee Laws, editor bautista del *Watchman-Examiner*, para identificar a quien defendía las doctrinas históricas de la fe cristiana, como la inspiración de las Escrituras, la deidad de Cristo y el carácter genuino de los milagros.

Marsden define un fundamentalista como: "1. un evangélico protestante; 2. un antimoderno, lo cual quiere decir una persona que suscribe los dogmas fundamentales del cristianismo bíblico sobrenaturalista tradicional; 3. un adversario de este antimodernismo o alguien opuesto a ciertos aspectos de la secularización. Entonces, un fundamentalista es un evangélico adversario del antimodernismo.[5]

Desarrollo histórico del fundamentalismo

Históricamente, el fundamentalismo se ha usado para identificar a quien sostiene los cinco fundamentos de la fe adoptados por la Asamblea General de la Iglesia Presbiteriana de Estados Unidos en 1910. Los cinco fundamentos escogidos fueron los milagros de Cristo, el nacimiento virginal de Jesús, la expiación sustitutiva de Cristo, la resurrección corporal de Cristo y la inspiración de las Escrituras.[6] El fundamentalismo ha defendido los fundamentos históricos del cristianismo como fueron desarrollados particularmente en *The Fundamentals* [Los fundamentos]. Inicialmente se publicaron en doce folletos editados por R. A. Torrey y A. C. Dixon. Se han distribuido más de tres millones de copias entre pastores y otras personas. La serie refutaba la alta crítica liberal, negaba la evolución, afirmaba la autoridad mosaica del Pentateuco, respaldaba la unidad de Isaías, defendía la inspiración, el nacimiento virginal, la deidad de Cristo, su muerte expiatoria y muchos otros asuntos. Sus escritores incluían a gigantes conservadores de la fe: W. H. Griffith Thomas, J. Orr, A. C. Gaebelein, B. B. Warfield, C. I. Scofield, H. C. G. Moule, A. T. Pierson, C. R. Erdman y muchos otros.[7]

Los primeros proponentes del fundamentalismo argumentaban convincente y vigorosamente a favor de los principios históricos del cristianismo. Tal cosa se veía en *Los fundamentos*, también en obras como *Christianity and Liberalism* [Cristianismo y liberalismo] y *The Christian Faith in Modern World* [La fe cristiana en el mundo moderno], de J. Gresham Machen (1881-1937). Machen defendió al fundamentalismo desde sus inicios, y encabezó a un grupo de antiguos profesores del Seminario Princeton en la formación del Seminario Teológico Westminster cuando éstos fueron incapaces de evitar el cambio doctrinal de Princeton en 1929. Westminster se erigió como la contrapartida conservadora de Princeton que había prácticamente abandonado su posición histórica conservadora. En 1936 Machen, junto con Carl McIntire y J. Oliver Buswell, ayudó a formar la Iglesia Presbiteriana de Estados Unidos. Machen y otros fueron expulsados de la denominación por formar una junta de misión independiente.[8] Clarence Macartney, sobresaliente en el púlpito, se unió a los esfuerzos de Machen. Después, Carl MacIntyre fundó la Iglesia Presbiteriana Bíblica y el Seminario Teológico Fe por el tema del premilenarismo. En 1930 se formaron las Iglesias Fundamentales Independientes de Estados Unidos (una comunidad independiente de iglesias).

Los bautistas fundamentalistas también lucharon contra el liberalismo en el norte del país. Ello dio como resultado nuevas denominaciones bautistas: la Asociación General de Bautistas Regulares en 1932 y la Asociación Bautista Conservadora de Estados Unidos en 1947. En 1919 William B. Riley, fundador del Northwestern College de Minneapolis, ayudó a formar la Asociación Mundial de Fundamentos Cristianos, con su énfasis en el premilenarismo y en la segunda venida de Cristo. Mientras tanto, T. T. Shields, pastor de la Iglesia Bautista Jarvis Street en Toronto, Canadá, fundó el Seminario Bautista de Toronto. En el sur, J. Frank Norris, pastor de la Primera Iglesia Bautista de Forth Worth, fundó el Seminario Bíblico Bautista. Estos hombres juntos también fundaron la Unión Bautista Bíblica para "alentar a las iglesias bautistas individuales a separarse de su denominación y unirse al cuerpo separatista para hostigar a la Convención Bautista del Norte".[9]

638   COMPENDIO PORTAVOZ DE TEOLOGÍA

Afirmaciones doctrinales del fundamentalismo

La doctrina fundamentalista se centra en los cinco fundamentos, aunque puede delinearse con mucho más detalle. Los fundamentalistas afirman la inspiración verbal plenaria y la inerrancia de las Escrituras (2 Ti. 3:16; 2 P. 1:21). A su vez, históricamente esto ha significado la negación de las siguientes cosas: la hipótesis documentaria del Pentateuco, el deutero-Isaías o el trito-Isaías, la fecha tardía de Daniel, la alta crítica y otros desarrollos más recientes. El fundamentalismo también ha enseñado la necesidad de creer en el nacimiento virginal de Cristo (Is. 7:14; Mt. 1:18-25; Lc. 1:35).

Los fundamentalistas creen en la confiabilidad de las Escrituras en sus afirmaciones sobre los milagros de Cristo: caminó sobre el agua (no en un banco de arena); calmó la tormenta, expulsó demonios, devolvió la vista a los ciegos y resucitó a los muertos. Los relatos sobre la vida de Cristo deben entenderse literalmente.

En la doctrina fundamentalista es importante la muerte expiatoria de Cristo (Mr. 10:45; Gá. 3:13). Cristo no murió solo como ejemplo o mártir; murió en sustitución, el Justo por los injustos (2 Co. 5:21; 1 P. 2:24).

La doctrina fundamentalista de la resurrección corporal de Cristo es igualmente importante. Cuando Cristo se levantó de entre los muertos, no fue solo su espíritu o sus enseñanzas las que resucitaron; Él se levantó corporalmente de la tumba, como lo afirmaba el hecho de que podía comer (Jn. 21:9-12), podían tocarlo (Jn. 20:27-28) y verlo (Lc. 24:34; 1 Co. 15:3-8; 1 Jn. 1:1). Los fundamentalistas también creen en el regreso literal de Cristo desde el cielo (Zac. 14:4; Mt. 25:31).

La deidad de Cristo, una doctrina central del fundamentalismo, está incluida en algunas declaraciones de los cinco fundamentos (Jn 1:1; Col. 2:9; He. 1:8-10).

En cuanto al origen del hombre, los fundamentalistas han afirmado que Dios creó directamente las especies individuales, incluyendo al hombre (Gn. 1:12, 24; etc.), y han rechazado cualquier forma de evolución.

Los fundamentalistas enseñan: la literalidad del infierno (Lc. 16:19-31); la realidad de Satanás y los demonios; la necesidad que tiene el hombre de salvación espiritual por creer en el evangelio (Hch. 16:31); lo poco adecuado que resulta el evangelio social; la separación, no solo del pecado y de lo mundano, también de los liberales y otros grupos que niegan los fundamentos de la fe cristiana.

Evaluación resumida del fundamentalismo

A comienzos del siglo xx, el fundamentalismo defendió bien la ortodoxia. Los gigantes intelectuales de la ortodoxia y los predicadores prominentes de la época representaron la fe cristiana histórica. Tales líderes defendieron las doctrinas que habían creído cristianos devotos a través de los siglos. Hacia finales del siglo XX, el énfasis cambió hasta cierto punto. La separación se volvió una doctrina tan importante como los fundamentos históricos. El espíritu fuerte del fundamentalismo no siempre adornaba apropiadamente al evangelio de Cristo y, aunque las declaraciones podían ser correctas o no, la actitud con que se presentaba no siempre era favorable, especialmente cuando hacía declaraciones negativas contra otros creyentes.

NEO-EVANGELICALISMO

Desarrollo histórico del neo-evangelicalismo

El término neo-evangélico fue acuñado por el Dr. Harold John Ockenga, pastor de la Iglesia Congregacional Park Street en Boston, en una convocatoria del Seminario Teológico Fuller, en 1948. Ockenga explicó la posición del neo-evangelicalismo:

> El nuevo evangelicalismo es una ruptura con... tres movimientos. Rompe primero con la neo-ortodoxia, porque acepta la autoridad de la Biblia... Rompe con el modernismo... porque abraza completamente el sistema de doctrinas ortodoxo, en contra del aceptado por el modernismo. Rompe con el fundamentalismo, porque cree que la enseñanza bíblica, la doctrina y la ética bíblicas deben aplicarse a la escena social; deben aplicarse a la sociedad en el mismo sentido en que se aplican al individuo.[10]

El neo-evangelicalismo surgió como una reacción, expresada particularmente como insatisfacción con el fundamentalismo. Carl F. H. Henry (1913-1993), teólogo evangélico prominente y fundador de *Christianity Today*, sugirió que el fundamentalismo había pasado de "fundamentalismo clásico como teología a fundamentalismo como espíritu reaccionario negativo".[11] Henry creía que el fundamentalismo representaba mal al cristianismo bíblico debido a la estrechez de pensamiento al concentrarse solo en una parte del mensaje bíblico, mostrar falta de erudición, obsesionarse por pelear contra el modernismo y exhibir un espíritu contencioso, duro y poco amoroso. Henry enfatizó la necesidad de la responsabilidad social.

Aunque no todos los adherentes al movimiento comparten las mismas posturas, ha habido una tendencia de tolerancia hacia los liberales. Los han llamado "amigos marginados", mientras que los fundamentalistas los llamarían herejes.

Entre los defensores del neo-evangelicalismo han habido personajes como Harold Ockenga, Carl F. H. Henry, E. J. Carnell, Billy Graham y Bernard Ramm. El Seminario Teológico Fuller ha sido la institución líder del movimiento. La revista *Christianity Today* se considera su portavoz editorial.

Afirmaciones doctrinales del neo-evangelicalismo

Responsabilidad social. Los neo-evangélicos consideran que los fundamentalistas han rechazado las implicaciones sociales del evangelio. Por ello procuran responder a este tipo de problemas. Acusan a los fundamentalistas de obsesionarse por la salvación personal del pecado porque creen en el pecado humano y en el pronto regreso de Cristo.[12] Erickson declara que los neo-evangélicos "no defienden un evangelio social; también se necesita la regeneración personal para la salvación individual. Sin embargo, su preocupación es la aplicación social del evangelio".[13]

Separación. El asunto de la separación usualmente se remonta a J. Gresham Machen, del Seminario Princeton, quien dejó el seminario para ayudar en la formación del Seminario Westminster, y también dejó la Iglesia Presbiteriana de Estados Unidos por causa del liberalismo. Por esta razón, Machen se considera un ejemplo del separatismo. Los neo-evangélicos tienden a criticar a Machen y a otros por separarse de sus iglesias, denominaciones o misiones por causa del liberalismo. E. J. Carnell fue un gran crítico de Machen, lo acusó de deshonrar la doctrina de la iglesia con su separatismo.

Ronald H. Nash ha argumentado en contra del separatismo porque (1) "ha tendido a promover actitudes divisionistas entre la ortodoxia"; (2) "ha exaltado indebidamente doctrinas menores y ha hecho de ellas una prueba de comunión"; (3) "no ha comunicado o ha rehusado comunicarse con quienes están en desacuerdo".[14]

Inerrancia. En este aspecto y en la metodología crítica existe algo de diversidad entre los neo-evangélicos. Richard Quebedeaux identifica un compromiso del neo-evangelicalismo con la crítica histórica. Esto es así porque el neo-evangelicalismo reconoce a las Escrituras no solo como un producto de Dios, sino también como producto humano. Las Escrituras llevan las marcas del condicionamiento cultural. "Reinterpretan los antiguos conceptos de infalibilidad e inerrancia hasta el punto de que varios eruditos evangélicos dicen que la *enseñanza* de las Escrituras es inerrante (es decir, los asuntos de fe y práctica), no el texto como tal".[15] Sin embargo, debería reconocerse que aun cuando algunos neo-evangélicos niegan la inerrancia bíblica, otros la afirman. Harold Ockenga era uno de ellos.

Ciencia. La relación entre la ciencia moderna y la Biblia diferencia al neo-evangelicalismo del fundamentalismo. En cuanto al Génesis, los fundamentalistas han argumentado tradicionalmente la teoría de la brecha, que permitiría la extensión de tiempo sugerida por la ciencia o el creacionismo reciente. Tal vez quien mejor ha expresado la perspectiva neo-evangélica sobre la ciencia sea Bernard Ramm (1916-1992) en *The Christian View of Science and Scripture* [La perspectiva cristiana de la ciencia y las Escrituras]. Ramm sugirió la armonía de la ciencia moderna y la Biblia estableciendo que el universo tenía 4.000 o 5.000 millones de años. Aunque Ramm se refirió a sí mismo como creacionista progresivo, también sugirió que creer en la evolución no es anticristiano. Declaró que el hecho de que algunos protestantes y católicos creen en la evolución "es una fuerte evidencia de que la evolución y el cristianismo no son incompatibles metafísicamente".[16] E. J. Carnell argumentó a favor de un "umbral de la evolución", lo cual permite "una gran variedad de cambio dentro de las 'especies' creadas por Dios originariamente".[17]

Evaluación resumida del neo-evangelicalismo

Responsabilidad social. Con todo el énfasis que hace el neo-evangelicalismo en la responsabilidad social, es notorio que las Escrituras dicen muy poco sobre la responsabilidad social con los incrédulos. Gálatas 6:10 es uno de los pocos pasajes que se aplica en este punto y solo de manera secundaria. (Por supuesto, algunos encontrarán aplicaciones en los énfasis sociales de los profetas. Sin embargo, el asunto no es del todo igual porque Israel era una nación teocrática).

Separación. Los neo-evangélicos tienden a ignorar las enseñanzas de las Escrituras sobre la separación. La Biblia dice mucho en este aspecto (cp. Ro. 12:2; 16:17; 2 Co. 6:14-18; Tit. 3:10; Stg. 4:4; 2 Jn. 9-11). Aunque no siempre es fácil aplicar estos pasajes, hacerlo tiene ramificaciones serias. El cristiano debería preguntarse como mínimo si hay alguna forma posible de cooperación religiosa con quienes niegan doctrinas fundamentales como la deidad de Cristo o su expiación sustitutiva.

Inerrancia. La metodología crítica se está discutiendo seriamente, y muchos conservadores se preguntan si en efecto es posible emplear la crítica histórica, de las fuentes, de las formas o de la redacción, sin sacrificar la inerrancia o el elemento divino de la inspiración. En las metodologías críticas, hay demasiadas cosas basadas en suposiciones imposibles de verificar. Los neo-evangélicos también diferencian entre inspiración e inerrancia.[18] Nash argumenta en contra de la inerrancia de los escritos originales, sugiere que solo es una suposición.[19] Tal cosa plantea un problema serio: ¿cómo puede contener errores la Biblia si es inspirada por Dios (2 Ti. 3:16)?[20]

Ciencia. El problema de intentar reconciliar la Biblia con la ciencia es que la ciencia cambia constantemente. Aquello que hace varias décadas se creía científicamente, hoy puede rechazarse. Hay quienes ya intentaron reconciliar la Biblia con la ciencia y terminaron avergonzados. Más aún, la Biblia se interpreta con frecuencia a la luz de la ciencia, en cuyo caso la ciencia se convierte en la autoridad, en lugar de la Biblia. Esto sucede con varios argumentos del creacionismo progresivo o del diluvio localizado. Personajes como Henry M. Morris han escrito amplias refutaciones científicas y bíblicas de la evolución.

Neo-fundamentalismo

Desarrollo histórico del neo-fundamentalismo

La naturaleza del fundamentalismo ha cambiado con los años, y eso ha llevado a que algunos llamen *neo-fundamentalismo* al movimiento fundamentalista moderno.[21] El neo-fundamentalismo enfatiza la "separación secundaria" (evitar a otros conservadores que se asocian con los liberales) donde el fundamentalismo histórico solo enfatizaba el separatismo de la apostasía.

Afirmaciones doctrinales del neo-fundamentalismo

Estos fundamentalistas rechazan a Billy Graham, no porque él sea liberal, sino porque habla con los liberales. Lo acusaron de destruir el evangelismo bíblico de masas con su "espíritu de inclusivismo".[22]

Las etiquetas neo-fundamentalistas en personas, colegios u organizaciones se traducen en disociación; por lo tanto, los neo-fundamentalistas se negaron a cooperar con Billy Graham en sus campañas evangelísticas, rechazaron la revista *Christianity Today* y censuraron escuelas como el Instituto Bíblico Moody y el Seminario Teológico de Dallas, porque invitaban a ciertos conferenciantes evangélicos.[23]

Hay escritores que han identificado el movimiento neo-fundamentalista con líderes del movimiento como el ya fallecido Jerry Falwell, Tim LaHaye, Hal Lindsey y Pat Robertson.[24] Tales líderes declararon públicamente

que ofrecen una respuesta a lo que muchos consideran la suprema crisis social, económica, moral y religiosa de Estados Unidos. Ellos identificaron a un nuevo enemigo con mayor penetración: el humanismo secular; lo consideraron el responsable de minar las iglesias, colegios, universidades, gobierno y familias, sobre todo. Lucharon contra todo lo que consideraron salido del humanismo secular: el evolucionismo, el liberalismo político y teológico, la moral personal relajada, las perversiones sexuales, el socialismo, el comunismo y cualquier cosa que aminorara la absoluta e inerrante autoridad de la Biblia.[25]

La antigua Mayoría Moral, con su actuación política en los años ochenta, también se consideraba como un aspecto más del neo-fundamentalismo.

Evaluación resumida del neo-fundamentalismo

El neo-fundamentalismo puede identificarse como el movimiento moderno que ha evolucionado hacia un movimiento con diferentes énfasis y perspectivas, aunque retiene las doctrinas fundamentales históricas de las Escrituras y las enseña con firmeza en púlpitos y aulas. No obstante, aunque del fundamentalismo histórico han salido gigantes intelectuales como Robert Dick Wilson, W. H. Griffith Thomas, el obispo J. C. Ryle, J. Gresham Machen y muchos otros, el neo-fundamentalismo ha tendido a rechazar el intelectualismo y la formación en los seminarios.

Dicho anti-intelectualismo ha dado como resultado aberraciones de la ortodoxia, vistas en particular en el movimiento *King James only* que propugna usar solo la Biblia inglesa del rey Jacobo. Aunque los primeros fundamentalistas creían en la inspiración de los autógrafos, algunos del movimiento nuevo han ido más allá para defender la inspiración de la versión inglesa del rey Jacobo, hasta el punto de incluir esto en sus declaraciones doctrinales.

El neo-fundamentalismo ha tendido también al legalismo, añadiendo declaraciones explícitas sobre el comportamiento a las declaraciones doctrinales.

Además, el neo-fundamentalismo ha defendido la separación secundaria, llamando a los cristianos a evitar otros cristianos que no sigan sus mismas normas rígidas. Al defender esta actitud, ha tendido a la división, a la separación de las iglesias y a promover malas actitudes entre cristianos genuinos. Este comentario es desafortunado para aquellos que, aparte de eso, sostienen una doctrina correcta. Al final de cuentas, la doctrina cierta debe producir un cambio en la conducta, cuya expresión debe ser el amor (Jn. 13:34-35; 1 Jn. 2:10, 11; 3:14). El amor es el deber del cristiano aunque haya conflictos de herejía o inmoralidad. Los mandatos bíblicos sobre el amor deben tomarse seriamente, en especial cuando aquello que está comprometido no pertenece a las doctrinas centrales de la fe.

OBSERVACIONES PARA CONCLUIR

Para concluir este capítulo sobre las características vergonzosas y desagradables de algunas comunidades contemporáneas de la verdadera Iglesia, deben enfatizarse dos observaciones positivas. Primero, los evangélicos y los fundamentalistas creen, enseñan y defienden las doctrinas históricas de la fe cristiana tal como aparecen en la Santa Biblia. La parte 2 de este volumen, titulada "Teología sistemática", está escrita desde un punto de vista evangélico; allí se presentan las doctrinas particulares desde una perspectiva conservadora.

Segundo, han surgido muchos desarrollos alentadores a partir del esfuerzo del fundamentalismo evangélico: se han enfatizado las misiones, por medio de denominaciones y de misiones extranjeras independientes; han resurgido las campañas evangelísticas; los institutos bíblicos, seminarios y universidades cristianas se han multiplicado y han crecido; las publicaciones evangélicas han aumentado y los evangélicos tienen un compromiso más vigoroso en la esfera pública. El resultado actual de todo esto, tan solo en Estados Unidos, es que alrededor de 50 millones de personas se identifican como nacidas de nuevo, y el glorioso evangelio de Cristo ha recibido más conciencia pública y consideración respetuosa que en cualquier otro momento.

NOTAS

1. Algunos han optado por el término *evangélico* en lugar de *fundamentalista* porque el primero es un término bíblico, y el segundo tiene una connotación negativa. Compárese J. I. Packer, *"Fundamentalism" and the Word of God* (Londres: InterVarsity, 1958).

2 R. V. Pierard, "Evangelicalism", en Walter A. Elwell, ed., *Evangelical Dictionary of Theology* [*Diccionario teológico de la Biblia*] (Grand Rapids: Baker, 1984), 380. Publicado en español por Caribe.

3. George M. Marsden, "Fundamentalism", en Sinclair B. Ferguson, David F. Wright y J. I. Packer, eds., *New Dictionary of Theology* [*Nuevo diccionario de teología*] (Downers Grove: InterVarsity, 1988) 266. Publicado en español por Casa Bautista.

4. George M. Marsden, "From Fundamentalism to Evangelicalism: A Historical Analysis", en David F. Wells y John D. Woodbridge, eds., *The Evangelicals* (Nashville: Abingdon, 1975), 124-133.

5. Marsden, "Fundamentalism", en *New Dictionary of Theology* [*Nuevo diccionario de teología*], 266-268. Bernard Ramm define a los fundamentalistas con más dureza:

   (1) En cuanto a la actitud... Un fundamentalista es una persona con convicciones ortodoxas y las defiende con beligerancia anti-intelectual, anti-erudita y anti-cultural. (2) En cuanto a la separación. Los fundamentalistas afirman que el liderazgo de las denominaciones tradicionales ha caído en manos de liberales o neo-ortodoxos, y deben tener posiciones fuertes contra ese liderazgo. Tal posición requiere una ruptura con esas denominaciones y afiliación con las denominaciones que demandan y obtienen pureza de la doctrina... (3) En cuanto a las Escrituras... El fundamentalista... iguala la revelación con las palabras de las Escrituras, además de aceptar su inspiración verbal y su inerrancia. Esto requiere un repudio a la alta crítica del Antiguo y del Nuevo Testamento. Por lo tanto, el fundamentalista es una persona que defiende, desde el oscurantismo, la inspiración verbal y la inerrancia de las Santas Escrituras. (4) En cuanto a la escatología... Se ha definido al fundamentalista como alguien que está esencialmente de acuerdo con la escatología premilenarista y dispensacionalista de Scofield. (Bernard Ramm, *A Handbook of Contemporary Theology* [*Diccionario de teología contemporánea*] [Grand Rapids: Eerdmans, 1966], 53-54, publicado en español por Casa Bautista de Publicaciones).

6. C. T. McIntire, "Fundamentalism", en Walter A. Elwell, ed., *Evangelical Dictionary of Theology* [*Diccionario teológico de la Biblia*] (Grand Rapids: Baker, 1984), 433. Publicado en español por Caribe. Compárese Wells y Woodbridge, eds., *The Evangelicals*, 30, y Louis Gasper, *The Fundamentalist Movement 1930-1956* (Grand Rapids: Baker, 1963). Hay quienes han identificado los cinco fundamentos así: "la inerrancia bíblica, el nacimiento virginal, la deidad de Cristo, la expiación sustitutiva, la resurrección física y la segunda venida física". Earle E. Cairns, *Christianity through the Centuries* (Grand Rapids: Zondervan, 1954), 481.

7. Los doce folletos se publicaron después en cuatro volúmenes y después se revisaron y se volvieron a publicar como *The Fundamentals for Today*, 2 vols., Charles L. Feinberg, ed. (Grand Rapids: Kregel, 1958)

8. Gasper, *The Fundamentalist Movement 1930-1956*, 16.

9. *Ibíd.*, 17.

10. Citado en Ronald H. Nash, *The New Evangelicalism* (Grand Rapids: Zondervan, 1963), 14.

11. Harvie M. Conn, *Contemporary World Theology* (Nutley: Presbyterian & Reformed, 1974), 126. Véase Carl F. H. Henry, *Evangelical Responsibility in Contemporary Theology* (Grand Rapids: Eerdmans, 1957), 32-47 para un resumen de la insatisfacción de Henry.

12. Millard Erickson, *The New Evangelical Theology* (Westwood: Revell, 1968), 32.

13. *Ibíd.*, 33.

14. Nash, *The New Evangelicalism*, 91-93.

15. Richard Quebedeaux, *The Young Evangelicals* (Nueva York: Harper, 1974), 37-38.

16. Bernard Ramm, *The Christian View of Science and Scripture* (Grand Rapids: Eerdmans, 1954), 204.

17. Edward John Carnell, *An Introduction to Christian Apologetics* (Grand Rapids: Eerdmans, 1948), 238.

18. Nash, *The New Evangelicalism*, 75-77.

19. *Ibíd.*, 76.

20. Véase el tratamiento útil de Charles C. Ryrie, *What You Should Know about Inerrancy* (Chicago: Moody, 1981).

21. Conn, *Contemporary World Theology*, 119-124.

22. George W. Dollar, *A History of Fundamentalism in America* (Greenville: Bob Jones Univ., 1973), 194.

23. Compárese George W. Dollar, *The Fight for Fundamentalism: American Fundamentalism, 1973-1983* (Sarasota, Fla.: George W. Dollar, 1983).

24. C. T. McIntire, "Fundamentalism", en *Evangelical Dictionary of Theology* [*Diccionario teológico de la Biblia*], 435.

25. *Ibíd.*

PARA ESTUDIO ADICIONAL SOBRE LA TEOLOGÍA CONSERVADORA

Evangelicalismo, fundamentalismo y neo-fundamentalismo

* Harvie M. Conn, *Contemporary World Theology* (Nutley: Presbyterian & Reformed, 1974), 112-124.

** George W. Dollar, *A History of Fundamentalism in America* (Greenville: Bob Jones Univ., 1973).

** Charles L. Feinberg, ed., *The Fundamentals for Today*, 2 vols. (Grand Rapids: Kregel, 1958).

** Louis Gasper, *The Fundamentalist Movement 1930-1956* (Grand Rapids: Baker, 1981).

* George M. Marsden, "Fundamentalism", en Sinclair B. Ferguson, David F. Wright y J. I. Packer, eds., *New Dictionary of Theology* [*Nuevo diccionario de teología*] (Downers Grove: InterVarsity, 1988) 267-268. Publicado en español por Casa Bautista.

** George M. Marsden, *Fundamentalism and American Culture* (Nueva York: Oxford University, 1981).

* C. T. McIntire, "Fundamentalism" en Walter A. Elwell, ed., *Evangelical Dictionary of Theology* [*Diccionario teológico de la Biblia*] (Grand Rapids: Baker, 1984), 433-435. Publicado en español por Caribe.

* R. V. Pierard, "Evangelicalism" en Walter A. Elwell, ed., *Evangelical Dictionary of Theology* [*Diccionario teológico de la Biblia*] (Grand Rapids: Baker, 1984), 379-382. Publicado en español por Caribe.

** Bernard Ramm, *The Evangelical Heritage: A Study in Historical Theology* (Grand Rapids: Baker, 1981), 11-26, 58-71.

* Ian S. Rennie, "Evangelical Theology", en Sinclair B. Ferguson, David F. Wright y J. I. Packer, eds., *New Dictionary of Theology* [*Nuevo diccionario de teología*] (Downers Grove: InterVarsity, 1988) 239-240. Publicado en español por Casa Bautista.

** Ernest R. Sandeen, *The Roots of Fundamentalism: British and American Millennarianism, 1800-1930* (Grand Rapids: Baker, 1970).

* David L. Smith, *A Handbook of Contemporary Theology* (Wheaton: BridgePoint, 1992), 11-26, 58-71.

** R. A. Torrey et al., eds., *The Fundamentals*, 4 vols. (Grand Rapids: Baker, 1980).

** David F. Wells y John D. Woodbridge, eds., *The Evangelicals: What They Believe, Who They Are, Where They Are Changing* (Nashville: Abingdon, 1975).

Neo-evangelicalismo

** Edward J. Carnell, *The Case for Orthodox Theology* (Filadelfia: Westminster, 1959).

* Harvie M. Conn, *Contemporary World Theology* (Nutley: Presbyterian & Reformed, 1974), 125-140.

** Millard Erickson, *The New Evangelical Theology* (Westwood: Revell, 1968).

** Carl F. H. Henry, *Evangelical Responsibility in Contemporary Theology* (Grand Rapids: Eerdmans, 1957).

** Robert Lightner, *Neo-Evangelicalism Today* (Schaumburg: Regular Baptist, 1979).

* George M. Marsden, *Reforming Fundamentalism: Fuller Seminary and the New Evangelicalism* (Grand Rapids: Eerdmans, 1987). Aporta una explicación exhaustiva de la controversia entre fundamentalistas y neo-evangélicos en las raíces del Seminario Fuller.

* Jonathan Merritt *A Faith of Our Own* (Nueva York: FaithWords, 2012). Merritt representa la nueva tendencia de acercamiento público evangélico.

* Andrew Naselli y Collin Hansen, eds., *Four Views on the Spectrum of Evangelicalism* (Grand Rapids: Zondervan, 2011).

** Ronald H. Nash, *The New Evangelicalism* (Grand Rapids: Zondervan, 1963).

* R. V. Pierard, "Evangelicalism", en Walter A. Elwell, ed., *Evangelical Dictionary of Theology* [*Diccionario teológico de la Biblia*] (Grand Rapids: Baker, 1984), 379-382. Publicado en español por Caribe. En este artículo hay una explicación breve pero sustanciosa del neo-evangelicalismo.

** Richard Quebedeaux, *The Young Evangelicals* (Nueva York: Harper, 1974).

* Charles Woodbridge, *The New Evangelicalism* (Greenville: Bob Jones Univ. 1969).

46

FEMINISMO
EVANGÉLICO

CUANDO SE TRATA DEL ROL de la mujer en la sociedad y en la iglesia cristiana, hay dos perspectivas teológicas en competencia. La perspectiva *complementaria* dice que las mujeres son: "completamente iguales a los hombres en su estatus delante de Dios y en importancia para la familia y la iglesia. Contribuyen con su sabiduría e ideas a la familia y la iglesia... Eva se creó para 'complementar' o completar a Adán de muchas maneras... Ella lo complementaría en la forma en que Dios lo pretendía".[1]

La perspectiva *igualitaria* enfatiza que el hombre y la mujer son completamente iguales en la creación y la redención, así como en sus funciones con la familia y la comunidad. Hombres y mujeres se crearon para asociarse de forma completa e igualitaria, lo cual supone sumisión mutua y responsabilidad idéntica en el hogar. Los dos ejercen el liderazgo en la crianza de los hijos. Ninguno debe buscar el dominio del otro. Las Escrituras indican que las mujeres tienen las mismas capacidades y dones que los hombres y, por lo tanto, tienen el privilegio de ostentar el mismo rango en el servicio y el liderazgo.

ARGUMENTOS DE LOS FEMINISTAS EVANGÉLICOS

El asunto que divide a los evangélicos de forma significativa no es simplemente si las mujeres pueden estar en el ministerio ejerciendo sus dones espirituales, es si puede haber mujeres *en el liderazgo*. ¿Las mujeres pueden ser líderes de los hombres en el ministerio?[3] Los feministas evangélicos enseñan que las mujeres pueden servir en unos cargos ministeriales equivalentes a los de los hombres. Tienen el derecho bíblico de servir en el pastorado y en otros cargos del liderazgo, tanto en la iglesia como en la comunidad, lo cual incluye enseñanza a los hombres. Defienden varias posiciones:

La Biblia no enseña que el hombre gobierna a la mujer. Linda Belleville dice: "El enseñoreamiento del hombre no se encuentra explícitamente por ninguna parte en la teología de la Biblia... No se cita en ninguna parte (ni siquiera en la relación entre esposo y esposa). El hecho simple es que tal cosa no aparece en el Antiguo Testamento. En ninguna parte se ordena que la mujer obedezca al hombre (ni siquiera a su esposo) y en ningún lado se le ordena al hombre que gobierne sobre la mujer (ni siquiera a su esposa).[4]

Las pautas sobre liderazgo en el Nuevo Testamento no son aplicables a todos los lugares y épocas. Para Margaret Howe las Escrituras tienen principios sobre liderazgo, pero no son específicos; por lo tanto, las iglesias tienen flexibilidad en la aplicación de estas pautas, lo cual permite tener mujeres en el liderazgo. Ella dice: "Cada iglesia en cada época debe estructurar su propio liderazgo para ajustarse mejor a las necesidades de sus miembros. Sin embargo, el Nuevo Testamento aporta principios que pueden usarse como pautas en este esfuerzo".[5]

Las mujeres fueron líderes en el Antiguo y en el Nuevo Testamento.[6] Débora y Hulda fueron profetisas en tiempos veterotestamentarios; había también otras mujeres en cargos de liderazgo. En la era apostólica, Febe era una diaconisa reconocida (Ro. 16:1), Pablo tenía mujeres colaboradoras (Fil. 4:3) y sugiere que Junias podría haber sido una apóstol (Ro. 16:7). Howe concluye que Pablo "asume que las mujeres liderarán congregaciones mixtas en profecía y oración. La predicación y la enseñanza forman parte de la profecía como Pablo lo explica aquí (1 Co. 14:3, 24-25). Hoy asociamos tales funciones con las del ministro ordenado".[7]

La prohibición de Pablo en 1 Timoteo 2 pudo haber sido local o temporal. Un punto crítico en toda la discusión de la teología feminista es la declaración de Pablo en 1 Timoteo 2:12: "Porque no permito a la mujer enseñar, ni ejercer dominio sobre el hombre, sino estar en silencio". ¿Es un principio temporal o una verdad atemporal? ¿Cómo debe interpretarse en el siglo XXI? Este mandamiento paulino, ¿prohíbe el liderazgo femenino en todos los tiempos o está relegado al primer siglo? Howe argumenta: "El requisito pastoral 'no permito a la mujer enseñar, ni ejercer dominio sobre el hombre' (1 Ti. 2:12) puede tener relevancia local o incluso temporal. Sin embargo, cuando se sopesa con el resto del Nuevo Testamento, no parece ser una práctica paulina regular".[8]

La prohibición de Pablo en 1 Timoteo 2 estaba relacionada con el pensamiento rabínico, en conflicto con su pensamiento cristiano, y puede haber estado errado. Para Paul Jewett hay conflicto entre los pensamientos rabínico y cristiano de Pablo. Los dos están en conflicto y no puede haber armonía entre ellos.[9]

El significado de kephale en 1 Corintios 11:3 es "fuente", no "cabeza". En la teología feminista se cuestiona con frecuencia el significado de *kephale*, traducida normalmente como "cabeza" en 1 Corintios 11:3. En ese caso la traducción es: "el varón es la cabeza de la mujer". Tal cosa llevaría a la conclusión tradicional del liderazgo del hombre sobre la mujer. Pero, según argumenta Howe: "La palabra *cabeza* no debe entenderse aquí como "gobernante" sino como "fuente". Cristo proviene de Dios; es el "unigénito del Padre" (Jn. 1:14). Cristo, como agente de la creación (Jn. 1:3), hizo al hombre, y la mujer provino del macho de la especie (Gn. 2:21-22).[10] Belleville está de acuerdo: "Lo que es *explícito* es que el hombre es la *fuente* de la mujer: ella fue creada *de* él".[11]

Igualdad de funciones con base en Gálatas 3:28. En la teología feminista los pasajes como 1 Corintios 11 y 1 Timoteo 2 se interpretan a la luz de Gálatas 3:28. Paul Jewett señala: "Aquí tenemos lo que puede ser la primera expresión de una conciencia inquieta por parte de un teólogo cristiano a favor de la subordinación de la mujer respecto al hombre".[12]

Pablo enseñó la sumisión mutua. Los feministas dicen que Efesios 5:21 es una declaración de sumisión mutua: "Hasta una mirada superficial a los escritos de Pablo muestra que la sumisión mutua es básica para su comprensión de las relaciones entre creyentes... La gramática y la sintaxis de Efesios 5:18-21 requieren la idea de sumisión mutua".[13]

DECLARACIÓN DE CREENCIAS IGUALITARIAS

La organización igualitaria Cristianos por la Igualdad Bíblica ha publicado una declaración formal de sus creencias. Se llama "Cristianos por la igualdad bíblica: Declaración sobre los hombres, las mujeres y la igualdad bíblica":[14]

La Biblia enseña la igualdad completa de hombres y mujeres en la Creación y en la Redención (Gn. 1:26-28; 2:23; 5:1-2; 1 Co. 11:11-12; Gá. 3:13, 28; 5:1).

La Biblia enseña que Dios se ha revelado a Sí mismo en la totalidad de las Escrituras, la Palabra autoritativa de Dios (Mt. 5:18; Jn. 10:35; 2 Ti. 3:16; 2 P. 1:20-21). Creemos que las Escrituras deben interpretarse holística y temáticamente. También reconocemos la necesidad de diferenciar entre la inspiración y la interpretación: la inspiración se refiere al impulso y control divino por medio de los cuales las Escrituras canónicas son Palabra de Dios; la interpretación se refiere a la actividad humana por la cual buscamos comprender la verdad revelada en armonía con la totalidad de las Escrituras, y bajo la guía del Espíritu Santo. Para ser verdaderamente bíblicos, los cristianos deben examinar continuamente su fe y práctica a la luz de las Escrituras.

Verdades bíblicas
Creación
1. La Biblia enseña que tanto el hombre como la mujer fueron creados a la imagen de Dios, tuvieron una relación directa con Dios, compartieron conjuntamente las responsabilidades de engendrar y criar a los hijos, y de tener dominio sobre el orden creado (Gn. 1:26-28).

2. La Biblia enseña que la mujer y el hombre fueron creados para una comunidad plena y de igualdad. La palabra "ayuda" (*ezer*), usada para designar a la mujer en Génesis 2:18 se refiere a Dios en la mayoría de los casos en que se usa en el Antiguo Testamento (cp. 1 S. 7:12; Sal. 121:1-2).

Por consiguiente, la palabra no tiene ninguna implicación de subordinación o inferioridad de la mujer.

3. La Biblia enseña que la formación de la mujer a partir del hombre demuestra la igualdad y unidad de los seres humanos (Gn. 2:21-23). En Génesis 2:18, 20 la palabra "idónea" (*kenegdo*) denota igualdad y adecuación.

4. La Biblia enseña que el hombre y la mujer fueron copartícipes en la Caída: Adán no fue menos culpable que Eva (Gn. 3:6; Ro. 5:12-21; 1 Co. 15:21-22).

5. La Biblia enseña que el señorío de Adán sobre Eva fue resultado de la Caída y, por lo tanto, no formó parte del orden creado originariamente. Génesis 3:16 predice los efectos de la Caída en vez de prescribir el orden ideal de Dios.

Redención

6. La Biblia enseña que Jesucristo vino a redimir tanto a las mujeres como a los hombres. Por la fe en Cristo, todos llegamos a ser hijos de Dios, uno en Cristo y herederos de las bendiciones de la salvación, sin referencia a distinciones raciales, sociales o de género (Jn. 1:12-13; Ro. 8:14-17; 2 Co. 5:17; Gá. 3:26-28).

Comunidad

7. La Biblia enseña que el Espíritu Santo vino sobre hombres y mujeres por igual en Pentecostés. El Espíritu Santo habita en hombres y mujeres sin distinción, y reparte los dones soberanamente y sin preferencias de género (Hch. 2:1-21; 1 Co. 12:7, 11; 14:31).

8. La Biblia enseña que tanto a hombres como a mujeres se les llama a desarrollar sus dones espirituales y a usarlos como mayordomos de la gracia de Dios (1 P. 4:10-11). A hombres y mujeres Dios les dio dones y los capacitó para ministrar a todo el Cuerpo de Cristo bajo la autoridad de Él (Hch. 1:14; 18:26; 21:9; Ro. 16:1-7, 12-13, 15; Fil. 4:2-3; Col. 4:15; véanse también Mr. 15:40-41; 16:1-7; Lc. 8:1-3; Jn. 20:17-18; compárense también los ejemplos del Antiguo Testamento: Jue. 4:4-14; 5:7; 2 Cr. 34:22-28; Pr. 31:30-31; Mi. 6:4).

9. La Biblia enseña que en la economía del Nuevo Testamento, tanto hombres como mujeres ejercen funciones proféticas, sacerdotales y reales (Hch. 2:17-18; 21:9; 1 Co. 11:5; 1 P. 2:9-10; Ap. 1:6; 5:10). Por lo tanto, los pocos textos aislados que parecen restringir la completa libertad redentora de las mujeres no deben interpretarse de forma simplista y en contradicción con el resto de las Escrituras; más bien, su interpretación ha de ser considerada en relación a la enseñanza más amplia de las Escrituras en su contexto total (1 Co. 11:2-16; 14:33-36; 1 Ti. 2:9-15).

10. La Biblia define la función del liderazgo como la capacitación de otros para el servicio, no como el ejercicio de poder sobre ellos (Mt. 20:25-28; 23:8; Mr. 10:42-45; Jn. 13:13-17; Gá. 5:13; 1 P. 5:2-3).

Familia

11. La Biblia enseña que esposos y esposas son coherederos de la gracia de la vida y que están unidos en una relación de sumisión y responsabilidad mutuas (Gn. 21:12; 1 Co. 7:3-5; Ef. 5:21; 1 P. 3:1-7). La función del marido como "cabeza" (*kephale*) ha de entenderse como quien ofrece amor y servicio abnegadamente en tal relación de sumisión mutua (Ef. 5:21-33; Col. 3:19; 1 P. 3:7).

12. La Biblia enseña que tanto las madres como los padres deben ejercitar el liderazgo en la crianza, formación, disciplina y enseñanza de sus hijos (Éx. 20:12; Lv. 19:3; Dt. 6:6-9; 21:18-21; 27:16; Pr. 1:8; 6:20; Ef. 6:1-4; Col. 3:20; 2 Ti. 1:5; véase también Lc. 2:51).

Aplicaciones

Comunidad

1. La iglesia debe reconocer los dones espirituales de hombres y mujeres, debe desarrollarlos y usarlos para servir y enseñar en todos los niveles de participación: como líderes de pequeños grupos, consejeros, facilitadores, administradores, ujieres, servidores de la Santa Cena, y miembros de la junta directiva; también en el cuidado pastoral, la enseñanza, la predicación y la adoración.

Con ello la iglesia honrará a Dios, quien es la fuente de los dones espirituales. La iglesia también cumplirá el mandato de Dios sobre la mayordomía, sin la pérdida inmensa que representaría para el reino de Dios la exclusión de la mitad de los miembros en los cargos de responsabilidad.

2. La iglesia debe reconocer públicamente a quienes ejercen ministerios de servicio y liderazgo, sean hombres o mujeres.

Con ello la Iglesia será un modelo de la unidad y la armonía que deben caracterizar a la comunidad de creyentes. En un mundo fracturado por la discriminación y la segregación, la iglesia debe apartarse de las prácticas mundanas o paganas diseñadas para hacer que las mujeres se sientan inferiores por el solo hecho de ser mujeres. Se evitará así que abandonen la iglesia o rechacen la fe cristiana.

Familia

3. En el hogar cristiano, el esposo y la esposa se deben deferencia mutua para satisfacer las preferencias, deseos y aspiraciones del otro. Ninguno de los cónyuges buscará dominar el otro; más bien, cada uno actuará como siervo del otro, considerando en humildad al otro como superior a sí mismo. En caso de desacuerdo insuperable en la toma de decisiones, deben buscar la solución del problema a través de métodos bíblicos de resolución de conflictos, en lugar de que uno de los dos imponga la decisión sobre el otro.

De esta manera, los dos ayudarán a que en el hogar cristiano se evite el uso inapropiado del poder y la autoridad, y así protegerán al hogar del abuso contra la esposa y los hijos que, en ocasiones, es la consecuencia trágica de la interpretación jerárquica del esposo como "cabeza".

4. En el hogar cristiano, los cónyuges deben aprender a compartir las responsabilidades del liderazgo con base en los dones, las habilidades, y la disponibilidad, con la consideración debida hacia el más afectado de los dos por la decisión a tomar.

Con ello los cónyuges aprenderán a respetar sus capacidades y su complementariedad. Así se evitará que uno de los dos sea el que pierde siempre, forzado con frecuencia a practicar la manipulación congraciadora o engañosa para proteger su autoestima. Al establecer el matrimonio sobre la base de cooperación mutua, la pareja evitará de unirse a la ola de matrimonios rotos o muertos por causa de las desigualdades maritales.

5. En el hogar cristiano, las parejas que compartan un estilo de vida caracterizado por la libertad que encuentran en Cristo, lo harán sin experimentar sentimientos de culpa o sin recurrir a la hipocresía. Son liberados para salir de un "tradicionalismo" no bíblico y pueden regocijarse en su mutua responsabilidad ante Cristo.

Con ello expresarán abiertamente su obediencia a las Escrituras, serán modelo y ejemplo para otras parejas en la búsqueda de la libertad en Cristo, y no se atendrán a los patrones de la dominación y la desigualdad a veces impuestos por la iglesia y la familia.

Creemos que la igualdad bíblica, tal como se refleja en este documento, es fiel a las Escrituras.

Estamos unidos en nuestra convicción de que la Biblia, en su totalidad, es la Palabra liberadora que proporciona la forma más efectiva de que mujeres y hombres ejerciten los dones repartidos por el Espíritu Santo y así sirvan a Dios.

Gilbert Bilezikian, W. Ward Gasque, Stanley N. Gundry, Gretchen Gaebelein Hull, Catherine Clark Kroeger, Jo Anne Lyon y Roger Nicole redactaron este documento. Muchos más también lo respaldan.

EVALUACIÓN RESUMIDA DEL FEMINISMO EVANGÉLICO

1. Es importante y vital que a las mujeres se les dé el honor y el respeto merecidos a nivel personal y en el hogar, y también que reciban las oportunidades ministeriales que las Escrituras les permiten. Tal cosa debe ser una preocupación de todos los cristianos.

2. Gálatas 3:28 deja claro que todos los creyentes, hombres y mujeres inclusive, tienen el mismo estatus espiritual ante Dios. Todos los

creyentes, independientemente de su género, están "en Cristo". Espiritual-mente, son iguales .

3. Es un error usar Gálatas 3:28 para argumentar que las mujeres pueden servir en todas las posiciones ministeriales abiertas a los hombres, la predicación y el ministerio pastoral inclusive. Gálatas 3:28 es aplicable solo al tema de la salvación; tal es el énfasis en el contexto. Los feministas usan este versículo para enfatizar que las mujeres tienen la misma auto-ridad que los hombres en el hogar y el ministerio, pero este versículo "no dice que las distinciones o limitaciones del sexo se borran en Cristo. Si dijera eso, también diría que las diferencias entre amo y esclavo se han borrado entre los creyentes. Pero Pablo nunca usó tal argumento cuando le escribió a Filemón sobre su esclavo Onésimo. 'No hay diferencia' entre esclavo y ser libre no quería decir que Onésimo estuviera libre de su amo cristiano. 'No hay diferencia' entre el judío y el griego no quería decir que Pablo dejó de ser judío cuando se hizo creyente (2 Co. 11:22; Ro. 11:1). 'No hay diferencia' entre hombre y mujer quiere decir que no hay diferencia en el *privilegio* espiritual, no en la actividad".[15]

El comentario de Jewett sobre la conciencia de Pablo en Gálatas 3:28[16] trae a colación un asunto diferente, uno importante: la inerrancia de las Escrituras. Si Pablo se equivocó al escribir Efesios 5, 1 Corintios 11 o 1 Timoteo 2, entonces las Escrituras no son confiables; pero si no son confiables en este caso, ¿dónde lo son? La creencia de Jewett genera un efecto dominó, efecto que hace las Escrituras no confiables. Cabe destacar la conclusión de Wayne House en cuanto a los problemas del feminismo evangélico: "El primero es una perspectiva baja de la inspiración bíblica, el segundo es un método inapropiado de interpretación bíblica".[17] Incluso puede concluirse que el feminismo evangélico está fuera del ámbito del evangelicalismo. Es una perspectiva liberal de las Escrituras y del papel del hombre y de la mujer, como se ve en la conclusión de Jewett sobre el pensamiento contradictorio de Pablo en relación a 1 Timoteo 2.

Pero si Pablo se equivocó en 1 Timoteo 2, ¿en qué otras partes se equi-vocó también? ¿En las primeras declaraciones sobre Cristo como único mediador entre Dios y los hombres de 1 Timoteo 2:5? ¿Sobre Cristo en su ofrecimiento como rescate por todos en 1 Timoteo 2:6? ¿Por qué debe aceptarse 1 Timoteo 2:5-6 y rechazarse 1 Timoteo 2:12? Así, toda la forma de abordar las Escrituras termina siendo subjetivo. La inspiración de las Escrituras se elimina y se exalta la razón como autoridad.

Es importante una conclusión correcta sobre las declaraciones de Pa-blo: "si la Biblia es la Palabra de Dios, *entonces estas interpretaciones no son simplemente interpretaciones de Pablo; son también las interpretaciones de Dios a su propia Palabra...* Si creo que la Biblia contiene las palabras mismas de Dios, entonces no debo creer que Pablo u otros escritores bí-blicos cometieron errores al interpretar el Antiguo Testamento, o que nos interpretaron el Antiguo Testamento de manera que podamos rechazarlo por interpretaciones propias mejores".[18] Un aspecto en el avance de la posición igualitaria es "*rechazar la autoridad de las Escrituras y decidir el asunto con base en la experiencia y en la inclinación personal*".[19]

4. Si los principios de las Escrituras son "flexibles" para hacerlos significar lo contrario, ¿qué cosas pueden cambiarse o invertirse para que también signifiquen lo contrario a lo dicho originalmente? Ciertamente, tal cosa despoja de autoridad a las Escrituras, y la otorga a la creatividad del lector.

5. Si las Escrituras del Nuevo Testamento no se aplican "a todas las épocas y en todos los lugares", ¿quién o qué es la norma? La sociedad y la razón se convierten en la autoridad. Se ajustan las Escrituras conforme a las supuestas necesidades de la congregación, según lo consideren los líderes. Todo se hace relativo; no hay absolutos. Sin embargo, la Biblia es específica en cuanto a los roles en la familia y el liderazgo. Si se puede renunciar al liderazgo del hombre en el hogar, ¿por qué no renunciar al mandamiento que los hijos obedezcan a los padres o los empleados estén sujetos a sus empleadores? Tales cosas aparecen en el mismo contexto (Ef. 5:22—6:9). Más aún, ¿quién determina qué es "local y temporal"? Dentro del contexto del mandamiento paulino en 1 Timoteo 2:12, están también las prescripciones de Pablo sobre los ancianos y diáconos en 1 Timoteo 3:1-13. ¿No debe rechazarse la consistencia del segundo en caso de rechazar el primero? El problema serio de la interpretación feminista es que se convierte en un método de "seleccionar y escoger", de modo que la cultura y la razón son los jueces de las Escrituras.

6. Decir que el significado de *kephale* (cabeza) es "fuente" plantea una dificultad léxica. Aunque Scanzoni y Hardesty sugieren que ese es el significado obvio de la palabra,[20] tal afirmación no resulta tan obvia en un estudio léxico. Ninguno de los léxicos griegos más importantes lista a *kephale* como "fuente"; no está en Bauer, Arndt, Gingrich y Danker; Thayer; Cremer o Moulton y Milligan.[21]

En el estudio exhaustivo de Wayne Grudem sobre *kephale*, él demostró que no significaba "fuente" en tiempos del Nuevo Testamento.[22] Grudem declara: "Quienes argumentan que *kephale* pudo significar 'fuente' en tiempos del Nuevo Testamento deben ser conscientes de que la afirmación no tiene respaldo en ninguna parte de la literatura griega; por lo tanto, es una afirmación sin ningún soporte factual".[23] Grudem argumenta que en "todos los léxicos y diccionarios del griego del Nuevo Testamento el significado de *kephale* es 'autoridad sobre', 'cabeza'".[24]

Concluye, a partir de su monumental estudio de 2.336 usos de la palabra *kephale*, que no hay instancias donde signifique "fuente" u "origen".[25] Más aún, los igualitarios no han presentado un ejemplo donde *kephale* signifique "fuente", "alguien que no saque ventajas de su cuerpo" o "preeminente", como ellos afirman.[26] Aun así, desafortunadamente, los igualitarios continúan declarando que el significado explícito de *kephale* es "fuente".[27] Tal cosa es un ejemplo de deshonestidad intelectual. La investigación ha probado lo contrario de forma abrumadora.

Pero hay un serio problema *teológico* al sugerir que *kephale* ("cabeza") quiere decir "fuente" en 1 Corintios 11:3, donde se lee: "Ahora bien, quiero que entiendan que Cristo es cabeza de todo hombre, mientras que el hombre es cabeza de la mujer y Dios es cabeza de Cristo" (NVI). Si *cabeza* quiere decir "fuente", la última frase podría leerse así: "Dios es la fuente de Cristo". Querría decir que Dios Padre hizo existir a Cristo, según lo cual Cristo no sería eterno. Esto a su vez negaría la deidad de Cristo, y a partir de ello se negaría la Trinidad. Daría como resultado un efecto dominó teológico en el que caerían las grandes doctrinas de la fe cristiana, destruyéndola.

7. El concepto de sumisión mutua no solo no es bíblico, también tiene una contradicción lógica.[28] Tanto en Efesios como en Colosenses la sumisión de la esposa al esposo (Ef. 5:22; Col. 3:18) se da en el contexto de los hijos en sometimiento a los padres (Ef. 6:1-3; Col. 3:20) y de los empleados a los empleadores (Ef. 6:5-8; Col. 3:22). Si los esposos también deben someterse a sus esposas, la hermenéutica apropiada requeriría que los padres se sometieran a los hijos y que los empleadores se sometan a los empleados. Un error adicional de la hermenéutica feminista es la mala comprensión de Efesios 5:21. Tal declaración no es una defensa de la sumisión mutua; los comentarios anteriores revelan la naturaleza ilógica del argumento. En lugar de esto, se debe considerar una declaración general a partir de la cual se introducen tres ejemplos de sumisión: las esposas a los esposos (5:22-23), los hijos a los padres (6:1-4) y los empleados a los empleadores (6:5-9).

8. Sugerir, como lo hace la declaración igualitaria, que "los pocos textos aislados que parecen restringir la completa libertad redentora de las mujeres no deben interpretarse de forma simplista y en contradicción con el resto de las Escrituras" es cuestionar la autoridad de las Escrituras. ¿Cuántas veces debe Dios decir algo antes de que se convierta en una declaración válida? Claramente, solo *una vez* para que sea creíble. Un pasaje no puede dejarse a un lado porque parezca estar en desacuerdo con el resto de las Escrituras. Cada una de las Escrituras debe tomarse seriamente e interpretarse siguiendo un estilo de *tabla rasa*: sin leer en el texto lo que el lector quiere leer.

9. El asunto de fondo parece ser la autoridad de las Escrituras. Muchos argumentos feministas anulan las Escrituras y hacen a un lado la autoridad. Algunos igualitarios sugieren que Pablo se equivocó cuando ligó la sumisión de la mujer con el orden de la creación (1 Ti. 2:12-14). "Esta posición permite que la iglesia de hoy desobedezca el razonamiento de 1 Timoteo 2:11-15 diciendo que es errado".[29]

Debe hacerse la siguiente pregunta: "Lo primero para los igualitarios, ¿es la autoridad de la Biblia, o hay una mentalidad arraigada que en realidad pone primero al feminismo y después a la Biblia?".[30]

Asusta considerar adónde puede llevar el feminismo: negar todo lo únicamente masculino, lo cual conllevaría a revisar nuestro concepto de Dios como Padre, promover el pensamiento de Dios como "Madre" e incluso defender la homosexualidad; todo, por descender la pendiente resbaladiza del disgusto con aquello que es únicamente masculino.[31]

Notas

1. John Piper y Wayne Grudem, eds., *Recovering Biblical Manhood & Womanhood: A Response to Evangelical Feminism* (Wheaton: Crossway, 1991), xiv; Wayne Grudem, *Evangelical Feminism & Biblical Truth* (Sisters, Ore.: Multnomah, 2004), 121.

2. Linda L. Belleville, "Women in Ministry: An Egalitarian Perspective", en *Two Views on Women in Ministry*, ed. rev. (Grand Rapids: Zondervan, 2005), 35.

3. *Ibíd.*, 23.

4. *Ibíd.*, 31.

5. E. M. Howe, "Women, Ordination of", en Walter A. Elwell, ed., *Evangelical Dictionary of Theology* [*Diccionario teológico de la Biblia*] (Grand Rapids: Baker, 1984), 1181. Publicado en español por Caribe.

6. Belleville, "Women in Ministry", 35-64.

7. E. M. Howe, "Women, Ordination of", en *Evangelical Dictionary of Theology* [*Diccionario teológico de la Biblia*] (Grand Rapids: Baker, 1984), 1181. Publicado en español por Caribe.

8. *Ibíd.*, 1182.

9. Paul King Jewett, *Man as Male and Female* [*El hombre como varón y hembra*] (Grand Rapids: Eerdmans, 1975), 112-113, 119, 134. Publicado en español por Caribe.

10. E. Margaret Howe, *Women and Church Leadership* (Grand Rapids: Zondervan, 1982), 60.

11. Belleville, "Women in Ministry", 31.

12. Citado en Letha Scanzoni y Nancy Hardesty, *All We're Meant to Be* (Waco: Word, 1974), 67.

13. Belleville, "Women in Ministry", 94.

14. Christians for Biblical Equality, www.cbeinternational.org.

15. Charles C. Ryrie, *Biblical Answers to Contemporary Issues* (Chicago: Moody, 1991), 37-38.

16. Jewett, *Man as Male and Female* [*El hombre como varón y hembra*], 113.

17. H. Wayne House, *The Role of Women in Ministry Today* (Nashville: Nelson, 1990), 19; véase Wayne Grudem, *Evangelical Feminism & Biblical Truth*, 526-529.

18. Wayne Grudem, *Evangelical Feminism: A New Path To Liberalism?* (Wheaton: Crossway, 2006), 47.

19. Grudem, *Evangelical Feminism & Biblical Truth*, 529.

20. Scanzoni y Hardesty, *All We're Meant to Be*, 31.

21. Sugerir un significado que se aleje de los léxicos griegos tradicionales de varios siglos es cosa seria. Liddell y Scott citan dos entradas, Heródoto 4.91 y Fragmentos Órficos 21a, para sugerir que el significado es "fuente". Éstos son solamente dos textos, los dos de literatura extrabíblica. Ningún ejemplo de la Biblia puede encontrarse con ese significado en los léxicos.

22. Heródoto 4.91 (siglo v a.C.) dice: "Las fuentes (*kephalai*, plural) del río Tearo brotan el agua mejor y más bella". ¿Qué quiere decir? "Heródoto 4.19 muestra que el plural de *kephale* puede referirse a los 'puntos finales' o 'extremidades' de algo, por lo tanto este texto no puede usarse para mostrar que *kephale* significaba "fuente" en general en la época del Nuevo Testamento". Wayne Grudem, "Does *kephale* ['head'] Mean 'Source' or 'Authority Over' in Greek Literature? A Survey of 2,336 Examples" en George W. Knight III, *The Role Relationship of Men & Women* (Chicago: Moody, 1985), 59.

23. *Ibíd.*

24. Bauer-Arndt-Gingrich-Danker aporta la siguiente definición de la palabra *kephale*: "'En el caso de los seres vivos, denota rango superior'... (*TDNT*) dice que '*kephale* se usa para definir la cabeza o el gobernante de una sociedad'... Thayer dice: 'Metafóricamente cualquier cosa *suprema, principal, prominente*: de personas, *maestro, señor*'... Todas esas obras de referencia del Nuevo Testamento griego ampliamente reconocidas afirman el sentido de 'autoridad sobre' de *kephale*". Knight, *Role Relationship*, 63-64.

25. Grudem concluye: "No hay casos descubiertos donde el significado de *kephale* sea 'fuente, origen'... 'Fuente, origen' no es el significado legítimo, claramente verificado, de *kephale* en ninguna parte; el significado 'gobernante, autoridad sobre' tiene verificación suficiente para establecerse como el sentido legítimo de *kephale* en la literatura griega en los tiempos del Nuevo Testamento. De hecho, tal era su significado reconocido y bien establecido; además, es el significado que se ajusta mejor a los textos del Nuevo Testamento cuando dice que el hombre es la 'cabeza' de la mujer y el esposo es la 'cabeza' de la esposa". Knight, *Role Relationship*, 68, 80.

26. Grudem, *Evangelical Feminism*, 197.

27. Belleville, "Women in Ministry", 31.

28. Thomas R. Schreiner, "Women in Ministry: Another Complementarian Perspective", en *Two Views on Women in Ministry*, ed. rev. (Grand Rapids: Zondervan, 2005), 299-301.

29. Grudem, *Evangelical Feminism*, 46.

30. *Ibíd.*, 219.

31. *Ibíd.*, 223-249.

PARA ESTUDIO ADICIONAL SOBRE EL FEMINISMO EVANGÉLICO

Igualitario y complementario

* James R. Beck y Craig I. Blomberg, eds., *Two Views on Women in Ministry* (Grand Rapids: Zondervan, 2001).

* Linda L. Belleville et al., *Two Views on Women in Ministry* (Grand Rapids: Zondervan, 2005).

Igualitario

* Gilbert Bilezikian, *Beyond Sex Roles: What the Bible Says about a Woman's Place in Church and Family*, 2ª ed. (Grand Rapids: Baker, 1985).

* Clarence Boomsma, *Male and Female, One in Christ: New Testament Teaching of Women in Office* (Grand Rapids: Baker, 1993).

* R. T. France, *Women in the Church's Ministry: A Test Case for Biblical Interpretation* (Grand Rapids: Eerdmans, 1995).

** Stanley Grenz, *Women in the Church: A Biblical Theology of Women in Ministry* (Downers Grove: InterVarsity, 1995).

* Rebecca Merrill Groothuis, *Women Caught in the Conflict: The Culture War between Traditionalism and Feminism* (Grand Rapids: Baker, 1994).

* E. Margaret Howe, *Women and Church Leadership* (Grand Rapids: Zondervan, 1982).

** Mark Husbands y Timothy Larsen, *Women, Ministry and the Gospel* (Downers Grove: InterVarsity, 2007).

* Paul K. Jewett, *Man as Male and Female* [*El hombre como varón y hembra*] (Grand Rapids: Eerdmans, 1975).

* Catherine Clark Kroeger y James R. Beck, eds., *Women, Abuse, and the Bible* (Grand Rapids: Baker, 1996).

** Alvera Michelson, ed., *Women, Authority and the Bible* (Downers Grove: InterVarsity, 1986). Ensayos acerca del rol de la mujer en la iglesia y en la sociedad.

* Virginia Mollenkott, *Women, Men, and the Bible* (Nashville: Abingdon, 1977).

* Ronald W. Pierce y Rebecca Merrill Groothuis, eds,. *Discovering Biblical Equality* (Downers Grove, Ill.: InterVarsity Press, 2005).

* Letha Scanzoni y Nancy Hardesty, *All We're Meant to Be* (Waco: Word, 1974).

* Ruth A. Tucker, *Women in the Maze: Questions and Answers on Biblical Equality* (Downers Grove: InterVarsity, 1992).

Complementario

* Nancy Leigh DeMoss, *Mentiras que las mujeres creen y la verdad que las hace libres* (Grand Rapids: Portavoz, 2004).

* Dan Doriani, *Women and Ministry: What the Bible Teaches* (Wheaton: Crossway, 2003).

* Steve Farrar, *El hombre guía* (El Paso: Mundo Hispano, 2005).

* Susan T. Foh, *Women and the Word of God* (Phillipsburg: Presbyterian & Reformed, 1980).

* Richard A. Fowler y H. Wayne House, *Civilization in Crisis* (Grand Rapids: Baker, 1988).

* Wayne Grudem, *Evangelical Feminism & Biblical Truths* (Sisters: Multnomah, 2004). Una obra exhaustiva que trata los asuntos importantes desde una perspectiva bíblica firme.

** Wayne Grudem, *Evangelical Feminism: A New Path to Liberalism?* (Wheaton: Crossway, 2006).

* Wayne Grudem, ed., *Biblical Foundations for Manhood and Womanhood* (Wheaton: Crossway, 2002).

* Wayne Grudem y Dennis Rainey, eds., *Pastoral Leadership for Manhood and Womanhood* (Wheaton: Crossway, 2002).

* H. Wayne House, *The Role of Women in Ministry Today* (Nashville: Nelson, 1990).

* Mary A. Kassian, *The Feminist Gospel: The Movement to Unite Feminism with the Church* (Wheaton: Crossway, 1992).

* George W. Knight III, *The Role Relationship of Men and Women* (Chicago: Moody, 1985).

* Andreas J. Köstenberger, Thomas R. Schreiner y H. Scott Baldwin, eds., *Women in the Church: A Fresh Analysis of 1 Timothy 2:1-15* (Grand Rapids: Baker, 1995).

* Benjamin L. Merkle, "Paul's Arguments from Creation in 1 Corinthians 11:8-9 and 1 Timothy 2:13-14: An Apparent Inconsistency Answered", *Journal of the Evangelical Theological Society*, 49, n° 3 (septiembre de 2006).

** John Piper y Wayne Grudem, eds., *Recovering Biblical Manhood and Womanhood* (Wheaton: Crossway, 1991). Sin lugar a dudas, el estudio exegético y teológico más exhaustivo con aplicaciones prácticas.

Desarrollo histórico de la teología carismática

Aunque la renovación pentecostal y carismática tuvo su pequeño inicio a comienzos del siglo xx, en 1989 la cantidad de adeptos llegaba a 353 millones.[1] El "pentecostalismo clásico" comenzó el 1 de enero de 1901, cuando Agnes Ozman habló en lenguas en la Escuela Bíblica Betel en Topeka, Kansas. Su ímpetu mundial llegó en 1906-7, a partir del Avivamiento de la Calle Azusa, en Los Ángeles, de la mano de William Seymour, pastor y maestro en el movimiento de santidad negro. A partir de ahí se esparció por toda la nación y el mundo. Las Asambleas de Dios son la más grande denominación pentecostal. La renovación carismática es un movimiento más reciente. Llamado la "segunda ola", tuvo su inicio en 1960 con Dennis Bennett, un ministro episcopal, y a la larga se extendió a otras denominaciones protestantes y al catolicismo romano.

Hay algunas diferencias teológicas y eclesiásticas entre los pentecostales y los carismáticos. En lo teológico, los pentecostales suscriben "una obra de gracia después de la conversión en la cual se evidencia el bautismo del Espíritu mediante la glosolalia" (hablar en lenguas).[2] Los carismáticos no enseñan necesariamente una segunda obra de gracia evidenciada por el hablar en lenguas. Sin embargo, los dos reconocen la vigencia de todos los dones espirituales. Eclesiásticamente, el pentecostalismo representa a las denominaciones pentecostales clásicas: Asambleas de Dios, la Iglesia de Dios (Cleveland, Tennese), la Iglesia de Dios en Cristo, la Iglesia Pentecostal Unida, la Iglesia Pentecostal Apostólica y la Iglesia Internacional del Evangelio Cuadrangular. Los carismáticos tienen una flexibilidad eclesiástica más amplia, que se encuentra en las principales denominaciones protestantes y en el catolicismo romano.

Otro grupo distintivo es la llamada "tercera ola", término acuñado por Peter Wagner.[3] Se identifican con la primera ola (pentecostalismo) y la segunda ola (renovación carismática) por su énfasis en las sanidades, exorcismos, y por recibir revelación. Aun así, la tercera ola busca diferenciarse de las dos primeras, al operar dentro de sus propias congregaciones, usualmente con un enfoque más moderado de los dones carismáticos.

Afirmaciones doctrinales de la teología carismática

Las siguientes afirmaciones doctrinales no necesariamente son verdad para todos los segmentos de los carismáticos.[4] Existe un amplísimo espacio doctrinal que va desde los seguidores de la confesión positiva y la palabra de fe (evangelio de sanidad y prosperidad)[5] hasta los pentecostales clásicos.

Bautismo en el Espíritu Santo.[6] La Comunidad Pentecostal de Norte América declara: "Creemos que el evangelio pleno incluye la santidad de corazón y vida, la curación del cuerpo y el bautismo en el Espíritu Santo, evidenciado por hablar en otras lenguas de acuerdo a lo que da el Espíritu". La base bíblica que citan es Hechos 2:1-4 y 11:16. Para ellos es diferente ser bautizado *por* un solo Espíritu en el cuerpo de Cristo (1 Co. 12:13) y ser bautizado *con* el Espíritu Santo, evidenciado por hablar en lenguas (Hch. 11:16). Aunque los Pentecostales reconocen que el Espíritu Santo habita en todos los creyentes, algunos tienen la llenura, la plenitud, la "penetración total" o despliegue del Espíritu. Otro sinónimo, "derramamiento", sugiere que el Espíritu "reclama totalmente a la persona".

El bautismo en el Espíritu es posterior a la salvación (Hch. 2:1-4; 8:17; 11:17; 19:5-6), como lo declaran las Asambleas de Dios: "Esta experiencia maravillosa es distinta y posterior a la experiencia del nuevo nacimiento". El bautismo en el Espíritu no necesariamente es posterior en orden cronológico, pero sí en el orden lógico. De este modo, se puede creer en Cristo pero no haber recibido aún el don del Espíritu. Algunos carismáticos declaran que todos los cristianos recibieron al Espíritu en el momento de la salvación. En cuanto a la santificación, algunos pentecostales ven una segunda obra de gracia, después de la salvación pero anterior al bautismo en el Espíritu. En general, las Asambleas de Dios y los carismáticos creen que la santificación no es una segunda obra de gracia.

Los pentecostales y los carismáticos también creen que hablar en lenguas es la "evidencia inicial" del bautismo en el Espíritu (Hch. 2:4; 10:45-46; 19:6; 1 Co. 14:18). Haciendo un paralelo entre Cristo y los creyentes, el propósito del bautismo es otorgar poder espiritual para dar testimonio (Lc. 24:49; Hch. 1:8) y "realizar obras de poder" (Mt. 4:23; 12:28; Jn. 14:12; Hch. 2:43). Las condiciones para el bautismo en el Espíritu son la fe, la oración, la obediencia y la rendición.

Hablar en lenguas. El término *glosolalia*, cuyo significado es "hablar en lenguas", es una enseñanza pentecostal y carismática con base en Hechos 2:4, 11; 10:45-46; 19:6 y 1 Corintios 14. Sin embargo, las lenguas de Hechos y Corintios se pueden contrastar. En Hechos, las lenguas eran idiomas conocidos que no necesitaban interpretación; personas presentes que hablaban esas lenguas las entendieron inmediatamente. En 1 Corintios requieren una interpretación. El carismático luterano Larry Christenson describe las lenguas como idiomas, pero define *idiomas* como una expresión del sentimiento o del pensamiento: así, las lenguas no necesariamente son un idioma hablado sino "pronunciaciones supra-racionales" para expresar sentimientos y pensamientos a Dios, el cual entiende estas pronunciaciones.[7]

Los pentecostales clásicos enseñan que las lenguas de Hechos son *evidencia* del bautismo en el Espíritu, mientras que en 1 Corintios se habla del *don* de lenguas.[8] Aunque algunos pentecostales enfatizan que hablar en lenguas es necesario para evidenciar la recepción del Espíritu Santo, los carismáticos tienden a restarle importancia a las lenguas. Chuck Smith declara: "Ciertamente, no defendemos que todo el mundo hable en lenguas".[9]

La revelación continúa. Los pentecostales y los carismáticos enseñan que el don de la profecía (comunicar la revelación divina) sigue vigente.[10] El libro *La visión* de David Wilkerson es un ejemplo. Los carismáticos, como Kenneth Hagin (padre), han enseñado que la revelación continúa. Hagin declaró: "Cuando la palabra de conocimiento comenzó a operar en mi vida después de ser lleno del Espíritu Santo, de manera sobrenatural comencé a tener información sobre las personas, los lugares y las cosas. A veces lo sabía por medio de una visión. A veces, cuando estaba predicando, aparecía una nube y mis ojos se abrían para que viera una visión sobre alguna persona de la congregación".[11]

Aunque J. Rodman Williams reconoce que la revelación especial de Dios se dio en su forma final a través de los testigos apostólicos, él enseña que la revelación especial sigue: "Dios se revela a quienes están en la comunidad cristiana. Esta revelación está subordinada o es secundaria a la revelación especial certificada en las Escrituras".[12] Esta revelación continua es para que los creyentes conozcan mejor la revelación de Cristo (Ef. 1:17) y para edificar la comunidad cristiana (1 Co. 14:26).[13]

Don de sanidad.[14] Los pentecostales y los carismáticos en general enseñan que hay sanidad en la expiación (Cristo murió tanto por las enfermedades como por los pecados), y con esa base los cristianos pueden reclamar su sanidad.[15] El don de sanidad tiene su base en la autoridad que Cristo dio a los apóstoles (Mt. 10:7-8; Mr. 6:7-11; Lc. 9:1-6); de este modo, "la sanidad y la liberación del poder demoniaco son partes integrales de la evangelización". La enseñanza y la sanidad juntas forman parte de la predicación del evangelio (Mt. 14:14, Mr. 6:34; Lc. 9:11). El Nuevo Testamento presenta la sanidad de varias formas: (1) la sanidad puede ocurrir por la predicación de la Palabra; (2) quienes predican el evangelio pueden tener el don de sanidad para efectuar la salvación; (3) las sanidades pueden ocurrir por la oración y ministración de los ancianos; (4) algunas personas selectas pueden poseer el don de sanidad dentro y fuera de la comunidad.

Señales y maravillas.[16] El movimiento de las señales y maravillas se identifica con John Wimber, antiguo pastor de la Viña en Anaheim, California. Relacionado con la tercera ola, el movimiento enfatiza la necesidad de acompañar la predicación del evangelio con señales y maravillas, de acuerdo con Mateo 10:7-8.

Muerte en el Espíritu.[17] Mediante este fenómeno "el Espíritu vence" a la persona, que "cae [al suelo] bajo el poder" del Espíritu. Se considera una experiencia "profundamente espiritual", en la cual la persona "pierde el sentido o el control" y ni siquiera puede sentir dolor si se golpea cuando fallan quienes lo iban a agarrar. Usualmente, la experiencia dura varios segundos o minutos. El fenómeno también aparece en otras religiones. En las tradiciones pentecostal y carismática, Maria B. Woodworth-Etter, Kathryn Kuhlman, Kenneth Hagin (padre) y Charles y Frances Hunter están muy asociados con este fenómeno. Usan las Escrituras para dar respaldo a ello (Gn. 15:12-21; 1 S. 19:20; Mt. 17:1-6; 28:1-4; Jn. 18:1-6; Hch. 9:4; 26:14). Sin embargo, "no hay evidencia bíblica que haga la experiencia normativa en la vida cristiana". El pastor carismático Chuck Smith declara: "Nunca he descubierto el supuesto valor de esta experiencia".[18]

Confesión positiva. La confesión positiva, la "doctrina de la fórmula de la fe" o "doctrina de la prosperidad" es una aberración teológica,[19] y recibe algunas de las críticas más duras de los mismos carismáticos.[20] Se refiere a "hacer existir lo que declaramos con la boca, porque la fe es una confesión". Kenneth Copeland, Kenneth E. Hagin, Charles Capps, Frederick K. C. Price y otros la han enseñado; E. W. Kenyon la popularizó; y tuvo su origen en el Nuevo Pensamiento y su énfasis está en "la salud o la sanidad, la abundancia o la prosperidad, la riqueza y la felicidad".

La doctrina puede rastrearse hasta Phineas P. Quimby, que estudió espiritismo, ocultismo e hipnosis; e influenció a Mary Baker Eddy, fundadora de la ciencia cristiana. Sus seguidores enseñan que las personas se hacen dioses, luego tienen autoridad sobre la enfermedad y el derecho a ser ricos y a prosperar. Earl Paulk declara: "Tal como los perros tienen cachorritos y los gatos tienen gatitos, así Dios tiene pequeños dioses… Somos pequeños dioses".[21] Kenneth Copeland comenta: "Usted no es un esquizofrénico espiritual —mitad Dios y mitad Satanás— usted es todo Dios".[22] Hagin observa: "Como cristianos no tenemos que sufrir reveses económicos; ¡no tenemos que ser prisioneros de la pobreza o la enfermedad! Dios ha provisto sanidad y prosperidad para sus hijos… No ore más pidiendo dinero. Usted tiene autoridad para reclamar prosperidad en mi Nombre".[23] Paul Yonggi Cho enseña que orar en el nombre de Jesús traerá prosperidad; más aún, como los cristianos son hijos de Abraham, deben esperar prosperidad material tal como Abraham disfrutó de ella.[24] Sin embargo, Chuck Smith argumenta en contra de la doctrina de la confesión positiva: "¡Tales enseñanzas parecen más del tipo Mary Baker Eddy que del apóstol Pablo!… Cuando uno oye esta enseñanza, podría jurar que los sermones vienen de *Ciencia y riqueza con clave de las Escrituras* más que de la Biblia".[25]

Unicidad. El pentecostalismo unicitario,[26] también llamado "solo Jesús" o "apostólico", se enseña por la Iglesia Pentecostal Unida. El pentecostalismo unicitario niega la Trinidad y enseña que Dios se revela por su nombre, Jesús. Solo hay un Dios y su nombre es Jesús; sin embargo, se manifiesta como Padre, Hijo y Espíritu Santo. La declaración doctrinal de los unicitarios afirma: "El ESPÍRITU SANTO no es la tercera persona de la divinidad, sino una manifestación del Espíritu de Dios y del Cristo resucitado... No hay tres DIOSES, sino tres manifestaciones del ÚNICO Dios".[27] El pentecostalismo unicitario también enseña que el bautismo es esencial para la salvación: "El BAUTISMO EN AGUA es parte esencial de la salvación neotestamentaria... Sin el bautismo correcto es imposible entrar en el Reino de Dios".[28] Los unicitarios también enseñan que el bautismo del Espíritu Santo se evidencia por hablar en lenguas.

Evaluación resumida de la teología carismática

(1) El movimiento carismático ha comunicado el evangelio tan efectivamente que, gracias a él, han llegado al cristianismo millones de personas en América del Sur y Central. El entusiasmo de los carismáticos bien puede ser una crítica al letargo de la iglesia establecida.

(2) El peligro dentro de la teología pentecostal y carismática está en darle prioridad funcional a la experiencia por encima de las Escrituras. El pastor carismático Chuck Smith ha declarado: "Una de las debilidades más grandes del movimiento carismático es su carencia de una enseñanza bíblica consistente. Parece haber una preocupación indebida por la experiencia, que muchas veces se pone por encima de la Palabra. En consecuencia, los carismáticos se han convertido en terreno fértil para doctrinas extrañas y no bíblicas que proliferan en sus filas".[29] No es solo que las Escrituras deban tener prioridad sobre la experiencia, sino que ellas solas deben ser la única base de la verdad.

(3) Los pentecostales tienden a confundir los términos bautismo del Espíritu y llenura del Espíritu. Sugieren que se usa la misma frase griega (*en pneumatic*) para describir la entrada de los creyentes en el cuerpo de Cristo en el momento de la salvación (1 Co. 12:13) y la recepción de poder que permite servir, y que es posterior a la salvación (Hch. 1:5).

(4) De acuerdo con Larry Christenson, carismático, los oyentes desconocen las lenguas modernas porque son "pronunciaciones supra-racionales"; sin embargo, Hechos 2:4, 6, 8, 11 indica que las lenguas bíblicas eran idiomas conocidos por los oyentes. Más aún, no hay base bíblica para sugerir que las lenguas de Hechos difieran de las de 1 Corintios. Es razonable suponer que Pablo y Lucas usaron el término *lenguas* de la misma manera, pues Lucas escribió Hechos y Pablo, 1 Corintios, y además los dos fueron compañeros de viaje.

(5) Las Escrituras indican que la revelación ha cesado (Jn. 1:18; He. 2:3-4; Jud. 3).

(6) La doctrina de caer muerto en el Espíritu carece de respaldo bíblico. Los pasajes que citan los carismáticos y pentecostales no respaldan la doctrina cuando se hace un estudio exegético.

(7) El mandato de "pedir a Jesús un 'bautismo en el Espíritu Santo'"[30] no está en la Biblia. El Espíritu Santo bautiza a todos los creyentes del cuerpo de Cristo en el momento de la salvación (1 Co. 12:13).

(8) Los seguidores de la confesión positiva ignoran los principios correctos de interpretación bíblica y extraen conclusiones defectuosas. Tal doctrina representa una desviación muy seria del cristianismo histórico; sus raíces comparten el terreno con la ciencia cristiana. Su doctrina de Cristo tiene defectos serios, pues enseña que Jesús asumió la naturaleza de Satanás, que Jesús tuvo que nacer de nuevo y que descendió al infierno. D. R. McConnell, carismático, llama a la confesión positiva "un evangelio diferente".[31]

(9) Sugerir que el "evangelio pleno" requiere sanidad, santidad y hablar en lenguas es corromper el evangelio. Pablo lo definió como la muerte expiatoria, la sepultura y la resurrección de Cristo; este es el único mensaje que Pablo proclamó (1 Co. 15:1-4; cp. Jn. 3:16; Ro. 10:9-10; Ef. 2:8-9).

(10) El pentecostalismo unicitario es sabelianismo histórico o modalismo por su negación de la Trinidad. Esta se enseña claramente en las Escrituras y es fundamental para el cristianismo. Desde sus comienzos, la creencia en la Trinidad se consideraba esencial para la fe. El pentecostalismo unicitario es una desviación seria de la ortodoxia en su perspectiva de Dios. Oscurece, además, la salvación por gracia porque enseña que el bautismo en agua es necesario para la salvación. El teólogo carismático Wayne Grudem dice: "Por causa de su negación de las tres personas distintas en Dios, la denominación [la Iglesia Pentecostal Unida] no debería considerarse evangélica, y es dudoso si debe considerarse genuinamente cristiana".[32]

EVANGELIO DE SALUD Y RIQUEZA: MOVIMIENTO DE LA PROSPERIDAD

Teología del movimiento de la prosperidad

Revelación. Los que enseñan la teología de la prosperidad declaran que han recibido la revelación directa de Dios. Kenneth Hagin dice: "[Dios] también pone maestros en la iglesia para renovar nuestras mentes y traernos la revelación del conocimiento de la Palabra de Dios".[33] Robert Tilton dice:

> Dios me mostró una visión que prácticamente me dejó sin aliento. Fui succionado en el Espíritu... llevado... y me encontré de pie en la misma presencia del Dios Todopoderoso. Resonaba en mi ser. Y Él me hablaba... exactamente estas palabras... "Muchos ministros míos oran por mi pueblo, pero quiero que ores con ellos la Oración del Acuerdo [N.del E.: La Oración del Acuerdo declaraba que Dios proporcionaría milagros si

la persona hacía una promesa de apoyar financieramente al ministerio de Tilton]"... Nunca he visto la presencia de Dios con más poder. Esta misma unción inundó mi Espíritu-hombre... Ahora está dentro de mí y tengo fe sobrenatural para estar de acuerdo contigo.[34]

Biblia. Algunos que enseñan la prosperidad se toman sus libertades con la Biblia, ajustan versículos de las Escrituras para acomodar sus doctrinas particulares o negar la inerrancia de las Escrituras. El reverendo Ike infiere que el apóstol Pablo se equivocó cuando dijo "la raíz de todos los males es el amor al dinero" (1 Ti. 6:10), porque corrige el texto bíblico para que diga: "la falta de dinero es la raíz de todos los males".[35] Claramente, el reverendo Ike cambia todo el significado de 1 Timoteo 6:10 para acomodar su énfasis sobre la riqueza. Pat Robertson dice: "Me cuesta creer que la Biblia, transmitida por medio de seres humanos, es totalmente perfecta. Creo que es la Palabra de Dios y es un libro inspirado completamente, pero no es perfecta".[36] Charles Capps dice: "Seguramente Job no estaba bajo la unción cuando dijo: 'El SEÑOR ha dado, el SEÑOR ha quitado' (NVI). Tal declaración es falsa".[37]

Cristo. Algunos maestros de la prosperidad niegan la deidad única de Cristo. Kenneth Copeland dice: "Ustedes son todo-Dios... Ustedes deben pensar de la forma en que pensaba Jesús. Jesús ya no es el Hijo *unigénito* de Dios".[38] Kenneth Hagin dice: "Un cristiano es una encarnación [de Dios] tanto como lo fue Jesús de Nazaret".[39]

Quienes defienden la prosperidad enseñan que Jesús asumió una naturaleza pecaminosa y Satanás lo dominó. Paul Billheimer dice: "Durante el tiempo en que Cristo estaba identificado con el pecado, Satanás y las huestes del infierno lo dominaron como a cualquier pecador perdido... Satanás hizo con Él lo que quiso".[40] Kenneth Copeland dice que Jesús se rindió al señorío de Satanás en la cruz: "Jesús aceptó en su espíritu la naturaleza pecaminosa de Satanás... Fue una señal de que Satanás estaba colgando en la cruz... [le dijo Jesús a Copeland] 'Yo acepté mi propia muerte espiritual y la luz se apagó'".[41]

Kenneth Copeland niega la divinidad de Cristo y sugiere que era tan solo un hombre semejante a Adán. Declara él: "Este hombre Jesús era una copia del que caminó en el Huerto del Edén... Nunca afirmó ser el Dios Altísimo. De hecho, dijo a sus discípulos que Dios Padre era más grande y poderoso que Él (Jn. 14:28). ¿Por qué no se proclamó abiertamente como Dios durante sus 33 años en la tierra? Por una única razón: no había venido a la tierra como Dios, había venido como hombre".[42]

Copeland dice que Jesús le dijo: "No te molestes cuando te acusen de pensar que eres Dios... Me crucificaron por afirmar que yo lo era. Pero yo no lo afirmé; solo dije que caminé con Él y que Él estaba en mí. Aleluya. Es eso lo que tú estás haciendo".[43]

Gloria Copeland enseña: "Después de que Jesús se hizo pecado, tuvo que nacer de nuevo".[44] Kenneth Copeland dice: "Jesús derrotó a Satanás tras ir a la cruz, morir horriblemente y pasar tres días y tres noches en el corazón de la tierra, el mismo infierno... Fue el primero en nacer de nuevo de la muerte a la vida".[45] Kenneth Hagin enseña algo semejante: "Jesús es la primera persona que ha nacido de nuevo. ¿Por qué necesitaba su espíritu nacer de nuevo? Porque estaba alienado de Dios... Jesús probó la muerte —la muerte espiritual— por todos los hombres... Muerte espiritual también significa tener la naturaleza de Satanás".[46]

A partir de esto, según Kenneth Copeland, Jesús le dijo que podía hacer lo que Él había hecho. Copeland sugiere que Jesús le habló así: "Eres la misma imagen y la misma copia de aquel". (Copeland a Jesús): "¿Podría yo haber hecho lo mismo?". (Jesús a Copeland): "Ah, sí, si tuvieras el conocimiento de la Palabra de Dios que él tuvo, podrías haber hecho lo mismo porque tú también naciste de nuevo".[47]

Hombre. Los que enseñan la prosperidad tienen una concepción elevada del hombre; sugieren que los creyentes son "pequeños dioses". Earl Paulk dice: "Tal como los perros tienen cachorritos y los gatos tienen gatitos, así Dios tiene pequeños dioses... Hasta que entendamos que somos pequeños dioses y comencemos a actuar como tales, no podremos manifestar el Reino de Dios".[48] Robert Tilton dice también: "Usted es... una criatura de tipo divino. Originalmente fue diseñado para ser como un dios en este mundo. El hombre fue diseñado o creado por Dios para ser el dios de este mundo".[49] Casey Treat, pastor del Centro de Fe Cristiana en Seattle, dijo: "¡Un duplicado exacto de Dios! Dilo fuerte: ¡Soy un duplicado de Dios! ¡Dios me ve cuando se mira al espejo! ¡Veo a Dios cuando me miro al espejo!... ¿Quién crees que eres, Jesús? ¡Sí!".[50]

Copeland dice: "¡Usted no tiene un Dios *en* usted. ¡Usted *es* un dios!... Cuando leo la Biblia donde [Jesús] dice 'Yo Soy', yo digo '¡Sí, yo también soy!'".[51] Kenneth Hagin dijo: "Usted es una encarnación de Dios tanto como lo fue Jesucristo... El creyente es una encarnación tanto como lo fue Jesús de Nazareth".[52] Paul Crouch, fundador de Trinity Broadcasting Network, dijo una vez: "¡SOY UN PEQUEÑO DIOS! Soy un pequeño Dios". "¡Críticos, váyanse!".[53]

Sanidad y prosperidad. Los que enseñan la prosperidad dicen que Jesús también murió por las enfermedades, no solo por los pecados. Como resultado, las personas pueden reclamar sanidad, pero mucho más que eso. Por medio de la "palabra de fe" pueden reclamar sanidad y prosperidad. Kenneth Hagin afirmó: "La pobreza no debe gobernar o reinar sobre nosotros. Nosotros somos quienes debemos gobernar y reinar sobre la pobreza. Las enfermedades y las dolencias no deben gobernar ni reinar sobre nosotros. Debemos gobernar y reinar sobre la enfermedad. No es necesario que los cristianos tengan problemas financieros; ¡no tenemos que ser prisioneros de la pobreza o la enfermedad! Dios ha provisto sanidad y prosperidad para sus hijos, si ellos obedecen sus mandamientos... El Señor me habló y me dijo: 'No ores más pidiendo dinero. Por mi nombre tienes autoridad para reclamar prosperidad'. Para la enfermedad tengo salud, para la pobreza tengo riqueza, porque Jesús me ha rescatado... Nuestros labios nos pueden hacer millonarios o mantenernos en la pobreza".[54]

Creflo Dollar es un personaje importante en el movimiento de la prosperidad. Dollar afirma: "El Señor se deleita en la prosperidad total de mi vida (Sal. 35:27). Como soy el 'favorito' de Dios, prospero en todas las áreas de mi vida: espiritual, física, económica, social y mentalmente (3 Jn. 1:2). Como el favor de Dios me cubre, ninguna enfermedad o dolencia tiene derecho a vivir en mi cuerpo (Dt. 7:15; Sal. 5:12). En mi casa hay riquezas porque su unción y favor me dan el poder de atraerlas (Dt. 8:18; Sal. 112:3)".[55] Esta enseñanza también se conoce como "confesión positiva".

Creflo Dollar no solo cree que los suyos pueden reclamar riquezas, sino que las recibirán de los incrédulos. Dice él: "En el nombre de Jesús estoy libre de deudas, mis necesidades se satisfacen y tengo mucho más que eso para almacenar... Como soy un administrador fiel y sabio con mis finanzas, las riquezas de los impíos pasan a mis manos... Soy un centro de distribución. Soy un magnate del dinero. ¡Ahora, el dinero viene a mí!".[56] Paul Yonggi Cho enseña que orar en el nombre de Jesús traerá prosperidad; más aún, los cristianos deben esperar prosperidad material porque son hijos de Abraham, y él la disfrutó.[57]

Palabra de fe. La capacidad de hablar palabras para producir resultados positivos en la vida, ya sea un mejor estacionamiento o riquezas, se conoce como palabra de fe o "confesión positiva". Joel Osteen dice:

> En mi opinión, una de las principales formas en que crecemos en favor es declarándolo. No basta con solo leerlo, no basta con solo creerlo. Usted tiene que hablarlo. Sus palabras tienen poder creador. Y una de las principales formas de desatar la fe es por medio de nuestras palabras. Y hay una conexión divina entre declarar el favor de Dios y ver el favor de Dios manifiesto en su vida. Tiene que darle vida a su fe hablándola.[58]

¿Cómo llegan a esta conclusión de "confesión positiva"? Como Dios creó las cosas al hablar y como fuimos creados a imagen de Dios, también podemos crear cosas y situaciones al expresarlas verbalmente.[59]

Osteen cuenta cómo su madre se curó de cáncer, aparentemente por confesar la Palabra de Dios. Aplica la confesión positiva a la salud y a la riqueza. Dice: "Debe empezar a confesar con propiedad la Palabra de Dios, usar sus palabras para que su vida avance, para traer a su vida las cosas grandes que Dios tiene guardadas para usted... Si usted enfrenta hoy enfermedad, debe confirmar la Palabra de Dios sobre la sanidad... Si tiene dificultades económicas, en lugar de hablar sobre el problema, debe declarar "¡Todo lo que pongo en mis manos prospera y tiene éxito!".[60]

Joyce Meyer, probablemente la maestra más popular del movimiento, también sigue la palabra de fe y las enseñanzas de la teología de la prosperidad, aunque sus perspectivas doctrinales fluctúan.

Evaluación del evangelio de salud y riqueza

(1) La "palabra de fe" y el movimiento de la prosperidad son una aberración teológica que recibe algunas de las críticas más duras por parte de los carismáticos.[61] E. W. Kenyon popularizó esta enseñanza que tuvo su origen en el Nuevo Pensamiento. La doctrina puede rastrearse hasta Phineas P. Quimby, el cual estudió espiritismo, ocultismo e hipnosis, y además influyó en Mary Baker Eddy, la fundadora de la ciencia cristiana. El evangelio de Kenyon se califica de "ciencia cristiana pentecostal". "Kenyon enseñó las mismas doctrinas sobre sanidad, confesión positiva y prosperidad que la ciencia cristiana y el Nuevo Pensamiento han estado enseñando por décadas".[62]

(2) Cuando los que enseñan el evangelio de salud y riqueza afirman haber recibido una revelación directa de Dios, se han apartado radicalmente del cristianismo histórico ortodoxo. La revelación directa cesó con la venida de Jesucristo y la finalización del canon de los 66 libros de las Escrituras. Los métodos anteriores de revelación (palabra hablada, sueños, visiones, teofanías) terminaron con la venida de Cristo (He. 1:1-2).

(3) Un serio problema adicional es la perspectiva de las Escrituras que tienen los que enseñan la prosperidad. Algunas de estas personas juzgan las Escrituras, niegan su inerrancia, las ajustan para cambiar radicalmente su significado y sugieren que sus autores cometieron errores. El Espíritu Santo supervisó la escritura de la Biblia (2 P. 1:21), es "inspirada por Dios", y por lo tanto está libre de errores (2 Ti. 3:16). El error está en los que enseñan la prosperidad.

(4) Es difícil concebir declaraciones más blasfemas que aquellas en las que se niega la deidad única de Cristo. Jesús afirmó expresamente su divinidad y unicidad con sus declaraciones "YO SOY". Afirmó igualdad con el Padre (Jn. 10:30). Demandó adoración en igualdad con el Padre (Jn. 5:23). Como el "Hijo unigénito", Jesús es el "único, solo [hay] uno de su clase".[63] Sugerir que el hombre tiene la misma posición de Jesús es blasfemo, herético y contrario a la enseñanza bíblica.

(5) Satanás no tuvo autoridad sobre Jesús. Cristo rechazó el intento de autoridad de Satanás sobre Él y lo echó con una palabra (Mt. 4:10). Las Escrituras enseñan claramente que Jesús no se identificó con la naturaleza pecaminosa (1 Jn. 3:5). Satanás no derrotó a Cristo en la cruz; al contrario, Cristo triunfó sobre él en la cruz (Col. 2:15) y lo hizo impotente (He. 2:14).

Más aún, Cristo nunca fue al infierno. La Biblia es clara al decir que, al morir, Jesús fue inmediatamente al paraíso (Lc. 23:43).

(6) Kenneth Copeland se hace igual a Cristo. Mientras niega que Jesús afirmara su divinidad, infiere al tiempo que Jesús reconoce la validez de las afirmaciones de Copeland sobre su igualdad con Él.

(7) Sugerir que Jesús tuvo que nacer de nuevo es inferir que tuvo una naturaleza pecaminosa. Aunque Jesús llevó sobre Él la pena del pecado (2 Co. 5:21), nunca tuvo una naturaleza pecaminosa (Jn. 8:46; 1 Jn. 3:5). El hombre en su estado de pecado (Ro. 3:23) nunca podría hacer lo que hizo Jesús. El ser humano *necesita* un Salvador; él no puede *ser* un Salvador. La salvación requiere sangre preciosa, como la de un cordero sin mancha y sin contaminación, la sangre de Cristo (1 P. 1:19). La redención requiere una persona sin pecado que muera en sustitución, una que sea hombre para representar a la humanidad y al mismo tiempo Dios para que la expiación tenga valor infinito. El Redentor tenía que ser tanto Dios como hombre. Ningún humano común y corriente está a la altura.

(8) La creencia en la "palabra de fe" es errada según la Biblia y, más aún, causa un daño emocional a las personas pues no es acorde con la vida real. Tarde o temprano las personas enferman y mueren. Las personas que creen en la palabra de fe no viven más que el resto; se les entierra al mismo ritmo que los demás. Tal mensaje puede tener audiencia en Estados Unidos, pero en los países del tercer mundo la gente sigue pobre y muere joven. No "prosperan" en el sentido prometido por los que enseñan el evangelio de la prosperidad.

Es difícil evaluar el movimiento de salud y riqueza usando términos suaves. Sus afirmaciones y enseñanzas representan una blasfemia del más alto orden. Degradan el nombre precioso de Cristo al negar que Él haya afirmado su divinidad, al enseñar que fue arrastrado al infierno y que nació de nuevo, y luego al afirmar que ellos son dioses. Los que creen en el evangelio de la prosperidad se centran en este mundo y en las cosas de este mundo, fomentan la codicia y lo mundano. Jesús y las Escrituras hablan claramente sobre la relación del creyente con el mundo (Jn. 15:18-19; 1 Jn. 2:15-17).

Degradar a Cristo y exaltar al hombre hasta la divinidad es herético y blasfemo. El movimiento de salud y riqueza está fuera del cristianismo histórico y bíblico, por lo tanto debe rechazarse. No es cristiano.

Notas

1. George W. Cornell, "Once Small and Mocked, Pentecostal Experience Is Now Global", *St. Petesburg Times* (5 de agosto de 1989), 2E.

2. Stanley M. Burgess y Gary B. McGee, eds., *Dictionary of Pentecostal and Charismatic Movements* (Grand Rapids: Zondervan, 1988), 1.

3. C. Wagner, "Third Wave", *Dictionary of Pentecostal and Charismatic Movements*, 843-844.

4. Véase Burgess y McGee, eds., *Dictionary of Pentecostal and Charismatic Movements*, para una explicación ampliada de muchas de estas declaraciones doctrinales.

5. Véase el análisis en "Movimiento de la prosperidad".

6. J. R. Williams, "Baptism in the Holy Spirit", en *Dictionary of Pentecostal and Charismatic Movements*, 40-48.

7. Larry Christenson, *Speaking in Tongues* (Minneapolis: Dimension, 1968), 26-27.

8. R. Spittler, "Glossolalia", en *Dictionary of Pentecostal and Charismatic Movements*, 340.

9. Chuck Smith, *Charisma vs. Charismania* (Eugene: Harvest, 1983), 125.

10. C. M. Robeck Jr., "Prophecy, gift of", en *Dictionary of Pentecostal and Charismatic Movements*, 738-740.

11. R. M. Riss, "Hagin, Kenneth E.", en *Dictionary of Pentecostal and Charismatic Movements*, 345; véase Kenneth E. Hagin, *The Name of Jesus* (Tulsa: Kenneth Hagin Ministries, 1979), 82ss. Hagin declara que Cristo se le apareció en una visión y le enseñó sobre el diablo, los demonios y los espíritus malignos.

12. J. Rodman Williams, *Renewal Theology: Systematic Theology from a Charismatic Perspective* (Grand Rapids: Zondervan, 1996), 28.

13. Williams, *Renewal Theology*, 43-44.

14. R. F. Martin, "Healing, Gift of", en *Dictionary of Pentecostal and Charismatic Movements*, 350-353.

15. Irónicamente, una de las pocas teologías sistemáticas carismáticas niega la sanidad en la expiación. Williams sugiere que el contexto de Isaías 53:4-5 y 1 Pedro 2:24 se relaciona con el pecado, no con la enfermedad, mientras que en Mateo 8:16-17 se cumple en la vida de Cristo, no en su muerte. William concluye: "No es bíblico decir que Cristo se llevó nuestras enfermedades en su muerte o que la sanidad física como tal se encuentra en la expiación". Williams, *Renewal Theology*, 365.

16. Para un estudio importante sobre los milagros véase Norman Geisler, *Signs and Wonders* (Wheaton: Tyndale, 1988).

17. H. Alexander, "Slain in the Spirit", en *Dictionary of Pentecostal and Charismatic Movements*, 789-791.

18. "Cuando era joven fui a muchos servicios donde supuestamente las personas morían en el Espíritu. Con frecuencia me imponían las manos, era común que alguien me presionara la frente suavemente y me empujaban hacia atrás. Con algunos de los evangelistas no era tan suave. Cuando tienes los ojos cerrados, las manos levantadas y la cabeza inclinada hacia atrás, no se necesita mucha presión para que caigas de espalda, especialmente si sabes que hay alguien atrás para agarrarte". Chuck Smith, *Charisma vs. Charismania*, 128-129.

19. Además de las doctrinas explicadas en esta sección, hay otras desviaciones teológicas que se alejan del cristianismo histórico (la teología de la prosperidad se explicará en la sección siguiente). Kenneth Copeland declara: "[Cristo] hizo lo mismo que Adán en el huerto del Edén. Se hizo obediente hasta la muerte y se puso en manos de Satanás, el enemigo de Dios. [Jesús] aceptó la naturaleza de pecado de Satanás en su propio Espíritu". Véase Kenneth Copeland, "What Happened from the Cross to the Throne?" (Forth Worth: Kenneth Copeland), grabación de audio, cara dos. Hagin declara: "Muerte espiritual también signi-

fica tener la naturaleza de Satanás... Jesús probó la muerte, la muerte espiritual, por todos los hombres... Se convirtió en lo que nosotros éramos". Kenneth E. Hagin, *The Name of Jesus* (Tulsa: Kenneth Hagin, 1979), 31. Hagin no afirma claramente la divinidad de Cristo en el largo listado que hace para definirlo. De hecho, declara: "Las personas dicen: '[Jesús] hizo todos estos milagros porque Él es Dios'. No, no era por eso. Era porque estaba ungido con el Espíritu Santo". Kenneth Hagin Jr., *Because of Jesus* (Tulsa: Kenneth Hagin, 1986), 4. Esto es un alejamiento serio del cristianismo histórico.

20. L. Lovett, "Positive Confession Theology", en *Dictionary of Pentecostal and Charismatic Movements*, 719.

21. *Ibíd.*, 719.

22. Kenneth Copeland, *Now Are We in Christ Jesus* (Forth Worth: KCP Publications, 1980), 16-17.

23. Kenneth E. Hagin, *New Thresholds of Faith* [*Nuevos umbrales de fe*] (Tulsa: Kenneth Hagin, 1985), 57. Publicado en español por Faith Library Publications.

24. Paul Yonggi Cho, *Salvation, health and Prosperity* [*Las tres bendiciones en Cristo*] (Altamonte Springs, Fla.: Creation, 1987), 70-71. Publicado en español por Peniel.

25. Smith, *Charisma vs. Charismania*, 135.

26. D. A. Reed, "Oneness Pentecostalism", en *Dictionary of Pentecostal and Charismatic Movements*, 644-651.

27. S. R. Hanby, *The Apostles' Doctrine* (Hazelwood: Pentecostal Publishing), 5.

28. Hanby, *The Apostles' Doctrine*, 6.

29. Smith, *Charisma vs. Charismania*, 127.

30. Wayne Grudem, *Systematic Theology* [*Teología sistemática*] (Grand Rapids: Zondervan, 2000), 765. Publicado en español por Vida.

31. D. R. McConnell, *A Different Gospel* (Peabody: Hendrickson, 1988).

32. Grudem, *Systematic Theology* [*Teología sistemática*], 243.

33. Citado en Michael Horton, ed., *The Agony of Deceit: What Some Preachers Are Really Teaching* (Chicago: Moody, 1990), 39.

34. Robert Tilton, boletín de los Ministerios Robert Tilton, citado en Horton, *Agony of Deceit*, 39-40.

35. *Ibíd.*, 65. Aunque el reverendo Ike no se menciona por el nombre, su declaración está documentada en otras fuentes.

36. Pat Robertson, *Answers* (CBN Partner's Edition), 71, citado en Horton, *Agony of Deceit*, 65.

37. Charles Capps, *Can Your Faith Fail?*, 27-28, citado en Horton, *Agony of Deceit*, 66.

38. Kenneth Copeland, *Now Are We in Christ Jesus*, 17-18, 23-24.

39. Kenneth E. Hagin, "The Virgin Birth", *Word of Faith* (diciembre de 1977), 8, citado en Horton, *Agony of Deceit*, 100.

40. Paul Billheimer, *Destined for the Throne*, 83-84, citado en Horton, *Agony of Deceit*, 102.

41. Kenneth Copeland, "What Happened from the Cross to the Throne", cinta, cara 2, archivado con CRI, citado en Horton, *Agony of Deceit*, 117.

42. Kenneth Copeland, *Believer's Voice of Victory* (agosto de 1988), 8, citado en Horton, *Agony of Deceit*, 114.

43. Kenneth Copeland, "Take Time to Pray", *Believer's Voice of Victory* (febrero de 1987), citado en Horton, *Agony of Deceit*, 114.

44. Gloria Copeland, *God's Will for You*, 5, citado en Horton, *Agony of Deceit*, 117.

45. Kenneth Copeland, *The Power of Tongue* (Forth Worth: KCP, 1980), 11.

46. Kenneth E. Hagin, *The Name of Jesus* (Tulsa: Kenneth Hagin Ministries, 1989), 30-31.

47. Kenneth Copeland, "Substitution and Identification", cinta de audio, citado en Horton, *Agony of Deceit*, 118-119.

48. Earl Paulk, *Satan Unmasked*, 97, citado en Horton, *Agony of Deceit*, 90.

49. Robert Tilton, *God's Laws for Success*, 170-171, citado en Horton, *Agony of Deceit*, 90-91.

50. Casey Treat, "Believing in Yourself", citado en Horton, *Agony of Deceit*, 91.

51. Kenneth Copeland, "The Force of Love", cinta BCC-56 y cinta de cruzada (19 de julio de 1987), citado en Horton, *Agony of Deceit*, 92, 115.

52. Kenneth E. Hagin, *Word of Faith*, 14, citado en Horton, *Agony of Deceit*, 112.

53. Paul Crouch, "Praise the Lord", Trinity Broadcasting Network (7 de julio de 1986), citado en Horton, *Agony of Deceit*, 119.

54. Kenneth E. Hagin, *New Thresholds of Faith* [*Nuevos umbrales de fe*] (Tulsa: Kenneth Hagin Ministries, 1988), 56-58, 83. Publicado en español por Faith Library Publications.

55. Creflo Dollar, "Favor Confessions: Concerning Total Life Prosperity", Creflo Dollar Ministries.

56. Creflo Dollar, "Receiving the Wealth of the Wicked", Creflo Dollar Ministries.

57. Paul Yonggi Cho, *Salvation, health and Prosperity* [*Las tres bendiciones en Cristo*] (Altamonte Springs, Fla.: Creation, 1999), 70-71. Publicado en español por Peniel.

58. Jackie Alnor, "Joel Osteen: The Prosperity Gospel's Coverboy", *The Christian Sentinel* (junio de 2003).

59. "Joel Osteen—'Blab It and Grab It'", *Apologetics Index*.

60. Joel Osteen, *Your Best Life Now* [*Su mejor vida ahora*] (New York: Warner, 2004), 130. Publicado en español por Casa Creación

61. L. Lovett, "Positive Confession Theology", en *Dictionary of Pentecostal and Charismatic Movements*, 718-720. D. R. McConnell, "defensor no apologista y participante de la renovación carismática", dice: "Los orígenes históricos del movimiento de la fe no son pentecostales o carismáticos. El movimiento de la fe puede rastrearse en la historia a fuentes cúlticas", *A Different Gospel*, xviii.

62. McConnell, *A Different Gospel*, 21. Casey Treat, "Believing in Yourself", citado en Horton, *Agony of Deceit*, 91.

63. William F. Arndt y F. Wilbur Gingrich, *A Greek-English Lexicon of the New Testament*, F. Wilbur Gingrich y Frederick W. Danker, eds.(Chicago: Univ. of Chicago, 1979), 527.

Para estudio adicional sobre la teología carismática

** Stanley M. Burgess y Gary B. McGee, eds., *Dictionary of Pentecostal and Charismatic Movements* (Grand Rapids: Zondervan, 1988). Un libro rico en información, aporta el trasfondo histórico, las personalidades y la teología de los movimientos pentecostal y carismático.

** Walter A. Elwell, ed., *Evangelical Dictionary of Theology* [Diccionario teológico de la Biblia], 2ª ed. (Grand Rapids: Baker, 2001). Publicado en español por Caribe. Véase "Charismatic Movement", 220-224 y "Pentecostalism", 899-902.

* Norman Geisler, *Signs and Wonders* (Wheaton: Tyndale, 1988). Un estudio importantísimo sobre la naturaleza de los milagros.

** Charles G. Hummel, *Fire in the Fireplace: Contemporary Charismatic Renewal* (Downers Grove: InterVarsity, 1978).

* John F. MacArthur Jr., *Los carismáticos: Una perspectiva doctrinal* (El Paso, TX: Casa Bautista de Publicaciones, 1994). Crítica seria escrita por alguien que no es carismático.

** D. R. McConnell, *A Different Gospel* (Peabody: Hendrickson, 1988). Una crítica importante del movimiento moderno de la fe escrita por alguien que es carismático.

* Chuck Smith, *Charisma vs. Charismania* (Eugene: Harvest, 1983). Defensa de la renovación carismática y rechazo de sus excesos por un líder de California.

** J. Rodman Williams, *Renewal Theology: Systematic Theology from a Charismatic Perspective* (Grand Rapids: Zondervan, 1996).

Para estudio adicional sobre el movimiento de la prosperidad

* Bruce Barron, *The Health and Wealth Gospel* (Downers Grove: InterVarsity, 1987). Crítica del movimiento.

* Paul Yonggi Cho, *Las tres bendiciones en Cristo* (Miami: Peniel, 1999).

** Hank Hanegraaff, *Cristianismo en crisis* (Miami: Unilit, 1993). Evaluación sustanciosa de la palabra de fe y movimientos relacionados.

* Michael Horton, ed., *The Agony of Deceit: What Some Preachers Are Really Teaching* (Chicago: Moody, 1990). Es un crítica utilísima de los predicadores de la prosperidad.

* D. R. McConnell, *A Different Gospel* (Peabody: Hendrickson, 1988). Una crítica del movimiento.

* Joyce Meyer, *El poder secreto de declarar la Palabra de Dios* (Lake Mary: Casa Creación, 2011).

* Joel Osteen, *Su mejor vida ahora* (Lake Mary: Casa Creación, 2005).

* Frederick K. C. Price, *Answered Prayer Guaranteed!* (Lake Mary: Charisma, 2006).

* Chuck Smith, *Charisma vs. Charismania* (Eugene: Harvest, 1983). Smith defiende la renovación carismática pero rechaza los excesos.

LA IGLESIA EMERGENTE

COMO EL NOMBRE IMPLICA, la iglesia emergente está en proceso, se está desarrollando en su sistema de creencias, en su relación con la cultura y en su enfoque ministerial. El movimiento ha cautivado la atención y el seguimiento particular de muchos jóvenes evangélicos incluyendo a numerosos líderes.

La iglesia emergente tiene una gran diversidad entre sus partidarios; Mark Driscoll refleja el elemento más conservador (aunque parece haberse separado de la organización emergente); Brian McLaren tal vez representaría el matiz liberal, saliéndose del evangelicalismo tradicional. Dentro del movimiento hay gran diversidad en las creencias doctrinales y en el enfoque ministerial. Debido a su destacado liderazgo en el movimiento, y por representar sus influencias y énfasis post-liberales, Brian McLaren será un punto central de este estudio.

Una introducción

En las culturas angloparlantes hay una diferencia entre "iglesia emergente" (*emerging*) e "Iglesia emergente" (*emergent*). La "iglesia emergente" (*emerging*) es el término genérico e indica que "su misión principal es alcanzar la cultura posmoderna con el evangelio de Jesucristo". Aunque estas iglesias abarcan numerosas denominaciones, "generalmente tienen tendencias evangélicas".[1] Enfatizan la actividad social, particularmente enfocada hacia los pobres. La Iglesia emergente (*emergent*) es una entidad más específica, con una organización llamada Villa Emergente, fundada por Brian McLaren y otros. Este movimiento apropia ideas de la teología liberal y refleja mayor diversidad, incluye denominaciones e iglesias evangélicas, protestantes liberales, ortodoxas y católicas. De forma semejante, enfatizan el activismo social y el ministerio a los pobres.[2] La terminología es aún más complicada porque hay otros grupos con tendencia similar, pero con nombre diferente. Otros pueden no usar etiquetas pero aun así se identifican con los énfasis de la iglesia emergente o la Iglesia emergente. En la práctica muchos usan los términos de manera intercambiable, aunque la Iglesia emergente tiene conclusiones más radicales en su sistema de creencias. La iglesia emergente, con todas sus variaciones, no sigue las posiciones extremas y algunos buscan distanciarse de la Iglesia emergente.

La iglesia emergente ha surgido por variadas razones. Con su movimiento hacia el posmodernismo, abraza el relativismo y por lo tanto rechaza la noción del absolutismo en la teología y particularmente en lo relativo a las Escrituras. Brian McLaren dice: "Lo último que quiero es entrar en argumentos nauseabundos sobre por qué esta o aquella forma de teología (dispensacional, del pacto, carismática o cualquier otra)... es la correcta".[3] Con frecuencia optan por la ambigüedad en la doctrina, y son reticentes a abrazar declaraciones doctrinales dogmáticas. Tal cosa es particularmente cierta con respecto a las Escrituras. Tienden a rechazar una declaración doctrinal de la inspiración verbal plenaria y la inerrancia de las Escrituras.

Para ellos la Biblia es "narrativa". Con este término le dan un significado nuevo a la palabra *narrativa*. En su concepción, la Biblia simplemente registra lo que ocurrió en la historia bíblica sin que hoy nos impacte o se aplique a nosotros necesariamente. Para McLaren, partes de la Biblia son sencillamente las "opiniones personales" de Pablo.[4] Considera que palabras como "*autoridad, inerrancia, infalibilidad, revelación, objetiva, absoluta y literal*" tienen "valor y validez... *dentro de ciertos contextos*".[5] Para McLaren, la Biblia es un problema, porque se ha usado tradicionalmente para probar posiciones doctrinales textuales. Él rechaza este procedimiento y defiende la "*necesidad de reclamar la Biblia como narrativa. La Biblia es un relato y solo porque hace un recuento (con normas de precisión aceptables para su audiencia original) de qué ocurrió, no quiere decir que diga lo que debe ocurrir siempre o incluso lo que debería haber ocurrido*".[6]

A diferencia de las perspectivas cristianas conservadoras y liberales, Brian McLaren busca "un tercer camino generoso" —"misionero"— más allá de la preocupación conservadora por el "Salvador personal" y de la modernidad del liberalismo cristiano.[7] La idea misionera es "ser y hacer discípulos de Jesucristo en comunidad auténtica *para el bien del mundo*".[8] El mensaje misionero emergente sobre Jesús, ¿es exclusivo o inclusivo? McLaren se niega a especificar, dice: "El antiguo universalismo declara que las buenas nuevas eran eficaces para las almas individuales *después* de la muerte, en el cielo, más allá de la historia. El inclusivismo dice que el evangelio es eficaz para muchos y los exclusivistas dicen que es para unos pocos. Pero yo estoy más interesado en un evangelio eficaz universalmente, para toda la tierra, *antes* de su muerte en la historia".[9]

Rebelión también es una palabra usada para describir la Iglesia emergente. Considera que la iglesia tradicional no es capaz de alcanzar a las personas en la cultura actual. En particular, rechazan las iglesias "seeker-sensitive" (sensibles al "buscador", procuran que sus cultos sean más atractivos al "mundo") y las mega-iglesias, pues éstas enfatizan el entretenimiento pero no impactan en la generación posmodernista. En lugar de auditorios grandes e iluminados, donde el sermón es el punto central, los partidarios de la iglesia emergente optan por "reuniones" de adoración "empíricas" y "místicas-espirituales"; allí también el punto central es la "experiencia holística" en un lugar de "oscuridad".[10] Dan Kimball, autor y pastor de una congregación emergente en Santa Cruz, California, declara: "En la cultura emergente, la oscuridad representa espiritualidad. Lo vemos en los templos budistas, así como en las iglesias católicas y ortodoxas... Para las generaciones emergentes... la oscuridad es más apetecible".[11]

Como lo implica el nombre, la iglesia emergente está *emergiendo*, no está terminada. McLaren define esta "ortodoxia generosa" así: *"Pues, yo soy un cristiano* misionero, evangélico, post/protestante, liberal/conservador, místico/poético, bíblico, carismático/contemplativo, fundamentalista/calvinista, anabautista/anglicano, metodista, católico, verde, encarnacional, deprimido pero con esperanza, emergente, no terminado".[12] Los defensores de la iglesia emergente normalmente no respaldan las posiciones teológicas o las declaraciones doctrinales que son dogmáticas.

Debido a las afinidades post-liberales de Hans Frei, Stanley Grenz y James William McClendon Jr., que influenciaron a Brian McLaren, parece evidente la influencia post-liberal en la organización emergente. Frei rechazó las perspectivas liberales y conservadoras, optó por "un tercer camino post-liberal" y enfatizó la "primacía de la narrativa bíblica en la teología".

Carl F. H. Henry criticó la teología post-liberal en su artículo "The Origins of Postliberalism" [Los orígenes del post-liberalismo]; dijo que era "la última manifestación de un tipo de neo-ortodoxia mortal, más perniciosa aún por su aparente afinidad con los intereses conservadores". Henry reprendió la teología narrativa del post-liberalismo porque: "La teología narrativa no tiene una doctrina sustantiva de inspiración bíblica ni una teoría objetiva sobre la autoridad bíblica". Henry acusó que "al elevar la narrativa sobre los hechos, la teología narrativa se hace incapaz de distinguir la verdad del error o el hecho de la ficción".[13]

La objetividad, como en la neo-ortodoxia, no es importante; la subjetividad es el punto vital (aunque no hay una conexión orgánica entre la iglesia emergente y la neo-ortodoxia). Un líder de la iglesia emergente declaró: "La verdad proposicional no es la más alta. De hecho, la verdad más alta es personal".[14] La neo-ortodoxia rechaza la creencia en la verdad objetiva por la inerrancia de las Escrituras; en su lugar, los proponentes de la neo-ortodoxia enfatizan el encuentro existencial a partir del cual la Biblia llega a ser la Palabra de Dios.

Muchos adeptos de la iglesia emergente tienen un enfoque similar. Ven un cambio cultural del conocimiento hacia la experiencia. El resultado es una iglesia emergente que busca crear servicios que son "multisensoriales e interactivos... Por medio de varios elementos empíricos y del mismo espacio, podemos predicar realmente la verdad bíblica. El arte predica. La literatura predica. La música predica. Incluso el silencio predica".[15] Mientras la perspectiva evangélica tradicional comienza con los hechos, que influencian las creencias y éstos a su vez influencian el comportamiento; la iglesia emergente comienza con la experiencia, que influencia el comportamiento, que a su vez influencia la creencia.[16] Como resultado: "Para la mayoría de personas en el movimiento, esto se refleja en un énfasis en los sentimientos y los afectos en contra del pensamiento lineal y la racionalidad; en la experiencia por encima y en contra de la verdad".[17]

Los líderes de la Iglesia emergente consideran que las iglesias evangélicas, fundamentalistas, ortodoxas y sus servicios de adoración, con sus himnos están estancados y no logran interactuar con la cultura ni impactarla. Buscan solucionar este problema alejándose del tradicionalismo (al que ven establecido en el modernismo) y adaptándose a la cultura; es decir, emergiendo. En ese sentido es un movimiento de protesta contra el absolutismo, contra el tradicionalismo: las formas de la iglesia que consideran estancadas e ineficaces en la cultura de hoy.

Rob Bell, que había sido pastor en Michigan (y ahora es escritor) de la iglesia emergente, mezclaba a Jesús con maestros de yoga. En un sermón particular Bell estaba enseñando a respirar. Dice él: "[En yoga] no se trata de cuán flexible sea usted, no se trata de si puede hacer las poses, no se trata de cuánto pueda doblarse, se trata de que pueda hacer su respiración [Bell inhala y exhala] consistente [Bell exhala] en cualquier cosa que esté haciendo". Continúa: "Y los maestros de yoga dicen que es así cuando usted sigue a Jesús y se rinde a Dios. Se trata de que su respiración sea consistente. Es su conexión con Dios, sin importar la postura de su cuerpo. Eso es integrar lo divino con lo cotidiano.[18]

La iglesia emergente también es producto del posmodernismo. En lugar de centrarse en las creencias doctrinales, el posmodernismo "se enfoca en las relaciones, el amor, la tradición compartida, la integridad en la discusión".[19]

CARACTERÍSTICAS DE LA IGLESIA EMERGENTE

Definición. Como sugiere el nombre, la iglesia emergente está en el proceso de emerger. Emerge del judaísmo del primer siglo, del cristianismo apostólico, de los mártires y de los apologistas, del cristianismo romano, del cristianismo céltico, del Medioevo, del catolicismo, del protestantismo, del cristianismo moderno occidental y continúa emergiendo en una nueva forma.[20] "¿Emergerá finalmente de forma correcta? *Claro que no*".[21] La iglesia sigue emergiendo, pero nunca llega.

La iglesia emergente se aferra al relativismo, "la teoría que niega el absolutismo e insiste que la moralidad y la religión son relativas a las personas que las abrazan".[22] En ese sentido la iglesia emergente también es producto del posmodernismo; a diferencia del modernismo, para el cual las cosas son blanco o negro, el posmodernismo rechaza la noción de los absolutos y de la verdad objetiva, y es influenciada por la cultura en los asuntos determinantes. Para la iglesia emergente las cosas son relativas: puede que sean correctas o quizás no. No hay absolutos en asuntos morales o doctrinales.

Doctrina. La iglesia emergente no suscribe declaraciones doctrinales específicas. Como producto del posmodernismo, los proponentes de la iglesia emergente no consideran que las cosas —la doctrina inclusive— sean blancas o negras; las consideran grises; mejor aún, multicolores de otras culturas, trasfondos y religiones.

Brian McLaren se describe como "un evangélico", situado "algo más allá de un sistema de creencias o arreglo doctrinal o incluso una práctica. Me refiero a una actitud: una actitud *apasionada* hacia Dios, nuestro prójimo y nuestra misión".[23] Declaraciones como éstas reflejan aspectos de la neo-ortodoxia que minimizan las declaraciones proposicionales mientras fomentan el encuentro existencial. Sin embargo, el término post-evangélico también puede ser apto, sugiere continuidad y discontinuidad con el evangelicalismo.[24]

Cultura. La misión principal de la iglesia emergente consiste en acercarse a la cultura haciéndose relevante para ella. Como resultado, se rechazan o se revisan numerosos aspectos del cristianismo tradicional y de la adoración. Ya se han explicado algunos con todo lujo de detalle. El mensaje del evangelio se suaviza y se modifica con el fin de hacerlo atractivo para la cultura. El infierno no es popular; por tanto, en la enseñanza de Rob Bell se desecha. Otros líderes emergentes como Tony Jones han incorporado lenguaje soez a su predicación, sugiriendo que es una manera apropiada de expresarse. Jones ha argumentado que "hay personas en la Biblia que utilizan un lenguaje vulgar. Por tanto, es necesario reconsiderar el contexto cultural de esta forma de hablar".[25] El pastor y escritor emergente Dan Kimball proporcionó en una ocasión un enlace a "un conjunto musical de rock de sus amigos, lleno de símbolos de ocultismo".[26]

Biblia. La perspectiva emergente de la Biblia está ligada al post-liberalismo; pretende encontrar una posición mediadora entre los liberales que desacreditan la integridad de las Escrituras y los conservadores que las consideran inspiradas, con declaraciones históricas y fácticas de la fe cristiana. Los adherentes de la iglesia emergente rechazan la idea de que la Biblia proporciona las declaraciones proposicionales sobre la fe cristiana.

En vez de centrarse en una declaración doctrinal que especifica la inspiración y la inerrancia de las Escrituras, enfatizan que la Biblia es narrativa, y muestra cómo deben vivir las personas. Brian McLaren reconoce problemas para entender por qué hizo Dios ciertas cosas en el Antiguo Testamento; por lo tanto, McLaren concluye que la Biblia debe entenderse tan solo como una narrativa, sin justificar los actos divinos de todas las épocas.

Rob Bell, pastor fundador de la Iglesia Bíblica de Mars Hill, junto con su esposa, Kristen, empezaron a cuestionar sus suposiciones sobre la Biblia: "Descubrimos que la Biblia es un producto humano… no un producto de autoridad divina". Rob dice: "La Biblia todavía es el centro para nosotros, pero es otra clase de centro. Queremos abrazar el misterio, en lugar de conquistarlo".

"Crecí creyendo que habíamos descifrado la Biblia —dice Kristen—, que sabíamos qué significaba. Ahora ya no sé qué quiere decir".[27]

Jesús. ¿Quién es Jesús en el movimiento de la iglesia emergente? Brian McLaren se separa del Jesús retratado en el evangelicalismo moderno. Ve a muchos Jesús:

Unos de los Jesús que he conocido es el Jesús del protestantismo conservador, centrado en la crucifixión. Somos salvos de nuestros pecados por su muerte en la cruz. En la cruz se encuentran la maldad del hombre y la misericordia de Dios. Comencé a tener problemas con este concepto de Jesús cuando reconocí que la cruz me salvó del infierno, pero no podía entender cómo aplicar esto a mis batallas de cada día… También he conocido a otro Jesús, el de los pentecostales/carismáticos. Este Jesús era más personal y parecía más en sintonía con las necesidades de mi día a día… Tercero, conocí al Jesús de los católicos romanos. Los católicos romanos me ayudaron a entender que Jesús salvó a la iglesia al levantarse de los muertos… El Jesús de la Iglesia ortodoxa oriental me ayudó a entender la encarnación. El Jesús del protestantismo liberal me dio una perspectiva fresca sobre las obras amorosas de sanidad, compasión y justicia. El Jesús de los anabautistas me enseñó cómo tratar a mi prójimo y cómo promover la paz en serio. El Jesús de los oprimidos [de la teología de la liberación no violenta] me recordó que Jesús es el campeón de los pobres, y me desafió para llegar a ser un activista enfrentado a la injusticia.[28]

El Jesús que conoce Brian McLaren es una amalgama de protestantismo y catolicismo en el sentido más amplio. Otros partidarios de la iglesia emergente pueden no compartir la perspectiva que tiene McLaren de Jesús.

La expiación. McLaren y Steve Chalke rechazan la muerte en la cruz como expiación sustitutiva por el pecado. Si en efecto la muerte de Cristo fuera una expiación sustitutiva, entonces la cruz sería: "una forma cósmica de abuso infantil: un Padre vengador que castiga a su Hijo por una ofensa que nunca cometió… Si la cruz es un acto personal de violencia perpetrado por Dios hacia la humanidad pero cargado por su Hijo, entonces es una burla de la misma enseñanza de Jesús de amar a los enemigos y negarse a pagar mal con mal".[29]

Evangelismo. La iglesia emergente tiene una concepción del evangelismo diferente al modernismo. A continuación se refleja el enfoque de la iglesia emergente en cuanto al evangelismo:

1. El evangelismo ofrece una invitación al reino, en lugar de un camino al cielo.
2. El evangelismo no es tanto una invitación a un evento, sino a entrar en una comunidad.
3. El evangelismo es más dialogar y oír que predicar y hablar.
4. El evangelismo es parte del discipulado y de la cultura de la iglesia, en vez de algo que usted hace de forma paralela.
5. El evangelismo se centra "en el discipulado", en lugar de tener base en el entretenimiento.
6. El evangelismo hoy puede tomar más tiempo y requiere la generación de confianza.[30]

Cielo e infierno. McLaren se niega a responder a la pregunta "¿Qué pasa con el cielo y el infierno?". Dice él: "¿No es evidente? No creo que esta sea la pregunta que deba hacer un cristiano misionero".[31] Los seguidores de la iglesia emergente se enfocan en la comunidad en esta vida, en vez de centrarse en el cielo en la otra vida.

Evaluación resumida de la iglesia emergente

La iglesia emergente es precisamente eso: está emergiendo, desarrollándose, en su sistema de creencias y en su cultura y práctica. McLaren escribe sobre la naturaleza de su cristianismo en *A Generous Orthodoxy* [Una ortodoxia generosa]: "Pregúnteme si el cristianismo (mi versión, la suya, la del papa, la de quien sea) es *ortodoxa*, es decir, *verdad*, y aquí está mi respuesta honesta: *un poco, pero no todavía...* Ser cristiano en el sentido generoso ortodoxo no es afirmar que se tiene la verdad... Pero seguimos buscando".[32] Aquí hay diez observaciones sobre la iglesia emergente:

(1) Los líderes de la iglesia emergente han reconocido el cambio en la cultura e intentan conectarse con ella, eso es admirable. Critican el cristianismo tradicional (modernismo) por no estar alerta a los cambios culturales y por su inhabilidad para comunicarse con la cultura, especialmente los jóvenes. Como resultado abrazan métodos novedosos para alcanzar a las personas de hoy, quienes desdeñan la iglesia y no irían a un servicio de adoración tradicional.

Tal vez su perspectiva del evangelismo de la iglesia tradicional está muy estereotipado.[33] Muchas iglesias tradicionales no siguen el esquema que Kimball presenta en su diagrama de *The Emerging Church* [La iglesia emergente]; muchas son muy activas en el evangelismo personal, en vecindarios y en lugares de trabajo.

(2) Por su relativismo, la iglesia emergente ha abandonado la fuente de verdad autoritativa: las Escrituras. Sus declaraciones contienen contradicciones e inconsistencias. Scot McKnight declara: "La gran mayoría de cristianos emergentes... no niega la verdad, no niega que Jesucristo es la verdad y no niega que la Biblia es verdad".[34] Luego declara McKnight: "El movimiento emergente tiende a sospechar de la teología sistemática... no se ha alcanzado un consenso genuino... No hay lenguaje capaz de captar la Verdad Absoluta, que es solo Dios... No tiene un sistema hermético o declaración de fe... no creemos que ninguna teología sea absolutamente correcta".[35] Si la teología no es correcta, entonces es imposible afirmar que el mensaje es correcto, que Jesús es la verdad y que la Biblia es verdad.

Aunque es importante enfatizar la experiencia y la aplicación de las Escrituras, el punto de partida debe ser la inerrancia de las Escrituras, afirmado en pasajes como Mateo 5:18; 2 Timoteo 3:16 y 2 Pedro 1:21.[36] ¿De qué otra forma puede afirmarse la verdad? La experiencia de las Escrituras es válida solo cuando se reconoce su inerrancia. Si no son inerrantes, no pueden ser autoritativas en la aplicación y la experiencia.

Más aún, reconocer que la Biblia es simple narrativa porque se tienen problemas para entender por qué Dios hizo ciertas cosas, es dejar que la razón juzgue las Escrituras. En ese momento, la razón se convierte en la autoridad, no las Escrituras. La perspectiva de McLaren según la cual la Biblia solo es narrativa, solo es un relato —entendido por los destinatarios originales pero no necesariamente aplicable a la generación posmoderna—, es relativismo. La Biblia es relativa para los defensores de la iglesia emergente. La Biblia habla a los destinatarios originales, pero sus verdades pueden no ser aplicables a la generación posmoderna. Las implicaciones son enormes. En esta forma de relativismo McLaren no tiene claro si es apropiado referirse a la homosexualidad como "pecado". Ha pedido "una moratoria universal para la predicación sobre el pecado de la sodomía".[37]

Si la Biblia no es verdad objetiva, nada en el sistema de creencias puede declararse con autoridad. ¿Cómo se enseña la verdad separada de las palabras? No es posible. Las palabras son importantes, definen el sistema de creencias. Albert Mohler plantea una crítica astuta: "Hay una inconsistencia profunda en el pensamiento posmoderno, que se hace aparente cuando los posmodernistas escriben libros, presentan conferencias o comienzan a hablar. Si la comunicación de la verdad es tan ambigua, espinosa y arbitraria como los posmodernistas argumentan, ¿por qué escribir libros?".[38] En otras palabras, si el relativismo se acepta, los proponentes de la iglesia emergente no tienen validez cuando dicen estas cosas o cuando hacen lo que hacen.

(3) El cristianismo es distinto y único. No existe conexión entre Jesús y el yoga o entre Jesús y la religión panteísta hindú. Jesús afirmó exclusividad (Jn. 10:7-14; 14:6). Ese también fue el mensaje de la iglesia primitiva (Hch. 4:12; 16:31).

(4) De acuerdo con McLaren, el Jesús de la iglesia emergente es una amalgama de diversas teologías. Parece haber pasado por alto que la razón última por la cual vino Jesús fue para resolver el dilema del pecado. Jesús vino a rescatar a quienes estaban perdidos (Lc. 19:10). Aunque McLaren no está dispuesto a reconocer la perdición de la humanidad sin Cristo, Jesús confirmó que no creer en Él acarrearía la muerte en el pecado (Jn. 8:24). Pablo confirmó la naturaleza singular del evangelio, que Jesús murió por nuestros pecados y resucitó; ese es el único evangelio que salva a las personas (1 Co. 15:1-4).

Hay un asunto aún más serio: el rechazo de McLaren y Chalke a la expiación sustitutiva de Cristo. No hay evangelio ni salvación sin la expiación sustitutiva de Cristo. Su expiación vicaria se enseña con claridad en las Escrituras (Is. 53:4-6; Mt. 20:28; Mr. 10:45; Ro. 3:24-25; 2 Co. 5:21; 1 P. 2:24).

(5) La filosofía bíblica de la iglesia emergente, especialmente de la Iglesia emergente, está influenciada por el post-liberalismo. Cuando la filosofía de McLaren sobre la experiencia del cristianismo repudia el dogma y las declaraciones objetivas de verdad,[39] refleja el pensamiento neo-ortodoxo.[40]

La iglesia emergente posmodernista comienza con la experiencia, que influye en el comportamiento, que a su vez influye en la creencia. La tesis está al revés. El modelo del evangelicalismo tradicional, cuyo comienzo está en los hechos, es el correcto. La creencia correcta influye en el comportamiento correcto. Las epístolas del Nuevo Testamento se escribieron en este formato: Romanos 1—11 está relacionado con la doctrina, los capítulos 12—15 con el comportamiento; Efesios 1—3 edifica sobre el fundamento de la doctrina, los capítulos 4—6 instruyen sobre el comportamiento; Colosenses 1—2 es doctrina, los capítulos 3—4 enfatizan la práctica. El patrón bíblico comienza con la doctrina, que redunda en el comportamiento correcto.

(6) El cristianismo se edifica sobre la verdad proposicional, como se declara en las Escrituras. Sin ella, no hay cristianismo. Sin las declaraciones objetivas de las Escrituras no es posible hablar con una creencia incondicional en la deidad de Jesucristo, su expiación sustitutiva, su resurrección corporal y otras doctrinas fundamentales de la fe cristiana. El cristianismo está ligado a la inspiración de las Escrituras, lo cual permite a su vez que para ser cristiano se crea en la verdad objetiva. El cristianismo se mantiene o se cae dependiendo de si se acepta o rechaza la verdad proposicional de las Escrituras.

(7) La iglesia emergente ha adaptado algunos aspectos del misticismo y las religiones orientales. Claramente, el énfasis en la oscuridad no es cristiano. Se usa con frecuencia la "luz" para describir a Cristo y a los cristianos. Jesús es la luz del mundo (Jn. 8:12; 9:5). Los creyentes son hijos de la luz (Jn. 12:36; Ef. 5:8, 9; 1 Ts. 5:5) y se les recuerda que la luz no tiene comunión con las tinieblas (2 Co. 6:14). La luz y la oscuridad se contrastan para definir la verdad de Cristo y la falsedad de Satanás (2 Co. 6:14; 11:14; 1 Ts. 5:5). La oscuridad es inapropiada para representar la verdad; en las Escrituras la oscuridad representa el mal.

(8) Aunque se afirme ser misionero, es imposible cumplir la misión sin proclamar que Jesús es el único Salvador del mundo (Jn. 14:6; Hch. 4:12). Si Jesús es el Salvador y si se debe proclamar a Cristo al mundo, debe existir el corolario de que las personas se pierden sin Cristo y necesitan un Salvador.

(9) Los líderes de la iglesia emergente tienen un doble discurso. Cuando McLaren se describe como liberal/conservador, fundamentalista/calvinista, anabautista/anglicano, metodista, católico, etc., está rechazándolo todo y diciendo nada. Claramente, estos términos son contradictorios, y afirmar todos ellos a la vez indica una falta de compromiso con la fe cristiana histórica.

(10) La iglesia emergente ha intentado captar la cultura, pero parece que la cultura la ha abrumado, tanto en la metodología como en su paso al relativismo, por lo que se niega a reconocer la verdad proposicional en las doctrinas bíblicas fundamentales. "Al negar que la verdad es proposicional, los teóricos de la iglesia emergente evitan y renuncian a la posibilidad de defender muchas de las doctrinas que se consideran esenciales para la fe cristiana desde hace mucho tiempo".[41]

Como da a entender el nombre, la iglesia emergente está surgiendo; continúa cambiando y, como tal, podría parecer que sus elementos se están fundiendo con el posmodernismo. Decididamente existen elementos en común entre ambos. El capítulo 49, acerca de la teología posmoderna, sirve como un estudio auxiliar sobre la iglesia emergente ya que muchos aspectos se aplican a ambos sistemas doctrinales.

NOTAS

1. Jason Carlson "Emerging vs. Emergent Churches: Cleaning Up the Confusion", ChristianWorldviewNetwork.com. Scot McKnight, "Five Streams of the Emerging Church", *Christianity Today* (febrero de 2007).

2. *Ibíd.*

3. Brian McLaren, *A Generous Orthodoxy* (Grand Rapids: Zondervan, 2004), 23-24.

4. *Ibíd.*, 180.

5. *Ibíd.*, 182-183.

6. *Ibíd.*, 185.

7. *Ibíd.*, 115.

8. *Ibíd.*, 117.

9. *Ibíd.*, 124.

10. Dan Kimball, *The Emerging Church* (Grand Rapids: Zondervan, 2003), 105.

11. *Ibíd.*, 136.

12. McLaren, *A Generous Orthodoxy*, tapa frontal.

13. Como citado en Gary Dorrien, "The Origins of Postliberalism", *Christian Century* (4-11 de julio de 2001).

14. Como se le dijo a Charles Colson, "Emerging Confusion", *Christianity Today* (1 de junio de 2006).

15. Kimball, *The Emerging Church*, 186.

16. *Ibíd.*, 187.

17. D. A. Carson, *Becoming Conversant with the Emerging Church* (Grand Rapids: Zondervan, 2005), 29.

18. Citado en Ken Silva, "Rob Bell, Yoga Masters and Jesus?", Christian Worldview Network, http://www.christianworldviewnetwork.com/article.php/1212/Ken_Silva.

19. D. A. Carson, "The Emerging Church", *Modern Reformation Magazine*, 14:4 (julio y agosto de 2005).

20. McLaren, *A Generous Orthodoxy*, 322-323.

21. *Ibíd.*, 323.

22. Carson, "The Emerging Church".

23. McLaren, *A Generous Orthodoxy*, 130.

24. *Ibíd.*, 133.

25. Ken Silva, "Christian Leader Tony Jones Drops the 'F-Bomb' on the Bible", Christian Worldview Network, 2 de abril, 2007, 2; en http://www.christianworldviewnetwork.com/article.php/1742.

26. *Ibíd.*

27. Andy Crouch, "The Emergent Mystique", *Christianity Today* (1 de noviembre de 2004).

28. McLaren, *A Generous Orthodoxy*, 51-71.

29. Steve Chalke y Alan Mann, *The Lost Message of Jesus* (Grand Rapids: Zondervan, 2003), 182-183.

30. Kimball, *The Emerging Church*, 203ss.

31. McLaren, *A Generous Orthodoxy*, 122.

32. *Ibíd.*, 333.

33. Véase el diagrama en Dan Kimball, *The Emerging Church*, 281. El evangelismo de la iglesia moderna presentado por Kimball está estereotipado y es incorrecto en muchas iglesias modernas (tradicionales).

34. Scot McKnight, "Five Streams of the Emerging Church", *Christianity Today* (febrero de 2007), 37.

35. *Ibíd.*, 38.

36. Es desafortunado que Brian McLaren difame la posición evangélica sobre la inerrancia, asociándola con la teoría del dictado; véase *A Geneorus Orthodoxy*, 181. Solo una escasa cantidad de evangélicos suscribe la teoría del dictado.

37. Phil Johnson, "Absolutely Not! Exposing the Postmodern Errors of the Emerging Church", Conferencia de Pastores de 2006, Sun Valley (15 de abril de 2006); en www.gracechurch.com.

38. Albert Mohler, "What Should We Think of the Emerging Church? Part Two", Comentario de Albert Mohler (30 de junio de 2005), en www.albertmohler.com.

39. McLaren, *A Generous Orthodoxy*, 333-334.

40. Gary Dorrien, "The Origins of Postliberalism", *The Christian Century* (4-11 de julio de 2001).

41. Mohler, "What Should We Think of the Emerging Church? Part Two" (30 de junio de 2005).

PARA ESTUDIO ADICIONAL SOBRE LA IGLESIA EMERGENTE

Fuentes emergentes

* Ray S. Anderson, *An Emergent Theology for Emerging Churches* (Downers Grove: InterVarsity, 2006).

* Rob Bell, *Una obra de arte original: ¿Puede redefinirse la fe cristiana?* (Miami: Vida, 2010).

* Andy Crouch et al., *The Church in Emerging Cultures* (El Cajón, CA: Youth Specialties, 2003).

** Stanley J. Grenz y John R. Franke, *Beyond Foundationalism: Shaping Theology in a Postmodern Context* (Louisville: Westminster John Knox, 2000).

* Dan Kimball, *The Emerging Church* (Grand Rapids: Zondervan, 2003).

* Brian McLaren, *Church on the Other Side* (Grand Rapids: Zondervan, 2000).

* _____, *A Generous Orthodoxy* (Grand Rapids: Zondervan, 2000).

* _____, *A New Kind of Christian* (San Francisco: Jossey-Bass, 2001).

** Dallas Willard, *The Divine Conspiracy* (Nueva York: Harper Collins, 1998).

* Mike Yaconelli, ed., *Stories of Emergence* (Grand Rapids: Zondervan, 2003).

Críticas de la Iglesia emergente

* D. A. Carson, *Becoming Conversant with the Emerging Church* (Grand Rapids: Zondervan, 2005).

* Kevin De Young y Ted Kluck, *Why We're Not Emergent (By Two Guys Who Should Be)* (Chicago: Moody, 2008).

* Millard J. Erikson, Paul Kjoss Helseth y Justin Taylor, eds., *Reclaiming the Center: Confronting Evangelical Accomodation in Postmodern Times* (Wheaton, Ill.: Crossway, 2004).

* Phil Johnson, "Absolutely Not! Exposing the Postmodern Errors of the Emerging Church", 2006 Shepherds Conference, Sun Valley (15 de abril de 2006); en www.gracechurch.com.

* Albert Mohler, "What Should We Think of the Emerging Church?", comentario de Albert Mohler (30 de junio de 2005), en www.albertmohler.com.

LA TEOLOGÍA POSMODERNA y la iglesia emergente coinciden en algunas de sus creencias. Ambas han avanzado más allá del modernismo para rechazar cualquier dogma absoluto y definitivo. El término "posmoderno" describe los rasgos de la iglesia emergente y, de hecho, algunos la definen como "poscristiana".[1] Sin embargo, reconociendo la variedad que existe entre los emergentes, queda claro que algunos siguen aferrándose a las doctrinas cristianas históricas.

Definir la teología posmoderna es, realmente, una tarea difícil. Los posmodernistas mismos consideran que cualquier definición tiene prejuicios y rechazan la noción de que se pueda definir su teología con términos concluyentes. No obstante, quienes han estudiado a los posmodernistas han llegado a ciertas conclusiones. Kevin Vanhoozer habla de la "'condición' posmoderna como algo a la vez intelectual/teórico y cultural/práctico, una condición que afecta las formas de pensar, así como los modos de realización".[2] Esto capta el amplio concepto del posmodernismo. El término "condición" permite la flexibilidad, y es terminantemente cierto que la teología posmoderna no puede encajarse en una definición concreta. Las declaraciones teológicas precisas están ausentes en la teología posmoderna, y representan un alejamiento del modernismo.

El pensamiento posmoderno repercute en todas las áreas de la vida. Por ejemplo, el posmodernismo se puede ver como "la aparición de nuevas formas de experiencia, pensamiento y organización social".[3] Sus defensores rechazan la noción de la razón como un absoluto; no aceptan la ciencia como legítima y la consideran "meras narrativas". Opinan que la razón está "siempre *situada* dentro de narrativas, tradiciones, instituciones y prácticas particulares. Esta contextualidad *condiciona* lo que las personas estiman racional", escribe Vanhoozer.[4]

Bajo este prisma podemos concluir que los posmodernistas ven las cosas como relativas, no absolutas. Rechazan la noción de que la verdad puede enunciarse de forma categórica. "Los posmodernistas desconfían de las afirmaciones respecto a la verdad, de que sean realmente 'ciertas'. Es muy probable que, al oír la aseveración: 'las cosas son así', respondan: 'las cosas son así para usted'",[5] añade Vanhoozer.

Historia de la teología posmoderna

La inmensa mayoría de posmodernistas convencionales surgieron de la tradición atea marxista.[6] Mark Liederbach y Alvin Reid reconocen a tres individuos como los desarrolladores de la filosofía que dio lugar al posmodernismo. Ludwig Wittgenstein habló de un "juego del lenguaje" que "reta directamente la afirmación modernista de derivar y discernir verdades trascendentes, una realidad objetiva o normas morales".[7] Wittgenstein afirma que el lenguaje obstaculiza la verdad. Al ser limitado y entenderse tan solo en una comunidad concreta, no se puede descubrir la verdad. Michel Foucault criticó la opinión modernista de que la verdad objetiva puede encontrarse mediante métodos científicos empíricos. Como resultado, concluyó que no podemos tener un conocimiento objetivo.[8] Jacques Derrida, un filósofo francés, "niega la idea de que el lenguaje tenga un significado fijo asociado a la realidad fija o que desvele la verdad definitiva".[9] "Esta 'deconstrucción' —observan Liederbach y Reid— conllevaba la aseveración de que... ya no podemos suponer tener cierto conocimiento de algo".[10]

Al negar el significado a las palabras y rechazar métodos empíricos, Wittgenstein, Foucault y Derrida han ayudado a construir una filosofía que rechaza toda verdad objetiva; de hecho, los posmodernistas argumentan que la verdad no puede afirmarse ni conocerse. La verdad es relativa a la cultura de la persona. Los individuos de culturas diferentes no consideran las cosas del mismo modo; de ahí que la verdad sea distinta para personas distintas. Se debería tomar nota de que hombres como Derrida y Foucault y sus seguidores "eran, todos ellos, ateos militantes con todas las intolerancias y las tendencias totalitarias de dicha estirpe".[11] Alister McGrath concluye: "Después de todo, muchos escritores posmodernistas son ateos (al menos en el sentido de no creer activamente en Dios). El concepto mismo de la deconstrucción parece sugerir que la idea de Dios debería ser eliminada de la cultura occidental por ser una movida ofensiva por parte de las iglesias y de otros con intereses creados que dependen de la supervivencia de esa idea".[12]

Algunos opinan que los posmodernistas están arraigados en el marxismo. "Según Glen Ward, la inmensa mayoría de los posmodernistas convencionales surgieron de la tradición atea marxista. Michel Foucault, por ejemplo, había sido miembro del Partido Comunista francés y de otra organización maoísta. Los escritos de Jean Baudrillard se catalogaban 'en una estructura vagamente marxista' y él pensaba que tenía la responsabilidad de 'actualizar a Marx'".[13] Así, una definición resumida declara: "El posmodernismo es una continuación de otras ideas marxistas, a saber, el ateísmo, el socialismo, la teoría del equilibrio puntuado en la evolución y el 'yo' socialmente construido, entre otras".[14] El ateísmo del posmodernismo está arraigado en Friedrich Nietzsche, cuya declaración: "Dios ha muerto; lo hemos matado", significaba "que ya no era necesario *creer en* Dios".[15]

LOS DOGMAS DE LA TEOLOGÍA POSMODERNA

Revelación y verdad

Los posmodernistas rechazan la revelación especial y el concepto de la verdad absoluta. Al negar la verdad absoluta, esta se vuelve subjetiva y relativa; la verdad es lo que sea que signifique en la experiencia de la persona. Gibbs y Bolger afirman: "Tomarse el posmodernismo en serio exige que se cuestionen todas las prácticas de la iglesia". La verdad no es revelación objetiva; sino una elección personal relacionada con el "yo" y "parte de una cultura definida con un conjunto particular de suposiciones, valores, estructuras de pensamiento, usos lingüísticos y cosas por el estilo".[16] De ahí que la verdad se relegue a la opinión personal de alguien en una cultura particular que puede no ser la verdad para otro individuo y otra cultura. D. A. Carson escribe que el sector posmoderno concluye: "Nosotros, los seres humanos, no podemos tener un conocimiento objetivo de nada. Lo único que podemos dar a entender, de forma sensata, con la palabra 'verdad' es lo que es 'cierto' para algún individuo o grupo".[17] Carson define este grupo como el "posmodernismo *duro* o *fuerte*".[18]

Los posmodernistas llevan esta idea a la postura final por cuanto "concuerdan con Nietzsche en que 'Dios' —es decir, el ser supremo del teísmo clásico— se ha convertido en algo inconcebible".[19] Algunos lo han tildado de "ateísmo blando". Como se ha indicado más arriba, algunos como Derrida declararon: "Se me puede considerar un ateo, y con razón", pero cuando se le cuestionaba, también contestaba: "Tal vez no sea ateo".[20]

Dado que los posmodernistas rechazan la verdad absoluta, se aferran al pluralismo religioso: el concepto de que es fundamental tolerar todas las religiones ya que una sola no puede ser verdad.[21]

Las Escrituras

Los posmodernistas rechazan la creencia de una verdad absoluta, reflejada en la inspiración y la inerrancia de las Escrituras. Norman Geisler y Thomas Howe explican: "El rechazo posmoderno de la opinión ortodoxa clásica de las Escrituras es generalizado. Incluye repudiar la teoría de la verdad como correspondencia y negar la verdad objetiva, la verdad absoluta, la verdad proposicional y la verdad inerrante de las Escrituras".[22] Stanley Grenz refleja esta opinión, cuando afirma: "Estamos fundamentalmente de acuerdo con el rechazo posmoderno de la mente moderna y su epistemología subyacente de la Ilustración".[23] Con esta aseveración, Grenz está impugnando la verdad objetiva. Para los posmodernistas, el significado fluctúa. "Los filósofos posmodernos han llegado a la conclusión de que cualquier texto en concreto tendrá tantas interpretaciones como lectores (o lecturas)".[24] El resultado final de la perspectiva posmoderna es que la verdad objetiva no puede conocerse y que las declaraciones tendrán sentidos diferentes en culturas diferentes.

Dios

Al deconstruir el significado normal de las palabras —sugerir que los términos y las frases no tienen sentido en sí mismos—, los posmodernistas llegaron a abrazar la opinión de que Dios ha muerto. Esta idea influyó en teólogos como el obispo John A. T. Robinson, William Hamilton, Thomas J. J. Altizer, Mark C. Taylor, Robert Scharlemann y otros de la década de 1960. *Dios* se convirtió en un término abstracto; no señalaba a alguien "de ahí afuera" sino que Dios "está ahí" cuando las personas se aman los unos a los otros.

La iglesia

Al rechazar la visión ortodoxa clásica de las Escrituras, Grenz las considera "el libro de la comunidad".[25] Los posmodernistas y las iglesias emergentes enfatizan la comunidad; por ejemplo, Mars Hill Bible Church de Seattle (con quince iglesias satélites) afirma la importancia de la comunidad en su declaración de misión como "vivir a la manera de Jesús en las comunidades misionales". En su compromiso con la comunidad, algunos posmodernistas (no todos) ven "la iglesia como una red de pequeños grupos" y, por lo tanto, no tienen la intención de hacerse grandes, mientras que otros que crecen y conforman una gran iglesia, no obstante, se reúnen "el domingo como una red de pequeños grupos o comunidades locales".[26]

La misión de la iglesia

Los posmodernistas se involucran y se relacionan con la cultura y, al hacerlo, abandonan los dogmas históricos de la fe cristiana, incluido el evangelio. En el conflicto entre el evangelio y la cultura, Henard y Greenway critican: "El resultado es que el evangelio mismo debe cambiar, y ser menos mensaje y más un estilo de vida".[27] Esta filosofía de los posmodernistas repercute tanto en la doctrina como en la moralidad y conduce, por ejemplo, a no considerar la homosexualidad inmoral.[28]

La moralidad

Al rechazar la verdad objetiva y proposicional, también se refuta la moralidad objetiva. "Bajo el posmodernismo, la moralidad personal se convierte fácilmente en una construcción social".[29] Carson escribe: "Los posmodernistas más firmes argumentan que cualquier distinción entre lo correcto y lo erróneo no tiene un carácter absoluto, sino que es más bien una construcción social. Así, la literatura está llena de personas que argumentan que incluso algo tan espantoso como el Holocausto puede ser considerado perverso solo desde una cierta perspectiva".[30] Sin embargo, ellos mismos tienen fuertes opiniones sobre lo que está bien o lo que está mal respecto a los demás, ya sea al contemplar problemas como la política extranjera actual de los Estados Unidos o los derechos de los homosexuales. De este modo, "estos fuertes planteamientos posmodernos sobre asuntos éticos se convierten con rapidez en una justificación intelectual de la búsqueda personal del placer inmediato en cada individuo".[31]

EVALUACIÓN RESUMIDA DE LA TEOLOGÍA POSMODERNA

Los posmodernistas no ofrecen un fundamento objetivo para lo que creen o para explicar por qué no creen en la verdad bíblica. Su decisión se basa simplemente en su preferencia personal. Entre ellos, "las afirmaciones religiosas se fundamentan en las *preferencias* y no en los principios objetivos. Por ejemplo, o se prefiere la noción de la existencia de Dios o no... algunos individuos se vuelven ateos porque piensan que Darwin resolvió el tema del origen de la vida. Otros son ateos porque consideran que el orden moral de Dios es 'demasiado restrictivo'. Los posmodernistas no ofrecen una lógica nueva para defender su clase de ateísmo".[32] Las Escrituras tienen una respuesta a esta mentalidad: "Dice el necio en su corazón: No hay Dios" (Sal. 14:1).

Cuando los posmodernistas relegan la verdad al lenguaje en una cultura concreta, están rechazando todo reconocimiento de la verdad absoluta. Y si la verdad y la moralidad son relativas solo para una cultura determinada, entonces ¿qué es verdad? ¿Cuáles son los estándares morales? ¿Quién los establece? El individuo, y eso le permite vivir como le plazca. Es una invitación a la vida inmoral. Pero la verdad trasciende la cultura. Cuando Jesús habló con la mujer samaritana (ella pertenecía a una cultura diferente), Él puso de manifiesto la inmoralidad de ella (Jn. 4:18). Al final de esta era, Jesús usará su estándar justo (Mt. 25:31-32) para juzgar a las naciones gentiles (que hayan vivido según su propio código de conducta).

Aunque los defensores del posmodernismo rechazan la verdad objetiva y, por tanto, la inspiración y la inerrancia de las Escrituras, Jesús basó con frecuencia su argumento en favor de la verdad en la verdad objetiva de las Escrituras. En su debate con los fariseos respecto al divorcio, Jesús hizo que se remontaran hasta la declaración de Moisés en el Pentateuco (Mt. 19:4-5). El apóstol Pablo ministró tanto a judíos como a gentiles —de diversas culturas—, y usó las mismas verdades objetivas de las Escrituras (Hch. 13:16ss.; 17:22ss.). A la iglesia en Corinto, formada por judíos y gentiles, Pablo le proclamó la verdad objetiva de la muerte y la resurrección de Cristo como fundamento de la fe cristiana (1 Co. 15:1-4). Además,

Pablo anunció que, si la resurrección no había sido un acontecimiento histórico, su fe era vana; aún estaban en sus pecados (1 Co. 15:17). Sin la verdad objetiva, sin las Escrituras inerrantes, no hay cristianismo. La Biblia misma provee la explicación definitiva de la inerrancia de las Escrituras (2 Ti. 3:16; 2 P. 1:21).

El conocimiento se basa en la revelación. El cristianismo histórico ha reconocido la revelación general de Dios en la naturaleza (Sal. 19; Ro. 1) y la revelación especial de Dios en las Escrituras (2 Ti. 3:16; 2 P. 1:21). Si Dios no se ha revelado a sí mismo, entonces ¿cómo se puede saber algo con certeza?

El posmodernismo acepta el pluralismo religioso, que pone énfasis en la tolerancia y la aceptación de otros criterios, la aceptación de todas las perspectivas y el pensamiento de que ninguna religión puede reivindicar la exclusividad. Sin embargo, el Nuevo Testamento cuenta con el respaldo de más de 5.600 manuscritos griegos antiguos que validan la integridad de los escritos. En esos escritos, Jesús afirma: "Yo soy el camino, y la verdad, y la vida; nadie viene al Padre, sino por mí" (Jn. 14:6). Esta declaración es exclusiva. Y la veracidad histórica de la misma se confirma por medio de las voluminosas pruebas textuales.

El resultado final del pensamiento posmoderno consiste en que no hay una verdad objetiva, tampoco existen los absolutos morales ni la rendición de cuentas a deidad alguna. En el posmodernismo, las palabras pierden su significado.[33] Y eso da como resultado que el individuo es quien determina su propia moralidad. "La autonomía personal sigue siendo el elemento central de la cosmovisión posmoderna... La tolerancia se convierte en el valor moral principal en un mundo posmoderno, porque no existe una base para determinar el bien y el mal, solo normas pragmáticas o contratos sociales basados en ideas utilitarias".[34]

En el posmodernismo, la moralidad se convierte en un asunto personal. Puesto que los posmodernistas abandonan la verdad absoluta, la verdad y la moralidad se convierten en una opinión personal y en la oportunidad de justificar sus propios placeres.

La tragedia suprema de la teología posmoderna es que no solo influye en el mundo secular, sino también en el mundo cristiano, en las iglesias y en los creyentes.

Notas

1. Eddie Gibbs y Ryan K. Bolger, *Emerging Churches: Creating Christian Communication in Postmodern Cultures* (Grand Rapids: Baker, 2005), 17-18.

2. Kevin J. Vanhoozer, *The Cambridge Companion to Postmodern Theology* (Cambridge: Cambridge Univ. Press, 2003), 4.

3. *Ibíd.*, 8.

4. *Ibíd.*, 10.

5. *Ibíd.*, 11.

6. Glen Ward, *Teaching Yourself Postmodernism* (Chicago: McGraw-Hill, 2003), 78s.

7. Mark Liederbach y Alvin L. Reid, *The Convergent Church* (Grand Rapids: Kregel, 2009), 52.

8. *Ibíd.*, 53-54.

9. Stanley Grenz, *A Primer on Postmodernism* (Grand Rapids: Eerdmans, 1996), 141.

10. Liederbach y Reid, *The Convergent Church,* 55.

11. *National Review,* 13 de septiembre de 2004, 52.

12. Alister McGrath, *The Twilight of Atheism* (Nueva York: Doubleday, 2004), 227.

13. "Postmodern Theology and Marxist Influence", *All About Worldview,* s. f. http://www.allaboutworldview.org./posmodern-theology-and-Marxistinfluence.faq.htm.

14. *Ibíd.*

15. "Postmodern Theology and Nietzsche's Influence", *All About Worldview,* 6 de junio de 2012; http://www.allaboutworldview.org./postmodern-theology-and-nietzsche's-influence-faq.htm.

16. Gibbs y Bolger, *Emerging Churches,* 34.

17. D. A. Carson, *Becoming Conversant with the Emerging Church* (Grand Rapids: Zondervan, 2005), 95.

18. *Ibíd.*, 105.

19. Vanhoozer, *The Cambridge Companion,* 12.

20. Simon Barrow, "Derrida's Enduring Legacy", FaithinSociety weblog, http://www.faithinsociety.blogspot.com.

21. D. A. Carson, "Christian Witness in an Age of Pluralism", en D. A. Carson y John Woodbridge, eds., *God and Culture: Essays in Honor of Carl F. H. Henry* (Grand Rapids: Eerdmans, 1993).

22. Norman L. Geisler y Thomas Howe, "A Postmodern View of Theology" en *Evangelicals Engaging Emergent,* William D. Henard y Adam W. Greenway, eds. (Nashville: B&H Publishing, 2009), 93.

23. Grenz, *A Primer on Postmodernism,* 165.

24. Liderbach y Reid, *The Convergent Church,* 56.

25. Stanley Grenz, *Revisioning Evangelical Theology* (Downers Grove: InterVarsity, 1993), 115.

26. Henard y Greenway, *Evangelicals Engaging Emergent,* 227.

27. *Ibíd.*, 16.

28. *Ibíd.*, 17.

29. Carson, *Becoming Conversant,* 101.

30. *Ibíd.*, 112.

31. *Ibíd.*, 113.

32. "Postmodern Theology—How Postmodernism Changes the Rules", www.all aboutworldview.Org=Postmodern=worldview.htm.

33. Henard y Greenway, *Evangelicals Engaging Emergent,* 15-16.

34. *Ibíd.,* 61.

PARA ESTUDIO ADICIONAL SOBRE LA TEOLOGÍA POSMODERNA

** Steven Best y Douglas Kellner, *The Postmodern Turn* (Nueva York: The Guilford Press, 1997).

* D. A. Carson, *Becoming Conversant with the Emerging Church* (Grand Rapids: Zondervan, 2005).

** Millard J. Erickson, *Truth or consequences: The Promise & Perils of Postmodernism* (Downers Grove: InterVarsity, 2001).

* Stanley Grenz, *A Primer on Postmodernism* (Grand Rapids: Eerdmans, 1996).

* William D. Henard y Adam W. Greenway, *Evangelicals Engaging Emergent* (Nashville: B&H Publishing Group, 2009).

* Mark Liederbach y Alvin L. Reid, *The Convergent Church* (Grand Rapids: Kregel, 2009).

* Alister McGrath, *The Twilight of Atheism* (Nueva York: Doubleday, 2004).

* Scot McKnight, "Five Streams of the Emerging Church", *Christianity Today,* 19 de enero de 2007.

** Kevin J. Vanhoozer, *The Cambridge Companion To Postmodern Theology* (Cambridge, Inglaterra: Cambridge Univ. Press, 2003).

** _____, *Postmodern Theology* (Cambridge, Inglaterra: Cambridge Univ. Press), p. 200.

* Gene Edward Veith Jr, *Postmodern Times* (Wheaton: Crossway, 1994).

* Glen Ward, *Teaching Yourself Postmodernism* (Chicago: McGraw-Hill, 2003).

** Robert E. Webber, *Ancient-Future Faith: Rethinking Evangelicalism for a Postmodern World* (Grand Rapids: Baker, 1999).

** David Wells, *Above All Earthly Powers: Christ in a Postmodern World* (Grand Rapids: Eerdmans, 2005).

TEOLOGÍA
POST-EVANGÉLICA

EL POST-EVANGELICALISMO ES OTRA aberración del neo-evangelicalismo y, por tanto, necesita tener su propia categoría. Su aspecto refleja la influencia de la cultura de principios del siglo XXI y de los incesantes avances del pensamiento posmoderno.

Una breve historia y definición del post-evangelicalismo

La historia del neo-evangelicalismo y, por tanto, del post-evangelicalismo, puede rastrearse hasta el Fuller Theological Seminary. Para una explicación completa, véase de nuevo el capítulo 45 y la sección "Neo-evangelicalismo" (p. 639).

El post-evangelicalismo coincide en parte con el posmodernismo y la iglesia emergente. Tanto los emergentes como los post-evangélicos son productos de la perspectiva posmoderna prevaleciente. Se alienta al lector a consultar la explicación sobre la iglesia emergente en el capítulo 48 (en especial, pp. 678-681) para una percepción adicional del post-evangelicalismo.

En *The Post-Evangelical,* Dave Tomlinson, pastor de la iglesia anglicana de St. Luke's, en el norte de Londres, retrata el corazón post-evangélico. Describe a los post-evangélicos como aquellos "que luchan con las restricciones de la teología evangélica, la espiritualidad y la cultura de la iglesia y, sin embargo, desean continuar su viaje de fe… El impulso post-evangélico no implica necesariamente apartarse de la ortodoxia cristiana o de la fe evangélica. Más bien… debemos asimilar su cambiante contexto cultural".[1]

Este concepto es clave en el post-evangelicalismo. Tomlinson declara: "Defiendo un acercamiento crítico con la cultura más amplia, no el dejarse absorber por ella de forma irreflexiva… El cristianismo debe participar en la cultura contemporánea si desea saber cómo hacer que las buenas nuevas de Jesús sean relevantes para las personas de esa cultura".[2]

La influencia de la cultura y el posmodernismo

Los post-evangélicos se ven afectados tanto por la cultura como por el posmodernismo. "Culturalmente, los post-evangélicos se identifican de manera más estrecha con el posmodernismo que con la modernidad

—observa Tomlinson—, y esto tiene un efecto significativo en el modo de acercarse y entender la fe cristiana".[3] Los post-evangélicos adoptan una postura teológica más amplia. Interactúan de buen grado con las posturas teológicas liberales, buscando considerar el cristianismo de otra forma. Holly Rankin Zaher argumenta: "Se necesita una nueva manera de contemplar el cristianismo, a causa de los cambios culturales actuales y no por un cambio de madurez".[4] Como resume Tomlinson,

> ser post-evangélico es dar por sentadas muchas de las suposiciones de la fe evangélica, a la vez que se avanza más allá de sus limitaciones percibidas... Los post-evangélicos... viven en un entorno cultural cada vez más posmoderna. Por consiguiente, el posmodernismo influye en su modo de pensar en la fe y de experimentarla.[5]

"Los evangélicos ya no pueden suponer que otros crean que existe una verdad objetiva en algún lugar",[6] añade Tomlinson. Albert Mohler, presidente de The Southern Baptist Theological Seminary, indica que el cambio en el pensamiento evangélico procede de líderes como Robert Brow, Clark Pinnock, Stanley Grenz, Roger Olson y Brian McLaren.[7]

Los post-evangélicos ya no están comprometidos con las doctrinas históricas de la fe, que se oponen a la alta crítica del liberalismo. Gregory K. Beale, catedrático de Nuevo Testamento, describe el cambio: "Los postconservadores han aprovechado la oportunidad para reformar, remodelar y [revisar] la teología. Están ávidos por participar y aprender de los teólogos no evangélicos y sanar las divisiones causadas por el modernismo. No ven la esencia del cristianismo en la doctrina, sino en una experiencia en forma de narrativa".[8]

Además, en lugar de ser la Biblia la fuente de las creencias teológicas, depende ahora de la cultura. Según Chad Owen Brand, Grenz sugería "tres normas o fuentes para la teología: 'Nuestra tarea pasa de [1] el mensaje bíblico, pasando por [2] la herencia teológica de la iglesia, hasta llegar a [3] las formas y los problemas de pensamiento del contexto cultural en el que vivimos'. Para Grenz, la comunidad produjo la Biblia y, ahora, con la comunidad en un contexto cultural distinto, la cultura de esta época desempeña una función en las fuentes de la verdad".[9]

PERSPECTIVA DE LOS POST-EVANGÉLICOS SOBRE LAS ESCRITURAS Y EL EVANGELIO

La inerrancia de las Escrituras
Las posturas doctrinales actuales están siendo retadas y revisadas constantemente; esto es así entre los neo-evangélicos y, sucesivamente, los post-evangélicos. Beale ha hecho aflorar el problema:

A lo largo de los últimos veinticinco años, un número creciente de estudiantes conservadores se han graduado con doctorados en estudios bíblicos y teología en instituciones no evangélicas. Un porcentaje relevante de ellos han asimilado hasta cierto punto perspectivas no evangélicas, en especial con respecto a las opiniones de la alta crítica sobre la autoría, el fechado y las afirmaciones históricas de la Biblia, que han contribuido a su incomodidad frente a la perspectiva evangélica tradicional sobre la Biblia.[10]

Mito y mitología. En particular, Beale cita a Peter Enns (el cual no tiene parentesco conmigo), autor de *Inspiration and Incarnation* [Inspiración y encarnación]. Aunque Enns afirma ser evangélico y sostiene que la Biblia enseña la verdadera doctrina, Beale lo considera un evangélico posmodernista que no se ciñe al criterio tradicional de la inspiración y la hermenéutica del evangelicalismo. De manera específica, Enns mantiene que el Antiguo Testamento contiene "mitos", y establece paralelos entre las creencias del Antiguo Oriente Próximo y la Biblia; de ahí que el relato de la creación, en Génesis, esté "firmemente arraigado en la cosmovisión [mitológica] del tiempo".[11] Enns concluye: "El mundo mesopotámico del que procedía Abraham había expresado en categorías míticas sus propias historias de orígenes",[12] dando a entender que el relato sobre Abraham en el libro de Génesis tiene sus raíces en los mitos de Oriente Próximo, "omnipresentes y normativos en aquella época".

Beale considera que "Enns afirma que el Pentateuco adopta de forma positiva unas nociones *míticas* en el sentido básicamente normal de la palabra (es decir, narrativa ficticia situada fuera del tiempo histórico)".[13] Beale ofrece una doble crítica de Enns: "1) Él afirma que algunas de las narrativas de Génesis, por ejemplo, la creación y el diluvio, están plagadas de mitos, muchos de los cuales carecían de una correspondencia con la realidad pasada verdadera, algo que el narrador bíblico desconocía. 2) Enns parece suponer que, dado que los autores bíblicos, en especial el narrador del Génesis, no eran objetivos al contar la historia, sus presuposiciones distorsionaron de forma significativa los sucesos relatados".[14]

¿Cómo usaron, Jesús y los apóstoles, el Antiguo Testamento? "Enns responde a la pregunta '¿Predicaban Jesús y los apóstoles la doctrina correcta a partir de textos equivocados?' con un rotundo 'sí' —escribe Beale—, y [Enns] afirma que el pueblo de Dios debería hacer hoy lo mismo".[15] Beale argumenta que uno no puede aferrarse a la inspiración del Nuevo Testamento y, al mismo tiempo, creer que Jesús y los apóstoles apelaron a leyendas y se atuvieron a falsos métodos de interpretar el Antiguo Testamento.

La perspectiva de la alta crítica sobre las Escrituras. Según Beale, Enns refleja un nuevo enfoque entre algunos que afirman ser evangélicos:

"En un periodo casi tan breve como treinta años ha surgido en la erudición evangélica estadounidense una disposición de aceptar perspectivas anteriormente liberales y de la alta crítica sobre las afirmaciones de la Biblia respecto a la autoría de libros bíblicos particulares como Isaías, aunque algunos expertos en el Antiguo Testamento, que son evangélicos y contemporáneos, siguen defendiendo el criterio tradicional sobre este libro".[16]

Como resultado de aceptar las opiniones de la alta crítica respecto al Nuevo Testamento: "Algunos han llegado a la conclusión de que Jesús y sus seguidores estaban equivocados, como el resto del judaísmo temprano, o que Jesús se acomodó a sabiendas a la falsa tradición judía".[17] Por supuesto, la declaración de Jesús: "Si así no fuera, yo os lo hubiera dicho" (Jn. 14:2), los contradice. Jesús no adaptó sus opiniones a la cultura dominante; habló la verdad en todo momento, a pesar de la oposición.

Al concluir la perspectiva de los neo-evangélicos posmodernistas, Beale declara:

> En esencia, los intérpretes posmodernistas sostienen que no podemos estar suficientemente seguros de entender a los escritores bíblicos, ya que nuestra lente presupositiva moldea y, de hecho, distorsiona nuestras interpretaciones de la Biblia. Así, hasta los supuestos posmodernistas evangélicos llegan tan lejos como afirmar, en ocasiones, que adaptamos y con frecuencia distorsionamos el significado de los pasajes bíblicos según la imagen de nuestras ideas socialmente construidas, en lugar de permitir que los escritores bíblicos sean la fuerza que dé forma a nuestras opiniones.[18]

La Biblia
Perspectiva simbólica (no literal). Los post-evangélicos se burlan de la interpretación literal de las Escrituras, y sugieren que las personas (en especial, los jóvenes) abandonen la fe cristiana porque se les ha enseñado una interpretación simplista y literal de las Escrituras. Tomlinson asevera: "La versión más rudimentaria de esta doctrina afirma que la Biblia no contiene ningún error, aun cuando hable de historia, de ciencia, de conducta moral o del asunto que sea".[19] Por ello, Sandra Schneiders argumenta que "considerar todas y cada una de las palabras de las Escrituras equitativa y plenamente divinas y, por tanto, absolutamente ciertas… conduce [a] lo absurdo de las reivindicaciones de la verdad que deben hacerse respecto a los errores humanos evidentes en el texto".[20]

Tomlinson concluye que Dios no se revela a sí mismo por medio de palabras y frases, "sino mediante su significado simbólico. Que la Biblia esté llena de proposiciones no debería llevarnos al error de creer que esas palabras sean *por y en sí mismas* la verdad. Son símbolos de la verdad…, pero no debemos imaginar que *son* la verdad".[21]

Al aceptar la tesis de Karl Barth de que la Biblia no es la Palabra de Dios, sino que más bien se transforma en la Palabra de Dios, Tomlinson adopta la perspectiva neo-ortodoxa sobre el significado y la interpretación de las Escrituras (véase la explicación en el capítulo 40, "Teología neo-ortodoxa").

Experiencia, no la autoridad bíblica. Cuando los post-conservadores entablan una conversación con los teólogos no evangélicos y dicen que "la esencia del cristianismo no está en la doctrina sino en la experiencia basada en la narrativa", ¿a qué conclusión esperan llegar? A la pérdida de autoridad. De hecho, su "experiencia" se convierte en la autoridad, y eso cambiará con cada individuo. Es imposible aprender del liberalismo, cuya creencia fundamental es el rechazo de la integridad de las Escrituras.

Los post-evangélicos cometen un gran error al abrir la puerta al pensamiento de la alta crítica. Justin Taylor concluye correctamente: "Su doctrina de las Escrituras es incompatible con las propias afirmaciones de la Biblia respecto a sí misma y debilita la posibilidad de hacer teología de una forma normativa. Esta rendición de la autoridad de la Biblia es la que para [Stephen J.] Wellum resulta más desconcertante en última instancia".[22] Taylor concluye: "A mi parecer, nada podría quedar más claro a partir del Nuevo Testamento que la idea de que Dios nos ha proporcionado una revelación doctrinal universalmente verdadera que puede entenderse, compartirse, defenderse y contextualizarse".[23]

Esta conclusión es vital. Los cristianos solo pueden tener un fundamento para su creencia personal, para el ministerio y para la iglesia si ese fundamento se basa en la integridad e inerrancia de las Escrituras. Sin eso, todo se desmorona.

El evangelio

Puesto que los post-evangélicos rechazan la verdad objetiva y la inerrancia de las Escrituras, esto afecta de manera adversa al evangelio de Jesucristo. Tomlinson declara: "En el pasado, los evangélicos han procurado transformar a las personas presentando el evangelio dentro de un esquema moral, completo, inalterable y doctrinal, expresado en una forma cultural definida".[24] A continuación, Tomlinson describe el evangelio en términos abstractos, como una caja de muebles "con la que se puede construir distintos artículos de mobiliario".[25] La verdad es relativa, no absoluta, y por lo tanto, afecta también al mensaje del evangelio.

Si la verdad es relativa, suscita dos preguntas clave. ¿Qué es la verdad? ¿Quién determina lo que es la verdad? El lector se convierte en la autoridad y emite un juicio sobre las Escrituras.

El relato

Algunos post-evangélicos ven la Biblia como una sola historia, una narrativa amena en la que secciones de la Biblia, como Salmos, Proverbios y Eclesiastés, pueden ser y son ignoradas. Tomado de la cultura secular de mitos, leyendas y cuentos de hadas, los defensores de este enfoque consideran la versión secular al desarrollar el relato de la Biblia.

¿Cuál es el resultado? Diversas historias ofrecen significados variados, y cambian el centro de atención de la verdad doctrinal para ponerlo en el significado subjetivo. Asimismo, omiten algunos de los temas clave de la Biblia, como la redención y el perdón. Como resume Leslie Leyland Fields: "El lenguaje y las narrativas no se usan ahora para descubrir un significado incrustado en la creación por un Creador omnipotente, sino que se utilizan para crear sentidos personales y subjetivos frente al sinsentido. La iglesia se enfrenta, entonces, a un exceso de narrativas que se oponen a la historia de Dios y compiten con la misma. ¿Qué historia o historias elegirán y seguirán los creyentes?".[26]

Es una buena pregunta. Los criterios se vuelven subjetivos. Muchos aspectos de las Escrituras se omiten, como en *La Biblia explicada en 100 minutos* que, por ejemplo, omite el tema del perdón y de la soberanía de Dios en el relato de la vida de José. "Algunos pastores reconocidos están formando un cristianismo definido puramente por el relato", escribe Fields. "'Relato' es una categoría casi exclusiva que rechaza las formulaciones tradicionales de la fe cristiana: la apologética, la teología sistemática y las verdades proposicionales".[27]

EVALUACIÓN RESUMIDA DE LA TEOLOGÍA POST-EVANGÉLICA

Las Escrituras

Insinuar que los escritores del Antiguo y del Nuevo Testamento basaron sus escritos en la mitología y en sucesos históricos incorrectos niega la doctrina de la inerrancia de las Escrituras. Resulta imposible sostener que se sirvieron de una información falsa y, aun así, enseñaron la doctrina correcta. Esta opinión es una acomodación al liberalismo y una desviación del evangelicalismo histórico.

Además, es imposible deducir que Jesús se acopló a las falsas tradiciones. Recuerde sus palabras: "Si así no fuera, yo os lo hubiera dicho" (Jn. 14:2); Él no se acopló a la falsedad.

Dado que los post-evangélicos descartan la noción de la verdad bíblica objetiva, se puede cuestionar todas las doctrinas bíblicas. El post-evangelicalismo revela su rechazo a la plena inerrancia de las Escrituras cuando los practicantes refutan la enseñanza bíblica del papel del marido y de la mujer. Si pueden dejar a un lado el mandato bíblico sobre estas cuestiones, ¿qué otra cosa podrían omitir? Esto abre la puerta a una aceptación selectiva y al rechazo de las Escrituras.

El evangelio

Si las Escrituras no pueden confirmarse como totalmente inerrantes, si no existe la seguridad de la verdad objetiva, ¿en qué se convierte el evangelio? ¿Se puede afirmar que Jesús es el camino, la verdad y la vida, y que nadie viene al Padre, sino por Él (Jn. 14:6)? Tomlinson ridiculiza el concepto de que se pueda confiar en la Biblia en asuntos de historia, ciencia, conducta moral y otras cuestiones. Si no es fidedigna en estos ámbitos, ¿acaso se puede confiar en ella? Es imposible, y este punto de vista surge con los post-evangélicos. Al no reconocer la inerrancia de la Biblia es estas áreas, la cuestionan también en temas doctrinales.

La Biblia y la cultura

Al fin y al cabo, los post-evangélicos quieren que la Biblia sea "relevante" para el mundo actual. Lo es y lo ha sido durante los miles de años desde que se escribió. La Biblia ha cambiado vidas e influido en la cultura desde la época de los romanos, durante la Edad Media, los días de la Reforma y hasta hoy. Sin amoldarse a la cultura, la Biblia tiene, no obstante, impacto sobre ella y transforma vidas cuando no se transige respecto a ella.

Tomlinson inició un grupo de debate en la cervecería "Holy Joe's", donde él y sus trabajadores "compartían pensamientos y sentimientos sobre el pasaje".[28] ¡Esto sí que es hermenéutica poco seria! La Biblia no se interpreta a través de nuestros "pensamientos y sentimientos". De ser este el caso, los mismos ostentarían la autoridad y emitirían juicio sobre las Escrituras. Sin embargo, la Biblia indica con suma claridad que toda la humanidad es depravada, que posee la vieja naturaleza y que es incapaz de opinar sobre las Escrituras. Son estas las que juzgan a la humanidad. Podemos interpretarlas —y relacionarlas con la cultura—, solo mediante el uso de principios hermenéuticos adecuados.

De manera similar, ¿cómo pueden las "formas de pensar desde un contexto cultural" ayudar a interpretar la Biblia y proveer creencias doctrinales precisas? No pueden. La cultura cambia. ¿Qué significa esto? Se nos recuerda: "Para siempre, oh Jehová, permanece tu palabra en los cielos" (Sal. 119:89). La Palabra de Dios es inmutable. La doctrina no cambia ni se ajusta a la cultura dominante.

El relato

En el relato, quien cuenta la historia (el "narrador") se convierte en la autoridad. Determina qué incluir o qué eliminar en la "narrativa". Así, Rob Bell elimina el infierno (y concluye que su historia es mejor que la Biblia) y Brian McLaren omite doctrinas fundamentales como la soberanía de Dios, la deidad de Cristo, la inspiración de las Escrituras y otras. Una novela como *La cabaña*[29] presenta una perspectiva distorsionada e incluso

702 COMPENDIO PORTAVOZ DE TEOLOGÍA

blasfema de Dios Padre, de Jesucristo y del Espíritu Santo. En cambio, conocemos a Dios conforme Él nos ha hablado en verdades proposicionales,
transmitidas de forma inerrante en los sesenta y seis libros de la Biblia. Y
no es la libertad del individuo la que debe determinar lo que desea o no
incluir en su "relato".

OBSERVACIONES FINALES

Una pregunta seria que deben considerar los post-evangélicos es:
¿Quién está influyendo en quién? Si el posmodernismo influye en la forma
de pensar de los post-evangélicos acerca de su fe, su compromiso con las
doctrinas fundamentales de la fe cristiana se verá afectado.

El post-evangelicalismo es una grave desviación de la fe cristiana histórica. Es una amalgama de neo-ortodoxia enfatizando la experiencia así
como la imaginación al interpretar los "símbolos" de la Biblia y adaptarla
a la cultura. Por desgracia, se puede afirmar fácilmente que la cultura influye en el post-evangelicalismo. Sin embargo, son las Escrituras, y no la
cultura, las que deben dar forma a las creencias evangélicas.

NOTAS

1. Dave Tomlinson, *The Post-Evangelical* (Grand Rapids: Zondervan, 2003), 15-16.

2. *Ibíd.*, 19.

3. *Ibíd.*, 82.

4. Tal como se cita en Tomlinson, *The Post-Evangelical*, 25.

5. Tomlinson, The Post-Evangelical, 28.

6. *Ibíd.*, 84.

7. Albert Mohler, "A New Third Way? Reformist Evangelicals and the Evangelical
Future", www.AlbertMohler.com, 26 de septiembre de 2012. Ver también *Four
Views on the Spectrum of Evangelicalism,* Andy Naselli y Collin Hansen, eds.
(Grand Rapids: Zondervan, 2011).

8. Justin Taylor, "An Introduction to Postconservative Evangelicalism and The
Rest Of This Book", en *Reclaiming the Center*, Millard J. Erickson, Paul Kjoss
Helseth y Justin Taylor, eds. (Wheaton: Crossway, 2004), 19.

9. Chad Owen Brand, "Defining Evangelicalism", en *Reclaiming the Center*, 296.

10. G. K. Beale, *The Erosion of Inerrancy in Evangelicalism* (Wheaton, Ill.: Crossway,
2008), p. 20.

11. Peter Enns, *Inspiration and Incarnation: Evangelicals and the Problem of the Old
Testament* (Grand Rapids: Baker, 2005), 27.

12. *Ibíd.*, 53.

13. Beale, *The Erosion of Inerrancy in Evangelicalism*, 33.

14. *Ibíd.*, 53-54.

15. *Ibíd.*, 105.

16. *Ibíd.*, 124.

17. *Ibíd.*, 125.

18. *Ibíd.*, 224.

19. Tomlinson, *The Post-Evangelical*, 109.

20. Sandra Schneiders, *The Revelatory Text* (Harper & Collins, 1991), 32ss.

21. Tomlinson, *The Post-Evangelical*, 114.

22. Taylor, "An Introduction to Postconservative Evangelicalism", en *Reclaiming the Center*, 28.

23. *Ibíd.*, 31.

24. Tomlinson, *The Post-Evangelical*, 87.

25. *Ibíd.*

26. Leslie Leyland Fields, "The Gospel Is More than A Story", *Christianity Today*, julio/agosto de 2012, 40.

27. *Ibíd.*, 42. Los defensores del enfoque del "cristianismo mediante el relato" incluyen a Rob Bell, Brian McLaren y Doug Pagitt.

28. Tomlinson, *The Post-Evangelical*, 111.

29. William P. Young, *La cabaña* (Newbury Park, Calif.: Windblown Media, 2008).

PARA ESTUDIO ADICIONAL SOBRE LA TEOLOGÍA POST-EVANGÉLICA

** Vincent Bacote, Laura Miguelez y Dennis Okholm, eds., *Evangelicals and Scripture* (Downers Grove: InterVarsity, 2004).

** Gregory K. Beale, *The Erosion of Inerrancy in Evangelicalism* (Wheaton: Crossway, 2008).

** Walter Brueggemann, *Texts Under Negotiation: The Bible and Postmodern Imagination* (Minneapolis: Fortress, 1983).

* D. A. Carson, *Becoming Conversant with the Emerging Church* (Grand Rapids: Zondervan, 2005).

** Millard J. Erickson, Paul Kjoss Helseth y Justin Taylor, eds., *Reclaiming the Center* (Wheaton: Crossway, 2004).

* J. D. Hannah, ed., *Inerrancy and the Church* (Chicago: Moody, 1984).

** Steve Moyise, "The Old Testament in the Book of Revelation", *Journal for the Study of the New Testament* (Sheffield, Inglaterra: Sheffield Academic Press.1995), 115.

** Sandra Schneiders, *The Revelatory Text* (Nueva York: Harper & Collins, 1991).

* Dave Tomlinson, *The Post-Evangelical* (Grand Rapids: Zondervan, 2003).

TEOLOGÍA REFORMADA es un término que muchos confunden al usarlo como sinónimo de calvinismo. Es calvinista en creencia, pero los calvinistas no son necesariamente reformados en su teología. Eso podría sorprender; no obstante, muchos dispensacionalistas son calvinistas, pero no sostienen otros aspectos de la teología reformada, como los cinco puntos del calvinismo (véase la exposición en el capítulo 33: "Teología calvinista") y la teología del pacto (véase la exposición en el capítulo 35: "Teología del pacto).

R. C. Sproul resume la teología reformada. En primer lugar, se *centra en Dios solamente.* "La teología reformada es, antes que todo, teocéntrica en lugar de antropocéntrica".[1] Si bien mantiene en alta consideración al hombre, la teología reformada tiene una incuestionable visión elevada de Dios. Él es soberano sobre todo su orden creado y su soberanía afecta las doctrinas relacionadas. "Nuestra forma de entender su soberanía tendrá implicaciones radicales para nuestra comprensión de la doctrina de la providencia, de la elección, de la justificación y de otras muchas".[2] Louis Berkhof declara: "La teología reformada insiste en la soberanía de Dios en virtud de la cual Él ha determinado soberanamente desde la eternidad todo lo que tiene que acontecer y ejecuta su soberana voluntad en toda su creación, tanto la natural como la espiritual, de acuerdo con su plan predeterminado".[3]

Las demás doctrinas de la teología reformada fluyen de su visión de la soberanía de Dios (Ef. 1:11b). Este tipo de teología hace hincapié en la magnitud e inefabilidad de Dios. Sproul afirma: "La doctrina de la inefabilidad de Dios señala la distancia entre el Creador trascendente y sus criaturas mortales… Puesto que Dios es infinito en su ser y eterno, y nosotros finitos y limitados tanto por el espacio como por el tiempo, nuestro conocimiento de Él nunca es exhaustivo".[4]

En segundo lugar, *la teología reformada se basa en la Palabra de Dios solamente.*[5] Esto nos remonta a la Reforma Protestante y a Martín Lutero. A diferencia del catolicismo romano, que insistía en la Biblia y la autoridad de la iglesia, así como la infalibilidad del papa, los Reformadores recalcaban la *sola Scriptura,* "solo las Escrituras". En la Dieta de Worms, con su vida en juego, Martín Lutero aseveró: "Me mantengo firme en las Escrituras a las que he adoptado como mi guía. Mi conciencia es prisionera de la Palabra de Dios… ¡No puedo hacer otra cosa; esta es mi postura! ¡Que Dios me ayude!".[6] Los Reformadores enfatizaban que la revelación especial e infalible de Dios estaba restringida a las Escrituras codificadas del Antiguo y del Nuevo Testamento. "La doctrina reformada de la *sola Scriptura* afirma que la Biblia es la única regla de fe y conducta en la vida del pueblo de Dios".[7]

En tercer lugar, una doctrina fundamental mantenida por los defensores de la teología reformada y otros muchos es la doctrina de la *salvación por gracia solo por medio de la fe*. Sproul expone: "La doctrina de la justificación solo por la fe (*sola fide*) es la confirmación fundamental del evangelicalismo histórico. Es una doctrina que la teología reformada tiene en común con otras muchas denominaciones cristianas".[8] Además, la justificación es una *justificación forense*, lo cual significa "que somos declarados justos por Dios en un sentido legal. El fundamento de esta declaración legal es la imputación de la justicia de Cristo a favor nuestro".[9] Esto es muy significativo. Significa "'la justificación solo por la justicia de Cristo'. Su mérito, y solo este, es suficiente para satisfacer las exigencias de la justicia de Dios. Precisamente, este merito es el que se nos da por la fe. Cristo es nuestra justicia".[10]

En cuarto lugar, *la creencia reformada también afirma la enseñanza histórica respecto a la persona y la obra de Cristo*, al reconocerlo como profeta, sacerdote y rey. Sproul se remonta a los primeros concilios de Antioquía, Nicea y Calcedonia al confirmar tanto la plena deidad como la humanidad sin pecado de Jesucristo. Sproul declara: "Los Reformadores creían que Cristo está ahora ausente de nosotros en su cuerpo (que está en el cielo), pero jamás está ausente de nosotros en su divinidad".[11] Lutero y Calvino discrepaban sobre la presencia de Cristo en la Santa Cena. Lutero enfatizaba una presencia real de Cristo (a la vez que rechazaba la doctrina católica romana de la transubstanciación), pero Calvino reconocía la obra espiritual presente de Cristo (y la enseñanza reformada también la reconoce).[12] Jesús cumplió con sus funciones ordenadas de profeta, sacerdote y rey. En sus pronunciamientos proféticos, Jesús llevó a cabo su papel de profeta; como sacerdote, Cristo ofreció un sacrificio propiciatorio de una vez y para siempre, que nunca habría de repetirse; además, su obra sacerdotal prosigue en el cielo como intercesor por los creyentes. Como rey, Cristo ya ha iniciado su reino. La teología reformada enseña que "el reino de Dios no ha sido del todo pospuesto hasta el futuro. Aunque no se haya consumado aún, ha sido inaugurado y es una realidad presente".[13]

Dado que el calvinismo y la teología del pacto se exponen en otros capítulos, se presenta a continuación un resumen que combina el alcance teológico abrazado por la teología reformada.

TEOLOGÍA DEL PACTO

Los pactos de obras y de redención

La teología del pacto se desarrolló durante la Reforma, por medio de Ulrico Zuinglio y Johann Heinrich Bullinger, y se extendió a través de la Confesión de Westminster. El pacto de obras se denomina también pacto edénico, pacto de la naturaleza y pacto de vida. Fue "(1) una promesa de vida eterna con la condición de una obediencia perfecta durante un período de prueba; (2) la amenaza de muerte por la desobediencia; y (3) los sacramentos del paraíso y del árbol del conocimiento del bien y del mal".[14]

Los teólogos reformados también aluden al pacto de redención, "un pacto que no es entre Dios y el hombre, sino entre los miembros de la Trinidad... Es un acuerdo entre el Padre, el Hijo y el Espíritu Santo, en el que el Hijo aceptó hacerse hombre, ser nuestro representante, obedecer por nosotros las exigencias del pacto de obras y pagar la pena que nosotros merecíamos por el pecado".[15] Aunque no existe una referencia explícita en las Escrituras a este pacto, los teólogos reformados apuntan a Juan 3:16, Romanos 5:18-19, Hebreos 9:24 y otros pasajes.

El pacto de gracia

El pacto de gracia, tal como se declara en la Confesión de Westminster, expresa la iniciativa de Dios en favor de la humanidad:

> El hombre, por su caída, se hizo incapaz para la vida que tenía mediante aquel pacto, por lo que agradó a Dios hacer un segundo pacto, llamado comúnmente el *pacto de gracia*, según el cual Dios ofrece libremente a los pecadores vida y salvación por Cristo, exigiéndoles la fe en Él para que puedan ser salvos, y prometiendo dar su Espíritu Santo a todos aquellos que ha ordenado para vida, dándoles así voluntad y capacidad para creer".[16]

El amilenarismo y la iglesia

El resultado lógico de los pactos de obras, de redención y de gracia consiste en ver una continuidad del Antiguo y del Nuevo Testamento por los cuales la iglesia sustituye a Israel, y esto origina el amilenarismo (véase la explicación en el capítulo 26 de este libro). Los teólogos reformados consideran que la iglesia ha recibido las bendiciones prometidas a Israel y, por tanto, se refieren a ella como "el nuevo Israel". Ven cumplidas en la iglesia las promesas hechas a Israel; de ahí que algunos rechacen el término *amilenarismo,* como si no creyeran en un milenio real, y prefieren el término *milenarismo realizado.*[17] Entienden que las promesas hechas a Israel se cumplen en la era presente de la iglesia.

Los teólogos reformados consideran que el Israel del Antiguo Testamento es la iglesia. Louis Berkhof expone: "En el período patriarcal, las familias de creyentes constituían las congregaciones religiosas; la iglesia estaba mejor representada en las familias piadosas, en donde los padres de familia servían como sacerdotes... Después del éxodo, el pueblo de Israel no solo estuvo organizado en nación, sino que también constituyó la iglesia de Dios... toda la nación constituía la iglesia, y la iglesia se limitaba a una nación, la de Israel...".[18] A. A. Hodge afirma:

> Bajo ambas dispensaciones [Antiguo y Nuevo Testamentos], la iglesia tiene la misma naturaleza y designio. La iglesia veterotestamentaria, dentro del pacto abrahámico, descansaba en el ofrecimiento de salvación por fe del evangelio (Gá. 3:8; He. 11). Su propósito consistía en preparar una simiente espiritual para el Señor... Por tanto, la pascua, al igual que la Santa Cena, representaba el sacrificio de Cristo (1 Co. 5:7). La circuncisión, al igual que el bautismo, simbolizaba el "echar de [nosotros] el cuerpo pecaminoso carnal", y Pablo denomina el bautismo como "la circuncisión de Cristo" (Col. 2:11-12). Incluso el ritual de la ley mosaica solo era una revelación simbólica del evangelio".[19]

Charles Hodge también contempla la iglesia en el Antiguo Testamento como Israel: "No existe definición autorizada de la iglesia que no incluya al pueblo de Dios que estaba bajo la ley de Moisés".[20]

Los últimos tiempos

Aunque no todos los teólogos reformados coinciden en la naturaleza del reino, existe un consenso general en cuanto a que Cristo inauguró el reino en su primera venida. El anuncio de Jesús sobre el reino inminente (cp. Mt. 4:17) significaba su llegada. "La llegada del reino de Dios, así como su continuación y su consumación final, deben verse, por tanto, como un aspecto esencial de la escatología bíblica",[21] escribe Anthony A. Hoekema. Cuando Jesús anunció: "Ha llegado a vosotros el reino de Dios" (Mt. 12:28), "Jesús proclamó que esta promesa se estaba cumpliendo de verdad... anunció con valentía que el reino de Dios había llegado hasta ellos... La promesa se cumplió en la obra de Jesús, quien dio buenas nuevas a los pobres, libertad a los cautivos, vista a los ciegos, y puso en libertad a los oprimidos".[22] De ahí que los teólogos reformados crean que cuando Jesús proclamó el reino, también lo inauguró.

La teología reformada enseña que "el principal significado del reino de Dios consiste en que es el gobierno o reinado de Dios y no un territorio sobre el cual señoree".[23] Además, ven a Satanás atado en esta era presente. "Lo que ocurrió durante el ministerio de Jesús fue, de algún modo, atar a Satanás (véase Mt. 12:29 y cp. Ap. 20:2), es decir, una restricción de sus actividades".[24]

El reino tiene un aspecto de "ya, pero todavía no".[25] Aunque Cristo introdujo el reino, conlleva, sin embargo, un aspecto futuro. "Aunque Cristo ha introducido la nueva era, su consumación sigue estando en el futuro".[26] George Eldon Ladd resume esta opinión: "La tesis central de este libro es que el reino de Dios es el reinado redentor de Dios dinámicamente activo para establecer su gobierno entre los hombres, y que su reino, que aparecerá como acto apocalíptico al final de la era, ya ha llegado a la historia humana en la persona y la misión de Jesús para vencer al mal, liberar a los hombres de su poder y llevarlos a las bendiciones del reinado de Dios. El reino de Dios involucra dos grandes momentos: el cumplimiento dentro de la historia y la consumación al final de la misma".[27] Geerhardus Vos declara:

> Sin lugar a dudas, la iglesia con toda su plenitud de vida es una de las formas en las que el reino se materializa (Mt. 16:18-19)… Pero ¿cuál es la relación entre estos dos aspectos del reino? Si en ocasiones se describe el reino de un modo tan absoluto como algo venidero en el futuro, como si no existiera aún, y si a veces se representa como existente en el presente, de una forma tan completa como si no hiciera falta una venida adicional, ¿no caen aquí los Evangelios en una inextricable contradicción? La respuesta a esto debe ser que la concepción de nuestro Señor fue el de un reino que vendría en dos etapas sucesivas…".[28]

El concepto "ya, pero todavía no" también se aplica a la tribulación. La iglesia reformada enseña que la era presente es la tribulación, pero que también existe un aspecto futuro de la tribulación. Hoekema concluye:

> Las señales de la tribulación no se restringen al tiempo del fin, sino que caracterizan toda la era entre las dos venidas de Cristo… Los cristianos deben esperar sufrir tribulación y persecución de una clase u otra durante esta era. Sin embargo, con base en las palabras de Jesús en Mateo 24:21-30, parece ser que también habrá una tribulación definitiva, apoteósica, justo antes de que Cristo regrese. No será básicamente distinta de las tribulaciones anteriores que el pueblo de Dios ha tenido que padecer, sino que será una forma intensificada de aquellas que precedieron.[29]

EL CALVINISMO

El calvinismo se identifica por sus cinco puntos: depravación total, elección incondicional, expiación limitada, gracia irresistible y perseverancia de los santos. Los cinco puntos pueden resumirse brevemente como sigue (véase el capítulo 33, "Teología calvinista", para una explicación más exhaustiva del calvinismo).

(1) La *depravación total* "alude al efecto del pecado y la corrupción sobre la totalidad de la persona. Ser totalmente depravado es sufrir una corrupción que impregna a todo el individuo. El pecado afecta cada

aspecto del ser: el cuerpo, el alma, la mente, la voluntad, etc. La totalidad o el conjunto de la persona está contaminado por el pecado".³⁰ No obstante, esto no significa que todas las personas sean tan perversas o pecaminosas como puedan, y que cometan todo tipo de pecado. Pero sí quiere decir que "todos son igualmente culpables, que están condenados y que no hay ámbito de nuestra existencia que esté ileso o abierto a la gracia de Dios... el adjetivo 'total' que califica la depravación alude a su extensión, no a su intensidad: es decir, al alcance de nuestra condición caída que lo abarca todo". Como resultado, "todos somos culpables y estamos corrompidos hasta tal punto que no hay esperanza de recomponernos... para vencer el juicio de Dios y nuestra propia rebeldía".³¹

La depravación total ha afectado a la raza humana completa por el pecado original de Adán y Eva (Gn. 3:6), que redundó en el juicio de Dios sobre ellos y sobre toda la raza humana (Gn. 3:16-19), lo que ha resultado en corrupción y muerte (Ro. 5:12-21). Por consiguiente, el hombre está corrompido del todo (Ro. 3:9-18).

(2) La doctrina de la *elección incondicional* puede rastrearse a lo largo de la historia cristiana, desde Agustín de Hipona, Gregorio I, Tomás de Aquino, Lutero, Zuinglio, Calvino y otros muchos. En primer lugar, la doctrina de la elección es, sencillamente, un aspecto de la soberanía de Dios (Ef. 1:11). Se puede ver en la elección de Israel por parte de Dios (Dt. 7:6), con una declaración que se desarrolla firmemente en Romanos 9—11. La elección se enseña en las Escrituras:

> Bendito sea el Dios y Padre de nuestro Señor Jesucristo, que nos bendijo con toda bendición espiritual en los lugares celestiales en Cristo, según nos escogió [*exelexato*] en él antes de la fundación del mundo, para que fuésemos santos y sin mancha delante de él, en amor habiéndonos predestinado para ser adoptados hijos suyos por medio de Jesucristo, según el puro afecto de su voluntad, para alabanza de la gloria de su gracia, con la cual nos hizo aceptos en el Amado (Ef. 1:3-6).

El lenguaje que respalda la elección y la predestinación es claro y fuerte en estos versículos. Además, es un recordatorio de que Dios eligió a los creyentes para alabanza de su nombre.

Elección puede usarse como sinónimo de *predestinación,* que puede definirse como sigue: "Desde toda la eternidad, Dios decidió salvar a algunos miembros de la raza humana y permitir que el resto de seres humanos perecieran. Dios hizo una elección; escogió a unos individuos para salvación y para la bienaventuranza eterna en el cielo, y eligió pasar por alto a otros, permitiendo que sufrieran las consecuencias de sus pecados y el castigo eterno en el infierno".³² Sin embargo: "La promesa de Dios de salvar a 'a todo aquel que crea en Jesucristo' se da por igual a los elegidos y a los reprobados... todo ser humano, creado a imagen de Dios, tiene la capacidad natural de responder de manera afirmativa a dicha promesa. No existe una necesidad soberana impuesta por Dios que imposibilite que una persona crea en Cristo. No es que la soberanía de Dios los oblige a rechazar a Cristo, sino que ellos, como todos nosotros, están sujetos por el pecado en su intelecto, su voluntad y sus emociones. Si Dios concede a los elegidos el don de la fe, no se le debe reprochar que deje al resto a merced de su propia decisión".[33]

(3) La *expiación limitada* o la redención particular es lógica en el calvinismo. ¿Por quién murió Cristo? ¿Por el mundo entero o solo por los elegidos? Si Dios escogió a unos cuantos para ser salvos y Cristo murió por ellos de manera específica, el propósito divino se ha cumplido. Si Él eligió a unos, pero Cristo murió por todos, en el pensamiento calvinista su propósito no se ha llevado a cabo. En el pensamiento calvinista, "si Cristo satisfizo de verdad y de forma objetiva las exigencias de la justicia de Dios para todos, entonces todos serán salvos".[34] Esto es, por supuesto, insostenible desde el punto de vista bíblico. "La doctrina de la expiación limitada depende del designio específico o fin por el cual Cristo fue a la cruz... El objetivo de la expiación fue salvar a los perdidos", escribe Sproul. "Cristo amó a su iglesia y se entregó por ella. Murió para salvar a sus ovejas. Su propósito era efectuar la reconciliación y la redención para su pueblo. El propósito supremo del Padre era salvar a los elegidos".[35]

De este modo se llevó a cabo el propósito de Dios. Sugerir que "Cristo murió para salvar a todos los hombres conduce al universalismo absoluto, es decir, a la doctrina de que todos los hombres son realmente salvos".[36]

(4) Dios extiende su gracia a los pecadores, los que están espiritualmente muertos y son incapaces de responder a Dios por sí mismos. Esto es la *gracia irresistible*.

Los calvinistas enseñan "que es Dios quien lleva a cabo la regeneración y solo Él. El pecador es completamente pasivo a la hora de recibir esta acción".[37] Así, Dios regenera a la persona *antes* de que el creyente responda al evangelio. "La regeneración debe producirse primero *antes* de que pueda haber una respuesta positiva de fe".[38] Dado que las personas están muertas en sus delitos y pecados, son incapaces de responder a Dios; por el contrario, si Él los elige y les extiende su gracia, son incapaces de resistirse a ella. Por la depravación humana, la gracia irresistible es fundamental.

Gracia irresistible significa que la resistencia del pecador a la gracia de la regeneración no puede frustrar el propósito del Espíritu. Como afirma la Confesión de Fe de Westminster:

> A todos aquellos a quienes Dios ha predestinado para vida, y a ellos solamente, le agrada en su tiempo señalado y aceptado, llamar eficazmente

por su Palabra y Espíritu, fuera del estado de pecado y muerte en que están por naturaleza, a la gracia y salvación por Jesucristo; iluminando su entendimiento de manera espiritual y salvadora, a fin de que comprendan las cosas de Dios; quitándoles el corazón de piedra y dándoles uno de carne; renovando sus voluntades y por su potencia todopoderosa, induciéndoles hacia aquello que es bueno, y trayéndoles eficazmente a Jesucristo; de tal manera que ellos vienen con absoluta libertad, habiendo recibido por la gracia de Dios la voluntad de hacerlo.[39]

(5) La *perseverancia de los santos* es el quinto punto de la base lógica doctrinal del calvinismo. Aunque otros aluden a ello como la *seguridad eterna,* los calvinistas hacen referencia a la perseverancia de los santos para enfatizar la continuidad de la fe del creyente en Cristo. Un verdadero creyente perseverará en la fe. El apóstol Pedro exhortó a los creyentes a validar su fe: "Por lo cual, hermanos, tanto más procurad hacer firme vuestra vocación y elección; porque haciendo estas cosas, no caeréis jamás. Porque de esta manera os será otorgada amplia y generosa entrada en el reino eterno de nuestro Señor y Salvador Jesucristo" (2 P. 1:10-11). La Biblia nos enseña que el creyente tiene la seguridad de la salvación y esto le alentará y le estimulará en su crecimiento espiritual que lleva a la santificación.

Se trata de un elemento esencial de la perseverancia. La seguridad de la salvación y la constancia están vinculadas. "La fe reformada cree que no solo tenemos la seguridad de nuestro estado actual de salvación, sino también de continuar en este estado. Esta certeza para el futuro se afirma sobre la doctrina de la perseverancia de los santos".[40] Los verdaderos creyentes perseverarán (Fil. 1:3-6). Sin embargo, no debería entenderse como su propia capacidad para persistir; en realidad, el término "preservación de los santos" tal vez defina la doctrina de forma más precisa. "La gracia preservadora de Dios hace que nuestra perseverancia sea posible y real".[41]

EVALUACIÓN DE LA TEOLOGÍA REFORMADA

Como ocurre con la teología calvinista (capítulo 33), existen siete énfasis en la teología reformada que merecen una evaluación específica:

(1) Gran parte de las creencias básicas de la teología reformada, tal como las bosqueja R. C. Sproul, también son compartidas por creyentes no reformados, como los dispensacionalistas.[42] El énfasis en este tipo de teología sobre la soberanía de Dios es bíblica y fundamental a la vez. El enfoque preeminente en Dios es encomiable. Las Escrituras son abundantemente claras respecto a la magnitud de la persona de Dios; este debe ser el fundamento del cristianismo.

(2) La teología basada solo en la Palabra de Dios es significativa; esta debe ser la autoridad por la cual se determina la verdad. La salvación solo

por gracia, solo por medio de la fe y solo en Cristo también es una doctrina fundamental y bíblica compartida por los creyentes no reformados.

(3) El reinado presente de Cristo (como se explica bajo el amilenarismo) presenta un problema hermenéutico. El término *reino* (*basileia*) quiere decir "condición de rey, poder y gobierno real, reino… territorio regido por un rey".[43] *Reino* significa un reino físico y material dirigido literalmente por un rey, con un pueblo en un territorio. Usar el término en un sentido espiritualizado o místico, al decir que Cristo reina ahora en esta era presente, es un grave problema hermenéutico. Múltiples referencias del Antiguo Testamento dejan claro que cuando Cristo gobierne será un reino perfecto; no habrá maldad ni anarquía como se ven en el mundo de hoy (cp. Sal. 2:4-6; Is. 11:4; 24:1-23; Zac. 14:1-11).

(4) El pacto de obras y el pacto de gracia sobre los cuales se construye la teología reformada no figuran en las Escrituras. Aunque los teólogos reformados usan las Escrituras para designar los pactos, la Biblia no presenta una declaración clara de pacto. Además, la adopción de estos pactos resulta en una continuidad injustificada entre el Antiguo y el Nuevo Testamento, por la cual Israel sigue como la iglesia o el "nuevo Israel".

(5) El reconocimiento de la teología reformada de la iglesia como extensión de Israel presenta un grave problema hermenéutico. Identificar al Israel del Antiguo Testamento como la iglesia no está justificado ni tiene respaldo bíblico o hermenéutico. Considerar la Pascua como la Santa Cena y la circuncisión como el bautismo no tiene justificación hermenéutica. De manera similar, aludir a la iglesia como el "nuevo Israel" tampoco tiene base bíblica, ya que en la multiplicidad de los usos del término *Israel* siempre —sin excepción— significa los descendientes físicos de Jacob. Nunca se utiliza de un modo místico o alegorizado en alusión a la iglesia.

En Mateo 16:18, cuando Jesús promete: "Yo… edificaré mi iglesia…", estaba señalando al futuro. La iglesia no existía todavía cuando Jesús pronunció estas palabras. La iglesia sería edificada a través de la obra del Espíritu Santo, bautizando a los creyentes y agregándolos al cuerpo de Cristo (1 Co. 12:13). En Hechos 1:5, Jesús indicó que todavía era algo en el futuro. Más adelante, Pedro señaló a los judíos que los gentiles también habían recibido el Espíritu Santo, igual que ellos "al principio" (Hch. 11:15), apuntando al comienzo de la obra del bautismo en el Espíritu Santo, e indicando que la iglesia comenzó en Pentecostés (Hch. 2).

En resumen, indicar que la iglesia existía en el Antiguo Testamento es un grave problema hermenéutico que afecta a otras cuestiones doctrinales. Interpretar las Escrituras de forma literal cuando, por ejemplo, se refieren a la persona de Cristo en su divinidad y humanidad, y después alegorizar la eclesiología y la escatología representa una seria desviación de una hermenéutica coherente. Abre, asimismo, la puerta para una alegorización adicional del texto bíblico, que es lo que hacen los liberales y por lo que rechazan las doctrinas primordiales como la deidad de Jesucristo y su resurrección corporal.

(6) Resulta difícil reconocer que el reino de Dios ya se ha iniciado. Cuando Jesús afirmó: "Arrepentíos, porque el reino de los cielos se ha acercado" (Mt. 4:17), no estaba anunciando la inauguración del reino. Estaba ofreciendo el reino a Israel. La condición para que este comenzara era el arrepentimiento de los israelitas (Mt. 3:2; 4:17; Zac. 12:10-14). De haberse iniciado el reino, habría sido evidente a través de la justicia dominante en la tierra; sin embargo, las Escrituras son claras respecto a que la condición del mundo irá de mal en peor antes de la segunda venida de Cristo (2 Ts. 2:3ss.; 1 Ti. 4:1ss.; 2 Ti. 3:1ss.; 2 P. 3:3). Además, indicar que la era presente es, *a la vez*, el reino y la tribulación es, sin lugar a dudas, una falacia hermenéutica. ¿Cómo podría esta era ser la tribulación si Cristo está reinando? Más aún, considerar que la tribulación final "no es básicamente distinta de las anteriores", sino tan solo "una forma intensificada" es desestimar los horrores descritos en Apocalipsis 6—19 cuando habrá una tribulación sin precedentes.

(7) Al evaluar los cinco puntos del calvinismo, la depravación total tiene un fuerte respaldo bíblico. La elección también es evidente en las Escrituras (cp. Ef. 1). El problema con la elección incondicional sería la responsabilidad humana. Tal vez sea sabio (y bíblico) admitir la antinomia entre la soberanía divina y la responsabilidad humana en la elección. Las Escrituras son claras respecto a la elección soberana de Dios y la predestinación de los creyentes, pero también es bíblico afirmar la responsabilidad humana. Jesús reprendió a los judíos incrédulos: "No queréis (*ou thelete*) venir a mí para que tengáis vida" (Jn. 5:40). Jesús les echó la culpa de no estar dispuestos a venir a Él. Aunque lógica en los cinco puntos del calvinismo, la expiación limitada resulta difícil de confirmar bíblicamente. Hace necesario estrechar la propiciación de Jesús por "todo el mundo" (1 Jn. 2:2), y esto se convierte en un difícil problema hermenéutico. Además, Pedro dice de los falsos profetas, destinados a la destrucción, "y aun negarán al Señor que los rescató (*agorasanta*)" (2 P. 2:1). El término *rescatar* es una palabra que significa "comprar, adquirir como propiedad a los creyentes, por quien Cristo ha pagado el precio con su sangre... 1 Corintios 6:20; 7:23... 2 Pedro 2:1".[44] La gracia irresistible está confirmada bíblicamente. El hombre es totalmente depravado, necesita que Dios inicie la salvación. Cabría preguntarse cuál es la relación de la gracia irresistible con la respuesta de la fe. En cuanto a la enseñanza calvinista referente a la gracia irresistible, si la persona es regenerada *antes* de ejercer fe, ¿por qué es necesario practicar la fe? Esta pregunta no es incidental, sino válida. Dado que la persona tiene nueva vida antes de creer, ¿para qué es necesario creer? Tal vez

sea mejor considerar que la gracia irresistible y la respuesta humana
de la fe se producen de forma simultánea (cp. Ef. 1:13). La cuestión es
que el calvinismo intenta resolver el dilema de la soberanía divina y la
responsabilidad humana cuando tal vez sea mejor dejar la antinomia en
paz dado que las Escrituras afirman *tanto* la soberanía divina *como* la
responsabilidad humana. La perseverancia (preservación) de los santos
es una doctrina bíblica confirmada por las Escrituras (Jn. 10:27-29).

Notas

1. R. C. Sproul, *What Is Reformed Theology?* [*¿Qué es la teología reformada?: Entendiendo lo básico*] (Grand Rapids: Baker, 1997), 25. Publicado en español por Poiema Publicaciones.

2. *Ibíd.*, 27.

3. Louis Berkhof, *Systematic Theology* [*Teología sistemática*], 4.ª ed. (Grand Rapids: Eerdmans, 1941), 108. Publicado en español por T.E.L.L.

4. Sproul, *What Is Reformed Theology?* [*¿Qué es la teología reformada?*], 32.

5. *Ibíd.*, 41ss.

6. Thomas M. Lindsay, *Martin Luther: The Man Who Started the Reformation* (Rossshire, Great Britain: Christian Focus, 1997), 106.

7. *Ibíd.*, 54-55.

8. Sproul, *What Is Reformed Theology?* [*¿Qué es la teología reformada?*], 59.

9. *Ibíd.*, 61.

10. *Ibíd.*, 67.

11. *Ibíd.*, 86.

12. Berkhof, *Systematic Theology* [*Teología sistemática*], 653.

13. Sproul, *What Is Reformed Theology?* [*¿Qué es la teología reformada?*], 97.

14. M. E. Osterhaven, "Covenant Theology", en *Evangelical Dictionary of Theology* [*Diccionario teológico de la Biblia*], Walter A. Elwell, ed. (Grand Rapids: Baker, 2001), 302. Publicado en español por Caribe.

15. Wayne Grudem, *Systematic Theology* [*Teología sistemática*] (Grand Rapids: Zondervan, 1994), 518. Publicado en español por Vida.

16. Confesión de Fe de Westminster, 7:3.

17. Norman Cohn, *The Pursuit of the Millennium* (Nueva York: Oxford University Press, 1970).

18. Berkhof, *Systematic Theology* [*Teología sistemática*], 570.

19. A. A. Hodge, *Outlines of Theology: For Students and Laymen* (Grand Rapids: Zondervan, 1972), 619.

20. Charles Hodge, *Systematic Theology* [*Teología sistemática*], 3 vols. (Reimpresión, Londres: Clarke, 1960), 3:549. Publicado en español por Clie.

21. Anthony A. Hoekema, *The Bible and the Future* (Grand Rapids: Eerdmans, 1979), 41.

22. Hoekema citando a George E. Ladd, *The Presence of the Future* (Grand Rapids: Eerdmans, 1974), 111-112.

23. Hoekema, *The Bible and the Future*, 44.

24. *Ibíd.*, 31, 48.

25. G. C. Berkouwer, *The Return of Christ: Studies in Dogmatics* (Grand Rapids: Eerdmans, 1972), 110ss.

26. *Ibíd.*, 31, 48.

27. Ladd, *The Presence of the Future*, 218.

28. Richard B. Gaffin Jr., ed., *Redemptive History and Biblical Interpretation: The Shorter Writings of Geerhardus Vos* (Phillipsburg, NJ: Presbyterian and Reformed, 1980), 309.

29. Hoekema, *The Bible and the Future*, 150-151.

30. Sproul, *What Is Reformed Theology?* [*¿Qué es la teología reformada?*], 118.

31. Michael Horton, *For Calvinism* (Grand Rapids: Zondervan, 2011), 41.

32. Sproul, *What Is Reformed Theology?* [*¿Qué es la teología reformada?*], 141.

33. Horton, *For Calvinism*, 71.

34. Sproul, *What Is Reformed Theology?* [*¿Qué es la teología reformada*], 166.

35. *Ibíd.*, 174.

36. Berkhof, *Systematic Theology* [*Teología sistemática*], 395.

37. Sproul, *What Is Reformed Theology?* [*¿Qué es la teología reformada*], 186.

38. *Ibíd.*

39. Confesión de Fe de Westminster, 10.1.

40. Sproul, *What Is Reformed Theology?* [*¿Qué es la teología reformada?*], 207.

41. *Ibíd.*, 210.

42. Véase Charles C. Ryrie, *Basic Theology* [*Teología básica*] (Chicago: Moody, 1999). Publicado en español por Unilit.

43. William F. Arndt y F. Wilbur Gingrich, *A Greek-English Lexicon of the New Testament and Other Early Christian Literature*, 2ª ed. (Chicago: University of Chicago Press, 1979), 134-135.

43. *Ibíd.*, 13.

Para estudio adicional sobre la teología reformada

** Hendrikus Berkhof. *Christian Faith*, ed. rev. (Grand Rapids: Eerdmans, 1986).

** Louis Berkhof. *Systematic Theology* [*Teología sistemática*] (Grand Rapids: Eerdmans, 1941).

* Walter A. Elwell, ed. *Evangelical Dictionary of Theology*, 2ª ed. [*Diccionario teológico de la Biblia*] (Grand Rapids: Baker, 2001). La primera edición fue publicada en español por Caribe.

* A. A. Hodge, *Outlines of Theology* (Reimpresión, Grand Rapids: Zondervan, 1973).

**   Charles Hodge, *Systematic Theology* [*Teología sistemática*], 3 vols. (Reimpresión, Londres: Clarke, 1960). Publicado en español por Clie.

**   Anthony A. Hoekema, *The Bible and the Future* (Grand Rapids: Eerdmans, 1979).

*   Michael Horton, *For Calvinism* (Grand Rapids: Zondervan, 2011).

*   George E. Ladd, *The Presence of the Future* (Grand Rapids: Eerdmans, 1974).

*   R. C. Sproul, *What Is Reformed Theology?* [*¿Qué es la teología reformada?*] (Grand Rapids: Baker, 1997. Publicado en español por Poiema Publicaciones.

EPÍLOGO

EN EL CURSO de este gran volumen, se ha introducido al lector a cinco categorías importantes de la teología: bíblica, sistemática, histórica, dogmática y contemporánea. Se han explicado y demostrado estas "facetas" de la teología con la esperanza de que, finalizado el libro, sirva como un rápido manual de referencia que se adhiera fielmente a las Escrituras como norma autorizada.

Cuando se reflexiona sobre la historia y el desarrollo de la doctrina bíblica, predomina una verdad: la gracia de Dios. Cuando se retrocede a la teología del Antiguo Testamento, con la primera promesa en Génesis 3:15 y el desarrollo de la revelación de Dios en los siglos que siguieron, la historia siempre es la misma: el hombre es pecador y está alejado de Dios, quien continuamente se manifiesta en gracia. El creyente atento se conmueve profundamente con el Nuevo Testamento, pues allí se encuentra el punto culminante de la obra de Dios en la salvación, redención y santificación. Por medio de Cristo, Dios ha alcanzado y provisto para el hombre aquello que él no podría nunca obtener por su cuenta. El hombre ha sido reconciliado con Dios.

Aunque las verdades teológicas de las Escrituras se han presentado en las páginas de este libro hasta donde lo han permitido su propósito y espacio, debe decirse que hay muchas cosas sobre Dios que siguen siendo incomprensibles. Ciertamente, así es con la encarnación, cuando Dios se hizo carne y habitó entre nosotros. ¿Quién puede entender completamente que el Dios eterno, creador de los cielos infinitos, nació en la tierra como un bebé, creció hasta volverse adulto, luego se hizo siervo y se humilló hasta la muerte en la cruz? Debe evocar una respuesta de adoración el hecho de que Dios hubiera amado tanto a los seres humanos como para dejar las glorias del cielo, sufrir la humillación, el desprecio, el ridículo y la muerte. Tal vez, la tragedia más grande sería que alguien pudiese delinear la doctrina sin entrar en comunión con Aquel de quien testifican las doctrinas. Es concebible que un lector se haya aventurado hasta este punto de este libro sin conocer personalmente la realidad de la nueva vida en Cristo. Conocer bien la doctrina debe significar un cambio apropiado en la vida personal (2 Ti. 3:16-17).

No hay bendición más grande que el don del Hijo de Dios, no hay pecado más grande que desdeñar el don de la gracia divina. El epítome de la revelación de Dios a la humanidad es Jesucristo. Alcanzar el conocimiento verdadero es vivir una comunión experiencial con Él. Cristo vino a saciar nuestra hambre espiritual (Jn. 6:35) y a calmar nuestra sed espiritual (Jn. 7:37-38). Vino a darnos vida. La persona que confía en Él y en su sacrificio expiatorio no morirá nunca (Jn. 11:26), sino que disfrutará el privilegio de una comunión inquebrantable, paz y calma en medio del mundo turbulento. "El que tiene al Hijo, tiene la vida" (1 Jn. 5:12).

Querido lector, ojalá experimente usted la verdad teológica más grande que se pueda conocer: "Dios nos ha dado vida eterna; y esta vida está en su Hijo" (1 Jn. 5:11). No hay esfuerzo humano que pueda contribuir o alcanzar esto; es un regalo recibido por confiar en el Cristo sempiterno. Crea solo en Jesús, el único capaz de rescatarlo y darle la esperanza de la dicha eterna con Él (Jn. 3:16, 36; Hch. 16:31). Después viva en armonía con su Palabra y voluntad, creciendo en la comunión vivida con Él (Gá. 2:20; 5:24; 6:14; Fil. 1:21; 3:7-10).

Alabado sea "el que nos amó, y nos lavó de nuestros pecados con su sangre... El Cordero que fue inmolado es digno de tomar el poder, las riquezas, la sabiduría, la fortaleza, la honra, la gloria y la alabanza... Al que está sentado en el trono, y al Cordero, sea la alabanza, la honra, la gloria y el poder, por los siglos de los siglos" (Ap. 1:5; 5:12-13).

GLOSARIO

A

ACCIDENTE, TEORÍA DEL. Formulada por Albert Schweitzer; esta teoría enseña que Cristo se entusiasmó con su papel de Mesías, y en el proceso perdió la cabeza hasta que murió por equivocación.

ADONAI. Un nombre hebreo para Dios, cuyo significado es "Señor" o "Amo" y enfatiza el señorío o autoridad de Dios.

ADOPCIÓN. Hacer del creyente un hijo; enfatiza los derechos y privilegios del creyente por su nueva posición en Cristo.

AGNÓSTICO. Se deriva de los componentes griegos *gnostos*, cuyo significado es "conocimiento", con una *a* de prefijo para negar la declaración; por lo tanto: "alguien que no sabe si Dios existe".

AGUSTÍN (354-430). A veces se le llama "el más grande teólogo entre Pablo y Martín Lutero". Agustín enfatizó la depravación total del hombre y la gracia de Dios.

AGUSTINIANA, PERSPECTIVA. Llamada así por Agustín, esta perspectiva enseña que toda la humanidad participó en el pecado de Adán, puesto que cada persona estaba presente seminalmente en él (cp. He. 7:9). Por lo tanto, todos los seres humanos, individualmente, cargan con el pecado y la muerte.

AMILENARISMO. La enseñanza según la cual no habrá un reino milenario (de mil años) literal después del regreso de Cristo.

AMIRALDISMO. Una variación de las perspectivas lapsarias, en la cual el orden del decreto es: crear al hombre, permitir la caída, proporcionar redención en Cristo para todos, elegir a algunos para la salvación y enviar el Espíritu para efectuar la salvación. Esta perspectiva permite la expiación ilimitada.

ANCIANO. Oficio de la iglesia neotestamentaria, denota a alguien que es una persona mayor y espiritualmente madura (1 Ti. 3:1-7), y aporta liderazgo espiritual en la asamblea local.

ÁNGEL. Como mensajero en la tierra, un ángel es enviado por Dios con una misión específica de instruir o proteger a los seres humanos.

ANTICRISTO. Un término para referirse a cualquiera que niegue que Jesús vino en humanidad genuina. Es un término popular (aunque no bíblico) para describir al gobernante final a quien las Escrituras llaman la bestia (Ap. 13:1).

ANTROPOLÓGICO, ARGUMENTO. Viene de la palabra griega *anthrophos*, cuyo significado es "hombre". Como el hombre es un ser moral que posee conciencia, intelecto, emociones y voluntad, Dios debió haber creado al hombre con su naturaleza moral.

APOLINAR (EL JOVEN) (310-¿?). Enseñó la deidad de Cristo pero negó su verdadera humanidad; declaró que Jesús tenía cuerpo y alma humanos, pero no espíritu humano. Fue obispo de Laodicea y hereje.

APÓSTOL. La palabra puede usarse en dos sentidos: (1) como oficio, denota a quien siguió a Cristo durante todo su ministerio; por lo tanto, está limitado a los Doce y, de manera especial, a Pablo; (2) un don, puede usarse en sentido general como "aquel a quien se envía". Con toda seguridad el don estaba restringido a los Doce y a Pablo.

ARMINIANISMO. Un sistema doctrinal formado por Jacobo Arminio (1560-1609) como reacción al calvinismo de Holanda. Estas creencias se afirmaron después en los cinco puntos de la Remonstrancia: (1) elección condicional con base en la presciencia de Dios; (2) expiación ilimitada; (3) incapacidad del hombre de salvarse a sí mismo, aunque tiene libre albedrío, ; (4) la gracia preveniente, que permite que el hombre coopere con Dios en la salvación; (5) la perseverancia condicional: los creyentes pueden perder la salvación.

ARREBATAMIENTO. Se refiere al regreso de Cristo en el aire (no la segunda venida a la tierra) y al arrebatamiento repentino de la iglesia para estar con él (1 Ts. 4:17). Algunos defienden un arrebatamiento parcial en el cual solo partirán quienes estén "velando". Otros sostienen que el arrebatamiento será antes de la tribulación (pretribulacional), durante la tribulación (midtribulacional) o al final de la tribulación (postribulacional).

ARREBATAMIENTO PARCIAL. Perspectiva según la cual no habrá arrebatamiento de todos los creyentes, sino solo de quienes estén velando y esperando a Cristo.

ARRIANISMO. Creencia fundada por Arrio que negaba la eternidad de Cristo; declaraba que Cristo había sido creado por el Padre. El Concilio de Nicea condenó a Arrio en el año 325 d.C.

ATANASIO (296-373). El gran defensor de la deidad de Cristo contra las enseñanzas heréticas de Arrio (*véase* ARRIANISMO).

ATEO. Se deriva de los componentes griegos *theos*, cuyo significado es "Dios", y prefijo *a* para negar la declaración; por lo tanto, "aquel que no cree en Dios".

ATRIBUTOS ABSOLUTOS Y RELATIVOS. Los atributos absolutos (como la espiritualidad, existencia propia e inmutabilidad) describen las perfecciones de Dios que Él tiene en sí mismo, independiente de cualquier persona o cosa. Los atributos relativos (como la eternidad, omnipresencia e infinitud) también se llaman así porque están relacionados con el tiempo y el espacio.

ATRIBUTOS DE DIOS. Las características distintivas de Dios a través de las cuales se revela a la humanidad.

ATRIBUTOS INCOMUNICABLES Y COMUNICABLES. Los atributos incomunicables son aquellos que solo pueden encontrarse en Dios (como la eternidad, la omnipresencia y la inmutabilidad). Los comunicables son atributos que pueden encontrarse en el hombre, al menos hasta cierto punto (como la sabiduría, la justicia y la verdad).

ATRIBUTOS INTRANSITIVOS (INMANENTES) Y TRANSITIVOS. Los atributos intransitivos, como los incomunicables, solo se encuentran en Dios y no están relacionados con el hombre (como la existencia propia y la vida), mientras los atributos transitivos son los relacionados con el hombre (como la verdad y la misericordia).

ATRIBUTOS NO MORALES (NATURALES) Y MORALES. Los atributos no morales de Dios son los atributos que no requieren principios de lo correcto o equivocado (como la infinitud, la omnipotencia o la omnipresencia). Los atributos morales requieren principios de lo correcto o equivocado (como la santidad, la justicia y la verdad).

B

BAUTISMO DEL ESPÍRITU. La obra del Espíritu al ubicar al creyente en unión con Cristo como cabeza y con el resto de los creyentes como cuerpo de Cristo.

BARTH, KARL (1886-1968). Teólogo alemán, que rechazó su formación liberal y regresó al estudio de la Biblia. Publicó su comentario a Romanos en 1919, considerado el comienzo de la neo-ortodoxia. Barth enseñó que la Biblia llega a ser Palabra de Dios solo cuando el lector entra en la experiencia de los escritores bíblicos. Negó la revelación general, pero quizás fue el más conservador de todos los teólogos neo-ortodoxos.

BIBLIA. La palabra proviene del griego *biblion*, cuyo significado es "libro" o "rollo". La palabra griega se deriva de *byblos*, la planta de papiro de la cual estaban hechos los antiguos materiales de escritura usados en los manuscritos antiguos. Con el tiempo, *biblia* pasó a significar todos los libros del Antiguo y Nuevo Testamento.

BODAS DEL CORDERO. Evento en que se celebrará el matrimonio de la iglesia con Cristo; tendrá lugar en el cielo y será anterior al regreso de Cristo a la tierra.

BONHOEFFER, DIETRICH (1906-1945). Bonhoeffer, teólogo alemán, rechazó las ideas de lo "sagrado" y lo "secular" y enfatizó la necesidad del "discipulado mundano". No es del todo claro qué quiso decir con el cristianismo sin religión, pero los teólogos radicales llevaron sus ideas al extremo. A pesar de su teología controvertida, Bonhoeffer debe admirarse por el compromiso intrépido de su doctrina y la práctica del discipulado cristiano. Debido a su oposición al régimen nazi, fue encarcelado y después ejecutado.

BRECHA, TEORÍA DE LA. Teoría según la cual hubo una creación y caída original que, por el juicio de Dios, provocó caos en el mundo creado. Se produjo una brecha en el tiempo, tal vez de millones de años (entre Gn. 1:1 y Gn. 1:2), a partir del cual Dios volvió a dar forma a la tierra en días literales de 24 horas.

BRUNNER, EMIL (1889-1966). Pionero de la neo-ortodoxia. Enfatizó el encuentro subjetivo para conocer a Dios, negó la inspiración de las Escrituras y la historicidad de Adán. Brunner aceptaba la revelación general, en lo cual estaba en desacuerdo con Barth.

BULTMANN, RUDOLF (1884-1976). Desarrolló la "crítica de las formas", el intento por descubrir las formas y fuentes literarias de las Escrituras. Enfatizó la necesidad de "desmitificar" las Escrituras: despojarlas de las capas de mito con las que la iglesia primitiva las cubrió.

C

CAÍDA DEL HOMBRE. Evento histórico descrito en Génesis 3, en el cual Adán y Eva desobedecieron a Dios, cosa que provocó la entrada del pecado y la muerte a la raza humana (Ro. 5:12).

CALVINISMO. Sistema doctrinal que se expresa en los siguientes cinco puntos formulados por Juan Calvino: (1) depravación total del hombre; (2) elección incondicional; (3) expiación limitada; (4) gracia irresistible; (5) perseverancia de los santos. La soberanía de Dios es el punto central del calvinismo.

CALVINO, JUAN (1509-1564). Reformador suizo. Enfatizó la depravación del hombre, la necesidad de la gracia de Dios y la predestinación en la salvación. Se convirtió en un comentarista prolífico y fue el primer intérprete erudito de la iglesia.

CANONICIDAD. Término relativo a los 66 libros de la Biblia; indica que han pasado las pruebas para determinar su inspiración e inclusión en las Sagradas Escrituras.

CARISMÁTICO, MOVIMIENTO. Tuvo sus orígenes con el movimiento pentecostal, pero amplió sus fronteras para impactar a muchas denominaciones católicas y protestantes. Los carismáticos creen que los dones de señal, como hablar en lenguas y la sanidad, no están restringidos a la era apostólica, y afirman que estos dones siguen siendo vigentes por todos los siglos hasta el día de hoy.

CATOLICISMO ROMANO. Teología semipelagiana. Enseña la autoridad de la tradición eclesial, la autoridad de la Iglesia de Roma como depósito de la verdad y la autoridad papal. Los (siete) sacramentos son esenciales en la salvación, comenzando con el bautismo.

CENA DE LAS BODAS DEL CORDERO. Una celebración que el Israel arrepentido hace en la Tierra en honor a la boda de Cristo y su reino milenario.

COMERCIAL, TEORÍA. Teoría sobre la expiación de Cristo formulada por Anselmo de Canterbury (1033-1109). Enseñaba que Dios fue despojado de su honor por el pecado. Cristo, por medio de su muerte, le restauró el honor a Dios y recibió una recompensa que pasó a los pecadores.

CONGREGACIONAL. Una forma de gobierno eclesial que confiere autoridad a la congregación; así sucede en las iglesias bautistas, evangélicas libres y las independientes.

CONSUBSTANCIACIÓN. La perspectiva luterana sobre la Cena del Señor. Enseña que el cuerpo y la sangre de Cristo están presentes en los elementos pero éstos no cambian.

COSMOLÓGICO, ARGUMENTO. Argumento para afirmar la existencia de Dios. Cosmológico viene de la palabra griega *kosmos*, cuyo significado es "mundo". Como el mundo existe, debe tener un hacedor (Dios), porque las cosas no provienen de la nada.

CREACIONISMO INMEDIATO. En esta perspectiva de la creación, Dios crea sin usar causas o procesos secundarios. La tierra, el universo y el hombre fueron creados instantáneamente por el Creador. El término *creacionismo* también se usa en la antropología cristiana. Se refiere a la perspectiva según la cual el origen de cada alma humana está en la creación divina directa, en lugar de ser generada por los padres. *Véase* TEORÍA TRADUCIANA.

CREACIONISMO PROGRESIVO. La perspectiva según la cual Dios creó el mundo, el universo y al hombre en un lapso prolongado y a través de procesos secundarios que podrían haber incluido la evolución. De alguna manera es similar a la evolución teísta.

CREDO DE LOS APÓSTOLES. Un resumen breve de la creencia trinitaria y cristológica, probablemente anterior al año 250 d.C., diseñada para proteger a la iglesia de la herejía.

CRÍTICA, ALTA. Método de análisis de las Escrituras cuyo interés es la datación y autoría de los libros bíblicos, por medio del estudio de las fuentes subyacentes usadas al escribir la Biblia.

CRÍTICA, BAJA. Método de análisis de las Escrituras cuyo interés es el texto de las Escrituras a través del estudio de variantes de los manuscritos originales.

CRÍTICA DE LAS FORMAS. Un método de análisis de las Escrituras que se basa en la crítica de las fuentes en un intento de entender la recopilación de los libros bíblicos y los materiales usados para conformarlos.

CRÍTICA DE LAS FUENTES. Intento analítico de descubrir las fuentes usadas al escribir los Evangelios.

CRÍTICA DE LA REDACCIÓN. Método de análisis de las Escrituras que se basa en la crítica de las formas en un intento de entender la obra del editor final de moldear la teología de un libro bíblico, según su propia perspectiva.

CRÍTICA HISTÓRICA. Un método de análisis de las Escrituras que trata de descubrir lo que realmente sucedió en la narración bíblica mediante el estudio de la narrativa, los materiales extrabíblicos, y la posibilidad de que los milagros sucedieran realmente. Un elemento de escepticismo es inherente a esta metodología.

CULLMAN, ÓSCAR (1902-1999). Teólogo historicista; consideraba que la importancia de las Escrituras radica en su "historia santa" o "historia de la salvación" (*heilsgeschichte*), no en sus proposiciones o palabras.

D

DECRETO(S) DE DIOS. Haciendo hincapié en la soberanía de Dios, el decreto (todos los aspectos del plan de Dios mencionados como una unidad) o decretos (todos los aspectos del plan de Dios mencionados como una pluralidad) de Dios dice que Dios, al margen de cualquier decisión del hombre, ha planificado y ordenado todo lo que sucede.

DEÍSMO. La creencia de que, aun cuando Dios existe, no es personal, el mundo no le interesa y no participa en este.

DEMONIOS. Los ángeles que cayeron con Lucifer cuando se rebeló contra Dios.

DEPRAVACIÓN. Término usado para referirse a la corrupción del pecado que se extiende a toda la humanidad, y que afecta a toda la persona —su intelecto, emociones y voluntad—, de modo que ninguna cosa en la persona le hace digno ante Dios.

DÍA DEL SEÑOR. Un término que puede usarse (1) para cualquier juicio de Dios en la historia, (2) para el juicio de Dios en el período de la tribulación; (3) para las bendiciones en el reino milenario y (4) para todo el período que va desde el comienzo de la tribulación hasta el fin del milenio.

DIABLO. El ángel con rango más alto, Lucifer, cayó de su lugar prominente y ahora es el "calumniador" que acusa a los creyentes ante Dios. *Véase también* SATANÁS.

DIÁCONO. Un oficio de la iglesia neotestamentaria que denota a alguien que tiene madurez espiritual (1 Ti. 3:8-13) y que mira por las necesidades materiales de los miembros de la congregación (Hch. 6:1-6).

DICOTÓMICA. Perspectiva sobre la naturaleza del nombre según la cual está compuesto de dos partes: cuerpo y alma.

DICTADO, TEORÍA DEL. La teoría según la cual Dios dictó las palabras reales de las Escrituras a sus autores, quienes escribían de manera pasiva y mecánica.

DISPENSACIONALISMO. Un sistema teológico que reconoce diferentes administraciones del hombre bajo Dios. C. I. Scofield popularizó el dispensacionalismo, con posteriores refinamientos. El dispensacionalismo se distingue por: (1) la interpretación literal consistente; (2) diferenciación clara entre Israel y la iglesia; y (3) la gloria de Dios como el propósito último divino.

DISPENSACIONALISMO PROGRESIVO. Adopta una posición mediadora entre el dispensacionalismo tradicional y el no dispensacionalismo. Esta perspectiva mezcla la primera y la segunda venida de Cristo, enseña que el reino se inauguró en la primera venida y que Cristo está reinando hoy desde el cielo. Sin embargo, los progresivos enseñan también que Cristo reinará en un reino milenario, literal y terrenal. En ese sentido, defienden la perspectiva de "ya, pero no todavía".

DOCETISTAS. Una secta cristiana antigua que afirmaba la deidad de Cristo pero negaba su humanidad.

DONES ESPIRITUALES. Los "dones de la gracia" que el Espíritu Santo otorga soberanamente a los creyentes en el momento de la salvación, como habilidad especial en el servicio a Dios y al prójimo, particularmente a los creyentes.

E

EBIONITAS. Una secta del cristianismo primitivo que negaba el nacimiento virginal y la divinidad de Cristo, y en su lugar enseñaba que Cristo era tan solo un profeta humano.

EJEMPLO, TEORÍA DEL. Teoría de la expiación que enseña que la muerte de Cristo fue un ejemplo de obediencia, en lugar de una sustitución por el pecado.

ELECCIÓN. Viene del verbo compuesto griego *eklego*, cuyo significado es "desde" (*ek*) y "reunir, seleccionar" (*lego*) y describe el acto soberano de Dios de escoger a algunos individuos para la salvación.

ELOHIM. Nombre hebreo para Dios que enfatiza su fuerza, poder y superioridad sobre todos los otros así llamados dioses.

ENCARNACIÓN. Quiere decir "en carne". La encarnación define el acto por el cual el Dios Hijo eterno toma una naturaleza adicional, la humana, por medio del nacimiento virginal. No por ello deja Cristo de ser Dios, sino que para siempre es completamente Dios y completamente humano: dos naturalezas en una persona.

EPISCOPAL. Una forma de gobierno eclesiástico que confiere autoridad a los obispos; es el caso de las Iglesias metodista, episcopal y católica romana.

ESCOLÁSTICA. Movimiento de las escuelas monásticas que buscaba defender la fe por medio de la razón en los siglos XI-XII. Enfatizó las creencias ya existentes en la iglesia, en lugar de intentar descubrir unas nuevas.

ESCRITURAS. Viene del griego *graphe*, cuyo significado es "escrito". Los judíos categorizaron los escritos del Antiguo Testamento en tres grupos: la Ley, los Profetas y los Salmos (o Escritos). Estas tres categorías denotan todas las Escrituras veterotestamentarias. La palabra Escrituras incluye los 66 libros del Antiguo y Nuevo Testamento.

EUTIQUIANISMO. Perspectiva formulada por Eutiques (378-454), que enseñaba que Cristo solo tenía una naturaleza, y que esta no era verdaderamente divina ni verdaderamente humana.

EVOLUCIÓN ATEA. Un enfoque anti-sobrenatural al origen biológico de la vida, enseña que todas las formas de vida han evolucionado a partir de una única célula por medio del azar y de procesos naturales, durante miles de millones de años, hasta las formas altamente desarrolladas que hoy vemos.

EVOLUCIÓN TEÍSTA. Sistema teológico que enseña que Dios guió el proceso en el que las plantas, los animales y la raza humana evolucionaron gradualmente a partir de formas de vida inferiores durante millones de años.

EX NIHILO. Significa creación "de la nada". Se refiere a la creación divina del mundo sin ningún material pre-existente.

EXÉGESIS. Palabra derivada del griego *exegesis*, cuyo significado es "sacar" o "explicar"; por lo tanto, es la explicación de un pasaje de las Escrituras.

EXISTENCIALISMO. Expresión neo-ortodoxa para enfatizar el encuentro espiritual del hombre con Dios; subraya la experiencia personal o el compromiso en lugar de solo creer hechos o credos.

EXPIACIÓN ILIMITADA. La perspectiva según la cual Cristo murió por todos, pero su muerte solo es efectiva en quienes creen en el evangelio.

EXPIACIÓN LIMITADA. También llamada expiación "definida" o "particular", esta perspectiva enfatiza que Cristo murió solo por los elegidos.

F

FEDERAL, PERSPECTIVA. Perspectiva en la cual Adán es la cabeza federal o representante de la raza humana. Toda la raza humana está acusada de pecado, no porque toda la humanidad participara en el primer pecado, sino porque Adán representaba a toda la raza humana.

FILIOQUE, CONTROVERSIA. La controversia *filioque* (cuyo significado es "y del hijo") está relacionada con la pregunta ¿De dónde procede el Espíritu Santo? La iglesia oriental enseñó que el Espíritu solo procede del Padre, mientras la iglesia occidental enseñó que el Espíritu procede del Padre y del Hijo. El asunto dividió de forma permanente las dos alas de la iglesia en el año 1054 d.C.

FUNDAMENTALISMO. Sistema conservador de teología en el cual se han defendido históricamente cinco principios de la fe: (1) los milagros de Cristo; (2) el nacimiento virginal de Cristo; (3) la expiación sustitutiva de Cristo; (4) la resurrección corporal de Cristo; (5) la inspiración de las Escrituras. El fundamentalismo se opone al liberalismo y al modernismo. En las décadas recientes el fundamentalismo se ha dividido en los campos evangélico y separatista.

G

GENERACIÓN DE CRISTO. El acto milagroso del Espíritu Santo, quien vino sobre María de forma sobrenatural (Lc. 1:31, 35), produjo el embarazo que llevó a la humanidad sin pecado de Cristo.

GNOSTICISMO. Una herejía dualista del siglo II que enfatizaba la importancia del conocimiento (gr., *gnosis*) filosófico para la salvación. El gnosticismo enseñaba que hubo una serie de emanaciones de la deidad en las cuales un Dios inferior, el Dios del Antiguo Testamento, creó el mundo material y estaba en conflicto con el Dios supremo y más alto, quien no podía asociarse con el mundo malo y material.

GRACIA COMÚN. Favor inmerecido de Dios a toda la humanidad; proporciona la luz del sol, la lluvia, la comida y el vestido. Puede denotar el aplazamiento del juicio divino y el refrenamiento del pecado.

GRACIA EFICAZ (IRRESISTIBLE, ESPECIAL). La obra soberana de Dios para llamar efectivamente a algunos para salvación. Ninguno de los llamados puede negarse; por lo tanto, también se conoce como gracia irresistible.

GUBERNAMENTAL, TEORÍA. Una teoría de la expiación formulada por Grocio, que enseñaba que, por su muerte, Cristo hizo un pago simbólico a Dios; así, Dios hizo a un lado los requisitos de la ley y perdonó los pecados porque su gobierno se había sostenido.

H

HISTORIA DE LAS RELIGIONES. Perspectiva que contemplaba la Biblia como un producto religioso evolutivo; la fe hebrea y el cristianismo se desarrollaron a partir de una fuente común con las otras religiones, y no como resultado de la revelación divina.

HISTORIA DE LA SALVACIÓN. Escuela de interpretación religiosa dentro del liberalismo que enfatiza la actividad de Dios en la historia. Retiene las presuposiciones del liberalismo con su énfasis en la "historia santa": los actos divinos de Dios tal como están registrados en un libro falible. Se enfatizan los actos de Dios en la historia, no las palabras con las que se registran los eventos. El sistema permite errores en la Biblia.

I

ICONOCLASTA. Alguien que defiende la destrucción de las imágenes.

IGLESIA. Quiere decir "grupo llamado". El término puede referirse a la iglesia local (1 Ts. 1:1) o a la iglesia universal, todos los que han creído desde Pentecostés hasta el arrebatamiento. La iglesia universal también se llama "cuerpo de Cristo" (Ef. 1:22-23).

IGLESIA EMERGENTE. Como su nombre implica, la iglesia emergente está en proceso; se identifica con el posmodernismo, rechaza la noción de absolutos doctrinales y eclesiásticos, y se aferra fuertemente al relativismo (aunque hay diversidad considerable en la iglesia emergente). Cree que la iglesia tradicional ha fracasado, por eso busca impactar la cultura centrándose en el ministerio misionero y la experiencia. Con su énfasis en la experiencia y por considerar las Escrituras como narrativa, refleja aspectos del post-liberalismo y el liberalismo.

ILUMINACIÓN. El ministerio del Espíritu Santo para iluminar al creyente; permite que el creyente entienda la Palabra de Dios.

IMPECABILIDAD. Perspectiva según la cual Cristo no podría haber pecado.

IMPUTACIÓN. Quiere decir "poner en la cuenta de alguien", como cargo o crédito. Los tres conceptos bíblicos de la imputación son: el pecado de Adán se *carga* a toda la humanidad; el pecado de toda la humanidad se *carga* a Cristo; la justicia de Cristo *acredita* a todos los que creen en Él.

INERRANCIA. Enseñanza según la cual, como Dios dio las Escrituras, ellas están desprovistas de error en todos sus contenidos, incluyendo la doctrina, historia, ciencia, geografía y otras ramas del conocimiento.

INFLUENCIA MORAL. Perspectiva de Pedro Abelardo (1079-1142) sobre la expiación de Cristo, en la cual negaba la expiación sustitutiva de Cristo. Abelardo enseñó que la muerte de Cristo demostró el amor de Dios, que influye así en los pecadores para que se arrepientan.

INFRALAPSARIANISMO. Este término (también llamado *sublapsarianismo*) viene de las palabras latinas *infra*, "bajo", y *lapsus*, "caída"; por lo tanto, es la perspectiva según la cual Dios decretó la elección después de la caída. El orden de los decretos es: crear al hombre, permitir la caída, elegir a algunos para la vida eterna, ofrecer a Cristo para redimir a los elegidos, enviar el Espíritu para salvar a los elegidos y santificar a todos los redimidos. Esta perspectiva enseña la expiación limitada.

INMANENCIA. Lo opuesto a la trascendencia. Dios acepta entrar en comunión personal y vivir con quienes se han arrepentido de sus pecados y han confiado en su Hijo para salvación.

INMENSIDAD DE DIOS. Cualidad divina de grandeza y supremacía trascendente, en relación con el tamaño menor de los ángeles y humanos. Esta cualidad se desarrolla más con el término *omnipresencia* (aunque no son idénticos). *Véase* OMNIPRESENCIA.

INMINENTE. Quiere decir "a punto de ocurrir". En general, se usa en teología para la perspectiva según la cual el arrebatamiento puede ocurrir en cualquier momento; no quedan profecías por cumplirse antes del arrebatamiento.

INMUTABILIDAD DE DIOS. Dios ni puede cambiar ni cambia.

INSPIRACIÓN. El acto de supervisión del Espíritu Santo sobre los autores de las Escrituras, de modo que produjeran la Palabra de Dios escrita, autoritativa, confiable y libre de errores en sus versiones originales, aunque escribieran con su propio estilo y personalidad. La palabra "inspiración" es la traducción usada por la RVR del término griego *theopneustos*, cuyo significado es "inspirado por Dios".

INSPIRACIÓN CONCEPTUAL. Perspectiva según la cual los conceptos e ideas de los escritores bíblicos están inspirados, pero no las palabras de las Escrituras. Dios dio los conceptos a los autores y ellos los escribieron con sus propias palabras; por lo tanto, la Biblia puede contener errores.

INSPIRACIÓN DINÁMICA. Perspectiva según la cual el Espíritu Santo motivó a los escritores de la Biblia, aunque ellos tenían libertad para escribir; esto permitía la posibilidad de errores. A veces esta teoría se equipara con la de *inspiración parcial*.

INSPIRACIÓN NATURAL. Perspectiva según la cual no hay nada sobrenatural en la Biblia; los autores escribieron usando perspicacia y habilidades humanas, tal como otros autores lo hacen al producir buena literatura.

INSPIRACIÓN PARCIAL. Quiere decir que solo parte de la Biblia es inspirada, mas no necesariamente toda ella. Los asuntos de la revelación relativos a la fe y la práctica están inspirados, pero otros asuntos como la historia y la ciencia pueden estar errados.

INSPIRACIÓN VERBAL PLENARIA. Perspectiva según la cual la inspiración de las Escrituras se extiende a las palabras precisas (verbal) y a todas las partes de toda la Biblia (plenaria). En el pasado, la inspiración verbal se equiparó con la *inerrancia*.

J

JUSTIFICACIÓN. Viene del concepto griego cuyo significado es "declarar justo". Es un acto legal mediante el cual Dios declara que el creyente pecador ha sido acreditado con todas las virtudes de Jesucristo. Mientras el perdón es el aspecto negativo de la salvación, lo cual quiere decir que se sustrae el pecado humano, la justificación es el aspecto positivo, lo cual significa la adición de la justicia divina.

K

KENOSIS. La palabra, tomada del término griego *kenoo* en Filipenses 2:7, significa "despojarse". Cuando Cristo se despojo a sí mismo, no dejó a un lado su divinidad, pero sí se humilló al tomar forma y naturaleza humanas para cumplir el servicio a Dios.

KIERKEGAARD, SØREN (1813-1855). Filósofo danés, padre del existencialismo, que enfatizó el encuentro experiencial con Dios a través de un "salto de fe". Kierkegaard aportó el fundamento de la neo-ortodoxia sobre el cual edificarían después personajes como Barth y Bultmann.

KÜNG, HANS (1928-). Teólogo católico romano que niega la divinidad de Cristo y abraza el liberalismo; cuestiona la autoridad papal.

L

LEY. Usualmente designa la ley que Dios le dio a Moisés. La ley puede dividirse en: (1) ley civil, relacionada con las responsabilidades sociales con el prójimo; (2) ley ceremonial, relacionada con la vida de adoración de Israel; y (3) ley moral, se encuentra principalmente en los Diez Mandamientos, los cuales identifican las normas atemporales de Dios sobre lo que es bueno y malo.

LIBERALISMO. Un enfoque anti-sobrenatural al cristianismo y a la Biblia que surgió por causa del racionalismo. El liberalismo negaba el elemento milagroso de las Escrituras y enfatizaba la importancia de la razón; rechazaba lo que no fuera acorde con la razón y la ciencia.

LOGOS. El término griego más usual para "verbo" o "razón". Se usa en el prólogo del Evangelio de Juan (1:1, 14), en otras partes de los escritos juaninos y en la literatura cristiana temprana para el nombre de Jesucristo, el cual es la expresión personal de los pensamientos de Dios al hombre.

LUTERO, MARTÍN (1483-1546). El líder más prominente de la Reforma protestante, fue excomulgado de la Iglesia católica romana por sus esfuerzos persistentes por cambiar algunas de las doctrinas y costumbres de la Iglesia. Enseñó que solo la Biblia, sin la tradición de la Iglesia, tenía la autoridad para declarar qué se debía creer. En cuanto a la salvación, Lutero enfatizó la justificación por la sola fe, sin las obras de la ley.

M

MARCIÓN. Hereje del siglo II, rechazó todas las Escrituras excepto diez epístolas de Pablo y parte del Evangelio de Lucas. Hizo distinción entre el Dios creador del Antiguo Testamento, a quien consideraba malo, y el Dios del Nuevo Testamento, quien se reveló en Cristo.

MÁRTIR, TEORÍA DEL. *Véase* EJEMPLO, TEORÍA DEL.

MEDIADOR. Agente que media entre dos partes. Cristo medió la salvación entre Dios y la raza humana (1 Ti. 2:5). Los líderes humanos como Abraham y Moisés mediaron la voluntad de Dios al pueblo.

MESÍAS. Palabra tomada del hebreo *meshiach*, cuyo significado es "ungido", y es equivalente al griego *christos* (que significa también "ungido"). Es un título de Jesús para llamarlo "el Ungido de Dios".

MILENIO. Se deriva de las palabras latinas *mille*, cuyo significado es "mil" y *annus*, cuyo significado es "año"; por lo tanto, denota un período de "mil años". Aunque el concepto de milenio se fundamenta en los pactos incondicionales del Antiguo Testamento, Apocalipsis 20:4-6 menciona específicamente que Cristo reinará en la tierra por mil años después de su regreso.

MODALISMO. Perspectiva anti-trinitaria según la cual solo hay una persona en la divinidad, que se manifiesta de variadas formas o *modalidades* como Padre, Hijo o Espíritu Santo. También se llama *sabelianismo* o *monarquianismo modalista*.

MONARQUIANISMO DINÁMICO. La creencia en la unidad absoluta de Dios que niega la divinidad del Hijo y del Espíritu. Este punto de vista enseña que el logos es un poder impersonal presente en todos los hombres, pero sobre todo en el hombre Jesús, que era humano extraordinario, pero no una deidad.

MONARQUIANISMO MODALISTA. Un punto de vista anti-trinitaria que también se llama *modalismo* y sabelianismo. *Véase* MODALISMO.

MONTANO. Pensador del siglo II. Enseñó que el fin del mundo estaba cerca y que él era el portavoz a través de quien el Espíritu Santo estaba hablando y dando nuevas revelaciones en aquel momento. Los líderes ortodoxos rechazaron sus doctrinas.

MUNDO. Traducción del griego *kosmos*, cuyo significado es "un arreglo ordenado", pero se usa frecuentemente para denotar la raza humana en rebelión hostil contra Dios.

N

NACIMIENTO VIRGINAL. Técnicamente, la expresión se refiere a la concepción milagrosa de Cristo en María por el poder del Espíritu Santo, sin participación masculina, y al consiguiente nacimiento. No debe confundirse con la "inmaculada concepción", la enseñanza católica romana según la cual María se concibió sin pecado.

NEO-EVANGELICALISMO. Movimiento dentro del cristianismo evangélico liderado por Harold J. Ockenga, Carl F. H. Henry y otros. Enfatiza la responsabilidad social aunque rechaza el separatismo de los fundamentalistas. Algunos neo-evangélicos niegan la inerrancia.

NEO-LIBERALISMO. Tras el fracaso liberal debido a la Primera Guerra Mundial, el neo-liberalismo rechazó el optimismo liberal y tuvo en general una perspectiva más alta de la Biblia y de Cristo porque consideró más seriamente el tema del pecado. No obstante, Harry Emerson Fosdick y otros neo-liberales que lo siguieron mantuvieron las creencias esenciales del liberalismo.

NEO-ORTODOXIA. Quiere decir "ortodoxia nueva". La mayoría de los historiadores dice que la neo-ortodoxia comenzó en 1919 con el comentario a Romanos de Karl Barth. La neo-ortodoxia buscaba regresar al estudio serio de la Biblia debido al fracaso del liberalismo. Enfatiza el encuentro experiencial con Dios y retiene muchas creencias del liberalismo.

NESTORIANISMO. Perspectiva enseñada por Nestorio (¿?-451) que reconocía las naturalezas humana y divina de Cristo pero negaba la unión de las dos; enseñaba que Cristo era dos personas.

NICEA, CONCILIO DE. Primer concilio ecuménico. Se reunió en el 325 d.C.; buscaba resolver la controversia arriana. El concilio sostuvo la divinidad de Cristo y afirmó que Él es "Dios verdadero del Dios verdadero".

NIEBUHR, REINHOLD (1892-1971). Rechazando su trasfondo liberal, Niebuhr participó principalmente en la justicia social a favor de las clases trabajadoras de Detroit. Rechazó la perspectiva histórica del pecado y fue menos conservador que Karl Barth y Emil Brunner.

NUEVO PACTO. Pacto incondicional con el cual Dios prometió perdón del pecado (Jer. 31:31-34). La muerte de Cristo es el fundamento del perdón, su cumplimiento final se dará en el reino milenario futuro.

O

OMNIPOTENCIA. Cualidad de la deidad; significa que Dios es todopoderoso y puede hacer cualquier cosa consistente con su naturaleza.

OMNIPRESENCIA. Atributo de la deidad; significa que Dios está totalmente presente en todas partes al mismo tiempo.

OMNISCIENCIA. Característica de Dios; significa que Él sabe todas las cosas reales y posibles, ya sean pasadas, presentes o futuras.

ONTOLÓGICO, ARGUMENTO. Argumento a favor de la existencia de Dios según el cual Dios existe porque el hombre puede concebir que Él exista.

P

PACTO. Un pacto es un acuerdo entre dos partes. Un pacto bilateral (condicional) es un acuerdo que ata a las dos partes a su cumplimiento (como el mosaico). Un pacto unilateral (incondicional) es un acuerdo entre dos partes que solo obliga a la parte que realiza el pacto (como los pactos abrahámico, palestino, davídico y el nuevo).

PACTO ABRAHÁMICO. Un pacto incondicional (solo depende de Dios) en el cual Dios prometió a los descendientes físicos de Abraham una tierra, una posteridad que incluiría al Mesías y bendiciones espirituales (Gn. 12:1-3). *Véase* PACTO.

PACTO DAVÍDICO. Un pacto incondicional con el cual Dios le prometió a David (1) una *casa*: una dinastía que continuaría; (2) un *reino*: el Mesías gobernaría algún día; (3) un *trono*; (4) un *gobierno eterno*.

PACTO NOÉICO. Acuerdo que Dios hizo con Noé, con el cual Dios dio directrices para la transmisión, provisión y protección de la raza humana. El hombre debía procrear para llenar la tierra; se le permitía ser carnívoro y se impuso la pena de muerte para quien cometiera homicidio.

PACTO PALESTINO. Un pacto incondicional con el cual Dios prometió restaurar a la nación arrepentida de Israel a la tierra que le había dado incondicionalmente (Dt. 30:1-10).

PALABRA DE FE. Por medio del pensamiento correcto y de hablar positivamente, las personas pueden expresar su fe a través de las palabras que pronuncian, y con ello recibir sanidad y riqueza. *Véase también* PROSPERIDAD, MOVIMIENTO DE LA.

PANENTEÍSMO. Mientras el panteísmo dice que Dios y el cosmos son coextensivos, el panenteísmo dice que Dios es mayor que todas las cosas y contiene a todas las cosas dentro de (*en*) Él.

PANTEÍSMO. Se deriva del griego *pan*, cuyo significado es "todo", y *theos*, cuyo significado es "Dios"; por lo tanto, es la creencia en que todo es Dios y Dios está en todo.

PARACLETO. Título que significa "llamado a un lado". Solo lo usa el apóstol Juan para referirse al Espíritu Santo (Juan 14—16; se traduce como "Consolador" [RVR, NVI y BLA]) o a Jesucristo (1 Jn. 2:1; "abogado" [RVR] e "intercesor" [NVI]).

PECABILIDAD. Creencia según la cual Cristo pudo haber pecado, aunque no lo hizo.

PECADO. Transgresión de la ley de Dios; errar el marco de la norma divina para todas las personas, esto es, la santidad de Dios tal como se ve en Jesucristo.

PELAGIANISMO. Perspectiva enseñada por Pelagio según la cual toda alma fue creada directamente por Dios, por lo tanto no tiene pecado. Por lo tanto, el hombre tiene la capacidad de iniciar la salvación por sí mismo.

PERDÓN. El acto legal mediante el cual Dios remueve los cargos contra los pecadores porque se ha hecho expiación por los pecados.

PERSEVERANCIA DE LOS SANTOS. Doctrina calvinista sobre la seguridad del creyente. Aquellos a los que Cristo escoge y por quienes murió tienen la seguridad eterna de su salvación; nunca pueden perderla o caer, una vez salvos.

PERSONALIDAD. Intelecto, emociones y voluntad; las características de un ser personal.

POLITEÍSMO. Término derivado de las palabras griegas *poly*, cuyo significado es "muchos", y *theos*, cuyo significado es "Dios"; por lo tanto, "creencia en muchos dioses".

POSTMILENARISMO. Perspectiva popular en el siglo XIX según la cual poco a poco el mundo será mejor, hasta llegar al triunfo total del evangelio. Cristo regresará después del milenio. Actualmente el "reconstruccionismo cristiano" lo está restableciendo.

POSTRIBULACIONISMO. Creencia según la cual la iglesia se quedará en la tierra durante la tribulación; no habrá arrebatamiento.

PREDESTINAR. Significa "delimitar de antemano", y se refiere a que Dios determinó desde la eternidad lo que habría de ocurrir en la historia (Ef. 1:11); en soteriología quiere decir que Dios marcó a ciertas personas para la salvación desde la eternidad pasada (Ef. 1:5).

PREMILENARISMO DISPENSACIONAL. Una forma de premilenarismo según la cual el arrebatamiento de la iglesia ocurrirá antes de la tribulación, cuando Dios se enfocará de nuevo en Israel, en su plan para el mundo. Cristo regresará al final de la tribulación para rescatar a Israel y establecer el milenio. Se identifica por una interpretación literal consistente y por diferenciar a Israel de la iglesia.

PREMILENARISMO HISTÓRICO. Una forma de premilenarismo, usualmente postribulacionista. Tiene muchas semejanzas con el amilenarismo en cuanto a que no diferencia mucho entre Israel y la Iglesia en todas las épocas. El reino milenario no se limita a mil años. Comienza en el cielo con la primera venida de Cristo y termina con la segunda venida.

PRESBITERIANO. Forma de gobierno eclesial en la cual se confiere autoridad a los ancianos, como en las iglesias presbiterianas y reformadas.

PRETRIBULACIONISMO. La creencia según la cual el arrebatamiento de la iglesia será antes de la tribulación.

PROCESIÓN DEL ESPÍRITU. El acto del Espíritu Santo para proceder en Pentecostés, con la dirección del Padre y del Hijo.

PROFETA. Un mediador o vocero entre Dios y los hombres. Recibía revelación directa de Dios y comunicaba la voluntad divina a los hombres.

PROPICIACIÓN. Viene de un concepto griego que significa "apaciguar o calmar" y enfatiza que la santidad de Dios se satisfizo completamente. Su ira se aplacó y sus demandas justas fueron satisfechas con la muerte expiatoria de Cristo.

PROSPERIDAD, MOVIMIENTO DE LA. Conocido como "el evangelio de salud y riqueza". Sus adeptos creen que Cristo murió también por las enfermedades, no solo por los pecados, y por esa razón los creyentes pueden reclamar sanidad. Según esta perspectiva los creyentes son "pequeños dioses", con autoridad por medio de la "palabra de fe", y pueden afirmar así salud y riqueza. *Véase también* PALABRA DE FE.

PROTOEVANGELIO. El primer anuncio del evangelio en las Escrituras (Gn. 3:15). Declara que Dios enviaría un Redentor para derrotar a Satanás.

Q

Q. Designación tomada de la palabra alemana *quelle*, cuyo significado es "fuente". Es el símbolo del supuesto documento hipotético que fue la fuente común para escribir los Evangelios.

R

RECAPITULACIÓN, TEORÍA DE LA. Perspectiva de la redención, enseñada por Ireneo, según la cual Cristo redimió al hombre pasando por todas las fases y experiencias de la vida de Adán.

RECONCILIACIÓN. El hombre está alienado de Dios por causa del pecado, pero gracias a la muerte de Cristo, la paz con Dios y la salvación se hicieron posibles para todos los que crean en Cristo.

REDENCIÓN. La palabra viene de varios términos griegos que juntos quieren decir "liberar pagando un precio". Hace énfasis en que Cristo liberó al creyente de la esclavitud del pecado por medio de su muerte.

REGENERACIÓN. La obra del Espíritu Santo para darle vida al creyente pecador, efectuando así el nuevo nacimiento.

REINO. El uso normal del término denota un dominio o esfera física de gobierno con un gobernante, un pueblo a gobernar y un territorio físico donde tal gobierno tiene lugar. *Véase también* TEOCRÁTICO.

REMONSTRANCIA. Declaración doctrinal que incorpora las enseñanzas de Jacobo Arminio. *Véase* ARMINIANISMO.

RENACIMIENTO. El "nuevo nacimiento" del intelectualismo (1350-1650) que marcó una nueva tendencia hacia el secularismo, el racionalismo, el escepticismo, y que enfocaba su atención en el hombre más que en Dios.

RESCATE, TEORÍA DEL. Perspectiva desarrollada por Orígenes según la cual la muerte de Cristo fue un rescate pagado a Satanás, pues él tenía cautiva a la humanidad.

REVELACIÓN. Quiere decir "quitar el velo", y describe el acto de dar a conocer la verdad de Dios, pues de otra manera la humanidad no podría conocer tal verdad.

REVELACIÓN ESPECIAL. La revelación divina de la verdad a través de Jesucristo y las Escrituras. A diferencia de la revelación general, disponible para todos, la revelación especial solo está disponible para quienes tienen acceso a la verdad bíblica.

REVELACIÓN GENERAL. Las verdades que Dios ha revelado acerca de Él a toda la humanidad por medio de la naturaleza, el control providencial y la conciencia.

REVELACIÓN PROGRESIVA. La revelación de la verdad divina paso a paso, a través de todas las eras hasta que se completara la Biblia. Dios no reveló toda la verdad sobre Él en un solo instante, la reveló "muchas veces y de muchas maneras" (He. 1:1).

ROBINSON, JOHN A. T. (1919-1983). Teólogo británico, popularizador de la teología de Paul Tillich en *Sincero para con Dios*; también combinó elementos de Dietrich Bonhoeffer y Rudolf Bultmann.

S

SABELIANISMO. Perspectiva anti-trinitaria también llamada *modalismo* o *monarquianismo modalista*. Recibe su nombre por Sabelio, un teólogo del siglo III. El unitarismo es una forma moderna de esta doctrina.

SACRAMENTOS. El término *sacramento* usualmente hace referencia a un acto religioso formal ordenado por Cristo, que es una señal o símbolo sagrado de la realidad espiritual. A veces los protestantes prefieren llamarlos "ordenanzas". Los protestantes en general defienden dos ordenanzas: el bautismo y la Cena del Señor. Algunos grupos protestantes creen en otros sacramentos como el lavado de los pies, el beso santo y el ágape (una comida en comunidad relacionada con la Cena del Señor). El catolicismo romano defiende siete sacramentos: bautismo, confirmación, penitencia (confesión), eucaristía, orden sacerdotal, matrimonio y unción de los enfermos.

SANTIFICACIÓN. Viene del verbo griego cuyo significado es "separar". Se usa de dos maneras: (1) el creyente es santificado posicionalmente: es santificado delante de Dios; (2) el creyente crece en santificación progresiva mediante la experiencia espiritual diaria.

SATANÁS. Significa "adversario". Satanás es una criatura literal que alguna vez fue un ángel de alto rango pero cayó de su lugar prominente como resultado de su rebelión contra Dios. Ahora es el líder de una hueste innumerable de ángeles caídos (demonios) en su oposición a Dios y al pueblo de Dios. *Véase también* DIABLO.

SCHLEIERMACHER, FRIEDRICH (1763-1834). Llamado el "padre del liberalismo religioso moderno", enfatizó la importancia del "sentimiento" y la subjetividad al experimentar a Dios. Rechazó las doctrinas históricas del nacimiento virginal y la expiación sustitutiva de Cristo.

SEGUNDA VENIDA DE CRISTO. En el dispensacionalismo se diferencia del arrebatamiento; la segunda venida se refiere al regreso de Cristo a la tierra después de la tribulación para establecer el reino milenario.

SELLO DEL ESPÍRITU. El acto divino de dar el Espíritu Santo al creyente en el momento de la salvación como símbolo de propiedad de Dios.

SEMIPELAGIANISMO. Perspectiva en la cual se enfatizan la gracia de Dios y el libre albedrío del hombre. En esta, el hombre contribuye con Dios para salvación. Esta perspectiva está incorporada en el catolicismo romano.

SEÑOR. El nombre del pacto para Dios en su relación con Israel (Éx. 6:2-3, NVI y LBLA, en la RVR es "Jehová"). SEÑOR (en letra versalita) es la traducción de las letras hebreas YHWH, que probablemente se leía como Yahvéh. El nombre YHWH probablemente se deriva del verbo hebreo "ser", y sugiere que Dios es Aquel que existe eternamente.

SEÑOR-VASALLO, TRATADO. Acuerdo entre el señor (rey) y sus vasallos (pueblo). La ley mosaica sigue el patrón del antiguo tratado entre señor y vasallo en el cual Dios, el Señor, les dice a sus sujetos lo que él ha hecho por ellos como rey y lo que espera de ellos.

SINÓPTICO. Designación del griego, cuyo significado es "ver las cosas unificadas". Se aplica a los Evangelios de Mateo, Marcos y Lucas, porque registran la vida de Cristo de manera semejante, usando a menudo las mismas palabras.

SINÓPTICO, PROBLEMA. Polémica sobre si los Evangelios de Mateo, Marcos y Lucas fueron independientes entre ellos o si alguno tomó cosas de otro (o de otras fuentes).

SOBERANO. Relativo a Dios, quiere decir que Dios es el gobernante y autoridad suprema, que Él ordena lo que ha de ocurrir y su propósito divino siempre se cumple.

SOCINO (1539-1604). Negó la Trinidad, la deidad de Cristo y la expiación sustitutiva; también negó la depravación del hombre y enseñó que las personas tienen la capacidad de evitar el pecado. Socino era de creencia unitaria.

SOTERIOLOGÍA. Viene de las palabras *soterion*, cuyo significado es "salvación", y *logos*, cuyo significado es "palabra"; por lo tanto, el discurso o estudio de "la doctrina de la salvación".

SUPRALAPSARIANISMO. Viene de las palabras latinas *supra*, "sobre", y *lapsus* "caída"; por lo tanto, es la perspectiva según la cual Dios decretó la elección y la reprobación antes de la caída. El orden de los decretos es: elegir a algunos para la vida eterna, permitir la caída, entregar a Cristo para redimir a los elegidos, dar el Espíritu para salvar a los redimidos y santificar a todos los redimidos. En esta perspectiva se enseña la expiación limitada.

SUSTITUCIÓN. El significado verdadero de la muerte de Cristo, pues Él se sacrificó en lugar de los pecadores condenados, para satisfacer los juicios santos y justos de Dios contra tales pecadores. Las explicaciones falsas sobre la expiación incluyen las teorías del rescate a Satanás, recapitulación, comercial, influencia moral, accidente, gubernamental y del ejemplo.

T

TELEOLÓGICO, ARGUMENTO. Viene del griego *telos*, cuyo significado es "fin". Según el argumento, como en el universo hay orden y armonía, un diseñador inteligente debe haberlo creado.

TEOCRÁTICO. Significa el "gobierno de Dios"; por lo tanto, *reino teocrático* define a un reino bajo el gobierno de Dios. Dios, en su teocracia, gobierna la tierra a través de diferentes mediadores (como Abraham y Moisés) en diferentes puntos de la historia. La forma final del reino teocrático es el gobierno terrenal de Jesucristo durante el milenio.

TEOFANÍA. Manifestación física o auditiva de Dios. A veces se le llama cristofanía; las teofanías suelen referirse a la aparición de Cristo en forma humana en el Antiguo Testamento (p. ej., Gn. 18; Jue. 6).

TEOLOGÍA. Viene de las palabras griegas, *theos* ("Dios") y *logos* ("palabra"); por lo tanto, es una palabra o explicación sobre Dios. *Teología* se toma usualmente en el sentido más amplio para dar a entender todo el alcance de las doctrinas cristianas. A veces también se usa para referirse en forma corta a la teología propia, la expresión usada para dar a entender el estudio de Dios Padre.

TEOLOGÍA DE LA APERTURA DE DIOS. Tiene sus raíces en la teología Wesleyana-Arminiana. Enseña que para tener comunión libre y genuina con Dios, la decisión de la persona debe ser genuina, libre y por elección de su voluntad. Si tal elección es libre, Dios no puede saber cuál va a ser esa elección;

por lo tanto, los adherentes de la teología de la apertura de Dios (o teísmo abierto) enseñan que Dios no conoce todos los eventos futuros ni los controla.

TEOLOGÍA BÍBLICA. El término puede usarse de varias formas: (1) para describir el movimiento moderno dentro del liberalismo cuyo énfasis estaba en el estudio exegético de las Escrituras mientras retenía la metodología liberal; (2) para describir la metodología exegética que considera las circunstancias históricas y el desarrollo de la doctrina. En la teología bíblica del Antiguo Testamento es usual centrarse en un tema unificador y en los diferentes períodos de desarrollo en la doctrina, mientras que la teología bíblica del Nuevo Testamento considera la teología de los escritores individuales.

TEOLOGÍA CONTEMPORÁNEA. Como se usa en este libro, es el estudio del desarrollo de las doctrinas de los grupos cristianos en el siglo xx.

TEOLOGÍA DIALÉCTICA. Otro término para la neo-ortodoxia, en la cual se busca la verdad por medio de declaraciones paradójicas. En los tiempos modernos la formuló por primera vez Søren Kierkegaard. Algunos ejemplos de declaraciones paradójicas son la trascendencia y la inmanencia de Dios, Cristo como Dios y hombre, Dios como Dios de ira y de misericordia. En la crisis de enfrentar las contradicciones, en el punto donde se encuentran el *sí* y el *no,* la persona es salva.

TEOLOGÍA DOGMÁTICA. Se usa en este libro para referirse al estudio de las doctrinas de los grupos cristianos a lo largo de toda la historia, tal y como se han sistematizado dentro de las fronteras hermenéuticas exclusivas.

TEOLOGÍA DEL DOMINIO. También conocida como reconstruccionismo cristiano, la teología del dominio enseña que Dios ejercita el dominio sobre el mundo a través de Cristo, y los creyentes tienen dominio sobre el mundo a través de la obediencia a los mandamientos divinos. Reconstruccionismo quiere decir que el cristianismo debe reconstruir la cultura en todos los dominios de la vida. *Véase también* TEOLOGÍA DEL PACTO.

TEOLOGÍA DE LA ESPERANZA. Teología desarrollada por Jürgen Moltmann. Bajo la influencia del marxismo, Moltmann enseñó una teología de revolución y cambio social, producidos porque la iglesia confrontaría las injusticias de la sociedad. La teología de la liberación tiene sus raíces en la teología de Moltmann.

TEOLOGÍA DE LA HISTORIA. Este sistema doctrinal, desarrollado por Wolfhart Pannenberg, enfatiza la necesidad de los eventos históricos de las Escrituras, particularmente la resurrección de Cristo. La fuente de la autoridad es la historia, no la Biblia.

TEOLOGÍA HISTÓRICA. En este volumen, quiere decir el estudio de las doctrinas de la religión cristiana en cuanto a su progreso debatido, modificado y articulado por individuos y grupos desde el final de la era apostólica, a lo largo de todos los siglos.

TEOLOGÍA DE LA LIBERACIÓN. Sistema teológico influenciado por Jürgen Moltmann y el marxismo, enfatiza las preocupaciones sociales, particularmente en la América Latina donde la gente ha sido oprimida. La teología de la liberación incluye la teología negra, cuyo énfasis es semejante.

TEOLOGÍA DEL PACTO. Un sistema de enseñanza teológica en el cual Dios hizo un pacto de obras con Adán, quien fracasó; a partir de ahí Dios hace un pacto de gracia y con él promete vida eterna a los que crean. La teología del pacto afirma que hay un pueblo de Dios, llamado el verdadero Israel, la iglesia (a diferencia del dispensacionalismo, que enseña que hay dos pueblos de Dios, llamados Israel y la iglesia).

TEOLOGÍA DEL PROCESO. Teología identificada con Alfred North Whitehead, John Cobb, Schubert Ogden y Norman Pittenger. Enseña que Dios es impersonal y aplica el concepto evolutivo para sugerir que Dios está sujeto a cambio. Niega lo sobrenatural y lo milagroso.

TEOLOGÍA REFORMADA. Diferencia al calvinismo del luteranismo y de la teología anabautista. Desarrolló declaraciones confesionales en las que abrazaba la posición calvinista; sostiene además la teología del pacto e identifica un pueblo de Dios (a diferencia del dispensacionalismo, en el cual se reconocen dos pueblos de Dios: Israel y la iglesia).

TEOLOGÍA DEL REEMPLAZO. Nueva terminología para la teología del pacto; en ella se enseña que la Iglesia ha reemplazado a Israel en el programa de Dios. Considera que las promesas de los pactos con Israel son condicionales y que Israel no cumplió las condiciones. Las bendiciones prometidas a Israel pasaron a ser de la iglesia.

TEOLOGÍA SISTEMÁTICA. Reunión y sistematización de la verdad divina a partir de cualquier fuente. Algunos restringen la reunión de la verdad en la teología sistemática a la sola Biblia, y otros permiten información de fuentes externas como las ciencias naturales y psicológicas.

TOMÁS DE AQUINO (1224-1274). Un teólogo prominente católico romano del siglo XIII, enfatizaba la necesidad de la razón en la fe.

TILLICH, PAUL (1886-1965). Teólogo que representaba el lado radical de la neo-ortodoxia por considerar a Dios como un "Ser" impersonal, el pecado como una alienación de la verdadera persona y la salvación como la "preocupación última".

TRADUCIANA, TEORÍA. Teoría según la cual el alma, como el cuerpo, se transmite por los padres.

TRANSUBSTANCIACIÓN. Perspectiva católica romana de la Cena del Señor según la cual los elementos de la cena cambian de manera metafísica en el cuerpo, la sangre, el alma y la divinidad de Jesucristo, aunque retienen las propiedades físicas del pan y del vino.

TRASCENDENCIA. Término para describir que Dios está separado del hombre y más allá del hombre. Dios es trascendente en cuanto a que es santo y el hombre es pecador. Es trascendente porque es infinito y el hombre es finito. Dios es "absolutamente otro" y el hombre no.

TRIBULACIÓN. Período futuro de siete años descrito en Apocalipsis 6—19. Durante este período Dios juzga al mundo incrédulo y a Israel, su pueblo desobediente.

TRIBUNAL DE CRISTO. Lugar u ocasión para evaluar divinamente la fidelidad de los cristianos con el fin de recompensarlos o no (2 Co. 5:10). El tribunal de Cristo tiene lugar en el cielo mientras la tribulación ocurre en la tierra.

TRICOTÓMICA. Perspectiva sobre la naturaleza del nombre según la cual está compuesto de tres partes: cuerpo, alma y espíritu.

TRINIDAD. Aunque solo hay un Dios, hay tres personas eternamente iguales y diferentes en la Divinidad: el Padre, el Hijo y el Espíritu Santo. Cada uno es distinto de los otros dos pero aun así son un solo Dios. El término *Triunidad* expresa mejor la idea.

U

ULTRADISPENSACIONALISMO. A partir de las enseñanzas de E. W. Bullinger (1837-1913) y de C. F. Baker, más recientemente, el ultradispensacionalismo enseña que hay dos iglesias: (1) la iglesia novia, únicamente judía, y que existe solo en el período de transición de Hechos; (2) la iglesia cuerpo, que incluye a los gentiles y comenzó con el ministerio de Pablo. Por esta razón, algunos ultradispensacionalistas solo observan la Cena del Señor, mientas otros rechazan la Cena del Señor y el bautismo en agua.

UNIÓN HIPOSTÁTICA. Una expresión teológica sobre la naturaleza dual de Cristo. Dios Hijo asumió naturaleza humana y por siempre es verdadero Dios y verdadero hombre: dos naturalezas en una persona por siempre. Las dos naturalezas siguen siendo distintas sin entremezclarse, no obstante compongan una sola persona, Cristo el Dios-hombre.

V

VICARIO. Significa "uno en lugar de otro"; describe la muerte sustitutiva de Cristo en el lugar de los pecadores.

W

WESLEY, JUAN (1703-1791). Fundador del metodismo. Wesley predicó ampliamente, lideró un gran avivamiento en Inglaterra con su predicación de la doctrina arminiana.

WESTMINSTER, CONFESIÓN DE. Declaración de la teología calvinista formulada en Westminster, Londres, Inglaterra, entre 1643 y 1646. Participaron más de 150 delegados ingleses y escoceses.

Y

YAHVÉH. Las cuatro letras hebreas, llamadas a veces *tetragramatón*, que constituían el nombre de Dios, cuya pronunciación era Yahvéh o Jehová. *Véase* SEÑOR.

Z

ZUINGLIO, ULRICO (1484-1531). Reformador suizo del siglo XVI que enfatizó la capacidad de las personas comunes y corrientes para interpretar la Biblia por sí mismas. Enseñó la perspectiva memorial de la Cena del Señor.

ÍNDICE DE PERSONAS

ÍNDICE TEMÁTICO

EDITORIAL
PORTAVOZ

NUESTRA VISIÓN

Maximizar el efecto de recursos cristianos de calidad que transforman vidas.

NUESTRA MISIÓN

Desarrollar y distribuir productos de calidad —con integridad y excelencia—, desde una perspectiva bíblica y confiable, que animen a las personas a conocer y servir a Jesucristo.

NUESTROS VALORES

Nuestros valores se encuentran fundamentados en la Biblia, fuente de toda verdad para hoy y para siempre. Nosotros ponemos en práctica estas verdades bíblicas como fundamento para las decisiones, normas y productos de nuestra compañía.

Valoramos la excelencia y la calidad.
Valoramos la integridad y la confianza.
Valoramos el mérito y la dignidad de los individuos y las relaciones.
Valoramos el servicio.
Valoramos la administración de los recursos.

Para más información acerca de nuestra editorial y los productos que publicamos visite nuestra página en la red: www.portavoz.com.